Stephanie Krebs

D1677661

HÄFELIN / HALLER

Schweizerisches Bundesstaatsrecht

Schweizerisches Bundesstaatsrecht

Die neue Bundesverfassung

von

Ulrich Häfelin und **Walter Haller**

Professoren der Universität Zürich

In Zusammenarbeit mit Markus Heer und Iris Widmer

6., stark überarbeitete Auflage

Schulthess § 2005

Bibliografische Information ‹Der Deutschen Bibliothek›
Die Deutsche Bibliothek verzeichnet diese Publikation in der Deutschen Nationalbibliografie;
detaillierte bibliografische Daten sind im Internet über ‹http://dnb.ddb.de› abrufbar.

Alle Rechte, auch die des Nachdrucks von Auszügen, vorbehalten. Jede Verwertung ist ohne Zustimmung des Verlages unzulässig. Dies gilt insbesondere für Vervielfältigungen, Übersetzungen, Mikroverfilmungen und die Einspeicherung und Verarbeitung in elektronische Systeme.

© Schulthess Juristische Medien AG, Zürich · Basel · Genf 2005
 ISBN 3 7255 4907 9

www.schulthess.com

Vorwort

Seit dem Inkrafttreten der neuen Bundesverfassung sind über fünf Jahre vergangen. In dieser Zeit erfolgten einschneidende Verfassungsrevisionen: Neben der Justizreform und der Reform der Volksrechte ist vor allem die Neugestaltung des Finanzausgleichs und der Aufgabenteilung zwischen Bund und Kantonen zu nennen. Die Einbindung der Schweiz in die internationale Gemeinschaft erfuhr im Rahmen bilateraler Abkommen mit der Europäischen Union eine Intensivierung. Auf Gesetzesstufe wurden das Parlamentsrecht im Parlamentsgesetz auf eine neue Grundlage gestellt und die Justizreform teilweise umgesetzt. Wichtige Urteile des Bundesgerichts, z.B. im Bürgerrecht, verstärkten den verfassungsmässigen Schutz der Grundrechte.

Die in den vier Jahren seit Erscheinen der letzten Auflage eingetretenen Entwicklungen erforderten eine grundlegende Überarbeitung des Buches, das 1984 erstmals erschienen war. Teilweise waren auch didaktische Verbesserungen angezeigt, z.B. bei der Darstellung der persönlichen Freiheit, der Wirtschaftsfreiheit, der Verfahrensgarantien, der interkantonalen Verträge und der politischen Rechte.

Das Werk, das alle wesentlichen Fragen des Bundesstaatsrechts behandelt, ist als Lehrbuch für den rechtswissenschaftlichen Hochschulunterricht konzipiert, richtet sich aber auch an praktisch tätige Juristinnen und Juristen, die sich einen Überblick über den neuesten Stand des Verfassungsrechts verschaffen wollen, ferner an alle, die sich für die verfassungsrechtliche Grundordnung und das politische System der Schweiz interessieren. Neben den Materialien werden die bisherige Rechtsprechung des Bundesgerichts und die Verwaltungspraxis der Bundesbehörden, an welche die aktualisierte Verfassung anknüpft, stark gewichtet. Ein ausführliches Sachregister erschliesst den Inhalt und erspart zeitaufwendiges Suchen.

Die verschiedenen Auflagen des Lehrbuches, die jeweils mit einer grundlegenden Überarbeitung verbunden waren, stellen das Ergebnis einer engen und engagierten Zusammenarbeit zwischen den Autoren, ihren Mitarbeiterinnen und Mitarbeitern und dem Verlag dar. An früheren Auflagen wirkten – in ihrer damaligen Funktion als Assistentinnen und Assistenten – mit: Sabina Dürr, Julius Effenberger, Alain Griffel, Heinrich Hempel, Christoph Hiller, Gabriela Hiltmann, Ingrid Indermaur, Peter Karlen, Ulrich Kieser, Elisabeth Lang, Claudia Lazzarini, Ralph Malacrida, Andreas Reller, Martin Röhl, Oliver Sack, Liliana Scasascia, Christian Schneider, René Schwab, Jacqueline Schwarz, René Schwarzmann, Daniela Thurnherr und Iris Widmer.

Ganz besonders unterstützt wurden wir bei der vorliegenden sechsten Auflage durch lic.iur. Iris Widmer und lic.iur. Markus Heer: Iris Widmer überarbeitete das Kapitel über die Wirtschaftsfreiheit sowie den sechsten Teil betreffend Rechtsetzung und Staatsverträge, der an das teilweise neue Recht anzupassen war. Markus Heer trug mit einer stark verbesserten Darstellung der politischen Rechte und der Neubearbeitung des fünften Teils über die Bundesbehörden, in dem unzählige Anpassungen an die neue Gesetzgebung vorzunehmen waren, zum Gelingen des Werkes bei; zusätzlich las er die Korrekturfahnen. Lic.iur. Ingrid Indermaur bearbeitete das Kapitel über die Verfahrensgarantien. Diesen Mitarbeiterinnen und Mitarbeitern danken wir besonders herzlich. Ein weiterer Dank gilt drei Kollegen, die uns wertvolle Anregungen und Verbesserungsvorschläge in grosser Zahl zukommen liessen, nämlich den Professoren Giovanni Biaggini, Tobias Jaag und Georg Müller.

Die ausgezeichnete Zusammenarbeit mit Herrn Bénon Eugster während der Drucklegung aller Auflagen erfüllt uns mit Dankbarkeit; unseren Dank möchten wir auch Herrn Werner Stocker sowie den Mitarbeiterinnen und Mitarbeitern der Schulthess Juristische Medien AG für das gute Einvernehmen aussprechen.

Zürich, im März 2005   Ulrich Häfelin   Walter Haller

Inhaltsübersicht

1. Teil:	**Grundlagen**	1
§ 1	Charakterisierung der schweizerischen Bundesverfassung	3
§ 2	Geschichte der Bundesverfassung	12
§ 3	Auslegung des öffentlichen Rechts	26
§ 4	Die tragenden Grundwerte der Bundesverfassung	51
§ 5	Verhältnis der Schweiz zur internationalen Gemeinschaft	57
2. Teil:	**Grundrechte**	65
1. Kapitel:	*Grundrechte im Allgemeinen*	67
§ 6	Begriffliche und rechtliche Grundlagen	67
§ 7	Funktionen der Grundrechte	78
§ 8	Adressaten der Grundrechte	85
§ 9	Träger der Grundrechte	90
§ 10	Einschränkungen der Freiheitsrechte	93
2. Kapitel:	*Freiheitsrechte*	104
§ 11	Recht auf Leben und auf persönliche Freiheit	104
§ 12	Schutz der Privatsphäre	116
§ 13	Recht auf Ehe und Familie	120
§ 14	Glaubens- und Gewissensfreiheit	123
§ 15	Meinungs-, Informations- und Medienfreiheit	133
§ 16	Sprachenfreiheit	150
§ 17	Wissenschafts- und Kunstfreiheit	155
§ 18	Versammlungsfreiheit	158
§ 19	Vereinigungs- und Koalitionsfreiheit	162
§ 20	Niederlassungsfreiheit	167
§ 21	Schutz vor Ausweisung, Auslieferung und Ausschaffung	171
§ 22	Eigentumsgarantie	174
§ 23	Wirtschaftsfreiheit	181
3. Kapitel:	*Rechtsgleichheit und weitere rechtsstaatliche Garantien*	212
§ 24	Rechtsgleichheit	212
§ 25	Willkürverbot und Wahrung von Treu und Glauben	231
§ 26	Verfahrensgarantien	237

§ 27 Grundsätze der Besteuerung	249
§ 28 Petitionsrecht	254

4. Kapitel: Soziale Grundrechte — 258

§ 29 Rechtliche Struktur von sozialen Grundrechten und Sozialzielen	258
§ 30 Recht auf Hilfe in Notlagen	260
§ 31 Anspruch auf Grundschulunterricht	262

3. Teil: Bund, Kantone und Gemeinden — 265

1. Kapitel: Rechtsstellung von Bund und Kantonen — 267

§ 32 Rechtsstellung des Bundes	267
§ 33 Rechtsstellung der Kantone	271
§ 34 Gemeinden und Gemeindeautonomie	279

2. Kapitel: Bundesgarantien zu Gunsten der Kantone — 281

§ 35 Bestandes- und Gebietsgarantie	281
§ 36 Gewährleistung der Kantonsverfassungen und der verfassungsmässigen Ordnung der Kantone	291

3. Kapitel: Kompetenzausscheidung zwischen Bund und Kantonen — 301

§ 37 Grundsätzliche Regelung der Kompetenzausscheidung	301
§ 38 Überblick über die Kompetenzen des Bundes	319
§ 39 Delegation von Bundeskompetenzen an die Kantone	329
§ 40 Derogatorische Kraft des Bundesrechts	335
§ 41 Bundesaufsicht und Bundesexekution	345

4. Kapitel: Zusammenwirken von Bund und Kantonen — 353

§ 42 Kooperativer Föderalismus	353
§ 43 Verträge zwischen Kantonen	360

4. Teil: Schweizer Bürgerrecht und politische Rechte — 371

§ 44 Schweizer Bürgerrecht	373
§ 45 Politische Rechte	389

5. Teil: Bundesbehörden — 407

1. Kapitel: Allgemeines — 409

§ 46 Grundsatz der Gewaltenteilung — 409
§ 47 Bundesbehörden im Allgemeinen — 416

2. Kapitel: Bundesversammlung — 422

§ 48 Zweikammersystem — 422
§ 49 Nationalrat — 427
§ 50 Ständerat — 436
§ 51 Vereinigte Bundesversammlung — 440
§ 52 Kompetenzen der Bundesversammlung — 442
§ 53 Geschäftsverkehr der Bundesversammlung — 455
§ 54 Rechtliche Stellung der Mitglieder der Bundesversammlung — 467

3. Kapitel: Bundesrat — 471

§ 55 Stellung, Wahl und Organisation des Bundesrates — 471
§ 56 Kompetenzen des Bundesrates — 481
§ 57 Bundesverwaltung — 488

4. Kapitel: Bundesgericht — 494

§ 58 Stellung und Organisation des Bundesgerichts — 494
§ 59 Kompetenzen des Bundesgerichts — 503

6. Teil: Rechtsetzung und Staatsverträge — 509

§ 60 Verfassungsgebung — 511
§ 61 Bundesgesetze und Bundesbeschlüsse — 530
§ 62 Erlass von Verordnungen — 545
§ 63 Staatsverträge — 560

7. Teil: Staatsrechtspflege — 571

§ 64 Staatsrechtliche Beschwerde an das Bundesgericht — 574
§ 65 Staatsrechtliche Klage — 608
§ 66 Akzessorisches Prüfungsrecht — 614

Inhaltsverzeichnis

Amtliche Veröffentlichungen und Literatur zum schweizerischen Bundesstaatsrecht	XLV
Abkürzungsverzeichnis	LI

1. Teil: Grundlagen   1

§ 1 Charakterisierung der schweizerischen Bundesverfassung   3

I.	Begriff und Gegenstand des schweizerischen Bundesstaatsrechts	3
II.	Rechtsquellen des schweizerischen Bundesstaatsrechts	4
	1. Verfassungsrecht	4
	2. Völkerrecht	4
	3. Gesetzesrecht	5
	4. Verordnungsrecht	5
	5. Gewohnheitsrecht	5
	6. Richterrecht	6
III.	Die Verfassung im formellen Sinn	6
IV.	Die Verfassung im materiellen Sinn	7
	1. Begriff der Verfassung im materiellen Sinn	7
	2. Verschiedene Arten des Verfassungsverständnisses	7
	3. Rechtsstaatlich-demokratische Grundfunktionen der Verfassung	8
	4. Verhältnis von Verfassung im materiellen Sinn und Verfassung im formellen Sinn	9
V.	Die erhöhte formelle Geltungskraft der Bundesverfassung	9
VI.	Frage der Unabänderbarkeit von bestimmten Verfassungsnormen (materielle Schranken der Verfassungsrevision)	10
VII.	Die Bundesverfassung als Verfassungskodifikation	11
VIII.	Die Bundesverfassung als relativ starre Verfassung	11
IX.	Systematische Gliederung der Bundesverfassung	11

§ 2 Geschichte der Bundesverfassung   12

I.	Die Schweiz vor 1798	13
II.	Helvetische Republik (1798–1803)	13
III.	Mediation (1803–1813)	14

	IV.	Restauration und Regeneration (1814–1848)	15
		1. Restauration (1814–1830)	15
		2. Regeneration (1830–1848)	15
	V.	Schaffung des Bundesstaates und der Bundesverfassung von 1848	16
	VI.	Totalrevision von 1874	17
	VII.	Die Verfassungsänderungen seit 1874 bis zur Totalrevision von 1999	19
	VIII.	Totalrevision von 1999	20
	IX.	Weitere Reformpakete	23
		1. Justizreform	23
		2. Reform der Volksrechte	24
		3. Staatsleitungsreform	25
		4. Föderalismusreform	25

§ 3 Auslegung des öffentlichen Rechts — 26

Vorbemerkung — 26

	I.	Aufgabe der Auslegung	27
		1. Notwendigkeit der Auslegung	27
		2. Besonderheiten der Verfassungsauslegung	27
		3. Zielsetzung der Auslegung	29
		4. Tragweite und Problematik der Auslegung	29
		5. Auslegung – ein schöpferischer und wertender Vorgang	30
	II.	Die verschiedenen Auslegungsmethoden	31
		1. Die grammatikalische Auslegung	31
		2. Die systematische Auslegung	33
		3. Die historische Auslegung	34
		a) Die subjektiv-historische Auslegung	34
		b) Die objektiv-historische Auslegung	35
		4. Die zeitgemässe Auslegung	36
		5. Die teleologische Auslegung	38
	III.	Methodenpluralismus in der Auslegung	40
		1. Anwendung der allgemeinen Auslegungsregeln bei der Verfassungsauslegung	40
		2. Abwägende Kombination der verschiedenen Auslegungsmethoden	41
		3. Rücksichtnahme auf ein vernünftiges und praktikables Ergebnis	42
	IV.	Lückenfüllung im öffentlichen Recht	42
		1. Auslegung und Lückenfüllung	42
		2. Begriff der Gesetzeslücke	43
		a) Herkömmliche Unterscheidung von echten und unechten Lücken	43
		b) Gesetzeslücke als planwidrige Unvollständigkeit des Gesetzes	43
		3. Gesetzeslücke und qualifiziertes Schweigen des Gesetzes	44
		4. Lücken im Verfassungsrecht	44

		5.	Vorgehen bei der Lückenfüllung	45
	V.	Verfassungskonforme Auslegung von Gesetzen		45
		1.	Aufgabe und Anwendungsbereich	45
		2.	Voraussetzungen der Anwendung der verfassungskonformen Auslegung	46
			a) Wahl zwischen mehreren Auslegungsresultaten	46
			b) Auslegung von unbestimmten Rechtsbegriffen	46
		3.	Grenzen der verfassungskonformen Auslegung	47
			a) Wortlaut und Sinn der auszulegenden Gesetzesnorm	47
			b) Gewaltenteilungsprinzip und Rechtssicherheit	47
			c) Anwendungsgebot von Art. 191 BV	49
	VI.	Völkerrechtskonforme Auslegung des Landesrechts		49

§ 4 Die tragenden Grundwerte der Bundesverfassung — 51

	I.	Das rechtsstaatliche Element	52
		1. Der Rechtsstaat im formellen Sinn	52
		2. Der Rechtsstaat im materiellen Sinn	52
	II.	Das demokratische Element	53
	III.	Das föderalistische Element	54
	IV.	Das sozialstaatliche Element	54
	V.	Weitere Grundwerte, insbesondere der Grundsatz der Nachhaltigkeit	55

§ 5 Verhältnis der Schweiz zur internationalen Gemeinschaft — 57

	I.	Ausrichtung auf Europa	58
	II.	Mitwirkung an globalen Übereinkommen	62
	III.	Aussenpolitische Beziehungen in der neuen Bundesverfassung	63

2. Teil: Grundrechte — 65

1. Kapitel: Grundrechte im Allgemeinen — 67

§ 6 Begriffliche und rechtliche Grundlagen — 67

	I.	Begriff	68
		1. Allgemeine Begriffsumschreibung	68
		2. Verhältnis zur naturrechtlichen Lehre der Menschenrechte	69
		3. Arten von Grundrechten	69
		a) Freiheitsrechte	69
		b) Rechtsgleichheit und rechtsstaatliche Garantien	69
		c) Soziale Grundrechte	70

		4.	Grundrechte als unmittelbar anwendbares Recht	70
		5.	Grundrechte als verfassungsmässige Individualrechte	71
	II.	Rechtliche Grundlagen		71
		1.	Bundesverfassung	71
			a) Grundrechtskatalog	71
			b) Ungeschriebene Grundrechte	72
		2.	Kantonsverfassungen	73
		3.	Europäische Menschenrechtskonvention (EMRK)	74
			a) Direkte Anwendbarkeit	74
			b) Verfahrensrechtliche Behandlung	74
			c) Verhältnis zu den Grundrechten der Bundesverfassung	75
			d) Übersicht über die von der EMRK geschützten Rechte	76
		4.	Andere Menschenrechtskonventionen	77

§ 7 Funktionen der Grundrechte — 78

	I.	Verschiedene Motivationen der Grundrechte		78
	II.	Grundrechtsverständnis im Wandel		80
		1.	Freiheitsrechte als Abwehrrechte gegenüber dem Staat	80
		2.	Der «konstitutiv-institutionelle» Charakter der Freiheitsrechte	81
			a) Neuere Lehre	81
			b) Kritik und Differenzierungen	82
			c) Zurückhaltung des Bundesgerichts	83
			d) Grundrechtsverständnis der neuen Bundesverfassung	84

§ 8 Adressaten der Grundrechte — 85

I.	Allgemeines		85
II.	Bindung der Staatsorgane		85
	1.	Gesetzgeber	85
	2.	Regierung und Verwaltung	85
	3.	Justiz	86
III.	Bindung aller Träger öffentlicher Funktionen		86
IV.	Frage der Drittwirkung		87
	1.	Problem	87
	2.	Unterscheidung zwischen direkter und indirekter Drittwirkung	88
	3.	Stellungnahme der Lehre	88
	4.	Bundesgerichtliche Praxis	88
	5.	Berücksichtigung der Drittwirkung in der neuen Bundesverfassung	89

§ 9 Träger der Grundrechte — 90

I.	Natürliche und juristische Personen		90
	1.	Natürliche Personen	90
	2.	Juristische Personen	91
II.	Schweizerische Staatsangehörige und Ausländer		92
III.	Sonderstatusverhältnisse		92

§ 10	Einschränkungen der Freiheitsrechte	93
I.	Allgemeines	93
II.	Gesetzliche Grundlage	96
	1. Erfordernis des Rechtssatzes	96
	2. Erfordernis der Gesetzesform?	96
	3. Rückgriff auf die polizeiliche Generalklausel	97
III.	Öffentliches Interesse	97
	1. Zum Begriff	98
	2. Konkretisierung im Hinblick auf das in Frage stehende Freiheitsrecht	98
	3. Problematik bei «Grundrechtskonkurrenz»	98
	4. «Herstellung praktischer Konkordanz»	99
IV.	Verhältnismässigkeit	99
	1. Eignung («Geeignetheit»)	100
	2. Erforderlichkeit («geringstmöglicher Eingriff»)	100
	3. Verhältnismässigkeit von Eingriffszweck und Eingriffswirkung (Abwägung von öffentlichem und betroffenem privatem Interesse)	100
V.	Absoluter Schutz des Kerngehalts	101
VI.	Freiheitsrechte und Sonderstatusverhältnis	101
	1. Allgemeines	101
	2. Gesetzliche Grundlage	102
	3. Öffentliches Interesse	102
	4. Verhältnismässigkeit	102
	5. Problematik des Instituts des Sonderstatusverhältnisses	103
VII.	Grundrechtsverzicht	103

2. Kapitel: Freiheitsrechte 104

§ 11	Recht auf Leben und auf persönliche Freiheit	104
I.	Rechtliche Grundlagen	105
	1. Bundesverfassung	105
	2. Völkerrecht	106
II.	Schutzobjekt	107
	1. Recht auf Leben	107
	2. Physische Freiheit	107
	a) Körperliche Integrität	107
	b) Bewegungsfreiheit	108
	3. Geistige Unversehrtheit	109
	4. Einzelne wichtige Aspekte der neuen Rechtsprechung	110
	a) Haftvollzug	110
	b) Persönlichkeitsschutz	111
	c) Anspruch auf staatliche Leistungen?	112

	III.	Rechtsträger	112
	IV.	Voraussetzungen für Einschränkungen	113
		1. Gesetzliche Grundlage	113
		2. Öffentliches Interesse	114
		3. Verhältnismässigkeit	114
		4. Absoluter Schutz des Kerngehalts	115

§ 12 Schutz der Privatsphäre 116

    I. Rechtliche Grundlagen 116

    II. Schutzobjekte von Art. 13 BV 117
        1. Achtung des Privat- und Familienlebens 117
        2. Unverletzlichkeit der Wohnung 117
        3. Schutz des Brief-, Post- und Fernmeldeverkehrs 118
        4. Datenschutz 118

§ 13 Recht auf Ehe und Familie 120

    I. Schutzobjekt 120

    II. Einschränkungen 121
        1. Ehehindernisse des ZGB 121
        2. Einschränkungen für Gefangene 121

§ 14 Glaubens- und Gewissensfreiheit 123

    I. Bedeutung und geschichtliche Entwicklung der Religionsfreiheit 124

    II. Glaubens- und Gewissensfreiheit 124
        1. Schutzobjekt 124
            a) Recht auf Äusserung und Betätigung religiöser Überzeugungen 125
            b) Kein staatlicher Zwang zur Zugehörigkeit zu einer Religionsgemeinschaft (Art. 15 Abs. 4 BV) 125
            c) Kein staatlicher Zwang zur Vornahme einer religiösen Handlung (Art. 15 Abs. 4 BV) 126
            d) Kein obligatorischer Religionsunterricht an öffentlichen Schulen (Art. 15 Abs. 4 BV) 126
            e) Beschränkung von Kultussteuern 126
            f) Konfessionelle Neutralität öffentlicher Schulen 127
            g) Schickliche Beerdigung 128
        2. Rechtsträger 129
        3. Einschränkungen 129
            a) Strafrechtliche Schranken 129
            b) Polizeiliche Einschränkungen 129
            c) Schächtverbot 131
            d) Weitere Einschränkungen 131

    III. Verhältnis Kirche und Staat 131

XVII

§ 15	Meinungs-, Informations- und Medienfreiheit	133
	I. Bedeutung	133
	II. Rechtliche Grundlagen	134
	III. Schutzobjekt	136
	1. Schutzobjekt im Allgemeinen	136
	a) Begriff der Meinung	136
	b) Geschützte Tätigkeit	136
	c) Beispiele	137
	d) Nur Abwehrrecht?	137
	2. Spezifische Schutzbereiche	139
	a) Informationsfreiheit (Art. 16 Abs. 3 BV)	139
	b) Demonstrationsfreiheit	140
	c) Medienfreiheit (Art. 17 BV)	142
	IV. Rechtsträger	143
	1. Natürliche und juristische Personen	143
	2. Schweizerische Staatsangehörige und Ausländer	144
	V. Einschränkungen	144
	1. Zivilrechtliche und strafrechtliche Verantwortlichkeit	144
	2. Allgemeine Voraussetzungen von Einschränkungen	145
	3. Verbot präventiver Massnahmen	146
	4. Besonderheiten bei der Beanspruchung von öffentlichem Grund	146
	a) Gesteigerter Gemeingebrauch	146
	b) Abgabe von Drucksachen	147
	5. Einschränkungen für Personen im Sonderstatusverhältnis	148
	VI. Verhältnis zu anderen Freiheitsrechten	149
	1. Verhältnis zur Wirtschaftsfreiheit	149
	2. Verhältnis zur Glaubens- und Gewissensfreiheit	149
	3. Grundrechtskonkurrenz	149
§ 16	Sprachenfreiheit	150
	I. Rechtliche Grundlagen	150
	II. Schutzobjekt	151
	III. Rechtsträger	152
	IV. Einschränkungen	152
	V. Bundesgerichtliche Praxis zum Sprachenrecht	153
§ 17	Wissenschafts- und Kunstfreiheit	155
	I. Rechtliche Grundlagen	155
	II. Wissenschaftsfreiheit (Art. 20 BV)	156
	III. Kunstfreiheit (Art. 21 BV)	156

§ 18 Versammlungsfreiheit 158

    I. Schutzobjekt 158

    II. Rechtsträger 159

    III. Einschränkungen 160
        1. Allgemeine Voraussetzungen 160
        2. Nur gegen den Störer gerichtete Massnahmen 161

§ 19 Vereinigungs- und Koalitionsfreiheit 162

    I. Vereinigungsfreiheit (Art. 23 BV) 162
        1. Schutzobjekt 162
            a) Geschützte Vereinigungen 162
            b) Geschützte Tätigkeiten 163
        2. Rechtsträger 163
            a) Schweizerische Staatsangehörige und Ausländer 163
            b) Juristische Personen 163
        3. Einschränkungen 164
            a) Im Allgemeinen 164
            b) Einschränkungen für Personen im Sonderstatusverhältnis 164
            c) Öffentlich-rechtliche Zwangsverbände 165

    II. Koalitionsfreiheit (Art. 28 BV) 165
        1. Schutzobjekt 165
        2. Streik und Aussperrung 165
        3. Drittwirkung 166

§ 20 Niederlassungsfreiheit 167

    I. Geschichtliche Entwicklung 167

    II. Schutzobjekt 168
        1. Begriff 168
        2. Örtlicher Geltungsbereich 168

    III. Einschränkungen 169

    IV. Rechtsträger 170

    V. Prinzip der wohnörtlichen Unterstützung 170

§ 21 Schutz vor Ausweisung, Auslieferung und Ausschaffung 171

    I. Schutz schweizerischer Staatsangehöriger gegen Ausweisung und Auslieferung 171

    II. Schutz von Flüchtlingen gegen Ausschaffung oder Auslieferung an einen «Verfolgerstaat» 172

    III. Schutz aller Menschen vor Ausschaffung oder Auslieferung an einen «Folterstaat» 173

§ 22 Eigentumsgarantie 174

    I. Eigentumsgarantie als Institutsgarantie 175
        1. Schutzobjekt 175
        2. Anwendungsfälle 175

    II. Eigentumsgarantie als Bestandes- und Wertgarantie 176
        1. Schutzobjekte 176
        2. Inhalt des Schutzes durch die Bestandesgarantie 176
           a) Grundsatz 176
           b) Voraussetzungen von Eingriffen 177
               aa) Gesetzliche Grundlage 177
               bb) Öffentliches Interesse 177
               cc) Öffentliches Interesse im Fall von Grundrechtskonkurrenz 178
               dd) Verhältnismässigkeit 178
        3. Inhalt des Schutzes durch die Wertgarantie 178
           a) Formelle Enteignung 179
           b) Materielle Enteignung 179
           c) Entschädigungslose öffentlich-rechtliche Eigentumsbeschränkung 180

    III. Rechtsträger 180

§ 23 Wirtschaftsfreiheit 181

    I. Historische Entwicklung und rechtliche Grundlagen 182

    II. Wirtschaftsfreiheit und «Wirtschaftsverfassung» 183

    III. Schutzobjekt 185
        1. Begriff der Wirtschaftsfreiheit 185
        2. Zusammenhang mit Vertrags- und Eigentumsfreiheit 185
        3. Privatwirtschaftliche Erwerbstätigkeit als Schutzobjekt 185
           a) Schutz der privaten Erwerbstätigkeit 185
           b) Schutz jeder auf Erwerb gerichteten Tätigkeit 186
           c) Schutz auch der unselbständig Erwerbenden 187
           d) Schutz aller Handlungen im Rahmen einer privatwirtschaftlichen Tätigkeit 187
        4. Schutz nur vor Eingriffen des Staates 189
        5. Schutz auch vor allgemeinen, sich nicht besonders auf die Wirtschaftsfreiheit beziehenden Einschränkungen? 190

    IV. Rechtsträger 190
        1. Natürliche Personen 190
        2. Juristische Personen des Privatrechts 191

    V. Einschränkungen der Wirtschaftsfreiheit 191
        1. Der Grundsatz der Wirtschaftsfreiheit 191
        2. Grundsatzwidrige Einschränkungen der Wirtschaftsfreiheit 192
           a) Zuständigkeit des Bundes zum Erlass von grundsatzwidrigen Massnahmen 192
           b) Voraussetzungen für den Erlass grundsatzwidriger Massnahmen 192
           c) Inhalt grundsatzwidriger Massnahmen 193
        3. Grundsatzkonforme Einschränkungen der Wirtschaftsfreiheit 193
           a) Zuständigkeit von Bund und Kanton 193

			b)	Einschränkungsvoraussetzungen gemäss Art. 36 BV	193
		4.	\multicolumn{2}{l}{Förderungsmassnahmen im Besonderen}	202
			a)	Zuständigkeit von Bund und Kanton	202
			b)	Zulässige Massnahmen	203
		5.	\multicolumn{2}{l}{Prüfungsschema}	203
	VI.	\multicolumn{3}{l}{Staatliche Monopole}	205
		1.	\multicolumn{2}{l}{Begriffliches}	205
			a)	Allgemeiner Monopolbegriff	205
			b)	Staatliche Monopole	205
			c)	Monopolkonzession	205
			d)	Arten von staatlichen Monopolen: rechtliche und faktische Monopole	205
		2.	\multicolumn{2}{l}{Notwendigkeit einer Rechtsgrundlage in der Bundesverfassung}	206
		3.	\multicolumn{2}{l}{Monopole des Bundes}	206
		4.	\multicolumn{2}{l}{Regale und Monopole der Kantone}	207
	VII.	\multicolumn{3}{l}{Freizügigkeit der Berufstätigen}	208
		1.	\multicolumn{2}{l}{Erfordernis eines Ausbildungsabschlusses}	208
		2.	\multicolumn{2}{l}{Freizügigkeit}	209
			a)	Marktzugang auf dem gesamten Gebiet der Schweiz	209
			b)	Anerkennung von Fähigkeitsausweisen gemäss Binnenmarktgesetz	210
			c)	Freizügigkeit der Anwältinnen und Anwälte	211

3. Kapitel: Rechtsgleichheit und weitere rechtsstaatliche Garantien 212

§ 24 Rechtsgleichheit 212

	I.	Rechtliche Grundlagen	213
		1. Garantien der Bundesverfassung	213
		2. Garantien auf internationaler Ebene	214
	II.	Rechtsgleichheit und Freiheitsrechte	214
	III.	Umfassende Bedeutung der Rechtsgleichheit	216
		1. Rechtsgleichheit in der Rechtsetzung	216
		a) Geltungsbereich	216
		b) Kriterien für die Gleichbehandlung	217
		c) Offensichtliche Verletzung des Gleichbehandlungsgebots als Voraussetzung für die Korrektur des Gesetzgebers durch das Bundesgericht	219
		2. Rechtsgleichheit in der Rechtsanwendung	220
		a) Grundsatz	220
		b) Zulässigkeit von Praxisänderungen	220
		c) Kein Anspruch auf Gleichbehandlung im Unrecht	221
	IV.	Diskriminierungsverbot	221
	V.	Gleiche Rechte für Mann und Frau	222
		1. Grundsatz der Gleichberechtigung (Art. 8 Abs. 3 Satz 1 BV)	223
		2. Gesetzgebungsauftrag (Art. 8 Abs. 3 Satz 2 BV)	225

		3. Gleicher Lohn (Art. 8 Abs. 3 Satz 3 BV)	227
	VI.	Beseitigung von Benachteiligungen Behinderter	228
	VII.	Gleichstellung von kantonsfremden Schweizer Bürgern und Kantonsbürgern	229
		1. Grundsatz	229
		a) Inhalt und Umfang	229
		b) Verhältnis zum Rechtsgleichheitssatz von Art. 8 Abs. 1 BV	229
		c) Zulässigkeit der Differenzierung nach Wohnsitz	229
		2. Ausnahmen	230
		3. Rechtsträger	230

§ 25 Willkürverbot und Wahrung von Treu und Glauben 231

	I.	Willkürverbot	231
		1. Begriff	231
		2. Bedeutung und sachlicher Geltungsbereich	232
		3. Rechtliche Grundlage	232
		4. Rechtsträger	232
		5. Adressaten	232
		a) Rechtsetzende Behörden (Willkür in der Rechtsetzung)	232
		b) Rechtsanwendende Behörden (Willkürverbot in der Rechtsanwendung)	233
		6. Abgrenzung von Willkürverbot und Gebot der Rechtsgleichheit	234
		7. Die gerichtliche Durchsetzung des Anspruchs auf willkürfreies staatliches Handeln	234
	II.	Die Wahrung von Treu und Glauben	235
		1. Begriff und Bedeutung	235
		2. Rechtsgrundlagen	235
		3. Die Teilgehalte von Treu und Glauben	235
		a) Grundsatz des Vertrauensschutzes	235
		b) Verbot des Rechtsmissbrauchs	236
		c) Verbot widersprüchlichen Verhaltens	236

§ 26 Verfahrensgarantien 237

	I.	Bedeutung der Verfahrensgarantien	237
	II.	Allgemeine Verfahrensgarantien (Art. 29 BV)	238
		1. Verbot der formellen Rechtsverweigerung	238
		a) Verbot der Verweigerung oder Verzögerung eines Rechtsanwendungsaktes (Art. 29 Abs. 1 BV)	238
		b) Verbot des überspitzten Formalismus (Art. 29 Abs. 1 BV)	239
		2. Anspruch auf rechtliches Gehör (Art. 29 Abs. 2 BV)	239
		a) Begriff	240
		b) Geltungsbereich	240
		c) Rechtsnatur	241
		3. Anspruch auf unentgeltliche Rechtspflege (Art. 29 Abs. 3 BV)	241
		a) Anspruch auf unentgeltliche Prozessführung (= unentgeltliche Rechtspflege i.e.S.)	241
		b) Anspruch auf unentgeltlichen Rechtsbeistand	241

XXII

	III.	Rechtsweggarantie (Art. 29a BV)	242
	IV.	Garantien im gerichtlichen Verfahren (Art. 30 BV und Art. 6 Ziff. 1 EMRK)	243
		1. Anspruch auf ein durch Gesetz geschaffenes, zuständiges, unabhängiges und unparteiisches Gericht (Art. 30 Abs. 1 BV)	243
		2. Garantie des Wohnsitzrichters (Art. 30 Abs. 2 BV)	245
		3. Grundsatz der Öffentlichkeit gerichtlicher Verfahren (Art. 30 Abs. 3 BV)	245
	V.	Garantien bei Freiheitsentzug (Art. 31 BV und Art. 5 EMRK)	245
	VI.	Strafverfahren (Art. 32 BV und Art. 6 Ziff. 2 und 3 EMRK)	247
		1. Grundsatz der Unschuldsvermutung (Art. 32 Abs. 1 BV)	247
		2. Anspruch auf Information und Verteidigungsrechte (Art. 32 Abs. 2 BV)	247
		3. Rechtsmittelgarantie (Art. 32 Abs. 3 BV)	248
		4. Grundsatz «ne bis in idem»	248
	VII.	Relevanz von Art. 36 BV für die Verfahrensgarantien?	248

§ 27 Grundsätze der Besteuerung 249

	I.	Geltungsbereich	249
	II.	Legalitätsprinzip (Art. 127 Abs. 1 BV)	250
	III.	Allgemeinheit und Gleichheit der Besteuerung sowie Berücksichtigung des Leistungsfähigkeitsprinzips (Art. 127 Abs. 2 BV)	250
	IV.	Doppelbesteuerungsverbot (Art. 127 Abs. 3 BV)	251
		1. Konkretisierung durch die bisherige bundesgerichtliche Praxis	251
		2. Schutzobjekt und Geltungsbereich	252
		3. Bundesgerichtliche Kollisionsregeln	252
		a) Allgemeines	252
		b) Die wichtigsten Anknüpfungspunkte	253
	V.	Rechtsträger	253

§ 28 Petitionsrecht 254

	I.	Schutzobjekt	254
		1. Begriff	254
		2. Gegenstand der Petition	255
		3. Adressaten und ihre Pflichten	255
	II.	Rechtsnatur	256
	III.	Rechtsträger	256
	IV.	Einschränkungen	257

4. Kapitel: Soziale Grundrechte — 258

§ 29 Rechtliche Struktur von sozialen Grundrechten und Sozialzielen — 258
  I. Soziale Grundrechte — 258
  II. Sozialziele — 259

§ 30 Recht auf Hilfe in Notlagen — 260
  I. Begründung durch die Praxis des Bundesgerichts — 260
  II. Verankerung in der neuen Bundesverfassung — 261

§ 31 Anspruch auf Grundschulunterricht — 262
  I. Anspruch auf ausreichenden und unentgeltlichen Grundschulunterricht als soziales Grundrecht — 262
  II. Rechtsträger — 263
  III. Bisherige Entwicklung durch die Praxis — 263
  IV. Ausblick — 264

3. Teil: Bund, Kantone und Gemeinden — 265

1. Kapitel: Rechtsstellung von Bund und Kantonen — 267

§ 32 Rechtsstellung des Bundes — 267
  I. Staatscharakter des Bundes — 267
    1. Staatsbegriff — 267
    2. Staatsvolk des Bundes — 268
    3. Staatsgebiet des Bundes — 268
    4. Staatsgewalt des Bundes — 268
  II. Bundesstaatlicher Charakter der Eidgenossenschaft — 269
    1. Begriff des Bundesstaates — 269
    2. Kennzeichen des schweizerischen Bundesstaates — 269
    3. Gegensatz zum Staatenbund — 270

§ 33 Rechtsstellung der Kantone — 271
  I. Autonomie der Kantone — 271
    1. Die beschränkte Staatsqualität der Kantone — 271
    2. Inhalt der kantonalen Autonomie — 272
      a) Verfassungsautonomie — 273
      b) Gesetzgebungsautonomie — 273

		c) Bedeutung der kantonalen Autonomie	273
	II.	Mitwirkungsrechte der Kantone im Bund	273
		1. Obligatorisches Verfassungsreferendum (Art. 140 Abs. 1 lit. a und c und Art. 142 Abs. 2–4 BV)	274
		2. Standesinitiative (Art. 160 Abs. 1 BV i.V.m. Art. 115 ParlG)	274
		3. Obligatorisches Staatsvertragsreferendum (Art. 140 Abs. 1 lit. b BV)	275
		4. Fakultatives Referendum gegen Bundesgesetze und Bundesbeschlüsse (Art. 141 Abs. 1 lit. a, b und c BV)	275
		5. Fakultatives Staatsvertragsreferendum (Art. 141 Abs. 1 lit. d BV)	275
		6. Wahl der Ständeräte (Art. 150 BV)	275
		7. Anhörungs- und Mitwirkungsrechte der Kantone bei der Rechtsetzung des Bundes (Art. 45 und Art. 147 BV)	276
		8. Mitwirkung der Kantone bei der Umsetzung des Bundesrechts (Art. 46 BV)	276
	III.	Gleichheit der Kantone	277
		1. Grundsatz der Gleichstellung	277
		2. Stellung der Kantone mit halber Standesstimme	277
		3. Finanzausgleich	278

§ 34 Gemeinden und Gemeindeautonomie 279

2. Kapitel: Bundesgarantien zu Gunsten der Kantone 281

§ 35 Bestandes- und Gebietsgarantie 281

	I.	Rechtsgrundlage (Art. 1 und 53 BV)	282
	II.	Bestandesgarantie	283
		1. Adressaten der Garantie	283
		2. Bedeutung der Bestandesgarantie	283
		a) Keine Abtrennung eines Kantons ohne Verfassungsänderung	283
		b) Keine Schaffung neuer Kantone ohne Verfassungsänderung	284
		c) Keine Änderung des Status der Kantone mit halber Standesstimme ohne Verfassungsänderung	284
	III.	Gebietsgarantie	284
		1. Adressaten der Garantie	284
		2. Bedeutung der Gebietsgarantie	286
		a) Unzulässigkeit von Gebietsabtretungen an das Ausland	286
		b) Besonderes Verfahren für Gebietsveränderungen zwischen den Kantonen	286
		c) Zulässigkeit von blossen Grenzbereinigungen	286
	IV.	Exkurs: Die Schaffung des Kantons Jura	287
		1. Bestandesänderungen unter der alten Bundesverfassung von 1874	287
		2. Der Wunsch nach einem eigenen Kanton Jura	287
		3. Die verfahrensrechtliche Umsetzung	288
		a) Verfahrensfragen bei der Verselbständigung des Juras	288
		b) Die verschiedenen Schritte des Trennungsverfahrens	288
		c) Der Anschluss des Laufentals an den Kanton Basel-Landschaft	289

§ 36 Gewährleistung der Kantonsverfassungen und der verfassungsmässigen Ordnung der Kantone — 291

- I. Funktion der Gewährleistung des Bundes — 291
- II. Inhaltliche Anforderungen an die Kantonsverfassungen — 292
  1. Übereinstimmung mit dem Bundesrecht (Art. 51 Abs. 2 Satz 2 BV) — 292
  2. Demokratische Verfassung (Art. 51 Abs. 1 BV) — 293
- III. Gewährleistungsverfahren (Art. 51 Abs. 2 BV) — 294
  1. Pflicht der Kantone — 294
  2. Zuständigkeit der Bundesversammlung — 294
  3. Umfang des Prüfungsrechts der Bundesversammlung — 294
  4. Rechtsform des Gewährleistungsbeschlusses — 295
- IV. Rechtswirkung des Gewährleistungsbeschlusses — 295
  1. Bloss deklaratorische Wirkung der Gewährleistung — 295
  2. Widerrufbarkeit des Gewährleistungsbeschlusses — 295
  3. Frage der Bindung des Bundesgerichts — 296
     - a) Keine abstrakte Normenkontrolle — 296
     - b) Zulässigkeit einer akzessorischen Normenkontrolle unter bestimmten Voraussetzungen — 296
- V. Schutz der verfassungsmässigen Ordnung der Kantone durch den Bund – Bundesintervention — 297
  1. Schutzpflichten des Bundes — 297
  2. Begriff und Voraussetzungen der Bundesintervention — 297
     - a) Begriff — 297
     - b) Voraussetzungen — 298
  3. Das Interventionsverfahren — 298
     - a) Zuständige Bundesbehörde — 298
     - b) Zulässige Massnahmen — 299
     - c) Kosten — 299
  4. Anwendungsfälle — 299
  5. Ordnungsdienst durch die Armee — 300

3. Kapitel: Kompetenzausscheidung zwischen Bund und Kantonen — 301

§ 37 Grundsätzliche Regelung der Kompetenzausscheidung — 301

- I. Grundsatz von Art. 3 BV — 302
  1. System der Einzelermächtigung des Bundes durch die Bundesverfassung — 302
  2. Erwähnung kantonaler Kompetenzen in der Bundesverfassung — 303
  3. Neu anfallende Staatsaufgaben — 303
  4. Abschliessende und lückenlose Kompetenzaufteilung — 304
  5. Erfordernis der Verfassungsrevision für neue Bundeskompetenzen — 304
     - a) Unzulässigkeit der Berufung auf Gewohnheitsrecht — 304
     - b) Unzulässigkeit der freiwilligen Kompetenzübertragung durch die Kantone — 305

	II.	Methode der Ermittlung der Bundeskompetenzen	305
		1. Verfassungswortlaut und Auslegung	305
		2. Ausdrückliche und stillschweigende Bundeskompetenzen	306
		3. Kompetenz- und Verhaltensnormen der Bundesverfassung	307
		4. Bedeutung des systematischen Aufbaus der Bundesverfassung	308
		5. Frage des Gebotes der restriktiven Auslegung der Bundeskompetenzen	308
		6. Bedeutung von Art. 2, 41 und 94 Abs. 2 BV	309
	III.	Modus der Umschreibung der Bundeskompetenzen	309
		1. Zuweisung nach geregeltem Sach- oder Rechtsbereich	309
		2. Zuweisung nach einem in verschiedenen Sachbereichen auftretenden Problem	310
		3. Zuweisung nach Staatsfunktionen	310
	IV.	Umfang der Rechtsetzungskompetenzen des Bundes	311
		1. Umfassende Rechtsetzungskompetenzen des Bundes	311
		2. Fragmentarische Rechtsetzungskompetenzen des Bundes	311
		3. Grundsatzgesetzgebungskompetenzen des Bundes	312
		4. Förderungskompetenzen des Bundes	312
	V.	Verhältnis der Bundeskompetenzen zu den kantonalen Kompetenzen	313
		1. Regelfall: Bundeskompetenzen mit nachträglich derogatorischer Kraft (auch «konkurrierende Kompetenzen» genannt)	313
		2. Ausnahme: Bundeskompetenzen mit ursprünglich derogatorischer Kraft (sog. ausschliessliche Bundeskompetenzen)	314
		3. Parallele Kompetenzen	315
	VI.	Verteilung von Gesetzgebung und Vollzug auf Bund und Kantone	315
	VII.	Bundestreue	316

§ 38 Überblick über die Kompetenzen des Bundes — 319

	I.	Rechtsetzungskompetenzen des Bundes	319
		1. Begriff der Rechtsetzung	319
		2. Materielles und formelles Recht	320
		3. Hauptgebiete der Rechtsetzungskompetenzen des Bundes	320
	II.	Aussenpolitik und Abschluss von Staatsverträgen	321
		1. Aussenpolitik	321
		2. Abschluss von Staatsverträgen	322
		a) Staatsverträge des Bundes (Art. 54 Abs. 1 BV)	322
		b) Staatsverträge der Kantone (Art. 56 BV)	323
	III.	Verwaltungskompetenzen des Bundes	325
		1. Allgemeines	325
		2. Verwaltungskompetenzen des Bundes kraft Bundesverfassung	326
		3. Verwaltungskompetenzen des Bundes kraft Bundesgesetzgebung	326
		4. Verfassungsvorbehalt zu Gunsten der Kantone	327
		5. Verbundsaufgaben	327

XXVII

		6.	Vollzug von kantonalem Recht durch den Bund	328
	IV.		Rechtsprechungskompetenzen des Bundes	328

§ 39 Delegation von Bundeskompetenzen an die Kantone — 329

    I. Begriff und Zulässigkeit — 329
        1. Begriff der Kompetenzdelegation — 329
        2. Zulässigkeit der Kompetenzdelegation an die Kantone — 329

    II. Gesetzesdelegation an die Kantone — 330
        1. Begriff — 330
        2. Gründe für die Gesetzesdelegation an die Kantone — 330
        3. Unterschied zur Gesetzesdelegation an Exekutive, Justiz und Parlament — 331
        4. Echte und unechte Vorbehalte des kantonalen Rechts — 331
        5. Arten der Gesetzesdelegation an die Kantone — 332
            a) Ergänzendes kantonales Recht — 332
            b) Abweichendes kantonales Recht — 332
            c) Kantonaler Entscheid über die Anwendbarkeit des Bundesrechts — 333

    III. Verwaltungsdelegationen an die Kantone — 333

    IV. Rechtsprechungsdelegationen an die Kantone — 333

§ 40 Derogatorische Kraft des Bundesrechts — 335

    I. Kollision von Bundesrecht und kantonalem Recht — 335
        1. Gründe für die Kollision von Bundesrecht und kantonalem Recht — 335
        2. Normenkollision und Kompetenzkollision — 335

    II. Vorrang des Bundesrechts — 336
        1. Grundsatz der derogatorischen Kraft des Bundesrechts — 336
        2. Rechtsgrundlage — 336
        3. Derogatorische Kraft des Bundesrechts als verfassungsmässiges Recht der Bürger — 336
        4. Allfälliger Vorrang des EG-Rechts — 337

    III. Die verschiedenen Arten von Kollisionen und deren Regelung — 337
        1. Materieller Widerspruch von kantonalem Recht zu kompetenzmässigem Bundesrecht — 337
        2. Materieller Widerspruch von kantonalem Recht zu kompetenzwidrigem Bundesrecht — 338
        3. Eingriff von kantonalem Recht in Bundeskompetenzen ohne materielle Kollision — 338
            a) Inhaltlich gleichlautendes Bundesrecht und kantonales Recht — 338
            b) Eingriff von kantonalem Recht in eine abschliessende bundesrechtliche Regelung — 339
            c) Das Verhältnis von Bundeszivilrecht und kantonalem öffentlichem Recht insbesondere — 340

    IV. Nichtigkeit des bundesrechtswidrigen kantonalen Rechts — 341
        1. Grundsatz — 341
        2. Älteres kantonales Recht — 342

            3. Späteres kantonales Recht   342
            4. Blosse Anfechtbarkeit von Anwendungsakten   342
       V. Rechtsschutz   342
            1. Anwendung von Amtes wegen   342
            2. Rechtsmittel   343
                a) Ordentliche Rechtsmittel zur Anfechtung von Anwendungsakten   344
                b) Staatsrechtliche Beschwerde wegen Verletzung der deroga-
                   torischen Kraft des Bundesrechts (Art. 84 Abs. 1 lit. a OG)   344
                c) Staatsrechtliche Klage von Bund und Kantonen (Art. 83 lit. a OG) 344

§ 41 Bundesaufsicht und Bundesexekution   345

       I. Bundesaufsicht   345
            1. Rechtsgrundlage und Zweck   345
            2. Gegenstand der Kontrolle   345
            3. Umfang der Überprüfungsbefugnis   346
            4. Aufsichtsorgane   346
            5. Aufsichtsmittel   347
                a) Konkrete Beanstandung   347
                b) Generelle Weisung (Kreisschreiben)   347
                c) Berichterstattung   347
                d) Inspektion   347
                e) Genehmigungspflicht   348
                     aa) Gegenstand der Genehmigung   348
                     bb) Rechtswirkung der Genehmigung   348
                f) Aufhebung von kantonalen Anwendungsakten   349
                g) Bundesgerichtliche Entscheidung   349
       II. Bundesexekution   350
            1. Begriff und Voraussetzungen   350
                a) Begriff   350
                b) Rechtsgrundlage und zuständige Bundesbehörden   350
                c) Voraussetzungen der Bundesexekution   350
            2. Die Mittel der Bundesexekution   351
                a) Ersatzvornahme   351
                b) Sistierung von Subventionen   352
                c) Militärisches Einschreiten   352

4. Kapitel: Zusammenwirken von Bund und Kantonen   353

§ 42 Kooperativer Föderalismus   353

       I. Der Grundgedanke der Kooperation   353
       II. Der horizontale kooperative Föderalismus   354
            1. Begriff   354
            2. Formen freiwilliger Zusammenarbeit   354
            3. Bundesrechtlich vorgeschriebene Zusammenarbeit   355
                a) Verbot der Selbsthilfe (Art. 44 Abs. 3 BV)   355
                b) Pflicht zur Hilfeleistung (Art. 44 Abs. 2 BV)   355
                c) Amts- und Rechtshilfepflichten (Art. 44 Abs. 2 BV)   356

	III.	Der vertikale kooperative Föderalismus	356
		1. Begriff	356
		2. Formen	356
		a) Zusammenarbeit von Bund und Kantonen bei der Rechtsetzung (Art. 45 BV)	356
		b) Mitwirkung der Kantone bei der Umsetzung des Bundesrechts (Art. 46 BV)	356
		c) Subventionen des Bundes an die Kantone	357
		d) Verträge zwischen Bund und Kantonen	357
		3. Voraussetzungen	357
		4. Kombination mit horizontalem Föderalismus	358
	IV.	Bedeutung und Grenzen des kooperativen Föderalismus	358
	V.	Grenzüberschreitende Kooperationen	358

§ 43 Verträge zwischen Kantonen — 360

	I.	Grundlagen	360
		1. Begriff und Bedeutung	360
		2. Rechtsnatur	360
		3. Rechtsgrundlagen	361
	II.	Am Vertrag beteiligte Partner	361
		1. Kantone	361
		2. Beteiligung des Bundes	362
		3. Allgemeinverbindlicherklärung und Beteiligungspflicht	363
	III.	Voraussetzungen und Grenzen der interkantonalen Verträge	363
		1. Einhaltung der Kompetenzordnung	363
		2. Verbot von politischen Verträgen	363
		3. Kein Widerspruch zu Bundesrecht und Bundesinteressen	364
		4. Kein Widerspruch zu Rechten anderer Kantone	364
	IV.	Arten von interkantonalen Verträgen	364
		1. Rechtsgeschäftliche Verträge	364
		2. Rechtsetzende Verträge	364
		a) Unmittelbar rechtsetzende Verträge	365
		b) Mittelbar rechtsetzende Verträge	365
		3. Mischform	365
		4. Bedeutung der rechtsetzenden Verträge	365
		5. Beispiele von interkantonalen Verträgen	366
	V.	Interkantonale Organe	367
	VI.	Abschluss und Auflösung	368
		1. Beitrittsverfahren	368
		2. Meldepflicht gegenüber dem Bund	368
		3. Kündigung	368
	VII.	Rechtsschutz	369
		1. Staatsrechtliche Klage eines Kantons (Art. 83 lit. b OG)	369
		2. Staatsrechtliche Beschwerde des Bürgers	369

a) Schutz gegen Verletzung von interkantonalen Verträgen («Konkordatsbeschwerde»; Art. 84 Abs. 1 lit. b OG) ... 369
b) Schutz gegen Verletzung von verfassungsmässigen Rechten durch interkantonale Vereinbarungen oder Organe (Art. 84 Abs. 1 lit. a OG) ... 369

4. Teil: Schweizer Bürgerrecht und politische Rechte ... 371

§ 44 Schweizer Bürgerrecht ... 373

I. Allgemeines ... 374
1. Rechtsnatur des Bürgerrechts ... 374
2. Das dreifache Bürgerrecht und seine Einheit ... 374
3. Inhalt des Schweizer Bürgerrechts ... 374
   a) Rechte der Schweizer Bürger ... 374
   b) Pflichten der Schweizer Bürger ... 375
   c) Rechtsstellung der Ausländer ... 375
   d) Rechtsfolgen des Kantons- und Gemeindebürgerrechts ... 376
4. Bundeskompetenzen und Umfang der Regelung durch das Bundesrecht ... 376
5. Die tragenden Prinzipien ... 378
   a) Grundsatz des ius sanguinis ... 378
   b) Einheitliches Bürgerrecht für die Familie ... 378
   c) Vermeidung von Staatenlosigkeit ... 379
   d) Integration als Voraussetzung für die Einbürgerung (Art. 14 BüG) ... 379
6. Erwerb und Verlust des Schweizer Bürgerrechts: Übersicht ... 380

II. Erwerb des Bürgerrechts ... 380
1. Erwerb von Gesetzes wegen (Art. 1–7 BüG) ... 380
   a) Abstammung (Art. 1 BüG) ... 380
   b) Adoption (Art. 7 BüG, Art. 267a ZGB) ... 380
2. Erwerb durch Einbürgerung (Art. 12–41 BüG) ... 381
   a) Ordentliche Einbürgerung (Art. 12–16 BüG) ... 381
   b) Erleichterte Einbürgerung (Art. 26–32 BüG) ... 383
   c) Wiedereinbürgerung (Art. 18–25 BüG) ... 384
   d) Gemeinsame Bestimmungen (Art. 33–41 BüG) ... 384

III. Verlust des Bürgerrechts ... 385
1. Verlust von Gesetzes wegen (Art. 8–11 BüG) ... 385
   a) Verwirkung bei Auslandschweizern (Art. 10 BüG) ... 385
   b) Adoption durch einen Ausländer (Art. 8a BüG) ... 385
   c) Aufhebung des Kindesverhältnisses (Art. 8 BüG) ... 385
2. Verlust durch behördlichen Beschluss (Art. 42–48 BüG) ... 386
   a) Entlassung (Art. 42–47 BüG) ... 386
   b) Entzug (Art. 48 BüG) ... 386

IV. Rechtsschutz (Art. 50 f. BüG) ... 386
1. Beschwerde ans Eidgenössische Justiz- und Polizeidepartement (Art. 51 Abs. 3 BüG) ... 387
2. Verwaltungsgerichtsbeschwerde ans Bundesgericht (Art. 97, 98 lit. b und g OG) ... 387
3. Verwaltungsbeschwerde an den Bundesrat (Art. 51 Abs. 3 BüG, Art. 72 lit. a VwVG) ... 387

XXXI

| | | 4. | Staatsrechtliche Beschwerde (Art. 84 Abs. 1 lit. a OG) | 388 |

§ 45 Politische Rechte 389

 I. Begriff und Voraussetzungen des Stimmrechts 390
  1. Begriff 390
  2. Voraussetzungen des Stimmrechts bei eidgenössischen
   Abstimmungen und Wahlen 391
   a) Schweizer Bürgerrecht 391
   b) Zurücklegung des 18. Altersjahres 391
   c) Kein Ausschluss vom Stimmrecht 391
   d) Politischer Wohnsitz 392
   e) Eintragung im Stimmregister 393
   f) Besonderheit für die Wählbarkeit 393
  3. Stimmrecht in kantonalen und kommunalen Angelegenheiten 393
   a) Grundsatz 393
   b) Bundesrechtliche Einschränkungen 393
   c) Ausländerstimmrecht 395
  4. Rechtsnatur des Stimmrechts 396

 II. Die einzelnen politischen Rechte im Bund: Überblick 397
  1. Wahlrecht 397
   a) Aktives Wahlrecht 397
   b) Passives Wahlrecht 397
  2. Abstimmungen 397
   a) Obligatorisches Referendum (Art. 58 BPR) 397
   b) Fakultatives Referendum 397
  3. Unterzeichnung von Initiativen, Referendumsbegehren
   und Wahlvorschlägen 398
   a) Volksinitiative auf Teil- und Totalrevision der Bundesverfassung
    (Art. 138, 139, 193 Abs. 1 und 2 und 194 Abs. 1 BV;
    Art. 68 ff. BPR) 398
   b) Referendumsbegehren beim fakultativen Referendum
    (Art. 59 ff. BPR) 398
   c) Wahlvorschlag bei der Nationalratswahl (Art. 24 BPR) 398
  4. Allgemeine Volksinitiative 398

 III. Zusätzliche politische Rechte in den Kantonen 398

 IV. Wahl- und Abstimmungsfreiheit 400
  1. Grundsatz der Einheit der Materie 400
  2. Information der Stimmberechtigten 401
   a) Abgabe der Stimm- und Wahlunterlagen 401
   b) Verbot der Irreführung der Stimmberechtigten 401
   c) Verbot behördlicher Propaganda 403
  3. Grundsatz der geheimen Stimmabgabe 404
  4. Korrekte Ermittlung des Wahl- oder Abstimmungsergebnisses 405
  5. Grundsätze über die Aufhebung von Volksabstimmungen und -wahlen 405
  6. Kein Anspruch auf Ungültigerklärung einer allenfalls
   bundesrechtswidrigen kantonalen Initiative 405
  7. Förderung und finanzielle Unterstützung von politischen Parteien 406

5. Teil: Bundesbehörden — 407

1. Kapitel: Allgemeines — 409

§ 46 Grundsatz der Gewaltenteilung — 409

- I. Die Gewaltenteilungslehre — 409
  1. Dreiteilung der Staatsfunktionen und Grundsatz der Gewaltenteilung — 409
  2. Organisatorische oder objektive Gewaltenteilung — 410
  3. Personelle oder subjektive Gewaltenteilung — 410
  4. Gegenseitige Gewaltenhemmung — 410
  5. Kritik der klassischen Gewaltenteilungslehre — 410
- II. Verwirklichung der Gewaltenteilung in der Bundesverfassung — 411
  1. Organisatorische Gewaltenteilung — 412
  2. Personelle Gewaltenteilung — 412
  3. Gewaltenhemmung — 413
     - a) Gewaltenhemmung zwischen Bundesversammlung und Bundesrat — 413
     - b) Gewaltenhemmung zwischen Bundesversammlung und Bundesgericht — 414
     - c) Gewaltenhemmung zwischen Bundesrat und Bundesgericht — 414
- III. Durchbrechungen der organisatorischen Gewaltenteilung in der Bundesverfassung — 414
  1. Allgemeines — 414
  2. Regierungs-, Verwaltungs- und Rechtsprechungskompetenzen der Bundesversammlung — 415
  3. Rechtsetzungs- und Rechtsprechungskompetenzen des Bundesrates — 415
  4. Verwaltungs- und Rechtsetzungskompetenzen des Bundesgerichts — 415

§ 47 Bundesbehörden im Allgemeinen — 416

- I. Sitz der Bundesbehörden — 416
  1. Allgemeines — 416
  2. Sitz der Bundesversammlung — 418
  3. Sitz des Bundesrates und der Bundeskanzlei — 418
  4. Sitz des Bundesgerichts — 418
- II. Verantwortlichkeit — 418
  1. Grundsatz — 418
  2. Vermögensrechtliche Verantwortlichkeit — 419
  3. Strafrechtliche Verantwortlichkeit — 419
  4. Disziplinarische Verantwortlichkeit — 420
  5. Politische Verantwortlichkeit — 420
- III. Ordensverbot — 420
- IV. Amtssprachen — 421

2. Kapitel: Bundesversammlung 422

§ 48 Zweikammersystem 422

- I. Herkommen und Funktion des Zweikammersystems — 423
- II. Elemente des Zweikammersystems in der Schweiz — 424
  1. Unterschiedliche Zusammensetzung der beiden Kammern — 424
  2. Gleichberechtigung der beiden Kammern — 424
     - a) Gleiche Sachkompetenzen von Nationalrat und Ständerat — 425
     - b) Gleichstellung im Geschäftsgang der Bundesversammlung — 425
     - c) Erfordernis der Zustimmung beider Kammern für Beschlüsse — 425
  3. Getrennte Beratung in beiden Kammern — 426

§ 49 Nationalrat 427

- I. Zusammensetzung des Nationalrates — 427
  1. Nationalrat als Volksvertretung — 427
  2. Feste Zahl von 200 Sitzen (Art. 149 Abs. 1 BV) — 428
  3. Verteilung der Sitze auf die Kantone (Art. 149 Abs. 4 BV; Art. 16 f. BPR) — 428
- II. Wahlberechtigung (Art. 136 BV) — 428
- III. Wählbarkeit (Art. 143 i.V.m. Art. 136 Abs. 1 BV) — 428
- IV. Unvereinbarkeit — 429
  1. Unterschied zur fehlenden Wählbarkeit — 429
  2. Unvereinbarkeit mit anderen Bundesämtern — 429
  3. Bedeutung der Unvereinbarkeitsbestimmungen des kantonalen Rechts — 429
- V. Wahlverfahren — 430
  1. Direkte Wahl (Art. 149 Abs. 2 BV) — 430
  2. Verhältniswahlverfahren (Art. 149 Abs. 2 BV) — 430
  3. Wahlkreise (Art. 149 Abs. 3 BV) — 431
  4. Wahlvorschläge (Art. 21–33 BPR) — 431
  5. Wahlakt (Art. 34–38 BPR) — 432
  6. Ermittlung der Ergebnisse — 433
     - a) Ermittlung der Partei- oder Listenstimmen — 433
     - b) Verteilung der Mandate auf die Parteien oder Listen (Art. 40–42 BPR) — 433
     - c) Ermittlung der Gewählten und der Ersatzleute (Art. 43 BPR) — 433
  7. Nachrücken (Art. 55 BPR) — 434
  8. Ergänzungswahl (Art. 56 BPR) — 434
  9. Stille Wahl (Art. 45 BPR) — 434
  10. Wahl in Kantonen mit nur einem Mandat (Art. 47–51 BPR) — 434
- VI. Amtsdauer und Legislaturperiode (Art. 145 und 149 Abs. 2 Satz 2 BV) — 434
- VII. Konstituierung des Nationalrates und Bestellung des Ratsbüros — 435

§ 50 Ständerat 436

- I. Ständerat als «Repräsentation» der Kantone 436
- II. Zusammensetzung des Ständerates (Art. 150 Abs. 1 und 2 BV) 437
- III. Wahl der Ständeräte 437
- IV. Unvereinbarkeit 438
  1. Bundesrechtliche Unvereinbarkeit mit anderen Bundesämtern 438
  2. Unvereinbarkeit gemäss kantonalem Recht 438
- V. Amtsdauer 438
- VI. Bestellung des Ratsbüros 439

§ 51 Vereinigte Bundesversammlung 440

- I. Organisation und Verfahren 440
- II. Kompetenzen der Vereinigten Bundesversammlung 440
  1. Wahlen (Art. 157 Abs. 1 lit. a BV) 441
  2. Zuständigkeitskonflikte zwischen Bundesbehörden (Art. 157 Abs. 1 lit. b BV) 441
  3. Begnadigungen (Art. 157 Abs. 1 lit. c BV) 441

§ 52 Kompetenzen der Bundesversammlung 442

- I. Allgemeine Stellung der Bundesversammlung 442
- II. Rechtsetzungskompetenzen 443
  1. Verfassungsgebung (Art. 192 BV) 443
  2. Einfache Gesetzgebung (Art. 163 ff. BV) 444
- III. Aussenpolitische Kompetenzen 444
  1. Beteiligung an der Gestaltung der Aussenpolitik (Art. 166 Abs. 1 BV) 444
  2. Genehmigung von Staatsverträgen (Art. 166 Abs. 2 BV) 444
  3. Wahrung der äusseren Sicherheit (Art. 173 Abs. 1 lit. a und d BV) 445
- IV. Regierungs- und Verwaltungskompetenzen 445
  1. Finanzkompetenzen (Art. 167 BV) 445
     - a) Voranschlag (Art. 167 BV; Art. 13 ff. FHG) 446
     - b) Besondere Ausgabenbeschlüsse 446
     - c) Abnahme der Staatsrechnung (Art. 167 BV; Art. 4 ff. FHG) 447
  2. Wahl der anderen Bundesorgane (Art. 168 BV) 448
  3. Oberaufsicht (Art. 169 BV) 448
     - a) Prüfung der Geschäftsberichte 448
     - b) Parlamentarische Vorstösse 449
     - c) Parlamentarische Untersuchungskommission (Art. 163 ff. ParlG) 449
     - d) Genehmigung von Verordnungen des Bundesrates 450
     - e) Legislaturplanung (Art. 146 f. ParlG) 450
     - f) Vorstösse zur Einführung eines Eidgenössischen Ombudsmannes 450
     - g) Oberaufsicht über die Justiz im Besonderen 451

		4.	Wirksamkeitsprüfung (Art. 170 BV; Art. 27 ParlG))	451
		5.	Genehmigungskompetenzen gegenüber den Kantonen (Art. 172 Abs. 2 und 3 BV)	452
		6.	Weitere Aufgaben und Befugnisse (Art. 173 BV)	452
			a) Massnahmen zur Wahrung der inneren Sicherheit (Art. 173 Abs. 1 lit. b und c BV)	452
			b) Durchsetzung des Bundesrechts (Art. 173 Abs. 1 lit. e BV)	452
			c) Entscheid über die Gültigkeit von Volksinitiativen (Art. 173 Abs. 1 lit. f BV)	452
			d) Mitwirkung bei der Planung der Staatstätigkeit (Art. 173 Abs. 1 lit. g BV; Art. 28 ParlG)	453
			e) Einzelakte (Art. 173 Abs. 1 lit. h und Abs. 3 BV)	453
			f) Begnadigungen und Amnestie (Art. 173 Abs. 1 lit. k BV)	453
	V.	Rechtsprechungskompetenzen		453
		1.	Zuständigkeitskonflikte (Art. 173 Abs. 1 lit. i BV)	454
		2.	Ermächtigung zur Strafverfolgung von Mitgliedern der Bundesversammlung	454

§ 53 Geschäftsverkehr der Bundesversammlung — 455

	I.	Sitzungen von National- und Ständerat		455
		1.	Gleichzeitige Tagung, getrennte Beratung und Beschlussfassung	455
		2.	Sessionen	456
			a) Ordentliche Sessionen	456
			b) Ausserordentliche Sessionen	456
		3.	Öffentlichkeit	456
		4.	Anwesenheitsquorum	457
	II.	Organe von National- und Ständerat		457
		1.	Vorsitz (Art. 152 BV; Art. 34 ParlG; Art. 6 ff. GRN; Art. 3 ff. GRS)	457
		2.	Büro, Koordinationskonferenz und Verwaltungsdelegation (Art. 35, Art. 37 f. ParlG; Art. 8 f. GRN; Art. 5 f. GRS)	457
		3.	Parlamentarische Kommissionen (Art. 153 BV; Art. 40, 42 ff. und 150 ff. ParlG; Art. 10 ff. GRN; Art. 7 ff. GRS)	458
		4.	Fraktionen (Art. 154 BV; Art. 61 f. ParlG)	460
		5.	Parlamentsdienste (Art. 155 BV; Art. 64 ff. ParlG)	460
	III.	Abstimmungen		461
		1.	Erforderliches Mehr (Art. 159 Abs. 2 und 3 BV)	461
		2.	Form der Abstimmung	462
		3.	Arten der Abstimmung	462
	IV.	Wahlen (Art. 130 ff. ParlG)		462
	V.	Einbringen von Verhandlungsgegenständen		463
		1.	Handlungsinstrumente der Parlamentarier	463
			a) Motion und Postulat (120 ff. ParlG; Art. 25 ff. GRN; Art. 21 ff. GRS)	463
			b) Interpellation und Anfrage (Art. 125 ParlG; Art. 25 ff. GRN; Art. 21 ff. GRS)	464
			c) Parlamentarische Initiative (Art. 160 Abs. 1 BV; Art. 107 ff. ParlG)	464
			d) Empfehlung	464

XXXVI

		e) Aufträge an den Bundesrat (Art. 171 BV)	464
	2.	Einbringen von Verhandlungsgegenständen von Instanzen ausserhalb der Bundesversammlung	465
VI.	Zusammenwirken der beiden Kammern		465
	1.	Beschluss der Bundesversammlung	465
	2.	Differenzbereinigungsverfahren (Art. 89 ff. ParlG)	465
	3.	Vorgehen ohne Differenzbereinigungsverfahren (auch «ausserordentliches Differenzbereinigungsverfahren» genannt) (Art. 95 ParlG)	466

§ 54 Rechtliche Stellung der Mitglieder der Bundesversammlung 467

I.	Freies Mandat	467
II.	Finanzielle Ansprüche der Parlamentarier	468
III.	Immunität für Parlamentsvoten («irresponsabilité absolue») (Art. 162 Abs. 1 BV)	468
IV.	Strafprozessuale Verfolgungsprivilegien	469
	1. Bei Delikten, die sich nicht auf die amtliche Stellung beziehen («inviolabilité»)	469
	2. Bei Delikten, die sich auf die amtliche Stellung beziehen («irresponsabilité relative»)	469
	3. Zuständigkeit des Bundesgerichts bei Delikten gegen Ratsmitglieder	470
V.	Wehrprivileg	470

3. Kapitel: *Bundesrat* 471

§ 55 Stellung, Wahl und Organisation des Bundesrates 471

I.	Verfassungsrechtliche Stellung und Zusammensetzung des Bundesrates		472
II.	Wahl des Bundesrates		472
	1.	Wählbarkeit	472
	2.	Unvereinbarkeit	473
	3.	Wahlorgan	473
	4.	Wahlverfahren	473
	5.	Wahlpraxis	474
III.	Amtsdauer		474
IV.	Organisation des Bundesrates		475
	1.	Kollegial- und Departementalprinzip (Art. 177 BV)	475
	2.	Bundespräsident (Art. 176 BV)	476
		a) Wahl und Amtsdauer (Art. 176 Abs. 2 und 3 BV)	476
		b) Funktionen (Art. 176 Abs. 1 BV; Art. 25 ff. RVOG)	476
	3.	Departemente und ihre Zuteilung	476
	4.	Bundeskanzlei und Bundeskanzler (Art. 179 BV)	477

	V.	Verhandlungen des Bundesrates	477
	VI.	Rechtliche Stellung der Mitglieder des Bundesrates	478
		1. Politisches und bürgerliches Domizil sowie Steuerdomizil	478
		2. Immunität und Verantwortlichkeit	478
		3. Besoldung	479
	VII.	Regierungsreform	479

§ 56 Kompetenzen des Bundesrates 481

    I. Allgemeine Stellung des Bundesrates 481

    II. Regierungskompetenzen 482
        1. Aussenpolitische Regierungskompetenzen 482
            a) Beziehungen zum Ausland (Art. 184 BV) 482
            b) Staatsverträge (Art. 184 Abs. 2 BV) 482
            c) Sorge für äussere Sicherheit, Unabhängigkeit und Neutralität (Art. 185 Abs. 1, 3 und 4 BV) 483
        2. Innenpolitische Regierungskompetenzen 483
            a) Sorge für die innere Sicherheit (Art. 185 Abs. 2–4 BV) 483
            b) Leitung und Beaufsichtigung der Bundesverwaltung (Art. 178 Abs. 1, 187 Abs. 1 lit. a BV) 483
            c) Finanzpolitische Aufgaben und Bericht über die Geschäftsführung (Art. 183, 187 Abs. 1 lit. b BV) 483
            d) Wahlen (Art. 187 Abs. 1 lit. c BV) 484
        3. Öffentlichkeitsarbeit als Regierungsobliegenheit 484

    III. Verwaltungskompetenzen 484
        1. Vollzug des Bundesrechts (Art. 182 Abs. 2 BV) 484
        2. Aufsicht über die Kantone (Art. 182 Abs. 2, 186 BV) 485

    IV. Rechtsetzungskompetenzen 485
        1. Mitwirkung bei Verfassungsgebung und einfacher Gesetzgebung 486
            a) Ausarbeiten von Entwürfen (Art. 181 BV; Art. 7 RVOG) 486
            b) Leitung des Vorverfahrens der Gesetzgebung (Art. 7 RVOG) 486
            c) Veröffentlichung und Inkraftsetzung der Rechtsetzungserlasse 486
        2. Verordnungsrecht des Bundesrates 486
            a) Selbständige Verordnungen des Bundesrates (vgl. N. 1859 ff.) 487
            b) Unselbständige Verordnungen des Bundesrates (vgl. N. 1869 ff.) 487

    V. Rechtsprechungskompetenzen 487

§ 57 Bundesverwaltung 488

    I. Träger der Verwaltungsaufgaben des Bundes 489

    II. Bundesverwaltung 489
        1. Organisation 489
        2. Aufgaben und ihre Verteilung 490
        3. Bedeutung 491

    III. Übertragung von Verwaltungsaufgaben des Bundes auf andere Organisationen 492

4. Kapitel: Bundesgericht — 494

§ 58 Stellung und Organisation des Bundesgerichts — 494

- I. Verfassungsrechtliche Stellung des Bundesgerichts — 495
- II. Wahl der Mitglieder des Bundesgerichts — 496
  1. Wählbarkeit — 496
  2. Unvereinbarkeit — 496
  3. Wahlorgan — 497
  4. Wahlpraxis — 497
- III. Amtsdauer — 497
- IV. Organisation des Bundesgerichts — 497
  1. Anzahl der Mitglieder und nebenamtlichen Richter (Art. 1 Abs. 1 OG) — 497
  2. Plenum des Gesamtgerichts (Art. 11 OG; Art. 19 R BGer) — 498
  3. Präsidium (Art. 6 OG) — 498
  4. Abteilungen des Bundesgerichts (Art. 12, 13 OG; Art. 1 ff. R BGer) — 498
  5. Eidgenössisches Versicherungsgericht als Sozialversicherungsabteilung des Bundesgerichts (Art. 122 ff. OG) — 499
- V. Verhandlungen des Bundesgerichts — 499
  1. Beschlussfähigkeit (Art. 15 OG) — 499
  2. Abstimmungen (Art. 10 OG) — 499
  3. Öffentlichkeit (Art. 17 OG) — 500
  4. Besondere Verfahren (Art. 36a f. OG) — 500
  5. Parteivertreter (Art. 29 OG) — 500
  6. Prozesssprache und Sprache der Entscheidungen (Art. 37 Abs. 3 OG) — 500
  7. Kompetenzkonflikte mit dem Bundesrat (Art. 96 Abs. 2 und 3 OG) — 501
- VI. Rechtliche Stellung der Mitglieder des Bundesgerichts — 501
- VII. Revision des Bundesgerichtsgesetzes — 501

§ 59 Kompetenzen des Bundesgerichts — 503

- I. Rechtsprechungskompetenzen — 503
- 1. Zivilrechtspflege durch das Bundesgericht — 503
  - a) Das Bundesgericht als einzige Instanz (Art. 41 OG) — 504
  - b) Das Bundesgericht als Berufungsinstanz (Art. 43 ff. OG) — 504
  - c) Das Bundesgericht als Beschwerdeinstanz (Art. 68 ff. OG) — 504
- 2. Rechtspflege des Bundesgerichts in Schuldbetreibungs- und Konkurssachen (Art. 76 ff. OG) — 505
- 3. Strafrechtspflege durch das Bundesgericht — 505
  - a) Das Bundesgericht als Beschwerdeinstanz (Art. 268 ff. des Bundesgesetzes über die Bundesstrafrechtspflege [BStP] vom 15. Juni 1934 [SR 312.0]) — 505
  - b) Bundesgerichtsbarkeit im Strafrecht — 505
- 4. Staatsrechtspflege durch das Bundesgericht — 506
  - a) Staatsrechtliche Klage (Art. 189 Abs. 1 lit. d BV; Art. 83 OG) — 506
  - b) Staatsrechtliche Beschwerde (Art. 189 Art. 1 lit. a–c BV; Art. 84 ff. OG) — 506

				XXXIX

		5.	Verwaltungsrechtspflege durch das Bundesgericht	506
			a) Das Bundesgericht als Beschwerdeinstanz (Art. 97 ff. OG)	506
			b) Das Bundesgericht als einzige Instanz (Art. 116 ff. OG)	507
		6.	Sozialversicherungsrechtspflege durch das Eidgenössische Versicherungsgericht (Art. 122 ff. OG)	507
			a) Das Versicherungsgericht als Beschwerdeinstanz (Art. 128 f. OG)	507
			b) Das Versicherungsgericht als einzige Instanz (Art. 130 f. OG)	508
	II.	Rechtsetzungskompetenzen		508
	III.	Verwaltungskompetenzen		508

6. Teil: Rechtsetzung und Staatsverträge   509

§ 60 Verfassungsgebung   511

	I.	Abänderbarkeit der Bundesverfassung und ihre Grenzen		512
		1.	Jederzeitige Abänderbarkeit	512
		2.	Voraussetzungen und Schranken der Verfassungsrevision	513
			a) Durch die Verfassung festgelegte Voraussetzungen	513
			b) Bindung an zwingende Bestimmungen des Völkerrechts	513
			c) Faktische Durchführbarkeit	514
			d) Weitere Schranken?	514
	II.	Unterscheidung von Total- und Teilrevision		515
		1.	Formelle Unterscheidung	515
		2.	Materielle Unterscheidung	516
		3.	Für die Bundesverfassung massgebendes Kriterium	516
	III.	Totalrevision der Bundesverfassung		517
		1.	Initiativberechtigte	517
			a) Bundesbehörden (Art. 193 Abs. 1, 160 Abs. 1, 181 BV)	517
			b) Kanton (Art. 160 Abs. 1 BV)	518
			c) Volk (Art. 193 Abs. 1, 138 BV)	518
		2.	Vorabstimmung (Art. 138 Abs. 2, 140 Abs. 2 lit. a und c, 193 Abs. 2 BV)	518
		3.	Auflösung und Neuwahl der Bundesversammlung (Art. 193 Abs. 3 BV)	518
		4.	Ausarbeitung des Verfassungsentwurfs durch die Bundesversammlung	519
		5.	Obligatorisches Volks- und Ständereferendum (Art. 140 Abs. 1 lit. a, 142, 195 BV)	519
		6.	Schema zur Totalrevision	520
	IV.	Teilrevision der Bundesverfassung		520
		1.	Initiativberechtigte	520
		2.	Formulierte Volksinitiative auf Teilrevision und allgemeine Volksinitiative	521
			a) Inhalt	521
			b) Verfahrensvorschriften (Art. 68 ff. BPR)	521
			c) Rückzug der Initiative (Art. 73 BPR)	522
			d) Form der Initiative	522

		e) Prinzip der Einheit der Materie (vgl. N. 1388 f.)	522
	3.	Vorabstimmung bei der allgemeinen Volksinitiative (Art. 139a Abs. 5• BV)	524
	4.	Ausarbeitung eines Entwurfs durch die Bundesversammlung (Art. 139a Abs. 5 BV)	525
	5.	Ausarbeitung eines Gegenentwurfs durch die Bundesversammlung (Art. 139 Abs. 3, 139a Abs. 4• BV)	525
	6.	Obligatorisches Volks- und Ständereferendum (Art. 140 Abs. 1 lit. a, 142 Abs. 2–4, 195 BV)	525
	7.	Verfahren bei der Abstimmung über Initiative und Gegenvorschlag (Art. 139b Abs. 1•, 139b Abs. 2 und 3 BV)	525
	8.	Schema zur Teilrevision	527
V.	Notstandsrecht		528

§ 61 Bundesgesetze und Bundesbeschlüsse ... 530

I.	Verfahren der Gesetzgebung		531
	1.	Gegenstand	531
	2.	Initiative (Art. 160 Abs. 1, 181 BV; Art. 6, 45, 62 ParlG)	531
	3.	Ausarbeitung eines Gesetzesentwurfs	532
		a) Mitwirkung des Bundesrates bei der Gesetzgebung (Art. 7 RVOG)	532
		b) Ausarbeitung durch Kommissionen des Parlaments	533
	4.	Beratung und Verabschiedung in beiden Räten (Art. 71 ff. ParlG)	533
	5.	Fakultatives Referendum (Art. 141 BV; Art. 59 ff. BPR)	533
	6.	Veröffentlichung in der amtlichen Gesetzessammlung (Art. 2–10 PublG)	535
	7.	Inkrafttreten	535
II.	Form der Beschlüsse der Bundesversammlung (Art. 140 und 141, 163–165 BV)		535
	1.	Bundesgesetz (Art. 163–165 BV, Art. 22 ParlG)	537
	2.	Dringliches Bundesgesetz (Art. 165, 140 Abs. 1 lit. c, 141 Abs. 1 lit. b BV)	538
		a) Dringliches Bundesgesetz mit Verfassungsgrundlage (Art. 165 Abs. 1 und 2 BV)	538
		b) Dringliches Bundesgesetz ohne Verfassungsgrundlage (Art. 165 Abs. 1 und 3 BV)	539
	3.	Verordnung (Art. 163 Abs. 1 BV, Art. 22 Abs. 2 ParlG)	539
	4.	Bundesbeschluss (Art. 163 Abs. 2 BV, Art. 29 ParlG)	540
		a) Einfacher Bundesbeschluss	540
		b) Referendumspflichtiger Bundesbeschluss	541
III.	Form der Beschlüsse der Bundesversammlung gemäss der Bundesverfassung von 1874 (Art. 89 und 89bis aBV; aArt. 4–8 GVG)		542
	1.	Bundesgesetz (aArt. 5 GVG)	543
	2.	Nichtdringlicher allgemeinverbindlicher Bundesbeschluss (aArt. 6 GVG)	543
	3.	Nicht referendumspflichtiger allgemeinverbindlicher Bundesbeschluss (aArt. 7 GVG)	543
	4.	Dringlicher Bundesbeschluss (Art. 89[bis] aBV)	543

XLI

		5.	Einfacher Bundesbeschluss (aArt. 8 GVG)	544
	IV.	Fazit		544

§ 62 Erlass von Verordnungen 545

	I.	Begriff, Elemente und Arten von Verordnungen	545
		1. Begriff	545
		2. Elemente	546
		a) Erlass von generell-abstrakten Rechtsnormen	546
		b) Andere Erlassform als bei Verfassung und Gesetz	546
		c) Erlassende Behörde	546
		3. Terminologie	546
		4. Arten von Verordnungen	546
		a) Rechtsverordnungen und Verwaltungsverordnungen	546
		b) Selbständige und unselbständige Verordnungen	547
		c) Vollziehungsverordnungen und gesetzesvertretende Verordnungen	548
	II.	Verordnungen des Bundesrates und anderer Exekutivbehörden	548
		1. Selbständige Verordnungen des Bundesrates	549
		a) Vollziehungsverordnungen (Art. 182 Abs. 2 BV)	549
		b) Polizeinotverordnungen (Art. 185 Abs. 3 BV)	550
		c) Verordnungen zur Wahrung der äusseren Interessen der Schweiz (Art. 184 Abs. 3, 185 Abs. 3 BV)	552
		d) Weitere Verordnungskompetenzen kraft Bundesverfassung	552
		2. Unselbständige Verordnungen des Bundesrates	553
		a) Allgemeines	553
		b) Voraussetzungen der Zulässigkeit der Gesetzesdelegation	553
		c) Subdelegation von Rechtsetzungsbefugnissen	555
		d) Genehmigungsbedürftige Verordnungen	555
		e) Verordnungen gestützt auf die sogenannten «Vollmachtenbeschlüsse»	556
		f) Allgemeinverbindlicherklärung von Gesamtarbeitsverträgen	556
	III.	Verordnungen der Bundesversammlung	556
	IV.	Verordnungen des Bundesgerichts	557
	V.	Schema zu den Verordnungsarten	558
	VI.	Rechtsetzung durch Private?	558

§ 63 Staatsverträge 560

	I.	Begriff und Arten des Staatsvertrages	561
		1. Begriff des Staatsvertrages	561
		2. Arten von Staatsverträgen	561
		a) Rechtsgeschäftliche und rechtsetzende Staatsverträge	561
		b) Unmittelbar und nicht unmittelbar anwendbare Staatsverträge	561
		c) Bilaterale und multilaterale Staatsverträge	562
	II.	Zuständigkeit des Bundes zum Abschluss von Staatsverträgen	562
	III.	Verfahren beim Abschluss von Staatsverträgen	562

XLII

		1.	Verhandlung und materieller Abschluss durch den Bundesrat	563
		2.	Genehmigung durch die Bundesversammlung	563
			a) Grundsatz der Genehmigungspflicht	563
			b) Ausnahmen von der Genehmigungspflicht	563
			c) Bedeutung der Genehmigung durch die Bundesversammlung	564
			d) Form des Genehmigungsbeschlusses	564
		3.	Staatsvertragsreferendum	564
			a) Fakultatives Staatsvertragsreferendum (Art. 141 Abs. 1 lit. d Ziff. 1–3 BV)	565
			b) Obligatorisches Staatsvertragsreferendum (Art. 140 Abs. 1 lit. b BV)	565
		4.	Ratifikation	566
		5.	Innerstaatliche Geltung und Publikation in der Gesetzessammlung	566
	IV.	Verhältnis zwischen Staatsvertrag und innerstaatlichem Recht		568
		1.	Staatsvertrag und Bundesverfassung	569
		2.	Staatsvertrag und Bundesgesetz	569
		3.	Staatsvertrag und übrige Bundeserlasse	570
		4.	Staatsvertrag und kantonales Recht	570

7. Teil: Staatsrechtspflege 571

§ 64 Staatsrechtliche Beschwerde an das Bundesgericht 574

	I.	Allgemeines		575
	II.	Die Voraussetzungen der staatsrechtlichen Beschwerde im Überblick		576
	III.	Die einzelnen Voraussetzungen der staatsrechtlichen Beschwerde		577
		1.	Anfechtungsobjekt	577
			a) Beschränkung auf kantonale Hoheitsakte	577
			b) Kantonale Erlasse	578
			c) Kantonale Verfügungen und Entscheide	580
			d) Kantonale und kommunale Wahlen und Abstimmungen	583
			e) Raumpläne	583
		2.	Beschwerdegrund	584
			a) Verletzung verfassungsmässiger Rechte des Bürgers (Art. 189 Abs. 1 lit. a BV, Art. 84 Abs. 1 lit. a OG)	585
			b) Verletzung der Gemeindeautonomie und anderer Garantien der Kantone zu Gunsten von öffentlich-rechtlichen Körperschaften	586
			c) Verletzung von Verträgen der Kantone (Art. 189 Abs. 1 lit. c BV; Art. 84 Abs. 1 lit. b OG)	586
			d) Verletzung von Staatsverträgen (Art. 189 Abs. 1 lit. c BV; Art. 84 Abs. 1 lit. c OG)	587
			e) Verletzung von bundesrechtlichen Zuständigkeitsvorschriften (Art. 84 Abs. 1 lit. d OG)	587
			f) Verletzung des Stimmrechts (Art. 85 lit. a OG)	588
		3.	Subsidiarität	591
			a) Absolute Subsidiarität gegenüber anderen bundesrechtlichen Rechtsmitteln (Art. 84 Abs. 2 OG)	591

XLIII

			b) Erschöpfung des kantonalen Instanzenzuges («relative Subsidiarität») (Art. 86 OG)		592
		4.	Persönliche Voraussetzungen beim Beschwerdeführer		593
			a) Parteifähigkeit		593
			b) Prozessfähigkeit		594
			c) Beschwerdelegitimation (Art. 88 OG)		595
			d) Besondere Regelungen der Legitimation		599
		5.	Form und Inhalt der Beschwerdeschrift		602
		6.	Beschwerdefrist (Art. 89 Abs. 1 OG)		602
	IV.	Verfahren			603
		1.	Allgemeines		603
		2.	Beschränkung auf die vom Beschwerdeführer geltend gemachten Anträge und Beschwerdegründe		603
		3.	Frage des Novenrechts		604
		4.	Kognition des Bundesgerichts		604
		5.	Abschluss des Verfahrens		605
	V.	Rechtswirkungen des Entscheides			606

§ 65 Staatsrechtliche Klage   608

	I.	Allgemeines		608
	II.	Kompetenzkonflikte zwischen Bund und Kantonen		609
		1.	Begriff	609
		2.	Arten von Kompetenzkonflikten	610
			a) Kompetenzkonflikte in der Rechtsetzung und in der Rechtsanwendung	610
			b) Positive und negative Kompetenzkonflikte	610
			c) Kompetenzkonflikte über ergangene und in Vorbereitung stehende Akte	611
		3.	Einschränkung des Klagegegenstandes durch Art. 191 BV	611
		4.	Parteien, Subsidiarität und Verfahren	611
			a) Parteien	611
			b) Subsidiarität	612
			c) Fristen	612
			d) Verfahren	612
			e) Prüfungsbefugnis und Urteil	612
	III.	Staatsrechtliche Streitigkeiten zwischen Kantonen (Art. 83 lit. b OG)		612
		1.	Der Begriff der staatsrechtlichen Streitigkeiten	612
		2.	Anwendbares Recht	613
		3.	Parteien und Verfahren	613

§ 66 Akzessorisches Prüfungsrecht   614

	I.	Begriff und Allgemeines		614
		1.	Begriff und Rechtsnatur des akzessorischen Prüfungsrechts	614
		2.	Rechtsgrundlage des akzessorischen Prüfungsrechts	615
		3.	Verfahrensmässige Auslösung der akzessorischen Überprüfung	616
		4.	Zur akzessorischen Überprüfung befugte Behörden	616

		5.	Rechtswirkung eines negativen Prüfungsergebnisses	616
		6.	Akzessorisches Prüfungsrecht und staatsrechtliche Beschwerde	617
	II.	Prüfungsrecht gegenüber Normen des kantonalen Rechts	618
		1.	Prüfung der Übereinstimmung mit kantonalem Recht, insbesondere mit der kantonalen Verfassung	618
			a) Überprüfung von kantonalen Gesetzen	618
			b) Überprüfung von kantonalen Verordnungen	618
		2.	Prüfung der Übereinstimmung mit dem Bundesrecht	619
	III.	Prüfungsrecht gegenüber Normen des Bundesrechts	620
		1.	Einschränkung des Prüfungsrechts durch Art. 191 BV	620
		2.	Überprüfbare Normen des Bundesrechts	621
			a) Bundesbeschlüsse	621
			b) Verordnungen der Bundesversammlung	621
			c) Verordnungen des Bundesrates und der Bundesverwaltung	622

Sachregister 625

Amtliche Veröffentlichungen und Literatur zum schweizerischen Bundesstaatsrecht

I. Amtliche Veröffentlichungen

1. Gesetzessammlungen

AMTLICHE SAMMLUNG DES BUNDESRECHTS (AS, nach Jahren zitiert, z.B. AS 1978, 212); vor 1948: Amtliche Sammlung der Bundesgesetze und Verordnungen der Schweizerischen Eidgenossenschaft (nach Bandzahlen zitiert, z.B. AS 47, 552 ff.)

SYSTEMATISCHE SAMMLUNG DES BUNDESRECHTS (SR): Landesrecht und Staatsverträge, mit jährlichem Inhaltsverzeichnis (Loseblattform, Dezimalklassifikation; Bd. 1.1 enthält auch alle Kantonsverfassungen). Vgl. Bundesgesetz über die Sammlungen des Bundesrechts und das Bundesblatt (Publikationsgesetz) vom 18. Juni 2004 (SR 170.512); Verordnung über die Sammlungen des Bundesrechts und das Bundesblatt (Publikationsverordnung) vom 17. November 2004 (SR 170.512.1)

BEREINIGTE SAMMLUNG DER BUNDESGESETZE UND VERORDNUNGEN 1848–1947 (BS), erschienen 1949 ff. (enthält alle am 31. Dezember 1947 geltenden Erlasse; heute ausser Kraft)

BIAGGINI GIOVANNI/EHRENZELLER BERNHARD (Hrsg.), Studienausgabe Öffentliches Recht, 2. Aufl., Zürich 2004 (private Sammlung)

ERLASSE DES ÖFFENTLICHEN RECHTS DES BUNDES, herausgegeben von der Bundeskanzlei, Stand 1. Januar 2004

2. Materialien

BUNDESBLATT (BBl), seit 1848

AMTLICHES BULLETIN DER BUNDESVERSAMMLUNG (Amtl.Bull. NR und Amtl.Bull. StR; bis 1962: Sten.Bull. NR und Sten.Bull. StR), seit 1891

3. Entscheide und Praxis

ENTSCHEIDUNGEN DES SCHWEIZERISCHEN BUNDESGERICHTS, Amtliche Sammlung (BGE), seit 1874, mit Registern (bis 1971 wurden die Entscheidungen aus dem Gebiet des öffentlichen Rechts im I. Teil veröffentlicht; ab Bd. 98 [1972] erfolgte eine Unterteilung in Ia) Staatsrecht und Ib) Verwaltungsrecht; seit Bd. 121 [1995] sind die verfassungsrechtlichen Entscheidungen im I. Teil und die verwaltungsrechtlichen im II. Teil enthalten)

DIE PRAXIS (Pra), seit 1912 (monatliche Berichte über Entscheidungen des Schweizerischen Bundesgerichts, des Eidgenössischen Versicherungsgerichts und des Europäischen Gerichtshofes für Menschenrechte)

ULLMER RUDOLF E., Die staatsrechtliche Praxis der schweizerischen Bundesbehörden aus den Jahren 1848 bis 1863, 2 Bde., Zürich 1862/1866

VON SALIS LUDWIG RUDOLF, Schweizerisches Bundesrecht, 5 Bde., 2. Aufl., Bern 1903 f. (Praxis des Bundesrates und der Bundesversammlung von 1874–1902)

BURCKHARDT WALTHER, Schweizerisches Bundesrecht, 5 Bde. mit Register, Frauenfeld 1930 ff. (Praxis des Bundesrates und der Bundesversammlung von 1903–1926)

VERWALTUNGSENTSCHEIDE DER BUNDESBEHÖRDEN (VEB), Heft 1 (1927) bis 31 (1962–1963), mit Registern

VERWALTUNGSPRAXIS DER BUNDESBEHÖRDEN (VPB), seit Heft 32 (1964–1965), mit Registern

II. Literatur

(Gesamtdarstellungen sowie umfassende Darstellungen von Teilbereichen)

AUBERT JEAN-FRANÇOIS, Traité de droit constitutionnel suisse, 2 Bde., Paris/Neuchâtel 1967; Supplément 1967–1982, Neuchâtel 1982

AUBERT JEAN-FRANÇOIS, Bundesstaatsrecht der Schweiz, Fassung von 1967 und neubearbeiteter Nachtrag, Bd. I mit Nachtrag bis 1990, Bd. II mit Nachtrag bis 1994, Basel/Frankfurt a.M. 1991 und 1995

AUBERT JEAN-FRANÇOIS, Exposé des institutions politiques de la Suisse à partir de quelques affaires controversées, 2. Aufl., Lausanne 1983 (deutsche Übersetzung: So funktioniert die Schweiz. Dargestellt anhand einiger konkreter Beispiele, 5. Aufl., Bern 1987)

AUBERT JEAN-FRANÇOIS/MAHON PASCAL, Petit Commentaire de la Constitution fédérale de la Confédération Suisse du 18 avril 1999, Zürich 2003

AUER ANDREAS, La juridiction constitutionnelle en Suisse, Bâle/Francfort-sur-le-Main 1983 (deutsche Übersetzung: Die schweizerische Verfassungsgerichtsbarkeit, Basel/Frankfurt a.M. 1984)

AUER ANDREAS/MALINVERNI GIORGIO/HOTTELIER MICHEL, Droit constitutionnel suisse, volume I: L'Etat; volume II: Les droits fondamentaux, Bern 2000

BURCKHARDT WALTHER, Kommentar der schweizerischen Bundesverfassung vom 29. Mai 1874, 3. Aufl., Bern 1931

FAVRE ANTOINE, Droit constitutionnel suisse, 2. Aufl., Fribourg 1970

FLEINER FRITZ/GIACOMETTI ZACCARIA, Schweizerisches Bundesstaatsrecht, Zürich 1949, verschiedene Nachdrucke

GÄCHTER THOMAS/BERTSCHI MARTIN (Hrsg.), Neue Akzente in der «nachgeführten» Bundesverfassung, Zürich 2000

GRISEL ANDRÉ, Traité de droit administratif, 2 Bde., Neuchâtel 1984

GYGI FRITZ/RICHLI PAUL, Wirtschaftsverfassungsrecht, 2. Aufl., Bern 1997

HÄFELIN ULRICH/MÜLLER GEORG, Allgemeines Verwaltungsrecht, 4. Aufl., Zürich/Basel/Genf 2002

HALLER WALTER/KÖLZ ALFRED, Allgemeines Staatsrecht, 3. Aufl., Basel/Genf/München 2004

HANDBUCH DER SCHWEIZER POLITK, hrsg. von Ulrich Klöti, Peter Knoepfel, Hanspeter Kriesi, Wolf Linder und Yannis Papadopoulos, 3. Aufl., Zürich 2002

HANGARTNER YVO, Grundzüge des schweizerischen Staatsrechts, Bd. I: Organisation, Zürich 1980; Bd. II: Grundrechte, Zürich 1982

HANGARTNER YVO, Die Kompetenzverteilung zwischen Bund und Kantonen, Bern 1974

HANGARTNER YVO/EHRENZELLER BERNHARD (Hrsg.), Reform der Bundesverfassung, Beiträge zum Verfassungsentwurf vom 19. Juni 1995, St. Gallen 1995

HANGARTNER YVO/KLEY ANDREAS, Die demokratischen Rechte in Bund und Kantonen der Schweizerischen Eidgenossenschaft, Zürich 2000

IMBODEN MAX/RHINOW RENÉ A., Schweizerische Verwaltungsrechtsprechung, 2 Bde., 6. Aufl., Basel/Frankfurt a.M. 1986; Ergänzungsband zur 5. (und unveränderten 6.) Aufl.: RHINOW RENÉ A./KRÄHENMANN BEAT, Schweizerische Verwaltungsrechtsprechung, Basel/Frankfurt a.M. 1990

KÄLIN WALTER, Das Verfahren der staatsrechtlichen Beschwerde, 2. Aufl., Bern 1994

KNAPP BLAISE, Précis de droit administratif, 4. Aufl., Bâle/Francfort-sur-le-Main 1991 (deutsche Übersetzung: Grundlagen des Verwaltungsrechts, 2 Bde., Basel/Frankfurt a.M. 1992/93)

KOMMENTAR ZUR BUNDESVERFASSUNG DER SCHWEIZERISCHEN EIDGENOSSENSCHAFT vom 29. Mai 1874, Bde. I–IV, hrsg. von Jean-François Aubert, Kurt Eichenberger, Jörg Paul Müller, René A. Rhinow, Dietrich Schindler, Basel/Zürich/Bern 1987–1996

MOOR PIERRE, Droit administratif, Volume I: Les fondements généraux, 2. Aufl., Bern 1994; Volume II: Les actes administratifs et leur contrôle, 2. Aufl., Bern 2002; Volume III: L'organisation des activités administratives – Les biens de l'Etat, Bern 1992

MÜLLER JÖRG PAUL, Elemente einer schweizerischen Grundrechtstheorie, Bern 1982

MÜLLER JÖRG PAUL, Grundrechte in der Schweiz, Im Rahmen der Bundesverfassung von 1999, der UNO-Pakte und der EMRK, 3. Aufl., Bern 1999

MÜLLER JÖRG PAUL/WILDHABER LUZIUS, Praxis des Völkerrechts, 3. Aufl., Bern 2001

RHINOW RENÉ, Grundzüge des Schweizerischen Verfassungsrechts, Basel/Genf/München 2003

RHINOW RENÉ/KOLLER HEINRICH/KISS CHRISTINA, Öffentliches Prozessrecht und Justizverfassungsrecht des Bundes, Basel/Frankfurt a.M. 1996

RHINOW RENÉ/SCHMID GERHARD/BIAGGINI GIOVANNI, Öffentliches Wirtschaftsrecht, Basel 1998

RIKLIN ALOIS/HAUG HANS/PROBST RAYMOND (Hrsg.), Neues Handbuch der schweizerischen Aussenpolitik, Bern/Stuttgart/Wien 1992

SALADIN PETER, Grundrechte im Wandel, 3. Aufl., Bern 1982

SPÜHLER KARL, Die Praxis der staatsrechtlichen Beschwerde, Bern 1994

ST. GALLER BV-KOMMENTAR, Die Schweizerische Bundesverfassung, hrsg. von Bernhard Ehrenzeller, Philippe Mastronardi, Rainer J. Schweizer und Klaus A. Vallender, Zürich 2002

TSCHANNEN PIERRE, Staatsrecht der Schweizerischen Eidgenossenschaft, Bern 2004

TSCHANNEN PIERRE/ZIMMERLI ULRICH, Allgemeines Verwaltungsrecht, 2. Aufl., Bern 2005

VERFASSUNGSRECHT DER SCHWEIZ, hrsg. von Daniel Thürer, Jean-François Aubert und Jörg Paul Müller, Zürich 2001

ZIMMERLI ULRICH (Hrsg.), Die neue Bundesverfassung, Konsequenzen für Praxis und Wissenschaft, Bern 2000

III. Zeitschriften

(Zeitschriften mit Aufsätzen und Entscheidungen zum schweizerischen Bundesstaatsrecht)

AKTUELLE JURISTISCHE PRAXIS (AJP), seit 1992

EUROPÄISCHE GRUNDRECHTE-ZEITSCHRIFT (EuGRZ), seit 1974

RECHT, Zeitschrift für juristische Ausbildung und Praxis, seit 1983

REVUE DE DROIT ADMINISTRATIF ET DE DROIT FISCAL, seit 1945

SCHWEIZERISCHE JURISTEN-ZEITUNG (SJZ), seit 1904

SCHWEIZERISCHES ZENTRALBLATT FÜR STAATS- UND VERWALTUNGSRECHT (ZBl), seit 1900 (bis 1988: Schweizerisches Zentralblatt für Staats- und Gemeindeverwaltung)

WIRTSCHAFT UND RECHT (WuR), 1949–1990

ZEITSCHRIFT DES BERNISCHEN JURISTENVEREINS (ZBJV), seit 1865 (enthält jährlich eine ausführliche Besprechung der staatsrechtlichen Rechtsprechung des Bundesgerichts)

ZEITSCHRIFT FÜR SCHWEIZERISCHES RECHT (ZSR), seit 1852, Neue Folge seit 1882

IV. Internet-Adressen

Gesetzessammlungen

Bundesrecht	www.admin.ch
	(Einstiegsseite der Bundesbehörden mit *Systematischer Rechtssammlung, Amtlicher Sammlung* und *Bundesblatt*)
Kantonales Recht	www.copiur.admin.ch
Gemeinderecht	www.copiur.admin.ch
Europäische Union	www.europa.eu.int
Rechtsquellen ausländischer Staaten	www.-isdc.unil.ch
Zentrum für Rechtsetzungslehre der Universität Zürich	www.rwi.unizh.ch/zfr/frame.htm

Rechtsprechung

Bundesgerichtsentscheide	www.bger.ch
Entscheide Kantonaler Gerichte	www.copiur.admin.ch
Europäischer Gerichtshof für Menschenrechte	www.echr.coe.int

Abkürzungsverzeichnis

Abs.	Absatz/Absätze
aBV	Bundesverfassung der Schweizerischen Eidgenossenschaft vom 29. Mai 1874
AJP	Aktuelle Juristische Praxis
a.M.	anderer Meinung
Amtl.Bull. NR/StR	Amtliches Bulletin der Bundesversammlung Nationalrat/ Ständerat; bis 1962 Sten.Bull. NR/Sten.Bull. StR
ANAG	Bundesgesetz über Aufenthalt und Niederlassung der Ausländer vom 26. März 1931 (SR 142.20)
Art.	Artikel
AS	Amtliche Sammlung des Bundesrechts (bis 1947: Amtliche Sammlung der Bundesgesetze und Verordnungen)
ATF	Arrêts du Tribunal fédéral suisse, Recueil officiel (= BGE)
AUBERT	Aubert Jean-François, Traité de droit constitutionnel suisse, 2 Bde., Paris/Neuchâtel 1967, Supplément 1967–1982, Neuchâtel 1982 (Verweisungen auf die ersten zwei Bände werden mit der Abkürzung «No.» angezeigt, Verweisungen auf das Supplement oder auf den Nachtrag in der deutschsprachigen Ausgabe mit der Bezeichnung «ad»)
AUER/MALINVERNI/ HOTTELIER	Auer Andreas/Malinverni Giorgio/Hottelier Michel, Droit constitutionnel suisse, 2 Bde., Bern 2000
Aufl.	Auflage
BB	Bundesbeschluss
BBl	Bundesblatt
Bd./Bde.	Band/Bände
betr.	betreffend
BFGA	Bundesgesetz über die Freizügigkeit der Anwältinnen und Anwälte vom 23. Juni 2000 (BBl 2000, 3594 ff.)
BG	Bundesgesetz
BGBM	Bundesgesetz über den Binnenmarkt (Binnenmarktgesetz) vom 6. Oktober 1995 (SR 943.02)
BGE	Entscheidungen des Schweizerischen Bundesgerichts (Amtliche Sammlung)
BGer	Schweizerisches Bundesgericht
BJM	Basler Juristische Mitteilungen
BPG	Bundespersonalgesetz vom 24. März 2000 (SR 172.220.1)
BPR	Bundesgesetz über die politischen Rechte vom 17. Dezember 1976 (SR 161.1)

BR	Bundesrat
BRB	Bundesratsbeschluss
BRD	Bundesrepublik Deutschland
BS	Bereinigte Sammlung der Bundesgesetze und Verordnungen 1848–1947
BStP	Bundesgesetz über die Bundesstrafrechtspflege vom 15. Juni 1934 (SR 312.0)
BüG	Bundesgesetz über Erwerb und Verlust des Schweizer Bürgerrechts vom 29. September 1952 (SR 141.0)
BÜPF	Bundesgesetz betr. die Überwachung des Post- und Fernmeldeverkehrs vom 6. Oktober 2000 (SR 780.1)
BURCKHARDT	Burckhardt Walther, Kommentar der schweizerischen Bundesverfassung vom 29. Mai 1874, 3. Aufl., Bern 1931
BV	Bundesverfassung der Schweizerischen Eidgenossenschaft vom 18. April 1999 (SR 101)
consid.	considérant (= E.)
Diss.	Dissertation
E.	Erwägung
EG	Europäische Gemeinschaft(en)
EGMR	Europäischer Gerichtshof für Menschenrechte
EJPD	Eidgenössisches Justiz- und Polizeidepartement
EMRK	Konvention zum Schutze der Menschenrechte und Grundfreiheiten vom 4. November 1950 (SR 0.101)
EU	Europäische Union
EuGRZ	Europäische Grundrechte-Zeitschrift
f./ff.	folgende Seite/Seiten
FHG	Bundesgesetz über den eidgenössischen Finanzhaushalt (Finanzhaushaltgesetz) vom 6. Oktober 1989 (SR 611.0)
FiLaG	Bundesgesetz über den Finanz- und Lastenausgleich vom 3. Oktober 2003 (SR 613.1)
FKG	Bundesgesetz über die eidgenössische Finanzkontrolle (Finanzkontrollgesetz) vom 28. Juni 1967 (SR 614.0)
FLEINER/ GIACOMETTI	Fleiner Fritz/Giacometti Zaccaria, Schweizerisches Bundesstaatsrecht, Zürich 1949, verschiedene Nachdrucke
FS	Festschrift
FZA	Abkommen zwischen der Schweizerischen Eidgenossenschaft einerseits und der Europäischen Gemeinschaft und ihren Mitgliedstaaten anderseits über die Freizügigkeit (Freizügigkeitsabkommen) vom 21. Juni 1999 (SR 0.142.112.681)
GarG	Bundesgesetz über die politischen und polizeilichen Garantien zugunsten der Eidgenossenschaft vom 26. März 1934 (SR 170.21)

GATT	Allgemeines Zoll- und Handelsabkommen (General Agreement on Tariffs and Trade) vom 30. Oktober 1947, aus dem die WTO (World Trade Organization) hervorgegangen ist.
GG	Grundgesetz für die Bundesrepublik Deutschland vom 23. Mai 1949 (Bonner Grundgesetz)
gl.M.	gleicher Meinung
GRN	Geschäftsreglement des Nationalrates vom 3. Oktober 2003 (SR 171.13)
GRS	Geschäftsreglement des Ständerates vom 20. Juni 2003 (SR 171.14)
HANGARTNER	Hangartner Yvo, Grundzüge des schweizerischen Staatsrechts, 1. Bd.: Organisation, Zürich 1980, 2. Bd.: Grundrechte, Zürich 1982
Hrsg.	Herausgeber
i.d.R.	in der Regel
i.S.	im Sinne
ius.full	Forum für juristische Bildung (Zeitschrift)
i.V.m.	in Verbindung mit
IWF	Internationaler Währungsfonds
JAAC	Jurisprudence des autorités administratives de la Confédération (= VEB und VPB)
Kommentar aBV	Kommentar zur Bundesverfassung der Schweizerischen Eidgenossenschaft vom 29. Mai 1874, Bde. I–IV, hrsg. von Jean-François Aubert, Kurt Eichenberger, Jörg Paul Müller, René A. Rhinow, Dietrich Schindler, Basel/Zürich/Bern 1987–1996
KV	Kantonsverfassung
LS	Zürcher Loseblattsammlung
N.	Randnummer des vorliegenden Buches
NF	Neue Folge
NR	Nationalrat
NZZ	Neue Zürcher Zeitung
OG	Bundesgesetz über die Organisation der Bundesrechtspflege vom 16. Dezember 1943 (SR 173.110)
OR	Bundesgesetz betreffend die Ergänzung des Schweizerischen Zivilgesetzbuches (Fünfter Teil: Obligationenrecht) vom 30. März 1911 (SR 220)
OSZE	Organisation für Sicherheit und Zusammenarbeit in Europa
ParlG	Bundesgesetz vom 13. Dezember 2002 über die Bundesversammlung (Parlamentsgesetz; SR 171.10)
Pra	Die Praxis (vgl. vorn I/3)

PublG	Bundesgesetz vom 18. Juni 2004 über die Sammlungen des Bundesrechts und das Bundesblatt (Publikationsgesetz; SR 170.512)
R BGer	Reglement für das Schweizerische Bundesgericht vom 14. Dezember 1978 (SR 173.111.1)
recht	Zeitschrift für juristische Ausbildung und Praxis
R<small>HINOW</small>	Rhinow René, Grundzüge des Schweizerischen Verfassungsrechts, Basel/Genf/München 2003
RO	Recueil des lois fédérales (bis 1947: Recueil officiel des lois et ordonnances de la Confédération suisse) (= AS)
RTVG	Bundesgesetz über Radio und Fernsehen vom 21. Juni 1991 (SR 784.40)
RVOG	Regierungs- und Verwaltungsorganisationsgesetz vom 21. März 1997 (SR 172.010)
RVOV	Regierungs- und Verwaltungsorganisationsverordnung vom 25. November 1998 (SR 172.010.1)
Rz.	Randziffer
SBB	Schweizerische Bundesbahnen
SchKG	Bundesgesetz über Schuldbetreibung und Konkurs vom 11. April 1889 (SR 281.1)
SchlT	Schlusstitel
Semjud	Semaine judiciaire
SGG	Bundesgesetz über das Bundesstrafgericht (Strafgerichtsgesetz) vom 4. Oktober 2002 (SR 173.71)
SJK	Schweizerische Juristische Kartothek
SJZ	Schweizerische Juristen-Zeitung
SR	Systematische Sammlung des Bundesrechts
SRG	Schweizerische Radio- und Fernsehgesellschaft
St. Galler BV-Kommentar	Die Schweizerische Bundesverfassung, Kommentar, hrsg. von Bernhard Ehrenzeller, Philippe Mastronardi, Rainer J. Schweizer und Klaus A. Vallender, Zürich 2002
StGB	Schweizerisches Strafgesetzbuch vom 21. Dezember 1937 (SR 311.0)
StR	Ständerat
T<small>SCHANNEN</small>	Tschannen Pierre, Staatsrecht der Schweizerischen Eidgenossenschaft, Bern 2004
ÜbBest.	Übergangsbestimmung(en)
UNO	United Nations Organization/Organisation der Vereinten Nationen
UNO-Pakt I	Internationaler Pakt über wirtschaftliche, soziale und kulturelle Rechte vom 16. Dezember 1966 (SR 0.103.1)

UNO-Pakt II	Internationaler Pakt über bürgerliche und politische Rechte vom 16. Dezember 1966 (SR 0.103.2)
u.U.	unter Umständen
VE 1977	Verfassungsentwurf/Vorentwurf der Expertenkommission für die Vorbereitung einer Totalrevision der Bundesverfassung von 1977
VE 1995	Verfassungsentwurf vom 26. Juni 1995 (Vernehmlassungsvorlage)
VE 1996	Verfassungsentwurf des Bundesrates vom 20. November 1996 (BBl 1997 I 1 ff.)
VEB	Verwaltungsentscheide der Bundesbehörden; ab Heft 32 (1964/65) VPB
Verfassungsrecht der Schweiz	Verfassungsrecht der Schweiz, hrsg. von Daniel Thürer, Jean-François Aubert und Jörg Paul Müller, Zürich 2001
VG	Bundesgesetz über die Verantwortlichkeit des Bundes sowie seiner Behördemitglieder und Beamten (Verantwortlichkeitsgesetz) vom 14. März 1958 (SR 170.32)
VPB	Verwaltungspraxis der Bundesbehörden
VVDStRL	Veröffentlichungen der Vereinigung der Deutschen Staatsrechtslehrer
VwVG	Bundesgesetz über das Verwaltungsverfahren vom 20. Dezember 1968 (SR 172.021)
WTO	Welthandelsorganisation (World Trade Organization)
WuR	Wirtschaft und Recht
ZBJV	Zeitschrift des Bernischen Juristenvereins
ZBl	Schweizerisches Zentralblatt für Staats- und Verwaltungsrecht (bis 1988: Schweizerisches Zentralblatt für Staats- und Gemeindeverwaltung)
ZGB	Schweizerisches Zivilgesetzbuch vom 10. Dezember 1907 (SR 210)
Ziff.	Ziffer(n)
ZP	Zusatzprotokoll (zur EMRK)
ZSR	Zeitschrift für Schweizerisches Recht
ZZW	Zeitschrift für Zivilstandswesen

1. Teil: Grundlagen

§ 1 Charakterisierung der schweizerischen Bundesverfassung

> Literatur

AUBERT JEAN-FRANÇOIS, Notion et fonctions de la Constitution, in: Verfassungsrecht der Schweiz, § 1; HÄFELIN ULRICH, Verfassungsgebung, ZSR NF 93/II (1974) 75 ff.; HAEFLIGER ARTHUR, Die Hierarchie von Verfassungsnormen und ihre Funktion beim Schutz der Menschenrechte, EuGRZ 1990, 474 ff.; KÄGI WERNER, Die Verfassung als rechtliche Grundordnung des Staates, Zürich 1945, Neudruck Darmstadt 1971; KOLLER HEINRICH/BIAGGINI GIOVANNI, Die neue schweizerische Bundesverfassung: Neuerungen und Akzentverschiebungen im Überblick, EuGRZ 27 (2000) 337 ff.; SALADIN PETER, Die Kunst der Verfassungserneuerung, Schriften zur Verfassungsreform 1968–1996, Basel/Frankfurt a.M. 1998.

Vgl. auch die in § 2 angeführten Abhandlungen und Materialien zur Verfassungsreform.

I. Begriff und Gegenstand des schweizerischen Bundesstaatsrechts

Das *Staatsrecht* umfasst diejenigen Rechtsnormen, die *Aufgaben und Organisation des Staates* (Beispiel: Kompetenzverteilung zwischen Bund und Kantonen), das *Verfahren der Staatsorgane* (Beispiel: Verfahren der Gesetzgebung) und die *grundsätzliche Rechtsstellung der Bürgerinnen und Bürger* (Beispiel: Grundrechte) regeln. 1

Im Mittelpunkt des Staatsrechts stehen die Normen des *Verfassungsrechts;* sie regeln die Grundzüge der staatlichen Ordnung. Daneben sind aber auch jene – viel zahlreicheren – Normen tieferer Stufe Teil des Staatsrechts, in denen diese Grundzüge konkretisiert und ergänzt werden und die so die Voraussetzungen für die Umsetzung der von der Verfassung vorgezeichneten Ordnung in die Rechtswirklichkeit schaffen. Von besonderer Bedeutung sind im Hinblick auf die starke Einbettung der Schweiz in die Völkergemeinschaft die Normen des *Völkerrechts.* Teils ergänzen sie das innerstaatliche Recht, teils überlagern sie es sogar; Letzteres trifft namentlich für die Menschenrechte zu. 2

In der Schweiz haben *Bund* und *Kantone* je ihr eigenes Staatsrecht. Die vorliegende Darstellung über das «Schweizerische Bundesstaatsrecht» befasst sich nur mit dem Staatsrecht des Bundes, unter Einbezug völkerrechtlicher Vorgaben. 3

II. Rechtsquellen des schweizerischen Bundesstaatsrechts

1. Verfassungsrecht

4 Die wichtigsten grundlegenden Normen des schweizerischen Bundesstaatsrechts finden sich in der *Bundesverfassung der Schweizerischen Eidgenossenschaft vom 18. April 1999* (SR 101). Diese sog. neue Bundesverfassung stellt im Wesentlichen eine Aktualisierung des bereits vorher, unter der Bundesverfassung vom 29. Mai 1874 (aBV) geltenden Verfassungsrechts dar (vgl. N. 68).

5 Die Schweiz kennt – im Gegensatz z.B. zu Österreich und Italien – keine Verfassungsgesetze neben der Verfassungsurkunde. Die gestützt auf Art. 89bis Abs. 3 aBV erlassenen *verfassungsändernden dringlichen Bundesbeschlüsse* und die gestützt auf Art. 165 Abs. 3 BV erlassenen *verfassungsändernden dringlichen Bundesgesetze* (vgl. N. 1833) sind aber doch als Verfassungszusätze zu betrachten. Zurzeit stehen keine solchen Erlasse in Kraft.

2. Völkerrecht

6 Das Völkerrecht beeinflusst zunehmend die schweizerische Rechtsordnung. Für den Grundrechtsschutz ist vor allem die *Konvention zum Schutze der Menschenrechte und Grundfreiheiten vom 4. November 1950* (EMRK; SR 0.101), die seit 1974 auch für die Schweiz verbindlich ist, von grosser Bedeutung (vgl. N. 235 ff.). Zu erwähnen sind ferner der Internationale Pakt über wirtschaftliche, soziale und kulturelle Rechte (UNO-Pakt I; SR 0.103.1) sowie der Internationale Pakt über bürgerliche und politische Rechte (UNO-Pakt II; SR 0.103.2), beide vom 16. Dezember 1966, für die Schweiz in Kraft seit 1992 (vgl. N. 243 ff.).

7 Von besonderer Tragweite sind ferner die *sektoriellen Abkommen mit den Europäischen Gemeinschaften* (vgl. N. 197 f.). Viele *weitere Staatsverträge* sind für das Bundesstaatsrecht bedeutsam. Sie betreffen Sachbereiche wie z.B. Staatsangehörigkeit, Niederlassung, Neutralität, Finanzen, öffentliche Werke, Energie, Verkehr, Gesundheitswesen und Wirtschaft. Vgl. zu den Staatsverträgen N. 1892 ff.

8 Ein Beitritt der Schweiz zur Europäischen Union (EU) würde ebenfalls durch völkerrechtlichen Vertrag erfolgen. Das sog. sekundäre Gemeinschaftsrecht dagegen, d.h. die von den Organen der EG erlassenen Rechtsakte, wäre weder als nationales Recht noch als Völkerrecht, sondern als Bestandteil einer autonomen Rechtsordnung aufzufassen, die zum schweizerischen Recht in einem ähnlichen Verhältnis stehen würde, wie innerhalb der Schweiz das eidgenössische Recht zum kantonalen Recht. Vgl. N. 199.

3. Gesetzesrecht

Ein grosser Teil der Normen des schweizerischen Bundesstaatsrechts findet sich in *Bundesgesetzen,* von denen die folgenden Erlasse zentrale Bedeutung haben:

- Bundesgesetz über Erwerb und Verlust des Schweizer Bürgerrechts vom 29. September 1952 (SR 141.0);
- Bundesgesetz über die politischen Rechte vom 17. Dezember 1976 (SR 161.1);
- Bundesgesetz über die Bundesversammlung (Parlamentsgesetz) vom 13. Dezember 2002 (SR 171.10);
- Regierungs- und Verwaltungsorganisationsgesetz vom 21. März 1997 (SR 172.010);
- Bundesgesetz über die Organisation der Bundesrechtspflege (Bundesrechtspflegegesetz) vom 16. Dezember 1943 (SR 173.110).

Neben den Bundesgesetzen spielen auch die gemäss Art. 89 Abs. 2 aBV erlassenen referendumspflichtigen *allgemeinverbindlichen Bundesbeschlüsse* noch eine Rolle; sie enthalten befristete Regelungen auf Gesetzesstufe (vgl. N. 1844). Die Form des allgemeinverbindlichen Bundesbeschlusses wurde in der neuen BV aufgehoben. Die Bundesversammlung erlässt rechtsetzende Bestimmungen in der Form des Bundesgesetzes oder der Verordnung (Art. 163 Abs. 1 BV).

4. Verordnungsrecht

Zahlreiche, in der Regel untergeordnete Normen des Bundesstaatsrechts finden sich in Verordnungen der Bundesbehörden, vor allem des Bundesrates. So ergänzt die Verordnung des Bundesrates über die politischen Rechte vom 24. Mai 1978 (SR 161.11) in verschiedenen Belangen die Regelung des gleichnamigen Gesetzes. Vgl. zu den Verordnungen N. 1849 ff.

5. Gewohnheitsrecht

Auch im öffentlichen Recht kann sich Gewohnheitsrecht bilden. Für die Anerkennung einer gewohnheitsrechtlichen Norm müssen im Bereich des öffentlichen Rechts drei Voraussetzungen gegeben sein:

- Die gewohnheitsrechtliche Regelung muss auf einer langdauernden, ununterbrochenen und einheitlichen Praxis beruhen;
- die gewohnheitsrechtliche Norm muss der Rechtsüberzeugung der rechtsanwendenden Behörde und der betroffenen Bürger entsprechen;

– es muss eine Lücke im geschriebenen Recht vorliegen.

Derogierendes, d.h. dem Gesetz widersprechendes, Gewohnheitsrecht ist nach Ansicht des Bundesgerichts im öffentlichen Recht ausgeschlossen (vgl. BGE 94 I 305, 308).

13 Umstritten ist, inwieweit sich Gewohnheitsrecht auch auf *Verfassungsstufe* bilden kann. Als Beispiel werden manchmal die ausserordentlichen Kompetenzen von Bundesversammlung und Bundesrat in Kriegs- und Krisenzeiten genannt (sogenanntes extrakonstitutionelles Notstandsrecht, vgl. N. 1801 ff.; a.M. Tschannen, § 1 Rz. 54).

6. Richterrecht

14 Das Bundesgericht hat in seiner Rechtsprechung die geschriebene Verfassung in vielen Bereichen weiterentwickelt. Soweit es dabei über die blosse Auslegung geschriebener Verfassungsbestimmungen hinausgegangen ist, Lücken der Verfassung geschlossen sowie weite und unbestimmte Rechtsbegriffe konkretisiert hat, liegt richterliches Recht vor. So anerkannte das Bundesgericht in seiner Praxis zur alten Bundesverfassung von 1874 ungeschriebene Grundrechte (persönliche Freiheit, Meinungsäusserungsfreiheit, Versammlungsfreiheit, Sprachenfreiheit, Recht auf Existenzsicherung). Aus dem allgemeinen Gleichheitssatz (Art. 4 Abs. 1 aBV) leitete es ein Willkürverbot sowie eine Reihe von Verfahrensgarantien ab. Dieses Richterrecht fand Eingang in die neue Bundesverfassung (vgl. z.B. Art. 9, 10, 12, 13, 16, 18, 22 und 29 BV). Auch unter der neuen Bundesverfassung wird sich im Lauf der Zeit neues Richterrecht bilden. Insbesondere wird die offene Formulierung des Grundrechtskatalogs (Art. 7–36 BV) durch die Rechtsprechung weiterzuentwickeln sein.

III. Die Verfassung im formellen Sinn

15 Die Verfassung im formellen Sinn umfasst die Gesamtheit der Rechtssätze, die *in der besonderen Form der Verfassungsgebung erlassen* worden (und meistens in einer besonderen Verfassungsurkunde zusammengefasst) sind. Es wird bei diesem Verfassungsbegriff ausschliesslich auf die Form des Erlasses der Rechtsnormen abgestellt; der Inhalt der Rechtssätze ist hier nicht massgeblich. Daraus ergibt sich, dass die Verfassung im formellen Sinn von Staat zu Staat einen ganz unterschiedlichen Inhalt haben kann. Gewisse Staaten haben überhaupt keine Verfassung im formellen Sinn, so z.B. Grossbritannien und Israel.

16 Die Schweiz kennt eine besondere Form der Verfassungsgebung: Die Art. 192 ff. BV regeln das entsprechende Verfahren. Art. 195 BV bestimmt, dass jede Verfas-

sungsänderung obligatorisch Volk und Ständen vorgelegt werden muss und dass sie nur in Kraft tritt, wenn sie von der Mehrheit des Volkes und von der Mehrheit der Stände angenommen wird (vgl. N. 1776 und 1798). Damit unterscheidet sich das Verfahren der Verfassungsgebung vom Verfahren der einfachen Gesetzgebung. Dieses sieht gemäss Art. 141 Abs. 1 lit. a und b BV nur ein fakultatives Referendum vor und verlangt die Zustimmung der Mehrheit der Stände nicht (vgl. N. 1814). Auch die verfassungsändernden dringlichen Bundesgesetze gemäss Art. 165 Abs. 3 BV, für die das obligatorische Volks- und Ständereferendum vorgesehen ist, sind zur Verfassung im formellen Sinn zu zählen.

IV. Die Verfassung im materiellen Sinn

1. Begriff der Verfassung im materiellen Sinn

Dieser Begriff stellt auf den Inhalt der Verfassungsrechtssätze ab. Er umfasst alle diejenigen Rechtssätze, die *wegen ihrer inhaltlichen Tragweite verdienen, in die Verfassung aufgenommen zu werden*. Gestützt auf ein rechtsstaatlich-demokratisches Verfassungsverständnis kann man die Verfassung im materiellen Sinn als den Inbegriff der Rechtsnormen umschreiben, die als Grundlage der rechtsstaatlichen und demokratischen Staatsordnung in die Verfassung gehören; sie umfasst insbesondere die Grundsätze der gewaltenteiligen Staatsorganisation, die Grundrechte und die politischen Rechte, andere rechtsstaatliche Garantien wie die Verfassungsgerichtsbarkeit und Grundsätze über die Staatsaufgaben.

17

2. Verschiedene Arten des Verfassungsverständnisses

Was zur Verfassung im materiellen Sinn gehört, lässt sich nicht so klar bestimmen wie die Umschreibung der Verfassung im formellen Sinn, weil eine allgemein gültige Formulierung wegen divergierender Verfassungsverständnisse nicht möglich ist. Je nach dem Verfassungsverständnis kann man Funktion und Aufgabe der Verfassung verschieden umschreiben und gelangt so zu unterschiedlichen Auffassungen darüber, welche Rechtsnormen im Hinblick auf ihren Inhalt in die Verfassung gehören.

18

Im Zusammenhang mit der Reform der Bundesverfassung (vgl. N. 58 ff.) kam der Frage des Verfassungsverständnisses grosse Bedeutung zu. Bedenkenswerte Ausführungen dazu finden sich im Bericht der Expertenkommission zum Verfassungsentwurf 1977 (S. 14 ff.) und in der Botschaft des Bundesrates vom 20. November 1996 über eine neue Bundesverfassung (BBl 1997 I 11 ff.).

19

20 Entsprechend der allgemeinen Anerkennung, die das rechtsstaatlich-demokratische Verfassungsverständnis in der Schweiz gefunden hat, drängt es sich auf, die Frage, welche Rechtssätze im Hinblick auf ihren Inhalt in die Verfassung aufgenommen werden sollen, unter Ausrichtung auf die rechtsstaatlich-demokratischen Grundfunktionen zu beantworten.

3. Rechtsstaatlich-demokratische Grundfunktionen der Verfassung

21 – *Verfassung als normative Konstituierung der staatlichen Organisation:* Die Verfassung soll Träger und Form der Ausübung der staatlichen Macht festlegen. Es handelt sich dabei um die eigentliche und zentrale Aufgabe der Verfassung. Die Bundesverfassung bestimmt die Träger der rechtsetzenden, vollziehenden und rechtsprechenden Gewalt. Sie verankert damit die demokratische Staatsform. Sie ist auch Garant der bundesstaatlichen Ordnung.

– *Verfassung als Beschränkung der staatlichen Macht:* Die Verfassung soll die staatliche Macht an generelle Rechtsnormen binden und so rechtlich beschränken. Auf diese Weise will eine Übermacht des Staates und damit verbunden eine Gefährdung der Freiheit der Bürgerinnen und Bürger verhindert werden. Entsprechend sieht die Bundesverfassung verschiedene Kontrollbefugnisse mit dem Ziel der Beschränkung der staatlichen Macht vor: Die Bundesversammlung übt eine Kontrolle gegenüber dem Bundesrat aus, und das Bundesgericht hat die Aufgabe, die verfassungsmässigen Rechte des Bürgers gegenüber staatlichen Eingriffen zu schützen.

– *Verfassung als Garantie der grundsätzlichen Rechtsstellung des Individuums:* Die rechtsstaatliche Verfassung hat die Aufgabe, die Rechte und Freiheiten der im Staat lebenden Menschen zu gewährleisten, soweit es sich um grundsätzliche Belange handelt. Im Vordergrund stehen dabei die Grundrechte und die – jeweils nur den Angehörigen des betreffenden Staates zustehenden – politischen Rechte, wie sie auch in der Bundesverfassung enthalten sind.

– *Verfassung als Grundlage der staatlichen Rechtsordnung:* In dieser Funktion bildet die Verfassung die Basis für alles staatliche Recht; zugleich garantiert sie die formelle Einheit des staatlichen Rechts und normiert den Rechtsetzungs- und Rechtsverwirklichungsprozess. Von der Bundesverfassung leitet sich formell alles Recht des Bundes, der Kantone und der Gemeinden ab.

– *Verfassung als materiale Grundordnung:* Die Verfassung beschränkt sich nicht auf das Bloss-Organisatorische, sondern trifft in den verschiedenen Bereichen der staatlichen und sozialen Ordnung inhaltliche Grundentscheidungen. Die drei ersten vorn genannten Grundfunktionen sind bereits Ausdruck von materialen Anliegen, indem sie eine rechtsstaatlich-demokratische Ordnung sowie Freiheit und Menschenwürde der Bürger gewährleisten. Die Bundesverfassung legt dar-

4. Verhältnis von Verfassung im materiellen Sinn und Verfassung im formellen Sinn

Verfassung im formellen Sinn und Verfassung im materiellen Sinn decken sich nicht in jedem Fall. Dies zeigte das Beispiel der alten schweizerischen Bundesverfassung von 1874 sehr deutlich. Einerseits enthielt sie zahlreiche Detailbestimmungen, die nicht auf Verfassungsstufe gehören (z.B. Absinthverbot, Art. 32ter aBV). Andererseits fand sich in der Verfassung z.B. keine Grundlage für Verordnungen der Bundesversammlung oder für die Delegation von Rechtsetzungsbefugnissen an den Bundesrat, und es fehlte eine ausdrückliche Garantie der richterlichen Unabhängigkeit. Erst auf Gesetzesstufe bestanden entsprechende Regelungen. Sogar der Anwendungsbereich des fakultativen Referendums wurde weitgehend durch das Geschäftsverkehrsgesetz und nicht durch die Verfassung bestimmt.

Durch die in der neuen Bundesverfassung erfolgte Aktualisierung des Verfassungstextes konnte eine weitgehende Übereinstimmung zwischen Verfassung im materiellen und Verfassung im formellen Sinn erzielt werden. Denn einerseits wurden veraltete oder nicht verfassungswürdige Bestimmungen aus dem Verfassungstext entfernt (sog. «Herabstufungen»), andererseits grundlegende Normen über den Staat und sein Verhältnis zu den Bürgerinnen und Bürgern, die nur in Gesetzen enthalten waren oder die sich – wie die «ungeschriebenen Freiheitsrechte» – durch die richterliche Verfassungsrechtsprechung entwickelt hatten, auf die Ebene des geschriebenen Verfassungsrechts heraufgestuft.

V. Die erhöhte formelle Geltungskraft der Bundesverfassung

Der Bundesverfassung als rechtlicher Grundordnung kommt eine erhöhte formelle Geltungskraft zu. Daraus ergeben sich zwei Konsequenzen: Einerseits kann eine Norm der Bundesverfassung nur auf dem *erschwerten Weg der Verfassungsrevision* abgeändert werden (Art. 192 ff. BV). Andererseits kommt den Normen der Bundesverfassung gegenüber allen anderen Normen des schweizerischen Rechts Vorrang zu. Diesen Vorrang bezeichnet man als *derogatorische Kraft der Bundesverfassung.*

Der Grundsatz der derogatorischen Kraft der Bundesverfassung erleidet allerdings eine gewichtige Einschränkung: Bundesgesetze müssen gemäss Art. 191 BV (= Art. 190 in der Fassung vom 12. März 2000 [noch nicht in Kraft, vgl. N. 72]) vom Bundesgericht – und von allen übrigen Gerichten und Verwaltungsinstanzen – auch bei festgestellter Verfassungswidrigkeit angewendet werden (vgl. N. 2086 ff.).

26 Die Frage nach dem *Verhältnis zwischen Bundesverfassung und Völkerrecht* bedarf einer differenzierten Beantwortung (vgl. N. 1921 ff.).

VI. Frage der Unabänderbarkeit von bestimmten Verfassungsnormen (materielle Schranken der Verfassungsrevision)

27 Es stellt sich die Frage, ob auf dem Weg der Verfassungsrevision alle Normen der Verfassung – auch die grundlegenden Rechtssätze – abgeändert werden können. Das Grundgesetz für die Bundesrepublik Deutschland verbietet in Art. 79 Abs. 3 Verfassungsänderungen, die den bundesstaatlichen Aufbau, das Bekenntnis zur Menschenwürde und zu den Grundrechten sowie die Grundsätze des demokratischen und sozialen Bundesstaates berühren.

28 Zwingende Bestimmungen des Völkerrechts bilden gemäss Art. 139 Abs. 3, 193 Abs. 4 und 194 Abs. 2 BV eine Schranke der Verfassungsrevision (vgl. N. 1756). Ob weitere inhaltliche Schranken der Verfassungsrevision bestehen (zusätzlich zu den formellen Schranken; vgl. dazu N. 1755, 1785 und 1787 ff.), lässt die neue Bundesverfassung – wie schon diejenige von 1874 – offen. Die Lehre beurteilt diese Frage uneinheitlich. Während AUBERT (No. 324 ff.) wie schon BURCKHARDT (S. 815) solche weitergehenden Schranken ablehnte, waren WERNER KÄGI (Rechtsfragen der Volksinitiative auf Partialrevision, ZSR NF 75/II [1956] 829a ff.) und HANS NEF (Materielle Schranken der Verfassungsrevision, ZSR NF 61/I [1942] 130 ff.) der Ansicht, dass die tragenden Grundwerte der Bundesverfassung nicht abgeändert werden könnten. GIACOMETTI (FLEINER/GIACOMETTI, S. 705 ff.) sprach sich dafür aus, dass diejenigen Normen unabänderbar sind, die die notwendigen Organe der Verfassungsänderung (Bundesversammlung, Stimmberechtigte und Stände) einsetzen. Weniger weit ging HANGARTNER (Bd. 1, S. 31 ff. und 216 ff.), der nur ein allgemein anerkanntes «ethisches Minimum der Rechtsordnung», das sich unmittelbar aus der Idee des Rechtsstaates ableitet, als unantastbar betrachtet. Danach wären z.B. Grundsätze wie Treu und Glauben im Rechtsverkehr sowie Achtung der Menschenwürde, nicht aber einzelne Institutionen des geltenden Verfassungsrechts – wie z.B. der bundesstaatliche Aufbau der Schweiz – der Verfassungsrevision entzogen.

VII. Die Bundesverfassung als Verfassungskodifikation

Wenn von einer Verfassungskodifikation gesprochen wird, meint man damit die Zusammenstellung aller Verfassungsnormen in *einem Verfassungserlass* und bringt zum Ausdruck, dass Verfassungsänderungen nur auf dem Weg einer formellen Änderung des Verfassungswortlautes möglich sein sollen. 29

In der *Schweiz* stellt die Bundesverfassung eine solche Verfassungskodifikation dar. In Österreich und Italien hingegen bestehen neben der Verfassung zahlreiche zusätzliche Verfassungsgesetze. Allerdings gibt es auch in der Schweiz Ausnahmen vom Grundsatz der Verfassungskodifikation. In diesem Sinne sind die verfassungsändernden dringlichen Bundesgesetze, die gestützt auf Art. 165 Abs. 3 BV erlassen werden, zu erwähnen (vgl. N. 1833). 30

VIII. Die Bundesverfassung als relativ starre Verfassung

Die Bundesverfassung als relativ starre Verfassung steht zwischen der absolut starren Verfassung (Änderung der Verfassung gänzlich oder zeitweise untersagt) und der absolut flexiblen Verfassung (Änderung der Verfassung im Vergleich zur Gesetzgebung nicht erschwert). Die Bundesverfassung sieht nämlich für die Verfassungsgebung gegenüber der einfachen Gesetzgebung eine doppelte Erschwerung vor: Anstelle des fakultativen Referendums wird ein obligatorisches Referendum verlangt, und zum Erfordernis des Volksmehrs kommt dasjenige des Ständemehrs hinzu (Art. 195 BV; vgl. N. 1776 und 1798). 31

IX. Systematische Gliederung der Bundesverfassung

Die neue Bundesverfassung zeichnet sich durch eine im grossen Ganzen (abgesehen vom Grundrechtsteil) *gute, übersichtliche Systematik* aus. Sie weist eine Präambel und *sechs Titel* auf: 1. Allgemeine Bestimmungen; 2. Grundrechte, Bürgerrechte und Sozialziele; 3. Bund, Kantone und Gemeinden; 4. Volk und Stände; 5. Bundesbehörden; 6. Revision der Bundesverfassung und Übergangsbestimmungen. Untergliederungen in Kapitel und Abschnitte sowie Sachtitel für jeden Artikel erleichtern eine rasche Orientierung. 32

§ 2 Geschichte der Bundesverfassung

Literatur

AUBERT JEAN-FRANÇOIS, Petite histoire constitutionnelle de la Suisse, 3. Aufl., Bern 1979; BIAGGINI GIOVANNI, Verfassungsreform in der Schweiz, (Österreichische) Zeitschrift für öffentliches Recht 54 (1999), 433 ff.; EHRENZELLER BERNHARD, Konzept und Gründe der Verfassungsreform, AJP 1999, 647 ff.; HÄBERLE PETER, Der «private» Verfassungsentwurf Kölz/Müller (1984), ZSR NF 104/I (1985) 353 ff.; HÄFELIN ULRICH, Die Fortbildung des schweizerischen Bundesverfassungsrechts in den Jahren 1954–1971, Jahrbuch des öffentlichen Rechts der Gegenwart NF 22 (1973) 1 ff.; HIS EDUARD, Geschichte des neuern Schweizerischen Staatsrechts, 3 Bde., Basel 1920 ff.; KAYSER MARTIN/RICHTER DAGMAR, Die neue schweizerische Bundesverfassung, Zeitschrift für ausländisches öffentliches Recht und Völkerrecht 59 (1999) 985 ff.; KOLLER HEINRICH, Reform der Bundesverfassung als Weg in die Zukunft, ZBl 97 (1996) 2 ff.; KÖLZ ALFRED, Neuere schweizerische Verfassungsgeschichte, Bd. I (Grundlinien vom Ende der Alten Eidgenossenschaft bis 1848), Bern 1992; Bd. II (Grundlinien in Bund und Kantonen seit 1848), Bern 2004; KÖLZ ALFRED, Quellenbuch zur neueren schweizerischen Verfassungsgeschichte, Bd. I, Bern 1992; Bd. II, Bern 1996; KÖLZ ALFRED, Geschichtliche Grundlagen, in: Verfassungsrecht der Schweiz, § 7; KÖLZ ALFRED, Der Weg der Schweiz zum modernen Bundesstaat: Historische Abhandlungen, Chur/Zürich 1998; KÖLZ ALFRED/MÜLLER JÖRG PAUL, Entwurf für eine neue Bundesverfassung vom 16. Mai 1984, 3. Aufl., Basel/Frankfurt a.M. 1995; MONNIER VICTOR, Les origines de l'article 2 de la Constitution fédérale de 1848, ZSR NF 117/II (1998) 415 ff.; MÜLLER GEORG, Zur Bedeutung der Nachführung im Rahmen der Reform der Bundesverfassung, ZSR NF 116/I (1997) 21 ff.; NABHOLZ HANS/KLÄUI PAUL, Quellenbuch zur Verfassungsgeschichte der Schweizerischen Eidgenossenschaft und der Kantone, 3. Aufl., Aarau 1947; NEF HANS, Fortbildung des Schweizerischen Bundesverfassungsrechts in den Jahren 1929–1953, Jahrbuch des öffentlichen Rechts der Gegenwart NF 4 (1955) 355 ff.; RAPPARD WILLIAM E., Die Bundesverfassung der Schweizerischen Eidgenossenschaft 1848–1948, Zürich 1948.

Materialien zur neuen Bundesverfassung

- ARBEITSGRUPPE FÜR DIE VORBEREITUNG EINER TOTALREVISION DER BUNDESVERFASSUNG, Bde. I–V: Antworten auf die Fragen der Arbeitsgruppe, 4 Bde. + Registerbd., Bern 1969 f.; Bd. VI: Schlussbericht der Arbeitsgruppe, Bern 1973
- EXPERTENKOMMISSION FÜR DIE VORBEREITUNG EINER TOTALREVISION DER BUNDESVERFASSUNG, Bericht und Verfassungsentwurf, 2 Hefte, Bern 1977
- BERICHT DES BUNDESRATES ÜBER DIE TOTALREVISION DER BUNDESVERFASSUNG vom 6. November 1985, im Anhang: Modell-Studie vom 30. Oktober 1985 des Eidgenössischen Justiz- und Polizeidepartements, BBl 1985 III 1 ff.
- BUNDESBESCHLUSS ÜBER DIE TOTALREVISION DER BUNDESVERFASSUNG vom 3. Juni 1987, BBl 1987 II 963
- REFORM DER BUNDESVERFASSUNG, Verfassungsentwurf vom 26. Juni 1995 mit Erläuterungen (Vernehmlassungsvorlage), Bern 1995
- BOTSCHAFT DES BUNDESRATES ÜBER EINE NEUE BUNDESVERFASSUNG vom 20. November 1996, BBl 1997 I 1 ff.
- BUNDESVERSAMMLUNG, ORGANISATION, VERFAHREN, VERHÄLTNIS ZUM BUNDESRAT. Zusatzbericht der Staatspolitischen Kommissionen der eidgenössischen Räte zur Verfassungsreform vom 6. März 1997, BBl 1997 III 245 ff. (auch als Separatum). Stellungnahme des Bundesrates vom 9. Juni 1997 in BBl 1997 III 1484 ff.

- REFORM DER BUNDESVERFASSUNG. Entwürfe der Verfassungskommissionen der eidgenössischen Räte vom 21./27. November 1997, BBl 1998, 364 ff. (auch als Separatum)
- REFORM DER BUNDESVERFASSUNG. Separatdrucke der Amtlichen Bulletins 1998 von National- und Ständerat (Protokoll der parlamentarischen Beratungen)
- BESEITIGUNG VON MÄNGELN DER VOLKSRECHTE. Bericht der Staatspolitischen Kommission des Ständerates zur parlamentarischen Initiative seiner Verfassungskommission, BBl 2001, 4803 f.

I. Die Schweiz vor 1798

Die *Alte Eidgenossenschaft* war ein *loser Staatenbund,* zu dem sich die dreizehn alten Orte und die zugewandten und verbündeten Orte zusammengeschlossen hatten. Sie beruhte nicht auf einer einheitlichen Rechtsgrundlage, sondern auf einer Vielzahl von einzelnen Verträgen, deren älteste bis ins 13. Jahrhundert zurückgingen. Die Rechtsstellung der einzelnen Orte bestimmte sich nach den für sie massgebenden Verträgen; sie war damit keineswegs einheitlich. 33

Einziges gemeinsames Organ der Alten Eidgenossenschaft war die *Tagsatzung,* an der sich die Gesandten der Orte mehr oder weniger regelmässig zur Beratung und Beschlussfassung über Fragen von gemeinsamem Interesse trafen. Da die Gesandten in ihren Entscheiden strikte an die Weisungen ihrer Regierungen gebunden waren und Tagsatzungsentscheide in der Regel einstimmig gefasst werden mussten, erwies sich die Tagsatzung als ausserordentlich schwerfälliges Instrument. Wichtigstes Bindeglied zwischen den Orten war neben der Tagsatzung die gemeinsame Verwaltung gewisser Untertanengebiete, der sogenannten Gemeinen Herrschaften. 34

II. Helvetische Republik (1798–1803)

Mit dem Einmarsch der französischen Truppen ging die Alte Eidgenossenschaft im Jahr 1798 unter. An ihre Stelle trat die Helvetische Republik, ein *Einheitsstaat* nach den Vorstellungen der Französischen Revolution. Die (erste) helvetische Verfassung von 1798 lässt schon in ihrem ersten Artikel den radikalen Bruch mit der Vergangenheit erkennen: 35

> «1. La République helvétique est une et indivisible.
> Il n'y a plus de frontières entre les cantons et les pays sujets, ni de canton à canton. L'unité de patrie et d'intérêt succède au faible lien qui rassemblait et guidait au hasard des parties hétérogènes, inégales, disproportionnées et asservies à de petites localités et des préjugés domestiques. On était faible de toute sa faiblesse individuelle: on sera fort de la force de tous.»

Die bisherigen politischen und geografischen Einteilungen wurden zum grossen Teil aufgehoben und das Gebiet der Eidgenossenschaft in 19 gleichberechtigte, ähn- 36 lich grosse *Kantone* eingeteilt, die lediglich noch die Funktion von *Verwaltungseinheiten* ohne eigene Kompetenzen hatten. Zu den Schöpfungen der Helvetik gehörten beispielsweise die Kantone Säntis, (Berner) Oberland und Waldstätten.

37 Die Zeit der Helvetik ist gekennzeichnet durch *politische Wirren,* die hauptsächlich auf die Konfrontation zwischen Unitariern (Zentralisten) und Föderalisten zurückzuführen sind. Die neue Republik konnte sich nie richtig konsolidieren und fand nur wenig Rückhalt in der Bevölkerung. Mit dem Abzug der französischen Truppen brach sie innert kürzester Zeit in sich zusammen.

38 Trotzdem ist die Epoche der Helvetik nicht spurlos an der Eidgenossenschaft vorbeigegangen. Einmal erreichte sie die Gleichstellung aller Kantone, an der in der Folge festgehalten wurde. Zum anderen brachte sie die Schweiz erstmals in Kontakt mit den *staatsrechtlichen Ideen der Französischen Revolution,* von denen viele später wieder aufgegriffen wurden, wie:

– Rechtsgleichheit;
– Gewaltenteilungsprinzip;
– Garantie der Freiheitsrechte;
– Prinzip der Volkssouveränität;
– Allgemeine Schulpflicht;
– Aufhebung der Grundlasten.

III. Mediation (1803–1813)

39 Die *Mediationsakte* (Vermittlungsakte) Napoleons *vom 19. Februar 1803* beendete die Auseinandersetzungen zwischen Unitariern und Föderalisten und brachte die Rückkehr zum *Staatenbund.* Die Souveränität der Kantone wurde wiederhergestellt, die dreizehn alten Orte in ihren alten Grenzen bestätigt. Auf ihre früheren Untertanengebiete allerdings mussten sie verzichten: Neben St. Gallen und Graubünden wurden auch Aargau, Thurgau, Tessin und Waadt als selbständige Kantone anerkannt. Im Übrigen stellten die Verfassungsordnungen der Kantone weitgehend die Ungleichheiten und Unfreiheiten der vorrevolutionären Zeit wieder her.

40 Der *Bund* als Ganzes erhielt nur sehr *wenige Kompetenzen,* die vor allem den Bereich der Aussenpolitik und der inneren und äusseren Sicherheit betrafen. Für alle anderen Belange waren wieder ausschliesslich die Kantone zuständig.

41 Organe des Bundes waren die *Tagsatzung* und der Bürgermeister des jeweiligen Direktorialkantons, der als *Landammann der Schweiz* die Exekutivgeschäfte führte.

IV. Restauration und Regeneration (1814–1848)

1. Restauration (1814–1830)

Mit dem Ende der Napoleonischen Herrschaft kam es in ganz Europa zu einer Restauration der vorrevolutionären Einrichtungen. Auch die Schweiz kehrte mit dem *Bundesvertrag vom 7. August 1815* in nahezu allen Belangen zur alten Ordnung zurück. Nur in einem Punkt erfolgte keine Restauration: Die neuen Kantone blieben – trotz heftigen Widerstands vor allem aus Bern und den Waldstätten – Mitglieder des *Staatenbundes*. Ausserdem traten Wallis, Neuenburg und Genf, die während der Mediation zu Frankreich gehört hatten, in den Bund ein. 42

Am *Wiener Kongress* wurden 1815 die neuen Grenzen der Kantone festgelegt. Gleichzeitig wurden die Unabhängigkeit und die *immerwährende Neutralität* der Schweiz anerkannt. 43

Innerhalb der Kantone kehrten mit der alten *Unfreiheit* auch die alten regierenden Schichten zurück. Selbst in den neuen Kantonen verhinderte der Wahlzensus das Entstehen wirklich demokratischer Strukturen. 44

2. Regeneration (1830–1848)

In der Zeit der Regeneration, in der weiterhin der Bundesvertrag von 1815 Geltung hatte, entwickelten sich in einem Teil der Kantone, in den sogenannten Regenerationskantonen, *freiheitliche Verfassungen*. Getragen von der politischen Bewegung des Liberalismus und teilweise unter Rückgriff auf das Vorbild der Helvetik verwirklichten die Regenerationsverfassungen die Idee der *Volkssouveränität* mit dem obligatorischen Verfassungsreferendum und der repräsentativen Demokratie in der einfachen Gesetzgebung, verschiedene *Freiheitsrechte* und weitgehend auch das Prinzip der Rechtsgleichheit und der Gewaltentrennung. 45

Aus den Regenerationskantonen kam der *Ruf nach einer Revision des Bundesvertrages* nach dem Muster der liberalen Kantonsverfassungen. Bereits 1832 setzte die Tagsatzung eine Kommission zur Erarbeitung eines Revisionsentwurfes ein. Der Entwurf von 1832, der nach dem Berichterstatter der Kommission als «Projekt Rossi» bekannt wurde, scheiterte aber in der Tagsatzung. Das gleiche Schicksal erlitt der Entwurf von 1833, der die Reformziele in abgeschwächter Form zu verwirklichen suchte. 46

In den folgenden Jahren nahm die *Spannung zwischen den regenerierten und den konservativen Kantonen* stetig zu. Einen ersten Höhepunkt fand sie in den bewaffneten Freischarenzügen gegen das wieder konservativ gewordene Luzern. Die sieben katholisch-konservativen Kantone reagierten darauf mit der Bildung des *Sonderbundes von 1845*, in dem sie sich gegenseitig Unterstützung gegen Umsturzversuche zusicherten und zu diesem Zweck einen gemeinsamen Kriegsrat vorsahen. 1847 47 wurde der Sonderbund von der Tagsatzung mit der knappen Mehrheit von $12^1/_2$ Stimmen als bundeswidrig erklärt und aufgelöst. Im Sonderbundskrieg (4. bis 29. November 1847) wurde der Tagsatzungsbeschluss militärisch durchgesetzt.

V. Schaffung des Bundesstaates und der Bundesverfassung von 1848

48   Mit Beendigung des Sonderbundskrieges war der Weg für eine Bundesreform frei. Im Frühjahr 1848 arbeitete die Tagsatzung einen Verfassungsentwurf aus, der im August den Kantonen zur Abstimmung unterbreitet wurde. Dabei hiessen $15^1/_2$ Kantone die neue Verfassung gut; $6^1/_2$ Kantone lehnten sie ab, wobei aber $3^1/_2$ Kantone bereit waren, sich einem Mehrheitsbeschluss anzuschliessen. Am *12. September 1848* erklärte die Tagsatzung die *Annahme der Bundesverfassung;* diese trat am 16. November 1848 in Kraft.

49   Die *rechtliche Qualifizierung* des Verfassungserlasses hat davon auszugehen, dass die Bundesverfassung von 1848 rechtlich nicht aus dem Bundesvertrag von 1815 abgeleitet werden kann. Eine Revision des Bundesvertrages von 1815 wäre – entsprechend der Natur des Staatenbundes – nur mit Zustimmung aller Bundesglieder zulässig gewesen. Auch wenn sie politisch aus den Beratungen der Tagsatzung hervorgegangen war, stellte die Bundesverfassung von 1848 rechtlich etwas völlig Neues dar; sie bildete einen Akt *originärer Verfassungsgebung*. Die Tagsatzung hatte sich, zusammen mit den Kantonen, selbst als Verfassungsgeber eingesetzt (Art. 1 und 2 der Übergangsbestimmungen der Bundesverfassung von 1848).

50   Inhaltlich stellte die Verfassung von 1848 eine glückliche *Verbindung von Elementen verschiedener Herkunft* dar. Dabei standen zwei Elemente im Vordergrund:

– Übernahme der rechtsstaatlichen *Demokratie nach dem Vorbild der liberalen Kantonsverfassungen,* mit obligatorischem Verfassungsreferendum, repräsentativer Demokratie in der Gesetzgebung, Gewaltenteilung, Rechtsgleichheit und Freiheitsrechten. Was die Freiheitsrechte betrifft, so wurden neben dem Petitionsrecht die Pressefreiheit, die Vereinsfreiheit, die Freiheit der christlichen Kulte und die Niederlassungsfreiheit garantiert; Letztere stand bis zur Revision von 1866 allerdings nur Angehörigen christlicher Bekenntnisse zu.

– Einführung des *bundesstaatlichen Aufbaus nach dem Vorbild der nordamerikanischen Unionsverfassung von 1787* mit dem Zweikammersystem.

51   Daneben verdienen in wirtschaftlicher Hinsicht vor allem die Aufhebung der kantonalen Zölle und die Vereinheitlichung der Aussenzölle, die fortan Haupteinnahmequelle des Bundes sind, Erwähnung. So wurden, zusammen mit der Anerkennung der Niederlassungsfreiheit, die Voraussetzungen geschaffen, aufgrund deren die Schweiz zu einem *einheitlichen Wirtschaftsgebiet* werden konnte.

Organe des neuen *Bundesstaates* waren Volk und Stände, Bundesversammlung mit National- und Ständerat, Bundesrat und Bundesgericht.

VI. Totalrevision von 1874

Seit den Sechzigerjahren stand aus verschiedenen Gründen – vor allem im Zusammenhang mit der demokratischen Bewegung in den Kantonen, mit dem «Kulturkampf» und mit dem Eindruck, den der preussisch-österreichische Krieg von 1866 und der deutsch-französische Krieg von 1870/71 hinterlassen hatte – eine Revision der Bundesverfassung zur Diskussion. Die freisinnige Mehrheit der Bundesversammlung arbeitete 1871/72 einen Entwurf für die Totalrevision der Verfassung aus. Der *Verfassungsentwurf von 1872* ging vor allem in drei Punkten weit über die Regelung von 1848 hinaus: Er sah einen starken Ausbau der Bundeskompetenzen vor, so vor allem die Vereinheitlichung des gesamten materiellen und formellen Zivil- und Strafrechts und eines Teils des Schulrechts; er wollte überdies Gesetzesinitiative und -referendum einführen und sodann auch das Jesuitenverbot verstärken. Die Vorlage fand in der Volksabstimmung vom 12. Mai 1872 weder beim Volk noch bei den Ständen eine Mehrheit; die kombinierte *Opposition* der katholischen Kantone und der föderalistisch gesinnten welschen Kantone brachte sie zu Fall.

In einem *zweiten Entwurf* wurden namhafte Konzessionen an die eine Hälfte der Gegnerschaft gemacht: Die demokratischen und zentralistischen Tendenzen wurden stark abgeschwächt. Die antiklerikalen Bestimmungen hingegen wurden verschärft – 1873 stand der Kulturkampf auf seinem Höhepunkt. Anlässlich der *Volksabstimmung vom 19. April 1874* standen die katholischen Kantone in ihrer Opposition allein; der Entwurf wurde von Volk (340 000 Ja gegen 198 000 Nein) und Ständen (14$\frac{1}{2}$ gegen 7$\frac{1}{2}$ Stände) klar angenommen. Am 29. Mai 1874 wurde die neue Verfassung durch die Bundesversammlung verkündet und in Kraft gesetzt.

Die Bundesverfassung von 1874 war gemäss den Revisionsbestimmungen der Bundesverfassung von 1848 ausgearbeitet worden. Es handelte sich bei ihr somit – anders als 1848 – nicht um originäre, sondern um *abgeleitete Verfassungsgebung* (vgl. zu dieser auf ABBÉ SIÈYES zurückgehenden Unterscheidung WALTER HALLER/ ALFRED KÖLZ, Allgemeines Staatsrecht, S. 106 f.).

Die neue Bundesverfassung stellte auch inhaltlich gesehen eine Weiterentwicklung der Bundesverfassung von 1848 dar. Die Hauptpunkte der Revision waren:

- *Ausbau der direkten Demokratie:* Das fakultative Gesetzesreferendum wurde eingeführt.
- *Ausbau der Bundeskompetenzen:* Der Bund erhielt Rechtsetzungskompetenzen in Teilbereichen des materiellen Privatrechts, im Schuldbetreibungs- und Konkursrecht und sodann Kompetenzen im militärischen Bereich und in verschie-

«J-A!» – Karikatur von Franz Vettiger (1846–1917) zum Revisionsprojekt von 1872

Der Verfassungsentwurf von 1872 sah in drei Richtungen weitgehende Neuerungen vor: Die Bundeskompetenzen sollten stark erweitert, die Volksrechte ausgebaut und die konfessionellen Ausnahmebestimmungen verschärft werden. Dadurch zog sich der Entwurf die vereinigte Opposition der föderalistischen, konservativen und katholischen Kreise zu, die ihn in der Abstimmung vom 12. Mai 1872 schliesslich zu Fall brachte.

Die Karikatur von Franz Vettiger bringt vor allem die Kritik der Föderalisten zum Ausdruck: Der lange Zug der Befürworter der Revision wird angeführt von einem Esel, der ein J-A empfiehlt, gefolgt von Affen, die auf den mitgeführten Fahnen einige der Neuerungen propagieren. Unter anderem werden die Vereinheitlichung der Armee bis hin zu Ausrüstung und Uniform («Bundesfrack & dito Barisol»), die Vereinheitlichung des Zivilrechts («Kostenfreie Ehe») und die geplanten Bundeskompetenzen im Schulwesen («Bildung macht frei») angepriesen. Die triumphierende Helvetia dirigiert den lächerlichen Zug, der wohl gleichzeitig Trauerzug sein soll, von ihrem Thron aus, der sich bezeichnenderweise auf dem Sarkophag befindet, in dem die verblichene kantonale Souveränität liegt. Requiescat in pace – möge sie in Frieden ruhen.

denen weiteren Belangen, wie z.B. Eisenbahn, Telegraf, Banknoten und Arbeiterschutz.
- *Erweiterung der Freiheitsrechte:* Neben der Handels- und Gewerbefreiheit wurde die Glaubens- und Gewissensfreiheit mit Geltung für alle Bekenntnisse anerkannt; die Garantie der Kultusfreiheit wurde auf alle Konfessionen ausgedehnt. Mit den körperlichen Strafen wurde auch die Todesstrafe in Friedenszeiten generell untersagt; das Verbot der Todesstrafe sollte aber nur fünf Jahre Bestand haben.
- *Erweiterung der Kompetenzen des Bundesgerichts:* Das Bundesgericht wurde oberste Instanz in den der Rechtsvereinheitlichung unterstellten Materien. Es erhielt auch die Kompetenz, über staatsrechtliche Streitigkeiten unter den Kantonen oder zwischen Bund und Kantonen sowie über staatsrechtliche Beschwerden der Bürger wegen Verletzung von verfassungsmässigen Rechten zu entscheiden.

VII. Die Verfassungsänderungen seit 1874 bis zur Totalrevision von 1999

Im Vergleich zu anderen Ländern verzeichnet die Schweiz sehr *häufig Verfassungsänderungen*. Das hängt zum Teil damit zusammen, dass die komplizierte bundesstaatliche Kompetenzverteilung ständig den wechselnden Bedürfnissen angepasst werden muss. Auch die zahlreichen Volksinitiativen tragen dazu bei. Die über 140 Teiländerungen der Bundesverfassung von 1874 führten dazu, dass der Verfassungstext zusehends unübersichtlicher und – wegen des Fehlens der Gesetzesinitiative – zum Teil mit Detailbestimmungen überladen wurde.

57

Was den *Inhalt der Partialrevisionen* seit 1874 betrifft, so bezogen sich die wichtigsten Änderungen auf folgende Bereiche (je mit wichtigen Beispielen):
- Schaffung des Kantons Jura (1978);
- Zunahme der Bundeskompetenzen (1898: Kompetenz zur Vereinheitlichung des gesamten materiellen Zivil- und Strafrechts);
- Ausbau der direkten Demokratie (1891: Einführung der Volksinitiative für Partialrevision der Verfassung; 1921 und 1977: Einführung bzw. Ausdehnung des Staatsvertragsreferendums; 1949: Unterstellung der dringlichen Bundesbeschlüsse unter das Referendum);
- Einführung des Proporzes für die Nationalratswahlen (1918);
- Gleichberechtigung der Geschlechter (1971: Einführung des Stimm- und Wahlrechts für die Frauen; 1981: gleiche Rechte für Mann und Frau);

- Ausbau des Rechtsstaates (1914: Einführung der Verfassungsgrundlage für die Verwaltungsgerichtsbarkeit des Bundes);
- Ausbau des Sozialstaates (1890: Verfassungsgrundlage für die Kranken- und Unfallversicherung; 1925: Verfassungsgrundlage für die Alters-, Hinterlassenen- und Invalidenversicherung);
- Neuregelung des Wirtschaftsverfassungsrechts (vor allem 1947);
- Schutz der natürlichen Lebensgrundlagen (1879: Verfassungsgrundlage für Forstpolizei; 1953: für Gewässerschutz; 1962: für Natur- und Heimatschutz; 1969: für Raumplanung; 1971: für Umweltschutz; 1992: Schutz gegen Missbräuche der Fortpflanzungs- und Gentechnologie; 1994: Schutz des Alpengebietes vor den negativen Auswirkungen des Transitverkehrs);
- Regelung von Verkehr und Energie (1958: Nationalstrassen; 1908 und 1975: Wasserwirtschaft; 1957: Atomenergie; 1990: Energieartikel);
- Kultur und Erziehung (1958: Filmwesen; 1963: Stipendienwesen; 1973: Wissenschaftliche Forschung; 1984: Radio und Fernsehen);
- Steuern: direkte Bundessteuer (seit 1915, mit verschiedenen Revisionen); 1993: Mehrwertsteuer;
- Ziviler Ersatzdienst (1992);
- Förderung der rätoromanischen und der italienischen Sprache (1938 und 1996).

VIII. Totalrevision von 1999

Vgl. die Liste der Materialien zur neuen Bundesverfassung vorn S. 12 f.

58 Die im Jahr 1999 geglückte Totalrevision der Bundesverfassung ist das Ergebnis eines langen und mühsamen Reformprozesses, der 1965 seinen Anfang nahm. Damals wurde der Bundesrat durch die *Motionen Obrecht* (StR) *und Dürrenmatt* (NR) beauftragt, Unterlagen für eine Totalrevision auszuarbeiten. Der Bundesrat setzte 1967 die *Kommission Wahlen* ein, welche mit einem Fragebogen an Kantone, politische Parteien, Hochschulen, Verbände und andere Institutionen gelangte und 1973 ihren Schlussbericht ablieferte. Die 1974 eingesetzte *Expertengruppe* (Leitung: Bundesrat Furgler) arbeitete einen Entwurf aus, der 1977 an den Bundesrat abgeliefert und anschliessend in die Vernehmlassung gegeben wurde.

59 Der *Verfassungsentwurf* von 1977 übernahm zwar die Grundprinzipien der geltenden Bundesverfassung, sah aber auch bedeutende materielle Änderungen des geltenden Verfassungsrechts vor, insbesondere:

- eine Neuordnung der Kompetenzverteilung zwischen Bund und Kantonen (Art. 48 ff. VE);

- die Einführung der Gesetzesinitiative (Art. 64, 64ter [Variante] und 66 VE);
- die Ausdehnung der Verfassungsgerichtsbarkeit des Bundesgerichts (Art. 109 VE);
- die Einführung von Sozialrechten im Sinn von Gesetzgebungsaufträgen (Art. 26 VE; vgl. N. 1063 ff.).

Der Entwurf stiess in der Vernehmlassung auf sehr unterschiedliche Aufnahme. Opposition erhob sich insbesondere gegen die neue Aufgabenverteilung zwischen Bund und Kantonen. Auch die Formulierung der Wirtschafts- und Eigentumsverfassung war stark umstritten. Andere Teile, wie die Aufnahme eines Grundrechtskatalogs, die Gesetzesinitiative und die erweiterte Verfassungsgerichtsbarkeit, fanden in breiten Kreisen Unterstützung.

Beachtung fand in der Totalrevisionsdiskussion auch der *private Entwurf von Alfred Kölz und Jörg Paul Müller von 1984* (3. Auflage 1995), der sich zum Teil auf den Verfassungsentwurf von 1977 stützte, daneben aber die Erweiterung des Referendums und die Betonung des Umweltschutzes vorsah.

Nachdem sich gezeigt hatte, dass eine eigentliche materielle Totalrevision kaum politische Chancen haben würde, erarbeitete das Eidgenössische Justiz- und Polizeidepartement (EJPD) die *Modell-Studie von 1985*. Diese übernahm aus dem Vorentwurf von 1977 die unbestrittenen Teile, verzichtete aber auf viele der kritisierten Bestimmungen. In seinem Bericht vom 6. November 1985 (BBl 1985 III 1) legte der Bundesrat den eidgenössischen Räten das Resultat der bisherigen Revisionsbemühungen zusammen mit der Modell-Studie vor.

Mit dem *Bundesbeschluss über die Totalrevision der Bundesverfassung vom 3. Juni 1987* (BBl 1987 II 963) entschied die Bundesversammlung, dass eine Totalrevision an die Hand zu nehmen sei, die sich jedoch im Wesentlichen auf formale Aspekte zu beschränken habe. Sie beauftragte den Bundesrat mit der Ausarbeitung eines Entwurfes, der «das geltende geschriebene und ungeschriebene Verfassungsrecht nachführen, es verständlich darstellen, systematisch ordnen sowie Dichte und Sprache vereinheitlichen» sollte. Beabsichtigt war also im Wesentlichen eine *«Nachführung» des geltenden Verfassungsrechts,* unter Verzicht auf bedeutende Neuerungen oder Korrekturen des politischen Systems.

Mit der Ausarbeitung eines Vorentwurfs beauftragte der Bundesrat das Eidgenössische Justiz- und Polizeidepartement. Da eine Totalrevision gleichzeitig mit dem damals vorgesehenen EWR-Beitritt (vgl. N. 196) praktisch kaum durchführbar war, erlitt das Vorhaben Verfassungsreform eine erhebliche Verzögerung. Zudem wollte sich der Departementsvorsteher, Bundesrat Arnold Koller, begreiflicherweise nicht mit der undankbaren Aufgabe einer blossen Nachführung begnügen. Um dem Auftrag des Parlaments gerecht zu werden und gleichzeitig den Weg für substanzielle Reformen offen zu halten, wurde in seinem Departement das später vom Bundesrat übernommene *Konzept der Verfassungsreform im Baukastensystem* entwickelt: Der Bundesrat stellte im Juni 1995 einerseits eine «nachgeführte» Bundesverfassung vor, die nicht Selbstzweck sein, sondern den Rahmen für weitergehende Reformen schaffen sollte. Gleichzeitig brachte er, gestützt auf die Vorarbeit von Expertenkommissionen, wichtige materielle Reformen der Volksrechte und der Justiz in die Diskussion ein und betonte, dass sukzessive weitere Reformen verwirklicht werden könnten, sobald sie entscheidungsreif seien.

65 Zu den im Wesentlichen vom EJPD gestalteten Reformvorschlägen eröffnete der Bundesrat ein breit angelegtes Vernehmlassungsverfahren; u.a. wurden alle Bürgerinnen und Bürger zur Stellungnahme eingeladen. Nach Auswertung des Vernehmlassungsverfahrens und der rege benutzten «Volksdiskussion» legte der Bundesrat am 20. November 1996 eine über 600 Seiten umfassende *Botschaft über eine neue Bundesverfassung* (BBl 1997 I 1) vor, die drei Komponenten enthielt:

1. einen *«nachgeführten» Verfassungsentwurf*, der auf substanzielle Neuerungen weitgehend verzichtete und der das damals geltende (teilweise nur in Gesetzen enthaltene oder ungeschriebene) Verfassungsrecht in einer zeitgemässen Sprache formulierte, systematisch klar ordnete und Verfassungsunwürdiges auf eine tiefere Ebene verwies;

2. Vorschläge für eine weitgehende *Reform der Volksrechte,* d.h. der Institutionen der direkten Demokratie;

3. Vorschläge für eine *Justizreform* (vor allem Ausbau der Verfassungsgerichtsbarkeit und Beschränkung des Zugangs zum Bundesgericht).

66 Weitere Reformbereiche betreffend die Bereiche *Staatsleitung* (Regierungs- und Parlamentsreform) sowie *Föderalismus* (Aufgabenteilung, Finanzausgleich) sollten später etappenweise verwirklicht werden und – nach Gutheissung durch Volk und Stände – an die Stelle der entsprechenden Teile der aktualisierten Verfassung treten, d.h. gleichsam wie Module in den neuen «Baukasten» eingepasst werden.

67 Ende Januar 1997 nahmen die *Kommissionen von National- und Ständerat* die Beratung der Reform der Bundesverfassung auf. Jeder Rat setzte eine spezielle Kommission ein. Zusätzlich wurden drei Subkommissionen gebildet. Während des ganzen Jahres 1998 wurde im *Plenum des National- und des Ständerates* über die *«nachgeführte» Verfassung* beraten. Am 18. Dezember 1998 fand in beiden Kammern der Bundesversammlung die Schlussabstimmung statt. Die Annahme im Ständerat erfolgte einstimmig; im Nationalrat stimmten 134 Mitglieder dafür, 14 dagegen und 32 enthielten sich der Stimme. Bei einer sogar für schweizerische Verhältnisse sehr niedrigen Stimmbeteiligung von 35,3% nahmen Volk und Stände in der *Abstimmung vom 18. April 1999* die Verfassung an, wobei das Ständemehr nur relativ knapp erreicht wurde (Volksmehr 59,2%; $12^{2}/_{2}$ Stände stimmten zu, $8^{4}/_{2}$ lehnten ab). Verworfen wurde die Verfassung in den ländlichen Innerschweizer Kantonen und in der Nordost-Schweiz, ferner in den Kantonen Aargau, Glarus und Wallis. Die neue Verfassung trat am 1. Januar 2000 in Kraft.

68 Die neue Bundesverfassung von 1999 stellt im Wesentlichen eine *«Nachführung»* (besser: «Aktualisierung» oder «mise à jour») dar. Sie gibt das Verfassungsrecht, so wie es sich durch die zahlreichen Teilrevisionen und die Praxis bis zum Zeitpunkt

der Totalrevision entwickelt hatte, in einer leicht verständlichen, einprägsamen Sprache wieder. Die übersichtliche Gliederung erleichtert das rasche Auffinden von Normen. Durch Herauf- und Herabstufungen wurde eine viel bessere Übereinstimmung zwischen Verfassung im materiellen und Verfassung im formellen Sinn erzielt (vgl. N. 23). Bisher «ungeschriebenes Verfassungsrecht», das sich vor allem auf dem Gebiet der Grundrechte durch die bundesgerichtliche Rechtsprechung und die Beteiligung an internationalen Abkommen entwickelt hatte, ist nun im Verfassungstext enthalten. Anderseits wurde Unwesentliches – bis auf wenige Ausnahmen – aus dem Verfassungstext entfernt.

Allerdings weist die neue Bundesverfassung auch *inhaltliche Neuerungen* auf, deren Tragweite nicht unterschätzt werden sollte. Die wichtigsten kamen vor allem auf Betreiben der Konferenz der Kantonsregierungen sowie der Staatspolitischen Kommissionen der beiden Räte zustande. Sie betreffen das *Verhältnis zwischen Bund und Kantonen* sowie das *Parlamentsrecht.* Vom Konzept der blossen «Nachführung» wurde dort abgewichen, wo im Parlament ein breiter Konsens erzielt werden konnte. Teils wurden die Neuerungen als blosse «Anpassungen an die gelebte Verfassungswirklichkeit» deklariert.   69

IX. Weitere Reformpakete

1. Justizreform

Die Justizreform konnte im Oktober 1999 in einer im Vergleich zu den Vorschlägen des Bundesrates stark dezimierten Fassung vom Parlament verabschiedet werden (BBl 1999, 8633). Sie wurde am 12. März 2000 von Volk und Ständen angenommen.   70

Die Justizreform bringt vor allem folgende Neuerungen:

– *Anspruch auf Beurteilung von Rechtsstreitigkeiten durch eine richterliche Behörde,* der allerdings vom Gesetzgeber für Ausnahmefälle ausgeschlossen werden darf («*Rechtsweggarantie*», Art. 29a);
– *Bundeskompetenz für eine Vereinheitlichung des Zivil- und Strafprozessrechts,* wobei die Kantone im bisherigen Umfang für die Organisation der Gerichte und die Rechtsprechung zuständig bleiben (Art. 122 und 123);
– *Ausdehnung der Stimmrechtsbeschwerde* (vgl. N. 1982) *auf eidgenössische Wahlen und Abstimmungen* (Art. 189 Abs. 1 lit. f);
– *Entlastung des Bundesgerichts* durch gewisse *Zugangsbeschränkungen* (Art. 191) und durch *konsequentere Vorschaltung richterlicher Vorinstanzen* (z.B. eines Bundesstraf- und eines Bundesverwaltungsgerichts, Art. 191a, ferner durch rich-

terliche Behörden der Kantone, Art. 191b, wobei mehrere Kantone gemeinsam ein Gericht einsetzen können);
- ausdrückliche Gewährleistung der *richterlichen Unabhängigkeit* (Art. 191c).

71 Der vom Bundesrat vorgeschlagene *Ausbau der Verfassungsgerichtsbarkeit*, welcher die gerichtliche Überprüfung von Bundesgesetzen in Form einer beim Bundesgericht konzentrierten konkreten Normenkontrolle ermöglicht hätte, war vom Parlament *abgelehnt* worden. Auch mit seinen Vorschlägen auf weitergehende Beschränkungen des Zugangs zum Bundesgericht vermochte sich der Bundesrat nicht durchzusetzen.

72 Da die Justizreform einer Reihe von Anpassungen auf Gesetzesstufe bedarf, wurden die von Volk und Ständen angenommenen neuen Verfassungsartikel *erst teilweise in Kraft gesetzt*. Die Verfassungsvorlage sah vor, dass die Bundesversammlung den Zeitpunkt des Inkrafttretens bestimmt. Es scheint, als ob die Realisierung der Justizreform bedeutend mehr Mühe bereitet als seinerzeit die Inkraftsetzung der total revidierten neuen Bundesverfassung (weniger als neun Monate nach der Annahme durch Volk und Stände), die wichtige Anpassungen auf Gesetzesstufe erforderte. Aus verfassungsrechtlicher Sicht besonders bedenklich ist die Verzögerung des Inkrafttretens der Rechtsweggarantie, die unseres Erachtens ohne Zwischenschaltung gesetzlicher Ausführungsbestimmungen unmittelbar angewendet werden könnte.

2. Reform der Volksrechte

73 Die bundesrätliche Vorlage für eine Reform der Volksrechte scheiterte im Sommer 1999 in beiden Räten bereits in der Eintretensdebatte. Ausschlaggebend für diesen Misserfolg war vor allem, dass der Ausbau direktdemokratischer Instrumente mit der Erhöhung der notwendigen Unterschriftenzahlen für Volksbegehren verknüpft wurde. Der Ständerat nahm in der Folge Vorschläge, die er als mehrheitsfähig betrachtete, wieder auf, was schliesslich zu einer sehr bescheidenen Vorlage führte, die im Parlament konsensfähig war und der am 9. Februar 2003 auch Volk und Stände (bei einer Stimmbeteiligung von 28,2%!) zustimmten.

Im Wesentlichen geht es um folgende Neuerungen:

- *Einführung der allgemeinen Volksinitiative*, mit der neu auch *Gesetzes*änderungen angeregt werden können, allerdings nur in der Form der allgemeinen Anregung (Art. 139a BV, noch nicht in Kraft). Ob dieses wenig attraktive neue Volksrecht, das gleich viele Unterschriften voraussetzt wie die formulierte Verfassungsinitiative, überhaupt eine praktische Bedeutung erlangen wird, erscheint als fraglich.
- *Ausdehnung des fakultativen Staatsvertragsreferendums* (Art. 141a BV).

3. Staatsleitungsreform

Die *Regierungsreform* ist als vorläufig gescheitert zu betrachten (vgl. N. 1653 f.). Eine kleine *Parlamentsreform* fand wenigstens auf Gesetzesebene statt. Durch Erlass des Bundesgesetzes über die Bundesversammlung (Parlamentsgesetz [ParlG]) vom 13. Dezember 2002) wurden u.a. die Informationsrechte des Parlaments und insbesondere seiner Kommissionen verbessert und die in der neuen Verfassung vorgezeichnete Stärkung der Mitwirkung des Parlaments bei Planungen und bei der Gestaltung der Aussenpolitik umgesetzt.

74

4. Föderalismusreform

Besser erging es der Föderalismusreform. Im Verfassungsreferendum vom 28. November 2004 stimmten Volk und Stände mit klarem Mehr (über 64% Ja-Stimmen und nur drei ablehnende Kantone) einer grundlegenden *Neugestaltung des Finanzausgleichs und der Aufgabenteilung zwischen Bund und Kantonen (NFA)* zu. Diese Reform bedingte die Änderung von 27 Verfassungsartikeln. Sie bringt im Wesentlichen eine klare Aufgabenteilung zwischen Bund und Kantonen und damit eine bessere Entflechtung der Staatsaufgaben sowie einen Ausbau des Finanzausgleichs: Ein Ressourcenausgleich sichert jedem Kanton ein Mindestmass an eigenen Geldmitteln, während ein Lastenausgleich Gebirgs- und Zentrumskantone für Sonderlasten entschädigt. Ferner werden neue Formen der Zusammenarbeit zwischen den Kantonen ermöglicht.

74a

§ 3 Auslegung des öffentlichen Rechts

Literatur

BIAGGINI GIOVANNI, Verfassung und Richterrecht: verfassungsrechtliche Grenzen der Rechtsfortbildung im Wege der bundesgerichtlichen Rechtsprechung, Diss. Basel 1991; CAMPICHE EDOUARD G., Die verfassungskonforme Auslegung, Diss. Zürich 1978; HÄFELIN ULRICH, Wertung und Interessenabwägung in der richterlichen Rechtsfindung, in: FS für Dietrich Schindler zum 65. Geburtstag, Basel/Frankfurt a.M. 1989, S. 586 ff.; HÄFELIN ULRICH, Bindung des Richters an den Wortlaut des Gesetzes, in: FS für Cyril Hegnauer zum 65. Geburtstag, Bern 1986, S. 111 ff.; HÄFELIN ULRICH, Vermutungen im öffentlichen Recht, in: FS für Kurt Eichenberger zum 60. Geburtstag, Basel/Frankfurt a.M. 1982, S. 625 ff.; HÄFELIN ULRICH, Die verfassungskonforme Auslegung und ihre Grenzen, in: FS für Hans Huber zum 80. Geburtstag, Bern 1981, S. 241 ff.; HÄFELIN ULRICH, Zur Lückenfüllung im öffentlichen Recht, in: FS zum 70. Geburtstag von Hans Nef, Zürich 1981, S. 91 ff.; HALLER WALTER, Verfassungsfortbildung durch Richterrecht, ZSR NF 124/I (2005) 5 ff.; HÖHN ERNST, Die Bedeutung der Verfassung für die Auslegung der Gesetze, in: FS für Ulrich Häfelin zum 65. Geburtstag, Zürich 1989, S. 257 ff.; HÖHN ERNST, Praktische Methodik der Gesetzesauslegung, Zürich 1993; HUTTER SILVAN, Die Gesetzeslücke im Verwaltungsrecht, Diss. Freiburg i. Ue. 1989; IMBODEN MAX, Normenkontrolle und Norminterpretation, in: Max Imboden, Staat und Recht, Ausgewählte Schriften und Vorträge, Basel/Stuttgart 1971, S. 239 ff.; MEIER-HAYOZ ARTHUR, Strategische und taktische Aspekte der Fortbildung des Rechts, (Deutsche) Juristenzeitung 36 (1981) 417 ff.; MÜLLER NIKLAUS, Die Rechtsprechung des Bundesgerichts zum Grundsatz der verfassungskonformen Auslegung, Diss. Bern 1980; RHINOW RENÉ A., Rechtsetzung und Methodik, Basel/Stuttgart 1979; RHINOW, RENÉ A./KRÄHENMANN BEAT, Schweizerische Verwaltungsrechtsprechung, Ergänzungsband, Basel/Frankfurt a.M. 1990, S. 55 ff.; TSCHANNEN PIERRE, Verfassungsauslegung, in: Verfassungsrecht der Schweiz, § 9; TSCHANNEN PIERRE, Die Auslegung der neuen Bundesverfassung, in: Zimmerli (Hrsg.), Die neue Bundesverfassung, S. 223 ff.; ZELLER ERNST, Auslegung von Gesetz und Vertrag: Methodenlehre für die juristische Praxis, Zürich 1989.

Vorbemerkung

75 Im Folgenden geht es primär um die Auslegung der Bundesverfassung. Da nach schweizerischer Auffassung bei der Verfassungsauslegung im Wesentlichen die gleichen Grundsätze gelten wie für die Auslegung öffentlich-rechtlicher Normen tieferer Stufe (vgl. N. 127 f.), wird auch die Auslegung von Gesetzes- und Verordnungsrecht einbezogen. Nicht näher eingegangen wird auf die Auslegung von Staatsverträgen, die hauptsächlich den Regeln des Wiener Übereinkommens über das Recht der Verträge vom 23. Mai 1969 (SR 0.111) folgt.

I. Aufgabe der Auslegung

1. Notwendigkeit der Auslegung

Die *Sprache* als Arbeitsmittel des Rechts ist naturgemäss ein unvollkommenes Instrument: Einzelne Ausdrücke können je nach Ort, nach Sachzusammenhang oder nach Autor verschieden verstanden werden und dem Adressaten ganz unterschiedliche Vorstellungen vermitteln. Zwar handelt es sich bei der Rechtssprache um eine vergleichsweise präzise und – von eingeplanten Unbestimmtheiten abgesehen – klare Sprache. Trotzdem ergeben sich zahlreiche Situationen, in denen die Bedeutung einer Formulierung nicht auf Anhieb klar wird. So bestimmt Art. 21 BV knapp und auf den ersten Blick unmissverständlich: «Die Freiheit der Kunst ist gewährleistet.» Bei näherem Hinsehen aber erweist sich der Begriff der Kunst als in verschiedener Hinsicht unklar, weil nicht an einen vorgegebenen Kunstbegriff angeknüpft werden kann. Ist es z.B. möglich, ein Strassentheater oder ein Spraybild als Kunst zu qualifizieren? Ist bei der Begriffsbestimmung primär auf das Selbstverständnis des «Kunstschaffenden» oder auf die Reaktion der Öffentlichkeit oder von «Kunstexperten» abzustellen? Rechtfertigen überwiegende kommerzielle Interessen, die mit einer Darbietung oder einem Werk verfolgt werden, die Zuordnung zum Bereich der Wirtschaftsfreiheit (Art. 27 BV) anstelle der Kunstfreiheit?

76

In derartigen Fällen kann die Bedeutung einer Norm nicht ohne weiteres aus dem Wortlaut herausgelesen werden. Vielmehr müssen Sinn und Tragweite der Bestimmung zuerst im Verfahren der Auslegung gewonnen werden.

2. Besonderheiten der Verfassungsauslegung

Die Auslegungsbedürftigkeit der Rechtssätze hat im Bereich des *Verfassungsrechts* zum Teil ein besonderes Gepräge. Dies aus folgenden Gründen:

77

– Die Verfassung enthält in besonderem Masse allgemeine, wenig detaillierte, *auf das Grundsätzliche ausgerichtete Normen*. So hatte z.B. der Rechtsgleichheitssatz von Art. 4 Abs. 1 aBV trotz seiner Kürze («Alle Schweizer sind vor dem Gesetze gleich») in der Auslegung des Bundesgerichts sehr bedeutungsvolle Konkretisierungen gefunden – etwa das Verbot der Willkür, den Anspruch auf rechtliches Gehör, den Anspruch auf unentgeltliche Prozessführung bei Bedürftigkeit und zahlreiche weitere Konsequenzen, die nun in der neuen Bundesverfassung teilweise Gegenstand besonderer Artikel (z.B. Art. 9 und Art. 29 Abs. 2 und 3) bilden.

– Der allgemeinen, grundsätzlichen Natur entspricht es, dass bei Erlass der Verfassungsbestimmungen – mehr noch als bei Rechtssätzen niedrigerer Stufe – die *künftigen Anwendungsfälle nur zum Teil voraussehbar* sind. Beim Auftauchen neuartiger Probleme muss durch die Auslegung eine Lösung gefunden werden, für die der Wortlaut der Bestimmung oft nur sehr knappe Anhaltspunkte liefert.

– Dazu kommt, dass bei der Formulierung gewisser Bestimmungen oft stärker auf eine *volksnahe, allgemein verständliche Sprache* als auf wissenschaftliche Präzision Wert gelegt wurde. So wollte der Verfassungsgeber trotz der einprägsamen Formulierung in Art. 8 Abs. 1 BV, dass «alle Menschen» vor dem Gesetz gleich seien, offensichtlich nicht juristische Personen vom Schutzbereich des Gleichbehandlungsgebots ausschliessen.

78 Bei der Auslegung der *Bundesverfassung von 1999* ist von einem neuen Text auszugehen, der indes im Wesentlichen im Bestreben redigiert wurde, das im Zeitpunkt der Totalrevision geltende Verfassungsrecht formal und systematisch möglichst klar festzuhalten und inhaltliche Reformen – mit einigen Ausnahmen – auf separate Revisionsvorlagen zu verweisen. Dieses Konzept der blossen «Nachführung» ist nicht ohne Folgen für die Verfassungsauslegung. Die Leitidee hinter dem neuen Verfassungstext, das bis anhin geltende Verfassungsrecht zu bewahren, muss bei der Auslegung berücksichtigt werden. Daher kann grundsätzlich *bei der Auslegung der neuen Bundesverfassung an die Praxis zu den entsprechenden Artikeln der alten Bundesverfassung angeknüpft werden,* wobei Konkordanzregister nützliche Dienste leisten. Allerdings muss diese Anknüpfung in differenzierter Weise erfolgen. Einfache Vermutungsregeln, z.B. in dem Sinne, dass sich an den unter der alten Bundesverfassung erarbeiteten Auslegungsergebnissen bis zum Beweis des Gegenteils nichts ändere, sind ebenso zu vermeiden wie das andere Extrem einer einseitigen Betonung des Neuigkeitswerts (vgl. PIERRE TSCHANNEN, Die Auslegung der neuen Bundesverfassung, S. 243 und 247). Zutreffend führt TSCHANNEN (a.a.O., S. 247) aus:

> «Für die Auslegung der neuen Verfassung sind Lehre und Rechtsprechung zur korrespondierenden Norm der alten Verfassung bis auf weiteres gewiss zu Rate zu ziehen – wieweit aber die alten Auslegungsergebnisse tatsächlich auch auf die neue Verfassung zutreffen, muss im Einzelfall mit spezifischen (und nicht pauschalen) Argumenten geklärt werden.»

79 Zwar dürfte die «Nachführungsidee» die Verfassungsentwicklung zunächst prägen, doch könnte der neue Text mit der Zeit eine erhebliche Eigendynamik entfalten. Denn die Überführung ungeschriebenen Verfassungsrechts in geschriebene Normen, die teilweise griffigere Umschreibung des Schutzbereichs von Grundrechten, die Straffung von Kompetenznormen und die neue systematische Erfassung des Verfassungsrechts schaffen neue Ausgangslagen und neue Spielräume für die Interpretation und Fortbildung des Verfassungsrechts.

3. Zielsetzung der Auslegung

Aufgabe der Gesetzesauslegung ist es, den Sinn einer Rechtsnorm zu ermitteln. Er stimmt meistens mit dem Wortlaut überein; in diesen Fällen ergibt sich bereits aus der grammatikalischen Auslegung (vgl. N. 91 ff.) der Sinn der Norm. Es gibt allerdings Normen mit einem unklaren oder einem bloss scheinbar klaren Wortlaut und solche, bei denen es zweifelhaft ist, ob der an sich klare Wortlaut den wahren Sinn der Norm wiedergibt. Daher müssen neben der grammatikalischen die übrigen Auslegungsmethoden (vgl. N. 97 ff.) angewendet werden. Durch Vergleichen der Ergebnisse ist abzuwägen, welche Methode den wahren Sinn der Norm am besten aufdeckt (vgl. N. 130 ff.).

80

4. Tragweite und Problematik der Auslegung

Die Auslegung ist in verschiedenen Zeitepochen und in verschiedenen Ländern sehr unterschiedlich bewertet worden. Das Spektrum der Ansichten reicht dabei von der Ablehnung jeden Auslegungsermessens bis zur Forderung nach weitgehender Freiheit des Richters in der Rechtsfindung.

81

Jede Interpretation birgt die Gefahr der Verfälschung oder Aushöhlung einer Rechtsnorm in sich. Dies legt eine gewisse *Zurückhaltung bei der Auslegung* nahe: Die Auslegung soll nicht die Gesetzgebung ersetzen. Gestützt auf diese Überlegung lehnte es die Waadtländer Kantonsregierung und in der Folge das Bundesgericht 1957 ab, mit dem Begriff «tous les Suisses» (Art. 23 KV Waadt; Stimm- und Wahlrecht) Schweizer *und Schweizerinnen* zu verstehen:

82

> «(Le Tribunal fédéral) considère de plus que l'introduction du suffrage féminin reviendrait à modifier un régime juridique profondément enraciné et qu'elle ne pourrait dès lors avoir lieu que par une revision de la constitution et non par la simple voie de l'interprétation. Telle est du reste également l'opinion de la doctrine.» (BGE 83 I 173, 175, Quinche)

Anderseits darf diese Zurückhaltung nicht überbetont werden, ist doch die Auslegung ein *wichtiges Element der Rechtsfortbildung*. Insbesondere wo es um die Verwirklichung der Grundprinzipien unserer Rechtsordnung geht, ist Ängstlichkeit bei der Auslegung fehl am Platz. So gehörten unter der Bundesverfassung von 1874 die Auslegung von Art. 4 aBV über die Rechtsgleichheit und die Anerkennung ungeschriebener Freiheitsrechte – beides weitgehend losgelöst vom Wortlaut der Verfassung – zu den grössten Leistungen des Bundesgerichts.

83

Nach Verankerung gleicher Rechte von Mann und Frau in Art. 4 Abs. 2 aBV (= Art. 8 Abs. 3 BV) und nachdem alle Kantone ausser Appenzell Innerrhoden das volle Erwachsenenstimmrecht eingeführt hatten, gab das Bundesgericht die im Fall Quinche (N. 82) bekundete Zurückhaltung auf: Es legte die Begriffe «Landleute» und «Schweizer» in der damaligen Fassung von Art. 16 Abs. 1 der Kantonsverfassung

84

von Appenzell I.Rh. zeitgemäss und verfassungskonform so aus, dass sie auch Bürgerinnen einschlossen (BGE 116 Ia 359, 380 f. E. 10c, Rohner).

5. Auslegung – ein schöpferischer und wertender Vorgang

85 Häufig stellt man sich die Auslegung als eine rein reproduktive Tätigkeit vor: Sie soll danach die Aufgabe haben, den objektiv gegebenen Willen einer Rechtsnorm – bzw. den subjektiven Willen des historischen Gesetzgebers – zu ermitteln. Damit wird der Auslegung aufgegeben, einen bereits bestehenden Gesetzeswillen zu ergründen, d.h., einen Entscheid des Gesetzgebers nachzuvollziehen. Diese Ansicht geht von der Fiktion aus, dass die Lösung aller konkreten Rechtsfragen bereits in der generellen Norm enthalten sei; das Resultat im konkreten Fall müsse einfach mittels wissenschaftlicher Interpretationsmethoden deduziert werden. Konsequenterweise könnte es dann auch nur ein richtiges Auslegungsresultat geben – eben jenes, das schon in der Norm angelegt ist.

86 Diese Ansicht trifft aber nur einen Teil der Wahrheit. Auslegung enthält nicht nur *reproduktive Elemente,* sondern hat auch eine *schöpferische Komponente.* Sie hat auch Ergänzung und Fortbildung des Rechts über das Vorgegebene hinaus zur Aufgabe. In gewissen Situationen kann sich der Richter nicht mit einer bloss nachvollziehenden Subsumtion eines Sachverhaltes unter eine Norm begnügen, sondern muss die Norm ergänzend ausdeuten, ihren Inhalt durch Elemente ergänzen, die nicht mit Bestimmtheit vorgegeben sind. In der neueren Staatsrechtslehre wird dieser Aspekt der Auslegung vielfach mit dem Begriff *Konkretisierung* umschrieben. Damit ist notwendigerweise auch eine *Wertung* verbunden, die über die logische Subsumtion hinausgeht.

87 Es handelt sich bei der Auslegung also um einen *komplexen Vorgang,* der ein Gemisch von erkennenden und schöpferischen, von reproduktiven und kreativen Elementen umfasst, wie dies in anschaulicher Weise GUSTAV RADBRUCH (Rechtsphilosophie, 8. Aufl., Stuttgart 1973, S. 214 f.) umschreibt.

88 Soweit der Richter kreativ tätig wird, ist er allerdings nicht völlig frei; er darf nicht nach Belieben einem Rechtssatz neue Normelemente hinzufügen. Vielmehr ist er an die Anhaltspunkte gebunden, die er in der auszulegenden Verfassungs- oder Gesetzesnorm vorfindet. Er ist vor allem *an die Wertentscheidungen des Gesetzgebers gebunden.*

89 Auslegung ist damit keine absolut exakte Methode, die es erlaubt, mit zwingender Beweisführung ein einziges, objektiv richtiges Resultat zu erreichen. Sie ist vielmehr eine wissenschaftliche Methode, die das Instrumentarium zur Verfügung stellt, um gestützt auf logische und wertende Argumente zu einem rational begründeten und damit kontrollierbaren Ergebnis zu gelangen. Das Auslegungsergebnis kann zwar *nicht Anspruch auf absolute Richtigkeit* oder Wahrheit erheben; es kann sich aber durch die Sachlichkeit seiner Begründung, durch seine Überzeugungskraft und durch die Offenlegung seiner Argumente Anerkennung in der Rechts-

gemeinschaft verschaffen. KONRAD HESSE (Grundzüge des Verfassungsrechts der Bundesrepublik Deutschland, 20. Aufl., Heidelberg 1995, N. 76) betont dies:

> «Gegenüber dem Anspruch absoluter Richtigkeit, die sich nicht erweisen lässt und oft die ratio decidendi nicht einmal offenlegt, erscheint mit einer relativen Richtigkeit, die die Begrenztheit ihres Anspruchs eingesteht, die aber in dieser Begrenztheit einsichtig, überzeugend und wenigstens zu einem gewissen Grade voraussehbar gemacht werden kann, manches gewonnen, und zwar nicht nur ein Stück juristischer Redlichkeit, sondern auch – begrenzte – Rechtsgewissheit.»

II. Die verschiedenen Auslegungsmethoden

Geht man von der Relativität jeder Auslegung aus, so ist damit auch klar, dass es nicht eine bestimmte, immer richtige Auslegungsmethode gibt. Vielmehr können verschiedene Gesichtspunkte, *verschiedene Auslegungsmethoden nebeneinander* zum Zuge kommen. Im Folgenden sind die wichtigsten Auslegungsmethoden dargestellt, die in Lehre und Praxis Berücksichtigung finden. 90

1. Die grammatikalische Auslegung

Die grammatikalische Auslegung stellt auf *Wortlaut, Wortsinn und Sprachgebrauch* ab. Unter Sprachgebrauch ist dabei in der Regel der *allgemeine Sprachgebrauch* zu verstehen. 91

Die grammatikalische Auslegung ist *Ausgangspunkt jeder Auslegung.* 92

> Gemäss der bundesgerichtlichen Praxis (z.B. in BGE 122 V 362, 364 E. 4a, Arbeitslosenkasse Basel-Stadt) ist das Gesetz «in erster Linie nach seinem Wortlaut auszulegen. Ist der Text nicht ganz klar und sind verschiedene Auslegungen möglich, so muss nach seiner wahren Tragweite gesucht werden unter Berücksichtigung aller Auslegungselemente, namentlich des Zwecks, des Sinnes und der dem Text zugrunde liegenden Wertung. Wichtig ist ebenfalls der Sinn, der einer Norm im Kontext zukommt. Vom klaren, d.h. eindeutigen und unmissverständlichen Wortlaut darf nur ausnahmsweise abgewichen werden, u.a. dann nämlich, wenn triftige Gründe dafür vorliegen, dass der Wortlaut nicht den wahren Sinn der Bestimmung wiedergibt. Solche Gründe können sich aus der Entstehungsgeschichte der Bestimmung, aus ihrem Grund und Zweck oder aus dem Zusammenhang mit anderen Vorschriften ergeben (BGE 120 V 102 mit Hinweisen).»

Vgl. auch BGE 124 II 241, 245 f., Eidgenössische Steuerverwaltung; 124 II 265, 268 E. 3a.

Oft wird gesagt, es handle sich bei der grammatikalischen Auslegung gar nicht um eine eigentliche Auslegungsmethode, weil ja nur festgestellt werde, ob ein un- 93 klarer Wortlaut vorliege, ob also überhaupt eine Auslegung erforderlich sei. Sie muss aber trotzdem als Auslegungsmethode angesehen werden. Versteht man unter Auslegung den gesamten Vorgang des Ermittelns des Sinnes einer Norm, so gehört zweifellos auch das Bestimmen des Wortsinnes zur Auslegung.

94 Massgebliches Element der grammatikalischen Auslegung ist der *Gesetzestext*. Titel sowie Sachüberschriften und Randtitel (Marginalien) sind Bestandteile des Textes und müssen daher bei der Auslegung mitberücksichtigt werden.

95 Die Formulierungen einer Gesetzesnorm in den *Amtssprachen Deutsch, Französisch und Italienisch* sind *gleichwertig*. Die Übersetzung wichtiger Bundeserlasse in die romanische Sprache – die von Art. 70 Abs. 1 Satz 2 BV nur als teilweise Amtssprache des Bundes anerkannt ist (vgl. N. 1436) – gemäss Art. 15 des Publikationsgesetzes von 2004 (SR 170.512) hat keine Gesetzeskraft und ist bei der Auslegung nicht zu berücksichtigen. Unmassgeblich ist, in welcher Sprache der Entwurf eines Erlasses abgefasst wurde, welche Sprache die im Einzelfall betroffenen Parteien sprechen, welche Version die Freiheit des Bürgers am wenigsten einschränkt. Der italienische Text muss ebenso stark gewichtet werden wie die beiden anderen Versionen, auch wenn er sehr oft erst nach der parlamentarischen Schlussabstimmung abgefasst wird. Stimmt der Wortlaut der drei amtlichen Texte nicht überein, so muss jenem Text der Vorzug gegeben werden, der den wahren Sinn der Norm wiedergibt. In diesen Fällen ist zuerst mittels grammatikalischer Auslegung der Wortsinn der drei amtlichen Texte festzustellen, um anschliessend mit Hilfe der anderen anerkannten Auslegungsmethoden zu ermitteln, welche Version dem wahren Sinn der Norm entspricht.

96 Ein Beispiel für dieses Vorgehen findet sich in BGE 129 I 402, Schweizerische Vereinigung für Straflosigkeit des Schwangerschaftsabbruchs:

> Umstritten war, ob ein Kanton für einen medizinisch indizierten Schwangerschaftsabbruch nach der 12. Woche über die Begutachtung durch den behandelnden Arzt hinaus eine Zweitbeurteilung durch einen Facharzt verlangen dürfe. In der deutschen Fassung bestimmt Art. 119 Abs. 1 StGB, dass der Abbruch «nach ärztlichem Urteil» notwendig sein müsse, damit von der schwangeren Frau die Gefahr einer schwerwiegenden körperlichen Schädigung oder einer schweren seelischen Notlage abgewendet werden könne. Der französische Text verlangt «un avis médical», der italienische das «giudizio di un medico». Der deutsche Wortlaut schliesst die Möglichkeit einer Begutachtung durch einen zweiten Arzt nicht zwingend aus. Die gleichwertigen französischen und italienischen Texte weisen anderseits darauf hin, dass der Schwangerschaftsabbruch aus medizinischen Gründen nicht von einer zweiten Begutachtung abhängig gemacht werden darf. Unter Heranziehung der historischen Auslegung fand das Bundesgericht, dass die französische und die italienische Fassung dem wahren Sinn der Norm entsprächen.
>
> Weiteres Beispiel, in dem das Bundesgericht gestützt auf die Materialien den französischen und italienischen Fassungen den Vorzug vor der deutschen gab: BGE 129 II 114, 118 ff., Kraftwerke Reckingen AG.

2. Die systematische Auslegung

Bei der systematischen Auslegung wird der Sinn einer Rechtsnorm bestimmt durch ihr *Verhältnis zu anderen Rechtsnormen* und durch den *systematischen Zusammenhang*, in dem sie sich *in einem Gesetz* präsentiert. 97

Massgebliches Element ist damit einmal der systematische Aufbau eines Gesetzes. Dabei ist auch die Systematik der Titel und der Sachüberschriften oder der Randtitel (Marginalien) von Bedeutung. Weiter kann das Verhältnis einer Norm zu Vorschriften in einem anderen Erlass berücksichtigt werden. Sonderfälle der systematischen Auslegung stellen die verfassungs- und die völkerrechtskonforme Auslegung dar (vgl. N. 148 ff. und N. 162 ff.). 98

Die Bedeutung der systematischen Auslegung auf Verfassungsstufe wurde früher dadurch stark eingeschränkt, «dass in der Bundesverfassung Texte aneinandergereiht sind, welche von sich folgenden Generationen geschaffen wurden und in unterschiedlichem Stil gehalten sind» (AUBERT, Bundesstaatsrecht, ad 275bis). Seit Inkrafttreten der neuen Bundesverfassung dürfte freilich der systematischen Auslegung grösseres Gewicht zukommen, da die einzelnen Bestimmungen nun in einen klaren systematischen Rahmen eingeordnet sind (skeptisch allerdings, TSCHANNEN, Die Auslegung der neuen Bundesverfassung, S. 239 ff., sowie RHINOW, Rz. 495). 99

> Ein illustratives Beispiel für die systematische Auslegung vermittelt der Entscheid BGE 105 Ib 225, 228 f., Spada. In ihm untersuchte das Bundesgericht den Geltungsbereich der Umschreibung des «Wohnsitzes der Ausländer» gemäss Art. 36 des Bürgerrechtsgesetzes von 1952 (SR 141.0) und führte dazu aus:
>
> «Eine systematische Betrachtung des Bürgerrechtsgesetzes ergibt, dass es unter I. den ‹Erwerb und Verlust (des Schweizer Bürgerrechts) von Gesetzes wegen› und unter II. den ‹Erwerb und Verlust durch behördlichen Beschluss› regelt. II. A. trägt den Titel: ‹Erwerb durch Einbürgerung›. Unter diesem Titel werden in den Art. 12 bis 41 die folgenden Materien behandelt: ‹a. Ordentliche Einbürgerung› (Art. 12–17), ‹b. Wiedereinbürgerung› (Art. 18–25), ‹c. Erleichterte Einbürgerung› (Art. 26–31) und ‹d. Gemeinsame Bestimmungen› (Art. 32–41). Beim Art. 36 BüG handelt es sich demnach um eine gemeinsame Bestimmung des Erwerbs durch Einbürgerung. Aufgrund ihrer Stellung im Gesetz kann diese Bestimmung daher lediglich auf die ordentliche Einbürgerung, die Wiedereinbürgerung und die erleichterte Einbürgerung Anwendung finden, nicht aber auf den Erwerb und Verlust des Bürgerrechts von Gesetzes wegen (so auch OSWALD/STEINER, Bundesgesetz über Erwerb und Verlust des Schweizer Bürgerrechts, Zürich 1953, S. 35; BURGER, Die erleichterte Einbürgerung, Diss. Bern 1971, S. 60). Anders verhielte es sich, wenn sich diese Bestimmung am Anfang oder am Schluss des Gesetzes unter dem Titel ‹Gemeinsame Bestimmungen› befinden würde. Eine andere Frage ist, ob der Gesetzgeber mit der in Art. 36 BüG verwendeten Formulierung ‹als Wohnsitz im Sinne *dieses Gesetzes* gilt ...› die Bedeutung der Bestimmung weiter fassen wollte, als es deren Stellung im Gesetz nahelegen würde; diese Frage kann indessen nicht mit der systematischen Auslegungsmethode beantwortet werden.» 100

3. Die historische Auslegung

101 Die historische Auslegung stellt auf den *Sinn* ab, *den man einer Norm zur Zeit ihrer Entstehung gab.* Eine Norm soll so gelten, wie sie vom Gesetzgeber vorgesehen worden war; die rechtsanwendenden Organe sind nach dem Prinzip der Gewaltenteilung gehalten, die Entscheidungen des Gesetzgebers zu respektieren. Namentlich bei neueren Erlassen darf der Wille des historischen Gesetzgebers nicht übergangen werden (BGE 128 I 288, 292).

a) Die subjektiv-historische Auslegung

102 Massgebliches Element bei dieser ersten Variante der historischen Auslegung ist der *subjektive Wille des konkreten historischen Gesetzgebers.*

103 Es ist allerdings oft sehr schwierig, diesen Willen festzustellen, da es sich bei den rechtsetzenden Organen um Kollektivorgane handelt. Anhaltspunkte zur Ermittlung des Willens liefern die *Materialien zur Entstehung einer Verfassungs- und Gesetzesnorm:* Entwürfe, amtliche Berichte, Botschaften des Bundesrates, Protokolle der Ratsverhandlungen und der beleuchtende Bericht zu den Volksabstimmungen.

104 Für die neue *Bundesverfassung von 1999,* die grundsätzlich als «Nachführung» des bisherigen Verfassungsrechts zu verstehen ist, sind «zwei Schichten von Materialien» zu unterscheiden, wie das ANDREAS KLEY (Der Grundrechtskatalog der nachgeführten Bundesverfassung, ZBJV 135 [1999] 304) zu Recht erklärt hat. Die *«alten» Materialien,* die sich auf die Verfassung von 1874 und auf die Verfassungsrevisionen zwischen 1874 und 1999 beziehen, haben wohl ein unterschiedliches Gewicht, je nachdem ob es sich um Entscheidungen von einiger Grundsätzlichkeit handelt, die 1999 nachvollzogen werden sollten. Von den zahlreichen Partialrevisionen sind vor allem die Materialien jener Revisionen zu beachten, die erst einige Dezennien zurückliegen. Den *«neuen» Materialien der Totalrevision von 1999* kommt ganz allgemein eine grössere Bedeutung zu. Sie zeigen auch, in welchem Umfang Bisheriges übernommen werden sollte oder punktuelle Neuerungen beabsichtigt waren.

105 Die einzelnen *Kategorien von Materialien* werden unterschiedlich gewichtet. Bei Bundesgesetzen stehen die Botschaft des Bundesrates – soweit die Räte ihr folgen – und die Voten der Berichterstatter der vorberatenden Kommissionen im National- und Ständerat im Vordergrund, während sonstige Einzelvoten von Ratsmitgliedern in der Regel nur geringes Gewicht haben.

106 Beispiel für die subjektiv-historische Methode:

In BGE 118 Ib 149 ff. E. 3, Regierungsrat des Kantons Aargau, klärte das Bundesgericht ab, ob ein mit einer Schweizerin verheirateter Ausländer Anspruch auf Verlängerung seiner Aufenthaltsbewilligung habe. Das Gericht fragte sich, ob die Gatten dazu zusammen wohnen müssten. Dieses Erfordernis wird im geltenden Gesetz nicht ausdrücklich verlangt (der massgebende Art. 7 Abs. 1 Satz 1 des Gesetzes über Aufenthalt und Niederlassung der Ausländer, ANAG, SR 142.20, in der seit 1. Januar 1992 geltenden Fassung lautet: «Der ausländische Ehegatte eines Schweizer Bürgers hat Anspruch auf Erteilung der Aufenthaltsbewilligung»). Das Bundesgericht stützte sich in seiner Argumentation auf die Entstehungsgeschichte der neuen Regelung: Gemäss dem bundesrätlichen Vorschlag sollte die Bewilligung nur gewährt werden, «solange die Ehegatten zusammen wohnen» (BBl 1987 III 321, 342). Diese Einschränkung liessen die eidgenössischen Räte im Differenzbereinigungsverfahren fallen, denn das Anwesenheitsrecht des ausländischen Ehegatten sollte nicht alleine durch eine Aufhebung der gemeinsamen ehelichen Wohnung oder eine richterliche Trennung im Rahmen von Eheschutzmassnahmen wegfallen, sondern andauern, solange die Ehe rechtlich besteht (Amtl. Bull. StR 1990 S. 124 f.).

Eine zusammenfassende Darstellung der Bedeutung und der Grenzen einer an den Gesetzesmaterialien orientierten Auslegung findet sich in BGE 114 Ia 191, 196 f., Schweiz. Eidgenossenschaft: 107

«Die Materialien fallen nach der Rechtsprechung nur dann ins Gewicht, wenn sie angesichts einer unklaren gesetzlichen Bestimmung eine klare Antwort geben; sie sind umso weniger zu beachten, je weiter sie zeitlich zurückliegen (BGE 111 II 152). Zudem kann ihnen grundsätzlich nur dort entscheidendes Gewicht zukommen, wo sie im Gesetzeswortlaut einen Niederschlag gefunden haben (BGE 109 Ia 303 mit Hinweisen). Indessen ist nicht zu verkennen, dass allein die an den Gesetzesmaterialien orientierte Auslegung die Regelungsabsicht des Gesetzgebers aufzuzeigen vermag. Diese Regelungsabsicht aber und die vom Gesetzgeber in Verfolgung dieser Absicht erkennbar getroffenen Wertentscheidungen bleiben für den Richter verbindliche Richtschnur, auch wenn er das Gesetz mittels teleologischer Auslegung oder Rechtsfortbildung neuen, vom Gesetzgeber nicht vorausgesehenen Umständen anpasst oder es ergänzt (...).»

Der subjektiv-historischen Methode sind Schranken gesetzt. Sie ist nur dort angezeigt, wo eine bestimmte Vorstellung *klar* als *herrschender Wille des Gesetzgebers* beim Erlass der Norm nachgewiesen werden kann. Dies stellt insbesondere dort Probleme, wo ein Erlass in einer Volksabstimmung beschlossen wurde. 108

Die subjektiv-historische Auslegung ist diejenige Auslegungsmethode, die dem *Prinzip der Gewaltenteilung* am besten entspricht, da sie Exekutive und Justiz an die Willensbildung der Legislative beim Normerlass bindet. Sie verhindert, dass der Richter sich allzu weit vom Entscheid des Gesetzgebers entfernt. Anderseits besteht die Gefahr, dass bei ungenügenden Anhaltspunkten für die Absichten des historischen Gesetzgebers ein hypothetischer Wille konstruiert wird. Zudem kann eine zu starke Betonung der historischen Auslegung eine sinnvolle Anpassung der Rechtsanwendung an veränderte Verhältnisse und Anschauungen durch richterliche Rechtsfortbildung verhindern (Gefahr der «Versteinerung» der Rechtsordnung). 109

b)   Die objektiv-historische Auslegung

Massgebliches Element bei der objektiv-historischen Auslegung ist die *Bedeutung, die einer Norm durch die allgemeine Betrachtung zur Zeit ihrer Entstehung gegeben wird*. 110

111 Anders als bei der subjektiv-historischen Auslegung wird also nicht oder nicht allein auf den subjektiven Willen des historischen Gesetzgebers abgestellt, sondern auf den Sinn der Norm vor dem Hintergrund des *damaligen allgemeinen Verständnisses*. Dabei steht die objektiv-historische Auslegung jedoch nicht in einem absoluten Gegensatz zur subjektiv-historischen, denn auch bei ihr können die Vorstellungen der Gesetzgebungsorgane berücksichtigt werden. Nur sind sie hier nicht das allein bestimmende Element. Auch die objektiv-historische Auslegung wird primär mit dem *Gewaltenteilungsprinzip* begründet: Eine Norm soll so gelten, wie sie zur Zeit des Erlasses verstanden wurde; sie soll durch die rechtsanwendenden Organe nicht nachträglich umgedeutet werden können.

112 So lehnte das Bundesgericht 1957 in BGE 83 I 173, 180 f., Quinche, den Antrag einiger Waadtländerinnen ab, durch Neuinterpretation der einschlägigen kantonalen Verfassungsbestimmung das Stimm- und Wahlrecht auch auf Frauen auszudehnen. Es stützte sich dabei auf die historische Interpretation:

«La constitution vaudoise a été adoptée le 1er mars 1885. Son art. 23, qui garantit la qualité de citoyen actif à ‹tous les Suisses âgés de vingt ans révolus, établis ou en séjour dans le canton depuis trois mois et n'exerçant pas leurs droits politiques dans quelque autre Etat de la Confédération›, n'a pas été modifié depuis lors. Les constitutions vaudoises antérieures, du 15 décembre 1861 et du 10 août 1845 utilisaient au lieu de l'expression ‹tous les Suisses›, celles de ‹Vaudois› et ‹Confédérés›, ce qui revient cependant au même, étant donné le problème posé. Or il ne peut faire de doute pour personne qu'à l'époque où ces différentes dispositions constitutionnelles ont été adoptées, les termes de ‹Suisses›, ‹Vaudois› ou ‹Confédérés› visaient les hommes, à l'exclusion des femmes. Le constituant n'a pu avoir à ce sujet une idée différente, car en 1845, 1861 ou 1885 la question de savoir s'il fallait accorder les droit politiques aux femmes ne se posait pas en pratique, même si quelques esprits en avance sur leur époque l'avaient soulevée comme un problème de doctrine. Il allait de soi, en effet, que seuls les hommes pouvaient revêtir la qualité de citoyen actif.

…
Ainsi, le sens que le constituant de 1885 a entendu au mot ‹Suisses› est clair. Ce sens a été confirmé par une pratique absolument constante et qui peut être comparée à une sorte de coutume. Il s'ensuit que, dans le canton de Vaud, les droits politiques n'appartiennent qu'aux hommes, à l'exclusion des femmes. L'art. 23 Cst. vaud. s'imposait au Conseil d'Etat avec ce sens. Il le liait et lui interdisait toute autre interprétation.»

113 Wie die subjektiv-historische führt auch die objektiv-historische Methode bei konsequenter Anwendung zu einer gewissen *Erstarrung der Rechtsordnung*.

4. Die zeitgemässe Auslegung

114 Die zeitgemässe Auslegung stellt ab auf das *Normverständnis und die Verhältnisse, wie sie gegenwärtig, d.h. zur Zeit der Rechtsanwendung, bestehen.*

Massgebliches Element ist somit der Sinn einer Norm, wie er uns heute im Rahmen der geltungszeitlichen Umstände erscheint. Die geltungszeitliche Auslegung steht damit im Gegensatz zur historischen Auslegung.   115

Die Vorteile der zeitgemässen Auslegung bestehen zunächst einmal in der besseren *Erkennbarkeit des Rechts für den Bürger,* der sich ohne Kenntnis der Materialien über seine Rechte und Pflichten informieren kann. Die zeitgemässe Auslegung ermöglicht sodann eine *Fortbildung des Rechts,* eine kontinuierliche Anpassung des Rechts an die soziale Wirklichkeit und verhindert dadurch eine Versteinerung der Rechtsordnung.   116

Dem steht der Nachteil gegenüber, dass die rechtsanwendenden Organe nicht voll an den einmal getroffenen Entscheid des Gesetzgebers gebunden sind und in ihrer Rechtsfindung über eine *zu grosse Freiheit* verfügen; damit kann das Prinzip der Gewaltenteilung eine Relativierung erfahren. Auch der *Rechtssicherheit* droht eine Beeinträchtigung, falls die Rechtsunterworfenen sich nicht mehr auf das herkömmliche Verständnis einer Rechtsvorschrift verlassen können; dem ist allerdings entgegenzuhalten, dass ein allgemein anerkanntes aktuelles Verständnis – im Gegensatz zu den unbekannten Materialien – ebenfalls zur Rechtssicherheit beiträgt.   117

> In BGE 116 Ia 359, 368, Rohner, in welchem das Bundesgericht sich mit der politischen Gleichberechtigung der Frauen im Kanton Appenzell Innerrhoden auseinanderzusetzen hatte, führte es zur Auslegung des Gleichheitssatzes von Art. 4 aBV aus:
>
> «Der Richter muss sich bemühen, eine Norm in einer Weise anzuwenden, die den gegenwärtigen Gegebenheiten und Auffassungen möglichst entspricht. Er wird daher oft dazu kommen, eine hergebrachte Auslegung aufzugeben, die zur Zeit der Entstehung des Gesetzes zweifellos gerechtfertigt war, sich aber angesichts der Änderung der Verhältnisse oder auch nur wegen der Entwicklung der Anschauungen nicht mehr halten lässt (BGE 105 Ib 60 E. 5a mit Hinweisen). So hat sich denn auch das Verständnis von Art. 4 BV [Art. 4 aBV = Art. 8 BV] in der bundesgerichtlichen Rechtsprechung gewandelt. Das Bundesgericht hat in BGE 103 Ia 519 festgehalten, allgemein werde angenommen, dass der Wortlaut von Art. 4 Abs. 1 [a]BV, wonach ‹alle Schweizer› vor dem Gesetze gleich seien, zu eng sei. Die Garantie gelte auch für die Frauen im allgemeinen. In Erwägung 2 dieses Entscheides hat das Bundesgericht einige Beispiele angeführt, die auf den stetigen Wandel des Verfassungsverständnisses hinweisen, und es kommt zum Schluss, der Grundsatz der rechtlichen Gleichheit zwischen Mann und Frau sei so tief im Rechtsgefühl verwurzelt, dass es heute als Verletzung dieses Grundsatzes empfunden werde, wenn beispielsweise ein Mann und eine Frau, die in einem öffentlichen Amt tätig seien, nicht gleich bezahlt werden, sofern sie die gleiche Arbeit leisten (BGE 103 Ia 527 E. 6; vgl. auch BGE 109 Ib 87 E. 4b).»   118

> In BGE 125 II 206, Dr. Seidenberg, war Art. 8 Abs. 5 des Betäubungsmittelgesetzes von 1951 (SR 812.121) auszulegen, wonach das Bundesamt für Gesundheitswesen Ausnahmebewilligungen für eine beschränkte medizinische Anwendung von Heroin erteilen kann. Das Bundesgericht führte auf S. 213 aus, dass der historische Gesetzgeber bei Erlass der betreffenden Norm im Jahr 1975 den   119

>Anwendungsfall der Heroinverschreibung an AIDS-Kranke noch nicht im Blick gehabt habe, dass es jedoch bei einer objektivzeitgemässen Auslegung als nicht mehr haltbar erscheine, die Möglichkeit der Abgabe von Heroin – wie ursprünglich vorgesehen – auf unheilbar Krebskranke im Terminalstadium zu beschränken. Es sei daher angezeigt, die Verwendung von Heroin zu medizinischen Zwecken auch auf AIDS-Kranke im Endstadium zuzulassen.

Die zeitgemässe Auslegung hat heute eine erhebliche, ja *vorrangige Bedeutung.* Sie kommt insbesondere auch in technischen, einem starken Wandel unterworfenen Bereichen sehr oft zur Anwendung. Häufig ist sie mit Überlegungen der teleologischen Auslegung verbunden.

5. Die teleologische Auslegung

120 Die teleologische Auslegung stellt ab auf die *Zweckvorstellung, die mit einer Rechtsnorm verbunden ist.*

121 Der Wortlaut einer Norm soll nicht isoliert, sondern im Zusammenhang mit den Zielvorstellungen des Gesetzgebers betrachtet werden. Dabei ist aber nicht allein der Zweck, den der historische Gesetzgeber einer Norm gegeben hat, massgeblich; vielmehr kann sich der Zweck einer Norm in gewissem Rahmen wandeln und von zeitgebundenen historischen Vorstellungen abheben. Die teleologische Auslegung kann sich also je nach Fall *sowohl mit der historischen wie auch mit der zeitgemässen Auslegung verbinden.*

122 Immer aber muss der *Zweck in der Norm selbst enthalten* sein; unzulässig ist es, normfremde Zwecke in die Norm hineinzulegen. So erschien es zulässig, dass der Bund aus der Kompetenz zur Regelung des Post- und Telegrafenwesens (Art. 36 Abs. 1 aBV) auch die Kompetenz ableitete, das Telefonwesen sowie – schon vor Inkrafttreten des Art. 55bis aBV (= Art. 93 BV) über Radio und Fernsehen – die technischen Belange von Radio und Fernsehen zu regeln. Er bewegte sich hier im Rahmen des Normzweckes, konnte man es doch als den Zweck der Verfassungsvorschrift bezeichnen, die technischen Belange der Nachrichtenübermittlung durch elektronische Hilfsmittel ganz allgemein in die Bundeskompetenz zu stellen. Wohl kaum zulässig war es hingegen, dass der Bund gestützt auf seine Zuständigkeit für das Post- und Telegrafenwesen (Art. 36 Abs. 1 aBV) nicht nur die technischen Belange des Radio- und Fernsehwesens regelte, sondern auch Bestimmungen über den Inhalt der Sendungen aufstellte; diese Kompetenz erhielt er erst durch den 1984 in die Bundesverfassung aufgenommenen Radio- und Fernsehartikel (heute Art. 93 BV).

123 >In BGE 117 Ia 387, 390 f., hatte sich das Bundesgericht mit der Auslegung von Art. 6 Ziff. 1 EMRK zu befassen. Dieser Artikel statuiert den Grundsatz der Öffentlichkeit der Gerichtsverhandlungen. In Ziff. 1 Satz 2 von Art. 6 EMRK sind Ausnahmen von diesem Grundsatz vorgesehen, in denen «die Presse *und* die Öffentlichkeit» von den Verhandlungen ausgeschlossen werden können.

Im vorliegenden Fall war dem Begehren eines Prozessbeteiligten, es sei die Öffentlichkeit von der Hauptverhandlung auszuschliessen, nur teilweise entsprochen worden: Das zuständige Bezirksgericht hatte die Pressevertreter zugelassen, im Übrigen aber das Publikum ausgeschlossen. Der Beschwerdeführer erhob gegen diesen Beschluss Beschwerde, da er der Meinung war, die Formulierung «Öffentlichkeit und Presse» besage, dass bei Ausschluss des allgemeinen Publikums die Presse auch nicht zugelassen werden dürfe. Das Bundesgericht gelangte mittels teleologischer Argumentation zu einem anderen Ergebnis:

«Die Annahme des Beschwerdeführers, die von der kantonalen Behörde im vorliegenden Fall gewählte Mittellösung sei unzulässig, läuft dem Sinn und Zweck des Art. 6 Ziff. 1 EMRK eindeutig zuwider. (...) Bei der Frage, ob in einem bestimmten Fall vom Prinzip der Öffentlichkeit der Verhandlung abgewichen werden darf, geht es um die Abwägung der im Spiel liegenden Interessen. Es gibt Fälle, in denen es mit Rücksicht auf das Privatleben der Prozessparteien als geboten erscheint, das Publikum von der Verhandlung auszuschliessen, während es sich im Blick auf das berechtigte öffentliche Interesse an der Information der Allgemeinheit rechtfertigt, die Pressevertreter zuzulassen. In einem solchen Fall würde den privaten Interessen des Angeklagten nicht Rechnung getragen, wenn man im Blick auf das legitime Informationsinteresse der Allgemeinheit die Öffentlichkeit unbeschränkt zuliesse, und das berechtigte öffentliche Interesse an der Information bliebe unberücksichtigt, wenn die Öffentlichkeit ganz ausgeschlossen würde. Eine richtige Abwägung der Interessen, die nach Art. 6 Ziff. 1 EMRK massgebend sind, führt in solchen Fällen zu der von der kantonalen Behörden gewählten Lösung, bei der das bedeutende Privatinteresse und das erhebliche öffentliche Interesse angemessen berücksichtigt sind. Demnach ergibt eine sinngemässe Auslegung des Art. 6 Ziff. 1 Satz 2 EMRK, dass es auch zulässig ist, nur das allgemeine Publikum von der Verhandlung auszuschliessen, die Presse dagegen zuzulassen.»

Auch bei der teleologischen Auslegung ist der Ausgangspunkt stets der *Wortlaut* der auszulegenden Norm. Jedoch kann gemäss der ständigen Rechtsprechung des Bundesgerichts vom Wortlaut abgewichen werden, wenn triftige Gründe für die Annahme vorliegen, dass der Wortlaut nicht dem Sinn der Norm entspricht. Gerade bei der *Auslegung gegen den Wortlaut* kommt der Besinnung auf den *Zweck* einer Gesetzesbestimmung eine vorrangige Bedeutung zu.

124

Eine solche teleologische Auslegung, die vom Wortlaut abweicht, befolgte das Bundesgericht in BGE 99 Ib 505, 509 f., Antognazza. Dieser Entscheid bezog sich auf einen heute nicht mehr geltenden Bundesbeschluss, welcher 1972 zur Dämpfung der überhitzten Konjunktur die übermässige Bautätigkeit, insbesondere die Erstellung von Bauten mit Luxuscharakter, einschränken wollte. In der zugehörigen Verordnung des Bundesrates wurden Terrassenhäuser beim Vorliegen bestimmter Voraussetzungen von der Ausführungssperre ausgenommen. Ausnahmen waren zulässig, «wenn der Anteil der gemeinschaftlichen Anlagen [gemeint waren Spiel- und Bastelräume, Sauna u.ä.] nicht überdurchschnittlich hoch ist *oder* wenn keine Luxusmerkmale vorhanden sind». Das Bundesgericht gelangte zur Auffassung, diese alternative Umschreibung der Vor-

125

aussetzungen von Ausnahmen widerspreche dem Zweck der Verhinderung von Luxusbauten. Da dieser Zweck eindeutig der ganzen Regelung zugrunde liege und eine grosse Bedeutung habe, erklärte das Bundesgericht: «Der Wortlaut (...) gibt somit offensichtlich nicht den wahren Sinn wieder, der dieser Bestimmung zukommen muss. Sie kann nur so verstanden werden, dass auch Terrassenhäuser bloss dann der Ausführungssperre nicht unterstellt sein sollen, wenn sie keinerlei Luxusmerkmale aufweisen.»

126 Es ist aber anzufügen, dass solche Fälle selten sind und eine teleologische Auslegung einer Norm entgegen ihrem klaren Wortlaut nur zulässig ist, wenn der Zweck eindeutig feststeht und diesem Zweck innerhalb der rechtlichen Regelung eine grosse Bedeutung zukommt.

III. Methodenpluralismus in der Auslegung

1. Anwendung der allgemeinen Auslegungsregeln bei der Verfassungsauslegung

127 Gemäss schweizerischer Lehre und Praxis werden Verfassung und Gesetz nach den gleichen Methoden ausgelegt, die freilich unterschiedlich gewichtet werden, um dem besonderen Charakter der jeweiligen Norm Rechnung zu tragen.

128 Das Bundesgericht stellt denn auch regelmässig – ohne nähere Begründung und oft auch ohne es überhaupt zu erwähnen – bei der Verfassungsauslegung auf die allgemeinen Grundsätze ab. Im Entscheid BGE 105 Ib 49, 56, Cicciarelli, bei dem es um die Auslegung von Art. 44 Abs. 3 aBV ging, findet sich die Formulierung:

«C'est donc bien cette disposition constitutionnelle qu'il convient d'interpréter, selon les mêmes méthodes que celles auxquelles il est fait recours pour les lois ordinaires.»

129 Im Rahmen der Anwendung der einzelnen Auslegungsmethoden ist auf den besonderen Charakter verfassungsrechtlicher Normen (vgl. N. 77 ff.) Rücksicht zu nehmen. Zu unterscheiden ist etwa, ob es sich um eine organisatorische Norm der Verfassung handelt oder ob der Inhalt verfassungsmässiger Grundrechte ausgelegt werden muss: Bei organisatorischen Normen ist beim Fehlen eines klaren Wortlautes vor allem die historische Betrachtungsweise massgebend, verfassungsmässige Grundrechte hingegen bedürfen «eher der Konkretisierung denn der Auslegung, einer Konkretisierung, welche auch sich wandelnden geschichtlichen Bedingungen und gesellschaftlichen Vorstellungen Rechnung zu tragen vermag» (BGE 112 Ia 208, 213, Kritisches Forum Schwyz; vgl. auch BGE 115 Ia 127, 130 f., Farine). Unter dem Aspekt der systematischen Auslegung ist vor allem darauf zu achten, dass die einzelnen Normen nicht isoliert betrachtet, sondern in den *Gesamtzusammenhang der Verfassung* gestellt werden (Prinzip der Einheit der Verfassung).

2. Abwägende Kombination der verschiedenen Auslegungsmethoden

Bei der Gesetzesauslegung wie bei der Verfassungsauslegung gilt der Grundsatz, dass keine Hierarchie der Auslegungsmethoden besteht. Es findet nicht eine bestimmte Methode vorrangig oder gar ausschliesslich Anwendung. Vielmehr werden die verschiedenen Auslegungsmethoden kombiniert, d.h. nebeneinander berücksichtigt. Es muss dann *im Einzelfall* abgewogen werden, welche Methode oder Methodenkombination geeignet ist, den wahren Sinn der auszulegenden Norm wiederzugeben. 130

Das Bundesgericht hat im Fall Quinche sein Vorgehen folgendermassen umschrieben: 131

> «Un examen attentif de sa jurisprudence [= de la jurisprudence du Tribunal fédéral] montre ... qu'il n'exclut aucune méthode de manière absolue mais qu'il recourt aux procédés d'interprétation qui lui paraissent, dans le cas particulier, les plus propres à dégager le véritable sens de la norme». (BGE 83 I 173, 178, Quinche)

Dieses Vorgehen kann als *Methodenpluralismus* bezeichnet werden. Das Bundesgericht hat in neueren Entscheiden immer wieder erklärt, es lasse sich bei der Auslegung von Erlassen stets von einem Methodenpluralismus leiten und stelle nur dann allein auf das grammatikalische Element ab, wenn sich daraus zweifellos eine sachlich richtige Lösung ergebe (vgl. z.B. BGE 125 II 177, 179, Eidgenössische Steuerverwaltung). 132

Führen die verschiedenen Methoden zum gleichen Resultat, so ist die Auslegungsfrage damit klar beantwortet. Ergeben sie jedoch verschiedene Lösungsvarianten, so muss das rechtsanwendende Organ eine wertende Abwägung vornehmen und jener Methode den Vorzug geben, die seiner Ansicht nach am ehesten dem wahren Sinn der Norm entspricht. 133

Während die abwägende Kombination in Bezug auf das grammatikalische, das systematische und das teleologische Element in der Regel ohne grössere Probleme möglich ist, da diese Elemente von verschiedenen Gesichtspunkten ausgehen, die einander sinnvoll ergänzen können, stellen sich im Verhältnis der historischen zur zeitgemässen Methode eher Probleme. Es kann sich ergeben, dass sich historische und zeitgemässe Auslegung gegenseitig ausschliessen (vgl. BGE 83 I 173, Quinche; BGE 107 Ia 234, Wyss). Die heutige *Tendenz* in Lehre und Praxis geht in Richtung einer *Bevorzugung der zeitgemässen Auslegung*. Jedoch wird immer dort, wo eine eindeutige – insbesondere politische – Entscheidung des historischen Verfassungsgebers vorliegt, die nur auf dem Weg der Verfassungsrevision abgeändert werden soll, auf die historische Auslegung zurückgegriffen. Es können allerdings auch in diesem Bereich keine absoluten Regeln aufgestellt werden; entscheidend ist die Abwägung im Einzelfall. 134

3. Rücksichtnahme auf ein vernünftiges und praktikables Ergebnis

135 Die Gewichtung der verschiedenen Auslegungselemente im Einzelfall enthält ein *Element der Wertung*. Dabei hat das rechtsanwendende Organ auch auf das Resultat der Auslegung zu achten: Es hat die Wahl zwischen den zur Verfügung stehenden Auslegungsmethoden unter anderem auf ein *befriedigendes, vernünftiges und praktikables Ergebnis* auszurichten. Dies entspricht – ob bewusst oder unbewusst, offengelegt oder versteckt – der Aufgabe und dem Bemühen jedes verantwortlichen Gesetzesanwenders. Wenn die rechtsanwendenden Behörden mehr sein wollen als blosse Subsumtionsautomaten, tragen sie mit an der Verantwortung für sinnvolle Entscheide.

136 Die Rücksichtnahme auf ein vernünftiges Resultat wird heute immer mehr offen als ein Element der Auslegungsmethode anerkannt:

> In BGE 122 I 343, 348 E. 3g/dd, Gewerkschaft Bau und Industrie, prüfte das Bundesgericht auf staatsrechtliche Beschwerde hin, ob eine Thurgauer Bestimmung mit Art. 65 des Krankenversicherungsgesetzes (SR 832.10) übereinstimmte. Die betreffende kantonale Verordnung schloss Ausländerinnen und Ausländer mit einer Aufenthaltsbewilligung, die weniger als 12 Monate gültig ist, von Prämienverbilligungen für die Krankenkasse aus. Das Bundesgericht befand, dass es nicht Sinn des Krankenversicherungsgesetzes ist, allen Personen, die vorübergehend und gleichsam zufällig in der Schweiz erwerbstätig sind, Prämienverbilligungen zuzugestehen. Dieses teleologische Argument untermauerte es mit der Praktikabilitätserwägung, dass der kantonale Verordnungsgeber mit dem Kriterium der Dauer der Aufenthaltsbewilligung eine Regelung getroffen habe, die «praktisch handhabbar» sei.

Dieses pragmatische Vorgehen wird durch die Methodenlehre bestätigt. KARL ENGISCH (Logische Studien zur Gesetzesanwendung, 2. Aufl., Heidelberg 1960, S. 15) charakterisierte die Auslegung als ständiges Hin- und Herwandern des Blickes zwischen Gesetz und Lebenssachverhalt.

IV. Lückenfüllung im öffentlichen Recht

1. Auslegung und Lückenfüllung

137 Nicht alle Rechtsfragen lassen sich mittels Auslegung bestehender Rechtsnormen beantworten. Oft erweisen sich Erlasse bei ihrer Anwendung als unvollständig. Gibt ein Gesetz auf eine Frage, die sich bei der Anwendung unvermeidlicherweise stellt, keine Antwort, so steht die rechtsanwendende Verwaltungs- oder Gerichtsbehörde vor der Frage, ob sie berechtigt ist, diese Lücke zu schliessen.

138 Lückenfüllung beginnt also dort, wo die Auslegung der bestehenden Normen auf eine Rechtsfrage keine Antwort zu geben vermag. Die Grenze zwischen Auslegung

und Lückenfüllung ist dabei fliessend. So ist eine über den Wortlaut hinausgehende teleologische Auslegung von der Lückenfüllung kaum zu unterscheiden.

2. Begriff der Gesetzeslücke

a) Herkömmliche Unterscheidung von echten und unechten Lücken

Die herkömmliche Lehre und Rechtsprechung der Schweiz unterscheiden echte und unechte Lücken.

Eine *echte Lücke* liegt vor, wenn ein Gesetz für eine Frage, ohne deren Beantwortung die Rechtsanwendung nicht möglich ist, keine Regelung enthält.

Von einer *unechten Lücke* sprechen wir, wenn das Gesetz zwar auf alle sich bei der Rechtsanwendung stellenden Fragen eine Antwort gibt, diese Regelung aber als lückenhaft empfunden wird, weil sie in einem bestimmten Anwendungsfall zu einem sachlich unbefriedigenden Resultat führt und eine sachgerechte Normierung vermissen lässt.

Die Unterscheidung von echten und unechten Lücken wird getroffen, um eine Antwort auf die *Frage der Zulässigkeit der Lückenfüllung* zu finden: Der Richter ist gemäss dieser Lehre zur Schliessung von echten Lücken verpflichtet; das Gesetzmässigkeitsprinzip verbietet es aber im öffentlichen Recht dem Richter, unechte Lücken zu schliessen, denn die unbefriedigende Regelung muss vom Gesetzgeber korrigiert werden (so z.B. BGE 94 I 305, 308).

b) Gesetzeslücke als planwidrige Unvollständigkeit des Gesetzes

Eine *neuere* Ansicht verzichtet grundsätzlich auf das Begriffspaar von echter und unechter Lücke, weil die Unterscheidung in der Praxis immer mehr fallen gelassen wurde und heute auch die Schliessung von unechten Lücken im öffentlichen Recht als zulässig erachtet wird. Die Gesetzeslücke wird nach dieser neueren Auffassung definiert als planwidrige Unvollständigkeit des Gesetzes, die vom Richter behoben werden darf.

Auch das *Bundesgericht* benützte diesen Lückenbegriff und stellte in einem Fall, der das Verwaltungsverfahrensgesetz vom 20. Dezember 1968 (VwVG; SR 172.021) betraf, für das Vorliegen einer ausfüllbaren Lücke darauf ab, ob die gesetzliche Regelung «nach den dem Gesetze zugrunde liegenden Wertungen und Zielsetzungen als unvollständig und daher ergänzungsbedürftig erachtet werden müsse» (BGE 102 Ib 224, 225 f., Böhler; vgl. auch VPB 47 [1983], Nr. 33, S. 165). In anderen Entscheiden sprach das Bundesgericht nicht von planwidriger Unvollständigkeit des Gesetzes, unterliess aber die Unterscheidung von echter und unechter Lücke (BGE 111 Ia 191, 194). In einem grundlegenden neueren Entscheid geht das Gericht zwar von der herkömmlichen Unterscheidung von echten und unechten Lücken aus, die es aber zu Recht relativiert. Der Lückenbegriff tauge erst, «wenn die teleologische Reduktion des Wortsinns ergibt, dass die positive Ordnung einer Regelung entbehrt, mithin eine verdeckte – aber echte – Lücke aufweist, die im Prozess der richterlichen Rechtsschöpfung zu schliessen ist». Wo jedoch der zu weit gefasste Wortlaut durch zweckgerichtete Interpretation eine restriktive Deutung erfahre, liege ebenso Gesetzesauslegung vor wie im ersten Fall. In beiden Fällen gehöre die so gewonnene Erkenntnis zum richterlichen Kompetenzbereich und stelle keinen unzulässigen Eingriff in die Gesetzgebung dar (BGE 128 I 34, 42, Rudolf Hausherr).

3. Gesetzeslücke und qualifiziertes Schweigen des Gesetzes

143 Keine Lücke liegt im Fall des qualifizierten Schweigens des Gesetzes vor. Ergibt die Auslegung, dass eine gesetzliche Regelung bewusst darauf verzichtet, ein bestimmtes Problem zu regeln, so ist die Normierung des Gesetzes als abschliessend zu betrachten. Bei diesem negativen Entscheid des Gesetzgebers ist es dem Richter verwehrt, eine von ihm zu schliessende Lücke anzunehmen. Ob in einem Fall eine Gesetzeslücke oder aber qualifiziertes Schweigen des Gesetzes vorliegt, ist eine Auslegungsfrage.

> In BGE 122 I 253 ff., war strittig, ob im Verfahren der staatsrechtlichen Beschwerde eine Anschlussbeschwerde zulässig sei. Eine solche kennt das Bundesrechtspflegegesetz nicht. Es wurde vom Bundesgericht geprüft, ob allenfalls eine echte Lücke vorliege, die durch Zulassung des genannten Rechtsmittels gefüllt werden sollte. Das Gericht ging davon aus, dass grundsätzlich nur Rechtsmittel zulässig sind, die das Gesetz ausdrücklich vorsieht. Sodann habe der Beschwerdegegner zu seiner Verteidigung im Verfahren der staatsrechtlichen Beschwerde die Möglichkeit einer Vernehmlassung, die dem Gebot der Waffengleichheit von Art. 6 Abs. 1 EMRK genüge. Die Lücke erwies sich daher als ein qualifiziertes Schweigen, weshalb das Bundesgericht nicht auf die «Anschlussbeschwerde» eintrat. Vgl. als weiteres Beispiel BGE 123 II 69, «medicall ag».

4. Lücken im Verfassungsrecht

144 Auch in den *staatsrechtlichen Erlassen* gibt es Lücken, zu deren Behebung der Richter berufen ist. Im Folgenden sei kurz auf die Fälle hingewiesen, in denen sich bei der Anwendung der Bundesverfassung ein Lückenproblem ergibt. Dabei zeigt sich, dass im *Verfassungsrecht* vergleichsweise wenige Lücken anzutreffen sind.

145 Der wichtige Bereich der *bundesstaatlichen Kompetenzverteilung* ist durch Art. 3 und 42 BV lückenlos geregelt; alle Kompetenzen, die die Bundesverfassung nicht dem Bund zuweist, stehen den Kantonen zu (vgl. N. 1057 ff.). Es liegt sicherlich keine planwidrige Unvollständigkeit der Verfassung vor. Im Bereich der Verfassungsnormen, welche die *Organisation der Bundesbehörden* umschreiben, sind Lücken

durchaus denkbar, tatsächlich aber eher selten; auch werden allfällige Lücken in diesem Bereich meist durch Bundesgesetze geschlossen.

Daneben gibt es aber Bereiche, die in der Bundesverfassung gar nicht oder nur rudimentär geregelt sind. Dazu gehört beispielsweise die Frage einer *Notrechtskompetenz* in Kriegs- und Krisenzeiten (vgl. N. 1801 ff.). 146

5. Vorgehen bei der Lückenfüllung

Soweit eine Lücke nicht schon durch *Gewohnheitsrecht* geschlossen ist, kann sie die rechtsanwendende Behörde in *freier Rechtsfindung* schliessen. Sie hat dabei – entsprechend der Umschreibung der Lücke als planwidrige Unvollständigkeit des Gesetzes – von den dem Erlass zugrunde liegenden Wertungen und Zielsetzungen auszugehen. Das Verfahren bei der Lückenfüllung steht damit der teleologischen Auslegung sehr nahe. Oft wird bei der Lückenfüllung auf gesetzliche Regelungen ähnlicher Fragen zurückgegriffen. 147

V. Verfassungskonforme Auslegung von Gesetzen

1. Aufgabe und Anwendungsbereich

Die verfassungskonforme Auslegung ergibt sich aus der *Überordnung der Verfassung* und der *Einheit der Rechtsordnung*. Die Verfassung ist die rechtliche Grundordnung, aus der sich alles staatliche Recht ableitet. Dem entspricht das Anliegen, alle Rechtssätze bei ihrer Auslegung auf die übergeordneten Wertentscheidungen der Verfassung auszurichten (so auch BGE 116 Ia 359, 369, Rohner). Die verfassungskonforme Auslegung betont den inneren Zusammenhang, der zwischen allen staatlichen Rechtsnormen besteht. Sie ist damit ein *Anwendungsfall der systematischen Auslegung*. 148

Neben dieser *harmonisierenden Funktion* hat die verfassungskonforme Auslegung in der Praxis auch eine *Normerhaltungsfunktion:* Wenn das Bundesgericht bei der Behandlung einer staatsrechtlichen Beschwerde einen kantonalen Erlass auf seine Verfassungsmässigkeit hin überprüft, ermöglicht es die verfassungskonforme Auslegung, eine fragwürdige Bestimmung nicht einfach aufzuheben, sondern sie in einem verfassungskonformen Sinn weiter bestehen zu lassen. So erklärte das Bundesgericht in BGE 122 I 18, 20 E. 2a, im Zusammenhang mit der zürcherischen Regelung der fürsorgerischen Freiheitsentziehung: 149

> «Bei der Prüfung der Verfassungsmässigkeit eines kantonalen Erlasses im Rahmen der abstrakten Normenkontrolle ist nach der Rechtsprechung des Bundesgerichts massgebend, ob der betreffenden Norm nach anerkannten Auslegungsregeln ein Sinn beigemes-

> sen werden kann, der sie mit den angerufenen Verfassungsgarantien vereinbar erscheinen lässt. Gleich verhält es sich, wenn mit der Beschwerde Garantien der Europäischen Menschenrechtskonvention angerufen werden. Das Bundesgericht hebt eine kantonale Norm nur auf, wenn sie sich jeder verfassungs- und konventionskonformen Auslegung entzieht, nicht jedoch, wenn sie einer solchen in vertretbarer Weise zugänglich ist.»

150 In BGE 109 Ia 273, 301 f., Hans Vest, legte das Bundesgericht eine lückenhafte Bestimmung betreffend die Überwachung des Post- und Fernmeldeverkehrs verfassungskonform aus, statt sie aufzuheben.

151 Die verfassungskonforme Auslegung kommt für alle der Verfassung untergeordneten Rechtssätze in Frage, also für Gesetze wie für Verordnungen, für Normen des Bundes wie der Kantone, für öffentliches wie für privates Recht. Sie spielt in der Rechtsprechung des Bundesgerichts eine immer bedeutsamere Rolle.

2. Voraussetzungen der Anwendung der verfassungskonformen Auslegung

In der bundesgerichtlichen Praxis findet die verfassungskonforme Auslegung vor allem in zwei Fällen Anwendung.

a) *Wahl zwischen mehreren Auslegungsresultaten*

152 Die verfassungskonforme Auslegung kommt zum Zug, wenn die verschiedenen Auslegungsmethoden zu unterschiedlichen Ergebnissen führen. Es ist dann jenes Ergebnis zu wählen, das der Verfassung am besten entspricht (vgl. dazu BGE 128 V 20, 24 ff.; 126 V 103, 106 ff.; 119 Ia 241, 248 E. 7a).

b) *Auslegung von unbestimmten Rechtsbegriffen*

153 Ausserdem gelangt die verfassungskonforme Auslegung zur Anwendung, wenn sich in einem Erlass unbestimmte oder auslegungsbedürftige Rechtsbegriffe finden. Solche liegen z.B. vor, wenn ein Gesetz von «ernsthaften Gründen» und von der «Wahrung öffentlicher Interessen» spricht oder eine «angemessene» Regelung verlangt.

> So hatte das Bundesgericht in BGE 97 I 293, 299, Chemische Fabrik Schweizerhalle, in dem es um die Zuteilung eines Importkontingents für Futtermittel ging, unter anderem den unbestimmten Rechtsbegriff «ausreichende berufliche Tätigkeit» auszulegen. Es stellte dabei einleitend fest:
>
> «Die statutarischen Vorschriften sind so auszulegen, dass die verfassungsmässige Handels- und Gewerbefreiheit [= Wirtschaftsfreiheit] nicht weiter eingeschränkt wird, als die Erreichung der Ziele, die sich der Gesetzgeber gesetzt hat, es erforderlich macht (vgl. analog BGE 96 I 384 mit zahlreichen Hinweisen). Es gilt in dieser Hinsicht der Grundsatz der verfassungskonformen Auslegung.»

3. Grenzen der verfassungskonformen Auslegung

a) Wortlaut und Sinn der auszulegenden Gesetzesnorm

Es stellt sich die Frage, ob die Auslegung auf die Verfassung zurückgreifen darf, wenn Wortlaut und Sinn der auszulegenden Gesetzes- oder Verordnungsnorm klar sind. Das Bundesgericht hat die Frage in der Regel ausdrücklich verneint. So erklärte es wiederholt, Gesetze seien verfassungskonform auszulegen, «sofern nicht der klare Wortlaut oder der Sinn des Gesetzes etwas anderes gebietet» (BGE 99 Ia 630, 636, Wicki; vgl. auch BGE 123 I 112, 116 f. E. 2a, Himmelberger).

Wenn Wortlaut und Sinn einer Norm mit den allgemeinen Auslegungsmethoden eindeutig festgestellt werden können, so ist die rechtsanwendende Behörde daran gebunden. Eine verfassungskonforme Auslegung, die zu einem anderen Resultat führen würde, kann nicht zum Zug kommen. Es ist also unzulässig, den klaren Sinn einer gesetzlichen Regelung mit Rückgriff auf die verfassungskonforme Auslegung auf die Seite zu schieben. Dies würde den Rahmen der Auslegung sprengen und auf eine Normkorrektur hinauslaufen.

Eine andere Frage ist, ob der Richter einer Norm wegen Verfassungswidrigkeit (oder Völkerrechtswidrigkeit) die Anwendung versagen darf (vgl. zum akzessorischen Prüfungsrecht § 66).

b) Gewaltenteilungsprinzip und Rechtssicherheit

Das Gewaltenteilungsprinzip setzt der verfassungskonformen Auslegung eine Grenze. Die verfassungskonforme Auslegung darf nicht so weit gehen, dass sie die Gesetzesnormen umdeutet und korrigiert. Sie ermächtigt den Richter nicht dazu, anstelle des Gesetzgebers und in Umdeutung des Gesetzes Regelungen aufzustellen. Ein solches Vorgehen würde im Übrigen auch der Rechtssicherheit widersprechen.

Dies wird am Beispiel von zwei Entscheiden deutlich: In BGE 99 Ia 262, 271 ff., Minelli, versuchte das Bundesgericht, der Zürcher Verordnung über Bezirksgefängnisse, gestützt auf eine ausserordentlich weitgehende verfassungskonforme Auslegung, einen mit der Bundesverfassung übereinstimmenden Sinn zu geben. Keine Möglichkeit der verfassungskonformen Auslegung sah es in BGE 102 Ia 279, 282 ff., Minelli. Hier erklärte das Bundesgericht die Zürcher Verordnung über die Polizeigefängnisse als verfassungswidrig und gab damit dem Verordnungsgeber die Aufgabe, eine verfassungskonforme Regelung aufzustellen.

Zurückhaltung gegenüber einer «berichtigenden» verfassungskonformen Auslegung ist insbesondere dort geboten, wo schwerwiegende Eingriffe in Frage stehen und eine gewisse Wahrscheinlichkeit besteht, dass die betreffende Norm im Vollzug nicht durchwegs verfassungskonform angewendet wird.

> Aus diesen Überlegungen hat das Bundesgericht in BGE 106 Ia 136, 137 ff., G., eine unklare und sehr restriktiv formulierte Bestim-

mung eines Gefängnisreglementes des Kantons Appenzell Ausserrhoden teilweise aufgehoben:

> «Im Rahmen der Verfassungsprüfung eines Erlasses im abstrakten Normenkontrollverfahren hat der Richter daher die Möglichkeit einer verfassungskonformen Auslegung nicht nur abstrakt zu untersuchen, sondern auch die Wahrscheinlichkeit verfassungstreuer Anwendung mit einzubeziehen (...). Es lässt sich nicht rechtfertigen, eine Norm bestehen zu lassen, wenn anzunehmen ist, dass sie in der vorliegenden Form zu Verfassungsverletzungen führen wird.
> ...
> Im vorliegenden Zusammenhang ist nach den gemachten Ausführungen von Bedeutung, dass ein Gefängnisreglement, wie der Regierungsrat in der Vernehmlassung selber angibt, die Rechtsstellung des Häftlings namentlich gegenüber den Gefängnisbehörden klarzustellen hat. Für die entsprechenden Amtsstellen soll damit eine Regelung geschaffen werden, die ihnen vor allem in praktischen Fragen des täglichen Gefängnislebens eine angemessene Lösung aufzeigt und sie zu einem modernen Grundsätzen genügenden Haftvollzug anweist. Das Reglement wendet sich in erster Linie an Beamte der Kantonspolizei (§ 2 Regl.), d.h. an juristisch nicht besonders ausgebildetes Personal. Diese Beamten sind darauf angewiesen, dass sie sich für die üblichen Fälle rasch und zuverlässig am Wortlaut der einzelnen Bestimmungen orientieren können, ohne interpretatorische Überlegungen anstellen zu müssen.
> Weiter ist zu berücksichtigen, dass der Untersuchungsgefangene in einem wichtigen Grundrecht beschränkt wird ...
> Diese Lage wird durch die Tatsache verstärkt, dass angesichts der oftmals kurzen Haftdauer das Rechtsmittelverfahren in manchen Fällen nicht geeignet sein wird, die Verfassungswidrigkeit der einzelnen Anordnungen rechtzeitig zu beheben, und dass in andern Fällen der Rechtsschutz erst verhältnismässig spät wirksam werden kann. Ein Gefängnisreglement für Untersuchungshaft muss aus diesen Gründen durch eine ausreichende Regelungsdichte und eine klare Fassung selber eine erhöhte Gewähr für die Vermeidung verfassungswidriger Anordnungen bieten.»

160 Wenn das Bundesgericht im Verfahren der abstrakten Normenkontrolle eine kantonale Gesetzes- oder Verordnungsbestimmung verfassungskonform auslegt, statt sie aufzuheben, kann später eine von der Anwendung dieses Rechtssatzes betroffene Person immer noch eine gerichtliche Überprüfung der dem Anwendungsakt zugrundeliegenden Rechtsnormen verlangen (sog. «akzessorische» Normenkontrolle; vgl. dazu § 66):

> «Das Bundesgericht hebt im Rahmen der abstrakten Normenkontrolle angefochtene kantonale Bestimmungen nur auf, wenn sie sich jeder verfassungskonformen Auslegung entziehen (BGE 116 Ia 380 f. E. 10c). Erscheint eine generell-abstrakte Regelung unter normalen Verhältnissen, wie sie der Gesetzgeber voraussetzen durfte, als verfassungsrechtlich haltbar, so vermag die ungewisse Möglichkeit, dass sie sich in besonders gelagerten Einzelfällen als verfassungswidrig auswirken könnte, ein Eingreifen des Verfassungsrichters im Stadium der abstrakten Normenkontrolle im allgemeinen noch nicht zu rechtfertigen. Wird in diesem Verfahren das Vorliegen einer Verfassungsverletzung verneint, hindert dies den Bürger nicht, eine Verfassungswidrigkeit bei der Anwendung im Einzelfall

erneut geltend zu machen; ein hinreichender verfassungsrechtlicher Schutz bleibt somit gewährleistet». (BGE 118 Ia 305, 309 E. 1f.; vgl. auch BGE 125 I 65, 67 f. E. 3b, Ruth Leutenegger)

c)   Anwendungsgebot von Art. 191 BV

Gemäss Art. 191 BV (= Art. 190 in der Fassung vom 12. März 2000 [noch nicht in Kraft, vgl. N. 72]) ist der Richter verpflichtet, Bundesgesetze anzuwenden, selbst wenn sie der Bundesverfassung widersprechen sollten. Dies schliesst die verfassungskonforme Auslegung bei Bundesgesetzen aber nicht aus (BGE 129 II 249, 263). Soweit Wortlaut und Sinn eines Bundesgesetzes jedoch klar sind, ist der Richter daran gebunden, auch wenn ein Widerspruch zur Bundesverfassung vorliegt. Faktisch wird damit aber keine zusätzliche Schranke errichtet, denn Wortlaut und Sinn einer Gesetzesnorm bilden ganz allgemein die Grenze der verfassungskonformen Auslegung (vgl. vorn N. 154 f.).   161

VI. Völkerrechtskonforme Auslegung des Landesrechts

Die Bedeutung des Völkerrechts hat in den letzten Jahrzehnten stark zugenommen. Um die aus dem Völkerrecht erwachsenden Verpflichtungen (vgl. auch Art. 5 Abs. 4 BV) zu erfüllen, ist eine *völkerrechts- oder staatsvertragskonforme Auslegung* des Landesrechts, einschliesslich des Verfassungsrechts, geboten (VPB 59 [1995] Nr. 25, S. 222 und 226 f.).   162

Ähnlich wie der verfassungskonformen Auslegung kommt auch der völkerrechtskonformen Auslegung eine *Harmonisierungsfunktion* zu. In BGE 117 Ib 367, 373, Eidg. Steuerverwaltung, hat das Bundesgericht festgehalten: 163

> «Dabei ist der – unbestrittene – Grundsatz von Bedeutung, dass Bundesgesetze nicht nur verfassungskonform, sondern auch der Konvention entsprechend auszulegen sind, d.h. so, dass im Zweifelsfalle ein Konflikt zwischen den beiden Rechtsordnungen möglichst vermieden wird.»

Vor allem bei leichten Divergenzen zwischen einem Staatsvertrag und dem schweizerischen Recht vermag diese harmonisierende Methode gute Dienste zu leisten (VPB 53 [1989] Nr. 54, S. 432; BGE 94 I 669, 678, Frigerio).   164

Einen bedeutenden Anwendungsfall stellt die *EMRK-konforme Auslegung* dar, deren sich das Bundesgericht oft bedient.   165

Beispiele: – BGE 123 IV 236, 248 f. (betr. Überwachung des Fernmeldeverkehrs von Journalisten);
– BGE 122 I 18, 20 (betr. fürsorgerische Freiheitsentziehung).

Dabei hat der schweizerische Richter auf die Auslegung abzustellen, welche die anzuwendende Konventionsbestimmung von der obersten Konventionsbehörde erfahren hat:

> «Le Tribunal fédéral interprète la notion conventionnelle de «contestations sur des droits et obligations de caractère civil» aussi largement que le font les organes de la Convention européenne des droits de l'homme [...]. Ainsi, l'art. 6 par. 1 CEDH ne concerne pas seulement les contestations de droit privé au sens étroit – c'est-à-dire celles qui surgissent entre des particuliers, ou entre un particulier et l'Etat agissant au même titre qu'une personne privée – mais aussi les actes administratifs adoptés par une autorité dans l'exercice de la puissance publique, pour autant qu'ils produisent un effet déterminant sur les droits de caractère privé». (BGE 122 II 464, 466)

Vgl. zur *grundrechtskonformen Auslegung* auch N. 270 und N. 286.

166 Ein Fall von völkerrechtskonformer Auslegung lag auch vor, als das Bundesgericht beim Vollzug des Asylgesetzes vom 5. Oktober 1979 (jetzt vom 26. Juni 1998; SR 142.31) zu prüfen hatte, ob der *völkerrechtliche Grundsatz der Nichtrückschiebung* verletzt worden war. Dieses Verbot, das auch aus Art. 3 EMRK abgeleitet wird, verlangt, dass Personen nicht in Länder ausgewiesen oder ausgeliefert werden, wenn ihnen dort die Folter droht. Vgl. z.B. BGE 118 IV 221, 224; BGE 112 IV 115, 120; ferner N. 593.

167 Der *völkerrechtskonformen Auslegung* sind *Grenzen gesetzt,* wo ein unüberbrückbarer Widerspruch zwischen schweizerischem Recht und Völkerrecht besteht.

> In einem Fall, der die Anordnung des Bundesrates betr. die Einziehung von Propagandamateriel der Kurdischen Arbeiterpartei betraf, hatte das Bundesgericht zu prüfen, ob eine Verwaltungsgerichtsbeschwerde ans Bundesgericht zulässig sei. Das Bundesgericht stellte zu Recht fest, dass der Konflikt zwischen dem Anspruch auf gerichtliche Kontrolle gemäss Art. 6 Ziff. 1 EMRK und der abschliessenden Liste der zulässigen Verwaltungsgerichtsbeschwerden ans Bundesgericht gemäss Art. 98 lit. a OG – welche im vorliegenden Fall keine Beschwerde zuliess – nicht mit einer völkerrechtskonformen Auslegung des OG überbrückt werden könne. Im Konfliktsfall gehe das Völkerrecht dem Bundesgesetz vor, insbesondere wenn die völkerrechtliche Norm dem Schutz der Menschenrechte dient. Deshalb liess das Bundesgericht eine Verwaltungsgerichtsbeschwerde zu, obwohl das OG dies nicht vorsah (BGE 125 II 417, 424 f.). Vgl. zu diesem Entscheid auch N. 1926.

§ 4 Die tragenden Grundwerte der Bundesverfassung

Literatur

AUBERT JEAN-FRANÇOIS, Un droit social encadré, ZSR NF 110/I (1991) 157 ff.; AUER ANDREAS, Problèmes fondamentaux de la démocratie suisse, ZSR NF 103/II (1984) 1 ff.; BREITER URS, Staatszielbestimmungen als Problem des schweizerischen Bundesverfassungsrechts, Diss. Zürich 1980; FLEINER THOMAS/MISIC ALEXANDER, Föderalismus als Ordnungsprinzip der Verfassung, in: Verfassungsrecht der Schweiz, § 27; GUT ULRICH ERNST, Grundfragen und schweizerische Entwicklungstendenzen der Demokratie, Zürich 1983; KÄGI WERNER, Zur Entwicklung des schweizerischen Rechtsstaates seit 1848, ZSR NF 71/I (1952) 173 ff.; KÄGI-DIENER REGULA, Zweck und Aufgaben der Eidgenossenschaft aus bundesstaatlicher Sicht, ZSR NF 117/I (1998) 491 ff.; KNAPP BLAISE, Le fédéralisme, ZSR NF 103/II (1984) 275 ff.; LINDER WOLF, Schweizerische Demokratie – Institutionen, Prozesse, Perspektiven, Bern/Stuttgart/Wien 1999; MAHON PASCAL, Droits sociaux et réforme de la Constitution, in: FS für Jean-François Aubert, Basel/Frankfurt a.M. 1996, S. 385 ff.; MASTRONARDI PHILIPPE, Der Zweck der Eidgenossenschaft als Demokratie, ZSR NF 117/I (1998) 317 ff.; MASTRONARDI PHILIPPE, Strukturprinzipien der Bundesverfassung?, in: Beihefte zur ZSR 7, Basel/Frankfurt a.M. 1988; MEYER-BLASER ULRICH/GÄCHTER THOMAS, Der Sozialstaatsgedanke, in: Verfassungsrecht der Schweiz, § 34; MOOR PIERRE, Principes de l'activité de l'Etat, in: Verfassungsrecht der Schweiz, § 16; PETITPIERRE-SAUVAIN ANNE, Fondements écologiques de l'ordre constitutionnel suisse, in: Verfassungsrecht der Schweiz, § 36; RHINOW RENÉ A., Grundprobleme der schweizerischen Demokratie, ZSR NF 103/II (1984) 111 ff.; RICHLI PAUL, Zweck und Aufgaben der Eidgenossenschaft im Lichte des Subsidiaritätsprinzips, ZSR NF 117/I (1998) 139 ff.; SALADIN PETER, Bund und Kantone, Autonomie und Zusammenwirken im schweizerischen Bundesstaat, ZSR NF 103/II (1984) 431 ff.; TANQUEREL THIERRY, Les fondements démocratiques de la Constitution, in: Verfassungsrecht der Schweiz, § 18; TSCHANNEN PIERRE, Stimmrecht und politische Verständigung, Beiträge zu einem erneuerten Verständnis von direkter Demokratie, Basel/Frankfurt a.M. 1995; TSCHUDI HANS PETER, Die Sozialverfassung der Schweiz (Der Sozialstaat), Bern/Zürich 1986; TSCHUDI HANS PETER, Die Sozialziele der neuen Bundesverfassung, Schweizerische Zeitschrift für Sozialversicherung und berufliche Vorsorge 43 (1999) 364 ff.; WULLSCHLEGER STEPHAN, Gesetzgebungsaufträge: Normativer Gehalt und Möglichkeiten richterlicher Intervention, Diss. Basel 1999.

Die schweizerische Staats- und Verfassungsordnung ist im Wesentlichen von *vier tragenden Grundelementen* geprägt: dem rechtsstaatlichen, dem demokratischen, dem föderalistischen und dem sozialstaatlichen Element.

Diese tragenden Grundwerte sind keine Rechtsnormen – und deshalb auch keine verfassungsmässigen Rechte des Individuums –, sondern *verfassungsgestaltende Leitprinzipien,* die zwar – anders als etwa in der Bundesrepublik Deutschland (Art. 20 Abs. 1 des Bonner Grundgesetzes) – nirgends ausdrücklich aufgeführt werden, jedoch unausgesprochen hinter den einzelnen konkreten Verfassungsnormen stehen und die bestimmenden Einfluss auf die Ausformung der staatlichen Ordnung hatten und haben.

169 Auch in der neuen Bundesverfassung wurde bewusst darauf verzichtet, diese strukturbestimmenden Merkmale aufzuzählen und in allgemeiner Weise zu einander in Beziehung zu setzen (BBl 1997 I 17). Indes hat sich der Verfassungsgeber bemüht, die tragenden Grundwerte im Verfassungstext klarer sichtbar zu machen. Dies geschieht vor allem – aber nicht nur – in den *Allgemeinen Bestimmungen* des 1. Titels, die sich an alle Träger staatlicher Funktionen im Bund und in den Kantonen, teilweise sogar an Private (z.B. Art. 5 Abs. 3 und Art. 6 BV) richten.

I. Das rechtsstaatliche Element

170 Es ist das Grundanliegen des Rechtsstaates, im Staat die Herrschaft des Rechts und damit verbunden die Freiheit des Menschen sicherzustellen. Die Idee des Rechtsstaates fordert, dass der Staat in seiner gesamten Tätigkeit ans Recht gebunden ist. Der Einzelne (wie auch die von ihm getragenen Organisationen) soll so vor einer ungebundenen und damit unberechenbaren und unkontrollierbaren Staatsmacht geschützt werden. Der rechtsstaatliche Gedanke hat eine formelle und eine materielle Ausprägung:

1. Der Rechtsstaat im formellen Sinn

171 Zum Rechtsstaat im formellen Sinn gehören folgende Elemente:
- Gewaltenteilung;
- Gesetzmässigkeit der Verwaltung;
- Verwaltungs- und Verfassungsgerichtsbarkeit.

172 Diese Postulate sind in der Bundesverfassung zu einem grossen Teil verwirklicht. Die Gewaltenteilung liegt dem 5. Titel der Bundesverfassung über die Bundesbehörden zugrunde (vgl. N. 1410 ff.). Art. 5 BV formuliert *«Grundsätze rechtsstaatlichen Handelns»*, wobei die Bindung an das (nationale und internationale) Recht besonders hervorgehoben wird. Allerdings besteht eine bedeutende Einschränkung der Verfassungsgerichtsbarkeit, müssen doch nach Art. 191 BV (= Art. 190 in der Fassung vom 12. März 2000 [noch nicht in Kraft, vgl. N. 72]) Bundesgesetze und Völkerrecht vom Bundesgericht auch bei festgestellter Verfassungswidrigkeit angewendet werden (vgl. N. 2086 ff.).

2. Der Rechtsstaat im materiellen Sinn

173 Die Bindung an Gesetze allein ist wenig sinnvoll, wenn nicht gleichzeitig sichergestellt wird, dass diese Gesetze inhaltlich gewissen freiheitlichen Grundforderungen

entsprechen. Die Elemente des formellen Rechtsstaates werden ergänzt durch Elemente des materiellen Rechtsstaates, insbesondere durch die *Garantie der Grundrechte*.

Die Forderungen des materiellen Rechtsstaates sind im schweizerischen Bundesstaatsrecht weitgehend verwirklicht. Die Bundesverfassung enthält einen *umfassenden Grundrechtskatalog*. Dieser wird mit der Gewährleistung der *Menschenwürde* (Art. 7) eingeleitet (vgl. N. 222). 174

II. Das demokratische Element

Demokratie und Volkssouveränität bedeuten, dass alle staatliche Macht auf dem Willen des Volkes gründet. Das Volk soll die obersten staatlichen Entscheide treffen. 175

Ausdruck des demokratischen Gedankens sind die Mitwirkungsrechte der Bürgerinnen und Bürger im Staat. Die Mitwirkung kann sich auf die Wahl der obersten Staatsorgane, insbesondere des Parlaments, beschränken (repräsentative Demokratie) oder auch die direkte Entscheidung über Sachfragen umfassen (direkte Demokratie). 176

Bei konsequenter Durchführung folgt aus dem demokratischen Prinzip auch eine Vorrangstellung des Volkes und der Volksvertretung gegenüber anderen Staatsgewalten. 177

Das demokratische Element hat in der Schweiz sehr grosses Gewicht, obwohl es als Leitprinzip für die Willensbildung im Bund nicht ausdrücklich in der Bundesverfassung erwähnt wird (im Gegensatz etwa zu Art. 20 des Bonner Grundgesetzes sowie Art. 1 der Verfassungen Frankreichs, Italiens und Österreichs). Im Bund stehen dem Bürger über das Wahlrecht hinaus verschiedene politische Rechte zu, die es ihm erlauben, direkt über Sachfragen zu entscheiden (Verfassungsinitiative und Verfassungsreferendum, allgemeine Volksinitiative, Gesetzes- und Staatsvertragsreferendum). Art. 51 Abs. 1 BV verpflichtet die Kantone ausdrücklich zu einer demokratischen Ausgestaltung ihrer Verfassungsordnungen (vgl. N. 1015 ff.). 178

Die grosse Bedeutung des demokratischen Prinzips zeigt sich auch darin, dass die Bundesverfassung der Bundesversammlung – unter dem Vorbehalt der Rechte des Volkes und der Kantone – «die oberste Gewalt im Bund» zuweist (Art. 148 Abs. 1). Im Vorherrschen des demokratischen Prinzips liegt zudem der Grund dafür, dass das Bundesgericht und alle übrigen Rechtsanwendungsorgane durch Art. 191 BV (vgl. N. 172) verpflichtet werden, Bundesgesetze anzuwenden, selbst wenn sie der Bundesverfassung widersprechen sollten – das demokratische Prinzip geniesst hier den Vorrang vor den Forderungen des Rechtsstaates. 179

III. Das föderalistische Element

180 Der föderalistische Staat ist in verschiedene Rechtskreise gegliedert; die untergeordneten Einheiten sind in bestimmten Sachbereichen autonom. Es soll den einzelnen Bundesgliedern gestattet sein, wo immer möglich eigene, den regionalen oder lokalen Bedürfnissen angepasste Regelungen zu treffen.

181 In der Schweiz findet der föderalistische Gedanke in zahlreichen verfassungsrechtlichen Bestimmungen seinen Ausdruck:
- Aufteilung der Kompetenzen zwischen Bund und Kantonen;
- Mitwirkung der Kantone bei der Verfassungsrevision;
- bundesstaatlich motiviertes Zweikammersystem.

182 Das föderalistische Element erfuhr in der neuen Bundesverfassung eher noch eine Verstärkung, indem zusätzlich zur Aufgabenteilung dem Gedanken der Kooperation zwischen Bund und Kantonen besonderes Gewicht beigemessen wird.

183 Auch die in Kantonsverfassungen gewährleistete Gemeindeautonomie (vgl. N. 975 ff.) ist in einem weiteren Sinne der föderalistischen Staatsidee zuzurechnen.

184 Obwohl vergleichsweise stark ausgebildet und kaum je grundsätzlich in Frage gestellt, ist der Föderalismus das am stärksten gefährdete Strukturelement unseres Staates. Die technische und soziale Entwicklung der letzten Jahrzehnte hat die Zentralgewalt in mancher Hinsicht gestärkt und gleichzeitig zu einer oft unüberblickbaren Verflechtung der Zuständigkeiten von Bund und Kantonen geführt. Bereiche, in denen die Kantone noch volle Autonomie geniessen und an denen der Bund nicht zumindest in irgendeiner Form finanziell beteiligt ist, sind selten geworden.

IV. Das sozialstaatliche Element

185 Die Stärke einer staatlichen Gemeinschaft misst sich nicht ausschliesslich an der Freiheit des Einzelnen, sondern auch am Wohl der Schwachen. Ein Staat, der zwar den Menschen rechtliche Gleichheit garantiert, ihre Freiheitsrechte achtet, rechtsstaatliche Verfahren zur Verfügung stellt und seine Staatsangehörigen an wichtigen politischen Entscheidungen teilhaben lässt, sich aber nicht darum kümmert, ob auch die tatsächlichen Voraussetzungen für die Ausübung dieser Rechte gegeben sind, erfüllt seine Aufgabe nicht voll. Dem Staat ist heute aufgegeben, seinen Einwohnern eine gewisse minimale soziale Sicherheit zu bieten und so die Grundlage dafür zu schaffen, dass die Rechtsgleichheit und die übrigen Rechte nicht blosse Theorie bleiben.

186 In der Bundesverfassung findet sich keine Bestimmung, die die Schweiz generell als Sozialstaat bezeichnet. Schon die Bundesverfassung von 1874 enthielt indes

zahlreiche Einzelbestimmungen, aus denen sich ergab, dass sich die Schweiz auch als Sozialstaat versteht. In der neuen Bundesverfassung kommt dieses sozialstaatliche Element noch stärker zum Ausdruck, nicht nur in programmatischen Formulierungen in der Präambel und im Zweckartikel 2, sondern auch in zahlreichen Kompetenznormen (z.B. Art. 111 und 112 betr. Alters-, Hinterlassenen- und Invalidenvorsorge sowie Alters-, Hinterlassenen- und Invalidenversicherung), vor allem aber in den *Sozialzielen* (Art. 41 BV). Letztere stellen wichtige Leitplanken für den Gesetzgeber in Bund und Kantonen dar, auch wenn daraus weder Kompetenznormen noch unmittelbare Ansprüche auf staatliche Leistungen abgeleitet werden können (vgl. N. 913). Zusätzlich verankert die neue Bundesverfassung wichtige *soziale Grundrechte* (Recht auf Hilfe in Notlagen, Art. 12; Anspruch auf ausreichenden und unentgeltlichen Grundschulunterricht, Art. 19). Der früher aus dem Gleichheitssatz (Art. 4 Abs. 1 aBV) abgeleitete und nun in Art. 29 Abs. 3 verankerte Anspruch auf unentgeltliche Rechtspflege und unentgeltlichen Rechtsbeistand erfüllt ebenfalls eine wichtige soziale Funktion.

V. Weitere Grundwerte, insbesondere der Grundsatz der Nachhaltigkeit

Die Verfassung wird nicht nur von den vier erwähnten Grundwerten geprägt. Der neue Verfassungstext lädt nach Auffassung von RENÉ RHINOW dazu ein, weitere Prinzipen zu anerkennen, wobei er gleich vier aufzählt: die wettbewerbsorientierte Wirtschaftsordnung (vgl. N. 623), das Subsidiaritätsprinzip (vgl. N. 664 und 1051), die Nachhaltigkeit sowie den weltoffenen und kooperativen Verfassungsstaat (RHINOW, Rz. 220 ff.). 187

Die neue Bundesverfassung enthält im Vergleich zu derjenigen von 1874 vermehrt programmatische Normen. *Art. 2 BV,* der in einer aktualisierten und inhaltlich bereinigten Form den bisherigen Art. 2 aBV übernimmt, listet die *Zwecke der Eidgenossenschaft* auf. Auch in anderen Verfassungsnormen finden sich Zielvorgaben, z.B. in Art. 54 Abs. 2 BV hinsichtlich der Aussenpolitik und in Art. 94 BV in Bezug auf die Wirtschaftspolitik. 188

Besonderes Gewicht legte der Verfassungsgeber auf den *Grundsatz der Nachhaltigkeit,* der verschiedenen Aufgabennormen zugrunde liegt und in einigen Artikeln ausdrücklich angesprochen wird. Bereits in der Präambel ist von der «Verantwortung gegenüber den künftigen Generationen» die Rede. In Art. 2 Abs. 2 BV wird u.a. die Förderung der nachhaltigen Entwicklung zu einem Staatszweck erklärt. Die «Erhaltung der natürlichen Lebensgrundlagen» figuriert auch unter den Zielen der Aussenpolitik (Art. 2 Abs. 4 und 54 Abs. 2 BV). Dem Abschnitt über «Umwelt und Raumplanung» wird ein Art. 73 BV über die Nachhaltigkeit vorangestellt. Danach streben Bund und Kantone «ein auf Dauer ausgewogenes Verhältnis zwischen der 189

Natur und ihrer Erneuerungsfähigkeit einerseits und ihrer Beanspruchung durch den Menschen anderseits an».

190 Mit der Nachhaltigkeit ist ein Leitbild der Umwelt- und Entwicklungspolitik (sog. «sustainable development») angesprochen, das neben den natürlichen auch die sozialen und ökonomischen Lebensgrundlagen einschliesst. Als nachhaltig gilt eine Entwicklung, welche die heutigen Bedürfnisse deckt, ohne für künftige Generationen die Möglichkeit zu schmälern, ihre dannzumaligen Bedürfnisse zu befriedigen (vgl. LUZIUS MADER, Die Sozial- und Umweltverfassung, AJP 1999, S. 703). Eine spezifischere Bedeutung hat Art. 73 BV, der auf das ökologische Prinzip der Nachhaltigkeit ausgerichtet ist.

191 Die Bestimmungen über die Nachhaltigkeit begründen nicht unmittelbare Ansprüche des Einzelnen. Sie richten sich primär an den Gesetzgeber und dienen auch als Auslegungshilfe bei der Rechtsanwendung, insbesondere bei der Konkretisierung unbestimmter Normen. Die Praxis wird dem Nachhaltigkeitsprinzip – ebenso wie anderen Zielnormen der Verfassung – noch schärfere Konturen verleihen müssen.

§ 5 Verhältnis der Schweiz zur internationalen Gemeinschaft

Literatur

AUER ANDREAS, La démocratie directe face à l'intégration européenne, Semjud 113 (1991) 374 ff.; BIAGGINI GIOVANNI, Die Idee der Verfassung – Neuausrichtung im Zeitalter der Globalisierung, ZSR NF 119/I (2000) 445 ff.; BIAGGINI GIOVANNI, Das Verhältnis der Schweiz zur internationalen Gemeinschaft, AJP 1999, 722 ff.; BIEBER ROLAND, Der Verfassungsstaat im Gefüge europäischer und insbesondere supranationaler Ordnungsstrukturen, in : Verfassungsrecht der Schweiz, § 6; BREITENMOSER STEPHAN, Praxis des Europarechts, Zürich 1996; COTTIER THOMAS, Die Globalisierung des Rechts – Herausforderungen für Praxis, Ausbildung und Forschung, ZBJV 133 (1997) 217 ff.; COTTIER THOMAS/GERMANN CHRISTOPHE, Die Partizipation bei der Aushandlung neuer völkerrechtlicher Bindungen: verfassungsrechtliche Grundlagen und Perspektiven, in: Verfassungsrecht der Schweiz, § 5; COTTIER THOMAS/HERTIG MAYA, Das Völkerrecht in der neuen Bundesverfassung: Stellung und Auswirkungen, in: Zimmerli (Hrsg.), Die neue Bundesverfassung, S. 1 ff.; COTTIER THOMAS/KOPŠE ALWIN R. (Hrsg.), Der Beitritt der Schweiz zur Europäischen Union, Zürich 1998; DONATSCH MARCO, Die Europäische Union auf dem Weg zur Verfassunggebung?, Diss. Zürich 2004; EPINEY ASTRID/SIEGWART KARINE/COTTIER MICHAEL/REFAEIL NORA, Schweizerische Demokratie und Europäische Union, Bern 1998; HÄNNI PETER (Hrsg.), Schweizerischer Föderalismus und europäische Integration: Die Rolle der Kantone in einem sich wandelnden internationalen Kontext, Zürich 2000; HÄNNI PETER (Hrsg.), Schweiz – EU: Systematische Sammlung der Rechtserlasse, 2 Bd., Zürich 2000; JAAG TOBIAS, Europarecht: Die europäischen Institutionen aus schweizerischer Sicht, Zürich 2003; JAAG TOBIAS, Die Beziehungen zwischen der Schweiz und der Europäischen Union: Eine Bestandesaufnahme nach der Zustimmung zu den sektoriellen Abkommen von 1999, ZSR NF 119/I (2000) 223 ff.; JACOT-GUILLARMOD OLIVIER, Conséquences, sur la démocratie suisse, d'une adhésion de la Suisse à la Communauté européenne, in: EG-Recht und schweizerische Rechtsordnung, Beihefte zur ZSR 10, Basel/Frankfurt a.M. 1990, S. 39 ff.; JACOT-GUILLARMOD OLIVIER, Conséquences, sur le fédéralisme suisse, d'une adhésion de la Suisse à la Communauté européenne, in: EG-Recht und schweizerische Rechtsordnung, Beihefte zur ZSR 10, Basel/Frankfurt a.M. 1990, S. 7 ff.; JACOT-GUILLARMOD OLIVIER, L'ordre juridique suisse face à l'ordre juridique communautaire: aspects normatifs et judiciaires, in: Die Europaverträglichkeit des schweizerischen Rechts, Zürich 1990, S. 1 ff.; JACOT-GUILLARMOD OLIVIER, Le juge suisse face au droit européen, ZSR NF 112/II (1993) 227 ff.; KÄLIN WALTER, Kantonale Verfassungsreform vor der Europäischen Herausforderung, Jahrbuch des Öffentlichen Rechts der Gegenwart NF 40 (1991/92) 83 ff.; KOLLER HEINRICH, Der schweizerische Gesetzgeber vor der internationalen Herausforderung: Erfahrungen mit «EUROLEX» – «SWISSLEX» – «GATTLEX», ZBl 95 (1994) 241 ff.; MALINVERNI GIORGIO, L'indépendance de la Suisse dans un monde interdépendant, ZSR NF 117/I (1998) 1 ff.; MÜLLER JÖRG PAUL, Grundrechts- und Demokratiedefizite als Legitimitätsprobleme der EG: Überlegungen zu einem Beitritt der Schweiz, ZSR NF 110/I (1991) 103 ff.; SCHINDLER DIETRICH, Auswirkungen der EG auf die schweizerische Staatsstruktur, in: Wirtschaftspolitische Mitteilungen 46 (1990) 1 ff.; SCHINDLER DIETRICH, Die EG und die schweizerischen Eigenheiten, Schweizer Monatshefte 69 (1989) 889 ff.; SCHINDLER DIETRICH, Schweizerischer und europäischer Föderalismus, ZBl 93 (1992) 193 ff.; SCHINDLER DIETRICH, Vereinbarkeit von EG-Mitgliedschaft und Neutralität, in: EG-Recht und schweizerische Rechtsordnung, Beihefte zur ZSR 10, Basel/Frankfurt a.M. 1990, S. 81 ff.; SCHINDLER DIETRICH, Verfassungsrecht, in: Die Europaverträglichkeit des schweizerischen Rechts, Zürich 1990, S. 21 ff.; SCHWAB RENÉ, Ziele der Aussenpolitik (Art. 54 BV), in: Gächter/Bertschi (Hrsg.), Neue Akzente in der «nachgeführten» Bundesverfassung, S. 183 ff.; SCHWEIZER RAINER J., Die Schweizer Kantone vor der Europäischen Herausforderung, Jahrbuch des Öffentlichen Rechts der Gegenwart NF 40 (1991/92) 59 ff.; SCHWEIZER RAINER

J., Die schweizerischen Gerichte und das europäische Recht, ZSR NF 112/II (1993) 577 ff.; SEILER HANSJÖRG, Das völkerrechtswidrige Bundesgesetz; Art. 113 Absatz 3 BV im Verhältnis zu Völkerrecht, EG und EWR, SJZ 88 (1992) 377 ff.; TANQUEREL THIERRY, La Suisse doit-elle choisir entre l'Europe et la démocratie directe?, ZSR NF 110/I (1991) 187 ff.; THÜRER DANIEL, Perspektive Schweiz: Übergreifendes Verfassungsdenken als Herausforderung, Zürich 1998; THÜRER DANIEL, Die schweizerische Bundesversammlung und die Europäische Gemeinschaft – Zu den Chancen einer verstärkten parlamentarischen Legitimierung des europäischen Gemeinschaftsrechts im nationalen Rahmen, in: Das Parlament – «Oberste Gewalt des Bundes»?, Festschrift der Bundesversammlung zur 700-Jahr-Feier der Eidgenossenschaft, Bern 1991, S. 443 ff.; THÜRER DANIEL, Verfassungsrechtliche Leitprinzipien der Europäischen Integrationspolitik der Schweiz – Eine Skizze, in: Aussenwirtschaft 46 (1991) 519 ff.; THÜRER DANIEL, Der Verfassungsstaat als Glied einer europäischen Gemeinschaft, VVDStRL 50 (1991) 97 ff.; THÜRER DANIEL/KUX STEPHAN (Hrsg.), GATT 94 und die Welthandelsorganisation, Zürich 1996; THÜRER DANIEL/WEBER PHILIPPE, Zur Durchführung von Europäischem Gemeinschaftsrecht durch die Gliedstaaten eines Bundesstaates, ZBl 92 (1991) 429 ff.

Materialien

- Bericht des Bundesrates über die Stellung der Schweiz im europäischen Integrationsprozess vom 24. August 1988, BBl 1988 III 249 ff.
- Die europäische Integration und ihre Auswirkungen auf den schweizerischen Föderalismus, Bericht des Bundesrates, VPB 53 (1989) Nr. 55.
- Informationsbericht des Bundesrates über die Stellung der Schweiz im europäischen Integrationsprozess vom 26. November 1990 (nicht im Bundesblatt veröffentlicht)
- Bericht des Bundesrates über einen Beitritt der Schweiz zur Europäischen Gemeinschaft vom 18. Mai 1992, BBl 1992 III 1185 ff.
- Botschaft des Bundesrates zur Genehmigung des Abkommens über den Europäischen Wirtschaftsraum vom 18. Mai 1992, BBl 1992 IV 1 ff.
- Botschaft zur Genehmigung der GATT/WTO-Übereinkommen (Uruguay-Runde) (GATT-Botschaft 1) vom 19. September 1994, BBl 1994 IV 1 ff.
- Botschaft zu den für die Ratifizierung der GATT/WTO-Übereinkommen (Uruguay-Runde) notwendigen Rechtsanpassungen (GATT-Botschaft 2) vom 19. September 1994, BBl 1994 IV 950 ff.
- Schweiz – Europäische Union: Integrationsbericht des Bundesrates vom 3. Februar 1999, BBl 1999, 3935 ff.
- Botschaft zur Genehmigung der sektoriellen Abkommen zwischen der Schweiz und der EG vom 23. Juni 1999, BBl 1999, 6128 ff.
- Präsenz und Kooperation: Interessenwahrung in einer zusammenhängenden Welt. Aussenpolitischer Bericht des Bundesrates vom 15. November 2000, BBl 2001, 261 ff.
- Botschaft des Bundesrates zur Genehmigung der bilateralen Abkommen zwischen der Schweiz und der Europäischen Union, einschliesslich der Erlasse zur Umsetzung der Abkommen («Bilaterale II») vom 1. Oktober 2004, BBl 2004, 5965 ff. Vgl. auch BBl 2004, 7125 ff.

I. Ausrichtung auf Europa

192 Neben den eigenständigen Strukturprinzipien der schweizerischen Staats- und Verfassungsordnung spielen die Verbundenheit mit Europa und die Ausrichtung auf das europäische Recht eine immer wichtigere Rolle.

Bedeutende Schritte auf dem Weg zu einer stärkeren Einbindung der Schweiz in Europa bildeten der *Beitritt zum Europarat* (Satzungen des Europarates vom 5. Mai 1949 [SR 0.192.030]) im Jahr 1963 sowie die 1974 erfolgte Ratifikation der *Europäischen Menschenrechtskonvention (EMRK* [SR 0.101]), deren Grundrechte in gleicher Weise verbindlich und unmittelbar anwendbar sind wie die Grundrechte der Bundesverfassung (vgl. N. 235 ff.). Entsprechend berücksichtigt das Bundesgericht in seiner Rechtsprechung zu den Grundrechten auch die Praxis der Europäischen Kommission für Menschenrechte und des Europäischen Gerichtshofes für Menschenrechte (die 1998 durch den [neuen] Europäischen Gerichtshof für Menschenrechte abgelöst wurden; vgl. N. 237), was mittelbar zu einer Harmonisierung mit der Verfassungsrechtsprechung anderer Mitgliedstaaten des Europarates beiträgt.

193

Im Rahmen der *Organisation für Sicherheit und Zusammenarbeit in Europa (OSZE;* bis 1994 KSZE [Konferenz für Sicherheit und Zusammenarbeit in Europa]), die als Instrument europäischer Friedenspolitik zunehmende Bedeutung erlangt, hat die Schweiz von Anfang an, seit der ersten Zusammenkunft in Helsinki im Jahr 1973, tatkräftig mitgewirkt.

194

Auf dem Gebiet der Aussenwirtschaft ermöglichten die Gründung der *Europäischen Freihandelsassoziation (EFTA)* im Jahr 1960 (Übereinkommen zur Errichtung der EFTA vom 4. Januar 1960 [SR 0.632.3l]) und das *Freihandelsabkommen mit der Europäischen Gemeinschaft* von 1972 (Abkommen zwischen der Schweiz und der EG vom 22. Juli 1972 [SR 0.632.401]) eine Teilnahme der Schweiz an der europäischen Zusammenarbeit.

195

Um die Schweiz an der Verstärkung der wirtschaftlichen Integration teilhaben zu lassen, unterzeichnete der Bundesrat das *Abkommen über den Europäischen Wirtschaftsraum (EWR),* das die zwölf Mitglieder der EG und die sieben Länder der EFTA am 2. Mai 1992 abschlossen, um einen gemeinsamen Binnenmarkt zu schaffen. Darin sollten alle EWR-Bürgerinnen und -Bürger die Möglichkeit haben, zu gleichen Bedingungen und überall mit Waren zu handeln, sich niederzulassen, Dienstleistungen zu erbringen und Investitionen zu tätigen (freier Waren-, Personen-, Dienstleistungs- und Kapitalverkehr). Das EWR-Abkommen wurde am 9. Oktober 1992 von der Bundesversammlung genehmigt (BBl 1992 IV 56) und anschliessend gestützt auf Art. 89 Abs. 5 aBV (= Art. 140 Abs. 1 lit. b BV) dem obligatorischen Referendum unterstellt (vgl. dazu N. 1910). Nach einer heftig geführten Abstimmungskampagne wurde der Beitritt zum EWR am 6. Dezember 1992 bei einer sehr hohen Stimmbeteiligung (78,3%) vom Volk äusserst knapp (50,3% Nein-Stimmen) und von den Ständen klar verworfen. Angenommen wurde die Vorlage nur in den sechs Kantonen Freiburg, Waadt, Wallis, Neuenburg, Genf und Jura sowie in den beiden Halbkantonen Basel-Stadt und Basel-Landschaft. Nachdenklich stimmt der Umstand, dass die Resultate zwischen dem mit überwältigendem Mehr annehmenden Welschland einerseits und der übrigen Schweiz andererseits stark auseinander klafften, wobei immerhin die Stimmberechtigten in den Städten Zürich und Bern

196

dem Abkommen mehrheitlich zustimmten. Das Ergebnis erinnert an die Abstimmung vom 1. Februar 1959 über die Einführung des Frauenstimm- und -wahlrechts auf Bundesebene, die damals vom Volk im Verhältnis 2 zu 1 und von den Kantonen mit klarer Mehrheit verworfen wurde, wobei aber die Kantone Waadt, Neuenburg und Genf zustimmende Mehrheiten aufwiesen; 1971 konnte dann das volle Erwachsenenstimmrecht im Bund problemlos eingeführt werden. Offenbar bereitet auch die Öffnung gegenüber Europa in der Deutschschweiz, in Graubünden und im Tessin grössere Mühe als in der Romandie.

197 Nach dem negativen Volksentscheid zum EWR bemühte sich die Schweiz um den Abschluss *sektorieller Abkommen mit den Europäischen Gemeinschaften,* um in Teilbereichen eine Annäherung an Europa zu erreichen. Im Jahr 1999 konnten sieben solche bilaterale Abkommen abgeschlossen werden. Sie betrafen die wissenschaftliche und technologische Zusammenarbeit, das öffentliche Beschaffungswesen, den Abbau von technischen Handelshemmnissen, den Handel mit landwirtschaftlichen Erzeugnissen, den Luftverkehr, den Güter- und Personenverkehr auf Schiene und Strasse sowie den freien Personenverkehr (vgl. BBl 1999, 6489 ff.). Die Verträge, die ein Gesamtpaket bilden, wurden im Oktober 1999 von der Bundesversammlung genehmigt und, nachdem das Referendum ergriffen worden war, in der Abstimmung vom 21. Mai 2000 vom Volk klar angenommen (im Verhältnis 2 zu 1, vgl. BBl 2000, 3773). Rat und Parlament der EU stimmten in der Folge diesen Abkommen zu. Für das besonders wichtige Abkommen über die Personenfreizügigkeit (Freizügigkeitsabkommen, FZA) bedurfte es zusätzlich der Genehmigung durch die Mitgliedstaaten der EU. Nachdem diese erfolgt war, konnten die Verträge ratifiziert und auf den 1. Juni 2002 in Kraft gesetzt werden.

197a Schon vor Inkrafttreten der betreffenden Abkommen («Bilaterale I») hatten die Schweiz und die EU vereinbart, über weitere Abkommen zu verhandeln. Diese zweiten bilateralen Verhandlungen («Bilaterale II») konnten im April 2004 abgeschlossen werden. Daraus resultierten acht Verträge sowie Vereinbarungen zur Ausdehnung der Personenfreizügigkeit auf die zehn neuen EU-Mitglieder und zum finanziellen Beitrag der Schweiz zur Kohäsion innerhalb der erweiterten EU. Bei den Verträgen handelt es sich teilweise um wenig umstrittene «left-overs», die im Rahmen der «Bilateralen I» nicht geregelt werden konnten; sie betreffen Fragen wie Umwelt, Medien, Bildung, Statistik, Landwirtschaftsprodukte sowie die Vermeidung der Doppelbesteuerung von Ruhegehältern der in der Schweiz wohnhaften pensionierten Beamten der EU. Zu den hart umstrittenen Verhandlungsgegenständen gehörten die Dossiers über Zinsbesteuerung und Betrugsbekämpfung. Auf Wunsch der Schweiz wurde ein Einbezug der Schweiz in die im Rahmen der EU erfolgende polizeiliche und justizielle Zusammenarbeit vereinbart (Vertragswerke von Schengen und Dublin). Im Oktober 2004 verabschiedete der Bundesrat seine Botschaft zum zweiten bilateralen Vertragspaket (BBl 2004, 5965 ff.). Die Räte behandelten das Geschäft in der Dezembersession 2004. Im Fall der Dossiers Schengen/Dublin wurde

– noch vor der Publikation der bundesrätlichen Botschaft! – ein Referendum angekündigt.

Die Frage eines *Beitritts der Schweiz zur Europäischen Union* wird in der schweizerischen Bevölkerung sehr kontrovers beurteilt. Ein vom Bundesrat eingereichtes Gesuch zur Eröffnung von Beitrittsverhandlungen (vgl. BBl 1992 III 1185 ff.) war mit der Ablehnung des EWR-Beitritts gegenstandslos geworden. Eine zustande gekommene Volksinitiative «Ja zu Europa» (vgl. die Botschaft des Bundesrates vom 27. Januar 1999 in BBl 1999, 3830 ff.), welche das Beitrittsgesuch «ohne Verzug» reaktivieren wollte, wurde am 4. März 2001 klar abgelehnt (nur 23,3% Ja-Stimmen; ablehnende Mehrheiten in sämtlichen Kantonen). 198

Obwohl nicht mit einem baldigen Beitritt der Schweiz zur EU gerechnet werden kann, ist es sinnvoll, sich zu vergegenwärtigen, welches die *Auswirkungen eines EU-Beitritts auf die Grundelemente der schweizerischen Verfassungsordnung* wären. Ein Beitritt zur EU wäre mit der Übertragung staatlicher Hoheitsrechte auf supranationale Organe verbunden. Dies würde sowohl die Kompetenzen des Parlaments begrenzen, als auch den Anwendungsbereich der demokratischen Rechte – des Referendums und der Volksinitiative – einschränken, wobei sich diese Beschränkungen vor allem auf Bundesebene und viel weniger auf kantonaler Ebene auswirken würden. Anderseits könnte die Schweiz in den Organen der EG/EU an der Gestaltung des europäischen Rechts aktiv mitwirken (anstatt das Gemeinschaftsrecht «autonom» nachzuvollziehen, wozu in gewissen Bereichen geradezu ein Sachzwang besteht, um aus dem «Alleingang» drohende Nachteile in Grenzen zu halten). Bei Zugrundelegung der gegenwärtigen Strukturen der EU würde vor allem der Einfluss des Bundesrates auf die Rechtsetzung vergrössert, da Verordnungen und Richtlinien der EU auf Antrag der Kommission vom Ministerrat, von der Versammlung der zuständigen Fachminister der Mitgliedstaaten, teilweise unter Mitwirkung des Europäischen Parlaments, erlassen werden. Dies wiederum dürfte eine Regierungsreform notwendig machen: Der Bundesrat müsste in der Lage sein, die zusätzlichen Aufgaben in Brüssel zu bewältigen, und es müssten neue Formen der Kooperation zwischen Bundesversammlung und Bundesrat gesucht werden, die trotz Fehlens eines parlamentarischen Regierungssystems eine stärkere Verankerung der bundesrätlichen Europapolitik im Parlament gewährleisten würden. Ferner müssten im Verhältnis Bund – Kantone Formen der Zusammenarbeit entwickelt werden, die eine substanzielle Mitsprache der Kantone bei der Vorberatung von EU-Vorlagen und bei der Ausführung des Gemeinschaftsrechts sicherstellen. Schliesslich käme das Bundesgericht nicht darum herum, den Vorrang des EU-Rechts gegenüber Bundesgesetzen durchzusetzen. 199

II. Mitwirkung an globalen Übereinkommen

200 Auf weltweiter Ebene ist die Schweiz an verschiedenen Abkommen beteiligt. Am wichtigsten ist ihre Beteiligung am GATT/WTO. Das *GATT (General Agreement on Tariffs and Trade = Allgemeines Zoll- und Handelsabkommen)* trat 1948 in Kraft. Sein Hauptzweck bestand darin, den Welthandel durch Abbau von Zöllen und Ausmerzung staatlicher Handelsbeschränkungen zu fördern. Wichtigstes Mittel hierzu war die Meistbegünstigung: Handelsvorteile (z.B. Zoll- oder Steuererleichterungen), die ein GATT-Mitgliedstaat einem Land gewährte, musste es allen GATT-Vertragsparteien ebenfalls einräumen. Die Schweiz trat dem GATT 1959 provisorisch, 1966 definitiv bei. Aus dem GATT ging die *WTO (World Trade Organization = Welthandelsorganisation)* hervor, welche die Liberalisierung des Welthandels noch weiter vorantreibt und auf Bereiche ausweitet, die nicht von den GATT-Regeln erfasst wurden (Dienstleistungen, Investitionen, Landwirtschaft und Immaterialgüterschutz). Die WTO ist eine klassische internationale Organisation. Ihre Leitungsorgane setzen sich aus Vertretern der Mitgliedstaaten zusammen und handeln auf Anweisung ihrer Regierungen (im Gegensatz zur EU ist die WTO somit keine supranationale Organisation). Das WTO-Abkommen ist am 15. April 1994 unterzeichnet worden und für die Schweiz am 1. Juli 1995 in Kraft getreten (SR 0.632.20).

201 1992 trat die Schweiz – nach einer Referendumsabstimmung – dem *Internationalen Währungsfonds (IWF)* sowie der *Weltbankgruppe* (Internationale Bank für Wiederaufbau und Entwicklung; Internationale Entwicklungsorganisation; Internationale Finanzkorporation) bei (vgl. zu diesen «Institutionen von Bretton Woods» SR 0.979.1 ff.). Der IWF erfüllt Aufgaben im internationalen Währungs- und Zahlungssystem und gewährt kurzfristige Kredite an Mitgliedstaaten. Hauptziel der Weltbankgruppe ist die Förderung des wirtschaftlichen und sozialen Fortschritts in Entwicklungsländern und Ländern mit zerrütteter Wirtschaft.

202 Die Schweiz ist auch *Mitglied der Vereinten Nationen (UNO)*. Noch im Jahr 1986 hatten Volk und Stände im Verhältnis 3 zu 1 einen UNO-Beitritt abgelehnt. Die gewandelte sicherheitspolitische Ausgangslage ab 1989 führte jedoch zu einem grundsätzlichen Überdenken unseres tradierten und oft mystifizierten Neutralitätskonzepts. Auf Grund einer Volksinitiative (BBl 2000, 2453), die Bundesrat und Parlament unterstützten, stimmten Volk und Stände (mit nur einer Standesstimme Mehrheit) am 3. März 2002 dem überfälligen Beitritt der Schweiz zur UNO zu (vgl. Art. 197 BV).

III. Aussenpolitische Beziehungen in der neuen Bundesverfassung

Es fällt auf, dass das *Verhältnis der Schweiz zu Europa* in der neuen Bundesverfassung *überhaupt nicht thematisiert* wird. Diese «europaneutrale» Konzeption war referendumstaktisch motiviert. Da Diskussionen über das künftige Verhältnis der Schweiz zu Europa in der schweizerischen Bevölkerung häufig durch starke Polarisierungen gekennzeichnet sind, hätte ein Europa-Artikel die gesamte Verfassungsvorlage gefährden können. Freilich wird die Bundesverfassung damit in einem zentralen Bereich nicht einmal dem Auftrag zur «Nachführung» gerecht.

203

Indessen kommt die *internationale Öffnung* an verschiedenen Stellen der neuen Verfassung viel stärker zum Ausdruck als in der Bundesverfassung von 1874. Zu erwähnen sind insbesondere:

204

- Die *Präambel* bekennt sich zur «Solidarität und Offenheit gegenüber der Welt».
- Gemäss dem *Zweckartikel* setzt sich die Schweiz «für eine friedliche und gerechte internationale Ordnung» ein (Art. 2 Abs. 4).
- Die *Allgemeinen Bestimmungen* weisen Bund und Kantone an, das Völkerrecht zu beachten (Art. 5 Abs. 4). Allerdings wurde von einer Statuierung des Vorrangs des Völkerrechts bewusst abgesehen (vgl. dazu THOMAS COTTIER/MAYA HERTIG, Das Völkerrecht in der neuen Bundesverfassung, S. 12 ff.). Immerhin stellt *zwingendes Völkerrecht* eine *Schranke der Verfassungsrevision* dar (Art. 139 Abs. 3, 193 Abs. 4 und 194 Abs. 2; vgl. N. 1756).
- Der *Grundrechtskatalog* (Art. 7 ff.) ist sehr stark von internationalen Abkommen, insbesondere von der EMRK und der Rechtsprechung des Europäischen Gerichtshofs für Menschenrechte, beeinflusst.
- Die Formulierung von *Sozialzielen* (Art. 41) erfolgte teilweise in Anlehnung an den UNO-Pakt I.

Zu Recht stellte RENÉ RHINOW bei einem Vergleich der Bundesverfassung von 1874 mit der neuen Bundesverfassung eine Entwicklung «vom introvertierten Nationalstaat zum weltoffenen, kooperativen Verfassungsstaat» fest (RHINOW, Die Bundesverfassung 2000, Basel 2000, S. 355 ff.).

2. Teil: Grundrechte

1. Kapitel: Grundrechte im Allgemeinen

Allgemeine Literatur

AUER ANDREAS, Freiheitsrechte im Dreiecksverhältnis zwischen Staat, Gesellschaft und Individuum, ZBl 94 (1993) 2 ff.; FROWEIN JOCHEN/PEUKERT WOLFGANG, EMRK-Kommentar, 2. Aufl., Kehl/Strassburg/Arlington 1996; HAEFLIGER ARTHUR/SCHÜRMANN FRANK, Die Europäische Menschenrechtskonvention und die Schweiz, 2. Aufl., Bern 1999; KÄLIN WALTER/MALINVERNI GIORGIO/NOWAK MANFRED, Die Schweiz und die UNO-Menschenrechtspakte, 2. Aufl., Basel/Frankfurt a.M. 1997; KARL WOLFRAM et. al. (Hrsg.), Internationaler Kommentar zur Europäischen Menschenrechtskonvention, Köln/Berlin/Bonn/München 1986 ff.; KLEY ANDREAS, Der Grundrechtskatalog der nachgeführten Bundesverfassung – Ausgewählte Neuerungen, ZBJV 135 (1999) 301 ff.; MERTEN DETLEF/PAPIER HANS JÜRGEN (Hrsg.), Handbuch der Grundrechte in Deutschland und Europa, Bd. I, Heidelberg 2004 (Bde. II-X in Vorbereitung; Behandlung der Grundrechte in der Schweiz in Bd. VII); MÜLLER JÖRG PAUL, Elemente einer schweizerischen Grundrechtstheorie, Bern 1982; MÜLLER JÖRG PAUL, Allgemeine Bemerkungen zu den Grundrechten, in: Verfassungsrecht der Schweiz, § 39; MÜLLER JÖRG PAUL, Grundrechte in der Schweiz, 3. Aufl., Bern 1999; ROSSINELLI MICHEL, Les libertés non écrites, Diss. Genève 1987; SALADIN PETER, Grundrechte im Wandel, 3. Aufl., Bern 1982; VILLIGER MARK E., Handbuch der Europäischen Menschenrechtskonvention (EMRK), 2. Aufl., Zürich 1999.

§ 6 Begriffliche und rechtliche Grundlagen

Literatur

AUBERT JEAN-FRANÇOIS, Droits et devoirs de l'homme et du citoyen: une symétrie?, Revue de droit administratif et de droit fiscal 1997 I, 1 ff.; FILLI ALEXANDER, Die Grundrechte der Kantonsverfassungen im Gefüge des schweizerischen Staatsrechts, Diss. Basel 1984; GIACOMETTI ZACCARIA, Die Freiheitsrechtskataloge als Kodifikation der Freiheit, ZSR NF 74/I (1955) 149 ff.; GRISEL ANDRÉ, Les droits constitutionnels non écrits, in: FS für Ulrich Häfelin zum 65. Geburtstag, Zürich 1989, S. 53 ff.; HÄFELIN ULRICH, Die Grundrechte in den Schweizer Kantonsverfassungen, in: Der Föderalismus und die Zukunft der Grundrechte, Föderalismus-Studien, Bd. 3, Wien/Köln/Graz 1982, S. 27 ff.; HOTTELIER MICHEL, La Convention européenne des droits de l'homme dans la jurisprudence du Tribunal fédéral, Diss. Genève 1985; KLEY ANDREAS, Grundpflichten Privater im schweizerischen Verfassungsrecht, Diss. St. Gallen 1989; KURER PETER, Die kantonalen Grundrechtsgarantien und ihr Verhältnis zum Bundesrecht, Diss. Zürich 1987; LEUENBERGER CHRISTOPH, Die unverzichtbaren und unverjährbaren Grundrechte in der Rechtsprechung des schweizerischen Bundesgerichtes, Diss. Bern 1976; LINDENMANN JÜRG, Der neue Europäische Gerichtshof für Menschenrechte, ZBl 134 (1998) 661 ff.; MALINVERNI GIORGIO, La réforme du mécanisme de contrôle institué par la Convention européenne des droits de l'homme (Protocole additionnel No. 11), ZBl 97 (1996) 289 ff.; NOWAK MANFRED, U.N. Covenant on Civil and Political Rights, CCPR Commentary, Kehl/Strassburg/Arlington 1993; SCHINDLER BENJAMIN, Zu Begriff und Verständnis der «Grundrechte» in der neuen Bundesverfassung, in: Gächter/Bertschi (Hrsg.), Neue Akzente in der «nachgeführten» Bundesverfassung, S. 51 ff.; THÜRER DANIEL, Neuere Entwicklungen im Bereich der Europäischen Menschenrechtskonvention, ZBl 89 (1988) 377 ff.; VILLIGER MARK E., EMRK und UNO-Menschenrechtspakte, in: Verfassungsrecht der Schweiz, § 40; VILLIGER MARK E., Die Schweiz und die Europäische Menschenrechtskonvention, in: Neues Handbuch der schweizerischen Aussenpolitik, Bern/Stuttgart 1992, S. 277 ff.; WILDHABER LUZIUS, Eine verfassungsrechtliche Zukunft für den Europäischen Gerichtshof für Menschenrechte?, EuGRZ 2002, 569 ff.

I. Begriff

1. Allgemeine Begriffsumschreibung

205 Grundrechte sind die von der Verfassung und von internationalen Menschenrechtskonventionen gewährleisteten grundlegenden Rechte des Einzelnen gegenüber dem Staat.

Diese Definition geht von vier Merkmalen aus:

– *Träger* des Rechts ist der Einzelne.

– *Adressat* ist der Staat.

– *Inhalt:* Die Grundrechte schützen als elementar anerkannte Rechte des Individuums, die dem Rechtsstaat im materiellen Sinn (vgl. N. 173 f.) zugerechnet werden. Es geht dabei vor allem um den Schutz einer Freiheitssphäre vor Eingriffen des Staates, um die Gleichbehandlung, um verfahrensmässige Garantien und um soziale Gerechtigkeit. Manchmal werden auch die politischen Rechte, die eine Mitwirkung bei der staatlichen Willensbildung verschaffen, den Grundrechten zugerechnet. Wegen ihrer engen Verknüpfung mit der Staatsangehörigkeit und der Doppelnatur des Stimmrechts als Recht einerseits, staatliche Funktion anderseits (vgl. N. 1381 f.) werden sie in diesem Buch separat behandelt (vgl. § 45).

– *Rechtsgrundlage:* Bundesverfassung, Kantonsverfassung, EMRK, UNO-Menschenrechtspakte.

206 Ein Teil der Lehre stellt den Grundrechten die Kategorie der *Grundpflichten* gegenüber (vgl. die Hinweise bei ANDREAS KLEY, Grundpflichten Privater im schweizerischen Verfassungsrecht, S. 16 ff.). Damit sind besonders wichtige Pflichten des Bürgers gemeint, die sich unmittelbar aus der Verfassung ergeben, z.B. die Militärdienstpflicht (Art. 59 Abs. 1 BV) und die Verpflichtung zum Besuch des Grundschulunterrichts (Art. 62 Abs. 2 Satz 2 BV). An die Idee von Grundpflichten knüpft

der rechtlich kaum fassbare, anlässlich der Beratungen in der Bundesversammlung eingefügte Art. 6 BV über *individuelle und gesellschaftliche Verantwortung* an.

2. Verhältnis zur naturrechtlichen Lehre der Menschenrechte

Die naturrechtlichen Lehren gehen davon aus, dass grundlegende Menschenrechte *vorstaatliche Geltung* haben. Diese Auffassung liegt Art. 1 Abs. 2 GG zugrunde:

> «Das Deutsche Volk bekennt sich darum zu unverletzlichen und unveräusserlichen Menschenrechten als Grundlage jeder menschlichen Gemeinschaft, des Friedens und der Gerechtigkeit in der Welt.»

Demgegenüber verstehen wir unter «Grundrechten» Rechte, die durch *staatliches Recht* (vorab durch Art. 7 ff. BV) *oder Völkerrecht* gewährleistet sind. Ihre Geltung beruht auf Normen des positiven Rechts, auch wenn die dahinter stehende Wertidee überpositiven Ursprungs ist.

3. Arten von Grundrechten

a) Freiheitsrechte

Freiheitsrechte schützen den Einzelnen in seiner Freiheitssphäre gegenüber Eingriffen des Staates. Sie weisen unterschiedliche Rechtsstrukturen auf, je nachdem, ob sie einen natürlichen Freiheitsraum (z.B. persönliche Freiheit, Privatsphäre) oder eine menschliche Tätigkeit (z.B. Meinungs-, Informations- und Medienfreiheit) schützen oder – wie etwa das Recht auf Ehe oder die Eigentumsgarantie – eine durch die Rechtsordnung eingerichtete freiheitliche Institution.

Die Freiheitsrechte verpflichten den Staat vor allem zu einem *Dulden* oder *Unterlassen* (sog. Abwehrfunktion). Die neuere Grundrechtstheorie misst ihnen aber darüber hinaus die Funktion von objektiven Grundsatznormen zu (vgl. N. 261).

Die Freiheitsrechte haben eine *soziale Dimension*. Sie werden daher begrenzt durch die Freiheit der Anderen (vgl. AUER/MALINVERNI/HOTTELIER, Droit constitutionnel suisse, Bd. 2, N. 14 f.).

b) Rechtsgleichheit und rechtsstaatliche Garantien

Die Rechtsgleichheit beinhaltet den Anspruch des Einzelnen gegenüber dem Staat auf rechtsgleiche Behandlung. Aus dem früher in Art. 4 Abs. 1 aBV enthaltenen allgemeinen Gleichheitssatz leitete das Bundesgericht eine Reihe von grundsätzlichen Gerechtigkeitsprinzipien ab, wie zum Beispiel den Anspruch des Individuums, von den staatlichen Organen ohne Willkür und nach Treu und Glauben behandelt zu werden (durch Art. 9 BV zu selbständigen Grundrechten erhoben). Art. 4 aBV bildete auch die Grundlage für das Bundesgericht, um auf ein verfassungsmässiges Verbot der «formellen Rechtsverweigerung» zu schliessen und daraus zahlreiche Verfahrensgarantien abzuleiten, welche in der neuen Bundesverfassung selbständige Grundrechte darstellen, wie etwa den Anspruch auf rechtliches Gehör (Art. 29 Abs. 2 BV; vgl. zu den Verfahrensgarantien § 26).

c)   Soziale Grundrechte

213   Soziale Grundrechte sind in der Verfassung verankerte Ansprüche des Einzelnen auf staatliche Leistungen, z.B. auf Möglichkeit des Bezugs einer Wohnung oder auf Sozialversicherungsleistungen. Ihre Durchsetzung in einem gerichtlichen Verfahren ist im Allgemeinen erst möglich, wenn der Gesetzgeber Voraussetzungen und Umfang der betreffenden staatlichen Leistungen näher geregelt hat und die erforderlichen Geldmittel bewilligt sind. In der Schweiz begegnet man daher der Einräumung individueller Ansprüche auf staatliche Leistungen in der Verfassung mit Skepsis (Verwerfung eines Rechts auf Wohnung 1970, Verwerfung eines Rechts auf Bildung 1973).

214   Nur selten räumt die Bundesverfassung dem Einzelnen unmittelbare Ansprüche auf staatliche Leistungen ein. Wichtigste Beispiele sind Art. 12 (Recht auf Hilfe in Notlagen) und Art. 19 (Anspruch auf ausreichenden und unentgeltlichen Grundschulunterricht).

215   Die in Art. 41 BV formulierten Sozialziele geben dem Einzelnen – anders als die Sozialrechte gemäss Art. 29 der Berner Kantonsverfassung von 1993 – keine individuellen Ansprüche auf staatliche Leistungen (vgl. N. 913).

216   In der Bundesrepublik Deutschland hat das Bundesverfassungsgericht aus der «Sozialstaatsklausel» (Art. 20 Abs. 1 GG: «Die BRD ist ein demokratischer und *sozialer* Bundesstaat.») eine Pflicht des Staates abgeleitet, für eine gerechte Sozialordnung zu sorgen.

4.   Grundrechte als unmittelbar anwendbares Recht

217   Der Einzelne kann sich direkt auf die Grundrechte berufen, und Gerichte sowie Verwaltungsbehörden haben Verfassungsnormen, die Grundrechte gewährleisten, direkt anzuwenden. Die gerichtliche Durchsetzbarkeit setzt also keine Ausführungsgesetzgebung voraus. Indes sind auch die Gesetzgeber in Bund und Kantonen im Rahmen ihrer Zuständigkeiten verpflichtet, einen Beitrag zur Konkretisierung und zum Schutz der Grundrechte zu leisten (vgl. zur «programmatischen Schicht» der Grundrechte Art. 35 BV sowie N. 268).

5. Grundrechte als verfassungsmässige Individualrechte

Der Begriff der verfassungsmässigen Individualrechte ist im Hinblick auf den Rechtsschutz von Bedeutung. Art. 189 Abs. 1 lit. a BV und Art. 84 Abs. 1 lit. a OG sehen eine Beschwerdemöglichkeit an das Bundesgericht wegen Verletzung «verfassungsmässiger Rechte der Bürger» vor. Was als verfassungsmässiges Individualrecht gilt, ergibt sich aus der bundesgerichtlichen Rechtsprechung. Sämtliche Grundrechte gehören dazu, weil sie durch die Verfassung gewährleistet sind und primär Interessen des Einzelnen schützen. Der Begriff der verfassungsmässigen Rechte ist aber weiter als derjenige der Grundrechte (vgl. N. 1966 ff.). 219

Der Einzelne geniesst also dank der *individual-rechtlichen Ausgestaltung* der Grundrechte einen *qualifizierten Rechtsschutz:* Er hat einen Anspruch gegenüber dem Staat, den er mit einem Rechtsmittel durchsetzen kann. 220

II. Rechtliche Grundlagen

1. Bundesverfassung

a) *Grundrechtskatalog*

Die neue Bundesverfassung enthält im ersten Kapitel des 2. Titels einen ausführlichen Grundrechtskatalog (Art. 7–36), der in inhaltlicher Beziehung im Wesentlichen dem bisherigen Verfassungsrecht entspricht, in formaler Hinsicht jedoch deutliche Verbesserungen bringt: Die Grundrechte finden sich nicht mehr verstreut im Verfassungstext, sondern werden in einem Katalog zusammengefasst. Die bisherigen ungeschriebenen Grundrechte (vgl. N. 226 ff.) und die sich aus internationalen Konventionen ergebenden wichtigsten grundrechtlichen Ansprüche wurden in diesen Katalog integriert. 221

Eingeleitet wird der Grundrechtskatalog mit einer *Garantie der Menschenwürde:* Gemäss Art. 7 BV ist die Würde des Menschen zu achten und zu schützen. Damit wird ein tragender Grundwert verankert, an dem die ganze Rechtsordnung auszurichten ist und der namentlich bei der Konkretisierung der Grundrechte als Richtschnur dient (vgl. zur grundlegenden Bedeutung der Menschenwürde für die Auslegung und Konkretisierung der Grundrechte BGE 127 I 6, 13 ff. E. 5b, betreffend die Vereinbarkeit einer medikamentösen Zwangsbehandlung mit der persönlichen Freiheit). Zusätzlich ist in Art. 7 BV «auch ein eigener subjektiv-rechtlicher Gehalt begründet, der sich in der Regel über den verfassungsmässigen Persönlichkeitsschutz oder über das Diskriminierungsverbot realisieren wird» (JÖRG PAUL MÜLLER, Grundrechte in der Schweiz, S. 2). Nach Auffassung des Bundesrats ergibt sich das in der neuen Verfassung nicht mehr ausdrücklich erwähnte Recht auf schickliche 222

Beerdigung (Art. 53 Abs. 2 aBV) aus der Menschenwürde (BBl 1997 I 111 und 141). Dasselbe trifft für das nicht mehr ausdrücklich verankerte Verbot des Schuldverhafts (Art. 59 Abs. 3 aBV) zu (BGE 130 I 169, 171).

223 Der Begriff «Grundrechte» steht in der neuen Bundesverfassung als *Oberbegriff für alle unmittelbar durch die Verfassung gewährleisteten grundlegenden Rechte des Einzelnen* im Staat und gegenüber dem Staat, schliesst also neben Freiheitsrechten und Rechtsgleichheit insbesondere auch Verfahrensgarantien und soziale Grundrechte ein. Die politischen Rechte werden grundsätzlich ausserhalb des Grundrechtskapitels behandelt, doch bringt Art. 34 BV ihre Grundrechtsqualität zum Ausdruck und schützt ausdrücklich die freie politische Willensbildung und die unverfälschte Stimmabgabe, d.h. die bisher bereits von der bundesgerichtlichen Praxis anerkannte Wahl- und Abstimmungsfreiheit (vgl. N. 1387 ff.).

224 Eine bessere Systematik findet sich im Werk von AUER/MALINVERNI/HOTTELIER (Bd. 2: Les droits fondamentaux). Sie unterscheiden klar zwischen den klassischen Freiheitsrechten (libertés), den rechtsstaatlichen Garantien (vor allem Rechtsgleichheit und Verfahrensrechten) und den sozialen Rechten.

225 Der Grundrechtskatalog ist sehr ausführlich. Unverkennbar ist das Bestreben, wesentliche *Bestimmungen der EMRK im Verfassungstext zu wiederholen* (manchmal mit abweichenden Formulierungen) und den im Zeitpunkt der Verfassungsreform erreichten Stand der Rechtsprechung des Bundesgerichts und des Europäischen Gerichtshofs für Menschenrechte normativ einzufangen. Der Nachführungsauftrag legte zwar eine Konzentration auf die Sicherung des bereits verfassungsrechtlich Anerkannten nahe, schloss indes stärker in die Zukunft gerichtete Formulierungen nicht aus.

b) Ungeschriebene Grundrechte

226 Die Bundesverfassung von 1874 garantierte nur zehn Grundrechte ausdrücklich (Rechtsgleichheit, Eigentumsgarantie [seit 1969], Handels- und Gewerbefreiheit, Niederlassungsfreiheit, Glaubens- und Gewissensfreiheit, Kultusfreiheit, Ehefreiheit, Pressefreiheit, Vereinsfreiheit, Petitionsfreiheit).

227 In seiner früheren Praxis ging das Bundesgericht davon aus, dass nur die ausdrücklich in der Bundesverfassung erwähnten Grundrechte durch den Bund garantiert seien. Auf andere Grundrechte konnte sich der Einzelne vor Bundesgericht nur berufen, wenn die Verfassung des Kantons, in dem der angefochtene Akt ergangen war, einen entsprechenden Anspruch gewährte. Diese Praxis wurde in der Lehre kritisiert, am eindrücklichsten durch ZACCARIA GIACOMETTI (Die Freiheitsrechtskataloge als Kodifikation der Freiheit). Er fasste die in der Bundesverfassung ausdrücklich garantierten Freiheitsrechte als Einzeläusserungen eines freiheitlichen politischen Wertsystems auf, in welchem jede individuelle Freiheit, die überhaupt rechtlich relevant werden kann, als gewährleistet erscheint. Er betrachtete also die Aufzählung einzelner Freiheitsrechte als bloss beispielhaft und *leitete aus dem Wertsystem der Bundesverfassung eine Lückenlosigkeit der Freiheitsrechtsverbürgung*

ab. (Nur die Unterrichtsfreiheit, d.h. das Recht zur Errichtung und zum Betrieb von Privatschulen, wurde nach dieser Lehrmeinung nicht garantiert.)

Seit 1959 *anerkannte das Bundesgericht ungeschriebene Freiheitsrechte*, wobei es zwar offenbar von der These GIACOMETTIS beeinflusst war, diese jedoch nicht einfach übernahm. Es betonte, dass bei der Anerkennung von ungeschriebenen Freiheitsrechten Zurückhaltung geboten sei. Ein ungeschriebenes Freiheitsrecht sei nur anzunehmen für Befugnisse und Freiheiten, die Voraussetzung für die Ausübung anderer (in der Verfassung genannter) Freiheitsrechte bilden oder sonst als unentbehrliche Bestandteile der demokratischen und rechtsstaatlichen Ordnung des Bundes erscheinen. Zusätzlich verlangte das Gericht in neueren Entscheiden ausdrücklich, dass «die in Frage stehende Gewährleistung bereits einer weitverbreiteten Verfassungswirklichkeit in den Kantonen entspreche und von einem allgemeinen Konsens getragen sei» (BGE 104 Ia 88, 96, Schweizerische Journalisten-Union). 228

Bis zum Inkrafttreten der neuen Bundesverfassung anerkannte das Bundesgericht als ungeschriebene Grundrechte: 229

– die Eigentumsgarantie (vor ihrer ausdrücklichen Verankerung in Art. 22ter aBV);
– die persönliche Freiheit (einschliesslich des Rechts auf Leben);
– die Sprachenfreiheit;
– die Meinungsäusserungsfreiheit;
– die Versammlungsfreiheit;
– das Recht auf Existenzsicherung.

Obwohl die neue Bundesverfassung einen sehr ausführlichen Grundrechtskatalog enthält, ist es durchaus möglich, dass die künftige Verfassungsrechtsprechung neue ungeschriebene Grundrechte entwickeln wird. Dass das Bundesgericht auch in Zukunft diese Möglichkeit haben soll, wurde bei der Beratung der neuen Bundesverfassung im Parlament mehrfach betont. Zudem bleibt im Rahmen offener Formulierungen einzelner Grundrechtsgewährleistungen weiterhin viel Raum für eine ständige Fortbildung des Grundrechtsschutzes durch die Rechtsprechung des Bundesgerichts. 230

2. Kantonsverfassungen

Die Kantonsverfassungen pflegen ebenfalls Grundrechte zu gewährleisten, bisweilen enthalten sie sogar eigentliche Grundrechtskataloge. Solchen Normen kommt jedoch nach Auffassung des Bundesgerichts nur dann eine eigene Tragweite zu, wenn sie einen ausgedehnteren Schutzbereich aufweisen als die entsprechende Norm des Bundesverfassungsrechts (BGE 121 I 196, 200 E. 2d, René Noth). Vgl. auch N. 1184. 231

232 Eine selbständige Bedeutung kommt kantonalen Garantien der Unterrichtsfreiheit (Freiheit zur Errichtung und zum Betrieb von Privatschulen) zu, da auch die neue Bundesverfassung die Unterrichtsfreiheit mit Rücksicht auf die kantonale Schulhoheit nicht garantieren wollte (wobei der Bundesrat davon ausging, dass die Unterrichtsfreiheit «zu einem grossen Teil» durch die Meinungsfreiheit und die Wirtschaftsfreiheit gewährleistet werde; BBl 1997 I 165). Vgl. auch N. 528.

233 In einem Entscheid betrachtete das Bundesgericht den früher in der Solothurner Kantonsverfassung verankerten Anspruch auf ein steuerfreies Existenzminimum als verfassungsmässiges kantonales Recht (BGE 104 Ia 284).

234 AUER/MALINVERNI/HOTTELIER (Droit constitutionnel suisse, Bd. 2, N. 88) führen die *marginale praktische Bedeutung kantonaler Grundrechte* auf das weitgehende Fehlen kantonaler Verfassungsgerichtsbarkeit zurück.

3. Europäische Menschenrechtskonvention (EMRK)

a) Direkte Anwendbarkeit

235 Im November 1974 ratifizierte die Schweiz die Konvention zum Schutze der Menschenrechte und Grundfreiheiten vom 4. November 1950 (SR 0.101). Diese gewährleistet in Art. 2–14 Grundrechte, die in thematischer Hinsicht weitgehend den Freiheitsrechten und Verfahrensgarantien der Bundesverfassung entsprechen.

Diese materiellen Konventionsbestimmungen (mit Ausnahme des Art. 13) sind wie Grundrechte der Bundesverfassung *unmittelbar anwendbar*. Sie verpflichten Gesetzgeber, Gerichte und Verwaltungen in Bund und Kantonen, und der Einzelne kann sich direkt auf diese Normen berufen.

235a Die Schweiz hat auch verschiedene Protokolle zur EMRK ratifiziert, z.B. das Protokoll Nr. 13 vom 3. Mai 2002 über die vollständige Abschaffung der Todesstrafe (SR 0.101.093). Zwei wichtige Protokolle wurden von der Schweiz nicht ratifiziert: das 1. Zusatzprotokoll vom 20. März 1952, welches neben der Eigentumsgarantie das Recht auf Bildung und das Recht auf freie und geheime Wahlen sichert; ferner das 4. Protokoll vom 16. September 1963, das die Bewegungs- und Niederlassungsfreiheit der Ausländer schützt.

b) Verfahrensrechtliche Behandlung

236 In verfahrensrechtlicher Hinsicht werden die Rechte der EMRK wegen ihrer engen inhaltlichen Beziehung zu den verfassungsmässigen Rechten wie Grundrechte der Bundesverfassung behandelt (vgl. N. 1969). Ihre Verletzung kann mit *staatsrechtlicher Beschwerde* gerügt werden.

237 Nach Erschöpfung der innerstaatlichen Rechtsmittel kann der *Einzelne* an den *Europäischen Gerichtshof für Menschenrechte (EGMR)* in Strassburg gelangen. Der EGMR wurde durch das Zusatzprotokoll Nr. 11 über die Änderung des EMRK-Kontrollmechanismus geschaffen, das am 1. November 1998 in Kraft trat (SR

0.101.09). Der neue Gerichtshof hat sämtliche Rechtsprechungsaufgaben übernommen, die bis anhin auf die *Europäische Kommission für Menschenrechte* und auf den *Europäischen Gerichtshof für Menschenrechte* verteilt waren. Neben Einzelnen und privaten Organisationen können auch andere *Staaten* sich beim EGMR über eine EMRK-Verletzung durch die Schweiz beschweren.

Die Zahl der Richter des EGMR entspricht derjenigen der Vertragsstaaten, welche die EMRK ratifiziert haben. Das Gericht ist in verschiedene Untereinheiten (Kammern, Ausschüsse) gegliedert. Vgl. zum Verfahren die Verfahrensordnung des Europäischen Gerichtshofs für Menschenrechte vom 4. November 1998 (SR 0.101.2). 238

Der EGMR ist nicht befugt, innerstaatliche Akte wegen Konventionsverletzungen aufzuheben. Er kann jedoch feststellen, dass solche Akte der EMRK widersprechen, und völkerrechtlich verbindliche Massnahmen zur Wiedergutmachung des entstandenen Schadens anordnen. Nach Art. 46 EMRK sind die Mitgliedstaaten verpflichtet, in allen Rechtssachen, in denen sie Partei sind, das endgültige Urteil des Gerichtshofs zu befolgen. Entscheidungen des EGMR können gemäss Art. 139a OG einen Grund für die Revision eines Bundesgerichtsurteils bilden (Anwendungsfall: BGE 120 V 150, Schuler-Zgraggen). 239

Obwohl der EGMR keine nationalen Gesetze oder Urteile aufheben darf, sondern nur Konventionsverletzungen feststellen und Entschädigungen zusprechen kann, ist seine Funktion im Hinblick auf die grosse autoritative Wirkung seiner Urteile durchaus mit derjenigen eines Verfassungsgerichts vergleichbar. 240

c) *Verhältnis zu den Grundrechten der Bundesverfassung*

Die EMRK will einen *europäischen «minimal standard»* garantieren. Wenn ein Grundrecht der Bundesverfassung in seiner Schutzwirkung für die Freiheit des Einzelnen über das entsprechende Recht der EMRK hinausgeht, gilt die Bundesverfassung (vgl. Art. 53 EMRK). Umgekehrt sind die Garantien der EMRK soweit massgebend, als sie im Vergleich zur Bundesverfassung einen weitergehenden Schutz gewährleisten. In der Praxis bemüht sich das Bundesgericht, die Inhalte von BV und EMRK miteinander in Einklang zu bringen und auch dort, wo die EMRK keinen weitergehenden Schutz als die BV gewährt, Inhalt und Schranken eines verfassungsmässigen Rechts der Bundesverfassung unter Berücksichtigung des entsprechenden EMRK-Rechts und der Praxis der Strassburger Organe zu konkretisieren (anschauliches Beispiel: BGE 119 Ia 182 ff. betr. Befreiung vom Schwimmunterricht aus religiösen Gründen). In seltenen Fällen hat das Bundesgericht angenommen, dass eine Garantie der EMRK weitergehe als der Schutz durch die Bundesverfassung (Beispiele: BGE 114 Ia 84, 87 betreffend Anspruch auf Replik im Haftentlassungsverfahren gemäss Art. 5 Ziff. 4 EMRK; BGE 109 Ib 183, 186, Reneja, betreffend den Schutz des Familienlebens gemäss Art. 8 Ziff. 1 EMRK; Frage offen gelassen in BGE 117 Ia 314 hinsichtlich der Religionsfreiheit; vgl. auch BGE 109 Ia 235 zur Unschuldsvermutung von Art. 6 Ziff. 2 EMRK und BGE 109 Ia 239, Goetschy, zu den Verteidigungsrechten nach Art. 6 Ziff. 3 lit. c EMRK). In drei 241

Fällen qualifizierte der Europäische Gerichtshof bundesgesetzliche Regelungen als Verstösse gegen die EMRK: die dem schuldigen Ehegatten in Scheidungsurteilen auferlegten Wartefristen (vgl. N. 398), die Ungleichbehandlung von Ehegatten bei der Wahl ihres Familiennamens (Fall Burghartz, VPB 58 [1994] Nr. 121, S. 768 ff.) sowie die Haftung der Erben für Strafsteuern (Entscheid EGMR vom 29. August 1997).

d) Übersicht über die von der EMRK geschützten Rechte

	EMRK	BV
Recht auf Leben	Art. 2 + ZP Nr. 6	Art. 10 Abs. 1
Verbot der Folter	Art. 3	Art. 7 + 10 Abs. 3 + 25 Abs. 3
Verbot der Sklaverei und der Zwangsarbeit	Art. 4	Art. 7 + 10 Abs. 2
Recht auf Freiheit und Sicherheit	Art. 5	Art. 10 Abs. 2 + 31
Recht auf ein faires Verfahren	Art. 6	Art. 29, 30 + 32
Keine Strafe ohne Gesetz	Art. 7	(Art. 5 Abs. 1 + Art. 8 Abs. 1)
Recht auf Achtung des Privat- und Familienlebens	Art. 8	Art. 13
Gedanken-, Gewissens- und Religionsfreiheit	Art. 9	Art. 15
Freiheit der Meinungsäusserung	Art. 10	Art. 16, 17, 20 + 21
Versammlungs- und Vereinigungsfreiheit	Art. 11	Art. 22, 23 + 28
Recht auf Eheschliessung	Art. 12	Art. 14
Recht auf wirksame Beschwerde	Art. 13	(Art. 189 Abs. 1 lit. a)
Diskriminierungsverbot	Art. 14	Art. 8 Abs. 2

Da die Formulierungen in der EMRK und in der BV divergieren, kann der Umfang der geschützten Grundrechte variieren. Massgebend ist in solchen Fällen die Norm, die einen weitergehenden Schutz gewährt (vgl. Art. 53 EMRK).

4. Andere Menschenrechtskonventionen

Die Schweiz hat verschiedene weitere Menschenrechtskonventionen ratifiziert. Am wichtigsten sind die beiden *UNO-Menschenrechtspakte* vom 16. Dezember 1966, nämlich der *«UNO-Pakt I»* über wirtschaftliche, soziale und kulturelle Rechte (SR 0.103.1) und der *«UNO-Pakt II»* über bürgerliche und politische Rechte (SR 0.103.2). Beide traten für die Schweiz am 18. September 1992 in Kraft. Zu erwähnen sind ferner das Internationale Übereinkommen zur Beseitigung jeder Form der Rassendiskriminierung von 1965 (SR 0.104, für die Schweiz in Kraft getreten am 29. Dezember 1994) sowie das UNO-Übereinkommen gegen Folter und andere grausame, unmenschliche oder erniedrigende Behandlung oder Strafe von 1984 (SR 0.105, für die Schweiz in Kraft getreten am 26. Juni 1987) und das entsprechende Europäische Abkommen gegen die Folter vom 26. November 1987 (SR 0.106, für die Schweiz in Kraft getreten am 1. Februar 1989), ferner das UNO-Übereinkommen über die Rechte des Kindes vom 20. November 1989 (SR 0.107, für die Schweiz in Kraft getreten am 26. März 1997).

243

Das Instrumentarium zur Durchsetzung dieser Übereinkommen ist weniger wirksam als dasjenige der EMRK. Im Vordergrund stehen Berichterstattungspflichten. Entscheide des UNO-Ausschusses für Menschenrechte sind völkerrechtlich nicht bindend, und auch die Empfehlungen des Europäischen Folterausschusses sind für die betroffenen Staaten nicht bindend (dazu Urteil des Bundesgerichts vom 10. Dezember 1993 in EuGRZ 1994, S. 240). Die Gutheissung einer Individualbeschwerde durch den Ausschuss der Vereinten Nationen gegen die Folter bildet in der Schweiz keinen selbständigen Revisionsgrund (vgl. Entscheid der Schweizerischen Asylrekurskommission vom 31. Juli 1998 in VPB 63 [1999] Nr. 63). Wieweit die Verletzung der Übereinkommen vor innerstaatlichen Gerichten, insbesondere mit staatsrechtlicher Beschwerde, gerügt werden kann, hängt vom Self-executing-Charakter der angerufenen Norm ab (vgl. zur Unterscheidung zwischen unmittelbar anwendbaren und nicht unmittelbar anwendbaren Staatsverträgen N. 1894).

Der UNO-Pakt II garantiert in Art. 6–27 die klassischen Menschenrechte. Diese Normen sind – wenigstens zum grössten Teil – unmittelbar anwendbar und werden vom Bundesgericht gleich behandelt wie Rechte der EMRK (vgl. BGE 120 Ia 247, 254 f. E. 5a; BGE 122 I 109, 114 E. 3c). Auch das Übereinkommen über die Rechte des Kindes ist unmittelbar anwendbar (BGE 124 II 361, 368). Dagegen ist das Bundesgericht bisher davon ausgegangen, dass die von der Schweiz mit dem UNO-Pakt I eingegangenen völkerrechtlichen Verpflichtungen, vorbehaltlich gewisser Ausnahmen, programmatischen Charakter haben, der Umsetzung durch den Gesetzgeber bedürfen und daher grundsätzlich keine einklagbaren Rechte des Einzelnen begründen (Zusammenfassung der Rechtsprechung in BGE 130 I 113, 123 f., im Zusammenhang mit der Erhöhung von Studiengebühren an der Universität Basel; weniger kategorisch BGE 125 III 277, 281, wo das Bundesgericht offen liess, ob das Streikrecht gemäss Art. 8 Abs. 1 lit. d des UNO-Pakts I direkt anwendbar sei).

245

§ 7 Funktionen der Grundrechte

> Literatur

AUBERT JEAN-FRANÇOIS, La garantie constitutionnelle des droits fondamentaux et le législateur, in: FS für Kurt Eichenberger zum 60. Geburtstag, Basel/Frankfurt a.M. 1982, S. 161 ff.; AZUCENA SORROSAL, Soziale Wirksamkeit der Grundrechte, Diss. St. Gallen 2002; FLEINER THOMAS, Verpflichten die Grundrechte den Staat zu positiven Leistungen?, in: Mélanges André Grisel, Neuchâtel 1983, S. 67 ff.; HANGARTNER YVO, Zweckbindung der Freiheitsrechte?, in: FS für Hans Huber zum 80. Geburtstag, Bern 1981, S. 377 ff.; JAAG TOBIAS, «Preferred Freedoms» im schweizerischen Verfassungsrecht, in: FS für Jean-François Aubert, Basel/Frankfurt a.M. 1996, S. 355 ff.; MALINVERNI GIORGIO, Les fonctions des droits fondamentaux dans la jurisprudence de la Commission et de la Cour européennes des droits de l'homme, in: FS für Dietrich Schindler zum 65. Geburtstag, Basel/Frankfurt a.M. 1989, S. 539 ff.; MÜLLER GEORG, Privateigentum heute, ZSR NF 100/II (1981) 22 ff.; MÜLLER JÖRG PAUL, Grundrechte und staatsleitende Grundsätze im Spannungsfeld heutiger Grundrechtstheorie, ZSR NF 97/I (1978) 265 ff.; RHINOW RENÉ A., Grundrechtstheorie, Grundrechtspolitik und Freiheitspolitik, in: FS für Hans Huber zum 80. Geburtstag, Bern 1981, S. 427 ff.; RÜTSCHE BERNHARD, Rechtsfolgen von Grundrechtsverletzungen, Diss. Bern 2002; TRACHSEL DANIEL, Über die Möglichkeiten justiziabler Leistungsforderung aus verfassungsmässigen Rechten der Bundesverfassung, Diss. Zürich 1980; WEBER-DÜRLER BEATRICE, Staatliche Finanzhilfe und individuelle Freiheit, recht 5 (1987) 1 ff.; ZÄCH ROGER, Der Einfluss von Verfassungsrecht auf das Privatrecht bei der Rechtsanwendung, SJZ 85 (1989) 1 ff. und 25 ff.

I. Verschiedene Motivationen der Grundrechte

246 Die Gewährleistung von Grundrechten bildet heute ein wesentliches Element des Rechtsstaates im materiellen Sinn.

247 Historisch gesehen stellt die von Philosophen wie JOHN LOCKE geforderte und in den amerikanischen «Bills of Rights» (erstmals in derjenigen von Virginia, 1776) sowie der französischen «Déclaration des droits de l'homme et du citoyen» von 1789 proklamierte Begrenzung des Staates durch eine vor staatlichen Eingriffen geschützte Freiheitssphäre des Einzelnen eine Reaktion auf den Absolutismus dar. Diese *liberale Motivierung* liegt sämtlichen Freiheitsrechten zugrunde und ist besonders deutlich bei den individuellen *Freiheitsrechten,* welche den einzelnen Menschen in höchstpersönlichen Bereichen schützen (z.B. persönliche Freiheit, Religionsfreiheit, Ehefreiheit).

248 Den Freiheitsrechten kommt ferner eine *demokratische Funktion* zu. «Ohne Freiheitsrechte kann die Demokratie nicht funktionieren» (FLEINER/GIACOMETTI, S. 245). Diese Bedeutung für eine freie politische Diskussion und Willensbildung zeigt sich besonders bei den gemeinschaftsbezogenen Freiheitsrechten, welche die soziale Kommunikation sicherstellen (vor allem Meinungs-, Informations- und Medien-

freiheit, Versammlungsfreiheit, Vereinigungsfreiheit). Aber auch die persönliche Freiheit sowie ein gewisses Mass an wirtschaftlicher Unabhängigkeit (Eigentumsgarantie, Wirtschaftsfreiheit) sind für eine Demokratie wichtig.

Gewissen Freiheitsrechten kommt eine spezifisch *bundesstaatliche Funktion* zu, indem sie einen wesentlichen Beitrag zur Integration des Bundesstaates leisten. Das gilt für die Niederlassungsfreiheit, aber auch für die Wirtschaftsfreiheit, soweit sie protektionistische Massnahmen der Kantone ausschliesst. 249

Die Eigentumsgarantie und die Wirtschaftsfreiheit dienen nicht nur der Entfaltungsmöglichkeit des Einzelnen, sondern auch dem *freien wirtschaftlichen Wettbewerb*. Man bezeichnet diese beiden Freiheitsrechte manchmal als *wirtschaftliche Freiheitsrechte* (droits matériels), im Gegensatz zu den *ideellen Freiheitsrechten* (libertés idéales), welche die Entfaltung des Menschen in geistigen, religiösen und politischen Belangen sichern. 250

Die These, dass den ideellen Grundrechten a priori ein höherer Stellenwert, eine *«preferred position»*, zukomme, ist indessen ebenso problematisch wie die zeitweise Überbetonung der wirtschaftlichen Freiheiten durch den Liberalismus. 251

In BGE 96 I 586, Aleinick, nahm das Bundesgericht an, die Meinungsäusserungsfreiheit verdiene wegen ihrer funktionalen Bedeutung für die demokratische Willensbildung eine Vorzugsbehandlung. Wörtlich führte das Gericht auf S. 592 aus: 252

> «Mais la liberté d'expression n'est pas seulement, comme d'autres libertés ... une condition de l'exercice de la liberté individuelle et un élément indispensable à l'épanouissement de la personne humaine; elle est encore le fondement de tout Etat démocratique: permettant la libre formation de l'opinion, notamment de l'opinion politique, elle est indispensable au plein exercice de la démocratie. Elle mérite dès lors une place à part dans le catalogue des droits individuels garantis par la constitution et un traitement privilégié de la part des autorités.»

Das Gebot der *Rechtsgleichheit* ist Ausfluss der *Menschenwürde:* Es verpflichtet den Staat, alle Menschen in ihrer einzigartigen Persönlichkeit als gleichwertig anzuerkennen und entsprechend zu behandeln. Trotz des engen ideellen und historischen Zusammenhangs zwischen Freiheit und Gleichheit kann die Rechtsgleichheit in einem Spannungsverhältnis zu den Freiheitsrechten stehen (vgl. HALLER/KÖLZ, Allgemeines Staatsrecht, S. 325 f.). 253

Weitere rechtsstaatliche Garantien, welche die neue Bundesverfassung zu selbständigen Grundrechten erhoben hat, wie das *Willkürverbot,* das Gebot des Handelns nach *Treu und Glauben* sowie spezifische *Verfahrensrechte,* wollen vor allem sicherstellen, dass der Staat im Umgang mit seinen Bürgerinnen und Bürgern die Gebote *elementarer Gerechtigkeit* und *prozeduraler Fairness* respektiert. 254

Die Verankerung *sozialer Grundrechte* in Verfassungen des 20. Jahrhunderts hängt ebenfalls mit der *Menschenwürde* zusammen: Durch die staatliche Garantie eines Minimums an existenznotwendigen Leistungen soll allen Menschen ein Leben in Würde ermöglicht werden. Die Korrektur stossender gesellschaftlicher Ungleich- 255 heiten durch staatliche Massnahmen dient ferner der Verwirklichung der *Chancengleichheit,* was etwa beim Recht auf unentgeltlichen Grundschulunterricht (bzw. beim weiter gehenden Recht auf Bildung gemäss Art. 13 des UNO-Pakts I) besonders evident ist. Für sozial Schwächere kann die Zuerkennung von Ansprüchen auf staatliche Sozialleistungen sogar eine Voraussetzung dafür sein, dass sie von dem ihnen durch die Freiheitsrechte gesicherten Freiraum überhaupt einen sinnvollen Gebrauch machen können.

II. Grundrechtsverständnis im Wandel

256 Das Verständnis über Tragweite und Funktion von Grundrechten steht nicht ein für allemal fest, sondern ist einem Wandel unterworfen. Das gilt ganz besonders für die *Freiheitsrechte.* Erschöpfte sich deren Funktion früher weitgehend darin, Eingriffe des Staats abzuwehren, so werden sie heute zugleich als objektive Grundsatznormen verstanden, welche die ganze Rechtsordnung durchwirken sollen.

1. Freiheitsrechte als Abwehrrechte gegenüber dem Staat

257 Durch die Freiheitsrechte wird der Einzelne vor Eingriffen des Staates in seine Freiheitssphäre geschützt. Er kann solche Eingriffe «abwehren». Der Staat seinerseits wird zu einem Dulden oder Unterlassen verpflichtet. *In dieser Abwehrfunktion der Freiheitsrechte liegt ihre primäre Aufgabe.*

258 Früher sah man die Bedeutung der Freiheitsrechte sogar ausschliesslich in ihrer Abwehrfunktion, in ihrem «status negativus», in der durch sie garantierten «Freiheit vom Staat» (sog. «negatorisches» oder «defensives» Grundrechtsverständnis). So schrieb FRITZ FLEINER in seinem Lehrbuch:

> «Die individuellen Freiheitsrechte verschaffen dem einzelnen die Möglichkeit, seine natürliche Handlungsfähigkeit und sein Eigentumsrecht frei von staatlicher Behelligung zu betätigen. Die Freiheitsrechte enthalten deshalb nichts anderes als eine Negation staatlicher Zuständigkeit». (Schweizerisches Bundesstaatsrecht, Tübingen 1923, S. 318)

259 Das Bundesgericht hat früher immer wieder betont, dass Freiheitsrechte nur Abwehrrechte gegenüber dem Staat darstellen. Vgl. z.B. BGE 105 Ia 330, 337, Meier:

> «Wiederholt hat das Bundesgericht festgehalten, dass kein Eigentümer aus der Eigentumsgarantie als Bestandesgarantie und Freiheitsrecht, das den Bürger vor Eingriffen des Staates in seine Rechtssphäre schützt, Ansprüche auf Leistungen des Staates herleiten kann..., insbesondere nicht auf Erschliessungsleistungen und Dienste öffentlicher Anstalten..., welche Voraussetzung für die Ausübung der Baufreiheit bilden.»

Auch die Wirtschaftsfreiheit gibt dem Einzelnen nach Ansicht des Bundesgerichts 260
keinen Anspruch auf staatliche Leistungen (BGE 109 Ia 116, 124, Morand frères
S.A.). Anderseits führte das Gericht im Zusammenhang mit der Informationsfreiheit
im Sinn eines Anspruchs auf behördliche Information aus, «an dem Satz, wonach
die Grundrechte keinen Anspruch auf positive Leistungen des Staates vermittelten», könne «nach heutigem Verfassungsverständnis nicht unter allen Umständen
festgehalten werden» (BGE 107 Ia 304, 307, Fuchs). Ansätze zur Ableitung von
Leistungsforderungen aus Freiheitsrechten finden sich in der bundesgerichtlichen
Praxis zur Freiheit von Demonstrationen. Ferner leitet das Bundesgericht schon seit
langem aus der Eigentumsgarantie unter bestimmten – heute in Art. 26 Abs. 2 BV
umschriebenen – Voraussetzungen staatliche Entschädigungspflichten ab. Vgl. auch
N. 466, 471 und 606 ff.

2. Der «konstitutiv-institutionelle» Charakter der Freiheitsrechte

a) Neuere Lehre

Die neuere Lehre geht im Allgemeinen davon aus, dass den Freiheitsrechten über 261
ihre Abwehrfunktion hinaus auch die Funktion von *objektiven Grundsatznormen*
zukomme, auf die die gesamte staatliche Tätigkeit ausgerichtet sein müsse.

Ansatzweise kam diese Betrachtungsweise schon in der Überarbeitung des Lehr- 262
buches von FLEINER durch GIACOMETTI zum Ausdruck:

> «Die Freiheitsrechte haben aber nicht nur diese negative Funktion
> von Schranken für die Staatsgewalt zu erfüllen. Als verfassungsrechtliche Ordnung des Verhältnisses zwischen Individuum und
> Staat im freiheitlichen Sinne gebieten die Freiheitsrechte zugleich
> eine freiheitliche Grundlegung der gesamten staatlichen Rechtsordnung. Bundes- und kantonaler Gesetzgeber haben sich nach den
> Freiheitsrechten der Bundesverfassung zu orientieren». (FLEINER/
> GIACOMETTI, S. 244)

Unter dem Einfluss der deutschen Lehre und der Praxis des deutschen Bundesver- 263
fassungsgerichts wird die Auffassung, dass Freiheitsrechte als Grundprinzipien der
gesamten staatlichen Ordnung aufzufassen seien, in der neueren schweizerischen
Staatsrechtslehre immer häufiger vertreten, wobei die rechtliche Tragweite dieser
Theorien nicht immer klar ist und auch die Terminologie variiert. Am häufigsten
wird in diesem Zusammenhang von «konstitutivem Grundrechtsverständnis» gesprochen, manchmal erscheint noch der Ausdruck «institutionelles Grundrechtsverständnis», oder es werden beide Bezeichnungen miteinander verbunden.
HANGARTNER (Bd. 2, S. 27 ff.) behandelt die Problematik unter dem Titel «Grundrechte als objektives Recht». Einige Staatsrechtslehrer der französischen Schweiz
(u.a. AUBERT, La garantie constitutionnelle des droits fondamentaux et le législateur)
begegneten dieser neuen Grundrechtskonzeption während längerer Zeit mit Zurückhaltung.

264 Wohl am nachdrücklichsten wurde die konstitutiv-institutionelle Funktion durch PETER SALADIN betont:

> «Sie (d.h. die Grundrechte) müssen verstanden werden als Verfassungsnormen, welche *bis in die feinsten Verästelungen der Rechtsordnung* ausstrahlen ... Den Grundrechten wird nicht Genüge getan durch blossen Verzicht auf staatliches Verbieten und Gebieten, sondern erst dann, wenn die gesamte einschlägige Rechtsordnung darauf angelegt wird, die Verwirklichung ihrer Grundideen zu erstreben». (SALADIN, Grundrechte im Wandel, S. 295)

265 Gestützt auf ein konstitutiv-institutionelles Grundrechtsverständnis werden vor allem folgende *Konsequenzen* gezogen:

– *Bezüglich des Inhalts* der Freiheitsrechte: Der Staat wird nicht nur zu einem Dulden oder Unterlassen, sondern auch zu einem positiven Tun verpflichtet. Insbesondere obliegt dem Staat eine *Schutzpflicht,* wenn die Freiheit bedroht ist. So soll er z.B. durch gesetzgeberische und allenfalls finanzpolitische Vorkehrungen dafür sorgen, dass die persönliche Freiheit besser geschützt wird (Massnahmen zum Schutz des Lebens und der Gesundheit sowie der Persönlichkeitsrechte), dass die Pressevielfalt gewahrt wird (Presseförderung, um der Pressekonzentration entgegenzuwirken), dass das «kleine Eigentum» gefördert wird (damit möglichst viele in den Genuss der Eigentumsgarantie kommen).

– *Bezüglich des Adressatenkreises* der Freiheitsrechte: Ableitung einer (direkten oder indirekten) Drittwirkung (vgl. N. 278 ff.).

b) Kritik und Differenzierungen

266 Eine zu starke Betonung des konstitutiv-institutionellen Elements kann sich zu Lasten der primären Funktion der Freiheitsrechte als Abwehrrechte gegenüber dem Staat auswirken (dazu HANGARTNER, Bd. 2, S. 32 f.). PIERRE TSCHANNEN (§ 7 Rz. 73 f.) hat darauf hingewiesen, dass die Lehre von den «Schutzpflichten aus Grundrechten» Gefahr laufe, die Grundrechte des einen als gesetzliche Grundlage für Eingriffe in die Grundrechte anderer genügen zu lassen und dadurch das Legalitätsprinzip auszuhöhlen.

267 Wenn der Richter unmittelbar aus Freiheitsrechten Leistungspflichten des Staates und Verhaltenspflichten von Privaten ableitet, können dadurch demokratische Prozesse (Verfahren der Gesetzgebung und der Bewilligung finanzieller Mittel) sowie auf der Privatautonomie beruhende Regelungen des Zivilrechts überspielt werden.

268 Solchen Bedenken versucht JÖRG PAUL MÜLLER (Elemente einer schweizerischen Grundrechtstheorie, S. 46 ff.) dadurch Rechnung zu tragen, dass er zwischen drei Teilgehalten der Grundrechte differenziert: einem direkt-anspruchsbegründenden Gehalt, einer programmatischen Schicht und einer flankierenden Funktion bei der einfachen Rechtsanwendung. Nur bezüglich des ersten Teilgehalts kann im Rahmen der Rechtsanwendung (vor allem der richterlichen Rechtsfindung) aus einem Freiheitsrecht ein selbständiger Anspruch abgeleitet werden. Soweit die program-

matische Schicht in Frage steht, ist der Gesetzgeber angesprochen («Grundrechte als Gesetzgebungsaufträge»), dem bei der Konkretisierung eine erhebliche Gestaltungsfreiheit zukommt. So kann z.B. der Richter gestützt auf Art. 17 BV das Verbot des Erscheinens einer Zeitung als verfassungswidrig aufheben, während der Gesetzgeber zu entscheiden hat, was er allenfalls gegen das «Zeitungssterben» unternehmen will, um der Bedeutung einer Pressevielfalt in der Demokratie Rechnung zu tragen. Die flankierende Funktion der Freiheitsrechte kommt zum Zug, wenn bei der Auslegung unbestimmter Rechtsbegriffe die den Freiheitsrechten zugrunde liegenden Wertentscheidungen herangezogen werden (vor allem im Sinne einer indirekten Drittwirkung; vgl. N. 286). Vgl. zur verfassungskonformen Auslegung N. 153 und 165.

c) Zurückhaltung des Bundesgerichts

Das Bundesgericht hat zwar früher die persönliche Freiheit als «verfassungsrechtlichen Leitgrundsatz» qualifiziert (BGE 97 I 45, 49; BGE 97 I 839, 842, Müller-Gilliers), ohne jedoch daraus konkrete Folgerungen im Sinne eines konstitutiv-institutionellen Grundrechtsverständnisses zu ziehen. Ansätze für ein solches Verständnis finden sich in der bundesgerichtlichen Rechtsprechung vor allem in den Fällen, in denen eine indirekte Drittwirkung angenommen wurde. Ferner hat das Bundesgericht wiederholt angenommen, dass Grundrechte eine staatliche Schutzpflicht gegen Störungen, die von Dritten verursacht werden, begründen, z.B. wenn politische oder religiöse Veranstaltungen durch andere gefährdet werden (Zusammenfassung der Praxis in BGE 126 II 300, 314 f. E. 5, Ruth Gonseth). In gewissen Entscheiden lässt sich eine Diskrepanz zwischen Bekenntnissen zu einem rein negatorischen Grundrechtsverständnis und den konkret erzielten Ergebnissen feststellen (Beispiel: Praxis zur Freiheit von Demonstrationen).

269

Ferner zeichnet sich eine Tendenz der Rechtsprechung zur stärkeren Berücksichtigung der Grundrechte bei der Anwendung einfachen Gesetzesrechts ab. In BGE 113 V 22, 32 führte das Eidgenössische Versicherungsgericht aus:

270

> «Anerkanntermassen ist aber bei der Auslegung sozialversicherungsrechtlicher Leistungsnormen sowie bei der Ermessensüberprüfung den Grundrechten und verfassungsmässigen Grundsätzen Rechnung zu tragen, soweit dies im Rahmen von Art. 113 Abs. 3/114bis Abs. 3 BV [= Art. 191 BV] möglich ist.»
>
> Im betreffenden Entscheid ging es um die Revision von Eingliederungsleistungen der Invalidenversicherung. Ein Paraplegiker war für die Fahrt vom Wohnort zum Arbeitsplatz auf die Benutzung eines Autos angewiesen. Die Ausgleichskasse lehnte jedoch die Finanzierung eines Autos ab, weil der Versicherte den Wohnsitz gewechselt hatte und die damit verbundene Verlängerung des Arbeitsweges nicht invaliditätsbedingt war. Die damaligen gesetzlichen Bestimmungen (Art. 10 Abs. 2 und Art. 28 Abs. 2 des Bundesgesetzes über die Invalidenversicherung vom 19. Juni 1959, SR 831.20) über die Schadenminderungspflicht rechtfertigten zwar eine Ablehnung des Beitragsgesuches, schlossen jedoch eine andere, für den

Versicherten günstigere Auslegung nicht aus. Das Bundesgericht interpretierte nun die gesetzlichen Bestimmungen unter Heranziehung der Niederlassungsfreiheit sowie der Wirtschaftsfreiheit des Beschwerdeführers und anerkannte dessen Beitragsanspruch. Unter Berufung auf JÖRG PAUL MÜLLER führte das Gericht auf S. 31 f. aus:

«Die Ablehnung von Versicherungsleistungen auf der Grundlage der prioritären Schadenminderungspflicht des Versicherten stellt nun zwar keinen Grundrechtseingriff im herkömmlichen Sinne dar, weil dem Leistungsansprecher dadurch nicht untersagt wird, den Wohnsitz oder Arbeitsort – auf eigene Kosten oder unter Inanspruchnahme Dritter – zu verlegen ... Doch kann die Ablehnung der Versicherungsleistungen die Wohnsitzverlegung erschweren oder verunmöglichen, wodurch der Versicherte in der Wahrnehmung seiner Grundrechte *mittelbar* beeinträchtigt wird; es kann daraus eine faktische Grundrechtsverletzung resultieren ... Dies belegt die Einsicht, dass nicht nur Eingriffs-, sondern auch Leistungshandeln des Staates grundrechtsrelevant ist, was die neuere bundesgerichtliche Rechtsprechung anerkennt.»

In einem anderen Entscheid zog das Eidgenössische Versicherungsgericht Art. 8 EMRK bei der Konkretisierung von Normen des Invalidenversicherungsrechts heran (BGE 118 V 206, 210 ff. E. 5).

d) *Grundrechtsverständnis der neuen Bundesverfassung*

271 Art. 35 BV bezieht sich unter dem Titel *Verwirklichung der Grundrechte* auf deren konstitutive Funktion. Abs. 1 bestimmt, dass die Grundrechte in der ganzen Rechtsordnung zur Geltung kommen müssen. Dadurch wird im Sinne der neueren Lehre klargestellt, dass die Grundrechte (von praktischer Bedeutung ist das namentlich für die Freiheitsrechte) neben ihrer Funktion, individuelle Ansprüche zu begründen, auch *fundamentale Ordnungsprinzipien* der Bundesverfassung darstellen. Im gleichen Artikel wird in Abs. 3 die *Drittwirkung* angesprochen (vgl. dazu N. 278 ff.).

§ 8   Adressaten der Grundrechte

> Literatur

EGLI PATRICIA, Drittwirkung von Grundrechten, Diss. Zürich 2002; MÜLLER GEORG, Die Drittwirkung der Grundrechte, ZBl 79 (1978) 233 ff.; MÜLLER GEORG, Zur Problematik der Drittwirkung von kantonalen Grundrechtsgarantien, ZBJV 129 (1993) 153 ff.; SALADIN PETER, Grundrechte und Privatrechtsordnung – Zum Streit um die sog. «Drittwirkung» der Grundrechte, SJZ 84 (1988) 373 ff.

I.   Allgemeines

Adressaten der Grundrechte sind *sämtliche Staatsorgane* auf *allen Ebenen der staatlichen Tätigkeit (Bund, Kantone, Gemeinden).* 272

Ob Grundrechte auch die Rechtsbeziehungen unter Privaten erfassen («Drittwirkung» oder «Horizontalwirkung»), ist umstritten.

II.   Bindung der Staatsorgane

1.   Gesetzgeber

Wie soziale Konflikte zu lösen sind, ergibt sich nicht primär aus den Grundrechten der Verfassung. Dem Gesetzgeber kommt bei seiner Rechtsetzungstätigkeit ein sehr weiter Gestaltungsspielraum zu. Allerdings setzen ihm die Grundrechte Schranken, und es kommt immer wieder vor, dass das Bundesgericht kantonale Gesetzesnormen, die Grundrechte in unzulässiger Weise beschränken, aufhebt bzw. nicht anwendet. Auch der Bundesgesetzgeber ist an die Grundrechte gebunden (Art. 191 BV [= Art. 190 in der Fassung vom 12. März 2000; noch nicht in Kraft, vgl. N. 72] bezieht sich nur auf die Frage der gerichtlichen Korrekturmöglichkeit). 273

2.   Regierung und Verwaltung

Die Grundrechte sind von der Regierung und von den Verwaltungsbehörden bei der Anwendung der Gesetze, bei der Beurteilung verwaltungsinterner Rekurse, bei der Vorbereitung von Gesetzen und beim Erlass von Verordnungen zu beachten. 274

3. Justiz

275 Alle Gerichte müssen bei der Rechtsfindung den Grundrechten Rechnung tragen, indem sie

- Normen, die dagegen verstossen, die Anwendung versagen (Einschränkung: Art. 191 BV)
- angefochtene Einzelakte, die gegen Grundrechte verstossen, aufheben und
- bei der Auslegung unbestimmter Rechtsbegriffe die in den Grundrechten enthaltenen Wertentscheidungen berücksichtigen.

Von zentraler Bedeutung für die Durchsetzung und Konkretisierung der Grundrechte ist die Verfassungsgerichtsbarkeit des Bundesgerichts, die auch eine abstrakte Normenkontrolle kantonaler Rechtsetzungsakte einschliesst.

III. Bindung aller Träger öffentlicher Funktionen

276 Der Staat – wie auch andere juristische Personen des öffentlichen Rechts, z.B. Gemeinden und öffentliche Anstalten – bedient sich auch des Privatrechts, indem er z.B. gemäss den Bestimmungen des Obligationenrechts Kaufverträge abschliesst und Aufträge oder Werkverträge vergibt oder öffentliche Aufgaben durch Private in den Formen des Privatrechts wahrnehmen lässt.

Früher verneinte die Praxis in solchen Fällen eine Bindung an Grundrechte. Von einem Teil der Lehre wurde gefordert, «dass die verfassungsrechtlichen Einbindungen, vor allem etwa Grundrechte und Legalitätsprinzip, ungeachtet der verwendeten Rechtsform, wohl aber allenfalls differenziert nach Art und Struktur des Verwaltungshandelns, zum Tragen kommen» (so RENÉ A. RHINOW, Verfügung, Verwaltungsvertrag und privatrechtlicher Vertrag, in: Privatrecht – Öffentliches Recht – Strafrecht, Festgabe zum Schweizerischen Juristentag 1985, Basel/Frankfurt a.M. 1985, S. 306). In neueren Urteilen hat das Bundesgericht dort eine Grundrechtsbindung bejaht, wo der Staat die Wahrnehmung öffentlicher Aufgaben an Organisationen übertragen hat, die in privatrechtlicher Form handeln: In BGE 109 Ib 146, 155, Schweizerischer Treuhänder-Verband, führte das Gericht aus, dass die Nationalbank «in ihren privatrechtlichen Aktivitäten sinngemäss die verfassungsmässigen Grundrechte zu beachten hat». In einem späteren Urteil findet sich sogar folgende Feststellung:

> «Wo aber privatrechtliche Organisationen öffentlich-rechtliche Aufgaben wahrzunehmen haben, sind sie an die Verfassung und namentlich an die darin gewährleisteten Rechte der Bürger gebunden; ‹private› Autonomie kann ihnen in dieser Funktion nicht zukommen; vielmehr muss ihr Handeln am öffentlichen Interesse orientiert und verfassungsbezogen sein» (ZBl 88 [1987] 208).

Art. 35 Abs. 2 BV stellt nun klar, dass alle, die eine staatliche Aufgabe wahrnehmen, an die Grundrechte gebunden und verpflichtet sind, zu ihrer Verwirklichung beizutragen. Somit ergibt sich einerseits eine *Grundrechtsbindung des als Privatrechtssubjekt auftretenden Staates;* andererseits folgt aus dieser Bestimmung, dass *Private, die vom Staat übertragene Aufgaben wahrnehmen,* an die Grundrechte gebunden sind. Nach Auffassung des Bundesrates lässt die gewählte Formulierung aber den rechtsanwendenden Instanzen «genügend Spielraum, Differenzierungen vorzunehmen je nach der zu übertragenden Aufgabe oder deren Träger» (BBl 1997 I 193).

277

> In BGE 127 I 84, 90, führte das Bundesgericht (II. öffentlichrechtliche Abteilung) zutreffend aus, dass die Grundrechte der Bürger grundsätzlich auch dann zu wahren seien, wenn das Gemeinwesen privatrechtlich handle; «privatautonome Willkür», wie sie die Privaten besässen, stehe dem Staat nicht zu. Dagegen nahm das Bundesgericht (I. Zivilabteilung) in BGE 129 III 35, 40, an, dass die Post im Bereich der Wettbewerbsdienste keine staatlichen Aufgaben wahrnehme (!) und daher eine Grundrechtsbindung gestützt auf Art. 35 Abs. 2 BV ausser Betracht falle; vgl. die zutreffende Kritik dieses Entscheides bei WALTER KÄLIN in ZBJV 140 (2004) 645 f. sowie bei AUGUST MÄCHLER in ZBl 104 (2003) 375 f.; vgl. ferner MADELEINE CAMPRUBI, Kontrahierungszwang gemäss BGE 129 III 35: ein Verstoss gegen die Wirtschaftsfreiheit, AJP 2004, 384 ff.

IV. Frage der Drittwirkung

1. Problem

Vergegenwärtigen wir uns folgendes Beispiel: Weil die politische Richtung einer Zeitung mehreren finanzstarken privaten Unternehmern nicht gefällt, führen diese einen Inseratenboykott durch. Die betreffende Zeitung ist für ihr Weiterbestehen auf die Einnahmen aus diesen Inseraten angewiesen.

278

Nimmt man im Sinne des «negatorischen Grundrechtsverständnisses» an, dass die Freiheitsrechte ausschliesslich Abwehrrechte des Einzelnen gegen staatliche Eingriffe darstellen, so ist die Pressefreiheit in diesem Beispiel überhaupt nicht berührt. Fasst man jedoch Art. 17 BV, der die Medienfreiheit gewährleistet, im Sinne eines konstitutiv-institutionellen Grundrechtsverständnisses als objektive Grundsatznorm auf, so könnte man im Verhalten der Unternehmer eine Verletzung der Pressefreiheit erblicken, mit der Begründung, diese umfasse die für das Funktionieren einer Demokratie unerlässliche institutionelle Sicherung der Presse als eines Trägers und Verbreiters der öffentlichen Meinung, und diese Zielsetzung werde durch einen derart massiven Inseratenboykott vereitelt.

279 Die Lösung des Problems ist nicht einfach, weil eine Zeitung, die nicht vom Staat gelenkt und finanziert wird, auf die Einnahmen aus Verkäufen und vor allem Inseraten angewiesen ist und staatliche Interventionen im skizzierten Beispiel (z.B. Zwang der Unternehmer, weiterhin im bisherigen Umfang in der betreffenden Zeitung zu inserieren) mit der Wirtschaftsfreiheit (Art. 27 BV) in Konflikt geraten.

280 Auch andere Freiheiten sind heute durch die Machtausübung Privater – insbesondere mächtiger Verbände und Wirtschaftsorganisationen – eher stärker bedroht als durch staatliche Eingriffe. Die Frage ist daher aktuell, ob Freiheitsrechte und allenfalls weitere Grundrechte im Sinne der Lehre von der «Drittwirkung» auch die Rechtsbeziehungen zwischen Privaten erfassen, d.h., ob auch Private die durch Grundrechte geschützten Entfaltungsmöglichkeiten anderer beachten müssen.

2. Unterscheidung zwischen direkter und indirekter Drittwirkung

281 Gemäss der These von der *direkten Drittwirkung* wirken sich die Grundrechte im Sinne einer unmittelbaren Bindung auf den Privatrechtsverkehr aus. Dieser Standpunkt wird in der Schweiz kaum vertreten.

282 Die Befürworter der *indirekten Drittwirkung* gehen davon aus, dass bei der Auslegung unbestimmter Rechtsbegriffe (vor allem von Generalklauseln und unbestimmten Gesetzesbegriffen im Privat- und Strafrecht) die Grundrechte heranzuziehen sind. Solche Normen sind verfassungskonform auszulegen.

3. Stellungnahme der Lehre

283 Diejenigen Autoren, die den konstitutiv-institutionellen Charakter der Grundrechte stark betonen (z.B. PETER SALADIN, aber auch JÖRG PAUL MÜLLER), stehen einer Drittwirkung sehr positiv gegenüber, wobei sie den Umfang einer solchen Drittwirkung verschieden umschreiben. Andere Autoren sind viel zurückhaltender (z.B. AUBERT, No. 1742 ff.). In beschränktem Umfang wird aber eine Ausstrahlung der Grundrechte auf die Regelung privater Rechtsverhältnisse (im Sinne einer Richtlinie für den Gesetzgeber und einer Auslegungshilfe für den Richter) fast einhellig bejaht.

4. Bundesgerichtliche Praxis

284 Dem Entscheid BGE 80 II 26, Seelig, lag folgender Sachverhalt zugrunde: Der Filmkritiker Seelig hatte im «Tages-Anzeiger» eine abfällige Kritik über einen in einem Zürcher Kino laufenden Film veröffentlicht, worauf ihm die Kinoinhaberin den Zutritt zum Kino untersagte. Seelig machte hierauf eine widerrechtliche Verletzung seines Persönlichkeitsrechts im Sinne von Art. 28 ZGB geltend. Zu seiner Rüge, er sei in seiner «privatrechtlichen Presse- und Informationsfreiheit» verletzt,

führte das Bundesgericht auf S. 41 aus, die in Art. 55 aBV verankerte Pressefreiheit betreffe ausschliesslich die Rechtsbeziehungen zwischen Bürger und Staat.

Dagegen zog das Gericht in BGE 86 II 365, Vertglas, im Zusammenhang mit der Beurteilung der Vereinbarkeit von Boykottmassnahmen mit Art. 28 ZGB (ein Kartellgesetz bestand damals noch nicht) die Wirtschaftsfreiheit heran. Der freie Wettbewerb dürfe nicht durch private Abmachungen ausgeschaltet werden. Wörtlich führte das Gericht auf S. 376 aus: 285

> «Wer durch kollektive Massnahmen darauf ausgeht, die Teilnahme eines andern am Wettbewerb dauernd oder vorübergehend zu verunmöglichen oder zu erschweren oder dem andern die Bedingungen aufzuzwingen, unter denen er soll teilnehmen können, greift in seine persönlichen Verhältnisse ein, verletzt sein privates Recht auf Handels- und Gewerbefreiheit.»

In einigen Fällen hat das Bundesgericht bei der Auslegung offener Normierungen des Privat- und Strafrechts die Meinungsäusserungs- und Pressefreiheit im Sinne einer indirekten Drittwirkung berücksichtigt. Beispiele: 286

> BGE 111 II 209, 213 f., Frischknecht (Auslegung, wann eine Verletzung in den persönlichen Verhältnissen durch eine den Schutz der Pressefreiheit geniessende Veröffentlichung im Sinne von Art. 28 ZGB «unbefugterweise» erfolgt).
> BGE 111 II 245, 250 ff. (Berücksichtigung der Vereinsfreiheit bei der Auslegung von Art. 337 OR betreffend fristlose Auflösung des Arbeitsverhältnisses «aus wichtigen Gründen»).
> BGE 101 IV 167, 172, Fink (Qualifizierung einer Nötigung als rechtswidrig im Sinne von Art. 181 StGB, weil die Täter durch ihr Verhalten die Meinungsäusserungsfreiheit anderer Privatpersonen beeinträchtigt hätten).
> BGE 104 IV 11, 14 (Berücksichtigung der Pressefreiheit bei der Auslegung von Art. 173 ff. StGB betreffend strafbare Handlungen gegen die Ehre). Vgl. auch BGE 118 IV 153.

5. Berücksichtigung der Drittwirkung in der neuen Bundesverfassung

Im Einklang mit der neueren bundesgerichtlichen Praxis und der herrschenden Lehre anerkennt Art. 35 Abs. 3 BV, dass die Grundrechte auch unter Privaten wirksam werden, «soweit sie sich dazu eignen». Diese stark auslegungsbedürftige Voraussetzung der «Drittwirkungseignung» belässt der Gesetzgebung und Rechtsanwendung einen weiten Spielraum bei der Entscheidung, in welchem Ausmass Grundrechte im Rechtsetzungsverfahren als Wertungsgesichtspunkte heranzuziehen bzw. bei der Auslegung zu berücksichtigen sind. 287

Während sich aus Art. 35 Abs. 3 BV nur eine *indirekte Drittwirkung* ergibt, wirkt sich Art. 8 Abs. 3 Satz 3 BV (= Art. 4 Abs. 2 Satz 3 aBV), wonach Mann und Frau Anspruch auf gleichen Lohn für gleichwertige Arbeit haben, im Sinne einer direkten Drittwirkung unmittelbar auch auf Arbeitsverträge des Privatrechts aus (vgl. N. 793). Besondere Drittwirkungsprobleme wirft Art. 28 BV über die Koalitionsfreiheit auf (vgl. N. 571 f.). 288

§ 9 Träger der Grundrechte

> Literatur

ARTA HANS-RUDOLF, Die Vereins-, Versammlungs- und Meinungsäusserungsfreiheit der Ausländer, St. Gallen 1983; HANGARTNER YVO, Verfassungsmässige Rechte juristischer Personen des öffentlichen Rechts, in: FS für Ulrich Häfelin zum 65. Geburtstag, Zürich 1989, S. 111 ff.; HÄNNI PETER/ BELSER EVA MARIA, Die Rechte der Kinder, AJP 1998, 139 ff.; HAUSER MATHILDE, Die den Ausländern in der Schweiz garantierten Freiheitsrechte, Diss. Zürich 1961; HUBER HANS, Die Grundrechte der Ausländer in der Schweiz und ihre Rechtsquellen, in: Mélanges Henri Zwahlen, Lausanne 1977, S. 117 ff.; HUG MARKUS, Der Ausländer als Grundrechtsträger, Diss. Zürich 1990; MÜLLER FELIX OSKAR, Grundrechte der Kinder, Diss. Bern 1996; WERTENSCHLAG RUDOLF, Grundrechte der Ausländer in der Schweiz, Diss. Basel 1980.

289 Das Grundrechtskapitel der Bundesverfassung verwendet verschiedene Formulierungen und Techniken, um den Grundrechtsträger zu bezeichnen. Während gewisse Grundrechte allen «Menschen» zustehen (z.B. die Rechtsgleichheit, Art. 8), werden andere jeder «Person» zuerkannt (z.B. die Glaubens- und Gewissensfreiheit, Art. 15 Abs. 2 und 3); wieder andere werden ohne Bezugnahme auf einen Träger einfach gewährleistet (z.B. die Sprachenfreiheit, Art. 18). Eine konsequente Differenzierungsabsicht ist hinter dieser verschiedenen Wortwahl kaum erkennbar (vgl. hiezu ANDREAS KLEY, Der Grundrechtskatalog der nachgeführten Bundesverfassung, ZBJV 135 [1999] 333 ff.). Insbesondere lassen sich daraus keine Schlüsse ziehen, ob ein Grundrecht nur natürlichen Personen (Menschen) oder auch juristischen Personen zustehen soll.

I. Natürliche und juristische Personen

1. Natürliche Personen

290 Natürliche Personen können Träger sämtlicher Grundrechte sein.
291 Grundsätzlich stehen die Grundrechte auch *Minderjährigen* zu. Art. 11 BV, der erst im Lauf der parlamentarischen Beratungen in den Grundrechtskatalog aufgenommen wurde und bis zum Schluss umstritten war, räumt in Abs. 1 *Kindern und Jugendlichen* sogar einen «Anspruch auf besonderen Schutz ihrer Unversehrtheit und auf Förderung ihrer Entwicklung» ein (vgl. zur Auslegung dieser eher als pro-

grammatisch denn als unmittelbar anspruchsbegründend zu verstehenden Norm BGE 126 II 377, 388 ff. E. 5).

Wann genau das Leben beginnt, wird weder durch die Verfassung noch durch die EMRK determiniert. Beachtenswerte Ausführungen über den verfassungsrechtlichen Status von Embryonen finden sich in einem Gutachten des Bundesamtes für Justiz vom 17. November 1995 in VPB 60 (1995) Nr. 67, S. 575 ff., insbesondere S. 587.

Von der Frage, wer Grundrechts*träger* sei, ist die Frage der Grundrechts*mündigkeit* zu unterscheiden. Minderjährige können die Verletzung eines Freiheitsrechts jedenfalls dann selbständig (ohne Eltern oder Vormund) gerichtlich geltend machen, wenn die Grundrechtsmündigkeit schon vor der zivilrechtlichen Mündigkeit (Art. 14/15 ZGB) eintritt. Das ist z.B. bei der Religionsfreiheit der Fall (vgl. Art. 303 ZGB sowie N. 432). Ferner können urteilsfähige Unmündige oder Entmündigte jene Rechte selbständig geltend machen, die ihnen um ihrer Persönlichkeit willen zustehen (vgl. N. 2001). Aus Art. 11 Abs. 2 BV, wonach Kinder und Jugendliche «ihre Rechte im Rahmen ihrer Urteilsfähigkeit» ausüben, darf wohl abgeleitet werden, dass urteilsfähige Minderjährige auch grundrechtsmündig sind. Wo die Eltern die Rechte des Kindes wahrzunehmen haben, steht diesem gemäss Art. 12 des UNO-Übereinkommens über die Rechte des Kindes (vgl. N. 243 und 245) ein Anhörungsrecht in Gerichts- und Verwaltungsverfahren zu, soweit es fähig ist, sich eine eigene Meinung zu bilden.

2. Juristische Personen

Auch *juristische Personen des Privatrechts* können Träger von Grundrechten sein, soweit das betreffende Recht seiner Natur nach überhaupt einer juristischen Person zustehen kann. Das trifft z.B. zu für die Wirtschaftsfreiheit, die Eigentumsgarantie und – entgegen dem Wortlaut von Art. 8 Abs. 1 BV («alle Menschen») – auch für die Rechtsgleichheit, nicht aber für die persönliche Freiheit und die Ehefreiheit.

Juristische Personen können sich nach der bundesgerichtlichen Rechtsprechung nicht auf die Glaubens- und Gewissensfreiheit berufen (obwohl Art. 15 BV «jede Person» als Trägerin bezeichnet), es sei denn, sie würden selbst religiöse Zwecke verfolgen.

In BGE 100 Ia 277, 286 f., Commune de Lens, findet sich die problematische Feststellung, dass die Vereinigungsfreiheit (Art. 23 = Vereinsfreiheit gemäss Art. 56 aBV) nur natürlichen Personen zustehe.

Juristische Personen des öffentlichen Rechts können nur ausnahmsweise in Grundrechten tangiert sein, nämlich dann, wenn sie sich auf dem Boden des Privatrechts bewegen und durch einen staatlichen Akt wie eine Privatperson betroffen werden. Allerdings wird den Gemeinden und andern öffentlich-rechtlichen Körperschaften das Recht zuerkannt, ihre Autonomie gegenüber übergeordneten Trägern der öffentlichen Gewalt gerichtlich zu verteidigen (vgl. N. 2025). Ferner können öffentlich-rechtliche Religionsgemeinschaften mit der staatsrechtlichen Beschwerde eine Verletzung der Religionsfreiheit rügen.

II. Schweizerische Staatsangehörige und Ausländer

298 Grundsätzlich stehen Grundrechte Schweizerinnen und Schweizern, Ausländerinnen und Ausländern zu.

299 Nur schweizerische Staatsangehörige können jedoch Träger der Niederlassungsfreiheit (Art. 24 BV) sein und sich auf Art. 37 Abs. 2 BV berufen, der verbietet, dass jemand wegen seiner Bürgerrechte bevorzugt oder benachteiligt wird (vgl. Wortlaut dieser Bestimmungen). Die frühere Praxis, wonach sich Ausländer nicht auf die Wirtschaftsfreiheit berufen durften, wurde 1982 geändert (vgl. ZBl 84 [1983] 305 ff.).

300 Auch diejenigen Grundrechte, die für die politische Willensbildung zentral sind (Meinungs-, Informations- und Medienfreiheit, Versammlungs- und Vereinigungsfreiheit), stehen den Ausländern grundsätzlich zu, doch wird die politische Betätigung von Ausländern stärkeren Beschränkungen unterworfen; Art. 16 EMRK behält sogar ausdrücklich solche Beschränkungen vor.

III. Sonderstatusverhältnisse

301 Auch Personen in einem Sonderstatusverhältnis (z.B. Beamte) können sich auf die Grundrechte berufen. Vgl. N. 328 ff.

§ 10 Einschränkungen der Freiheitsrechte

> Literatur

BOLZ MARCEL, Das Verhältnis von Schutzobjekt und Schranken der Grundrechte, Diss. Zürich 1991; COTTIER THOMAS, Die Verfassung und das Erfordernis der gesetzlichen Grundlage, Diss. Bern 1983; GRIFFEL ALAIN, Der Grundrechtsschutz in der Armee, Diss. Zürich 1991; GYGI FRITZ, Grundrechtskonkurrenz?, in: Mélanges Henri Zwahlen, Lausanne 1977, S. 61 ff.; HÄNNI PETER, Die Treuepflicht im öffentlichen Dienstrecht, Diss. Fribourg 1982; HOTZ WERNER, Zur Notwendigkeit und Verhältnismässigkeit von Grundrechtseingriffen, Diss. Zürich 1977; IMBODEN MAX, Das Gesetz als Garantie rechtsstaatlicher Verwaltung, 2. Aufl., Basel 1962; KNAPP BLAISE, Intérêt, utilité et ordre publics, in: Erhaltung und Entfaltung des Rechts in der Rechtsprechung des Schweizerischen Bundesgerichts, Festgabe der schweizerischen Rechtsfakultäten zur Hundertjahrfeier des Bundesgerichts, Basel 1975, S. 137 ff.; MALACRIDA RALPH, Der Grundrechtsverzicht, Diss. Zürich 1992; MÜLLER JÖRG PAUL, Funktion der Garantie eines Kerngehalts in der Verfassung, recht 11 (1993) 33 ff.; MÜLLER MARKUS, Das besondere Rechtsverhältnis, Bern 2003; MULLER PIERRE, Le principe de la proportionnalité, ZSR NF 97/II (1978) 197 ff.; RICHNER ERICH, Umfang und Grenzen der Freiheitsrechte der Beamten nach schweizerischem Recht, Diss. Zürich 1954; RITTER WERNER, Schutz der Freiheitsrechte durch genügend bestimmte Normen, Diss. St. Gallen 1994; ROHRER BEAT, Beziehungen der Grundrechte untereinander, Diss. Zürich 1982; SCHEFER MARKUS, Die Kerngehalte von Grundrechten, Bern 2001; SCHÖN MARKUS, Die Zulassung zu anstaltlich genutzten öffentlichen Einrichtungen aus verfassungsrechtlicher Sicht, Diss. Zürich 1985; SCHÜRER CHRISTIAN, Grundrechtsbeschränkungen durch Nichtgewähren von Sozialversicherungsleistungen, AJP 1997, 3 ff.; VENANZONI RETO, Konkurrenz von Grundrechten, ZSR NF 98/I (1979) 267 ff.; WEBER-DÜRLER BEATRICE, Grundrechtseingriffe, in: Zimmerli (Hrsg.), Die neue Bundesverfassung, S. 131 ff.; WEBER-DÜRLER BEATRICE, Ablösung der Freiheitsrechte durch rechtsstaatliche Verfassungsprinzipien?, in: FS für Jean-François Aubert, Basel/Frankfurt a.M. 1996, S. 437 ff.; WIEDERKEHR RENÉ, Die Kerngehaltsgarantie am Beispiel kantonaler Grundrechte, Diss. St. Gallen 2000; WYSS MARTIN PHILIPP, Öffentliche Interessen – Interessen der Öffentlichkeit, Bern 2001; ZIMMERLI ULRICH, Der Grundsatz der Verhältnismässigkeit im öffentlichen Recht, ZSR NF 97/II (1978) 1 ff.

I. Allgemeines

Art. 36 BV zählt die von der Rechtsprechung und Lehre entwickelten Voraussetzungen auf, die kumulativ erfüllt sein müssen, damit ein Freiheitsrecht eingeschränkt werden darf: gesetzliche Grundlage, öffentliches Interesse, Verhältnismässigkeit und Respektierung des Kerngehalts. Trotz der Überschrift («Einschränkung von *Grund*rechten») *ist dieser Vier-Punkte-Katalog auf Freiheitsrechte zugeschnitten,* was der Bundesrat in der Botschaft (BBl 1997 I 194 f.) selber erkannte:

> «Die in diesem Artikel aufgestellte Ordnung ist nicht auf die Gesamtheit der Grundrechte anwendbar, sondern im wesentlichen auf die Individualrechte zugeschnitten, d.h. auf diejenigen Grundrechte, die sich auf die Ausübung gewisser menschlicher Fähigkeiten beziehen, deren Schutzbereich und Inhalt sich aus ihnen selber er-

geben (z.B. die Glaubens- und Gewissensfreiheit, die Meinungsfreiheit, die Versammlungsfreiheit usw.). Für Grundrechte wie die Rechtsgleichheit ... und für ihre Ableitungen wie den Schutz vor Willkür und die Wahrung von Treu und Glauben ... oder für gewisse Verfahrensgarantien ... aber ist die Eingriffsregelung nicht angemessen konzipiert, ebenso wenig wie für gewisse Grundrechte sozialen Charakters ... So geht es bei der Rechtsgleichheit nicht um Einschränkungen, sondern um erlaubte oder unerlaubte Kriterien der Differenzierung. Auch beim Schutz des guten Glaubens handelt es sich nicht um Schranken, sondern darum, dass bestimmte Voraussetzungen erfüllt sein müssen, unter denen der gute Glaube zu schützen ist. Das Willkürverbot ist selbstverständlich nicht beschränkbar, ebenso wenig wie der Anspruch auf einen unabhängigen und unparteiischen Richter. Auch das rechtliche Gehör folgt nicht einer Logik, wonach es auf der einen Seite ein genau umschriebenes Grundrecht gibt und auf der anderen Seite Einschränkungen dieses Grundrechts (so gesehen, wäre es von der Meinungsfreiheit nicht zu unterscheiden); vielmehr erscheint das rechtliche Gehör als ein Instrument, das es unablässig neu zu definieren gilt und dessen Sinn es ist, zur Wahrheitsfindung beizutragen und den an einem Verfahren beteiligten Parteien eine aktive Rolle zukommen zu lassen. Schliesslich ist die Situation auch eine völlig andere für diejenigen Grundrechte, die Ansprüche auf positive Leistungen des Staates begründen, beispielsweise für das Grundrecht auf Existenzsicherung: Der Staat stellt keine Schranken auf, sondern nennt die Voraussetzungen, unter denen ein anerkanntes Recht ausgeübt werden kann.»

303 Auch AUER/MALINVERNI/HOTTELIER (Bd. 2, N. 130 und 165) sowie RENÉ RHINOW (Rz. 1102 f.) betonen, dass Art. 36 BV nur bei der Beurteilung der Zulässigkeit von Freiheitsbeschränkungen zur Anwendung kommt. Anders das Bundesgericht, das in BGE 126 I 26, 28 f. die Zulässigkeit der Einschränkung einer Verfahrensgarantie (Art. 31 Abs. 4 BV) gestützt auf die in Art. 36 BV genannten Voraussetzungen prüfte. Insbesondere sind *bei der Konkretisierung des allgemeinen Gleichheitssatzes (Art. 8 Abs. 1 BV) andere Kriterien massgebend.* Ferner macht es wenig Sinn, Art. 36 BV auf das Willkürverbot oder auf diejenigen Verfahrensgarantien anzuwenden, bei denen der Geltungsbereich mit dem Kerngehalt zusammenfällt. Kaum tauglich ist Art. 36 BV für die Bestimmung der Tragweite sozialer Grundrechte. Allerdings nahm das Bundesgericht in BGE 129 I 12, 19, sowie 129 I 35, 42 E. 8.2, im Zusammenhang mit dem Anspruch auf Grundschulunterricht (Art. 19 BV) an, Art. 36 BV sei «sinngemäss» anwendbar, soweit einschränkende Konkretisierungen von sozialen Grundrechten zu beurteilen seien (vgl. N. 927). TSCHANNEN (§ 7 Rz. 98) gibt mit Recht zu bedenken, dass die Nichtanwendbarkeit von Art. 36 BV auf Sozialrechte, Rechtsstaatsgarantien, Verfahrensgarantien und politische Rechte nicht ausschliesse, «dass in spezifischen Prüfungsprogrammen mitunter doch wieder einzelne Prüfungspunkte aus Art. 36 BV durchscheinen würden». So findet bei der Beurteilung der Zulässigkeit von Frauenförderungsmassnahmen eine an das Verhältnismässigkeitsprinzip angelehnte Interessenabwägung statt (vgl. N. 789).

Hinweise für die Lösung juristischer Fälle:

Bei der Prüfung der Rechtmässigkeit einer freiheitsbeschränkenden Anordnung beantwortet man zweckmässigerweise nacheinander die folgenden Fragen: 304

1. Ist die Anordnung vom *zuständigen Gemeinwesen* (Bund, Kanton, Gemeinde) ausgegangen?
2. *Welches Freiheitsrecht* (bzw. welche Freiheitsrechte) *könnte tangiert sein?* Um dies beantworten zu können, muss man die *Schutzobjekte* der einzelnen Freiheitsrechte und die Beziehungen der Freiheitsrechte untereinander («Grundrechtskonkurrenz»; vgl. N. 318) kennen.
3. Ist die *Beschränkung* des betreffenden Freiheitsrechts *rechtmässig,* d.h.
    a) Stützt sie sich auf eine genügende *gesetzliche Grundlage?*
    b) Liegt sie im *öffentlichen Interesse?* Beruht sie auf einem zulässigen Motiv?
    c) Ist sie *verhältnismässig?*

Rechtmässig ist die Einschränkung nur, wenn diese *drei Voraussetzungen kumulativ* gegeben sind.

> Die Frage, ob das *zuständige Organ* (z.B. Gesetzgeber, Regierung, Verwaltungsbehörde) im *richtigen Verfahren* und in der *richtigen Form* gehandelt habe, lässt sich nicht für alle Fälle gleich in das obige Schema einordnen: Ein entsprechender Mangel kann mit einer ungenügenden gesetzlichen Grundlage zusammenhängen, etwa bei einer unzulässigen Gesetzesdelegation. In anderen Fällen kann eine freiheitsbeschränkende Anordnung trotz positiver Beantwortung der Fragen unter Ziff. 3 rechtswidrig sein, z.B. weil eine materiell an sich zulässige Verfügung unter Verletzung von Verfahrensvorschriften ergangen oder unrichtig eröffnet worden ist. 305

> Die Frage, ob eine freiheitsbeschränkende staatliche Anordnung den *Kerngehalt eines Freiheitsrechts* verletze (vgl. N. 324 ff.), ist in der Schweiz glücklicherweise von äusserst geringer praktischer Relevanz. Daher ist es unseres Erachtens entbehrlich, bei der Prüfung, ob die Beschränkung eines Freiheitsrechts rechtmässig sei (Ziff. 3 des Prüfungsprogramms), regelmässig in einem vierten Schritt (unter d) auch noch nach der Wahrung des Kerngehalts zu fragen. Bestehen ausnahmsweise Anhaltspunkte für einen Eingriff in den Kerngehalt eines Freiheitsrechts (z.B. wenn die Zulässigkeit der Verwendung von Wahrheitsseren in einem Strafverfahren zu beurteilen ist), so hat die Prüfung der Einhaltung der Kerngehaltsgarantie zweckmässigerweise an erster Stelle zu erfolgen (vgl. BEATRICE WEBER-DÜRLER, Grundrechtseingriffe, S. 143). Verstösst nämlich eine Massnahme gegen Art. 36 Abs. 4 BV (z.B. Folterung eines Beschuldigten), so erübrigt sich die Prüfung nach der gesetzlichen Grundlage, dem öffentlichen Interesse und der Verhältnismässigkeit, weil eine Verletzung des Kerngehalts der persönlichen Freiheit ohnehin absolut unzulässig ist. 306

II. Gesetzliche Grundlage

307 Einschränkungen von Grundrechten bedürfen einer gesetzlichen Grundlage (Art. 36 Abs. 1 Satz 1 BV). Diese Voraussetzung setzt sich aus zwei Teilgeboten zusammen: dem Erfordernis des Rechtssatzes und dem Erfordernis der Gesetzesform.

1. Erfordernis des Rechtssatzes

308 Die Freiheitsbeschränkung muss grundsätzlich in einem Rechtssatz, d.h. in einer generell-abstrakten Norm, vorgesehen sein. Der Rechtssatz muss genügend bestimmt, d.h. «so präzise formuliert sein, dass der Bürger sein Verhalten danach richten und die Folgen eines bestimmten Verhaltens mit einem den Umständen entsprechenden Grad an Gewissheit erkennen kann» (BGE 117 Ia 472, 480, Sozialdemokratische Partei Basel-Stadt).

309 Durch dieses Erfordernis werden sowohl Rechtssicherheit (insbesondere Voraussehbarkeit) als auch Rechtsgleichheit gewährleistet.

> In der juristischen Literatur wird häufig die Bezeichnung «Gesetz im materiellen Sinn» verwendet, die auch Verordnungen (vgl. zum Begriff der Verordnung N. 1849 ff.) in den Gesetzesbegriff einschliesst. In Abweichung von früheren Auflagen vermeiden wir diesen missverständlichen Ausdruck.

2. Erfordernis der Gesetzesform?

310 Mit dem Erfordernis des Rechtssatzes wird noch nichts über die Rechtsetzungs*stufe* ausgesagt, d.h. über die Frage, ob ein im Gesetzgebungsverfahren beschlossener Rechtssatz erforderlich sei oder ob auch eine kompetenzgemäss erlassene Rechtsnorm niederer Stufe, d.h. eine Verordnung, genüge. Diese Frage bedarf einer differenzierenden Beantwortung: Schwerwiegende Eingriffe in Freiheitsrechte (z.B. Verhaftung, Telefonüberwachung, gemäss Praxis auch Erhebung von Steuern und anderen Abgaben) sind auf der Stufe eines Gesetzes (vgl. Art. 36 Abs. 1 Satz 2 BV) zu normieren, während für weniger schwere Eingriffe eine Verordnung genügt. Je schwerer ein Eingriff in ein Freiheitsrecht ist, desto stärker sollte er demokratisch legitimiert sein, d.h. auf einem Entscheid der Volksvertretung (bzw. im Fall der Ergreifung des Referendums auf einem Volksentscheid) beruhen.

311 Auch dort, wo die Einschränkung nicht schwerwiegend ist und daher nicht im Gesetz selbst vorgesehen sein muss, ist es notwendig, dass der Rechtsatz formell rechtmässig ist. So genügt eine unselbständige Verordnung als Eingriffsgrundlage nur dann, wenn sie sich auf eine zulässige Gesetzesdelegation stützt. Keine genügende gesetzliche Grundlage stellt z.B. eine Verordnung dar, zu deren Erlass die Exekutive gar nicht zuständig war. In BGE 90 I 321, 323, Süess, sprach das Bun-

desgericht einer Verordnung der Aargauer Regierung über Spielautomaten (Beschränkung der Wirtschaftsfreiheit) die Qualität einer gesetzlichen Grundlage ab. Zwar handelte es sich dabei um Rechtssätze, doch war die Regierung gemäss kantonalem Recht nicht zu deren Erlass befugt gewesen. Dagegen betrachtete das Gericht in BGE 96 I 219, 226 f., Nöthiger, eine Verordnung des Zürcher Stadtrates, die eine Bewilligungspflicht für Demonstrationen statuierte, als hinreichende gesetzliche Grundlage, weil § 74 Abs. 1 des zürcherischen Gemeindegesetzes damals die Zuständigkeit zum Erlass der Gemeindepolizeiverordnung zwingend der Exekutive zuwies und die Bewilligungspflicht als Polizeivorschrift eingestuft werden konnte.
Vgl. zur Zulässigkeit der Gesetzesdelegation an die Exekutive N. 1870 ff.

3. Rückgriff auf die polizeiliche Generalklausel

Der Gesetzgeber kann nicht alle Gefahren, welche der öffentlichen Sicherheit und Ordnung drohen, voraussehen und deren Abwehr regeln. Daher nahm das Bundesgericht schon in seiner Praxis zur Bundesverfassung von 1874 an, die Exekutive sei auf Grund der sogenannten polizeilichen Generalklausel befugt, auch ohne ausdrückliche gesetzliche Grundlage jene Massnahmen zu treffen, die zur Wiederherstellung der öffentlichen Sicherheit und Ordnung bei schweren Störungen oder zur Abwendung unmittelbar drohender schwerwiegender Gefährdungen dieser Ordnung unerlässlich sind. Es geht hier um zeitlich dringende Massnahmen zum Schutz fundamentaler Rechtsgüter (vgl. aus der neuesten Praxis BGE 126 I 112, 118). Dass der Rückgriff auf die polizeiliche Generalklausel eine gesetzliche Grundlage zu ersetzen vermag, wird nun in Art. 36 Abs. 1 Satz 3 BV ausdrücklich anerkannt.

312

Vgl. als Anwendungsfall BGE 103 Ia 310, 312, Rassemblement jurassien, der ein Versammlungsverbot in Moutier betraf. Vgl. ferner zu den Polizeinotverordnungen des Bundesrates N. 1862 ff.

III. Öffentliches Interesse

Einschränkungen von Grundrechten müssen durch ein öffentliches Interesse gerechtfertigt sein. Art. 36 Abs. 2 BV nennt neben dem öffentlichen Interesse auch den *Schutz von Grundrechten Dritter* als Rechtfertigung für eine Grundrechtseinschränkung. Das ist keine Neuerung. Schon bisher wurde davon ausgegangen, dass es im öffentlichen Interesse liege, die Freiheit des Einen einzuschränken, um die Grundrechte Anderer zu schützen (vgl. N. 319).

313

1. Zum Begriff

314 Der Begriff des öffentlichen Interesses lässt sich nicht in einer einfachen Formel einfangen. Er ist zeitlich wandelbar und kann in gewissen Bereichen auch örtlich verschieden sein.

315 Im öffentlichen Interesse liegt all das, was der Staat zum Gemeinwohl vorkehren muss, um eine ihm obliegende Aufgabe zu erfüllen. Dazu gehören *polizeiliche Interessen*. Einschränkungen eines Freiheitsrechts aus polizeilichen Gründen dienen dem Schutz der «öffentlichen Ordnung, Ruhe, Sicherheit, Gesundheit und Sittlichkeit sowie von Treu und Glauben im Geschäftsverkehr» (BGE 91 I 457, 460, Müller).

316 Allerdings darf das öffentliche Interesse nicht mit dem polizeilichen Interesse gleichgesetzt werden. Wichtige *öffentliche Interessen nichtpolizeilicher Natur*, deren Wahrung durch Aufgabennormen der Bundesverfassung vorausgesetzt oder sogar ausdrücklich vorgeschrieben wird (z.B. Raumplanung, Art. 75 BV; Umweltschutz, Art. 74 BV), können ebenfalls die Beschränkung von Freiheitsrechten rechtfertigen (vgl. BGE 105 Ia 330, 336, Meier). Wenn ein Freiheitsrecht der Bundesverfassung mit einer vom Staat zu erfüllenden Aufgabe kollidiert, so muss durch wertende Abwägung ein Ausgleich gefunden werden.

2. Konkretisierung im Hinblick auf das in Frage stehende Freiheitsrecht

317 Welche öffentlichen Interessen eine Freiheitsbeschränkung rechtfertigen können, hängt auch vom in Frage stehenden Freiheitsrecht ab. So gibt es Freiheitsrechte, die – von Sonderstatusverhältnissen abgesehen – nur aus polizeilichen Gründen oder zum Schutz der Freiheit anderer eingeschränkt werden dürfen. Dies gilt etwa für die *Pressefreiheit* und die *Vereinigungsfreiheit*. Ein Freiheitsentzug (Bewegungsfreiheit als Teil der *persönlichen Freiheit* gemäss Art. 10 Abs. 2 BV) darf grundsätzlich nur in den in Art. 5 Ziff. 1 EMRK abschliessend aufgezählten Fällen und nicht unter Berufung auf dort nicht genannte öffentliche Interessen erfolgen. Grundsatzwidrige Beschränkungen der Wirtschaftsfreiheit (vgl. zum Begriff «grundsatzwidrig» N. 657 ff.) sind gemäss Art. 94 Abs. 4 BV nur zulässig, wenn sie in der Bundesverfassung vorgesehen oder durch kantonale Regalrechte begründet sind. Dagegen werden die öffentlichen Interessen, die für eine Beschränkung der *Eigentumsgarantie* in Frage kommen, sehr weit umschrieben.

3. Problematik bei «Grundrechtskonkurrenz»

318 Da also die zulässigen Beschränkungen von Freiheitsrecht zu Freiheitsrecht variieren, ist es wichtig, einen Sachverhalt dem richtigen Freiheitsrecht zuzuordnen, z.B. zu bestimmen, ob eine Filmvorführung durch die Meinungsfreiheit oder durch

die Wirtschaftsfreiheit oder durch beide Freiheitsrechte geschützt ist. Wenn ein Sachverhalt von den Schutzbereichen mehrerer Freiheitsrechte erfasst wird, spricht man von *Grundrechtskonkurrenz,* und es stellt sich die Frage, wie zu verfahren ist, wenn die Schranken der verschiedenen Freiheitsrechte nicht miteinander übereinstimmen (Frage der *Schrankendivergenz).*

4. «Herstellung praktischer Konkordanz»

Zahlreiche Grundrechtsbeschränkungen verfolgen das Ziel, Freiheiten und Rechtsgüter Anderer zum Tragen zu bringen. Als Beispiele seien Normen angeführt, die der Medienfreiheit von Journalisten oder der Wirtschaftsfreiheit von Unternehmen Grenzen setzen, um die Privatsphäre und die Entfaltungsmöglichkeiten anderer Grundrechtsträger zu schützen. Hier geht es darum, die Freiheit des von einer staatlichen Anordnung Betroffenen mit der Freiheit derjenigen, die durch die Anordnung geschützt werden sollen, in optimaler Weise miteinander in Einklang zu bringen. KONRAD HESSE (Grundzüge des Verfassungsrechts der Bundesrepublik Deutschland, 20. Aufl., Heidelberg 1995, N. 317 f.) betont die Notwendigkeit, in solchen Fällen bei der Grundrechtsbegrenzung «praktische Konkordanz» herzustellen. Bei der Konkretisierung des Verhältnismässigkeitsprinzips ist dieser Gesichtspunkt im Auge zu behalten. Vgl. auch N. 377.

319

IV. Verhältnismässigkeit

Einschränkungen von Grundrechten müssen gemäss Art. 36 Abs. 3 BV verhältnismässig sein. Dem Verhältnismässigkeitsprinzip liegt der Gedanke zugrunde, dass ein Eingriff in ein Freiheitsrecht nicht weiter gehen darf, als es das öffentliche Interesse (bzw. das Schutzbedürfnis für Rechtsgüter anderer) erfordert; die Freiheitsbeschränkung darf zudem nicht in einem Missverhältnis zum damit verfolgten öffentlichen Interesse stehen.

320

> Beispiel: Auf dem Gebiet des Landschaftsschutzes ist die Verhältnismässigkeit verletzt, «wenn sich die Schutzvorschriften nicht auf diejenigen Gebietsteile beschränken, deren Erhaltung als schützenswert erscheint, oder wenn sich der angestrebte Schutz mit weniger weitreichenden Eigentumsbeschränkungen (als einem Bauverbot) ebenso wirkungsvoll gewährleisten liesse» (BGE 96 I 234, 242, Politische Gemeinde Bachs).

Der Grundsatz der Verhältnismässigkeit umfasst gemäss neuerer Lehre und Praxis *drei Elemente,* die kumulativ gegeben sein müssen:

1. Eignung («Geeignetheit»)

321 Die staatliche Massnahme muss geeignet sein, um den im öffentlichen Interesse verfolgten Zweck herbeizuführen.

2. Erforderlichkeit («geringstmöglicher Eingriff»)

322 Die Massnahme muss im Hinblick auf den angestrebten Zweck erforderlich sein, d.h., sie hat zu unterbleiben, wenn eine gleich geeignete, aber mildere Massnahme für den angestrebten Erfolg ausreichen würde. Der Eingriff darf in sachlicher, räumlicher, zeitlicher und personeller Beziehung nicht über das Notwendige hinausgehen.

3. Verhältnismässigkeit von Eingriffszweck und Eingriffswirkung
(Abwägung von öffentlichem und betroffenem privatem Interesse)

323 Im Allgemeinen wird die Verhältnismässigkeit im engeren Sinn dahingehend definiert, dass zwischen dem gesteckten Ziel und der zu seiner Erlangung notwendigen Freiheitsbeschränkung ein vernünftiges Verhältnis bestehen müsse. Diese Zweck-Mittel-Relation liegt jedoch den beiden bereits erwähnten Aspekten der Eignung und der Erforderlichkeit der eingesetzten Mittel zur Erreichung des angestrebten Ziels zugrunde. Im Grunde genommen geht es bei der Verhältnismässigkeit im engeren Sinn um eine *Abwägung von öffentlichem und betroffenem privatem Interesse*. Eine Anordnung ist unverhältnismässig, wenn deren negative *Wirkungen* im konkreten Fall schwerer ins Gewicht fallen als das öffentliche Interesse daran, dass die Anordnung getroffen wird.

> Beispiel einer Urteilsbegründung, die klar zwischen öffentlichem Interesse, Geeignetheit, Erforderlichkeit und Verhältnismässigkeit im engeren Sinn unterscheidet, in Pra 69 Nr. 5, Meylan, wo das Bundesgericht beurteilen musste, ob obligatorische Schirmbilduntersuchungen an Schülern als Massnahme im Kampf gegen die Tuberkulose mit der persönlichen Freiheit vereinbar seien. Nach Bejahung der gesetzlichen Grundlage und des öffentlichen Interesses führte das Bundesgericht zur Verhältnismässigkeit aus (S. 16): «Die Schirmbilduntersuchung zum Aufspüren der Tuberkulose ist eine zur Erreichung des verfolgten, im öffentlichen Interesse liegenden Zweckes geeignete Massnahme. Es ist kein Mittel, das über den Rahmen dessen hinausgeht, was vernünftigerweise erforderlich ist zum Schutze der Interessen der Allgemeinheit. Es ist keineswegs dargetan, dass es, mit ähnlichem Ergebnis, ersetzt werden könnte durch weniger weit gehende Massnahmen. Der allgemeine Zweck des Schutzes der öffentlichen Gesundheit wiegt schwerer als das Opfer, das von dem im Kanton Neuenburg wohnenden Bürger verlangt wird mit der Verpflichtung, seine Kinder der Schirmbilduntersuchung unterziehen zu lassen.»

V. Absoluter Schutz des Kerngehalts

Der Kerngehalt der Grundrechte ist unantastbar (Art. 36 Abs. 4 BV). Diese Formel knüpft an Art. 19 Abs. 2 des deutschen Grundgesetzes (Wesensgehaltsgarantie) und an die bisherige bundesgerichtliche Praxis an. In neueren Urteilen tauchte manchmal die Formel auf, dass ein Freiheitsrecht in seinem Wesenskern absolut geschützt sei, dass es weder völlig unterdrückt noch seines Gehalts als fundamentale Institution der Rechtsordnung entleert werden dürfe. So wird in BGE 109 Ia 273, 289, Vest, in einem obiter dictum ausgeführt, die Verwendung von Lügendetektoren, der Narkoanalyse oder von Wahrheitsseren zum Zweck der Wahrheitsermittlung würde in den Kerngehalt der persönlichen Freiheit eingreifen; solche Methoden dürften daher im Rechtsstaat auch in Ausnahmefällen zu dessen Selbstverteidigung nicht eingesetzt werden. 324

Bei der Konkretisierung des *Kerngehalts der Grundrechte* kann Art. 7 BV (Achtung und Schutz der Menschenwürde) herangezogen werden. Denn der Schutz der Menschenwürde ist «Kern und Anknüpfungspunkt anderer Grundrechte» und «Richtschnur für deren Auslegung» (BBl 1997 I 140). Menschenunwürdige Anordnungen sind dem Staat schlechthin untersagt. 325

In gewissen Fällen stimmt der Kerngehalt eines Grundrechts mit dessen Schutzbereich überein (Verbot der Todesstrafe in Art. 10 Abs. 1 Satz 2; Verbot der Folter und anderer menschenunwürdiger Behandlung oder Bestrafung in Art. 10 Abs. 3; Verbot der Rückschiebung in Art. 25 Abs. 3). Der Kerngehalt ist aber vom Schutzbereich eines Grundrechts zu unterscheiden (was nicht einmal dem Bundesgericht immer gelingt: vgl. BGE 124 I 304, 309 E. 4b). 326

VI. Freiheitsrechte und Sonderstatusverhältnis

1. Allgemeines

Ein Sonderstatusverhältnis oder «besonderes Rechtsverhältnis» (früher «besonderes Gewaltverhältnis» genannt) liegt vor, wenn eine Person in einer besonders engen Beziehung zum Staat oder zu einer öffentlichen Anstalt steht und sich daraus für sie besondere Pflichten ergeben. 328

Als Beispiele sind zu nennen: Beamte, Schüler, Soldaten und Strafgefangene.

Auch solche Personen stehen grundsätzlich im Genuss der Freiheitsrechte, doch können sich aus ihrem besonderen Rechtsverhältnis zum Staat zusätzliche Beschränkungen bestimmter Freiheitsrechte ergeben. 329

Als Beispiele können genannt werden (nähere Erörterung bei den jeweiligen Freiheitsrechten):

Beschränkung der Meinungsfreiheit der Beamten durch ihre Treuepflicht.

Beschränkung der Niederlassungsfreiheit der Beamten durch eine Wohnsitzpflicht.

Beschränkung der Meinungsfreiheit, der Petitionsfreiheit und möglicherweise der Ehefreiheit der Gefangenen zur Sicherung des Haftzweckes und aus Gründen der Anstaltsordnung.

2. Gesetzliche Grundlage

330 Die zwangsweise Begründung des Sonderstatusverhältnisses (z.B. die Verhaftung) bedarf einer klaren gesetzlichen Grundlage auf der Stufe eines Gesetzes im formellen Sinn.

Seit 1972 verlangt das Bundesgericht, dass auch der wesentlichste Inhalt des besonderen Rechtsverhältnisses (z.B. die wichtigsten mit Untersuchungshaft oder Strafvollzug verbundenen Freiheitsbeschränkungen) durch ein Gesetz umschrieben ist. Nur die Regelung der Einzelheiten darf der Gesetzgeber an die Exekutive delegieren (BGE 115 Ia 277, 288). Im Gegensatz dazu stand die frühere Praxis, wonach die mit der Natur des Sonderstatusverhältnisses zusammenhängenden Freiheitsbeschränkungen nicht rechtssatzmässig festgehalten werden mussten.

3. Öffentliches Interesse

331 Besondere Grundrechtsbeschränkungen sind nur zulässig, soweit sie sich aus der Natur des Sonderstatusverhältnisses ergeben. Unzulässig ist z.B. eine dem Beamten auferlegte Verpflichtung, den Arbeitsplatz grundsätzlich ohne Verwendung eines privaten Motorfahrzeugs zu erreichen, wie das Bundesgericht in BGE 120 Ia 203, 206 ff., Einwohnergemeinde der Stadt Bern, entschied: Der Arbeitsweg gehöre zum ausserdienstlichen Bereich; welches Verkehrsmittel ein Beamter dafür benütze, stehe mit der Erfüllung der Dienstpflichten in keinem Zusammenhang. Daher dürfe eine rechtliche Ungleichbehandlung im Vergleich zu anderen Bürgern nicht an den Beamtenstatus anknüpfen.

4. Verhältnismässigkeit

332 Die Freiheitsbeschränkung darf nicht weiter gehen, als es das Sonderstatusverhältnis erfordert. So dürfen Briefe eines Untersuchungsgefangenen nur zurückbehalten werden, wenn sie geeignet sind, den Haftzweck oder die Gefängnisordnung zu gefährden.

Anwendungsfall: In BGE 119 Ia 71, Stürm, entschied das Bundesgericht, es verstosse nicht gegen die in der Verfassung und in Art. 10 EMRK gewährleistete Meinungsäusserungsfreiheit, einen Brief zurückzubehalten, in dem der Untersuchungsgefangene den Untersuchungsrichter als «Schreibtischmörder im Stil eines Adolf Eichmann» und als «Schwein» bezeichnete. Die Europäische Menschenrechtskommission vertrat indes den gegenteiligen Standpunkt. Vgl. zu diesen Urteilen JÖRG PAUL MÜLLER in ZBJV 133 (1997) 687 ff.

5. Problematik des Instituts des Sonderstatusverhältnisses

Das Sonderstatusverhältnis umfasst Sachverhalte, die unter sich so verschieden sind, dass allgemeine Aussagen für die Bestimmung von Grundrechtsschranken wenig hilfreich sind. Mit guten Gründen ist darauf hingewiesen worden, dass diese von der älteren deutschen Staats- und Verwaltungsrechtswissenschaft übernommene Rechtsfigur entbehrlich geworden sei (vgl. ALAIN GRIFFEL, Der Grundrechtsschutz in der Armee, S. 26 ff.). In- und ausserhalb von Sonderstatusverhältnissen müssen Grundrechtseingriffe den – fallbezogen zu konkretisierenden – Erfordernissen der gesetzlichen Grundlage, des öffentlichen Interesses und der Verhältnismässigkeit entsprechen. 333

VII. Grundrechtsverzicht

Ob ein Grundrechtsverzicht zulässig sei, d.h., ob der Einzelne in rechtsverbindlicher Weise über Einschränkungen im Bestand oder Ausmass seiner grundrechtlichen Ansprüche selbst bestimmen dürfe, ist auf Grund einer an der Verfassung ausgerichteten Abwägung von privaten und öffentlichen Interessen zu entscheiden. Die Praxis bejaht in zahlreichen Fällen die Möglichkeit des Einzelnen, über grundrechtlich geschützte Bereiche zu verfügen (z.B. im Zusammenhang mit Spitalbehandlungen oder freiwilligen Blut- oder AIDS-Tests). RALPH MALACRIDA hat die früher in der schweizerischen Grundrechtsdoktrin kaum thematisierte Frage eingehend behandelt, die Zulässigkeit des Grundrechtsverzichts unter Hinweis auf das allen Grundrechten inhärente Selbstbestimmungsrecht grundsätzlich bejaht und u.a. die Auffassung vertreten, dass ein Verzichtsentscheid des Bürgers als Eingriffsermächtigung an die Stelle eines Gesetzes treten könne und dass im Rahmen der Prüfung von öffentlichem Interesse und Verhältnismässigkeit das sich im Grundrechtsverzicht entfaltende Selbstbestimmungsrecht mit anderen in der Verfassung verankerten Anliegen zu harmonisieren sei. 334

Die Qualifizierung gewisser Freiheitsrechte als *«unverjährbare und unverzichtbare Rechte»* durch das Bundesgericht hat primär *verfahrensrechtliche* Bedeutung: Solche Rechte geniessen eine Vorzugsstellung, soweit sie im Verfahren der staatsrechtlichen Beschwerde geltend gemacht werden (vgl. N. 1952 ff.). 335

2. Kapitel: Freiheitsrechte

§ 11 Recht auf Leben und auf persönliche Freiheit

Literatur

BAUMANN FELIX, Inhalt und Tragweite der Bewegungsfreiheit (Art. 10 Abs. 2 BV), ZBl 105 (2004) 505 ff.; HAEFLIGER ARTHUR, Die Grundrechte des Untersuchungsgefangenen in der bundesgerichtlichen Rechtsprechung, Schweizerische Zeitschrift für Strafrecht 104 (1987) 257 ff.; HALLER WALTER, Menschenwürde, Recht auf Leben und persönliche Freiheit, in: Detlef Merten/Hans Jürgen Papier (Hrsg.), Handbuch der Grundrechte in Deutschland und Europa, Bd. VIII, Heidelberg 2005; HANGARTNER YVO, Schwangerschaftsabbruch und Sterbehilfe – eine grundrechtliche Standortbestimmung, Zürich 2000; HAUSER ROBERT, Die Untersuchungshaft im Lichte des Verfassungsrechts und der Menschenrechtskonvention, Schweizerische Zeitschrift für Strafrecht 95 (1978) 225 ff.; HEGNAUER CYRIL, Künstliche Fortpflanzung und Grundrechte, in: FS für Ulrich Häfelin zum 65. Geburtstag, Zürich 1989, S. 127 ff.; HOTTELIER MICHEL, Das Recht auf Leben und auf persönliche Freiheit (Art. 10 BV), Schweizerische Juristische Kartothek Nr. 1389, Stand 30.6.2003; HUBER HANS, Die persönliche Freiheit, SJZ 69 (1973) 113 ff.; JAAG TOBIAS/RÜSSLI MARKUS, Sterbehilfe an staatlichen Spitälern, Kranken- und Altersheimen, ZBl 102 (2001) 113 ff.; MASTRONARDI PHILIPPE, Der Verfassungsgrundsatz der Menschenwürde in der Schweiz, Diss. Bern 1978; MÜLLER JÖRG PAUL, Recht auf Leben, Persönliche Freiheit und das Problem der Organtransplantation, ZSR NF 90/I (1971) 457 ff.; MÜLLER MARKUS, Zwangsmassnahmen als Instrument der Krankheitsbekämpfung – Das Epidemiengesetz und die persönliche Freiheit, Diss. Bern 1992; SALADIN PETER, Persönliche Freiheit als soziales Grundrecht, in: Mélanges Alexandre Berenstein, Lausanne 1989, S. 89 ff.; SCHWEIZER RAINER J., Verfassungsrechtlicher Persönlichkeitsschutz, in: Verfassungsrecht der Schweiz, § 43; SCHWEIZER RAINER J., Verfassungs- und völkerrechtliche Vorgaben für den Umgang mit Embryonen, Föten sowie Zellen und Geweben, Zürich 2002; TRECHSEL STEFAN, Die Garantie der persönlichen Freiheit (Art. 5 EMRK) in der Strassburger Rechtsprechung, EuGRZ 7 (1980) 514 ff.

Rechtliche Grundlagen

- Art. 10 BV
- Art. 2–5 EMRK und Zusatzprotokoll Nr. 6 über die Abschaffung der Todesstrafe (SR 0.101.06, für die Schweiz in Kraft getreten am 1. November 1987)
- Art. 6–11 UNO-Pakt II

I. Rechtliche Grundlagen

1. Bundesverfassung

Bis zum Jahr 1963 wurde die persönliche Freiheit nur durch unterschiedlich umfangreiche Garantien in den kantonalen Verfassungen gewährleistet. Ab 1963 ordnet das Bundesgericht die persönliche Freiheit dem ungeschriebenen Verfassungsrecht des Bundes zu (BGE 89 I 92, 98, Kind X).

336

In der Folge entwickelte das Bundesgericht aus diesem Grundrecht in einer schöpferischen Rechtsprechung eine Reihe von verfassungsmässigen Ansprüchen, welche grundlegende Aspekte der menschlichen Existenz betrafen und insbesondere neben der physischen Freiheit auch die psychische Integrität umfassten. In der neuen Bundesverfassung bilden diese Teilgehalte der persönlichen Freiheit Gegenstand verschiedener Garantien, wie die nachfolgende Übersicht zeigt:

337

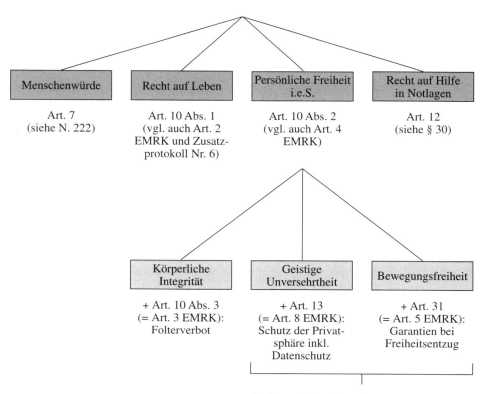

338 In dieser Grafik werden zwei Grundrechte angeführt, die über die persönliche Freiheit hinausweisen. Die *Menschenwürde* (Art. 7 BV) liegt auch dem Diskriminierungsverbot (Art. 8 Abs. 2 BV) zugrunde und ist bei der Konkretisierung sämtlicher Grundrechte im Auge zu behalten. Das *Recht auf Hilfe in Notlagen* (Art. 12 BV) ist ein soziales Grundrecht, das jedoch geradezu eine Bedingung der menschlichen Existenz und damit der persönlichen Freiheit darstellt (vgl. N. 914).

2. Völkerrecht

339 Bei der Konkretisierung der persönlichen Freiheit berücksichtigt das Bundesgericht auch internationale Menschenrechtsabkommen, vor allem die EMRK und – viel seltener – den UNO-Pakt II.
Folgende Normen der EMRK beziehen sich auf die persönliche Freiheit:
– Art. 2: Recht auf Leben;
– Art. 3: Verbot der Folter oder unmenschlicher oder erniedrigender Strafe oder Behandlung;
– Art. 4: Verbot der Sklaverei sowie von Zwangs- oder Pflichtarbeit;
– Art. 5: Recht auf Freiheit und Sicherheit (dem nun durch Art. 31 BV Rechnung getragen wird; vgl. N. 858 ff.).

340 Die Schweiz hat das Zusatzprotokoll Nr. 6 zur EMRK über die Abschaffung der Todesstrafe ratifiziert (SR 0.101.06). Das Protokoll bestimmt, dass die Todesstrafe grundsätzlich abgeschafft sei (Art. 1) und nur noch vorgesehen werden könne für Taten, welche in Kriegszeiten oder bei unmittelbarer Kriegsgefahr begangen werden (Art. 2). Art. 10 Abs. 1 Satz 2 BV geht darüber hinaus, indem er die Todesstrafe ohne Vorbehalte ausschliesst.

341 Die Resolution des Ministerkomitees des Europarates (73) 5 über die Festsetzung von Mindestgrundsätzen für die Behandlung von Gefangenen von 1973 hat zwar nur empfehlenden Charakter, wird aber vom Bundesgericht bei der Auslegung der persönlichen Freiheit berücksichtigt (BGE 106 Ia 281 f., Groupe Action Prison).

342 Der UNO-Pakt II enthält mehrere Bestimmungen zum Schutz der persönlichen Freiheit. Sie entsprechen weitgehend den Garantien der EMRK, sind jedoch teilweise detaillierter (Art. 6: Recht auf Leben; Art. 7: Verbot der Folter oder grausamer, unmenschlicher oder erniedrigender Behandlung oder Strafe sowie Schutz vor medizinischen und wissenschaftlichen Versuchen ohne Einwilligung des Betroffenen; Art. 8: Verbot der Sklaverei sowie von Zwangs- oder Pflichtarbeit; Art. 9: Recht auf persönliche Freiheit und Sicherheit; Art. 10: Anspruch auf menschenwürdige Behandlung im Fall eines Freiheitsentzugs; Art. 11: Verbot des Schuldverhafts).

II. Schutzobjekt

1. Recht auf Leben

Art. 10 Abs. 1 BV gewährleistet jedem Menschen das Recht auf Leben und verbietet die Todesstrafe.

Bereits in BGE 98 Ia 508, 514, Gross, hatte das Bundesgericht das menschliche Leben als elementare Erscheinung der Persönlichkeitsentfaltung des Menschen qualifiziert und es zugleich dem unantastbaren Wesenskern der persönlichen Freiheit zugeordnet (vgl. auch N. 379).

Das Recht auf Leben spielt u.a. bei der Beurteilung der Zulässigkeit von Schwangerschaftsabbruch und Sterbehilfe eine Rolle. Da der Schwangerschaftsabbruch im Strafgesetzbuch geregelt ist und die Verfassung das Bundesgericht zur Anwendung der Bundesgesetze ohne Rücksicht auf ihre Verfassungsmässigkeit verpflichtet (vgl. N. 2086 ff.), konnte die Frage nach dem Beginn des Rechts auf Leben in der Schweiz nicht gerichtlich entschieden werden. In den USA und in Deutschland ergingen dazu sehr kontroverse Entscheidungen (vgl. HALLER/KÖLZ, Allgemeines Staatsrecht, S. 295). Aus dem Strafgesetzbuch ergibt sich auch, dass die direkte aktive Sterbehilfe ein Tötungsdelikt darstellt, während die Beihilfe zum Suizid straflos ist, sofern sie nicht aus selbstsüchtigen Beweggründen erfolgt (Art. 115 StGB).

2. Physische Freiheit

Die physische Freiheit des Menschen im Sinne der Freiheit über den eigenen Körper ist das klassische Schutzobjekt der persönlichen Freiheit. Ihre Wurzeln lassen sich bis zur Magna Charta von 1215 und zur Habeas-Corpus-Akte von 1679 zurückverfolgen. Körperliche Unversehrtheit und Bewegungsfreiheit werden in Art. 10 Abs. 2 BV ausdrücklich als Schutzgüter genannt. Art. 10 Abs. 3 BV verbietet – in Übereinstimmung mit Art. 3 EMRK – die Folter sowie jede Art grausamer, unmenschlicher oder erniedrigender Behandlung oder Bestrafung.

a) Körperliche Integrität

Die körperliche Integrität wird durch jeden Eingriff in den menschlichen Körper tangiert. Eine eigentliche Schädigung oder die Verursachung von Schmerzen wird nicht vorausgesetzt (BGE 118 Ia 427, 434, mit weiteren Hinweisen).

Während früher Körperstrafen und Folter die körperliche Integrität bedrohten, sind es heute oft harmlose Eingriffe im medizinischen Bereich wie Blutentnahmen, Impfungen und Schirmbilduntersuchungen (BGE 89 I 92, Kind X.; BGE 99 Ia 747, Etienne; BGE 104 Ia 480, Meylan), gegen welche der Schutz der persönlichen Freiheit angerufen wird.

> «Ist die körperliche Integrität betroffen, genügt schon ein kleiner Nadelstich zur Blutentnahme oder die geringe, als unschädlich taxierte Strahlendosis der Schirmbilduntersuchung, um den Schutz der persönlichen Freiheit aufleben zu lassen.» (JÖRG PAUL MÜLLER, Die Rechtsprechung des Bundesgerichts im Jahre 1978, ZBJV 116 [1980] 247)

349 Schon die Extraktion einiger Haare in einem Strafverfahren, um einen allfälligen Drogenkonsum nachzuweisen, stellt einen Eingriff in die persönliche Freiheit dar (Entscheid des Bundesgerichts vom 19. Dezember 1995 in EuGRZ 1996, S. 470 f.).

350 Die Durchführung einer Urinprobe zwecks Feststellung, ob ein Inhaftierter Rauschgift konsumiert habe, greift dagegen nicht in die körperliche Integrität eines Menschen ein; ob die persönliche Freiheit in diesem Zusammenhang überhaupt angerufen werden könne, liess das Bundesgericht freilich offen (Entscheid vom 4. Januar 1983, ZBl 85 [1984] 45 f.).

351 Auch wenn Operationen und andere medizinische Behandlungen die Wiederherstellung der körperlichen Unversehrtheit des Patienten bezwecken, liegt im Therapieakt selbst (sofern er dem Staat zurechenbar ist) ein Eingriff in dessen persönliche Freiheit vor. Der Patient muss sich daher – nach der erforderlichen Aufklärung – frei entscheiden können, ob er sich der Behandlung unterziehen wolle oder nicht. Ist er nicht oder nur reduziert urteilsfähig, so sind seine Rechte durch einen gesetzlichen Vertreter wahrzunehmen (vgl. BGE 118 Ia 427, 434 f.).

b) Bewegungsfreiheit

352 Schutz der Bewegungsfreiheit bedeutet vor allem *Schutz vor ungerechtfertigten Freiheitsentzügen*. Unter den Begriff Freiheitsentzug fallen alle Massnahmen der öffentlichen Gewalt, «durch die jemand gegen oder ohne seinen Willen an einem bestimmten, begrenzten Ort für gewisse Dauer festgehalten wird» (BGE 123 II 193, 197). Einen Freiheitsentzug stellen namentlich die Verhaftung, der Vollzug einer Freiheitsstrafe, die strafrechtliche Verwahrung, die zwangsweise verfügte Anstaltseinweisung, die Ausschaffungshaft, aber auch schon das Festhalten von Asylanten im Transitbereich eines Flughafens über mehrere Tage dar. Art. 31 BV und Art. 5 EMRK enthalten wichtige Verfahrensgarantien, die im Falle eines Freiheitsentzugs zu beachten sind (vgl. N. 858 ff.).

353 In den Schutzbereich der Bewegungsfreiheit fallen auch *freiheitsbeschränkende Massnahmen*, die nicht einen eigentlichen Freiheitsentzug i.S. von Art. 5 EMRK darstellen. Schon eine polizeiliche Festnahme zwecks erkennungsdienstlicher Behandlung, die vier bis sechs Stunden dauert, greift in die durch die persönliche Freiheit geschützte Bewegungsfreiheit ein (BGE 107 Ia 138, 140). Dasselbe gilt für die gemäss Art. 13e ANAG mögliche Auflage, ein zugewiesenes Gebiet nicht zu verlassen oder ein bestimmtes Gebiet nicht zu betreten.

354 Nicht jede Fortbewegungsmöglichkeit steht unter dem Schutz der persönlichen Freiheit. Diese wird z.B. nicht berührt durch Geschwindigkeitsbegrenzungen, Ab-

sperrmassnahmen, Verkehrs- und Zollkontrollen oder das Verbot, einen See an bestimmten Stellen zu befahren (BGE 108 Ia 59, Schweizerische Vereinigung für den Wassersport).

3. Geistige Unversehrtheit

Art. 10 Abs. 2 BV bezieht auch die geistige Unversehrtheit in den Schutzbereich der persönlichen Freiheit ein. Damit wird an eine jahrzehntelange bundesgerichtliche Rechtsprechung zum (früher) ungeschriebenen Recht der persönlichen Freiheit angeknüpft.   355

Schon in BGE 90 I 29, 36, Castella, nahm das Bundesgericht eine entscheidende Erweiterung des Schutzbereichs der persönlichen Freiheit vor, indem es neben der physischen auch die geistige Freiheit der Garantie dieses Freiheitsrechts zuordnete. Es umschrieb diese «liberté morale» in jenem ersten Entscheid als Willens- und Entscheidungsfreiheit, liess aber offen, ob auch rein affektive Werte zum neuen Schutzbereich gehörten: 356

> «Si la liberté individuelle ne s'identifie avec aucune des autres libertés garanties par la constitution, elle est cependant la condition de leur exercice (RO 88 I 272). En d'autres termes, elle vise à garantir l'existence des conditions de fait indispensables pour que l'homme puisse effectivement exercer ces autres libertés… Il ne suffit donc pas que la liberté individuelle garantisse le droit d'aller et de venir et l'intégrité corporelle. *Il faut aussi qu'elle protège l'homme contre les atteintes qui tendraient, par un moyen quelconque, à restreindre ou supprimer la faculté, qui lui est propre, d'apprécier une situation donnée et de se déterminer d'après cette appréciation.* En effet l'existence de cette faculté constitue la condition d'exercice de nombreux droits constitutionnels.»

Im Jahr 1971 entwickelte das Bundesgericht seine Rechtsprechung in der eingeschlagenen Richtung weiter, wobei es den Schutzbereich der persönlichen Freiheit ausserordentlich weit umschrieb. Es bekannte sich zu einer Wertordnung, welche die Menschenwürde und den Eigenwert des Individuums sicherstellen wolle, und es führte weiter aus, dass «die in diesem Sinne institutionell verstandene persönliche Freiheit» als «verfassungsrechtlicher Leitgrundsatz» alle Freiheiten gewährleiste, welche «elementare Erscheinungen der Persönlichkeitsentfaltung des Menschen» darstellten; sie biete einen «umfassenden Grundrechtsschutz» und gelte «als unmittelbar anwendbares Verfassungsrecht in dem Sinne komplementär, als sich der Bürger in Fällen, in denen kein dem geschriebenen oder ungeschriebenen Verfassungsrecht angehörendes Freiheitsrecht in Frage steht, zum Schutz seiner Persönlichkeit und Menschenwürde auf sie berufen kann» (BGE 97 I 45, 49 f.). Die persönliche Freiheit schütze den Bürger «auch in seiner Freiheit, über seine Lebensweise zu entscheiden, insbesondere seine Freizeit zu gestalten, Beziehungen zu seinen Mitmenschen anzuknüpfen und sich Kenntnis über das Geschehen in seiner näheren und weiteren Umgebung zu verschaffen» (BGE 97 I 839, 842, Müller-Gilliers).   357

358 In der Lehre wurde diese Ausdehnung des Schutzbereichs der persönlichen Freiheit teilweise als zu weitgehend kritisiert. So warf HANS HUBER (Die persönliche Freiheit, S. 113 ff.) dem Bundesgericht vor, es habe – beeinflusst durch die Praxis zu Art. 2 Abs. 1 des deutschen Grundgesetzes – das Grundrecht zu einer allgemeinen Handlungsfreiheit ausgedehnt, die jegliche Konturen vermissen lasse.

359 Dieser Kritik Rechnung tragend, war das Bundesgericht ab 1975 bemüht, den von der persönlichen Freiheit erfassten Schutzbereich deutlicher gegenüber einer allgemeinen Handlungsfreiheit abzugrenzen. In BGE 101 Ia 336, 346 f., Verband der Schweizerischen Automatenbranche, wurde die Praxis wie folgt präzisiert:

> «Im Zuge der Entwicklung dieser neueren Praxis wurden in einzelnen Urteilsbegründungen sehr weitgehende Formulierungen gewählt; so heisst es etwa in BGE 97 I 842 E. 3, das Grundrecht der persönlichen Freiheit schütze den Bürger auch in seiner Freiheit, über seine Lebensweise zu entscheiden, insbesondere seine Freizeit zu gestalten. Die sich in solchen Erwägungen abzeichnende Ausweitung des Begriffs der persönlichen Freiheit wurde von HUBER (SJZ 1973 S. 113 ff.) mit einlässlicher Begründung kritisiert ... Auf jeden Fall umfasst auch die in neuern Urteilen vorgenommene Erweiterung des Schutzbereichs dieses Grundrechts sinngemäss nicht jede noch so nebensächliche Wahl- oder Betätigungsmöglichkeit des Menschen ... Auch im Rahmen des erweiterten – nicht auf Bewegungsfreiheit und körperliche Integrität beschränkten – Grundrechts der persönlichen Freiheit schützt das Bundesgericht nur elementare Möglichkeiten, die für die Persönlichkeitsentfaltung wesentlich sind und jedem Menschen zustehen sollten.»

360 Keine «elementaren Erscheinungen der Persönlichkeitsentfaltung» sind z.B. die Möglichkeit, an Spielautomaten um Geld zu spielen (BGE 101 Ia 336, Verband der Schweizerischen Automatenbranche), das Halten von Tieren (ZBl 79 [1978] 35) sowie die Möglichkeit, einen See an beliebiger Stelle zu befahren (BGE 108 Ia 59, 61, Schweizerische Vereinigung für den Wassersport). Offengelassen wurde, ob eine Regelung über das Waffentragen und den Waffenbesitz die persönliche Freiheit berühre (BGE 118 Ia 305, 315 E. 4b).

4. Einzelne wichtige Aspekte der neuen Rechtsprechung

a) Haftvollzug

361 Bei der Durchsicht der bundesgerichtlichen Rechtsprechung fällt auf, dass der erweiterte, die geistige Unversehrtheit einbeziehende Begriff der persönlichen Freiheit vor allem im Zusammenhang mit den Rechten von Untersuchungs- und Strafgefangenen, später auch bei der Ausgestaltung der Ausschaffungshaft von Ausländern, zum Tragen kam.

362 Zum Beispiel hat das Bundesgericht die Regelung folgender Vollzugsprobleme auf ihre Vereinbarkeit mit der persönlichen Freiheit hin überprüft (vgl. BGE 118 Ia 64 ff., Minelli, und dort zitierte frühere Urteile):

- Mitnahme persönlicher Effekten in die Zellen;
- Besuche von Angehörigen;
- Empfang von Gaben Dritter;
- Anspruch auf tägliche Spaziergänge im Freien;
- Recht auf ärztliche Betreuung;
- Mahlzeitenregelung sowie Verbot von Alkohol und nicht vom Gefängnisarzt zugelassenen Medikamenten.

Dagegen entschied das Bundesgericht, dass die Beaufsichtigung des Kontakts zwischen dem inhaftierten Beschuldigten und seinem Strafverteidiger nicht die persönliche Freiheit, sondern ausschliesslich Art. 4 aBV (= Art. 8 BV) i.V.m. Art. 6 Ziff. 3 EMRK berühre (BGE 111 Ia 341, 345 ff.; heute ist Art. 32 BV einschlägig). Regelungen über den Bezug von Büchern und Zeitungen, Fernsehkonsum und Briefverkehr sind primär unter Zugrundelegung der Meinungs-, Informations- und Medienfreiheit sowie von Art. 10 EMRK zu beurteilen. 363

b) Persönlichkeitsschutz

Die Persönlichkeit wird nicht nur durch das Zivilgesetzbuch (Art. 27 und 28) privatrechtlich geschützt, sondern auch im Verhältnis Bürger – Staat durch die persönliche Freiheit (Art. 10 Abs. 2 BV) und durch den Anspruch auf Achtung der Privatsphäre (Art. 13 BV und Art. 8 EMRK; vgl. dazu § 12). 364

Die *Bestimmung über den toten Körper* wurde 1972 dem Schutz der persönlichen Freiheit unterstellt (BGE 98 Ia 508, 522 f., Gross). 1997 bestätigte das Bundesgericht in einem grundlegenden Entscheid betreffend die Verfassungsmässigkeit eines Gesetzes des Kantons Genf über die Entnahme und Transplantation von Organen und Geweben, dass die Garantie der persönlichen Freiheit nicht mit dem Leben des Individuums endet, sondern über seinen Tod hinauswirkt und das Verfügungsrecht über die sterbliche Hülle umfasst (BGE 123 I 112, 118 f. E. 4b, Rolf Himmelberger). 365

Bei der Beurteilung gesetzlicher Regelungen der *Fortpflanzungsmedizin* stellte das Bundesgericht fest, dass der Wunsch nach Kindern eine durch die persönliche Freiheit geschützte elementare Erscheinung der Persönlichkeitsentfaltung darstelle. Mit der persönlichen Freiheit nicht vereinbar seien daher: generelle Verbote der heterologen künstlichen Insemination, der In-vitro-Fertilisation mit anschliessendem Embryotransfer sowie der Konservierung von Eizellen; auch die längerfristige Aufbewahrung von Samenzellen darf nicht untersagt werden (BGE 119 Ia 460 betreffend Regelung des Kantons Basel-Stadt; BGE 115 Ia 234 betreffend Regelung des Kantons St. Gallen). Weniger weit gehende Beschränkungen des Zugangs zu den Methoden der künstlichen Fortpflanzung sind allerdings zulässig, ja durch den heutigen Art. 119 BV sogar geboten. Vgl. dazu VPB 60 (1996) Nr. 67 (Gutachten des Bundesamtes für Justiz) sowie das Bundesgesetz vom 18. Dezember 1998 über die medizinisch unterstützte Fortpflanzung (SR 814.90). Am 12. März 2000 wurde eine 366

Volksinitiative «zum Schutz des Menschen vor Manipulationen in der Fortpflanzungstechnologie», welche die Befruchtung ausserhalb des Körpers der Frau und die Verwendung von Keimzellen Dritter zur künstlichen Zeugung ganz verbieten wollte (Text in BBl 1999, 8770), vom Volk und von sämtlichen Kantonen sehr klar abgelehnt.

366a Aus der persönlichen Freiheit in Verbindung mit Art. 8 EMRK und Art. 7 Abs. 1 des UNO-Übereinkommens über die Rechte des Kindes ergibt sich ein *Anspruch auf Kenntnis der Abstammung,* der nach Ansicht des Bundesgerichts dem volljährigen Adoptivkind unbeschränkt zusteht (BGE 128 I 63, 68 ff., seither in Art. 268c ZGB verankert). Im Bereich der Fortpflanzungsmedizin ist das Recht jeder Person auf Zugang zu den Daten über ihre Abstammung in Art. 119 Abs. 2 lit. g BV verankert.

c) *Anspruch auf staatliche Leistungen?*

367 Im Rahmen von Sonderstatusverhältnissen ergeben sich aus der persönlichen Freiheit justiziable Ansprüche auf staatliche Leistungen, die allerdings an einen Eingriff anknüpfen (z.B. Ansprüche der Gefangenen auf gesunde Ernährung, medizinische Versorgung und Spaziergänge im Freien).

368 Ob ausserhalb solcher besonderer Rechtsverhältnisse klagbare Ansprüche aus der persönlichen Freiheit resultieren, ist fraglich. Bisher hat es das Bundesgericht abgelehnt, Schadenersatz- und Genugtuungsansprüche unmittelbar aus der persönlichen Freiheit abzuleiten (Urteil vom 5. Mai 1995 in ZBl 97 [1996] 281). Der Frage, ob die persönliche Freiheit (über den Anspruch auf Grundschulunterricht hinaus) einen Anspruch auf Bildung beinhalte, wich das Gericht aus (vgl. BGE 103 Ia 369, 388 f., Wäffler; 117 Ia 27, 30 E. 5b).

III. Rechtsträger

369 Auf die persönliche Freiheit können sich alle natürlichen Personen, schweizerische Staatsangehörige und Ausländer, berufen. Juristische Personen fallen dagegen als Träger der persönlichen Freiheit nicht in Betracht. Das Bundesgericht gestattete in seiner Praxis auch schon Personenvereinigungen, sich als Beschwerdeführer auf die persönliche Freiheit zu berufen (BGE 106 Ia 277, Groupe Action Prison).

369a Die Persönlichkeit endet gemäss Art. 31 Abs. 1 ZGB mit dem Tod. Verstorbene sind daher nicht rechtsfähig; im Gegensatz zum deutschen Recht kennt das schweizerische keinen postmortalen Persönlichkeitsschutz. Angriffe auf ihre Persönlichkeit können jedoch auf dem Rechtsweg durch nahe Angehörige abgewendet werden, soweit diese wegen der emotionalen Bindungen zum Verstorbenen in ihren eigenen Persönlichkeitsrechten betroffen sind (BGE 129 I 173, 180).

Dagegen sind die vom Verstorbenen *zu Lebzeiten* getroffenen Anordnungen über das Schicksal seines Körpers nach dem Tod, z.B. über Ort und Art der Bestattung, durch die persönliche Freiheit geschützt.

IV. Voraussetzungen für Einschränkungen

1. Gesetzliche Grundlage

Ein Eingriff in die persönliche Freiheit bedarf einer gesetzlichen Grundlage. Handelt es sich um einen *schweren Eingriff,* so ist eine klare, unzweideutige Grundlage in einem Gesetz (und nicht bloss in einer Verordnung) notwendig, und das Bundesgericht prüft mit freier Kognition, ob der Eingriff sich genügend auf eine solche Grundlage stützen kann (BGE 122 I 360, 363). Einen sehr schweren Eingriff stellt z.B. die medikamentöse Zwangsbehandlung mit Neuroleptika in einer psychiatrischen Klinik während eines fürsorgerischen Freiheitsentzugs dar. Während der Freiheitsentzug als schwerer Eingriff in die Bewegungsfreiheit einer Grundlage im Gesetz selbst bedarf, bewirkt die zwangsweise Medikation einen schweren Eingriff in die körperliche und geistige Unversehrtheit, der sich ebenfalls auf eine klare gesetzliche Grundlage stützen muss und bei deren Durchführung der zentral betroffenen Menschenwürde Rechnung zu tragen ist (BGE 127 I 6, 10 ff. E. 5b). Dagegen stufte das Bundesgericht die Erstellung eines DNA-Profils zu Identifizierungszwecken und dessen Bearbeitung in einem weitgehend anonymisierten Informationssystem nur als *leichte Eingriffe* in das Recht auf körperliche Integrität (Blutentnahme und Wangenschleimhautabstrich) und auf informationelle Selbstbestimmung (vgl. N. 389) ein (BGE 128 II 259, 269 f. E. 3.3).

Besondere Bedeutung hat das Legalitätsprinzip im Zusammenhang mit Eingriffen in die persönliche Freiheit im *Sonderstatusverhältnis* erhalten. Früher bedurfte nur die zwangsweise Begründung eines solchen Verhältnisses (z.B. die Verhaftung) einer gesetzlichen Grundlage. Gemäss neuerer Rechtsprechung sind jedoch auch die wichtigsten mit Haft- oder Strafvollzug verbundenen Freiheitsbeschränkungen durch einen «allgemeinen Erlass» zu regeln (BGE 99 Ia 262, 267 ff., Minelli; vgl. auch N. 330). Der Gesetzgeber darf dabei die Regelung der einzelnen Haftmodalitäten (z.B. Besuche von Angehörigen, Bezug von Zeitungen und Büchern) der Exekutive überlassen, die ihrerseits durch Festlegung der «grandes lignes» den Vollzug steuern muss, jedoch nicht sämtliche Details rechtssatzmässig festzulegen braucht (BGE 106 Ia 277, 282, Groupe Action Prison).

2. Öffentliches Interesse

372 In Betracht kommen in erster Linie polizeiliche Interessen (z.B. öffentliche Gesundheit, öffentliche Sicherheit), ferner die Interessen der Allgemeinheit an der Wahrheitsfindung in Zivil- und Strafprozessen und an der Ahndung von Straftaten.
Ein Freiheitsentzug, der über einen sehr kurzfristigen polizeilichen Gewahrsam hinausgeht, darf nur in den in Art. 5 Ziff. 1 EMRK abschliessend aufgezählten Fällen und nicht unter Berufung auf dort nicht genannte öffentliche Interessen erfolgen.

373 Aus gewissen in der Bundesverfassung statuierten Pflichten (z.B. obligatorischer Grundschulunterricht, Militärdienstpflicht) ergeben sich erhebliche Beschränkungen der persönlichen Freiheit.

3. Verhältnismässigkeit

374 Bei sämtlichen Eingriffen in die persönliche Freiheit ist der Grundsatz der Verhältnismässigkeit zu beachten.

375 So dürfen die Beschränkungen der persönlichen Freiheit im Haftrecht nicht über das hinausgehen, was für die Sicherung des Haftzwecks und das Funktionieren einer Strafanstalt vernünftigerweise erforderlich ist; sie müssen insbesondere dem Gebot eines menschenwürdigen, von schikanösen und sachlich nicht begründeten Eingriffen freien Vollzugs entsprechen. Die in wenigen Kantonen bestehende strenge Einzelhaft (mise au secret), die zu einer fast vollständigen Isolierung des Gefangenen von der Aussenwelt führt, wurde trotz starker Kritik in der Lehre vom Bundesgericht als zulässig betrachtet (BGE 103 Ia 293, Bonzi). Bei der Ausgestaltung der ausländerrechtlichen Administrativhaft ist zu berücksichtigen, dass sie nicht wegen des Verdachts einer Straftat angeordnet wird, sondern dazu dient, den Ausländer bis zum Verlassen des Landes festzuhalten; daher erfordert der Haftzweck regelmässig keine Beschränkungen des Kontakts mit Mithäftlingen in der gleichen Situation oder mit der Aussenwelt (BGE 122 I 222, 227, Adir Cumali; BGE 122 II 299, 303 ff. E. 3c).

376 Die obligatorische Schutzimpfung gegen Diphtherie hält das Bundesgericht, weil in der Regel ungefährlich und wenig schmerzhaft, für einen verhältnismässigen Eingriff zum Schutz der öffentlichen Gesundheit (BGE 99 Ia 747, 749 ff., Etienne).

377 Subtile Interessenabwägungen (im Sinne der Herstellung praktischer Konkordanz, vgl. N. 319) waren bei der Beurteilung eines Genfer Gesetzes über die Organtransplantation (vgl. N. 365) vorzunehmen. Gegen das Recht zur Bestimmung über den toten Körper waren die Interessen von Patienten abzuwägen, denen nur mit einer Transplantation geholfen werden kann. Immer wieder sterben Menschen, weil Spenderorgane nicht in genügender Zahl vorhanden sind. Das Bundesgericht betrachtete unter diesen Umständen eine gesetzliche Regelung, die bei Fehlen eines

Widerspruchs (Anordnung des Verstorbenen zu Lebzeiten, subsidiär Einspruch der Angehörigen) von einer vermuteten Einwilligung ausgeht, als mit der Verhältnismässigkeit vereinbar, sofern der Staat die Bevölkerung direkt und wiederholt auf die für alle im Kanton wohnhaften Personen geltende Regelung aufmerksam macht und die Angehörigen umgehend über einen Todesfall informiert werden (BGE 123 I 112, Rolf Himmelberger). Auf S. 136 führte das Bundesgericht aus:

> «Toutefois, comme on l'a vu, la liberté personnelle des intéressés ne peut pas être considérée isolément; elle doit être mise en balance, notamment, avec l'intérêt privé des personnes en attente d'une greffe, attente qui participe de l'intérêt plus général lié au droit à la vie et à l'amélioration des conditions d'existence des malades.»

Das seither ergangene Bundesgesetz über die Transplantation von Organen, Geweben und Zellen (Transplantationsgesetz) vom 8. Oktober 2004 (BBl 2004, 5453 ff.) trifft eine strengere Lösung, indem es die Zustimmung des Betroffenen oder seiner nächsten Angehörigen verlangt.

4. Absoluter Schutz des Kerngehalts

Eingriffe in die persönliche Freiheit sind grundsätzlich nur zulässig, wenn sie das Grundrecht weder völlig unterdrücken noch seines Gehalts als fundamentale Institution unserer Rechtsordnung entleeren (BGE 90 I 29, 38, Castella; BGE 97 I 45, 50). 378

In BGE 98 Ia 508, Gross, hat das Bundesgericht das Recht auf Leben – zu kategorisch – dem absolut geschützten Kernbereich zugeordnet, nicht aber das Verfügungsrecht über den toten Körper. In BGE 106 Ia 277, Groupe Action Prison, wird der Versuch unternommen, zu umschreiben, wann Massnahmen im Haftvollzug den Wesenskern der persönlichen Freiheit verletzen. Vgl. auch N. 324 ff. und 344 f. 379

§ 12 Schutz der Privatsphäre

> **Literatur**

BERTSCHI MARTIN/GÄCHTER THOMAS, Der Anwesenheitsanspruch aufgrund der Garantie des Privat- und Familienlebens, ZBl 104 (2003) 225 ff.; BREITENMOSER STEPHAN, Der Schutz der Privatsphäre gemäss Art. 8 EMRK, Diss. Basel 1986; CARONI MARTINA, Privat- und Familienleben zwischen Menschenrecht und Migration, Diss. Bern 1998; GRANT PHILIP, La protection de la vie familiale et de la vie privée en droit des étrangers, Diss. Genève 2000; SCHREPFER THOMAS W., Datenschutz und Verfassung, Diss. Bern 1985; VON GUNTEN JEAN-MARC, Das Grundrecht der Unverletzlichkeit der Wohnung, Diss. Zürich 1992; WALTER JEAN-PHILIPPE, La protection de la personnalité lors du traitement de données à des fins statistiques, Diss. Fribourg 1988.

> **Rechtliche Grundlagen**

- Art. 13 BV
- Art. 8 EMRK
- Art. 17 UNO-Pakt II

I. Rechtliche Grundlagen

380 Bereits unter der alten Bundesverfassung von 1874 war der Schutz der Privatsphäre als wichtiger Teilgehalt des ungeschriebenen Rechts der persönlichen Freiheit anerkannt. Art. 36 Abs. 4 aBV gewährleistete zudem ausdrücklich die Unverletzlichkeit des Post- und Telegrafengeheimnisses. Art. 8 EMRK, wonach jede Person das Recht auf Achtung ihres Privat- und Familienlebens, ihrer Wohnung und ihrer Korrespondenz hat, schützt die Privatsphäre in umfassender Weise. An diese Rechtslage knüpft der inhaltlich weitgehend mit Art. 8 EMRK übereinstimmende Art. 13 Abs. 1 BV an. Art. 13 Abs. 2 BV verankert ausdrücklich den Anspruch auf Datenschutz, dem im Zeitalter der Informationsgesellschaft besondere Bedeutung zukommt.

II. Schutzobjekte von Art. 13 BV

1. Achtung des Privat- und Familienlebens

Die Privatsphäre wird durch heimliche Überwachungsmassnahmen betroffen. Schon 1983 entschied das Bundesgericht, dass der *Einsatz technischer Überwachungsgeräte* durch den Staat in die persönliche Freiheit und die durch Art. 8 EMRK geschützte Privatsphäre eingreife (BGE 109 Ia 273, 279 f., Vest). Dagegen vertrat das Bundesamt für Justiz in einem Gutachten die Auffassung, dass die Grenzüberwachung per Video für sich allein nicht vom Schutzbereich der persönlichen Freiheit erfasst werde, sofern die Bilder nicht aufgezeichnet würden (VPB 58 [1994] Nr. 75, S. 568 ff.).

Das Recht auf Privat- und Familienleben ist vor allem im *Ausländerrecht* von erheblicher praktischer Bedeutung. Es kann Fernhalte- und Entfernungsmassnahmen gegen Ausländern entgegenstehen, wenn diese besonders intensive private Beziehungen in der Schweiz unterhalten (BGE 120 Ib 16, 21 f. E. 3b, Yamina B) oder wenn deren Familienangehörige in der Schweiz weilen. Vorausgesetzt wird im letzteren Fall, dass der Betroffene über intakte und tatsächlich gelebte Familienbande zu nahen Verwandten verfügt, die in der Schweiz leben und hier ein gefestigtes Anwesenheitsrecht haben (Schweizer Bürgerrecht oder Niederlassungsbewilligung oder Aufenthaltsbewilligung, die auf einem festen Rechtsanspruch beruht); zudem muss durch die drohende fremdenpolizeiliche Massnahme die Einheit und das Zusammenleben der Familie gefährdet sein (Zusammenfassung der Praxis in BGE 130 II 281, 285 ff.). Eine solche Beeinträchtigung besteht nicht, wenn es den Familienmitgliedern des betroffenen Ausländers zumutbar ist, diesem ins Ausland zu folgen (BGE 110 Ib 201, 205 f. E. 2, Reneja). Gleichgeschlechtliche Partnerschaften stellen kein «Familienleben» i.S. von Art. 13 Abs. 1 BV dar, doch kann die Verweigerung einer fremdenpolizeilichen Bewilligung an den ausländischen Partner dessen «Privatleben» berühren (BGE 126 II 425). Soweit EU-Bürger und deren Familienangehörigen betroffen sind, ist das Freizügigkeitsabkommen vom 21. Juni 1999 zu beachten (Anwendungsfall: BGE 130 II 176).

Vgl. zur Abgrenzung zum Recht auf Familie (Art. 14 BV) N. 393.

2. Unverletzlichkeit der Wohnung

Die in zahlreichen Kantonsverfassungen als besonderes Grundrecht aufgeführte und nun auch in Art. 13 Abs. 1 BV ausdrücklich geschützte Unverletzlichkeit der Wohnung ist vor allem im Zusammenhang mit polizeilichen Zwangsmassnahmen wie Hausdurchsuchungen zu beachten. Der Grundrechtsschutz erfasst auch vorübergehend bewohnte Räume wie Hotelzimmer und Wohnwagen. Zu Kontroversen Anlass gab die Frage, wie weit auch Geschäftsräume und Autos darunter fallen (vgl. dazu JÖRG PAUL MÜLLER, Grundrechte in der Schweiz, S. 123 ff.).

3. Schutz des Brief-, Post- und Fernmeldeverkehrs

384 Das *Briefgeheimnis* des Untersuchungsgefangenen wurde schon früh vom Bundesgericht als Teilelement der persönlichen Freiheit geschützt (BGE 107 Ia 148).

385 Die Frage, wie weit der *Fernmeldeverkehr* zur Verfolgung von Verbrechen oder Vergehen überwacht werden darf, hat in- und ausländische Gerichte und auch den Europäischen Gerichtshof für Menschenrechte wiederholt beschäftigt. Art. 43 des Fernmeldegesetzes vom 30. April 1997 (SR 784.10) verbietet den mit fernmeldetechnischen Aufgaben betrauten Einrichtungen, Dritten gegenüber Angaben über den Fernmeldeverkehr von Teilnehmerinnen oder Teilnehmern zu machen. Eine staatlich angeordnete Überwachung des Post- und Fernmeldeverkehrs ist nur im Rahmen von Strafverfahren des Bundes oder eines Kantons sowie zum Vollzug von Rechtshilfeersuchen zulässig. Die strengen Voraussetzungen und das Verfahren der Überwachung werden nun ausführlich geregelt im *Bundesgesetz betreffend die Überwachung des Post- und Fernmeldeverkehrs (BÜPF)* vom 6. Oktober 2000 (SR 780.1). Die Überwachungsanordnung bedarf immer der Genehmigung durch eine richterliche Instanz (Art. 7 BÜPF). Nach Beendigung der Überwachung sind die verdächtigten Personen – gesetzlich umschriebene Ausnahmefälle vorbehalten – darüber zu informieren (Art. 10 BÜPF).

386 Das Fernmeldegeheimnis gilt auch für den *E-Mail-Verkehr* über Internet und erfasst ebenfalls die Erhebung von Randdaten wie Angaben über Absender und Sendezeitpunkt (BGE 126 I 50, 64 ff. E. 6, Swiss Online AG); auch der Provider kann sich auf das Fernmeldegeheimnis berufen (a.a.O., S. 57).

4. Datenschutz

387 Bereits in BGE 107 Ia 52, 56 ff., betrachtete das Bundesgericht die Veröffentlichung des Namens eines fruchtlos gepfändeten Schuldners im kantonalen Amtsblatt, allein um allfälligen Gläubigern den Weg zum Betreibungsamt zu ersparen, als unverhältnismässigen Eingriff in die persönliche Freiheit.

388 Aus der persönlichen Freiheit leitete das Bundesgericht später ein – unabhängig von pendenten oder abgeschlossenen Verfahren – bestehendes Auskunftsrecht von Privaten bezüglich der sie betreffenden und von einer Behörde registrierten Daten ab (BGE 113 Ia 257, 263 ff.; vgl. auch BGE 125 I 257, 260, mit weiteren Hinweisen).

389 Heute ergibt sich aus Art. 10 Abs. 2 in Verbindung mit Art. 13 BV, dass jeder selbst über die Offenlegung seiner persönlichen Lebenssachverhalte entscheidet, Einsicht in die ihn betreffenden persönlichen Daten verlangen darf und, wie Art. 13

Abs. 2 BV ausdrücklich festhält, Anspruch auf Schutz vor Missbrauch seiner persönlichen Daten hat. Diese Rechte werden oft unter dem Begriff der *informationellen Selbstbestimmung* zusammengefasst.

Der Bundesgesetzgeber hat dem Anliegen des Datenschutzes im Bundesgesetz über den Datenschutz vom 19. Juni 1992 (SR 235.1) Rechnung getragen und das Bearbeiten von Daten durch Private und Bundesbehörden eingehend geregelt. Für den Bereich der kantonalen Verwaltungen sind kantonale Datenschutzgesetze einschlägig. 390

§ 13 Recht auf Ehe und Familie

> Literatur

AFFOLTER ANNY, Über das verfassungsmässige Recht zur Ehe, Diss. Bern 1944; GÖTZ ERNST, Eheschliessung von Strafgefangenen, ZBl 58 (1957) 353 ff.; SCHERLER KATHRIN, Das Recht zur Ehe und die Beschränkung der Ehefreiheit aus eugenischen Gründen, Diss. Bern 1950; THÜRER DANIEL, Familientrennung durch Staatsgrenzen?, in: FS für Cyril Hegnauer, Bern 1986, S. 573 ff.

Vgl. auch die Literaturhinweise zu § 12 betreffend das Recht auf Familienleben.

> Rechtliche Grundlagen

– Art. 14 BV (Art. 54 Abs. 1 und 2 aBV)
– Art. 8, 12 EMRK
– Art. 23 UNO-Pakt II

I. Schutzobjekt

391 Die Ehefreiheit ist das *Recht,* unbeeinträchtigt durch staatliche, insbesondere polizeiliche Einschränkungen eine *Ehe einzugehen* und eine *Familie zu gründen* (so ausdrücklich Art. 12 EMRK und Art. 23 Abs. 2 UNO-Pakt II).

392 Die Frage, ob das Recht auf Ehe auch ein Recht auf eheliches Zusammenleben enthalte, wurde vom Bundesgericht offengelassen:

> «Inwieweit das Recht zur Ehe ein Menschenrecht darstellt, das nicht nur innerhalb bestimmter polizeilicher Schranken ein Recht auf Eheabschluss, sondern darüber hinaus ein Recht auf den Vollzug der Ehe, d.h. ein Recht auf eheliches Zusammenleben beinhaltet ..., braucht unter diesen Umständen nicht entschieden zu werden.» (ZBl 73 [1972] 373)

393 Das Recht auf eheliches Zusammenleben wird vor allem durch Art. 13 Abs. 1 BV in Verbindung mit Art. 8 EMRK geschützt (vgl. N. 382). Im Übrigen ist die Abgrenzung des Rechts auf Familie i.S. von Art. 14 BV gegenüber dem Anspruch auf Achtung des Familienlebens gemäss Art. 13 Abs. 1 BV unklar. Der bundesrätliche Entwurf enthielt die Formulierung «Das Recht auf Ehe ist gewährleistet». Der Vorschlag der Verfassungskommission des Nationalrates, das Recht auf Familie anzufügen, setzte sich schliesslich in der parlamentarischen Beratung im neuen Art. 14 BV durch

(vgl. Amtl. Bull. NR 1998 [Separatdruck], S. 157, 209 und 226). Es dürfte empfehlenswert sein, in staatsrechtlichen Beschwerden, die sich gegen staatliche Eingriffe in das Familienleben richten, sowohl Art. 13 wie auch Art. 14 BV anzurufen.

Das Bundesgericht geht davon aus, dass staatliche Regelungen, welche Ehepaare in spezifischer Weise benachteiligen (z.B. gegenüber Konkubinatspaaren), gegen die Ehefreiheit verstossen können (BGE 110 Ia 7, 25, Hegetschweiler). 394

Andere Formen des gemeinschaftlichen Zusammenlebens, insbesondere das Konkubinat, sind nicht durch die Ehefreiheit, wohl aber durch die persönliche Freiheit (Art. 10 Abs. 2 BV) und den Schutz der Privatsphäre (Art. 13 Abs. 1 BV) geschützt. Die Nichtanerkennung einer im Ausland geschlossenen Ehe unter gleichgeschlechtlichen Partnern durch schweizerische Behörden verstösst nicht gegen die Ehefreiheit (BGE 119 II 264, 267 f. E. 4; vgl. auch BGE 126 II 425, 431 f.). 395

II. Einschränkungen

1. Ehehindernisse des ZGB

Das Zivilgesetzbuch nennt in Art. 95 und 96 Gründe, die das Eingehen einer Ehe ausschliessen (Verwandtschaft und Stiefkindverhältnis, keine schon bestehende Ehe). Das Eheverbot des Art. 95 Abs. 1 Ziff. 2 ZGB lässt die Eheschliessung auch dann nicht zu, wenn aus der Beziehung zwischen Stiefelter und Stiefkind Kinder hervorgegangen sind (BGE 128 III 113). Gemäss Art. 94 Abs. 1 ZGB müssen die Brautleute 18 Jahre alt und urteilsfähig sein. An die Urteilsfähigkeit dürfen im Interesse der Ehefreiheit keine hohen Anforderungen gestellt werden (Pra 73 [1984] Nr. 110). 396

Damit einem Ausländer die Eheschliessung in der Schweiz bewilligt wird, muss er minimale Beweise seiner Ehefähigkeit erbringen können, z.B. den Nachweis des Fehlens einer noch gültigen früheren Ehe (BGE 113 II 1). 397

Eine dem schuldigen Ehegatten im Scheidungsurteil auferlegte Wartefrist für die Eingehung einer neuen Ehe (wie sie früher im ZGB in Art. 104 und 150 vorgesehen war) verstösst nach Ansicht des Europäischen Gerichtshofs für Menschenrechte gegen Art. 12 EMRK (VPB 51 [1987] Nr. 86 und EuGRZ 1993, 130 ff.). Dagegen fand die Europäische Kommission für Menschenrechte, die Anwendung von ausländischem Recht, das eine Scheidung nicht zulasse und daher eine neue Heirat ausschliesse, verstosse nicht gegen Art. 12 EMRK (VPB 47 [1983] Nr. 199). 398

2. Einschränkungen für Gefangene

In einem unveröffentlichten Entscheid vom 18. November 1981 (resümiert in der NZZ Nr. 269 vom 19. November 1981, S. 31) schützte das Bundesgericht die Ab- 399 lehnung eines Urlaubsgesuches, das ein zu lebenslänglichem Zuchthaus Verurteilter eingereicht hatte, um zu heiraten. Eine Minderheit der Richter wäre jedoch bereit gewesen, aus Art. 54 aBV (= Art. 14 BV) und Art. 12 EMRK ein Recht auf Ehe auch für Gefangene grundsätzlich anzuerkennen.

400   Die frühere Europäische Kommission für Menschenrechte ging bereits 1980 in zwei Fällen (Draper v. Grossbritannien, Hamer v. Grossbritannien, resümiert in EuGRZ 1982, 531 f.) davon aus, dass dem Gefangenen gemäss Art. 12 EMRK ein Recht auf Heirat zustehe. Dass der Vollzug der Ehe während der Dauer des Freiheitsentzugs nicht möglich sei, ist nach Ansicht der Kommission kein Grund, dem Gefangenen das Recht auf Eheabschluss zu verweigern, weil die Ehe im Wesentlichen in einem freiwillig eingegangenen Rechtsband bestehe und, selbst wenn sie nicht vollzogen werde, zur Stabilisierung und Resozialisierung des Täters beitragen könne.

401   In der Untersuchungshaft sind bei Kollusionsgefahr weiter gehende Beschränkungen als im Strafvollzug zulässig. So kann das öffentliche Interesse an der Aufklärung von schweren Gewaltverbrechen und an einem ungestörten Gang der noch laufenden Strafuntersuchung dem Wunsch eines Angeschuldigten vorgehen, einer inhaftierten Mitverdächtigen einen schriftlichen Heiratsantrag zu machen (BGE 117 Ia 465, 467 f. E. 2b).

402   Nach Ansicht der Europäischen Kommission für Menschenrechte vermittelt Art. 8 EMRK keinen Anspruch des verheirateten Strafgefangenen auf unüberwachten Besuch durch den Ehegatten im Gefängnis (VPB 47 [1983] Nr. 184).

§ 14 Glaubens- und Gewissensfreiheit

Literatur

AUBERT JEAN-FRANÇOIS, L'Islam à l'école publique, in: Der Verfassungsstaat vor neuen Herausforderungen, FS für Yvo Hangartner, St. Gallen/Lachen SZ 1998, S. 479 ff.; CONRING HANS-TJABERT, Korporative Religionsfreiheit in Europa: Eine rechtsvergleichende Betrachtung; zugleich ein Beitrag zu Art. 9 EMRK, Bern/Frankfurt a.M. 1994; FAMOS CLA RETO, Die öffentliche Anerkennung von Religionsgemeinschaften im Lichte des Rechtsgleichheitsprinzips, Diss. St. Gallen 1998; FRIEDRICH UELI, Kirchen und Religionsgemeinschaften im pluralistischen Staat: Zur Bedeutung der Religionsfreiheit im schweizerischen Staatskirchenrecht, Diss. Bern 1993; FUCHS JOHANNES G., Kirche und Staat in demokratischer Verbindung, Basel 1974; GUT WALTER, Kreuz und Kruzifix in öffentlichen Räumen, Zürich 1997; HAFNER FELIX, Glaubens- und Gewissensfreiheit, in: Verfassungsrecht der Schweiz, § 44; HILDEBRANDT UTA, Das Grundrecht auf Religionsunterricht: eine Untersuchung zum subjektiven Rechtsgehalt des Art. 7 Abs. 3 GG, Tübingen 2000; KARLEN PETER, Das Grundrecht der Religionsfreiheit in der Schweiz, Diss. Zürich 1988; KARLEN PETER, Umstrittene Religionsfreiheit, ZSR NF 116/I (1997) 193 ff.; KIENER REGINE/KUHN MATHIAS, Die bau- und planungsrechtliche Behandlung von Kultusbauten im Lichte der Glaubens- und Gewissensfreiheit, ZBl 104 (2003) 617 ff.; KRAUS PETER, Schweizerisches Staatskirchenrecht, Tübingen 1993; PACHE DANIEL, Les impôts ecclésiastiques, Diss. Lausanne 1980; PAHUD DE MORTANGES RENÉ (Hrsg.), Das Religionsrecht der neuen Bundesverfassung, Fribourg 2001; PILGRIM JÜRG, Allgemeine Wehrpflicht und Glaubens- und Gewissensfreiheit, Diss. Zürich 1978; RASELLI NICCOLÒ, Schickliche Beerdigung für «Andersgläubige», AJP 1996, 1103 ff.; RÜEGG CHRISTOPH, Die privatrechtlich organisierten Religionsgemeinschaften in der Schweiz, Diss. Zürich 2002; WINZELER CHRISTOPH, Fremde Religionen in der Schweiz, ZSR NF 117/I (1998) 237 ff.; WYSS MARTIN PHILIPP, Glaubens- und Religionsfreiheit zwischen Integration und Isolation, ZBl 95 (1994) 385 ff.

Rechtliche Grundlagen

– Art. 15 BV (Art. 27 Abs. 3, Art. 49, 50 und 53 Abs. 2 aBV)
– Art. 9 EMRK
– Art. 18 und 27 UNO-Pakt II

Materialien

– Botschaft des Bundesrates über die Aufhebung des Jesuiten- und Klosterartikels der Bundesverfassung vom 23. Dezember 1971, BBl 1972 I 105 ff.
– Botschaft des Bundesrates über die Ersetzung des Schächtartikels der Bundesverfassung durch einen Tierschutzartikel vom 15. November 1972, BBl 1972 II 1478 ff.
– Bericht des Bundesrates über das Volksbegehren für die Schaffung eines Zivildienstes («Münchensteiner Initiative») vom 10. Januar 1973, BBl 1973 I 89 ff.
– Botschaft des Bundesrates über die Volksinitiative betreffend die vollständige Trennung von Staat und Kirche vom 6. September 1978, BBl 1978 II 665 ff.
– Bericht der Staatspolitischen Kommission des Nationalrates zur parlamentarischen Initiative Aufhebung des «Bistumsartikels» (Art. 72 Abs. 3 [a]BV), BBl 2000, 4038 ff.

I. Bedeutung und geschichtliche Entwicklung der Religionsfreiheit

403 Religionsfreiheit bedeutet, dass das Individuum in Selbstverantwortung, ohne staatliche Einmischung, über religiöse Fragen entscheiden kann. Historisch betrachtet, ist eine solche Toleranz des Staates keine Selbstverständlichkeit. Über viele Jahrhunderte hinweg konnte der Einzelne seine Religion nicht frei wählen, weil die Obrigkeit, insbesondere der Landesfürst, darüber bestimmte. Im Zusammenhang mit den Menschenrechtserklärungen des ausgehenden 18. Jahrhunderts begann die Religionsfreiheit eine wichtige Rolle zu spielen.

404 Auch die Anfänge des schweizerischen Bundesstaates waren vom Kampf um die Überwindung religiöser Gegensätze geprägt (Sonderbundskrieg). Die Bundesverfassung von 1848 gewährte nur Kultusfreiheit für anerkannte christliche Konfessionen. 1874 wurde die Religionsfreiheit im heute geltenden Umfang in Art. 49 und 50 aBV verankert. Allerdings galten bis 1973 konfessionelle Ausnahmeartikel (Jesuitenverbot und Klosterartikel). In der Verfassung von 1999 ist die Religionsfreiheit unter der Bezeichnung Glaubens- und Gewissensfreiheit in Art. 15 gewährleistet. Darin enthalten ist auch die Kultusfreiheit, welche früher in einem separaten Artikel (Art. 50 aBV) aufgeführt wurde. Die neue, moderne Formulierung legt das Schwergewicht auf die menschenrechtlichen Aspekte der Religionsfreiheit. Die Sicherung des Religionsfriedens, der bei der Gründung des schweizerischen Bundesstaates noch grosse Bedeutung zukam, wird nur noch im Rahmen der Zuständigkeitsregelungen angesprochen (vgl. Art. 72 Abs. 2 BV).

II. Glaubens- und Gewissensfreiheit

1. Schutzobjekt

405 Die Glaubens- und Gewissensfreiheit ist das Recht des Einzelnen, in seiner religiösen Überzeugung sowie deren Ausübung und Verbreitung nicht durch staatliche Vorschriften eingeschränkt zu werden.

406 Gemäss Art. 15 Abs. 2 BV hat jede Person das Recht, *ihre Religion oder ihre weltanschauliche Überzeugung* frei zu wählen. Der Begriff der *Religion* wurde durch Lehre und Rechtsprechung hinreichend konkretisiert. Geschützt sind demnach alle Überzeugungen, die sich auf das Verhältnis des Menschen zum Göttlichen, zum Transzendenten beziehen und weltanschauliche Dimensionen haben, alle Bekenntnisse unabhängig von ihrem Inhalt, auch der Atheismus (vgl. ULRICH HÄFELIN in Kommentar aBV, Art. 49, Rz. 5). Der Begriff der *Weltanschauung* ist hingegen noch wenig geklärt (vgl. JÖRG PAUL MÜLLER, Grundrechte in der Schweiz, S. 83 ff.).

Auch sind die Grenzen zur Meinungsfreiheit (Art. 16 BV) fliessend. Dass die Aufnahme dieses Begriffs in die Verfassung den bisherigen Schutzbereich erweitert, scheint zum jetzigen Zeitpunkt eher unwahrscheinlich, wird jedoch durch die Rechtsprechung des Bundesgerichts zu klären sein.

Die Glaubens- und Gewissensfreiheit schützt nicht nur vor Beschränkungen, sondern verpflichtet den Staat auch zur konfessionellen und religiösen Neutralität, wobei dieses Gebot nicht absolut gilt (vgl. zur Tragweite BGE 118 Ia 46, 58, Verein Scientology-Kirche Zürich). 407

a) Recht auf Äusserung und Betätigung religiöser Überzeugungen

Der Schutzbereich der Glaubens- und Gewissensfreiheit beinhaltet die Äusserung und Verbreitung religiöser Auffassungen und die kritische Auseinandersetzung mit religiösen Anschauungen anderer in Wort und Schrift. Art. 15 BV erscheint somit auch als *Spezialnorm im Verhältnis zur Meinungs- und Informationsfreiheit (Art. 16 BV) und zur Medienfreiheit (Art. 17 BV)*. 408

> «Die Glaubens- und Gewissensfreiheit umfasst neben dem Recht des Einzelnen, in seiner religiösen Überzeugung keinen Zwang zu erleiden, auch das Recht, Glaubensansichten zu äussern und religiöse Lehren und Überzeugungen zu verbreiten ..., dazu gehört auch die Freiheit, Pfarrer in einem bestimmten Bekenntnis auszubilden.» (BGE 97 I 116, 120 f., Verein Freie Evangelisch-Theologische Hochschule Basel)

Gemäss Art. 15 Abs. 2 hat jeder Mensch nicht nur die Freiheit, seine Religion oder Weltanschauung frei zu wählen, sondern auch, sie allein oder in Gemeinschaft mit anderen zu bekennen *(sog. Kultusfreiheit)*. Jeder Mensch hat somit das Recht, nach seiner religiösen Überzeugung zu leben und die damit verbundenen Handlungen vorzunehmen. Darunter fallen die eigentlichen Kultushandlungen wie Predigt, Messe, Gemeinschaftsgebet und religiöse Prozessionen. 409

Ebenso geschützt wird das Befolgen religiöser Vorschriften wie das Einhalten von religiösen Feiertagen und Vorschriften des täglichen Lebens, wie Bekleidungsvorschriften, Fasten und das Respektieren von Speisetabus. 410

Die *Gründung von Religionsgemeinschaften ist frei* und darf, wie die Gründung von Vereinen, nicht einer Bewilligungspflicht unterstellt werden. 411

Alle Religionsgemeinschaften geniessen das gleiche Recht auf freie Kultusausübung. Doch werden bestimmte religiöse Bekenntnisse in den meisten Kantonen stark privilegiert. Vgl. N. 444. 412

b) Kein staatlicher Zwang zur Zugehörigkeit zu einer Religionsgemeinschaft (Art. 15 Abs. 4 BV)

Niemand darf gezwungen werden, einer Religionsgemeinschaft beizutreten oder anzugehören. 413

414 Der Staat darf den Einzelnen auch nicht daran hindern, aus einer Kirche auszutreten. Der Austritt muss jederzeit möglich sein und darf nicht durch schikanöse Vorschriften erschwert oder unnötig verzögert werden. Anderseits verbietet Art. 15 Abs. 4 BV den Landeskirchen nicht, den Kirchenaustritt zu regeln. Das Erfordernis einer klaren und eindeutigen Erklärung des Austritts ist im Interesse der Rechtssicherheit gerechtfertigt und mit der Religionsfreiheit vereinbar (ZBl 85 [1984] 133). Ferner dürfen die Landeskirchen in einem formellen Verfahren den Austrittswillen verifizieren, um einen überstürzten Austritt unter dem momentanen Einfluss von Drittpersonen nach Möglichkeit zu verhindern. Nach Ansicht des Bundesgerichts ist sogar eine kantonale Regelung, wonach der Austrittswille nach Ablauf einer gewissen Zeit seit Abgabe der ersten Erklärung durch eine zweite, beglaubigte Erklärung bestätigt werden muss, mit der Religionsfreiheit vereinbar, sofern der Austritt rückwirkend auf den Zeitpunkt der ersten Erklärung wirksam wird (BGE 104 Ia 79, 84 ff.). Unseres Erachtens stellt dieser Entscheid eine verfassungswidrige Privilegierung der Landeskirchen dar; er trägt dem sich aus Art. 15 Abs. 4 BV ergebenden Anspruch auf jederzeitigen Kirchenaustritt viel zu wenig Rechnung.

Überhaupt erscheint die Mitgliedschaftspräsumtion bei öffentlich-rechtlich anerkannten Kirchen als verfassungsrechtlich bedenklich.

c) *Kein staatlicher Zwang zur Vornahme einer religiösen Handlung*
(Art. 15 Abs. 4 BV)

415 Religiöse Handlungen sind z.B. das Schulgebet, der Feldgottesdienst, der religiöse Eid, die Taufe, eine Prozession und das Einhalten konfessioneller Feiertage.

d) *Kein obligatorischer Religionsunterricht an öffentlichen Schulen*
(Art. 15 Abs. 4 BV)

416 Darüber, ob ein Kind den Religionsunterricht besuchen muss, entscheiden bis zu seiner Religionsmündigkeit die Eltern. Der Unterricht in Biblischer Geschichte ist daher als fakultatives Fach und getrennt vom übrigen Unterricht zu erteilen; die Dispensation von diesem Fach hat so zu erfolgen, dass der dispensierte Schüler während des Religionsunterrichts nicht im Klassenzimmer verbleiben muss (Urteil des Bundesgerichts vom 19. Januar 1993 in ZBl 94 [1993] 219 ff.).

In Privatschulen ist obligatorischer Religionsunterricht zulässig.

In einem engen Zusammenhang damit steht die konfessionelle Neutralität der öffentlichen Schulen (vgl. N. 423 f.).

e) *Beschränkung von Kultussteuern*

417 Früher wurde in Art. 49 Abs. 6 aBV statuiert, dass niemand gehalten sei, Kultussteuern für eine Religionsgemeinschaft zu bezahlen, der er nicht angehörte. Art. 49 Abs. 6 aBV wurde vom Bundesgericht unmittelbar angewendet, da das dort erwähnte Bundesgesetz nie erlassen wurde. Diese Bestimmung wurde nicht in die

neue Verfassung übernommen, kann jedoch aus Art. 15 Abs. 1 und 4 BV abgeleitet werden. Eine Regelung auf Gesetzesstufe ist vorgesehen (vgl. BBl 1997 I 111).

Kultussteuern sind Steuern, die *speziell* für *Kultuszwecke* verwendet werden. Dazu gehören die von den Kirchgemeinden und Landeskirchen erhobenen Steuern. Dagegen müssen Andersgläubige und Konfessionslose die allgemeinen kantonalen Steuern auch soweit zahlen, als damit Beiträge an die Kirchen (z.B. Pfarrerbesoldungen) finanziert werden; bei Gemeindesteuern können aber gemäss der in dieser Hinsicht sehr kreativen bundesgerichtlichen Praxis die Steuerpflichtigen die Bezahlung der Quote, die für Kultuszwecke einer anderen Religionsgemeinschaft bestimmt ist, verweigern (BGE 107 Ia 126, 130, Stutz). 418

Im selben Entscheid äusserte sich das Bundesgericht auch zur Frage, wann eine Steuer für «eigentliche Kultuszwecke» verwendet werde. Nicht entscheidend ist, auf welche Art und Weise eine Steuer erhoben wird. Vielmehr kommt es darauf an, wofür die Steuererträge ausgegeben werden. Als eigentliche Kultuszwecke gelten etwa Unterhalt von Kirchen und Pfarrhäusern oder Aufwendungen für Gottesdienst und Kultusgegenstände. Aber auch soweit die Kirche soziale, fürsorgerische und erzieherische Aufgaben – im Wettbewerb mit anderen – wahrnimmt, wäre es nach Auffassung des Bundesgerichts stossend und würde der Glaubens- und Gewissensfreiheit widersprechen, wenn der Andersgläubige oder Konfessionslose zur Finanzierung einer derartigen Tätigkeit, die naturgemäss im Sinne einer bestimmten Glaubensrichtung (oder sogar mit missionarischer Absicht) wahrgenommen wird, herangezogen werden könnte. 419

Von *konfessionell gemischten Familien* darf von der jeweiligen Religionsgemeinschaft nur ein Bruchteil der vollen Kirchensteuer verlangt werden, welcher dem Verhältnis der verschiedenen Kirchenzugehörigkeiten innerhalb der besteuerten Familie entspricht (BGE 100 Ia 255; vgl. auch BGE 128 I 317). 420

Dagegen hat das Bundesgericht seit 1878 in ständiger Praxis die Verfassungsmässigkeit der *Kirchensteuerpflicht juristischer Personen* bejaht (letztmals in BGE 126 I 122, 125 ff., Model AG). In der Lehre lehnt eine Mehrheit von Autoren die Kirchensteuerpflicht von juristischen Personen – unseres Erachtens zu Recht – als verfassungswidrig ab (vgl. ULRICH HÄFELIN in Kommentar BV, Art. 49, Rz. 100 ff.). In Deutschland erklärte das Bundesverfassungsgericht die Kirchensteuerpflicht juristischer Personen als verfassungswidrig (BVerfGE 19, 206 ff.). 421

Juristische Personen, die selbst religiöse Zwecke verfolgen, sind allerdings schon nach heutiger Praxis nicht gehalten, Kultussteuern für andere Religionsgemeinschaften zu entrichten. 422

f) Konfessionelle Neutralität öffentlicher Schulen

Der Unterricht in den öffentlichen Schulen hat konfessionell neutral zu sein. Dies ergibt sich einerseits aus Art. 15 Abs. 4 BV, anderseits aus Art. 62 Abs. 2 BV (staatliche Leitung oder Aufsicht des Grundschulunterrichts). Fakultativer Religionsunterricht bedeutet keinen Verstoss gegen diese Vorschrift. Dagegen fand das Bundes- 423 gericht, dass das Anbringen von Kruzifixen in den Klassenzimmern einer Primarschule gegen die Pflicht zur religiösen Neutralität der öffentlichen Schulen verstosse (BGE 116 Ia 252 ff., Comune di Cadro). Zutreffend führte es auf S. 260 aus:

> «La neutralità confessionale alla quale è tenuto lo Stato assume particolare rilievo nell'ambito della scuola pubblica, poiché l'insegnamento è obbligatorio per tutti, senza alcuna distinzione fra confessioni. In questo campo l'art. 27 cpv. 3 Cost. è il corollario della libertà di credenza e di coscienza ... Tale disposizione ha quale scopo di garantire il rispetto della sensibilità degli individui con convinzioni diverse, evitando che gli stessi possano sentirsi degli estranei. Essa rafforza inoltre il diritto conferito ai genitori dagli art. 49 cvp. 3 e 303 CC ... e protegge da ogni influenza il diritto dei ragazzi di scegliere liberamente – al momento in cui compiono il sedicesimo anno di età – la confessione religiosa (art. 303 cpv. 3 CC).»

424 Auch ein System mit konfessionell getrennten öffentlichen Schulen ist verfassungswidrig (BGE 125 I 347, 357 f.). Im Hinblick auf das Gebot der konfessionellen Neutralität der öffentlichen Schulen – und in ausdrücklicher Parallele zum «Kruzifix-Fall» (Nr. 423) – schützte das Bundesgericht am 12. November 1997 den Entscheid der Genfer Regierung, welcher einer zum Islam konvertierten Schweizer Primarlehrerin verboten hatte, im Unterricht ein muslimisches Kopftuch zu tragen (BGE 123 I 296 ff.; vgl. auch die Kritik von PAUL RICHLI in ZBJV 1998, 228 ff., insbes. 231 ff.).

g) Schickliche Beerdigung

425 Der früher in Art. 53 Abs. 2 aBV statuierte Anspruch auf schickliche Beerdigung ergibt sich heute aus Art. 7 BV, wonach die Würde des Menschen zu achten und zu schützen ist (vgl. N. 222).

426 Die Behörden sind verpflichtet, jedermann eine schickliche Bestattung zu gewährleisten. Verstorbene müssen so bestattet werden, wie es die ortsübliche Ehrung der Toten erfordert. Es darf insbesondere keine Diskriminierung bei der Zuteilung des Grabplatzes geben, und wo es ortsüblich ist, hat auch der Konfessionslose oder Andersgläubige Anspruch auf Glockengeläute, nicht aber auf eine kirchliche Abdankung.

427 Die staatlichen Behörden sind jedoch nicht verpflichtet, eine bestimmte, vom Verstorbenen gewünschte Art der Bestattungsfeier auch gegen den Willen seiner Angehörigen abzuhalten (BGE 97 I 221, 231, Sager).

428 Die Frage, ob ein Angehöriger des Islams Anspruch auf *ewige Totenruhe* in einem öffentlichen Friedhof hat, wurde vom Bundesgericht verneint (BGE 125 I 300, 306 E. 2a, Abd-Allah Lucien Meyers; vgl. die Kritik von JÖRG PAUL MÜLLER in ZBJV 136 [2000] 765 ff.).

429 Der Anspruch auf schickliche Bestattung ist ein *verfassungsmässiges Individualrecht*, welches den Staat zu einem *positiven Tun* verpflichtet. Geltend machen können den Anspruch die nächsten Angehörigen.

Das Bestehen eines ungeschriebenen verfassungsmässigen Rechts auf freie Grab- 430
malgestaltung wurde vom Bundesgericht verneint (BGE 96 I 104, 107).

2. Rechtsträger

Die Glaubens- und Gewissensfreiheit inklusive Kultusfreiheit steht *allen Menschen* 431
unabhängig von ihrer Staatsangehörigkeit in gleicher Weise zu.

Eine Besonderheit besteht in Bezug auf die Mündigkeit: Die *Religionsmündigkeit* 432
tritt bereits mit 16 Jahren ein. Bis zu diesem Zeitpunkt bestimmen gemäss Art. 303
ZGB die Eltern über die religiöse Erziehung ihrer Kinder.

Juristische Personen können sich grundsätzlich nicht auf die Glaubens- und Ge- 433
wissensfreiheit berufen. Eine Ausnahme gilt für juristische Personen, die nach ihren Statuten selbst ein religiöses oder kirchliches Ziel verfolgen (BGE 118 Ia 46,
52, Verein Scientology Kirche Zürich).

Auch öffentlich-rechtlich organisierte Kirchen können in eigenem Namen staats- 434
rechtliche Beschwerde erheben, sei es, um die Interessen ihrer Mitglieder zu wahren oder um – analog einer politischen Gemeinde – ihre Autonomie zu verteidigen
(vgl. BGE 108 Ia 82, 84 ff., evangelisch-reformierte Kirche des Kantons St. Gallen).

3. Einschränkungen

a) *Strafrechtliche Schranken*

Wer öffentlich und in gemeiner Weise Glaubensüberzeugungen anderer beschimpft 435
oder verspottet, religiöse Gegenstände verunehrt oder Kultushandlungen böswillig
beeinträchtigt, begeht ein Vergehen (Art. 261 StGB). Der seit Anfang 1995 in Kraft
stehende Rassendiskriminierungsartikel 261bis StGB bedroht auch schwere Formen
von Diskriminierungen, die gegen eine Religion gerichtet sind, mit Gefängnis oder
Busse.

b) *Polizeiliche Einschränkungen*

Die Glaubens- und Gewissensfreiheit kann aus polizeilichen Gründen beschränkt 436
werden.

Zulässig sind z.B. gewerbepolizeiliche Regelungen für das Hausieren mit religiösen Schriften (BGE 56 I 431, Pfister) und polizeiliche Beschränkungen von Geld-
sammlungen für religiöse Zwecke. Die im Strassenverkehrsrecht vorgesehene Verpflichtung für Motorradfahrer, einen Schutzhelm zu tragen, gilt auch für Angehörige der Religionsgemeinschaft der Sikhs und beeinträchtigt nicht deren Religionsfreiheit (BGE 119 IV 260).

437　Ferner ist ein Verbot des Anwerbens mit täuschenden und unlauteren Methoden auf öffentlichem Grund mit der Religionsfreiheit vereinbar (BGE 125 I 369 ff., Verein Scientology Kirche Basel). Auf S. 384 f. dieses Entscheides führte das Bundesgericht aus:

> «Aus dem Wesen der Religionsfreiheit ergibt sich zum Beispiel, dass das Anwerben für eine Religion grundsätzlich nicht wegen deren Inhalts als täuschend oder unlauter angesehen werden darf. Die Tatsachen, über die getäuscht wird, müssen sich regelmässig ausserhalb des Inhalts einer Religion befinden, da sich die Wahrheit von transzendenten Aussagen definitionsgemäss einer Überprüfung durch staatliche Gerichte entzieht. Einzig die Methode des Anwerbens für irgendeine Sache darf in einer demokratischen Gesellschaft als täuschend oder unlauter angesehen werden, wenn sie die Freiheit, sich für oder gegen diese Sache zu entscheiden, nicht respektiert oder Personen betrifft, die sich nicht frei entscheiden können. In diesem Fall ist eine Beschränkung der Religionsfreiheit zum Schutz der Rechte und Freiheiten anderer notwendig. Diesen nicht immer leichten Weg der verfassungsmässigen Auslegung zu gehen, kann insbesondere den Gerichten, als juristisch geschulten Behörden durchaus zugetraut werden (BGE 125 I 127 E. 10b S. 159). Solange keine Gerichtspraxis dazu besteht, wird die Polizei von sich aus eine Anwerbemethode nur zurückhaltend als täuschend oder unlauter betrachten können.»

438　Die Benützung von öffentlichem Grund für Kultushandlungen (z.B. Prozessionen) kann aus verkehrspolizeilichen Gründen eingeschränkt werden (BGE 108 Ia 41, Rivara). Gegenüber Gesundbetern, die sich diagnostisch oder therapeutisch betätigen, sind gesundheitspolizeiliche Massnahmen zulässig (ZBl 60 [1959] 186). Wegen Seuchengefahr darf sogar die Abhaltung von Gottesdiensten untersagt werden (BGE 49 I 356, 368, katholisches Pfarramt Oerlikon).

439　Im Strafvollzug ergeben sich im öffentlichen Interesse (Verhinderung von Fluchtgefahr, geordneter Anstaltsbetrieb) liegende Einschränkungen der Kultusfreiheit, doch muss die Gottesdienstordnung die Ausübung des Glaubenslebens möglichst gewährleisten, und es ist unzulässig, dabei die öffentlich-rechtlich anerkannten Landeskirchen zu privilegieren. Als rechtswidrig erachtete das Bundesgericht eine Anordnung, die in der Strafanstalt Regensdorf islamischen Häftlingen das gemeinsame Freitagsgebet verwehrte; diese Strafgefangenen haben einen Anspruch darauf, dass für sie ein solches gemeinsames Gebet organisiert werde (BGE 113 Ia 304 ff., Nehal Ahmed Syed). Die Ausübung der Religionsfreiheit umfasst aber nicht jeden von einer gottesdienstlichen oder sonstigen rituellen Handlung ableitbaren Akt. So betrachtete die Europäische Kommission für Menschenrechte die Weigerung der Behörden einer Strafanstalt, aus Sicherheitsgründen einem muslimischen Gefangenen die Bewilligung zu erteilen, den Imam (Vorbeter) beim Freitagsgebet zu vertreten, als mit der Religionsfreiheit gemäss Art. 9 EMRK vereinbar (VPB 63 [1999] Nr. 111, S. 989 f.).

c) Schächtverbot

Schächten ist das Schlachten von Tieren ohne Betäubung vor dem Blutentzug. Nach 440
den Vorschriften der jüdischen und der islamischen Religion ist das Schlachten mit
Betäubung vor dem Blutentzug verboten.

Das früher in Art. 25bis aBV enthaltene Schächtverbot findet sich heute in Art. 441
20 f. des Tierschutzgesetzes vom 9. März 1978 (SR 455).

d) Weitere Einschränkungen

Der in Art. 49 Abs. 5 aBV statuierte *Vorbehalt bürgerlicher Pflichten* wird in der 442
Bundesverfassung von 1999 nicht mehr aufgeführt. An der Rechtslage hat sich dadurch nichts geändert: Die Verpflichtung von männlichen Schweizern, Militärdienst
oder einen zivilen Ersatzdienst zu leisten, wird in Art. 59 Abs. 1 BV statuiert. Der
Grundschulunterricht ist gemäss Art. 62 Abs. 2 BV obligatorisch. Bei der konkreten
Ausgestaltung dieser Pflichten muss jedoch der Glaubens- und Gewissensfreiheit
Rechnung getragen werden. So darf das kantonale Schulrecht die Religionsfreiheit
nicht weiter einschränken, als dies auch vom öffentlichen Interesse geboten und
verhältnismässig ist. Dem Anliegen religiöser Minderheiten, die einem religiösen
Ruhetagsgebot ausserhalb des Sonntags oder eines staatlichen Feiertags nachkommen wollen, ist Rechnung zu tragen, soweit dies mit dem öffentlichen Interesse an
einem geordneten und effizienten Schulbetrieb vereinbar ist (BGE 117 Ia 311, 314 ff.;
vgl. auch BGE 114 Ia 129 ff.). Noch einen Schritt weiter ging das Bundesgericht in
BGE 119 Ia 178, als es entschied, dass eine Schülerin der zweiten Primarklasse auf
Verlangen ihres Vaters vom Schwimmunterricht zu dispensieren sei, weil der Zwang
zum gemeinsamen Schwimmen beider Geschlechter die Religionsfreiheit von strenggläubigen Angehörigen des Islams in unverhältnismässiger Weise beschränke. Der
Entscheid lässt eine vertiefte Auseinandersetzung vor allem mit der Frage der Integration der ausländischen Wohnbevölkerung sowie der Relation zum Verfassungsgebot der Gleichstellung der Geschlechter (Art. 4 Abs. 2a BV = Art. 8 Abs. 3 BV)
vermissen. Vgl. die fundierte Kritik des Urteils durch HANS PETER MOSER in ZBl 95
(1994) 38 f.

III. Verhältnis Kirche und Staat

Auf Bundesebene wurde eine Volksinitiative betreffend die vollständige Trennung 443
von Kirche und Staat im Jahr 1980 deutlich verworfen.

Für die Regelung des Verhältnisses zwischen Kirche und Staat sind die Kantone 444
zuständig (Art. 72 Abs. 1 BV). Nur in den Kantonen Genf und Neuenburg besteht
eine weitgehende Trennung von Staat und Kirche. In den meisten Kantonen werden
bestimmte religiöse Bekenntnisse, vor allem christliche Religionen, stark privilegiert.

445 Bund und Kantone sind im Rahmen ihrer Zuständigkeit befugt, Massnahmen zur Wahrung des öffentlichen Friedens zwischen Angehörigen der verschiedenen Religionsgemeinschaften zu treffen (Art. 72 Abs. 2 BV).

§ 15 Meinungs-, Informations- und Medienfreiheit

> Literatur

AUBERT JEAN-FRANÇOIS, La liberté d'opinion, ZSR NF 92/I (1973) 429 ff.; BARRELET DENIS, Les libertés de la communication, in: Verfassungsrecht der Schweiz, § 45; BARRELET DENIS, Droit de la communication, Bern 1998; BOIS PHILIPPE, La liberté interne des médias, SJZ 80 (1984) 137 ff.; BOSSHART JÜRG, Demonstrationen auf öffentlichem Grund, Diss. Zürich 1973; DUMERMUTH MARTIN, Die Programmaufsicht bei Radio und Fernsehen in der Schweiz, Diss. Basel 1992; GROB FRANZISKA, Die Programmautonomie von Radio und Fernsehen in der Schweiz, Diss. Zürich 1994; HALLER MICHAEL (Hrsg.), Das freie Wort und seine Feinde, Konstanz 2003; HÄNER EGGENBERGER ISABELLE, Öffentlichkeit und Verwaltung, Diss. Zürich 1990; HANGARTNER YVO/KLEY-STRULLER ANDREAS, Demonstrationsfreiheit und Rechte Dritter, ZBl 96 (1995) 101 ff.; HÄNNI PETER, Die Treuepflicht im öffentlichen Dienstrecht, Diss. Freiburg i.Ü. 1982; HESSE KONRAD, Die neue Ordnung des Rundfunks in der Schweiz und der Bundesrepublik Deutschland, in: FS für Ulrich Häfelin zum 65. Geburtstag, Zürich 1989, S. 149 ff.; KLEY ANDREAS, Die Medien im neuen Verfassungsrecht, in: Zimmerli (Hrsg.), Die neue Bundesverfassung, S. 183 ff.; MAHON PASCAL, L'information par les autorités, ZSR NF 118/II (1991) 199 ff.; NEUPERT DIETER, Die Filmfreiheit und ihre verfassungsmässigen Schranken, Diss. Zürich 1976; NUSPLIGER KURT, Pressefreiheit und Pressevielfalt, Diss. Bern 1980; PEDUZZI ROBERTO, Meinungs- und Medienfreiheit in der Schweiz, Diss. Zürich 2004; PFISTER BEATRICE, Präventiveingriffe in die Meinungs- und Pressefreiheit, Diss. Bern 1986; RAUSCH HERIBERT, Die Meinungsäusserungsfreiheit der Staatsangestellten, ZBl 80 (1979) 97 ff.; RUCKSTUHL ANTJE, Machtgefüge und freie Presse, Diss. Zürich 1997; SAXER URS, Die Grundrechte und die Benutzung öffentlicher Strassen, Diss. Zürich 1988; SAXER URS, Das Medienrecht und das Spannungsfeld von wirtschaftlichem und publizistischem Wettbewerb, AJP 1999, 427 ff.; SCHÜRMANN LEO/NOBEL PETER, Medienrecht, 2. Aufl., Bern 1993; STALDER CHRISTOPH, «Preferred Freedoms» – Das Verhältnis der Meinungsfreiheit zu den andern Grundrechten, Diss. Bern 1977; VONLANTHEN BEAT, Das Kommunikationsgrundrecht «Radio- und Fernsehfreiheit», Diss. Freiburg i.Ü. 1987; VORBRODT STELZER SIBYLLE, Informationsfreiheit und Informationszwang im öffentlichen Sektor: Eine Untersuchung anhand schweizerischer und europäischer Gerichtspraxis, Diss. St. Gallen 1995; WEBER ROLF H. (Hrsg.), Neues Fernmelderecht, Zürich 1998; WEBER ROLF H., Der Journalist in der Verfassungsordnung, ZBl 89 (1988) 93 ff.; ZIMMERLI ULRICH, Zur Medienfreiheit in der neuen Bundesverfassung, medialex 1999, 14 ff.

> Rechtliche Grundlagen

- Art. 16 und 17 BV (Art. 55 und 55bis Abs. 3 aBV)
- Art. 10 EMRK
- Art. 19 UNO-Pakt II

I. Bedeutung

Die Meinungs-, Informations und Medienfreiheit garantiert zusammen mit anderen Grundrechten (vor allem der Versammlungs- und der Vereinigungsfreiheit) die *Frei-*

447

heit der sozialen Kommunikation. Diesen Grundrechten freier Kommunikation kommt eine *menschenrechtliche* und eine *demokratische Funktion* zu (dazu JÖRG PAUL MÜLLER, Grundrechte in der Schweiz, S. 183): Einerseits schützen sie ein existenzielles menschliches Bedürfnis nach Mitteilung und Kommunikation mit anderen Menschen, anderseits bildet der ungehinderte Fluss von Meinungen und Informationen mit der Möglichkeit, die Regierung zu kritisieren und oppositionelle Ansichten zu äussern, eine unerlässliche Voraussetzung für eine freie demokratische Willensbildung und -betätigung. Insofern stellt die *Meinungsfreiheit* «le fondement de tout Etat démocratique» dar (BGE 96 I 586, 592, Aleinick).

448 Autoritäre Regimes sind bestrebt, die Informationsbeschaffung zu verhindern, die freie Berichterstattung durch Zensurmassnahmen zu unterdrücken und die Bevölkerung durch die Medien zu indoktrinieren statt zu informieren. Daher sind in einer rechtsstaatlichen Demokratie die *Informationsfreiheit* und die *Medienfreiheit* ausserordentlich wichtig.

II. Rechtliche Grundlagen

449 Die Bundesverfassung von 1874 gewährleistete ausdrücklich nur die Pressefreiheit (Art. 55 aBV) und seit 1984 auch die Unabhängigkeit der Programmgestaltung von Radio und Fernsehen (Art. 55bis Abs. 3 aBV). In BGE 87 I 117, Sphinx-Film, anerkannte das Bundesgericht die – umfassend verstandene – Meinungsäusserungsfreiheit als ungeschriebenes verfassungsmässiges Recht des Bundes. Bei deren Konkretisierung berücksichtigte es Art. 10 EMRK.

450 In der neuen Bundesverfassung bilden die Teilgehalte der Meinungsäusserungsfreiheit, so wie sie in der bundesgerichtlichen Rechtsprechung unter der Bundesverfassung von 1874 entwickelt worden waren, Gegenstand mehrerer Artikel, wie die nachfolgende Grafik veranschaulicht.

Meinungs-, Informations- und Medienfreiheit in der neuen BV		
Meinungsfreiheit	**Informationsfreiheit**	**Medienfreiheit**
Art. 16 Abs. 1 und 2	Art. 16 Abs. 1 und 3	Art. 17
▶ freie Meinungsbildung ▶ freie Verbreitung von Meinungen	▶ Empfang und Beschaffung von Informationen aus allgemein zugänglichen Quellen ▶ Verbreitung von Informationen Anspruch auf Information durch Behörden?	für Presse, Radio, Fernsehen etc. ▶ Verbot der Zensur ▶ Redaktionsgeheimnis
Sondernormen betreffen die	▶ Wissenschaftsfreiheit ▶ Kunstfreiheit	Art. 20 Art. 21

Während das bisherige ungeschriebene verfassungsmässige Recht auf Äusserung und Verbreitung von Meinungen, einschliesslich des Rechts auf Empfang von Informationen aus allgemein zugänglichen Quellen, in Art. 16 BV verankert wird, regelt Art. 17 BV die Freiheit von Presse, Radio und Fernsehen sowie anderer Formen der öffentlichen fernmeldetechnischen Verbreitung von Darbietungen und Informationen, wobei in Abs. 3 das Redaktionsgeheimnis eingeschlossen wird. Besondere Normen (Art. 20 und 21 BV) betreffen die Wissenschafts- und die Kunstfreiheit (vgl. § 17).

451

Eine Revision des Art. 55 aBV, der die Pressefreiheit gewährleistete, wurde jahrelang erwogen, wobei es hauptsächlich um das Postulat einer staatlichen Presseförderung ging. Eine parlamentarische Initiative, welche eine verfassungsrechtliche Verankerung der Presseförderung verlangte, scheiterte jedoch 1986 im Nationalrat (Amtl. Bull. NR 1986, S. 105 und 132 ff.).

452

Eine Stärkung der Informationsfreiheit erfolgt durch das Bundesgesetz über das Öffentlichkeitsprinzip der Verwaltung (Öffentlichkeitsgesetz, BGÖ) vom 17. Dezember 2004 (BBl 2004, 7269 ff.; Ablauf der Referendumsfrist am 7. April 2005).

453

III. Schutzobjekt

1. Schutzobjekt im Allgemeinen

a) Begriff der Meinung

454 Der vom Bundesgericht gebrauchte weite Begriff der Meinung

> «umschliesst nicht nur die Ergebnisse von rationalen Denkvorgängen sowie rational fassbar und mitteilbar gemachte Überzeugungen in der Art von Stellungnahmen, Wertungen, Anschauungen, Auffassungen und dergleichen, sondern ebenso das Kunstschaffen und dessen Hervorbringungen.» (ZBl 64 [1963] 365, «Zweiter Filmklub-Entscheid»; vgl. auch BGE 101 Ia 148, 150, Schulte-Wermeling, und ZBl 87 [1986] 129)

Nachrichten werden von der Meinungsfreiheit wie Meinungen geschützt (BGE 104 Ia 88, 94, Schweizerische Journalisten-Union, und BGE 104 Ia 377, 378, Verein Leserkampf).

455 Das Bundesgericht geht davon aus, dass die Meinungsfreiheit nur *Meinungen von ideellem Inhalt* schütze und dass *Äusserungen zu kommerziellen Zwecken* lediglich dem – weniger weit gehenden – Schutz der Wirtschaftsfreiheit unterstehen (BGE 128 I 295, 308, Association suisse des annonceurs et consorts). Im Hinblick auf Art. 10 EMRK und die Praxis der Strassburger Organe hierzu muss indes der Schutzbereich heute anders umschrieben werden, jedenfalls soweit die EMRK bei der Konkretisierung der Meinungsäusserungsfreiheit mitberücksichtigt wird: Im Entscheid Autronic gegen die Schweiz (EuGRZ 1990, S. 261 ff. = VPB 54 [1990] Nr. 58) nahm der Europäische Gerichtshof für Menschenrechte an, dass der Empfang ausländischer Satelliten-Programme durch eine gewinnorientierte juristische Person, der zum Zweck der Demonstration von Parabolantennen anlässlich einer Ausstellung erfolgte, in den Schutzbereich von Art. 10 EMRK falle. Dabei betonte das Gericht, dass sich die Meinungsäusserungsfreiheit der EMRK nicht nur auf den Informationsinhalt, sondern auch auf die Übertragungs- und Empfangsmittel beziehe. In einem späteren Entscheid hat der Gerichtshof sogar reine Werbung ausdrücklich in den Schutzbereich von Art. 10 EMRK einbezogen (Urteil Casado Coca vom 24. Februar 1994). Allerdings geniessen Meinungsäusserungen im kommerziellen Bereich einen geringeren Schutz.

b) Geschützte Tätigkeit

456 Die Meinungsfreiheit umfasst das Recht, die Meinung frei zu bilden, zu äussern und zu verbreiten (Art. 16 Abs. 2 BV). Eng damit verknüpft ist die Freiheit, Informationen frei zu beschaffen und zu verbreiten (Informationsfreiheit gemäss Art. 16 Abs. 3 BV).

Als *Mittel* der geschützten Meinungsäusserung kommen grundsätzlich alle Äusserungsmöglichkeiten in Frage, namentlich das gesprochene und geschriebene Wort, Spruchbänder, Tonträger, Filme, Mitteilungen im Internet.

457

Dagegen ist nicht jedes Handeln, das mittelbar eine Meinung zum Ausdruck bringt («symbolic speech»), durch die Meinungsfreiheit geschützt. So verwehrte das Bundesgericht einem Anwalt, der demonstrativ den Gerichtssaal verliess und damit seinen Protest gegen die Verhandlungsführung zum Ausdruck bringen wollte, die Berufung auf die Meinungsäusserungsfreiheit (BGE 108 Ia 316, 318).

458

c) *Beispiele*

Geschützt sind z.B.:

– Berichte über Tatsachen (einschliesslich Berichterstattung über Parlamentsdebatten und Gerichtsverhandlungen);

459

– politische Meinungen;
– Äusserungen von Empfindungen im Alltagsleben;
– kritische Auseinandersetzungen mit anderen Ansichten.

Wissenschaftliche Lehrmeinungen werden durch die *Wissenschaftsfreiheit* (Art. 20 BV), Werke der Kunst durch die *Kunstfreiheit* (Art. 21 BV) geschützt.

Das *Filmschaffen* steht gemäss bundesgerichtlicher Praxis unter dem Schutz der Meinungsfreiheit (BGE 101 Ia 252, 255 f., Ernst), nach der neuen Bundesverfassung kommt auch die Zuordnung zur Kunstfreiheit in Frage.

d) *Nur Abwehrrecht?*

Die bundesgerichtliche Praxis ging früher im Allgemeinen davon aus, dass die Meinungsfreiheit ein reines Abwehrrecht gegen staatliche Eingriffe sei, das den Staat nicht zu positivem Handeln verpflichte. So führte das Gericht in BGE 98 Ia 362, 367 f., Studentenschaft der Universität Zürich, im Zusammenhang mit der Anfechtung eines vom Erziehungsrat erlassenen Regulativs über die Benützung von Universitätsräumen aus, dass sich aus der Meinungsäusserungs- und der Versammlungsfreiheit kein Anspruch des Individuums darauf ableiten lasse, «dass der Staat zu ihrer Ausübung besondere Einrichtungen schafft oder zur Verfügung stellt». Die Studierenden würden dadurch, dass ihnen die Räume der Universität für Veranstaltungen ausserhalb des Lehrbetriebs grundsätzlich verschlossen blieben, gar nicht in diesen Freiheitsrechten berührt.

460

Die neuere Praxis leitet allerdings aus der Meinungsfreiheit in Verbindung mit der Versammlungsfreiheit einen bedingten Anspruch von Demonstranten auf Benützung des öffentlichen Grundes ab (vgl. N. 471). In einem neueren Entscheid dehnte das Bundesgericht diesen bedingten Anspruch auf Gemeindesäle aus (vgl. N. 538).

461

«Der Geist unserer Zeit» – Kupferstich von David Hess (1770–1843)

David Hess, der neben Martin Disteli wohl bedeutendste Schweizer Karikaturist der Zeit zwischen Ancien Régime und Errichtung des Bundesstaates, stellt hier die Pressefreiheit als Teufelswerk dar. Der Teufel tritt Evangelium und Symbole der Kirche mit den Füssen, während er die Wände mit Pamphleten überklebt, auf denen für die «verderblichen» neuen Ideen geworben wird: «Pressfreiheit – oder Publikation alles Unraths durch den Druck», «Souverainitaet des Volkes – oder Tyrannie einiger weniger Demagogen» und «Toleranz – oder Gleichgültigkeit, Unglauben, Schwachheit» heisst es unter anderem. Am Gurt hängen weitere aufrührerische Blätter, darunter die oppositionelle liberale «Appenzeller Zeitung», die zu den Vorkämpfern für die neuen Ideen gehörte.

Die Karikatur des konservativ-patrizisch eingestellten Zürchers ist ein anschauliches Beispiel für die hitzigen, oft – wie hier – demagogisch geführten politischen Auseinandersetzungen, die der Anerkennung der Freiheitsrechte und der Schaffung des Bundesstaates vorangingen.

(Stich aus J. Grand-Carteret, Les mœurs et la caricature en Allemagne, en Autriche, en Suisse, Paris 1885)

2. Spezifische Schutzbereiche

Die Meinungsfreiheit des Art. 16 Abs. 1 und 2 BV stellt ein «Auffanggrundrecht» dar. Sie bietet dann Schutz, «wenn es um schützenswerten Austausch von Meinungen oder Informationen geht, aber keines der spezifischen Kommunikationsrechte ... betroffen ist» (JÖRG PAUL MÜLLER, Grundrechte in der Schweiz, S. 248), wie namentlich die Informations- oder die Medienfreiheit.

462

a) *Informationsfreiheit* (Art. 16 Abs. 3 BV)

Die Informationsfreiheit umfasst «das Recht, Informationen frei zu empfangen, aus allgemein zugänglichen Quellen zu beschaffen und zu verbreiten». Diese Umschreibung deckt sich mit der Praxis des Bundesgerichts unter der Bundesverfassung von 1874. Das Recht, sich aus allgemein zugänglichen Quellen zu informieren, wurde vom Bundesgericht als Teilgehalt des (früher) ungeschriebenen Rechts der Meinungsäusserungsfreiheit sowie der Pressefreiheit gemäss Art. 55 aBV verstanden. Hingegen lehnte das Bundesgericht einen darüber hinausgehenden Anspruch auf behördliche Information ab. Sofern die Behörden informierten, waren sie jedoch an das Rechtsgleichheitsgebot und an das Willkürverbot gebunden. Ein Anspruch auf behördliche Information ergab sich demnach nicht aus der Meinungsäusserungsfreiheit, sondern nur nach Massgabe von Art. 4 Abs. 1 aBV (= Art. 8 Abs. 1 und Art. 9 BV; vgl. BGE 104 Ia 377, 378 ff., Verein Leserkampf).

463

Auch die Freiheit zum Empfang von Nachrichten gemäss Art. 10 EMRK bezieht sich nur auf allgemein zugängliche Quellen (BGE 108 Ia 275 ff., Zbinden). Als solche gelten z.B. das Bundesarchiv (VPB 47 [1983] Nr. 49, S. 244), Steuerregister, sofern es sich nach kantonalem Recht um öffentliche Register handelt (BGE 107 Ia 234, 236, Wyss), sowie in den Äther ausgestrahlte oder durch Kabel weiterverbreitete Rundfunksendungen (Entscheid des Europäischen Gerichtshofes für Menschenrechte im Fall Groppera Radio AG gegen die Schweiz, EuGRZ 1990, S. 255 ff. = VPB 54 [1990] Nr. 57; vgl. auch Art. 52 des Bundesgesetzes über Radio und Fernsehen [RTVG] vom 21. Juni 1991 [SR 784.40]).

464

Ein Teil der Lehre versteht allerdings die (früher der Meinungsfreiheit zugeordnete) Informationsfreiheit als Anspruch des Bürgers auf Information durch die Behörden über ihre Tätigkeit. So führte JÖRG PAUL MÜLLER (ZBJV 116 [1980] 251 f.) aus:

465

> «Es kann doch kein Zweifel sein, dass die verfassungsmässig gewährleistete freie Meinungsbildung vereitelt würde, wenn eine Regierung einen ganzen Bereich ihrer Tätigkeit oder der übrigen Staatsverwaltung (z.B. der Justiz, der Polizei oder der Strafuntersuchungsbehörden) grundsätzlich und absolut vom Einblick der Öffentlichkeit fernhalten wollte. Mitunter lässt sich eine angemessene Information der Öffentlichkeit nicht anders als auf dem Weg der Zuerkennung subjektiver Verfassungsansprüche des die Information suchenden Journalisten realisieren, um die für die Demokratie unerlässliche Kontrolle und Kritik der Behörden sicherzustellen.»

466 In BGE 107 Ia 304, Fuchs, befasste sich das Bundesgericht eingehend mit der Kritik der Lehre und präzisierte seine Rechtsprechung. Dabei unterschied es zwischen verschiedenen Arten der Staatstätigkeit und lehnte einen generellen und umfassenden Anspruch des Bürgers und der Presse auf Information über die gesamte Verwaltungstätigkeit ab. Auf S. 307–309 führte das Gericht aus:

> «Den Kritikern des Urteils BGE 104 Ia 88 ff. ist einzuräumen, dass einzelne Formulierungen zu Missverständnissen Anlass geben konnten. So bestand zweifellos nie die Meinung, die Behörden dürften in jeder Sparte ihrer Tätigkeit Informationen an die Öffentlichkeit nach Belieben unterdrücken, und an dem Satz, wonach die Grundrechte keinen Anspruch auf positive Leistungen des Staates vermittelten, kann nach heutigem Verfassungsverständnis nicht unter allen Umständen festgehalten werden ... Gleichwohl ist im Ergebnis daran festzuhalten, dass nach schweizerischem Recht ein genereller Anspruch des Bürgers im allgemeinen und der Presse im besonderen, über beliebige Vorgänge im Bereich der Staatsverwaltung informiert zu werden, nicht besteht ...
> Die Anerkennung eines ungeschriebenen verfassungsmässigen Anspruchs auf Information über alle nicht aus besonderen Gründen als geheim erklärten Gegenstände der Verwaltungstätigkeit würde überdies voraussetzen, dass sich dieser Anspruch ohne erhebliche Schwierigkeiten verwirklichen liesse ... Eine praxisbezogene Betrachtungsweise zeigt ..., dass sich die Verwaltung auf allen Gebieten in erheblichem Umfange mit Tatsachen zu befassen hat, die ihr der Private – sei es freiwillig, sei es unter Zwang – unter der Voraussetzung anvertraut, dass sie nur den mit der Behandlung der Sache betrauten Beamten oder Behördemitgliedern bekannt werden.»

467 Dem Anliegen, die Bevölkerung zu informieren, kann durch gesetzliche Regelungen Rechnung getragen werden. So verpflichtet Art. 10 RVOG den Bundesrat zur Information der Öffentlichkeit. Im neuen Öffentlichkeitsgesetz (vgl. N. 453) wird jeder Person ein durchsetzbares Recht eingeräumt, Einsicht in Dokumente der Bundesbehörden zu nehmen; Einschränkungen dieses Rechts zum Schutz überwiegender öffentlicher oder privater Interessen sind im Gesetz abschliessend aufgezählt.

b) Demonstrationsfreiheit

468 Demonstrationen sind öffentliche Manifestationen, durch die eine Gruppe von Personen gewisse Anliegen dem Publikum näherbringen will.

469 *Demonstrationen geniessen den Schutz der Meinungs- und der Versammlungsfreiheit.* Dagegen verneint das Bundesgericht eine besondere, durch ungeschriebenes Verfassungsrecht des Bundes gewährleistete Demonstrationsfreiheit, was in BGE 100 Ia 392, 400 f., Komitee für Indochina, ausführlich begründet wurde:

> «Ein selbständiges Grundrecht im oben umschriebenen Sinn als ein andern öffentlichen Interessen grundsätzlich vorgehender, nur aus polizeilichen Motiven beschränkbarer Anspruch auf die Benützung öffentlichen Grundes für politische Demonstrationen ist weder eine notwendige Voraussetzung für die Ausübung anderer Freiheitsrechte noch ein unentbehrlicher Bestandteil der demokratischen und rechtsstaatlichen Ordnung. Wohl entspricht die Möglichkeit demonstrati-

ver Veranstaltungen auf öffentlichem Grund bis zu einem gewissen Grad einem legitimen Bedürfnis. Das gilt namentlich für jene Minderheiten, die ihre politische Meinung innerhalb der bestehenden demokratischen Einrichtungen nicht oder nicht genügend zur Geltung bringen können und die auch über keine anderen Mittel verfügen, um an eine breitere Öffentlichkeit zu appellieren ... (Demonstrationen) sind jedoch kein unentbehrlicher Teil des demokratischen Willensbildungsprozesses. Wenn das Bundesgericht in seiner bisherigen Rechtsprechung gewisse Befugnisse als durch ungeschriebenes Verfassungsrecht gewährleistet ansah, so handelte es sich, vom Sonderfall der Sprachenfreiheit abgesehen, um klassische Freiheitsrechte, die in der Lehre anerkannt waren und teilweise auch in den Kantonsverfassungen Ausdruck gefunden hatten (vgl. hinsichtlich Meinungsäusserungs- und Versammlungsfreiheit BGE 96 I 223 f. mit Literaturhinweisen). Demgegenüber würde die richterliche Anerkennung eines ungeschriebenen Demonstrationsrechtes einer solchen Grundlage entbehren.»

In der neuen Bundesverfassung wurde davon abgesehen, die Demonstrationsfreiheit als eigenständiges Grundrecht zu verankern. Hingegen anerkennt z.B. Art. 8 lit. g der Verfassung des Kantons Jura ausdrücklich die Demonstrationsfreiheit. 470

Demonstrationen auf öffentlichem Grund sind weiter gehenden Beschränkungen unterworfen als Versammlungen und Meinungsäusserungen auf privatem Boden, da dabei der der Öffentlichkeit zustehende Raum von einer Gruppe in besonderer Weise in Anspruch genommen wird (gesteigerter Gemeingebrauch). Demonstrationen können deshalb einer Bewilligungspflicht unterstellt werden. Die Behörde hat indes im Bewilligungsverfahren «den besonderen ideellen Gehalt der Freiheitsrechte, um deren Ausübung es geht, in die Interessenabwägung einzubeziehen» (BGE 107 Ia 64, 66, Progressive Organisationen Basel). Gemäss einer nunmehr gefestigten Rechtsprechung besteht grundsätzlich ein *bedingter Anspruch, für Kundgebungen mit Appellwirkung öffentlichen Grund in einer den Gemeingebrauch übersteigenden Weise zu beanspruchen*. Dabei sind jedoch neben den allgemeinen Schranken (Art. 36 BV) auch grundrechtlich geschützte Positionen von betroffenen Dritten (z.B. Anliegern, Passanten, Geschäftsinhabern) in die Rechtsgüterabwägung einzubeziehen (dazu HANGARTNER/KLEY-STRULLER, Demonstrationsfreiheit und Rechte Dritter, vor allem S. 112 und 115). In einem neueren Entscheid schützte das Bundesgericht ein generelles Demonstrationsverbot auf dem Platz vor dem Kloster Einsiedeln, wobei es der besonderen Funktion dieses Platzes als störungsfreie Zone für Pilger und andere Klosterbesucher Rechnung trug (BGE 124 I 267, Verein gegen Tierfabriken Schweiz). Grundsätzliche Überlegungen zu Ausmass und Schranken des Rechts, auf öffentlichem Grund Kundgebungen durchzuführen, finden sich in einem Bundesgerichtsurteil betreffend Demonstrationen anlässlich des WEF (World Economic Forum) 2000 in Davos (BGE 127 I 164, Partei der Arbeit). 471

Keinen verfassungsmässigen Schutz geniessen «Meinungskundgebungen» durch Sachbeschädigungen oder andere strafbare Handlungen (BGE 111 Ia 322). 472

c) *Medienfreiheit* (Art. 17 BV)

473 Art. 17 Abs. 1 BV gewährleistet «die Freiheit von Presse, Radio und Fernsehen sowie anderer Formen der öffentlichen fernmeldetechnischen Verbreitung von Darbietungen und Informationen».

aa) Pressefreiheit

474 Die Pressefreiheit ist das Recht, ohne Beeinträchtigung durch den Staat seine Meinung mit *Druckerzeugnissen* zu äussern und zu verbreiten. Erfasst werden z. B. Zeitungen, Zeitschriften, Bücher, Flugblätter, Computer-Ausdrucke und andere *für die öffentliche Verbreitung bestimmte* Mittel. In den Schutzbereich der Pressefreiheit fallen auch gedruckte bildliche Darstellungen, z.B. in satirischen Zeitschriften oder auf Plakaten. Wieweit Kinoreklamen, Werbeprospekte und andere Druckerzeugnisse rein kommerziellen Inhalts beschränkt werden dürfen, ist primär unter Heranziehung der Wirtschaftsfreiheit zu beurteilen. Allerdings ist dabei auch die Rechtsprechung zu Art. 10 EMRK zu berücksichtigen (vgl. N. 455).

bb) Radio- und Fernsehfreiheit

475 Bei der Konkretisierung der Radio- und Fernsehfreiheit ist neben Art. 17 BV auch Art. 93 BV heranzuziehen, der in Abs. 3 die *Autonomie in der Programmgestaltung* gewährleistet, die Freiheit der Medienschaffenden jedoch in Abs. 2 in einen *Leistungsauftrag* einbindet. Damit wird dem Umstand Rechnung getragen, dass die Schweizerische Radio- und Fernsehgesellschaft (SRG) auf nationaler bzw. sprachregionaler Ebene eine monopolähnliche Stellung innehat (Art. 26 Abs. 1 und Art. 31 des Bundesgesetzes über Radio und Fernsehen [RTVG] vom 21. Juni 1991, SR 784.40) und gestützt auf eine vom Bund verliehene Konzession eine öffentliche Aufgabe wahrnimmt. Damit die «öffentliche Meinung» nicht manipuliert wird, besteht ein besonderes Bedürfnis nach sachlicher Information und Berücksichtigung gegensätzlicher politischer Standpunkte in ausgewogener Weise. Art. 93 Abs. 2 Satz 3 BV bestimmt daher, dass Radio und Fernsehen die Ereignisse sachgerecht darstellen und die Vielfalt der Ansichten in angemessener Weise zum Ausdruck bringen müssen.

476 Schon vor Erlass des Radio- und Fernsehartikels (Art. 93 BV entspricht Art. 55bis aBV von 1984) nahm das Bundesgericht an, dass sich die Meinungsäusserungsfreiheit im Bereich von Radio und Fernsehen im «Spannungsfeld zwischen der Forderung nach Freiheit der Programmgestalter und dem schützenswerten Interesse des Bürgers an einer möglichst objektiven und umfassenden Behandlung der in einer Sendung aufgegriffenen Themen» befinde; im Hinblick auf die Monopolstellung der SRG dürfe die Radio- und Fernsehfreiheit daher «nicht unbesehen der Pressefreiheit bzw. der Meinungsäusserungsfreiheit gleichgestellt werden» (BGE 98 Ia 73, 82, Kellermüller).

477 In BGE 116 Ib 37, 44 ff., betreffend eine Sendung der Folge «Grell-Pastell» über das Thema «Sex», umschrieb das Bundesgericht die journalistische Sorgfaltspflicht

von Medienschaffenden gemäss der SRG-Konzession: Wo es um Informationssendungen geht, gelten hinsichtlich Objektivität und sachgerechter Darstellung besonders hohe Anforderungen. Am wenigsten streng sind die Massstäbe, wenn persönliche Meinungsäusserungen zugezogener Studiogäste zu beurteilen sind, wobei aber auch hier eine umsichtige Vorbereitung der Sendung (z.B. Vertretung verschiedener Positionen in zumutbarem Rahmen) sowie eine Intervention des Veranstalters im Fall offensichtlich unzulässiger Äusserungen von Sendungsteilnehmern verlangt werden. Bezieht der Veranstalter ausgesprochen heikle Themen wie die katholische Sexuallehre in eine Sendung mit primär unterhaltendem Charakter mit ein, so ergeben sich daraus qualifizierte Anforderungen an die Sorgfaltspflichten bezüglich Konzeption und Moderation.

Das RTVG formuliert in den Art. 3 ff. Grundsätze der Programmgestaltung. Vgl. zur journalistischen Sorgfaltspflicht bei der «Tagesschau» den Entscheid der Unabhängigen Beschwerdeinstanz für Radio und Fernsehen vom 23. April 1999 in VPB 63 (1999) Nr. 96, S. 904 ff. 478

Aus der Medienfreiheit kann der Einzelne *kein «Recht auf Antenne»*, d.h. keinen Anspruch auf Verbreitung bestimmter Darbietungen und Informationen durch einen Veranstalter ableiten (vgl. Art. 5 Abs. 3 RTVG und BGE 125 II 624, 626, SSR). 479

cc) Redaktionsgeheimnis

Im Zusammenhang mit der Medienfreiheit wichtig ist das nun ausdrücklich garantierte Redaktionsgeheimnis (Art. 17 Abs. 3 BV). Es schützt die Medienschaffenden davor, ihre Quellen – z.B. im Rahmen von Zeugeneinvernahmen im Strafverfahren – preisgeben zu müssen und entspricht der neueren Rechtsprechung des Europäischen Gerichtshofs für Menschenrechte zu Art. 10 EMRK. Vgl. auch Art. 27bis StGB. 480

IV. Rechtsträger

1. Natürliche und juristische Personen

Träger der Meinungs-, Informations- und Medienfreiheit sind natürliche und juristische Personen. So sind z.B. die politischen Parteien im Allgemeinen Vereine, und sie können als solche in ihrer Meinungsfreiheit berührt sein. Auf die Medienfreiheit können sich z.B. Zeitungsunternehmen berufen. 481

Auch urteilsfähige Minderjährige können die Meinungsfreiheit anrufen (ZBl 79 [1978] 509). 482

2. Schweizerische Staatsangehörige und Ausländer

483 Die Meinungsfreiheit steht auch Ausländern zu, doch können ihnen stärkere Beschränkungen auferlegt werden. Die Justizabteilung (= das heutige Bundesamt für Justiz) kam in einem grundsätzlichen Gutachten über Reichweite und Schranken der Vereins-, Versammlungs-, Meinungsäusserungs- und Pressefreiheit, inbesondere bezüglich Ausländern (VPB 38 [1974] Nr. 64), zu folgendem Schluss: Als Menschenrechte stünden alle diese Freiheitsrechte auch den Ausländern zu, doch unterlägen sie hinsichtlich ihrer politischen Komponente verstärkten polizeilichen Vorbehalten. Früher war Flüchtlingen sogar jede politische Betätigung untersagt. Heute werden sie in dieser Beziehung gleich wie die übrigen Ausländer behandelt. Die Ausländer dürfen sich politisch betätigen, soweit sie dadurch die innere oder äussere Sicherheit nicht gefährden. Vgl. zur politischen Betätigung der Ausländer auch den Bericht der Eidgenössischen Konsultativkommission für das Ausländerproblem in ZBl 77 (1976) 273 ff.

V. Einschränkungen

1. Zivilrechtliche und strafrechtliche Verantwortlichkeit

484 Beschränkungen der Meinungsfreiheit sind notwendig, um andere Personen in ihren persönlichen Verhältnissen und in ihrer Ehre zu schützen. Daher beschränken Zivil- und Strafrecht die Meinungsfreiheit. Massgebend sind Art. 28–28 l ZGB, Art. 41 ff. (insbesondere 49) OR, Art. 173 ff. StGB. In Frage kommen auch Strafnormen, die staatliche Interessen schützen (vgl. BGE 99 IV 92, 99, Schweizerische Bundesanwaltschaft, zu Art. 276 Ziff. 1 Abs. 1 StGB; ferner Art. 275bis, 296 StGB).

485 Weitere Einschränkungen ergeben sich aus der Gesetzgebung gegen unlauteren Wettbewerb. Vgl. BGE 117 IV 193, wo das Bundesgericht die Anwendbarkeit des Bundesgesetzes über den unlauteren Wettbewerb (UWG) vom 19. Dezember 1986 (SR 241) auf einen kritischen Zeitungsbericht über die «Bernina»-Nähmaschinenfabrik bejahte und damit der Medienberichterstattung über die Tätigkeit von Unternehmen und die Information über Waren und Dienstleistungen empfindliche Grenzen setzte. Der Europäische Gerichtshof für Menschenrechte hat allerdings in einem vergleichbaren Fall die Meinungsfreiheit stärker gewichtet und eine Publikation geschützt, die auf die Gefahren von in Mikrowellenöfen aufbereiteter Nahrung hingewiesen hatte (Urteil des EGMR vom 25. August 1998 in VPB 62 [1998] Nr. 119, S. 992 ff.).

486 *Personen, die im staatlichen Leben hervortreten,* müssen sich mehr Kritik und Berichterstattung, sogar über ihre persönlichen Verhältnisse, gefallen lassen. In BGE 71 II 191, 192, führte das Bundesgericht im Wesentlichen aus, der Pressefreiheit

liege der Gedanke zugrunde, dass es von allgemeinem Nutzen sei, wenn die Presse über bestimmte öffentliche, namentlich über staatliche Angelegenheiten Nachrichten verbreite und würdige. Dazu gehörten auch die persönlichen Verhältnisse der im staatlichen Leben hervortretenden Personen, soweit sie für die staatliche Stellung der Betreffenden von Bedeutung seien. Wenn sich die Presse mit den für die Beurteilung der Amtsführung und der persönlichen Eignung von Parlamentariern relevanten persönlichen Verhältnissen befasse, handle sie im öffentlichen Interesse, ja, sie übe geradezu anstelle und zuhanden des Volkes eine in einem demokratischen Staat unerlässliche Aufsicht aus. Vgl. aus neuerer Zeit den Entscheid der Unabhängigen Beschwerdeinstanz für Radio und Fernsehen vom 5. Oktober 1990 zur Fernsehsendung über die «Villiger-Firmengeschichte», VPB 56 (1992) Nr. 13, S. 102.

Damit wird freilich nicht gesagt, dass im staatlichen Leben hervortretenden Personen kein Schutz gegenüber den Medien zukäme. Auf Grund des öffentlichen Interesses ist lediglich die Grenze der zulässigen Berichterstattung verschoben. Eine die Persönlichkeit verletzende Äusserung ist insbesondere dann widerrechtlich, wenn ihr Inhalt nicht der Wahrheit entspricht (vgl. BGE 111 II 209, Frischknecht, der zum Schutz von «Personen der Zeitgeschichte» auch an die wahrheitsgemässe Berichterstattung über weit zurückliegende historische Ereignisse sehr hohe Anforderungen stellt). 487

2. Allgemeine Voraussetzungen von Einschränkungen

Verlangt werden eine *gesetzliche Grundlage,* ein *öffentliches Interesse* (das sich z.B. aus der Zivil- und Strafrechtsordnung oder aus polizeilichen Interessen ergeben kann), ferner muss die Einschränkung *verhältnismässig* sein. 488

Als zulässig erachtete das Bundesgericht eine Regelung in einem kantonalen Gerichtsorganisationsgesetz, welche zu sachlicher Berichterstattung verpflichtete, die Medien zur Veröffentlichung der vom zuständigen Gericht formulierten Berichtigungen anhielt und den Ausschluss fehlbarer Gerichtsberichterstatter von öffentlichen Verhandlungen durch Entscheid des Gerichts ermöglichte (BGE 113 Ia 309, 319 ff. E. 5, Verband der Schweizer Journalisten). 489

Mit der Meinungsfreiheit (und der Versammlungsfreiheit) vereinbar ist nach Ansicht des Bundesgerichts auch ein gesetzlich statuiertes Verbot, sich bei bewilligungspflichtigen Versammlungen und Demonstrationen unkenntlich zu machen *(«Vermummungsverbot»).* Das öffentliche Interesse erblickte das Gericht darin, dass das Verbot dazu beitragen sollte, Gewalttätigkeiten zu verhindern und die Aufgabe der Polizei bei der Ermittlung von delinquierenden Demonstranten zu ermöglichen. Die Verhältnismässigkeit konnte in dem zu beurteilenden Fall vor allem deswegen bejaht werden, weil gemäss Gesetz Ausnahmen vom Verbot bewilligt werden konnten, was eine grundrechtskonforme Gesetzesanwendung ermöglichte (BGE 117 Ia 472, 477 ff., Sozialdemokratische Partei Basel-Stadt). Unzulässig wäre ein absolu- 490 tes Vermummungsverbot, weil legitime Gründe (z.B. Persönlichkeitsschutz) für eine Unkenntlichmachung bestehen können. Die Maskierung kann unter Umständen von der Meinungsfreiheit geschützt sein.

3. Verbot präventiver Massnahmen

491 Präventive Eingriffe in die Meinungsfreiheit sind grundsätzlich verpönt.

492 Im Rahmen der Medienfreiheit wird nun das *Verbot der Zensur* ausdrücklich verankert (Art. 17 Abs. 2 BV). Unter den Begriff «Zensur» fällt jede behördliche Kontrolle des Inhalts von Druckerzeugnissen oder ausgestrahlten Sendungen. Soweit eine präventive Kontrolle (Vorzensur) in Frage steht, gehört das Zensurverbot zum Kerngehalt der Medienfreiheit (BBl 1997 I 160). Nach Auffassung JÖRG PAUL MÜLLERS (Grundrechte in der Schweiz, S. 193) stellt das Verbot der Vorzensur im Sinne einer vorgängigen systematischen Inhaltskontrolle den «Kerngehalt sämtlicher Grundrechte freier Kommunikation» dar.

493 Allerdings dürfen Demonstrationen auf öffentlichem Grund generell einer Bewilligungspflicht unterstellt werden, und auch der Vertrieb von Druckerzeugnissen auf öffentlichem Grund darf unter gewissen Voraussetzungen bewilligungspflichtig erklärt werden (vgl. N. 495 ff.).

494 Einen unzulässigen Eingriff in die Meinungsfreiheit stellt indessen die Vorschrift dar, wonach im Gesuch um Bewilligung einer Veranstaltung auf öffentlichem Grund die Namen allfälliger Redner bekanntgegeben werden müssen (BGE 107 Ia 292, 297 ff., Nyffeler).

4. Besonderheiten bei der Beanspruchung von öffentlichem Grund

a) *Gesteigerter Gemeingebrauch*

495 Früher ging das Bundesgericht davon aus, dass die zur Aufsicht über öffentliche Sachen zuständige Behörde auch ohne besondere gesetzliche Grundlage befugt sei, eine über den Gemeingebrauch hinausgehende Benutzung öffentlichen Grundes von einer Bewilligung abhängig zu machen (BGE 105 Ia 91, 93, Plüss). Nach der neuen Bundesverfassung und der EMRK bedarf jedoch die Statuierung einer Bewilligungspflicht für Kundgebungen auf öffentlichem Grund einer gesetzlichen Grundlage (vgl. N. 541).

496 Gestützt auf die Meinungs- und die Versammlungsfreiheit besteht zwar ein «bedingter Anspruch» auf Bewilligung des gesteigerten Gemeingebrauchs (vgl. N. 471). Aber einschränkende Bestimmungen der Kantone und der Gemeinden über Demonstrationen sind nicht nur aus polizeilichen Gründen zulässig, z.B. um die Sicherheit und das Ruhebedürfnis der Einwohner und den öffentlichen Verkehr zu schützen. Es dürfen auch andere öffentliche Interessen, wie beispielsweise eine

zweckmässige Nutzung der öffentlichen Anlagen zu Gunsten der Allgemeinheit, berücksichtigt werden. Dabei hat die Behörde die sich entgegenstehenden Interessen nach objektiven Gesichtspunkten gegeneinander abzuwägen und dem legitimen Bedürfnis, Veranstaltungen mit Appellwirkung an die Öffentlichkeit durchzuführen, angemessen Rechnung zu tragen (BGE 107 Ia 292, 294, Nyffeler; vgl. auch N. 471). Ein Anspruch darauf, auf einem bestimmten Platz eine Demonstration durchzuführen, besteht nicht.

b) *Abgabe von Drucksachen*

Werden auf öffentlichem Grund Drucksachen abgegeben, so nimmt das Bundesgericht Differenzierungen vor. Neben der Intensität der Benutzung öffentlichen Grundes scheint dabei insbesondere eine Rolle zu spielen, ob die Abgabe gratis oder gegen Entgelt erfolgt. 497

> In BGE 96 I 586, Aleinick, war folgender Sachverhalt zu beurteilen: Frau Aleinick verteilte vor einem Fabrikeingang ein vervielfältigtes Traktat, worin sie die Zustände in der Fabrik kritisierte und zu einer Vollversammlung aufrief. Gestützt auf ein kantonales Reglement wurde sie dafür gebüsst. Gegen das Urteil der letzten kantonalen Instanz führte sie erfolgreich staatsrechtliche Beschwerde. Das Bundesgericht liess offen, ob überhaupt von einem gesteigerten Gemeingebrauch gesprochen werden könne (S. 591 f.), und führte u.a. aus (S. 590):
> «Cependant la vente – sur la voie publique – des produits de l'imprimerie est assimilée au colportage et peut dès lors, selon la jurisprudence, être subordonnée à une autorisation préalable (RO 42 I 255 consid. 2, 58 I 230 consid. 4, 59 I 15 consid. 5). Cette exigence s'explique par le fait que le colportage comporte pour le public des inconvénients et des risques (indiscrétion parfois excessive des vendeurs, danger que des personnes de moralité douteuse s'introduisent dans les maisons, etc.) que les autres modes de diffusion de la presse ne créent pas (RO 59 I 16 consid. 5; cf. aussi RO 84 I 22). Mais l'exigence de l'autorisation, si elle est compatible avec la constitution, n'implique nullement la possibilité d'une censure préalable.
> Il faut également mettre à part les imprimés servant à la publicité commerciale qui ne bénéficient pas de la liberté de la presse, mais de la liberté du commerce et de l'industrie (RO 42 I 81, 73 IV 15 consid. 5) et peuvent de ce fait être soumis par les cantons, en vertu de l'art. 31 al. 2 Cst., à des prescriptions spéciales qu'il n'y a pas lieu d'examiner ici.
> ... Les motifs qui justifient l'exigence d'une autorisation pour la vente d'imprimés par la voie du colportage sont sans pertinence lorsqu'il s'agit de la simple distribution – gratuite – d'imprimés dans la rue et sur les places publiques. Les dispositions relatives à la publicité commerciale ne peuvent pas non plus s'appliquer à des imprimés qui ne poursuivent aucun but commercial mais qui visent avant tout un objectif de caractère idéal: politique, syndicaliste, culturel, religieux.»

War es im Fall Aleinick um das unentgeltliche Verteilen von Druckerzeugnissen gegangen, so hatte das Bundesgericht in einem in ZBl 81 (1980) 35 ff. abgedruck- 498 ten Entscheid von folgendem Sachverhalt auszugehen: Fritz G. verkaufte in Zürich die Zeitschrift «Kämpfendes Afrika» zum Preis von Fr. 1.–, ohne dafür eine Bewilligung eingeholt zu haben. Das Bundesgericht befand, die Unterstellung des Strassenverkaufs von Druckerzeugnissen unter eine Bewilligungspflicht aus gewerbepolizeilichen Gründen sei nicht verfassungswidrig, auch wenn die Herausgeber in erster Linie ideelle, d.h. nichtgewerbliche Zwecke verfolgen würden. Allerdings dürfe mit der Bewilligungspflicht keine Vorzensur verbunden werden. Eine Verweigerung der Bewilligung kommt jedoch in Frage, wenn polizeiliche Gründe, z.B. die Verkehrssicherheit, dem Vertrieb entgegenstehen, wobei der besondere Gehalt der Pressefreiheit in die Interessenabwägung einbezogen werden muss.

499 In BGE 105 Ia 15, 22 wurde das Aufstellen eines Informationsstandes auf öffentlichem Grund zur Verteilung von Flugblättern als gesteigerter Gemeingebrauch qualifiziert, der bewilligungspflichtig erklärt werden dürfe. Bei ihrem Entscheid dürfe die Behörde, innerhalb gewisser Schranken, auch den Inhalt der Flugblätter berücksichtigen.

500 Nach Auffassung des Bundesgerichts liegt auch kein Verstoss gegen die Presse- und Meinungsfreiheit vor, wenn das Verteilen von Propagandamaterial an Mitglieder eines Kantonsparlamentes im Sitzungsgebäude und unmittelbar vor dessen Eingang einer Bewilligungspflicht unterstellt wird. Zwar gehöre der Boden vor dem Rathauseingang nicht zum öffentlichen Grund, doch liege es im allgemeinen Interesse, dass der Parlamentsbetrieb nicht gestört werde und die Ratsmitglieder ihrer Tätigkeit ungehindert nachgehen könnten (BGE 110 Ia 47 ff., Bucher).

5. Einschränkungen für Personen im Sonderstatusverhältnis

501 Sonderstatusverhältnisse können besondere Einschränkungen rechtfertigen (vgl. N. 328 ff.).

502 So wird die Meinungsfreiheit des *Beamten* durch seine *Treuepflicht* begrenzt. Diese kommt auch ausserhalb des Dienstes zum Tragen. Hierzu führte das Bundesgericht aus, der Beamte dürfe sich an der Auseinandersetzung über gesellschaftspolitische Fragen beteiligen, doch seien der öffentlich vorgetragenen Kritik inhaltliche und formale Grenzen gesetzt; als Verletzung der Treuepflicht könne eine Äusserung gelten, die seine Amtsführung oder das Vertrauen der Öffentlichkeit in die Verwaltung beeinträchtigen würde (ZBl 85 [1984] 315 ff.). Die Treuepflicht gilt in erster Linie gegenüber dem Staat, nicht gegenüber dem Vorgesetzten. Sie stellt einen unbestimmten Rechtsbegriff dar, dessen Tragweite im Einzelfall durch Interessenabwägung bestimmt werden muss. Gerade wegen der Vagheit der aus dem älteren deutschen Beamtenrecht übernommenen Klausel muss deren Anwendung im modernen demokratischen Rechtsstaat in möglichst grundrechtskonformer Weise erfolgen. Beschränkungen der Meinungsfreiheit gestützt auf die Treuepflicht sind nur zulässig, soweit sie sachlich begründet sind und in einem vernünftigen Verhältnis zum Ziel, das Vertrauen der Öffentlichkeit in den Staat zu erhalten, stehen.

Der Grundsatz der richterlichen Unabhängigkeit sowie die Wahrung des Ansehens und der Unparteilichkeit der Rechtsprechung verlangen vom *Richter,* «dass er sich politischer Meinungsäusserungen enthält, die das gesellschaftliche Umfeld von Vorgängen betreffen, die die Rechtspflegeorgane zum Einschreiten veranlassen, wie z.B. Stellungnahmen zu politischen Fragen im Zusammenhang mit begangenen strafbaren Handlungen» (BGE 108 Ia 172, 176).

503

Einschränkungen der Meinungsfreiheit des *Untersuchungsgefangenen* sind zulässig, um den Zweck der Untersuchungshaft (Vermeidung von Flucht- oder Kollusionsgefahr) oder die Anstaltsordnung sicherzustellen (vgl. zur Kontrolle der Briefe von Untersuchungsgefangenen N. 332).

504

VI. Verhältnis zu anderen Freiheitsrechten

1. Verhältnis zur Wirtschaftsfreiheit

Früher wurde ein Sachverhalt entweder ausschliesslich der Wirtschaftsfreiheit oder aber der Meinungsfreiheit (bzw. der Pressefreiheit) zugeordnet, je nachdem, ob die Äusserung einen kommerziellen Zweck verfolgte oder nicht. Im Hinblick auf die Rechtsprechung des Europäischen Gerichtshofes für Menschenrechte (vgl. N. 455) muss indes heute auch bei der Beurteilung der Zulässigkeit von Äusserungen kommerziellen Inhalts Art. 10 EMRK mitberücksichtigt werden.

505

2. Verhältnis zur Glaubens- und Gewissensfreiheit

Art. 15 BV erscheint als lex specialis zur Meinungs-, Informations- und Medienfreiheit; religiöse Meinungsäusserungen werden deshalb der Glaubens- und Gewissensfreiheit zugeordnet.

506

3. Grundrechtskonkurrenz

Ausnahmsweise kann eine staatliche Eingriffsmassnahme gleichzeitig die Meinungsfreiheit sowie ein anderes ideelles Freiheitsrecht tangieren. Durch ein Demonstrationsverbot werden z.B. sowohl die Meinungsfreiheit als auch die Versammlungsfreiheit beschränkt.

507

§ 16 Sprachenfreiheit

Literatur

AUER ANDREAS, D'une liberté non écrite qui n'aurait pas dû l'être: la «liberté de la langue», AJP 1992, 955 ff.; BIAGGINI GIOVANNI, Sprachenfreiheit und Territorialitätsprinzip, recht 1997, 112 ff.; BORGHI MARCO, Langues nationales et langues officielles, in: Verfassungsrecht der Schweiz, § 37; BORGHI MARCO, La liberté de la langue et ses limites, in: Verfassungsrecht der Schweiz, § 38; DESSEMONTET FRANÇOIS, Le droit des langues en Suisse; étude présentée au Conseil de la langue française, Quebec 1984; HAEFLIGER ARTHUR, Die Sprachenfreiheit in der bundesgerichtlichen Rechtsprechung, in: Mélanges Henri Zwahlen, Lausanne 1977, S. 77 ff.; HEGNAUER CYRIL, Das Sprachenrecht der Schweiz, Diss. Zürich 1947; MANZ VIVIANE, Sprachenvielfalt und europäische Integration, Diss. Zürich 2002; MARTI-ROLLI CHRISTINE, La liberté de la langue en droit suisse, Diss. Lausanne 1978; MORAND CHARLES-ALBERT, Liberté de la langue et principe de territorialité. Variations sur un thème encore méconnu, ZSR NF 112/I (1993) 11 ff.; ROSSINELLI MICHEL, La question linguistique en Suisse: Bilan critique et nouvelles perspectives juridiques, ZSR NF 108/I (1989) 163 ff.; SCHÄPPI PETER, Der Schutz sprachlicher und konfessioneller Minderheiten im Recht von Bund und Kantonen, Diss. Zürich 1971; THÜRER DANIEL, Zur Bedeutung des sprachenrechtlichen Territorialprinzips für die Sprachenlage im Kanton Graubünden, ZBl 85 (1984) 241 ff.; VILETTA RUDOLF, Die Regelung der Beziehungen zwischen den schweizerischen Sprachgemeinschaften, ZBl 82 (1981) 193 ff.; VILETTA RUDOLF, Abhandlung zum Sprachenrecht mit besonderer Berücksichtigung des Rechts der Gemeinden des Kantons Graubünden, Bd. I: Grundlagen des Sprachenrechts, Diss. Zürich 1978; WYSS MARTIN PHILIPP, Das Sprachenrecht der Schweiz nach der Revision von Art. 116 BV, ZSR NF 116/I (1997) 141 ff.

Rechtliche Grundlagen

– Art. 4, 18 und 70 BV

Materialien

– Zustand und Zukunft der viersprachigen Schweiz, Abklärungen, Vorschläge und Empfehlungen einer Arbeitsgruppe des Eidgenössischen Departementes des Innern, August 1989
– Botschaft des Bundesrates über die Revision des Sprachenartikels der Bundesverfassung (Art. 116 BV) vom 4. März 1991, BBl 1991 II 309 ff.

I. Rechtliche Grundlagen

508 In BGE 91 I 480, 485 f., Association de l'Ecole française, anerkannte das Bundesgericht die Sprachenfreiheit als Bestandteil des ungeschriebenen Verfassungsrechts.

Zur Begründung führte es u.a. aus, dass die Sprachenfreiheit eine wesentliche, ja bis zu einem gewissen Grade notwendige Voraussetzung für die Ausübung anderer Freiheitsrechte (vor allem der Meinungs- und der Pressefreiheit) bilde.

509 Zwar wurde anlässlich der 1996 erfolgten Revision von Art. 116 aBV betr. Schutz der Landes- und Amtssprachen des Bundes die Sprachenfreiheit – entgegen der Absicht des Bundesrates – nicht ausdrücklich verankert, doch handelte es sich dabei nicht um ein qualifiziertes Schweigen. Denn in den Räten war die Sprachenfreiheit nicht grundsätzlich in Frage gestellt worden.

510 In der neuen Bundesverfassung wird die Sprachenfreiheit in Art. 18 BV ausdrücklich gewährleistet. Bei der Konkretisierung der Sprachenfreiheit ist Art. 70 BV zu beachten, der eine einlässliche Sprachenregelung enthält und sich eng an den bisherigen Art. 116 aBV anlehnt, jedoch zusätzlich das Territorialitätsprinzip verankert.

511 Der Gebrauch einer *Landessprache* steht auch unter dem Schutz von Art. 4 BV, wonach Deutsch, Französisch, Italienisch und Rätoromanisch die Landessprachen sind. Insbesondere ist es den Kantonen verboten, «Gruppen, die eine Landessprache sprechen, aber im Kanton eine Minderheit darstellen, zu unterdrücken oder in ihrem Fortbestand zu gefährden» (BGE 122 I 236, 238, Jorane Althaus).

512 Durch Art. 70 Abs. 1 BV betreffend *Amtssprachen des Bundes* wird die Sprachenfreiheit ebenfalls präzisiert, indem der Bürger das Recht hat, in diesen Amtssprachen mit den Bundesorganen zu verkehren. Vgl. auch N. 1435.

513 Die Erhaltung der Viersprachigkeit der Schweiz, vor allem die Stärkung der sprachlichen Minderheiten sowie die Verbesserung der Verständigung zwischen den Sprachgruppen, waren Leitmotive bei der Revision des Sprachenartikels im Jahr 1996, dem Art. 4 und 70 der neuen Bundesverfassung weitgehend gefolgt sind. Insbesondere wurde dadurch die Stellung des Rätoromanischen aufgewertet (vgl. N. 1436).

II. Schutzobjekt

514 Ursprünglich umschrieb das Bundesgericht die Sprachenfreiheit als «Befugnis zum Gebrauche der Muttersprache» (BGE 91 I 480, 486 E. 1, Association de l'Ecole française). In der Folge wurde der Begriff der Muttersprache ausgeweitet. Wörtlich führte das Bundesgericht in einem mehrsprachige Einwohner von Bivio betreffenden Entscheid aus, der Begriff der Muttersprache umfasse «auch jene Zweit- und Drittsprachen, welche einer Person nahestehen und welcher sie sich vernünftigerweise zu bedienen pflegt» (Entscheid vom 7. Mai 1982, ZBl 83 [1982] 361). In Anlehnung an verschiedene Lehrmeinungen geht das Bundesgericht in neueren Entscheiden sogar davon aus, dass die Sprachenfreiheit grundsätzlich jede Sprache schütze, derer sich jemand bedienen will (BGE 122 I 236, 238 E. 2b, Jorane Althaus).

III. Rechtsträger

515 Auf die Sprachenfreiheit können sich alle natürlichen Personen, unabhängig von ihrer Staatsangehörigkeit, berufen. Ob auch juristische Personen als Rechtsträger in Frage kommen, hat das Bundesgericht bisher noch nicht entschieden. Bisherige Fälle, in denen Unternehmen verpflichtet worden waren, Reklametafeln in rätoromanischer Sprache zu beschriften, beurteilte das Gericht unter dem Gesichtswinkel der Vereinbarkeit mit der Wirtschaftsfreiheit (BGE 116 Ia 345, Aktiengesellschaft Bar Amici, sowie ZBl 94 [1993] 133 ff. betreffend Zürich-Versicherung). BORGHI (La liberté de la langue et ses limites, Rz. 10) und WYSS (Das Sprachenrecht der Schweiz nach der Revision von Art. 116 BV, S. 147 und 159) sprechen sich zu Recht dafür aus, auch juristischen Personen die Berufung auf die Sprachenfreiheit zu gestatten.

IV. Einschränkungen

516 Die Anerkennung der *Landessprachen* in Art. 4 BV bedeutet insoweit eine Einschränkung der Sprachenfreiheit, als sie die überkommene sprachliche Zusammensetzung des Landes und damit die Erhaltung der überlieferten Ausdehnung und Homogenität der vier gegebenen Sprachgebiete gewährleistet (sog. Territorialitätsprinzip).

> «Die Kantone sind daher aufgrund dieser Bestimmung befugt, Massnahmen zu ergreifen, um die überlieferten Grenzen der Sprachgebiete und deren Homogenität zu erhalten, selbst wenn dadurch die Freiheit des Einzelnen, seine Muttersprache zu gebrauchen, beschränkt wird. Solche Massnahmen müssen aber verhältnismässig sein, d.h., sie haben ihr Ziel unter möglichster Schonung der Würde und Freiheit des Einzelnen zu erreichen.» (BGE 106 Ia 299, 303, Brunner)

517 Art. 70 Abs. 2 Satz 2 BV versucht, das durch die Rechtsprechung des Bundesgerichts entwickelte *Territorialitätsprinzip* in einer prägnanten Kurzformel festzuhalten. Danach sollen die Kantone auf die herkömmlichen Sprachgrenzen achten und auf angestammte sprachliche Minderheiten Rücksicht nehmen.

518 Eine weitere Beschränkung ergibt sich aus der Bestimmung über die *Amtssprachen,* Art. 70 Abs. 1 und Abs. 2 Satz 1 BV: Im Umgang mit Behörden muss die Amtssprache bzw. eine der Amtssprachen verwendet werden.

519 Da das Bundesgericht gestützt auf das Territorialitätsprinzip einschneidende Beschränkungen zulässt – nicht nur zu Gunsten bedrohter Sprachen! –, kann man sich fragen, ob die Sprachenfreiheit als Grundrecht mehr garantiere als den – schon durch die Meinungsfreiheit geschützten – *privaten* Gebrauch der Sprache eigener Wahl

(vgl. zur weitgehenden Begrenzung des Schutzbereichs der Sprachenfreiheit auf den «secteur privé», im Gegensatz zum «secteur public», auch AUER/MALINVERNI/ HOTTELIER, Bd. 2, N. 914). ANDREAS AUER (Liberté de la langue, S. 955 ff.) äusserte sogar die Ansicht, die Sprachenfreiheit sei als selbständiges Grundrecht überflüssig.

V. Bundesgerichtliche Praxis zum Sprachenrecht

Ein Blick auf die Praxis des Bundesgerichts zeigt, dass vor allem *Regelungen über den Sprachgebrauch an Schulen und Gerichten* zu *Konflikten zwischen Sprachenfreiheit und Territorialitätsprinzip* Anlass gaben. 520

Im ersten die Sprachenfreiheit betreffenden BGE 91 I 480, Association de l'Ecole française, erklärte das Gericht unter Berufung auf das Territorialitätsprinzip eine kantonalzürcherische Regelung als zulässig, die bestimmte, dass Schüler französischer Muttersprache mit dauerndem Aufenthalt im Kanton zwar während zweier Jahre eine französischsprachige Privatschule besuchen durften, dann aber in eine deutschsprachige Schule übertreten müssten. Auch in BGE 100 Ia 462, Derungs, kam das Territorialitätsprinzip der deutschen Sprache zugute: Das Bundesgericht entschied nämlich, dass die kleine Gemeinde St. Martin, deren Bevölkerung überwiegend deutsch spricht, keine Klassen führen müsse, in denen romanisch unterrichtet werde, und dass sie ferner auch nicht das Schulgeld übernehmen müsse für romanischsprachige Kinder, die in der Nachbargemeinde den romanischen Unterricht besuchten. Nach der Revision des Sprachenartikels (Art. 116 aBV) im Jahr 1996 urteilte das Bundesgericht, dass ein in einer deutschsprachigen Gemeinde des Kantons Bern wohnendes Kind französischer Muttersprache nicht gezwungen werden dürfe, die deutschsprachige Schule zu besuchen, wenn eine französischsprachige Gemeinde das Kind (auf Kosten der Eltern) aufnehme (BGE 122 I 236, Jorane Althaus). 521

Aus dem Territorialitätsprinzip leitete das Bundesgericht in einigen Fällen ein die Wirtschaftsfreiheit überwiegendes öffentliches Interesse am Verbot deutschsprachiger Leuchtreklamen und Hinweistafeln in einer mehrheitlich rätoromanischen Gemeinde ab. 522

Andere Entscheide betrafen *Sprachregelungen im Verkehr mit Gerichten*. Die Bestimmung der Freiburger Zivilprozessordnung, wonach im Saanebezirk Französisch als einzige Gerichtssprache gilt, konnte das Bundesgericht bei einem Anteil an Deutschsprachigen von 23% der Wohnbevölkerung unter dem Gesichtspunkt der Erhaltung der sprachlichen Homogenität gerade noch als mit der Sprachenfreiheit vereinbar qualifizieren (BGE 106 Ia 299, Brunner). Später wies das Gericht sogar die staatsrechtliche Beschwerde eines der französischen Sprache nicht mächtigen deutschsprachigen Beschuldigten ab, der beanstandet hatte, dass im Saanebezirk 523 ein Strafverfahren gegen ihn in französischer Sprache durchgeführt wurde (BGE 121 I 196, René Noth; vgl. die zutreffende Kritik bei TSCHANNEN, § 14 Rz. 28). Dagegen verstiess nach Ansicht des Bundesgerichts eine Verordnungsbestimmung des Kantons Graubünden, wonach Gerichtsurteile auch in Fällen aus dem italienischsprachigen und rätoromanischen Kantonsteil in deutscher Sprache abzufassen waren, gegen die Sprachenfreiheit (Urteil vom 8. Juli 1999 in ZBl 101 [2000] 610 ff.).

524   Fremdsprachige Angeschuldigte können aus der Bundesverfassung (vor allem Art. 31 Abs. 2 und Art. 32 Abs. 2) und aus der EMRK (vor allem Art. 5 Ziff. 2 und Art. 6 Ziff. 3) diejenigen Verfahrensrechte ableiten, die für eine wirksame Verteidigung notwendig sind, z.B. eine genaue Information über die erhobenen Beschuldigungen und die wesentlichen Verfahrensschritte in einer ihnen verständlichen Sprache, ferner das Recht auf persönliche Anhörung und die Möglichkeit, Fragen an Belastungszeugen zu stellen (vgl. dazu BGE 118 Ia 462).

§ 17 Wissenschafts- und Kunstfreiheit

> **Literatur**

BREINING-KAUFMANN CHRISTINE, Akademische Freiheit im Zeitalter der Globalisierung – Liberalisierung und Studienreform als neue Herausforderungen für die Wissenschaftsfreiheit, ZSR NF 123/I (2004) 307 ff.; FLORIO NICOLE, La liberté d'expression et la liberté académique dans les universités en droits allemand, français et suisse, Diss. Lausanne 1979; GRUBER HANS, Forschungsförderung und Erkenntnisfreiheit, Diss. Bern 1986; HALLER WALTER, Die Forschungsfreiheit, in: FS zum 70. Geburtstag von Hans Nef, Zürich 1989, S. 125 ff.; HALLER WALTER, Die akademische Lehrfreiheit als verfassungsmässiges Recht, ZSR NF 95/I (1976) 113 ff.; HEMPEL HEINRICH, Die Freiheit der Kunst – Eine Darstellung des schweizerischen, deutschen und amerikanischen Rechts, Diss. Zürich 1991; SCHWANDER VERENA, Grundrecht der Wissenschaftsfreiheit im Spannungsfeld rechtlicher und gesellschaftlicher Entwicklungen, Diss. Bern 2002; WILDHABER LUZIUS, Professor Pfürtner und die Lehrfreiheit, ZSR NF 91/I (1972) 395 ff.

> **Rechtliche Grundlagen**

Vgl. N. 525 ff.

I. Rechtliche Grundlagen

Die Bundesverfassung von 1874 erwähnte weder die Wissenschafts- noch die Kunstfreiheit. Die wissenschaftliche *Lehrfreiheit* war jedoch im ungeschriebenen Freiheitsrecht der Meinungsäusserungsfreiheit enthalten. Das Bundesgericht bezog auch die *Kunstfreiheit,* nämlich «das Kunstschaffen und dessen Hervorbringungen» in den Schutzbereich der Meinungsäusserungsfreiheit ein (vgl. N. 454). Die *Forschungsfreiheit* wurde vom Bundesgericht ebenfalls grundrechtlich geschützt, wobei die Zuordnung (zur persönlichen Freiheit oder zur Meinungsfreiheit oder Konstruktion als selbständiges Grundrecht) offenblieb (vgl. BGE 119 Ia 460, 500 f., E. 12b). 525

Art. 10 EMRK und Art. 19 UNO-Pakt II, welche die Meinungsfreiheit gewährleisten, schliessen auch die Wissenschafts- und die Kunstfreiheit in ihren Schutzbereich ein. 526

Die neue Bundesverfassung anerkennt nun ausdrücklich die Wissenschaftsfreiheit (Art. 20) und die Kunstfreiheit (Art. 21). 527

II. Wissenschaftsfreiheit (Art. 20 BV)

528 Die Wissenschaftsfreiheit schützt die wissenschaftliche Lehre und Forschung. Ein im Nationalrat gestellter Antrag, auch die Lernfreiheit einzubeziehen, wurde abgelehnt (Amtl. Bull. NR 1998 [Separatdruck], S. 211). Bewusst verzichtete man auch darauf, die Unterrichtsfreiheit in diese Verfassungsbestimmung aufzunehmen (vgl. Amtl. Bull. SR 1998 [Separatdruck], S. 43).

529 Über die wissenschaftliche Lehrfreiheit liegen noch keine einschlägigen Entscheide des Bundesgerichts vor. Dagegen hat sich das Bundesgericht im Zusammenhang mit Fragen der modernen Fortpflanzungsmedizin mit den *Grenzen der Forschungsfreiheit* befasst. Es entschied, dass das Verbot, lebende Embryonen, Föten oder Teile davon zu Forschungszwecken zu verwenden, verfassungskonform ausgelegt werden könne (BGE 119 Ia 460, 499 ff. E. 12). Dagegen betrachtete das Bundesgericht ein allgemeines Verbot der Verwendung von Keimzellen zu Forschungszwecken als unverhältnismässigen Eingriff in die Forschungsfreiheit (BGE 115 Ia 234, 267 ff. E. 10). Aus der Wissenschaftsfreiheit kann kein genereller Anspruch auf Beschaffung von Information aus nicht allgemein zugänglichen Quellen abgeleitet werden (BGE 127 I 145, 156 ff. E. 4, Wottreng); im betreffenden Fall wollte ein Historiker und Publizist Einsicht in die Strafakten des Gründers und Chefs der Rockergruppe «Hell's Angels Switerland» nehmen, was ihm das Gericht nach Vornahme einer Interessenabwägung versagte.

529a Die Forschung an menschlichen embryonalen Stammzellen gab Anlass zur Besinnung über Umfang und Grenzen der Forschungsfreiheit. Das Bundesgesetz über die Forschung an embryonalen Stammzellen vom 19. Dezember 2003, das in der Referendumsabstimmung vom 28. November 2004 vom Volk klar angenommen wurde, lässt die Gewinnung von Stammzellen aus überzähligen Embryonen (die durch künstliche Befruchtung erzeugt wurden) unter bestimmten Voraussetzungen zu, setzt aber der Forschung strenge Grenzen. Insbesondere ist es verboten, einen Embryo zu Forschungszwecken zu erzeugen, ein Klon zu bilden oder mit embryonalen Stammzellen Handel zu treiben.

III. Kunstfreiheit (Art. 21 BV)

530 Die Abgrenzung der Kunstfreiheit von der Meinungsfreiheit (Art. 16 Abs. 1 und 2 BV) bereitet vor allem deswegen Schwierigkeiten, weil es keinen allgemeingültigen Kunstbegriff gibt. In Deutschland haben Rechtsprechung und Lehre grosse Mühe mit der Bestimmung des Schutzbereichs der Kunstfreiheit i.S. von Art. 5 Abs. 3 des Grundgesetzes bekundet (vgl. dazu HEINRICH HEMPEL, Die Freiheit der Kunst, S. 28 ff.). In Berücksichtigung des Umstandes, dass die Definition von Kunst in

erheblichem Mass subjektive, zeitbedingte Werturteile impliziert, sollte das Schutzobjekt des Art. 21 BV weit umschrieben werden. Zweifellos ist auch Musik als Kunst anzusehen, obwohl in Art. 69 Abs. 2 BV «Kunst» und «Musik» als separate Begriffe angeführt werden. Im Hinblick darauf, dass für die Meinungsfreiheit und die Kunstfreiheit dieselben Voraussetzungen für Einschränkungen des Art. 36 BV gelten, ist die genaue Zuordnung kaum von praktischer Bedeutung. Im Zweifel sollte man sich in einem staatsrechtlichen Beschwerdeverfahren auf beide Grundrechte berufen.

Mit dem Spannungsverhältnis zwischen der Kunstfreiheit und den Strafbestimmungen über Sachbeschädigung beschäftigten sich im Fall des «Sprayers von Zürich» die Europäische Kommission für Menschenrechte und das deutsche Bundesverfassungsgericht (EuGRZ 1984, S. 259 ff. und 271 ff.). 531

§ 18 Versammlungsfreiheit

Literatur

BOSSHART JÜRG, Demonstrationen auf öffentlichem Grund, Diss. Zürich 1973; JACQUAT GRAZIELLA, La liberté de réunion en droit suisse, Diss. Lausanne 1982; MALINVERNI GIORGIO, La liberté de réunion, Mémoires publiés par la Faculté de droit de Genève No. 68, Genève 1981; MANFRINI PIERRE LOUIS, La liberté de réunion et d'association, in: Verfassungsrecht der Schweiz, § 46; RÜESCH ADRIAN, Die Versammlungsfreiheit nach schweizerischem Recht, Diss. Zürich 1983; WYSS PHILIPP MARTIN, Appell und Abschreckung: Verfassungsrechtliche Betrachtungen zur Versammlungsfreiheit, ZBl 103 (2002) 393 ff.

Vgl. auch Literaturhinweise zu § 15 betr. Demonstrationsfreiheit.

Rechtliche Grundlagen

– Art. 22 BV (früher ungeschriebenes Freiheitsrecht)
– Art. 11 EMRK
– Art. 21 UNO-Pakt II

I. Schutzobjekt

532 Die Versammlungsfreiheit ist die gegen staatliche Eingriffe geschützte Freiheit, Versammlungen zu organisieren, an Versammlungen teilzunehmen oder Versammlungen fernzubleiben. Wie die Meinungs-, Informations- und Medienfreiheit, ist auch die Versammlungsfreiheit für die freie demokratische Willensbildung unerlässlich. Sie gibt den Bürgerinnen und Bürgern das Recht, politische (und andere) Fragen auch ausserhalb der unter dem Schutz der Vereinigungsfreiheit stehenden politischen Parteien gemeinsam zu erörtern, darüber zu beschliessen und eine bestimmte Auffassung den Mitbürgern gegenüber zum Ausdruck zu bringen.

533 Geschützt sind *Versammlungen* in geschlossenen Räumen und im Freien, *auf privatem und auf öffentlichem Grund*. Bei Versammlungen auf öffentlichem Grund sind aber weiter gehende Beschränkungen zulässig (vgl. die Ausführungen zur Demonstrationsfreiheit, N. 468 ff.).

534 Unter «Versammlung» wird eine vorübergehende, d.h. *zeitlich beschränkte* Zusammenkunft verstanden, die in der Regel an einem *bestimmten Ort* stattfindet. Allerdings kann sich die Versammlung auch *in Bewegung* befinden (Hauptbeispiel: Demonstrationen; sie unterstehen sowohl dem Schutz der Meinungsfreiheit als auch

demjenigen der Versammlungsfreiheit). Im Hinblick auf neue technische Entwicklungen ist wohl anzunehmen, dass auch Video-Konferenzen und Diskussionsforen im Internet am Schutz durch die Versammlungsfreiheit teilhaben (MANFRINI, La liberté de réunion et d'association, Rz. 9).

Es genügt eine *tatsächliche Organisation* (während die Vereinigungsfreiheit nur Zusammenschlüsse in einer rechtlichen Organisationsform schützt). 535

Zu den Elementen der verfassungsmässig geschützten Versammlung gehört der *meinungsbildende Zweck*. Eine Menschenmenge, die sich an einer Unfallstelle angesammelt hat, oder die Zuschauer eines Fussballmatches sind noch keine Versammlung. JÖRG PAUL MÜLLER (Grundrechte in der Schweiz, S. 327 f.) gibt allerdings zu bedenken, dass selbst rein unterhaltende Veranstaltungen, ja sogar Sportanlässe, neben ihrem unterhaltenden bzw. kommerziellen Charakter meinungsbildende Funktion aufweisen können, was rechtfertige, im Einzelfall auch Aspekte der Versammlungsfreiheit und der Meinungsfreiheit zu berücksichtigen. 536

Es stellt sich die Frage, ob die Versammlungsfreiheit den Staat nur zu einem Unterlassen bzw. Dulden verpflichte oder ob er darüber hinaus auch öffentlichen Grund oder sogar ihm gehörende Räumlichkeiten für die Durchführung von Versammlungen zur Verfügung stellen müsse. Bezüglich Demonstrationen auf öffentlichem Grund lässt sich aus der neueren Praxis ein «bedingter Anspruch» auf Benutzung öffentlichen Grundes ableiten (vgl. N. 461 und 471). Zur Frage, ob die Versammlungsfreiheit auch das Recht zur Benutzung öffentlicher Säle umfasse, schreibt AUBERT (ad 2167bis): 537

> «En principe, ce droit n'est pas reconnu. Exception: il l'est, quand il peut être fondé sur l'art. 4 C. féd. (Art. 4 aBV = Art. 8 BV). Autre exception qui devrait être sérieusement envisagée: les requérants pourraient demander l'usage d'un local public – lors même qu'il n'en aurait pas été accordé à d'autres, c'est-à-dire en dehors du cas d'inégalité – s'ils ne trouvent aucun lieu où se réunir. Motif: en garantissant un droit fondamental, la Constitution oblige l'Etat à prendre les mesures qui sont nécessaires pour le réaliser.»

1991 entschied das Bundesgericht (wie schon 1980 in einem unveröffentlichten Entscheid), dass Gemeindesäle, die für Veranstaltungen benutzt werden können, mit Bezug auf die Bewilligung von Versammlungen im Prinzip wie öffentlicher Grund zu behandeln seien (Urteil vom 18. Februar 1991, ZBl 93 [1992] 40 ff.; vgl. dazu TOBIAS JAAG, ZBl 93 [1992] 164). 538

II. Rechtsträger

Träger der Versammlungsfreiheit sind natürliche und juristische Personen. Das Bundesgericht tritt regelmässig auf staatsrechtliche Beschwerden von juristischen Personen ein, die bei der Durchführung einer Versammlung durch staatliche Anord- 539 nungen beschränkt wurden und eine Verletzung der Versammlungsfreiheit rügen (vgl. z.B. BGE 92 I 24, 29, Rassemblement jurassien). Es verhält sich mit der Versammlungsfreiheit ähnlich wie mit der Meinungsfreiheit: Juristische Personen können sich zwar nicht als solche versammeln, wohl aber eine Versammlung organisieren und insoweit in ihrer Freiheit eingeschränkt werden (HANGARTNER, Bd. 2, S. 39).

540 Die Versammlungsfreiheit steht auch Ausländern zu, allerdings mit grösserer Einschränkungsmöglichkeit.

III. Einschränkungen

1. Allgemeine Voraussetzungen

541 Aus Art. 11 Abs. 2 EMRK und Art. 36 Abs. 1 BV ergibt sich, dass Eingriffe in die Versammlungsfreiheit einer *gesetzlichen Grundlage* bedürfen. Gemäss der Rechtsprechung unter der Bundesverfassung von 1874 konnten sich die Behörden auf ihre Verfügungsgewalt über öffentliche Sachen berufen, um Versammlungen auf öffentlichem Grund bewilligungspflichtig zu erklären. Eine Bestimmung im bundesrätlichen Vorentwurf zur nachgeführten Verfassung (Art. 18 Abs. 3 VE 1996), die diese problematische Praxis abdecken sollte, wurde vom Parlament gestrichen (vgl. BEATRICE WEBER-DÜRLER, Grundrechtseingriffe, in: Zimmerli [Hrsg.], Die neue Bundesverfassung, S. 138; RHINOW, Rz. 1128). Die Bewilligungspflicht muss daher in einem Rechssatz geregelt sein, um den Anforderungen der Bundesverfassung und der EMRK zu genügen.

542 Jede Einschränkung der Versammlungsfreiheit muss durch das *öffentliche Interesse* geboten sein. Bei Versammlungen auf privatem Grund dürften dabei nur polizeiliche Interessen in Betracht fallen, während bei Versammlungen auf öffentlichem Grund das Fortbewegungsrecht der Strassenbenützer sowie schützenswerte Interessen von Anliegern, Geschäftsinhabern und anderen betroffenen Dritten (vgl. N. 471) in die Interessenabwägung einzubeziehen sind.

543 Der Grundsatz der *Verhältnismässigkeit* ist immer zu beachten. So kommt ein Versammlungsverbot nur dann in Frage, wenn weniger weit gehende Massnahmen – z.B. das Verbot einer Gegendemonstration – nicht genügen (BGE 103 Ia 310, 317, Rassemblement jurassien; vgl. auch N. 546). Aber auch dann muss das Verbot in geographischer und zeitlicher Hinsicht auf das Notwendige beschränkt werden.

544 Zur *Zulässigkeit von präventiven Massnahmen* führte das Bundesgericht in BGE 96 I 219, 229 f., Nöthiger, aus:

> «Dass die Ausübung der hier in erster Linie in Frage stehenden Versammlungsfreiheit durch präventive Massnahmen beschränkt werden darf, hat das Bundesgericht wiederholt bejaht, doch ging es jeweils um das spezielle Verbot einer angekündigten Versammlung oder eines Umzugs oder um die Ausnahme von einem bestimmten

Verbot (BGE 57 I 272 ff.; 60 I 202 ff.; 61 I 35 ff., 107 ff., 265 ff.; 91 I 325 ff.; 92 I 29 ff.). Ein generelles Verbot stellt trotz des Erlaubnisvorbehalts einen schwereren Eingriff in das Freiheitsrecht dar, als wenn Versammlungen und Umzüge zwar auch präventiv, aber bloss von Fall zu Fall verboten werden können. Inwieweit die Bewilligungspflicht mit der Versammlungsfreiheit vereinbar ist, hatte das Bundesgericht bisher noch nicht zu entscheiden.»
(Im Folgenden bejahte das Gericht die Zulässigkeit einer Bewilligungspflicht für Versammlungen und Umzüge auf öffentlichem Grund.)

2. Nur gegen den Störer gerichtete Massnahmen

Nach einem allgemeinen Rechtsgrundsatz sind polizeiliche Massnahmen nur gegen den Störer zu richten, d.h. gegen denjenigen, der die öffentliche Sicherheit und Ordnung stört oder gefährdet. Das entspricht auch dem Verhältnismässigkeitsprinzip. 545

Ausnahmsweise kann es jedoch im Fall eines Polizeinotstandes – gestützt auf die Polizeigeneralklausel (vgl. N. 312) – zum Schutz der öffentlichen Sicherheit notwendig sein, die Versammlungsfreiheit von Nichtstörern einzuschränken, wie das Bundesgericht in BGE 103 Ia 310, 315, Rassemblement jurassien, entschied. 546

Folgender Sachverhalt war dort zu beurteilen: Das Rassemblement jurassien und eine andere separatistische Organisation kündigten auf den 2. April 1977 in einem Hotel in Moutier eine Versammlung an. Als Reaktion darauf entschloss sich die probernische Gruppe Sanglier, am selben Tag in einem ebenfalls in Moutier gelegenen Restaurant eine Kundgebung durchzuführen, was die Berner Regierung veranlasste, sämtliche politischen Versammlungen auf dem Gebiet der Gemeinde Moutier am Wochenende des 2. und 3. April zu verbieten. Ein Versammlungsverbot erging aus analogen Gründen für ein späteres Wochenende. Das Rassemblement und die andere betroffene Organisation erhoben staatsrechtliche Beschwerde, u.a. mit dem Argument, sie seien gar nicht Störer. Zu diesem Punkt führte das Bundesgericht aus:
«En effet, la clause générale de police, si elle est applicable, permet à l'autorité d'adopter les mesures qu'impose la sauvegarde de l'ordre et de la tranquillité publics, en s'écartant, le cas échéant, du principe selon lequel l'administration doit agir contre le perturbateur (cf. MATHYS, Zum Begriff des Störers im Polizeirecht, thèse Zurich 1974, p. 11 à 13). En l'espèce, on doit admettre que le Conseil-exécutif bernois se trouvait dans l'impossibilité de ne prendre que des mesures partielles, soit qu'il interdise uniquement les contre-manifestations, soit qu'il autorise toutes les réunions en veillant à séparer, par des forces de police, les groupements séparatistes et pro-bernois. Il ne lui suffisait donc pas d'agir contre tel ou tel groupement dont l'activité était de nature à troubler l'ordre public, mais il s'agissait de prendre envers les uns et les autres les mesures qu'exigeait l'intérêt de la collectivité tout entière. Dans ces conditions, il n'y a pas lieu d'examiner si seul l'un des groupements en présence doit être qualifié de perturbateur, pas plus qu'il ne convient de déterminer la part que ces mouvements ont éventuellement prise à l'instauration du climat de tension et d'insécurité justifiant la mesure d'interdiction générale prononcée par l'autorité bernoise.»

§ 19 Vereinigungs- und Koalitionsfreiheit

> Literatur

BRUNNER ERICH E., Die Problematik der verfassungsrechtlichen Behandlung extremistischer Parteien in den westeuropäischen Verfassungsstaaten, Diss. Zürich 1965; HANGARTNER YVO, Grundrechtliche Fragen der Zwangsgemeinschaft in öffentlich-rechtlichen Personalkörperschaften, in: Freiheit und Zwang, FS zum 60. Geburtstag von Hans Giger, Bern 1989, S. 231 ff.; HUBER HANS, Die Zwangsmitgliedschaft der immatrikulierten Studierenden der Universität Bern in der Gesamtstudentenschaft und das «politische Mandat», ZBJV 109 (1973) 297 ff.; KÄGI ALEXANDER, Koalitionsfreiheit und Streikfreiheit, Diss. Zürich 1969; KUGLER JÜRG, Zwangskörperschaften, Diss. Bern 1984; KUSTER ZÜRCHER SUSANNE, Streik und Aussperrung: Vom Verbot zum Recht, Diss. Zürich 2004; PFLEGHARD HEINZ, Die Rechtsprechung von Verwaltungsbehörden und Gerichten zu Zwangsmitgliedschaft und Zwangsbeitrag an den deutschschweizerischen Hochschulen, ZSR NF 98/I (1979) 139 ff.; PORTMANN WOLFGANG, Der Einfluss der neuen Bundesverfassung auf das schweizerische Arbeitsrecht, in: FS für Manfred Rehbinder, Bern 2002, S. 73 ff.; RIEMER HANS MICHAEL, Berner Kommentar, Die Vereine, Systematischer Teil, Bern 1990, N. 218–264; STÄHELIN SALOME, Das Streikrecht in unerlässlichen Diensten, Diss. Basel 2001.

> Rechtliche Grundlagen

– Art. 23 und 28 BV (Art. 56 aBV)
– Art. 11 EMRK
– Art. 8 UNO-Pakt I
– Art. 22 UNO-Pakt II

I. Vereinigungsfreiheit (Art. 23 BV)

1. Schutzobjekt

547 Vereinigungsfreiheit bedeutet die Freiheit, ohne Beeinträchtigung seitens des Staates Vereinigungen zu bilden, Vereinigungen beizutreten oder anzugehören und sich an den Tätigkeiten von Vereinigungen zu beteiligen (Art. 23 Abs. 2 BV).

a) Geschützte Vereinigungen

548 Vereinigungen i.S. von Art. 23 BV sind grundsätzlich alle auf Dauer gerichteten Zusammenschlüsse von Personen, die einen gemeinsamen *ideellen Zweck* verfolgen. Der ideelle Zweck kann dabei auch in politischen Zielsetzungen (Parteien) oder in der gemeinsamen Wahrung wirtschaftlicher Interessen (z.B. Berufsverbände) bestehen.

Dagegen unterstehen Vereinigungen, die Erwerbszwecke verfolgen, nur dem Schutz der Wirtschaftsfreiheit. 549

Vereinigungen mit religiöser Zweckverfolgung unterstehen dem Schutz des Art. 15 BV (Glaubens- und Gewissensfreiheit), der also hier im Verhältnis zur Vereinigungsfreiheit als «lex specialis» gilt. 550

Art. 23 BV bringt klarer als Art. 56 aBV betr. die *Vereins*freiheit zum Ausdruck, dass nicht nur Vereine i.S. von Art. 60 ff. ZGB, sondern auch Vereinigungen in anderen privatrechtlichen Rechtsformen erfasst werden. Die *Rechtsform* ist *unerheblich*. 551

b) Geschützte Tätigkeiten

Die geschützten Tätigkeiten werden in Art. 23 Abs. 2 und 3 BV in Anlehnung an die bisherige Praxis aufgeführt. 552

Geschützt wird das *Recht zur Bildung von Vereinigungen*. Darin eingeschlossen ist das *Recht, eine Vereinigung aufzulösen*. 553

Ferner umfasst die Vereinigungsfreiheit das *Recht auf freien Beitritt und Austritt bzw. Nichtbeitritt* zu einem Verein. Das Recht auf Nichtbeitritt und Austritt wird auch «negative Vereinigungsfreiheit» genannt. Das Recht richtet sich gegen den Staat; ein Anspruch auf Aufnahme in einen Verein kann aus der Vereinigungsfreiheit nicht abgeleitet werden. 554

Geschützt ist schliesslich die *Teilnahme an der Tätigkeit von Vereinigungen,* insbesondere an der vereinsinternen Tätigkeit (z.B. Abhaltung von Mitgliederversammlungen). Die Teilnahme an Veranstaltungen, die nach aussen gerichtet sind, besonders wenn sie der Öffentlichkeit zugänglich sind, stehen vor allem unter dem Schutz der Meinungs- und Versammlungsfreiheit. 555

2. Rechtsträger

a) Schweizerische Staatsangehörige und Ausländer

Die Vereinigungsfreiheit steht auch Ausländern zu, doch sind bei Ausländervereinen, die politische Zielsetzungen verfolgen, verstärkte polizeiliche Beschränkungen zulässig. 556

b) Juristische Personen

Das Bundesgericht ging in BGE 100 Ia 277, 286 f., Commune de Lens, davon aus, dass die Vereinsfreiheit nur natürlichen Personen zustehe. 557

Bei diesem Entscheid dürfte es sich um einen Lapsus handeln. Die praktisch einhellige Lehre geht davon aus, dass nicht nur Mitglieder einer Vereinigung, sondern auch die Vereinigung selbst unter dem Schutz der Vereinigungsfreiheit steht und sich z.B. für eine ungestörte Ausübung ihrer Tätigkeit selbständig zur Wehr setzen kann (vgl. JÖRG PAUL MÜLLER, Grundrechte in der Schweiz, S. 346 mit weiteren Hinweisen in Anm. 34; RHINOW, Rz. 1553 f.). Diese Auffassung entspricht auch der Praxis des EGMR zu Art. 11 EMRK sowie den Materialien der neuen Bundesverfassung (vgl. BBl 1997 I 167).

558 Im Rahmen einer «Verbandsbeschwerde» (vgl. N. 2023 ff.) kann sich eine Vereinigung im eigenen Namen, jedoch zur Wahrung der Interessen ihrer Mitglieder auch auf Art. 23 BV berufen.

3. Einschränkungen

a) Im Allgemeinen

559 Wie weit die Vereinigungsfreiheit eingeschränkt werden darf, beurteilt sich – wie bei allen Freiheitsrechten – nach Art. 36 BV. Das in Art. 56 aBV enthaltene ausdrückliche Verbot rechtswidriger und staatsgefährlicher Vereine wurde fallengelassen. Dadurch hat sich indes keine Änderung der Rechtslage ergeben (vgl. BBl 1997 I 168 f.).

560 Die *Rechtswidrigkeit* einer Vereinigung kann sich auf die Zielsetzung oder auf die verwendeten Mittel beziehen. Sie wird auf Grund der Statuten und des tatsächlichen Verhaltens einer Vereinigung geprüft. «On ne peut pas faire à plusieurs ce qu'on ne doit pas faire seul» (AUBERT No. 2151).

Vereinigungen, die an der bestehenden Rechtsordnung Kritik üben und diese auf verfassungsmässigem Weg abändern wollen, sind nicht rechtswidrig.

561 *Staatsgefährlich* sind Vereinigungen, welche die staatliche Ordnung mit Gewalt abändern wollen und den gewaltsamen Umsturz propagieren. In BGE 60 I 349, 350 f., Nationale Front, bejahte das Bundesgericht die Zulässigkeit der Auflösung zweier nach militärischem Vorbild aufgebauter Parteiformationen («Harst» und «Kampfbund») durch den Zürcher Regierungsrat.

In der Bundesrepublik Deutschland können staatsgefährliche Parteien nur durch das Bundesverfassungsgericht verboten werden (Art. 21 Abs. 2 GG; vgl. auch Art. 18 GG).

562 Zum *Schutz polizeilicher Güter* kann die Tätigkeit einer Vereinigung beschränkt werden. Unzulässig sind jedoch grundsätzlich Präventivmassnahmen, z.B. die Statuierung einer Bewilligungspflicht für die Gründung von Vereinen und für die Durchführung von Vereinsversammlungen auf privatem Grund (vgl. BGE 96 I 219, 229, Nöthiger, mit Hinweisen auf die Literatur).

563 Soweit Vereinigungen Veranstaltungen auf öffentlichem Grund durchführen, sind die für die Meinungs- und Versammlungsfreiheit massgebenden Grenzen (vgl. N. 495 ff.) zu beachten.

b) Einschränkungen für Personen im Sonderstatusverhältnis

564 Die Zulässigkeit von Beschränkungen der Vereinigungsfreiheit für Personen im Sonderstatusverhältnis – so insbesondere für Beamte – ist gemäss den in Art. 36 BV

für die Einschränkung von Freiheitsrechten aufgestellten Voraussetzungen zu prüfen (vgl. N. 333). Bei deren fallbezogener Konkretisierung ist der Natur des in Frage stehenden Sonderstatusverhältnisses Rechnung zu tragen. So kann es gegen die Treuepflicht verstossen, wenn z.B. ein hochgestellter Funktionär im Integrationsbüro des Bundes einer Vereinigung beitritt, die sich zum Ziel gesetzt hat, eine weitere Integration der Schweiz in Europa zu verhindern.

c) *Öffentlich-rechtliche Zwangsverbände*

Bei genügend starkem öffentlichem Interesse kann die Mitwirkung in einem Verein vorgeschrieben werden oder sogar die Zwangsmitgliedschaft bei einer öffentlich-rechtlichen Körperschaft, die vom Staat mit der Wahrnehmung einer sachlich begrenzten Aufgabe betraut wird, rechtlich zulässig sein. 565

Eine Zwangskörperschaft, der alle immatrikulierten Studierenden automatisch und ohne Austrittsmöglichkeit angehören, bedarf auf jeden Fall einer genügenden gesetzlichen Grundlage. Damit sie mit der «negativen Vereinigungsfreiheit» (N. 554) vereinbart werden kann, wird zusätzlich verlangt, dass die Körperschaft in religiösen und parteipolitischen Belangen neutral ist.

II. Koalitionsfreiheit (Art. 28 BV)

1. Schutzobjekt

Unter «Koalitionsfreiheit» versteht man die Freiheit der Sozialpartner zur Bildung von Vereinen zum Schutz der Arbeits- und Wirtschaftsbedingungen. Typische Beispiele solcher Vereinigungen sind Gewerkschaften oder Arbeitgeberverbände. 566

Art. 11 Ziff. 1 EMRK und Art. 22 Abs. 1 UNO-Pakt II garantieren ausdrücklich das Recht, Gewerkschaften zu bilden. Wieweit die Koalitionsfreiheit in den Schutzbereich von Art. 56 aBV betr. die Vereinsfreiheit fiel, war umstritten. Die neue Bundesverfassung garantiert nun in einem separaten Art. 28 die Koalitionsfreiheit ausdrücklich. 567

2. Streik und Aussperrung

Der Bundesrat hatte in seinem Verfassungsentwurf (Art. 24 Abs. 3 VE 1996) ausdrücklich ein Recht auf Streik (d.h. auf kollektive Arbeitsverweigerung zur Durchsetzung von Forderungen nach besseren Arbeitsbedingungen) und auf Aussperrung (der Arbeitnehmer von der Arbeit als Gegenmassnahme der Arbeitgeberseite) vorgesehen. Dieser Vorschlag löste bei der Verfassungsberatung Kontroversen von einer solchen Heftigkeit aus, dass das ganze Vorhaben Totalrevision eine Zeitlang als 568 gefährdet erschien. Schliesslich einigte man sich darauf, zwar kein (subjektives) «Recht» auf Streik und Aussperrung zu statuieren, aber diese Arbeitskampfmassnahmen gleichsam als ultima ratio (vgl. Art. 28 Abs. 2 BV) unter bestimmten Voraussetzungen als «zulässig» zu erklären. Vor allem müssen Streik und Aussperrung die Arbeitsbeziehungen betreffen (Unzulässigkeit des «politischen» Streiks), und sie dürfen ferner nicht gegen Verpflichtungen, den Arbeitsfrieden zu wahren oder Schlichtungsverhandlungen zu führen, verstossen (Art. 28 Abs. 3 BV). Zudem kann das Gesetz «bestimmten Kategorien von Personen» den Streik verbieten (Art. 28 Abs. 4 BV). Zu denken ist dabei etwa an Polizeibeamte, Feuerwehrleute oder Spitalpersonal; dagegen ist ein generelles Streikverbot für staatliche Angestellte verfassungswidrig.

569 Das neue Bundespersonalgesetz (BPG) vom 24. März 2000 (SR 172.220.1) enthält – im Gegensatz zu Art. 23 des alten Beamtengesetzes vom 30. Juni 1927 – kein generelles Streikverbot mehr. Art. 24 Abs. 1 BPG lautet:

> «Soweit es für die Staatssicherheit, für die Wahrung von wichtigen Interessen in auswärtigen Angelegenheiten oder für die Sicherstellung der Landesversorgung mit lebensnotwendigen Gütern und Dienstleistungen erforderlich ist, kann der Bundesrat das Streikrecht für bestimmte Kategorien von Angestellten beschränken oder aufheben.»

570 In Art. 8 Abs. 1 lit. d des UNO-Pakts I wird das Streikrecht ausdrücklich garantiert, «soweit es in Übereinstimmung mit der innerstaatlichen Rechtsordnung ausgeübt wird». Das Bundesgericht liess in BGE 125 III 277, 281 ff., offen, ob diese Bestimmung direkt anwendbar sei, bemerkte aber immerhin, beachtliche Gründe sprächen dafür, den Self-executing-Charakter zu bejahen.

3. Drittwirkung

571 Die Koalitionsfreiheit wirkt sich vor allem auf die arbeitsvertraglichen Beziehungen aus. Das Bundesgericht entschied schon vor Inkrafttreten der neuen Bundesverfassung, dass die Teilnahme an einem rechtmässigen Streik den Arbeitsvertrag nicht verletze und daher keinen Kündigungsgrund darstelle (BGE 125 III 277, 283 ff. E. 3, Fall Baumwollspinnerei Kollbrunn; Art. 28 Abs. 3 BV wurde dabei als künftig anwendbare Norm mitberücksichtigt).

572 Bestimmungen eines Gesamtarbeitsvertrages und Abreden zwischen den Vertragsparteien, durch die Arbeitgeber oder Arbeitnehmer zum Eintritt in einen vertragsschliessenden Verband gezwungen werden sollen, sind nach Art. 356a Abs. 1 OR nichtig. Damit brachte der Gesetzgeber – bereits lange vor der ausdrücklichen Gewährleistung der Koalitionsfreiheit in der Verfassung – einen wichtigen Aspekt dieses Grundrechts im Privatrechtsverkehr zur Geltung.

§ 20 Niederlassungsfreiheit

> Literatur

RÜEGG ERNST, Niederlassungsfreiheit, Zürich 1958; SPÜHLER KARL, Die Rechtsprechung zur polizeilichen Meldepflicht bei Niederlassung und Aufenthalt, ZBl 93 (1992) 337 ff.; ZUFFEREY JEAN-BAPTISTE, La liberté d'établissement, in: Verfassungsrecht der Schweiz, § 47.

> Rechtliche Grundlagen

- Art. 24 und 115 BV (Art. 45 Abs. 1 und 48 aBV)
- Art. 12 UNO-Pakt II
- Bundesgesetz über die Zuständigkeit für die Unterstützung Bedürftiger vom 24. Juni 1977 (SR 851.1)

> Materialien

- Bericht der Kommission des Nationalrates zur Initiative Waldner betreffend Änderung von Art. 45 [a]BV vom 11. September 1973, BBl 1974 I 223 ff.
- Stellungnahme des Bundesrates zur Neuordnung der Niederlassungsfreiheit vom 8. Mai 1974, BBl 1974 I 1423 ff.
- Botschaft des Bundesrates zu einem Bundesgesetz über die Zuständigkeit für die Unterstützung Bedürftiger vom 17. November 1976, BBl 1976 III 1193 ff.

I. Geschichtliche Entwicklung

Die Niederlassungsfreiheit ist für einen Bundesstaat von grosser Bedeutung. Zur Zeit des Staatenbundes bestand für Kantonsbürger ausserhalb ihres Heimatkantons grundsätzlich keine Freizügigkeit. Die Bundesverfassung von 1848 gewährte die Niederlassungsfreiheit nur Schweizern christlicher Konfession; diese Diskriminierung wurde 1866 beseitigt. Gemäss der Bundesverfassung von 1874 war die Niederlassungsfreiheit derjenigen beschränkt, die sich schwere strafrechtliche Verfehlungen hatten zuschulden kommen lassen oder die dauernd unterstützungsbedürftig waren. Wegen der Bedeutung der Resozialisierung von Straftätern und wegen des allmählichen Übergangs zum Prinzip der Unterstützung Bedürftiger durch den Wohnsitzkanton (auf dem Konkordatsweg) erwies sich diese Regelung mit der Zeit als überholt.

573

574 Nach der Revision im Jahr 1975 gewährte Art. 45 aBV die Niederlassungsfreiheit uneingeschränkt allen Schweizern. Gleichzeitig wurde 1975 das Prinzip der wohnörtlichen Unterstützung in Art. 48 aBV verfassungsmässig verankert. Die neue Bundesverfassung hat diese Regelung in Art. 24 und 115 übernommen.

II. Schutzobjekt

1. Begriff

575 Die Niederlassungsfreiheit ist das Recht aller Schweizer Bürgerinnen und Bürger, sich an jedem Ort der Schweiz niederzulassen oder aufzuhalten und den bisherigen Niederlassungsort jederzeit wieder zu verlassen. Sie schliesst das Recht ein, die Schweiz zu verlassen oder in die Schweiz einzureisen.

576 Art. 24 BV gewährleistet also nicht nur die eigentliche «Niederlassung» im Sinne der Wohnsitznahme, sondern auch das persönliche Verweilen an einem Ort für kürzere Dauer. Vgl. BGE 93 I 17, 23, Storck:

> «Im Recht des Schweizerbürgers, sich an jedem Ort niederzulassen, ist freilich auch der Anspruch enthalten, sich daselbst vorübergehend aufzuhalten ...»

577 Dagegen ergibt sich aus der Niederlassungsfreiheit nicht, dass Niedergelassene und Aufenthalter in jeder Beziehung gleich zu behandeln sind. Im erwähnten Entscheid kam das Bundesgericht zum Schluss, dass eine Kurtaxe, die nur von auswärts wohnenden Eigentümern von Ferienhäusern und ihren Gästen erhoben werde, nicht gegen die Niederlassungsfreiheit verstosse.

2. Örtlicher Geltungsbereich

578 Die Niederlassungsfreiheit gilt *interkantonal* und *innerkantonal* (BGE 68 I 129). Sie umfasst auch die *Auswanderungsfreiheit,* die den Anspruch auf Ausstellung eines Passes begründet.

579 In der Regel verlangen die Kantone, dass bei der Wohnsitzgemeinde der *Heimatschein hinterlegt* werde, durch den ein Kanton oder eine Gemeinde bezeugt, dass jemand ihr Bürger ist (vgl. BGE 110 Ia 67, 69, Schneider). Als Quittung stellt die Wohnsitzgemeinde einen Schriftenempfangsschein aus; dieser kann benutzt werden, wenn sich jemand an einem zweiten Ort niederlassen will.

III. Einschränkungen

Bei der Niederlassungsfreiheit sind die bei anderen Freiheitsrechten zulässigen Beschränkungen, insbesondere diejenigen polizeilicher Natur, nicht erlaubt. Einschränkungen wegen Unterstützungsbedürftigkeit sind unzulässig. Auch dürfen Ausweisschriften nicht wegen Steuerschulden zurückbehalten werden (vgl. BGE 127 I 97, 101 f.). 580

Allerdings können sich aus Sonderstatusverhältnissen Beschränkungen ergeben. Vor allem wird eine *Wohnsitzpflicht von Beamten am Arbeitsort* (sog. Residenzpflicht) in der Praxis unter bestimmten Voraussetzungen als zulässig anerkannt. Sie muss jedoch durch Gesetz vorgesehen sein, im öffentlichen Interesse liegen und den Verhältnismässigkeitsgrundsatz wahren. Ein zureichendes öffentliches Interesse liegt nach Auffassung des Bundesgerichts nicht nur vor, wenn – wie z.B. bei Polizisten oder Berufsfeuerwehrleuten – die Art des Dienstes eine erhöhte Bereitschaft am Arbeitsort erfordert, sondern wird auch dort angenommen, wo eine gewisse Verbundenheit von Beamten mit der Bevölkerung für die sachgerechte Aufgabenerfüllung von Bedeutung ist (wie etwa bei Lehrern oder Gemeindeschreibern, namentlich in kleineren Gemeinden). Früher liess das Bundesgericht sogar fiskalische Gründe genügen: Es könne dem Gemeinwesen als Arbeitgeber nicht verwehrt werden, mit einer solchen Massnahme die Steuern der von ihm besoldeten Beamten zu sichern (BGE 103 Ia 455, 458, Hasler). Diese Praxis wurde von der Lehre stark kritisiert, was dazu führte, dass das Bundesgericht in neueren Entscheiden den privaten Interessen der Betroffenen ein verstärktes Gewicht beimisst und im Einzelfall prüft, ob die Wohnsitzpflicht eine verhältnismässige Beschränkung der Niederlassungsfreiheit darstelle. 581

> In BGE 118 Ia 410, 414, stellte das Bundesgericht klar, dass nur zwingende Gründe des Dienstes oder das Erfordernis besonderer Beziehungen zur Bevölkerung eine Wohnsitzpflicht begründen können. Als zulässig betrachtete das Gericht die Wohnsitzpflicht im Amtsbezirk für einen bernischen Regierungsstatthalter (BGE 128 I 34, Rudolf Hausheer). Schwerer nachvollziehbar ist die vom Gericht in einem Mehrheitsentscheid bejahte Wohnsitzpflicht im Kanton für freiberuflich tätige Notare, weil die Funktion als Urkundsperson eine «hoheitliche» sei (BGE 128 I 283 ff.); ein Richter der Minderheit bemerkte, das öffentliche Interesse des Kantons Appenzell I.Rh. an einer Fernhaltung kantonsfremder Notare «hange an einem dünnen Faden» (NZZ Nr. 216 vom 18.9.2002, S. 15).

Bei der Interessenabwägung ist auch zu berücksichtigen, dass die Wahl des Familienwohnsitzes von den Ehegatten gemeinsam bestimmt wird (BGE 114 Ib 163, 166 E. 4); unterstehen z.B. die Ehegatten der Residenzpflicht verschiedener Gemeinwesen, so kann sich aus Art. 24 i.V.m. Art. 8 Abs. 3 BV ein Anspruch auf eine Ausnahmeregelung ergeben. 582

IV. Rechtsträger

583 Die Niederlassungsfreiheit gilt nur für *schweizerische Staatsangehörige*. Dies ergibt sich klar aus dem Wortlaut von Art. 24 BV («Schweizerinnen und Schweizer»). Personen aus EU- und EFTA-Staaten steht gestützt auf das Abkommen über die Personenfreizügigkeit (Freizügigkeitsabkommen, FZA) ein Recht zu, in der Schweiz Wohnsitz zu nehmen und hier zu arbeiten.

Der Wohnsitz *unmündiger Kinder* wird durch die Eltern bzw. durch den Elternteil, unter dessen Obhut das Kind steht, bestimmt (Art. 25 ZGB). Die Vorschrift, wonach der Ehemann über die eheliche Wohnung zu befinden hatte (Art. 160 Abs. 2 alt ZGB), ist durch die Regelung ersetzt worden, dass die Ehegatten gemeinsam die eheliche Wohnung bestimmen (Art. 162 ZGB). Die Ehepartner können aber auch separate Wohnsitze wählen.

Juristische Personen können sich nicht auf Art. 24 BV berufen. Die Sitzverlegung ist nach Massgabe der Regeln des Zivilrechts und des FZA zulässig.

V. Prinzip der wohnörtlichen Unterstützung

584 Seit der erwähnten Verfassungsrevision von 1975 (vgl. N. 574) obliegt die Unterstützung Bedürftiger dem Wohnsitzkanton (Art. 115 BV). Die nähere Regelung findet sich im Bundesgesetz über die Zuständigkeit für die Unterstützung Bedürftiger vom 24. Juni 1977 (SR 851.1), das 1991 stark revidiert wurde.

§ 21 Schutz vor Ausweisung, Auslieferung und Ausschaffung

> Literatur

ACHERMANN ALBERTO/HAUSAMMANN CHRISTINA, Handbuch des Asylrechts, Basel 1990; KÄLIN WALTER, Grundriss des Asylrechts, Basel 1990; TRECHSEL STEPHAN, Art. 3 EMRK als Schranke der Ausweisung, in: Klaus Barwig/Walter Brill (Hrsg.), Aktuelle asylrechtliche Probleme der gerichtlichen Entscheidungspraxis in Deutschland, Österreich und der Schweiz, Baden-Baden 1997, S. 83 ff.; WISARD NICOLAS, Les renvois et leur exécution en droit des étrangers et en droit d'asile, Basel 1997.

> Rechtliche Grundlagen

– Art. 25 BV (Art. 45 Abs. 2 aBV)
– Art. 3 EMRK
– Art. 7 UNO-Pakt II
– Art. 3 des UNO-Übereinkommens gegen Folter und andere grausame, unmenschliche oder erniedrigende Behandlung oder Strafe vom 10. Dezember 1984 (SR 0.105)

Art. 25 BV übernimmt in Abs. 1 das bereits in Art. 45 Abs. 2 aBV enthaltene, mit der Niederlassungsfreiheit eng verknüpfte *Ausweisungsverbot für Schweizerinnen und Schweizer*. Die Abs. 2 und 3 schützen *grundlegende menschenrechtliche Ansprüche ausländischer Staatsangehöriger* und entsprechen dem bereits bisher geltenden Völker- und Landesrecht. 585

I. Schutz schweizerischer Staatsangehöriger gegen Ausweisung und Auslieferung

Gemäss Art. 25 Abs. 1 BV dürfen Schweizerinnen und Schweizer nicht aus der Schweiz ausgewiesen werden; ferner dürfen sie nur mit ihrem Einverständnis an eine ausländische Behörde ausgeliefert werden. 586

Ausweisung bedeutet, dass eine Person verbindlich verpflichtet wird, das Staatsgebiet zu verlassen. Die Ausweisung ist regelmässig mit einem Rückkehrverbot verbunden. Das *Ausweisungsverbot gilt* für schweizerische Staatsangehörige *abso-* 587 *lut.* Ausländerinnen und Ausländer können aus der Schweiz ausgewiesen werden, wenn sie die Sicherheit der Schweiz gefährden (Art. 121 Abs. 2 BV).

588 Die *Auslieferung* eines schweizerischen Staatsangehörigen, d.h. die Übergabe an einen fremden Staat im Rahmen von Strafverfolgung und Strafvollzug auf Ersuchen des betreffenden Staates, ist *nur mit Einverständnis des Betroffenen zulässig.* Verweigert er seine Zustimmung, so wird er für im Ausland begangene Verbrechen oder Vergehen in der Schweiz verfolgt (Art. 6 StGB). Ausländerinnen und Ausländer können hingegen gegen ihren Willen ausgeliefert werden, wenn nicht einer der Tatbestände von Art. 25 Abs. 2 oder 3 BV vorliegt.

589 Auf Gesetzesstufe wird die Auslieferung durch das Bundesgesetz über internationale Rechtshilfe in Strafsachen (IRSG) vom 20. März 1981 (SR 351.1) geregelt. Art. 7 Abs. 1 IRSG präzisiert, dass kein Schweizer Bürger ohne seine *schriftliche Zustimmung* einem fremden Staat ausgeliefert oder zur Strafverfolgung oder Strafvollstreckung übergeben werden darf und dass die Zustimmung bis zur Anordnung der Übergabe widerrufen werden kann.

589a Von der Auslieferung an einen Staat zu unterscheiden ist die *Überstellung* an ein Internationales Gericht gemäss Art. 12 ff. des Bundesbeschlusses über die Zusammenarbeit mit dem Internationalen Strafgerichtshof zur Verfolgung von schwerwiegenden Verletzungen des Völkerrechts (SR 351.20). Schweizerische Staatsangehörige können auch gegen ihren Willen überstellt werden. Eine entsprechende völkerrechtliche Verpflichtung übernahm die Schweiz mit der Ratifizierung des Römer Statuts des Internationalen Gerichtshofs vom 17. Juli 1998 (SR 0.312.1).

II. Schutz von Flüchtlingen gegen Ausschaffung oder Auslieferung an einen «Verfolgerstaat»

590 Art. 25 Abs. 2 BV schützt in Verbindung mit Art. 45 des Asylgesetzes vom 26. Juni 1998 (SR 142.31) Flüchtlinge vor Ausschaffung oder Auslieferung in einen Staat, in dem ihnen Verfolgung aus Gründen der Rasse, Religion, Nationalität, Zugehörigkeit zu einer bestimmten sozialen Gruppe oder wegen politischer Anschauungen droht. Dieses *Non-Refoulement-Gebot* stellt auch *zwingendes Völkerrecht* dar (vgl. N. 1756). Vgl. zum Flüchtlingsbegriff Art. 3 Abs. 1 des Asylgesetzes.

591 Nach Art. 45 Abs. 2 Asylgesetz kann sich eine Person nicht auf den Grundsatz der Nichtrückschiebung berufen, «wenn erhebliche Gründe dafür vorliegen, dass sie die Sicherheit der Schweiz gefährdet oder wenn sie als gemeingefährlich gelten muss, weil sie wegen eines besonders schweren Verbrechens oder Vergehens rechtskräftig verurteilt worden ist».

III. Schutz aller Menschen vor Ausschaffung oder Auslieferung an einen «Folterstaat»

Art. 25 Abs. 3 BV schützt alle Menschen, nicht nur Flüchtlinge, vor Ausschaffung in einen Staat, in dem ihnen Folter oder eine andere Art grausamer und unmenschlicher Behandlung oder Bestrafung droht. Dieses Gebot *gilt* – im Gegensatz zu demjenigen des Art. 25 Abs. 2 BV – *absolut*. «Ausschaffung» ist extensiv, also auch die Auslieferung umfassend, zu verstehen.

592

Das Verbot der Rückschiebung in einen «Folterstaat» (Non-Refoulement-Gebot im engeren Sinn) ergibt sich schon aus Art. 10 Abs. 3 BV, Art. 3 EMRK und Art. 7 des UNO-Pakts II. Art. 3 des UNO-Übereinkommens gegen Folter und andere grausame, unmenschliche oder erniedrigende Behandlung oder Strafe von 1984 (für die Schweiz in Kraft getreten am 26. Juni 1987) bestimmt ausdrücklich:

593

> «(1) Ein Vertragsstaat darf eine Person nicht in einen anderen Staat ausweisen, abschieben oder an diesen ausliefern, wenn stichhaltige Gründe für die Annahme bestehen, dass sie dort Gefahr liefe, gefoltert zu werden.
>
> (2) Bei der Feststellung, ob solche Gründe vorliegen, berücksichtigen die zuständigen Behörden alle massgeblichen Erwägungen einschliesslich des Umstands, dass in dem betreffenden Staat eine ständige Praxis grober, offenkundiger oder massenhafter Verletzungen der Menschenrechte herrscht.»

§ 22 Eigentumsgarantie

> Literatur

HÄFELIN ULRICH/MÜLLER GEORG, Allgemeines Verwaltungsrecht, §§ 28–30; HÄNNI PETER, Planungs-, Bau- und Umweltschutzrecht, 4. Aufl., Bern 2002, §§ 28–33; HALLER WALTER/KARLEN PETER, Raumplanungs-, Bau- und Umweltrecht, Bd. 1, 3. Aufl., Zürich 1999, §§ 3 und 9; HESS HEINZ/WEIBEL HEINRICH, Das Enteignungsrecht des Bundes, 2 Bde., Bern 1986; KUTTLER ALFRED, Materielle Enteignung aus der Sicht des Bundesgerichts, ZBl 88 (1987) 185 ff.; LENDI MARTIN, Planungsrecht und Eigentum, ZSR NF 95/II (1976) 1 ff.; MEIER-HAYOZ ARTHUR, Kommentar zum ZGB, Das Sachenrecht, 1. Abteilung: Das Eigentum, 1. Teilband: Systematischer Teil und Allgemeine Bestimmungen, 5. Aufl., Bern 1981; MEIER-HAYOZ ARTHUR, Zur Eigentumsordnung, ZSR NF 97/I (1978) 323 ff.; MEIER DIETER, Nutzungspflichten des Grundeigentümers, Diss. Bern 1984; MOOR PIERRE, Aménagement du territoire et propriété privée, ZSR NF 95/II (1976) 365 ff.; MÜLLER GEORG, Baupflicht und Eigentumsordnung, in: FS für Ulrich Häfelin zum 65. Geburtstag, Zürich 1989, S. 167 ff.; MÜLLER GEORG, Privateigentum heute, ZSR NF 100/II (1981) 1 ff.; REY HEINZ, Die Grundlagen des Sachenrechts und das Eigentum, Bern 2000; RHINOW RENÉ, Wohlerworbene und vertragliche Rechte im öffentlichen Recht, ZBl 80 (1979) 1 ff.; RIVA ENRICO, Hauptfragen der materiellen Enteignung, Bern 1990; RIVA ENRICO/MÜLLER-TSCHUMI THOMAS, Eigentumsgarantie, in: Verfassungsrecht der Schweiz, § 48; ROUILLER CLAUDE, Considérations sur la garantie de la propriété et sur l'expropriation matérielle, faites à partir de la jurisprudence du Tribunal fédéral, ZBJV 121 (1985) 1 ff.; RUCH ALEXANDER, Die expansive Kraft der materiellen Enteignung, ZBl 101 (2000) 617 ff.; SALADIN PETER, Raumplanung und Eigentumskonzept, in: Das Bundesgesetz über die Raumplanung, Bern 1980, S. 41 ff.; WEBER-DÜRLER BEATRICE, Der Grundsatz des entschädigungslosen Polizeieingriffs, ZBl 85 (1984) 289 ff.; WEBER ROLF, Eigentum als Rechtsinstitut, ZSR NF 97/I (1978) 161 ff.

> Rechtliche Grundlagen

– Art. 26 BV (Art. 22ter aBV)

> Materialien

– Botschaft des Bundesrates über die Ergänzung der [a]Bundesverfassung durch die Artikel 22ter und 22^{quater} vom 15. August 1967, BBl 1967 II 133 ff.

I. Eigentumsgarantie als Institutsgarantie

1. Schutzobjekt

Die Institutsgarantie schützt das Privateigentum als in seinem Kern unantastbares Institut der schweizerischen Rechtsordnung (vgl. auch Art. 36 Abs. 4 BV).

594

> «Nach ständiger Praxis des Bundesgerichts gilt die Institutsgarantie als verletzt, wenn der Gesetzgeber Normen aufstellt, welche das Privateigentum als fundamentale Einrichtung der schweizerischen Rechtsordnung beseitigen oder aushöhlen, seiner Substanz berauben, seinen Wesenskern antasten. Der Gesetzgeber muss die wesentlichen, sich aus dem Eigentum ergebenden Verfügungs- und Nutzungsrechte wahren.» (GEORG MÜLLER, Privateigentum heute, S. 98)

2. Anwendungsfälle

Mit der Institutsgarantie nicht vereinbar wären z.B.:
– die generelle Ersetzung des Grundeigentums durch vom Staat verliehene Nutzungsrechte;
– ein uneingeschränktes Vorkaufsrecht des Gemeinwesens;
– eine konfiskatorische Besteuerung.

595

In der Praxis setzt das Bundesgericht den Schwellenwert für die Annahme einer *konfiskatorischen Besteuerung* allerdings sehr hoch an. In BGE 106 Ia 342 wurde sogar eine Steuerbelastung, die vorübergehend das Einkommen überstieg, als zulässig erachtet, sofern diese an sich übermässige steuerliche Belastung nur für die Dauer eines Steuerjahres oder weniger Steuerjahre eintrete. Immerhin ging das Gericht auf S. 348 f. davon aus, dass die Institutsgarantie der Steuergesetzgebung Schranken setze:

596

> «Die der Institutsgarantie zugrunde liegende Vorstellung, wonach die Eigentumsordnung in ihrem Kern gegenüber staatlichen Eingriffen zu schützen sei, verwehrt es dem Gemeinwesen in gleicher Weise, den Abgabepflichtigen ihr privates Vermögen oder einzelne Vermögenskategorien (z.B. das Immobiliarvermögen) durch übermässige Besteuerung nach und nach zu entziehen. Das gleiche Ergebnis kann eine Häufung verschiedener Steuern zur Folge haben, z.B. durch Kumulierung von Einkommens- und Vermögenssteuern und steuerähnlichen Sozialabgaben, Konsumsteuern usw., die der Bürger nur bezahlen kann, wenn er nach und nach sein Vermögen veräussert. Schliesslich kann eine solche Folge auch ohne Absicht des Gesetzgebers eintreten, wenn der immer höhere Finanzbedarf der öffentlichen Hand nur durch einen immer höher angesetzten Steuerfuss befriedigt werden kann. Die Gewährleistung des Eigentums verpflichtet mithin das Gemeinwesen, die bestehenden Vermögen in ihrer Substanz zu bewahren und die Möglichkeit der Neu-

bildung von Vermögen in dem Sinn zu erhalten, dass das Einkommen nicht dauernd und vollständig wegbesteuert werden darf.»

In BGE 105 Ia 134, Hausbesitzer-Verein Basel, nahm das Gericht an, die Abschöpfung von bis zu 60% des durch Planungsmassnahmen verursachten Mehrwertes sei mit der Institutsgarantie vereinbar.

II. Eigentumsgarantie als Bestandes- und Wertgarantie

1. Schutzobjekte

597 Von der Eigentumsgarantie erfasst werden nicht nur das sachenrechtliche Eigentum an beweglichen und unbeweglichen Sachen, sondern auch andere vermögenswerte Rechte wie beschränkte dingliche Rechte, obligatorische Rechte und Immaterialgüterrechte.

598 Weiter geniessen auch gewisse öffentlich-rechtliche Berechtigungen den Schutz der Eigentumsgarantie, z.B. Vermögensrechte aus Konzessionen, ferner Ansprüche der Beamten, sofern sie als «wohlerworbene Rechte» qualifiziert werden.

2. Inhalt des Schutzes durch die Bestandesgarantie

a) Grundsatz

599 Als Bestandesgarantie schützt die Eigentumsgarantie die konkreten, individuellen Eigentumsrechte vor staatlichen Eingriffen. Staatliche Beschränkungen des Eigentums und anderer von der Eigentumsgarantie erfasster Vermögensrechte sind nur zulässig, wenn sie auf einer genügenden gesetzlichen Grundlage beruhen, durch ein ausreichendes öffentliches Interesse gedeckt sind und den Grundsatz der Verhältnismässigkeit wahren (Art. 36 Abs. 1–3 BV).

600 Die Eigentumsgarantie will den Einzelnen vor Eingriffen der öffentlichen Gewalt in seine Vermögensrechte schützen. 1993 erklärte das Bundesgericht in einem Entscheid, der die zwangsweise Räumung eines besetzten Hauses betraf, es könne «nicht von vornherein ausschliessen, dass ein Beschwerdeführer aufgrund von Art. 22ter [a]BV [Art. 26 BV] befugt ist, die zwangsweise Ausschaffung von Hausbesetzern zu verlangen» (ZBl 94 [1993] 380).

b) Voraussetzungen von Eingriffen

aa) Gesetzliche Grundlage

In der Rechtsprechung zur Eigentumsgarantie entwickelte das Bundesgericht zuerst Kriterien für die Anforderungen an die gesetzliche Grundlage, die es dann später auch auf andere Freiheitsrechte ausdehnte. Je nach der Schwere des Eingriffs werden verschieden hohe Anforderungen an die gesetzliche Grundlage gestellt, wobei das Gericht den verfahrensrechtlichen Aspekt der Kognition heranzieht: Bei einem schweren Eingriff in das Eigentum (z.B. Zuweisung einer bisher in der Bauzone gelegenen Parzelle in eine Nichtbauzone, BGE 119 Ia 362, 366 E. 3) verlangt es eine eindeutige und klare Grundlage in einem Gesetz, wobei es dies ohne Beschränkung seiner Kognition prüft. Bei leichten Eingriffen begnügt sich das Gericht damit, die dem angefochtenen Eingriff zugrunde liegende Auslegung des kantonalen Rechts nur unter dem beschränkten Gesichtswinkel der Willkür zu prüfen (BGE 119 Ia 141, 147, Hegner-von Stockar).

601

bb) Öffentliches Interesse

Jedes öffentliche Interesse (nicht nur ein polizeiliches), das nicht gegen andere Verfassungsnormen verstösst und nicht rein fiskalisch ist, ist nach Auffassung des Bundesgerichts grundsätzlich geeignet, einen Eingriff in die Eigentumsgarantie zu rechtfertigen (BGE 106 Ia 94, 96 f., Gemeinde Klosters-Serneus). Wichtige öffentliche Interessen sind die in der Bundesverfassung verankerten Anliegen der Raumplanung, des Umweltschutzes, des Gewässerschutzes und des Heimatschutzes. Dazu wird in BGE 105 Ia 330, 336 f., «Fall Zizers», ausgeführt:

602

> «Die Eigentumsgarantie gewährleistet das Eigentum, wie das Bundesgericht in ständiger Rechtsprechung festhält, nicht unbeschränkt, sondern nur innert den Schranken, die ihm im öffentlichen Interesse durch die Rechtsordnung gezogen sind (Hans Huber, Öffentlich-rechtliche Gewährleistung, Beschränkung und Inanspruchnahme privaten Eigentums in der Schweiz, in: Ausgewählte Aufsätze 1950–1970, Bern 1971, S. 198 ff., S. 210; Peter Saladin, Grundrechte im Wandel, 2. Aufl., S. 116 ff.). Zu beachten sind namentlich die Anforderungen des Walderhaltungsgebotes [heute Art. 77 BV], des Gewässerschutzes [Art. 76 Abs. 3 BV], des Umweltschutzes [Art. 74 BV] und der Raumplanung [Art. 75 BV]. Die gewichtigen öffentlichen Interessen, deren Wahrung diese Verfassungsnormen fordern, sind der Gewährleistung des Eigentums grundsätzlich gleichgestellt ... Die Zulässigkeit eigentumsbeschränkender raumplanerischer und umweltschützender Massnahmen basiert somit auf einer Interessenabwägung mit der Eigentumsgarantie. Den erhöhten Anforderungen an die Regelung eines menschenwürdigen Zusammenlebens in der Gesellschaft lässt sich dabei, wie Arthur Meier-Hayoz feststellt (a.a.O. [Zur Eigentumsordnung], S. 333), durch die Zulassung entschädigungsloser Eingriffe auch ausserhalb der polizeilich motivierten Schranken gerecht werden.»

In BGE 119 Ia 348, Chambre genevoise immobilière et consorts, bejahte das Bundesgericht ein überwiegendes öffentliches Interesse an der Enteignung der Nutzung von missbräuchlich leer gelassenen Wohnungen, wenn es sich um Mietwohnungen handelt, die zu einer von der Wohnungsknappheit betroffenen Kategorie gehören.

cc) Öffentliches Interesse im Fall von Grundrechtskonkurrenz

603 Relativ häufig tritt bei Nutzungsvorschriften für Industrie- und Gewerbezonen eine Grundrechtskonkurrenz (vgl. N. 318) zwischen der Eigentumsgarantie und der Wirtschaftsfreiheit auf. Die Frage, welchem Grundrecht ein solcher Sachverhalt zugeordnet werden muss, ist von praktischer Bedeutung, da für die Beschränkung der Eigentumsgarantie grundsätzlich jedes öffentliche Interesse genügt, während die Kantone die Wirtschaftsfreiheit nur bei Vorliegen grundsatzkonformer öffentlicher Interessen beschränken dürfen (vgl. N. 667 ff.).

604 In BGE 102 Ia 104, 113, Magazine zum Globus AG, entschied das Bundesgericht, dass Vorschriften über Bewilligungsvoraussetzungen für den Bau neuer Einkaufszentren unter dem Gesichtspunkt beider Freiheitsrechte (Eigentumsgarantie sowie Wirtschaftsfreiheit) zu prüfen seien:

> «Die Möglichkeit, sein Land für den Bau eines Einkaufszentrums zur Verfügung zu stellen, bedeutet aus der Sicht des einzelnen Grundeigentümers nur eine Nutzungsmöglichkeit unter vielen anderen ... Der Landratsbeschluss trifft vor allem jene Unternehmen des Detailhandels, die daran interessiert sind, oder in Zukunft interessiert sein könnten, ... Einkaufszentren mit mehr als 1 000 m² Nettoladenfläche zu betreiben, und zwar unabhängig davon, ob sie selber Eigentümer des hierzu benötigten Areals sind oder nicht. Der angefochtene Beschluss berührt somit nicht bloss die Eigentumsgarantie, sondern in noch stärkerem Masse die Handels- und Gewerbefreiheit und ist daher ... sowohl unter dem Gesichtswinkel des einen wie des anderen Grundrechtes zu prüfen.»

Vgl. auch BGE 111 Ia 23, 29, Hôtel Astoria SA, sowie BGE 110 Ia 167 ff., Genossenschaft Migros Basel.

dd) Verhältnismässigkeit

605 Ein Eingriff des Staates in das Eigentum darf nicht weiter gehen, als es das öffentliche Interesse erfordert, und die Verhältnismässigkeit von Eingriffszweck und Eingriffswirkung ist immer zu wahren. Vgl. das in N. 320 angeführte Beispiel sowie BGE 113 Ia 126, 132 ff., Armengol (zur Frage, wieweit eine Bewilligungspflicht für die Veräusserung von Wohnungen eine zulässige Massnahme zur Bekämpfung der Wohnungsnot darstellt).

3. Inhalt des Schutzes durch die Wertgarantie

606 Wenn Einschränkungen des Eigentums zulässig sind, kommt die Eigentumsgarantie als Wertgarantie zum Zug: Bei Enteignungen und Eigentumsbeschränkungen, die einer Enteignung gleichkommen, ist *volle Entschädigung* zu leisten (Art. 26 Abs. 2 BV). Lehre und Praxis unterscheiden zwischen der formellen und der mate-

riellen Enteignung, die beide voll zu entschädigen sind, und der entschädigungslosen öffentlich-rechtlichen Eigentumsbeschränkung.

a) *Formelle Enteignung*

Bei der formellen Enteignung werden von der Eigentumsgarantie geschützte Rechte durch einen Hoheitsakt vollumfänglich oder teilweise entzogen und auf einen Dritten (meistens das Gemeinwesen) übertragen. 607

Im Bund wird die formelle Enteignung durch das Bundesgesetz über die Enteignung vom 20. Juni 1930 (SR 711) geregelt. 608

b) *Materielle Enteignung*

Bei der materiellen Enteignung findet keine Übertragung von Eigentumsrechten statt; es liegt aber eine öffentlich-rechtliche Eigentumsbeschränkung vor, die den Eigentümer in einer Weise trifft, die einer formellen Enteignung gleichkommt und deshalb entschädigungspflichtig ist. Die Voraussetzungen der materiellen Enteignung sind weder in der Verfassung noch in einem Gesetz festgelegt. Massgebend ist die seit BGE 91 I 329, 338 f., Barret, konstante bundesgerichtliche Rechtsprechung, die in BGE 110 Ib 29, 32, Gemeinde Oberstammheim, wie folgt rekapituliert wird: 609

> «Das Bundesgericht unterscheidet bei der Umschreibung der materiellen Enteignung zwei verschiedene Tatbestände. Der erste liegt vor, wenn einem Eigentümer der bisherige oder ein voraussehbarer künftiger Gebrauch seiner Sache untersagt oder besonders schwer eingeschränkt wird, weil dem Eigentümer eine wesentliche, aus dem Eigentum fliessende Befugnis entzogen wird. Der zweite ist gegeben, wenn ohne Entzug einer wesentlichen Eigentümerbefugnis ein einziger oder einzelne Eigentümer so betroffen werden, dass ihr Opfer gegenüber der Allgemeinheit unzumutbar erschiene und es mit der Rechtsgleichheit nicht vereinbar wäre, wenn hiefür keine Entschädigung geleistet würde.» (Im zweiten Fall findet die Entschädigungspflicht ihre verfassungsmässige Grundlage nicht nur in Art. 26 BV, sondern auch oder sogar ausschliesslich in Art. 8 BV.)

In beiden Fällen ist die Möglichkeit einer zukünftigen besseren Nutzung nur zu berücksichtigen, wenn im massgebenden Zeitpunkt, d.h. beim Inkrafttreten der Eigentumsbeschränkung, anzunehmen war, sie lasse sich mit hoher Wahrscheinlichkeit in naher Zukunft verwirklichen. Dabei sind alle rechtlichen und tatsächlichen Gegebenheiten zu berücksichtigen und zu gewichten, welche die Überbauungschance beeinflussen können, vor allem: die im fraglichen Zeitpunkt geltenden Bauvorschriften, der Stand der kommunalen und kantonalen Planung, die Lage und Beschaffenheit des Grundstücks, die Erschliessungsverhältnisse sowie die bauliche Entwicklung in der Umgebung (BGE 109 Ib 13, 16, Einwohnergemeinde Bern).

Das Hauptbeispiel einer materiellen Enteignung ist die Auferlegung eines Bauverbots auf Grundstücken, die eingezont, erschlossen und für die bauliche Nutzung geeignet sind. Schwierige Abgrenzungsfragen stellen sich, wenn nicht alle diese 610

Voraussetzungen erfüllt sind. Entscheidend ist vor allem, ob das Bauen rechtlich zulässig und tatsächlich möglich sowie nach den Umständen mit hoher Wahrscheinlichkeit in naher Zukunft zu erwarten gewesen wäre. Das trifft z.B. nicht zu, wenn die Realisierung eines Bauvorhabens eine Ausnahmebewilligung, eine Zonenplanänderung, eine Baulandumlegung oder weitgehende Erschliessungsarbeiten erfordert hätte. Der Umstand, dass eine Parzelle erschlossen ist, stellt ein gewichtiges Indiz für die Überbaubarkeit dar, genügt aber für sich allein nicht, um eine materielle Enteignung anzunehmen (BGE 112 Ib 105, 109, Commune de Commugny).

   c) *Entschädigungslose öffentlich-rechtliche Eigentumsbeschränkung*

611 Wenn die öffentlich-rechtliche Beschränkung der Befugnis, das Eigentum zu nutzen und darüber zu verfügen, nicht so schwer wiegt, dass eine materielle Enteignung vorliegt, so ist sie entschädigungslos zu dulden.

III. Rechtsträger

612 Rechtsträger der Eigentumsgarantie sind schweizerische Staatsangehörige und Ausländer.
613   Ferner können sich auch juristische Personen auf die Eigentumsgarantie berufen.

§ 23 Wirtschaftsfreiheit

> Literatur

ANDRICH WILLIAM ELIO, Die Wirtschaftsfreiheit im schweizerischen Aussenwirtschaftsrecht, Diss. St. Gallen 1996; BIAGGINI GIOVANNI, Sind öffentliche Unternehmen grundrechtsberechtigt? Betrachtungen am Beispiel der Wirtschaftsfreiheit (Art. 27 BV), in: Von der Crone/Weber/Zäch/Zobl (Hrsg.), Neuere Tendenzen im Gesellschaftsrecht – FS für Peter Forstmoser, Zürich 2003, 623 ff.; BIAGGINI GIOVANNI, Die Wirtschaftsfreiheit und ihre Einschränkungen, ius.full 2003, 2 ff.; BIAGGINI GIOVANNI, Wirtschaftsfreiheit, in: Verfassungsrecht der Schweiz, § 49; BIAGGINI GIOVANNI, Von der Handels- und Gewerbefreiheit zur Wirtschaftsfreiheit, ZBl 102 (2001) 225 ff.; BIAGGINI GIOVANNI, Schweizerische und europäische Wirtschaftsverfassung im Vergleich, ZBl 97 (1996) 49 ff.; BURKARD WOLF S., Vertragsfreiheit – das verkannte Verfassungsrecht, AJP 2002, 8 ff.; COTTIER THOMAS/WAGNER MANFRED, Das neue Bundesgesetz über den Binnenmarkt (BGBM), AJP 1995, 1582 ff.; GRISEL ETIENNE, Liberté du commerce et de l'industrie, 2 Bde., Bern 1993 und 1995; HANGARTNER YVO, Das Grundrecht der Wirtschaftsfreiheit, recht 2002, 53 ff.; GYGI FRITZ/RICHLI PAUL, Wirtschaftsverfassungsrecht, 2. Aufl., Bern 1997; KELLERHALS ANDREAS (Hrsg.), Einführung ins europäische Wirtschaftsrecht, Zürich 2003; KNAPP BLAISE, Les limites à l'intervention de l'Etat dans l'économie, ZBl 91 (1990) 241 ff.; MÄCHLER AUGUST, Interkantonale Freizügigkeit am Beispiel der Medizinalpersonen, ZBl 103 (2003) 337 ff.; MARTI HANS, Die Wirtschaftsfreiheit der schweizerischen Bundesverfassung, Basel/Stuttgart 1976; RHINOW RENÉ, Wirtschafts- und Eigentumsverfassung, in: Verfassungsrecht der Schweiz, § 35; RHINOW RENÉ, Wirtschafts-, Sozial- und Arbeitsverfassung, in: Zimmerli (Hrsg.), Die neue Bundesverfassung, S. 157 ff.; RHINOW RENÉ/SCHMID GERHARD/BIAGGINI GIOVANNI, Öffentliches Wirtschaftsrecht, Basel/Frankfurt a. M. 1998; RUEY CLAUDE, Monopoles cantonaux et liberté économique, Diss. Lausanne 1988; SCHLUEP WALTER R., Wirtschafts- und Sozialverfassung, ZSR NF 97/I (1978) 335 ff.; SCHÖNBÄCHLER PATRICK, Wettbewerbsneutralität staatlicher Massnahmen, Diss. Zürich 1998; SCHÜRMANN LEO, Wirtschaftsverwaltungsrecht, 3. Aufl., Bern 1994; SUTTER-SOMM KARIN, Das Monopol im schweizerischen Verwaltungs- und Verfassungsrecht, Diss. Basel 1989; TRÜEB HANS RUDOLF, Der so genannte Service public, ZBl 103 (2002) 225 ff.; UHLMANN FELIX, Gewinnorientiertes Staatshandeln, Diss. Basel 1997; VALLENDER KLAUS A., Wirtschaft, in: Verfassungsrecht der Schweiz, § 61; VALLENDER KLAUS A., Grundzüge der «neuen» Wirtschaftsverfassung, AJP 1999, 677 ff.; VALLENDER KLAUS A., Wirtschaftsfreiheit und begrenzte Staatsverantwortung, Grundzüge des Wirtschaftsverfassungs- und Wirtschaftsverwaltungsrechts, 3. Aufl., Bern 1995; VALLENDER KLAUS A./VEIT MARC D., Skizze des Wirtschaftsverfassungs- und Wirtschaftsverwaltungsrechts, ZBJV 135ter, Bern 1999; VOGEL STEFAN, Der Staat als Marktteilnehmer, Diss. Zürich 2000; VOGEL STEFAN, Grundsätze der Wirtschaftsordnung (Art. 94 BV), in: Gächter/Bertschi (Hrsg.), Neue Akzente der «nachgeführten» Bundesverfassung, S. 203 ff.; ZENGER CHRISTOPH ANDREAS, Die Bedeutung der Freiheit wirtschaftlicher Entfaltung für eine freie Berufswahl, Diss. Bern 1985; ZIMMERMANN PAUL, Das Verhältnis von Wirtschaftsfreiheit und Eigentumsgarantie, Diss. Zürich 1979.

> Rechtliche Grundlagen

Art. 27, 94 –107 BV (Art. 31, 31$^{bis-octies}$, 32, 33, 34ter aBV)

Materialien

- Botschaft des Bundesrates über eine neue Bundesverfassung vom 20. November 1996, BBl 1997 I 174 ff. und 289 ff.

I. Historische Entwicklung und rechtliche Grundlagen

614 Die Wirtschaftsfreiheit ist kein klassisches Freiheitsrecht. Sie wird weder in den nordamerikanischen Menschenrechtserklärungen des ausgehenden 19. Jahrhunderts noch in der französischen Menschenrechtserklärung von 1789 erwähnt.

615 Die Bundesverfassung von 1848 enthielt keine Garantie der Wirtschaftsfreiheit; in gewissen Kantonen galt noch nach der Errichtung des Bundesstaates ein System mit Zunftzwang, während in anderen Kantonen die Wirtschaftsfreiheit gewährleistet war (z.B. Art. 21 der Zürcher Kantonsverfassung von 1869). Erst anlässlich der Totalrevision von *1874* erfolgte auf Bundesebene eine *Verankerung* der *Wirtschaftsfreiheit*, dazumal bezeichnet als *Handels- und Gewerbefreiheit*, in Art. 31 aBV.

616 Während der beiden Weltkriege und der dazwischen liegenden Weltwirtschaftskrise sah sich der Bund immer wieder veranlasst, wirtschaftslenkende Massnahmen zu ergreifen, und zwar gestützt auf dringliche Bundesbeschlüsse (vgl. N. 1846) sowie auf die Vollmachtenbeschlüsse von 1914 und 1939 (vgl. N. 1802).

617 *1947*, nach dem Zweiten Weltkrieg, wurde durch *Neuordnung der Wirtschaftsartikel der Bundesverfassung* eine *verfassungsrechtliche Grundlage* für *Massnahmen des Bundes* geschaffen, um *planmässig lenkend* in das wirtschaftliche Geschehen einzugreifen. Derartige Massnahmen wurden als «wirtschaftspolitische Eingriffe» bezeichnet. Diese Revision gab nicht nur dem Bund erhebliche neue Kompetenzen, sondern führte gleichzeitig zu einer Neukonzeption der schweizerischen Wirtschaftsverfassung (Verknüpfung der Marktwirtschaft mit einer vom Bund zu betreibenden Wirtschafts- und Sozialpolitik). Die Kompetenzen des Bundes auf dem Gebiet der Wirtschaftspolitik wurden seither mehrmals erweitert (z.B. 1978 durch einen Konjunkturartikel).

618 Die Bundesverfassung von 1999 bezeichnet die bisherige «Handels- und Gewerbefreiheit» neu als «Wirtschaftsfreiheit» und macht die Strukturen der schweizerischen Wirtschaftsverfassung so, wie sie sich durch Lehre und Praxis entwickelt haben, viel klarer sichtbar.

619 Die *Gewährleistung der Wirtschaftsfreiheit* findet sich in Art. 27 BV. Sie umfasst «insbesondere die freie Wahl des Berufes sowie den freien Zugang zu einer privatwirtschaftlichen Erwerbstätigkeit und deren freie Ausübung» (Art. 27 Abs. 2 BV).

620 Bei der Bestimmung von Umfang und Schranken der Wirtschaftsfreiheit sind – neben Art. 36 BV – auch die im *Aufgabenteil der Verfassung* enthaltenen Art. 94 – 107 BV zu beachten. Art. 94 BV formuliert die *Grundsätze der Wirtschaftsordnung*.

Mit der Regelung der Wirtschaftsfreiheit an zwei Stellen bringt die Verfassung – 621
mit den Worten JÖRG PAUL MÜLLERS – «in systematischer Hinsicht die unterschiedlichen Bedeutungsschichten des Verfassungsgrundsatzes der Wirtschaftsfreiheit als Grundrecht des Einzelnen [Art. 27 BV] und als Grundentscheidung für eine marktwirtschaftlich organisierte Wirtschaft [Art. 94 BV] noch klarer zum Ausdruck» (Grundrechte in der Schweiz, S. 635 f.). In der Folge unterscheidet MÜLLER (S. 637 ff.) drei Hauptaspekte der Wirtschaftsfreiheit: einen *institutionellen*, einen *individualrechtlichen* und einen *bundesstaatsrechtlichen*. Es ergibt sich somit gleichsam eine funktionale Dreiteilung.

Im Sinne der *bundesstaatlichen Funktion* der Wirtschaftsfreiheit hat der Bund 622
durch geeignete Massnahmen minimale Rahmenbedingungen für das Funktionieren des Wettbewerbs innerhalb der Schweiz zu schaffen. In diesem Sinne bezweckt das Bundesgesetz über den Binnenmarkt vom 6. Oktober 1995 (Binnenmarktgesetz, BGBM; SR 943.02), durch den Abbau öffentlich-rechtlicher Wettbewerbshindernisse und durch die Beseitigung von Mobilitätsschranken «die Wettbewerbskräfte in der Schweiz zu beleben» (BBl 1995 I 1214).

Der *Grundentscheid für eine Privatwirtschaftsordnung* ist Ausdruck der *institu-* 623
tionellen Komponente der Wirtschaftsfreiheit.

Wirtschaftsfreiheit in der neuen BV		
institutionelle Funktion	individualrechtliche Funktion	bundesstaatliche Funktion
Art. 94	Art. 27	Art. 95 ff.
Grundentscheidung für eine Wirtschaftsordnung des freien Wettbewerbs	Wirtschaftsfreiheit als Grundrecht	Bundeskompetenzen im Interesse eines einheitlichen Wirtschaftsraums Schweiz (vgl. auch Binnenmarktgesetz)

II. Wirtschaftsfreiheit und «Wirtschaftsverfassung»

Die ausdrückliche und umfassende Gewährleistung der Wirtschaftsfreiheit als 624
Freiheitsrecht stellt weltweit ein Unikum dar. Ausländische Verfassungen schützen höchstens Teilaspekte der Wirtschaftsfreiheit (z.B. Art. 12 GG: Berufsfreiheit; Art. I Sektion 10 Ziff. 1 der Verfassung der USA: Vertragsfreiheit). Allerdings beruht das

Konzept der EU auf der Grundidee von Marktfreiheiten, die den grenzüberschreitenden Verkehr zwischen den Mitgliedstaaten sicherstellen sollen (freier Warenverkehr, Freizügigkeit für Arbeitnehmer und selbständig Erwerbstätige, freier Dienstleistungs- und Kapitalverkehr).

625   Aus der besonderen Betonung der «Handels- und Gewerbefreiheit» in der Bundesverfassung von 1874 wurde abgeleitet, die Wirtschaftsfreiheit sei «Ausdruck einer spezifischen Wirtschaftsordnungsvorstellung»; der Wirtschaftsprozess solle «sich nach dem Prinzip der freien Konkurrenz im Sinne der liberalen Schule der Nationalökonomie abspielen» (FLEINER/GIACOMETTI, S. 283). Gemäss dieser Auffassung erschienen planmässig lenkende Massnahmen des Staates in den freien Wettbewerb, um den marktgesetzlichen Steuerungsprozess zu korrigieren, als systemwidrige Eingriffe, die immer einer besonderen Grundlage in der Bundesverfassung bedurften.

626   Diesem Konzept, das von FRITZ GYGI in seinem Referat zum Schweizerischen Juristentag 1970 als «Wirtschaftsverfassung der Handels- und Gewerbefreiheit» bezeichnet wurde, setzte GYGI die «Wirtschaftsverfassung der Wirtschaftspolitik» entgegen: Zwar sei die «Handels- und Gewerbefreiheit» ein Wesenselement der schweizerischen Wirtschaftsverfassung, doch mache sie keineswegs die ganze Wirtschaftsverfassung aus. Im gleichen Rang wie die «Handels- und Gewerbefreiheit» stünden die zahlreichen aus der Bundesverfassung hervorgehenden Wirtschaftspolitiken (z.B. Aussenwirtschaftspolitik, Landwirtschaftspolitik, Geld- und Währungspolitik), ferner die Sozialpolitik, die Sozialwerke (wie Alters-, Hinterlassenen- und Invalidenvorsorge und -versicherung) und die Staatsbetriebe (wie Bundesbahnen, Post). Hinzu komme das Angewiesensein der Handels- und Gewerbefreiheit auf die Wirtschaftspolitik; z.B. stellten Wettbewerbs- und Konjunkturpolitik unerlässliche Stützen der marktwirtschaftlichen Ordnung dar. Das schliesse aus, das Verhältnis zwischen Handels- und Gewerbefreiheit und Wirtschaftspolitik als eine Beziehung von Grundsatz und Ausnahme zu verstehen.

GYGIS Gesamtbetrachtung der für die Wirtschaft relevanten Normen der Bundesverfassung, die auch seinem späteren Werk «Wirtschaftsverfassungsrecht» (Neubearbeitung durch PAUL RICHLI 1997) zu Grunde liegt, fand in der Lehre starke Beachtung.

627   Die neue Bundesverfassung verankert in Art. 94 BV kein bestimmtes Wirtschaftsmodell oder -system. Art. 94 BV ist eher als «Grundentscheid» für eine «marktorientierte Privatwirtschaft» aufzufassen (VALLENDER, AJP 1999, S. 682 ff.). Ein umfassendes Bild der Wirtschaftsverfassung kann nur aus einer Gesamtbetrachtung aller wirtschaftsrelevanten Normen gewonnen werden. Zutreffend führt RENÉ RHINOW (Rz. 2849 ff.) aus:

> «Bei der Deutung der Grundelemente der schweizerischen Wirtschaftsverfassung ist die *ganze Verfassung* im Auge zu behalten und nicht nur auf einzelne wichtige Bestimmungen abzustellen. ... Wirtschaftsfreiheit und privatwirtschaftliche Ordnung sind nicht Zweck für sich allein; sie entsprechen einerseits dem Grundbedürfnis freiheitlicher und selbstverantwortlicher Lebensgestaltung und

stellen anderseits auch ein Mittel zur Verwirklichung gerechter Lebensverhältnisse und zur Förderung der gemeinsamen Wohlfahrt dar ... Insgesamt kann somit vom Gesamtbild einer *freiheitlichen, wettbewerbsorientierten sowie sozial- und umweltverpflichteten Wirtschaftsverfassung* gesprochen werden.»

III. Schutzobjekt

1. Begriff der Wirtschaftsfreiheit

Die Wirtschaftsfreiheit bedeutet das Recht des Einzelnen, uneingeschränkt von staatlichen Massnahmen jede privatwirtschaftliche Erwerbstätigkeit frei auszuüben und einen privatwirtschaftlichen Beruf frei zu wählen. 628

Garantiert werden somit einerseits die *freie Konkurrenz im Wirtschaftsleben*, anderseits die *Freiheit der Berufswahl im privatwirtschaftlichen Bereich*. Für den Arbeitnehmer bedeutet freie Berufswahl insbesondere auch freie Wahl des Arbeitsplatzes (MARTI, Wirtschaftsfreiheit, Nr. 90). 629

2. Zusammenhang mit Vertrags- und Eigentumsfreiheit

Die *Vertragsfreiheit* ist ein Grundsatz des Privatrechts, der jedoch mit der Wirtschaftsfreiheit in einem unlösbaren Zusammenhang steht. Denn die Wirtschaftsfreiheit schliesst auch ein, dass man bei der Ausübung einer privatwirtschaftlichen Tätigkeit seinen Vertragspartner frei auswählt und den Inhalt des Vertrages frei von staatlichem Zwang aushandelt. Einschränkungen der Vertragsfreiheit sind daher nur soweit haltbar, als sie mit der Wirtschaftsfreiheit vereinbar sind (vgl. BGE 113 Ia 126, 139 E. 8c, Armengol). 630

Die privatwirtschaftliche Tätigkeit besteht zu einem wesentlichen Teil in der rechtlichen Verfügung über Sachen, durch die Privateigentum veräussert bzw. erworben wird. Die Gewährleistung der Wirtschaftsfreiheit setzt daher die Anerkennung der *Eigentumsfreiheit* voraus, und Eigentumsbeschränkungen können sich gleichzeitig als Beschränkungen der Wirtschaftsfreiheit erweisen. 631

3. Privatwirtschaftliche Erwerbstätigkeit als Schutzobjekt

a) *Schutz der privaten Erwerbstätigkeit*

Das Gemeinwesen und sein Personal kann sich bei der Ausübung seiner hoheitlichen Tätigkeit nicht auf die Wirtschaftsfreiheit berufen, auch wenn damit ein Gewinn verbunden ist. Nicht geklärt ist die Frage, ob sich ein öffentliches Unternehmen auf die Wirtschaftsfreiheit stützen kann (BGE 127 II 8, 17, Swisscom AG). 632

633 Soweit ein Anwalt als Offizialverteidiger tätig wird, nimmt er eine staatliche, durch kantonales öffentliches Recht geregelte Aufgabe wahr, die nicht in den Schutzbereich der Wirtschaftsfreiheit fällt (BGE 109 Ia 107, 108 f.). Die Vornahme öffentlicher Beurkundungen ist eine staatliche Aufgabe, weshalb sich die Notare nicht auf die Wirtschaftsfreiheit berufen können. Dies gilt auch da, wo ein freiberufliches Notariat besteht (Urteil des Bundesgerichts vom 5. Februar 1999 in ZBl 101 [2000] 383, 386). Diese Rechtsprechung wurde in BGE 128 I 280, 281 f., bestätigt sowie dahingehend präzisiert, dass auch weder das Binnenmarktgesetz noch das Abkommen vom 21. Juni 1999 zwischen der Schweizerischen Eidgenossenschaft einerseits und der Europäischen Gemeinschaft und ihren Mitgliedstaaten andererseits über die Freizügigkeit (SR 0.142.112.681) auf Urkundspersonen Anwendung finden. Wenn ein Kanton auf den Honorareinnahmen, welche die Chefärzte der kantonalen Krankenhäuser für ihre privatärztliche Tätigkeit erzielen, eine progressiv ausgestaltete Abgabe erhebt, liegt nach Ansicht des Bundesgerichts eine Sonderleistung im Rahmen des öffentlich-rechtlichen Dienstverhältnisses vor; daher können sich die Betroffenen nicht unter Berufung auf die Wirtschaftsfreiheit dagegen zur Wehr setzen (ZBl 87 [1986] 265 ff.; BGE 100 Ia 312, 318, Buff).

b) Schutz jeder auf Erwerb gerichteten Tätigkeit

634 Geschützt sind *alle* auf Erwerb gerichteten privaten Tätigkeiten (vgl. BGE 109 Ia 116, 121, Morand frères S.A.).

635 Geschützt sind *sowohl haupt- als auch nebenberufliche Erwerbstätigkeiten.*

> «Die privatwirtschaftliche Tätigkeit unterscheidet sich von jeder andern privaten Tätigkeit durch das Erwerbsmoment; sie ist auf die Erzielung wirtschaftlicher Güter gerichtet. Dabei ist es unerheblich, ob die Tätigkeit auch zum angestrebten wirtschaftlichen Erfolg führt. Unwesentlich ist auch, ob die Erwerbsabsicht die einzige Triebfeder zur Ausübung einer Tätigkeit ist oder ob sie bei einzelnen Berufen – z.B. bei einem Arzt – durch ideelle Ziele sogar in den Hintergrund gedrängt werden kann. Es braucht auch nicht ein Gewinn beabsichtigt zu sein; auch eine Tätigkeit, welche nur die Selbstkosten decken soll, fällt unter Art. 31 [a]BV [neu: Art. 27 BV].» (MARTI, Wirtschaftsfreiheit, Nr. 64, S. 40 f.)

636 Auch das Personal des öffentlichen Dienstes kann sich für die Ausübung einer entgeltlichen nebenberuflichen Beschäftigung insoweit auf die Wirtschaftsfreiheit berufen, als eine privatwirtschaftliche, mit den amtlichen Funktion in keinem Zusammenhang stehende Tätigkeit vorliegt (BGE 121 I 326, 329).

637 Der Wirtschaftsfreiheit untersteht auch die Veranstaltung von Lotterien mit gemeinnützigem und wohltätigem Zweck (Urteil des Bundesgerichts vom 30. März 1999 in ZBl 101 [2000] 215, 216 f.).

638 Dagegen beinhaltet die Wirtschaftsfreiheit *keine Konsumfreiheit.* Sie schützt also nicht die Möglichkeit, Einkäufe nach Belieben tätigen zu können, wie das Bundesgericht bei der Beurteilung der Zulässigkeit von Vorschriften über den Bau von Einkaufszentren entschied (BGE 102 Ia 104, 121 f., Magazine zum Globus AG).

Anderer Auffassung ist hingegen JÖRG PAUL MÜLLER (Grundrechte in der Schweiz, S. 645): Da die Wirtschaftsfreiheit die Vertragsfreiheit als Hauptinstrument des privatwirtschaftlich organisierten Güter- und Dienstleistungsmarktes schütze, sei die Konsumfreiheit als notwendiger Teilgehalt der Wirtschaftsfreiheit zu betrachten.

c)   Schutz auch der unselbständig Erwerbenden

Während Jahrzehnten ging das Bundesgericht davon aus, nur der selbständig Erwerbende könne sich auf die Wirtschaftsfreiheit berufen. 1958 änderte das Gericht diese Praxis.   639

> Zu beurteilen war folgender Sachverhalt: Ein Verkaufsstand vor einem Schuhgeschäft war vom Angestellten einer Strumpfwarenfabrik, die das Schuhgeschäft belieferte, betreut worden. Der Angestellte wurde wegen Verstosses gegen die im Kanton Graubünden vorgesehene Patentpflicht für Hausier- und Wandergewerbe gebüsst. Das Bundesgericht schützte in BGE 84 I 18, 21, Baumgartner, die Berufung auf die Wirtschaftsfreiheit (bzw. dazumal die Handels- und Gewerbefreiheit).

d)   Schutz aller Handlungen im Rahmen einer privatwirtschaftlichen Tätigkeit

aa) Freie Wahl der privaten Erwerbstätigkeit und private Berufswahlfreiheit

Die Wirtschaftsfreiheit gewährleistet dem Einzelnen die freie Wahl der privatwirtschaftlichen Erwerbstätigkeit (BGE 105 Ia 67, 71, Maier).   640

Hingegen kann aus der Wirtschaftsfreiheit kein Anspruch auf Anstellung im öffentlichen Dienst abgeleitet werden. Unzulässig ist indes ein Amtszwang für eine hauptberufliche staatliche Tätigkeit, weil der Staat damit eine private Erwerbstätigkeit weitgehend unterbinden würde.   641

Die Wirtschaftsfreiheit umfasst insbesondere auch die Berufswahlfreiheit hinsichtlich der privatwirtschaftlichen Berufe, was eine staatliche Ausbildungslenkung ausschliesst. Dagegen verleiht die Wirtschaftsfreiheit keinen Anspruch auf Zulassung zu einer staatlichen Ausbildungseinrichtung, deren Ausbildung zur Ausübung eines öffentlichen Amtes befähigt (BGE 103 Ia 394, 401, Beeli, betr. Numerus clausus bei der Zulassung zu einem staatlichen Lehrerseminar). Ebenso kann aus ihr kein Anspruch auf freien Zugang zu einem Universitätsstudium abgeleitet werden (BGE 125 I 173, 175 f., betr. Numerus clausus zum Medizinstudium). Der Berufswahlfreiheit wird heute zu Recht eine wachsende Bedeutung zuerkannt. Sie könnte in der Zukunft sogar für die Zulassung zur Ausbildung für Berufe, die zum öffentlichen Dienst gehören, Geltung erlangen.   642

bb) Freie Wahl bezüglich Ort und Zeit der privatwirtschaftlichen Tätigkeit

Der Einzelne entscheidet frei, wann und wie lange er seine Erwerbstätigkeit ausüben will, und er kann diese Tätigkeit auf dem ganzen Gebiet der Eidgenossenschaft («sur un point quelconque du territoire suisse», BGE 100 Ia 169, 175, Stump) ausüben.   643

cc) Freie Wahl der sachlichen Mittel

644 Der Erwerbstätige entscheidet frei über Kapitalinvestitionen sowie den Einsatz von Maschinen und anderen technischen Einrichtungen.

> Als zwecks Bekämpfung der Arbeitslosigkeit auf Druck der Arbeiterschaft Walliser Behörden den Gebrauch von Schaufelbaggern untersagten, sah das Bundesgericht darin eine Verletzung der Wirtschaftsfreiheit. Denn diese umfasse «le droit pour chacun de faire de l'utilisation de n'importe quelle machine, de n'importe quel instrument ou procédé technique l'objet de son activité professionnelle comme aussi, naturellement, le droit de se servir de ces machines, instruments ou procédés dans le cadre et pour les besoins d'une activité professionnelle plus étendue» (BGE 63 I 213, 219, Travelletti).

dd) Freie Gestaltung der Geschäftsbeziehungen

645 Der Erwerbstätige entscheidet frei von staatlichem Zwang, bei wem er seinen Bedarf an Gütern oder Dienstleistungen decken und an wen er seine Produkte verkaufen will. Auch die Vertragsbedingungen werden zwischen den Geschäftspartnern frei vereinbart. Vgl. zum Zusammenhang zwischen Wirtschaftsfreiheit und Vertragsfreiheit N. 630.

ee) Organisatorische Freiheit

646 Der Erwerbstätige entscheidet frei, ob er seine Tätigkeit allein oder zusammen mit anderen, in einer vom Privatrecht zur Verfügung gestellten Organisationsform, ausüben will, ferner, ob er mit anderen Absprachen über die Ausübung der Erwerbstätigkeit treffen will.

> In BGE 91 I 306, 310 f., Bianchi, fand das Bundesgericht, gegen die Wirtschaftsfreiheit verstosse eine Bestimmung des Tessiner Sanitätsgesetzes, welche die Bewilligung zum Betrieb einer Apotheke davon abhängig machte, dass der sie leitende Apotheker ihr Eigentümer sei, und die den Apothekern verbot, Eigentümer mehrerer Apotheken zu sein.

Schranken der Organisationsfreiheit ergeben sich vor allem aus dem Bundesgesetz vom 6. Oktober 1995 über Kartelle und andere Wettbewerbsbeschränkungen (SR 251).

ff) Freie Werbung

647 Der Erwerbstätige darf für seine Produkte und Dienstleistungen frei werben. Dazu gehört, dass er selber bestimmen kann, ob und in welchem Umfang er in Zeitungen Werbung treiben will.

Gewisse Schranken der Werbefreiheit ergeben sich vor allem aus dem Bundesgesetz gegen den unlauteren Wettbewerb vom 19. Dezember 1986 (SR 241). Vgl. auch N. 485.

gg) Benutzung von öffentlichem Grund

Im Gegensatz zu einer älteren Praxis des Bundesgerichts ist seit 1975 allgemein anerkannt, dass alle, die zur Ausübung einer privatwirtschaftlichen Erwerbstätigkeit öffentliche Sachen zum *gesteigerten Gemeingebrauch* beanspruchen, sich auf die Wirtschaftsfreiheit berufen können. Sie vermittelt – wie die Versammlungsfreiheit (vgl. N. 537) – einen «bedingten Anspruch» auf Benutzung des öffentlichen Grundes (vgl. BGE 101 Ia 473, 479, «Genfer Prostituierten-Fall»; 108 Ia 135, 136, Hosig; 126 I 133, Scientology Kirche Zürich). 648

Noch unklar ist die Rechtsprechung des Bundesgerichtes hinsichtlich der Frage, ob eine *Sondernutzung* in den Schutzbereich der Wirtschaftsfreiheit fällt und somit ein «bedingter Anspruch» auf Erteilung der Sondernutzungskonzession besteht. Während der gesteigerte Gemeingebrauch andere Benützer wesentlich einschränkt ohne sie auszuschliessen, erhalten bei der Sondernutzung die Berechtigten eine ausschliessliche Verfügung über einen Teil der öffentlichen Sache. Dieses Recht wird ihnen durch eine Konzession erteilt. Eine Abgrenzung zwischen diesen beiden Arten von Gebrauchsrechten an öffentlichen Sachen bereitet aber oft Schwierigkeiten. Die Definitionen variieren von Kanton zu Kanton, auch kann es vorkommen, dass eine Unterscheidung gar fehlt. Es ist deshalb nicht einzusehen, weshalb den Sondernutzungskonzessionären die Berufung auf die Wirtschaftsfreiheit verweigert werden sollte (vgl. dazu HÄFELIN/MÜLLER, N. 2426 f.). 649

4. Schutz nur vor Eingriffen des Staates

Das Bundesgericht geht davon aus, dass die Wirtschaftsfreiheit nur vor *Eingriffen des Staates* schütze und – unter Vorbehalt des bedingten Anspruchs auf gesteigerten Gemeingebrauch (vgl. N. 648) - *kein gerichtlich durchsetzbares Recht auf staatliche Leistungen* beinhalte (BGE 130 I 26, 40, 57, Zulassungsstopp für Ärzte, m.w.H.). Vgl. aber zur institutionellen Funktion, die vom Gesetzgeber zu berücksichtigen ist, N. 623. 650

Aus der Wirtschaftsfreiheit kann nach Ansicht des Bundesgerichts kein Recht auf Zulassung zur Universität abgeleitet werden, da sie – anders als die Berufswahlfreiheit des deutschen Grundgesetzes – keinen Anspruch auf staatliche Leistungen begründet (BGE 103 Ia 369, 378, Wäffler; vgl. N. 367). 651

Grundsätzlich bietet die Wirtschaftsfreiheit *keinen Schutz vor Eingriffen von Privaten* in den freien Wettbewerb. Allerdings kann sie bei der Konkretisierung offener Normierungen des Privatrechts beachtlich sein (vgl. N. 285 f.). 652

5. Schutz auch vor allgemeinen, sich nicht besonders auf die Wirtschaftsfreiheit beziehenden Einschränkungen?

653 Die ältere Praxis ging davon aus, dass Vorschriften, die sich an jedermann und nicht nur an die Erwerbstätigen richteten, die Wirtschaftsfreiheit nicht berühren würden. So führte das Bundesgericht bei der Prüfung der Zulässigkeit des Verbots, eine Reklametafel aufzustellen, aus, Art. 31 aBV (= Art. 27 BV) befreie den Grundeigentümer nicht von der Beachtung der Bauvorschriften und räume dem Gewerbetreibenden in dieser Hinsicht keine Privilegien ein; das Verbot sei daher einzig nach den Grundsätzen der Eigentumsgarantie zu beurteilen (BGE 99 Ia 42, 48, Hildebrand A.G.). Die neuere Rechtsprechung berücksichtigt jedoch bei der Beurteilung allgemeiner Vorschriften, die auch zu einer Einschränkung wirtschaftlicher Betätigungsmöglichkeiten führen, die Wirtschaftsfreiheit (vgl. N. 604).

IV. Rechtsträger

1. Natürliche Personen

654 Früher ging das Bundesgericht davon aus, dass die Wirtschaftsfreiheit nur Schweizer Bürgern zustehe. Ausländer konnten nur gestützt auf Staatsverträge Rechte auf freie Ausübung einer Erwerbstätigkeit in der Schweiz ableiten.

655 Seit BGE 116 Ia 237, 238 ff. können sich schweizerische Staatsangehörige und Ausländer mit Niederlassungsbewilligung in gleicher Weise auf die Wirtschaftsfreiheit berufen. Ob Ausländer von der Ausübung eines bestimmten Berufs ausgeschlossen werden dürfen, ist nicht eine Frage der Grundrechtsträgerschaft, sondern der materiellen Schranken der Wirtschaftsfreiheit. Als nicht mehr zulässig betrachtet das Bundesgericht den generellen Ausschluss von Ausländern vom Anwaltsberuf. In der Schweiz niedergelassene Ausländer, die mit den politischen und gesellschaftlichen Verhältnissen der Schweiz vertraut sind, dürfen nicht wegen ihrer Staatsangehörigkeit vom Anwaltsberuf ausgeschlossen werden (BGE 119 Ia 35, 39 ff.). Dagegen konnte sich ein Ausländer mit blosser Jahresaufenthaltsbewilligung früher überhaupt nicht auf die Wirtschaftsfreiheit berufen, was das Bundesgericht mit der in der Ausländergesetzgebung getroffenen Regelung über den Status von Aufenthaltern begründete (BGE 123 I 19). In einem Urteil vom 4. Juli 1997 hat aber das Bundesgericht seine Rechtsprechung gelockert: Auch Ausländer mit einer Aufenthaltsbewilligung geniessen danach den Schutz der Wirtschaftsfreiheit, sofern sie (z.B. weil ihr Ehepartner das Schweizer Bürgerrecht besitzt) nicht unter die arbeitsmarktlichen Begrenzungsmassnahmen fallen und Anspruch auf Erneuerung der Aufenthaltsbewilligung haben (BGE 123 I 212, 214 ff. E. 2).

2. Juristische Personen des Privatrechts

Juristische Personen des Privatrechts sind ebenfalls Träger der Wirtschaftsfreiheit. 656
Die Frage, ob sich auch ausländische juristische Personen auf die Wirtschaftsfreiheit
berufen können, hat das Bundesgericht in BGE 125 I 182, 197 f., Association du
Transport Aérien International (IATA), offen gelassen. Nicht auf die Wirtschaftsfreiheit berufen können sich die juristischen Personen des öffentlichen Rechts.

V. Einschränkungen der Wirtschaftsfreiheit

1. Der Grundsatz der Wirtschaftsfreiheit

Art. 94 Abs. 1 BV verankert den Grundsatz der Wirtschaftsfreiheit. Dieser Verfassungsgrundsatz ist konkretisierungsbedürftig, da eine Definition dessen, was eine Abweichung von diesem Grundsatz ist, in der Verfassung fehlt. Art. 94 Abs. 4 BV bezeichnet «insbesondere auch Massnahmen, die sich gegen den Wettbewerb richten», als grundsatzwidrig. In Anlehnung daran soll deshalb zwischen *grundsatzkonformen* und *grundsatzwidrigen* Massnahmen, anstatt wie früher zwischen «wirtschaftspolizeilichen» und «wirtschaftspolitischen» Einschränkungen, unterschieden werden. Staatliche Regelungen und Massnahmen wahren den Grundsatz der Wirtschaftsfreiheit, wenn sie «wettbewerbsneutral» sind, d.h. wenn sie den «freien Wettbewerb», basierend auf dem Prinzip von Angebot und Nachfrage, nicht verzerren. 657

Als *grundsatzwidrig* beurteilte das Bundesgericht Massnahmen, die den freien Wettbewerb behindern, um gewisse Gewerbezweige oder Bewirtschaftungsformen zu sichern oder zu begünstigen (BGE 125 I 335, 337), oder die das Wirtschaftsleben nach einem festen Plan lenken wollen (BGE 111 Ia 184, 186, sowie RHINOW/SCHMID/BIAGGINI, Öffentliches Wirtschaftsrecht, § 4 N. 47 ff.). 658

Nicht jede geringfügige staatliche Beeinflussung des Wettbewerbs bedeutet jedoch eine Abweichung vom Grundsatz der Wirtschaftsfreiheit. Zu vermeiden sind spürbare Wettbewerbsverzerrungen. Im Rahmen der Prüfung der Zulässigkeit einer staatlichen Massnahme ist neben dem Ausmass der Wettbewerbsverzerrung vor allem das Eingriffsmotiv zu untersuchen. Unklarheiten können sich bereits bei dessen Bestimmung ergeben sowie darüber, inwieweit die konkreten Auswirkungen neben dem Eingriffsmotiv überhaupt noch zu berücksichtigen sind (RHINOW, Rz. 2921). Dies insbesondere dann, wenn dem Eingriffsmotiv ein besonders gewichtiges öffentliches Interesse (z.B. Schutz hochrangiger Polizeigüter) zu Grunde liegt. Eine Massnahme, die erhebliche Einwirkungen auf den freien Wettbewerb hat, ist also nicht schon deswegen als grundsatzwidrig zu qualifizieren. Zum Beispiel können rigorose Vorschriften zum Schutz vor Lärm und Abgasen einschneidende Auswir- 659 kungen auf die Konkurrenzverhältnisse in der Automobilindustrie haben; ihr Zweck besteht jedoch nicht in der Steuerung des Wettbewerbs, sondern im Schutz des Polizeiguts der öffentlichen Gesundheit und in dem durch Art. 74 BV zur staatlichen Aufgabe deklarierten Umweltschutz. Die Abgrenzung zwischen zulässigen und unzulässigen Massnahmen ist häufig mit anspruchsvollen Wertungsfragen und Abwägungen verbunden.

660   Aus dem Grundsatz der Wirtschaftsfreiheit wird auch der Anspruch der direkten Konkurrenten auf Gleichbehandlung abgeleitet (vgl. N. 692 ff.)

2.   Grundsatzwidrige Einschränkungen der Wirtschaftsfreiheit

a)   Zuständigkeit des Bundes zum Erlass von grundsatzwidrigen Massnahmen

661   Grundsatzwidrige Einschränkungen, d.h. Massnahmen, die vom Grundsatz der Wirtschaftsfreiheit abweichen und sich gegen den freien Wettbewerb richten, darf nur der Bund erlassen und zwar nur dort, wo die Verfassung solche Abweichungen vorsieht (Art. 94 Abs. 4 BV). Vorbehalten bleiben allerdings kantonale Regalrechte (vgl. N. 719 ff.). Ferner sind den Kantonen vorübergehend noch protektionistische Massnahmen im Gastgewerbe gestattet: Gestützt auf Art. 196 Ziff. 7 BV können die Kantone während längstens zehn Jahren ab Inkrafttreten der Verfassung (d.h. bis Ende 2009) die ihnen bisher (gestützt auf Art. 31ter Abs. 1 aBV) erlaubten grundsatzwidrigen Regelungen beibehalten, welche zur Sicherung der Existenz bedeutender Teile eines bestimmten Zweiges des Gastgewerbes die Eröffnung von Betrieben vom Bedürfnis abhängig machen.

b)   Voraussetzungen für den Erlass grundsatzwidriger Massnahmen

aa)   Besondere Ermächtigung der Bundesverfassung zur Abweichung von der Wirtschaftsfreiheit (sog. Verfassungsvorbehalt)

662   Mehrere Artikel der Bundesverfassung ermächtigen den Bund ausdrücklich, nötigenfalls vom Grundsatz der Wirtschaftsfreiheit abzuweichen. Das gilt für folgende Bereiche: Konjunkturpolitik (Art. 100 Abs. 3), Aussenwirtschaftspolitik (Art. 101 Abs. 2), Landesversorgung (Art. 102 Abs. 2), regionale und sektorale Strukturpolitik (Art. 103 Satz 2), Förderung der bodenbewirtschaftenden landwirtschaftlichen Betriebe (Art. 104 Abs. 2). In anderen Fällen impliziert eine in der BV enthaltene Bundeskompetenz eine Abweichungsermächtigung (z.B. Alkoholmonopol, Art. 105; Errichtung und Betrieb von Spielbanken, Art. 106 Abs. 2).

bb)   Einschränkung der Wirtschaftsfreiheit nur «nötigenfalls»

663   In erster Linie sollen stets Massnahmen ergriffen werden, die mit der marktwirtschaftlichen Ordnung konform sind. Von der Wirtschaftsfreiheit abweichende Wirt-

schaftslenkung ist nur zulässig, wenn Massnahmen im Rahmen der Wirtschaftsfreiheit unzureichend sind, um den Verfassungsauftrag zu erfüllen.

cc) Subsidiaritätsprinzip (Art. 103 BV)

Bestimmungen gemäss Art. 103 (sektorale Strukturpolitik) dürfen nur erlassen werden, wenn die zu schützenden Wirtschaftszweige oder Berufe die ihnen zumutbaren Selbsthilfemassnahmen getroffen haben. 664

dd) Allgemeine Einschränkungsvoraussetzungen von Art. 36 BV

Das Vorliegen einer verfassungsrechtlichen Grundlage für die Abweichung von der Wirtschaftsfreiheit entbindet nicht von der Prüfung der allgemeinen Voraussetzungen von Art. 36 BV (vgl. N. 302). 665

c) Inhalt grundsatzwidriger Massnahmen

In Frage kommen etwa Preisregulierungen, Kontingentierungen, Investitionshilfen, Pflichtlagerhaltung. Die Darstellung der verschiedenen grundsatzwidrigen Massnahmen bildet Gegenstand des Wirtschaftsverwaltungsrechts, weshalb im Weiteren nicht näher darauf eingegangen wird. 666

3. Grundsatzkonforme Einschränkungen der Wirtschaftsfreiheit

a) Zuständigkeit von Bund und Kanton

Der Bund ist gemäss Art. 95 Abs. 1 BV befugt, Vorschriften über die Ausübung der privatwirtschaftlichen Erwerbstätigkeit zu erlassen. Es handelt sich dabei um eine nachträglich derogatorische Kompetenz des Bundes. Im Übrigen sind die Kantone zuständig, was – im Gegensatz zu Art. 31 Abs. 2 aBV – nicht mehr ausdrücklich erwähnt wird. Solange und soweit der Bund die ihm gemäss Art. 95 Abs. 1 BV zustehende Kompetenz nicht ausgeschöpft hat, dürfen die Kantone die Ausübung der privatwirtschaftlichen Erwerbstätigkeit in grundsatzkonformer Weise regeln. Den Kantonen verbleibt insbesondere für polizeiliche Massnahmen ein weites Regelungsfeld. Auf dem Gebiet der Sozialpolitik wird der Regelungsbereich kantonaler Massnahmen stark eingeschränkt durch ausführliche bundesgesetzliche Regelungen, z.B. durch Vorschriften über Arbeitszeit im Bundesgesetz über die Arbeit in Industrie, Gewerbe und Handel (Arbeitsgesetz) vom 13. März 1964 (SR 822.11) und durch die privatrechtliche Regelung des Arbeitsvertrages in Art. 319 ff. OR. 667

b) Einschränkungsvoraussetzungen gemäss Art. 36 BV

Grundsatzkonforme Massnahmen, welche die Wirtschaftsfreiheit einschränken, müssen den allgemein geltenden Anforderungen, wie sie sich aus Art. 36 BV ergeben (gesetzliche Grundlage, öffentliches Interesse, Verhältnismässigkeit), genügen 668 und ferner den Grundsatz der Gleichbehandlung der direkten Konkurrenten (N. 692 ff.) beachten.

aa) Gesetzliche Grundlage

669 Bei *schweren Eingriffen,* z.B. der Einführung der Bewilligungspflicht für die Ausübung einer Erwerbstätigkeit, muss die Beschränkung auf der Stufe eines *Gesetzes* geregelt sein. Nach BGE 104 Ia 196, 200 f., Zahnd, ist die Einführung einer Bewilligungspflicht für Coiffeursalons durch Verordnung unzulässig. Ebenso wenig genügt eine Verordnung als Grundlage für ein Lotteriemonopol (Urteil des Bundesgerichts vom 30. März 1999 in ZBl 101 [2000] 219 ff.).

670 *Weniger schwere Eingriffe* können zwar auf der Stufe der *Verordnung* geregelt werden, doch muss die Verordnung ihrerseits mit dem übergeordneten Recht im Einklang stehen. So müssen im Fall einer unselbständigen Verordnung die für die Gesetzesdelegation geltenden Regeln (vgl. N. 1870 ff.) eingehalten werden, was eine minimale Regelung in einem Gesetz impliziert. In BGE 90 I 321, 323, Süess (vgl. N. 311), wurde eine Verordnung der Aargauer Regierung über Spielautomaten, die sich nicht auf eine gesetzliche Ermächtigung stützen konnte, als ungenügende Rechtsgrundlage angesehen.

671 *Gewohnheitsrecht* vermag nur ausnahmsweise, bei Vorliegen einer echten Lücke, eine fehlende gesetzliche Grundlage zu kompensieren. In einem in ZBl 84 (1983) 360 ff. abgedruckten Urteil verneinte das Bundesgericht die gewohnheitsrechtliche Geltung eines Gemeindemonopols für Hausinstallationen im Elektrobereich.

bb) Öffentliches Interesse

aaa) Polizeiliche Massnahmen als wichtigster Anwendungsfall grundsatzkonformer Einschränkungen

672 Staatliche Massnahmen mit Auswirkungen auf den freien Wettbewerb können durchaus grundsatzkonform sein. Dies gilt insbesondere für Massnahmen, die dem Schutz der Polizeigüter – wie Ruhe, Ordnung, Sicherheit, öffentliche Gesundheit, Sittlichkeit sowie Treu und Glauben im Geschäftsverkehr – dienen. Manchmal wird das Argument, eine Massnahme stelle eine zulässige polizeiliche Einschränkung dar, durch Hinweise auf weitere öffentliche Interessen verstärkt. So bejahte das Bundesgericht die Zulässigkeit einer als gewerbepolizeilich qualifizierten Bestimmung im Zürcher Unterhaltungsgewerbegesetz, wonach Betriebsbewilligungen im Fall einer übermässigen Einwirkung «ideeller» Art auf die Nachbarschaft zu verweigern seien, auch unter Hinweis auf Erfordernisse der Wohnqualität. Zwar diene in erster Linie das öffentliche Planungs- und Baurecht der Erhaltung bestimmter Gebiete für ihren angestammten Nutzungszweck, doch sei ein Zusammenwirken gewerbepolizeilicher Gesetze (wie des Unterhaltungsgewerbegesetzes) mit dem öffentlichen Bau- und Planungsrecht insofern denkbar, als das Letztere durch seine Nutzungsbestimmungen den Rahmen für das zulässige Mass gewerblicher Einschränkungen abstecke, wäh-

rend die Ersteren die unzulässigen Immissionsquellen bezeichneten (BGE 108 Ia 140, 147 f., Bänziger).

Schutz der Polizeigüter

– *Öffentliche Ruhe:* Es ist zulässig, die Erwerbstätigkeit von Prostituierten zu beschränken, um Ruhestörungen (vor allem durch motorisierte Freier) in Wohnquartieren abzuwehren (BGE 99 Ia 504, 511). Zu beurteilen waren im betreffenden Fall Vorschriften in einer Verordnung des Stadtrates von Zürich, wonach den Prostituierten verboten wurde, ihre Dienste u.a. «auf Strassen und Plätzen, an denen Wohnhäuser stehen, ausgenommen in eigentlichen Vergnügungsvierteln von 20 Uhr bis 03.00 Uhr», anzubieten. 673

– *Öffentliche Sicherheit:* Der Handel mit gefährlichen Gegenständen, z.B. mit Waffen oder Sprengstoffen, darf beschränkt oder verboten werden. Vorschriften über die Betriebssicherheit in industriellen Betrieben sind zulässig. In BGE 87 I 349, 352, Valvoline-Oel A.G., wurde entschieden, dass die Zahl der Reklametafeln an Strassen und Tankstellen aus Gründen der Verkehrssicherheit beschränkt werden dürfe. 674

– *Öffentliche Gesundheit:* In Frage kommen etwa die Beschränkung des Verkaufs von Heilmitteln auf Apotheken, eine Rezeptpflicht für gewisse Medikamente, die Einschränkung der Werbung für Medikamente, um deren übermässigen Konsum zu bekämpfen (BGE 123 I 201, Pharmacie Victoria SA), oder die Konfiskation verdorbener Lebensmittel. Das Bundesgericht betrachtet sogar die Beschränkung des Medikamentenverkaufs durch freipraktizierende Ärzte («Selbstdispensation») als zulässige gesundheitspolizeiliche Regelung, weil sie dazu beitrage, die medizinische Versorgung der Bevölkerung durch ein genügend dichtes Netz öffentlicher Apotheken sicherzustellen (BGE 111 Ia 184, 189 f.; Bestätigung in BGE 119 Ia 433, 438 ff.; vgl. auch den unveröffentlichten BGE vom 24. Oktober 2001, 2P.52/2001 und 2A.89/2001, Medikamentenabgabe durch Ärzte, auch in ZBl 103 (2002), 322 ff.). 675

– *Öffentliche Sittlichkeit:* Das Bundesgericht schützte das Verbot einer «Peep-Show» (Zurschaustellung nackter Frauen über einen Geldautomaten) in St. Gallen unter Hinweis darauf, dass der Begriff der öffentlichen Sittlichkeit örtlich verschieden und zeitlich wandelbar sei und dass den Kantonen ein grosser Beurteilungsspielraum zukomme (BGE 106 Ia 267, 271 ff., Oswald). 676

– *Treu und Glauben im Geschäftsverkehr:* Hier geht es um den Schutz des Publikums vor Täuschung oder Ausbeutung. Das Bundesgesetz über den unlauteren Wettbewerb von 19. Dezember 1986 (SR 241) dient weitgehend diesem Zweck, ferner das Erfordernis des guten Leumunds für die Ausübung von Erwerbstätigkeiten, bei denen ein besonderes Interesse an einer seriösen Berufsausübung besteht, weil der unerfahrene Kunde sonst leicht ausgebeutet werden könnte (z.B. durch Treuhänder, Taxichauffeure, Privatdetektive). 677

678 Ausnahmsweise ist sogar ein absolutes Verbot einer bestimmten privatwirtschaftlichen Tätigkeit zulässig, wenn diese mit sehr grossen Gefahren für Polizeigüter verbunden wäre. So ist gemäss Art. 19 des Bundesgesetzes vom 3. Oktober 1951 über die Betäubungsmittel und die psychotropen Stoffe (Betäubungsmittelgesetz, BetmG, SR 812.121) der freie An- und Verkauf von Betäubungsmitteln im Sinne des Betäubungsmittelgesetzes verboten.

Polizeilich motivierter Fähigkeitsausweis

679 Die Zulassung zu einer Erwerbstätigkeit kann von einer beruflichen Ausbildung oder einem Prüfungsausweis abhängig gemacht werden, sofern das Schutzbedürfnis des Publikums dies erfordert. Solche polizeilich motivierte Fähigkeitsausweise sind verbreitet.

680 In BGE 103 Ia 259, Perren-Sarbach, qualifizierte das Bundesgericht das Erfordernis eines Fähigkeitsausweises für die Ausübung des Berufs der Kosmetikerin als zulässig. Auf S. 262 f. wurde die bisherige Rechtsprechung zusammengefasst:

> «La jurisprudence reconnaît donc aux cantons le droit d'imposer le régime de la patente ou du certificat de capacité dans le choix de certaines activités, dont il importe de réserver l'exercice aux personnes qui en sont capables, la délivrance du certificat ou de la patente étant généralement subordonnée à la réussite d'un examen d'aptitude. Toutefois, cette restriction ne saurait reposer sur des raisons économiques; elle ne peut se justifier que par des motifs de police. Il s'agit notamment d'assurer la protection du public, lorsque l'activité présente des dangers que seule une personne professionnellement capable est à même d'écarter dans une mesure notable (ATF 100 Ia 175 et 176 consid. 3a et les références de doctrine citées). Le Tribunal fédéral a déjà admis que tel était le cas des guides de montagne (ATF 53 I 118 consid. 3), des professeurs de ski (ATF 55 I 162 s. consid. 2), des colporteurs (ATF 55 I 76 et 77), des sages-femmes (ATF 59 I 183 consid. 1), des chiropraticiens (ATF 80 I 16 consid. 4), des agents immobiliers (ATF 65 I 76 consid. 2), des mécaniciens-dentistes (ATF 80 I 135 consid. 1), des chauffeurs de taxi (ATF 79 I 339 s. consid. 4b), des installateurs d'appareils électriques (ATF 88 I 67 consid. 5) et des directeurs d'écoles de ski (ATF 100 Ia 176 s. consid. 4a). En revanche, il a jugé en 1944 que le canton de Fribourg ne pouvait pas obliger les maîtres coiffeurs à se munir d'une patente pour l'exercice indépendant de leur profession (ATF 70 I 146 consid. 2).»

681 Ferner darf verlangt werden, dass bestimmte medizinische Hilfsberufe nicht selbständig, sondern nur unter Aufsicht und Verantwortung einer in Medizin ausgebildeten und auf medizinische Risikosituationen entsprechend vorbereiteten Person ausgeübt werden dürfen (vgl. BGE 116 Ia 118 betr. Dentalhygiene).

Andere persönliche Voraussetzungen

682 Aus polizeilichen Gründen kann es geboten sein, für die Ausübung einer bestimmten Tätigkeit ein Mindestalter, eine gute Gesundheit (z.B. für den Bergführer) oder einen guten Leumund zu verlangen, wobei die Verhältnismässigkeit immer zu beachten ist. Dagegen sind Schweizer Bürgerrecht und Wohnsitz in der Regel polizei-

lich ungeeignete Kriterien, obwohl sie noch sehr verbreitet sind (vgl. Beispiele von unzulässigen Vorschriften über Wohnsitz und Geschäftsdomizil in ZBl 85 [1984] 71 ff. und 123 ff.; vgl. ferner die Zusammenstellung der kantonalrechtlichen Beschränkungen der Berufsausübung durch Ausländer in ZBl 84 [1983] 313–316). Vgl. auch N. 655.

Mit Art. 8 Abs. 3 BV ist es unvereinbar, gewisse Berufe nur den Männern (wie z.B. früher Bergführer) oder nur den Frauen (z.B. Kindergärtnerin, Krankenpflegerin, Hebamme) vorzubehalten. 683

Sachbezogene Beschränkungen

Zulässig sind z.B. Vorschriften feuerpolizeilicher oder gesundheitspolizeilicher Natur, die bei der Eröffnung und beim Betrieb einer Fabrik, eines Kinos oder eines Hotels zu beachten sind. Auch im Interesse der Unfallverhütung und zum Schutz vor Immissionen kommen zahlreiche Beschränkungen in Frage. 684

Polizeilich motivierte staatliche Tarife

Staatliche Höchstpreisfestsetzungen können ausnahmsweise polizeilich gerechtfertigt werden, nämlich dann, wenn mit der Ausübung einer Erwerbstätigkeit eine besondere Gefahr der Ausnutzung des Publikums verbunden ist. Dies gilt etwa für das Taxigewerbe (Unerfahrenheit Ortsfremder) sowie für Apotheken (Angewiesensein der Bevölkerung auf Heilmittel; Auswirkungen der Monopolstellung der Apotheken beim Heilmittelverkauf). 685

Unterstellung unter die Bewilligungspflicht

Sofern eine privatwirtschaftliche Tätigkeit aus polizeilichen Gründen bewilligungspflichtig erklärt wird, bedarf der Private einer *Polizeierlaubnis*, um die Tätigkeit auszuüben. Die Polizeierlaubnis ist eine Verfügung, die auf Gesuch hin getroffen wird. Sie stellt fest, dass gegen die beabsichtigte Tätigkeit keine polizeilichen Hindernisse vorliegen. 686

bbb) Weitere grundsatzkonforme öffentliche Interessen

Der Begriff der grundsatzkonformen Massnahmen reicht weit über den Bereich polizeilicher Regelungen hinaus. Grundsätzlich können auch andere allgemein anerkannte öffentliche Interessen – insbesondere sozialpolitische Interessen – eine Einschränkung der Wirtschaftsfreiheit rechtfertigen (BGE 97 I 499, 506, Griessen; RHINOW/SCHMID/BIAGGINI, § 5 N. 168). 687

Der Begriff der *sozialen* bzw. *sozialpolitischen Massnahmen* hat in der Rechtsprechung noch keine festen Konturen gewonnen. Als sozialpolitisch motiviert betrachtete das Bundesgericht z.B. die vom stadtzürcherischen Parlament gestützt auf das kantonale Ruhetagsgesetz angeordnete Schliessung der Verkaufsgeschäfte an den Nachmittagen des Sechseläutens und des Knabenschiessens, weil dadurch den im Detailhandel Beschäftigten ermöglicht werde, einen freien Halbtag im Familien- oder Freundeskreis oder allein zu geniessen oder die an den betreffenden loka- 688 len Feiertagen stattfindenden Veranstaltungen zu besuchen (ZBl 88 [1987] 454). Ein schutzwürdiges sozialpolitisches Interesse besteht ferner an einer Begrenzung der Entschädigung des Vermittlers von Mietobjekten in Zeiten der Wohnungsknappheit (BGE 110 Ia 111, 115 f.).

689   Als grundsatzkonforme Bestimmungen erscheinen auch Eingriffe zum *Schutz der Umwelt* (Art. 74 BV, BGE 119 Ia 378, 382 f., Tessiner Tanksäulen), sowie *raumplanerisch bedingte Massnahmen,* die im Zielbereich von Art. 75 BV liegen (BGE 109 Ia 264, 267, Gitag SA, betr. Einkaufszentrum in Celerina), ferner Einschränkungen der Wirtschaftsfreiheit aus Gründen der *Energiepolitik* (Art. 89 BV; vgl. Urteil des Bundesgerichts vom 12. September 1994 in ZBl 96 [1995] 280). Ein zulässiges Motiv für die Beschränkung der Wirtschaftsfreiheit kann sich auch zum Schutz einer bedrohten Landessprache aus dem *Territorialitätsprinzip* (Art. 70 Abs. 2 BV) ergeben (vgl. N. 522). Gestützt auf Art. 184 BV kann der Bundesrat *aussenpolitische Massnahmen* anordnen, welche in die Wirtschaftsfreiheit eingreifen (VPB 60 [1996] Nr. 88). In all diesen Fällen ist davon auszugehen, dass Kompetenz- und Zielnormen der Bundesverfassung im gleichen Rang wie Grundrechte stehen und dass jeweils im konkreten Fall praktische Konkordanz zwischen gegenläufigen Interessen und Werten zu erzielen ist.

cc) Verhältnismässigkeit

690   Das Bundesgericht schützte in BGE 109 Ia 33, Wirteverband des Kantons Bern, eine (gesundheitspolizeilich sowie sozialpolitisch motivierte) Bestimmung des kantonalen Gastgewerbegesetzes, wonach alkoholführende Betriebe eine Auswahl nicht alkoholhaltiger Getränke nicht teurer anzubieten haben als das billigste alkoholhaltige Getränk in der gleichen Menge. Zur Verhältnismässigkeit der Massnahme führte das Gericht u.a. aus (S. 39 f.):

> «Wie viele Gefährdete sich vom Preis beeinflussen lassen, kann man nicht wissen. Es ist aber durchaus möglich, dass derjenige, der wegen des Preisunterschiedes das alkoholhaltige Getränk wählen würde und zudem alkoholgefährdet ist, mit der angefochtenen Bestimmung vom Alkoholgenuss abgehalten wird ... Auch wenn die Wirkung von Art. 39 Gastgewerbegesetz zur Bekämpfung des Alkoholismus nicht überschätzt werden darf, ist er doch ein tendenziell taugliches Mittel hiezu. Es gibt insgesamt nur bescheidene Mittel gegen Alkoholismus und Alkoholmissbrauch: die wenigen, die es gibt, dürfen nicht verschmäht werden. Entsprechend seines geringen Wirkungsgrades muss dann auch der Eingriff in die Handels- und Gewerbefreiheit [neu: Wirtschaftsfreiheit] gering sein.
>
> d) Es kann nicht gesagt werden, Art. 39 Gastgewerbegesetz stelle einen empfindlichen Eingriff in die Handels- und Gewerbefreiheit [neu: Wirtschaftsfreiheit] dar, wie die Beschwerdeführer behaupten. Den Gastwirten wird weder ein Mindest- noch ein Höchstpreis für alkoholische oder alkoholfreie Getränke vorgeschrieben.»

Als verhältnismässige Einschränkung der Wirtschaftsfreiheit betrachtete das Bundesgericht eine Vorschrift des Kantons Jura, welche den Verkauf von Alkohol an Tankstellen untersagt (unveröffentlichter BGE vom 25. Juli 2000, 2P.84/2000).

In BGE 128 I 295 hatte das Bundesgericht ein Gesetz des Kantons Genf zu überprüfen, das Werbung für Tabak und Getränke mit einem Alkoholanteil von über 15 Volumenprozent auf öffentlichem Grund und auf privatem Grund, der vom öffentlichen Grund aus einsehbar ist, verbietet. Hinsichtlich der Verhältnismässigkeit führte das Gericht aus, die Massnahme erscheine nicht vollkommen ungeeignet, um den Konsum dieser Produkte einzuschränken. Der Einfluss der Werbung auf das Konsumverhalten brauche somit nicht näher untersucht zu werden.

In BGE 103 Ia 544, 552 ff., Caminada, betrachtete das Bundesgericht dagegen das Gebot der Verhältnismässigkeit als verletzt. Im betreffenden Fall war dem Beschwerdeführer die Absolvierung eines Bergführerkurses mit der Begründung verweigert worden, dass nur militärdienst*pflichtige* Kandidaten zugelassen würden. Nach Ansicht des Bundesgerichts darf zwar auf die Militärdienst*tauglichkeit* abgestellt werden, «weil Kandidaten, die wegen eines körperlichen oder geistigen Gebrechens vom Militärdienst befreit wurden, im allgemeinen auch nicht zur Ausübung des Bergführerberufes geeignet sind». Das traf aber nicht auf den Beschwerdeführer zu, der früher eine Gebirgsinfanterie-Rekrutenschule absolviert hatte und später wegen Militärdienstverweigerung bestraft und aus der Armee ausgeschlossen worden war.

Ebenfalls als ungeeignet und damit unverhältnismässig beurteilt wurde eine kantonale Vorschrift, wonach Architekten ein Geschäftsdomizil im Kanton Neuenburg begründen mussten, um dort ihren Beruf ausüben zu können; das damit verfolgte Ziel, eine minimale praktische Erfahrung in der Anwendung des kantonalen Rechts zu erreichen, konnte so nicht sichergestellt werden (BGE 116 Ia 355, de Montmollin).

Das Bundesgericht hatte sich immer wieder mit Fällen aus dem Gebiet des Gesundheitswesen auseinander zu setzen. Hier folgt aus dem Verhältnismässigkeitsprinzip, dass nicht Anforderungen aufgestellt werden dürfen, die sachlich zum Schutz von Polizeigütern nicht gerechtfertigt sind. In BGE 125 I 335, 339 f., wurde die Rechtsprechung des Bundesgerichts zusammengefasst. Als unverhältnismässig wurden beurteilt:

691

- «Das Erfordernis einer Meisterprüfung für den selbständigen Betrieb eines Optikergeschäftes (BGE 112 Ia 322 E. 5);
- das Erfordernis eines ärztlichen Rezepts als Voraussetzung für die Anpassung von Kontaktlinsen auch ohne pathologischen Befund, da dies zum Schutz der Gesundheit nicht erforderlich ist (BGE 110 Ia 99 E. 5);
- das Verbot der Führung von mehr als zwei Zahnarztpraxen (BGE 113 Ia 38 E. 4);
- das Erfordernis eines schweizerischen Fähigkeitsausweises für die selbständige Ausübung der Physiotherapie, da die Gleichwertigkeit eines ausländischen Ausweises im Auftrag der Kantone vom Schweizerischen Roten Kreuz überprüft wird (Urteil vom 16. Oktober 1992 i.S. F., publiziert in RDAT 1993 I 27 76, E. 4c; Urteil vom 9. Juni 1995 i.S. Sch., publiziert in SJ 1995 713, E. 3).

Als zulässig beurteilt wurden hingegen:

- Das Erfordernis eines schweizerischen Fähigkeitsausweises als Voraussetzung für die Anpassung von Kontaktlinsen (BGE 103 Ia 272, 276 E. 6b; nicht publiziertes Urteil vom 16. November 1995 i.S. R., E.4);
- das Verbot der selbständigen Ausübung der Homöopathie durch nicht medizinisch ausgebildete Personen (nicht publiziertes Urteil vom 12. Mai 1989 i.S. F., E. 2b);
- das Erfordernis eines Psychologiestudiums und eines dreijährigen Berufspraktikums als Voraussetzung für die selbständige Ausübung der Psychotherapie (nicht publiziertes Urteil vom 3. Dezember 1993 i.S. Schweizerischer Psychotherapeuten-Verband, E. 5 und 6), nicht aber, wenn diese Ausbildung nur in bestimmten Institutionen absolviert werden kann (nicht publiziertes Urteil vom 18. März 1988 i.S. Schweizer Psychotherapeuten-Verband, E. 5);
- die Bewilligungspflicht für die Ausübung der Reflexologie (BGE 109 Ia 180, 182 f. E. 3);
- das Verbot der Wahrsagerei, sofern diese therapeutisch ausgerichtet ist; demgegenüber wurde offen gelassen, ob ein Verbot zulässig wäre, wenn es einzig damit begründet wird, die Ausbeutung der Leichtgläubigkeit zu vermeiden (nicht publiziertes Urteil vom 13. Juli 1990 i.S. W., E. 2c).»

dd) *Gleichbehandlung der direkten Konkurrenten*

692 Aus der Wirtschaftsfreiheit leitet das Bundesgericht einen Anspruch der direkten Konkurrenten (vom Bundesgericht als «Gewerbegenossen» bezeichnet) auf Gleichbehandlung bzw. ein Verbot der rechtsungleichen Behandlung der direkten Konkurrenten ab.

693 Nach dem Grundsatz der Gleichbehandlung der direkten Konkurrenten sind Massnahmen verboten, die den Wettbewerb unter direkten Konkurrenten verzerren, bzw. nicht wettbewerbsneutral sind. Früher bestand Unsicherheit darüber, ob sich dieser Grundsatz ausschliesslich aus Art. 31 aBV ergebe oder ob er als Konsequenz des Gleichbehandlungsgebots (Art. 4 aBV) im Bereich der Wirtschaftsfreiheit aufzufassen sei. In BGE 121 I 129, Margot Knecht, klärte das Bundesgericht diese in vorangegangenen Entscheiden offengelassene Frage: Gemäss der neueren Praxis folgt der Grundsatz der Gleichbehandlung der direkten Konkurrenten aus der «Handels- und Gewerbefreiheit» (Art. 31 aBV). Heute kann das grundsätzliche Verbot wettbewerbsverzerrender Massnahmen, welche einzelne direkte Konkurrenten bevorzugen bzw. benachteiligen, aus Art. 94 Abs. 1 und 4 BV abgeleitet werden. (Zum Gleichbehandlungsgrundsatz im Bereich der staatlichen Monopole, vgl. N. 715.) Staatliche Hoheitsakte können Unterscheidungen treffen, die zwar auf vernünftigen, sachlichen Gründen beruhen und damit vor dem Rechtsgleichheitsgebot standhalten, aber dennoch in unzulässiger Weise vom Grundsatz der Wirtschaftsfreiheit abweichen, weil die Differenzierung nicht genügend wettbewerbsneutral ist. Die *Wirtschaftsfreiheit ergänzt* somit das *allgemeine Gleichbehandlungsgebot* und bietet einen darüber hinausreichenden Schutz.

> Im erwähnten Urteil qualifizierte das Gericht eine stadtzürcherische Gebührenordnung für das Taxiwesen, welche unterschiedliche Standplatzgebühren für Taxis mit und ohne Anschluss an eine Funkzentrale vorsah, um den Anschluss der Taxis an eine Funkzentrale zu fördern, als verfassungswidrig. Diese unterschiedliche Abgaberegelung verschaffte nach Ansicht des Gerichts einer bestimmten Kategorie von Taxis mit Betriebsbewilligung A im Vergleich zu direkten Konkurrenten einen zusätzlichen Marktvorteil, der gegen die Wirtschaftsfreiheit verstiess.

Nach der Rechtsprechung des Bundesgerichts *gilt der Grundsatz der Gleichbehandlung der direkten Konkurrenten nicht absolut.* Er schliesse nicht aus, dass etwa aus Gründen des Umweltschutzes gewisse umweltverträgliche Verfahren oder Produkte begünstigt werden können. Spürbare Wettbewerbsverzerrungen seien aber zu vermeiden, was eine Interessenabwägung impliziere (BGE 125 II 129, 150, Coop Bern). 694

Der Anspruch auf Gleichbehandlung steht nur den «direkten Konkurrenten» zu. Als solche gelten die Angehörigen der gleichen Branche, die sich mit gleichen Angeboten an dasselbe Publikum richten, um das gleiche Bedürfnis zu befriedigen (121 I 129, 132, Margot Knecht, mit Hinweisen). 695

> In folgenden Fällen verneinte das Bundesgericht nach diesen Kriterien ein direktes Konkurrenzverhältnis: 696
>
> – zwischen Inhabern von ‹Peep-Shows› einerseits und von Kiosken, Kinos und Nightclubs andererseits (BGE 106 Ia 267, 275, Oswald);
> – zwischen Kinos einerseits und Theatern sowie Cabaret/Dancings andererseits (BGE 93 I 305, 309, Rialto-Film AG);
> – zwischen Apotheken und Drogerien (BGE 89 I 27, 35, Bullet);
> – zwischen Apothekern und Ärzten (BGE 119 Ia 433, 436 f.).
>
> Ein Konkurrenzverhältnis wurde dagegen bejaht: 697
>
> – zwischen Bäckereien/Konditoreien, unabhängig davon, ob ihnen ein Gastwirtschaftsbetrieb angegliedert ist oder nicht (BGE 120 Ia 236).
> – Auch Zirkusunternehmen sind direkte Konkurrenten, was aber das Bundesgericht (vor der Klärung der Praxis im Zürcher Taxigebühren-Fall) nicht hinderte, den Circus Knie bei der Zur-Verfügung-Stellung öffentlichen Grundes unter Berücksichtigung des «Zuschauerinteresses» zu privilegieren (BGE 119 Ia 445, Circus Gasser Olympia AG).

In der Lehre wird das Kriterium der Branchenzugehörigkeit seit längerem als nicht sachgerecht kritisiert. Bei der Beurteilung, ob ein Konkurrenzverhältnis vorliege, sollte vielmehr darauf abgestellt werden, ob die in Frage stehenden wirtschaftlichen Tätigkeiten *demselben Markt* zugerechnet werden können (RHINOW/SCHMID/BIAGGINI, § 5 N 176 ff.; BIAGGINI, ZBl 102 (2001), 239 f.). 698

Immer wieder zu Beschwerden Anlass gibt die *Zuteilung öffentlichen Grundes.* Bedingt durch das beschränkte Platzangebot und den Umstand, dass regelmässig 699 eine staatliche Behörde über die Platzzuteilung entscheiden muss, existiert kein freier Wettbewerb. Das Gemeinwesen ist deshalb verpflichtet, bei seiner Zuteilungspraxis dem institutionellen Gehalt der Wirtschaftsfreiheit Rechnung zu tragen, um möglichst faire Wettbewerbsbedingungen zu schaffen. Ziel ist nicht eine absolute Gleichbehandlung aller Bewerber. Objektive und sachliche Unterschiede zwischen den Bewerbern dürfen berücksichtigt werden. Auch das mutmassliche Publikumsbedürfnis darf in die Abwägungen miteinbezogen werden.

> Im Entscheid 128 I 136 (St. Galler Riesenrad) erachtete es das Bundesgericht als mit dem Gebot des fairen Wettbewerbs vereinbar, dass die Gemeinde von mehreren Angeboten für das Riesenrad am St. Galler Herbstmarkt jeweils das objektiv deutlich beste - das heisst hinsichtlich Grösse das attraktivste - berücksichtigt, ohne an derselben Veranstaltung periodisch auch anderen Unternehmen mit deutlich kleineren Riesenrädern den Zuschlag zu erteilen. Diesen wirtschaftlichen Vorteil sieht das Gericht dadurch gerechtfertigt, dass der Anbieter mit der grösseren Anlage wesentlich mehr investiert hat als seine Konkurrenten mit kleineren Riesenrädern.

ee) *Kerngehalt*

700 Das Bundesgericht war bis anhin kaum veranlasst, sich zur Frage des Kerngehaltes zu äussern. In der Lehre herrscht hinsichtlich der Tragweite Uneinigkeit. Eine Verletzung des *individualrechtlichen* Kerns wird etwa im Verbot, überhaupt eine Erwerbstätigkeit auszuüben, oder im staatlichen Zwang, einen bestimmten Beruf zu ergreifen, gesehen. Der Wirtschaftsfreiheit wird auch ein *institutioneller* Kern zuerkannt. Dieser wäre verletzt, wenn die Privatrechtsordnung durch Ausschaltung der Privatautonomie ausgehöhlt oder ganze Wirtschaftszweige verstaatlicht würden. Insofern kann auch das Institut der Vertragsfreiheit als zum unantastbaren Kerngehalt gehörig betrachtet werden (MÜLLER, Grundrechte, S. 667 f.; RHINOW/SCHMID/BIAGGINI, § 5 N. 212 ff.).

4. Förderungsmassnahmen im Besonderen

a) *Zuständigkeit von Bund und Kanton*

701 Art. 94 Abs. 3 BV gibt sowohl dem Bund als auch den Kantonen eine Förderungskompetenz. Im Rahmen ihrer Zuständigkeit haben sie für *günstige Rahmenbedingungen für die private Wirtschaft* zu sorgen. Damit wird die Pflicht des Staates, dem Einzelnen möglichst optimale Rahmenbedingungen für seine wirtschaftliche Entfaltung bereitzustellen, verfassungsrechtlich verankert. Ob eine wirtschaftsfördernde Massnahme als grundsatzkonform oder grundsatzwidrig einzustufen ist, kann aber nur gestützt auf eine Würdigung der Art und Intensität *in concreto* bestimmt werden.

b) Zulässige Massnahmen

Reine Förderungsmassnahmen bestehen in der Zuwendung vermögenswerter Vorteile (z.B. Subventionen, Darlehen, Zinsverbilligungen, Steuererleichterungen, Werbeaktionen, Verkauf von Bauland an Unternehmer zu günstigen Bedingungen). Solche Förderungsmassnahmen von Bund und Kanton können sich grundsätzlich auf alle Zweige der Wirtschaft beziehen. Bund und Kanton sind dabei an die Grundsätze der Wirtschaftsfreiheit und der *Rechtsgleichheit* gebunden.

702

> «Finanzielle Hilfeleistungen können jedoch in einzelnen Fällen ein *Ausmass* annehmen, das einerseits so sehr privilegiert, andererseits entsprechend diskriminiert, dass ein Verstoss gegen die Handels- und Gewerbefreiheit [neu: Wirtschaftsfreiheit] und den darin enthaltenen Grundsatz der Gleichbehandlung angenommen werden sollte.» (NEF, Förderung und Lenkung der Wirtschaft, in: Recht als Prozess und Gefüge, FS für Hans Huber, Bern 1981, S. 422)

Es geht also vorab um eine *Frage des Masses,* wobei es schwer fällt, eine präzise Grenze zwischen grundsatzkonformer und grundsatzwidriger Wirtschaftsförderung zu ziehen.

703

Ferner dürfen Förderungsmassnahmen nicht den *«Interessen der schweizerischen Gesamtwirtschaft»* zuwiderlaufen (vgl. Art. 94 Abs. 2 BV). AUBERT (No. 1918) schreibt hierzu:

704

> «Cette condition est d'une remarquable imprécision. Elle signifie principalement que la Confédération doit s'abstenir d'encourager des entreprises marginales dont le maintien n'est pas, même à long terme, conforme à l'intérêt du pays.»

5. Prüfungsschema

Lehre und Rechtsprechung haben kein einheitliches Prüfungsschema entwickelt. Bei der Lösung eines Falles sind je nach Fallkonstellation ganz unterschiedliche Vorgehensweisen denkbar. In Anlehnung an den Vorschlag von BIAGGINI (ius.full 2003, S. 10) halten wir eine zweistufige Vorgehensweise für sinnvoll. Dabei werden zunächst die besonderen Anforderungen von Art. 94 BV geprüft und in einem zweiten Schritt die allgemeinen Anforderungen für die Einschränkung von Freiheitsrechten gemäss Art. 36 BV.

705

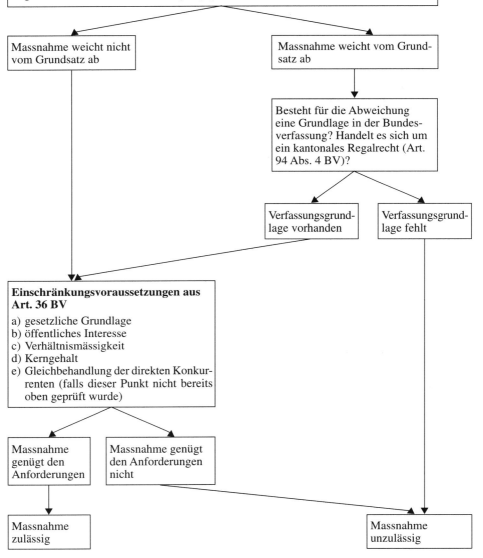

VI. Staatliche Monopole

1. **Begriffliches**

a) *Allgemeiner Monopolbegriff*

Ein Monopol liegt vor, wenn jemand eine bestimmte wirtschaftliche Tätigkeit unter Ausschluss der Konkurrenz ausübt. 709

Von *privaten Monopolen* spricht man, wenn private Unternehmen bezüglich eines Produktes oder einer Dienstleistung eine marktbeherrschende Stellung erlangt haben. Mit Auswüchsen solcher privater Monopole befasst sich das Kartellrecht. 710

b) *Staatliche Monopole*

Ein staatliches Monopol liegt vor, wenn eine bestimmte wirtschaftliche Tätigkeit unter grundsätzlichem Ausschluss der Privaten dem Staat vorbehalten ist. 711

Statt von Monopol spricht man auch von *Regal*.

c) *Monopolkonzession*

Die Monopolkonzession ist eine Verfügung, durch die der Staat einem Privaten auf dessen Gesuch hin das Recht verleiht, eine monopolisierte Tätigkeit auszuüben. 712

In der Regel besteht kein Anspruch auf Erteilung einer Monopolkonzession, doch ist der Staat an Art. 8 und 9 BV (Gleichbehandlungsgebot, Schutz vor Willkür und Wahrung von Treu und Glauben) gebunden.

d) *Arten von staatlichen Monopolen: rechtliche und faktische Monopole*

Beim *rechtlichen Monopol* zieht das Gemeinwesen durch Rechtssatz, insbesondere durch die Verfassung, eine bestimmte wirtschaftliche Tätigkeit an sich. Als Beispiel kann das Post- und Fernmelderegal (Art. 92 BV) angeführt werden. 713

Ein *faktisches Monopol* liegt vor, wenn auf Grund tatsächlicher Gegebenheiten (insbesondere der staatlichen Hoheit über öffentliche Sachen) die Privaten von einer ihnen grundsätzlich erlaubten wirtschaftlichen Tätigkeit ausgeschlossen sind: 714

> «Wenn eine Gemeinde die Verteilung von Wasser, Gas oder Elektrizität im Gemeindegebiet in der Form eines öffentlichen Dienstes besorgt, besitzt sie hiefür ein faktisches Monopol, da sie nicht verhalten werden kann, einem Konkurrenzunternehmen die für diese Verteilung unumgängliche Benützung ihres öffentlichen Eigentums zu gestatten. Dieses tatsächliche Monopol, das nicht gegen Art. 31 [a]BV [= Art. 27 BV] verstösst ..., da es sich auf die Herrschaft über den öffentlichen Boden stützt, geht an sich nur soweit, als solcher Boden für die Wasser-, Gas- und Elektrizitätsleitungen beansprucht wird.» (BGE 95 I 144, 148, Züst)

2. Notwendigkeit einer Rechtsgrundlage in der Bundesverfassung

715 Dem Grundsatz nach gilt, dass rechtliche Monopole des Staates die Wirtschaftsfreiheit beseitigen, d.h. grundsatzwidrig sind. Sie bedürfen daher einer besonderen Grundlage in der Bundesverfassung.

Allerdings verlangt die neuere Rechtsentwicklung eine differenzierte Betrachtung. In den letzten Jahren ist es auf Grund der Liberalisierungs- und Privatisierungsbestrebungen in den traditionellen Monopolbetrieben, wie Telekommunikation, Post, Energieversorgung und öffentlicher Verkehr, zu tiefgreifenden Umstrukturierungen gekommen. Nach dem Vorbild der Privatwirtschaft werden auf Gesetzesstufe die Voraussetzungen für mehr Wettbewerb in diesen Bereichen geschaffen. Als eine Folge davon treten staatlich beherrschte Unternehmen in Konkurrenz zu Privaten. BIAGGINI kritisiert zu Recht, dass es unter diesen veränderten Umständen nicht mehr sachgemäss sei, davon zu sprechen, dass Monopole den Wettbewerb «beseitigen». Was für eine Bedeutung dem Grundsatz der Wirtschaftsfreiheit unter diesen veränderten Bedingungen zukomme, sei kaum untersucht worden. Tatsächlich erscheint es stossend, wenn sich private Konzessionäre (z.B. im Telekommunikationsbereich) nicht auf die Wirtschaftsfreiheit bzw. den Grundsatz der Gleichbehandlung der direkten Konkurrenten berufen können sollten (vgl. Biaggini, ZBl 102 (2001), S. 243 ff., vgl. auch N 718). Für den Bereich der obligatorischen Krankenversicherung erläuterte das Bundesgericht, dass die Nichtzulassung eines Arztes zur Kassenpraxis (d.h. Leistungserbringung zu Lasten der obligatorischen Krankenkasse) eine erheblich faktische Erschwerung der Berufsausübung bedeute, weshalb eine Berufung auf den in der Wirtschaftsfreiheit verankerten Gleichbehandlungsgrundsatz möglich sei. Bei der Beurteilung sei der Besonderheit Rechung zu tragen, dass die privatwirtschaftliche Tätigkeit über ein System erfolge, das per Gesetz und Verfassung der Wirtschaftsfreiheit weitgehend entzogen ist. Über die Wirtschaftsfreiheit soll sichergestellt werden, dass eine allfällige Zugangsregelung nur nach sachlich haltbaren, den Grundsätzen des Wettbewerbs unter Konkurrenten sachgerecht Rechnung tragenden Kriterien erfolgt (vgl. BGE 130 I 26, 42 f., Zulassungsstopp für Ärzte).

3. Monopole des Bundes

716 Monopole des Bundes *müssen sich auf eine Einzelermächtigung in der Bundesverfassung stützen.* Ob der Bund auf einem Sachgebiet ein Monopol beanspruchen darf, ist jeweils durch Auslegung der Kompetenznormen zu ermitteln. Auch Verfassungsnormen, die etwas nicht – wie z.B. Art. 92 BV betreffend Post- und Fernmeldewesen – schlechthin zur «Sache des Bundes» erklären, sondern dem Bund eine umfassende Gesetzgebungszuständigkeit einräumen – wie z.B. Art. 87 BV betreffend Eisenbahnwesen und weiterer Verkehrsträger –, können eine genügende Verfassungsgrundlage für eine Monopolisierung durch den Bund bilden.

Bezüglich folgender Dienstleistungen und Güter steht dem Bund unmittelbar oder mittelbar die Kompetenz zur Errichtung von Monopolen zu: 717

– Eisenbahnen, Seilbahnen, Schiff-, Luft- und Raumfahrt (Art. 87);
– Kernenergie (Art. 90 und 118 Abs. 2 lit. c);
– Rohrleitungsanlagen (Art. 91 Abs. 2);
– Post- und Fernmeldewesen (Art. 92; vgl. dazu BGE 127 II 8, 17);
– Radio und Fernsehen (Art. 93);
– Alkohol (gebrannte Wasser) (Art. 105);
– Alters-, Hinterlassenen- und Invalidenversicherung (Art. 112);
– Familienzulagen und Mutterschaftsversicherung (Art. 116);
– Kranken- und Unfallversicherung (Art. 117, vgl. BGE 130 I 26, 41 f., Zulassungsstopp für Ärzte).

Der Bundesgesetzgeber hat von diesen Ermächtigungen nur teilweise Gebrauch gemacht. Auch dort, wo er ein Monopol beanspruchen kann, überlässt er in der Regel die Erfüllung der betreffenden Aufgabe ganz oder teilweise Privaten. Teils sind neben dem Bund konzessionierte private Unternehmen tätig (z.B. im Eisenbahnwesen, wo neben konzessionierten Eisenbahngesellschaften der Bund die SBB als spezialgesetzliche Aktiengesellschaft, die keiner Konzession bedarf, betreibt) und teils erfolgt die Besorgung der betreffenden Angelegenheit sogar ausschliesslich durch konzessionierte Unternehmen, wobei im letzteren Fall der Bund finanziell beteiligt sein kann (wie z.B. bei der Swiss). Zurzeit besteht eine deutliche Tendenz zur verstärkten Privatisierung. Anschaulichstes Beispiel ist der Abbau der Monopole auf den Gebieten der Post und der Telekommunikation (vgl. die Botschaften vom 10. Juni 1996 zu einem Postgesetz, einem Postorganisations- und einem Telekommunikationsunternehmungsgesetz sowie zu einem revidierten Fernmeldegesetz, BBl 1996 III 1249, 1306 und 1405). 718

4. Regale und Monopole der Kantone

Art. 94 Abs. 4 BV enthält einen *generellen Vorbehalt* der «kantonalen Regalrechte». Damit sind vorab die so genannten historischen Grund- und Bodenregale, die sich auf beschränkte Werte beziehen (Berg-, Salz-, Jagd- und Fischereiregal), gemeint. Andere, bereits bestehende *Polizei- und Wohlfahrtsmonople* fallen nicht unter diese Bestimmung. Sie sind am Grundsatz der Wirtschaftsfreiheit zu messen und unterliegen den Schranken von Art. 36 BV. 719

Dasselbe gilt für neu zu errichtende kantonale Monopole (vgl. dazu BGE 124 I 11, 15 E. 2b, Georg Müller, betr. Ablieferung eines gewissen Reinertrages eines polizeilich und sozialpolitisch gerechtfertigten Gebäudeversicherungsmonopols in 720 die Staatskasse; BGE 91 I 182, 186 f., Delarze, betr. Zulässigkeit der Monopolisierung der Einfuhr amerikanischer Reben im Hinblick auf eine wirksame Bekämpfung von Pflanzenschädlingen).

721 Vor allem darf der Kanton aus polizeilichen Gründen eine Tätigkeit monopolisieren *(«Polizeimonopol»)*, wenn weniger einschneidende Massnahmen für den Schutz von Polizeigütern nicht ausreichen. Polizeimonopole sind gemäss Praxis z.B. auf folgenden Gebieten zulässig: Betrieb von Schlachthöfen (gesundheitspolizeiliche Motivierung) sowie von Abbruchauto-Abstellplätzen (aus Gründen des Gewässer- und Landschaftsschutzes), Kaminfegergewerbe (als Mittel gegen die Luftverschmutzung; dazu BGE 109 Ia 193 ff., Groupement des entrepreneurs de chauffage du canton de Genève), Kehrichtabfuhr (vor allem gesundheitspolizeiliche Motivierung). Das Bundesgericht betrachtete während längerer Zeit ein Gemeindemonopol für den Plakatanschlag *auf öffentlichem und privatem Grund* als mit der Wirtschaftsfreiheit vereinbar (BGE 100 Ia 445, 450 ff., AWAG Aussenwerbungs A.G.). Diese Rechtsprechung wurde immer wieder als unverhältnismässig kritisiert (ZBl 80 [1979] 224, 229 ff.; ZBl 93 [1992] 520 ff.). Noch in BGE 125 I 209, 221 ff. E. 10, JC Decaux Mobilier Urbain Genève SA, hat das Bundesgericht die Zulässigkeit eines Plakatmonopols auf *öffentlichem Grund* bestätigt. Hingegen änderte es in BGE 128 I 3, 9 ff., Gemeinde Arosa, seine Praxis. Nunmehr stellen rechtliche Monopole auf *privatem Grund* einen unverhältnismässigen Eingriff in die Wirtschaftsfreiheit dar.

722 Fiskalische Motive allein reichen nicht aus, um ein neues kantonales Monopol zu errichten.

723 Dagegen dürfen die Kantone die ihnen zustehenden Grund- und Bodenregale zu fiskalischen Zwecken nutzen (BGE 95 I 497, 499 ff., Hasler, hinsichtlich des bündnerischen Fischereiregals).

VII. Freizügigkeit der Berufstätigen

1. Erfordernis eines Ausbildungsabschlusses

724 Es liegt in der Kompetenz der Kantone, für Berufe, die zum Schutz des Publikums nicht ohne Sachkenntnis ausgeübt werden dürfen, einen *Fähigkeitsausweis* (vgl. N. 679) zu verlangen. Das Erfordernis eines Fähigkeitsausweises muss eine *ausschliesslich polizeiliche Massnahme* sein: Die betreffenden Berufe sollen – zum Schutz des Publikums – nicht ohne Sachkenntnis ausgeübt werden dürfen. Der Fähigkeitsausweis ist die Bestätigung dafür, dass der Erwerber die fachlichen Kenntnisse und Fähigkeiten besitzt, um den betreffenden Beruf auszuüben. Dagegen wäre es grundsatzwidrig, wenn z.B. aus standespolitischen Überlegungen (Hebung eines Berufsstandes) ein Fähigkeitszeugnis verlangt würde (vgl. BGE 112 Ia 30, 34, Union technique suisse).

Weitere Beschränkungen der Erwerbstätigkeiten sind *zulässig,* soweit sie sich 725
polizeilich rechtfertigen lassen. Insbesondere kann ein guter Leumund verlangt
werden.

> «Nach ständiger Rechtsprechung können die Kantone auf Grund
> des Art. 31 Abs. 2 [a]BV [zur heutigen Verfassungsgrundlage vgl.
> N. 667] die Zulassung zu den ärztlichen Berufen (ausser vom Befä-
> higungsausweis) von bestimmten persönlichen Eigenschaften wie
> insbesondere dem Besitz der bürgerlichen Rechte, einem guten
> Leumund, Ehrenhaftigkeit und Zutrauenswürdigkeit abhängig ma-
> chen. Die Anforderungen, die in dieser Hinsicht gestellt werden,
> dürfen jedoch nicht höher sein, als zum Schutze des Publikums vor
> unfähigen oder gewissenslosen Ärzten bzw. Zahnärzten und zur
> Aufrechterhaltung des Ansehens der Heilkunde und des Vertrauens
> in deren Vertreter notwendig ist (BGE 79 I 121).» (BGE 83 I 250,
> 254; vgl. auch BGE 98 Ia 596, 599)

Die Praxis betrachtet es sogar als zulässig, Ärzten und Anwälten die «standesun-
würdige Reklame» zu untersagen.

2. Freizügigkeit

a) *Marktzugang auf dem gesamten Gebiet der Schweiz*

Eine ausschliesslich kantonale Regelung des Zugangs zu einem Beruf hätte die nach- 726
teilige Auswirkung, dass jemand mit einem kantonalen Ausbildungsabschluss, der
in einen anderen Kanton zieht, dort unter Umständen wiederum eine Prüfung able-
gen müsste.

Unter der Geltung der alten Bundesverfassung (Art. 33 Abs. 2 aBV) wurde der 727
Bundesgesetzgeber jedoch lediglich angewiesen, für die wissenschaftlichen Berufe
– d.h. für Berufe, für deren Ausübung ein Hochschulabschluss erforderlich ist – die
Freizügigkeit sicherzustellen und dafür zu sorgen, dass Fähigkeitsausweise für wissenschaftliche Berufe für die ganze Schweiz gültig erworben werden konnten.

Neu hat der Bund dafür zu sorgen, dass Personen mit einer *wissenschaftlichen* 728
Ausbildung oder mit einem *eidgenössischen, kantonalen* oder *kantonal anerkannten Ausbildungsabschluss* ihren Beruf in der ganzen Schweiz ausüben können (Art. 95
Abs. 2 BV). Die Kantone dürfen daher für Inhaber eines ausserkantonalen Ausweises keine zusätzlichen Fähigkeitsprüfungen verlangen. Damit wird nicht mehr nur –
wie bisher – den Inhabern eines eidgenössischen Fähigkeitsausweises, sondern auch
denjenigen eines kantonalen oder kantonal anerkannten Berufsdiploms der Markt-
zugang in der ganzen Schweiz eröffnet (BBl 1997 I 299; vgl. auch BGE 125 I 276,
287 E. 5c gg). Bis zum Erlass entsprechender einheitlicher bundesgesetzlicher Bestimmungen sind die Kantone zur gegenseitigen Anerkennung von Ausbildungsabschlüssen verpflichtet (Art. 196 Ziff. 5 BV).

Über die *Mittel, wie die Freizügigkeit verwirklicht werden soll,* sagt Art. 95 Abs. 2 729
BV nichts aus. In Betracht fallen der Erlass einer einheitlichen Bundesregelung,

Vorschriften über die gegenseitige Anerkennung von kantonalen Fähigkeitsausweisen, wie sie im Binnenmarktgesetz von 1995 (vgl. N. 732 ff.) vorgesehen sind, sowie auch Konkretisierung durch die Rechtsprechung (Botschaft BBl 1997 I 300).

730 Bezüglich der *ärztlichen Berufe* und der *Advokatur* besteht schon eine einheitliche Bundesregelung:

- Bundesgesetz betreffend die Freizügigkeit des Medizinalpersonals in der Schweizerischen Eidgenossenschaft vom 19. Dezember 1877 (SR 811.11).

- Allgemeine Medizinalprüfungsverordnung vom 19. November 1980 (SR 811.112.1).

- Bundesgesetz über die Freizügigkeit der Anwältinnen und Anwälte (Anwaltsgesetz, BGFA) vom 23. Juni 2000 (SR 935.61).

b) Anerkennung von Fähigkeitsausweisen gemäss Binnenmarktgesetz

731 Durch den Abbau von öffentlich-rechtlichen Wettbewerbshindernissen im kantonalen, kommunalen und eidgenössischen Bereich will das Bundesgesetz vom 6. Oktober 1995 über den Binnenmarkt (Binnenmarktgesetz, BGBM, SR 943.02) Personen mit Niederlassung oder Sitz in der Schweiz für die Ausübung ihrer Erwerbstätigkeit auf dem gesamten Gebiet der Schweiz freien und gleichberechtigten Zugang zum Markt verschaffen (Art. 1 Abs. 1 BGBM). Das Gesetz beruht auf dem Grundsatz der Nichtdiskriminierung, welcher auf das so genannte *Cassis-de-Dijon*-Prinzip zurückgeht. Dieses wurde in der Rechtsprechung des Gerichtshofs der Europäischen Gemeinschaften (Rechtssache 120/78; Sammlung der Rechtsprechung 1979, 649 ff.) entwickelt und bezog sich ursprünglich auf den Warenverkehr. Die Zulassung zum Markt beurteilt sich nach den Vorschriften des Herkunftsortes der Anbieterin oder des Anbieters. Ortsfremden Anbietern darf der freie Zugang zum Markt nur dann nach Massgabe der Vorschriften des Bestimmungsortes eingeschränkt werden, wenn diese Beschränkungen gleichermassen auch für ortsansässige Personen gelten, zur Wahrung überwiegender öffentlicher Interessen unerlässlich und verhältnismässig sind (Art. 3 BGBM).

732 Betreffend die *Anerkennung eines ausserkantonalen Fähigkeitsausweises* bestimmt Art. 4 BGBM, dass der vom Zulassungskanton erteilte oder anerkannte Ausweis auch in anderen Kantonen gilt, falls er nicht Beschränkungen nach Art. 3 BGBM unterliegt. Sofern die Gewährleistung eines hinreichenden Ausbildungsstandes für eine bewilligungspflichtige Berufstätigkeit ein unerlässlich öffentliches Interesse darstellt, kann der freie Zugang zum Markt beschränkt werden, dies allerdings nur unter der Voraussetzung, dass die Beschränkung gleichermassen auch für die ortsansässigen Personen gilt sowie verhältnismässig ist.

733 Die *Pflicht zur Anerkennung* ausserkantonaler Fähigkeitsausweise bedeutet also nicht, dass die Kantone die Bescheinigungen eines anderen Kantons nicht überprüfen dürfen; sie müssen insbesondere einen Fähigkeitsausweis nur dann anerkennen, wenn der ausstellende Kanton die zur Berufsausübung erforderlichen wissenschaft-

lichen und praktischen Fähigkeiten *materiell geprüft* hat. Nach der binnenmarktgesetzlichen Freizügigkeitskonzeption wird die *Gleichwertigkeit* der kantonalen Fähigkeitsausweise allerdings *vermutet*. Da angenommen werden darf, dass sich die Anforderungen an die Ehrenhaftigkeit und Vertrauenswürdigkeit von Kanton zu Kanton nicht wesentlich unterscheiden, gilt die Vermutung ebenfalls in Bezug auf die *persönlichen Voraussetzungen* (vgl. aus der neueren Praxis BGE 125 I 276, 278 ff.; BGE 125 II 56, 61 ff., André Thalmann; BGE 123 I 313, 320 ff., Christoph Häberli).

Bei Beschränkungen hat die betroffene Person Anspruch darauf, dass in einem einfachen, raschen und kostenlosen Verfahren geprüft wird, ob ihr auf Grund ihres Fähigkeitsausweises der freie Zugang zum Markt zu gewähren ist oder nicht (Art. 4 Abs. 2 BGBM). 734

Die Kantone können verlangen, dass die betreffenden Personen um eine *formelle Bewilligung* nachsuchen, denn an der grundsätzlichen Verfahrenshoheit der Kantone hat das Binnenmarktgesetz nichts geändert. Allerdings muss auch ein formelles Bewilligungsverfahren (Zulassungsverfahren) von Bundesrechts wegen in aller Regel einfach, rasch und kostenlos sein (BGE 125 II 56, 61 ff., André Thalmann). 735

c) *Freizügigkeit der Anwältinnen und Anwälte*

Das Bundesgesetz über die Freizügigkeit der Anwältinnen und Anwälte vom Jahr 2000 (BGFA; vgl. N. 730) erleichtert die Freizügigkeit der Anwälte innerhalb der Schweiz. Die unter der Herrschaft des Binnenmarktgesetzes zulässigen kantonalen Zulassungsverfahren für die Berufsausübung werden durch ein System von kantonalen Anwaltsregistern ersetzt. Wer in einem kantonalen Anwaltsregister eingetragen ist, ist *ohne weitere Formalitäten* oder Bewilligungen in der ganzen Schweiz befugt, Parteien berufsmässig vor Gericht zu vertreten (Art. 4 BGFA). Das Anwaltsgesetz legt die minimalen fachlichen und persönlichen Anforderungen fest, die für den Eintrag in ein kantonales Anwaltsregister erforderlich sind und entsprechend von den Kantonen für die Anerkennung der Anwaltspatente anderer Kantone höchstens verlangt werden dürfen (Art. 5, 7 und 8 BGFA). 736

Das BGFA regelt auch die grundlegenden Modalitäten für die Freizügigkeit von Anwältinnen und Anwälten, die Angehörige von Mitgliedstaaten der Europäischen Union sind (Art. 21 ff. BGFA); damit wird dem bilateralen Abkommen mit der EU über die Freizügigkeit vom Jahr 1999 Rechnung getragen. 737

3. Kapitel: Rechtsgleichheit und weitere rechtsstaatliche Garantien

§ 24 Rechtsgleichheit

Literatur

ALBRECHT ANDREAS C., Der Begriff der gleichwertigen Arbeit im Sinne des Lohngleichheitssatzes «Mann und Frau haben Anspruch auf gleichen Lohn für gleichwertige Arbeit», Diss. Basel 1998; ARIOLI KATHRIN, Frauenförderungsmassnahmen im Erwerbsleben unter besonderer Berücksichtigung der Verfassungsmässigkeit von Quotenregelungen, Diss. Zürich 1992; ARIOLI KATHRIN (Hrsg.), Frauenförderung durch Quoten, Basel/Frankfurt a.M. 1997; AUER ANDREAS, L'égalité dans l'illégalité, ZBl 79 (1978) 281 ff.; AUER ANDREAS, Les mesures positives et l'art. 4 al. 2 Cst., AJP 1993, 1336 ff.; BESSON SAMANTHA, L'égalité de traitement entre particuliers, Diss. Freiburg i.Ü. 1999; BIGLER-EGGENBERGER MARGRITH, Art. 4 Abs. 2 / 8 Abs. 3 BV – eine Erfolgsgeschichte?, ZBl 106 (2005) 57 ff.; BIGLER-EGGENBERGER MARGRITH/KAUFMANN CLAUDIA (Hrsg.), Kommentar zum Gleichstellungsgesetz, Basel/Frankfurt a.M. 1997; BUSER DENISE/POLEDNA TOMAS, Politische Quoten auf dem Schafott – Reflexionen zum Bundesgerichtsurteil zur «Solothurner Quoteninitiative», AJP 1997, 981 ff.; EPINEY ASTRID, Umgekehrte Diskriminierungen: Zulässigkeit und Grenzen der discrimination à rebours nach europäischem Gemeinschaftsrecht und nationalem Verfassungsrecht, Köln/Berlin/Bern/München 1995; GRISEL ETIENNE, Egalité: Les garanties de la Constitution fédérale du 18 avril 1999, Bern 2000; HAEFLIGER ARTHUR, Alle Schweizer sind vor dem Gesetze gleich, Bern 1985; HANGARTNER YVO, Altersgrenzen für öffentliche Ämter, ZBl 104 (2003) 339 ff.; HANGARTNER YVO, Diskriminierung – ein neuer verfassungsrechtlicher Begriff, ZSR NF 122/I (2003) 97 ff.; KAUFMANN CLAUDIA, Die Gleichstellung von Frau und Mann in der Familie gemäss Art. 4 Abs. 2 der Bundesverfassung, Diss. Basel 1985; KLEIN CAROLINE, La discrimination des personnes handicapées, Diss. Bern 2002; KLETT KATHRIN, Das Gleichstellungsgesetz, ZBl 98 (1997) 49 ff.; KNAPP BLAISE, Les principes constitutionnels et leurs relations, in: FS zum 70. Geburtstag von Hans Nef, Zürich 1981, S. 167 ff.; MORAND CHARLES-ALBERT (Hrsg.), L'égalité entre hommes et femmes, Lausanne 1988; MÜLLER GEORG, Der Gleichheitssatz, VVDStRL 47 (1989) 37 ff.; MÜLLER GEORG, Quotenregelungen – Rechtsetzung im Spannungsfeld von Gleichheit und Verhältnismässigkeit, ZBl 91 (1990) 306 ff.; MÜLLER JÖRG PAUL, Die Diskriminierungsverbote nach Art. 8 Abs. 2 der neuen Bundesverfassung, in: Zimmerli (Hrsg.), Die neue Bundesverfassung, S. 103 ff.; RIEDER ANDREAS, Form oder Effekt ? Art. 8 Abs. 2 BV und die ungleichen Auswirkungen staatlichen Handelns, Diss. Bern 2003; SCHWANDER CLAUS MARIANNE, Die Verfassungsmässigkeit von Frauenquoten, Diss. Bern 1995; SCHWANDER YVO/SCHAFFHAUSER RENÉ (Hrsg.), Das Bundesgesetz über die Gleichstellung von Mann und Frau, St. Gallen 1996; STAMPE MICHÈLE, Das Verbot der indirekten Diskriminierung wegen des Geschlechts, Diss. Zürich 2001; VISINI SANDRO, Die rechtliche Gleichbehandlung von Bürgern und Einwohnern anderer Gebietskörperschaften mit den eigenen Bürgern und Einwohnern, Diss. Zürich 1983; WALDMANN BERNHARD, Das Diskriminierungsverbot von Art. 8 Abs. 2 BV als besonderer Gleichheitssatz, Bern 2003; WEBER-DÜRLER BEATRICE, Die Rechtsgleichheit in ihrer Bedeutung für die Rechtsetzung, Diss. Zürich 1973; WEBER-DÜRLER BEATRICE,

Auf dem Weg zur Gleichberechtigung von Mann und Frau – Erste Erfahrungen mit Art. 4 Abs. 2 BV, ZSR NF 104/I (1985) 1 ff.; WEBER-DÜRLER BEATRICE, Chancengleichheit und Rechtsgleichheit, in: FS für Ulrich Häfelin zum 65. Geburtstag, Zürich 1989, S. 205 ff.; WEBER-DÜRLER BEATRICE, Aktuelle Aspekte der Gleichberechtigung von Mann und Frau, ZBJV 128 (1992) 357 ff.; WEBER-DÜRLER BEATRICE, Rechtsgleichheit, in: Verfassungsrecht der Schweiz, § 41; WEBER-DÜRLER BEATRICE, Zum Anspruch auf Gleichbehandlung in der Rechtsanwendung, ZBl 105 (2004) 1 ff.

Rechtliche Grundlagen

Vgl. N. 738 ff.

Materialien

– Botschaft des Bundesrates über die Volksinitiative «Gleiche Rechte für Mann und Frau» vom 14. November 1979, BBl 1980 I 69 ff.
– Bericht über das Rechtsetzungsprogramm «Gleiche Rechte für Mann und Frau» vom 26. Februar 1986, BBl 1986 I 1144 ff.
– Botschaft des Bundesrates über eine neue Bundesverfassung vom 20. November 1996, BBl 1997 I 141 ff.

I. Rechtliche Grundlagen

1. Garantien der Bundesverfassung

Die Bundesverfassung von 1874 verankerte in Art. 4 Abs. 1 den Grundsatz der Rechtsgleichheit (Satz 1) und statuierte, dass es in der Schweiz keine Untertanenverhältnisse, keine Vorrechte des Orts, der Geburt, der Familien oder Personen gebe (Satz 2). Art. 4 Abs. 2 aBV, der 1981 in die Verfassung aufgenommen wurde, gewährleistete die Gleichbehandlung der Geschlechter. 738

Die neue Bundesverfassung weist hinsichtlich der Garantie der Rechtsgleichheit vor allem folgende *Neuerungen* auf: 739

– Art. 8 Abs. 2 BV enthält ein ausdrückliches und allgemeines *Diskriminierungsverbot.*
– Art. 8 Abs. 4 BV weist den Gesetzgeber an, *Massnahmen zur Beseitigung von Benachteiligungen der Behinderten* vorzusehen.
– Der *Schutz vor Willkür* und die *Wahrung von Treu und Glauben* sind selbständige verfassungsmässige Rechte (vgl. Art. 9 BV sowie § 25).
– Rechtsstaatlich wichtige *Verfahrensgrundsätze,* die bisher aus Art. 4 aBV in Verbindung mit Art. 6 EMRK (bzw. im Fall der Garantien bei Freiheitsentzug

aus der persönlichen Freiheit in Verbindung mit Art. 5 EMRK) abgeleitet wurden, sind in separaten Bestimmungen ausdrücklich gewährleistet, vor allem in den Art. 29–32 BV. Vgl. § 26.

740 Dagegen stimmen Art. 8 Abs. 1 BV (allgemeines Rechtsgleichheitsgebot) und Art. 8 Abs. 3 BV (gleiche Rechte für Mann und Frau) mit dem bisherigen Recht überein. Art. 37 Abs. 2 BV, wonach niemand wegen seiner Bürgerrechte bevorzugt oder benachteiligt werden darf, entspricht den bisherigen Art. 43 Abs. 4 und 60 aBV.

741 Das System der verfassungsrechtlichen Regelungen zur Rechtsgleichheit und den damit zusammenhängenden rechtsstaatlichen Garantien ergibt sich aus der nachfolgenden Übersicht (vgl. Grafik S. 215).

2. Garantien auf internationaler Ebene

742 *Art. 14 EMRK* gewährleistet *Gleichbehandlung nur beim Genuss der in der Konvention festgelegten Rechte.* Ein allgemeines Rechtsgleichheitsgebot kennt die EMRK nicht. Dagegen statuiert der *UNO-Pakt II* von 1966 neben dem Diskriminierungsverbot (Art. 2) und dem Gebot der Gleichberechtigung der Geschlechter (Art. 3), deren Anwendbarkeit auf die im Pakt anerkannten Rechte beschränkt ist, in Art. 26 ein selbständiges Recht auf Gleichheit vor dem Gesetz (zu dem die Schweiz allerdings einen Vorbehalt angebracht hat!).

743 Im April 1997 trat für die Schweiz das UNO-Übereinkommen von 1979 zur Beseitigung jeder Form von Diskriminierung der Frau in Kraft. Das gegen Rassendiskriminierungen gerichtete UNO-Übereinkommen von 1965 wurde bereits früher ratifiziert und ist für die Schweiz Ende 1994 in Kraft getreten (vgl. N. 243).

II. Rechtsgleichheit und Freiheitsrechte

744 Es besteht ein *enger ideeller und historischer Zusammenhang zwischen der Anerkennung von Freiheitsrechten und der Rechtsgleichheit.* Die Überzeugung von der Würde und Freiheit der menschlichen Person, die vom Staat bei allen Menschen *gleicherweise* zu respektieren ist, nimmt im Naturrecht der Aufklärungszeit und in den Menschenrechtserklärungen des 18. Jahrhunderts, vor allem in der französischen, einen wichtigen Platz ein. Auch die Rechtsgleichheit gilt als *klassisches Grundrecht.* Im Gegensatz zu den Freiheitsrechten knüpft sie jedoch nicht an einen besonderen Bereich menschlichen Verhaltens oder an ein Rechtsinstitut als Schutzobjekt an, sondern ist als «eine Art *Generalklausel* ... in allen Gebieten des Rechts wirksam» (HAEFLIGER, Alle Schweizer sind vor dem Gesetze gleich, S. 43).

745 Rechtsgleichheit und Freiheitsrechte sind keine Gegensätze; denn wirkliche Freiheit für alle ist nur dann möglich, wenn auch für alle in einem bestimmten Mass

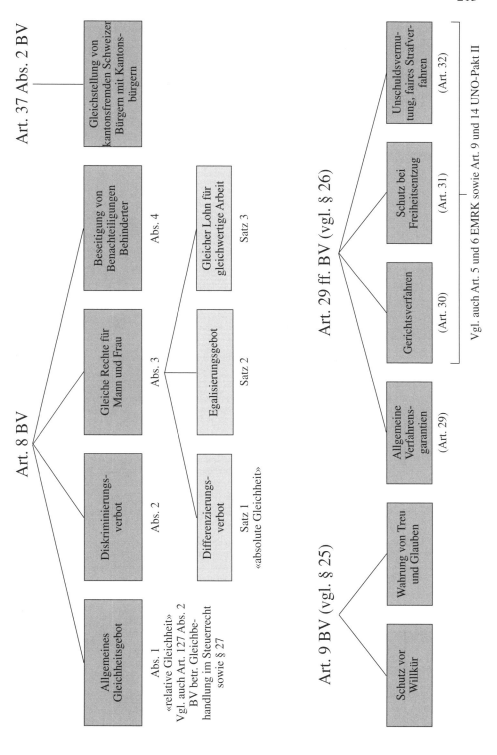

gleiche Voraussetzungen bestehen. Der Staat muss hier einen Ausgleich zwischen der uneingeschränkten Freiheit des Stärkeren und absoluter Gleichheit finden.

746 Es besteht auch ein *enger Zusammenhang zwischen Rechtsgleichheit und Demokratie.* Das allgemeine und gleiche Wahlrecht ist ein wichtiges Element demokratischer Willensbildung.

III. Umfassende Bedeutung der Rechtsgleichheit

747 Der Grundsatz, dass «alle Menschen vor dem Gesetz gleich» sind, ist von sämtlichen Staatsorganen in allen Funktionen und auf sämtlichen Ebenen der Staatstätigkeit zu beachten. Es gibt keine Bereiche staatlicher Tätigkeit, die davon ausgenommen sind. Insofern ist der Wortlaut von Art. 8 Abs. 1 BV («vor dem Gesetz») zu eng.

748 Obwohl Art. 8 Abs. 1 BV von «Menschen» spricht, können sich auch juristische Personen des Privatrechts auf die Rechtsgleichheit berufen. Der Gleichheitssatz gilt auch für Ausländerinnen und Ausländer.

749 JÖRG PAUL MÜLLER (ZSR 92/II [1973] 886) umschrieb die Tragweite der Rechtsgleichheit treffend wie folgt:

> «Der Gleichheitssatz ist zunächst unmittelbar anwendbarer Rechtssatz, der gleichmässige Anwendung des Gesetzes fordert.
>
> In einem zweiten Teilgehalt erscheint der Gleichheitssatz als Garantie minimaler Gerechtigkeit, Verbot der Willkür, Verpönung groben Unrechts. Die Normdichte oder Normgewissheit ist auf dieser Stufe der Konkretisierung des Gleichheitssatzes schon geringer als beim Gebot der Gleichbehandlung. Was grobes Unrecht ist, hängt auch von den Rechtsauffassungen einer Zeit, dem Gesamtzustand der Rechtsordnung ab und ist so dem geschichtlichen Wandel anheimgestellt. Die Rechtsordnung gerecht zu *gestalten,* ist primär Aufgabe des Gesetzgebers im Kontext des offenen politischen Prozesses der pluralistischen Demokratie. Die Beschränkung der Verfassungsrechtsprechung auf die Beseitigung *groben* Unrechts ist auch aus dieser Sicht gerechtfertigt.
>
> In einer letzten Stufe hat die Rechtsgleichheit programmatischen Charakter und erscheint nicht mehr unmittelbar justiziabel. Es geht hier eben um das Verfassungsziel einer gerechten, auch sozialgerechten Ordnung im Ganzen. Hier ist die Chancengleichheit als Aufgabe und Ziel des Rechts schlechthin anzusiedeln.»

1. Rechtsgleichheit in der Rechtsetzung

a) Geltungsbereich

750 Das Gebot der Rechtsgleichheit gilt sowohl für Gesetze als auch für Verordnungen. Es betrifft die Rechtsetzung auf allen Ebenen der staatlichen Tätigkeit (Bund, Kanton und Gemeinde).

b) Kriterien für die Gleichbehandlung

aa) Allgemeiner Grundsatz

Knüpft das Recht an zwei miteinander vergleichbare Sachverhalte die genau gleichen Rechtsfolgen an, so spricht man von *«absoluter Gleichbehandlung»*. Durch eine solche kann aber unter anderen Vergleichsaspekten eine rechtsungleiche Behandlung entstehen. Wenn z.B. der Arme und der Reiche genau den gleichen Betrag an Steuern entrichten müssen, so sind zwar die Rechtsfolgen gleich, aber der Arme muss einen viel grösseren Teil seiner finanziellen Mittel aufwenden, um die Steuern zu bezahlen. In einem solchen Fall wird der Gleichheitsgedanke besser verwirklicht durch eine *«relative Gleichbehandlung»*, d.h., indem unter Berücksichtigung der unterschiedlichen wirtschaftlichen Leistungsfähigkeit der Steuerpflichtigen verschieden hohe Steuern erhoben werden, z.B. durch Festsetzung der Steuern in Einkommens- und Vermögensprozenten in Verbindung mit einer Progression. 751

Nur in wenigen Fällen verlangt die Bundesverfassung absolute Gleichbehandlung, so beim gleichen Stimmrecht für alle politisch mündigen Schweizer, unabhängig von ihrem Verständnis für politische Fragen. Auch Art. 8 Abs. 3 BV betreffend gleiche Rechte für Mann und Frau geht vom Grundsatz der absoluten rechtlichen Gleichheit aus (vgl. N. 779). Im Übrigen wird die Rechtsgleichheit durch eine differenzierende Regelung realisiert: *Gleiches ist nach Massgabe seiner Gleichheit gleich, Ungleiches nach Massgabe seiner Ungleichheit ungleich zu behandeln.* 752

Dabei kommt dem Gesetzgeber eine erhebliche Gestaltungsfreiheit zu. Es ist ihm jedoch verboten, Differenzierungen zu treffen, für die *sachliche und vernünftige Gründe* fehlen (vgl. N. 756), oder sich über *erhebliche tatsächliche Unterschiede* hinwegzusetzen (vgl. N. 758 ff.). Ein Erlass verletzt das Rechtsgleichheitsgebot, «wenn er rechtliche Unterscheidungen trifft, für die ein vernünftiger Grund in den zu regelnden Verhältnissen nicht ersichtlich ist, oder Unterscheidungen unterlässt, die sich auf Grund der Verhältnisse aufdrängen» (BGE 122 I 18, 25, mit weiteren Hinweisen). 753

Bei der Beurteilung, ob die tatsächlichen Unterschiede erheblich und die vorgenommenen Differenzierungen sachlich gerechtfertigt seien, ist vom *Zweck des Erlasses* auszugehen: Adressatenkreis und Regelungsgegenstand dürfen nicht weiter oder enger umschrieben werden, als der Gesetzeszweck dies erfordert, und der Regelungszweck muss «angesichts der Unterscheidungen, die er bewirkt, der *Gerechtigkeit*, den *grundlegenden Wertungen unserer Rechts- und Staatsordnung»*, entsprechen (vgl. GEORG MÜLLER in Kommentar BV, Art. 4, Rz. 31). 754

Nicht jede tatsächliche Ungleichheit kann indes zu einer rechtlichen Verschiedenbehandlung führen. Gewisse *Schematisierungen* (Differenzierungen nach abstrakten Kriterien) sind *unerlässlich,* auch wenn sie Grenzfällen nicht immer gerecht werden: 755

> «Dort, wo sich die Vereinfachung in Anbetracht der zahllosen unterschiedlichen Gegebenheiten aufdrängt und die unterschiedliche Behandlung nicht zu unbilligen Resultaten führt, lässt sich jeden-

falls nicht von einer unzulässigen Rechtsungleichheit sprechen».
(BGE 100 Ia 322, 328 f., Heer)

So verletzt es beispielsweise die Rechtsgleichheit nicht, wenn nur das «nächtliche» Dauerparkieren als bewilligungs- und gebührenpflichtig erklärt wird, da die Nachtparkierer wegen der Dauer und Regelmässigkeit ihres Tuns leichter zu erfassen sind, die Differenzierung zwischen «Tagparkieren» und «Nachtparkieren» sich somit aus technischen und praktischen Gründen rechtfertigen lässt (BGE 108 Ia 111, 114 ff., Rothenberger).

bb) Sachlicher und vernünftiger Grund für rechtliche Unterscheidung

756 Unterscheidungen, die in einem Rechtserlass getroffen werden, müssen sich auf vernünftige Gründe stützen.

Die erwähnte Ungleichbehandlung von nächtlichen Dauerparkierern und solchen, die tagsüber parkieren, lässt sich unter anderem auch damit begründen, dass für das Dauerparkieren am Tag differenzierte Instrumente der Lenkung des ruhenden Verkehrs (z.B. Parkuhren) zweckmässiger sind als das Erheben monatlicher Gebühren (BGE 108 Ia 111, 115, Rothenberger).

Die Einführung einer Dienstpflicht nur für Medizinalpersonen im Rahmen des koordinierten Sanitätsdienstes für den Katastrophen- und Kriegsfall durch den Kanton Basel-Landschaft verstiess nicht gegen das Rechtsgleichheitsgebot: In solchen Krisensituationen erhöht sich die Zahl der Spitalpflege benötigenden Patienten gegenüber Normalzeiten auf ein Vielfaches, und ihre rasche und richtige Behandlung ist nur gewährleistet, wenn zusätzliches medizinisches Fachpersonal eingesetzt werden kann. Die Ausdehnung der Dienstpflicht auf weitere Berufskategorien wäre nicht sinnvoll (BGE 115 Ia 277, 287 E. 6).

757 Ausländische Staatsangehörige dürfen aus sachlichen und vernünftigen Gründen anders als schweizerische behandelt werden, doch untersagt Art. 8 Abs. 2 BV Diskriminierungen «wegen der Herkunft».

cc) Nach herrschender Rechtsauffassung erhebliche tatsächliche Unterschiede

758 Nicht jede tatsächliche Verschiedenheit erlaubt eine Ungleichbehandlung. Nur bei einem *erheblichen* tatsächlichen Unterschied ist sie zulässig.

Die Frage nach der Erheblichkeit lässt sich nicht ohne Wertung beantworten. Das Bundesgericht wollte diese Wertung aber nicht dem subjektiven Empfinden Einzelner überlassen. Was als erheblicher Unterschied zu gelten hat, bestimmt sich deshalb nach der herrschenden Rechtsauffassung, bzw. den herrschenden Wertanschauungen.

759 Bei der Ermittlung dieser Wertanschauungen können Hilfsmittel zu einer grösseren Objektivität beitragen, z.B. das Aufzeigen schweizerischer Gesetzgebungstendenzen, die in der Literatur allgemein gebilligt werden; sogar Sozialziele gemäss Art. 41 BV können behutsam bei der Konkretisierung beigezogen werden (WEBER-DÜRLER, Rechtsgleichheit, Rz. 13).

Wertanschauungen sind einem Wandel ausgesetzt. Gewandelt hat sich im Lauf der Zeit die herrschende Rechtsauffassung über die Bedeutung des Geschlechtsunterschiedes. Wurde noch in BGE 13, 1, Kempin, die Nichtzulassung der Frau zur Advokatur geschützt, so revidierte das Bundesgericht seine Meinung in BGE 49 I 14, 19, Roeder:

760

> «L'aptitude à la profession d'avocat dépend beaucoup plus de la personnalité que du sexe et on ne saurait raisonnablement prétendre ... que d'une façon générale la femme ne possède pas les qualités intellectuelles et morales qui sont indispensables pour l'exercer correctement.»

Dass der Geschlechtsunterschied grundsätzlich kein Kriterium für eine rechtsungleiche Behandlung durch den Staat bilden darf, ergibt sich heute aus Art. 8 Abs. 3 BV (vgl. N. 779 ff.).

761

c) *Offensichtliche Verletzung des Gleichbehandlungsgebots als Voraussetzung für die Korrektur des Gesetzgebers durch das Bundesgericht*

Das Bundesgericht übt grosse Zurückhaltung bei der Beurteilung der Frage, ob ein kantonales Gesetz die Rechtsgleichheit verletze. Es lässt dem kantonalen Gesetzgeber einen weiten Spielraum und schreitet nur ein, wenn dieser das Gleichbehandlungsgebot offensichtlich verletzt. Dabei wird in der neueren Rechtsprechung zwischen Willkürverbot (vgl. § 25) und Gleichbehandlungsgebot unterschieden:

762

> «Ein Erlass verstösst gegen das Willkürverbot, wenn er sich nicht auf ernsthafte sachliche Gründe stützen lässt oder sinn- und zwecklos ist; er verletzt das Gebot der Rechtsgleichheit, wenn er rechtliche Unterscheidungen trifft, für die ein vernünftiger Grund in den zu regelnden tatsächlichen Verhältnissen nicht ersichtlich ist, oder Unterscheidungen unterlässt, die sich aufgrund der Verhältnisse aufdrängen.» (BGE 110 Ia 7, 13, Hegetschweiler)

Für die Zurückhaltung des Bundesgerichts bestehen im wesentlichen zwei Gründe:

763

– Art. 8 Abs. 1 BV lässt einen weiten Gestaltungsspielraum offen; dort, wo die Kantone zuständig sind, ist diese offene Normierung grundsätzlich durch kantonale Organe und nicht durch ein Bundesorgan auszufüllen *(föderalistischer Grund)*.

– Die Konkretisierung des Gleichheitssatzes in der Gesetzgebung ist in erster Linie Sache des demokratisch legitimierten Gesetzgebers und nicht der Judikative *(demokratischer Grund* und *Gewaltenteilungsprinzip)*.

Viel strengere Massstäbe gelten dort, wo die Gleichberechtigung der Geschlechter gemäss Art. 8 Abs. 3 BV in Frage steht. Vgl. N. 780 ff.

764

2. Rechtsgleichheit in der Rechtsanwendung

a) Grundsatz

765 Die generell-abstrakten Rechtsnormen sind von den das Recht anwendenden Organen im Bund, in den Kantonen und in den Gemeinden auf alle gleichliegenden Fälle in gleicher Weise anzuwenden. Diese Bindung des Rechtsanwenders an Art. 8 Abs. 1 BV ist vor allem dort wichtig, wo die anzuwendende Norm unbestimmte Begriffe verwendet oder den Behörden Ermessen einräumt.

766 Das Bundesgericht vertritt den Standpunkt, rechtsungleiche Behandlung könne grundsätzlich nur angefochten werden, wenn sie – abgesehen von eng umschriebenen Ausnahmen – von der *gleichen* Behörde ausgehe (vgl. dazu BGE 91 I 169, 171, La Placette S.A., und die Kritik an dieser zu restriktiven Praxis bei HANGARTNER, Bd. 2, S. 186).

767 Keine Verletzung der Rechtsgleichheit liegt vor, wenn gleich oder ähnlich lautende kantonale Bestimmungen in verschiedenen Kantonen verschieden gehandhabt werden.

> «Dass das kantonale Recht von Kanton zu Kanton verschieden ist und selbst gleich oder ähnlich lautende Bestimmungen verschieden gehandhabt werden, ist die unabwendbare Folge der in der Bundesverfassung verankerten Eigenständigkeit der Kantone, die insoweit dem Gleichheitssatz des Art. 4 [a]BV vorgeht. Die Verschiedenheit des kantonalen Rechts und der kantonalen Rechtsanwendung verstösst daher nicht gegen diese Verfassungsbestimmung». (BGE 91 I 480, 490 f., Association de l'Ecole française)

b) Zulässigkeit von Praxisänderungen

768 Die Problematik von Praxisänderungen rührt daher, dass hier grundlegende Interessen miteinander kollidieren und gegeneinander abzuwägen sind: Einerseits gebietet das Erfordernis der richtigen Rechtsanwendung, dass eine als unrichtig erkannte Praxis geändert wird, anderseits erfordern das Rechtsgleichheitsgebot und das Vertrauensschutzprinzip sowie die Rechtssicherheit, dass eine einmal begründete Praxis beibehalten wird und dass sich der Bürger auf die Auslegung einer Norm durch die bisherige Praxis verlassen darf.

769 Eine Praxisänderung ist gemäss der bundesgerichtlichen Rechtsprechung zulässig, wenn ernsthafte und sachliche Gründe dafür vorliegen, die umso gewichtiger sein müssen, je länger die als nicht mehr richtig erkannte Praxis befolgt wurde (BGE 127 I 49, 52). Dem Gebot der Rechtssicherheit ist also Rechnung zu tragen.
In BGE 93 I 254, 259 f., Toggenburger, bejahte das Bundesgericht die Zulässigkeit einer sachlich begründeten Praxisänderung, die das Verwaltungsgericht des Kantons Zürich durch die von jahrzehntelanger Praxis abweichende Auslegung einer Bestimmung des Strassengesetzes (StrG) vollzogen hatte:

«Als rechtsungleiche Behandlung rügt der Beschwerdeführer zunächst, dass sich das Verwaltungsgericht im angefochtenen Entscheid über eine 73jährige Auslegung des § 37 StrG hinweggesetzt habe. Das Bundesgericht hat indessen stets erkannt, dass Art. 4 [a]BV einer sachlich begründeten Praxisänderung nicht entgegenstehe (BGE 89 I 428/9 mit Verweisungen) und es einer Behörde, namentlich wenn es um die Sicherheit des öffentlichen Verkehrs gehe, nicht verwehrt sei, veränderten Verhältnissen Rechnung zu tragen, Erfahrungen auszuwerten, die bisherige Praxis zu überprüfen und sie gegebenenfalls neuer oder besserer Erkenntnis folgend zu ändern.»

c) *Kein Anspruch auf Gleichbehandlung im Unrecht*

Vergegenwärtigen wir uns folgendes Beispiel: A hat eine Baubewilligung bekommen, obwohl sein Bauvorhaben die gemäss der Bauordnung zulässige Ausnützungsziffer überschreitet. Darf nun Nachbar B, dessen Land in der gleichen Zone liegt und denselben Bauvorschriften untersteht, unter Berufung auf die Rechtsgleichheit eine Bewilligung für ein analoges Vorhaben beanspruchen? 770

Hier stehen sich ebenfalls zwei Interessen gegenüber: einerseits das *Legalitätsprinzip,* anderseits der *Gleichbehandlungsgrundsatz.*

Gemäss bundesgerichtlicher Rechtsprechung gilt als Grundsatz, dass die Gesetzmässigkeit der Rechtsgleichheit vorgeht; der Umstand, dass das Gesetz in anderen Fällen nicht richtig angewendet wurde, gibt dem Bürger keinen Anspruch, ebenfalls gesetzwidrig behandelt zu werden. 771

Nur ausnahmsweise geht die Rechtsgleichheit vor, nämlich wenn eine Behörde in ständiger Praxis vom Gesetz abweicht und zu erkennen gibt, dass sie auch in Zukunft nicht gesetzeskonform entscheiden werde. Hier überwiegt das Interesse an der Gleichbehandlung des Betroffenen; der Bürger kann daher in solchen Ausnahmefällen verlangen, ebenfalls gesetzwidrig begünstigt zu werden (BGE 122 II 446, 451 f.). 772

Stehen dem aus der Rechtsgleichheit abgeleiteten Anspruch eines Privaten auf rechtswidrige Begünstigung aber berechtigte Interessen Dritter entgegen, so müssen die in Frage stehenden Rechte und Interessen im Einzelfall gegeneinander abgewogen werden. Die Ansprüche stehen nicht im Verhältnis einer generellen Rangordnung zueinander, doch ist «beim Schutz einer rechtswidrigen Praxis grösste Zurückhaltung zu üben» (BGE 108 Ia 212, 214, Waldburger). 773

IV. Diskriminierungsverbot

Das Diskriminierungsverbot (Art. 8 Abs. 2 BV) bietet *Schutz gegen soziale Ausgrenzungen* und zählt beispielhaft einige Kriterien auf, die immer wieder als Beweggrund für die Diskriminierung einer Gruppe gedient haben. Eine Diskriminierung liegt vor, wenn Menschen aufgrund ihrer Zugehörigkeit zu einer bestimmten 774

Gruppe *herabwürdigend* behandelt werden. Das Diskriminierungsverbot ist aber *kein Anknüpfungsverbot*. Es verbietet nicht unterschiedliche Regelungen, die auf einem in Art. 8 Abs. 2 BV genannten Merkmal beruhen. Oft sind Verschiedenbehandlungen, die an ein solches Kriterium anknüpfen, geradezu nötig, wie z.B. ein Mindestalter als Voraussetzung für die zivilrechtliche Handlungsfähigkeit und die Ausübung politischer Rechte, der Beizug eines Dolmetschers für fremdsprachige Angeschuldigte, die Berücksichtigung der Bedürfnisse Behinderter im Baurecht und der Anliegen religiöser Minderheiten im Schulrecht. Dass Förderungsmassnahmen, die an das Geschlecht oder an die Behinderung anknüpfen, zulässig sind, ergibt sich auch aus Art. 8 Abs. 3 und 4 BV. Solche Massnahmen dürfen Dritte freilich nicht in unzumutbarer Weise benachteiligen. Vgl. zur Tragweite des Diskriminierungsverbots das Gutachten des Bundesamtes für Justiz in VPB 66 (2002) Nr. 50 über die Rechtsstellung der Fahrenden in der Schweiz (vor allem S. 594 ff.).

775 Allerdings enthält Art. 8 Abs. 2 BV – im Unterschied zu Art. 8 Abs. 3 BV (Gleichstellung von Mann und Frau) – *kein Egalisierungsgebot*.

776 Eine Diskriminierung im Sinne von Art. 8 Abs. 2 BV (und gleichzeitig auch ein Verstoss gegen die Achtung der Menschenwürde, Art. 7 BV) liegt dann vor, wenn eine Person allein auf Grund ihrer Zugehörigkeit zu einer bestimmten Gruppe benachteiligt wird. Verboten ist auch eine *indirekte Diskriminierung,* d.h. eine Regelung, die keine offensichtliche Benachteiligung einer spezifisch gegen Diskriminierung geschützten Gruppe enthält, jedoch «in ihren tatsächlichen Auswirkungen Angehörige einer solchen Gruppe besonders stark benachteiligt, ohne dass dies sachlich begründet wäre» (BGE 126 II 377, 392; in diesem Fall entschied das Bundesgericht, dass die Nichtverlängerung der Aufenthaltsbewilligung eines invalid gewordenen Ausländers nicht gegen Art. 8 Abs. 2 BV verstosse, weil die gesetzlich vorgesehene Bedingung der Aufenthaltsbewilligung durch den Aufenthaltszweck im Ergebnis nicht dazu führe, dass Behinderte anteilsmässig stärker betroffen würden).

776a Zu Kontroversen Anlass gab in jüngster Zeit die Frage, ob (obere) Altersschranken für politische Ämter zulässig seien. Solche Altersgrenzen sind einerseits am Diskriminierungsverbot, anderseits – soweit Volkswahlen in Frage stehen – auch an der Wahl- und Abstimmungsfreiheit zu messen. Der Bundesrat erachtet sie generell als untaugliches Auswahlkriterium. Vgl. Bericht des Bundesrates vom 21. April 2004 über Altersschranken auf kantonaler und kommunaler Ebene für Mitglieder der Exekutive und der Legislative, BBl 2004, 2113 ff.

V. Gleiche Rechte für Mann und Frau

777 Die Gleichbehandlung der Geschlechter wurde durch die Praxis zum ursprünglichen Art. 4 aBV nur in unzureichendem Mass gewährleistet. Geschlechtsunterschiede

dienten immer wieder als Begründung für eine rechtsungleiche Behandlung der Frauen.

Eine 1976 eingereichte Volksinitiative verlangte deshalb gleiche Rechte für Mann und Frau. Der Initiativtext sah eine sehr weit gehende Drittwirkung des Gleichheitsgebotes vor. Das Parlament präsentierte einen nuancierteren Gegenvorschlag, der mit Art. 9 Abs. 3 des Verfassungsentwurfs von 1977 übereinstimmte. Nach dem Rückzug der Initiative wurde dieser Gegenvorschlag am 14. Juni 1981 von Volk und Ständen angenommen. 778

Art. 8 Abs. 3 BV, der Art. 4 Abs. 2 aBV entspricht, garantiert grundsätzlich *absolute rechtliche Gleichheit;* im Gegensatz zu Art. 8 Abs. 1 BV, der bloss von einer relativen Gleichheit ausgeht, vermögen «sachliche» Gründe eine ungleiche Behandlung von Frau und Mann nicht zu rechtfertigen. Allerdings gehen besondere Verfassungsnormen, die nach geschlechtlichen Kriterien differenzieren (Art. 59 Abs. 1 und 2 sowie Art. 61 Abs. 3 BV, betr. Militär- und Zivilschutzdienstpflicht), als gleichrangiges Spezialrecht dem allgemeinen Grundsatz der absoluten Gleichberechtigung von Mann und Frau vor. Im Übrigen trifft Art. 8 Abs. 3 BV eine *differenzierte Regelung hinsichtlich Funktionen und Adressaten des Gebots der Gleichberechtigung der Geschlechter.* 779

1. Grundsatz der Gleichberechtigung (Art. 8 Abs. 3 Satz 1 BV)

Das Gebot der Gleichbehandlung von Mann und Frau vermittelt grundsätzlich einen unmittelbaren Anspruch betroffener Frauen oder Männer und richtet sich an alle staatlichen Organe. Der Geschlechtsunterschied darf kein Kriterium für eine rechtsungleiche Behandlung durch den Staat sein. Ausnahmen von diesem Grundsatz sind nur dort gerechtfertigt, wo Sachzwänge (z.B. besondere Schutzbedürftigkeit der Frau als Mutter) eine geschlechtsspezifische Sonderlösung geradezu gebieten. In Anlehnung an die Botschaft des Bundesrates (BBl 1980 I 41) betrachtet das Bundesgericht in ständiger Praxis eine unterschiedliche Behandlung von Mann und Frau nur dann als zulässig, «wenn auf dem Geschlecht beruhende biologische oder funktionale Unterschiede eine Gleichbehandlung absolut ausschliessen» (BGE 123 I 56, 58). Das Kriterium des *funktionalen Unterschieds* spielt praktisch kaum eine Rolle und darf jedenfalls nicht dazu dienen, überlebte Ungleichheiten, die auf traditionellen Rollenvorstellungen beruhen, beizubehalten; denn eine solche Festschreibung der Rollenverteilung zwischen den Geschlechtern will Art. 8 Abs. 3 BV gerade unterbinden (GEORG MÜLLER in Kommentar BV, Art. 4, Rz. 133 und 137). Auch *biologische Unterschiede* sind nur relevant, wenn sie «dem Gesetzgeber vernünftigerweise keine andere Wahl lassen, als nach dem Geschlecht zu differenzieren» (BEATRICE WEBER-DÜRLER, Aktuelle Aspekte der Gleichberechtigung von Mann und Frau, S. 361). 780

Nach Ansicht des Bundesgerichts lag bei folgenden Regelungen ein *Verstoss gegen den Grundsatz der Gleichberechtigung der Geschlechter* vor: 781

– Bewertungssystem bei der Zulassung zur Mittelschule, das für die Mädchen strenger war als für die Knaben. Die waadtländischen Behörden hatten damit ein Gleichgewicht zwischen der Zahl der aufgenommenen Mädchen (die im Schnitt höhere Noten hatten) und derjenigen der Knaben sichern wollen (BGE 108 Ia 22, 29 ff., Fischer).
– Ansetzung eines höheren Pensionierungsalters für Männer als für Frauen durch das Gesetz über die Pensionskasse des Kantons Neuenburg. Allerdings ging das Gericht davon aus, die Behebung der Verfassungswidrigkeit sei Sache des Gesetzgebers und nicht des Richters (ZBl 87 [1986] 482 ff.; vgl. auch BGE 109 Ib 81, 86 ff., Wenk, sowie BGE 117 V 318, 321, Staatliche Pensionskasse des Kantons Solothurn). Dagegen erblickte das deutsche Bundesverfassungsgericht in einer entsprechenden Regelung keinen Verstoss gegen Art. 3 Abs. 2 GG, der die Gleichberechtigung von Männern und Frauen statuiert (EuGRZ 1987, 291 ff.).
– Ungleichbehandlung von Mann und Frau hinsichtlich der Bezahlung von Feuerwehrpflichtersatz. Die Ersatzabgabepflicht hängt vom Bestehen einer Dienstpflicht ab, und das Gericht hielt im Jahr 1986 die Begrenzung der Dienstpflicht in der baselstädtischen Bezirksfeuerwehr auf Männer für unzulässig, wobei es in Betracht zog, dass die Bezirksfeuerwehr die Berufsfeuerwehr bei ihren gefährlichen Einsätzen bloss unterstützte; die Begrenzung der Dienstpflicht auf Männer sei zumindest dann nicht zwingend durch biologische oder funktionale Gründe geboten, wenn die Möglichkeit bestehe, die Dienstpflichtigen auch zu anderen als zu körperlich sehr anstrengenden oder gesundheitlich besonders risikoreichen Einsätzen heranzuziehen (ZBl 88 [1987] 306 ff.). Dagegen betrachtete das Bundesgericht den Ausschluss der Frauen aus der Milizwehr der Berner Berggemeinde Aeschi als haltbar, weil diese Gemeinde nicht über eine Berufsfeuerwehr verfügte und die Milizwehr nicht nur bei Schadenfeuern, sondern bei allen schadenverursachenden Elementarereignissen wie Hochwasser, Explosionen, Gebäudeeinstürze und Erdbeben ausrücken müsse und dabei an vorderster Front stehe. Zudem dürfe der Einsatz in der Föhn- und Windwache von Frauen nicht verlangt werden, da er mit ausgedehnten nächtlichen Wanderungen allein oder zu zweit verbunden sei (ZBl 92 [1991] 418 ff.). Vgl. auch BGE 123 I 56.
– Ausschluss der Frauen vom Stimmrecht im Kanton Appenzell Innerrhoden (BGE 116 Ia 359, 369 ff., Rohner; vgl. N. 84).
– Ungleichbehandlung von Witwern und Witwen in Bezug auf Rentenansprüche überlebender Ehegatten (BGE 116 V 198, 207 ff.).

782 Dagegen verlangte Art. 4 Abs. 2 aBV (= Art. 8 Abs. 3 BV) nach Auffassung des Bundesgerichts nicht, dass Knaben und Mädchen den in jeder Hinsicht gleichen *obligatorischen Unterricht* in Handarbeiten und Hauswirtschaft erhalten; eine Grundsatzbestimmung in einem Lehrplan, welche die «gleichwertige» – und nicht die «gleiche» – Ausbildung vorschrieb, lasse eine verfassungskonforme Ausgestaltung zu (ZBl 88 [1987] 167 ff.). Dieser Entscheid ist bedenklich (vgl. die zutreffende Kritik durch BEATRICE WEBER-DÜRLER, Grenzen des Rechtsschutzes bei der Gleichberechtigung, in: Festschrift für Margrith Bigler-Eggenberger, Basel/Frankfurt a.M. 1993, S. 339 f.).

Art. 8 Abs. 3 BV ist überhaupt nicht berührt, wenn *steuerliche Regelungen* Ehegatten bevorzugen (z.B. durch Steuerabzug bei Erwerbstätigkeit der Ehefrau) oder benachteiligen (z.B. gegenüber Konkubinatspaaren). Denn in solchen Fällen treffen die Vor- bzw. Nachteile Mann und Frau in gleicher Weise (BGE 108 Ia 126, 133 f., Hirsch; BGE 110 Ia 7, 11, Hegetschweiler). Dagegen kann darin ein Verstoss gegen die Grundsätze der Besteuerung vorliegen (vgl. N. 874 ff.). 783

Art. 39 Abs. 1 BV, wonach die Kantone die Ausübung der politischen Rechte in kantonalen und kommunalen Angelegenheiten regeln, stellt keine lex specialis zu Art. 8 Abs. 3 BV dar. Auch in Bezug auf die *politischen Rechte* in Kantonen und Gemeinden sind Frauen und Männer gleichberechtigt. 784

2. Gesetzgebungsauftrag (Art. 8 Abs. 3 Satz 2 BV)

In Art. 8 Abs. 3 Satz 2 BV wird der Gesetzgeber in Bund, Kantonen und Gemeinden beauftragt, die «rechtliche und tatsächliche Gleichstellung» in der Gesetzgebung zu verwirklichen. Dieser Gesetzgebungsauftrag gilt für sämtliche Rechtsbereiche, in denen Mann und Frau noch nicht gleich behandelt werden, nicht nur für die im Sinne einer exemplifikativen Aufzählung angeführten Bereiche «Familie, Ausbildung und Arbeit». Bedeutende Gesetzesrevisionen der vergangenen Jahre dienten dazu, den Gesetzgebungsauftrag sukzessive zu verwirklichen (z.B. auf Bundesebene im Bürgerrecht und im Familienrecht). Einen Meilenstein stellt das *Bundesgesetz über die Gleichstellung von Frau und Mann (Gleichstellungsgesetz)* vom 24. März 1995 (SR 151) dar. Es bezweckt die Förderung der tatsächlichen Gleichstellung der Geschlechter, vor allem im Erwerbsleben, wobei nicht nur öffentlich-rechtliche Dienstverhältnisse in Bund, Kantonen und Gemeinden, sondern auch Arbeitsverhältnisse nach Obligationenrecht erfasst werden. Um Diskriminierungen wirksam bekämpfen zu können, werden verschiedene Massnahmen vorgesehen (z.B. Beweislasterleichterungen, Kündigungsschutz, Verbandsbeschwerderecht, Schlichtungsverfahren). Zudem kann der Bund mit Finanzhilfen Förderungsprogramme und Beratungsstellen unterstützen. Das Eidgenössische Büro für die Gleichstellung von Frau und Mann soll die Gleichstellung der Geschlechter in allen Lebensbereichen fördern und sich für die Beseitigung jeder Form direkter oder indirekter Diskriminierung einsetzen. 785

Auch wo die Regelung von Beziehungen zwischen Privaten, z.B. im Familienrecht und im Arbeitsrecht, im Vordergrund steht, handelt es sich nicht um einen Fall von direkter Drittwirkung eines Grundrechts (vgl. N. 281). 786

Ursprünglich gestand das Bundesgericht dem kantonalen Gesetzgeber eine Schonfrist zu, um das Recht an den in Art. 4 Abs. 2 Satz 2 aBV (= Art. 8 Abs. 3 Satz 2 BV) enthaltenen Gesetzgebungsauftrag anzupassen. Diese Übergangsfrist für die Beseitigung verfassungswidriger Ungleichbehandlungen von Frau und Mann ist aber inzwischen abgelaufen (vgl. BGE 123 I 56, 60 f. E. 3b). Ob 787 jedoch dem als verfassungswidrig erkannten Recht im Einzelfall die Anwendung zu versagen ist, hängt noch von weiteren Überlegungen ab (vgl. N. 2077).

788 Der Gesetzgebungsauftrag von Art. 8 Abs. 3 Satz 2 BV zielt nicht nur auf die Beseitigung von Geschlechtsdiskriminierungen ab, sondern enthält auch einen *Auftrag an den Gesetzgeber, tatsächliche Gleichheit der Geschlechter herbeizuführen* (BGE 116 Ib 270, 283, Gewerkschaft Textil Chemie Papier; BGE 116 Ib 284, 297, Fédération des travailleurs de la métallurgie et de l'horlogerie). Dass der Gesetzgebungsauftrag auch die tatsächliche Gleichstellung einschliesst, wird im neuen Verfassungstext ausdrücklich gesagt (Art. 4 Abs. 2 Satz 2 aBV sprach nur von «Gleichstellung»; Art. 8 Abs. 3 BV verlangt «rechtliche und tatsächliche Gleichstellung»). Dieses *Egalisierungsgebot,* das eine Gleichstellung der Frau in der sozialen Wirklichkeit bezweckt, kann in einem *Spannungsverhältnis zum Differenzierungsverbot* stehen und unter Umständen eine massvolle geschlechtsspezifische Förderung von Frauen durch den Staat trotz der damit verbundenen Ungleichbehandlung der Männer rechtfertigen oder sogar gebieten. Ob das Interesse an der Schaffung der Voraussetzungen faktischer Gleichheit oder dasjenige an der absoluten Gleichbehandlung der Geschlechter vorgeht, kann – z.B. bei der Beurteilung der Zulässigkeit von Quotenregelungen, welche den Frauen in bestimmten Belangen eine quotenmässige Vertretung sichern – jeweils nur auf Grund einer subtilen Interessenabwägung bestimmt werden (vgl. dazu GEORG MÜLLER, Quotenregelungen, S. 309 ff.; BEATRICE WEBER-DÜRLER, Aktuelle Aspekte der Gleichberechtigung von Mann und Frau, S. 368 ff.).

789 Die primär durch den Gesetzgeber herzustellende «praktische Konkordanz» (vgl. zu diesem Begriff N. 319) zwischen den teilweise gegenläufigen, aber grundsätzlich gleichwertigen Zielen, welche Art. 8 Abs. 3 Satz 1 (Differenzierungsverbot) und Art. 8 Abs. 3 Satz 2 (Egalisierungsgebot) verfolgen, läuft auf eine «auf die Struktur des Gleichheitssatzes zugeschnittene *Verhältnismässigkeitsprüfung*» hinaus (so GEORG MÜLLER in Kommentar BV, Art. 4, Rz. 137c). Die Gleichstellungsmassnahme hat nämlich zu unterbleiben, wenn sie entweder nicht geeignet ist, tatsächliche Gleichheit der Geschlechter herbeizuführen, wenn gleich geeignete, aber mit dem individuellen Interesse an Gleichbehandlung besser zu vereinbarende Massnahmen zur Verfügung stehen oder wenn die mit der Massnahme verbundene Abweichung von der strikten Geschlechtsneutralität schwerer ins Gewicht fällt als das Interesse an der tatsächlichen Gleichstellung.

790 Im Urteil über die «Solothurner Quoteninitiative» (BGE 123 I 152) war eine kantonale Volksinitiative zu beurteilen, die für den Kantonsrat, die Kantonsregierung und die kantonalen Justizbehörden eine dem kantonalen Bevölkerungsanteil entsprechende Vertretung der Frauen vorsah. Das Bundesgericht ging zwar ebenfalls davon aus, dass auf Grund einer am Verhältnismässigkeitsprinzip ausgerichteten Interessen- und Güterabwägung eine praktische Konkordanz zwischen dem Differenzierungsverbot und dem Interesse an der Schaffung der Voraussetzungen faktischer Gleichheit herzustellen sei und dass sich aus der Verfassung kein Vorrang

für das eine oder andere Interesse herleiten lasse (S. 157). Anderseits argumentierte das Gericht formal, dass das Gleichstellungsgebot grundsätzlich nur Massnahmen zur Verbesserung der Chancengleichheit zulasse und dass eine «Ergebnisgleichheit» im Sinne leistungsunabhängiger, starrer Quoten unzulässig sei (S. 165 und 170). Diese Begründung erstaunt um so mehr, als es um Gremien ging, die durch Volkswahl zu bestellen sind, und nicht um qualifikationsbezogene Stellenbesetzungen. Im Ergebnis ist das Urteil freilich nicht zu beanstanden, weil die von den Initianten angestrebte *Quotenregelung* (faktisch über 50% Frauen im Kantonsrat, im Regierungsrat und in den kantonalen Justizbehörden) das Egalisierungsgebot zu stark auf Kosten des Differenzierungsverbots und des Grundsatzes der Wahlfreiheit gewichtete und damit unverhältnismässig war.

In BGE 125 I 21, Grüne Bewegung Uri, über die Urner Volksinitiative «für gleiche Wahlchancen» nahm das Bundesgericht folgende Differenzierungen vor: Die quotenmässige Zuteilung von Volkswahl-Mandaten stellt eine unzulässige Einschränkung des freien und gleichen Wahlrechts dar. Hingegen verletzen Quotenregelungen für Behördenwahlen nicht die Wahl- und Abstimmungsfreiheit. Hier ist auf Grund von Art. 4 Abs. 2 aBV (=Art. 8 Abs. 3 BV) eine Verhältnismässigkeitsprüfung vorzunehmen, wobei eine Quotenhöhe von einem Drittel als zulässig erscheint. Auch frauenfördernde Quoten auf Proporzwahllisten akzeptierte das Bundesgericht. In der Volksabstimmung wurde die betreffende Urner Initiative, soweit sie gültig war und zur Abstimmung gelangte, mit 9 289 zu 1 767 Stimmen sehr klar verworfen (NZZ Nr. 134 vom 14. Juni 1999, S. 14). 791

Eine Volksinitiative auf Bundesebene «für eine gerechte Vertretung der Frauen in den Bundesbehörden», die insbesondere für die eidgenössischen Räte, den Bundesrat und das Bundesgericht fixe Quoten in der Bundesverfassung festlegen wollte, wurde am 12. März 2000 klar verworfen (18,2% Ja, 81,8% Nein; Nein-Mehrheiten von 65% und mehr in sämtlichen Kantonen). 792

3. Gleicher Lohn (Art. 8 Abs. 3 Satz 3 BV)

Vor der Verankerung der Geschlechtergleichheit in der Verfassung galt die Verpflichtung, gleichwertige Arbeit gleich zu entlöhnen, nur für den Staat, nicht für private Arbeitgeber (BGE 103 Ia 517, 521, Loup). Durch Art. 4 Abs. 2 Satz 3 aBV (= Art. 8 Abs. 3 Satz 3 BV) wurde ein *subjektiver Anspruch* auf gleichen Lohn für gleiche oder gleichwertige Arbeit *auch gegenüber einem privaten Arbeitgeber* (direkte Drittwirkung) begründet. Aus dieser Bestimmung ergibt sich ein direkt klagbarer Anspruch, der gegenüber dem privaten und dem öffentlichen Arbeitgeber durchsetzbar ist (BGE 125 III 368, 370 ff.). Der zur Bezahlung eines höheren Lohns verpflichtete Arbeitgeber kann seinerseits mit staatsrechtlicher Beschwerde rügen, Art. 8 Abs. 3 Satz 3 BV sei nicht richtig angewendet worden (Urteil des Bundesgerichts vom 30. Juni 1987 in EuGRZ 1988, 132 ff.). 793

794   Die Frage, was «gleichwertige» Arbeit sei, stellte sich dem Zürcher Verwaltungsgericht, als sechs Krankenschwestern sich darüber beschwerten, ihr Lohn sei im Vergleich zu demjenigen männlicher städtischer Angestellten aus anderen Berufsbereichen, aber mit gleicher Qualifikation, zu niedrig. Auf eine erste Klage der Krankenschwestern trat das Verwaltungsgericht 1983 mangels Justiziabilität nicht ein. In Gutheissung einer dagegen erhobenen staatsrechtlichen Beschwerde wies das Bundesgericht das Verwaltungsgericht an, die Frage materiell zu beurteilen (ZBl 85 [1984] 162 ff.). In seinem zweiten Urteil stützte sich das Verwaltungsgericht weitgehend auf eine von der Stadt Zürich veranlasste Expertise, die für Sanitätsmänner einen höheren Wert als für Krankenschwestern ermittelt hatte (ZBl 87 [1986] 316 ff.). Auch dieses Urteil hielt einer bundesgerichtlichen Überprüfung nicht stand (ZBl 90 [1989] 203 ff.). Vgl. zu den vom Bundesgericht entwickelten Grundsätzen für die gerichtliche Überprüfung von Arbeitsplatzbewertungen BGE 125 II 385, betr. Solothurner Physiotherapeutinnen; BGE 125 II 530, betr. Zürcher Kindergärtnerinnen; ferner HANSJÖRG SEILER, Gleicher Lohn für gleichwertige Arbeit, ZBl 104 (2003) 113 ff. auf S. 125 ff.

VI. Beseitigung von Benachteiligungen Behinderter

795   Der in Art. 8 Abs. 4 BV formulierte, in der parlamentarischen Debatte eingefügte Gesetzgebungsauftrag, Massnahmen zur Beseitigung der Benachteiligung der Behinderten vorzusehen, richtet sich an Bund und Kantone. Zu denken ist vor allem an bauliche Vorkehrungen, welche die mannigfachen Benachteiligungen von Behinderten im öffentlichen Verkehr und beim Zugang zu Bauten und Einrichtungen, die für die Öffentlichkeit bestimmt sind, beseitigen.

796   Das Bundesgesetz über die Beseitigung von Benachteiligungen von Menschen mit Behinderungen (Behindertengleichstellungsgesetz) vom 13. Dezember 2002 (SR 151.3) bezweckt einen Abbau der tatsächlich vorhandenen Benachteiligungen Behinderter und deren bessere Integration im gesellschaftlichen Leben. Eine weitergehende Volksinitiative «Gleiche Rechte für Behinderte» wurde am 18. März 2003 von Volk und Ständen klar verworfen.

VII. Gleichstellung von kantonsfremden Schweizer Bürgern und Kantonsbürgern

1. Grundsatz

a) Inhalt und Umfang

Gemäss Art. 37 Abs. 2 Satz 1 BV darf niemand wegen seiner Bürgerrechte bevorzugt oder benachteiligt werden. Diese Regelung entspricht Art. 60 in Verbindung mit Art. 43 Abs. 4 aBV. Sie *verbietet* den Kantonen eine *Ungleichbehandlung* von Kantonsbürgern und übrigen Schweizer Bürgern *allein auf Grund ihres unterschiedlichen Kantonsbürgerrechts*. Der Grundsatz, dass die kantonalen Behörden alle schweizerischen Staatsangehörigen gleich behandeln müssen, stellt ein *grundlegendes bundesstaatliches Prinzip* dar.

797

Als Verstoss gegen das Gebot der Gleichbehandlung aller Schweizer Bürger unabhängig von ihrem Kantonsbürgerrecht wertete das Bundesgericht in einem neueren Entscheid eine Genfer Gesetzesregelung, die in Bezug auf die Bereitstellung einer zeitweiligen Beschäftigung für Arbeitslose Genfer Bürger gegenüber anderen Schweizer Bürgern privilegierte (BGE 122 I 209).

798

b) Verhältnis zum Rechtsgleichheitssatz von Art. 8 Abs. 1 BV

Art. 37 Abs. 2 BV ist lex specialis zu Art. 8 Abs. 1 BV, indem er grundsätzlich untersagt, das Kantonsbürgerrecht als Kriterium für eine rechtsungleiche Behandlung zu verwenden.

799

c) Zulässigkeit der Differenzierung nach Wohnsitz

Eine Differenzierung auf Grund des Wohnsitzes wird durch Art. 37 Abs. 2 BV nicht untersagt.

800

Sie ist zulässig, wenn sie mit Art. 8 BV vereinbar ist, d.h., wenn sachliche Gründe sie rechtfertigen. So dürfen bei Anstalten (z.B. Schulen, Spitälern), die zu einem wesentlichen Teil aus Steuergeldern finanziert werden, von Benützern, die ausserhalb des Kantons bzw. der Gemeinde wohnen, höhere Gebühren verlangt werden.

> Vgl. dazu BGE 95 I 497, Hasler, und BGE 103 Ia 369, Wäffler. Im Fall Wäffler ging es u.a. um eine Vorschrift, wonach bei der Regelung der Zulassung zur Universität Basel die vom Kanton Basel-Stadt und von allfälligen weiteren Kantonen erbrachten Leistungen zu berücksichtigen seien. Zu diesem Punkt führte das Bundesgericht aus (S. 386 f.):
>
> «Die Art. 43 und 60 [a]BV [= Art. 37 Abs. 2 BV] verpflichten nämlich die Kantone zu einer Gleichbehandlung ihrer Kantonseinwohner, nicht aber zu einer Gleichbehandlung dieser und der in anderen Kantonen Ansässigen (BGE 100 Ia 289 ff.; nicht publ. Entscheid vom 12. Juni 1974 i.S. Friedrich). Die Kantone sind demnach auch

befugt, auf dem Gesetzes- oder Verordnungsweg Bestimmungen darüber aufzustellen, unter welchen Bedingungen Einwohner anderer Kantone gleich behandelt werden sollen wie die Kantonseinwohner (BGE 66 I 15 E. 7). So steht es ihnen frei, sich aufgrund von Vereinbarungen mit anderen Kantonen, die sich ihrerseits zu gewissen Leistungen bereit erklären, zu verpflichten, Studienanwärter aus diesen Kantonen wie die kantonseigenen Bewerber zu behandeln. Unter dem Gesichtspunkt von Art. 4 [a]BV [= Art. 8 BV] ist es den Kantonen einzig untersagt, rechtliche Unterscheidungen zu treffen, die nicht auf tatsächlichen Verschiedenheiten bzw. sachlichen Gründen beruhen und die bezwecken, die Einwohner anderer Kantone in willkürlicher Weise schlechter zu stellen (vgl. die zit. Entscheide sowie BGE 101 Ia 184 E. 2 mit Hinweisen auf weitere Urteile).»

2. Ausnahmen

801 Art. 37 Abs. 2 Satz 2 BV erlaubt ausnahmsweise Privilegierungen, die an das Bürgerrecht anknüpfen. Ausnahmen sind nach Massgabe des kantonalen Rechts nur dann zulässig, wenn es um die Stimmberechtigung in Bürgergemeinden und Korporationen oder um den Anteil an deren Vermögen geht.

802 Ferner können die Kantone gestützt auf Art. 39 Abs. 4 BV eine Karenzfrist für das Stimmrecht in Kantons- und Gemeindeangelegenheiten für Neuzuzüger vorsehen.

3. Rechtsträger

803 Auf Art. 37 Abs. 2 BV können sich Schweizerinnen und Schweizer berufen. Ausländern dagegen steht dieses verfassungsmässige Recht – anders als die Rechtsgleichheit gemäss Art. 8 BV – nicht zu.

§ 25 Willkürverbot und Wahrung von Treu und Glauben

> Literatur

CHIARELLO ELISABETH, Treu und Glauben als Grundrecht nach Art. 9 der schweizerischen Bundesverfassung, Diss. Bern 2004; EGLI JEAN-FRANÇOIS, La protection de la bonne foi dans le procès, in: Verfassungsrechtsprechung und Verwaltungsrechtsprechung, Zürich 1992, S. 225 ff.; GRISEL ETIENNE, Egalité: Les garanties de la Constitution fédérale du 18 avril 1999, Bern 2000; HÄFELIN/MÜLLER, Allgemeines Verwaltungsrecht, §§ 8 und 11; IMBODEN MAX, Der Schutz vor staatlicher Willkür, in: Max Imboden, Staat und Recht, Basel/Stuttgart 1971, S. 145 ff.; MOOR PIERRE, De la place de la prohibition de l'arbitraire dans l'ordre juridique – Réflexions sur le droit et la justice, in: FS Yvo Hangartner, St. Gallen 1998, S. 605 ff.; MÜLLER GEORG, Reservate staatlicher Willkür – Grauzonen zwischen Rechtsfreiheit, Rechtsbindung und Rechtskontrolle, in: FS für Hans Huber zum 80. Geburtstag, Bern 1981, S. 109 ff.; ROUILLER CLAUDE, La protection de l'individu contre l'arbitraire de l'Etat, ZSR NF 106/II (1987) 225 ff.; ROUILLER CLAUDE, Protection contre l'arbitraire et protection de la bonne foi, in: Verfassungsrecht der Schweiz, § 42; SAMELI KATHARINA, Treu und Glauben im öffentlichen Recht, ZSR NF 96/II (1977) 289 ff.; THÜRER DANIEL, Das Willkürverbot nach Art. 4 [a]BV, ZSR NF 106/II (1987) 415 ff.; WEBER-DÜRLER BEATRICE, Vertrauensschutz im öffentlichen Recht, Basel/Frankfurt a.M. 1983; WEBER-DÜRLER BEATRICE, Neuere Entwicklungen des Vertrauensschutzes, ZBl 103 (2002) 281 ff.; WETTSTEIN EUGEN, Die Praxisänderung im Verwaltungsrecht, Diss. Zürich 1983.

> Rechtliche Grundlage

– Art. 9 BV

I. Willkürverbot

Es ist ein elementares Gebot des Rechtsstaates, dass alle einen Anspruch darauf haben, vom Staat und seinen Organen ohne Willkür behandelt zu werden. 804

1. Begriff

Nach bundesgerichtlicher Rechtsprechung ist ein staatlicher Akt willkürlich, wenn er nicht nur unrichtig, sondern *schlechthin unhaltbar* ist. 805

> «Das ist insbesondere dann der Fall, wenn er eine Norm oder einen klaren und unumstrittenen Rechtsgrundsatz offensichtlich verletzt

oder in stossender Weise dem Gerechtigkeitsgedanken zuwiderläuft». (BGE 108 III 41, 42)

2. Bedeutung und sachlicher Geltungsbereich

806 Die Bedeutung des Willkürverbotes als einer der Grundlagen unseres Rechtsstaates ist immens. Sie beschränkt sich nicht nur auf einen Grundsatz für staatliches Handeln, sondern dem Willkürverbot kommt die Qualität *eines selbständigen verfassungsmässigen Rechtes* zu. Dem Einzelnen wird im Umgang mit den Behörden ein Mindestmass an Gerechtigkeit garantiert (vgl. BBl 1997 I 144).

807 Das Willkürverbot hat verfahrensmässig subsidiären Charakter. Es hat die Bedeutung eines *Auffanggrundrechts,* das immer dann angerufen werden kann, wenn kein anderes Grundrecht geltend gemacht werden kann. In der Praxis der staatsrechtlichen Beschwerde ist der Beschwerdegrund der Willkür besonders bedeutsam. So musste beispielsweise in BGE 96 I 104, 108 ff. (vgl. N. 430) ein verfassungsmässiges Recht auf freie Grabmalgestaltung zwar verneint werden, doch hatte das Bundesgericht zu prüfen, ob willkürliche Rechtsanwendung vorliege.

808 Das Willkürverbot reicht in alle Bereiche staatlichen Handelns hinein. Um die Tragweite des Anspruchs auf willkürfreies staatliches Handeln voll zu erkennen, muss der umfassende sachliche Geltungsbereich durch Rechtsprechung und Lehre konkretisiert werden.

3. Rechtliche Grundlage

809 In der Bundesverfassung von 1874 wurde das Willkürverbot – wie verschiedene andere Verfassungsgrundsätze auch – aus dem Gleichheitssatz (Art. 4 aBV) abgeleitet. Mit der Revision hat der Verfassungsgeber das Willkürverbot zusammen mit dem Grundsatz von Treu und Glauben in Art. 9 BV als selbständiges verfassungsmässiges Recht verankert.

4. Rechtsträger

810 Geschützt gegen Willkür sind natürliche Personen, ohne dass es auf deren Staatsangehörigkeit ankommt, ferner juristische Personen.

5. Adressaten

a) *Rechtsetzende Behörden (Willkür in der Rechtsetzung)*

811 Eine Norm verletzt das Willkürverbot, wenn sie sich *«nicht auf ernsthafte sachliche Gründe* stützen lässt oder *sinn- und zwecklos* ist» (BGE 116 Ia 81, 83). Dabei ist der

Zeitpunkt der richterlichen Überprüfung für die Beurteilung der sachlichen Begründetheit massgebend. Es ist deshalb unerheblich, ob die betreffende Norm zur Zeit ihres Erlasses vernünftig und sinnvoll war (vgl. JÖRG PAUL MÜLLER, Grundrechte in der Schweiz, S. 471 f.). Im Bereich der Rechtsetzung hat das Willkürverbot selten eigenständige Bedeutung, da ein willkürlicher Erlass i.d.R. gleichzeitig auch gegen ein anderes Grundrecht verstösst (vgl. BBl 1997 I 144). Allerdings kann ein Verstoss gegen das Willkürverbot auch vorliegen, ohne dass eine – durch Art. 8 BV verbotene – Ungleichbehandlung von zwei gleich zu regelnden Sachverhalten vorliegt.

> «Die Formel, das Fehlen eines ernsthaften sachlichen Grundes bewirke die Verfassungswidrigkeit des Erlasses, wird damit zum Einfalltor für eine Rechtsprechung, die sich von dem für die Rechtsgleichheit typischen Vergleich von Fällen entfernt. Sie richtet sich gegen alle Gesetze, welche die grundlegenden Gerechtigkeitsvorstellungen der Gemeinschaft missachten, auch wenn die Ungerechtigkeit nicht in einer klar ersichtlichen Ungleichbehandlung besteht».
> (BEATRICE WEBER-DÜRLER, Die Rechtsgleichheit in ihrer Bedeutung für die Rechtsetzung, S. 144)

b) Rechtsanwendende Behörden (Willkürverbot in der Rechtsanwendung)

Willkür in der Rechtsanwendung liegt vor, wenn eine Norm im Einzelfall *offensichtlich unrichtig ausgelegt* wird. Nach der bundesgerichtlichen Rechtsprechung ist eine qualifiziert unrichtige und damit willkürliche Rechtsanwendung in folgenden Fällen anzunehmen: 812

– bei offensichtlicher Gesetzesverletzung;
– bei offensichtlicher Missachtung eines allgemeinen Rechtsgrundsatzes oder der tragenden Grundgedanken eines Gesetzes;
– bei groben Ermessensfehlern;
– wenn ein Entscheid an einem inneren, nicht auflösbaren Widerspruch leidet;
– im Fall eines stossenden Widerspruchs zum Gerechtigkeitsgedanken.

Massgeblich ist dabei der objektive Tatbestand der Gesetzesverletzung und nicht das subjektive Motiv des Rechtsanwenders. D.h., es ist unerheblich, ob die betreffende Behörde zusätzlich schuldhaft handelt.

Vorab im Bereich der Rechtsanwendung hat das Willkürverbot eine *eigenständige Bedeutung;* es hat nicht nur die Funktion, als Ergänzung eines anderen Grundrechts oder Rechtsprinzips herangezogen zu werden: 813

> «Da die Anwendung von Bundesrecht im Allgemeinen vom Bundesgericht im Rahmen von gewöhnlichen Beschwerden (Berufungsverfahren, Nichtigkeitsbeschwerde, Verwaltungsgerichtsbeschwerde) frei geprüft werden kann, ist die Anerkennung eines eigenständigen Verfassungsrechts zum Schutz vor Willkür vor allem bei der Anwendung kantonalen Rechts von Bedeutung. Die Bundesverfassung garantiert nicht allgemein die richtige Anwendung kanto-

nalen Rechts. Dies ist im Prinzip Aufgabe der kantonalen Gerichte. Sie garantiert aber wenigstens, dass das kantonale Recht nicht grob unrichtig, d.h. seine Auslegung nicht völlig unhaltbar ist». (vgl. BBl 1997 I 144 f.)

Entscheidend ist, dass die Rechtsanwendung *im Ergebnis* nicht willkürlich ist.

6. Abgrenzung von Willkürverbot und Gebot der Rechtsgleichheit

814 Stellt sich die Frage nach einer Verletzung der Rechtsgleichheit (Art. 8 BV), so muss zunächst abgeklärt werden, ob verschiedene Personengruppen oder Sachverhalte vergleichbar sind. Bei ungleicher Behandlung wird festgestellt, ob sich die Differenzierung gestützt auf sachliche Gründe rechtfertigen lässt. Es wird also geprüft, ob das Recht auf vergleichbare Situationen gleich angewendet wurde.

Die *Willkürprüfung* beschränkt sich dagegen auf die Frage, ob sich ein staatlicher Akt auf vernünftige und sachliche Gründe stützen lässt. Es wird hier nicht umfassend geprüft, ob Differenzierungen als gerechtfertigt erscheinen, sondern ob Erlasse oder Einzelakte im Ergebnis nicht in stossender Weise dem Gerechtigkeitsgedanken zuwiderlaufen (vgl. dazu AUER/MALINVERNI/HOTTELIER, Bd. 2, N. 1087 ff., und JÖRG PAUL MÜLLER, Grundrechte in der Schweiz, S. 476 f.).

7. Die gerichtliche Durchsetzung des Anspruchs auf willkürfreies staatliches Handeln

815 Mit der ausdrücklichen Erwähnung des Willkürverbots in Art. 9 BV brachte der Verfassungsgeber zum Ausdruck, dass es sich um ein selbständiges verfassungsmässiges Recht handelt, auf das sich ein Beschwerdeführer *unabhängig von der Einräumung gesetzlicher Ansprüche* in einem staatsrechtlichen Beschwerdeverfahren unmittelbar berufen kann. Die Formulierung von Art. 9 BV war gegen die restriktive und von der Lehre fast einhellig kritisierte bundesgerichtliche Praxis zur Beschwerdelegitimation (dazu N. 2013 ff.) gerichtet (Votum des Berichterstatters der ständerätlichen Kommission in Amtl. Bull. SR 1998 [Separatdruck], S. 40; vgl. auch WALTER KÄLIN, Die Bedeutung der neuen BV für das öffentliche Verfahrensrecht, in: Zimmerli, Die neue Bundesverfassung, S. 274 ff.; ferner RENÉ RHINOW in NZZ Nr. 101 vom 2. Mai 2000, S. 15).

816 Das Bundesgericht anerkennt zwar den selbständigen Charakter des Willkürverbotes, hält aber – seiner bisherigen langjährigen Praxis treu bleibend – in seiner neuesten Rechtsprechung daran fest, dass dieses Recht für sich allein keine geschützte Rechtsstellung begründe und daher kein «rechtliches Interesse» im Sinne von Art. 88 OG vermittle (vgl. BGE 126 I 81 ff.).

817 Diese Haltung wurde in der Lehre bereits unter der Geltung der Bundesverfassung von 1874 mehrheitlich kritisiert. Das Lager der Befürworter der bundesgerichtlichen Praxis zum Willkürverbot dürfte nach der Verankerung eines selbständigen Anpruchs

auf Schutz vor Willkür in Art. 9 BV nochmals massiv geschrumpft sein (vgl. aber ETIENNE GRISEL, Egalité, N. 331 ff.).

II. Die Wahrung von Treu und Glauben

1. Begriff und Bedeutung

Der Grundsatz von Treu und Glauben «gebietet ein *loyales und vertrauenswürdiges Verhalten im Rechtsverkehr*» (HÄFELIN/MÜLLER, Allgemeines Verwaltungsrecht, Rz. 622). 818

Wie das Willkürverbot ist der Grundsatz von Treu und Glauben als Verhaltensmaxime eine wichtige Säule des Rechtsstaates. Er gilt im öffentlich-rechtlichen wie auch im privatrechtlichen Bereich. 819

2. Rechtsgrundlagen

Treu und Glauben als fundamentales Prinzip unserer Rechtsordnung ist nicht neu. Als allgemein geltendes *Rechtsprinzip* existierte es bereits in Art. 2 ZGB. Nun ist es in Art. 5 Abs. 3 BV ausdrücklich auf Verfassungsebene verankert worden. 820

Treu und Glauben als *verfassungsmässiges Recht* der Bürger i. S. von Art. 84 Abs. 1 lit. a OG wurde jahrzehntelang aus Art. 4 aBV abgeleitet. Gemäss Art. 9 BV bildet Treu und Glauben ein selbständiges Grundrecht. Verletzungen der daraus abgeleiteten Teilgehalte durch kantonale Hoheitsakte können mit staatsrechtlicher Beschwerde angefochten werden. 821

Während also Art. 5 Abs. 3 BV eher programmatischer Art ist, enthält Art. 9 BV den eigentlichen grundrechtlichen Anspruch des Einzelnen auf staatliches Handeln nach dem Grundsatz von Treu und Glauben. 822

3. Die Teilgehalte von Treu und Glauben

a) Grundsatz des Vertrauensschutzes

Der Grundsatz des Vertrauensschutzes verleiht einer Person Anspruch auf Schutz des berechtigten Vertrauens in behördliche Zusagen oder sonstiges, bestimmte Erwartungen begründendes Verhalten der Behörden (BGE 126 II 377, 387 E. 3a). Der Einzelne muss sich also auf Informationen oder auf das Verhalten einer Behörde verlassen können. 823

Damit der Vertrauensschutz greift, müssen allerdings verschiedene Voraussetzungen erfüllt sein: Neben der Existenz einer Vertrauensgrundlage muss das Vertrauen in das Verhalten der staatlichen Behörden berechtigt sein, der Bürger muss gestützt auf sein Vertrauen eine Disposition getätigt haben, und schliesslich muss immer eine Interessenabwägung zwischen den verschiedenen betroffenen Interessen stattfinden (vgl. dazu HÄFELIN/MÜLLER, Allgemeines Verwaltungsrecht, N. 631 ff.).

Sind die Voraussetzungen des Vertrauensschutzes gegeben, so soll dem Einzelnen kein Nachteil aus seiner Vertrauensbetätigung entstehen.

b) Verbot des Rechtsmissbrauchs

824 Auch das Rechtsmissbrauchsverbot ergibt sich aus dem Grundsatz von Treu und Glauben. Es steht zudem ausdrücklich im Titel von Art. 17 EMRK.

825 Sowohl Private als auch die staatlichen Behörden sind verpflichtet, ihre Rechte und Pflichten im Sinne des Gesetzeszweckes auszuüben.

c) Verbot widersprüchlichen Verhaltens

826 Dieses dritte – aus dem Grundsatz von Treu und Glauben fliessende – Prinzip ist eng mit dem Vertrauensschutz und dem Rechtssicherheitsgebot verknüpft. Staatliches Handeln muss in sich kohärent, d.h. logisch, zusammenhängend und nicht widersprüchlich sein.

Grosse Bedeutung hat dieser Grundsatz in Bezug auf die Rechtsprechung; in der gleichen Sache sollen keine entgegengesetzten Entscheide ergehen.

§ 26 Verfahrensgarantien

> Literatur

ALBERTINI MICHELE, Der verfassungsrechtliche Anspruch auf rechtliches Gehör im Verwaltungsverfahren des modernen Staates, Diss. Bern 2002; EGLI JEAN-FRANCOIS, La garantie du juge indépendant et impartial dans la jurisprudence recente, Recueil de jurisprudence neuchâteloise 1990, 9 ff.; FORSTER MARC, Der Anspruch auf unentgeltliche Rechtsverbeiständung in der neueren bundesgerichtlichen Rechtsprechung, ZBl 93 (1992) 457 ff.; HOTTELIER MICHEL, Les garanties de procédure, in: Verfassungsrecht der Schweiz, § 51; JAAG TOBIAS, Die Verfahrensgarantien der neuen Bundesverfassung, in: Peter Gauch/Daniel Thürer (Hrsg.), Die neue Bundesverfassung, Zürich 2002, S. 25 ff.; KIENER REGINA, Richterliche Unabhängigkeit, Bern 2001; KIENER REGINA, Rechtsstaatliche Anforderungen an Einbürgerungsverfahren, recht 2000, 213 ff.; MÜLLER JÖRG PAUL, Die Garantie des verfassungsmässigen Richters in der Bundesverfassung, ZBJV 106 (1970) 249 ff.; MÜLLER MARKUS, Die Rechtsweggarantie – Chancen und Risiken, ZBJV 140 (2004) 161 ff.; REETZ PETER, Justizgrundsätze in der neuen Bundesverfassung, in: Karl Spühler/Peter Reetz/Dominik Vock/Barbara Graham-Siegenthaler, Neuerungen im Zivilprozessrecht, Zürich 2000, S. 1 ff.; SALADIN PETER, Das Verfassungsprinzip der Fairness, in: Erhaltung und Entfaltung des Rechts in der Rechsprechung des Schweizerischen Bundesgerichts, Festgabe der schweizerischen Rechtsfakultäten zur Hundertjahrfeier des Bundesgerichts, Basel 1975, S. 41 ff.; SCHINDLER BENJAMIN, Miranda Warning – bald auch in der Schweiz?, in: FS für Niklaus Schmid, Zürich 1999, S. 472 ff.; SCHMUCKLI THOMAS, Die Fairness in der Verwaltungsrechtspflege, Diss. Freiburg i. Ü. 1990; TOPHINKE ESTHER, Das Grundrecht der Unschuldsvermutung, Bern 2000; WYSS MARTIN PHILIPP, «Miranda Warnings» im schweizerischen Verfassungsrecht? Recht 2001, 132 ff.

> Rechtliche Grundlagen

– Art. 29–32 BV
– Art. 5, 6 und 13 EMRK
– Protokoll Nr. 7 zur EMRK
– Art. 9 und 14 UNO-Pakt II

I. Bedeutung der Verfahrensgarantien

Die Art und Weise, wie ein gerichtliches oder administratives Verfahren abläuft, ist wesentlich für die Legitimation einer staatlichen Entscheidung und deren Akzeptanz in der Bevölkerung.

Der Rechtssuchende muss sich dem Verfahrensrecht unterwerfen, wobei er nur wenige Parameter beeinflussen kann. Er ist darauf angewiesen, dass ihm der Zugang zur Justiz nicht verwehrt wird und ein Entscheid fair, unabhängig und innert nützlicher Frist zu Stande kommt. Die verfassungsrechtlichen Verfahrensgarantien in Art. 29–32 BV sind dazu da, diesen rechtsstaatlichen Ansprüchen gerecht zu werden und wenigstens einen Minimalstandard zu garantieren. Aus diesem Grund werden die Verfahrensgarantien auch «Garantien prozeduraler Gerechtigkeit» genannt (REGINA KIENER, Rechtsstaatliche Anforderungen an Einbürgerungsverfahren, S. 220).

828 Die Bundesverfassung von 1874 enthielt praktisch keine geschriebenen Verfahrensgarantien (Ausnahme: Recht auf den verfassungsmässigen Richter, Art. 58 aBV). Auch die heutige Liste ist nicht vollständig; das Recht auf Zugang zum Gericht und das Recht auf eine Entscheidung finden sich zum Beispiel nicht in der Verfassung, ergeben sich aber aus dem Grundsatz des «fair trial» (gemäss Art. 6 EMRK und Art. 14 UNO-Pakt II) und aus Art. 29 Abs. 1 und Art. 30 Abs. 1 BV (vgl. AUER/MALINVERINI/HOTTELIER, Bd. 2, N. 1170 und 1187 f.). Die im Rahmen der Justizreform in die Verfassung aufgenommene Rechtsweggarantie (Art. 29a BV) – die auch diese Ansprüche deckt – steht noch nicht in Kraft (vgl. N. 845).

II. Allgemeine Verfahrensgarantien (Art. 29 BV)

829 Ausgehend vom generellen Anspruch auf gleiche und gerechte Behandlung werden in Art. 29 BV Verfahrensgarantien aufgelistet, die früher aus Art. 4 aBV hergeleitet wurden. Die Praxis zu Art. 6 EMRK und Art. 14 UNO-Pakt II ist ausserdem immer im Auge zu behalten, weil sie auf eine konkretisierende Weise die schweizerische Rechtsprechung beeinflusst. So lassen sich das Waffengleichheitsgebot sowie die strafprozessualen Grundsätze «ne bis in idem» (vgl. N. 868a) und «nulla poena sine lege» auch aus Art. 29 Abs. 1 BV herleiten (REGINA KIENER in ZBJV 138 (2002) 664 f.).

830 Die Verfahrensgarantien *gelten umfassend für alle Gerichts- und Verwaltungsverfahren* (BBl 1997 I 181). Ihr Anwendungsbereich ist weiter als derjenige von Art. 6 Ziff. 1 EMRK (BGE 130 I 269 ff.).

1. Verbot der formellen Rechtsverweigerung

831 Formelle Rechtsverweigerung liegt vor, wenn ein formeller Rechtssatz, d.h. eine Verfahrens- oder Formvorschrift, unrichtig angewendet wird, sodass der betroffene Private nicht in den Genuss gleicher Rechtsanwendung gelangt.

a) Verbot der Verweigerung oder Verzögerung eines Rechtsanwendungsaktes (Art. 29 Abs. 1 BV)

832 Dieses Verbot wird verletzt, wenn eine Gerichts- oder Verwaltungsbehörde untätig bleibt oder das gebotene Handeln über Gebühr hinauszögert (dagegen bezieht es

sich grundsätzlich nicht auf das Verfahren der Rechtsetzung, BGE 130 I 174, 177 ff. E. 2.2). Voraussetzung dafür ist, dass ein Anspruch auf das Verfahren besteht und dass der Berechtigte ein Begehren an die Behörden stellt, die Sache an die Hand zu nehmen (vgl. JÖRG PAUL MÜLLER, Grundrechte in der Schweiz, S. 495).

In Anlehnung an Art. 6 Ziff. 1 EMRK wird in Art. 29 Abs. 1 BV ausdrücklich festgehalten, dass Anspruch «auf Beurteilung innert angemessener Frist» besteht.

Das Bundesgericht leitet in seiner Rechtsprechung aus dem Rechtsverweigerungsverbot unter bestimmten Voraussetzungen einen Anspruch auf Revision ab. Ein in Rechtskraft erwachsener Entscheid muss im Interesse der Wahrheitsfindung neu überprüft werden können, wenn er auf einer falschen tatsächlichen Grundlage beruht (vgl. BGE 127 I 133, 137 f. E. 6).

b) *Verbot des überspitzten Formalismus* (Art. 29 Abs. 1 BV)

Überspitzter Formalismus ist eine besondere Form der Rechtsverweigerung, die dann vorliegt, «wenn für ein Verfahren rigorose Formvorschriften aufgestellt werden, ohne dass die Strenge sachlich gerechtfertigt wäre, wenn die Behörde formelle Vorschriften mit übertriebener Schärfe handhabt oder an Rechtsschriften überspannte Anforderungen stellt» (BGE 112 Ia 305, 308). Denn dadurch wird dem Bürger der Rechtsweg in unzulässiger Weise, ohne sachlich vertretbaren Grund, abgeschnitten.

833

Zulässig – und aus Gründen der Rechtssicherheit unerlässlich – sind Fristen für Rechtsmittel. Nicht als überspitzt gilt die Zustellfiktion, wonach die Rechtsmittelfrist sieben Tage nach erfolglosem Zustellversuch zu laufen beginnt, selbst wenn die Post eine längere Abholfrist gewährt (BGE 127 I 31). Übertriebener Formalismus liegt aber z.B. vor, wenn

834

– die Rechtsmittelinstanz nur deshalb nicht auf einen rechtzeitig erhobenen Rekurs eintritt, weil der Rekurrent nicht gleichzeitig die vom Gesetz verlangte beglaubigte Abschrift des angefochtenen Entscheides beilegt (BGE 92 I 9 ff., Schreyer);

– ein Tessiner Gericht in einer Strafsache auf einen innert Frist in deutscher Sprache (statt in der italienischen Amtssprache) eingereichten Rekurs nicht eintritt (BGE 102 Ia 35 ff.).

In solchen Fällen muss eine kurze Nachfrist zur Behebung des Mangels angesetzt werden.

2. Anspruch auf rechtliches Gehör (Art. 29 Abs. 2 BV)

Das explizit durch die Verfassung gewährleistete rechtliche Gehör stellt eine fundamentale Garantie für ein rechtsstaatliches Verfahren dar. Es «dient der Sachaufklärung

835

und garantiert dem Betroffenen ein persönlichkeitsbezogenes Mitwirkungsrecht im Verfahren» (BGE 122 I 53, 55).

a) Begriff

836 Anspruch auf rechtliches Gehör ist der Anspruch einer Partei, in einem Gerichts- oder Verwaltungsverfahren mit ihrem Begehren angehört zu werden, Einblick in die Akten zu erhalten und zu den für die Entscheidung wesentlichen Punkten Stellung nehmen zu können. Vgl. zur Auslegung von Art. 29 Abs. 2 BV (anknüpfend an die bisherige Rechtsprechung zu Art. 4 Abs. 1 aBV) BGE 126 I 19 ff.

b) Geltungsbereich

837 Der Grundsatz gilt nach der heutigen Rechtsprechung für *alle Rechtsanwendungsverfahren*: Zivilprozesse, Strafprozesse, Schuldbetreibungs- und Konkurssachen, Verwaltungsverfahren. Nach der Rechtsprechung des Bundesgerichts greift der Anspruch auf rechtliches Gehör im Verwaltungsverfahren überall dort Platz, wo «die Gefahr besteht, dass der Einzelne durch den Erlass einer Verfügung in seinen rechtlich geschützten Interessen verletzt wird» (BGE 110 Ia 72, 75, Berger). Im Rechtsetzungsverfahren wäre eine individuelle Anhörung aller Betroffenen nicht praktikabel; hier kommen statt dessen demokratische Mitwirkungsrechte zur Anwendung. Auch wenn ein kantonales Parlament über die Gültigkeit einer Volksinitiative entscheidet, kann aus Art. 29 Abs. 2 BV kein Recht von Bürgern oder des Initiativkomitees auf Anhörung abgeleitet werden (BGE 123 I 63, 66 ff. E. 2, Charles Beer).

838 Im Einzelnen umfasst der Anspruch auf rechtliches Gehör:
- in der Regel die Möglichkeit des Betroffenen, sich zu allen relevanten Gesichtspunkten zu äussern und Beweisanträge zu stellen, bevor die Anordnung ergeht (vgl. BGE 107 Ia 273, Lauber) → Anspruch auf vorgängige Äusserung und Anhörung = rechtliches Gehör i.e.S.;
- die Mitwirkung bei Beweiserhebungen (z. B. Zeugeneinvernahmen und Augenscheinen; vgl. BGE 109 Ia 3);
- das Recht auf Stellungnahme zum Vorbringen der Gegenpartei und zum Ergebnis des Beweisverfahrens (z.B. zu Gutachten);
- das Akteneinsichtsrecht, wobei Einschränkungen zum Schutz berechtigter Geheimhaltungsinteressen Dritter oder überwiegender staatlicher Interessen zulässig sind (vgl. BGE 121 I 225, 227 ff. E. 2; ferner BGE 129 I 249, 253 f. E. 3, Meichtry, wonach auch ausserhalb eines hängigen Verfahrens ein Einsichtsrecht bestehen kann, sofern der Rechtsuchende ein schützwürdiges Interesse geltend macht);
- den Anspruch auf richtige Zusammensetzung der entscheidenden Behörde im Verwaltungsverfahren (für Gerichtsverfahren gilt Art. 30 Abs. 1 BV);

- den Anspruch auf Prüfung der Anträge und Stellungnahmen durch die verfügende oder urteilende Behörde, die sich in der Begründung des Entscheides niederschlägt;
- den Anspruch auf einen begründeten Entscheid (auch ein negativer Einbürgerungsentscheid stellt eine verfügungsmässige Erledigung eines Verfahrens dar, welche die Rechtsstellung eines Einzelnen unmittelbar berührt, und bedarf daher einer Begründung [BGE 129 I 232, 237 ff. E. 3.3, SVP der Stadt Zürich]; vgl. auch VPB 68 [2004] Nr. 82).

c) Rechtsnatur 839

Art. 29 Abs. 2 BV ist ein selbständiges Grundrecht formeller Natur. Das bedeutet, dass bei Verletzung des Anspruchs auf rechtliches Gehör ein angefochtener Entscheid aufgehoben wird unabhängig davon, ob er bei korrektem Verfahrensgang anders ausgefallen wäre (vgl. JÖRG PAUL MÜLLER, Grundrechte in der Schweiz, S. 516).

3. Anspruch auf unentgeltliche Rechtspflege (Art. 29 Abs. 3 BV)

Auch der Mittellose muss die Möglichkeit haben, zu seinem Recht zu kommen; sonst 840
würde nicht dasselbe Recht für alle gelten. Insofern ist die Gewährung von unentgeltlicher Rechtspflege ein Mittel zur Umsetzung der Rechtsgleichheit im Prozess.

Aus Art. 29 Abs. 3 BV resultieren zwei voneinander zu unterscheidende Ansprüche (vgl. dazu RHINOW, Rz. 2745 ff.).

a) Anspruch auf unentgeltliche Prozessführung
   (= unentgeltliche Rechtspflege i.e.S.)

Der Betroffene wird vorläufig von den Verfahrens- und Gerichtskosten befreit, wenn 841
er nicht über die nötigen finanziellen Mittel verfügt, also bedürftig ist, und wenn sein Rechtsbegehren nicht aussichtslos erscheint. Bedürftig ist eine Partei, wenn ihr die Mittel fehlen, um neben dem Lebensunterhalt für sich und die Familie die Gerichts- und Anwaltskosten aufzubringen.

Um zu beurteilen, ob ein Prozess nicht aussichtslos ist, wird von folgender Frage- 842
stellung ausgegangen: Würde eine über die nötigen Mittel verfügende Partei bei vernünftiger Überlegung das Risiko eingehen, den Prozess einzuleiten oder fortzuführen (BGE 105 Ia 113, 114)?

b) Anspruch auf unentgeltlichen Rechtsbeistand

Der Bedürftige hat das Recht, einen Anwalt beizuziehen, wenn seine (nicht aus- 843
sichtslos erscheinende) Sache eine Komplexität aufweist, die den Beizug eines Rechtsbeistandes zur Wahrung seiner Rechte als notwendig erscheinen lässt.

844 Der Anspruch auf unentgeltliche Rechtspflege kann grundsätzlich nur von natürlichen Personen für jedes Entscheid-Verfahren vor staatlichen Behörden geltend gemacht werden (JÖRG PAUL MÜLLER, Grundrechte in der Schweiz, S. 548 f.; vgl. allerdings PETER REETZ, Justizgrundsätze in der neuen Bundesverfassung, S. 13 f., der auch juristischen Personen das Recht auf unentgeltliche Rechtspflege zugestehen will).

> Vgl. BGE 128 I 225, der die unentgeltliche Verbeiständung im Massnahmenvollzug betrifft und die neuere Rechtsprechung prägnant zusammenfasst.

III. Rechtsweggarantie (Art. 29a BV)

845 Der von Art. 19 Abs. 4 des deutschen Grundgesetzes inspirierte Art. 29a BV wurde im März 2000 im Rahmen der Justizreform (vgl. N. 70 ff.) von Volk und Ständen angenommen und soll gleichzeitig mit der Ausführungsgesetzgebung in Kraft gesetzt werden, d.h. voraussichtlich erst im Jahr 2007! Danach hat jede Person bei Rechtsstreitigkeiten einen grundrechtlichen *Anspruch auf Beurteilung durch eine richterliche Behörde*. Allerdings können Bund und Kantone *durch Gesetz die richterliche Beurteilung in Ausnahmefällen ausschliessen*. Gleichzeitig mit Art. 29a wurde auch Art. 189 Abs. 4 in die Bundesverfassung aufgenommen, der in einem Spannungsverhältnis zur Rechtsweggarantie steht und wie folgt lautet:

> «Akte der Bundesversammlung und des Bundesrates können beim Bundesgericht nicht angefochten werden. Ausnahmen bestimmt das Gesetz.»

846 Im Rahmen dieser verfassungsrechtlichen Vorgaben wird die Tragweite der Rechtsweggarantie also wesentlich durch die Gesetzgebung bestimmt werden. Soweit Entscheide, die der gerichtlichen Beurteilung unterliegen sollten, nicht in die Kompetenz von Bundesrat oder Bundesversammlung gelegt werden, ergibt sich kein Konflikt zwischen Art. 189 Abs. 4 Satz 1 BV und der Rechtsweggarantie. Wenn sich ein Entscheid nicht für die Delegation an die Verwaltung eignet, ermöglicht Art. 189 Abs. 4 Satz 2 BV dem Gesetzgeber, auch Akte von Bundesrat und Bundesversammlung einer bundesgerichtlichen Prüfung zugänglich zu machen (vgl. BGE 129 II 193, 204, mit Hinweisen auf die Materialien).

847 Der Rechtsschutz muss nicht vom Bundesgericht gewährt werden. Es genügt, wenn der Rechtsuchende vor einem kantonalen Gericht Rechtsverletzungen sowie unrichtige oder unvollständige Feststellungen des Sachverhalts rügen kann. Soweit Ermessensüberprüfungen in Frage stehen, erweist sich die verwaltungsinterne Rechtspflege in der Regel als adäquater. MARKUS MÜLLER (Die Rechtsweggarantie, S. 177 ff. und 197) warnt zu Recht vor den Risiken einer Überforderung der Justiz, was bei der Umsetzung der Rechtsweggarantie bedacht werden müsse. Für die sach-

liche Richtigkeit ihrer Akte müsse die fachkompetente und vollzugserfahrene Verwaltung die primäre Verantwortung tragen; daher seien «administrative Letztentscheidungsräume» notwendig.

IV. Garantien im gerichtlichen Verfahren
(Art. 30 BV und Art. 6 Ziff. 1 EMRK)

In Art. 30 BV werden Verfahrensgarantien zusammengefasst, die früher verstreut waren und teilweise in Art. 58 und 59 aBV, kantonalem Recht oder in internationalen Übereinkommen wie Art. 6 EMRK und Art. 14 Ziff. 1 UNO-Pakt II zu suchen waren. 848

Im Gegensatz zu den allgemeinen Verfahrensgarantien von Art. 29 BV betrifft Art. 30 BV nur das Verfahren vor Gerichten, nicht jedoch Verfahren vor Verwaltungsinstanzen (BBl 1997 I 183; vgl. zur Abgrenzung ferner REGINA KIENER in ZBJV 138 [2002] 665 ff.). 849

1. Anspruch auf ein durch Gesetz geschaffenes, zuständiges, unabhängiges und unparteiisches Gericht (Art. 30 Abs. 1 BV)

Während Art. 29a BV den Zugang zum Gericht garantiert, legt Art. 30 Abs. 1 BV die Anforderungen an ein solches Gericht fest. Das Gericht muss im Gesetz vorgesehen, ordnungsgemäss bestellt und zusammengesetzt, örtlich, sachlich und funktional zuständig sowie unabhängig und unparteiisch sein. Auf diese Weise sollen ein faires Verfahren und ein gerechtes Urteil sichergestellt werden. Das bedeutet, dass *Ausnahmegerichte,* die ausserhalb der verfassungsmässigen Gerichtsorganisation stehen und nur für einen oder mehrere konkrete Fälle ad hoc gebildet werden, *unzulässig* sind (vgl. Art. 30 Abs. 1 Satz 2 BV). Dagegen sind *Spezialgerichte,* die durch Rechtssatz zur Wahrnehmung von Rechtsprechungsfunktionen auf einem bestimmten Sachgebiet (z.B. Miet-, Steuer-, Militärrecht) eingesetzt werden, *zulässig.* 850

In Art. 191c BV in der Fassung vom 12. März 2000 (noch nicht in Kraft) wird die *richterliche Unabhängigkeit* gewährleistet. Bei der Bestimmung der Anforderungen, die an die Unabhängigkeit und Unparteilichkeit des Richters i.S. von Art. 30 Abs. 1 und Art. 191c BV zu stellen sind, kann an die Rechtsprechung zu Art. 6 Ziff. 1 EMRK, der ein Recht auf ein «unabhängiges» und «unparteiisches» Gericht statuiert, angeknüpft werden. 851

Eine gute Zusammenfassung dieser Rechtsprechung findet sich in BGE 117 Ia 157, 160 ff.:

> Als konventionswidrig erachtete das Gericht z.B. die Personalunion von Untersuchungsrichter und erkennendem Strafrichter sowie diejenige von Überweisungsrichter und Sachrichter, ferner die Rege-

lung, wonach der bernische Strafmandatsrichter im gleichen Verfahren auf Einsprache hin als Strafrichter urteilte. Zulässig ist es hingegen, dass dieselben Richter, die den Sachentscheid getroffen haben, später über Revisionsbegehren entscheiden oder ein Abwesenheitsurteil erneut beurteilen. Keine Verletzung des Anspruchs auf einen unbefangenen Richter erblickte das Bundesgericht darin, dass ein Richter, der die Haftverlängerung bewilligt und ein Haftentlassungsgesuch abgewiesen hatte, später beim Entscheid über das Begehren betreffend Entschädigung für ungerechtfertigte Untersuchungshaft mitwirkte (BGE 116 Ia 387, 390 ff. E. 2; vgl. die zutreffende Kritik dieses Entscheid durch JÖRG PAUL MÜLLER in ZBJV 128 [1992] 454 f.). Unvoreingenommen ist nach Auffassung des Bundesgerichts auch der Richter, der eine Strafsache beurteilt hat, wenn er später über das Begehren des Angeklagten um Haftentschädigung befindet (BGE 119 Ia 221, 226 f. E. 3).

In BGE 116 Ia 14, 22 ff., Baragiola, nahm das Gericht zur Frage Stellung, wann die Unabhängigkeit und Unparteilichkeit von Richtern und Geschworenen durch Massenmedien gefährdet seien (vgl. dazu KARL SPÜHLER in SJZ 86 [1990] 349 ff.).

852 Der Gesetzgeber darf die *Einhaltung gewisser Verfahrensvorschriften* bei der Ausübung des Anspruchs auf ein unabhängiges und unparteiisches Gericht im Sinne von Art. 30 Abs. 1 BV und Art. 6 Ziff. 1 EMRK verlangen und z.B. den Anspruch als verwirkt erklären, wenn er nicht frist- und formgerecht gestellt wurde (BGE 118 Ia 282, 289 ff. E. 5).

853 Art. 30 Abs. 1 BV weist mit der Formulierung «jede Person, deren Sache in einem gerichtlichen Verfahren beurteilt werden muss» darauf hin, dass das Gesetz bestimmt, in welchen Fällen die Parteien eine gerichtliche Beurteilung verlangen können. Solange die Rechtsweggarantie von Art. 29a BV noch nicht in Kraft steht, ergibt sich ein genereller Anspruch auf ein gerichtliches Verfahren aus Art. 6 Ziff. 1 EMRK und Art. 14 Ziff. 1 UNO-Pakt II und der dazu entwickelten Rechtsprechung (BBl 1997 I 183).

854 Art. 6 Ziff. 1 EMRK gewährt bei «zivilrechtlichen Ansprüchen und Verpflichtungen» und «strafrechtlichen Anklagen» einen Anspruch auf gerichtliche Beurteilung. Diese völkerrechtlichen Begriffe werden unabhängig vom nationalen Recht ausgelegt und decken sich nicht mit der schweizerischen Auffassung vom Zivil- und Strafrecht. Wegen der autonomen Auslegung durch die Instanzen der EMRK erfuhr der Anwendungsbereich von Art. 6 Ziff. 1 EMRK eine ständige Ausdehnung, sodass zahlreiche Streitigkeiten, die nach schweizerischem Recht z.B. als verwaltungsrechtliche gelten, darunter fallen.

Gemäss der Rechtsprechung des Bundesgerichts, die sich an die Strassburger Praxis anlehnt, findet Art. 6 Ziff. 1 EMRK z.B. Anwendung auf strittige Bauvorhaben, Denkmalschutzmassnahmen, Enteignungen sowie Festsetzungen durch Nutzungspläne (vgl. WALTER HALLER, in: Peter Münch/Peter Karlen/Thomas Geiser [Hrsg.], Beraten und Prozessieren in Bausachen, Basel/Genf/München 1998, S. 395 ff.). Auch die Anordnung einer Autopsie fällt unter Art. 6 Ziff. 1 EMRK (BGE 127 I 115, 120 ff. E. 5).

2. Garantie des Wohnsitzrichters (Art. 30 Abs. 2 BV)

Die Formulierung von Art. 30 Abs. 2 BV wurde gegenüber Art. 59 Abs. 1 aBV wesentlich vereinfacht.

855

Sieht das Gesetz keine Ausnahmen vor, so hat eine natürliche oder juristische Person, gegen die eine Zivilklage erhoben wurde, Anspruch darauf, dass ihre Sache von einem Gericht im Wohnsitzkanton beurteilt wird. Die Garantie des Wohnsitzrichters gilt nur, wenn weder ein Bundesgesetz, kantonale Gesetze noch ein Staatsvertrag einen anderen Gerichtsstand vorsehen. Derartige besondere Gerichtsstandsregelungen sind vor allem vorgesehen im Bundesgesetz vom 11. April 1889 über Schuldbetreibung und Konkurs (SR 281.1), im Lugano-Übereinkommen vom 16. September 1988 über die gerichtliche Zuständigkeit und die Vollstreckung gerichtlicher Entscheidungen in Zivil- und Handelssachen (SR 0.275.11) und im Bundesgesetz vom 24. März 2000 über den Gerichtsstand in Zivilsachen (Gerichtsstandsgesetz), das am 1. Januar 2001 in Kraft trat (SR 272).

3. Grundsatz der Öffentlichkeit gerichtlicher Verfahren (Art. 30 Abs. 3 BV)

Grundsätzlich müssen Gerichtsverhandlung und Urteilsverkündung – nicht aber die Urteilsberatung – der Öffentlichkeit zugänglich sein. Nicht nur die Prozessparteien, sondern auch Drittinteressierte wie Presse und andere Massenmedien sollen Einblick erhalten in das Verfahren und die Gründe, die zu einer Entscheidung geführt haben. Ausnahmen von diesem Grundsatz können gesetzlich vorgesehen werden, wenn öffentliche Interessen oder der Schutz der Privatsphäre von Prozessbeteiligten dies verlangen.

856

Die Aufnahme des Grundsatzes der Öffentlichkeit wurde wesentlich durch Art. 6 Ziff. 1 EMRK angeregt. Der Anwendungsbereich von Art. 30 Abs. 3 BV ist aber breiter, weil er sich auf gerichtliche Verfahren allgemein bezieht und auf Einschränkungen wie «zivilrechtliche Ansprüche und Verpflichtungen» und «strafrechtliche Anklagen» (vgl. N. 854) verzichtet (a.M. jedoch das Bundesgericht in BGE 128 I 288; zutreffende Kritik dieses Entscheides durch REGINA KIENER in ZBJV 139 [2003] 733 f.).

857

V. Garantien bei Freiheitsentzug (Art. 31 BV und Art. 5 EMRK)

Eine der einschneidendsten Zwangsmassnahmen, die staatliche Behörden gegen einen Menschen anwenden können, ist der Entzug der Freiheit. Vgl. zum Begriff des Freiheitsentzugs N. 352.

858

859 Ein solcher Eingriff in das Grundrecht der persönlichen Freiheit (Art. 10 Abs. 2 BV) muss an strenge Voraussetzungen geknüpft sein. Art. 31 BV betrifft den *verfahrensmässigen Schutz* in Fällen von Freiheitsentzug.

860 Art. 31 Abs. 1 BV bestimmt, dass sowohl der Tatbestand, der zum Freiheitsentzug führt, als auch die Art und Weise des Eingriffs, vom Gesetz selbst vorgesehen sein müssen (vgl. RHINOW, Rz. 2780).

861 Art. 31 Abs. 2 BV verpflichtet die staatlichen Vollzugsorgane zur *Information*. Damit wird der Anspruch auf rechtliches Gehör gemäss Art. 29 Abs. 2 BV konkretisiert. Die betroffene Person muss über die Gründe des Freiheitsentzuges und ihre Rechte unverzüglich und in einer ihr verständlichen Sprache informiert werden, damit sie sich wirksam zur Wehr setzen kann.

Solche Rechte sind z.B. das Aussageverweigerungsrecht und das Recht auf gerichtliche Kontrolle des Freiheitsentzugs, ferner das Recht auf Benachrichtigung der nächsten Angehörigen. Ob ein Recht auf sofortigen Beizug eines Anwalts dazu gehört, ist umstritten (dafür sprechen sich SCHINDLER, Miranda Warning, S. 472 ff., und WYSS, «Miranda Warnings», S. 138 f. aus; dagegen RHINOW, Rz. 2785 f.).

> In seiner Rechtsprechung zu Art. 31 Abs. 2 BV konkretisierte das Bundesgericht den Begriff «unverzüglich»: Nicht nötig ist Aufklärung an Ort und Stelle; es genügt, wenn sie anlässlich der Polizeieinvernahme erfolgt (Urteil vom 3. Juni 2004 [1P.97/2004]).

> Der Informationsanspruch umfasst auch die Aufklärung über den Tatverdacht, kann sich doch der Festgenommene nur gegen einen ihm bekannten Vorwurf zur Wehr setzen (Urteil vom 23. Juni 2004 [1P.321/2004]). Aussagen, die in Unkenntnis des Schweigerechts gemacht wurden, sind – ähnlich der amerikanischen «exclusionary rule» – nicht verwertbar (BGE 130 I 126, 131 ff. E. 3).

862 Art. 31 Abs. 3 BV enthält zwei Garantien, die ausschliesslich den Fall der *Untersuchungshaft* betreffen: Jede Person, die in Untersuchungshaft genommen wird, muss *unverzüglich einer Richterin oder einem Richter vorgeführt* werden. Dadurch wird sichergestellt, dass eine unabhängige Instanz über die Fortdauer der Haft entscheidet. Zudem hat der Untersuchungsgefangene *Anspruch auf Beurteilung seiner Strafsache innert angemessener Frist.*

863 Art. 31 Abs. 4 BV gilt wieder für alle Arten des Freiheitsentzuges. Eingeräumt wird ein *Anspruch auf richterliche Kontrolle des Freiheitsentzuges,* die so rasch wie möglich zu erfolgen hat, da ansonsten Schadenersatzansprüche ausgelöst werden könnten (Art. 5 Ziff. 5 EMRK).

> «Jede Person, der die Freiheit entzogen wurde, soll grundsätzlich das Recht haben, die Rechtmässigkeit des Freiheitsentzugs durch ein Gericht überprüfen zu lassen. Eine Ausnahme bildet insofern lediglich der Fall, dass der Freiheitsentzug bereits durch ein Gericht angeordnet wurde. Je nach dem Grund des Freiheitsentzugs muss zudem die Möglichkeit bestehen, auch bei anfänglicher Anordnung bzw. Überprüfung durch ein Gericht jederzeit eine *erneute richterliche Kontrolle* zu verlangen. Dies gilt überall dort, wo die Gründe, welche die Haft ursprünglich rechtfertigten, im Lauf der

Zeit wegfallen können (insbesondere bei fürsorgerischer Freiheitsentziehung, aber auch etwa bei der Untersuchungshaft). In jedem Fall hat das Gericht, wie die Bestimmung in Anlehnung an Art. 5 Ziff. 4 EMRK ausdrücklich festhält, seinen Entscheid so rasch wie möglich zu fällen.» (BBl 1997 I 186)

Vgl. zu den Anforderungen an das Haftprüfungsverfahren BGE 126 I 172, 175 f. E. 3c.

VI. Strafverfahren (Art. 32 BV und Art. 6 Ziff. 2 und 3 EMRK)

Vor der Einführung von Art. 32 BV hat das Bundesgericht – um den völkerrechtlichen Normen gerecht zu werden – aus Art. 4 aBV verschiedene Minimalrechte angeschuldigter Personen abgeleitet, die nun ausdrücklich in der Verfassung stehen.

1. Grundsatz der Unschuldsvermutung (Art. 32 Abs. 1 BV)

Bis zum Nachweis ihrer Schuld hat eine angeschuldigte Person als nicht schuldig zu gelten. Dieser Nachweis ist erst mit einer rechtskräftigen Verurteilung erbracht. Der Grundsatz der Unschuldsvermutung bedeutet zunächst, dass es Sache der Strafverfolgungsbehörden ist, der angeschuldigten Person die Schuld nachzuweisen *(Beweislastregel)*. Des Weiteren hat ein Freispruch zu ergehen, wenn nach Würdigung der Beweise objektive Zweifel an der Schuld der angeklagten Person bestehen *(Beweiswürdigungsregel)*. Vgl. zur Tragweite der Unschuldsvermutung BGE 127 I 38, 40 ff.

2. Anspruch auf Information und Verteidigungsrechte (Art. 32 Abs. 2 BV)

Sollen die Verteidigungsrechte wirksam ausgeübt werden können, muss die angeschuldigte Person wissen, was ihr angelastet wird. Deshalb besteht ein Anspruch auf *möglichst rasche und umfassende Orientierung über die erhobenen Beschuldigungen*.

Zu den *Verteidigungsrechten* gehören das Recht auf ausreichende Zeit und Gelegenheit zur Verteidigung, das Recht, sich selbst zu verteidigen oder sich verteidigen zu lassen, das Recht, Fragen an die Belastungszeugen zu stellen oder stellen zu lassen, sowie unter Umständen das Recht, unentgeltlich einen Dolmetscher zu erhalten (vgl. BBl 1997 I 187).

3. Rechtsmittelgarantie (Art. 32 Abs. 3 BV)

868 Jede verurteilte Person hat das Recht, das Urteil durch eine höhere Instanz überprüfen zu lassen, ausser das Bundesgericht urteilt als einzige Instanz. Diese Garantie ergibt sich auch aus Art. 2 des Zusatzprotokolls Nr. 7 zur EMRK und aus Art. 14 Abs. 5 UNO-Pakt II (BBl 1997 I 187).

4. Grundsatz «ne bis in idem»

868a Der Grundsatz, wonach niemand wegen einer Handlung, wegen der er bereits rechtskräftig verurteilt oder freigesprochen worden ist, erneut verfolgt oder bestraft werden darf, ergibt sich nicht nur aus Art. 4 des Zusatzprotokolls Nr. 7 zur EMRK und Art. 14 Abs. 7 UNO-Pakt II, sondern lässt sich direkt aus der Bundesverfassung (Art. 29 Abs. 1) ableiten (BGE 128 II 355, 367 E. 5.2).

VII. Relevanz von Art. 36 BV für die Verfahrensgarantien?

869 Art. 36 BV nennt die Voraussetzungen, unter welchen die Grundrechte eingeschränkt werden können. Dieser Artikel ist auf die Freiheitsrechte zugeschnitten und für die Verfahrensgarantien von Art. 29–32 BV «nicht angemessen konzipiert» (BBl 1997 I 194). Es ist daher nicht zulässig, dass sich die Behörden auf Art. 36 BV berufen, um sich auf gesetzlicher Grundlage und unter Geltendmachung eines überwiegenden öffentlichen Interesses über elementare rechtsstaatliche Verfahrensgarantien hinwegzusetzen.

§ 27 Grundsätze der Besteuerung

> Literatur

HÖHN ERNST, Verfassungsgrundsätze über die Besteuerung, in: Aktuelle Probleme des Staats- und Verwaltungsrechts, Festschrift für Otto K. Kaufmann, Bern/Stuttgart 1989, S. 125 ff.; KLETT KATHRIN, Der Gleichheitssatz im Steuerrecht, ZSR NF 111/II (1992) 1 ff.; LOCHER PETER, Die staatsrechtliche Beschwerde wegen Verletzung von Art. 46 Abs. 2 [a]BV, ZBl 91 (1990) 97 ff.; REICH MARKUS, Das Leistungsfähigkeitsprinzip im Einkommenssteuerrecht, Archiv für Schweizerisches Abgaberecht 53 (1984) 5 ff.; REICH MARKUS, Von der normativen Leistungsfähigkeit der verfassungsrechtlichen Steuererhebungsprinzipien, in: Festschrift für Francis Cagianut, Bern/Stuttgart 1990, S. 97 ff.; SENN SILVIA MARIA, Die verfassungsrechtliche Verankerung von anerkannten Besteuerungsgrundsätzen unter besonderer Berücksichtigung des Leistungsfähigkeitsprinzips, Diss. Zürich 1999; WIDMER LUKAS, Das Legalitätsprinzip im Abgaberecht, Diss. Zürich 1988; YERSIN DANIELLE, L'égalité de traitement en droit fiscal, ZSR NF 111/II (1992) 147 ff.

> Rechtsgrundlage

– Art. 127 BV

I. Geltungsbereich

Art. 127 BV formuliert in Abs. 1 und 2 Grundsätze der Besteuerung, die durch die bundesgerichtliche Praxis zum Abgaberecht entwickelt wurden; in Abs. 3 wird das in Art. 46 Abs. 2 aBV enthaltene Doppelbesteuerungsverbot übernommen. Obwohl sich diese Grundsätze im Zuständigkeitsteil der Verfassung und dort im Kapitel über die Finanzordnung des Bundes befinden, ist davon auszugehen, dass sie im Hinblick auf ihren grundrechtlichen Charakter *für Bund und Kantone gleichermassen gelten*. Diese Auffassung entspricht auch dem Verständnis des Bundesgerichts (vgl. BGE 129 I 343, 353 ff. E. 5 betreffend das Legalitätsprinzip; BGE 128 I 240, 243 E. 2.3 bezüglich der Grundsätze der Allgemeinheit und Gleichmässigkeit der Besteuerung). Dass das Doppelbesteuerungsverbot (Abs. 3) der kantonalen Steuerhoheit Schranken setzt, versteht sich von selbst.

870

II. Legalitätsprinzip (Art. 127 Abs. 1 BV)

871 Im Abgaberecht hat das Legalitätsprinzip durch Rechtsprechung und Lehre eine besondere Ausgestaltung erfahren. Öffentliche Abgaben bedürfen nach der Praxis des Bundesgerichts der *Grundlage in einem Gesetz.* Delegiert das Gesetz die Kompetenz zur Festlegung einer Abgabe an den Verordnungsgeber, so muss es «zumindest den Kreis der Abgabepflichtigen, den Gegenstand und die Bemessungsgrundlagen selber festlegen» (BGE 125 I 182, 193 E. 4a, Association du Transport Aérien International [IATA]; vgl. auch die differenzierte Darstellung der an die gesetzliche Grundlage zu stellenden Anforderungen in VPB 64 (2000) Nr. 25 auf S. 359 ff.).

872 Diese Praxis wird nun in Art. 164 Abs. 1 lit. d BV für öffentliche Abgaben allgemein und in Art. 127 Abs. 1 BV für *Steuern,* d.h. für voraussetzungslos geschuldete öffentliche Abgaben, kodifiziert. Nicht vom Wortlaut der letzteren Bestimmung erfasst werden Kausalabgaben, d.h. Geldleistungen, die vom Staat als Entgelt für bestimmte Gegenleistungen oder besondere Vorteile erhoben werden; hier stellt die Praxis geringere Anforderungen an die Festsetzung der Bemessung «im Gesetz selbst», sofern das Mass der Abgabe durch überprüfbare verfassungsrechtliche Kriterien (vor allem das Kostendeckungs- und das Äquivalenzprinzip) begrenzt wird.

873 Schon bisher kam dem Erfordernis der gesetzlichen Grundlage im Abgaberecht die Bedeutung eines besonderen verfassungsmässigen Rechts zu, dessen Verletzung unmittelbar gestützt auf Art. 4 aBV (Rechtsgleichheit) und das Gewaltenteilungsprinzip mit staatsrechtlicher Beschwerde gerügt werden konnte. Inskünftig werden sich Beschwerdeführer gestützt auf Art. 127 Abs. 1 BV gegen Steuern, die einer genügenden gesetzlichen Grundlage entbehren, wehren können.

III. Allgemeinheit und Gleichheit der Besteuerung sowie Berücksichtigung des Leistungsfähigkeitsprinzips (Art. 127 Abs. 2 BV)

874 Art. 127 Abs. 2 BV wurde erst im Rahmen der parlamentarischen Beratungen auf Betreiben des Nationalrates in die nachgeführte Bundesverfassung eingefügt. Dem im Ständerat geäusserten Bedenken, dass die betreffenden Grundsätze für die direkte Besteuerung entwickelt worden seien und zu den indirekten Steuern nicht passten, wurde durch den Passus «soweit es die Art der Steuer zulässt» Rechnung getragen (vgl. zur Entstehungsgeschichte SILVIA MARIA SENN, Die verfassungsrechtliche Verankerung von anerkannten Besteuerungsgrundsätzen, S. 285 f.).

875 Die Grundsätze der Allgemeinheit und Gleichmässigkeit der Besteuerung sowie der Besteuerung nach der wirtschaftlichen Leistungsfähigkeit stellen eine *Konkretisierung der Rechtsgleichheit auf dem Gebiet des Steuerrechts* dar (BGE 126 I 76,

78 f. E. 2a). Wie bei der Auslegung von Art. 8 BV muss der Verfassungsrichter auch bei der Konkretisierung der in Art. 127 Abs. 2 BV niedergelegten Grundsätze die Gestaltungsfreiheit des Gesetzgebers berücksichtigen und sich eine gewisse Zurückhaltung auferlegen. So verlangt das Leistungsfähigkeitsprinzip nicht eine absolut gleiche Besteuerung bei gleicher wirtschaftlicher Leistungsfähigkeit.

Eine rechtsgleiche Besteuerung erfordert indes, dass der Gesetzgeber der *wirtschaftlichen Leistungsfähigkeit* der hauptsächlichen Gruppen von Steuerpflichtigen – Verheiratete, Alleinstehende, unverheirate Paare – Rechnung trägt; so hat die Belastung eines Ehepaares niedriger zu sein als die Belastung eines Alleinstehenden mit gleichem Einkommen, aber höher als die Belastung von zwei Alleinstehenden mit je der Hälfte des Einkommens des Ehepaares (BGE 120 Ia 329, 334 ff. E. 4). 876

> Gegen die Gleichheit der Besteuerung verstösst eine vollständige und undifferenzierte Abschaffung der Besteuerung des Eigenmietwertes, die nicht durch andere Massnahmen (wie Verzicht auf Abzug von Hypothekarzinsen und Unterhaltskosten) ausgeglichen wird. Denn wenn der Haus- oder Wohnungseigentümer den Nutzen, den er aus dem selbstbewohnten Heim zieht, nicht als Einkommen versteuern muss, bleibt der Ertrag des investierten Eigentums unbelastet und wird der Eigentümer gegenüber dem Mieter, der seinen Wohnungsaufwand nicht vom Einkommen abziehen darf, begünstigt (BGE 112 Ia 240, 243). Gemäss neuerer Praxis muss der Eigenmietwert mindestens 60% des Marktmietwertes betragen; 60% sind dabei nur als untere Limite, nicht aber als Regelwert zu verstehen (BGE 124 I 145, 154 ff., Niklaus Scherr; vgl. auch BGE 128 I 240, Niklaus Scherr, betr. Festsetzung der Eigenmiet- und der Vermögenssteuerwerte). 877
>
> Gegen die Rechtsgleichheit verstiess ferner ein kantonales Gesetz, das eine Feuerschutzabgabe allein von Gebäudeeigentümern erhob; denn vom Brandschutz profitieren auch Eigentümer beweglicher Sachen (BGE 122 I 305, 313 ff. E. 6, Chambre Vaudoise Immobilière).

IV. Doppelbesteuerungsverbot (Art. 127 Abs. 3 BV)

1. Konkretisierung durch die bisherige bundesgerichtliche Praxis

Das Nebeneinander von 26 kantonalen Steuerrechten kann zur Mehrfachbesteuerung des nämlichen Steuerobjekts führen. Um dies zu vermeiden, wurde der Bundesgesetzgeber durch Art. 46 Abs. 2 aBV angewiesen, Bestimmungen gegen Doppelbesteuerung zu erlassen. Er kam jedoch diesem Gesetzgebungsauftrag nie nach. 878

In dieser Situation entwickelte das Bundesgericht in einer mehr als hundertjährigen Praxis die für die Vermeidung von Doppelbesteuerung notwendigen Kollisionsregeln, wobei es das Doppelbesteuerungsverbot als direkt anwendbares *verfassungs-*

mässiges Recht der Bürger konzipierte, das gleichzeitig der *Abgrenzung der kantonalen Steuerhoheiten* diente.

Die neue Bundesverfassung übernimmt das Doppelbesteuerungsverbot mit einer Formulierung, die jedem betroffenen Steuerpflichtigen weiterhin einen *direkt einklagbaren Anspruch* gewährt, der bis vor Bundesgericht geltend gemacht werden kann. Gleichzeitig wird aber «eine Gesetzgebungskompetenz des Bundes nicht ausgeschlossen, soweit einmal gesetzliche Bestimmungen notwendig sein sollten» (BBl 1997 I 346).

2. Schutzobjekt und Geltungsbereich

879 Eine gegen die Verfassung verstossende Doppelbesteuerung liegt vor, wenn ein Steuerpflichtiger von zwei oder mehreren Kantonen für das nämliche Steuerobjekt und für die gleiche Zeit zur Steuerleistung herangezogen wird (BGE 101 Ia 384, 386).

880 Das Doppelbesteuerungsverbot *gilt nur im interkantonalen Verhältnis*. Die Abgrenzung der Steuerhoheiten zwischen den Gemeinden eines Kantons richtet sich nach kantonalem Recht. Zur Vermeidung internationaler Doppelbesteuerungen sind Verträge mit dem Ausland notwendig.

881 Das Doppelbesteuerungsverbot ist *nur auf bestimmte Steuern anwendbar*. Grundsätzlich nicht in seinen Anwendungsbereich fallen – neben Kausalabgaben – reine Zwecksteuern von geringer Höhe, wie namentlich Kurtaxen (BGE 102 Ia 143, 144 f., Caretta).

882 Die Besteuerung durch einen nach den bundesgerichtlichen Kollisionsregeln nicht zuständigen Kanton ist auch bei bloss *virtueller Doppelbesteuerung* unzulässig, d.h., wenn der zuständige Kanton den betreffenden Sachverhalt nicht besteuert. So hat z.B. der Umstand, dass Kinderalimente dem Wohnsitzkanton des Empfängers zur ausschliesslichen Besteuerung zustehen, zur Folge, dass der Kanton, in welchem der Verpflichtete wohnt, sie in jedem Fall zum Abzug von dessen steuerbarem Einkommen zulassen muss, auch wenn der Wohnsitzkanton des Empfängers diese Alimente nicht besteuert (BGE 121 I 75, 78).

3. Bundesgerichtliche Kollisionsregeln

a) Allgemeines

883 Zur Abgrenzung der kantonalen Steuerhoheiten wird in BGE 101 Ia 384, 388 in grundsätzlicher Weise ausgeführt:

«Die Besteuerung bestimmter Steuerobjekte ist demjenigen Kanton zuzuweisen, zu dem der die Steuerpflicht auslösende Sachverhalt die engsten Beziehungen hat, wobei wirtschaftliche Überlegungen von Bedeutung sind, sowie vor allem die Notwendigkeit, zwischen den Kantonen einen gerechten Ausgleich zu finden (BGE 99 Ia 229 E. 2b). Im weitern können auch Erfordernisse der Praktikabilität eine gewisse Ordnung der Aufteilung der Steuerhoheiten nahelegen.»

b) Die wichtigsten Anknüpfungspunkte

In seiner langjährigen Praxis hat das Bundesgericht eine Reihe von Kollisionsregeln formuliert: 884

Einkommen aus unselbständiger Tätigkeit ist im *Wohnsitzkanton* zu besteuern, Einkommen aus selbständiger Tätigkeit im *Kanton der Berufsausübung* (BGE 95 I 21).

Unterhaltszahlungen (nach neuer Praxis auch Ehegattenalimente) dürfen nur im Wohnsitzkanton des Empfängers besteuert werden. Der Alimentenschuldner kann sie von seinem steuerbaren Einkommen abziehen (BGE 121 I 150).

Das *bewegliche Vermögen* und dessen Ertrag werden grundsätzlich vom *Wohnsitzkanton* des Pflichtigen besteuert (BGE 99 Ia 223, 228, Haas). Die Erhebung von Erbschaftssteuern von beweglichem Vermögen steht dem Wohnsitzkanton des Erblassers zu (BGE 108 Ia 252).

Liegenschaften und der aus ihnen fliessende Ertrag unterstehen der Steuerhoheit des *Kantons der gelegenen Sache* (BGE 101 Ia 384, 388).

Vermögenswert und Ertrag eines Geschäfts werden vom *Kanton der Geschäftsniederlassung* besteuert.

V. Rechtsträger

Auf die in Art. 127 BV verankerten Grundsätze der Besteuerung können sich alle natürlichen und juristischen Personen berufen, die in der Schweiz steuerpflichtig sind. 885

§ 28 Petitionsrecht

> Literatur

Hotz Reinhold, Petitionsfreiheit, in: Verfassungsrecht der Schweiz, § 52; Muheim Franz-Xaver, Das Petitionsrecht ist gewährleistet, Diss. Bern 1981; Raissig Jürgen E., Das Petitionsrecht in der Schweiz – Relikt oder Chance?, Diss. Zürich 1977.

> Rechtliche Grundlagen

– Art. 33 BV (Art. 57 aBV)

I. Schutzobjekt

1. Begriff

886 Gemäss Art. 33 BV hat jede Person das Recht, Petitionen an Behörden zu richten. Es dürfen ihr daraus keine Nachteile erwachsen, und die Behörden haben von der Petition Kenntnis zu nehmen.

887 Mit dieser Umschreibung folgt die neue Bundesverfassung der bisherigen Rechtsprechung und Lehre. In einem neueren Urteil fasste das Bundesgericht die wesentlichen Elemente des Petitionsrechts wie folgt zusammen:

> «Die Petitionsfreiheit … gestattet es jedermann, ungehindert Bitten, Vorschläge, Kritiken oder Beschwerden an die Behörden zu richten, ohne deswegen Belästigung oder Rechtsnachteile irgendwelcher Art befürchten zu müssen. Die Behörde ist verpflichtet, von der Petition Kenntnis zu nehmen und sie einzusehen. Der Petitionär soll aufgrund seiner Petition die Möglichkeit haben, von der Behörde gehört zu werden.» (Urteil vom 5. November 1997 in ZBl 99 [1998] auf S. 426)

888 Im Allgemeinen geht man davon aus, dass nur schriftliche und unterzeichnete Petitionen zur Kenntnis genommen werden müssen. Auf jeden Fall muss die Petition ein Begehren enthalten.

2. Gegenstand der Petition

Gegenstand der Petition kann grundsätzlich jede staatliche Tätigkeit sein. 889

In der Praxis stellte sich die Frage, ob das Petitionsrecht nur für Sachgeschäfte 890
oder auch für Wahlen gelte. Mit einer Petition kann nach Auffassung des Bundesgerichts auch die Verschiebung einer Wahl beantragt werden. Es genügt jedoch in solchen Fällen, wenn der Präsident des Wahlgremiums dem Plenum vom Eingang der Petition Kenntnis gibt, ohne sie im Plenum zu verlesen (BGE 98 Ia 484, 489).

Petitionen an Gerichte kommen nur für jene Bereiche in Frage, die nicht unmit- 891
telbar mit einem bestimmten Verfahren in Verbindung stehen (z.B. Fragen der Gerichtsverwaltung). Dagegen darf ein Gericht nicht auf Petitionen eingehen, die ein konkretes Gerichtsverfahren betreffen, weil sonst der Anspruch auf einen unabhängigen und unparteiischen Richter im Sinne von Art. 30 Abs. 1 BV und Art. 6 Ziff. 1 EMRK (vgl. N. 850 ff.) verletzt würde (BGE 119 Ia 53, 56 f.). Den Verfahrensbeteiligten stehen die prozessualen Mittel zur Verfügung, um ihre Standpunkte im Prozess geltend zu machen. Schriftsätze von nicht am Gerichtsverfahren beteiligten Dritten im Sinne der amerikanischen «briefs of amicus curiae» sind dem schweizerischen Recht fremd.

3. Adressaten und ihre Pflichten

Petitionen können an irgendeine staatliche Stelle auf irgendeiner Ebene gerichtet 892
sein; Petitionen an unzuständige Stellen sind von diesen an die zuständige Behörde zu überweisen (BGE 98 Ia 489).

Gemäss Rechtsprechung des Bundesgerichts hat der Petent – im Gegensatz zum 893
Beschwerdeführer in einem Rechtsmittelverfahren – *keinen Anspruch auf materielle Behandlung,* ja nicht einmal auf Beantwortung seiner Eingabe. Die Behörde ist lediglich *verpflichtet, vom Inhalt der Petition Kenntnis zu nehmen,* sie einzusehen. Vgl. BGE 104 Ia 434, 437 f., Stauffacher:

> «Il s'agit d'une simple liberté qui ne confère pas de droit à une prestation positive et qui ressortit fondamentalement à la liberté d'opinion. Le citoyen doit avoir, grâce au droit de pétition, la possibilité d'être entendu par les autorités. Dans le cas contraire, le droit de pétition n'aurait guère de portée. L'autorité qui fermerait la porte aux pétitions, ou qui ne les transmettrait pas à l'autorité à laquelle elles sont destinées, violerait la constitution.»

> Diese restriktive Praxis wird zu Recht von JÖRG PAUL MÜLLER (Grundrechte in der Schweiz, S. 390) kritisiert: Nur wenn die zuständige Behörde sich mit dem Inhalt einer Petition auseinandersetze und diese beantworte, könne die Petition ihre Funktion als Kommunikationsmittel zwischen Einzelnen und staatlichen Organen erfüllen.

> Vor allem neuere Kantonsverfassungen pflegen ausdrücklich vorzusehen, dass Petitionen zu beantworten sind. So müssen Petitio-

nen nach Art. 20 Abs. 3 der Berner Kantonsverfassung von der zuständigen Behörde innerhalb eines Jahres geprüft und beantwortet werden.

894 In der Bundesrepublik Deutschland hat das Petitionswesen in Bund und Ländern eine grosse Bedeutung; gewisse Petitionsausschüsse erfüllen eine ähnliche Funktion wie eine Ombudsstelle.

895 In der *Praxis der Bundesversammlung* wird jede Petition behandelt, wenn auch in der Regel viel summarischer als in der Bundesrepublik Deutschland. Beide Räte haben ständige Petitionskommissionen. Nicht offensichtlich abwegige Petitionen, die in die Zuständigkeit der Bundesversammlung fallen, werden sogar dem Plenum vorgelegt. In jedem Fall erfolgt eine schriftliche Beantwortung der Petition.

896 Gegen den Petenten dürfen wegen der Petition *keine Sanktionen* verhängt werden.

II. Rechtsnatur

897 Das Petitionsrecht, das auch als «Petitionsfreiheit» bezeichnet wird, ist ein Grundrecht und damit ein *verfassungsmässiges Recht.* Häufig wird es als Freiheitsrecht qualifiziert (z.B. vom Bundesgericht in dem in N. 887 erwähnten Urteil). AUBERT (No. 2010) betrachtet das Petitionsrecht als einen Teilaspekt der Meinungsfreiheit. Dagegen ordnen AUER/MALINVERNI/HOTTELIER (Bd. 2, N. 1455 ff.) das Petitionsrecht richtigerweise den rechtsstaatlichen Garantien zu. Gegen die Auffassung als Freiheitsrecht spricht auch, dass die Einreichung der Petition auf Seiten des Staates verfahrensrechtliche Verpflichtungen auslöst.

898 Anders als bei den politischen Rechten wird dem Bürger durch das Petitionsrecht kein eigentliches Recht auf Mitwirkung bei der staatlichen Willensbildung vermittelt.

899 Gewisse Parallelen bestehen zwischen Petitionen und den von einer Behörde, z.B. vom Bundesrat, veranlassten Vernehmlassungen (vgl. N. 1812). Wenn z.B. eine nicht zur Stellungnahme eingeladene Organisation eine Vernehmlassung einreicht, muss diese zumindest als Petition entgegengenommen werden.

III. Rechtsträger

900 Die Petitionsfreiheit steht allen *urteilsfähigen natürlichen Personen* zu.
901 Während früher zum Teil Handlungsfähigkeit verlangt wurde, wird heute davon ausgegangen, dass das Recht auch urteilsfähigen Unmündigen zusteht.

Die Petitionsfreiheit steht auch *Ausländern* zu, und zwar – entgegen noch vereinzelt anzutreffender gegenteiliger Auffassung – auch in politischen Materien.   902

Auch *juristische Personen* können sich auf die Petitionsfreiheit berufen.   903

IV. Einschränkungen

Die Nähe des Petitionsrechts zu den Freiheitsrechten rechtfertigt es, bei der Beurteilung der Zulässigkeit von Einschränkungen Art. 36 BV analog anzuwenden.   904

Gewisse Einschränkungen kann das Petitionsrecht von *Personen im Sonderstatusverhältnis* erfahren. In BGE 100 Ia 77 wurde entschieden, dass die disziplinarische Bestrafung von Strafgefangenen wegen unerlaubter heimlicher Kontaktnahme zur Sammlung von Unterschriften sowie unerlaubter Weiterleitung eines «offenen Briefes» an den Bundesrat die Petitionsfreiheit nicht verletze. Das Bundesgericht liess offen, ob dem Strafgefangenen stets nur die Einreichung einer Einzelpetition zu gestatten sei oder ob man ihm auch die Organisation einer kollektiven Petition (Unterschriftensammlung) ermöglichen müsse. Wörtlich führte das Gericht auf S. 80 aus: 905

> «Auch wenn sich aus dieser Verfassungsvorschrift [Art. 57 aBV = Art. 33 BV] eine Ausnahme von der inhaltlichen Briefkontrolle und eventuell sogar ein Anspruch auf Bewilligung der Sammlung von Unterschriften in der Strafanstalt ergibt, so ist damit das *heimliche Sammeln von Unterschriften* und das *Hinausschmuggeln einer Postsendung* nicht gerechtfertigt. Der Strafgefangene kann das in Art. 57 [a]BV gewährleistete Petitionsrecht nur im Rahmen der Anstaltsordnung ausüben.»

In BGE 109 Ia 208, Groupe Action Prison Genève, gelangte das Bundesgericht zum Ergebnis, dass die Behörden des Kantons Genf nicht das Petitionsrecht verletzten, als sie dem die Interessen von Strafgefangenen vertretenden Verein Groupe Action Prison verboten, vor der Strafanstalt Champ-Dollon Unterschriften für eine Petition zu Gunsten von intimitätswahrenden Besuchsräumen zu sammeln. Die Einschränkung des Petitionsrechts war nach Ansicht des Gerichts dadurch gerechtfertigt, dass es zuvor in der Strafanstalt zu schweren, durch die Groupe Action Prison unterstützten Ordnungsstörungen gekommen war.   906

4. Kapitel: Soziale Grundrechte

§ 29 Rechtliche Struktur von sozialen Grundrechten und Sozialzielen

> Literatur

BENZ CHRISTIAN, Die Kodifikation der Sozialrechte, Diss. Zürich 1973; BIGLER-EGGENBERGER MARGRITH, Nachgeführte Bundesverfassung: Sozialziele oder Sozialrechte, in: FS für Yvo Hangartner, St. Gallen 1998, S. 497 ff.; BORGHI MARCO (Hrsg.), Costituzione e diritti sociali, Freiburg i.Ü. 1990; GRISEL ETIENNE, Les droits sociaux, ZSR NF 92/II (1973) 1 ff.; KÜNZLI JÖRG, Soziale Menschenrechte: blosse Gesetzgebungsaufträge oder individuelle Rechtsansprüche?, AJP 1996, 527 ff.; MAHON PASCAL, Droits sociaux et réforme de la Constitution, in: FS für Jean-François Aubert, Basel/Frankfurt a.M. 1996, S. 385 ff.; MÜLLER JÖRG PAUL, Soziale Grundrechte in der Verfassung?, 2. Aufl., Basel/Frankfurt a.M. 1981; TSCHUDI HANS PETER, Die Sozialziele der neuen Bundesverfassung, Schweizerische Zeitschrift für Sozialversicherung und berufliche Vorsorge 43 (1999) 364 ff.

I. Soziale Grundrechte

907 Soziale Grundrechte sind «verfassungsrechtliche Gewährleistungen bestimmter staatlicher Leistungen in der Form individualrechtlicher Verbürgungen» (JÖRG PAUL MÜLLER, Soziale Grundrechte in der Verfassung?, S. 172). Die Verfassung gewährleistet also hier dem Einzelnen *subjektive, unmittelbar anwendbare* und grundsätzlich *gerichtlich durchsetzbare Ansprüche auf bestimmte Leistungen des Gemeinwesens*.

908 Die neue Bundesverfassung garantiert zwei soziale Grundrechte, nämlich das *Recht auf Hilfe in Notlagen* (Art. 12 BV; vgl. § 30) sowie einen *Anspruch auf ausreichenden und unentgeltlichen Grundschulunterricht* (Art. 19 BV; vgl. § 31).

909 AUER/MALINVERNI/HOTTELIER (Bd. 2, S. 697 ff. und 719 ff.) reihen auch den Anspruch auf unentgeltliche Rechtspflege und das Streikrecht unter die sozialen Grundrechte ein. Der Anspruch auf unentgeltliche Rechtspflege (vgl. N. 840 ff.) ist indes primär ein verfahrensmässiges Mittel zur Umsetzung der Rechtsgleichheit im

Prozess, also eine Verfahrensgarantie i.S. von Art. 29 ff. BV, während das Streikrecht (vgl. N. 568 ff.) ein Teilelement eines Freiheitsrechts, nämlich der Koalitionsfreiheit, darstellt.

Art. 11 Abs. 1 BV betreffend Schutz der Kinder und Jugendlichen ist derart vage formuliert, dass nicht zu erkennen ist, welche individuellen und gerichtlich durchsetzbaren Ansprüche auf positive staatliche Leistungen unmittelbar daraus abgeleitet werden sollen. 910

II. Sozialziele

Im Gegensatz zu den sozialen Grundrechten begründen die Sozialziele von Art. 41 BV *keine klagbaren Rechte des Individuums.* Sie *richten sich an die politischen Instanzen* und weisen diese zum Tätigwerden in sozial wichtigen Bereichen an. 911

Es geht also um *programmatisch formulierte Handlungsaufträge.* Die in den Sozialzielen enthaltenen finalen Vorgaben müssen Schritt für Schritt im politischen Prozess realisiert werden; sie müssen die sich entwickelnden gesellschaftlichen Bedürfnisse, die in der Legislaturplanung festgesetzten Prioritäten und vor allem auch die zur Verfügung stehenden finanziellen Ressourcen berücksichtigen. Für die unmittelbare Umsetzung solcher offen formulierten Ziele durch die Gerichte bleibt wenig Raum. Immerhin können die Sozialziele bei der Konkretisierung des Gleichheitssatzes und bei der Anwendung von Gesetzen, die offene, stark auslegungsbedürftige Formulierungen enthalten, als Wertungsgesichtspunkte herangezogen werden. 912

Die neue Bundesverfassung listet in *Art. 41* wichtige *sozialpolitische Zielsetzungen* auf. Sie betreffen elementare menschliche Bedürfnisse wie Gesundheit, soziale Sicherheit, Wohnen, Bildung und Arbeit. Der Artikel war in der Verfassungsdiskussion umstritten. Der Wortlaut, auf den man sich schliesslich einigte, enthält mehrere Kautelen, die verhindern sollen, dass aus Sozialzielen unmittelbar Zuständigkeiten oder subjektive Ansprüche abgeleitet werden. So haben sich Bund und Kantone «in Ergänzung zu persönlicher Verantwortung und privater Initiative» (Subsidiaritätsprinzip, vgl. Abs. 1) sowie «im Rahmen ihrer verfassungsmässigen Zuständigkeiten und ihrer verfügbaren Mittel» (Abs. 3) für die Sozialziele einzusetzen. Abs. 4 bringt die Abgrenzung zu sozialen Grundrechten in prägnanter Weise zum Ausdruck: «Aus den Sozialzielen können keine unmittelbaren Ansprüche auf staatliche Leistungen abgeleitet werden.» 913

§ 30 Recht auf Hilfe in Notlagen

| Literatur |

Amstutz Kathrin, Das Grundrecht auf Existenzsicherung, Diss. Bern 2002; Auer Andreas, Le droit à des conditions minimales d'existence: un nouveau droit social?, in: FS für Charles-André Junod, Genf 1997, S. 27 ff.; Gysin Charlotte, Der Schutz des Existenzminimums in der Schweiz, Diss. Basel 1999.

| Rechtsgrundlagen |

– Art. 12 BV
– Art. 9, 11 und 12 UNO-Pakt I

I. Begründung durch die Praxis des Bundesgerichts

914 Im Jahr 1995 entschied das Bundesgericht, dass das Recht auf Existenzsicherung durch ungeschriebenes Verfassungsrecht des Bundes gewährleistet ist (BGE 121 I 367, 370 ff. E. 2). Auf dieses Recht könnten sich auch Ausländer berufen, unabhängig von ihrem aufenthaltsrechtlichen Status. Das Bundesgericht argumentierte zutreffend, die Sicherung elementarer menschlicher Bedürfnisse wie Nahrung, Kleider und Obdach sei «*die* Bedingung menschlicher Existenz und Entfaltung überhaupt» und «zugleich unentbehrlicher Bestandteil eines rechtsstaatlichen und demokratischen Gemeinwesens». Darüber bestehe ein weitgehender Konsens, und auch die gerichtliche Durchsetzbarkeit sei gewährleistet, soweit ein Minimum staatlicher Leistung für ein menschenwürdiges Dasein unabdingbar sei.

915 In BGE 122 II 193, 201 E. 3c betrachtete das Bundesgericht einen unbefristeten Entzug sämtlicher Fürsorgeleistungen (unter Einschluss der für das physische Überleben notwendigen) zumindest für die Zeit unzulässig, «in der es dem Beschwerdeführer rechtlich verwehrt oder objektiv unmöglich ist, seinen Lebensunterhalt selber zu bestreiten».

II. Verankerung in der neuen Bundesverfassung

In Anlehnung an die bundesgerichtliche Praxis und die fast einhellige Lehre schlug der Bundesrat im Rahmen der Nachführung der Bundesverfassung in Art. 10 des Verfassungsentwurfs von 1996 ein Recht auf Existenzsicherung mit folgendem Wortlaut vor: 916

> «Wer in Not ist, hat Anspruch auf Hilfe und Betreuung und auf die
> Mittel, die für ein menschenwürdiges Dasein unerlässlich sind.»
> (vgl. BBl 1997 I 149 ff. und 591)

Im Vernehmlassungsverfahren und in der parlamentarischen Beratung wurden Einwände gegen diesen Vorschlag erhoben. Um die Kritiker zu beschwichtigen, fügte man – im Sinne des Subsidiaritätsprinzips – den Passus «und nicht in der Lage sind, für sich zu sorgen» ein. Zudem bringt der neue Titel («Recht auf Hilfe in Notlagen» anstelle des vom Bundesrat vorgeschlagenen «Rechts auf Existenzsicherung») klarer zum Ausdruck, dass kein zahlenmässig bestimmbares Existenzminimum (etwa im Sinne des betreibungsrechtlichen Notbedarfs nach Art. 93 Abs. 1 SchKG) garantiert wird. 917

Was den *Umfang der staatlichen Leistungspflicht* anbelangt, so wird die Praxis dem Art. 12 BV schärfere Konturen verleihen müssen. *Richtpunkt* ist dabei der absolut geltende Grundsatz der *Menschenwürde* (Art. 7 BV). Daher kann nicht entscheidend sein, aus welchen Gründen die Notlage entstanden ist, sofern es jemandem objektiv unmöglich ist, sich die für ein menschenwürdiges Dasein unabdingbaren Mittel zu verschaffen. Allen Personen in der Schweiz, die in Not geraten, wird das für ein Leben in Würde unerlässliche Mass an Nahrung, Kleidung und Obdach gewährt. Zu diesen elementaren Bedürfnissen gehört auch die (im bundesrätlichen Entwurf, BBl 1997 I 151, bewusst nicht erwähnte und der Beurteilung durch die Rechtsprechung überlassene) medizinische Grundversorgung, soweit sie zur Erhaltung des Lebens und eines menschenwürdigen Daseins notwendig ist. – Die Orientierung am Grundsatz der Menschenwürde zeigt wohl deutlich, dass es sich bei diesem Grundrecht – trotz der helvetisch vorsichtigen Formulierung des Titels von Art. 12 BV – um das handelt, was das Bundesgericht bereits 1995 zutreffend als «Recht auf Existenzsicherung» bezeichnet hat. 918

JÖRG PAUL MÜLLER (Grundrechte in der Schweiz, S. 174) weist zutreffend darauf hin, dass sich aus der Praxis des UNO-Ausschusses für wirtschaftliche, soziale und kulturelle Rechte zu Art. 11 UNO-Pakt I Impulse für die Konkretisierung von Art. 12 BV gewinnen lassen. 919

In BGE 130 I 71, 77 ff. E. 5, entschied das Bundesgericht, dass die Ausrichtung materieller Hilfe mit der Auflage verbunden werden dürfe, an Beschäftigungs- und Integrationsmassnahmen teilzunehmen, die den Überlebensbedarf sicherstellen. 919a

§ 31 Anspruch auf Grundschulunterricht

> **Literatur**

ECKSTEIN KARL ALEXANDER, Schule und Elternrecht, Diss. Basel 1979; GEBERT PIUS, Das Recht auf Bildung nach Art. 13 des UNO-Paktes über wirtschaftliche, soziale und kulturelle Rechte, Diss. Freiburg i.Ü. 1996; KÄMPFER WALTER, Bestand und Bedeutung der Grundrechte im Bildungsbereich in der Schweiz, EuGRZ 8 (1981) 687 ff.; MAERKI HILDEGARD, Das Prinzip des obligatorischen unentgeltlichen und genügenden Primarunterrichts gemäss Art. 27 [a]BV, Diss. Zürich 1947; PLOTKE HERBERT, Schweizerisches Schulrecht, Bern/Stuttgart 1979; RECHSTEINER WERNER A., Die Volksschule im Bundesstaat, Diss. Zürich 1978; RICHLI PAUL, Chancengleichheit im Schul- und Ausbildungssystem als Problem des Staats- und Verwaltungsrechts, ZBl 96 (1995) 197 ff.

> **Rechtliche Grundlagen**

– Art. 19 BV (Art. 27 Abs. 2 aBV)
– Art. 13 und 14 UNO-Pakt I

I. Anspruch auf ausreichenden und unentgeltlichen Grundschulunterricht als soziales Grundrecht

920 Art. 27 Abs. 2 aBV übertrug den Kantonen die Sorge für genügenden Primarunterricht. Dieser sollte obligatorisch und an den öffentlichen Schulen unentgeltlich sein.

921 Der Verfassungsentwurf von 1996 bestimmte im Abschnitt über die Staatsaufgaben, nämlich in Art. 78 Abs. 2, dass die Kantone für einen ausreichenden, obligatorischen und unentgeltlichen Grundschulunterricht zu sorgen hätten. Im Grundrechtsteil fehlte eine entsprechende Norm.

922 Schon unter der Bundesverfassung von 1874 war indes allgemein anerkannt, dass ein subjektiver, klagbarer Anspruch auf unentgeltlichen Primarunterricht bestehe. Davon ging auch der Bundesrat in seiner Botschaft zum Verfassungsentwurf von 1996 aus, indem er ausführte, dass die Unentgeltlichkeit der Grundausbildung ein justiziables «kleines Sozialrecht» darstelle, welches das Gemeinwesen zu einer positiven Leistung verpflichte (BBl 1997 I 278).

Diesen Überlegungen trug das Parlament bei der Beratung des Verfassungsentwurfs Rechnung, indem es ausdrücklich im Grundrechtsteil in Art. 19 einen Anspruch auf ausreichenden und unentgeltlichen Grundschulunterricht gewährleistete.

Bei der Konkretisierung dieses Anspruchs ist die in Art. 62 BV festgelegte Kompetenzordnung zu berücksichtigen. Im Rahmen der in Art. 62 Abs. 2 BV enthaltenen Vorgaben bestimmen die Kantone selber, was sie als ausreichenden Grundschulunterricht betrachten.

II. Rechtsträger

Auf die Unentgeltlichkeit des Grundschulunterrichts können sich alle betroffenen Kinder und deren Eltern, die in der Schweiz wohnen, unabhängig von ihrer Staatsangehörigkeit berufen (BBl 1997 I 278). 923

Der amerikanische Supreme Court erklärte unter Hinweis auf die besondere Bedeutung der Erziehung ein texanisches Gesetz, das Kindern illegal eingewanderter Ausländer den Schulbesuch untersagen wollte, als Verstoss gegen den Gleichheitssatz des XIV. Amendment (Plyler v. Doe, 457 U.S. 202 [1982]). 924

III. Bisherige Entwicklung durch die Praxis

Bis zum Jahr 1999 waren Streitigkeiten betreffend das kantonale Schulwesen vom Bundesrat (mit Weiterzugsmöglichkeit an die Bundesversammlung) zu beurteilen; neu ist das Bundesgericht hierfür letztinstanzlich zuständig (vgl. N. 1933). 925

Dass der Primarunterricht als solcher unentgeltlich erfolgen muss, wurde nie bestritten. Zu rechtlichen Auseinandersetzungen gab jedoch wiederholt die Frage Anlass, wie weit das Gemeinwesen auch die Transportkosten der Schüler tragen müsse. Der Bundesrat entwickelte dabei die Praxis, dass bei einem Schulweg von übermässiger Länge oder grosser Gefährlichkeit die Anforderungen des genügenden Primarunterrichts nur durch einen vom Staat zu bezahlenden, für die Eltern unentgeltlichen Transport sichergestellt werden können (vgl. z.B. VPB 64 [2000] Nr. 1, S. 17 ff., und Nr. 56, S. 677 ff.). 926

> Grundlegende Ausführungen zum Anspruch auf Grundschulunterricht finden sich in BGE 129 I 12: Der Anspruch diene der Verwirklichung der Chancengleichheit. Alle Menschen in der Schweiz sollen ein Mindestmass an Bildung erhalten. Zwar bleibe den Kantonen bei der Ausgestaltung eines «ausreichenden» Grundschulunterrichts ein erheblicher Gestaltungsspielraum, doch müsse die Ausbildung «genügen, um die Schüler auf ein selbstverantwortliches Leben im modernen Alltag vorzubereiten», was auch eine Mindestdauer der Schulpflicht (grundsätzlich neun Jahre) bedinge. Allerdings sei es zulässig, das Grundrecht in sinngemässer Anwendung von Art. 36 BV zu konkretisieren; Einschränkungen seien daran zu messen, ob sie mit dem verfassungsrechtlich garantierten Minimal- 927

standard noch zu vereinbaren seien. Eine Gesetzesbestimmung, welche die Möglichkeit vorsah, Schülerinnen und Schüler wegen eines den Schulbetrieb erheblich beeinträchtigenden Verhaltens während höchstens zwölf Schulwochen pro Schuljahr vom Unterricht auszuschliessen, konnte nach Ansicht des Bundesgerichts verfassungskonform ausgelegt werden. Die Möglichkeit eines Ausschlusses diene in solchen Fällen dazu, den Anspruch anderer Schüler auf Grundschulunterricht durch vorübergehenden Ausschluss eines Störers zu schützen. Allerdings hat das Gemeinwesen in der Regel eine Weiterbetreuung ausgeschlossener Grundschüler durch geeignete Personen oder öffentliche Institutionen zu gewährleisten (vgl. dazu auch BGE 129 I 35).

IV. Ausblick

928 Die künftige, vom Bundesgericht zu entwickelnde Praxis wird klären müssen, was unter «ausreichendem ... Grundschulunterricht» zu verstehen ist. Bedeutet «Grundschulunterricht» i.S. von Art. 19 BV dasselbe wie «Primarunterricht» gemäss Art. 27 Abs. 2 aBV? Oder rechtfertigt das vom Verfassungsgeber bekundete Streben nach Herstellung der Chancengleichheit in der grundlegenden Ausbildung eine extensivere Auslegung, die zum Beispiel auch die Unentgeltlichkeit eines Teils der höheren Schulausbildung sowie einer ausreichenden beruflichen Ausbildung mitumfasst? Vgl. zum Letzteren die Botschaft des Bundesrates über die Volksinitiative «für ein ausreichendes Berufsbildungsangebot (Lehrstellen-Initiative)» in BBl 2001, 97 ff.

929 Bei der Konkretisierung von Art. 19 BV sollten auch die mit der Ratifizierung des UNO-Pakts I übernommenen völkerrechtlichen Garantien im Auge behalten werden, auch wenn sie bis anhin grösstenteils als nicht unmittelbar gerichtlich durchsetzbar qualifiziert worden sind (vgl. N. 245). In Art. 13 Abs. 2 lit. b UNO-Pakt I anerkennen die Vertragsstaaten, dass im Hinblick auf die volle Verwirklichung des Rechts auf Bildung «die verschiedenen Formen des höheren Schulwesens einschliesslich des höheren Fach- und Berufsschulwesens auf jede geeignete Weise, insbesondere durch allmähliche Einführung der Unentgeltlichkeit, allgemein verfügbar und jedermann zugänglich gemacht werden müssen». In BGE 130 I 113, 123 f., liess das Bundesgericht immerhin die Möglichkeit offen, Art. 13 Abs. 2 lit. b des UNO-Pakts I im Zusammenhang mit der Anwendung anderer Normen über den allgemeinen Zugang zum Hochschulunterricht, z.B. über Studiengebühren, als Auslegungshilfe mitzuberücksichtigen.

3. Teil: Bund, Kantone und Gemeinden

1. Kapitel: Rechtsstellung von Bund und Kantonen

§ 32 Rechtsstellung des Bundes

Literatur

FRENKEL MAX, Föderalismus und Bundesstaat, Recht und Probleme des Bundesstaates im Spannungsfeld von Demokratie und Föderalismus, Bd. 1: Föderalismus, Bern 1984, Bd. 2: Bundesstaat, Bern 1986; HANGARTNER YVO, Bundesstaat im Wandel, ZSR NF 97/I (1978) 379 ff.; IMBODEN MAX, Die staatsrechtliche Problematik des schweizerischen Föderalismus, in: Max Imboden, Staat und Recht, Ausgewählte Schriften und Vorträge, Basel/Stuttgart 1971, S. 175 ff.; KNAPP BLAISE, Le fédéralisme, ZSR NF 103/II (1984) 275 ff.; SALADIN PETER, Bund und Kantone, Autonomie und Zusammenwirken im schweizerischen Bundesstaat, ZSR NF 103/II (1984) 431 ff.; SALADIN PETER, Wozu noch Staaten?, Mainz/Bern/München/Wien 1995; ZIMMERLI ULRICH, Bund – Kantone – Gemeinden, in: Zimmerli, Die neue Bundesverfassung, S. 35 ff.

I. Staatscharakter des Bundes

1. Staatsbegriff

Entsprechend der vorherrschenden Definition kann der Staat umschrieben werden als der *mit höchster Herrschaftsgewalt ausgestattete Verband eines Volkes auf einem bestimmten Gebiet.* Der Staatsbegriff setzt sich also aus den drei Elementen Staatsvolk, Staatsgebiet und Staatsgewalt zusammen. Verschiedentlich wird die Souveränität als weiteres Element aufgeführt; in der vorliegenden Definition ist dieses Merkmal in das Element Staatsgewalt miteinbezogen, die als höchste Herrschaftsgewalt aufgefasst wird.

930

Der Bund weist alle Elemente der Staatlichkeit auf: Er hat ein Staatsvolk, ein Staatsgebiet und eine höchste Staatsgewalt.

2. Staatsvolk des Bundes

931 Art. 1 BV spricht neu nicht mehr von «Völkerschaften» der Kantone, sondern vom «Schweizervolk», das zusammen mit den namentlich aufgeführten Kantonen die schweizerische Eidgenossenschaft bildet. Damit wird klargestellt, dass – im Gegensatz zu einem Staatenbund – Kantone und Volk gemeinsam den schweizerischen *Bundesstaat* konstituieren. Zudem kommt die grundsätzliche Gleichberechtigung der Kantone in der neuen Formulierung besser zum Ausdruck.

3. Staatsgebiet des Bundes

932 Die Bundesverfassung bestimmt in Art. 1 auch das Territorium des Bundes. Dieses besteht aus der *Gesamtheit aller Kantonsgebiete.* Die Schweiz kennt kein Bundesterritorium, das nicht gleichzeitig Kantonsterritorium ist. In den USA hingegen hat der District of Columbia, in dem die Hauptstadt Washington liegt, eine besondere Rechtsstellung; er untersteht direkt dem Kongress. Es handelt sich dabei um sogenannt bundesunmittelbares Territorium.

4. Staatsgewalt des Bundes

933 Deutlichster Ausdruck der Staatlichkeit ist die *selbständige, höchste Staatsgewalt,* über die der Bund auf seinem Territorium verfügt. Sie manifestiert sich in der von Bundesbehörden ausgeübten Rechtsetzung, Verwaltung und Justiz. Im Gegensatz zu den Kantonen hat der Bund höchste Staatsgewalt – man spricht von der Souveränität des Bundes. Zwar üben auch die Kantone staatliche Gewalt aus; diese ist aber keine höchste Staatsgewalt, denn ihr Rahmen wird von der Verfassung des Bundes bestimmt.

Durch eine Änderung der Bundesverfassung kann der Kompetenzbereich der Kantone eingeschränkt werden. In diesem Sinn erklärt ein Teil der Lehre (so FLEINER/ GIACOMETTI, S. 38), der Bund habe die sogenannte *«Kompetenzkompetenz»,* eben die Kompetenz, in seiner Verfassung die Verteilung der staatlichen Aufgaben zwischen Bund und Kantonen zu bestimmen. Zeitgemäss ist der Ausdruck *Kompetenzhoheit* (des Bundes).

Die höchste oder souveräne Staatsgewalt des Bundes findet ihren normativen Ausdruck in der *Unableitbarkeit der Bundesverfassung.* Während das Recht von Kantonen und deren Gemeinden (Art. 50 BV) «allein aufgrund und im Rahmen der Bundesverfassung besteht» (TSCHANNEN, § 16 Rz. 2), kann diese selbst nicht von höheren Rechtsnormen abgeleitet werden.

II. Bundesstaatlicher Charakter der Eidgenossenschaft

1. Begriff des Bundesstaates

Der Bundesstaat zeichnet sich durch seine innere föderalistische Gliederung aus; er kann als *aus Gliedstaaten zusammengesetzter Staat* bezeichnet werden.   934

Eine präzise und allgemeingültige Definition des Bundesstaates stösst auf grosse Schwierigkeiten, weil die föderativen Ordnungen sehr unterschiedlich und die Übergänge zwischen dezentralisiertem Einheitsstaat und Bundesstaat fliessend sind. Eine *empirische Umschreibung,* die von den klassischen Bundesstaaten USA, Bundesrepublik Deutschland und Schweiz ausgeht, führt eher zu einem Ergebnis.   935

2. Kennzeichen des schweizerischen Bundesstaates

Das Bonner Grundgesetz erklärt in Art. 20 Abs. 1: «Die Bundesrepublik Deutschland ist ein demokratischer und sozialer Bundesstaat.» Im Gegensatz dazu bezeichnet auch die nachgeführte Bundesverfassung die Schweiz nicht ausdrücklich als Bundesstaat.   936

Insgesamt kommt aber das bundesstaatliche Element in der neuen Bundesverfassung besser zum Ausdruck. So widmet die neue Bundesverfassung dem Verhältnis von Bund und Kantonen ein eigenes Kapitel (Art. 42–53 BV). Dabei trägt sie dem *dreistufigen Staatsaufbau* besser Rechnung, indem die *Gemeinden* ausdrücklich erwähnt werden (vgl. den 3. Titel und Art. 50 BV). Unabhängig von derartigen Formulierungen ist die Schweizerische Eidgenossenschaft zweifellos als ein freiheitlich-rechtsstaatlicher, demokratischer und sozialer Bundesstaat zu verstehen. Dies ergibt sich aus dem Gesamtsystem der Bundesverfassung, dem diese Strukturprinzipien als «identitätsstiftende Kernstücke» zugrunde liegen (vgl. Botschaft zur Reform der Bundesverfassung, BBl 1997 I 14 ff.).   937

Nach schweizerischer Vorstellung sind es vor allem zwei Elemente, die den bundesstaatlichen Charakter unseres Staates ausmachen: 938

– Die *staatlichen Kompetenzen* werden durch die Bundesverfassung *zwischen Bund und Kantonen verteilt* (vgl. N. 1049 ff.).

– Die *Kantone* sind *an der Willensbildung des Bundes beteiligt* (vgl. N. 949 ff.). Als wichtigste Form steht ihnen die Beteiligung an der Verfassungsgebung des Bundes zu: Die Bundesverfassung kann nicht gegen den Willen der Mehrheit der Kantone abgeändert werden (Art. 140 Abs. 1 lit. a und Art. 195 BV). Jede Begründung von Bundeskompetenzen bedarf der Zustimmung der Mehrheit der Kantone. Die Kantone haben also ein Mitwirkungsrecht bei der Umschreibung der bundesstaatlichen Kompetenzordnung.

3. Gegensatz zum Staatenbund

939 Der bundesstaatliche Charakter zeigt sich deutlich in der Gegenüberstellung zum Staatenbund. Der *Staatenbund* ist der *vertragliche Zusammenschluss von souveränen Staaten.*

Vor der Errichtung des Bundesstaates 1848 stellte die Schweiz, abgesehen von der Epoche der Helvetik, einen Staatenbund dar. Dass der schweizerische Bundesstaat 1848 aus einem Staatenbund entstanden ist, hat aber nur historische Bedeutung; juristisch kann unser Bundesstaat nicht vom Staatenbund abgeleitet werden. Dies kommt nun in Art. 1 BV auch besser zum Ausdruck (vgl. N. 931).

940 Der Gegensatz von Staatenbund und Bundesstaat äussert sich vor allem in zwei Punkten:

– Der *Staatenbund* ist – anders als der Bundesstaat – *kein Staat;* Staatscharakter kommt in diesem Fall nur den Bundesgliedern zu. Der Staatenbund übt gegenüber den Bürgern keine Staatsgewalt aus. Er hat im Allgemeinen nicht die Kompetenz, Gesetze mit unmittelbarer Verbindlichkeit für den Bürger zu erlassen und zu vollziehen. Für den schweizerischen Bundesstaat ist aber gerade wesentlich, dass das für den Bürger verbindliche Recht zum Teil vom Bund (z.B. ZGB, OR, StGB), zum Teil von den Kantonen (z.B. kantonales Steuer- und Baurecht) erlassen wird.

– Der *Staatenbund* beruht auf einem *Vertrag,* der Bundesstaat auf einer Verfassung. Die Änderung des Bundesvertrages setzt in der Regel Einstimmigkeit der Bundesglieder voraus, die Bundesverfassung hingegen kann nach dem Mehrheitsprinzip abgeändert werden.

§ 33 Rechtsstellung der Kantone

> **Literatur**

BAUMGARTNER SERGE, Die Standesinitiative, Diss. Basel 1980; BUSER DENISE, Kantonales Staatsrecht, Basel/Genf/München 2004; GIACOMETTI ZACCARIA, Das Staatsrecht der schweizerischen Kantone, Zürich 1941; HÄBERLE PETER, Die Kunst der kantonalen Verfassunggebung – das Beispiel einer Totalrevision in St. Gallen, ZBl 98 (1997) 97 ff.; HÄNNI PETER, (Hrsg.), Schweizerischer Föderalismus und europäische Integration – Die Rolle der Kantone in einem sich wandelnden internationalen Kontext, Zürich 2000; IMBODEN MAX, Die staatsrechtliche Problematik des schweizerischen Föderalismus, in: Max Imboden, Staat und Recht, Ausgewählte Schriften und Vorträge, Basel/Stuttgart 1971, S. 175 ff.; JAAG TOBIAS, Die Rechtsstellung der Kantone in der Bundesverfassung, in: Verfassungsrecht der Schweiz, § 30; JAAG TOBIAS, Die Halbkantone nach der Gründung des Kantons Jura, ZBl 80 (1979) 145 ff.; MARTENET VINCENT, L'autonomie constitutionnelle des cantons, Basel 1999; NUSPLIGER KURT, Grundzüge der Behördenstruktur im Verfassungsrecht der Kantone, in: Verfassungsrecht der Schweiz, § 69; PFISTERER THOMAS, Neue Partnerschaft zwischen Bund und Kantonen, ZBl 96 (1995) 258 ff.; PIPPIG ANNA, Verfassungsrechtliche Grundlagen des Finanzausgleichs, Diss. Zürich 2002; REICH MARKUS, Grundzüge der föderalistischen Finanzordnung, in: Verfassungsrecht der Schweiz, § 76; SCHINDLER DIETRICH (sen.), Die Gleichheit der Kantone, in: Dietrich Schindler, Recht, Staat, Völkergemeinschaft, Zürich 1948, S. 147 ff.; SCHMID GERHARD, Die Bedeutung gliedstaatlichen Verfassungsrechts in der Gegenwart, VVDStRL 46 (1988) 92 ff.; SCHMID GERHARD, Souveränität, Staatlichkeit und Identität der Kantone, ZBl 85 (1984) 104 ff.; SIEGWART KARINE, Die Kantone und die Europapolitik des Bundes, Diss. Freiburg i.Ü. 1997; THÜRER DANIEL, «Wir, die Männer und Frauen ...» – Ein Porträt der jüngsten schweizerischen Kantonsverfassung, ZBl 97 (1996) 433 ff.; VERFASSUNGSREFORM ALS FÖDERALISMUSREFORM – DER VERFASSUNGSENTWURF 1995 AUS DER SICHT DER KANTONE, Schriften zur schweizerischen Rechtspolitik, Zürich 1997, mit Beiträgen von Blaise Knapp, Thomas Pfisterer, Alexander Ruch und Rainer J. Schweizer; WEBER-MANDRIN MONIQUE, Öffentliche Aufgaben der Kantonsverfassungen, Diss. Zürich 2001; WILI HANS-URS, Kollektive Mitwirkungsrechte von Gliedstaaten in der Schweiz und im Ausland, Diss. Bern 1988.

> **Materialien**

– Botschaft des Bundesrates zur Neugestaltung des Finanzausgleichs und der Aufgabenteilung zwischen Bund und Kantonen (NFA) vom 14. November 2001, BBl 2002, 2291 ff.

I. Autonomie der Kantone

1. Die beschränkte Staatsqualität der Kantone

Die neue Bundesverfassung umschreibt die Stellung der Kantone sowie ihre Rechte und Pflichten in allgemeiner Weise, unter starker Betonung des *partnerschaftlichen Zusammenwirkens mit dem Bund* (Art. 43–49 BV).

941

942 Kantonsverfassungen pflegen jeweils den Kanton als Staat oder sogar als souveränen Staat zu bezeichnen. Obwohl die Kantone im Sinne des Völkerrechts nicht souverän sind und ihnen auch innerstaatlich keine Letztentscheidungsbefugnis zukommt, wird in Art. 3 BV die staatsrechtlich widersprüchliche Formulierung von Art. 3 aBV fast wörtlich übernommen, um der Empfindlichkeit der Kantone Rechnung zu tragen. Danach sind die Kantone «souverän», allerdings nur «soweit ihre Souveränität nicht durch die Bundesverfassung beschränkt ist».

943 In älteren Bundesstaatstheorien wurde der Frage, ob die Gliedstaaten souverän seien oder wenigstens eine «nichtsouveräne Staatlichkeit» beanspruchen könnten, grosses Gewicht beigemessen (vgl. die Übersicht über die Entwicklung der Lehre vom Bundesstaat bei HALLER/KÖLZ, Allgemeines Staatsrecht, S. 143 ff.). Diese Frage ist heute kaum von Bedeutung. Insbesondere hat der Begriff der Souveränität durch die völkerrechtliche Einbindung der Nationalstaaten eine zunehmende Sinnentleerung erfahren.

944 Der Realität am nächsten kommt wohl die Feststellung, dass die Kantone eine *beschränkte Staatsqualität* aufweisen. Zweifellos verfügen sie über eigenes Territorium und Volk, doch bestehen ihre Kompetenzen nur in dem von der Bundesverfassung gezogenen und durch eine Mehrheit von Volk und Ständen jederzeit veränderbaren Rahmen. Entsprechend sind die Kantone nur in ganz beschränktem Mass Völkerrechtssubjekte (obwohl ihnen die Bundesverfassung mehr Spielraum belässt als die meisten Verfassungen ausländischer Bundesstaaten). Anderseits besitzen sie als öffentlich-rechtliche Körperschaften eine eigene Rechtspersönlichkeit, wobei ihre Autonomie – im Gegensatz zu derjenigen der Gemeinden (vgl. N. 975 ff.) – in der Bundesverfassung selber begründet und zudem umfangmässig viel bedeutender ist.

2. Inhalt der kantonalen Autonomie

945 Zu den Wesensmerkmalen bundesstaatlicher Verfassungsordnungen gehört es, dass den Gliedern eines Bundesstaates in einem bestimmten Rahmen *selbständige Entscheidungsbefugnisse* (= Autonomie) garantiert werden.

Die *Erhaltung einer substantiellen Eigenständigkeit der Kantone* ist das Bestreben der neuen Verfassungsordnung. Dies kommt – neben den Mitwirkungsrechten der Kantone im Bund (Art. 45 BV) – vor allem in den Art. 46 und 47 BV zum Ausdruck. Art. 46 BV spricht bei der Thematisierung des «Vollzugsföderalismus» nicht von «Vollzug», sondern von *«Umsetzung»* des Bundesrechts. Dieser Artikel verdeutlicht, dass der Vollzug von Bundesrecht durch die Kantone nicht einfach eine Verwaltungsaufgabe darstellt, sondern ein wichtiges Element der politischen Gestaltung umfasst, bei dessen Wahrnehmung den Kantonen möglichst grosse Freiräume sowie ausreichende Finanzquellen zu belassen sind. Art. 47 BV verpflichtet den Bund zudem generell, die Eigenständigkeit der Kantone zu wahren; Art. 47 Abs. 2 BV, der im Rahmen der Föderalismusreform (vgl. N. 74a) eingefügt wurde, präzisiert, dass der Bund den Kantonen ausreichend eigene Aufgaben und Finanzierungsquellen belässt und ihre Organisationsautonomie beachtet.

a) Verfassungsautonomie

Die wichtigste Konsequenz der Autonomie besteht im Recht der Kantone, *eigene Verfassungen* zu erlassen. Die Verfassungsautonomie der Schweizer Kantone ist verglichen mit derjenigen der österreichischen Länder gross. So entscheiden die Kantone über ihre Organisation, z.B. über Parlament, Regierung und Gerichte, über die kantonalen politischen Rechte der Bürger, über das Kantonsbürgerrecht und über die Gemeindeorganisation. Allerdings sind sie dabei an den Rahmen des Bundesrechts, insbesondere an die in Art. 51 BV enthaltenen Vorschriften, gebunden. Die kantonale Verfassungsautonomie ist also nicht unbeschränkt.

946

b) Gesetzgebungsautonomie

Die Bundesverfassung überlässt *viele Sachbereiche der Regelung durch den kantonalen Gesetzgeber*. Das gilt insbesondere für die Bereiche der Kultur, des Schul- und Gesundheitswesens, für einen Teil des Polizei-, Bau- und Strassenrechts sowie für einen grossen Teil des Prozessrechts und des Steuerrechts. Allerdings ist dabei der kantonale Gesetzgeber an die Vorschriften des Bundesrechts, so insbesondere an die Grundrechte der Bundesverfassung, gebunden. Die gesetzgeberische Tätigkeit der Kantone ist nach wie vor recht umfangreich.

947

c) Bedeutung der kantonalen Autonomie

Die Autonomie der Kantone ist das *Kernstück des Bundesstaates*. Ein wesentliches Ziel der im Jahr 2004 beschlossenen Föderalismusreform (vgl. N. 74a) besteht darin, die staats- und finanzpolitische Handlungsfähigkeit der Kantone zu stärken, indem die Verantwortung für die Aufgabenerfüllung zwischen Bund und Kantonen klarer verteilt («Aufgabenentflechtung») und das finanzielle Gefälle zwischen den Kantonen mittels eines neuen Finanzausgleichsystems (vgl. N. 970 ff.) verringert wird.

948

II. Mitwirkungsrechte der Kantone im Bund

Neben der Kompetenzaufteilung stellen die kantonalen Mitwirkungsrechte ein *wesentliches Element des Bundesstaates* dar. Diese Mitwirkungsrechte machen die Kantone zu Organen des Bundes. Sie bedeuten, dass die *Kantone an der Willensbildung des Bundes beteiligt* sind.

949

Die *besondere Stellung der Kantone bei der Willensbildung im Bund* stellt Art. 45 BV ausdrücklich fest: Während Abs. 1 auf die in speziellen Normen geregelten Mitwirkungsrechte verweist, statuiert Abs. 2 in genereller Weise Informationsrechte der Kantone und Konsultationspflichten des Bundes.

1. Obligatorisches Verfassungsreferendum
(Art. 140 Abs. 1 lit. a und c und Art. 142 Abs. 2–4 BV)

950 Die Kantone sind – neben dem Volk – Organe der Verfassungsgebung des Bundes. Für eine Verfassungsänderung ist die Zustimmung der Mehrheit der Kantone, d.h. von zwölf Kantonen, erforderlich. Dabei haben gemäss Art. 142 Abs. 4 BV die Kantone Obwalden, Nidwalden, Basel-Stadt, Basel-Landschaft, Appenzell Ausserrhoden und Appenzell Innerrhoden je eine halbe Standesstimme. Die blosse Stimmengleichheit von annehmenden und ablehnenden Kantonen genügt nicht.

951 Die Beteiligung an der Verfassungsrevision ist das wichtigste Mitwirkungsrecht der Kantone. Dass eine vom Volk angenommene Vorlage am Ständemehr scheiterte, war früher eine Seltenheit, doch haben sich solche Fälle seit 1970 gehäuft (zwei Fälle bis 1970; seither weitere sechs Fälle). So scheiterten am 12. Juni 1994 die Vorlagen zur Kulturförderung und zur erleichterten Einbürgerung junger Ausländer ausschliesslich am Ständemehr (vgl. auch N. 1798). Noch seltener ist die (bisher nur dreimal eingetroffene) Konstellation, dass eine Vorlage von einer Mehrheit der Kantone angenommen und vom Volk verworfen wird. Jüngstes Beispiel: Verwerfung der Volksinitiative «gegen Asylrechtsmissbrauch» am 24. November 2002; während zwölfeinhalb Stände zustimmten, lehnte das Volk die Initiative mit einer hauchdünnen Mehrheit von 50,1% ab.

952 Eine analoge Regelung gilt für verfassungsändernde dringliche Bundesgesetze gemäss Art. 165 Abs. 3 BV i.V.m. 140 Abs. 1 lit. c. Auch sie bedürfen der Zustimmung von Volk und Ständen, da durch sie die Bundesverfassung materiell abgeändert wird. Im Gegensatz zu formellen Verfassungsänderungen findet hier allerdings die Abstimmung erst nach dem Inkrafttreten der Beschlüsse statt.

2. Standesinitiative (Art. 160 Abs. 1 BV i.V.m. Art. 115 ParlG)

953 Die Standesinitiative kann alle Regelungen, die in den Kompetenzbereich der Bundesversammlung fallen, insbesondere eine Gesetzes- oder Verfassungsvorlage, zum Gegenstand haben. Jeder Kanton ist zu ihrer Einreichung berechtigt. Sie muss schriftlich an die Bundesversammlung gerichtet werden.

954 Die Standesinitiative hat nicht die gleiche rechtliche Tragweite wie die Volksinitiative gemäss den Art. 138 und 139 BV, bei der zwingend eine Volksabstimmung stattfindet; sie ist nur ein Initiativbegehren, ein Antrag an die Bundesver-

sammlung. Diese entscheidet, ob dem Begehren entsprochen wird. Obwohl nicht sehr wirksam, wird die Standesinitiative oft benützt.

3. Obligatorisches Staatsvertragsreferendum (Art. 140 Abs. 1 lit. b BV)

Der Beitritt zu Organisationen für kollektive Sicherheit (z.B. UNO) oder zu supranationalen Gemeinschaften (z.B. EU) muss – wie eine Verfassungsänderung – von der Mehrheit des Volkes und der Kantone gutgeheissen werden. Einen neueren Anwendungsfall bildet die Abstimmung vom 3. März 2002 über den Beitritt der Schweiz zur UNO, der beinahe am Ständemehr gescheitert wäre (vgl. N. 202). 955

4. Fakultatives Referendum gegen Bundesgesetze und Bundesbeschlüsse (Art. 141 Abs. 1 lit. a, b und c BV)

Gleich wie 50 000 Stimmberechtigte können auch acht Kantone bei Gegenständen der einfachen Gesetzgebung das Referendum verlangen (Art. 141 Abs. 1 lit. a BV). Diese Möglichkeit besteht auch für dringlich erklärte Bundesgesetze, deren Geltungsdauer ein Jahr übersteigt (lit. b), und für Bundesbeschlüsse, soweit dies Verfassung oder Gesetz vorsehen (lit. c). Dabei kann das fakultative Referendum bei den dringlich erklärten Bundesgesetzen nur ein nachträgliches sein, da diese ihrem Wesen nach sofort in Kraft gesetzt werden müssen. 956

> Ein «Kantonsreferendum» ist in der Geschichte des schweizerischen Bundesstaates nur einmal zustande gekommen, nämlich im Jahr 2003 gegen ein vom Bund geschnürtes «Steuerpaket», das bei kantonalen Finanzdirektoren wegen befürchteter Steuerausfälle auf erbitterten Widerstand stiess, elf Kantone zum Ergreifen des Referendums veranlasste und am 16. Mai 2004 vom Volk klar verworfen wurde. 956a

5. Fakultatives Staatsvertragsreferendum (Art. 141 Abs. 1 lit. d BV)

Acht Kantone können das Referendum bei Staatsverträgen verlangen, die eine der in Art. 141 Abs. 1 lit. d BV genannten Kriterien erfüllen. In der Praxis hat dieses Mitwirkungsrecht bisher keine Bedeutung erlangt. 957

6. Wahl der Ständeräte (Art. 150 BV)

Der Ständerat besteht aus 46 Abgeordneten. Jeder Kanton wählt zwei Abgeordnete, jeder Kanton mit halber Standesstimme einen. Obwohl der Ständerat eine Bundesbe- 958 hörde ist, wird das Wahlverfahren durch das kantonale Recht geregelt. Heute werden die Ständeräte in allen Kantonen vom Volk gewählt.

959 Die Wahl des Ständerates ist kein eigentliches Mitspracherecht der Kantone, da die Mitglieder des Ständerates juristisch keine Vertreter der Kantone sind und nicht nach Instruktionen der Kantone handeln (vgl. N. 1492).

7. Anhörungs- und Mitwirkungsrechte der Kantone bei der Rechtsetzung des Bundes (Art. 45 und Art. 147 BV)

961 In Art. 45 BV wird die Frage von Anhörungs- und Mitwirkungsrechten der Kantone bei der Willensbildung des Bundes *allgemein* geregelt. Zudem bestimmt Art. 147 BV, dass die Kantone bei der Vorbereitung wichtiger Erlasse und anderer Vorhaben von grosser Tragweite sowie bei wichtigen völkerrechtlichen Erlassen im Rahmen des *Vernehmlassungsverfahrens* zur Stellungnahme einzuladen sind. Dabei hat das Vernehmlassungsverfahren heute einen Umfang angenommen, der es für die Kantone zu einer beachtlichen Belastung macht. Vgl. auch Art. 55 BV zur Mitwirkung der Kantone an aussenpolitischen Entscheidungen sowie die Botschaft des Bundesrates vom 21. Januar 2004 über ein neues Vernehmlassungsgesetz (BBl 2004, 533 ff.).

8. Mitwirkung der Kantone bei der Umsetzung des Bundesrechts (Art. 46 BV)

962 Die Bundesverfassung befasst sich in einem besonderen Artikel mit dem Vollzug des Bundesrechts durch die Kantone. Der neue Terminus «Umsetzung» bringt zum Ausdruck, dass es dabei um mehr als eine mechanische Rechtsanwendung geht. Er erfasst sowohl die nähere Konkretisierung von Bundesrecht durch kantonale Gesetze als auch den Vollzug durch Verwaltungstätigkeit. Art. 46 BV enthält vier Grundsätze (dazu RHINOW, Rz. 762 ff.): Die Umsetzung von Bundesrecht soll grundsätzlich durch die Kantone erfolgen (Abs. 1). Entsprechende kantonale Pflichten müssen durch Verfassung oder Gesetz begründet werden (vgl. auch Art. 164 Abs. 1 lit. f BV). Der Bund gewährt den Kantonen bei der Umsetzung von Bundesrecht möglichst grosse Gestaltungsfreiheit und trägt ihren Besonderheiten Rechnung (Abs. 2). Dabei hat er den Kantonen ausreichende Finanzierungsquellen zu belassen und für einen angemessenen Finanzausgleich zu sorgen (Abs. 3).

III. Gleichheit der Kantone

1. Grundsatz der Gleichstellung

Die neue Bundesverfassung versucht, der grundsätzlichen *Gleichheit* der Kantone vor allem sprachlich besser gerecht zu werden. So wird der Begriff der *Halbkantone* nicht mehr verwendet. Nur noch im Bereich des Ständemehrs, wo sich Unterschiede in der Stimmkraft der einzelnen Kantone ergeben, spricht die neue Bundesverfassung von *Kantonen mit halber Standesstimme* (vgl. Art. 142 Abs. 4 BV). 963

Die Bundesverfassung anerkennt nirgends ausdrücklich die Gleichheit der Kantone; die verschiedenen Bestimmungen über die Rechtsstellung der Kantone gehen aber eindeutig vom Grundsatz der Gleichstellung aus. Dieser bedeutet, dass die Kantone gleiche Kompetenzen, gleiche Rechte und Pflichten untereinander und im Verhältnis zum Bund haben. Das Gleichheitsprinzip hat seine historischen Wurzeln in der Zeit, da die Kantone als souveräne Staaten in einem Staatenbund zusammengeschlossen waren. 964

Die Gliedstaaten eines Bundesstaates sind nicht notwendigerweise in allen Belangen einander gleichgestellt. In der Bundesrepublik Deutschland sind die Länder verschieden stark im Bundesrat vertreten (Art. 51 Abs. 2 GG). 965

2. Stellung der Kantone mit halber Standesstimme

Art. 1 BV wurde sprachlich neu gefasst, um unnötige Diskussionen über den Status der «Halbkantone» zu vermeiden. Aus diesem Grund werden die Kantone mit halber Standesstimme nicht mehr wie in Art. 1 aBV in Klammern bezeichnet, sondern in die Aufzählung integriert und durch die Konjunktion *und* einander zugeordnet (BBl 1997 I 125). 966

Die verminderte Rechtsstellung der Kantone mit halber Standesstimme kommt an zwei Orten zum Ausdruck. Zum einen können diese Kantone nur einen Ständerat – statt deren zwei – entsenden (Art. 150 Abs. 2 BV), zum anderen zählen deren Stimmen bei Abstimmungen, die ein Ständemehr erfordern, nur halb (vgl. Art. 142 Abs. 4 i.V.m. Art. 140 Abs. 1 BV). 967

Die neue Bundesverfassung beendet die alte Kontroverse, wie die «Halbkantone» beim fakultativen Gesetzes- und Staatsvertragsreferendum zu zählen sind. Art. 142 Abs. 4 BV stellt klar, dass nur bei Vorlagen, die dem Ständemehr unterstehen, die dort genannten Kantone mit halber Standesstimme eine verminderte Rechtsstellung besitzen. 968

Die verminderte Rechtsstellung der beiden bevölkerungsreichen *«Halbkantone» Basel-Stadt* und *Basel-Landschaft* wird von vielen Seiten als stossend empfunden. Die Frage einer Reform bildete Gegenstand von – erfolglosen – parlamentarischen Vorstössen und Standesinitiativen. Auch der Verfassungsentwurf von 1977 zählte in 969

Art. 63 Abs. 4 und Art. 77 Abs. 3 diese beiden Stände nicht mehr zu den «Halbkantonen».

3. Finanzausgleich

970 Durch die Föderalismusreform (vgl. N. 74a) wurde der *Finanzausgleich völlig neu gestaltet*. Die (noch nicht in Kraft getretene) gesetzliche Regelung findet sich im Bundesgesetz über den Finanz- und Lastenausgleich (FiLaG) vom 3. Oktober 2003 (SR 613.1; vgl. BBl 2004, 6953 ff.).

971 Gemäss dem neuen Artikel 135 BV erlässt der Bund Vorschriften über einen angemessenen Finanz- und Lastenausgleich zwischen Bund und Kantonen sowie zwischen den Kantonen. Dabei wird zwischen dem Ressourcen- und dem Lastenausgleich unterschieden.

972 Der *Ressourcenausgleich* soll vor allem die Unterschiede in der Finanzkraft zwischen ärmeren und reichen Kantonen verringern und jeden Kanton mit einem Grundstock an finanziellen Ressourcen ausstatten (Art. 135 Abs. 2 lit. a und b BV, noch nicht in Kraft). Die Mittel für den Ressourcenausgleich werden durch die finanzstarken Kantone und den Bund aufgebracht (Art. 135 Abs. 3 BV, noch nicht in Kraft). Das Gesamtvolumen des Ressourcenausgleichs soll im neuen Finanzausgleichsgesetz so bemessen werden, dass jeder Kanton nach dem Ausgleich über eigene Ressourcen im Umfang von mindestens 85% des gesamtschweizerischen Durchschnitts verfügt. Die Mittel, welche ressourcenschwache Kantone erhalten, sind zweckfrei, d.h. sie können von den Kantonen nach ihren Bedürfnissen verwendet werden.

973 Mit dem *Lastenausgleich* werden Sonderlasten entschädigt, die gewisse Kantone zu tragen haben (Art. 135 Abs. 2 lit. c BV, noch nicht in Kraft). Einerseits geht es um gebirgige und dünn besiedelte Kantone wie Graubünden, Tessin und Wallis, denen höhere Kosten bei den Infrastrukturen (Strassen, Gewässer, Waldbewirtschaftung, Lawinenverbauungen etc.) oder im Schulwesen (z.B. für Schulbusse) erwachsen (sog. geografisch-topografischer Lastenausgleich), anderseits um Kantone mit einem erhöhten Anteil an älteren und einkommensschwachen Personen in den Ballungszentren und überproportionalen Lasten für wirtschaftliche, kulturelle und soziale Aktivitäten (sog. soziodemografischer Ausgleich).

§ 34 Gemeinden und Gemeindeautonomie

> Literatur

DILL MARKUS, Die staatsrechtliche Beschwerde wegen Verletzung der Gemeindeautonomie, Diss. Bern 1996; EICHENBERGER KURT, Stellung und Bedeutung der Gemeinde im modernen Staat, in: Kurt Eichenberger, Der Staat der Gegenwart, Basel/Frankfurt a.M. 1980, S. 37 ff.; HÄNNI PETER, Gemeindeautonomie und Planungsrecht im Lichte der bundesgerichtlichen Rechtsprechung zum Raumplanungsgesetz, Baurecht 1991, 83 ff.; JAGMETTI RICCARDO, Die Stellung der Gemeinden, ZSR NF 91/II (1972) 221 ff.; KÖLZ ALFRED/KUSTER SUSANNE, Der «Städteartikel» der neuen Bundesverfassung, ZSR NF 121/I (2002) 137 ff.; MEYLAN JACQUES, Problèmes actuels de l'autonomie communale, ZSR NF 91/II (1972) 1 ff.; PFISTERER THOMAS, Die neuere Entwicklung der Gemeindeautonomie, insbesondere im Kanton Aargau, ZBJV 125 (1989) 1 ff.; SCHAFFHAUSER RENÉ, Die direkte Demokratie in den komplexen Formen der Gemeindeorganisation, Diss. St. Gallen 1978; SEILER HANSJÖRG, Gemeinden in der Schweiz, in: Verfassungsrecht der Schweiz, § 31; THALMANN HANSRUDOLF, Kommentar zum Zürcher Gemeindegesetz, 3. Aufl., Wädenswil 2000; THÜRER DANIEL, Bund und Gemeinden: Eine rechtsvergleichende Untersuchung zu den unmittelbaren Beziehungen zwischen Bund und Gemeinden in der Bundesrepublik Deutschland, den Vereinigten Staaten von Amerika und der Schweiz, Berlin u.a. 1986; THÜRER DANIEL, Schweizerische Gemeindeautonomie und die Europäische Charta der kommunalen Selbstverwaltung, in: Aktuelle Probleme des Staats- und Verwaltungsrechts, FS für Otto K. Kaufmann zum 75. Geburtstag, Bern/Stuttgart 1989, S. 221 ff.; THÜRER DANIEL, Die Stellung der Städte und der Gemeinden im Bundesstaat, recht 1995, 217 ff.

In Art. 50 BV kommt der dreistufige Staatsaufbau des schweizerischen Bundesstaates zum Ausdruck. Dieser *«Gemeindeartikel»* gewährleistet die Gemeindeautonomie nach Massgabe des kantonalen Rechts (Abs. 1). Zudem wird der Bund verpflichtet, bei seinem Handeln die möglichen Auswirkungen auf die Gemeinden zu beachten (Abs. 2) und dabei Rücksicht auf die besondere Situation der Städte, der Agglomerationen und der Berggebiete zu nehmen (Abs. 3). Die Aufnahme dieses Artikels war lange Zeit sehr umstritten. Die zaghafte, auf Empfindlichkeiten der Kantonsregierungen zu stark Rücksicht nehmende Formulierung des «Gemeindeartikels» im bundesrätlichen Entwurf (Art. 41, BBl 1998 I 597) wurde im Parlament erheblich zu Gunsten der Gemeinden modifiziert (vgl. ULRICH ZIMMERLI, Bund – Kantone – Gemeinden, in: Zimmerli [Hrsg.], Die neue Bundesverfassung, S. 59 f.). Die Abs. 2 und 3 von Art. 50 BV stellen eine eigentliche Neuerung dar.

In ähnlicher Weise, wie innerhalb des Bundes die Kantone über Verfassungsautonomie verfügen und einen Teil der Staatsaufgaben erfüllen, werden innerhalb der Kantone die *Gemeinden als mit Autonomie ausgestattete Selbstverwaltungskörper* anerkannt. Die Gemeinden sind kraft des kantonalen Rechts *öffentlich-rechtliche Körperschaften,* die zur Besorgung von lokalen öffentlichen Aufgaben mit weitgehender Autonomie ausgestattet sind.

976 Die *Gemeindeautonomie* bedeutet vor allem das Recht der Gemeinde zum Erlass eigener Rechtsnormen und zur Selbstverwaltung. Gemäss bundesgerichtlicher Rechtsprechung ist eine Gemeinde in einem Sachbereich dann autonom, wenn das kantonale Recht für diesen keine abschliessende Ordnung erlässt, sondern ihn ganz oder teilweise der Gemeinde zur Regelung überlässt und ihr dabei eine relativ erhebliche Entscheidungsfreiheit einräumt (BGE 128 I 3, 8, Gemeinde Arosa, mit weiteren Hinweisen). Ob und wieweit eine Gemeinde in einem bestimmten Sachbereich autonom ist, bestimmt sich nach kantonalem Verfassungs- und Gesetzesrecht. Nur in diesem *vom kantonalen Recht bestimmten Umfang* wird die Gemeindeautonomie vom Bundesrecht garantiert (Art. 50 Abs. 1 BV).

977 Zum autonomen Bereich der Gemeinden gehören in den meisten Kantonen Teile der Organisation der Gemeinde und ihrer Behörden, des Bau- und Strassenrechts, das lokale Polizeirecht und die kommunalen Versorgungsbetriebe.

978 Eine Verletzung der ihr vom kantonalen Recht eingeräumten Autonomie kann die Gemeinde mit *staatsrechtlicher Beschwerde an das Bundesgericht* geltend machen (vgl. N. 2025).

979 Indes sind die Kantone nicht bundesrechtlich verpflichtet, eine *kantonale Autonomiebeschwerde* der Gemeinde vorzusehen (ZBl 95 [1994] 278 f.). Aus diesem Grund sind die Kantone auch befugt, die Beschwerdelegitimation der Gemeinde restriktiver zu handhaben, als dies das Bundesgericht im Rahmen einer Autonomiebeschwerde nach Art. 84 lit. a OG tut (ZBl 98 [1997] 260, 264 f.).

Beispiele von Autonomiebeschwerden an das Bundesgericht:

– BGE 110 Ia 197, Burgergemeinde Zermatt (Entscheid über Einbürgerung und Einbürgerungsgebühren);
– BGE 117 Ia 352 (Autonomie der Zürcher Gemeinden im Bereich der Ortsplanung);
– BGE 118 Ia 446, Gemeinde Alvaneu (Bauvorhaben in der Erhaltungszone);
– BGE 120 Ia 203 (Autonomie bernischer Gemeinden im Bereich des Dienstrechts).

2. Kapitel: Bundesgarantien zu Gunsten der Kantone

Zu den charakteristischen Merkmalen des Bundesstaates gehört es, dass die Bundesverfassung die grundsätzliche Rechtsstellung der Bundesglieder garantiert. Dementsprechend enthält die schweizerische Bundesverfassung Garantien zu Gunsten der Kantone, die sich auf den Bestand, das Gebiet und die Verfassung der Kantone sowie auf deren verfassungsmässige Ordnung beziehen (Art. 51–53 BV).

Mit der Schaffung des Bundesstaates 1848 traten diese Bundesgarantien an die Stelle der gegenseitigen Garantien, die sich die Kantone im Staatenbund gegeben hatten.

§ 35 Bestandes- und Gebietsgarantie

Literatur

FETSCHERIN WALTER, Änderungen im Bestand der Gliedstaaten in Bundesstaaten der Gegenwart, Diss. Zürich 1973; GYGI FRITZ, Ein schweizerisches Bundesstaatsprinzip im Umbruch, in: FS für Werner Kägi zum 70. Geburtstag, Zürich 1979, S. 143 ff.; HUBER HARALD, Das Problem der Willensbildung bei Änderungen im Bestand der Gliedstaaten im Bundesstaat, Diss. Zürich 1962; KOLLER HEINRICH, Gebietsänderungen im Bundesstaat: Ansichten und Aussichten nach dem Laufental-Entscheid, in: Festgabe Alfred Rötheli zum 65. Geburtstag, Solothurn 1990, S. 173 ff.; MÜLLER PATRICK, Das gescheiterte Wiedervereinigungsverfahren der Kantone Basel-Landschaft mit Basel-Stadt, Diss. Basel 2004; NEF HANS, Wandlungen im Bestand der Kantone, ZSR NF 77/I (1958) 1 ff.; PFIRTER DIETER, Bundesrechtliche Vorschriften für einen Kantonswechsel einzelner Gemeinden, ZSR NF 108/I (1989) 539 ff.; SPEISER ENZELIN, Die Basler Wiedervereinigung als Problem des schweizerischen Verfassungsrechtes, Diss. Zürich 1958; THÜRER DANIEL, Das Selbstbestimmungsrecht der Völker, mit einem Exkurs zur Jurafrage, Diss. Zürich 1976; VOYAME JOSEPH, Problèmes juridiques posés par la création d'un nouveau canton, ZBJV 112 (1976) 520 ff.; WILDHABER LUZIUS, Ederswiler und Vellerat – zur Gebietsveränderung im Bundesstaat, in: FS für Hans Huber zum 80. Geburtstag, Bern 1981, S. 343 ff.

> Materialien

- Botschaft des Bundesrates an die Bundesversammlung über die Gewährleistung des Zusatzes zur Staatsverfassung des Kantons Bern hinsichtlich des jurassischen Landesteiles vom 26. August 1970, BBl 1970 II 549 ff.
- Botschaft des Bundesrates über die Gewährleistung der Verfassung des künftigen Kantons Jura vom 20. April 1977, BBl 1977 II 264 ff.
- Botschaft des Bundesrates über die Gründung des Kantons Jura vom 16. November 1977, BBl 1977 III 767 ff.
- Bundesratsbeschluss über das Ergebnis der Volksabstimmung vom 24. September 1978 (Gründung des Kantons Jura) vom 25. Oktober 1978, BBl 1978 II 1222 f.
- Botschaft des Bundesrates über den Anschluss des bernischen Amtsbezirks Laufen an den Kanton Basel-Landschaft sowie über die Gewährleistung der geänderten Verfassung des Kantons Basel-Landschaft vom 27. Januar 1993, BBl 1993 I 1029 ff.
- Bundesratsbeschluss über das Ergebnis der Volksabstimmung vom 26. September 1993 (Laufentalwechsel) vom 25. November 1993, BBl 1993 IV 262.
- Botschaft des Bundesrates über den Übertritt der bernischen Gemeinde Vellerat zum Kanton Jura vom 16. August 1995, BBl 1995 III 1432 ff.
- Bundesratsbeschluss über das Ergebnis der Volksabstimmung vom 10. März 1996 (Übertritt der Gemeinde Vellerat) vom 9. Mai 1996, BBl 1996 II 1056.

I. Rechtsgrundlage (Art. 1 und 53 BV)

981 In Art. 1 BV werden die Kantone, aus denen sich der schweizerische Bundesstaat zusammensetzt, einzeln aufgezählt. Art. 53 Abs. 1 BV gewährleistet Bestand und Gebiet der Kantone. Das Verfahren der Bestandes- und Gebietsveränderung sowie der Grenzbereinigung zwischen den Kantonen wird erstmals auf Verfassungsstufe ausdrücklich geregelt (Art. 53 Abs. 2–4 BV):

Bestandesänderungen	Gebietsveränderungen	Grenzbereinigungen
Art. 53 Abs. 2	Art. 53 Abs. 3	Art. 53 Abs. 4
Zustimmung der ▶ betroffenen Bevölkerung ▶ betroffenen Kantone sowie ▶ von Volk und Ständen	Zustimmung der ▶ betroffenen Bevölkerung ▶ betroffenen Kantone und ▶ Genehmigung durch die Bundesversammlung in der Form eines dem Referendum unterstehenden Bundesbeschlusses	Verträge i.S.v. Art. 48 BV, die dem Bund zur Kenntnis gebracht werden; Genehmigungsverfahren durch die Bundesversammlung nur, wenn der Bundesrat oder ein Kanton Einsprache erhebt (Art. 172 Abs. 3 BV)

982 In Art. 53 BV wird im Wesentlichen die bisherige Praxis (vgl. N. 997) nachgeführt. Dies gilt aber nicht für Art. 53 Abs. 3 BV, der zu den inhaltlichen Neuerungen zu

zählen ist. Im Verfahren der *Gebietsveränderung zwischen den Kantonen* genügt es in Zukunft, wenn neben der Zustimmung der betroffenen stimmberechtigten Bevölkerung und der betroffenen Kantone nur noch die Bundesversammlung die Gebietsänderung genehmigt. Die Genehmigung erfolgt dabei in der Form eines Bundesbeschlusses, gegen den das fakultative Referendum (vgl. Art. 163 Abs. 2 BV) möglich ist. Damit vereinfacht sich das Verfahren für Gebietsveränderungen zwischen den Kantonen, denn es bedarf auf Seiten des Bundes *keiner obligatorischen Abstimmung von Volk und Ständen* mehr, wie dies beispielsweise noch im Fall der Gemeinde Vellerat (Übertritt vom Kanton Bern zum Kanton Jura im Jahr 1996; vgl. BBl 1995 III 1434 ff.) oder des Laufentals (vgl. N. 1008) nötig war.

Während die Bestandesgarantie früher aus der konstitutiven Aufzählung der Kantone in Art. 1 aBV abgeleitet wurde, ergibt sie sich heute direkt aus Art. 53 Abs. 1 BV. 983

II. Bestandesgarantie

1. Adressaten der Garantie

Die Bestandesgarantie als Grundlage unseres Bundesstaates stellt einerseits eine Garantie der Kantone als Glieder des Bundesstaates dar und gewährleistet andererseits den Bestand der einzelnen Kantone. 984

Bund und Kantone werden durch die Bestandesgarantie verpflichtet. Der *Bund* muss für den Bestand der Kantone einstehen. Auch die *Kantone* sind in ihrem gegenseitigen Verhältnis an die Bestandesgarantie gebunden.

2. Bedeutung der Bestandesgarantie

a) Keine Abtrennung eines Kantons ohne Verfassungsänderung

Die Kantone haben kein Sezessionsrecht. Das bedeutet, dass ein Kanton nicht *selbständig* darüber entscheiden kann, ob er aus dem Bundesstaat austreten will. Die gleiche rechtliche Situation findet sich auch in anderen Bundesstaaten. So zwang im amerikanischen Sezessionskrieg (1861–1865) die Bundesregierung die Südstaaten, die eine unabhängige Konföderation bilden wollten, mit militärischen Mitteln zur Rückkehr in den Bund. Ungeachtet des Fehlens eines Sezessionsrechts wurde in Kanada in den vergangenen Jahrzehnten verschiedentlich die Abtrennung der Provinz Quebec gefordert. 985

b)   Keine Schaffung neuer Kantone ohne Verfassungsänderung

986   Einerseits ist eine Angliederung von fremdem Gebiet an die Schweiz als neuer Kanton ohne Verfassungsänderung unzulässig. Diese Frage erhielt eine gewisse Aktualität, als 1919 in Vorarlberg eine Volksbewegung zugunsten eines Anschlusses an die Schweiz entstand. Anderseits darf auch eine Neugliederung im Sinne der Schaffung neuer Kantone nur auf dem Weg der Verfassungsänderung vorgenommen werden.

c)   Keine Änderung des Status der Kantone mit halber Standesstimme ohne Verfassungsänderung

987   Die Bestandesgarantie gewährleistet auch den Bestand der Kantone mit nur einer halben Standesstimme (vgl. Art. 142 Abs. 4 BV). Solange Art. 1 BV unverändert besteht, sind der Zusammenschluss von zwei «Halbkantonen», die Teilung von einem Kanton in zwei «Halbkantone» und die Umwandlung eines «Halbkantons» in einen Kanton mit einer ganzen Standesstimme ausgeschlossen.

988   Voraussetzung für alle Änderungen im obigen Sinne ist ein Vorgehen nach Art. 53 Abs. 2 BV, d.h., die Bestandesänderung bedarf der Zustimmung der betroffenen Bevölkerung, der betroffenen Kantone sowie von Volk und Ständen; Letztere müssen einer Änderung von Art. 1 BV zustimmen.

III. Gebietsgarantie

1.   Adressaten der Garantie

989   Gemäss Art. 53 Abs. 1 BV gewährleistet der Bund den Kantonen ihr Gebiet. Damit wird das Territorium der Kantone verfassungsmässig fixiert. Das Gebiet jedes Kantons wird innerhalb der Grenzen garantiert, wie sie schon seit Inkrafttreten der Bundesverfassung 1874 bestanden haben. Diese Garantie hat vor allem Bedeutung im innerschweizerischen Bereich; die Abwehr von Angriffen von aussen fällt ohnehin in die Bundeskompetenz, da der Bund das ganze Bundesgebiet verteidigen muss.

990   Die Verfassungsbestimmung von Art. 53 Abs. 1 BV richtet sich an den Bund und die Kantone. In erster Linie muss der *Bund* für die Kantonsgrenzen einstehen; er soll das Gebiet jedes Kantons in den bestehenden Grenzen erhalten. Dies gilt nicht nur, wenn der Kanton es verlangt, sondern auch gegen seinen Willen oder den der betroffenen Bevölkerung.

991   Die *Kantone* sind verpflichtet, ihre Grenzen gegenseitig zu respektieren. Der ursprüngliche Art. 138, der so genannte Wiedervereinigungsartikel, der Verfassung des Kantons Jura vom 20. März 1977 (SR 131.235), der von der Angliederung von Teilen des Kantons Bern sprach, verletzte nach Auffassung des Bundesrates die Gebietsgarantie (BBl 1977 II 273 ff.). Die Bundesversammlung schloss sich dieser

Wirtshausschild «Zum Moren», Wattwil

Die Schweiz war nur während kurzer Zeit in der Helvetischen Republik (1798–1803) als Einheitsstaat verfasst (vgl. N. 35 f.). Das Staatsgebiet gliederte sich in den Anfängen der Helvetik in 19 Verwaltungseinheiten ohne eigene Kompetenzen, die erstmals offiziell die Bezeichnung «Canton» trugen.

Das Wirtshausschild aus dem Toggenburg mit der Aufschrift «Republik shweitz, canton säntis, 1798» ist einer der wenig zahlreichen Zeugen aus dieser Epoche. Es spiegelt die Begeisterung, mit der die Toggenburger 1798 die neue Republik und die damit verbundene Aufhebung der Untertänigkeit gegenüber dem Abt von St. Gallen begrüssten.

(Original im Toggenburger Museum, Lichtensteig)

Meinung an und verweigerte die Gewährleistung des Artikels (BBl 1977 III 256; vgl. N. 1012).

2. Bedeutung der Gebietsgarantie

a) Unzulässigkeit von Gebietsabtretungen an das Ausland

992 Obwohl der Bund eine umfassende Kompetenz zur Aussenpolitik hat (Art. 54 BV), ist er nicht zur Abtretung von kantonalem Territorium berechtigt. Die Gebietsgarantie verbietet ihm, über das Gebiet der Kantone zu verfügen.

b) Besonderes Verfahren für Gebietsveränderungen zwischen den Kantonen

993 Für Gebietsveränderungen zwischen den Kantonen genügt nach neuem Recht (Art. 53 Abs. 3 BV) neben der positiven Stellungnahme der betroffenen Bevölkerung und der betroffenen Kantone eine Genehmigung durch die Bundesversammlung in der Form eines dem fakultativen Referendum unterstehenden Bundesbeschlusses (vgl. N. 1838).

c) Zulässigkeit von blossen Grenzbereinigungen

994 *Grenzbereinigungen zwischen Kantonen* werden gemäss Art. 53 Abs. 4 BV durch interkantonale Vereinbarungen geregelt, welche die Kantone dem Bund zur Kenntnis zu bringen haben (Art. 48 Abs. 3 BV). Allerdings fällt es nicht immer leicht, *Grenzbereinigungen* von *Gebietsabtretungen* klar abzugrenzen. Im Unterschied zur Gebietsabtretung versteht man unter Grenzbereinigung eine *bloss technische Bereinigung,* deren Ziel eine klarere, zweckmässigere Grenze ist; sie umfasst auch stets nur ein sehr beschränktes Gebiet.

995 Für *Grenzbereinigungen gegenüber dem Ausland* ist, gestützt auf seine Kompetenz zur Aussenpolitik (Art. 54 BV), der Bund zuständig. Er ist aber auf die Zustimmung des betroffenen Kantons angewiesen. Zudem bedarf eine solche Grenzbereinigung nach Art. 166 Abs. 2 BV der Genehmigung durch die Bundesversammlung.

996 Ein illustratives Beispiel einer internationalen Regelung stellt das mit Italien getroffene Abkommen betreffend eine Grenzbereinigung im Val di Lei von 1952 (SR 0.132.454.21) dar. Nachdem ein Staatsvertrag mit Italien von 1949 die Grundlage für den Bau eines Wasserkraftwerkes gelegt hatte, das den Grenzfluss Reno di Lei nutzt, wurde durch das Abkommen von 1952 die schweizerisch-italienische Grenze in der Weise bereinigt, dass die ganze Staumauer auf Schweizer Gebiet zu liegen kam.

Neueres Beispiel: Abkommen zwischen der Schweizerischen Eidgenossenschaft und der Französischen Republik über Bereinigungen der Grenze zwischen dem Kanton Genf und den Departementen Ain und Haute-Savoie vom 18. Januar 2002 (SR 0.132.349.16).

IV. Exkurs: Die Schaffung des Kantons Jura

1. Bestandesänderungen unter der alten Bundesverfassung von 1874

Die Gründung des Kantons Jura und der mehrmals gescheiterte Versuch einer Wiedervereinigung der beiden Basel konfrontierten die Schweiz mit der Frage, in welchem Verfahren Änderungen im Bestand der Kantone zu verwirklichen sind. Die alte Bundesverfassung von 1874 selbst enthielt aber keine Normen über das zu befolgende Verfahren. Diese *Lücke* im damaligen Verfassungsrecht musste im Rahmen der Gründung des Kantons Jura von der Praxis geschlossen werden. Die dabei gefundenen Lösungen stellen im Wesentlichen die Grundlagen der heutigen verfassungsrechtlichen Regelung von Art. 53 Abs. 2 BV dar.

997

2. Der Wunsch nach einem eigenen Kanton Jura

Der Wiener Kongress hatte über das Gebiet des ehemaligen Bistums Basel zu entscheiden. 1814 sprach er den Grossteil dieses Gebietes dem Kanton Bern zu, als Entgelt für Berns Verluste in der Waadt und im Aargau. So entstanden die sieben jurassischen Amtsbezirke des Kantons Bern.

998

In der Folgezeit entwickelten sich immer wieder bedeutende Spannungen, die auf religiösen, sprachlichen, kulturellen und wirtschaftlichen Gründen beruhten. *1917* entstand die *erste separatistische Bewegung,* die aber nur kurzen Bestand hatte. Die Wirtschaftskrise der Dreissigerjahre erhöhte die Spannungen erheblich, da die Uhrenindustrie als massgeblicher Erwerbszweig des Juras davon schwer betroffen war.

999

Nachdem diese Probleme während des Zweiten Weltkrieges in den Hintergrund getreten waren, gewannen sie wieder an Aktualität. Das Comité de Moutier veröffentlichte *1948* eine «*Mitteilung an den Regierungsrat des Kantons Bern über das Problem des Berner Juras*», worin es in 22 Punkten seine Forderungen im politischen, wirtschaftlichen und kulturellen Bereich darlegte.

1000

Gestützt auf diesen Bericht lehnte zwar die Berner Regierung die Teilung der staatlichen Kompetenzen ab, schlug jedoch eine Verfassungsrevision vor, die die *formelle Anerkennung der jurassischen Bevölkerung als besondere Volksgruppe innerhalb des Kantons* zum Gegenstand hatte. In der Volksabstimmung vom 29. Oktober 1950 wurde diese Änderung der Kantonsverfassung angenommen.

1001

Da die Verfassungsrevision von 1950 den Selbständigkeitsbestrebungen der Jurassier zu wenig entgegenkam, lancierte das Rassemblement Jurassien im Jahr *1957* eine *kantonale Initiative,* mit der eine Volksbefragung über die Gründung eines eigenen Kantons gefordert wurde; zwei Drittel der jurassischen Stimmberechtigten hatten die Initiative unterzeichnet. Sie wurde aber vom Volk des Kantons Bern *abgelehnt*. Die Fronten verhärteten sich daraufhin noch mehr, und in den Sechziger-

1002

jahren folgte eine Zeit gravierender Auseinandersetzungen zwischen dem Jura und dem übrigen Kantonsteil, die zeigten, dass eine Lösung gefunden werden musste.

3. Die verfahrensrechtliche Umsetzung

a) Verfahrensfragen bei der Verselbständigung des Juras

1003 Um zu einem Entscheid über die Jurafrage zu gelangen, mussten verschiedene grundsätzliche Verfahrensfragen beantwortet werden:

– Sollte dem Jura im Rahmen des Kantons Bern ein *Autonomiestatut* oder aber die *Loslösung vom Kanton* gewährt werden? Wäre die Autonomie mit der Bundesverfassung vereinbar?

– Durch welches Verfahren sollten für den Fall der Lostrennung die *Grenzen des neuen Kantons* bestimmt werden? Dieser Frage kam grosse Bedeutung zu, weil im Jura selbst, insbesondere zwischen Nord- und Südjura, beachtliche Unterschiede bestehen.

– Wer gehörte beim Entscheid über die Separation zu den *Stimmberechtigten?* Die Separatisten wollten nur die Bürger der jurassischen Gemeinden zulassen. Bei dieser Frage gab das Bundesrecht eine klare Antwort: Art. 43 Abs. 4 und 5 aBV gewährte das kantonale Stimmrecht allen im Kanton niedergelassenen Schweizern.

– In welcher Phase sollte die *Beteiligung des Bundes* einsetzen? Schon von Anfang an oder erst bei der Revision der Art. 1 und 80 aBV (Aufzählung der Kantone und Festsetzung der Mitgliederzahl des Ständerats)?

b) Die verschiedenen Schritte des Trennungsverfahrens

1004 Das Verfahren der Loslösung des Nordjuras vom Kanton Bern setzte ein mit dem *Zusatz zur Kantonsverfassung von Bern,* den das Berner Volk am 1. März 1970 beschloss und durch den das Abstimmungsverfahren ausführlich geregelt wurde. Danach sollte auf Verlangen von 5 000 Stimmberechtigten des Juras oder auf Beschluss des Regierungsrates eine Reihe von Abstimmungen in den jurassischen Amtsbezirken stattfinden. Am 7. Oktober 1970 gewährleistete die Bundesversammlung diesen Verfassungszusatz unter dem Vorbehalt, dass Art. 1 und 80 aBV im Fall einer Separation des Juras abgeändert würden. Mit diesem Verfassungszusatz erhielt das jurassische Volk unter dem Vorbehalt des Entscheides des eidgenössischen Verfassungsgebers das Recht, frei über die Schaffung eines eigenen Kantons zu bestimmen.

1005 In der Folge ergriff die Berner Regierung selbst die Initiative und setzte die Termine für die *dreistufige Folge von Volksabstimmungen im Jura* fest. Der Bundesrat sorgte für die ordnungsgemässe Durchführung der Abstimmungen. Am 23. Juni

1974 hatte das Volk in den sieben jurassischen Amtsbezirken über die Frage «Wollt ihr einen eigenen Kanton bilden?» zu entscheiden. Es ergab sich eine knappe Mehrheit der Befürworter; in vier Bezirken lehnte eine Mehrheit die Separation allerdings ab. In der zweiten Volksabstimmung vom 16. März 1975 beschlossen die drei ablehnenden Bezirke (ohne Bezirk Laufen) definitiv, beim Kanton Bern zu bleiben. In der dritten Phase der Volksabstimmungen, am 7. und 14. September 1975, sprach sich der Bezirk Laufen für das Verbleiben beim Kanton Bern aus, unter dem Vorbehalt des Anschlusses an einen Nachbarkanton. Acht Grenzgemeinden aus den beim Kanton Bern verbleibenden Amtsbezirken entschieden sich für den Kanton Jura und eine Gemeinde aus einem inskünftig zum Kanton Jura gehörenden Amtsbezirk für den Kanton Bern. Nach diesen drei Volksbefragungen standen die Grenzen des künftigen Kantons Jura fest. Einer viele Jahre später erhobenen staatsrechtlichen Klage, mit welcher der Kanton Jura geltend machte, sein Gebiet sei wegen Abstimmungsmängeln zu eng begrenzt worden, blieb der Erfolg versagt (BGE 117 Ia 233, Canton de Jura).

Am 21. März 1976 erfolgten die Wahlen in den jurassischen Verfassungsrat, wobei das Wahlverfahren vom Bundesrat bestimmt worden war. Der vom Verfassungsrat in kurzer Zeit ausgearbeitete Entwurf einer *jurassischen Kantonsverfassung* wurde am 20. März 1977 vom Volk des Juras gutgeheissen. Mit Bundesbeschluss vom 28. September 1977 gewährleistete die Bundesversammlung die Verfassung des Kantons Jura mit Ausnahme des Art. 138, der die Möglichkeit eines Anschlusses des Südjuras an den Kanton Jura vorsah. Die Gewährleistung erfolgte unter dem Vorbehalt, dass die Art. 1 und 80 aBV geändert würden.

1006

In der Volksabstimmung vom 24. September 1978 wurde die *Revision der Art. 1 und 80 aBV* vom Schweizervolk mit grosser Mehrheit und von den Ständen einstimmig gutgeheissen. Durch diese Volksabstimmung wurde der Bundesrat auch beauftragt, für den Übergang der kantonalen Hoheitsrechte auf den neuen Kanton Jura die notwendigen Bestimmungen zu erlassen. Dies geschah in der Verordnung des Bundesrates über die Gründung des Kantons Jura (Übergangsrecht) vom 25. Oktober 1978 (SR 135.11). Seit dem 1. Januar 1979 übt der Kanton Jura alle Rechte eines Kantons aus.

1007

c) *Der Anschluss des Laufentals an den Kanton Basel-Landschaft*

Die Frage des Anschlusses des Laufentals an den Kanton Basel-Landschaft stellte einen langjährigen und von Streitigkeiten geprägten *Nebenschauplatz* der Jura-Kantonsgründung dar. Der bernische Amtsbezirk Laufen liess sich in den Jura-Plebisziten (vgl. N. 1005) das Recht des Anschlusses an einen seiner Nachbarkantone (Basel-Stadt, Basel-Landschaft oder Solothurn) offen. Nachdem die Stimmberechtigten des Laufentals 1980 der Option eines Anschlusses an Basel-Landschaft den Vorzug gegeben hatten, lehnten sie im September 1983 den Vertrag zur Aufnahme in den Kanton Basel-Landschaft ab. Im Dezember 1988 ordnete das Bundesgericht eine Wiederholung der Abstimmung an, weil die Berner Regierung in unzulässiger

1008

Weise, unter massivem Einsatz öffentlicher Gelder, in den Abstimmungskampf eingegriffen hatte (BGE 114 Ia 427, Heinz Aebi; vgl. N. 1393). Am 12. November 1989 stimmten 51,7% der Laufentaler (bei einer Stimmbeteiligung von 93,6%!) dem Aufnahmevertrag und damit dem Übertritt zum Kanton Basel-Landschaft zu. Auch dieses Abstimmungsergebnis wurde beim Bundesgericht angefochten, jedoch ohne Erfolg (BGE 117 Ia 41, Heinz Aebi; vgl. N. 1390). Nachdem im September 1991 die Baselbieter Stimmberechtigten ebenfalls die Aufnahme des Laufentals gutgeheissen hatten, stimmten am 26. September 1993 das Schweizervolk und alle Stände dem Bundesbeschluss über den Anschluss des Laufentals an den Kanton Basel-Landschaft zu. (Nach neuem Verfassungsrecht [Art. 53 Abs. 3 BV] würde für diese Gebietsveränderung die Zustimmung des Parlaments in der Form eines Bundesbeschlusses genügen.) Seit dem 1. Januar 1994 ist nun das Laufental Teil des Kantons Basel-Landschaft (BBl 1993 IV 262).

§ 36 Gewährleistung der Kantonsverfassungen und der verfassungsmässigen Ordnung der Kantone

> Literatur

AUER ANDREAS, Les constitutions cantonales: une source négligée du droit constitutionnel suisse, ZBl 91 (1990) 14 ff.; CEREGHETTI REMO, Die Überprüfung der Kantonsverfassungen durch die Bundesversammlung und das Bundesgericht, Diss. Zürich 1956; EICHENBERGER KURT, Über Möglichkeiten und Grenzen der Totalrevision einer Kantonsverfassung, ZBl 91 (1990) 1 ff; EICHENBERGER KURT, Die Sorge für den inneren Frieden als primäre Staatsaufgabe, ZBl 78 (1977) 433 ff.; HÄBERLE PETER, Neuere Verfassungen und Verfassungsvorhaben in der Schweiz, insbesondere auf kantonaler Ebene, Jahrbuch des öffentlichen Rechts NF 34/1985, 303 ff.; HOTZ REINHOLD, Probleme bei der eidgenössischen Gewährleistung kantonaler Verfassungen, ZBl 83 (1982) 193 ff.; KÄLIN WALTER, Überprüfung kantonaler Verfassungsbestimmungen, in: recht 4 (1986) 131 ff.; KÖLZ ALFRED, Die Zulässigkeit von Sperrfristen für kantonale Volksinitiativen, ZBl 102 (2001) 169 ff.; SCHIESSER FRIDOLIN, Die akzessorische Prüfung – Ein Beitrag zur Lehre vom akzessorischen Prüfungsrecht unter besonderer Berücksichtigung der bundesgerichtlichen Rechtsprechung, Diss. Zürich 1984; TÖNDURY ANDREA MARCEL, Bundesstaatliche Einheit und kantonale Demokratie: Die Gewährleistung der Kantonsverfassungen nach Art. 51 BV, Diss. Zürich 2004; TÖNDURY ANDREA MARCEL, Der jurassische Wiedervereinigungsartikel und die Bundesversammlung als «Hüterin der bundesstaatlichen Einheit», in: Nachdenken über den demokratischen Staat und seine Geschichte, Beiträge für Alfred Kölz (hrsg. von Isabelle Häner), Zürich 2003, S. 105 ff.

I. Funktion der Gewährleistung des Bundes

Die Kantone sind in der Festlegung ihrer verfassungsrechtlichen Ordnung grundsätzlich autonom. Allerdings werden sie dabei insoweit eingeschränkt, als die Bundesverfassung gewisse Anforderungen an die Kantonsverfassungen stellt. Einerseits haben die kantonalen Verfassungen *inhaltlich* gewissen *bundesrechtlichen Anforderungen* zu genügen (Art. 51 Abs. 1 BV), und anderseits sind die Kantone verpflichtet, ihre Verfassungen, d.h. ihre Verfassungsrevisionen, der Bundesversammlung zur *Genehmigung*, zur so genannten Gewährleistung, zu unterbreiten (Art. 51 Abs. 2 BV).

1009

Die bundesrechtlichen Vorschriften über die Gewährleistung erfüllen zwei Funktionen. Zunächst wollen sie sicherstellen, dass die Kantonsverfassungen den *Rahmen des Bundesrechts* beachten. Sodann soll durch sie eine gewisse *Homogenität der Verfassungsstruktur der Kantone* erreicht werden; der Bundesstaat hat nur dauernden Bestand, wenn die staatsrechtliche und politische Ordnung in den Kantonen nicht zu grosse Unterschiede aufweist und auch von der Struktur des Bundes nicht zu stark abweicht.

1010

II. Inhaltliche Anforderungen an die Kantonsverfassungen

1. Übereinstimmung mit dem Bundesrecht (Art. 51 Abs. 2 Satz 2 BV)

1011 Die Kantonsverfassungen müssen mit dem Bundesrecht übereinstimmen. Dabei geniessen alle Normen des Bundesrechts, ob sie auf der Stufe der Verfassung, des Gesetzes oder der Verordnung stehen, den Vorrang vor dem kantonalen Recht (vgl. N. 1173 ff.). Deshalb darf eine Kantonsverfassung nichts enthalten, was irgendeiner Norm des Bundesrechts widerspricht. Die Kantonsverfassungen müssen überdies auch den Anforderungen der EMRK entsprechen (BGE 104 Ia 215, 221 f., Unité Jurassienne).

1012 Der ursprüngliche Art. 138 der jurassischen Verfassung, der so genannte Wiedervereinigungsartikel, sah vor, dass der Kanton Jura jeden Teil des von der Volksabstimmung vom 23. Juni 1974 unmittelbar betroffenen jurassischen Gebiets aufnehmen könne, sofern sich dieser Teil nach Bundesrecht und nach dem Recht des betroffenen Kantons ordnungsgemäss getrennt hat. Diese Bestimmung spielte auf einen künftigen Anschluss des Südjuras an. Nach Auffassung des Bundesrates (BBl 1977 II 273 ff.) widersprach sie der Gebietsgarantie von Art. 5 aBV (= Art. 53 Abs. 1 BV), denn der Südjura hatte sich auf demokratischem Weg für das Verbleiben beim Kanton Bern ausgesprochen, und der Bund hatte dem Kanton Bern das Gebiet innerhalb seiner neuen Grenzen garantiert. Die Bundesversammlung schloss sich dieser Ansicht an und verweigerte die Gewährleistung von Art. 138 (BBl 1977 III 256).

1013 Nach § 115 Abs. 2 der total revidierten Kantonsverfassung von Basel-Landschaft vom 17. Mai 1984 wirkt der Kanton darauf hin, dass auf dem Kantonsgebiet oder in dessen Nachbarschaft keine Atomkraftwerke oder ähnliche Anlagen errichtet werden. Der Bundesrat erachtete in seiner Botschaft (BBl 1985 II 1162 f.) eine derartige Bestimmung, welche die Haltung des Kantons für künftige Vorhaben im Landesinteresse zum Voraus festlege, als problematisch, weil sie einseitig kantonale oder regionale Partikulärinteressen fixiere und die Konsensfindung im konkreten Fall erschwere. Der Bundesrat beantragte trotz dieser Bedenken die Gewährleistung, da mit dieser lediglich eine Rechtsprüfung und keine inhaltliche Stellungnahme verbunden sei. Bei diesem Licht betrachtet, erweise sich der § 115 als nicht bundesrechtswidrig (BBl 1985 II 1163). Der Ständerat weigerte sich zunächst, diesen Paragraphen zu gewährleisten, mit der Begründung, er verstosse gegen Bundesrecht und verletze den Grundsatz der Bundestreue (Amtl. Bull. StR 1985 S. 506 ff.). Nachdem der Nationalrat sich jedoch für die Gewährleistung ausgesprochen hatte, korrigierte der Ständerat seinen früheren Entscheid, und der Kantonsverfassung von Basel-Landschaft wurde die Gewährleistung durch die Bundesversammlung erteilt, dem umstrittenen § 115 Abs. 2 Satz 2 jedoch nur unter Vorbehalt von Art. 24^{quinquies} aBV (= Art. 90 BV) und der darauf beruhenden Bundesgesetzgebung auf dem Gebiet der Atomenergie (BBl 1986 II 681).

In einem Entscheid aus dem Jahr 1995 hatte das Bundesgericht zu überprüfen, ob 1014
die in einer Kantonsverfassung verankerte Landsgemeinde mit der bundesrechtlich
garantierten Abstimmungsfreiheit vereinbar sei; es billigte dem kantonalen Verfassungsgeber einen «sehr weiten Spielraum» bei der Bestimmung der «Modalitäten
der demokratischen Mitwirkung» zu und schützte die kantonale Regelung (BGE
121 I 138, Willi Rohner). Vgl. dazu N. 1398.

2. Demokratische Verfassung (Art. 51 Abs. 1 BV)

Die Bundesverfassung verlangt, dass die Kantone eine «demokratische Verfassung» 1015
haben. Dieses Erfordernis ist erfüllt, wenn die kantonalen Verfassungen ein gewähltes
Parlament vorsehen und den Grundsatz der Gewaltenteilung beachten (BBl 1997 I
218). Zudem müssen alle Total- und Partialrevisionen der Kantonsverfassung dem
Volk des betreffenden Kantons obligatorisch zur Abstimmung vorgelegt werden,
und die Mehrheit der Stimmberechtigten muss die Möglichkeit haben, die jederzeitige Revision der Kantonsverfassung zu verlangen.

Die Bundesverfassung schreibt also nur bezüglich der *Verfassungsgebung* ein 1016
obligatorisches Referendum sowie die Volksinitiative vor. Im Übrigen überlässt sie
es den Kantonen, die *einfache Gesetzgebung* im Sinne der repräsentativen Demokratie – die den Bürgerinnen und Bürgern nur das Recht zur Wahl des Parlaments
einräumt – auszugestalten oder zusätzlich unmittelbare Einwirkungsmöglichkeiten
des Volkes auf die Gesetzgebung mittels Gesetzesinitiative und Gesetzesreferendum
vorzusehen. Tatsächlich gehen alle Kantone in ihren Verfassungen über diese
Minimalanforderung hinaus (vgl. N. 1384 f.). Dass die Kantone dem Grundsatz des
allgemeinen, gleichen und freien Wahlrechts Nachachtung verschaffen müssen, ergibt sich auch aus Art. 8 und 34 BV.

Das obligatorische Verfassungsreferendum ist so auszugestalten, dass die Zustim- 1017
mung der absoluten Mehrheit der Stimmenden genügt. Unzulässig wäre es, ein qualifiziertes Mehr oder ein doppeltes Mehr (im gesamten Kanton und in den Bezirken) zu verlangen.

Die Kantonsverfassungen müssen gemäss Art. 51 Abs. 1 Satz 2 BV einer Total- 1018
oder Partialrevision unterzogen werden, wenn die Mehrheit der Stimmberechtigten
es verlangt. Die Bundesverfassung schreibt also die jederzeitige Revidierbarkeit
der Kantonsverfassungen vor. Es wäre deshalb unzulässig, die Revision einer neuen
Verfassung für eine bestimmte Dauer auszuschliessen, wie dies im 19. Jahrhundert
verschiedene Regenerationsverfassungen vorgesehen hatten.

Die Formulierung von Art. 51 Abs. 1 Satz 2 BV spricht – im Sinne einer Mindest- 1019
anforderung – von der «Mehrheit der Stimmberechtigten». Die heutigen Kantonsverfassungen sehen im Vergleich dazu wesentliche Erleichterungen für die Einreichung einer Volksinitiative vor; auch eine Minderheit der Stimmbürger kann eine
Verfassungsrevision verlangen. Damit wird dem demokratischen Gedanken in zusätzlichem Mass Rechnung getragen.

III. Gewährleistungsverfahren (Art. 51 Abs. 2 BV)

1. Pflicht der Kantone

1020 Die Kantone sind verpflichtet, für jede Total- oder Partialrevision ihrer Verfassung die Gewährleistung des Bundes einzuholen (Art. 51 Abs. 2 BV).

2. Zuständigkeit der Bundesversammlung

1021 Der Entscheid über die Gewährleistung der Kantonsverfassungen fällt in die Zuständigkeit der Bundesversammlung (Art. 172 Abs. 2 BV). Der Bundesrat erstattet zuvor einen Bericht und stellt der Bundesversammlung einen Antrag. Die Botschaft des Bundesrates und der Gewährleistungsbeschluss der Bundesversammlung werden im Bundesblatt publiziert.

3. Umfang des Prüfungsrechts der Bundesversammlung

1022 Die Bundesversammlung überprüft die Kantonsverfassungen daraufhin, ob sie den *inhaltlichen Anforderungen* von Art. 51 BV genügen. Wenn diese Voraussetzungen erfüllt sind, muss die Bundesversammlung die Gewährleistung aussprechen. Sie ist also auf eine *Rechtskontrolle* beschränkt und darf nicht auf politische Argumente abstellen (vgl. N. 1013), was in der Praxis, durch die Zuweisung dieser Prüfungsbefugnis an eine *politische Instanz,* nicht immer leicht zu verwirklichen ist. Als die Bundesversammlung 1948 die Gewährleistung der basel-städtischen und basel-landschaftlichen Verfassungsbestimmungen, durch die ein gemeinsamer Verfassungsrat eingesetzt und das Wiedervereinigungsverfahren eingeleitet werden sollte, ablehnte, wurde ihr vorgeworfen, sie habe zu Unrecht einen politischen statt eines juristischen Entscheids getroffen.

In einer staatspolitischen Ausnahmesituation, wie beim Wiedervereinigungsartikel der jurassischen Verfassung (vgl. N. 1012), steht der Bundesversammlung ein politischer Ermessensspielraum zu; insbesondere darf sie berücksichtigen, welche konkreten politischen Auswirkungen ihr Entscheid entfalten könnte (vgl. ALFRED KÖLZ in ZBl 81 [1980] 174 f. sowie ANDREA MARCEL TÖNDURY, Der jurassische Wiedervereinigungsartikel, S. 119 ff.).

Es ist im Wesentlichen nicht Sache der Bundesversammlung, sondern Aufgabe des Bundesgerichts, im Rahmen einer Stimmrechtsbeschwerde zu prüfen, ob eine Kantonsverfassung *im richtigen Verfahren zustande gekommen* sei, z.B. ob der bundesrechtliche Anspruch auf freie Willensbildung und unverfälschte Stimmabgabe (Art. 34 Abs. 2 BV) beachtet wurde.

4. Rechtsform des Gewährleistungsbeschlusses

Der Gewährleistungsbeschluss ist nicht ein Rechtsetzungsakt der Bundesversammlung, sondern ein konkreter Rechtsanwendungsakt. Er erfolgt in der Form eines *einfachen* Bundesbeschlusses, der nicht dem Referendum untersteht (Art. 163 Abs. 2 BV).

1023

IV. Rechtswirkung des Gewährleistungsbeschlusses

1. Bloss deklaratorische Wirkung der Gewährleistung

Der Gewährleistungsbeschluss stellt fest, dass die Kantonsverfassung den inhaltlichen Anforderungen der Bundesverfassung entspricht. Er hat nur deklaratorische, nicht konstitutive Wirkung. Die gewährleisteten kantonalen Verfassungsnormen treten demnach nicht erst mit der Gewährleistung in Kraft, sondern sind schon vorher – nach Massgabe des kantonalen Rechts – gültig.

1024

Wenn die Gewährleistung von der Bundesversammlung verweigert wird, bedeutet dies die autoritative Feststellung, dass die betreffende kantonale Verfassungsbestimmung bundesrechtswidrig und deshalb nichtig ist. In diesem Fall wird die kantonale Verfassungsnorm wegen ihrer Bundesrechtswidrigkeit von Anfang an als ungültig betrachtet. Die rechtsanwendenden Behörden sind an den Beschluss der Bundesversammlung über die Bundesrechtswidrigkeit gebunden (BGE 89 I 389, 394 f., Nelz). Weder die Kantone noch die Bürger haben eine Möglichkeit, den Entscheid vor einem Gericht anzufechten.

1025

2. Widerrufbarkeit des Gewährleistungsbeschlusses

Die Bundesversammlung kann einen Gewährleistungsbeschluss widerrufen, wenn sich später ein Widerspruch der Kantonsverfassung zum Bundesrecht ergibt. Klar ist das im Fall einer schon bei der Gewährleistung bestehenden Bundesrechtswidrigkeit, die erst später entdeckt wird. Umstritten hingegen ist die Situation, wenn der Widerspruch erst später – etwa durch neu hinzutretendes Bundesrecht – entsteht. Kann hier die Bundesversammlung auf die Gewährleistung zurückkommen oder ist, entsprechend dem Grundsatz der derogatorischen Kraft des Bundesrechts, eine ausdrückliche Aufhebung der Gewährleistung überhaupt nicht erforderlich? Die Praxis hat den letzteren Weg gewählt.

1026

Umgekehrt kann die Bundesversammlung auch auf die Verweigerung der Gewährleistung zurückkommen, wie sie es 1960 im Fall des Versuchs der Wiederver-

1027

einigung beider Basel tat (vgl. Botschaft des Bundesrates vom 20. November 1959 über die nachträgliche Gewährleistung, BBl 1959 II 1355 ff.).

3. Frage der Bindung des Bundesgerichts

a) Keine abstrakte Normenkontrolle

1028 Das Anwendungsgebot des Art. 191 BV (= Art. 190 in der Fassung vom 12. März 2000 [noch nicht in Kraft, vgl. N. 72]), welches die Überprüfungsbefugnis des Bundesgerichts einengt, beschränkt sich auf Bundesgesetze und Völkerrecht, erfasst also nicht Kantonsverfassungen. Da aber Art. 172 Abs. 2 BV die Bundesversammlung damit betraut, kantonale Verfassungsnormen auf ihre Übereinstimmung mit Art. 51 BV zu prüfen, erachtet sich das Bundesgericht grundsätzlich als an den Gewährleistungsbeschluss der Bundesversammlung gebunden (vgl. BGE 118 Ia 124, 126 ff. E. 3, NAGRA). Diese Begründung ist insoweit vertretbar (wenn auch nicht zwingend), als die abstrakte Kontrolle kantonaler Verfassungsnormen in Frage steht. Dagegen rechtfertigt die Kompetenzzuweisung der Rechtskontrolle und Genehmigung kantonaler Verfassungen an das Parlament nicht, die vorfrageweise richterliche Prüfung kantonaler Verfassungsnormen auf ihre Übereinstimmung mit Bundesrecht in späteren, konkreten Anwendungsfällen auszuschliessen (vgl. dazu WALTER HALLER in Kommentar aBV, Art. 113 Rz. 198).

b) Zulässigkeit einer akzessorischen Normenkontrolle unter bestimmten Voraussetzungen

1029 Eine akzessorische, d.h. vorfrageweise Überprüfung kantonaler Verfassungsnormen ist nach der neueren Rechtsprechung des Bundesgerichtes unter bestimmten Voraussetzungen möglich.

1030 In BGE 111 Ia 239 aus dem Jahr 1985 ging es um die Frage, ob Art. 43 Abs. 1 der Kantonsverfassung von Appenzell Innerrhoden, gemäss welchem Parteiverhandlungen vor den Gerichten grundsätzlich nicht öffentlich waren (diese Verfassungsbestimmung wurde 1986 abgeändert), vor Art. 6 Ziff. 1 EMRK standhalte. Das Bundesgericht modifizierte seine bisherige Praxis und anerkannte die Möglichkeit einer vorfrageweisen Überprüfung kantonaler Verfassungen auf die Garantien der Europäischen Menschenrechtskonvention hin, wenn diese im Zeitpunkt der Gewährleistung der Kantonsverfassung durch die Bundesversammlung noch nicht in Kraft waren und deshalb noch nicht berücksichtigt werden konnten.

1031 In BGE 116 Ia 359, 366 f., Theresa Rohner, hatte das Bundesgericht zu prüfen, ob die Auslegung von Art. 16 der Kantonsverfassung von Appenzell Innerrhoden, gemäss welcher den Frauen das Stimmrecht in kantonalen Angelegenheiten nicht zustand, gegen Art. 4 Abs. 2 aBV (= Art. 8 Abs. 3 BV) und Art. 6 Abs. 2 aBV (= Art. 51 BV) verstosse. Dabei bestätigte das Bundesgericht seine neuere Rechtsprechung und dehnte sie auf das gesamte übergeordnete spätere Recht aus: Da Art. 4 Abs. 2

aBV im Zeitpunkt der Gewährleistung von Art. 16 KV noch nicht in Kraft gewesen sei, müsse die Frage der Vereinbarkeit dieser kantonalen Verfassungsnorm mit dem späteren, die Gleichstellung von Mann und Frau ausdrücklich verankernden Verfassungsrecht des Bundes gerichtlich überprüft werden.

In BGE 121 I 138, 147, Willi Rohner, hielt das Bundesgericht fest, dass als Prüfungsmassstab auch «ungeschriebene, sich weiter entwickelnde Verfassungsprinzipien» heranzuziehen seien (im betreffenden Fall ging es um die Vereinbarkeit der Landsgemeinde mit dem Anspruch auf unverfälschte Willenskundgabe; vgl. N. 1398). 1032

Somit kann *in konkreten Anwendungsfällen* mit staatsrechtlicher Beschwerde gerügt werden, eine Bestimmung der Kantonsverfassung verstosse gegen geschriebenes oder ungeschriebenes Verfassungsrecht des Bundes, einschliesslich sich weiter entwickelnder übergeordneter Verfassungsprinzipien, oder gegen eine Norm des übrigen Bundesrechts oder eines Staatsvertrages, falls das übergeordnete Recht erst *nach* der Gewährleistung der kantonalen Verfassung durch die Bundesversammlung in Kraft getreten ist. 1033

V. Schutz der verfassungsmässigen Ordnung der Kantone durch den Bund – Bundesintervention

1. Schutzpflichten des Bundes

Bundesversammlung (Art. 172 Abs. 2 BV), Bundesrat (Art. 186 Abs. 4 BV) und Bundesgericht haben die Aufgabe, über die Einhaltung der Kantonsverfassungen zu wachen. Zusätzlich wird in Art. 52 Abs. 1 BV dem Bund aufgetragen, die verfassungsmässige Ordnung der Kantone zu schützen. Diese Vorschrift bildet eine Grundlage, um die in Art. 51 BV aufgestellten Anforderungen an die Kantonsverfassungen durchzusetzen und die Freiheiten und Rechte des Kantonsvolkes zu schützen. 1034

Nach Art. 52 Abs. 2 BV greift der Bund ein, «wenn die Ordnung in einem Kanton gestört oder bedroht ist und der betroffene Kanton sie nicht selber oder mit Hilfe anderer Kantone schützen kann». Zu diesem Zweck steht dem Bund das Institut der *Bundesintervention* zur Verfügung. 1035

2. Begriff und Voraussetzungen der Bundesintervention

a) Begriff

Unter dem Begriff Bundesintervention (Art. 16 aBV verwendete noch den Ausdruck «eidgenössische Intervention») werden die Zwangsmassnahmen verstanden, 1036 die der Bund zum *Schutz der verfassungsmässigen kantonalen Behörden* und zur *Aufrechterhaltung der verfassungsmässigen Ordnung* in einem Kanton ergreift.

1037 Das Institut der Bundesintervention gehört nicht zur Bundeskontrolle gegenüber den Kantonen oder gegenüber kantonalen Behörden; es handelt sich hier nicht um eine Kontrolle oder ein Einschreiten gegen Kantone und kantonale Organe, sondern es werden im Gegenteil kantonale Organe gegen Aufruhr und Störung der Ordnung geschützt. Trotzdem besteht insofern eine Verwandtschaft mit der Bundesexekution (vgl. N. 1226 ff.), als der Bund sich ähnlicher Mittel bedient und letztlich auch die Einhaltung der Rechtsordnung des Bundes geschützt wird.

b) Voraussetzungen

1038 Die Bundesintervention setzt eine *Störung der verfassungsmässigen Ordnung in einem Kanton* voraus. Denkbar sind Unruhen, revolutionäre Aufstände oder auch die Verhinderung der Einhaltung der kantonalen Verfassungsordnung, z.B. durch die Behinderung von Wahlen.

1039 Zu einer Bundesintervention kommt es nur, wenn die Ordnungsstörung *nicht die Folge einer Verfassungsverletzung der kantonalen Behörde* ist. Diese Voraussetzung unterscheidet die Bundesintervention von der Bundesexekution: Während bei der Bundesexekution die Störung von den kantonalen Behörden ausgeht, werden bei der Bundesintervention die korrekt handelnden kantonalen Behörden geschützt.

1040 Schliesslich fällt eine Bundesintervention nur in Betracht, wenn sich der betroffene Kanton nicht selbst oder mit Hilfe anderer Kantone schützen kann. Es gilt also der Grundsatz der Subsidiarität.

3. Das Interventionsverfahren

a) Zuständige Bundesbehörde

1041 Art. 173 Abs. 1 lit. b und Art. 185 Abs. 2 BV begründen parallele Organkompetenzen von Bundesversammlung und Bundesrat, Massnahmen zur Wahrung der inneren Sicherheit zu treffen. Da in Fällen, in denen die Ordnung im Inneren eines Kantons gestört oder unmittelbar bedroht ist, rasch gehandelt werden muss, ist die Auslösung einer Bundesintervention primär Sache des Bundesrates. Auf die besondere Erwähnung eines Hilfegesuchs des betroffenen Kantons als Voraussetzung für die Intervention wurde im Rahmen der Nachführung der Bundesverfassung bewusst verzichtet (BBl 1997 I 219 f.). In dringlichen Fällen darf der Bundesrat sogar Truppen aufbieten. Wenn ein vom Bundesrat angeordneter Truppeneinsatz mehr als 4 000 Armeeangehörige betrifft oder voraussichtlich länger als drei Wochen dauern wird, muss der Bundesrat freilich unverzüglich die Bundesversammlung einberufen (Art. 185 Abs. 4 i.V.m. Art. 173 Abs. 1 lit. d BV).

b) Zulässige Massnahmen

Die Bundesverfassung sagt über die Massnahmen der Bundesintervention nichts aus; die im Einzelfall zu treffenden Massnahmen liegen im *Ermessen der zuständigen Bundesbehörde*. Dies ist notwendig, da es sich stets um eine Notsituation handelt. Die zuständige Behörde darf aber nur Massnahmen treffen, die dem *Verhältnismässigkeitsprinzip* entsprechen. Bislang wurde hauptsächlich zum Mittel des Einsatzes eines Kommissärs oder von Truppen gegriffen. 1042

Ist die *Einsetzung eines Kommissärs* notwendig, wird dieser durch den Bundesrat gewählt (Art. 187 Abs. 1 lit. c BV); es können auch mehrere Kommissäre bestellt werden. Der Kommissär ist der Vertreter des Bundesrates und hat die zur Wiederherstellung der Ruhe erforderlichen Anordnungen zu treffen. Zu diesem Zweck ist er mit sehr weit gehenden Befugnissen ausgestattet. Es ist ihm erlaubt, im Namen des Bundes Massnahmen im Bereich der vollziehenden und gesetzgebenden Gewalt anzuordnen, sofern sie zur sofortigen Wiederherstellung der öffentlichen Ordnung unbedingt erforderlich sind, auch wenn diese im kantonalen Kompetenzbereich liegen und dem Bund normalerweise nicht zustehen; die kantonalen Hoheitsrechte gehen im Ausmass der vom Kommissär getroffenen Massnahmen vorübergehend auf den Bund über. 1043

Unter Umständen werden Truppen eingesetzt; man spricht dann von einer *bewaffneten Intervention*. Die Truppen stehen unter Bundesleitung und haben die Anordnungen des Kommissärs – dem aber nicht die direkte Leitung der Truppen übertragen ist – durchzuführen. 1044

c) Kosten

Eine Regelung über die Kostentragung wurde nicht mehr in die neue Bundesverfassung aufgenommen. Diese Entscheidung wird in das Ermessen der Bundesversammlung gestellt (BBl 1997 I 220). 1045

Auch die Institution der Bundesassisen (Geschworene auf Bundesebene), welche für die Erledigung von strafrechtlichen Verfahren vorgesehen war, wurde durch ein Gesetz vom 8. Oktober 1999 (BBl 1999, 8683 ff.) abgeschafft. 1046

4. Anwendungsfälle

Seit 1848 sind *zehn Fälle* von «eidgenössischen Interventionen» zu verzeichnen, wovon fünf den Kanton Tessin betrafen (vgl. die Darstellung dieser Fälle bei AUBERT [No. 820]). Die letzte Bundesintervention am 9. November 1932 anlässlich von *Unruhen in Genf* soll als illustratives Beispiel dienen. 1047

Entsprechend den politischen Spannungen in ganz Europa herrschte in Genf eine gespannte Atmosphäre. Auf den 9. November 1932 organisierte der Rechtsextremistenführer Oltramare eine Versammlung, welche die Linksextremen unter Nicole durch eine Demonstration stören wollten. Da die Lage ernst zu werden drohte, ersuchte die Genfer Regierung den Bundesrat um Hilfe. Der Bundesrat beorderte hierauf die Infanterie-Rekrutenschule von Lausanne nach Genf. Der unglückliche Einsatz der unerfahrenen Rekruten brachte das Militär in Bedrängnis und veranlasste die Rekruten, das Feuer zu eröffnen. Man zählte 13 Tote und 39 Verwundete. Nach drei Tagen wurden die Truppen – die Rekruten waren inzwischen durch ein Walliser WK-Kontingent ersetzt worden – zurückgezogen. Die Intervention in Genf hatte ein Nachspiel vor den Bundesassisen (vgl. N. 1046). Zudem wurde eine Untersuchung durch das Eidgenössische Militärdepartement angeordnet, welche zum Ergebnis führte, es liege kein Grund vor, eine militärgerichtliche Strafuntersuchung einzuleiten, denn die Truppe habe in Ausführung ihrer Aufgabe und erst in ernster Notlage von der Waffe Gebrauch gemacht.

5. Ordnungsdienst durch die Armee

1048 Im Zusammenhang mit dem Projekt «Armee 95» wurde in Art. 83 des Bundesgesetzes über die Armee und die Militärverwaltung vom 3. Februar 1995 (Militärgesetz, SR 510.10) eine neue Rechtsgrundlage für den politisch kontroversen Ordnungsdienst der Armee geschaffen. Die Entsendung von Bundestruppen zu Gunsten eines Kantons kann als ein Ersatz für die Bundesintervention gemäss Art. 52 Abs. 2 BV betrachtet werden. Sie unterscheidet sich von dieser dadurch, dass der bedrohte Kanton nach wie vor selbständig handelt, sich bei der Sorge für die innere Sicherheit aber zusätzlicher Mittel bedient, die ihm vom Bund zur Verfügung gestellt werden (vgl. auch Art. 58 Abs. 2 Satz 2 BV). In Art. 83 Abs. 1 des Militärgesetzes werden die Voraussetzungen für den als ultima ratio konzipierten Einsatz bewusst eng umschrieben. Erforderlich ist neu eine *schwerwiegende Bedrohung der inneren Sicherheit,* zu deren Abwendung die Mittel der zivilen Behörden nicht mehr ausreichen. Abs. 2 überträgt neu der Bundesversammlung die primäre Entscheidungskompetenz für den Militäreinsatz. Der Bundesrat kann den Ordnungsdienst nur noch in dringlichen Fällen anordnen, nämlich dann, wenn die Räte nicht versammelt sind. Zudem sind dem Bundesrat in Art. 77 Abs. 3 des Militärgesetzes enge personelle und zeitliche Grenzen gesetzt, bei deren Überschreitung die Bundesversammlung unverzüglich einberufen werden muss. Diese entscheidet endgültig über die Aufrechterhaltung der Massnahme. Die Verordnung über den Truppeneinsatz für den Ordnungsdienst vom 3. September 1997 (SR 513.71) regelt die weiteren Einzelheiten.

3. Kapitel: Kompetenzausscheidung zwischen Bund und Kantonen

§ 37 Grundsätzliche Regelung der Kompetenzausscheidung

Literatur

HANGARTNER YVO, Die Kompetenzverteilung zwischen Bund und Kantonen, Bern/Frankfurt a.M. 1974; HANGARTNER YVO, Art. 3 der Bundesverfassung, in: Das Recht in Raum und Zeit, FS für Martin Lendi, Zürich 1998, S. 155 ff.; HUBER HANS, Gedanken über die Ausscheidung der Zuständigkeiten zwischen Bund und Kantonen, ZSR NF 87/I (1968) 481 ff.; IMBODEN MAX, Die Ausscheidung der Rechtsetzungskompetenzen zwischen Bund und Kantonen, in: Mélanges Marcel Bridel, Lausanne 1968, S. 253 ff.; KNAPP BLAISE, La répartition des compétences et la coopération de la Confédération et des cantons, in: Verfassungsrecht der Schweiz, § 29; KOLLER HEINRICH, Subsidiarität als Verfassungsprinzip, in: Der Verfassungsstaat vor neuen Herausforderungen, FS für Yvo Hangartner, St. Gallen 1998, S. 675 ff.; KÖLZ ALFRED, Bundestreue als Verfassungsprinzip?, ZBl 81 (1980) 145 ff.; LOEBENSTEIN EDWIN, Die staatsrechtliche und staatspolitische Bedeutung der Kompetenzteilungsnormen in einer bundesstaatlichen Verfassung, in: Mélanges André Grisel, Neuchâtel 1983, S. 243 ff.; MODELL FÜR EINE NEUVERTEILUNG DER AUFGABEN ZWISCHEN BUND UND KANTONEN, Staat und Politik Bd. 19, Bern 1978; PFISTERER THOMAS, Von der Kompetenzverteilung zur besseren Erfüllung der Bundesaufgaben, in: Der Verfassungsstaat vor neuen Herausforderungen, FS für Yvo Hangartner, St. Gallen 1998, S. 713 ff.; RIKLIN ALOIS/BALTINGER GERARD (Hrsg.), Subsidiarität, Baden-Baden 1994; SCHWEIZER RAINER J., Die neue Bundesverfassung: die revidierte Bundesstaatsverfassung, AJP 1999, S. 666 ff.; TSCHANNEN PIERRE, Bundesstaatliche Aufgabenteilung und politisches System – Grenzen der Verfassungsästhetik, ZSR NF 114/I (1995) 143 ff.; VOYAME JOSEPH, Le principe de la subsidiarité dans la répartition des tâches entre Confédération et cantons, in: FS für Kurt Eichenberger zum 60. Geburtstag, Basel/Frankfurt a.M. 1982, S. 121 ff.

Materialien

– Botschaft des Bundesrates zur Neugestaltung des Finanzausgleichs und der Aufgabenteilung zwischen Bund und Kantonen (NFA) vom 14. November 2001, BBl 2002, 2291 ff.

I. Grundsatz von Art. 3 BV

1049 Die Bundesverfassung enthält in Art. 3 den Grundsatz, dass die Kantone alle Rechte ausüben, welche nicht der Bundesgewalt übertragen sind. Es besteht also eine subsidiäre Generalklausel zu Gunsten der kantonalen Zuständigkeit. Man spricht oft auch von einer «Vermutung» zu Gunsten der Kompetenzen der Kantone; doch sollte diese Formel vermieden werden, da keine eigentliche Vermutung vorliegt.

1050 Das Prinzip der Aufgabenverteilung ist in Art. 42 und 43 BV formuliert. Gemäss Art. 42 BV erfüllt der Bund die Aufgaben, die ihm die Bundesverfassung zuweist. Im Übrigen bleiben die Kantone zuständig (originäre Zuständigkeit) und bestimmen selber, welche Aufgaben sie in diesem Rahmen erfüllen (Art. 43 BV).

1051 Das bisher in Art. 42 Abs. 2 BV festgehaltene *Subsidiaritätsprinzip* wird seit der Föderalismusreform (vgl. N. 74a) als Art. 5a in den Allgemeinen Bestimmungen der BV verankert, um den hohen verfassungspolitischen Stellenwert dieses Grundsatzes bei der Zuweisung und Erfüllung staatlicher Aufgaben zu unterstreichen. Konkretisiert wird dieses Prinzip durch den ebenfalls neuen Art. 43a BV; gemäss dessen Abs. 1 (der in seiner Kernaussage dem bisherigen Art. 42 Abs. 2 BV entspricht) übernimmt der Bund nur die Aufgaben, welche die Kraft der Kantone übersteigen oder einer einheitlichen Regelung durch den Bund bedürfen. Aus dieser Formulierung darf nicht abgeleitet werden, dass der Bund unabhängig von einer konkreten Kompetenzzuweisung in der BV zur Regelung entsprechender Aufgaben zuständig ist. Vielmehr sollen die Begründung neuer und die Ausschöpfung bestehender Bundeskompetenzen im Geiste des Subsidiaritätsprinzips erfolgen.

1. System der Einzelermächtigung des Bundes durch die Bundesverfassung

1052 Der Verfassungsgeber hat in Art. 3 und 42 BV das System gewählt, das von der *Aufzählung der Bundeskompetenzen* und *nicht* von der *Enumeration der kantonalen Kompetenzen* ausgeht: Der Bund ist zuständig, soweit die Verfassung ihn ermächtigt; wenn eine solche Ermächtigung fehlt, sind die Kantone zuständig. Diese Methode wird von den meisten Bundesstaaten – so z.B. von den USA und von Deutschland – befolgt; sie ist aber nicht die einzig mögliche Kompetenzverteilungstechnik. Kanada kennt das entgegengesetzte System, wonach alle Kompetenzen, die nicht «exclusively to the legislature of the Provinces» gehören, dem Bund zustehen (Art. 91 Constitution Act, 1867).

1053 Die Kompetenzen des Bundes werden durch *Einzelermächtigungen, nicht* durch *generelle Ermächtigungen* umschrieben. Die Bundesverfassung enthält demzufolge keine Generalklauseln zu Gunsten des Bundes, sondern weist ihm in einzelnen Artikeln die Kompetenz für einen bestimmten, meistens genau umgrenzten Sachbereich – z.B. Militärwesen (Art. 60), Eisenbahnen und weitere Verkehrsträger (Art. 87), Kernenergie (Art. 90, 118 Abs. 2 lit. c), Umweltschutz (Art. 74) – zu.

Die Kompetenzen des Bundes bedürfen einer *Ermächtigung durch die Bundesverfassung selbst;* Bundesgesetze oder Bundesbeschlüsse vermögen keine Bundeskompetenzen zu begründen. 1054

2. Erwähnung kantonaler Kompetenzen in der Bundesverfassung

Beim System der Enumeration der Bundeskompetenzen sind die Kompetenzen der Kantone in der Bundesverfassung grundsätzlich nicht aufgeführt. Wenn die Bundesverfassung trotzdem verschiedentlich kantonale Kompetenzen erwähnt, so kommt dem eine der folgenden Bedeutungen zu: 1055

– Die Kantone werden ermächtigt zu *Einschränkungen von bundesrechtlich garantierten Freiheitsrechten.* Beispiel: Art. 94 Abs. 4 BV betr. Monopole der Kantone.

– Die kantonale Kompetenz ist eine *Ausnahme von einer umfassenden Bundeskompetenz.* Beispiel: Art. 56 Abs. 1 im Verhältnis zu Art. 54 Abs. 1 BV betr. die Kompetenz zum Abschluss von Staatsverträgen.

– Für einen bestimmten Sachbereich wird eine *Bundesregelung unter dem Vorbehalt des Vollzuges durch die Kantone* vorgesehen. Beispiele: Art. 74 Abs. 3 BV betr. Umweltschutz, Art. 80 Abs. 3 BV betr. Tierschutz. Vgl. auch Art. 46 Abs. 1 BV, wonach die «Umsetzung» des Bundesrechts grundsätzlich Sache der Kantone ist.

– Wenn in einem Sachbereich sowohl der Bund als auch die Kantone zuständig sind, enthält die Bundesverfassung oft eine *präzisierende Umschreibung der den Kantonen verbleibenden Kompetenz.* Beispiele: Art. 76 Abs. 4 BV betr. Nutzbarmachung der Wasserkräfte und Art. 78 Abs. 1 BV betr. Natur- und Heimatschutz. In solchen Fällen hat die Erwähnung der kantonalen Kompetenz oft nur deklaratorische Bedeutung.

3. Neu anfallende Staatsaufgaben

Neue Staatsaufgaben, die nicht einer bereits bestehenden Kompetenz des Bundes zugeordnet werden können, fallen automatisch in den Kompetenzbereich der Kantone. Falls sich eine gesamtschweizerische Regelung aufdrängt, muss zuerst durch eine Verfassungsrevision eine Bundeskompetenz begründet werden. Beispiel: Art. 119a BV betr. Transplantationsmedizin. 1056

4. Abschliessende und lückenlose Kompetenzaufteilung

1057 Was nicht kraft besonderer Verfassungsermächtigung dem Bund übertragen ist, gehört zu den kantonalen Kompetenzen. Das System der Kompetenzaufteilung der Bundesverfassung weist deshalb *keine Lücken* auf. Es ist unzulässig, für eine in der Bundesverfassung nicht genannte Staatsaufgabe eine Lücke anzunehmen und diese auf dem Weg der Analogie zu einer bestehenden Bundeskompetenz zu schliessen. Man konnte also nicht die Regelung der Transplantation von Organen, Geweben und Zellen als Bundeskompetenz betrachten, weil dieser Aufgabe ein überregionaler Charakter zukommt und andere überregionale Aufgaben als Bundeskompetenzen anerkannt sind. Um eine entsprechende Bundeskompetenz zu begründen, musste 1999 die Verfassung durch einen neuen Artikel – den heutigen Art. 119a BV – ergänzt werden.

1058 Der Bund hat sich früher verschiedentlich auf die «*freie Staatstätigkeit*» berufen. Gestützt darauf hat der Bund oft *Bundessubventionen* ausgerichtet, ohne dass eine verfassungsmässige Ermächtigung vorgelegen hätte. Das System der Einzelermächtigungen des Bundes schliesst aber eine solche «freie Staatstätigkeit» aus, denn sonst hätten die vielen einzelnen Verfassungsbestimmungen, die den Kompetenzbereich des Bundes genau umschreiben, keinen Sinn. Zudem würde dies zu einer Aushöhlung der kantonalen Kompetenzen führen.

1059 Die Lückenlosigkeit der Kompetenzordnung von Art. 3 und 42 BV schliesst aber die Möglichkeit der Verfassungsauslegung in diesem Bereich nicht aus (vgl. N. 1064 ff.).

5. Erfordernis der Verfassungsrevision für neue Bundeskompetenzen

1060 Neue Kompetenzen des Bundes können nur durch eine Revision der Bundesverfassung, d.h. mit Zustimmung der Mehrheit von Volk und Ständen, begründet werden.

a) Unzulässigkeit der Berufung auf Gewohnheitsrecht

1061 Es gibt auch im öffentlichen Recht Gewohnheitsrecht, insbesondere wo Gesetzeslücken bestehen. Da die Kompetenzaufteilung zwischen Bund und Kantonen lückenlos ist, kann das Gewohnheitsrecht zur Begründung von Bundeskompetenzen nicht herangezogen werden. Im Verfassungsrecht wird derogierendes Gewohnheitsrecht nicht zugelassen (vgl. N. 12). Der Bund kann sich also nicht auf eine langjährige Praxis der Bundesbehörden berufen, wenn sich in der Verfassung keine Grundlage findet. Vor allem im Bereich der Kulturförderung neigten die Bundesbehörden früher dazu, eine gewohnheitsrechtliche Kompetenz des Bundes anzunehmen (vgl. BBl 1997 I 285 und BBl 1992 I 540 f.). Dies war äusserst fragwürdig, weil zwei Versuche, die Kulturförderung durch den Bund in die Verfassung aufzunehmen, gescheitert waren. Heute ist dieses Problem entschärft, weil dem Bund im Rahmen der «Nachführung» der Bundesverfassung von 1999 neu die Kompetenz zugewiesen wurde, kulturelle Bestrebungen von gesamtschweizerischem Interesse zu unterstützen sowie Kunst und Musik zu fördern (Art. 69 Abs. 2 BV).

b) *Unzulässigkeit der freiwilligen Kompetenzübertragung durch die Kantone*

Der Bund kann eine Kompetenz nicht dadurch erlangen, dass sie ihm von den Kantonen übertragen wird. 1062

> In BGE 67 I 277, Schweizerische Eidgenossenschaft, war die Gültigkeit eines Abkommens zwischen dem Bund und dem Kanton Thurgau zu beurteilen, wonach der Bund unentgeltlich einen Teil der Militärverwaltung des Kantons Thurgau übernahm. Das Bundesgericht erblickte in diesem Vertrag eine unzulässige Kompetenzverschiebung und erklärte:
>
> «Die Militärverwaltung ist zwischen Bund und Kantonen geteilt nach BV Art. 20 I und der MO [= damals geltende Gesetzgebung über die Militärorganisation]. Die einschlägigen Bestimmungen, insbesondere auch diejenigen über die Rechte und Pflichten der Kantone, sind zwingende Normen des öffentlichen Rechts. Eine solche Kompetenzausscheidung kann nicht durch Vereinbarungen zwischen dem Bund und einem Kanton verschoben werden.» (S. 295)

Unrichtig war das Vorgehen des Bundesrates, als er 1987 die Pharmacopoea Helvetica – das amtliche Arzneibuch, das Bestimmungen über die Definition, Herstellung, Aufbewahrung und Abgabe von Arzneimitteln enthält – erliess und sich dabei statt auf eine Bundeskompetenz auf die «Zustimmung der Kantonsregierungen» (wobei die Regierungen der Kantone Solothurn, Schaffhausen und Jura die Zustimmung verweigert hatten!) berief (Verordnung des Bundesrates über die Schweizerische Pharmakopöe vom 20. Mai 1987 [AS 1987, 794]). Das heute geltende Bundesgesetz über die Pharmakopöe vom 6. Oktober 1989 (SR 812.21) stützt sich dagegen richtigerweise auf Art. 31bis Abs. 2 aBV (entspricht Art. 95 Abs. 1 BV; vgl. dazu BBl 1988 II 936 f.). 1063

II. Methode der Ermittlung der Bundeskompetenzen

1. Verfassungswortlaut und Auslegung

Für die Ermittlung der verfassungsrechtlichen Kompetenzbestimmungen gelten die *allgemeinen Grundsätze der Verfassungsauslegung* (vgl. N. 75 ff.). Es ist also vom Wortlaut der Verfassung auszugehen; wo dieser unklar ist, gilt es, die Tragweite einer Kompetenznorm aus der Entstehungsgeschichte, aus Sinn und Zweck der Vorschrift und aus ihrem systematischen Zusammenhang zu ermitteln. 1064

1065 Die *historische Auslegungsmethode,* die auf den Sinn abstellt, den die Norm im Zeitpunkt ihrer Entstehung hatte, kommt oft zum Zug; dabei wird vorausgesetzt, dass sich klare Anhaltspunkte für das entstehungszeitliche Verständnis finden.

1066 Während in Österreich die historische Methode bei der Kompetenzauslegung absolut im Vordergrund steht – man spricht von der «Versteinerungstheorie» –, wird in der Schweiz der *teleologischen Auslegungsmethode* ein grösseres Gewicht gegeben. Diese Auslegungsmethode, die auf die Zweckvorstellungen abstellt, die einer Norm zugrunde liegen, erlaubt es, aus einer ausdrücklichen Bundeskompetenz jene Kompetenzen abzuleiten, die der Bund zur Erreichung der in der Verfassung genannten Aufgabe braucht.

> Unter der alten Bundesverfassung kam der teleologischen Auslegung grosse Bedeutung zu, wie die nachfolgenden Beispiele zeigen:
>
> – Art. 64 aBV (= Art. 122 BV) übertrug die Rechtsetzung im Bereich des Zivilrechts dem Bund, beliess aber die Regelung von Gerichtsorganisation und Verfahren den Kantonen. Trotzdem musste dem Bund die Kompetenz zuerkannt werden, gewisse organisatorische und verfahrensrechtliche Bestimmungen aufzustellen, soweit sie zur Durchsetzung des einheitlichen Bundeszivilrechts notwendig waren (vgl. BGE 107 Ib 160, 164). Im Rahmen der in der Abstimmung vom 12. März 2000 gutgeheissenen Justizreform wurde durch Neufassung von Art. 122 Abs. 1 BV die Grundlage für eine bundesweite Vereinheitlichung des Zivilprozessrechts geschaffen.
>
> – Illustrativ für die Entwicklung der Informationstechnologie ist folgendes Beispiel: Art. 36 Abs. 1 aBV übertrug dem Bund das Telegraphenwesen. Mit der stufenweisen technischen Verbesserung der Nachrichtenübermittlung stellte sich die Frage, ob dieser Verfassungsartikel nicht auch eine Bundeskompetenz für das Telefon und die technischen Belange von Radio und Fernsehen umfasse. Die Frage wurde bejaht. Gestützt auf teleologische Argumente erblickten Praxis und Lehre in Art. 36 Abs. 1 aBV eine Rechtsgrundlage für die bundesrechtliche Regelung aller Formen von Nachrichtenübermittlung «mittels der Elektrizität» (BGE 105 Ib 389, 392 f., Ellenberger Electronic AG). Eine Änderung der verfassungsrechtlichen Grundlage ergab sich erst mit der 1984 erfolgten Aufnahme von Art. 55bis aBV in die Bundesverfassung. Diese neue Verfassungsbestimmung bezeichnete die Gesetzgebung über Radio und Fernsehen sowie über andere Formen der öffentlichen fernmeldetechnischen Verbreitung von Darbietungen und Informationen ausdrücklich als Aufgabe des Bundes. Die Regelung des Telefonwesens stützte sich aber weiterhin auf eine teleologische Auslegung von Art. 36 Abs. 1 aBV (vgl. dazu die heute geltenden Art. 92 und 93 BV).

2. Ausdrückliche und stillschweigende Bundeskompetenzen

1067 Die auch für die Kompetenzordnung zulässige, nicht allein auf den Wortlaut abstellende Auslegung führt dazu, dass – neben den in der Bundesverfassung ausdrücklich genannten Bundeskompetenzen – auch stillschweigende Bundeskompetenzen anerkannt werden können.

> Ein illustratives Beispiel vermittelte früher Art. 8 aBV. Diese Verfassungsbestimmung sprach nur davon, dass der Entscheid über Krieg und Frieden und der Abschluss von Bündnissen und Staatsverträgen Bundessache seien. Teleologische und historische Argumente sowie eine systematische Auslegungsmethode, die auch die Kompetenz des Bundesrates zur Wahrung der Interessen der Eidgenossenschaft nach aussen und zur Besorgung der auswärtigen Angelegenheiten (Art. 102 Ziff. 8 aBV) einbezogen, führten zum Schluss, dass die Besorgung der auswärtigen Angelegenheiten in umfassender Weise eine stillschweigende Bundeskompetenz darstelle. Art. 54 Abs. 1 BV enthält nun eine umfassende ausdrückliche Bundeskompetenz.

In der neuen Bundesverfassung werden die Zuständigkeiten von Bund und Kantonen in einer zeitgemässen Sprache und mit einer übersichtlichen Systematik aufgezählt (vgl. vor allem Art. 54–135 BV). Insbesondere wurde dabei auch das bis anhin geltende ungeschriebene Verfassungsrecht sorgfältig nachgeführt. Die Herleitung stillschweigender Bundeskompetenzen auf dem Weg der Verfassungsauslegung dürfte daher in naher Zukunft eher von geringer praktischer Bedeutung sein, bleibt indes weiterhin möglich. 1068

3. Kompetenz- und Verhaltensnormen der Bundesverfassung

Die Rechtsgrundlage der Bundeskompetenzen findet sich sehr oft in reinen *Kompetenznormen* der Bundesverfassung, d.h. in Verfassungsnormen, die sich darin erschöpfen, eine Kompetenz des Bundes zu begründen. Dies ist z.B. bei Art. 87 BV (Eisenbahnverkehr, Seilbahnen, Schifffahrt, Luft- und Raumfahrt) und Art. 91 Abs. 2 BV (Rohrleitungsanlagen) der Fall. Zu dieser Gruppe gehören auch Kompetenznormen, die gleichzeitig gewisse materielle Grundsätze für die vom Bund zu erlassende Regelung aufstellen, wie dies z.B. Art. 76 BV (Nutzung der Wasserkraft) oder Art. 111 BV (Alters-, Hinterlassenen- und Invalidenvorsorge) tun. 1069

Bundeskompetenzen können auch begründet werden durch *Verhaltensnormen* der Bundesverfassung, d.h. Verfassungsnormen, welche die Rechte und Pflichten der Bürgerinnen und Bürger umschreiben. Soweit die Bundesverfassung hier eine materielle Regelung getroffen hat, ist die Kompetenz der Kantone ausgeschlossen. Ein solcher Fall liegt z.B. bei Art. 62 Abs. 2 BV (ausreichender, obligatorischer und unentgeltlicher Grundschulunterricht) vor. Auch die von der Bundesverfassung garantierten *Grundrechte* begrenzen die Kompetenz der Kantone. Umstritten ist, wieweit aus Grundrechten Kompetenzen des Bundes zur gesetzlichen Regelung grundrechtsrelevanter Bereiche abgeleitet werden können (vgl. dazu JÖRG PAUL MÜLLER, Elemente einer schweizerischen Grundrechtstheorie, S. 127; PETER SALADIN in Kommentar BV, Art. 3, Rz. 181). In Übereinstimmung mit den von den meisten Autoren geäusserten Bedenken ist eine solche Begründung von Bundeszuständigkeiten ab- 1070 zulehnen. Eine Kompetenz des Bundes zur Presseförderung bedürfte einer entsprechenden Verfassungsgrundlage und könnte nicht aus der Garantie der Medienfreiheit gemäss Art. 17 BV in seiner gegenwärtigen Fassung abgeleitet werden (vgl. zu den dahin zielenden Vorstössen auf Verfassungsrevision BBl 1981 III 972 f. und BBl 1983 III 799 ff. sowie N. 452).

4. Bedeutung des systematischen Aufbaus der Bundesverfassung

1071 Die *Bundeskompetenzen* sind *grundsätzlich im 3. Titel der Bundesverfassung* (Bund, Kantone und Gemeinden), insbesondere im 2. Kapitel über die Zuständigkeiten (Art. 54–125 BV) und im 3. Kapitel über die Finanzordnung (Art. 126–135 BV) zu suchen.

1072 Auch andere Teile der Verfassung enthalten indes Normen, die Bundeskompetenzen begründen (z.B. Art. 38 BV betr. Erwerb und Verlust des Bürgerrechts; Art. 39 Abs. 1 BV betr. die politischen Rechte in eidgenössischen Angelegenheiten). Aus dem 5. Titel über die Bundesbehörden können vor allem Bundeszuständigkeiten im Bereich des Organisations- und Verfahrensrechts abgeleitet werden.

1073 Nicht ausser Acht zu lassen sind zudem die Übergangsbestimmungen der Bundesverfassung, die ebenfalls einzelne Kompetenzen begründen (z.B. die 3. Übest. zu Art. 87 BV).

1074 Aus der systematischen Gliederung der Zuständigkeitskataloge im 3. Titel der Bundesverfassung kann keine Rangfolge abgeleitet werden. Den Gliederungstiteln und der Artikelreihenfolge kommt nur informierende Bedeutung zu (vgl. PIERRE TSCHANNEN, Die Auslegung der neuen Bundesverfassung, in: Zimmerli [Hrsg.], Die neue Bundesverfassung, S. 240).

5. Frage des Gebotes der restriktiven Auslegung der Bundeskompetenzen

1075 Ein *Teil der Lehre,* so auch GIACOMETTI (FLEINER/GIACOMETTI, S. 75), forderte aus föderalistischen Überlegungen, dass die Verfassungsnormen über die Bundeskompetenzen nicht extensiv, sondern restriktiv auszulegen seien.

Eine solche These ist abzulehnen. Für die Bestimmung der Bundeskompetenzen sind die allgemeinen Auslegungsregeln massgeblich, und es ist methodisch verfehlt, in genereller Weise ein bestimmtes Auslegungsresultat vorwegzunehmen. Es ist insbesondere zu bedenken, dass, was allgemein anerkannt ist, die teleologische Auslegung oft zu einer über den Wortlaut hinausreichenden Interpretation führt (vgl. N. 123 ff., 1066).

6. Bedeutung von Art. 2, 41 und 94 Abs. 2 BV

Die Bundesverfassung enthält in *Art. 2* eine allgemeine *Umschreibung der Zwecke der Eidgenossenschaft.* Sowenig wie die Präambel der Bundesverfassung, die ebenfalls auf die Absicht des Verfassungsgebers hinweist, begründet diese Verfassungsbestimmung Bundeskompetenzen. Die Zweckumschreibungen sind viel zu allgemein gehalten, um als Kompetenzgrundlagen zu dienen. Zudem werden mit der Formulierung «Schweizerische Eidgenossenschaft» Bund und Kantone zugleich erfasst, was sich aus Art. 1 BV ergibt. 1076

Ebenso wenig vermögen die in Art. 41 BV garantierten *Sozialziele* Bundeskompetenzen zu begründen. Denn Bund und Kantone haben diese Ziele «im Rahmen ihrer verfassungsmässigen Zuständigkeiten» (Art. 41 Abs. 3 BV) anzustreben (so auch das Gutachten des Bundesamtes für Justiz vom 25.10.2001 in VPB 66 [2002] Nr. 1 auf S. 19). 1076a

Ähnliches gilt für *Art. 94 Abs. 2 BV,* der im Rahmen der Wirtschaftsartikel von der *«Wohlfahrt und (...) wirtschaftlichen Sicherheit der Bevölkerung»* spricht. Auch er ist kein Kompetenzartikel, sondern hat nur die Bedeutung eines – sehr allgemein gehaltenen – Leitgedankens, an den sich Bund und Kantone «im Rahmen ihrer Zuständigkeiten», wie dies Abs. 3 ausdrücklich sagt, halten sollen. 1077

III. Modus der Umschreibung der Bundeskompetenzen

Obwohl das 2. Kapitel des 3. Titels der Bundesverfassung über die Zuständigkeiten in zehn Abschnitte nach Sachbereichen gegliedert ist und sich der Verfassungsgeber erfolgreich um eine verbesserte Übersichtlichkeit und Systematik bemüht hat, war es nicht möglich, einen einheitlichen Modus für die Umschreibung der Bundeskompetenzen zu finden. Die Verfassung wählt für die Zuweisung von Bundeskompetenzen unterschiedliche Anknüpfungspunkte. 1078

1. Zuweisung nach geregeltem Sach- oder Rechtsbereich

Am häufigsten weist die Verfassung dem Bund einen bestimmten Sach- oder Rechtsbereich zu. Bei den *Sachbereichen* handelt es sich um Bereiche, die von der allgemeinen Anschauung als Einheit verstanden werden, wie z.B. das Militärwesen (Art. 60 BV), Eisenbahnen und andere Verkehrsträger (Art. 87 BV) oder Banken und Versicherungen (Art. 98 BV). Bei den *Rechtsbereichen* geht es um geschlossene Komplexe rechtlicher Regelung, wie z.B. das Zivilrecht (Art. 122 BV) oder das Strafrecht (Art. 123 BV). 1079

1080 Eine andere Art der Abgrenzung von Kompetenzumschreibungen findet sich bei AUBERT (La Constitution, son contenu, son usage, ZSR NF 110/II [1991] 93 ff.): Er unterscheidet u.a. nach *Problemen, die mit der Führung eines Staates verbunden sind* (z.B. Aussenpolitik, Verteidigung), oder nach der *menschlichen Tätigkeit,* die ein Staat regeln muss (z.B. Radio und Fernsehen, Banken). Die häufigste Zuteilung einer Kompetenz ist gemäss seiner Ansicht durch ein *spezifisches Ziel* gekennzeichnet, dessen Erfüllung der Staat übernimmt, etwa wenn der Bund mit dem «Schutz» der Arbeitnehmerinnen und Arbeitnehmer (Art. 110 Abs. 1 lit. a BV) oder der «Förderung» der wissenschaftlichen Forschung (Art. 64 Abs. 1 BV) beauftragt wird.

2. Zuweisung nach einem in verschiedenen Sachbereichen auftretenden Problem

1081 Es gibt Fälle, in denen die Verfassung dem Bund die Zuständigkeit zur Lösung eines Sachproblems zuweist, das in verschiedenen Sach- und Lebensbereichen gleichzeitig auftritt. HANGARTNER (Kompetenzverteilung, S. 105 ff.) nennt dies «Querschnittprobleme». Der Umweltschutz (Art. 74 BV) ist dafür ein Beispiel.

3. Zuweisung nach Staatsfunktionen

1082 Die Bundeskompetenz kann für ein bestimmtes Sach- oder Rechtsgebiet beschränkt sein auf Rechtsetzung, Verwaltung oder Rechtsprechung. Wenn der Bund die *Gesetzgebungskompetenz* innehat, so schliesst dies die Kompetenz des Bundes ein, durch Bundesgesetz darüber zu entscheiden, ob die Verwaltungs- und Rechtsprechungsfunktionen im betreffenden Sachbereich dem Bund oder den Kantonen zustehen, es sei denn, ein Vorbehalt der Bundesverfassung weise diese Staatsfunktionen den Kantonen zu. Es gibt verschiedene Sachbereiche, für die der Bund nur die Gesetzgebungs-, nicht aber die Vollzugskompetenz hat (vgl. N. 1102 ff.). Dies gilt z.B. für die Rechtsprechung in Zivil- und Strafsachen (Art. 122 Abs. 2 und 123 Abs. 2 BV), allerdings unter Vorbehalt der Zuständigkeiten des Bundesgerichts und des Bundesstrafgerichts.

Unmittelbare *Verwaltungskompetenzen* überträgt die Bundesverfassung dem Bund z.B. zur Aufrechterhaltung der inneren Sicherheit (Art. 52 BV) und bei öffentlichen Werken, die im Interesse der Eidgenossenschaft errichtet werden (Art. 81 BV).

Rechtsprechungskompetenzen werden ihm in den Bestimmungen über die Kompetenzen des Bundesgerichts (Art. 189 BV in der Fassung vom 12. März 2000 [noch nicht in Kraft, vgl. N. 72]) und weiterer richterlicher Behörden des Bundes (Art. 191a BV) anvertraut.

IV. Umfang der Rechtsetzungskompetenzen des Bundes

Nicht jede Kompetenz ermächtigt den Bund, eine bestimmte Materie in allen Aspekten umfassend zu regeln. Für die Bestimmung des Umfangs einer Kompetenz muss zwischen umfassender Rechtsetzungskompetenz, fragmentarischer Rechtsetzungskompetenz und Grundsatzgesetzgebungskompetenz des Bundes unterschieden werden. Welchen Umfang die Kompetenz des Bundes in einem bestimmten Sachbereich hat, ergibt sich aus der Formulierung durch die Verfassung und deren Auslegung. Im Rahmen der Nachführung der Bundesverfassung wurde versucht, die Kompetenzen zum Erlass von Normen durch einen einheitlichen Sprachgebrauch möglichst klar zuzuordnen (BBl 1997 I 228).

Im Folgenden geht es nur um die Rechtsetzungskompetenzen des Bundes ungeachtet dessen, ob auch eine Zuständigkeit für den Vollzug besteht.

1. Umfassende Rechtsetzungskompetenzen des Bundes

Steht dem Bund in einem bestimmten Sachgebiet eine umfassende Rechtsetzungskompetenz zu, so ist er befugt, dieses Gebiet in jeder Hinsicht umfassend zu ordnen. Er kann alle in diesem Sachgebiet auftretenden Fragen regeln, ohne in bestimmter Richtung eingeschränkt zu sein.

Umfassende Rechtsetzungskompetenzen liegen immer vor, wenn die Verfassung eine Materie als «Sache des Bundes» bezeichnet (Beispiel: Militärgesetzgebung, Art. 60 Abs. 1 BV; Zivilschutzgesetzgebung, Art. 61 Abs. 1 BV). Für umfassende Rechtsetzungskompetenzen des Bundes werden aber auch andere Formulierungen verwendet, z.B. «Der Bund erlässt Vorschriften» (Art. 74 Abs. 1 BV über Umweltschutz); «Der Bund sorgt dafür» (Art. 104 betr. die Landwirtschaft); «Der Bund stellt sicher» (Art. 83 Abs. 1 BV über die Nationalstrassen); «Der Bund trifft Massnahmen» (Konjunkturartikel 100 Abs. 1 BV).

2. Fragmentarische Rechtsetzungskompetenzen des Bundes

Hier ist nicht ein bestimmter Sachbereich, wie etwa die Luftfahrt, gesamthaft dem Bund unterstellt, sondern lediglich ein Teilbereich davon. Der Bund darf keine umfassende Regelung treffen, sondern nur in bestimmter Richtung tätig werden. So hat der Bund – mit Rücksicht auf die Bedürfnisse der Kantone und Gemeinden – keine umfassende Steuerkompetenz, sondern lediglich die Befugnis, einzelne, genau umschriebene Steuern zu erheben. Zu diesen gehören insbesondere die direkte Bundessteuer (Art. 128 Abs. 1 BV) und die Mehrwertsteuer (Art. 130 Abs. 1 BV). Eine bloss fragmentarische Rechtsetzungskompetenz steht dem Bund auch auf dem Gebiet des Gesundheitswesens nach Art. 118 BV zu. Danach trifft er «im Rahmen seiner Zuständigkeit» Massnahmen zum Schutz der Gesundheit (Abs. 1), wobei die spezifischen Zuständigkeitsbereiche des Bundes in Abs. 2 abschliessend aufgeführt werden.

3. Grundsatzgesetzgebungskompetenzen des Bundes

1087 In gewissen Bereichen ist der Bund befugt, eine Materie in ihren Grundzügen zu regeln. Die detaillierte Regelung bleibt jedoch – innerhalb der vom Bund aufgestellten Rahmenordnung – den Kantonen vorbehalten. Damit kann dem Bedürfnis nach einer gewissen gesamtschweizerischen Vereinheitlichung entsprochen werden, die den Kantonen aber noch Raum für eigene, auf ihre speziellen Verhältnisse zugeschnittene gesetzgeberische Gestaltung belässt.

1088 Die Grundsatzgesetzgebung kann sowohl Anweisungen an die Kantone als auch den Bürger direkt bindende Normen enthalten.

1089 Für die Kennzeichnung von Grundsatzgesetzgebungskompetenzen des Bundes wird die Formulierung «Der Bund legt Grundsätze fest» verwendet (Beispiel: Art. 75 Abs. 1 BV über die Raumplanung; Art. 129 Abs. 1 BV betr. Steuerharmonisierung). Über die Einbürgerung von Ausländerinnen und Ausländern durch die Kantone erlässt der Bund «Mindestvorschriften» (Art. 38 Abs. 2 BV), was ebenfalls auf eine Grundsatzgesetzgebungskompetenz hinausläuft (BBl 1997 I 228).

4. Förderungskompetenzen des Bundes

1090 In verschiedenen Aufgabenbereichen, für welche grundsätzlich die Kantone zuständig sind, hat der Bund eine Förderungskompetenz, was sich jeweils klar aus dem Wortlaut der Verfassung (der Bund «fördert» oder «unterstützt») ergibt (Beispiele: Natur- und Heimatschutz, Art. 78 Abs. 3 BV; Sprachenartikel 70 Abs. 3–5 BV). In diesen Bereichen kann der Bund als Grundlage für seine Unterstützungsmassnahmen gesetzliche Regelungen erlassen (Beispiele: Bundesgesetz über den Natur- und Heimatschutz vom 1. Juli 1966 [SR 451]; Bundesgesetz über Finanzhilfen für die Erhaltung und Förderung der rätoromanischen und der italienischen Sprache und Kultur vom 6. Oktober 1995 [SR 441.3]). Die Förderungskompetenzen des Bundes stellen einen Anwendungsfall von partiellen parallelen Kompetenzen des Bundes (vgl. N. 1100 f.) dar.

V. Verhältnis der Bundeskompetenzen zu den kantonalen Kompetenzen

Gemäss Art. 3 und 42 BV bedeutet die Einräumung einer Bundeskompetenz grundsätzlich den *Ausschluss der Kantone*. Das heisst nun aber nicht, dass unmittelbar mit Begründung einer Kompetenz des Bundes stets alle kantonalen Kompetenzen dahinfallen. Das *Zusammenspiel der beiden Kompetenzbereiche* ist differenzierter.

Je nach Wirkung auf die kantonale Kompetenz ist zu unterscheiden, ob eine umfassende Rechtsetzungskompetenz des Bundes mit ursprünglich derogatorischer Kraft ausgestattet ist (sehr selten), nur nachträglich derogatorische Kraft hat (Normalfall) oder eine parallele Kompetenz (selten) darstellt.

1. Regelfall: Bundeskompetenzen mit nachträglich derogatorischer Kraft (auch «konkurrierende Kompetenzen» genannt)

Solange der Bund eine ihm von der Bundesverfassung zugewiesene *Kompetenz nicht benutzt,* bleiben in der Regel die *Kantone zuständig*. Erst vom Moment an, da der Bund von seiner Kompetenz ganz oder teilweise Gebrauch macht, wird die kantonale Kompetenz in entsprechendem Umfang hinfällig. Die Bundeskompetenzen sind im Normalfall Kompetenzen mit nachträglich derogatorischer Kraft.

Der Grund für die bloss nachträglich derogatorische Kraft, wie sie den Bundeskompetenzen in der Regel zukommt, liegt darin, dass die Rechtsordnungen von Bund und Kantonen zusammen ein harmonisches Ganzes bilden müssen. Würde bereits die Verankerung einer neuen Bundeskompetenz in der Bundesverfassung die entsprechende kantonale Kompetenz vernichten, so könnten empfindliche Lücken entstehen, da es oft Jahre dauert, bis die Regelung des Bundes auf Gesetzesstufe ergeht.

Beispiele für die lange aufgeschobene Benützung von Bundeskompetenzen:

- Strafrecht: Begründung der Bundeskompetenz (Art. 64bis aBV = Art. 123 BV) 1898, Erlass des Schweizerischen Strafgesetzbuches (SR 311.0) 1937, Inkrafttreten am 1. Januar 1942, d.h. über 43 Jahre zwischen Kompetenzbegründung und Inkrafttreten der bundesrechtlichen Regelung.
- Umweltschutz: Begründung der Bundeskompetenz (Art. 24^{septies} aBV = Art. 74 BV) 1971, Erlass des Bundesgesetzes über den Umweltschutz (SR 814.01) 1983, Inkrafttreten am 1. Januar 1985.

In der Zeitspanne bis zum Erlass der gesetzlichen Regelung des Bundes bleibt die kantonale Kompetenz vollumfänglich bestehen. Insbesondere können die Kantone auch neue Bestimmungen erlassen.

Die Bundeskompetenzen mit nachträglich derogatorischer Wirkung werden oft auch als *«konkurrierende Kompetenzen»* bezeichnet. Diese Bezeichnung ist insofern problematisch, als sie den Eindruck erwecken könnte, Bund und Kantone besässen gleichzeitig dieselbe aktuelle Kompetenz. Dies ist nicht der Fall: Mit der Ausschöpfung der Kompetenz durch den Bund geht die kantonale Kompetenz in entsprechendem Umfang unter.

1096   Ein Anwendungsfall von Bundeskompetenzen mit nachträglich derogatorischer Kraft findet sich auch bei der *so genannten Kompetenzkumulation*. Eine solche liegt vor, wenn für einen Sachverhaltskomplex kumulativ die Gesetzgebung des Bundes und diejenige der Kantone zur Anwendung gelangen können. In BGE 122 I 70, 74 ff. E. 2–4, Schweizerischer Hängegleiter-Verband, erklärte das Bundesgericht es als zulässig, dass der Kanton Appenzell Innerrhoden in seinem Alpgesetz im Interesse des Natur- und Heimatschutzes Vorschriften über das Starten und Landen von Hängegleitern aufstellte, obwohl Art. 37ter aBV (= Art. 87 BV) dem Bund eine umfassende Kompetenz auf dem Gebiet der Luftfahrt gibt. Das kantonale Alpgesetz enthalte Einschränkungen des Sportbetriebes im Allgemeinen, so auch des Radfahrens, und betreffe nicht spezifisch fliegerische Aspekte. Auf Grund seiner umfassenden Zuständigkeit könne der Bund für die mit dem Flugbetrieb zusammenhängenden Sachverhalte auch die Aspekte des Natur- und Heimatschutzes abschliessend regeln. Solange er das nicht getan habe, bleibe der Kanton zuständig.

2. Ausnahme: Bundeskompetenzen mit ursprünglich derogatorischer Kraft (sog. ausschliessliche Bundeskompetenzen)

1097   Ausnahmsweise haben Bundeskompetenzen ursprünglich derogatorische Wirkung. Dies bedeutet, dass mit der Aufnahme der kompetenzbegründenden Norm in die Bundesverfassung generell *jede kantonale Kompetenz* im betreffenden Sachgebiet *untergeht* und darauf gestützte Regelungen hinfällig werden. Auch wenn der Bund in der Folge seine Kompetenz nicht ausschöpft, bleiben die Kantone ausgeschlossen.

Solche Bundeskompetenzen mit ursprünglich derogatorischer Kraft, die auch ausschliessliche Bundeskompetenzen genannt werden, bilden eine Ausnahme und haben kaum aktuelle Bedeutung. Eine ausschliessliche Bundeskompetenz ist nur sinnvoll, wenn Gewähr dafür besteht, dass kein Regelungsvakuum entsteht.

1098   Das Vorliegen einer ausschliesslichen Bundeskompetenz muss sich aus der Bundesverfassung ergeben. Die (seltenen) ausschliesslichen Bundeskompetenzen lassen sich nicht immer zuverlässig auf Grund des Wortlautes einer Kompetenznorm bestimmen (Ausnahme: Art. 99 Abs. 1 BV: alleiniges Recht des Bundes zur Ausgabe von Münzen und Banknoten). Erklärt die Verfassung eine Aufgabe zur «Sache des Bundes», so geht es zwar immer um eine umfassende Bundeskompetenz, aber nur ausnahmsweise um eine Bundeskompetenz mit ursprünglich derogatorischer Kraft.

Zum Teil ergibt sich die Ausschliesslichkeit aus der Auslegung. Beispiele: Zollwesen (Art. 133 BV); Kompetenz zum Erlass von Vorschriften, die dem Bund gestatten, nötigenfalls vom Grundsatz der Wirtschaftsfreiheit abzuweichen (vgl. N. 661 ff.). 1099

3. Parallele Kompetenzen

Einen Sonderfall, der sich nicht in die obigen Kategorien fassen lässt und der eher selten vorkommt, stellen die parallelen Kompetenzen dar. Eine parallele Kompetenz liegt vor, wenn auf einem bestimmten Sachgebiet *Bund und Kantone gleichzeitig* und unabhängig voneinander *tätig* sein können. Die Ausschöpfung der Bundeskompetenz tangiert hier die kantonale Kompetenz nicht. 1100

Parallele Kompetenzen liegen z.B. vor bei der Schaffung von Hochschulen durch Bund (Art. 63 Abs. 2 BV) und Kantone und bei der Erhebung direkter Steuern durch Bund (Art. 128 BV) und Kantone. Auch im Bereich des Staatsschutzes sind der Bund und die Kantone parallel zuständig (vgl. Art. 57 BV sowie BGE 117 Ia 202, 216 f., Schweizerische Eidgenossenschaft). AUBERT (ad 640 und 672) zählt auch die Entwicklungshilfe dazu (so auch VPB 51 [1987] Nr. 20, S. 138), und nach JAGMETTI (Kommentar aBV, Art. 23, Rz. 51) bestehen auch bei der Enteignung parallele Kompetenzen von Bund und Kantonen. 1101

VI. Verteilung von Gesetzgebung und Vollzug auf Bund und Kantone

Die Bundesverfassung verteilt Gesetzgebung und Vollzug, d.h. Verwaltung und Rechtsprechung, *für die verschiedenen Sachgebiete* von Fall zu Fall *unterschiedlich* auf Bund und Kantone (vgl. N. 1082). Es lässt sich allerdings feststellen, dass der Vollzug dem Bund eher selten von Verfassungs wegen zwingend zugewiesen wird. In der Regel erfolgt die *Umsetzung des Bundesrechts* (vgl. zu diesem Begriff N. 962) durch die Kantone (Art. 46 Abs. 1 BV). Dabei muss der Bund den Kantonen möglichst grosse Gestaltungsfreiheit belassen und den kantonalen Besonderheiten Rechnung tragen. Gemäss dem im Rahmen der Föderalismusreform (vgl. N. 74a) neu aufgenommenem Art. 46 Abs. 2 BV (noch nicht in Kraft) können Bund und Kantone miteinander vereinbaren, dass die Kantone bei der Umsetzung von Bundesrecht bestimmte Ziele erreichen und zu diesem Zweck Programme ausführen, die der Bund finanziell unterstützt. 1102

In der Vielfalt der Kompetenzregelungen finden sich vor allem die folgenden *Typen der Verteilung von Gesetzgebung und Vollzug* durch die Bundesverfassung: 1103

Gesetzgebung	Vollzug	Beispiele
Bund	Bund	Art. 133 BV (Zoll), Art. 92 Abs. 1 BV (Post)
Bund	Kantone	Art. 122 BV (Zivilrecht), Art. 123 BV (Strafrecht)
Bund und Kantone	Kantone (und zum Teil Bund)	Art. 75 BV (Raumplanung)
Kantone	Kantone	(kantonale Steuern)

1104 In vielen Fällen verzichtet die Bundesverfassung darauf, selbst die Vollzugskompetenz zuzuweisen. Verschiedentlich ermächtigt sie ausdrücklich die Bundesgesetzgebung, zu bestimmen, ob der Bund selbst oder die Kantone den Vollzug zu besorgen haben, so z.B. in Art. 74 Abs. 3 BV (Umweltschutz) und Art. 80 Abs. 3 BV (Tierschutz). Häufig vertraut die Bundesverfassung dem Bund einfach eine umfassende Gesetzgebungskompetenz an, welche die Befugnis, durch Bundesgesetz auch den Träger des Vollzuges zu bezeichnen, stillschweigend einschliesst.

VII. Bundestreue

1105 Die bundesstaatliche Kompetenzausscheidung bedeutet nicht, dass die staatlichen Kompetenzen in einer absoluten Weise aufgeteilt sind, so dass der Bund und die Kantone sie ohne gegenseitige Rücksichtnahme ausüben können. Der Bundesstaat ist auf die *Kooperation zwischen Bund und Kantonen und der Kantone untereinander* angewiesen (vgl. N. 1242 ff.). Von den jeweiligen Kompetenzen soll auf eine Art und Weise Gebrauch gemacht werden, dass dadurch die kompetenzgemässe Regelung des Partners nicht unmöglich oder unwirksam gemacht wird (vgl. HALLER/ KÖLZ, Allgemeines Staatsrecht, S. 170).

1106 Dem Prinzip der Bundestreue kommt aber nicht in allen Bundesstaaten die gleiche Bedeutung zu. Vor allem in der deutschen Gerichtspraxis und Lehre hat der Grundsatz der Bundestreue eine starke Beachtung gefunden. So hat das Bundesverfassungsgericht in einer langen Reihe von Entscheidungen die Bundestreue als ungeschriebenes Verfassungsrecht anerkannt und daraus verschiedene konkrete Rechtspflichten für Bund und Länder abgeleitet (vgl. BVerfGE 12, 205 [254 f.]; HALLER/ KÖLZ, Allgemeines Staatsrecht, S. 169 f.).

1107 In der schweizerischen Bundesverfassung wird der Rechtsgrundsatz der bundesstaatlichen Treuepflicht in Art. 44 in allgemeiner Weise verankert (vgl. BBl 1997 I 207 f.). Danach unterstützen Bund und Kantone einander in der Erfüllung ihrer

Aufgaben und arbeiten zusammen (Abs. 1). Sie schulden einander Rücksicht und Beistand und leisten einander Amts- und Rechtshilfe (Abs. 2). Ausserdem wird den Kantonen eine Friedenspflicht – in Anlehnung an das Verbot der Selbsthilfe von Art. 14 aBV – auferlegt: Streitigkeiten zwischen Kantonen oder zwischen Kantonen und dem Bund werden nach Möglichkeit durch Verhandlung und Vermittlung beigelegt (Abs. 3).

Der Gedanke der gegenseitigen Treuepflicht von Bund und Kantonen kommt zudem in verschiedenen weiteren Verfassungsbestimmungen zum Ausdruck (z.B. Art. 45 Abs. 2, 48 Abs. 3, 54 Abs. 3, 56 Abs. 2, 128 Abs. 2 BV). 1108

In der bundesgerichtlichen Rechtsprechung wurde bisher nur selten mit der Bundestreue argumentiert (vgl. z.B. BGE 111 Ia 303, 311, Sozialdemokratische Partei Graubünden; BGE 118 Ia 195, 201 ff., Canton de Berne; BGE 124 I 106, Kanton Schaffhausen, BGE 125 II 163 f., Kanton St. Gallen v. Schweizerische Eidgenossenschaft). 1109

Bei der Bundestreue handelt es sich um eine *modifizierte Anwendung des allgemeinen Rechtsgrundsatzes von Treu und Glauben* (vgl. Art. 5 Abs. 3 BV) im Staatsrecht (vgl. ALFRED KÖLZ, Bundestreue als Verfassungsprinzip?, ZBl 81 [1980] 145, 169). Die Bundestreue verpflichtet Bund und Kantone sowie auch die Kantone untereinander zu gegenseitiger Achtung und Rücksichtnahme. Bund und Kantone haben die Pflicht, bei der Erfüllung ihrer Aufgaben zusammenzuwirken und sich in Notsituationen Hilfe zu leisten. Damit richtet sich die Bundestreue an Bund und Kantone gleichermassen; sie ist jedoch kein verfassungsmässiges Recht des Bürgers und kann daher von diesem nicht mit einem Rechtsmittel angerufen werden. Bund und Kantone hingegen können eine Verletzung des Grundsatzes der Bundestreue grundsätzlich mittels staatsrechtlicher Klage geltend machen (vgl. z.B. BGE 120 Ib 513, 524 f.). 1110

Es ist aber darauf hinzuweisen, dass die Bundestreue *primär eine politische Verhaltensmaxime* ist und erst in zweiter Linie eine justiziable Norm darstellt (vgl. ALFRED KÖLZ, a.a.O., S. 176). 1111

Aus dem Grundsatz der Bundestreue werden in der Lehre und Praxis weitere Pflichten und Gebote abgeleitet (vgl. BBl 1997 I 207 und PETER SALADIN in Kommentar aBV, Art. 3, Rz. 33 ff.): 1112

- Weder Bund noch Kantone dürfen ihre Kompetenzen mit dem Ziel ausüben, den bundesstaatlichen Partnern die Erfüllung ihrer Aufgaben zu verunmöglichen (Grundsatz der schonenden Kompetenzausübung).

- Der Bund darf nicht Aufgaben an die Kantone delegieren, ohne sich vorgängig zu vergewissern, ob alle Kantone finanziell zur Erfüllung dieser Aufgaben in der Lage sind.

- Bund und Kantone sind zur gegenseitigen Information und Konsultation bezüglich Aufgaben, die auch die anderen Partner betreffen, verpflichtet.

- Es besteht eine Pflicht zur Zusammenarbeit in der Planung und zur gegenseitigen administrativen Unterstützung.
- Die Kantone dürfen untereinander keine Verträge schliessen, die Existenz, Ordnung oder Prosperität anderer Kantone oder des Bundes gefährden.

§ 38 Überblick über die Kompetenzen des Bundes

Literatur

BIAGGINI GIOVANNI, Theorie und Praxis des Verwaltungsrechts im Bundesstaat: Rechtsfragen der «vollzugsföderalistischen» Gesetzesverwirklichung am Beispiel des schweizerischen Bundesstaates unter vergleichender Berücksichtigung der Rechtsverwirklichungsstrukturen in der Europäischen Gemeinschaft, Basel/Frankfurt a.M. 1996; HAAS GIULIO C., Verfassungsrechtliche Aspekte der schweizerischen Aussenwirtschaftspolitik, Diss. Bern 1988; JAAG TOBIAS, Verwaltungsrecht des Kantons Zürich, 2. Aufl., Zürich 1999, Ergänzungsband 2003; KÄLIN WALTER, Verfassungsgrundsätze der schweizerischen Aussenpolitik, ZSR NF 105/II (1986) 251 ff.; MÄCHLER AUGUST, Rahmengesetzgebung als Instrument der Aufgabenteilung, Diss. Zürich 1987; MONNIER JEAN, Les principes et les règles constitutionnels de la politique étrangère suisse, ZSR NF 105/II (1986) 107 ff.; SALADIN PETER, Rahmengesetzgebung im Bundesstaat, ZBJV 114 (1978) 505 ff.; SCHAFFTER ROGER, La compétence des cantons dans la politique extérieure, in: Schweizerisches Jahrbuch für politische Wissenschaft 24 (1984) 213 ff.; SCHOCH JÖRG, Rechtliche Aspekte grenzüberschreitender Zusammenarbeit: eine Fallstudie am Beispiel des Bodenseeraums, Diss. Bern 1996; STEIMEN URS, Die Umsetzung von Bundesrecht durch die Kantone gemäss Art. 46 Abs. 1 und 2 der neuen Bundesverfassung, in: Thomas Gächter/Martin Bertschi, Neue Akzente in der «nachgeführten» Bundesverfassung, S. 161 ff.; STURNY THIEMO, Mitwirkungsrechte der Kantone an der Aussenpolitik des Bundes, Diss. Freiburg i. Ü. 1998; THÜRER DANIEL, Föderalismus und Regionalismus in der Aussenpolitik: Zum Verhältnis von Bundeskompetenzen und kantonalen Kompetenzen unter veränderten Umständen, ZBl 93 (1992) 49 ff.; WILDHABER LUZIUS, Aussenpolitische Kompetenzordnung im schweizerischen Bundesstaat, in: Wechselspiel zwischen Innen und Aussen, Basel/Frankfurt a.M. 1996, S. 178 ff.

I. Rechtsetzungskompetenzen des Bundes

1. Begriff der Rechtsetzung

Die Rechtsetzung besteht im Erlass generell-abstrakter Normen, die einen bestimmten Sachbereich regeln. Darin unterscheidet sie sich von den Rechtsanwendungsakten, die individuell-konkrete Fragen entscheiden. Da die Rechtsetzung vor allem durch den Erlass von Gesetzen erfolgt, spricht man vereinfachend oft auch von der Gesetzgebung bzw. von den Gesetzgebungskompetenzen des Bundes. 1113

Die Wahrnehmung der dem Bund zustehenden verfassungsmässigen Kompetenzen hat in erster Linie auf dem Weg der Rechtsetzung, durch den Erlass bundesgesetzlicher Normen, zu erfolgen (vgl. Art. 164 BV).

2. Materielles und formelles Recht

1114 Die Rechtsetzung hat materielles Recht und formelles oder organisatorisches Recht zum Gegenstand.

1115 Das materielle Recht besteht in der *inhaltlichen* Regelung eines bestimmten Sachbereiches. Es hat in den von ihm geregelten Bereichen direkte Auswirkungen auf die Rechtsstellung der Bürger, auf ihre Rechte und Pflichten. Beispiele für Gesetze mit vorwiegend materiell-rechtlichen Normen sind das Schweizerische Zivilgesetzbuch (ZGB) vom 10. Dezember 1907 (SR 210) und das Schweizerische Strafgesetzbuch (StGB) vom 21. Dezember 1937 (SR 311.0).

1116 Das formelle oder organisatorische Recht bestimmt die *Organisation* der Behörden und das anwendbare *Verfahren*. Beispiele für Gesetze mit vorwiegend organisatorischen und formell-rechtlichen Normen sind das Parlamentsgesetz (ParlG) vom 13. Dezember 2002 (SR 171.10) und das Verwaltungsverfahrensgesetz (VwVG) vom 20. Dezember 1968 (SR 172.021).

1117 Zahlreiche Gesetze enthalten Normen beider Arten. So beinhaltet beispielsweise das Bundesgesetz über den Schutz der Gewässer (Gewässerschutzgesetz) vom 24. Januar 1991 (SR 814.20) neben materiellen Normen auch solche des organisatorischen und formellen Rechts.

3. Hauptgebiete der Rechtsetzungskompetenzen des Bundes

1118 Die Lektüre der Überschriften zu den Art. 54–135 BV vermittelt einen raschen Überblick über die dem Bund zustehenden Kompetenzen. Wie weit eine Bundeskompetenz in einem bestimmten Sachgebiet geht, ergibt allerdings erst eine genaue Analyse der einschlägigen Verfassungsnorm (vgl. N. 1064 ff.).

1119 *Hinweis für die Lösung juristischer Fälle:*

Bei der Prüfung, ob und in welchem Ausmass der Bund zur Rechtsetzung zuständig sei, werden zweckmässigerweise nacheinander die folgenden Fragen beantwortet:

1. Weist die Bundesverfassung dem Bund die betreffende Aufgabe zu (vgl. Art. 42 Abs. 1 BV)? Dabei sollte der Bund nach dem Subsidiaritätsprinzip seine Zuständigkeit nur soweit beanspruchen, als es einer «einheitlichen Regelung» bedarf (Art. 43a Abs. 1 BV).

2. Ist die Zuständigkeit des Bundes zu bejahen, so muss der Umfang der Bundeskompetenz ermittelt werden: Diese kann umfassend oder fragmentarisch sein oder sich auf die Regelung einer Materie in den Grundzügen (Grundsatzgesetzgebungskompetenz) oder auf die Förderung einer grundsätzlich den Kantonen zustehenden Aufgabe beschränken.

3. Schliesslich ist abzuklären, wie sich die Bundeskompetenz auf die Zuständigkeit der Kantone auswirkt. Im Regelfall ist die Bundeskompetenz bloss nachträglich derogatorisch, d.h., die Kantone bleiben zuständig, solange der Bund von seiner Kompetenz keinen Gebrauch gemacht hat. Liegt eine parallele Bundeskompetenz vor, so können Bund und Kantone im betreffenden Sachgebiet gleichzeitig und unabhängig voneinander tätig sein. Ausnahmsweise, bei einer Bundeskompetenz mit ursprünglich derogatorischer Wirkung, ist der Bund ausschliesslich zuständig und es besteht kein Raum für eine kantonale Regelung.

II. Aussenpolitik und Abschluss von Staatsverträgen

1. Aussenpolitik

Eine umfassende Zuständigkeit des Bundes für auswärtige Angelegenheiten wird in Art. 54 Abs. 1 BV festgesetzt. Allerdings wird dem Bund in Art. 54 Abs. 3 BV aufgegeben, *Rücksicht auf die Zuständigkeit der Kantone zu nehmen* und deren Interessen zu wahren. Der Bundesrat begründete diese Rücksichtnahmepflicht wie folgt (BBl 1997 I 231): 1120

> «Die Situationen, in denen der Bund auf dem Gebiet der auswärtigen Angelegenheiten die Zuständigkeiten der Kantone tangiert, werden zunehmend zahlreicher und gewinnen stark an Bedeutung; aus diesen Gründen ist es dringend angezeigt, die Zuständigkeiten der Kantone zu berücksichtigen und ihre Interessen zu wahren.»

Zusätzlich statuiert die neue Bundesverfassung in Art. 55 ein *Mitspracherecht der Kantone an aussenpolitischen Entscheiden,* welche die Zuständigkeiten der Kantone oder ihre wesentlichen Interessen betreffen. Das entspricht der Praxis unter der alten Bundesverfassung und trägt dem Umstand Rechnung, dass «die Kantone bei der Vorbereitung, Durchführung und Fortbildung des Rechts internationaler Vertragswerke häufig nicht in gleicher Weise einbezogen werden können wie beim herkömmlichen Vernehmlassungsverfahren zu innerstaatlichen Vorhaben» (BBl 1997 I 231 f.). Spannungsverhältnisse mit dieser Mitwirkungsbestimmung ergeben sich einerseits aus demokratischer Sicht, wenn die Mitwirkung hauptsächlich durch kantonale Exekutivbehörden ausgeübt wird. Anderseits muss auch die aussenpolitische Handlungs- und Entscheidungsfähigkeit des Bundes gewährleistet bleiben. 1121

2. Abschluss von Staatsverträgen

a) Staatsverträge des Bundes (Art. 54 Abs. 1 BV)

aa) Begriff des Staatsvertrages

1122 Wichtigste Einzelkompetenz im Bereich der Aussenpolitik ist die Kompetenz zum Abschluss von Staatsverträgen. Staatsverträge sind dem Völkerrecht unterstehende Vereinbarungen zwischen zwei oder mehreren Staaten, die durch übereinstimmende Willensäusserungen zustande gekommen sind und zwischen den betreffenden Staaten Rechte und Pflichten begründen (vgl. N. 1892).

bb) Umfassende Kompetenz des Bundes zum Abschluss von Staatsverträgen

1123 Die Kompetenz zum Abschluss von Staatsverträgen steht kraft der allgemeinen Kompetenz in «auswärtigen Angelegenheiten» (Art. 54 Abs. 1 BV) in umfassender Weise dem Bund zu. Dies gilt gemäss herrschender Lehre und Praxis (zu Art. 8 aBV) auch für Materien, die innerstaatlich in den Kompetenzbereich der Kantone fallen. Damit ist der Bund verfassungsrechtlich befugt, auch etwa Fragen des Polizeiwesens, des Steuerrechts, des Schulrechts usw. staatsvertraglich zu regeln, obwohl diese Bereiche im innerstaatlichen Verhältnis zu den klassischen kantonalen Zuständigkeiten gehören. Es ergibt sich somit, dass die Vertragsschlusskompetenz des Bundes im Bereich der auswärtigen Angelegenheiten über seine Gesetzgebungskompetenzen im innerstaatlichen Bereich hinausgeht.

1124 Obwohl der Bund beim Abschluss völkerrechtlicher Verträge grundsätzlich nicht an die innerstaatlich geltende Kompetenzverteilung gebunden ist, hat er gemäss Art. 54 Abs. 3 und Art. 55 BV die Interessen und Mitspracherechte der Kantone zu wahren.

cc) Verfahren beim Abschluss von Staatsverträgen

Vgl. N. 1897 ff.

dd) Vollzug von Staatsverträgen des Bundes

1125 Staatsverträge des Bundes, welche unmittelbar anwendbar sind («self-executing treaties»), bedürfen grundsätzlich keiner weiteren innerstaatlichen Umsetzung oder Konkretisierung. Nicht alle völkerrechtlichen Verträge sind aber in dieser Weise unmittelbar anwendbar. Damit stellt sich die Frage, wer zum Erlass der landesrechtlichen Ausführungsbestimmungen zuständig ist.

Die umfassende Staatsvertragskompetenz des Bundes führt nicht zu einer Erweiterung der innerstaatlichen Kompetenzen des Bundes, so dass von der grundsätzlichen Massgeblichkeit der internen Zuständigkeitsordnung ausgegangen werden muss.

Betrifft ein nicht unmittelbar anwendbarer Staatsvertrag eine Materie aus dem Bereich der Bundeskompetenz, so bestimmt der Bund, wem der Vollzug zukommt. Greift hingegen ein entsprechender Staatsvertrag in kantonale Kompetenzen ein, so sind grundsätzlich die betroffenen Kantone für den Vollzug zuständig. 1126

Da die *völkerrechtliche Verantwortlichkeit* für die Durchführung von Staatsverträgen jedoch letztlich beim Bund liegt, kann dieser die Anwendung und Auslegung seiner Staatsverträge durch die Kantone beaufsichtigen und, sofern erforderlich, die Kantone zur zeit- und sachgerechten Durchführung dieser Verträge anhalten sowie nötigenfalls auch an ihrer Stelle die erforderlichen Massnahmen treffen. 1127

ee) Mitwirkung der Kantone an der aussenpolitischen Willensbildung des Bundes

Die politische Landschaft Europas ist in einem starken Wandlungsprozess begriffen. Durch die zunehmende Internationalisierung der Staatengemeinschaft hängen die innerstaatlichen Lebensverhältnisse heute oftmals kompetenz- und grenzüberschreitend zusammen. So ist der Bund immer mehr gezwungen, Staatsverträge zu schliessen, welche in den Kompetenzbereich der Kantone eingreifen. Dies hat zur Folge, dass den Kantonen immer weniger Raum für eigene Zuständigkeiten bleibt. Vor diesem Hintergrund erstaunt es nicht, dass die Kantone vermehrt ihren Standpunkt intern bei der aussenpolitischen Willensbildung des Bundes zum Tragen bringen wollen. Diesem Bedürfnis ist mit Art. 55 BV Rechnung getragen worden. 1128

Das Bundesgesetz über die Mitwirkung der Kantone an der Aussenpolitik des Bundes vom 22. Dezember 1999 (SR 138.1) bringt gegenüber der Verfassung kaum Neues. Die Gesetzesartikel «sind entweder Wiederholungen des Verfassungstextes oder Ausdruck der bundesstaatlichen Courtoisie oder selbstverständlich» (so ULRICH ZIMMERLI, Bund – Kantone – Gemeinden, in: Ulrich Zimmerli, Die neue Bundesverfassung, S. 57 f.). Art. 3–5 des Gesetzes sehen drei Formen der Zusammenarbeit zwischen Bund und Kantonen vor: die *Information* der Kantone, die *Anhörung* der Kantone sowie die *Mitwirkung* von Kantonsvertreterinnen und -vertretern bei der Vorbereitung von Verhandlungsmandaten und bei Verhandlungen des Bundes. 1129

b) Staatsverträge der Kantone (Art. 56 BV)

aa) Subsidiäre Kompetenz der Kantone zum Abschluss von Staatsverträgen

Den Kantonen steht in gewissem Rahmen eine *konkurrierende Staatsvertragskompetenz* zu. Art. 56 Abs. 1 BV bringt zum Ausdruck, dass sich solche Staatsverträge auf sämtliche Materien des kantonalen Zuständigkeitsbereiches beziehen können. Dies gilt jedoch nur soweit, als der Bund selbst in diesem Bereich keinen völkerrechtlichen Vertrag geschlossen hat (vgl. N. 1132 f.) und die entsprechenden kantonalen Verträge «dem Recht und den Interessen des Bundes sowie den Rechten anderer Kantone nicht zuwiderlaufen» (vgl. Art. 56 Abs. 2 BV). 1130

1131   Ein Staatsvertrag eines Kantons mit einem ausländischen Staat über internationale Entwicklungszusammenarbeit ist zulässig, da es sich dabei um den Gegenstand einer parallelen Kompetenz von Bund und Kantonen handelt (VPB 51 [1987] Nr. 20, S. 137 ff.). Dagegen wäre ein separates EWR-Abkommen der welschen Kantone nicht zulässig, weil die Wirtschaftspolitik im Wesentlichen Bundessache ist.

bb) Verhältnis der Staatsvertragskompetenz der Kantone zur Staatsvertragskompetenz des Bundes

1132   Die Staatsvertragskompetenz des Bundes ist eine umfassende Bundeskompetenz mit nachträglich derogatorischer Wirkung. Der Bund ist somit befugt, in allen Bereichen, auch im Bereich der kantonalen Staatsvertragskompetenz nach Art. 56 BV, Verträge abzuschliessen. Schliesst er in einer bestimmten Materie selbst einen Staatsvertrag, so geht die allfällige kantonale Staatsvertragskompetenz in entsprechendem Umfang unter. Beispiel: Das Lugano-Übereinkommen über die gerichtliche Zuständigkeit und die Vollstreckung gerichtlicher Entscheidungen in Zivil- und Handelssachen von 1988 (SR 0.275.11) verdrängt alle kantonalen Staatsverträge, welche in dessen sachlichen und örtlichen Anwendungsbereich fallen.

1133   Die Kantone sind daher in ihrem Kompetenzbereich nur insoweit zum Abschluss völkerrechtlicher Verträge zuständig, als ihnen die Staatsverträge des Bundes dafür Raum lassen.

cc) Verfahren beim Abschluss kantonaler Staatsverträge

1134   Art. 56 Abs. 3 BV bestimmt, dass der Verkehr der Kantone mit dem Ausland durch Vermittlung des Bundes stattfindet, soweit es nicht um Kontakte mit untergeordneten ausländischen Behörden geht. Untergeordnete Behörden in diesem Sinn sind alle Verwaltungsorgane mit Ausnahme der politischen Instanzen (Gesamtregierung, Minister und Staatssekretäre) des ausländischen Staates. Die Kantone müssen die Verträge, die sie mit dem Ausland abschliessen, grundsätzlich nicht mehr genehmigen lassen. Sie haben lediglich den Bund vor Abschluss der Verträge zu informieren (Art. 56 Abs. 2 Satz 2 BV). Nur wenn der Bundesrat oder ein anderer Kanton Einsprache erhebt, muss eine Genehmigung durch die Bundesversammlung erfolgen (Art. 172 Abs. 3 und 186 Abs. 3 BV sowie Art. 62 RVOG).

dd) Bedeutung der kantonalen Staatsvertragskompetenz und neuere Entwicklungen

1135   Die Bedeutung der kantonalen Staatsvertragskompetenz hat in den letzten Jahrzehnten stark abgenommen. Gründe hierfür sind vor allem das Anwachsen der Bundeskompetenzen im innerstaatlichen Bereich und die zunehmende «Internationalisierung der Rechtsprobleme», welche dazu führt, dass der Bund immer häufiger Staatsverträge schliesst, welche auch in kantonale Kompetenzen eingreifen. Dies hat zur Folge, dass den Kantonen immer weniger Raum für eigene Zuständigkeiten bleibt. Um diese Entwicklung einigermassen zu kompensieren, verstärkt die neue Bundesverfassung die Mitwirkung der Kantone an aussenpolitischen Entscheiden des Bundes (Art. 55 BV und N. 1128).

Im Zentrum der kantonalen Staatsverträge stehen heute vor allem Fragen des nachbarrechtlichen Verhältnisses. Sie betreffen in der Regel grenzüberschreitende Aufgaben von lokalem und regionalem Charakter, wie etwa den gemeinsamen Betrieb von Abwasserreinigungsanlagen und ähnlichen Einrichtungen. 1136

Daneben sind in den letzten Jahrzehnten andere Formen der lokalen und regionalen grenzüberschreitenden Zusammenarbeit in den Vordergrund gerückt. So zeigt ein Blick auf die Praxis, dass sich ein dichtes Netz *informeller, konsultativer Kontakte und Beziehungen* zwischen Kantonen und Gemeinden mit ausländischen Gliedstaaten, Präfekturen, Ämtern oder Gemeinden entwickelt hat. 1137

Ein interessantes Beispiel findet sich in der Region Basel, wo die «*Regio Basiliensis*» (ein Verein i.S.v. Art. 60 ff. ZGB) eine wichtige Rolle als grenzüberschreitende Vermittlerin zwischen regionalen Behörden und Privaten spielt. Auch am Bodensee (Internationale Bodenseekonferenz) und im Alpenraum (u.a. Arge Alp) wird die interregionale Zusammenarbeit intensiv gepflegt (weitere Beispiele in: BBl 1994 IIa 620, 635 ff.; vgl. auch N. 1266 [Karlsruher Abkommen]).

III. Verwaltungskompetenzen des Bundes

1. Allgemeines

Im Bundesstaat stehen grundsätzlich zwei Varianten der Umsetzung von Bundeserlassen zur Wahl: Der Bund kann entweder seine Erlasse durch eigene Organe vollziehen lassen – so die Regelung in den Vereinigten Staaten für alle Stufen des Vollzuges – oder aber den Vollzug den Gliedstaaten zuweisen. 1138

Letztere Variante liegt der schweizerischen Regelung zugrunde (vgl. Art. 46 BV). Die Umsetzung der Bundesgesetzgebung soll soweit als möglich den Kantonen überlassen werden. Dafür sprechen im Wesentlichen folgende Gründe: 1139

– *Kein völliger Ausschluss der Kantone:* Die Kantone sollen, wo möglich, auch in Sachbereichen, die der Bundeskompetenz unterstehen, beteiligt werden.

– *Mitwirkung bei der Regelung des Vollzuges:* Die Kantone sollen durch den Erlass kantonaler Vollzugsvorschriften auf die Erfüllung der in Frage stehenden Aufgaben Einfluss nehmen können.

– *Wirtschaftliche Gründe:* Der Aufbau einer bundeseigenen Verwaltung für alle Aufgaben und auf allen Stufen würde einerseits zu einer unerwünschten Aufblähung der Bundesverwaltung, anderseits zu Doppelspurigkeiten führen, da die

Kantone für zahlreiche Aufgabenbereiche schon geeignete Vollzugsorgane haben.

1140 Art. 46 BV verdeutlicht, dass die Umsetzung von Bundesrecht durch die Kantone über die Verwaltungsfunktion hinaus ein Element der politischen Gestaltung einschliesst (vgl. N. 962). Allerdings darf das politische Gewicht des «Vollzugsföderalismus» nicht überbewertet werden.

1141 Die in Art. 46 BV vorgesehene Ordnung ist insofern subsidiär, als der Bund den Vollzug teilweise oder ganz an sich ziehen kann (BBl 1997 I 212). Die Regelung der Verwaltungskompetenzen ist aus der Bundesverfassung selbst nur zum Teil ersichtlich; zum grossen Teil erfolgt sie erst auf der Ebene der Bundesgesetzgebung.

2. Verwaltungskompetenzen des Bundes kraft Bundesverfassung

1142 In bestimmten Sachbereichen ergibt sich aus einer Bestimmung der Bundesverfassung, dass die Verwaltungskompetenzen dem Bund zustehen:

– Aussenpolitik, Staatsverträge (Art. 166 und 184 BV);

– öffentliche Sicherheit (Art. 52, 57, 173 Abs. 1 lit. a–d, 185 BV);

– Errichtung von öffentlichen Werken (Art. 81 BV);

– Betreibung der ETH, Errichtung und Betrieb weiterer Hochschulen oder anderer höherer Bildungsanstalten sowie deren Unterstützung (Art. 63 Abs. 2 BV);

– Sachbereiche, bei denen die Bundesverfassung mit der Aufstellung einer umfassenden Bundeskompetenz gleichzeitig den Gesetzesvollzug dem Bund vorbehält, z.B. in den Bereichen von Post (Art. 92 BV) und Zoll (Art. 133 BV).

3. Verwaltungskompetenzen des Bundes kraft Bundesgesetzgebung

1143 Wenn die Bundesverfassung dem Bund die Kompetenz zur Gesetzgebung überträgt, schliesst diese die Kompetenz in sich, auch über die Ordnung des Vollzuges zu entscheiden, sofern die Bundesverfassung darüber nicht selbst eine Entscheidung trifft. Der Bundesgesetzgeber ist dabei frei, die ihm angemessen erscheinende Vollzugsart zu wählen. Er kann einen eigenen Vollzugsapparat schaffen. In der Praxis vertraut aber die Bundesgesetzgebung die Umsetzung soweit als möglich den Kantonen an (vgl. N. 1102 ff.). Diese bewährte staatspolitische Maxime wurde in Art. 46 BV zur allgemeinen Richtschnur erhoben, ohne jedoch absolute Geltung zu beanspruchen (vgl. BBl 1997 I 211). Verschiedene Bundesgesetze sehen bundeseigene Vollzugsorgane vor. Beispiele: die Wettbewerbskommission (Art. 18 des Kartellgesetzes vom 6. Oktober 1955, SR 251), die Eidgenössische Bankenkommission (Art. 23 des BG über die Banken und Sparkassen vom 8. November

1934, SR 952.0), das Schweizerische Heilmittelinstitut (Art. 68 des Heilmittelgesetzes vom 15. Dezember 2000).

4. Verfassungsvorbehalt zu Gunsten der Kantone

Für gewisse Bereiche bestimmt die Bundesverfassung ausdrücklich, dass die Gesetzgebung dem Bund, der Vollzug den Kantonen zusteht. Ein derartiger Vorbehalt ist oft unabdingbare Voraussetzung dafür, dass die Kantone ihre Zustimmung zu einer Verfassungsrevision geben, durch die eine neue Bundeskompetenz begründet werden soll. 1144

So sind die Kantone z.B. gemäss Verfassung für den Vollzug der Vorschriften auf den Gebieten des Umweltschutzes und des Tierschutzes zuständig, soweit das Gesetz dies nicht dem Bund vorbehält (Art. 74 Abs. 3 und 80 Abs. 3 BV). 1145

Die kantonale Zuständigkeit zum Vollzug schliesst die Aufsicht des Bundes nicht aus. Vielmehr ist die Bundesaufsicht Korrelat zum Vollzug durch die Kantone. Sie hat die Aufgabe, eine gewisse Einheitlichkeit im Vollzug zu gewährleisten. Die Aufsicht ist in Bezug auf die Kompetenzaufteilung zwischen Bund und Kantonen nicht Teil des Vollzuges. Vgl. zur Bundesaufsicht N. 1203 ff. 1146

5. Verbundsaufgaben

Die Verfassung kann auch anordnen, dass Bund und Kantone eine Aufgabe gemeinsam wahrnehmen. Die im Rahmen der Föderalismusreform (vgl. N. 74a) angenommene neue Aufgabenteilung sieht dort, wo eine strikte Entflechtung von Aufgaben (d.h. eine Zuweisung in die alleinige Verantwortung entweder des Bundes oder der Kantone) nicht sinnvoll erscheint, die Kategorie der Verbundsaufgaben vor, bei denen der Bund die strategischen Vorgaben festlegt und die Kantone die operative Umsetzung übernehmen (Art. 46 Abs. 2 BV, noch nicht in Kraft). Leistungsziele sowie Art und Umfang der Finanzierung werden in Programmvereinbarungen zwischen Bund und Kantonen geregelt. Der Bund entschädigt die Kantone mit Pauschal- und Globalsubventionen und überprüft die Zielerreichung. Bund und Kantone teilen sich also die Finanzierung und Verantwortung, was schon bisher in zahlreichen Gebieten (z.B. Strassenwesen) der Fall war. Das neue Modell will aber den Kantonen mehr Handlungsspielraum bei der Umsetzung von Bundesrecht einräumen. 1146a

Verbundsaufgaben sind z.B. Prämienverbilligungen in der Krankenversicherung, Stipendienwesen, Agglomerations- und Regionalverkehr, Straf- und Massnahmenvollzug, Gewässerschutz und Waldpflege.

6. Vollzug von kantonalem Recht durch den Bund

1147 Das kantonale Recht wird grundsätzlich ausschliesslich von den kantonalen Behörden vollzogen. Eine Ausnahme besteht im Bereich der auswärtigen Beziehungen, in dem die Kantone nur beschränkt selbst tätig werden dürfen (vgl. N. 1120 ff.). Es kommt hier vor, dass die diplomatischen und konsularischen Vertretungen des Bundes auch kantonales Recht vollziehen.

IV. Rechtsprechungskompetenzen des Bundes

1148 Die Bundesverfassung weist dem Bund eine Reihe von Rechtsprechungskompetenzen zu (Art. 188 ff. BV). Durch die Bundesgesetzgebung können dem Bund weitere Rechtsprechungsaufgaben übertragen werden (Art. 189 Abs. 3 BV).

Grundsätzlich stehen dem Bund nur bei der Anwendung von Bundesrecht Rechtsprechungskompetenzen zu. Eine Ausnahme bildet Art. 189 Abs. 1 lit. d, e und f BV (in der Fassung vom 12. März 2000 [noch nicht in Kraft, vgl. N. 72]). Danach kann das Bundesgericht kantonale verfassungsmässige Rechte, die Gemeindeautonomie und die kantonalen Bestimmungen über die politischen Rechte auf ihre Verletzung hin überprüfen.

1149 Die Möglichkeit von Direktprozessen vor Bundesgericht betreffend Streitigkeiten aus dem kantonalen Verwaltungsrecht wurde abgeschafft (vgl. BBl 1997 I 522).

Zu den Rechtsprechungskompetenzen des Bundes vgl. auch N. 1733 ff.

§ 39 Delegation von Bundeskompetenzen an die Kantone

> Literatur

BIERI ANDREAS, Vollzugsföderalismus, Probleme, Ursachen, Lösungen, Diss. Freiburg 1979; MÜLLER GEORG, Darf der Bund die Rechtsform kantonaler Ausführungserlasse bestimmen?, ZBl 75 (1974) 369 ff.; RENAUD MICHEL, Le pouvoir réglementaire des cantons dans le cadre de l'exécution des lois fédérales, Diss. Lausanne 1974; ROTH-CUONY URS P., Die Übertragung von Bundesaufgaben an die politischen Gemeinden, Diss. Zürich 1978; STEIMEN URS, Rechtsetzungsaufträge des Bundes an die Kantone, Diss. Zürich 1999.

I. Begriff und Zulässigkeit

1. Begriff der Kompetenzdelegation

Eine Kompetenzdelegation liegt vor, wenn der Inhaber einer Kompetenz einen Teil seiner Kompetenz auf eine andere Instanz überträgt. Die Kompetenzdelegation erfolgt durch einen Erlass – Gesetz oder Verordnung – der delegierenden Instanz und kann auf dem gleichen Weg rückgängig gemacht werden. Sie ist nur gegenüber einer untergeordneten Instanz möglich und dient der *vertikalen Dezentralisierung*. 1150

2. Zulässigkeit der Kompetenzdelegation an die Kantone

Grundsätzlich ist die Kompetenzordnung der Bundesverfassung zwingender Natur. Deshalb können die Kantone nicht durch eine Vereinbarung ihre Kompetenzen auf den Bund übertragen (vgl. N. 1062 f.). Trotzdem betrachten Lehre und Praxis in der Schweiz seit jeher die Kompetenzdelegation des Bundes an die Kantone als zulässig. Sie sei «conforme à l'esprit du fédéralisme» (AUBERT, No. 709); sie verschaffe den Kantonen ja zusätzliche Kompetenzen. Ein Teil der Lehre bezeichnet daher die Kompetenzdelegation des Bundes an die Kantone auch als *föderative Delegation*. 1151

Die Delegation von Bundeskompetenzen an die Kantone wurde in der nachgeführten Bundesverfassung nicht geregelt. Der Bund ist aber auch ohne ausdrückliche Verfassungsermächtigung zur Delegation berechtigt. 1152

Die Auffassung, dass der Bund Teile seiner verfassungsmässigen Aufgaben auf die Kantone übertragen darf, ist aus verfassungspolitischer Sicht nicht unproblema- 1153 tisch. Von der Kompetenzdelegation sollte deshalb zurückhaltend Gebrauch gemacht werden.

1154 Bei gewissen Bundeskompetenzen kommt die föderative Delegation von vornherein nicht in Frage; bei *ausschliesslichen Bundeskompetenzen* (vgl. N. 1097 ff.) – also z.B. bei Bundesmonopolen und beim Zoll – gilt sie als unzulässig. Sie fällt auch bei den *Grundsatzgesetzgebungskompetenzen* des Bundes ausser Betracht, weil bei diesen Sachbereichen eine Staatsaufgabe in wesentlichen Punkten gesamtschweizerisch harmonisiert werden soll (vgl. N. 1087 und Pierre Tschannen, § 21, Rz. 16). Für die anderen Bundeszuständigkeitsbereiche darf der Bund grundsätzlich delegieren, muss aber gewisse Schranken beachten (vgl. Peter Saladin in Kommentar aBV, Art. 3, Rz. 153 ff.).

II. Gesetzesdelegation an die Kantone

1. Begriff

1155 Die Gesetzesdelegation an die Kantone bedeutet, dass der Bund einen Teil einer ihm gemäss Bundesverfassung zustehenden Rechtsetzungskompetenz auf dem Weg der Gesetzgebung an die Kantone überträgt. Durch ein Bundesgesetz oder eine Verordnung einer Bundesbehörde werden die Kantone ermächtigt, die ihnen überlassenen Fragen durch kantonale Rechtsnormen zu regeln. Dabei bestimmen grundsätzlich die Kantonsverfassungen die Form, in der die Kantone dies tun. Gelegentlich schreibt aber das Bundesrecht den Kantonen vor, in welcher Form die Rechtsetzung zu erfolgen habe. Die Zulässigkeit solcher Vorschriften ist in der Literatur umstritten.

2. Gründe für die Gesetzesdelegation an die Kantone

1156 Die Gesetzesdelegation an die Kantone findet sich hauptsächlich in denjenigen Bereichen, in denen der Bund, obwohl von der Verfassung mit einer Kompetenz ausgestattet, eine *Rechtsvereinheitlichung nicht* für *notwendig* hält. Das erlaubt es den Kantonen, Regelungen aufzustellen, die auf die lokalen Verhältnisse und Traditionen Rücksicht nehmen. Gelegentlich wird die Delegation an die Kantone als Ausweg gewählt, wenn aus politischen Gründen eine einheitliche Bundeslösung nicht gefunden werden kann.

Die Gesetzesdelegation an die Kantone sollte sich aber nur in einem engen Rahmen bewegen, da sonst die verfassungsmässige Kompetenzordnung durch den Bundesgesetzgeber zu sehr untergraben wird.

3. Unterschied zur Gesetzesdelegation an Exekutive, Justiz und Parlament

Die Gesetzesdelegation des Bundes an die Kantone ist klar zu unterscheiden von der Delegation, bei der die Legislative Rechtsetzungsbefugnisse auf die Exekutive, die Justiz oder das Parlament überträgt, die damit zum Erlass von Verordnungen ermächtigt werden (vgl. dazu N. 1870 ff.). Eine solche Delegation – die im Bund oder in einem Kanton erfolgen kann – stellt eine Durchbrechung des *Gewaltenteilungsprinzips* dar; sie führt jeweils zu einem Ausschluss des Referendums und bedeutet deshalb auch eine Einschränkung des *demokratischen Prinzips*. Die Gesetzesdelegation an die Kantone verletzt das Gewaltenteilungsprinzip nicht, sondern betrifft den *föderalistischen Aufbau* des Staates; sie schliesst in der Regel das kantonale Gesetzesreferendum nicht aus.

1157

	Delegationsempfänger	Massstab
Legislative **Bund**	Bundesversammlung (als Verordnungsgeber) Exekutive Justiz	Gewaltenteilungsprinzip demokratisches Prinzip
Kantone	kantonale Legislative (oder evtl. Exekutive)	Föderalismus

▬▬▶ Gesetzesdelegation vom Bund an die Kantone

──▶ Gesetzesdelegation von der Legislative an Exekutive, Justiz oder Parlament

4. Echte und unechte Vorbehalte des kantonalen Rechts

Wenn der Bund den Kantonen eine Rechtsetzungskompetenz überträgt, spricht man auch davon, das Bundesrecht sehe einen «Vorbehalt des kantonalen Rechts» vor. Ein *echter Vorbehalt* ist aber nur dort gegeben, wo die Kantone durch die Delegation eine Kompetenz erhalten, die sie vorher nicht hatten (vgl. Beispiele im folgenden Abschnitt). Hingegen liegt ein *unechter Vorbehalt* vor, wenn das Bundesrecht auf kantonales Recht verweist, zu dessen Erlass die Kantone ohnehin, d.h. ohne Ermächtigung durch ein Bundesgesetz, zuständig sind. Bei den unechten Vorbehal-

1158

ten liegt keine Kompetenzdelegation an die Kantone vor; solche Vorbehalte wollen nur die bestehende Kompetenzverteilung deutlich machen. Beispiele von unechten Vorbehalten des kantonalen Rechts sind: Art. 6, Art. 59 Abs. 1, Art. 373 Abs. 1 ZGB.

5. Arten der Gesetzesdelegation an die Kantone

a) Ergänzendes kantonales Recht

1159 In diesem Fall regelt das Bundesrecht eine bestimmte Materie, lässt aber Raum für ergänzendes kantonales Recht. Voraussetzung ist eine klare Ermächtigung durch den Bund; die Kantone können sich nicht auf eine stillschweigende Delegation berufen.

1160 Der *Umfang des Vorbehaltes* von ergänzendem kantonalem Recht kann sehr verschieden sein. Der Vorbehalt kann die Regelung eines Teilgebietes einer Materie betreffen (z.B. Art. 335 Ziff. 1 Abs. 1 StGB: Den Kantonen bleibt die Gesetzgebung über das Übertretungsstrafrecht insoweit vorbehalten, als es nicht Gegenstand der Bundesgesetzgebung ist), oder er kann sich auf die Regelung einer ganz bestimmten Einzelfrage beschränken (z.B. Art. 697 Abs. 2 ZGB: In Bezug auf die Pflicht und die Art der Einfriedung eines Grundstückes bleibt das kantonale Recht vorbehalten).

1161 Der Vorbehalt kann fakultativer oder obligatorischer Art sein. Die *fakultative Ermächtigung* vermittelt den Kantonen eine Kompetenz, bei der sie selbst entscheiden können, ob sie von ihr Gebrauch machen wollen oder nicht (vgl. z.B. Art. 686 ZGB).

1162 Die *obligatorische Ermächtigung* hingegen verpflichtet die Kantone zum Erlass von ergänzendem Recht. Diese Form des Vorbehaltes wird z.B. gewählt, wenn die Kantone die notwendigen Bestimmungen über die zuständigen Behörden und das Verfahren aufstellen müssen, ohne die das Bundesrecht nicht vollzogen werden kann. Wenn ein Kanton diese Regelung nicht erlässt, kann der Bund sie im Sinne der Ersatzvornahme selbst erlassen. Beispiel: Art. 52 SchlT ZGB verpflichtet die Kantone, ergänzende Anordnungen über die Einrichtung der Zivilstands-, Vormundschafts- und Grundbuchämter zu treffen.

b) Abweichendes kantonales Recht

1163 Bei einem solchen Vorbehalt hat der Bund eine Frage in bestimmter Weise geregelt; er ermächtigt aber die Kantone, stattdessen eine abweichende kantonale Regelung aufzustellen. Das Bundesrecht gilt hier nur subsidiär, also lediglich, wenn die Kantone von ihrer Ermächtigung *keinen Gebrauch* machen. Dieser sehr weit gehende Vorbehalt besteht nur soweit, als das Bundesrecht es ausdrücklich vorsieht. Beispiel: Gestützt auf Art. 61 OR können die Kantone für ihre Beamten eine Haftungsregelung aufstellen, die von der Haftung gemäss Art. 41 ff. OR abweicht.

c) Kantonaler Entscheid über die Anwendbarkeit des Bundesrechts

Das Bundesrecht stellt in diesem Fall eine bestimmte Regelung auf, die aber nur dann Geltung erlangt, wenn die Kantone sie für anwendbar erklären. Beispiel: Die Art. 349 ff. ZGB sehen für die Familienheimstätten eine Ordnung vor, die aber nur zur Anwendung kommt, wenn die Kantone dies bestimmen. 1164

III. Verwaltungsdelegationen an die Kantone

Im Allgemeinen sind die Kantone für die Umsetzung des Bundesrechts zuständig (Art. 46 Abs. 1 BV), es sei denn, die Bundesverfassung oder ein Bundesgesetz treffe eine andere Regelung. 1165

Falls sich die Bundesverfassung bei einer Rechtsetzungskompetenz des Bundes nicht über den Vollzug ausspricht, entscheidet der Bundesgesetzgeber darüber, ob der Bund oder die Kantone das betreffende Bundesgesetz vollziehen. Nur in sehr wenigen Fällen hat der Bund sich den Vollzug vorbehalten; meistens delegiert er die Vollzugs- und Verwaltungskompetenzen an die Kantone. Beispiel: Art. 45 des Bundesgesetzes über den Schutz der Gewässer vom 24. Januar 1991 (SR 814.20) vertraut den Vollzug grundsätzlich den Kantonen an; Art. 48 behält jedoch gewisse Vollzugskompetenzen des Bundes vor. 1166

Die Verwaltungsdelegation schliesst oft eine Ermächtigung der Kantone zum Erlass einer *Vollziehungsverordnung* mit ein. Beispiel: Art. 22 des Bundesgesetzes über die Fischerei vom 21. Juni 1991 (SR 923.0). Auch ohne eine solche ausdrückliche Ermächtigung sind die Kantone zum Erlass der für den Vollzug des Bundesrechts notwendigen Bestimmungen (z.B. über Organisation und Verfahren) befugt. 1167

Es gibt nicht wenige Fälle, in denen am *Vollzug eines Bundesgesetzes gleichzeitig Bund und Kantone beteiligt* sind. Das ist z.B. beim Bundesgesetz über die Arbeit in Industrie, Gewerbe und Handel (ArG) vom 13. März 1964 (SR 822.11) der Fall, zu dem sowohl der Bund als auch die Kantone Vollziehungsverordnungen erlassen haben (vgl. Art. 41 f. ArG). Auch zum Bundesgesetz über die politischen Rechte (BPR) vom 17. Dezember 1976 (SR 161.1), das den Vollzug bei eidgenössischen Wahlen und Abstimmungen weitgehend den Kantonen überlässt, erlassen der Bund und die Kantone Ausführungsbestimmungen (Art. 91 BPR). 1168

IV. Rechtsprechungsdelegationen an die Kantone

Für Delegationen dieser Art besteht nur ein beschränkter Anwendungsbereich, da bereits die Bundesverfassung die Rechtsprechung im Zivilrecht (Art. 122 BV) und 1169 im Strafrecht (Art. 123 BV) den Kantonen zuordnet. Hingegen kommt auf dem Gebiet des Verwaltungsstrafrechts und des Militärstrafrechts, wo die Bundesverfassung die Zuständigkeit nicht festlegt, eine Delegation in Frage. Im Bereich des Verwaltungsstrafrechts hat das Bundesrecht die Rechtsprechung weitgehend den Kantonen überlassen (Art. 73 ff. des Bundesgesetzes über das Verwaltungsstrafrecht vom 22. März 1974 [SR 313.0]). Hingegen wurde beim Militärstrafrecht die Gerichtsbarkeit dem Bund belassen (Militärstrafprozess vom 23. März 1979 [SR 322.1]).

1170 Die Kompetenzen des Bundesgerichts gemäss Art. 189 BV (in der Fassung vom 12. März 2000 [noch nicht in Kraft, vgl. N. 72]) sind ausschliessliche Bundeskompetenzen, die eine Delegation nicht zulassen.

§ 40 Derogatorische Kraft des Bundesrechts

> Literatur

IMBODEN MAX, Bundesrecht bricht kantonales Recht, Diss. Zürich 1940; MARTI ARNOLD, Art. 5 und 6, in: Kommentar zum Schweizerischen Zivilgesetzbuch, 1. Band: Einleitung (Art. 1–7), Zürich 1998; WIDMER PETER, Normkonkurrenz und Kompetenzkonkurrenz im schweizerischen Bundesstaatsrecht, Diss. Zürich 1966.

I. Kollision von Bundesrecht und kantonalem Recht

1. Gründe für die Kollision von Bundesrecht und kantonalem Recht

Obwohl das System der Kompetenzausscheidung gemäss Art. 3 und 42 BV grundsätzlich eine widerspruchslose Trennung von Bundesrecht und kantonalem Recht ermöglicht, kann es zu Kollisionen zwischen diesen Rechtsordnungen kommen. Konflikte entstehen vor allem dann, wenn in einem bestimmten Sachbereich zum einen Teil der Bund, zum anderen Teil die Kantone zuständig sind und die Tragweite ihrer Regelungen nicht klar ersichtlich ist. 1171

> *Beispiele:* Eine Verschärfung der gestützt auf Art. 76 Abs. 3 BV erlassenen Gewässerschutzgesetzgebung des Bundes führt zu Kollisionen mit Bestimmungen in kantonalen Baugesetzen. – Die neue Ladenschlussregelung eines Kantons gerät in Konflikt mit Vorschriften des Arbeitsgesetzes, das der Bund vor allem auf Grund von Art. 34ter aBV (= Art. 110 BV) erlassen hat.

2. Normenkollision und Kompetenzkollision

Wenn Bundesrecht und kantonales Recht miteinander in Konflikt geraten, haben wir es mit einer *Normenkollision* zu tun, d.h., es ergibt sich ein *inhaltlicher Widerspruch von zwei Normen,* die nicht gleichzeitig gelten können. Hinter dieser Normenkollision liegt in der Regel zugleich eine *Kompetenzkollision.* Diese besteht darin, dass der Bund oder der betreffende Kanton sich zu Unrecht auf eine *Kompetenz* stützt, *die nur entweder dem Bund oder den Kantonen zustehen kann.* 1172

> *Beispiel:* Der Bund hat gemäss Art. 75 BV eine Kompetenz zur Grundsatzgesetzgebung im Bereich der Raumplanung. Gestützt darauf hat er das Bundesgesetz über die Raumplanung (RPG) vom 22. Juni 1979 (SR 700) erlassen. Wenn ein kantonales Baugesetz

die Zulässigkeit von Bauten ausserhalb der Bauzonen abweichend von Art. 24a–d RPG regelt, dann ist das einerseits ein inhaltlicher Normenwiderspruch, weil materiell nicht beide Regelungen gleichzeitig gelten können. Es liegt aber anderseits auch ein Kompetenzkonflikt vor, weil nicht gleichzeitig dem Bund und den Kantonen die gleiche Gesetzgebungskompetenz in der Raumplanung zustehen kann.

II. Vorrang des Bundesrechts

1. Grundsatz der derogatorischen Kraft des Bundesrechts

1173 Ein Konflikt zwischen Bundesrecht und kantonalem Recht wird im Sinne des Vorrangs des Bundesrechts gelöst: *Bundesrecht bricht kantonales Recht,* d.h., dem Bundesrecht kommt derogatorische Kraft zu. Dies ist ein Anwendungsfall der allgemeinen Kollisionsregel, wonach die übergeordnete Rechtsnorm Vorrang vor einer niederen Rechtsnorm geniesst (lex superior derogat legi inferiori).

1174 Der Vorrang des Bundesrechts bezieht sich grundsätzlich auf *alle Stufen von Bundesrecht und kantonalem Recht.* So kommt er auch einer Verordnung des Bundesrates im Verhältnis zu einem kantonalen Gesetz zu.

2. Rechtsgrundlage

1175 Das Prinzip der derogatorischen Kraft des Bundesrechts wird in der neuen Bundesverfassung ausdrücklich verankert: Gemäss Art. 49 Abs. 1 BV geht Bundesrecht entgegenstehendem kantonalem Recht vor. Dass das dem Bundesrecht widersprechende kantonale Recht ungültig ist, ergibt sich aber auch als *Resultat der Kompetenzausscheidung gemäss Art. 3 und 42 BV.* Denn wenn der kantonale Gesetzgeber die von der Bundesverfassung gezogene Kompetenzgrenze überschreitet, ist das kantonale Recht nichtig. Insofern stellt die derogatorische Kraft des Bundesrechts eine selbstverständliche Konsequenz der bundesstaatlichen Kompetenzordnung dar.

3. Derogatorische Kraft des Bundesrechts als verfassungsmässiges Recht der Bürger

1176 Der Vorrang des Bundesrechts ist nicht nur eine objektive Norm des bundesstaatlichen Kollisionsrechts. Er wird durch eine weit zurückreichende Praxis auch als verfassungsmässiges Recht des Bürgers aufgefasst (vgl. BGE 122 I 18, 20 ff. E. 2b/aa). Deshalb kann sich dieser gegen bundesrechtswidriges kantonales Recht mit der staatsrechtlichen Beschwerde zur Wehr setzen (vgl. N. 1970).

4. Allfälliger Vorrang des EG-Rechts

Ein Beitritt der Schweiz zur EU (vgl. N. 199) würde den Vorrang des Bundesrechts gegenüber dem kantonalen Recht nicht tangieren. Eine Ergänzung würde die derogatorische Kraft des Bundesrechts aber insofern erfahren, als dem Gemeinschaftsrecht – erlassen in Form unmittelbar anwendbarer Verordnungen oder ausnahmsweise auch von Richtlinien – Vorrang vor dem Bundesrecht aller Stufen zukommen würde. Demnach wäre es unzulässig, dem europäischen Recht widersprechendes Bundesrecht anzuwenden. 1177

III. Die verschiedenen Arten von Kollisionen und deren Regelung

1. Materieller Widerspruch von kantonalem Recht zu kompetenzmässigem Bundesrecht

In den weitaus meisten Fällen ergibt sich eine Kollision daraus, dass eine kantonale Regelung inhaltlich einer Rechtsnorm des Bundes widerspricht, die dieser in Übereinstimmung mit der Kompetenzordnung der Bundesverfassung erlassen hat. Es liegen also gleichzeitig eine *Normen- und eine Kompetenzkollision* vor: Das kantonale Recht führt nicht nur zu einem inhaltlichen Widerspruch, sondern greift auch in eine Bundeskompetenz ein. Eine solche kantonale Regelung ist nichtig. 1178

Als *Grundsatz* gilt, dass das kompetenzmässige Bundesrecht aller Stufen Vorrang gegenüber dem kantonalen Recht aller Stufen hat. So geht selbst eine kompetenzgemässe Verordnung des Bundesrates dem Verfassungs- und Gesetzesrecht der Kantone vor. 1179

> *Beispiele* solcher Kollisionen finden sich oft in der bundesgerichtlichen Rechtsprechung. So hat das Bundesgericht in neueren Urteilen immer wieder betont, dass die Ausübung kantonaler Gesetzgebungskompetenzen den Vollzug des Umweltrechts des Bundes nicht verhindern darf (z.B. BGE 121 I 334, 341, Grünes Bündnis). In BGE 94 II 141, 144, Peiti, erklärte das Bundesgericht eine Bestimmung der Bündner Zivilprozessordnung, die dem Willensvollstrecker die Befugnis zur Prozessführung im eigenen Namen absprach, für bundesrechtswidrig. Im Hinblick auf die Regelung von Art. 518 ZGB, die der Bund gestützt auf Art. 64 aBV (= Art. 122 BV) erlassen hatte, führte das Bundesgericht aus:
>
> «Das Institut der Willensvollstreckung ist vom Bundeszivilrecht abschliessend geordnet. Dazu gehört die Befugnis des Willensvollstreckers zur Prozessführung. Davon abweichende kantonale Bestimmungen verletzen die derogatorische Kraft des Bundesrechts. Insbesondere dürfen die Kantone keine prozessrechtlichen Bestimmungen erlassen, welche die Verwirklichung des Bundeszivilrechts verunmöglichen.»

2. Materieller Widerspruch von kantonalem Recht zu kompetenzwidrigem Bundesrecht

1180 Auf Grund der Kompetenzordnung der Bundesverfassung könnte das Bundesrecht dann keinen Vorrang beanspruchen, wenn in einem Bundesgesetz oder in einer Verordnung des Bundes eine Regelung aufgestellt wird, zu der die Bundesverfassung den Bund nicht ermächtigt hat. In diesem Fall müsste eigentlich das kompetenzgemässe kantonale Recht Geltung haben. Diese Konsequenz wird nun aber durch die ausdrückliche Anordnung von Art. 191 BV (= Art. 190 in der Fassung vom 12. März 2000 [noch nicht in Kraft, vgl. N. 72]) zum Teil vereitelt. Art. 191 BV verpflichtet nämlich alle Rechtsanwendungsorgane, Bundesgesetze und Völkerrecht anzuwenden, unabhängig von einem allfälligen Widerspruch zur Bundesverfassung. Dieses Anwendungsgebot der Bundesverfassung bewirkt, dass in gewissen Fällen das kompetenzwidrige Bundesrecht Vorrang vor dem kompetenzmässigen kantonalen Recht geniesst.

1181 Bundesgesetze haben also für die rechtsanwendenden Behörden auch bei fehlender Bundeskompetenz Vorrang vor kantonalem Recht. Dagegen fallen Parlamentsverordnungen im Sinne von Art. 163 Abs. 1 BV wie die Verordnungen des Bundesrates nicht unter das Anwendungsgebot von Art. 191 BV; im Fall ihrer Verfassungswidrigkeit sind sie daher für die rechtsanwendenden Behörden nicht massgebend.

Glücklicherweise gibt es für Kollisionen dieser Art in der Praxis *wenig Anwendungsfälle*.

1182 In der dargestellten Kollisionsregel, die in einseitiger Weise auf den Entscheid der Volksvertretung des Bundes und allenfalls des Volkes Rücksicht nimmt, liegt eine *Verletzung des föderalistischen Prinzips*. Andere Bundesstaaten, wie die Bundesrepublik Deutschland, Österreich und die USA, geben dem kompetenzwidrigen Bundesrecht keinen Vorrang.

3. Eingriff von kantonalem Recht in Bundeskompetenzen ohne materielle Kollision

a) Inhaltlich gleichlautendes Bundesrecht und kantonales Recht

1183 Welches ist die Rechtslage, wenn nebeneinander im Bundesrecht und im kantonalen Recht gleichlautende Regelungen bestehen? Hier liegt *keine Normenkollision* vor, *wohl aber* eine *Kompetenzkollision*. Derartige Fälle sind selten. Sie können sich z.B. ergeben, wenn eine kantonale Zivilprozessordnung eine Vorschrift aufstellt, die der Bundesgesetzgeber gestützt auf Art. 122 BV ins Zivilgesetzbuch aufgenommen hat, um die materielle Rechtsvereinheitlichung sicherzustellen. Unter der alten Bundesverfassung wurde davon ausgegangen, dass inhaltlich mit dem Bundesrecht übereinstimmendes kantonales Recht nichtig sei. Art. 49 Abs. 1 BV stellt nun aber klar, dass Bundesrecht nur *entgegenstehendem* kantonalen Recht vorgeht (vgl. dazu TSCHANNEN, § 22 Rz. 24 ff.), d.h. nur bei *Normen*kollisionen kantonales Recht «bricht». Allerdings kommt gleichlautendem kantonalen Recht keine selbständige Bedeutung zu.

Schon unter der alten Verfassung galt nach ständiger Rechtsprechung des Bundesgerichts, dass *Grundrechte der Kantonsverfassungen* durchaus neben übereinstimmenden Bundesgarantien Bestand hatten, dass ihnen aber nur dann eine eigene Tragweite zukam, wenn sie einen ausgedehnteren Schutzbereich als die entsprechenden Normen der BV aufwiesen (vgl. N. 231 f.). 1184

b) *Eingriff von kantonalem Recht in eine abschliessende bundesrechtliche Regelung*

Wenn der Bund in einem ihm zustehenden Kompetenzbereich eine umfassende und abschliessende Regelung aufgestellt hat, ist kein Raum mehr für kantonales Recht. Auch wenn die kantonalen Vorschriften inhaltlich dem Bundesrecht nicht widersprechen, ist das *kantonale Recht ungültig*. In diesem Fall ist ein *Kompetenzkonflikt* und meistens *auch ein Normenkonflikt* gegeben. Mit dem Erlass einer abschliessenden bundesrechtlichen Regelung wird implizit die Unzulässigkeit von abweichenden kantonalen Bestimmungen im betreffenden Bereich statuiert. Ob der Bund eine Materie abschliessend geregelt hat, ist eine – oft schwierige – Auslegungsfrage. 1185

In BGE 117 Ia 472, 473 ff. E. 2, Sozialdemokratische Partei Basel-Stadt, musste das Bundesgericht darüber befinden, ob eine neue Bestimmung eines kantonalen Übertretungsstrafgesetzes, die ein Vermummungsverbot bei Demonstrationen statuierte, in eine abschliessende bundesrechtliche Regelung eingreife. Es verneinte diese Frage und führte in der Begründung u.a. aus, das gestützt auf Art. 64bis Abs. 1 aBV (= Art. 123 Abs. 1 BV) erlassene Strafgesetzbuch (StGB) behalte in Art. 400 Abs. 2 Strafbestimmungen der Kantone über Gegenstände vor, die das StGB der kantonalen Gesetzgebung ausdrücklich überlassen habe. Dazu gehöre gemäss Art. 335 Ziff. 1 Abs. 1 StGB auch das Übertretungsstrafrecht, soweit es nicht Gegenstand der Bundesgesetzgebung sei (vgl. N. 1160). Im Weiteren begründete das Gericht ausführlich, dass die Normen im 12. Titel des StGB zum Schutz des öffentlichen Friedens (Art. 258 ff.) keine abschliessende Regelung darstellten und dass daneben Raum bleibe für ein kantonales Vermummungsverbot, das primär die ordnungsgemässe Tätigkeit der Polizei bei der Abklärung strafbarer Handlungen sicherstellen wolle. 1186

Wie kompliziert in der gleichen Materie Bundesrecht und kantonales Recht ineinandergreifen können, zeigt anschaulich BGE 98 Ia 395, 400 f., Karl Vögele AG, in dem das Bundesgericht die Zuger Ladenschlussvorschriften zu beurteilen hatte: 1187

«Die kantonalen und kommunalen Ladenschlussvorschriften verfolgen herkömmlicherweise einen doppelten Zweck. Sie dienen zunächst der öffentlichen Ordnung, nämlich der Wahrung der Nacht- und Sonntagsruhe, und sind insoweit rein polizeilicher Natur. Darüber hinaus aber soll durch die Beschränkung der Öffnungszeit mittelbar auch die Arbeitszeit der im Verkaufsbetrieb tätigen Personen, insbesondere des angestellten Personals, beeinflusst werden.

Das Bundesgericht hat in langjähriger Rechtsprechung derartige Regelungen als mit Art. 31 BV [Art. 31 aBV = Art. 27 BV] grundsätzlich vereinbar bezeichnet (BGE 97 I 502 E. 3 mit Hinweisen auf frühere Entscheide). Mit dem Inkrafttreten des eidgenössischen Arbeitsgesetzes vom 13. März 1964 (ArG) hat sich indessen die Rechtslage geändert. Durch dieses Bundesgesetz wurde der Arbeitnehmerschutz in bestimmten Bereichen einheitlich und abschliessend geordnet. Die Kantone sind nicht mehr befugt, Vorschriften zum Schutze solcher Arbeitnehmer zu erlassen, welche dem ArG unterstellt sind ... Mit dem Schutz des Personals lassen sich daher kantonale und kommunale Ladenschlussvorschriften seit dem Inkrafttreten des ArG nicht mehr begründen, und soweit sie einen dahingehenden Zweck verfolgen, verstossen sie gegen die derogatorische Kraft des Bundesrechtes. Daraus folgt jedoch nicht, dass den Kantonen auf dem Gebiet des Ladenschlusses keine Rechtsetzungskompetenzen mehr zustünden. In Art. 71 lit. c ArG werden u.a. kantonale ‹Polizeivorschriften ... über die Sonntagsruhe und über die Öffnungszeiten› von Detailverkaufsbetrieben ausdrücklich vorbehalten. Innerhalb der durch Art. 31 BV gesetzten Schranken können die Kantone nach wie vor aus Gründen der öffentlichen Ruhe und Ordnung vorschreiben, dass Ladengeschäfte am Abend sowie an Sonn- und Feiertagen zu schliessen sind (BGE 97 I 503 E. 3b). Neben diesem rein polizeilichen Zweck dürfen kantonale Ladenschlussvorschriften im Rahmen von Art. 31 BV auch öffentliche Interessen sozialen Charakters verfolgen, sofern damit nicht in ein durch das ArG geregeltes Sachgebiet eingegriffen wird. Als zulässiges Motiv erscheint insbesondere der Schutz derjenigen Personen, die ebenfalls im Verkaufsbetrieb tätig sind, aber nicht dem ArG unterstehen (Ladeninhaber, deren Familienangehörige, leitende Angestellte, vgl. Art. 3 lit. d und Art. 4 ArG).»

Vgl. auch den in N. 1096 resümierten Entscheid sowie BGE 130 I 279, Gewerbeverband Basel-Stadt.

Selbst wenn das Bundesrecht eine abschliessende Regelung zu enthalten scheint, bleibt Raum für kantonales Recht, wenn es nachweislich andere Ziele als die bundesrechtliche Regelung verfolgt oder die Wirkung des Bundesrechts verstärkt (BGE 128 I 295, 299, Association suisse des annonceurs, betreffend Zulässigkeit einer Genfer Bestimmung, die das Anbringen von Werbung für Tabak und alkoholische Getränke mit mehr als 15 Volumenprozenten auf öffentlichem und privatem Grund untersagte).

c) *Das Verhältnis von Bundeszivilrecht und kantonalem öffentlichem Recht insbesondere*

1188 Immer wieder zu schwierigen Abgrenzungsfragen Anlass gibt das Verhältnis zwischen Bundeszivilrecht und kantonalem öffentlichem Recht.

1189 Dem Bund steht auf Grund der Verfassung die Gesetzgebung über das gesamte Zivilrecht zu (Art. 122 Abs. 1 BV). Seine Zuständigkeit ist eine umfassende. Er hat von dieser umfassenden Kompetenz unter anderem durch den Erlass des Schweizerischen Zivilgesetzbuches von 1907 und des Schweizerischen Obligationenrechts von 1911 Gebrauch gemacht. Beide Gesetze beruhen auf dem Grundsatz der Gesamtkodifikation, d.h., sie haben grundsätzlich eine umfassende und abschliessende

Regelung zum Ziel. Die Kantone dürfen zivilrechtliche Bestimmungen nur noch erlassen, wenn und soweit sie das Bundesrecht ausdrücklich oder dem Sinn nach dazu ermächtigt (Art. 5 Abs. 1 ZGB). Gemäss Art. 6 ZGB werden die öffentlichrechtlichen Befugnisse der Kantone durch das Bundeszivilrecht nicht beschränkt. Die Kantone können im öffentlichen Interesse Vorschriften aufstellen, welche die zivilrechtliche Ordnung ergänzen und die Vertragsfreiheit unter Umständen einschränken. Das bedeutet nicht, dass den Kantonen durch Art. 6 Abs. 1 ZGB eine Einwirkungsmöglichkeit auf das Bundeszivilrecht zugestanden wird. Vielmehr bezweckt diese Bestimmung die Harmonisierung der je kompetenzgemäss erlassenen Rechtsordnungen des Bundeszivilrechts und des kantonalen öffentlichen Rechts, die sich materiell widersprechen können (vgl. PETER SALADIN in Kommentar aBV, Art. 2 ÜbBest., Rz. 38).

Gemäss der Rechtsprechung des Bundesgerichts ist der *Erlass öffentlich-rechtlicher kantonaler Vorschriften* in einem vom Bundeszivilrecht geregelten Bereich gestützt auf Art. 6 ZGB nur unter drei kumulativ wirksamen Voraussetzungen *zulässig* (BGE 110 Ia 111, 113): 1190

– Der Bundesgesetzgeber hat nicht eine abschliessende Ordnung geschaffen;
– die kantonalen Bestimmungen entsprechen einem schutzwürdigen öffentlichen Interesse;
– sie verstossen nicht gegen Sinn und Geist des Bundeszivilrechts.

Auch in anderen Sachgebieten, die das Bundesrecht nicht abschliessend ordnet, dürfen die Kantone nur solche Vorschriften erlassen, die nicht gegen Sinn und Geist des Bundesrechts verstossen und dessen Zweck nicht beeinträchtigen oder vereiteln. Keinen solchen Verstoss erblickte das Bundesgericht in einer kantonalen Regelung, wonach Fürsorgeleistungen für Asylsuchende bis auf ein Minimum gekürzt werden können, wenn sie ihrer Mitwirkungspflicht gegenüber den für das Asylverfahren und für die Fürsorge zuständigen Behörden nicht oder ungenügend nachkommen (BGE 130 I 82, Sozialdemokratische Partei des Kantons Zürich). 1190a

IV. Nichtigkeit des bundesrechtswidrigen kantonalen Rechts

1. Grundsatz

Das dem Bundesrecht widersprechende kantonale Recht ist nichtig, d.h., es fehlt ihm, ohne dass eine Anfechtung notwendig wäre, jede rechtliche Gültigkeit. Bei Bundesgesetzgebungskompetenzen mit nachträglich derogatorischer Wirkung tritt die Nichtigkeit mit Inkraftsetzung des Bundesgesetzes ein, bei Bundesgesetzgebungskompetenzen mit ursprünglich derogatorischer Wirkung bereits bei Begründung der 1191

Bundeskompetenz (vgl. N. 1097 ff.). Wenn allerdings Zweifel über die Bundesrechtswidrigkeit bestehen, so kann erst auf Grund einer staatsrechtlichen Klage oder einer staatsrechtlichen Beschwerde Klarheit geschaffen werden, wobei die Aufhebung verfassungswidriger kantonaler Normen durch das Bundesgericht nach neuerer Lehre nur für die Zukunft wirkt.

2. Älteres kantonales Recht

1192 Die neuere bundesrechtliche Vorschrift vernichtet ipso iure den älteren kantonalen Rechtssatz, und zwar endgültig. Das kantonale Recht wird nicht nur suspendiert; es kann nicht wieder aufleben, wenn die Bundesnorm nachträglich wieder wegfällt. Beispiel: Mit Inkrafttreten des StGB wurden die strafrechtlichen Erlasse der Kantone endgültig aufgehoben (Art. 400 StGB).

3. Späteres kantonales Recht

1193 Wenn der Kanton eine Regelung erlässt, die bereits bestehendem Bundesrecht widerspricht, ist gültiges kantonales Recht überhaupt nicht entstanden.

4. Blosse Anfechtbarkeit von Anwendungsakten

1194 Konkrete Anwendungsakte, die auf Grund von nichtigem kantonalem Recht erfolgten, sind in der Regel nicht nichtig, sondern nur anfechtbar.

V. Rechtsschutz

1. Anwendung von Amtes wegen

1195 Alle rechtsanwendenden Behörden – Gerichte und Verwaltungsbehörden – des Bundes und der Kantone müssen den Grundsatz der derogatorischen Kraft des Bundesrechts von Amtes wegen beachten. Zur richtigen Rechtsanwendung gehört, dass nur gültige Rechtsnormen – und nicht etwa nichtiges kantonales Recht – zur Anwendung gelangen. Falls sich Zweifel über die Gültigkeit eines kantonalen Rechtssatzes erheben, sind Gerichte und Verwaltungsbehörden verpflichtet, vorfrageweise seine Bundesrechtmässigkeit zu überprüfen und ihm allenfalls die Anwendung zu versagen.

Das *akzessorische Prüfungsrecht* (vgl. § 66) wird als Pflicht der *Gerichte* von der 1196
Praxis allgemein anerkannt. Allerdings bewirkt die Befolgung des Rügeprinzips,
dass das Bundesgericht in der neueren Praxis auch die derogatorische Kraft des
Bundesrechts im Rahmen der staatsrechtlichen Beschwerde nur noch überprüft, wenn
sie vom Beschwerdeführer geltend gemacht worden ist (vgl. BGE 124 I 159, 163,
Bertoli und N. 2033).

Das akzessorische Prüfungsrecht ist auch für *Verwaltungsbehörden* zu bejahen. 1197
Die bundesgerichtliche Praxis ist hier aber nicht einheitlich. In einem Urteil aus
dem Jahr 1965 (BGE 91 I 312, 314, Genossenschaft Migros Luzern) hat das Bundesgericht das akzessorische Prüfungsrecht der Verwaltungsbehörden generell bejaht, die Frage hingegen in einem Entscheid von 1978 (BGE 104 Ia 79, 82 f.) offengelassen, sie vier Jahre später (BGE 108 Ia 41, 46, Rivara) dann – zumindest für die
oberste kantonale Verwaltungsbehörde – wieder bejaht. Wieweit auch untergeordnete Verwaltungsbehörden zur akzessorischen Prüfung von Erlassen befugt sind, ist
umstritten. Vielfach wird aus der hierarchischen Unterordnung dieser Behörden eine
strenge Bindung der Verwaltungsorgane an die Erlasse der ihnen übergeordneten
Instanzen abgeleitet, die eine akzessorische Überprüfung in der Regel ausschliesst.
Zumindest im Fall einer *offensichtlichen Verfassungs- oder Gesetzesverletzung* muss
aber auch untergeordneten Verwaltungsbehörden ein Prüfungsrecht zugestanden
werden (so auch der Entscheid des Bundesrates in VPB 41 [1977] Nr. 97, S. 49, der
allerdings die akzessorische Überprüfung von Bundesrecht betraf).

Umstritten ist auch, ob die *Kantonsparlamente* berechtigt oder gar verpflichtet 1198
sind, bundesrechtswidrige kantonale Volksinitiativen dem Volk nicht zur Abstimmung vorzulegen. Das Bundesgericht erklärte in BGE 80 I 155, 161 f., Schweizer,
der Grosse Rat von Basel-Stadt sei berechtigt, eine dem Bundesrecht widersprechende Initiative der Abstimmung vorzuenthalten. Anderseits erachtete das Gericht
es in BGE 102 Ia 548, 552, Fédération des sections vaudoises de la Diana, nicht als
Verletzung der derogatorischen Kraft des Bundesrechts, dass das Waadtländer Parlament dem Volk eine angeblich bundesrechtswidrige Initiative zur Abstimmung
unterbreitet hatte. Nach dieser Rechtsprechung des Bundesgerichts ergibt sich aus
dem Bundesrecht kein Anspruch darauf, dass eine bundesrechtswidrige Volksinitiative dem Volk nicht zur Abstimmung unterbreitet wird; ein solcher Anspruch
kann sich aber aus dem kantonalen Recht ergeben, wenn es die Voraussetzungen
zur Ungültigerklärung von kantonalen Volksinitiativen umschreibt. Vgl. ebenso BGE
105 Ia 11, 12 ff., Fröhlich und N. 1401.

2. Rechtsmittel

Der Vorrang des Bundesrechts kann auch mit einem Rechtsmittel geltend gemacht 1199
werden. Rechtsmittel sind formelle Begehren, mit denen ein Betroffener verlangen

kann, dass eine rechtliche Streitfrage durch ein Rechtsprechungsorgan überprüft wird.

a) Ordentliche Rechtsmittel zur Anfechtung von Anwendungsakten

1200 Der betroffene Private kann meistens den Entscheid einer Verwaltungsbehörde oder eines Gerichts mit einem Rechtsmittel – Beschwerde, Rekurs u.a. – an eine höhere Instanz weiterziehen. Dabei kann er stets auch geltend machen, es sei bundesrechtswidriges kantonales Recht zur Anwendung gelangt.

b) Staatsrechtliche Beschwerde wegen Verletzung der derogatorischen Kraft des Bundesrechts (Art. 84 Abs. 1 lit. a OG)

1201 Da die Praxis den Grundsatz der derogatorischen Kraft des Bundesrechts als verfassungsmässiges Recht des Bürgers anerkennt (vgl. N. 1176), kann dieser mit staatsrechtlicher Beschwerde an das Bundesgericht gelangen und eine Verletzung des Grundsatzes geltend machen. Die staatsrechtliche Beschwerde kann sich direkt gegen eine kantonale oder kommunale Rechtsnorm unmittelbar nach ihrem Erlass richten oder aber gegen einen Anwendungsakt, bei dem geltend gemacht wird, er beruhe auf nichtigem kantonalem Recht. – Die staatsrechtliche Beschwerde ist der wichtigste und am häufigsten benutzte Rechtsschutzbehelf zur Durchsetzung der derogatorischen Kraft des Bundesrechts (vgl. N. 1970).

c) Staatsrechtliche Klage von Bund und Kantonen (Art. 83 lit. a OG)

1202 Bei einem Kompetenzkonflikt zwischen Bundesbehörden und kantonalen Behörden können beide Parteien eine staatsrechtliche Klage ans Bundesgericht richten und dabei eine Verletzung der derogatorischen Kraft des Bundesrechts rügen (vgl. N. 2045 ff.).

§ 41 Bundesaufsicht und Bundesexekution

> Literatur

GRISEL ANDRÉ, Pouvoir de surveillance et recours de droit administratif, ZBl 74 (1973) 49 ff.; GRISEL ETIENNE, L'approbation des lois cantonales par le Conseil fédéral: La loi du 15 décembre 1989, ZSR NF 109/I (1990) 275 ff.; GSTREIN HANS, Das Kreisschreiben als Mittel der Bundesaufsicht, Diss. Zürich 1948; HANGARTNER YVO, Bundesaufsicht und richterliche Unabhängigkeit, ZBl 76 (1975) 1 ff.; KÖLZ ALFRED, Vollzug des Bundesverwaltungsrechts und Behördenbeschwerde, ZBl 76 (1975) 361 ff.; MOOR PIERRE, Pouvoir de surveillance fédéral et autorité cantonale, ZBl 76 (1975) 191 ff.; SCHAUB BERNHARD, Die Aufsicht des Bundes über die Kantone, Diss. Zürich 1957.

I. Bundesaufsicht

1. Rechtsgrundlage und Zweck

Rechtsgrundlage der Bundesaufsicht ist Art. 49 Abs. 2 BV. Danach «wacht» der Bund über die Einhaltung des Bundesrechts durch die Kantone. 1203

Der *Zweck* der Bundesaufsicht ist je nach der Art der kantonalen Tätigkeit unterschiedlich: 1204

– Bei *Staatsaufgaben,* die der Bund *an die Kantone delegiert* hat, bietet die Bundesaufsicht Gewähr dafür, dass die Kantone die ihnen übertragenen Aufgaben richtig erfüllen. Der Bund stellt dadurch z.B. sicher, dass der zum Erlass eines Einführungsgesetzes zu einem Bundesgesetz verpflichtete Kanton dieses auch erlässt oder dass der zum Vollzug eines Bundesgesetzes verpflichtete Kanton diesen gesetzeskonform besorgt.

– Bei Aufgaben, die im *autonomen Wirkungsbereich,* insbesondere im Rechtsetzungsbereich der Kantone liegen (z.B. Primarschule oder Gewerbepolizei), soll die Bundesaufsicht verhindern, dass die Kantone in den Kompetenzbereich des Bundes eingreifen oder den allgemeinen Rahmen des Bundesrechts (z.B. Freiheitsrechte und Rechtsgleichheit) verletzen.

2. Gegenstand der Kontrolle

Die Aufsicht betrifft die kantonale Staatstätigkeit bei *Rechtsetzung* (sog. Gesetzesaufsicht: Kontrolle von kantonalen Gesetzen und Verordnungen) und *Verwaltung* 1205 (sog. Verwaltungsaufsicht: Kontrolle der kantonalen Verwaltungstätigkeit). Der Bund hat diese Aufsicht über die Kantone von Amtes wegen auszuüben.

1206 Gegenüber der kantonalen *Rechtsprechung* kommt eine Kontrolle durch die mit der Bundesaufsicht betrauten Exekutivorgane des Bundes nicht in Frage (vgl. N. 1224). Die Bundesaufsicht wird hier auf Antrag der zuständigen Bundesbehörde durch das Bundesgericht ausgeübt, soweit der Gesetzgeber einer Bundesbehörde im öffentlichen Interesse eine Beschwerdebefugnis gegen kantonale Gerichtsentscheide einräumt. So kann beispielsweise das Bundesamt für Raumplanung gemäss Art. 103 lit. b OG i.V.m. Art. 48 Abs. 4 der Verordnung über die Raumplanung vom 28. Juni 2000 (SR 700.1) kantonale Entscheide mit der Verwaltungsgerichtsbeschwerde vor das Bundesgericht bringen.

3. Umfang der Überprüfungsbefugnis

1207 Wo die Bundesverfassung einen Sachbereich den Kantonen zur selbständigen, autonomen Regelung überlässt, steht dem Bund lediglich eine *Rechtskontrolle* zu. Der Bund kontrolliert nur, ob die Rechtsnormen des Bundes eingehalten worden sind; denn gemäss der Kompetenzordnung (vgl. Art. 3 und 42 BV) sind die Kantone frei, in ihrem autonomen Bereich die ihnen angemessen erscheinende Ordnung festzulegen.

1208 Im übertragenen Wirkungsbereich, d.h. bei den kantonalen Kompetenzen, die auf einer Delegation des Bundes beruhen, übt der Bund *Rechtskontrolle und* – nach der in der Lehre vorherrschenden Ansicht – *auch Ermessenskontrolle* aus. Allerdings erscheint eine umfassende und generelle Beaufsichtigung der Handhabung des Ermessens durch die Kantone als widersprüchlich: Die Delegation von Bundeskompetenzen an die Kantone findet sich ja vor allem in Bereichen, in denen eine einheitliche Regelung nicht angestrebt wird und der Bund die Kantone ihre örtlichen Besonderheiten berücksichtigen lassen will. Meist würde eine Ermessenskontrolle dieser Zielsetzung widersprechen. Es ist darum von Fall zu Fall durch Auslegung der entsprechenden Delegationsnormen zu entscheiden, ob dem Bund eine Ermessenskontrolle zusteht.

4. Aufsichtsorgane

1209 Für die Bundesaufsicht ist gemäss Art. 182 Abs. 2 und Art. 186 Abs. 4 BV grundsätzlich der *Bundesrat* zuständig. Möglich ist aber auch die Delegation des Aufsichtsrechts an ein Departement oder Bundesamt (vgl. Art. 177 Abs. 3 BV). Aus Gründen der Entlastung des Bundesrates erteilen grundsätzlich die Departemente die Genehmigung zu kantonalen Gesetzen und Verordnungen; nur in streitigen Fällen entscheidet der Bundesrat (Art. 61b Abs. 2 RVOG).

In vereinzelten, besonders wichtigen Fällen wirkt die *Bundesversammlung* als 1210
Aufsichtsorgan. Gemäss Art. 48 Abs. 3 Satz 2 BV sind Verträge der Kantone unter
sich dem Bund «zur Kenntnis zu bringen»; über Verträge der Kantone mit dem
Ausland haben die Kantone den Bund «vor Abschluss zu informieren» (Art. 56
Abs. 2 BV). Erhebt der Bundesrat oder ein Kanton dagegen Einsprache, kommt das
Geschäft vor die Bundesversammlung, welche über die Genehmigung entscheidet
(Art. 186 Abs. 3 i.V.m. Art. 172 Abs. 3 BV). Zudem prüft und genehmigt die Bundesversammlung nach Art. 172 Abs. 2 BV die Kantonsverfassungen (vgl. N. 1021 ff.).

Ausnahmsweise ist das *Bundesgericht* als Aufsichtsorgan eingesetzt. Der wichtigste Fall betrifft den Bereich von Schuldbetreibung und Konkurs, in dem gemäss
Art. 15 SchKG das Bundesgericht mit der obersten Aufsicht betraut ist.

5. Aufsichtsmittel

Vgl. VEB 30 (1961) Nr. 15, S. 41 ff.; VPB 50 (1986) Nr. 61, S. 400 ff.; VPB 64
(2000) Nr. 24, S. 307 ff.

a) Konkrete Beanstandung

Stellt die Aufsichtsbehörde in einem konkreten Fall eine Verletzung von Bundes- 1211
recht fest, dann kann sie dies beanstanden und eine Berichtigung verlangen.

b) Generelle Weisung (Kreisschreiben)

Der Bund kann sich mit generellen Anweisungen an alle Kantone wenden und ihnen 1212
vorschreiben, wie ein Bundesgesetz zu vollziehen ist. Diese Weisungen sind
Verwaltungsverordnungen und begründen keine Rechte und Pflichten für die Bürger (vgl. N. 1854). Sie ergehen in der Form von Kreisschreiben. Beispiel: Kreisschreiben des Bundesrates an die Kantonsregierungen über die Gesamterneuerungswahl des Nationalrates vom 19. Oktober 2003 (BBl 2003, 1 ff.).

c) Berichterstattung

In einzelnen Bundesgesetzen werden die Kantone zu einer periodischen Berichter- 1213
stattung über die Amtstätigkeit in einem bestimmten Verwaltungsgebiet verpflichtet. So verlangt Art. 41 des Bundesgesetzes über die Arbeit in Industrie, Gewerbe
und Handel vom 13. März 1964 (SR 822.11) von den Kantonen alle zwei Jahre
einen Bericht über den Vollzug.

d) Inspektion

Die Inspektion ist eine sehr einschneidende Form der Aufsicht; sie betrifft nur den 1214
Vollzug von Bundesgesetzen.

1215　Der Bund kann die kantonale Verwaltung inspizieren, indem er Bundesbeamte in die Kantone sendet. So hat das Eidgenössische Justiz- und Polizeidepartement gemäss Art. 18 Abs. 3 der Verordnung über das Zivilstandswesen vom 1. Juni 1953 (SR 211.112.1) durch das Amt für das Zivilstandswesen bzw. gemäss Art. 4 Abs. 1 der Handelsregisterverordnung vom 7. Juni 1937 (SR 221.411) durch das Eidgenössische Amt für das Handelsregister Inspektionen in den Kantonen durchzuführen.

e) Genehmigungspflicht

aa) Gegenstand der Genehmigung

1216　Gewisse kantonale Erlasse unterliegen gemäss Bundesrecht der *Genehmigungspflicht* durch die Bundesbehörden. Art. 186 Abs. 2 BV spricht dem Bund in allgemeiner Weise die Kompetenz zur Genehmigung kantonaler Erlasse zu, soweit es die Durchführung des Bundesrechts verlangt. Eine ausführliche Regelung findet sich in der Verordnung über die Genehmigung kantonaler Erlasse durch den Bund vom 30. Januar 1991 (SR 172.068).

1217　Eine grundsätzliche Genehmigungspflicht (sog. «Gewährleistung») besteht im Bereich der Kantonsverfassungen (Art. 51 Abs. 2 BV i.V.m. Art. 172 Abs. 2 BV). Interkantonale Verträge und Verträge der Kantone mit dem Ausland müssen nur durch die Bundesversammlung genehmigt werden, wenn der Bundesrat oder ein Kanton Einsprache erhebt (vgl. N. 1134 und 1297). Gesetze und Verordnungen bedürfen der Genehmigung durch den Bund, soweit der Bundesgesetzgeber dies besonders vorgesehen hat (vgl. Art. 61b Abs. 1 RVOG). Beispiele dafür sind Art. 52 Abs. 3 und 4 SchlT ZGB oder die kantonalen Ausführungsbestimmungen zum Bundesgesetz über die politischen Rechte (BPR) vom 17. Dezember 1976 (SR 161.1) gemäss Art. 91 Abs. 2 BPR.

bb) Rechtswirkung der Genehmigung

1218　Die Genehmigung kantonaler Verfassungsnormen und grundsätzlich auch interkantonaler Verträge hat lediglich *deklaratorische Wirkung* (vgl. Art. 51 Abs. 2 i.V.m. Art. 172 Abs. 2 und 3 BV). Bei genehmigungspflichtigen kantonalen Gesetzen und Verordnungen ist dagegen die Genehmigung immer Voraussetzung der Gültigkeit und hat somit *konstitutive Wirkung* (Art. 61a Abs. 1 Satz 2 RVOG).

1219　Die *Verweigerung der Genehmigung* wird als verbindliche Feststellung der Ungültigkeit des kantonalen Erlasses betrachtet.

1220　Ein *Widerruf* ist möglich. Wurde eine Genehmigung zu Unrecht erteilt, kann der Bundesrat auf sie zurückkommen und sie widerrufen. Ebenso wird es als zulässig erachtet, dass der Bundesrat auf eine ungerechtfertigte Verweigerung zurückkommt.

1221　Ein kantonaler Erlass wird durch die Genehmigung nicht zu Bundesrecht, sondern bleibt *kantonales Recht*. Folglich kann der Kanton ihn – selbstverständlich unter der Bedingung einer neuerlichen Genehmigung – frei abändern.

Das *Bundesgericht* betrachtet sich als an den Entscheid des Bundesrates gebunden, wenn dieser die Genehmigung des kantonalen Erlasses verweigert hat. Hingegen hält das Bundesgericht in konstanter Rechtsprechung die *Überprüfung eines vom Bundesrat genehmigten kantonalen Erlasses* für zulässig (BGE 104 Ia 480, 484, Meylan).

1222

f) Aufhebung von kantonalen Anwendungsakten

Der Bund kann *Verfügungen,* d.h. konkrete Rechtsanwendungsakte, welche *kantonale Verwaltungsbehörden* beim Vollzug von Bundesgesetzen erlassen, aufheben. Dieses Recht steht dem Bund, insbesondere bei Gefährdung von wichtigen Bundesinteressen, kraft Aufsichtsrechts zu, also unabhängig von einem Rechtsmittelverfahren. Eine zurückhaltendere Auffassung will dem Bund diese Möglichkeit nur zuerkennen, wenn er in einem Bundesgesetz eine besondere Ermächtigung dazu erhalten hat.

1223

Die Frage, ob auch *kantonale Gerichtsurteile,* die im Zusammenhang mit dem Vollzug eines Bundesgesetzes ergangen sind, vom Bundesrat aufsichtsrechtlich aufgehoben werden können, wird unterschiedlich beurteilt. Während die Justizabteilung dies 1961 abgelehnt hatte (VEB 30 [1961] Nr. 15, S. 41 ff.), nahm der Bundesrat 1974 im Entscheid «Fextal» eine solche Kompetenz für sich in Anspruch (ZBl 75 [1974] 529 ff.). In der Lehre begründet YVO HANGARTNER (Bundesaufsicht und richterliche Unabhängigkeit, S. 6 ff.) seine ablehnende Auffassung mit dem Hinweis auf die Gewaltenteilung und die richterliche Unabhängigkeit. PIERRE TSCHANNEN (§ 26 Rz. 25) hingegen hält solche aufsichtsrechtliche Massnahmen für zulässig, weil zwischen Bund und Kantonen das Gewaltenteilungsprinzip gar nicht im Spiel sei. Unseres Erachtens schliesst der Grundsatz der Unabhängigkeit der Justiz, insbesondere soweit der Bürger einen Anspruch auf einen unabhängigen Richter (vgl. Art. 6 Abs. 1 EMRK) hat, eine andere als justizmässige Kontrolle, und damit auch eine Kontrolle durch den Bundesrat, aus. Dies um so mehr, als der Bund ja die Möglichkeit hat, eine solche gerichtliche Kontrolle ausdrücklich in einem Bundeserlass vorzusehen.

1224

g) Bundesgerichtliche Entscheidung

Als Aufsichtsmittel kommen schliesslich Anordnungen des Bundesgerichts auf Grund der Verwaltungsgerichtsbeschwerde einer Bundesbehörde oder einer staatsrechtlichen Klage (vgl. N. 2045 ff.) in Frage.

1225

II. Bundesexekution

1. Begriff und Voraussetzungen

a) Begriff

1226 Die Bundesexekution besteht in den Zwangsmassnahmen des Bundes gegenüber einem Kanton, der seinen gegenüber dem Bund bestehenden Pflichten nicht nachkommt.

1227 Die Mittel der Bundesaufsicht (vgl. N. 1211 ff.) genügen praktisch immer, um die Beachtung des Bundesrechts durch die Kantone sicherzustellen. Diese Mittel geben aber keine Möglichkeiten der zwangsweisen Durchsetzung. Deshalb muss dem Bund der Weg der Bundesexekution – als Sanktion gegenüber renitenten Kantonen – offenstehen.

b) Rechtsgrundlage und zuständige Bundesbehörden

1228 Die Möglichkeit der Bundesexekution ist in jedem Bundesstaat gegeben. In der Bundesrepublik Deutschland ist die Bundesexekution in Art. 37 des Bonner Grundgesetzes ausdrücklich vorgesehen. In den USA wird die Bundesexekution nicht ausdrücklich in der Verfassung genannt; trotzdem haben aber die USA verschiedentlich zum Mittel der Bundesexekution gegriffen, so z.B. im Jahre 1957, als Bundestruppen nach Arkansas gesandt wurden, um die vom Supreme Court angeordnete Integration von schwarzen Kindern in die Schulen durchzusetzen.

1229 In der Schweiz finden sich die Rechtsgrundlagen für die Bundesexekution in den Kompetenzkatalogen von Bundesversammlung und Bundesrat: Gemäss Art. 173 Abs. 1 lit. e BV trifft die Bundesversammlung Massnahmen zur Durchsetzung des Bundesrechts. Der Bundesrat sorgt für die Einhaltung des Bundesrechts und trifft die erforderlichen Massnahmen (Art. 186 Abs. 4 BV; vgl. auch Art. 182 Abs. 2 BV).

c) Voraussetzungen der Bundesexekution

1230 Eine Bundesexekution kann nur stattfinden, wenn eine *Verletzung von Bundespflichten durch einen Kanton* vorliegt. Beispiele: Ein Kanton erlässt ein Einführungsgesetz, zu dessen Erlass er verpflichtet ist, nicht; ein Kanton vollstreckt ein Urteil des Bundesgerichts nicht.

1231 Überdies bedarf es einer *Zwangsandrohung durch den Bund*. Dieser kann erst einschreiten, wenn er den säumigen Kanton gemahnt, eine Frist angesetzt und die Exekution angedroht hat.

2. Die Mittel der Bundesexekution

Die Zwangsmassnahmen des Bundes haben dem *Grundsatz der Verhältnismässigkeit* zu entsprechen. Der Zwang des Bundes darf also nicht weiter gehen, als die Vollstreckung einer Bundesanordnung es erfordert. Im Übrigen sind die Bundesbehörden in der Wahl ihrer Mittel frei. In Frage kommen insbesondere folgende Massnahmen. 1232

a) Ersatzvornahme

Der *Begriff der Ersatzvornahme* – der auch im Verwaltungsrecht Geltung hat – bedeutet, dass eine öffentlich-rechtliche Pflicht, die vom Verpflichteten nicht erfüllt wird, durch den Staat auf Kosten des Verpflichteten erfüllt wird. Die Möglichkeit der Ersatzvornahme besteht auch im Rahmen der Bundesexekution: Der Bund sichert die Erfüllung einer Bundespflicht, indem er diese selbst anstelle und auf Kosten des säumigen Kantons erfüllt. 1233

Die Ersatzvornahme wird *in verschiedenen Bundesgesetzen ausdrücklich vorgesehen.* Gemäss Art. 55 des Bundesgesetzes über die Nationalstrassen vom 8. März 1960 (SR 725.11) übernimmt der Bund im Sinne der Ersatzvornahme den Bau eines Teils der Nationalstrassen, falls ein Kanton sich weigert, die ihm obliegende Pflicht zu erfüllen. Die Kosten sind vom Kanton zu tragen. 1234

Ein Anwendungsfall ergibt sich beim *Erlass von kantonalen Vollzugs- und Einführungsbestimmungen zu Bundesgesetzen:* Falls ein Kanton die Pflicht zum Erlass von Vollzugsbestimmungen nicht fristgerecht erfüllt, ist der Bundesrat zum Erlass einer Verordnung berechtigt, die dann bis zum Inkrafttreten der kantonalen Vollzugsbestimmungen gilt. In einzelnen Gesetzen ist diese Möglichkeit ausdrücklich erwähnt, z.B. in Art. 53 SchlT ZGB und in Art. 401 Abs. 2 StGB. 1235

Auch ohne ausdrückliche gesetzliche Ermächtigung ist der Bund zur Ersatzvornahme berechtigt. 1236

Der Bund musste – soweit ersichtlich – noch nie zur Ersatzvornahme greifen. Einige Male wurde sie knapp vermieden: Erst nach der Zwangsandrohung seitens des Bundes erliess der Kanton Graubünden Vollzugsvorschriften zum Bundesgesetz betreffend die Bekämpfung von Tierseuchen vom 13. Juni 1917 (BS 9, 261). Ebenso erliessen einige Kantone erst nach Zwangsandrohung die Einführungsvorschriften zum Bundesgesetz über Schuldbetreibung und Konkurs vom 11. April 1889 (SR 281.1) und ermöglichten so in letzter Minute die beabsichtigte Inkraftsetzung auf den 1. Januar 1892, ohne dass der Bund an ihrer Stelle hätte handeln müssen. 1237

Nachdem der Grosse Rat eines Kantons eine 1978 gemäss kantonalem Recht an ihn gerichtete Beschwerde gegen einen kommunalen Zonenplan über Jahre hinweg nicht an die Hand genommen hatte, hiess das Bundesgericht 1982 eine staatsrechtliche Beschwerde der Betroffenen wegen Rechtsverweigerung und Rechtsverzögerung gut und wies den Grossen Rat an, den hängigen Rekurs unverzüglich zu 1238 behandeln. Da der Grosse Rat weiterhin die Beschwerde nicht erledigte, gelangten die Betroffenen an den Bundesrat. Es stellte sich die Frage, ob der Bundesrat, der gemäss Art. 182 Abs. 2 BV (= Art. 102 Ziff. 2 aBV) und Art. 39 Abs. 2 OG für den Vollzug der Urteile des Bundesgerichts zu sorgen hat, auf dem Weg der Ersatzvornahme anstelle des Grossen Rates über den Rekurs entscheiden könne. In seiner Stellungnahme bejahte das Bundesamt für Justiz die Zulässigkeit einer solchen Ersatzvornahme, die dann aber nicht mehr nötig war, nachdem der Grosse Rat den Rekurs doch noch behandelt hatte (VPB 50 [1986] Nr. 62, S. 403 ff.).

b) *Sistierung von Subventionen*

1239 Die Lehre erachtet mehrheitlich die Zurückbehaltung von Subventionen für grundsätzlich unzulässig; die Pflichtverletzung durch einen Kanton darf nicht Anlass für den Bund sein, seinerseits seine Pflichten zu verletzen.

Zulässig ist eine Sistierung von Subventionen nur dann, wenn eine Konnexität zwischen Subvention und Pflichtverletzung in dem Sinne besteht, dass der Kanton Pflichten verletzt, für deren Erfüllung der Bund Subventionen erteilt. In diesem Fall sind die Bedingungen für die Subventionen nicht mehr erfüllt; eine Zurückbehaltung ist möglich.

c) *Militärisches Einschreiten*

1240 Für militärische Massnahmen sind die Bundesversammlung gemäss Art. 173 Abs. 1 lit. d BV und – bei Dringlichkeit – der Bundesrat gemäss Art. 185 Abs. 4 BV zuständig (vgl. N. 1550).

1241 Bei der militärischen Bundesexekution handelt es sich aber um die *ultima ratio*. Der Grundsatz der Verhältnismässigkeit schliesst die Erzwingung einer bundesrechtlichen Pflicht durch Waffengewalt weitgehend aus. Eine solche kommt nur in Frage, falls ein Kanton in ganz schwerwiegender Weise elementare Bundespflichten verletzt und dadurch die öffentliche Ordnung gefährdet. Es ist denn auch in der Schweiz seit der Gründung des Bundesstaates im Jahr 1848 noch nie zu einer militärischen Bundesexekution gekommen. Im Jahr 1884 drohte der Bundesrat dem Kanton Tessin mit der Entsendung von Truppen, falls nicht die bundesrechtswidrigen Massnahmen aufgehoben würden, die im Zusammenhang mit den Nationalratswahlen im Tessin getroffen worden waren.

4. Kapitel: Zusammenwirken von Bund und Kantonen

§ 42 Kooperativer Föderalismus

Literatur

ABDERHALDEN URSULA, Möglichkeiten und Grenzen der interkantonalen Zusammenarbeit, Diss. Freiburg i. Ü. 1999; BRUNNER STEPHAN, Möglichkeiten und Grenzen regionaler interkantonaler Zusammenarbeit, Diss. St. Gallen 2000; BUSSMANN WERNER, Mythos und Wirklichkeit der Zusammenarbeit im Bundesstaat, Bern/Stuttgart 1986; DOMINICÉ CHRISTIAN, Fédéralisme coopératif, ZSR NF 88/II (1969) 743 ff.; DORMANN ALBERT, Interkantonale Institutionen mit Hoheitsbefugnissen, Diss. Zürich 1970; HÄFELIN ULRICH, Der kooperative Föderalismus in der Schweiz, ZSR NF 88/II (1969) 549 ff.; KNAPP BLAISE, Le fédéralisme, ZSR NF 103/II (1984) 275 ff.; PFISTERER THOMAS, Neue Partnerschaft zwischen Bund und Kantonen, ZBl 96 (1995) 258 ff.; PFISTERER THOMAS, Von der Rolle der Kantone in der Aussenpolitik, ZBl 97 (1996) 544 ff.; SALADIN PETER, Bund und Kantone, Autonomie und Zusammenwirken im schweizerischen Bundesstaat, ZSR NF 103/II (1984) 431 ff.; SALADIN PETER, Holzwege des «kooperativen Föderalismus», in: FS für Bundesrat Hans-Peter Tschudi, Bern 1973, S. 237 ff.; SIEGRIST ULRICH K., Die schweizerische Verfassungsordnung als Grundlage und Schranke des interkantonalen kooperativen Föderalismus, Bd. I: Grundlagen, Zürich 1976, Bd. II: Schranken, Zürich 1978; SPINNLER SCHMID KARIN, Die grenzüberschreitende Zusammenarbeit von Schweizer Kantonen und Gemeinden, Lizentiatsarbeit, Zürich 2000; WIEDERKEHR RENÉ, Funktionale Regionen im Rahmen der Bundesstaatsordnung, ZBl 103 (2002) 617 ff.

I. Der Grundgedanke der Kooperation

Der *Begriff des kooperativen Föderalismus* bezeichnet alle Formen von Zusammenarbeit unter den Gliedstaaten oder zwischen Gliedstaaten und Bund, wobei diese Zusammenarbeit auf freiwilliger Basis erfolgen oder durch eine Norm des Bundesrechts besonders vorgesehen sein kann. 1242

Ausgangspunkt für die Idee des kooperativen Föderalismus ist die Erkenntnis, dass die *komplexen Aufgaben der Gemeinwesen* und die *starke Interdependenz* in allen Bereichen eine weitgehende Koordination und Kooperation erfordern. Das Bedürfnis nach Zusammenarbeit wie auch die Effizienz föderalistischer Lösungen sind jedoch je nach Sachbereich unterschiedlich gross. Der kooperative Föderalis- 1243 mus kann daher nicht in schlagwortartiger Vereinfachung als Allheilmittel für sämtliche Probleme im Bundesstaat angesehen werden.

1244   Historisch gesehen sind Koordination und Kooperation in jedem Bundesstaat seit jeher unerlässlich. Im *19. Jahrhundert* bestand jedoch in allen Bundesstaaten – insbesondere in den Vereinigten Staaten – die Tendenz, die *Selbständigkeit des Bundes und der Gliedstaaten* innerhalb ihrer jeweiligen Kompetenzbereiche stark zu betonen und weitgehend gegenüber den anderen Gemeinwesen abzuschirmen. In den *letzten Jahrzehnten* ist eine gegenläufige Entwicklung zu verzeichnen: Überall zeigt sich eine *Betonung der Zusammenarbeit,* der gegenseitigen Rücksichtnahme und der Koordination, d.h. der gegenseitigen Abstimmung des Vorgehens. Auch das gemeinsame Handeln im Rahmen von rechtlichen Vereinbarungen hat an Bedeutung gewonnen. Für die Schweiz stellt dies aber *eher eine Weiterentwicklung als eine grundsätzliche Neuerung* dar, wird doch im schweizerischen Bundesstaat die Zusammenarbeit seit jeher in einem gewissen Umfang gepflegt.

Der kooperative Föderalismus wirkt sich in *zwei Richtungen* aus: als *horizontaler* kooperativer Föderalismus im Zusammenwirken der Kantone untereinander, als *vertikaler* kooperativer Föderalismus im Verhältnis der Kantone zum Bund.

II. Der horizontale kooperative Föderalismus

1. Begriff

1245   Unter horizontalem kooperativem Föderalismus ist die Zusammenarbeit der Kantone untereinander, ohne Einbeziehung des Bundes, zu verstehen.

2. Formen freiwilliger Zusammenarbeit

1246   Die *Verträge zwischen Kantonen* stellen den wichtigsten Aspekt des horizontalen kooperativen Föderalismus dar. Vgl. im Einzelnen § 43.

1247   An zweiter Stelle sind die *interkantonalen Konferenzen* zu nennen. Auf verschiedenen Gebieten bestehen z.B. interkantonale *Direktorenkonferenzen,* innerhalb deren sich die für ein bestimmtes Ressort zuständigen Regierungsräte aller Kantone zum Erfahrungsaustausch und zur Besprechung aktueller Probleme treffen. Als Beispiel seien die Finanzdirektorenkonferenz und die Erziehungsdirektorenkonferenz genannt. Letztere befasst sich unter anderem mit Fragen der Schulkoordination, der Einführung von Fremdsprachen oder Informatik-Unterricht auf Primarschulstufe oder mit der Herausgabe gemeinsamer Lehrmittel. Zur Rechtsnatur der Erziehungsdirektorenkonferenz vgl. VEB 29 (1959–1960) Nr. 52, S. 101 ff.

Weitere interkantonale Konferenzen bestehen auf der Ebene der *Gesamt-* 1248
regierungen (z.B. «Hörnlitagung» der Kantonsregierungen von Zürich, St. Gallen
und Thurgau) oder auf der Ebene bestimmter *untergeordneter Verwaltungseinheiten*
(z.B. Deutschschweizerische Berufsbildungsämterkonferenz). Seit 1993 besteht die
Konferenz der Kantonsregierungen (KdK). Diese bezweckt die Förderung der Zusammenarbeit unter den Kantonen in ihrem Zuständigkeitsbereich und die Koordination und Information in kantonsrelevanten Angelegenheiten des Bundes (vgl. Art. 1
Abs. 2 der Vereinbarung über die Konferenz der Kantonsregierungen vom 8. Oktober 1993). Sie hat sich auch an der Vernehmlassung zum Verfassungsentwurf 1995
intensiv beteiligt.

Möglich ist auch eine Zusammenarbeit in privatrechtlicher Form (z.B. privat- 1249
rechtliche Verträge oder Stiftungen).

Voraussetzung für jede Zusammenarbeit im Sinne des horizontalen kooperativen 1250
Föderalismus ist das *Vorliegen* einer – eigenen oder übertragenen – *kantonalen
Kompetenz* im betreffenden Sachgebiet.

3. Bundesrechtlich vorgeschriebene Zusammenarbeit

In einem weiteren Sinne gehören zum kooperativen Föderalismus auch die Pflichten zur Zusammenarbeit, welche die Bundesverfassung seit jeher den Kantonen
auferlegt.

a)   Verbot der Selbsthilfe (Art. 44 Abs. 3 BV)

Schon vor der Gründung des Bundesstaates 1848 war den Kantonen durch § 5 des 1251
Bundesvertrages von 1815 im Verhältnis zu den anderen Kantonen des Staatenbundes jede bewaffnete Selbsthilfe untersagt. Im Rahmen des Bundesstaates ist der
Verzicht auf Selbsthilfe eine selbstverständliche Pflicht. Deshalb müssen gemäss
Art. 44 Abs. 3 BV Streitigkeiten zwischen den Kantonen nach Möglichkeit durch
Verhandlung oder Vermittlung beigelegt werden.

b)   Pflicht zur Hilfeleistung (Art. 44 Abs. 2 BV)

Art. 44 Abs. 2 BV bestimmt ausdrücklich, dass die Kantone einander Rücksicht und 1252
Beistand schulden. Diese Beistandspflicht hat im Bereich der Hilfe mit Polizeikräften eine gewisse aktuelle Bedeutung. Da der Bund über keine nennenswerten eigenen Polizeikräfte verfügt, mit denen er den Kantonen bei gestörter innerer Ordnung
beistehen könnte, sind die Kantone bei Überforderung der eigenen Polizeikräfte auf
die Unterstützung durch ausserkantonale Polizei angewiesen. In einer interkantonalen
Vereinbarung, der bis heute 21 Kantone beigetreten sind, werden die Entschädigungen geregelt, die den Kantonen für die Mitwirkung ihrer Polizeikräfte zustehen (Verwaltungs-Vereinbarung vom 5. April 1979 über die Kosten interkantonaler Polizeieinsätze gemäss Art. 16 der Bundesverfassung von 1874 [SR 133.9]).

c) *Amts- und Rechtshilfepflichten* (Art. 44 Abs. 2 BV)

1253 Die Kantone sind gemäss Art. 44 Abs. 2 BV verpflichtet, einander bei Rechtsanwendung und Rechtsvollzug Hilfe zu leisten. Auf Gesetzesstufe wurde diese allgemeine Pflicht weiter konkretisiert (z.B. Art. 4 SchKG für Urteile auf Geld- oder Sicherheitsleistungen oder Art. 352 und 380 StGB im Bereich des Strafrechts). Von grosser Bedeutung ist insbesondere das alle Kantone umfassende Konkordat über die Gewährung gegenseitiger Rechtshilfe zur *Vollstreckung öffentlich-rechtlicher Ansprüche* vom 28. Oktober 1971 (SR 281.22). Für den Bereich des *Zivilrechts* wird in der Bundesverfassung selbst (Art. 122 Abs. 3 BV) bestimmt, dass rechtskräftige Zivilurteile, die in einem Kanton gefällt wurden, in der ganzen Schweiz vollstreckbar sind.

III. Der vertikale kooperative Föderalismus

1. Begriff

1254 Unter vertikalem kooperativem Föderalismus ist die Zusammenarbeit zwischen den zwei Ebenen des Bundesstaates, d.h. zwischen Bund und Kantonen, zu verstehen.

2. Formen

a) *Zusammenarbeit von Bund und Kantonen bei der Rechtsetzung* (Art. 45 BV)

1255 Bund und Kantone wirken in zwei Formen bei der Rechtsetzung zusammen. Mit ihren Mitwirkungsrechten im Bund sind die Kantone an der Rechtsetzung des Bundes beteiligt (vgl. N. 949 ff.). Eine Kooperation ergibt sich sodann als Folge der Delegation von Rechtsetzungskompetenzen vom Bund an die Kantone (vgl. N. 1155 ff.).

b) *Mitwirkung der Kantone bei der Umsetzung des Bundesrechts* (Art. 46 BV)

1256 In zahlreichen Sachgebieten liegt die Gesetzgebungskompetenz beim Bund, während die Kantone beim Vollzug mitwirken. Das gilt z.B. für den Umweltschutz und den Gewässerschutz. Bei den Verbundsaufgaben (vgl. N. 1146a) sind Bund und Kantone gemeinsam an der Umsetzung beteiligt. Die Verbundsaufgaben weisen eine grosse Ähnlichkeit mit den Gemeinschaftsaufgaben nach deutschem Verfassungsrecht (Art. 91a und 91b Grundgesetz) auf.

c) Subventionen des Bundes an die Kantone

Eine besondere Gestalt nimmt die föderalistische Zusammenarbeit an, wenn der Bund finanzielle Beiträge an die Kantone ausrichtet. Durch die Neugestaltung des Finanzausgleichs und der Aufgabenteilung zwischen Bund und Kantonen (vgl. N. 74a, 948 und 970 ff.) wurde das Subventionssystem in grundlegender Weise reformiert: Für Aufgaben, die Bund und Kantone weiterhin gemeinsam erfüllen, sollen die Kantone vom Bund inskünftig vermehrt Global- und Pauschalsubventionen anstatt (häufig projektbezogene) Einzelsubventionen erhalten. 1257

Von grosser Bedeutung ist diese Form des Zusammenwirkens insbesondere in den *Vereinigten Staaten von Amerika,* wo durch die unter gewissen Bedingungen gewährten «federal grants-in-aid» die anfänglich strenge Trennung der Kompetenzbereiche und Verwaltungsorganisationen von Union und Gliedstaaten überwunden wurde. 1258

d) Verträge zwischen Bund und Kantonen

Zu öffentlich-rechtlichen Vereinbarungen zwischen Bund und Kantonen kann es kommen, wenn ein bestimmter Sachbereich oder eine konkrete Verwaltungsangelegenheit sowohl Bundes- wie auch Kantonskompetenzen betrifft. Vereinbarungen zwischen Bund und Kantonen waren bisher eher selten, was sich jedoch im Zusammenhang mit der Umsetzung des Konzepts der Verbundsaufgaben nach Art. 46 Abs. 2 BV (noch nicht in Kraft) ändern dürfte. 1259

Als Beispiele können genannt werden:

- Abkommen zwischen der Schweizerischen Eidgenossenschaft und den Kantonen Waadt und Wallis über den Strassentunnel unter dem Grossen St. Bernhard vom 23. Mai 1958 (AS 1959, 1337 ff.);
- Aussonderungsvertrag zwischen der Schweizerischen Eidgenossenschaft einerseits und dem Kanton Zürich und der Stadt Zürich andererseits betreffend das Polytechnikum vom 28. Dezember 1905 (SR 414.110.1).

3. Voraussetzungen

Zusammenarbeit im Sinne des vertikalen kooperativen Föderalismus ist nur *innerhalb der verfassungsmässigen Kompetenzen von Bund und Kantonen* möglich. Dieses Erfordernis setzte der Zusammenarbeit zwischen Bund und Kantonen bisher (d.h. bis zur Föderalismusreform) enge Grenzen. Denn die gemeinsame Wahrnehmung einer Aufgabe in einer institutionalisierten Form war bisher nur dort zulässig, wo – wie im Hochschulbereich – parallele Kompetenzen von Bund und Kantonen bestehen oder wo die Verfassung ein Zusammenwirken vorsieht. 1260

4. Kombination mit horizontalem Föderalismus

1263 Horizontale und vertikale Zusammenarbeit können auch kombiniert auftreten. Zum Beispiel beteiligen sich die Bundesräte in der Regel an den Sitzungen der ihr Ressort betreffenden *interkantonalen Direktorenkonferenzen*. Von beachtlicher praktischer Bedeutung ist vor allem die interkantonale Finanzdirektorenkonferenz; die Teilnahme des Vorstehers des Eidgenössischen Finanzdepartements ermöglicht es, die interkantonale Koordination mit der Koordination zwischen Bund und Kantonen zu verbinden. Das Bundesgesetz über Massnahmen zur Wahrung der inneren Sicherheit vom 21. März 1997 (SR 120) sieht in Art. 7 eine Zusammenarbeit des Eidgenössischen Justiz- und Polizeidepartements mit den Kantonsregierungen und interkantonalen Regierungskonferenzen vor.

IV. Bedeutung und Grenzen des kooperativen Föderalismus

1264 Die Lehre misst dem kooperativen Föderalismus unterschiedlich grosse *Bedeutung* zu. Wurde dieses Prinzip in den Sechzigerjahren zum Teil stark überbewertet, so machen sich seither auch sehr kritische Stimmen bemerkbar (so insbesondere PETER SALADIN in Kommentar aBV, Art. 3, Rz. 18). Der kooperative Föderalismus ist als sinnvolle Weiterentwicklung eines Elementes zu verstehen, das seit jeher zum schweizerischen Bundesstaat gehört hat. Die beachtliche Bedeutung darf aber nicht dazu verleiten, sich vom kooperativen Föderalismus die Lösung aller bundesstaatlichen Probleme zu erhoffen.

1265 Auch sind dem kooperativen Föderalismus *rechtliche Grenzen* gesetzt. Einmal darf er – trotz einer gewissen erwünschten Elastizität – nicht bewirken, dass die Klarheit der bundesstaatlichen Ordnung beeinträchtigt wird; er darf keinesfalls zu einem unübersehbaren Gewirr von sich überlagernden föderalistischen Institutionen führen. Im Weiteren hat er sich streng an die verfassungsmässige Kompetenzordnung zu halten. Er darf diese weder relativieren noch faktisch überspielen. Er muss sich in allen seinen Organisationsformen auf eine verfassungsmässige Grundlage stützen können.

V. Grenzüberschreitende Kooperationen

1266 Grenzüberschreitende Kooperationen, etwa im Bereich der Abfallentsorgung oder des Regionalverkehrs, sind für die Grenzkantone von immer grösserer Bedeutung. Das am 1. September 1997 in Kraft getretene «Karlsruher Übereinkommen» zwischen der Schweiz (handelnd im Namen der Kantone Solothurn, Basel-Stadt, Basel-Landschaft, Aargau und Jura), der Bundesrepublik Deutschland, Frankreich und Luxemburg vom 23. Januar 1996 (Systematische Gesetzessammlung Basel-Stadt 119.100) erleichtert die grenzüberschreitende Zusammenarbeit auf lokaler Ebene, da das Abkommen einerseits eine klare Rechtsgrundlage für zukünftige Kooperationsabkommen zwischen den Gebietskörperschaften der beteiligten Länder schafft und anderseits den Kantonen und Gemeinden die Erlaubnis zum Abschluss solcher Abkommen *im Voraus* erteilt (vgl. auch N. 1137). Aufgrund des Karlsruher Übereinkommens wurde am 17. September 1997 die Hochrheinkommission (HRK) gegründet, welche v.a. Erfolge in der Umsetzung des Grenzverkehrkonzepts vorweisen kann. Weitere Anliegen der HRK sind Gesundheit, Bildung und Kultur (vgl. NZZ Nr. 141 vom 22. Juni 1999, S. B 41). Ausserdem beteiligen sich verschiedene Kantone aktiv an der grenzüberschreitenden Zusammenarbeit in den Regionen Oberrhein, Bodensee, Jurabogen und Genfersee. Dabei haben die unter dem Namen «Interreg» laufenden (bisher drei) EU-Förderungsinitiativen wesentlich zum Ausbau der Kooperation in diesen Grenzgebieten beigetragen.

§ 43 Verträge zwischen Kantonen

> Literatur

ARNET MORITZ, Das Schulkonkordat vom 20. Oktober 1970: Entstehung, Geschichte, Kommentar, Bern 2000; BORTER WILLY, Demokratiegebot und interkantonales Vertragsrecht, Konkordate – Verwaltungsabkommen – Absprachen, Diss. Freiburg i. Ü. 1976; HÄFELIN ULRICH, Aktuelle Fragen des Konkordatsrechts, SJZ 69 (1973), 249 ff.; KEHRLI HANSPETER, Interkantonales Konkordatsrecht, Diss. Zürich 1968; SCHWEIZER RAINER J., Kantonale Kompetenzordnung und interkantonale Vereinbarungen, in: Festgabe zum Schweizerischen Juristentag 1973, Basel/Stuttgart 1973, S. 131 ff.; MÄCHLER AUGUST, Föderalismus in der Krise: Geleitete Zusammenarbeit als Ausweg?, ZSR NF 123/I (2004) 571 ff.; WEBER ALEXANDER, Die interkantonale Vereinbarung, eine Alternative zur Bundesgesetzgebung?, Diss. Bern 1976; ZECH DIETER, Verträge zwischen Gliedstaaten im Bundesstaat, Diss. Zürich 1972.

I. Grundlagen

1. Begriff und Bedeutung

1267 Verträge zwischen Kantonen sind öffentlich-rechtliche Vereinbarungen, die zwei oder mehrere Kantone über einen in ihren Kompetenzbereich fallenden Gegenstand schliessen. Sie können alle Staatsfunktionen betreffen. Auf diese Weise können auch gemeinsame Organisationen und Einrichtungen geschaffen werden.

1268 Früher verwendete die Bundesverfassung für interkantonale Verträge verschiedene Bezeichnungen: «Verkommnisse» in Art. 7 aBV, «Verträge der Kantone unter sich» in Art. 102 Ziff. 7 aBV und «Konkordate» in Art. 113 Abs. 1 Ziff. 3 aBV. Das Bundesverfassungsrecht behandelte indes alle Verträge zwischen Kantonen gleich. Die in der neuen Bundesverfassung getroffene Vereinheitlichung der Terminologie drängte sich daher auf.

1269 Verträge zwischen Kantonen stellen den wichtigsten Aspekt des horizontalen kooperativen Föderalismus dar. Es steht eine *grosse Zahl solcher Verträge* in Kraft, die zum Teil *bedeutende Fragen* regeln (vgl. N. 1292).

2. Rechtsnatur

1270 Verträge zwischen Kantonen unterstehen dem öffentlichen Recht; sie sind *öffentlichrechtliche Vereinbarungen*. Sie müssen von den privatrechtlichen Verträgen, welche die Kantone in seltenen Fällen untereinander abschliessen, unterschieden werden. So ist der Vertrag vom 22. April 1914 über die Gründung der Nordostschweizerischen Kraftwerke AG (NOK) (LS 732.2) als interkantonale Vereinbarung über die Erfüllung einer öffentlichen Aufgabe öffentlich-rechtlicher Natur, auch wenn er zur Gründung einer privatrechtlichen Aktiengesellschaft geführt hat.

Gegenstand der interkantonalen Vereinbarungen sind stets Fragen, die in den *kantonalen Kompetenzbereich* fallen. Es spielt dabei keine Rolle, ob es sich um einen Gegenstand aus dem autonomen oder übertragenen Wirkungsbereich der Kantone handelt. So betreffen z.B. Vereinbarungen über Schulfragen den autonomen, Vereinbarungen über den Strafvollzug den übertragenen Wirkungsbereich. 1271

Interkantonales Recht hat Vorrang vor dem kantonalen Recht (vgl. jetzt Art. 48 Abs. 5 BV), geht aber dem Bundesrecht nach. 1272

3. Rechtsgrundlagen

Art. 48 BV normiert verfassungsrechtliche Rahmenbedingungen für die partnerschaftliche Zusammenarbeit zwischen Kantonen, wobei auch ein Einbezug des Bundes möglich ist (Abs. 2). Neben der allgemeinen Anerkennung des Rechts der Kantone, Verträge zu schliessen sowie gemeinsame Organisationen und Einrichtungen zu schaffen, wird ausdrücklich auf die Möglichkeit hingewiesen, dass die Kantone Aufgaben von regionalem Interesse gemeinsam wahrnehmen können (Abs. 1 Satz 2). 1273

Allerdings hätten die Kantone auch ohne ausdrückliche Erwähnung in der Bundesverfassung die Befugnis, solche Verträge einzugehen, da diese eine Betätigung im Rahmen der kantonalen Kompetenzen darstellen.

Durch die Föderalismusreform (vgl. N. 74a) wurde das Instrumentarium der Zusammenarbeit unter den Kantonen ausgebaut (vgl. die neuen Art. 48 Abs. 4 und 48a BV sowie N. 1277a f. und N. 1295).

II. Am Vertrag beteiligte Partner

1. Kantone

Je nach der Zahl der beteiligten Kantone sind die interkantonalen Verträge bilateraler oder multilateraler Natur. An den bedeutendsten sind alle Kantone beteiligt; dadurch wird auf vertraglichem Weg eine gesamtschweizerische Regelung erreicht. 1274

Ausnahmsweise ist bei gewissen interkantonalen Vereinbarungen der Kreis der Partner etwas weiter gezogen. So ist das *Fürstentum Liechtenstein* an mehreren Verträgen zwischen Kantonen beteiligt. Streng genommen handelt es sich dabei allerdings nicht um eine gewöhnliche Beteiligung, liegt doch rechtlich gesehen ein 1275

Staatsvertrag im Sinne von Art. 56 BV vor, an dem auf der einen Seite schweizerische Kantone, auf der anderen Seite das Fürstentum Liechtenstein beteiligt sind (VPB 32 [1964–1965] Nr. 1, S. 5 f.).

1276 In neuerer Zeit haben sich die Kantone zu rechtsetzenden Konkordaten zusammengeschlossen, in welchen sie sich ausdrücklich verpflichten, soweit parallele Kompetenzen bestehen, *«gemeinsame Lösungen» für Bund und Kantone* anzustreben. Eine solche Formulierung kennt auch die Interkantonale Vereinbarung über die Anerkennung von Ausbildungsabschlüssen vom 18. Februar 1993 (SR 413.21). Sie erlaubte der Erziehungsdirektorenkonferenz (EDK), mit dem – im Bereich der Hochschulen, Medizinalprüfungen und Lebensmittelchemiker zum Vollzug der Bundesgesetzgebung zuständigen – Bundesrat die Verwaltungsvereinbarung vom 16. Januar/15. Februar 1995 (BBl 1995 II 318) abzuschliessen, welche einheitliche Grundsätze über die Maturitätsanerkennung aufstellte. Die Erziehungsdirektorenkonferenz und der Bundesrat erliessen darauf – je für ihren Kompetenzbereich – inhaltlich übereinstimmende Maturitätsanerkennungsreglemente (vgl. die Verordnung des Bundesrates über die Anerkennung von gymnasialen Maturitätsausweisen vom 15. Februar 1995 [SR 413.11]). Auch die Interkantonale Vereinbarung über das öffentliche Beschaffungswesen vom 25. November 1994/15. März 2001 (SR 172.056.4) sieht eine mit der Bundesgesetzgebung abgestimmte interkantonale Regelung vor, die zudem eine Harmonisierung mit dem internationalen Recht (WTO-Übereinkommen über das öffentliche Beschaffungswesen vom 15. April 1994 [SR 0.632.231.422]) erlaubte.

2. Beteiligung des Bundes

1277 Art. 48 Abs. 2 BV ermöglicht dem Bund, im Rahmen seiner Zuständigkeiten, sich an einem interkantonalen Vertrag zu beteiligen. Möglich ist ein Beitritt oder auch eine informelle Mitwirkung. Das Vertragsrecht der Kantone darf aber dem Bund keine neuen Kompetenzen zusprechen. Aus diesem Grund kommt ein Beitritt des Bundes zu rechtsetzenden Vereinbarungen nur in Betracht, wenn diese Möglichkeit sich aus der verfassungsrechtlichen Zuständigkeitsordnung ergibt (vgl. N. 1057 f. sowie BBl 1997 I 214 f.).

> Unzulässig ist beispielsweise ein Vertrag, der eine interkantonale Polizeitruppe schafft, die für Bundesaufgaben eingesetzt werden soll und deren Aufgebot in der Kompetenz des Bundesrates steht, wie dies im gescheiterten Konkordat über die Interkantonale Mobile Polizei vorgesehen war (vgl. Botschaft des Bundesrates über die Unterstützung der «Interkantonalen Mobilen Polizei» vom 27. November 1968, BBl 1968 II 781 ff.).

3. Allgemeinverbindlicherklärung und Beteiligungspflicht

Bisher konnte ein Kanton nicht verpflichtet werden, sich an einem interkantonalen Vertrag zu beteiligen. Der im Rahmen der Föderalismusreform neu geschaffene Art. 48a BV (noch nicht in Kraft) sieht in neun in der Verfassung abschliessend aufgezählten Aufgabenbereichen vor, dass der Bund die Kantone zur *Zusammenarbeit mit Lastenausgleich* verpflichten kann (vgl. auch Art. 10 des noch nicht in Kraft stehenden Bundesgesetzes über den Finanz- und Lastenausgleich [FiLaG]) vom 3. Oktober 2003, SR 613.1). Dies geschieht entweder durch Allgemeinverbindlicherklärung eines interkantonalen Vertrags oder durch Festsetzung einer Beteiligungspflicht.   1277a

Die *Allgemeinverbindlicherklärung* erfolgt auf Antrag von mindestens 18 Kantonen in der Form eines dem Referendum unterstehenden Bundesbeschlusses (Art. 14 FiLaG). Die *Beteiligungspflicht* setzt einen Antrag von mindestens der Hälfte der Kantone voraus und bedarf eines einfachen Bundesbeschlusses (Art. 15 FiLaG). Diese beiden neuen Instrumente, insbesondere die dadurch geschaffene neue Ebene zwischen Bund und Kantonen, werden in der Doktrin sehr kontrovers beurteilt (besonders kritisch RENÉ RHINOW, Wenig autonomie- und demokratieverträglich – Staatspolische Gedanken zur Ausgestaltung des neuen Finanzausgleichs, NZZ Nr. 104 vom 7. Mai 2002, S. 15; zurückhaltend-positiv AUGUST MÄCHLER, Föderalismus in der Krise, S. 590 ff.).   1277b

III. Voraussetzungen und Grenzen der interkantonalen Verträge

1. Einhaltung der Kompetenzordnung

Grundsätzlich dürfen die Kantone Vereinbarungen über alle Gegenstände ihres Kompetenzbereiches eingehen. Dagegen darf das Vertragsrecht der Kantone die Kompetenzordnung des Bundes nicht ändern (vgl. N. 1062).   1278

2. Verbot von politischen Verträgen

Verträge zwischen Kantonen mit politischem Inhalt, die den Bundesfrieden bedrohen könnten, sind auf Grund der bundesstaatlichen Treuepflicht von Art. 44 Abs. 2 BV unzulässig (vgl. PIERRE TSCHANNEN, § 25 Rz. 17).   1279

3. Kein Widerspruch zu Bundesrecht und Bundesinteressen

1280 Interkantonale Verträge dürfen gemäss Art. 48 Abs. 3 BV dem Recht und den Interessen des Bundes nicht zuwiderlaufen.

4. Kein Widerspruch zu Rechten anderer Kantone

1281 Im Weiteren bestimmt Art. 48 Abs. 3 BV, dass interkantonale Verträge dem Recht der Kantone nicht zuwiderlaufen dürfen. Der Abschluss eines Vertrages zwischen Kantonen darf nicht dazu führen, dass Verpflichtungen beeinträchtigt werden, die gegenüber anderen Kantonen bestehen.

IV. Arten von interkantonalen Verträgen

1. Rechtsgeschäftliche Verträge

1282 Rechtsgeschäftliche Verträge begründen ein konkretes Rechtsverhältnis zwischen zwei oder allenfalls mehreren Kantonen, indem sie in vertraglicher Weise gegenseitige Rechte und Pflichten umschreiben. In der Regel handelt es sich dabei um Verwaltungsgeschäfte. Für die koordinierte Wahrnehmung von Verwaltungsaufgaben besteht ein weiter Gestaltungsspielraum.
Beispiele:
- Vertrag zwischen den Kantonen St. Gallen, Schwyz und Zürich und der Schweizerischen Südostbahn betreffend den Umbau der Verkehrswege über den Zürichsee von Rapperswil bis Pfäffikon/SZ (Seedammvertrag) vom 18. Juni 1938 (LS 747.51);
- Vereinbarungen über den Schulbesuch von Schülern aus Grenzgemeinden im Nachbarkanton;
- Vereinbarungen über die Errichtung gemeinsamer Lehranstalten.

2. Rechtsetzende Verträge

1283 Rechtsetzende Verträge dienen der interkantonalen Rechtsvereinheitlichung. Auf dem Weg einer Vereinbarung wird von verschiedenen Kantonen eine inhaltlich übereinstimmende generell-abstrakte Regelung getroffen, die einen bestimmten, zu den kantonalen Kompetenzen gehörenden Sachbereich ordnet. Je nach ihrer rechtlichen Wirkungsweise sind zwei Arten zu unterscheiden.

a) Unmittelbar rechtsetzende Verträge

Unmittelbar rechtsetzende Verträge enthalten generell-abstrakte Normen, welche Private und rechtsanwendende Organe der beteiligten Kantone direkt berechtigen und verpflichten. Eine Übernahme ins innerkantonale Recht, eine Transformation, ist nicht erforderlich. 1284

Beispiele für solche Vereinbarungen sind die Interkantonale Vereinbarung über die Schifffahrt auf dem Zürichsee und dem Walensee vom 4. Oktober 1979 (LS 747.2) und das Konkordat über die Gewährung gegenseitiger Rechtshilfe zur Vollstreckung öffentlich-rechtlicher Ansprüche vom 28. Oktober 1971 (SR 281.22).

b) Mittelbar rechtsetzende Verträge

Diese Verträge weisen keine direkt anwendbaren generell-abstrakten Normen auf, sondern verpflichten die beteiligten Kantone, ihr internes Recht nach den Bestimmungen des Vertrages zu gestalten. Erst mit der Transformation, d.h. mit dem Erlass entsprechender kantonaler Bestimmungen, erlangt das vereinbarte Recht Gültigkeit für die Rechtsunterworfenen. 1285

Grund für die Wahl dieser Vertragsform ist meist der Wunsch, den kantonalen Gesetzgebern einen gewissen Spielraum für die Verwirklichung der angestrebten Vereinheitlichung zu belassen. Ein wegen seiner Vollzugsschwierigkeiten aktuelles Beispiel stellt das Konkordat über die Schulkoordination vom 29. Oktober 1970 (SR 411.9) dar. Es verpflichtet seine Mitglieder zu verschiedenen gesetzgeberischen Massnahmen im Hinblick auf eine gesamtschweizerische Schulkoordination. 1286

3. Mischform

Der Gegensatz zwischen rechtsgeschäftlichen und rechtsetzenden Verträgen ist nicht absolut. In zahlreichen Fällen enthält ein interkantonaler Vertrag Elemente beider Kategorien. 1287

Es finden sich zudem interkantonale Verträge, die sowohl unmittelbar rechtsetzende als auch mittelbar rechtsetzende Regelungen enthalten. So verpflichtet z.B. das Konkordat über den Ausschluss von Steuerabkommen vom 10. Dezember 1948 (SR 671.1) zum einen die Mitgliedkantone zu gewissen Vereinheitlichungsmassnahmen, zum anderen wirkt es sich in einzelnen Bestimmungen direkt auf die Rechtsstellung des Steuerzahlers aus. 1288

4. Bedeutung der rechtsetzenden Verträge

Neben den nur einen beschränkten Kreis von Kantonen erfassenden regionalen Regelungen ermöglichen es die rechtsetzenden Verträge, zu einer *gesamtschweizerischen Rechtsvereinheitlichung* zu gelangen, ohne dass die Kantone ihre bisheri- 1289 gen Kompetenzen verlieren. Derartige interkantonale Regelungen stellen zum Teil etwas schwerfällige Instrumente dar, was sich vor allem auch bei allfälligen Revisionen zeigt. Dem Gewinn für das föderalistische Prinzip stehen allerdings Einschränkungen des demokratischen Prinzips gegenüber: Die kantonalen Volksvertretungen haben nur einen beschränkten Einfluss auf die Ausgestaltung der ausgehandelten Vereinbarung. Zudem ist die parlamentarische Kontrolle nur beschränkt realisierbar. Diese Bedenken gelten noch verstärkt bezüglich der durch den neuen Art. 48 Abs. 4 BV geschaffenen Möglichkeit, interkantonale Organe durch interkantonalen Vertrag zum Erlass rechtsetzender Bestimmungen zu ermächtigen (vgl. Rz. 1295).

1290 Wenn eine gesamtschweizerische Regelung notwendig ist und der Bund eine entsprechende Kompetenz hat, sollte der Weg der Bundesgesetzgebung beschritten werden.

5. Beispiele von interkantonalen Verträgen

1291 Verträge der Kantone können grundsätzlich alle Gegenstände der kantonalen Kompetenz betreffen. Sie beschlagen Gesetzgebung wie auch Vollzug. Wichtige rechtsetzende Vereinbarungen der Kantone wurden bisher in der Amtlichen Sammlung des Bundesrechts publiziert. Das neue Publikationsgesetz vom 18. Juni 2004 (SR 170.512) schreibt nur noch eine Veröffentlichung von Verträgen zwischen Bund und Kantonen, die Recht setzen oder zur Rechtsetzung ermächtigen, vor; andere Verträge zwischen Bund und Kantonen werden veröffentlicht, sofern der Bundesrat dies beschliesst (Art. 4 PublG).

1292 Zur Veranschaulichung des beachtlichen Umfanges von vertraglichen Regelungen seien folgende Beispiele erwähnt:

1. Rechtsvereinheitlichung

Gesamtschweizerische Rechtsvereinheitlichung:
- Konkordat über die Schulkoordination vom 29. Oktober 1970 (SR 411.9);
- Konkordat über den Ausschluss von Steuerabkommen vom 10. Dezember 1948 (SR 671.1);

Regionale Rechtsvereinheitlichung:
- Konkordat betreffend die Schürfung und Ausbeutung von Erdöl vom 24. September 1955 (SR 931.1);
- Vereinbarungen über Fischerei und Schifffahrt auf Grenzgewässern.

2. Errichtung einer gemeinsamen öffentlichen Anstalt
- Konkordat betreffend Technikum für Obst-, Wein- und Gartenbau in Wädenswil vom 14. März 1974 (LS 414.241).

3. Nachbarliche Zusammenarbeit
- Vereinbarungen über die Zulassung ausserkantonaler Schüler;

- Vereinbarung zwischen den Kantonen Thurgau und Zürich über die Ausübung der Autobahnpolizei auf der N 1 und der N 7 vom 10. August 1976 (LS 551.172).

4. Rechtshilfe
- Konkordat über die Gewährung gegenseitiger Rechtshilfe in Zivilsachen vom 26. April, 8./9. November 1974 (SR 274);
- Konkordat über die Gewährung gegenseitiger Rechtshilfe zur Vollstreckung öffentlich-rechtlicher Ansprüche vom 28. Oktober 1971 (SR 281.22).

5. Zusammenarbeit mit dem Bund
- Vereinbarung zwischen dem Bund und den Universitätskantonen über die Zusammenarbeit im universitären Hochschulbereich vom 14. Dezember 2000 (SR 414.205).

V. Interkantonale Organe

Einige interkantonale Verträge führen zur Aufstellung von interkantonalen Organen. So setzt die Übereinkunft zwischen den Kantonen Zürich, Schwyz, Glarus und St. Gallen über die Fischerei im Zürichsee, Linthkanal und Walensee vom 10. September 1993 (LS 923.72) eine Fischereikommission für den Zürichsee und den Walensee ein, die mit dem Vollzug des Vertrages (einschliesslich Erlass von Ausführungsbestimmungen) beauftragt ist. Im Rahmen des Vollzugs des Konkordates über die Schulkoordination vom 29. Oktober 1970 (SR 411.9) übt die Erziehungsdirektorenkonferenz wichtige Funktionen aus. 1293

Die interkantonalen Organe werden vor allem mit Verwaltungsaufgaben betraut. Diese umfassen meistens auch die Kompetenz zum Erlass von detaillierten Vollzugsbestimmungen. Solche Rechtssetzungsbefugnisse durften bisher nur in beschränktem Umfang zugesprochen werden, weil sonst das Legalitätsprinzip und die Kompetenzen des ordentlichen kantonalen Gesetzgebers beeinträchtigt werden. Zweifellos zulässig ist die Delegation der Kompetenz zum Erlass von Vollziehungsverordnungen (vgl. N. 1859 ff.) und zur Regelung von untergeordneten und technischen Belangen. Es ist auch zu bedenken, dass es ohne Rechtssetzungsdelegationen oft gar nicht möglich wäre, einvernehmliche Regelungen oder eine Koordination mit Erlassen des Bundes (vgl. N. 1276) zu erreichen. 1294

Der im Rahmen der Föderalismusreform (vgl. N. 74a) neu geschaffene Art. 48 Abs. 4 BV (noch nicht in Kraft) ermöglicht in weiterem Umfang als bisher die Delegation von Rechtssetzungsbefugnissen. Danach können interkantonale Organe durch interkantonalen Vertrag zum Erlass rechtssetzender Bestimmungen ermächtigt werden, die einen Vertrag umsetzen. Vorausgesetzt wird allerdings, dass der Vertrag innerkantonal im gleichen Verfahren, das für die Gesetzgebung gilt, genehmigt worden ist und die inhaltlichen Grundzüge der Bestimmungen festlegt. Diese 1295

Grenzen entsprechen weitgehend den Kriterien, die das Bundesgericht für die Gesetzesdelegation entwickelt hat (vgl. N. 1870 ff.).

VI. Abschluss und Auflösung

1. Beitrittsverfahren

1296 Massgeblich für das Beitrittsverfahren ist das kantonale Recht. Insbesondere bestimmen die Kantone darüber, ob das Parlament über den Abschluss einer interkantonalen Vereinbarung unter Ausschluss des Referendums entscheidet oder ob eine direkte Mitwirkung des Volkes stattfindet. Sinnvoll ist eine dem innerkantonalen Rechtsetzungsverfahren analoge Regelung: So unterstehen gemäss der neuen Verfassung des Kantons Graubünden interkantonale Verträge mit verfassungsänderndem Inhalt dem obligatorischen und solche mit gesetzesänderndem Inhalt dem fakultativen Referendum (Art. 16 Ziff. 2 und 17 Ziff. 2).

2. Meldepflicht gegenüber dem Bund

1297 Die Bundesverfassung von 1874 sah in Art. 7 Abs. 2 vor, dass interkantonale Vereinbarungen dem Bund zur Genehmigung unterbreitet werden mussten. In der neuen Bundesverfassung wird diese Genehmigungspflicht durch eine Meldepflicht abgelöst: Verträge zwischen Kantonen sind dem Bund zur Kenntnis zu bringen (Art. 48 Abs. 3 BV). Nur wenn der Bundesrat oder ein anderer Kanton Einsprache erhebt, muss eine Genehmigung durch die Bundesversammlung erfolgen (Art. 172 Abs. 3 und 186 Abs. 3 BV).

3. Kündigung

1300 Die meisten interkantonalen Verträge enthalten Bestimmungen über den Rücktritt. Für den heute nicht mehr häufigen Fall, dass eine solche Vorschrift fehlt, anerkennt die bundesgerichtliche Praxis eine freie Kündigung bei Vereinbarungen, welche nur eine generelle Regelung einer bestimmten Materie zum Gegenstand haben. Eine einseitige Kündigung wird hingegen bei Verträgen abgelehnt, die auf die Begründung eines konkreten Rechtsverhältnisses mit gegenseitigen Rechten und Pflichten der Vertragspartner gerichtet sind (BGE 54 I 188, 203, Regierungsrat Thurgau).

VII. Rechtsschutz

1. Staatsrechtliche Klage eines Kantons (Art. 83 lit. b OG)

Bei Streitigkeiten betreffend die Verletzung von interkantonalen Vereinbarungen steht den beteiligten Kantonen die staatsrechtliche Klage gegen die anderen Vertragskantone oder gegen interkantonale Organe zur Verfügung (vgl. N. 2045 ff.).

1301

2. Staatsrechtliche Beschwerde des Bürgers

a) Schutz gegen Verletzung von interkantonalen Verträgen («Konkordatsbeschwerde»; Art. 84 Abs. 1 lit. b OG)

Soweit eine interkantonale Vereinbarung den Bürger direkt berechtigt oder verpflichtet, kann er bei einer Verletzung des interkantonalen Vertrags die staatsrechtliche Beschwerde ans Bundesgericht ergreifen. Voraussetzung dafür ist, dass der Bürger von der Verletzung persönlich betroffen ist. Art. 189 Abs. 1 lit. c BV (in der noch nicht in Kraft gesetzten Fassung vom 12. März 2000, vgl. N. 72) legt fest, dass das Bundesgericht Streitigkeiten wegen Verletzung von interkantonalem Recht beurteilt.

1302

Nach der Bundesgerichtspraxis spielt es dabei keine Rolle, ob die Verletzung durch den Wohnsitzkanton des Beschwerdeführers oder einen anderen Kanton begangen wurde. In beiden Fällen ist die Beschwerde nach Art. 84 Abs. 1 lit. b OG zulässig (vgl. N. 1975).

1303

b) Schutz gegen Verletzung von verfassungsmässigen Rechten durch interkantonale Vereinbarungen oder Organe (Art. 84 Abs. 1 lit. a OG)

Analog zu kantonalen Erlassen können auch interkantonale Verträge wegen Verletzung von verfassungsmässigen Rechten der Bürger vor dem Bundesgericht mit staatsrechtlicher Beschwerde angefochten werden.

1304

Gleiches gilt für Erlasse und Verfügungen von interkantonalen Organen: Sie sind Akten kantonaler Organe gleichgestellt und – wenn die allgemeinen Voraussetzungen gegeben sind – mit staatsrechtlicher Beschwerde anfechtbar (vgl. N. 1939).

1305

4. Teil: Schweizer Bürgerrecht und politische Rechte

§ 44 Schweizer Bürgerrecht

Literatur

AUER ANDREAS/VON ARX NICOLAS, Direkte Demokratie ohne Grenzen? Ein Diskussionsbeitrag zur Frage der Verfassungsmässigkeit von Einbürgerungsbeschlüssen durch das Volk, AJP 8/2000, S. 923 ff.; BENZ URS, Die ordentliche Einbürgerung von Ausländern in der Schweiz, Diss. Zürich 1968; BIANCHI DORIS, Paradigmenwechsel im Einbürgerungsrecht: Vom politischen Einbürgerungsentscheid zum Verwaltungsakt, ZBl 105 (2004) 401 ff.; BURGER FRANZ-XAVER, Die erleichterte Einbürgerung, Diss. Bern 1971; FASEL DOMINIQUE, La naturalisation des étrangers, Diss. Lausanne 1989; GRENDELMEIER HANS RUDOLF, Erleichterte Einbürgerung, Diss. Zürich 1969; GUTZWILLER PETER MAX/BAUMGARTNER URS L., Schweizerisches Fremdenrecht: Die Rechtsstellung des Ausländers in der Schweiz, München/Basel 1997; HANGARNTER YVO, Grundsätzliche Fragen des Einbürgerungsrechts, AJP 8/2001, S. 949 ff.; HARTMANN KARL, Die Einbürgerung: Erwerb und Verlust des Schweizer Bürgerrechts, in: Ausländerrecht im öffentlichen Recht, Strafrecht, Steuerrecht und Sozialrecht der Schweiz (Hrsg. Peter Uebersax, Peter Münch, Thomas Geiser und Martin Arnold), Basel 2002, S. 383 ff.; KIENER REGINA, Rechtsstaatliche Anforderungen an Einbürgerungsverfahren, recht 5/2000, S. 213; KOTTUSCH PETER, Scheinehen aus fremdenpolizeilicher Sicht, ZBl 84 (1983) 425 ff.; MOSER HANS PETER, Die Rechtsstellung der Ausländer in der Schweiz, ZSR NF 86/II (1967) 325 ff.; SCHAFFHAUSER RENÉ, Bürgerrechte, in: Verfassungsrecht der Schweiz, § 19; SPESCHA MARC/STRÄULI PETER, Ausländerrecht, Bern 2001; THÜRER DANIEL, Die Rechtsstellung des Ausländers in der Schweiz, in: Die Rechtsstellung von Ausländern nach staatlichem Recht und Völkerrecht, London/Paris/Tokio 1987, S. 1341 ff.; THÜRER DANIEL/FREI MICHAEL, Einbürgerung im Spannungsfeld zwischen direkter Demokratie und Rechtsstaatlichkeit, ZSR NF 123/I (2004), 205 ff.; TÖNDURY ANDREA MARCEL, Existiert ein ungeschriebenes Grundrecht auf Einbürgerung?, in: Schweizerisches Ausländerrecht in Bewegung? (Hrsg. Patricia M. Schiess Rütimann), Zürich 2003, 189 ff.; WIEDERKEHR EVELYN BEATRICE, Erwerb und Verlust des Schweizer Bürgerrechts von Gesetzes wegen, Diss. Zürich 1983.

Rechtliche Grundlagen

- Art. 37, 38 BV (43, 44, 68 aBV)
- Bundesgesetz über Erwerb und Verlust des Schweizer Bürgerrechts (BüG) vom 29. September 1952 (SR 141.0)
- einzelne Bestimmungen im ZGB
- kantonale und kommunale Bestimmungen betreffend die ordentliche Einbürgerung

Materialien

- Botschaft des Bundesrates zum Entwurf zu einem Bundesgesetz über Erwerb und Verlust des Schweizer Bürgerrechts vom 9. August 1951, BBl 1951 II 669 ff.
- Botschaft des Bundesrates über die Revision der Bürgerrechtsregelung in der Bundesverfassung vom 7. April 1982, BBl 1982 II 125 ff.
- Botschaft des Bundesrates zur Änderung des Bundesgesetzes über Erwerb und Verlust des Schweizer Bürgerrechts (Bürgerrecht der Kinder eines schweizerischen Elternteils) vom 18. April 1984, BBl 1984 II 211 ff.

- Botschaft des Bundesrates zur Änderung des Bürgerrechtsgesetzes (Gleichstellung von Mann und Frau, Bürgerrecht der Ehegatten in national gemischten Ehen, Anpassung von weiteren Bestimmungen an die Rechtsentwicklung) vom 26. August 1987, BBl 1987 III 293 ff.
- Botschaft des Bundesrates über eine neue Bundesverfassung vom 20. November 1996, BBl 1997 I 222 ff.
- Botschaft des Bundesrates zum Bürgerrecht für junge Ausländerinnen und Ausländer und zur Revision des Bürgerrechtsgesetzes vom 21. November 2001, BBl 2002, 1911 ff.

I. Allgemeines

1. Rechtsnatur des Bürgerrechts

1306 Die Rechtsnatur des Bürgerrechts ist umstritten. Die Lehre geht häufig davon aus, dass mit «Schweizer Bürgerrecht» nur ein *Status,* ein rechtlicher Zustand, nämlich die Zugehörigkeit zum schweizerischen Staatenverband, ausgedrückt werde (FLEINER/ GIACOMETTI, S. 177, Anm. 2). «Schweizer Bürgerrecht» in diesem Sinne ist gleichbedeutend mit «schweizerische Staatsangehörigkeit». Verfassung und Gesetze knüpfen jedoch an die Staatsangehörigkeit bestimmte Rechtsfolgen, und insofern erwachsen aus dem Schweizer Bürgerrecht besondere Rechte und Pflichten (vgl. N. 1309 f.), die Ausdruck der besonderen Verbundenheit zum schweizerischen Staat sind.

1307 Heute neigt man dazu, das Bürgerrecht als *Persönlichkeitsrecht* zu verstehen. Diese Tendenz zeigte sich im Zusammenhang mit der 1983 erfolgten Revision der Bürgerrechtsregelung der Verfassung, die eine Gleichbehandlung der Geschlechter auf dem Gebiet des Bürgerrechts zum Ziel hatte.

2. Das dreifache Bürgerrecht und seine Einheit

1308 Alle Schweizerinnen und Schweizer gehören drei Gemeinwesen als Bürger an. Sie haben ein Gemeindebürgerrecht, ein Kantonsbürgerrecht und ein Schweizer Bürgerrecht.

Diese *drei Bürgerrechte bilden eine untrennbare Einheit* (Art. 37 Abs. 1 BV). Der Erwerb des Schweizer Bürgerrechts ist daher notwendigerweise mit dem Erwerb eines Kantons- und eines Gemeindebürgerrechts verknüpft.

3. Inhalt des Schweizer Bürgerrechts

a) Rechte der Schweizer Bürger

1309 Den schweizerischen Staatsangehörigen stehen folgende Rechte zu:

- politische Rechte im Bund (Art. 39, 136 BV);
- diplomatischer Schutz im Ausland;
- Niederlassungsfreiheit (Art. 24 BV);
- Ausweisungsverbot (Art. 25 Abs. 1 BV);
- Auslieferung an ausländische Behörden nur mit Einverständnis der Betroffenen (Art. 25 Abs. 1 BV).

b) Pflichten der Schweizer Bürger

Den Schweizern obliegen folgende Pflichten: 1310

- Militärdienstpflicht der Männer (Art. 59 Abs. 1 BV);
- Verbot, in einer fremden Armee Militärdienst zu leisten (Art. 94 des Militärstrafgesetzes vom 13. Juni 1927, SR 321.0);
- weitere Bürgerpflichten, z.B. Mitwirkung in einem Wahlbüro gemäss kantonalem Recht.

c) Rechtsstellung der Ausländer

Ein Blick auf die Rechtsstellung der Ausländer verdeutlicht die Tragweite des Schweizer Bürgerrechts. *Politische Rechte* stehen auf Bundesebene nur Schweizerinnen und Schweizern zu. Nur sechs Kantone räumen ausländischen Staatsangehörigen nach längerem Wohnsitz in der Schweiz politische Rechte in kommunalen und teilweise auch in kantonalen Angelegenheiten ein (nähere Angaben in N. 1380b). 1311

Dagegen stehen auch Ausländer im Genuss der *Grundrechte,* jedenfalls soweit diese nicht – wie die Niederlassungsfreiheit – an die schweizerische Staatsangehörigkeit anknüpfen. Der die Meinungsäusserungsfreiheit einschränkende Bundesratsbeschluss betreffend politische Reden von Ausländern aus dem Jahr 1948 wurde auf den 30. April 1998 aufgehoben. Einen wichtigen Schutz der Ausländer stellt das Diskriminierungsverbot dar, das auch bei der Behandlung von Einbürgerungsgesuchen zu beachten ist (vgl. N. 1335). Im Zusammenhang mit der Ungültigerklärung einer Volksinitiative «SchweizerInnen zuerst», die für die Stadt Zürich eine generelle Bevorzugung von schweizerischen Staatsangehörigen gegenüber Ausländern bezweckte, betonte das Bundesgericht zu Recht die Bedeutung des Gebots der Rechtsgleichheit und des Diskriminierungsverbot für alle Menschen, unabhängig von ihrer Staatsangehörigkeit (BGE 129 I 392).

Hinsichtlich *öffentlich-rechtlicher Leistungen* (z.B. im Sozialversicherungsrecht oder bei der Benutzung öffentlicher Anstalten) sind Ausländer häufig benachteiligt. Der Ausländer ist nicht militärdienstpflichtig, da die Wehrpflicht ein besonderes Treueverhältnis zum Staat voraussetzt.

Grundsätzlich bedürfen Ausländer einer besonderen *Bewilligung* (Aufenthalts- oder Niederlassungsbewilligung), wenn sie sich während längerer Zeit und nicht bloss als Touristen in der Schweiz aufhalten. Das Anwesenheitsverhältnis der Ausländer wird durch das Bundesgesetz über Aufenthalt und Niederlassung der Ausländer vom 26. März 1931 (SR 142.20) geregelt. Dieses gilt jedoch für Personen aus EU-Staaten nur so weit, als das Abkommen vom 21. Juni 1999 zwischen der Schweiz und der Europäischen Gemeinschaft sowie ihren Mitgliedstaaten über die Freizügigkeit (Freizügigkeitsabkommen [FZA], SR 0.142.112.681) ihnen nicht eine vorteilhaftere Stellung verschafft (was in aller Regel zutrifft). Das in Vorbereitung befindliche neue Bundesgesetz über Ausländerinnen und Ausländer (vgl. Botschaft des Bundesrates vom 8. März 2002, BBl 2002, 3709 ff.) wird daher im Wesentlichen nur für sog. Drittstaatsangehörige gelten; auf Staatsangehörige der Mitgliedstaaten der EU (und der EFTA-Mitgliedstaaten) soll es nur subsidiär Anwendung finden, nämlich soweit das FZA keine abweichende Regelung enthält (sog. *duales Zulassungssystem*).

d) Rechtsfolgen des Kantons- und Gemeindebürgerrechts

1312 An das Bürgerrecht des Kantons und der Gemeinde werden selten spezifische Rechtsfolgen geknüpft. Art. 37 Abs. 2 (vgl. N. 797 ff.) und Art. 39 BV setzen solchen Regelungen enge Schranken. In Betracht fallen vor allem das Stimmrecht in bürgerlichen Angelegenheiten sowie Anteile an Bürger- und Korporationsgütern (Art. 37 Abs. 2 Satz 2 BV). Ferner darf ein Kanton seinen im Ausland wohnenden Bürgerinnen und Bürgern das Stimmrecht in kantonalen Angelegenheiten einräumen (Beispiel: Art. 30 der Verfassung des Kantons Tessin).

4. Bundeskompetenzen und Umfang der Regelung durch das Bundesrecht

1313 Die Bundesverfassung von 1848 enthielt Vorschriften zur Vermeidung von Staatenlosigkeit und Doppelbürgerrechten. Im Übrigen war es Sache der Kantone, die Bedingungen für Erwerb und Verlust des Bürgerrechts festzulegen.

Durch die *Bundesverfassung von 1874* wurden die Bundeskompetenzen erweitert: Art. 54 Abs. 4 aBV bestimmte, dass die Frau mit Abschluss der Ehe das Bürgerrecht des Mannes erwerben sollte. Der Bund erhielt die Befugnis, Mindestbedingungen für die Einbürgerung von Ausländern aufzustellen und den Verzicht auf das Schweizer Bürgerrecht wegen Erwerbs einer fremden Staatsangehörigkeit zu regeln (Art. 44 Abs. 2 aBV).

In der 1898 dem Bund übertragenen Kompetenz zur Gesetzgebung auf dem Gebiet des Zivilrechts (Art. 64 Abs. 2 aBV) war die Befugnis enthalten, Erwerb und Verlust des Bürgerrechts aus familienrechtlichen Gründen zu regeln. Durch Annahme einer neuen Fassung von Art. 44 aBV erhielt der Bund 1928 weitere Kompetenzen; sie betrafen die Wiedereinbürgerung sowie den Bürgerrechtserwerb durch Kinder ausländischer Eltern, deren Mutter von Abstammung Schweizer Bürgerin war.

Die *Revision von Art. 44 aBV* brachte 1983 eine *formelle Bereinigung der Verfassungsnormen über das Bürgerrecht* und erklärte den *Grundsatz der Gleichberechtigung der Geschlechter auch für das Bürgerrecht* als massgeblich, indem ausländische Ehepartner von Schweizerinnen und Schweizern unter gleichen Bedingungen das Schweizer Bürgerrecht erwerben können und Kinder aus Ehen zwischen Schweizern und Ausländern hinsichtlich des Bürgerrechts gleich behandelt werden sollen. Diese Grundsätze sind in der Folge auf Gesetzesstufe konkretisiert worden. Die am 1. Juli 1985 in Kraft getretene *Revision des Bürgerrechtsgesetzes* (BüG) hat als *erste Etappe* das Bürgerrecht der Kinder eines schweizerischen Elternteils neu geregelt; seither erhalten Kinder aus national gemischten Ehen in der Regel auch dann mit der Geburt das Schweizer Bürgerrecht, wenn nur die Mutter Schweizerin ist. In einer *zweiten Etappe* sind mit der am 1. Januar 1992 in Kraft getretenen Revision der Grundsatz der Gleichstellung von Mann und Frau auch in den übrigen Bereichen des Bürgerrechts verwirklicht und zahlreiche andere Bestimmungen an die Rechtsentwicklung angepasst worden. Die Verfassungsrevision von 1999 brachte gegenüber der Bundesverfassung von 1874 keine grundsätzlichen materiellen Neuerungen. Die Kompetenz des Bundes wurde lediglich dahingehend ausgeweitet, dass er zur Regelung der erleichterten Einbürgerung staatenloser Kinder befugt ist.

1314

Der *Umfang der Bundeskompetenzen in der Bundesverfassung von 1999* kann wie folgt umschrieben werden:

1315

Art. 38 Abs. 1 BV ermächtigt den Bund zur Regelung des Erwerbs der Bürgerrechte durch Abstammung, Heirat und Adoption. Ferner regelt der Bund den Verlust des Schweizer Bürgerrechts und die Wiedereinbürgerung.

Für die ordentliche Einbürgerung sind in erster Linie die Kantone zuständig. Der Bund erlässt nur Mindestvorschriften (Art. 38 Abs. 2 BV).

Die Verfassung äussert sich nicht über Kompetenzen des Bundes zur Regelung der erleichterten Einbürgerung. Soweit eine solche Einbürgerung an einen familienrechtlichen Tatbestand (Abstammung, Heirat, Adoption) anknüpft, ist die Zuständigkeit des Bundes gestützt auf Art. 38 Abs. 1 BV zu bejahen. Ob der Bund weitere Tatbestände der erleichterten Einbürgerung (z.B. bei irrtümlich angenommenem Schweizer Bürgerrecht, Art. 29 BüG) vorsehen dürfe, ist fraglich, da die Bundeskompetenzen nach den erfolgten Verfassungsrevisionen genau umschrieben sind. Zudem wurden dreimal – nämlich 1983, 1994 und 2004 – Verfassungsrevisionen verworfen, die dem Bund die Kompetenz gegeben hätten, die Einbürgerung junger, in der Schweiz aufgewachsener Ausländer zu erleichtern. In der Volksabstimmung vom 26. September 2004 scheiterten leider – nach einer heftig und polemisch geführten Kampagne – zwei Vorlagen, die den Bürgerrechtserwerb für in der Schweiz aufgewachsene Jugendliche erleichtert und damit ihre politische und gesellschaftliche Integration beschleunigt hätte. Die erste Vorlage bezweckte die erleichterte Einbürgerung von jungen, in der Schweiz aufgewachsenen Ausländerinnen und Ausländern (sog. Ausländer der «zweiten Generation»). Bei der zweiten Vorlage ging es um die dritte Ausländergeneration, d.h. um ausländische Staatsangehörige, deren Grosseltern in die Schweiz eingewandert waren; sie sollten das Bürgerrecht bei der Geburt in der Schweiz erhalten, wenn mindestens ein Elternteil hier aufgewachsen war. Mit der Verwerfung der beiden Verfassungsvorlagen wurden auch die meisten der vom Parlament bereits verabschiedeten Revisionen des Bürgerrechtsgesetzes hinfällig. Unversehrt blieb eine Gesetzesänderung, die sich auf die bisherigen Verfassungsgrundlagen stützt und voraussichtlich im Jahr 2006 in Kraft treten wird. Sie wird u.a. zur Folge haben, dass für Einbürgerungen höchstens Gebühren erhoben werden können, welche die Verfahrenskosten decken.

1316 Die Frage der Beibehaltung bzw. des Verlusts des Kantons- und Gemeindebürgerrechts der Frau im Fall der Heirat wird durch das Bundeszivilrecht abschliessend geregelt (BGE 108 Ib 392, 395 ff., Schweizerische Eidgenossenschaft). Gemäss Art. 161 ZGB erhält die Ehefrau das Bürgerrecht des Ehemannes, ohne das Bürgerrecht zu verlieren, das sie als Ledige hatte.

1317 Eine materielle Neuerung stellt die in Art. 38 Abs. 3 BV aufgenommene Kompetenz des Bundes dar, die *Einbürgerung staatenloser Kinder* zu erleichtern.

5. Die tragenden Prinzipien

a) Grundsatz des ius sanguinis

1318 Für den Erwerb des Bürgerrechts wird grundsätzlich auf die *Abstammung* abgestellt. Als weiterer familienrechtlicher Anknüpfungspunkt spielt die Adoption eine Rolle. Andere Länder (z.B. die USA) gehen vom Grundsatz des *ius soli* aus; massgebend ist dabei der Ort der Geburt.

b) Einheitliches Bürgerrecht für die Familie

1319 Nach Möglichkeit soll die ganze Familie das gleiche Bürgerrecht haben. Das Bundesgericht spricht vom «traditionellen Prinzip der Einheit des Bürgerrechts in der Familie» (BGE 97 I 692, Sparascio). Durch die Revision des Bürgerrechtsgesetzes wurde 1992 dieses Prinzip im Interesse der Gleichstellung von Mann und Frau erheblich gelockert (Aufhebung des Bürgerrechtserwerbs durch Heirat für die ausländische Ehefrau eines Schweizers; Möglichkeit für Ehegatten, einzeln ein Einbürgerungsgesuch zu stellen bzw. aus dem Schweizer Bürgerrecht entlassen zu werden). Am 4. Januar 2005 entschied das Bundesgericht, dass Einbürgerungsgesuche von Ehepartnern getrennt zu beurteilen sind (1P.468/2004).

1320 Im innerstaatlichen Bereich wird die Einheitlichkeit des Familienbürgerrechts durch die Bestimmungen der Art. 161 ZGB (die Frau erhält auch das Bürgerrecht des Mannes) und Art. 271 Abs. 1 ZGB (das Kind erhält das Bürgerrecht des Vaters) erreicht.

Die zivilrechtlichen Bestimmungen über den Bürgerrechtserwerb durch Heirat und kraft Abstammung widersprechen dem Verfassungsgrundsatz der Gleichbehandlung der Geschlechter. Für die Verwaltungsbehörden und die Gerichte sind diese Bestimmungen auf Grund des Anwendungsgebotes von Art. 191 BV (= Art. 190 in der Fassung vom 12. März 2000 [noch nicht in Kraft, vgl. N. 72]) dennoch massgebend. Die Schutzbereiche der Art. 8 EMRK (Recht auf Achtung des Privat- und Familienlebens) und Art. 12 EMRK (Ehefreiheit) werden jedoch nicht tangiert (vgl. dazu BGE 125 III 209).

c) *Vermeidung von Staatenlosigkeit*

Verschiedene Bestimmungen über den Erwerb des Bürgerrechts dienen der Vermeidung von Staatenlosigkeit. Der Verlust des Schweizer Bürgerrechts kommt grundsätzlich nur bei Doppelbürgern in Frage. 1321

d) *Integration als Voraussetzung für die Einbürgerung* (Art. 14 BüG)

Eingebürgert werden soll nur, wer mit den schweizerischen Verhältnissen vertraut ist, sich in sie eingelebt hat. So führte der Bundesrat in seiner Botschaft über die Revision der Bürgerrechtsregelung aus: 1322

> «Es entspricht einem Grundsatz der schweizerischen Ausländerpolitik, den für längere Zeit in unserem Land lebenden Ausländern die Eingliederung in die schweizerische Gemeinschaft zu erleichtern. Sind sie sozial, wirtschaftlich und kulturell eingegliedert und bejahen sie unsere demokratischen Institutionen, sollen sie auch die Möglichkeit haben, unter angemessenen formellen und materiellen Bedingungen eingebürgert zu werden. Der Erwerb des Schweizer Bürgerrechts stellt den letzten Schritt zu ihrer vollen Eingliederung in unsere staatliche Gemeinschaft dar.» (BBl 1982 II 134)

In Art. 14 BüG wird die «Eignung» zur Einbürgerung näher umschrieben. Danach muss der Bewerber in die schweizerischen Verhältnisse eingegliedert und mit den schweizerischen Lebensgewohnheiten, Sitten und Gebräuchen vertraut sein sowie die schweizerische Rechtsordnung beachten; ferner darf er kein Risiko für die innere oder äussere Sicherheit der Schweiz darstellen. Der früher in diesem Zusammenhang verwendete Begriff der «Assimilation» als Voraussetzung für die Einbürgerung sollte nicht mehr verwendet werden.

6. Erwerb und Verlust des Schweizer Bürgerrechts: Übersicht

1323
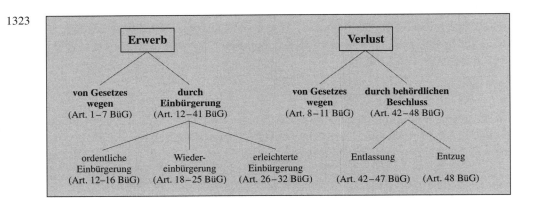

II. Erwerb des Bürgerrechts

1. Erwerb von Gesetzes wegen (Art. 1–7 BüG)

a) Abstammung (Art. 1 BüG)

1324 Das Schweizer Bürgerrecht durch Abstammung erwerben:

aa) das *Kind, dessen Eltern miteinander verheiratet sind und dessen Vater oder Mutter das Schweizer Bürgerrecht hat,* unter Vorbehalt von Art. 57a BüG (Art. 1 Abs. 1 lit. a BüG; Art. 57a BüG enthält eine übergangsrechtliche Bestimmung von untergeordneter Bedeutung);

bb) das *Kind einer Schweizer Mutter, die mit dem Vater nicht verheiratet ist* (Art. 1 Abs. 1 lit. b BüG);

cc) das *unmündige ausländische Kind, wenn der Schweizer Vater die Mutter nachträglich heiratet* (Art. 1 Abs. 2 BüG).

b) Adoption (Art. 7 BüG, Art. 267a ZGB)

1325 Gemäss Art. 267 ZGB erhält das Adoptivkind die Rechtsstellung eines Kindes der Adoptiveltern beziehungsweise des adoptierenden Elternteils. Diesem Grundsatz entspricht es, dass das unmündige ausländische Kind, das von einem Schweizer adoptiert wird, dessen Bürgerrecht erwirbt (vgl. Art. 267a ZGB).

2. **Erwerb durch Einbürgerung** (Art. 12–41 BüG)

Die Einbürgerung ist die Verfügung, die einer bestimmten Person auf Antrag hin das Bürgerrecht verleiht. Unmündige können das Gesuch nur durch ihren gesetzlichen Vertreter einreichen; Bewerber über 16 Jahre haben zudem schriftlich zuzustimmen (Art. 34 BüG). 1326

a) *Ordentliche Einbürgerung* (Art. 12–16 BüG)

Die ordentliche Einbürgerung erfolgt in zwei Stufen. Zuerst prüft der Bund, ob die von ihm festgelegten Mindestvoraussetzungen erfüllt sind, danach nehmen die Kantone auf Grund ihrer eigenen (zusätzlichen) Vorschriften die eigentliche Einbürgerung vor. 1327

aa) *Einbürgerungsbewilligung des Bundes*

Sie ist *Gültigkeitsvoraussetzung* für die Einbürgerung in einem Kanton und in einer Gemeinde (Art. 12 Abs. 2 BüG). Der Bund muss feststellen können, ob die durch das Bundesrecht aufgestellten Mindesterfordernisse für die Erteilung des Schweizer Bürgerrechts gegeben sind. Die Verleihung des Ehrenbürgerrechts an einen Ausländer durch einen Kanton oder eine Gemeinde ohne Bewilligung des Bundes hat nicht die Wirkungen einer Einbürgerung (Art. 16 BüG). 1328

Zuständig für die Erteilung der Bewilligung ist das Bundesamt für Migration (Art. 14 Abs. 1 der Organisationsverordnung vom 17. November 1999 für das Eidgenössische Justiz- und Polizeidepartement, SR 172.213.1). 1329

Die Bewilligung wird erteilt, wenn der Gesuchsteller während *zwölf Jahren Wohnsitz in der Schweiz* hatte, wovon drei in den letzten fünf Jahren vor Einreichung des Gesuches (Art. 15 Abs. 1 BüG; vgl. zur Frage der Herabsetzung der Wohnsitzfrist BBl 1995 II 439 ff.). Die zwischen dem 10. und dem 20. Lebensjahr in der Schweiz verbrachte Zeit wird dabei doppelt gezählt (Art. 15 Abs. 2 BüG). 1330

Wollen sich Ehegatten gemeinsam einbürgern lassen und erfüllt der eine die obgenannten Erfordernisse (vgl. N. 1330), so bestehen für den anderen erleichterte Bedingungen (Art. 15 Abs. 3 BüG). 1331

Neben dem Wohnsitzerfordernis wird für die Bewilligung weiter verlangt, dass der Bewerber *zur Einbürgerung geeignet* ist (Art. 14 BüG; vgl. N. 1322). Die Eignungsprüfung wird in der Regel vom Wohnsitzkanton im Auftrag des Bundes durchgeführt. Auf Grund intensiver Befragung des Gesuchstellers und anderer Personen (Arbeitgeber, Nachbarn usw.) sowie Einsichtnahme in verschiedene Register erstellt der zuständige Beamte ein eigentliches Persönlichkeitsprofil. Zu den Bestimmungen über die Bearbeitung von Personendaten vgl. Art. 49a und 49b BüG. Die Art und Weise des behördlichen Vorgehens stösst dabei oft auf nicht unberechtigte Kritik. 1332

1333 Die Einbürgerungsbewilligung des Bundes vermittelt keinen Anspruch auf Einbürgerung.

bb) Einbürgerungsakt durch Kanton und Gemeinde (Art. 12 BüG)

1334 Die ordentliche Einbürgerung in einen Kanton und in eine Gemeinde erfolgt durch eine *kantonale und eine kommunale Verfügung,* wobei die Kantone und – nach Massgabe des kantonalen Rechts – die Gemeinden neben der Einbürgerungsbewilligung des Bundes noch *zusätzliche materielle Voraussetzungen* aufstellen können, wie Mindestdauer des Wohnsitzes in Kanton und Gemeinde oder eigene Eignungserfordernisse (z.B. Beherrschung der Amtssprache des Kantons).

1335 In vielen Gemeinden ist die Erteilung des Bürgerrechts an Ausländer der Gemeindeversammlung vorbehalten oder dem obligatorischen Referendum unterworfen. Dabei besteht die Gefahr, dass auf Grund nationalistischer Vorurteile gegen das Diskriminierungsverbot (Art. 8 Abs. 2 BV) und gegen das Willkürverbot (Art. 9 BV) verstossen wird. So gelangten in der Urnenabstimmung der Gemeinde Emmen vom 12. März 2004 23 Einbürgerungsgesuche von insgesamt 56 Personen zur Abstimmung. Die Stimmberechtigten stimmten der Einbürgerung von acht Gesuchstellern aus Italien zu; alle anderen Einbürgerungsgesuche – überwiegend von Personen aus dem ehemaligen Jugoslawien – wurden abgelehnt. Solche Vorfälle haben zu grundlegenden Diskussionen über ein rechtsstaatlich einwandfreies Einbürgerungsverfahren geführt. Die Argumentation, der Entscheid sei vom Emmener Volk selbst getroffen worden und die Stimmbürger als unmittelbar von der Verfassung eingesetzter Souverän könnten der Verfassung nicht zuwider handeln, ist verfassungsrechtlich nicht haltbar. Gemäss Art. 5 Abs. 1 BV ist das Recht Grundlage und Schranke staatlichen Handelns. Nimmt das Volk staatliche Aufgaben wahr, welche die Rechtsstellung Einzelner unmittelbar berühren, ist es an die Verfassung und an die Grundrechte gebunden (Art. 35 Abs. 2 BV). Unseres Erachtens zu Recht entschied das Bundesgericht im Juli 2003 in zwei denkwürdigen Urteilen, dass *Urnenabstimmungen über Einbürgerungen nicht mit der Bundesverfassung vereinbar* sind (BGE 129 I 217, Fall Emmen; BGE 129 I 232, Ungültigerklärung einer stadtzürcherischen Volksinitiative «Einbürgerungen vors Volk»). Denn der in Art. 29 Abs. 1 BV verankerte Anspruch auf rechtliches Gehör schliesst die Verpflichtung ein, ablehnende Entscheide, welche die Rechtsstellung eines Einzelnen berühren, zu begründen, und eine solche Begründung ist bei Volksentscheiden, die an der Urne erfolgen, nicht möglich (vgl. auch N. 838). Zudem wollte der Verfassungsgeber mit dem in Art. 8 Abs. 2 BV verankerten Diskriminierungsverbot eine Ausgrenzung und Herabwürdigung ganzer Menschengruppen wegen ihrer Herkunft unterbinden. Schliesslich ergibt sich ein Konflikt zwischen dem Grundrecht der Einbürgerungswilligen auf Schutz ihrer Privatsphäre (Art. 13 BV) und dem Anspruch der Stimmberechtigten auf zureichende Information. Volksentscheide über Einbürgerungen sind daher problematisch. Immerhin ist es nach Auffassung des

Bundesgerichts möglich, Einbürgerungsentscheide an Gemeindeversammlungen verfassungskonform auszugestalten (vgl. BGE 130 I 140).

Die politische Reaktion auf die beiden Urteile des Bundesgerichts war teilweise sehr heftig. Eine eidgenössische Volksinitiative «Für demokratische Einbürgerungen» (BBl 2004, 2425 ff.) will das von den Stimmberechtigten jeder Gemeinde in der Gemeindeordnung festgelegte Organ endgültig über die ordentliche Einbürgerung von Ausländern entscheiden lassen und damit jede Anfechtungsmöglichkeit an ein Gericht ausschliessen. In diese Richtung zielen auch verschiedene Vorstösse in der Bundesversammlung und auf kantonaler Ebene. Auf der anderen Seite gibt PIERRE TSCHANNEN (§ 13 Rz. 48) zu bedenken, dass die Schlüsselposition der Gemeinde in Bürgerrechtsfragen einen bundesstaatlichen Anachronismus darstelle; denn die Rechtsfolgen der Einbürgerung knüpften am *Schweizer* Bürgerrecht an (vgl. auch N. 1312) und zeigten sich überwiegend auf *bundesrechtlicher* Ebene. 1336

b)   *Erleichterte Einbürgerung* (Art. 26–32 BüG)

Die erleichterte Einbürgerung unterscheidet sich von der ordentlichen dadurch, dass sie *direkt von der Bundesbehörde* (Bundesamt für Migration) vorgenommen wird (die Kantone werden vorher angehört). Zudem wird *keine Einbürgerungstaxe* (sondern nur eine Kanzleigebühr gemäss Art. 38 BüG) erhoben. 1337

In diesem erleichterten Verfahren können eingebürgert werden: 1338

aa) der *Ehegatte eines Schweizer Bürgers,* wenn er insgesamt fünf Jahre und mindestens seit einem Jahr vor dem Gesuch in der Schweiz gewohnt hat und seit drei Jahren in ehelicher Gemeinschaft mit einem Schweizer Bürger lebt (Art. 27 BüG; vgl. zum Begriff der «ehelichen Gemeinschaft» VPB 67 [2003] Nr. 103 und 104);

bb) der *Ehegatte eines Auslandschweizers,* wenn er seit sechs Jahren in ehelicher Gemeinschaft mit dem Schweizer Bürger lebt und mit der Schweiz eng verbunden ist (Art. 28 BüG);

cc) wer *gutgläubig annahm,* er sei *Schweizer Bürger* (Art. 29 BüG);

dd) wer die *Option unterlassen* hat (Art. 30 BüG; bis 1989 bestand ein Optionsvertrag mit Frankreich, welcher den nicht in die Einbürgerung einbezogenen Kindern eines Franzosen, der das Schweizer Bürgerrecht erworben hatte, das Recht gab, mit 22 Jahren für das Schweizer Bürgerrecht zu optieren);

ee) unter bestimmten Voraussetzungen das *ausserhalb der Ehe geborene Kind* eines schweizerischen Vaters und einer ausländischen Mutter (Art. 31 BüG).

Es besteht kein Rechtsanspruch auf erleichterte Einbürgerung (BGE 129 II 401, 404 E. 2.5). Wie bei der ordentlichen Einbürgerung wird auf Grund der Eignung des Bewerbers entschieden. Kommt die eidgenössische Behörde zum Schluss, der Bewerber sei noch nicht genügend integriert oder ungeeignet, so kann sie die erleichterte Einbürgerung verweigern (zum Rechtsschutz vgl. N. 1360). 1339

c) *Wiedereinbürgerung* (Art. 18–25 BüG)

1340 Die Wiedereinbürgerung ist ebenfalls unentgeltlich und erfolgt im *gleichen Verfahren wie die erleichterte Einbürgerung.* Auch hier besteht kein Rechtsanspruch.

1341 Die Wiedereinbürgerung kommt nur bei Personen in Frage, die das Schweizer Bürgerrecht schon einmal besessen haben; dieser Umstand ist vom Gesuchsteller nachzuweisen (BGE 112 Ib 65). Wiedereingebürgert werden können:

aa) *Auslandschweizer der zweiten Generation,* die das Schweizer Bürgerrecht verwirkt haben, wenn sie die Beibehaltserklärung aus entschuldbaren Gründen nicht abgegeben haben (Art. 21 BüG);

bb) *wer* aus dem Schweizer Bürgerrecht *entlassen worden ist* (Art. 23 BüG).

1342 Für jede Wiedereinbürgerung wird ferner verlangt, dass der Bewerber mit der Schweiz verbunden ist, sich einer Wiedereinbürgerung nicht offensichtlich unwürdig erweist und für die innere und äussere Sicherheit der Schweiz keine Gefahr darstellt (Art. 18 BüG).

1343 Als «entschuldbarer Grund» im Sinne von Art. 21 Abs. 1 BüG gilt auch die nicht verschuldete Unkenntnis des Gesetzes (BGE 101 Ib 120, 125 f., Bornand). Nicht «mit der Schweiz verbunden» (Art. 18 lit. b BüG) ist, wer bis zur Stellung des Wiedereinbürgerungsgesuchs weder einen Kontakt mit der Schweiz, der schweizerischen diplomatischen Vertretung im Ausland noch mit Auslandschweizern unterhalten und die Schweiz auch nie besucht hat (BGE 114 Ib 257 ff.).

d) *Gemeinsame Bestimmungen* (Art. 33–41 BüG)

aa) *Einbezug von unmündigen Kindern*

1344 Unmündige Kinder des Bewerbers werden in der Regel in die Einbürgerung einbezogen, wobei Ausnahmen möglich sind (Art. 33 BüG).

bb) *Verfahrensvorschriften*

1345 Für das Verfahren vor Bundesbehörden gilt das Bundesgesetz über das Verwaltungsverfahren (VwVG) vom 20. Dezember 1968 (SR 172.021). Soweit kantonale Behörden entscheiden, beanspruchen das Diskriminierungsverbot (Art. 8 Abs. 2 BV), das Willkürverbot (Art. 9 BV) sowie die Mindestgrundsätze eines rechtsstaatlichen Verfahrens (vgl. § 26) volle Geltung.

cc) *Nichtigerklärung der Einbürgerung* (Art. 41 BüG)

1346 Wurde die Einbürgerung durch *falsche Angaben* oder durch *Verheimlichung wesentlicher Tatsachen* erschlichen, so kann sie vom Bundesamt für Migration oder bei der ordentlichen Einbürgerung auch von der kantonalen Behörde nichtig erklärt werden (Beispiel: BGE 130 II 482 ff.). Nach einem neueren Bundesgerichtsentscheid

(BGE 120 Ib 195, 198) hat der Gesetzgeber den Widerruf einer Einbürgerung in Art. 41 BüG abschliessend geregelt.

III. Verlust des Bürgerrechts

1. Verlust von Gesetzes wegen (Art. 8–11 BüG)

a) Verwirkung bei Auslandschweizern (Art. 10 BüG)

Für das Eintreten dieses Verlustgrundes müssen kumulativ drei Voraussetzungen erfüllt sein:

aa) zweite Auslandschweizergeneration (d.h. im Ausland geborenes Kind eines schweizerischen Elternteils);

bb) Besitz einer anderen Staatsangehörigkeit;

cc) Fehlen einer Anmeldung oder Erklärung bei einer schweizerischen Behörde im In- oder Ausland, das Schweizer Bürgerrecht beibehalten zu wollen, bis zum vollendeten 22. Lebensjahr (vgl. dazu BGE 107 Ib 1).

1347

Die Verwirkung des Schweizer Bürgerrechts tritt auch für die Kinder des Betroffenen ein (Art. 10 Abs. 2 BüG).

1348

b) Adoption durch einen Ausländer (Art. 8a BüG)

Ein unmündiger Schweizer Bürger, der von einem Ausländer adoptiert wird, verliert mit der Adoption das Schweizer Bürgerrecht, sofern er damit die Staatszugehörigkeit des Adoptierenden erwirbt oder diese schon besitzt.

1349

Eine Ausnahme von diesem Grundsatz besteht, wenn mit der Adoption auch ein Kindesverhältnis zu einem schweizerischen Elternteil begründet wird oder nach der Adoption ein solches bestehen bleibt (Art. 8a Abs. 1bis BüG).

1350

c) Aufhebung des Kindesverhältnisses (Art. 8 BüG)

Mit der Aufhebung des Kindesverhältnisses zum Elternteil, der dem Kind das Bürgerrecht vermittelt hat, verliert das Kind auch das Schweizer Bürgerrecht, sofern es noch eine andere Staatsangehörigkeit besitzt.

1351

2. Verlust durch behördlichen Beschluss (Art. 42–48 BüG)

a) Entlassung (Art. 42–47 BüG)

1352 Die Entlassung aus dem Schweizer Bürgerrecht ist von folgenden *kumulativen Voraussetzungen* abhängig (Art. 42 Abs. 1 BüG):

– Begehren eines Schweizer Bürgers;
– kein Wohnsitz in der Schweiz;
– Besitz oder Zusicherung einer anderen Staatsangehörigkeit.

Wenn ein Unmündiger selbständig ein Gesuch stellt, so gilt sinngemäss Art. 34 BüG über die Einbürgerung (vgl. N. 1326).

1353 *Zuständig* für die Entlassung ist die *Behörde des Heimatkantons* (Art. 42 Abs. 2 BüG), wobei aber das EJPD die Zustellung der Entlassungsurkunde veranlasst (Art. 45 BüG).

1354 Die unmündigen Kinder werden grundsätzlich in die Entlassung einbezogen; sind sie älter als 16 Jahre, so braucht es jedoch ihre schriftliche Zustimmung (Art. 44 BüG).

1355 Auch Minderjährige haben einen – durch den gesetzlichen Vertreter geltend zu machenden – Rechtsanspruch auf Entlassung aus dem Schweizer Bürgerrecht.

b) Entzug (Art. 48 BüG)

1356 Das Schweizer Bürgerrecht kann entzogen werden, wenn jemand die *Interessen und das Ansehen der Schweiz erheblich verletzt,* jedoch nur, wenn es sich um einen *Doppelbürger* handelt. Vgl. VEB 26 (1956) Nr. 79, S. 177 f.: Widerruf eines Entzugs durch den Bundesrat, weil sich die Annahme, der Betroffene sei Doppelbürger, als unzutreffend erwies.

IV. Rechtsschutz (Art. 50 f. BüG)

1357 Für Beschwerden gegen letztinstanzliche Verfügungen der Kantone und gegen Entscheide der Verwaltungsbehörden des Bundes gelten gemäss Art. 51 Abs. 1 BüG grundsätzlich die Bestimmungen des Bundesgesetzes über die Organisation der Bundesrechtspflege (OG) vom 16. Dezember 1943 (SR 173.110) und des Bundesgesetzes über das Verwaltungsverfahren (VwVG) vom 20. Dezember 1968 (SR 172.021).

1358 Für die Anfechtung von Verfügungen, welche die kantonalen und Gemeindebehörden in Anwendung von kantonalem oder kommunalem Recht über die ordentliche Einbürgerung erlassen haben (N. 1334), gelten – abgesehen vom Fall der staatsrechtlichen Beschwerde (N. 1362) – die kantonalen Gesetze über die Verwaltungsrechtspflege.

1. Beschwerde ans Eidgenössische Justiz- und Polizeidepartement
(Art. 51 Abs. 3 BüG)

Entscheide des Bundesamts für Migration über die Erteilung oder Verweigerung der Einbürgerungsbewilligung des Bundes (N. 1329) können an das Eidgenössische Justiz- und Polizeidepartement (EJPD) weitergezogen werden, das – abgesehen von den Beschwerden der Regierung des Einbürgerungskantons (N. 1361) – endgültig entscheidet.

1359

Zur Beschwerde berechtigt sind neben den betroffenen Privaten (Art. 48 VwVG) auch die interessierten Kantone und Gemeinden (Art. 51 Abs. 2 BüG).

2. Verwaltungsgerichtsbeschwerde ans Bundesgericht
(Art. 97, 98 lit. b und g OG)

Gestützt auf die Generalklausel von Art. 97 OG kann die Verwaltungsgerichtsbeschwerde an das Bundesgericht (N. 1747) ergriffen werden gegen Verfügungen des EJPD über die erleichterte Einbürgerung (Art. 32 BüG), die Wiedereinbürgerung (Art. 25 BüG), die Nichtigerklärung (Art. 41 Abs. 1 BüG) und über den Entzug des Bürgerrechts (Art. 48 BüG) sowie gegen letztinstanzliche Verfügungen der Kantone über die Entlassung (Art. 42 Abs. 2 BüG) und die Feststellung, ob eine Person das Schweizer Bürgerrecht besitzt (Art. 49 Abs. 1 BüG). Hingegen kann der Entscheid des EJPD – und allenfalls des Bundesrates – über die Erteilung oder die Verweigerung der Einbürgerungsbewilligung des Bundes nicht an das Bundesgericht weitergezogen werden (Art. 51 Abs. 3 BüG, Art. 100 Abs. 1 lit. c OG).

1360

Die Beschwerdelegitimation steht den betroffenen Personen (Art. 103 lit. a OG) und den interessierten Kantonen und Gemeinden sowie dem EJPD (Art. 51 Abs. 2 BüG) zu.

3. Verwaltungsbeschwerde an den Bundesrat
(Art. 51 Abs. 3 BüG, Art. 72 lit. a VwVG)

Mit der Verwaltungsbeschwerde (N. 1684) kann die Regierung des Einbürgerungskantons Entscheide des EJPD, welche die Einbürgerungsbewilligung des Bundes für die ordentliche Einbürgerung (N. 1359) verweigern, an den Bundesrat weiterziehen (Art. 51 Abs. 3 BüG).

1361

4. Staatsrechtliche Beschwerde (Art. 84 Abs. 1 lit. a OG)

1362 Da in der Regel kein Anspruch auf Einbürgerung besteht und das Bürgerrecht im Allgemeinen bloss als ein Status qualifiziert wird (vgl. N. 1306), kann dieses nicht den verfassungsmässigen Rechten im Sinne von Art. 84 Abs. 1 lit. a OG zugeordnet werden. Dagegen kann ein abgewiesener Bewerber die Verletzung des Diskriminierungsverbots (Art. 8 Abs. 2 BV) oder verfassungsmässiger Verfahrensrechte rügen. Sofern gemäss kantonalem Recht ein Anspruch auf Einbürgerung besteht, kann er auch eine Verletzung des Gleichbehandlungsgebots (Art. 8 Abs. 1 BV) und des Willkürverbots (Art. 9 BV) geltend machen (vgl. BGE 90 I 276, 279 f.). Unseres Erachtens sollte eine willkürliche Verweigerung der ordentlichen Einbürgerung unabhängig vom Vorliegen eines kantonalen Rechts auf Einbürgerung angefochten werden können.

Allerdings können gemäss Art. 84 OG mit der staatsrechtlichen Beschwerde *nur kantonale Akte* angefochten werden, die weder mit einer Verwaltungsgerichtsbeschwerde an das Bundesgericht noch mit einer Verwaltungsbeschwerde an den Bundesrat weitergezogen werden können. Als Anfechtungsobjekte der staatsrechtlichen Beschwerde kommen im Bereich des Bürgerrechts deshalb nur Akte von kantonalen und kommunalen Behörden in Frage, die in Anwendung von Erlassen der Kantone und der Gemeinden über die ordentliche Einbürgerung (N. 1334) ergangen sind.

§ 45 Politische Rechte

Literatur

AUBERT JEAN-FRANÇOIS, Considérations sur la réforme des droits populaires fédéraux, ZSR NF 113/I (1994) 295 ff.; AUER ANDREAS, Les droits politiques dans les cantons suisses, Genève 1978; AUER ANDREAS, Problèmes fondamentaux de la démocratie suisse, ZSR NF 103/II (1984) 1 ff.; AUER ANDREAS (Hrsg.), Die Ursprünge der schweizerischen direkten Demokratie, Basel/Frankfurt a.M. 1996; BALMELLI TIZIANO, Le financement des partis politiques et des campagnes électorales, Diss. Fribourg 2001; BESSON MICHEL, Behördliche Information vor Volksabstimmungen, Diss. Bern 2002; BOLZ URS, Demokratie: Reformen in den Kantonen – Perspektiven für den Bund, in: Gesetzgebung heute 1993, 25 ff.; BORNER SILVIO/RENTSCH HANS (Hrsg.), Wieviel direkte Demokratie verträgt die Schweiz?, Chur/Zürich 1997; CAVIEZEL IVO, Die Volksinitiative im allgemeinen und unter besonderer Berücksichtigung des Kantons Graubünden, Diss. Freiburg i.Ü. 1990; DECURTINS GION-ANDRI, Die rechtliche Stellung der Behörde im Abstimmungskampf, Diss. Freiburg i.Ü. 1992; EPINEY ASTRID/SIEGWART KARINE (Hrsg.), Direkte Demokratie und Europäische Union, Freiburg i.Ü. 1997; GRISEL ETIENNE, Initiative et référendum populaires, 3. Aufl., Bern 2004; GRISEL ETIENNE, Les droits populaires au niveau fédéral, in: Verfassungsrecht der Schweiz, § 24; GRISEL ETIENNE, Les droits populaires au niveau cantonal, in: Verfassungsrecht der Schweiz, § 25; GUT ULRICH ERNST, Grundfragen und schweizerische Entwicklungstendenzen der Demokratie, Diss. Zürich 1983; HANGARTNER YVO/KLEY ANDREAS, Die demokratischen Rechte in Bund und Kantonen der Schweizerischen Eidgenossenschaft, Zürich 2000; HERREN STEPHAN, Faktische Beeinträchtigungen der politischen Grundrechte, Diss. St. Gallen 1991; HEUSSER PIERRE, Stimm- und Wahlrecht für Ausländerinnen und Ausländer, Diss. Zürich 2001; HILLER CHRISTOPH, Die Stimmrechtsbeschwerde, Diss. Zürich 1990; KIRCHGÄSSNER GEBHARD/FELD LARS P./SAVIOZ MARCEL R., Die direkte Demokratie, Basel/München 1999, KOLB DANIEL, Grossprojekte als Demokratieproblem, Diss. Zürich 1999; KÖLZ ALFRED, Die kantonale Volksinitiative, ZBl 83 (1982) 1 ff.; KÖLZ ALFRED, Ausbau des Verwaltungsreferendums?, SJZ 77 (1981) 53 ff.; KÖLZ ALFRED, Probleme des kantonalen Wahlrechts, ZBl 88 (1987) 1 ff. und 49 ff.; KRIESI HANSPETER, Le système politique Suisse, 2. Aufl., Paris 1998; LINDER WOLF, Swiss Democracy: Possible Solutions to Conflict in Multicultural Societies, 2. Aufl., London/New York 1998; LINDER WOLF, Schweizerische Demokratie, Bern 1999; LOCATI HARZENMOSER TIZIANA, Warum ein Stimmrecht für Ausländerinnen und Ausländer?, in: Patricia M. Schiess Rütimann (Hrsg.), Schweizerisches Ausländerrecht in Bewegung?, Zürich 2003, S. 165 ff.; LUTZ GEORG/STROHMANN DIRK, Wahl- und Abstimmungsrecht in den Kantonen/Droits politiques dans les cantons, Bern 1998; MÜLLER GEORG, Die Behörden im Abstimmungskampf: Vom Neutralitätsgebot zur Teilnahmepflicht, in: FS für Jean-François Aubert, Basel/Frankfurt a.M. 1996, S. 255 ff.; MÜLLER JÖRG PAUL/SALADIN PETER, Das Problem der Konsultativabstimmung im schweizerischen Recht, in: Berner Festgabe zum Schweizerischen Juristentag 1979, Bern/Stuttgart 1979, S. 405 ff.; POLEDNA TOMAS, Wahlrechtsgrundsätze und kantonale Parlamentswahlen, Diss. Zürich 1988; POLEDNA TOMAS/WIDMER STEPHAN, Die Wahl- und Abstimmungsfreiheit – ein verfassungsmässiges Recht des Bundes?, ZBl 88 (1987) 281 ff.; RHINOW RENÉ A., Grundprobleme der schweizerischen Demokratie, ZSR NF 103/II (1984) 111 ff.; SÄGESSER THOMAS, Das konstruktive Referendum, Diss. Bern 2000; SALADIN PETER, Demokratische Sonderrechte von «Betroffenen»?, in: Mélanges André Grisel, Neuchâtel 1983, S. 271 ff.; SCHWAB RENÉ, Wahlkampf und Verfassung: Schweizerisches und italienisches Verfassungsrecht im Vergleich, Diss. Zürich 2001; STEINMANN GEROLD, Die Gewährleistung der politischen Rechte durch die neue Bundesverfassung (Artikel 34 BV), ZBJV 139 (2003) 481 ff.; STRÄULI REGINE, Die konsultative Volksabstimmung in der Schweiz, Diss. Zürich 1982; THÜRER DANIEL, Der politische Status der Ausländer in der Schweiz – Rechtsposition im Spannungsfeld zwischen politischer Rechtlosigkeit und Gleichberechtigung, in: FS für Ulrich Häfelin zum 65. Geburtstag, Zürich 1989, S. 183 ff.; TSCHANNEN PIERRE, Stimmrecht und politische Verständigung: Beiträge zu einem erneuerten Verständnis von direkter Demokratie, Basel/Frankfurt a.M. 1995; UEBERSAX PETER, Betroffenheit als Anknüpfung für Partizipation, Diss. Basel 1991; WIDMER STEPHAN, Wahl- und Abstimmungsfreiheit, Diss. Zürich 1989.

Vgl. auch die Literaturhinweise zu § 49 (Nationalrat), § 60 (Verfassungsgebung), § 61 (Bundesgesetze und Bundesbeschlüsse) und § 63 (Staatsverträge).

Rechtliche Grundlagen

- Art. 34, 39, 136 BV (Art. 43, 74 aBV)
- Art. 25 UNO-Pakt II (Vorbehalt der Schweiz hinsichtlich des geheimen Wahlrechts)
- Bundesgesetz über die politischen Rechte (BPR) vom 17. Dezember 1976 (SR 161.1)
- Verordnung über die politischen Rechte vom 24. Mai 1978 (SR 161.11)
- Bundesgesetz über die politischen Rechte der Auslandschweizer vom 19. Dezember 1975 (SR 161.5)
- Verordnung über die politischen Rechte der Auslandschweizer vom 16. Oktober 1991 (SR 161.51)
- kantonales und kommunales Recht

Materialien

- Botschaft des Bundesrates zu einem Bundesgesetz über die politischen Rechte vom 1. April 1975, BBl 1975 I 1328 ff.
- Botschaft des Bundesrates über eine Teiländerung der Bundesgesetzgebung über die politischen Rechte vom 1. September 1993, BBl 1993 III 445 ff.
- Botschaft des Bundesrates zur Reform der Bundesverfassung: Reformbereich Volksrechte, BBl 1997 I 436 ff.
- Botschaft des Bundesrates über eine neue Bundesverfassung vom 20. November 1996, BBl 1997 I 222 ff., 358 ff.
- Bericht der Staatspolitischen Kommission des Ständerates zur parlamentarischen Initiative Beseitigung von Mängeln der Volksrechte vom 2. April 2001, BBl 2001, 4803 ff.
- Stellungnahme des Bundesrates zur parlamentarischen Initiative Beseitigung von Mängeln der Volksrechte vom 15. Juni 2001, BBl 2001, 6080 ff.

I. Begriff und Voraussetzungen des Stimmrechts

1. Begriff

1363 Das Stimmrecht ist der zusammenfassende Ausdruck für die verschiedenen politischen Rechte, d.h. für die Rechte, die den Bürgerinnen und Bürgern eine Mitwirkung bei der staatlichen Willensbildung vermitteln.

Die politischen Rechte stellen einen *status activus* dar, im Gegensatz zum status negativus der Freiheitsrechte. Sie bedeuten das politische Selbstbestimmungsrecht des Volkes, die Teilhabe der Bürger an der Staatsgewalt.

2. Voraussetzungen des Stimmrechts bei eidgenössischen Abstimmungen und Wahlen

Art. 136 BV regelt die Voraussetzungen des Stimmrechts bei eidgenössischen Abstimmungen und Wahlen, sowie die Teilnahme an Volksinitiativen und Referenden in Bundesangelegenheiten. Demnach sind stimm- und wahlberechtigt schweizerische Staatsangehörige, die das 18. Altersjahr zurückgelegt haben und nicht wegen Geisteskrankheit oder Geistesschwäche entmündigt sind. Stimm- und Wahlrecht sind grundsätzlich am Wohnsitz auszuüben (Art. 39 Abs. 2 BV).   1364

a) Schweizer Bürgerrecht

Mit dem Begriff «Schweizer und Schweizerinnen» in Art. 136 Abs. 1 BV sind allein die schweizerischen Staatsangehörigen gemeint. Auf welche Weise und wann das Schweizer Bürgerrecht erlangt wurde, ist gleichgültig. Im Bund ist das Frauenstimmrecht erst am 7. Februar 1971 durch die Änderung von Art. 74 aBV eingeführt worden.   1365

b) Zurücklegung des 18. Altersjahres

Gemäss Art. 136 Abs. 1 BV wird die Zurücklegung des 18. Altersjahres vorausgesetzt. Diese Regelung gilt seit der im Jahr 1991 erfolgten Herabsetzung des Stimm- und Wahlrechtsalters auf Bundesebene von 20 auf 18 Jahre.   1366

c) Kein Ausschluss vom Stimmrecht

Während früher verschiedene Ausschlussgründe vom Stimmrecht bestanden, wird nach heutiger Auffassung eine Notwendigkeit zum Ausschluss vom Stimmrecht nur noch dann anerkannt, wenn selbst eine minimale politische Urteilsfähigkeit nicht mehr gegeben ist.   1367

Gemäss Art. 136 Abs. 1 BV ist vom Stimmrecht in eidgenössischen Angelegenheiten nur ausgeschlossen, wer wegen Geisteskrankheit oder Geistesschwäche (Art. 369 ZGB) entmündigt wurde. In solchen Fällen wird davon ausgegangen, dass das erforderliche Minimum an politischer Urteilsfähigkeit für die Ausübung des Stimmrechts nicht mehr gegeben ist. In allen übrigen Bevormundungsfällen oder aus anderen Gründen ist der Ausschluss von den politischen Rechten unzulässig.

Den Kantonen ist es erlaubt, weitere Ausschlussgründe vorzusehen, jedoch nur in kantonalen und kommunalen Angelegenheiten (Art. 39 Abs. 1 BV). Allerdings verbleibt den Kantonen wegen des durch die Bundesverfassung garantierten Rechtsgleichheitsgebots und Diskriminierungsverbots nur ein geringer Spielraum für weiter gehende Beschränkungen.

d) Politischer Wohnsitz

aa) Wohnsitzprinzip

1368 Die politischen Rechte werden grundsätzlich am Wohnsitz ausgeübt; Bund und Kantone können jedoch – je für ihren Zuständigkeitsbereich – Ausnahmen vorsehen (Art. 39 Abs. 2 BV).

1369 Die Stimmberechtigten können ihre Stimme persönlich an der Urne oder brieflich abgeben (Art. 5 Abs. 3 BPR); seit 1994 ist die *briefliche Stimmabgabe* voraussetzungslos möglich, d.h. nicht mehr auf besondere Personenkategorien wie Kranke, Gebrechliche und Wehrpflichtige beschränkt. Über die Ausübung der politischen Rechte der *Auslandschweizerinnen* und *Auslandschweizer* erlässt der Bund die notwendigen Bestimmungen (Art. 40 Abs. 2 BV). Diese finden sich im Bundesgesetz über die politischen Rechte der Auslandschweizer vom 19. Dezember 1975. Im Ausland wohnhafte Schweizerinnen und Schweizer können das Stimm- und Wahlrecht in eidgenössischen Angelegenheiten entweder durch persönliche Stimmabgabe in ihrer Stimmgemeinde (Heimat- oder frühere Wohnsitzgemeinde) oder brieflich aus dem Ausland ausüben (Art. 1 und 5 des Bundesgesetzes über die politischen Rechte der Auslandschweizer). Die entsprechende Gesetzesrevision, welche Auslandschweizern die Ausübung des Stimm- und Wahlrechts auf dem Korrespondenzweg ermöglicht, trat im Juli 1992 in Kraft. Vorher mussten die im Ausland niedergelassenen Stimmberechtigten in die Schweiz reisen, um an Abstimmungen und Wahlen teilnehmen zu können. Nun dürfen Auslandschweizerinnen und -schweizer auch eidgenössische Volksinitiativen und Referendumsbegehren im Ausland unterzeichnen.

1369a Art. 8a BPR lässt begrenzte Versuche mit der *elektronischen Stimmabgabe* zu.

bb) Begriff des politischen Wohnsitzes

1370 Der Begriff des politischen Wohnsitzes enthält grundsätzlich zwei Erfordernisse, die gleichzeitig erfüllt sein müssen (Art. 3 Abs. 1 BPR):

– zivilrechtlicher Wohnsitz im Sinne von Art. 23 ZGB (tatsächlicher und alleiniger Aufenthalt, Absicht dauernden Verbleibens);

– formelle Anmeldung durch Hinterlegung von Ausweisschriften bei der Gemeinde, in der man wohnt.

Vom Erfordernis des zivilrechtlichen Wohnsitzes macht Art. 1 der Verordnung über die politischen Rechte gewisse Ausnahmen, so z.B. für Bevormundete und Wochenaufenthalter, namentlich Studierende.

cc) Einheit des politischen Wohnsitzes

1371 *Niemand darf an mehr als einem Ort seine politischen Rechte ausüben.* Daher gibt es nur einen politischen Wohnsitz; es gilt das Prinzip der Einheit des politischen Wohnsitzes (Art. 39 Abs. 3 BV). Dies hat Geltung für die Ausübung sämtlicher politischen Rechte, also auch für das Unterzeichnen von Referendumsbegehren (vgl. Art. 62 BPR) und Initiativen (vgl. Art. 70 i.v.m. Art. 62 BPR).

e) Eintragung im Stimmregister

Die Rechtssicherheit fordert die genaue Festlegung der Stimmberechtigung. Jede Gemeinde muss deshalb ein Stimmregister führen (Art. 4 Abs. 1 BPR). Dieses ist ein Verzeichnis aller Personen, welche die vorne unter lit. a–d genannten Voraussetzungen erfüllen. 1372

Der Anspruch auf Eintrag ins Stimmregister gehört zum Inhalt des Stimmrechts. Sind die vier Voraussetzungen erfüllt und ist der Heimatschein abgegeben, so besteht für die Behörden die Pflicht zur Eintragung im Stimmregister. Das Stimmregister wird von Amtes wegen geführt. Die Stimmberechtigung entsteht sofort mit dem Eintrag.

Auslandschweizer, die ihr Stimmrecht in der Schweiz oder auf dem Korrespondenzweg ausüben wollen, müssen eine ihrer Heimat- oder früheren Wohnsitzgemeinden als Stimmgemeinde bestimmen; sie werden dort im Stimmregister eingetragen (Art. 5 und 5a des Bundesgesetzes über die politischen Rechte der Auslandschweizer). 1373

f) Besonderheit für die Wählbarkeit

Für die Wählbarkeit in den Nationalrat, in den Bundesrat und in das Bundesgericht (Art. 143 BV) sind der politische Wohnsitz und die Eintragung im Stimmregister nicht erforderlich, d.h., die in N. 1365–1367 genannten Voraussetzungen genügen für das passive Wahlrecht. Für die Ausübung des Stimmrechts (aktives Wahlrecht, Abstimmungen, Unterzeichnen von Referendumsbegehren, Volksinitiativen und Wahlvorschlägen für die Wahl des Nationalrates) wird hingegen die Eintragung im Stimmregister verlangt. 1374

3. Stimmrecht in kantonalen und kommunalen Angelegenheiten

a) Grundsatz

Es bleibt dem kantonalen Recht vorbehalten, die Stimmberechtigung in kantonalen und kommunalen Angelegenheiten zu regeln (Art. 39 Abs. 1 BV). 1375

b) Bundesrechtliche Einschränkungen

Neben Art. 51 Abs. 1 BV, der für die Ausgestaltung der demokratischen Rechte der Kantonsverfassungen gewisse minimale Anforderungen aufstellt (vgl. N. 1015 ff.), bestehen von Bundesrechts wegen für das Stimmrecht in kantonalen und kommunalen Angelegenheiten folgende drei Vorschriften: 1376

aa) Wohnsitzprinzip und Einheit des politischen Wohnsitzes

1377 Gemäss Art. 39 Abs. 2 und 3 BV gelten das Wohnsitzprinzip sowie das Prinzip der Einheit des politischen Wohnsitzes auch für kantonale und kommunale Angelegenheiten. Diese Regelung kommt nach ständiger Praxis nicht nur im Verhältnis zwischen den Kantonen (d.h. für im Kanton niedergelassene Schweizer mit einem anderen Kantonsbürgerrecht), sondern auch innerhalb des Kantons (d.h. auch für im Kanton niedergelassene Kantonsbürger) zum Zug. Auch in kantonalen und kommunalen Angelegenheiten ist also das Stimmrecht am politischen Wohnsitz und nur dort auszuüben. Hingegen gilt das Wohnsitzprinzip nicht im Verhältnis Kanton–Ausland: Es steht den Kantonen frei, den Auslandschweizern das Stimmrecht in kantonalen und kommunalen Angelegenheiten zu geben.

bb) Karenzfrist

1378 Die Karenzfrist bezweckte ursprünglich, dass neu zugezogene Bürger zuerst die Verhältnisse in Kanton und Gemeinde kennenlernen sollen, bevor sie stimmberechtigt werden. Art. 39 Abs. 4 BV ermächtigt die Kantone, in kantonalen und kommunalen Angelegenheiten eine solche Karenzfrist einzuführen. Deren Dauer darf höchstens drei Monate seit der Niederlassung betragen. Die Kantone können aber darauf verzichten, da es sich um eine blosse Ermächtigung handelt.

cc) Gleichbehandlungsgebot und Willkürverbot – Frage der Zulässigkeit von Quotenregelungen

1379 Bei der Gewährleistung einer neuen Bestimmung der Berner Kantonsverfassung stellte sich die Frage, ob die Gewährung eines Minimalanspruchs des Berner Juras für die Vertretung durch ein Mitglied im siebenköpfigen Regierungsrat des Kantons Bern zulässig sei. Dazu erklärte der Bundesrat in seiner Botschaft:

> «Solange [derartige Einschränkungen] auf vernünftigen Gründen beruhen, massvoll sind und die Wahlmöglichkeiten unter den Kandidaten nicht unverhältnismässig einschränken, verstossen sie weder gegen das Gleichbehandlungsgebot noch gegen das Willkürverbot». (BBl 1990 II 476 ff., insbesondere 481)

1380 Hingegen erklärte das Bundesgericht mit Urteil vom 19. März 1997 die «Solothurner Quoteninitiative» für verfassungswidrig und damit für ungültig (BGE 123 I 152). Diese Initiative hatte verlangt, dass die Sitze im kantonalen Parlament, im Regierungsrat und in den Gerichten entsprechend dem Bevölkerungsanteil der beiden Geschlechter auf Männer und Frauen zu verteilen seien. Nach Ansicht des Bundesgerichts verstiess die Initiative gegen den Grundsatz des allgemeinen und gleichen Stimm- und Wahlrechts sowie gegen Art. 4 Abs. 2 aBV, der dem heutigen Art. 8 Abs. 3 BV entspricht. Vgl. auch die Fortführung und Differenzierung dieser Rechtsprechung in BGE 125 I 21 betr. die «Urner Quoteninitiative» (N. 791).

dd) Erfolgswertgleichheit beim Proporzwahlverfahren

Aus der Stimmrechtsgleichheit fliesst die Forderung, dass bei Proporzwahlen möglichst eine Erfolgswertgleichheit der Stimmen erzielt wird. Das heisst, dass auch kleinere Parteien Mandate erreichen sollen, damit die Stimmen ihrer Wähler nicht «gewichtslos» sind. Dem kann die gesetzliche Festsetzung von Sperrklauseln entgegenstehen, die einen bestimmten Prozentsatz von Stimmen verlangen, damit eine Partei Mandate erhält («direktes Quorum»). Ebenso ist die Festlegung von zu kleinen Wahlkreisen problematisch, da hier ein grosser Teil der Stimmen keinen Einfluss auf die Mandatsverteilung hat («natürliches Quorum»). Grundsätzlich sollten nicht mehr als 10% der Stimmen für das Erreichen eines Mandates nötig sein. Massgebend zur Beurteilung der ganzen Problematik ist der Bundesgerichtsentscheid zu der Wahlkreiseinteilung bei den Zürcher Gemeinderatswahlen:

1380a

> «Neben hohen direkten Quoren bewirken auch natürliche Quoren, dass nicht bloss unbedeutende Splittergruppen, sondern sogar Minderheitsparteien, die über einen gefestigten Rückhalt in der Bevölkerung verfügen, von der Mandatsverteilung ausgeschlossen werden. Aufgrund des Entscheides für das Verhältniswahlsystem dürften die eine Minderheitspartei wählenden Stimmbürger eigentlich darauf vertrauen, eine faire Chance auf einen Sitz im Gemeindeparlament zu haben. Das Vertrauen erweist sich wegen der geltenden Wahlkreiseinteilung in der Stadt Zürich zum Teil als ungerechtfertigt. Diese Wahlkreiseinteilung gewährleistet nicht, dass in jedem Kreis bedeutende Minderheiten auch angemessen vertreten werden. … Zudem ist es mit der sowohl innerhalb des einzelnen Wahlkreises als auch wahlkreisübergreifend zu respektierenden Erfolgswertgleichheit nicht mehr zu vereinbaren, wenn – wie vorliegend im Kreis 1 mit rund 34% – über ein Drittel der Stimmen ohne Einfluss auf die Mandatsverteilung bleibt.» (BGE 129 I 185, 201 f.)

Zum Problem von natürlichen Quoren bei den Nationalratswahlen vgl. N. 1467.

Durch Listenverbindungen kann erreicht werden, dass Stimmen auch für kleinere Parteien bei der Mandatsverteilung berücksichtigt werden. Das Bundesgericht hält ein Verbot von Listenverbindungen jedoch für zulässig (ZBl 103 [2002] 537 ff.).

c) Ausländerstimmrecht

Nach Art. 39 Abs. 1 BV steht es den Kantonen frei, auch den im Kanton wohnhaften Ausländerinnen und Ausländern politische Rechte zu gewähren (vgl. N. 1375). Bisher sehen *sechs Kantone* politische Rechte in kommunalen oder kantonalen Angelegenheiten für Ausländer in unterschiedlichen Ausprägungen vor: Art. 73 der KV JU i.v.M. Art. 3 der jurassischen loi sur les droits politiques räumt den seit zehn Jahren im Kanton wohnhaften Ausländern das Stimm- und (aktive) Wahlrecht auf kantonaler (mit Ausnahme von Abstimmungen über die Kantonsverfassung) und kommunaler Ebene ein. Zudem steht den Ausländern das passive Wahlrecht in die Gemeindekommissionen und die Gemeindeparlamente zu (Art. 6 Abs. 4 und 5 der jurassischen loi sur les droits politiques). Art. 37 Abs. 1 lit. c KV NE gewährt Ausländern, die eine Niederlassungsbewilligung besitzen, sowie Staatenlosen nach fünf

1380b

Jahren Wohnsitz im Kanton das Stimm- und (aktive) Wahlrecht. Auf Gemeindeebene wird das Stimm- und (aktive) Wahlrecht nach einjährigem Wohnsitz im Kanton erteilt (Art. 3 der neuenburgischen loi sur les droits politiques); das passive Wahlrecht ist beschränkt auf Gemeindekommissionen. Im Kanton Waadt erhalten Ausländer das Stimm- und (aktive und passive) Wahlrecht auf Gemeindeebene, sofern sie mindestens zehn Jahre in der Schweiz wohnhaft sind, wovon mindestens drei Jahre im Kanton Waadt (Art. 142 Abs. 1 lit. b KV VD). Art. 105 Abs. 2 KV AR erlaubt den Gemeinden, auf kommunaler Ebene das Stimm- und (aktive und passive) Wahlrecht für Ausländer einzuführen, sofern diese mindestens zehn Jahre in der Schweiz und davon fünf Jahre im Kanton Appenzell Ausserrhoden wohnen. Bisher haben die Gemeinden Wald und Speicher von dieser Kompetenz Gebrauch gemacht. Als jüngste Beispiele haben sich die Kantone Graubünden und Freiburg für ein Ausländerstimmrecht entschieden. Der Kanton Graubünden trifft in Art. 9 Abs. 4 KV GR eine ähnliche Lösung, wie sie im Kanton Appenzell Ausserrhoden vorgesehen ist, auch hier entscheiden die Gemeinden darüber, ob sie den Ausländerinnen und Ausländern das Stimm- und (aktive und passive) Wahlrecht erteilen wollen. Im Kanton Freiburg kommt hingegen allen niederlassungsberechtigten und seit fünf Jahren im Kanton wohnhaften Ausländern das kommunale Stimm- und (aktive und passive) Wahlrecht zu (Art. 48 Abs. 1 lit. a und Art. 131 Abs. 1 KV FR).

4. Rechtsnatur des Stimmrechts

Das Stimmrecht hat eine doppelte Natur:

1381 – Es ist ein *Recht:* Bürgerinnen und Bürger können zum Schutz dieses verfassungsmässigen Rechts die staatsrechtliche Beschwerde erheben, soweit kantonale Wahlen und Abstimmungen in Frage stehen (Art. 85 lit. a OG); bei eidgenössischen Wahlen und Abstimmungen sind Beschwerdemöglichkeiten an politische Instanzen und in gewissen Fällen auch die Verwaltungsgerichtsbeschwerde an das Bundesgericht gegeben (Art. 77–82 BPR). Der im Rahmen der Justizreform angenommene Art. 189 Abs. 1 lit. f BV (noch nicht in Kraft, vgl. N. 72) dehnt die Stimmrechtsbeschwerde an das Bundesgericht auf eidgenössische Wahlen und Abstimmungen aus.

1382 – Es ist eine *staatliche Funktion:* Als Träger von Mitwirkungsrechten bei der Ausübung der Staatsgewalt stellt der Stimmberechtigte ein Teilorgan des Staates dar; die Gesamtheit der Stimmberechtigten bildet das oberste Staatsorgan. Als Organ des Staates trägt der Stimmberechtigte eine Verantwortlichkeit; er ist grundsätzlich dafür verantwortlich, seine Organfunktion zu erfüllen. Der Stimmzwang ist daher rechtlich begründbar, bringt aber in der Praxis oft keine Vorteile (vgl. AUBERT, No. 1103 ff.). Im Bund gibt es keinen Stimmzwang, wohl aber in einzelnen Kantonen und Gemeinden.

II. Die einzelnen politischen Rechte im Bund: Überblick

Im Bund stehen den Bürgerinnen und Bürgern folgende politische Rechte zu, die in anderen Teilen dieses Buches (§§ 49, 60, 61 und 63) dargestellt werden: 1383

1. Wahlrecht

a) Aktives Wahlrecht

Nationalratswahlen (Art. 136 Abs. 2 und 149 BV, Art. 16 ff. BPR).

b) Passives Wahlrecht

Wählbarkeit in den Nationalrat, in den Bundesrat und in das Bundesgericht (Art. 143 BV).

2. Abstimmungen

a) Obligatorisches Referendum (Art. 58 BPR)
- Verfassungsreferendum für Teil- und Totalrevisionen (Art. 140 Abs. 1 lit. a, Art. 140 Abs. 2, Art. 195 BV);
- nachträgliches Referendum für verfassungsändernde dringliche Bundesgesetze (Art. 140 Abs. 1 lit. c, Art. 165 Abs. 3 und 4 BV);
- obligatorisches Staatsvertragsreferendum (Art. 140 Abs. 1 lit. b, Art. 141 Abs. 1 BV).

b) Fakultatives Referendum
- Gesetzesreferendum für Bundesgesetze (Art. 141 Abs. 1 lit. a BV);
- nachträgliches Referendum für verfassungskonforme dringliche Bundesgesetze (Art. 141 Abs. 1 lit. b, Art. 165 Abs. 2 und 4 BV);
- Referendum für Bundesbeschlüsse, soweit Verfassung oder Gesetz dies vorsehen (Art. 141 Abs. 1 lit. c BV);
- fakultatives Staatsvertragsreferendum (Art. 141 Abs. 1 lit. d, Art. 141a Abs. 2 BV).

Die revidierte Bundesverfassung kennt die Erlassform des allgemeinverbindlichen Bundesbeschlusses nicht mehr (vgl. N. 1844).

3. Unterzeichnung von Initiativen, Referendumsbegehren und Wahlvorschlägen

a) *Volksinitiative auf Teil- und Totalrevision der Bundesverfassung* (Art. 138, 139, 193 Abs. 1 und 2 und 194 Abs. 1 BV; Art. 68 ff. BPR)

b) *Referendumsbegehren beim fakultativen Referendum* (Art. 59 ff. BPR)
- Bei Bundesgesetzen (Art. 141 Abs. 1 lit. a BV);
- bei verfassungskonformen dringlichen Bundesgesetzen (Art. 141 Abs. 1 lit. b, Art. 165 Abs. 2 und 4 BV);
- bei Bundesbeschlüssen, soweit Verfassung oder Gesetz dies vorsehen (Art. 141 Abs. 1 lit. c BV);
- bei Staatsverträgen (Art. 141 Abs. 1 lit. d BV).

c) *Wahlvorschlag bei der Nationalratswahl* (Art. 24 BPR)

4. Allgemeine Volksinitiative

Die noch nicht in Kraft getretene allgemeine Volksinitiative (vgl. N. 73) führt zu einer Ausweitung der politischen Rechte auf Bundesebene.

III. Zusätzliche politische Rechte in den Kantonen

1384 Die folgenden politischen Rechte sind nur in den Kantonen und Gemeinden gewährleistet, nicht aber im Bund:
- Volkswahl der Exekutive (während der Bundesrat vom Parlament gewählt wird);
- Finanzreferendum;
- Gesetzesinitiative.

1385 Nur noch zwei Kantone (Glarus und Appenzell Innerrhoden) kennen die Landsgemeinde; in Nidwalden, Appenzell Ausserrhoden und Obwalden wurde sie vor kurzem (1996, 1997 und 1998) abgeschafft. In zahlreichen Kantonen werden Richter und zum Teil auch Beamte vom Volk gewählt. Wenige Kantone sehen sogar ein Abberufungsrecht des Volkes vor, das allerdings – anders als der «Recall» in den USA – von sehr geringer praktischer Bedeutung ist (z.B. Art. 28 KV Solothurn). Die neue Berner Kantonsverfassung von 1993 führte in Art. 63 Abs. 3 ein konstruktives Referendum ein, das gleichsam eine Synthese von Initiative und Referendum darstellt: Gegnern einer vom Kantonsparlament angenommenen Gesetzesvorlage oder eines parlamentarischen Grundsatzbeschlusses wird die Möglichkeit gegeben, dem bekämpften Beschluss einen eigenen «Volksvorschlag» mit einem abweichenden Text als Alternative gegenüberzustellen. Kommt der Volksvorschlag mit der notwendigen Unterschriftenzahl zustande, so findet eine Abstimmung statt, bei der die Stimmberechtigten zwischen der Lösung des Parlaments, dem Volksvorschlag und der Beibehaltung des bisherigen Zustandes entscheiden können. Die Volksinitiative zur Einführung des konstruktiven Referendums auch im Bund wurde am 24. September 2000 vom Volk mit 65,82% Nein-Stimmen und von sämtlichen Kantonen (einschliesslich Bern und Nidwalden, die das Institut kennen) deutlich abgelehnt.

Exkurs: Zum Finanzreferendum

Sehen die Kantone (oder Gemeinden) ein Ausgabenreferendum vor, was regelmässig der Fall ist, so können die Stimmberechtigten mittels Stimmrechtsbeschwerde rügen, eine Ausgabe sei zu Unrecht nicht der Volksabstimmung unterstellt worden.

Das Bundesgericht prüft jeweils zuerst, ob die Ausgabenkompetenz allenfalls gültig vom Volk an das Parlament delegiert worden sei.

Ist dies nicht der Fall, bleibt zu entscheiden, ob die Ausgabe *neu* oder *gebunden* ist. Gemäss der Rechtsprechung des Bundesgerichts

> «gelten Ausgaben dann als gebunden und damit als nicht referendumspflichtig, wenn sie durch einen Rechtssatz prinzipiell und dem Umfang nach vorgeschrieben oder zur Erfüllung der gesetzlich geordneten Verwaltungsaufgaben unbedingt erforderlich sind. Gebunden ist eine Ausgabe ferner, wenn anzunehmen ist, die Stimmberechtigten hätten mit einem vorausgehenden Grunderlass auch die aus ihm folgenden Aufwendungen gebilligt, falls ein entsprechendes Bedürfnis voraussehbar war oder falls es gleichgültig ist, welche Sachmittel zur Erfüllung der vom Gemeinwesen mit dem Grunderlass übernommenen Aufgaben gewählt werden. Es kann aber selbst dann, wenn das ‹ob› weitgehend durch den Grunderlass präjudiziert ist, das ‹wie› wichtig genug sein, um die Mitsprache des Volkes zu rechtfertigen. Immer dann, wenn der entscheidenden Behörde in bezug auf den Umfang der Ausgabe, den Zeitpunkt ihrer Vornahme oder andere Modalitäten eine verhältnismässig grosse Handlungsfreiheit zusteht, ist eine ‹neue› Ausgabe anzunehmen». (BGE 117 Ia 59, 62)

Da das Finanzreferendum ein Institut des kantonalen Verfassungsrechts ist, dürfen die Kantone den Begriff der gebundenen Ausgabe anders als das Bundesgericht umschreiben, was sie freilich selten tun.

IV. Wahl- und Abstimmungsfreiheit

1387 Der bisher ungeschriebene bundesrechtliche Anspruch auf freie Willensbildung und unverfälschte Stimmabgabe hat in Art. 34 Abs. 2 BV eine klare verfassungsmässige Grundlage erhalten. Wie das Bundesgericht schon in seiner bisherigen Praxis anerkannte, räumt das Stimm- und Wahlrecht «allgemein den Anspruch darauf ein, dass kein Abstimmungs- und Wahlergebnis anerkannt wird, das nicht den freien Willen der Stimmbürger zuverlässig und unverfälscht zum Ausdruck bringt»; jeder Stimmbürger soll «seinen Entscheid gestützt auf einen möglichst freien und umfassenden Prozess der Meinungsbildung treffen» können (BGE 119 Ia 271, 272, betr. Gemeinde Wallisellen). Diese Wahl- und Abstimmungsfreiheit gilt für Wahlen und Abstimmungen in Bund, Kantonen und Gemeinden. Das Bundesgericht hat daraus namentlich die nachstehenden Grundsätze entwickelt.

1. Grundsatz der Einheit der Materie

1388 Der Grundsatz der Einheit der Materie ist für Teilrevisionen der Bundesverfassung ausdrücklich in Art. 194 Abs. 2 BV festgehalten (vgl. N. 1787 ff.). In kantonalen Angelegenheiten wird er vom Bundesgericht, unabhängig von einer ausdrücklichen Verankerung im kantonalen Recht, aus dem Anspruch auf unverfälschte Willenskundgabe abgeleitet (BGE 129 I 366, 369 ff., Schäppi; BGE 125 I 227, 230 f. E.3; BGE 123 I 63, 70 ff., Charles Beer; BGE 113 Ia 46, 52, Landesring der Unabhängigen des Kantons Zürich).

Der Grundsatz der Einheit der Materie verbietet es, dass in einer einzigen Vorlage über mehrere Fragen, die ohne inneren Zusammenhang sind, abgestimmt wird, damit die Bürger nicht zu Gunsten oder zu Lasten einzelner Abstimmungsfragen die ganze Vorlage annehmen oder ablehnen müssen. Die Einheit der Materie ist indes gewahrt, wenn in einer Abstimmungsvorlage mehrere sachlich zusammenhängende Vorlagen miteinander verknüpft werden. Der Begriff der Einheit der Materie ist schwer zu fassen. Das Bundesgericht betont daher, dass der Grundsatz von relativer Natur und vor dem Hintergrund der konkreten Verhältnisse zu betrachten sei. Deshalb dürfen an dessen Einhaltung keine überspannten Anforderungen gestellt werden (BGE 129 I 366, 372 f., Schäppi).

1389 Im Einzelnen wird die Tragweite des Grundsatzes in der Praxis je nach Urheber oder Objekt der Vorlage verschieden gewichtet: An Teilrevisionen der Verfassung werden höhere Anforderungen gestellt als an Gesetzesvorlagen. Der Stimmberechtigte kann nicht verlangen, «dass ihm einzelne, allenfalls besonders wichtige Vorschriften eines Gesetzes ... gesondert zur Abstimmung vorgelegt werden; er muss sich vielmehr auch dann für die Gutheissung oder Ablehnung der ganzen Gesetzesvorlage entscheiden, wenn er nur mit einzelnen Vorschriften einverstanden bzw. mit einzelnen Bestimmungen nicht einverstanden ist» (BGE 113 Ia 46, 53, Landesring der Unabhängigen des Kantons Zürich). Formulierte Initiativen werden strenger beurteilt als allgemeine Anregungen, die zusätzlich einer Umsetzung durch den Gesetzgeber bedürfen. Für das Finanzreferendum ergibt sich, «dass sich eine Finanzvorlage nicht auf mehrere Gegenstände beziehen darf, es sei denn, dass mehrere Ausgaben sich gegenseitig bedingen oder aber einem gemeinsamen Zweck dienen, der zwischen ihnen eine enge sachliche Verbindung schafft» (BGE 118 Ia 184, 191, Grüne Partei des Kantons Zürich). Bei Volksinitiativen legt das Bundesgericht strengere Massstäbe an als bei Behördenvorlagen, weil es bei den Initiativen zusätzlich darum gehe, eine unzulässige Erleichterung der Unterschriftensammlung zu verhindern (BGE 123 I 63, 72, Charles Beer). Diese Argumentation ist nicht überzeugend (zutreffende Kritik bei PIERRE TSCHANNEN, Stimmrecht und politische Verständigung, Rz. 130). Vor allem müssen die Stimmberechtigten bei der Abstimmung über eine Vorlage ihren wirklichen Willen zum Ausdruck bringen können, und dieses Bedürfnis ist bei Behördeninitiativen ebenso gross wie bei Volksinitiativen.

Eine prägnante Zusammenfassung der Rechtsprechung zum Grundsatz der Einheit der Materie findet sich in BGE 130 I 185, 195 ff. E.3, ASLOCA.

2. Information der Stimmberechtigten

a) Abgabe der Stimm- und Wahlunterlagen

Die Stimmberechtigten müssen rechtzeitig in den Besitz der Stimm- und Wahlunterlagen kommen, damit ihnen genügend Zeit zur Willensbildung und zur öffentlichen Diskussion bleibt (BGE 104 Ia 236, 239, Bauert). Eine Pflicht zur Abgabe einer Wahlanleitung erwächst den Behörden aus Art. 34 Abs. 2 BV nicht, indes werden Wahlanleitungen vom Bundesgericht als wünschbar und nützlich bezeichnet (ZBl 102 [2001] 188 ff. E.4i).

1389a

b) Verbot der Irreführung der Stimmberechtigten

Der Stimmberechtigte hat Anspruch darauf, dass die *Information in behördlichen Erläuterungen zu einer Abstimmung* objektiv ist.

1390

> «Die Freiheit der Meinungsbildung schliesst grundsätzlich jede direkte Einflussnahme der Behörden aus, welche geeignet wäre, die freie Willensbildung der Stimmbürger im Vorfeld von Wahlen und Abstimmungen zu verfälschen (BGE 114 Ia 432 E. 4a, 113 Ia 295 E. 3b, 112 Ia 335 E. 4b mit Hinweisen). Eine solche unerlaubte Beeinflussung liegt etwa dann vor, wenn die Behörde, die zu einer Sachabstimmung amtliche Erläuterungen verfasst, ihre Pflicht zu objektiver Information verletzt und über den Zweck und die Tragweite der Vorlage falsch orientiert (BGE 114 Ia 432 E. 4a, 112 Ia 335 E. 4b mit Hinweisen). Eine unerlaubte Beeinflussung der Stimmbürger kann ferner vorliegen, wenn die Behörde in unzulässiger Weise in den Abstimmungskampf eingreift und entweder positive, zur Sicherung der Freiheit der Stimmbürger aufgestellte Vorschriften missachtet oder sich sonstwie verwerflicher Mittel bedient.

> Hingegen ist es zulässig, dass eine Behörde den Stimmberechtigten eine Vorlage zur Annahme oder Ablehnung empfiehlt und Erläuterungen oder Berichte dazu beilegt, sofern sie dabei ihre Pflicht zu objektiver Information nicht verletzt und über den Zweck und die Tragweite der Vorlage nicht falsch orientiert (BGE 114 Ia 433 E. 4b, 113 Ia 295 f. E. 3b). Diese Verpflichtung zur Objektivität, welche von derjenigen zur Neutralität zu unterscheiden ist (vgl. BGE 114 Ia 434 ff.), ergibt sich namentlich aus der hervorragenden Stellung, die den Behördenmitgliedern zukommt, aus den Mitteln, über die sie verfügen, und aus dem Vertrauen, das sie gegenüber den Bürgern zu bewahren haben, damit das gute Funktionieren der demokratischen Institutionen gewährleistet ist». (BGE 117 Ia 41, 46, Heinz Aebi)

> Gute Ausführungen über die Gestaltung von Abstimmungserläuterungen finden sich in BGE 130 I 290, 296 ff. E.4, Zürcher Anwaltsverband.

1391 Auch bei der *Formulierung von Abstimmungsfragen* sind die Behörden verpflichtet, alles zu tun, um Irrtümer auszuschliessen. Die Frage muss klar und korrekt abgefasst werden, sie darf weder irreführend sein noch suggestiv wirken. Als suggestiv und daher unzulässig betrachtete das Bundesgericht folgende Formulierung der Abstimmungsfrage im Zusammenhang mit der Stellungnahme des Kantons Zürich im Rahmen des Vernehmlassungsverfahrens des Bundes über die Wünschbarkeit der Errichtung des Kernkraftwerks Kaiseraugst: «Wollen Sie den zuständigen Bundesbehörden empfehlen, im Interesse der Sicherstellung der Elektrizitätsversorgung, die Errichtung des Kernkraftwerks Kaiseraugst zu bewilligen?» (BGE 106 Ia 20, Achermann).

1392 *Einflüsse durch Private und Presse* auf die politische Willensbildung stellen nur ausnahmsweise unzulässige Einwirkungen dar, nämlich dann, wenn in einem so späten Zeitpunkt mit offensichtlich unwahren und irreführenden Angaben in den Abstimmungskampf eingegriffen wird, dass es den Stimmberechtigten nach den Umständen unmöglich ist, aus anderen Quellen ein zuverlässiges Bild von den tatsächlichen Verhältnissen zu gewinnen. Denn derartige Äusserungen von Einwohnern, Parteien, Abstimmungskomitees, Zeitungen usw. stehen unter dem Schutz der Meinungsäusserungs- und Pressefreiheit. «Den Stimmbürgern darf zugetraut werden, zwischen verschiedenen bekundeten Meinungen zu unterscheiden, offensichtliche Übertreibungen als solche zu erkennen und sich aufgrund ihrer eigenen Überzeugung zu entscheiden.» Nur wenn die Verwendung falscher und irreführender Angaben durch Private einen «ganz schwerwiegenden» Verstoss darstellt und zudem die Beeinflussung des Abstimmungsergebnisses durch solche verwerfliche Mittel «zumindest als sehr wahrscheinlich erscheint», kann eine Wiederholung der Abstimmung verlangt werden (BGE 119 Ia 271, 274 f.).

c) Verbot behördlicher Propaganda

Eine unzulässige Beeinflussung der Stimmbürger kann auch im *Eingreifen der Behörden in einen Wahl- oder Abstimmungskampf* vorliegen. Unbestritten ist, dass eine Behörde ihre Sachvorlage den Stimmberechtigten zur Annahme bzw. die Ablehnung einer Volksinitiative empfehlen und Erläuterungen beifügen darf, sofern sie dabei ihre Pflicht zur objektiven Information nicht verletzt und über den Zweck und die Tragweite der Vorlage richtig orientiert. Ein weiter gehendes Eingreifen in den Abstimmungskampf lässt das Bundesgericht nur ausnahmsweise, wenn triftige Gründe vorliegen, zu (BGE 114 Ia 427, 433, Heinz Aebi). Ein triftiger Grund besteht beispielsweise in der Richtigstellung irreführender Informationen oder der Komplexität des Abstimmungsgegenstandes, nicht jedoch allein in der Tatsache, dass eine Vorlage besonders umstritten ist. Diese Praxis des Bundesgerichts erscheint als zu streng und steht im Gegensatz zum Vorgehen des Bundesrats, der sich für seine Vorlagen jeweils stark einzusetzen pflegt. Informationen durch die Behörden dienen dem demokratischen Diskurs und ermöglichen eine umfassendere Meinungsbildung; solange sachlich informiert wird und der Einsatz der Mittel verhältnismässig und transparent ist, sollte sich auch die staatliche Seite am Abstimmungskampf beteiligen dürfen.

1393

Die *Intervention einer Gemeinde in einen kantonalen Abstimmungskampf* lässt das Bundesgericht zu, wenn die Gemeinde und ihre Stimmbürger am Ausgang der Abstimmung ein unmittelbares und besonderes Interesse haben, das jenes der übrigen Gemeinden des Kantons bei Weitem übersteigt (BGE 112 Ia 332, 336, Kritisches Forum Uri; vgl. ferner BGE 116 Ia 466, 468 ff., Association contre l'aérodrome d'Etagnières, sowie ZBl 86 [1985] 201 ff.). Allerdings muss die Gemeinde in solchen Fällen die kommunalen Interessen in objektiver und sachlicher Weise vertreten, wobei von ihr ein höherer Grad an Objektivität erwartet werden kann als von privaten politischen Gruppierungen. Zudem darf der Einsatz öffentlicher Mittel nicht unverhältnismässig sein. Anderseits ist die Gemeinde nicht an die gleich strengen Grundsätze gebunden, deren Einhaltung das Bundesgericht bei der Abgabe eines erläuternden Berichts zu einer eigenen Vorlage verlangt (BGE 108 Ia 155, 161 f., Ruppli, betr. den kantonalen Abstimmungskampf über die Umfahrung Eglisau).

1394

Kontrovers beurteilt wird die Frage, wieweit *öffentliche oder gemischtwirtschaftliche Unternehmen* in einen Abstimmungskampf eingreifen dürfen. Das Bundesgericht behandelt solche Unternehmen ähnlich wie Gemeinden. Grundsätzlich haben sie sich zwar neutral zu verhalten. Bei besonderer Betroffenheit dürfen sie jedoch in objektiver Weise und mit verhältnismässigem finanziellem Aufwand auf Volksabstimmungen einzuwirken versuchen, insbesondere dort, wo sie in der Umsetzung ihres gesetzlich oder statutarisch umschriebenen Auftrags betroffen sind und in ihren Interessen ähnlich wie private Unternehmen berührt werden (Urteil BGer vom 11. Dezember 1991, ZBl 94 [1993] 119 ff.: zulässiges Eingreifen der SBB in die stadtzürcherische Abstimmung über den Gestaltungsplan Hauptbahnhof-Südwest; vgl.

1395

auch Urteil BGer vom 26. Mai 1995, ZBl 97 [1996] 233 ff., wo der Einfluss gemischtwirtschaftlicher Unternehmen auf einen Abstimmungskampf als unzulässig erachtet wurde).

1396 Die *Neutralitätspflicht der Behörden bei Wahlen ist von derjenigen bei Abstimmungen zu unterscheiden.* Bei Wahlen kommt den Behörden keine Beratungsfunktion zu. Behördliche Wahlpropaganda ist deshalb grundsätzlich unzulässig, insbesondere dann, wenn es um die (Wieder-)Wahl der betreffenden Behörde selber geht oder wenn Kampfkandidaten auftreten. Behörden haben sich bei Wahlen parteipolitisch neutral zu verhalten und dürfen sich nicht mit einzelnen Gruppen oder Richtungen identifizieren (BGE 113 Ia 291, 295 ff., Dora Geissberger). Dasselbe gilt nach Auffassung des Bundesgerichts für öffentlich-rechtlich anerkannte Kirchen (BGE 118 Ia 259, 268 f.).

3. Grundsatz der geheimen Stimmabgabe

1397 Freie Wahlen und Abstimmungen setzen die geheime Stimmabgabe voraus.

> «Der Bürger soll sein Stimmrecht völlig frei ausüben und den Stimmzettel so ausfüllen können, wie es seinem wirklichen Willen entspricht, was unter anderem durch geheime Stimmabgabe gewährleistet wird». (BGE 98 Ia 602, 610, Aschwanden)

Art. 8 Abs. 1 BPR setzt fest, dass das Stimmgeheimnis bei der brieflichen Stimmabgabe ebenfalls zu beachten ist; allerdings muss gleichzeitig die Kontrolle der Stimmberechtigung sichergestellt werden, um Missbräuche zu verhindern (vgl. BGE 121 I 187, 190 ff. E. 3, Stefan Wehrle).

1398 Während der Grundsatz der geheimen Stimmabgabe auf Bundesebene uneingeschränkt gilt, kennen zwei Kantone (vgl. N. 1385) durch das Verfahren der *Landsgemeinde* eine öffentliche Stimmabgabe in kantonalen Angelegenheiten. Auf Gemeindeebene ist die Versammlungsdemokratie stark verbreitet. Die Stimmberechtigten stehen hier in direktem Kontakt mit den Behörden, diskutieren, argumentieren und erleben den Entscheidungsvorgang unmittelbar mit, was als Vorzug zu gewichten ist. Allerdings ergeben sich verschiedene Unzulänglichkeiten: Da Wahlen und Abstimmungen offen erfolgen, ist das Stimmgeheimnis nicht gewahrt, was sich auf die Entscheidungsfreiheit negativ auswirken kann. Zudem können Alter, Krankheit, berufliche oder andere Verpflichtungen eine Teilnahme ausschliessen, was regelmässig eine im Vergleich zu Abstimmungen an der Urne und auf dem Korrespondenzweg wesentlich geringere Stimmbeteiligung zur Folge hat und damit die demokratische Legitimität getroffener Entscheide schmälert. Das Bundesgericht hat in einem neueren, den Kanton Appenzell Ausserrhoden betreffenden Urteil solche «systembedingten Unzulänglichkeiten» kritisiert, jedoch die Institution der Landsgemeinde nicht grundsätzlich in Frage gestellt (BGE 121 I 138, Willi Rohner).

4. Korrekte Ermittlung des Wahl- oder Abstimmungsergebnisses

Bezüglich der Ermittlung der Wahl- und Abstimmungsergebnisse erklärte das Bundesgericht: 1399

> «Jeder Stimmbürger hat einen bundesrechtlich gewährleisteten Anspruch darauf, dass kein Wahl- oder Abstimmungsergebnis anerkannt wird, das nicht den freien Willen der Stimmberechtigten zuverlässig und unverfälscht zum Ausdruck bringt (BGE 102 Ia 268, mit Hinweisen). Diese Garantie muss auch gelten für Abstimmungen an Landsgemeinden, und zwar selbst dann, wenn das kantonale Recht, wie hier, als Mittel zur Feststellung des Abstimmungsergebnisses einzig die Abschätzung vorsieht; die das Mehr feststellende Behörde ist in Zweifelsfällen zu grosser Sorgfalt verpflichtet (BGE 100 Ia 364). Die kantonalen Vorschriften über das Vorgehen zur Ermittlung des Abstimmungsergebnisses sind im Lichte dieser bundesrechtlichen Garantie zu interpretieren». (BGE 104 Ia 428, 431, Walcher)

5. Grundsätze über die Aufhebung von Volksabstimmungen und -wahlen

Die Verletzung des Anspruchs auf unverfälschte Willenskundgabe führt nicht zwangsläufig zur Kassation eines Volksentscheids. Stellt das Bundesgericht Verfahrensmängel fest, so hebt es die Abstimmung oder Wahl nur auf, wenn die gerügten Unregelmässigkeiten erheblich sind und eine Beeinflussung des Ergebnisses möglich erscheint. Beurteilungskriterien sind dabei vor allem die Grösse des Stimmenunterschieds, die Schwere des festgestellten Mangels und dessen Bedeutung im Rahmen der gesamten Abstimmung oder Wahl. Von der Aufhebung des Urnenganges kann bei Vorliegen eines erheblichen Mangels nur abgesehen werden, wenn die Möglichkeit, dass die Abstimmung ohne den Mangel anders ausgefallen wäre, nach den gesamten Umständen als derart gering erscheint, dass sie nicht mehr ernsthaft in Betracht kommt (BGE 113 Ia 46, 59, Landesring der Unabhängigen des Kantons Zürich; BGE 113 Ia 291, 302, Dora Geissberger; BGE 117 Ia 452, 456). In BGE 118 Ia 259, 269, wo eine der Evangelisch-reformierten Landeskirche des Kantons Zürich zuzurechnende Wahlpropaganda zu Gunsten eines einzigen Kandidaten zu beurteilen war, unterschied das Bundesgericht zwischen solchen «positiven» Äusserungen und negativen, einzelne Kandidaten benachteiligenden Beeinflussungen, die eher zur Aufhebung einer Wahl führen würden. Vgl. auch N. 2044. 1400

6. Kein Anspruch auf Ungültigerklärung einer allenfalls bundesrechtswidrigen kantonalen Initiative

Aus der von Bundesrechts wegen gewährleisteten Wahl- und Abstimmungsfreiheit ergibt sich nach Ansicht des Bundesgerichts kein Anspruch des Stimmberechtigten darauf, dass eine inhaltlich bundesrechtswidrige Initiative nicht der Volksabstim- 1401 mung unterbreitet wird. Ein solcher Anspruch bestehe nur dann, wenn ihn das kantonale Verfassungs- oder Gesetzesrecht vorsehe (BGE 114 Ia 267, 271 ff., Madeleine Rouiller; vgl. die Kritik bei TOBIAS JAAG, recht 1990, 27 ff.). Vgl. auch N. 1198.

7. Förderung und finanzielle Unterstützung von politischen Parteien

1402 Die Rechtsprechung unterscheidet von der eigentlichen Intervention des Gemeinwesens im Wahlkampf (N. 1393) das *indirekte Eingreifen in Form von Unterstützungen und Hilfeleistungen* an politische Parteien. Mit Bezug auf die Willensbildung und -betätigung der Wähler müssen sie jedoch neutral sein. Einzelne Kandidaten oder Parteien und Gruppierungen dürfen dadurch nicht bevorzugt oder benachteiligt werden (BGE 124 I 55, 58, Evangelische Volkspartei Freiburg; BGE 113 Ia 291, 297, Dora Geissberger).

1403 In BGE 124 I 55 ff. hatte das Bundesgericht eine Regelung aus dem Kanton Freiburg zu beurteilen, die für die Kostenrückerstattung für den Druck der Listen das Erreichen von 7,5% der Listenstimmen und für die Rückerstattung von Wahlkampfkosten die Wahl von fünf Grossräten voraussetzte. Der durch *Quoren* oder *Sperrklauseln* bewirkte Ausschluss kleinerer Parteien von der Kostenbeteiligung ist zwar grundsätzlich zulässig. Die Quoren verhindern eine übermässige Parteienzersplitterung und tragen damit zur Aufrechterhaltung der Funktionsfähigkeit des Parlaments bei. Ihre Höhe ist nach den Kriterien der Ernsthaftigkeit im Hinblick auf die im Parlament zu leistende Arbeit und einer gewissen Resonanz in der Stimmbürgerschaft festzusetzen. Das Bundesgericht befand unter diesen Gesichtspunkten das Erfordernis eines Mindeststimmenanteils von 7,5% als zu hoch und reduzierte den Satz auf 1%. Die Bestimmung, dass nur denjenigen Parteien ein finanzieller Beitrag an die Kosten des Wahlkampfes ausgerichtet wird, die mindestens fünf Sitze im Grossen Rat erreichen, hielt das Bundesgericht ebenfalls für unzulässig. Nach der kantonalen Regelung entspricht die Schranke von fünf Sitzen dem Erfordernis der Bildung einer Fraktion. Das Anknüpfen an den tatsächlichen Mandatsgewinn in Fraktionsstärke bedeutet für kleine Parteien von vornherein eine sehr hohe Schranke, was mit der Rechts- und Chancengleichheit der Parteien nicht vereinbar ist.

1404 Die *Intervention Dritter* bei Abstimmungen und Wahlen ist zulässig. Die Frage, ob eine *finanzielle Beschränkung des Wahlkampfes* grundsätzlich zulässig ist, hat das Bundesgericht bislang noch nicht entschieden. Allerdings verstösst eine kantonale Norm, welche die Finanzierung des Wahlkampfes durch Dritte auf Fr. 50'000.– beschränkt, gegen das Gleichbehandlungsgebot. Durch die Beschränkung der Finanzierung des Wahlkampfs durch Dritte werden Kandidaten bevorzugt, welche selber über beträchtliche finanzielle Mittel verfügen, sowie jene der stärkeren und bereits etablierten Parteien, die über eine gefestigte Organisation verfügen und unter anderem auch von der Finanzierung durch den Kanton profitieren (BGE 125 I 441 ff.).

5. Teil: Bundesbehörden

1. Kapitel: Allgemeines

§ 46 Grundsatz der Gewaltenteilung

Literatur

AUER ANDREAS, «... le Tribunal fédéral appliquera les lois votées par l'Assemblée fédérale ...»: réflexions sur l'art. 113 al. 3 Cst., ZSR NF 99/I (1980) 107 ff.; BEELER WERNER, Personelle Gewaltentrennung und Unvereinbarkeit in Bund und Kantonen, Diss. Zürich 1983; EICHENBERGER KURT, Gewaltenteilung – schweizerische Sicht, in: Georg Müller/René Rhinow/Gerhard Schmid (Hrsg.), Vom schweizerischen Weg zum modernen Staat, Basel 2002, S. 315 ff.; GRAF MARTIN, Gewaltenteilung und neue Bundesverfassung, ZBl 100 (1999), 1 ff.; HANGARTNER YVO, Parlament und Regierung, ZBl 91 (1990) 473 ff.; JENNY DAVID, Der Begriff der Staatsleitung und die Schweizerische Bundesverfassung, Diss. Basel 1988; KÄGI WERNER, Von der klassischen Dreiteilung zur umfassenden Gewaltenteilung, in: Verfassungsrecht und Verfassungswirklichkeit, FS für Hans Huber, Bern 1961, S. 151 ff.; KIENER REGINA, Richterliche Unabhängigkeit, Bern 2001; MAHON PASCAL, Le principe de la séparation des pouvoirs, in: Verfassungsrecht der Schweiz, § 65; MARTI HANS, Die aufsehende Gewalt, in: Verfassungsrecht und Verfassungswirklichkeit, FS für Hans Huber, Bern 1961, S. 174 ff.; MASTRONARDI PHILIPPE, Gewaltenteilung unter NPM: Zum Verhältnis von Parlament und Regierung, ZBl 100 (1999), 449 ff.; MOOR PIERRE, Du modèle de la séparation des pouvoirs à l'évaluation des politiques publiques, in: FS für Jean-François Aubert, Basel/Frankfurt a.M. 1996, S. 627 ff.; OESCH MATTHIAS, Gewaltenteilung und Rechtsschutz im schweizerischen Aussenwirtschaftsrecht, ZBl 105 (2004) 285 ff.; REINERT PETER, Ausstand im Parlament, Diss. Zürich 1991; RIKLIN ALOIS, Die gewaltenteilige Mischverfassung Montesquieus im ideengeschichtlichen Zusammenhang, St. Gallen 1998; SCHMID GERHARD, Das Verhältnis von Parlament und Regierung im Zusammenspiel der staatlichen Machtverteilung, Diss. Basel 1971; SEILER HANSJÖRG, Gewaltenteilung, Bern 1994.

I. Die Gewaltenteilungslehre

1. Dreiteilung der Staatsfunktionen und Grundsatz der Gewaltenteilung

Die gesamte Staatstätigkeit lässt sich unterteilen in Rechtsetzung, Verwaltung – einschliesslich Regierungstätigkeit – und Justiz. Diese theoretische Unterscheidung der staatlichen Funktionen bildet die klassische Dreiteilung der Staatsfunktionen.

1405

Auf der klassischen Dreiteilung der Staatsgewalt beruht das von JOHN LOCKE (1632–1704) und CHARLES DE SECONDAT, BARON DE LA BRÈDE ET DE MONTESQUIEU (1689–1755) begründete Gewaltentrennungsdogma. Dieses stellt zur Beschränkung und Kontrolle der staatlichen Macht und damit zum Schutz der Freiheit des Einzelnen vor staatlicher Willkür drei Forderungen auf:

– Forderung der organisatorischen Gewaltenteilung;
– Forderung der personellen Gewaltenteilung;
– Forderung der gegenseitigen Gewaltenhemmung.

2. Organisatorische oder objektive Gewaltenteilung

1406 Das Prinzip der organisatorischen Gewaltenteilung verlangt, dass die drei Staatsfunktionen auf *drei verschiedene, voneinander unabhängige Organe* übertragen werden. Dabei hat sich jedes der drei Organe auf die Ausübung der ihm zugewiesenen Funktion zu beschränken und sich der Einmischung in die Ausübung der andern beiden Funktionen zu enthalten.

3. Personelle oder subjektive Gewaltenteilung

1407 Das Prinzip der personellen Gewaltenteilung verlangt, dass die drei verschiedenen *Staatsorgane personell streng getrennt* sind. Eine Person darf gleichzeitig nur einem der drei Organe angehören.

4. Gegenseitige Gewaltenhemmung

1408 Um ein Gleichgewicht zwischen den Gewalten herzustellen («checks and balances»), verlangt das Prinzip der gegenseitigen Gewaltenhemmung, dass *zwischen den drei Organen gewisse Kontrollmechanismen* bestehen, die unter Umständen ein Eingreifen einer Gewalt in den Tätigkeitsbereich einer anderen Gewalt zulassen.

5. Kritik der klassischen Gewaltenteilungslehre

1409 In der neueren Lehre wird das klassische Gewaltenteilungsmodell in verschiedener Hinsicht kritisiert. Einerseits können nicht alle staatlichen Tätigkeiten in die «klassische» Funktionentrias eingeordnet werden. So obliegt dem Bundesrat neben der Ausführung der von der Legislative geschaffenen Gesetze auch die *planende, zukunftsgerichtete und gemeinwohlbezogene staatliche Oberleitung* (vgl. N. 1657), die sich eben gerade nicht auf schon bestehende Rechtssätze stützen lässt. Anderseits wird in der klassischen Gewaltenteilungslehre das kooperative Element vernachlässigt. Erst der – in der neuen Bundesverfassung verstärkt betonte – institutionalisierte Zwang zur *Zusammenarbeit zwischen Exekutive und Legislative* – etwa bei der Gesetzgebung oder der Führung der Aussenpolitik – ermöglicht jedoch diskursorientierte Problemlösungen und wirkt so machtbeschränkend. Vgl. auch HALLER/KÖLZ, Allgemeines Staatsrecht, S. 189.

II. Verwirklichung der Gewaltenteilung in der Bundesverfassung

Der Grundsatz der Gewaltenteilung wird in der Bundesverfassung nicht ausdrücklich erwähnt, bildet jedoch ein *organisatorisches Grundprinzip* der schweizerischen Demokratie (BBl 1997 I 370). 1410

Im Vernehmlassungsverfahren von 1995 war verschiedentlich angeregt worden, den Grundsatz der Gewaltenteilung ausdrücklich in der neuen Bundesverfassung zu verankern. Der Bundesrat verzichtete darauf, weil das «vielfältige Ineinandergreifen der verschiedenen Staatsfunktionen», das auch die schweizerische Behördenorganisation kennzeichnet, nicht mit einer allgemeinen Verfassungsbestimmung in genügend differenzierter und dennoch verständlicher Weise eingefangen werden kann (vgl. BBl 1997 I 370). Zudem wird weiterhin die Bundesversammlung als «oberste Gewalt im Bund» bezeichnet (Art. 148 Abs. 1 BV) und die Verfassungsgerichtsbarkeit Bundesgesetzen gegenüber ausgeschlossen (Art. 191 BV bzw. Art. 190 BV in der noch nicht in Kraft getretenen Fassung vom 12. März 2000).

Trotz dieser formalen Überordnung der Bundesversammlung liegt aber der Gedanke der *Begrenzung staatlicher Macht durch Verteilung der Staatsfunktionen auf Bundesversammlung, Bundesrat und Bundesgericht* dem 5. Titel über die Bundesbehörden zugrunde, wobei Art. 144 BV mit einer *strengen Regelung der Unvereinbarkeiten* besonderes Gewicht auf die *personelle Gewaltenteilung* legt.

Stärker als in der Bundesverfassung 1874 kommt in der Bundesverfassung 1999 der Gedanke der *Zusammenarbeit zwischen Exekutive und Legislative in der Staatsleitung* zum Ausdruck. In besonderer Weise trifft das für die Gestaltung der Aussenpolitik zu (Art. 166 Abs. 1 BV). Ferner wirkt die Bundesversammlung bei den wichtigen Planungen der Staatstätigkeit mit (Art. 173 Abs. 1 lit. g BV). Überhaupt ist im Vergleich mit der alten Bundesverfassung von 1874 eine *Stärkung des Parlaments gegenüber Bundesrat und Bundesverwaltung* festzustellen. Dies gilt sowohl für organisatorische Belange (z.B. Unterstellung der Parlamentsdienste unter die Bundesversammlung, Art. 155 BV) als auch bezüglich neuer verfassungsrechtlicher Instrumente, die der Bundesversammlung zur Verfügung gestellt werden (Wirksamkeitskontrolle nach Art. 170 BV; Einwirkungsmöglichkeiten auf den Zuständigkeitsbereich des Bundesrates nach Art. 171 Satz 2 BV). 1411

1. Organisatorische Gewaltenteilung

1412 Der Grundsatz der organisatorischen Gewaltentrennung liegt als *stillschweigende Voraussetzung* dem System der Bundesverfassung und der konkreten Ausgestaltung der Bundesorganisation zugrunde:

- Die Rechtsetzung fällt grundsätzlich, unter Vorbehalt von Initiative und Referendum (Art. 138 ff. BV), in die Kompetenz der Bundesversammlung.
- Die Verwaltungsfunktion wird vom Bundesrat als oberster leitenden und vollziehenden Behörde mit Hilfe der Bundesverwaltungsbehörden ausgeübt (Art. 174 BV).
- Die Justiz ist dem Bundesgericht anvertraut (Art. 188 Abs. 1 BV).

Der Grundsatz der organisatorischen Gewaltentrennung gilt als *ungeschriebene Verfassungsnorm,* die für die Auslegung der Normen über die Kompetenzen der Bundesbehörden von grosser Bedeutung ist.

2. Personelle Gewaltenteilung

1413 Die personelle Gewaltenteilung wird in Art. 144 BV durch strenge Unvereinbarkeitsbestimmungen verwirklicht. Demnach können die Mitglieder der Bundesversammlung und des Bundesrates sowie Richterinnen und Richter des Bundesgerichts nicht gleichzeitig einer anderen dieser Behörden angehören (Art. 144 Abs. 1 BV).

Diese Unvereinbarkeit gilt auch für nebenamtliche Richter und Richterinnen des Bundesgerichts und des Eidgenössischen Versicherungsgerichtes (Art. 2 Abs. 2, Art. 123 Abs. 2 OG).

Art. 144 Abs. 2 BV besagt zusätzlich, dass die vollamtlichen Bundesrichter nicht der Bundesverwaltung angehören dürfen (der übrige Inhalt von Abs. 2 betrifft nicht die personelle Gewaltenteilung).

1414 Ob National- und Ständeräte eine Stelle in der Bundesverwaltung bekleiden dürfen, wird der Regelung durch Bundesgesetz überlassen (Art. 144 Abs. 3 BV). Art. 14 ParlG sieht verschiedene Unvereinbarkeiten vor: Nicht der Bundesversammlung angehören dürfen Personen, die von ihr gewählt oder bestätigt wurden (lit. a), die eidgenössischen Richter, die nicht durch die Bundesversammlung gewählt werden (lit. b), das Personal der zentralen und dezentralen Bundesverwaltung, der Parlamentsdienste und der eidgenössischen Gerichte, sofern die spezialgesetzlichen Bestimmungen nichts anderes vorsehen (lit. c), die Mitglieder der Armeeleitung (lit. d) und schliesslich Mitglieder geschäftsleitender Organe sowie Vertreter des Bundes in bestimmten, vom Bund beherrschten öffentlichen Betrieben (lit. e und f). Besteht eine Unvereinbarkeit, muss sich die betroffene Person entscheiden, welche Funktion sie aufgeben will (Art. 15 ParlG).

Der Grundsatz der personellen Gewaltenteilung gilt *nur für Staatsorgane der glei-* 1415
chen Ebene (Bund, Kantone, Gemeinden). Er hat nichts zu tun mit der vom kantonalen Recht zum Teil vorgesehenen Unvereinbarkeit oder zahlenmässig beschränkten Vereinbarkeit von Mitgliedschaft in der kantonalen Regierung und Nationalrats- oder Ständeratsmandat.

3. Gewaltenhemmung

Der Grundgedanke des Gleichgewichts der Gewalten verlangt eigentlich eine *ge-* 1416
genseitige Gewaltenhemmung. Diese ist im schweizerischen Verfassungsrecht – sowohl im Bund wie in den Kantonen – *nicht verwirklicht*. Entsprechend dem *allgemeinen Vorrang* des demokratischen Prinzips stehen *der Bundesversammlung* als Volksvertretung bedeutende Kontrollrechte gegenüber Bundesrat und Bundesverwaltung und zum Teil auch eine gewisse Überordnung gegenüber dem Bundesgericht zu. Die Bundesversammlung ihrerseits kann aber weder durch den Bundesrat noch durch das Bundesgericht in ihrer Tätigkeit gehemmt werden. Insbesondere fehlt eine die Bundesgesetzgebung erfassende Verfassungsgerichtsbarkeit des Bundesgerichts (Art. 191 BV bzw. Art. 190 in der [noch nicht in Kraft getretenen] Fassung vom 12. März 2000).

Im Folgenden sind die einzelnen gewaltenhemmenden Elemente ohne Rücksicht auf ihre Gegenseitigkeit zusammengestellt.

a) *Gewaltenhemmung zwischen Bundesversammlung und Bundesrat*

Im Verhältnis zwischen Bundesversammlung und Bundesrat sind folgende Kon- 1417
trollmechanismen und Einflussmöglichkeiten gegeben:

– Oberaufsicht des Parlamentes gegenüber dem Bundesrat und der Bundesverwaltung (Art. 169 Abs. 1 BV);
– Wahl und Wiederwahl der Bundesratsmitglieder durch die Bundesversammlung (Art. 168 Abs. 1, Art. 175 Abs. 2 BV);
– Möglichkeit der Bundesversammlung, dem Bundesrat Aufträge zu erteilen (Art. 171 BV).

Rein rechtlich besteht ein völliges Übergewicht der Bundesversammlung im Verhältnis zum Bundesrat. Aus verschiedenen Gründen – umfassende Sachkompetenz der Bundesverwaltung in den immer komplexer werdenden Regelungen, Zeitnot des Milizparlamentes u.a. – vermag der Bundesrat faktisch einen bedeutenden Einfluss auf die Bundesversammlung auszuüben, insbesondere in der Rechtsetzung. Dazu trägt u.a. das Initiativrecht des Bundesrates bei (Art. 181 BV).

b) Gewaltenhemmung zwischen Bundesversammlung und Bundesgericht

1418 Eine Gewaltenhemmung zwischen Bundesversammlung und Bundesgericht wird erreicht durch:

– Oberaufsicht des Parlamentes über das Bundesgericht (Art. 169 Abs. 1 BV; Art. 21 OG), wobei die Kontrolle der Bundesversammlung sich auf den äusseren Geschäftsgang beschränkt und keine Überprüfung des materiellen Gehalts der richterlichen Tätigkeit einschliesst;

– Wahl und Wiederwahl der Bundesrichter durch die Bundesversammlung (Art. 168 Abs. 1 BV).

Die Gewaltenhemmung ist völlig einseitig zu Gunsten der Bundesversammlung ausgestaltet. Zwar schliesst die Bundesverfassung – wie dies dem Grundsatz der gegenseitigen Gewaltenhemmung entspricht – die verfassungsgerichtliche Überprüfung der Bundesgesetze nicht aus; auf Grund von Art. 191 BV (bzw. Art. 190 BV in der Fassung vom 12. März 2000) ist das Bundesgericht jedoch gehalten, diese auch bei Feststellung einer Verfassungswidrigkeit anzuwenden (vgl. N. 2086 ff.).

c) Gewaltenhemmung zwischen Bundesrat und Bundesgericht

1419 Während dem Bundesrat gegenüber dem Bundesgericht keine gewaltenhemmenden Befugnisse zustehen, ist eine Kontrolle von Bundesrat und Bundesverwaltung durch die Justiz gegeben durch

– das akzessorische richterliche Prüfungsrecht gegenüber Verordnungen des Bundesrates und der Bundesverwaltung (vgl. N. 2096 f.);

– die Verwaltungsgerichtsbarkeit des Bundesgerichts (Art. 190 BV; Art. 97 ff. OG).

III. Durchbrechungen der organisatorischen Gewaltenteilung in der Bundesverfassung

1. Allgemeines

1420 Die Gewaltenteilung – insbesondere der Grundsatz der organisatorischen Gewaltenteilung – ist in keinem Staat ausnahmslos verwirklicht. Der Grund dafür liegt einerseits darin, dass sich gewisse Staatsaufgaben, wie z.B. die Finanz- und die Aussenpolitik, kaum eindeutig einer der drei klassischen Staatsfunktionen zuordnen lassen. Anderseits werden aus praktischen und politischen Gründen jedem der drei Organe auch gewisse Aufgaben übertragen, die zu den den beiden anderen Organen zugeordneten Staatsfunktionen zu zählen sind. Zu beachten ist auch, dass die Berücksichtigung des Elements der Gewaltenhemmung notwendig zu gewissen

Durchbrechungen einer konsequenten organisatorischen Trennung der drei Gewalten führt.

Dementsprechend enthält auch die Bundesverfassung für jedes der drei Organe einige Durchbrechungen des Prinzips der organisatorischen Gewaltentrennung.

2. Regierungs-, Verwaltungs- und Rechtsprechungskompetenzen der Bundesversammlung

Der Bundesversammlung sind neben den Rechtsetzungskompetenzen einige wenige Rechtsprechungsbefugnisse und eine relativ grosse Zahl von Verwaltungsaufgaben übertragen. Daneben übt die Bundesversammlung auch wichtige aussenpolitische Kompetenzen aus, die weder eindeutig der Rechtsetzungsfunktion noch der Verwaltungsfunktion zugerechnet werden können. Vgl. die Zusammenstellung dieser Regierungs-, Verwaltungs- und Rechtsprechungsfunktionen in N. 1525 ff. und 1555 ff.

1421

Neben praktischen Erwägungen sind für diese Zuweisungen vor allem demokratische und zum Teil auch föderalistische Motive massgebend, da der Bundesversammlung als Vertreterin des Volkes und der Stände gegenüber den beiden anderen Organen eine gewisse Vorrangstellung zukommt (vgl. Art. 148 Abs. 1 BV).

3. Rechtsetzungs- und Rechtsprechungskompetenzen des Bundesrates

Neben der Verwaltungstätigkeit und der Regierungsfunktion obliegen dem Bundesrat wichtige Rechtsetzungsbefugnisse. Seine Mitwirkung am Verfassungs- und Gesetzgebungsverfahren (vgl. N. 1675 ff.) und seine Kompetenz zum Erlass von Verordnungen (vgl. N. 1680 ff.) sind bedeutende, aber aus praktischen Überlegungen notwendige Durchbrechungen des Grundsatzes der organisatorischen Gewaltenteilung.

1422

Ausserdem übt der Bundesrat bei Entscheiden über Verwaltungsbeschwerden Rechtsprechungskompetenzen aus (vgl. N. 1683 f.).

Die Rechtsprechungsbefugnisse des Bundesrates waren früher viel umfangreicher; sie wurden im Lauf der Zeit zu Gunsten der Kompetenzen des Bundesgerichts durch den Ausbau der staatsrechtlichen Beschwerde und durch Schaffung der Verwaltungsgerichtsbarkeit stark eingeschränkt.

4. Verwaltungs- und Rechtsetzungskompetenzen des Bundesgerichts

Ausnahmen vom Grundsatz der organisatorischen Gewaltenteilung finden sich beim Bundesgericht nur in sehr beschränktem Ausmass. So erledigt das Bundesgericht einerseits seine eigene Verwaltung, die Justizverwaltung, selbst (Art. 188 Abs. 3 BV; Art. 11 Abs. 1 lit. a und b OG). Anderseits hat es auch gewisse Rechtsetzungskompetenzen (vgl. dazu N. 1752).

1423

§ 47 Bundesbehörden im Allgemeinen

> Literatur

JAAG TOBIAS (Hrsg.), Organisationsrecht, in: Schweizerisches Bundesverwaltungsrecht, Basel/Frankfurt a.M. 1996; LOMBARDI ALDO, Volksrechte und Bundesbehörden in der neuen Bundesverfassung, AJP 1999, 706 ff.; SÄGESSER THOMAS (Hrsg.), Die Bundesbehörden: Bundesversammlung – Bundesrat – Bundesgericht. Kommentar, Beiträge und Materialien zum 5. Titel der schweizerischen Bundesverfassung, Bern 2000; SEILER HANSJÖRG, Die Aufgabenverteilung zwischen Bundesversammlung und Bundesrat in der neuen Bundesverfassung – Ein Beitrag de constitutione ferenda, ZSR NF 115/I (1996) 3 ff.

Vgl. auch Literaturhinweise zu § 16 (Sprachenfreiheit).

> Rechtliche Grundlagen

– Bundesgesetz über die Verantwortlichkeit des Bundes sowie seiner Behördemitglieder und Beamten (Verantwortlichkeitsgesetz [VG]) vom 14. März 1958 (SR 170.32)
– Bundesgesetz über die Bundesversammlung (Parlamentsgesetz [ParlG]) vom 13. Dezember 2002 (SR 171.10)
– Regierungs- und Verwaltungsorganisationsgesetz (RVOG) vom 21. März 1997 (SR 172.010)
– Bundesgesetz über das Verwaltungsverfahren (VwVG) vom 20. Dezember 1968 (SR 172.021)
– Bundesgesetz über die Organisation der Bundesrechtspflege (Bundesrechtspflegegesetz [OG]) vom 16. Dezember 1943 (SR 173.110)

1424 Als Bundesbehörden sind alle Bundesorgane zu verstehen, die neben der Gesamtheit der Stimmberechtigten kraft Bundesrechts staatliche Funktionen ausüben. Wenn im Folgenden von Behördenmitgliedern die Rede ist, wird auf diesen weiten Begriff Bezug genommen.

In einem engeren Sinne bezeichnet die Bundesverfassung in ihrem 5. Titel als Bundesbehörden: die Bundesversammlung, den Bundesrat und die Bundesverwaltung sowie das Bundesgericht.

I. Sitz der Bundesbehörden

1. Allgemeines

1425 Der Sitz der Bundesbehörden wird von der Bundesgesetzgebung geregelt (Art. 164 Abs. 1 lit. g BV). Da die Eidgenossenschaft im Gegensatz zu den angelsächsischen

Das Bundesrathhaus in Bern.

Das Bundesrathhaus in Bern

Bei der Planung des Bundeshauses war sein Standort umstritten. Ein Gutachten aus dem Jahr 1850 warf diesbezüglich die Frage auf, ob «es zweckmässig sei, dem Bundesrathhaus eine Stellung anzuweisen, die sich gerade zu Privatbauten vorzüglich eignet und deren Veräusserung sich sehr gut rentieren müsste, oder ob dasselbe nicht eher an einem solchen Platz erbaut werden sollte, der voraussichtlich nicht zu Privatunternehmungen verwendet werden würde ...» Weiter spricht das Gutachten von einer eigentlichen «Platzverschwendung, infolge welcher für Privatbauten kein Platz übrigbleibt». Zum Schluss fordert es dazu auf, sich nicht «wollen bestimmen lassen, unter zwei Bauplätzen unbedingt den grandioseren anzunehmen».

Trotz dieser Einwände wurde das erste Bundeshaus am «grandioseren» der beiden zur Verfügung stehenden Bauplätze errichtet. Es bildet den Westflügel des heutigen Bundeshauses.

(Holzstich, Zentralbibliothek Zürich)

Bundesstaaten (USA, Kanada, Australien) für ihre Hauptstadt kein Territorium besitzt, das ausschliesslich Bundesgebiet ist, muss der Bund für den Sitz seiner Behörden Kantonsgebiet beanspruchen. Die Sicherung der Bundesbehörden gegen Eingriffe der kantonalen Staatsgewalt und die Regelung der Verantwortlichkeit der Kantone für das sich in ihrem Gebiet befindliche Eigentum der Eidgenossenschaft erfolgen durch das Regierungs- und Verwaltungsorganisationsgesetz (RVOG).

2. Sitz der Bundesversammlung

1426 Das Parlamentsgesetz (Art. 32 Abs. 1) bestimmt die Stadt Bern als Sitz der Bundesversammlung. Die Räte können beschliessen, ausnahmsweise an einem anderen Ort zu tagen (Art. 32 Abs. 2 ParlG).

3. Sitz des Bundesrates und der Bundeskanzlei

1427 Der Amtssitz des Bundesrates, seiner Departemente und der Bundeskanzlei ist gemäss Art. 58 RVOG die Stadt Bern.

4. Sitz des Bundesgerichts

1428 Bei der Errichtung des ständigen Bundesgerichts wurde Lausanne als dessen Sitz festgelegt (Art. 19 Abs. 1 OG). Das als organisatorisch selbständige Abteilung des Bundesgerichts ausgestaltete Eidgenössische Versicherungsgericht hat seinen Sitz in Luzern (Art. 124 OG). Der Sitz des Bundesstrafgerichts ist Bellinzona (Art. 4 Abs. 1 SGG); derjenige des Bundesverwaltungsgerichts wird St. Gallen sein (Art. 2 Abs. 1 Bundesgesetz über den Sitz des Bundesstrafgerichts und des Bundesverwaltungsgerichts, SR 173.72).

II. Verantwortlichkeit

1. Grundsatz

1429 Art. 146 BV bestimmt, dass der Bund für Schäden haftet, die seine Organe in Ausübung amtlicher Tätigkeiten widerrechtlich verursachen. Unter den Begriff «Organe» fallen alle Personen, denen die Ausübung eines öffentlichen Amtes des Bundes übertragen ist, also auch die Mitglieder von Bundesversammlung, Bundesrat und Bundesgericht. Für Voten allerdings, die in der Bundesversammlung oder ihren

Organen abgegeben werden, können die Mitglieder des Parlamentes (Art. 16 ParlG) und des Bundesrates sowie die Bundeskanzlerin (Art. 2 Abs. 2 VG) nicht zur Rechenschaft gezogen werden; in diesem Rahmen besteht Immunität. Vgl. N. 1609 ff.

Mit Inkrafttreten des Parlamentsgesetzes ist Art. 1 Abs. 1 lit. a VG weggefallen, womit die Mitglieder von National- und Ständerat – im Gegensatz zu den Mitgliedern von Bundesrat und Bundesgericht – dem Gesetzeswortlaut nach nicht mehr dem Verantwortlichkeitsgesetz unterstellt sind. Mit Ausnahme der vermögensrechtlichen Verantwortlichkeit (vgl. N. 1430a) finden sich nun die Verantwortlichkeitsbestimmungen für die Mitglieder der Bundesversammlung im Parlamentsgesetz.

2. Vermögensrechtliche Verantwortlichkeit

Die Behördenmitglieder haften für Schäden, die sie dem *Bund* durch vorsätzliche oder grobfahrlässige Verletzung der Dienstpflicht unmittelbar zufügen (Art. 8 VG).   1430

Für Schäden, die ein Behördenmitglied in Ausübung seiner amtlichen Tätigkeit einem *Dritten* widerrechtlich zufügt, haftet ausschliesslich der Bund (Art. 146 BV und Art. 3 VG), der aber seinerseits auf das betreffende Behördenmitglied Rückgriff nehmen kann, sofern dieses den Schaden vorsätzlich oder grobfahrlässig verschuldet hat (Art. 7 VG). Es besteht also keine direkte Verantwortlichkeit des Bundespersonals gegenüber geschädigten Dritten.

Dass die vermögensrechtliche Verantwortlichkeit des Bundes für Schäden, die ein National oder Ständerat in Ausübung seines Amtes einem Dritten widerrechtlich zufügt, mit Wegfall von Art. 1 Abs. 1 lit. a VG nicht mehr gesetzlich geregelt ist, dürfte Folge eines Versehens des Gesetzgebers sein, denn Art. 146 BV erfasst auch die Parlamentarier. Das Verantwortlichkeitsgsetz wird deshalb bezüglich der vermögensrechtlichen Verantwortlichkeit weiterhin auch auf die Bundesparlamentarier angewendet werden müssen.   1430a

3. Strafrechtliche Verantwortlichkeit

Die Mitglieder der Bundesbehörden unterstehen für Verbrechen und Vergehen, die sie in ihrer amtlichen Stellung verübt haben, einer strafrechtlichen Verantwortlichkeit (Art. 13 VG). Von Bedeutung sind dabei vor allem die Bestimmungen der Art. 312 ff. StGB betreffend die Amtsdelikte und Art. 322^{quater} ff. StGB betreffend Bestechung. Zu beachten sind dabei aber die strafprozessualen Verfolgungsprivilegien und die Immunität, die die Mitglieder von Bundesversammlung, Bundesrat und Bundesgericht sowie einige weitere, von der Bundesversammlung gewählte Amtsträger geniessen (Art. 17 ff. ParlG; Art. 61a RVOG; Art. 5a OG; Art. 2 Abs. 2 und 14 VG). Vgl. N. 1609 ff. und 1648 f.   1431

4. Disziplinarische Verantwortlichkeit

1432 Neben der strafrechtlichen und der vermögensrechtlichen Verantwortlichkeit sind die Behördenmitglieder für ihre Pflichtverletzungen einer disziplinarischen Verantwortlichkeit unterworfen (Art. 17 f. VG).

Für Mitglieder von Bundesrat und Bundesgericht ist eine solche disziplinarische Verantwortlichkeit mangels einer übergeordneten Disziplinarbehörde nicht gegeben. Hingegen werden Verstösse von Mitgliedern der Bundesversammlung gegen die Ordnungs- und Verfahrensvorschriften der Räte disziplinarisch geahndet (Art. 13 ParlG). Der Präsident des jeweiligen Rates kann nach erfolgter Mahnung dem fehlbaren Parlamentarier das Wort entziehen oder ihn für die restliche Dauer einer Sitzung ausschliessen. Bei schwer wiegenden Verstössen gegen die Ordnungs- und Verfahrensvorschriften oder bei einer Verletzung des Amtsgeheimnisses kann das zuständige Ratsbüro einen Verweis aussprechen oder das Ratsmitglied für maximal sechs Monate von seinen Kommissionen ausschliessen. Über Einsprachen des betroffenen Parlamentariers entscheidet jeweils der Rat.

5. Politische Verantwortlichkeit

1433 Eine weitere Verantwortlichkeit, die aber im Gegensatz zu den oben genannten Arten keinen rechtlichen Charakter hat, ist die politische Verantwortlichkeit der obersten Bundesbehörden, die ihren Ausdruck in den Erneuerungswahlen von National- und Ständerat und den Bestätigungswahlen von Bundesrat und Bundesgericht findet.

III. Ordensverbot

1434 Um die materielle, politische und moralische Unabhängigkeit schweizerischer Amtsträger gegen fremde Einflüsse zu wahren, wird in verschiedenen Bundesgesetzen (ParlG, RVOG, BPG, OG, Militärgesetz) das so genannte Ordensverbot statuiert, das früher in der Verfassung (Art. 12 aBV) enthalten war. Danach ist es den Mitgliedern der Bundesbehörden, dem Bundespersonal sowie den Angehörigen der Armee verboten, von ausländischen Regierungen Titel und Orden anzunehmen.

IV. Amtssprachen

Die Bundesverfassung unterscheidet zwischen Amts- und Landessprachen. Vgl. zu den Landessprachen Art. 4 BV sowie N. 511 und 516.

Amtssprachen des Bundes sind das Deutsche, Französische und Italienische. Zudem ist das Rätoromanische Amtssprache der Bundesbehörden im Verkehr mit Personen rätoromanischer Sprache (Art. 70 Abs. 1 BV).

Diese Sprachen dienen dem Verkehr zwischen Bürgern und Bundesorganen und – teilweise – der behördeninternen Kommunikation. Die Anerkennung als Amtssprache hat folgende Bedeutungen:

— Einerseits muss im Umgang mit den Bundesbehörden eine Amtssprache verwendet werden, anderseits besteht ein Anspruch der Bürger, mit den Bundesbehörden in der Muttersprache zu verkehren, sofern diese eine Amtssprache ist.

— Die Gesetzestexte werden in den Amtssprachen Deutsch, Französisch und Italienisch publiziert; diese drei Gesetzestexte sind gleichrangig (vgl. N. 95 f.).

— Bei der Wahl der Richterinnen und Richter des Bundesgerichts soll gemäss Art. 188 Abs. 4 BV auf eine Vertretung der Amtssprachen Rücksicht genommen werden. Mit der Justizreform soll diese Bestimmung fallengelassen werden, womit aber offensichtlich keine Rechtsänderung beabsichtigt ist.

1435

Eine besondere Stellung hat das *Rätoromanische*. 1938 wurde es durch die Revision von Art. 116 aBV als Landessprache anerkannt, ohne jedoch zur Amtssprache zu werden. Heute ist das Rätoromanische zu einer teilweisen Amtssprache des Bundes aufgewertet worden. Das Bundesgericht geht davon aus, dass ein Bundesgerichtsurteil über eine Beschwerde einer Gemeinde oder Person aus dem rätoromanischen Sprachgebiet gegen den Entscheid einer Instanz des Kantons Graubünden in Anwendung von Art. 116 Abs. 4 aBV i.V.m. Art. 37 Abs. 3 OG auf Rumantsch Grischun zu verfassen sei; dem in rätoromanischer Sprache eröffneten Urteil wird eine deutsche Übersetzung beigegeben (BGE 122 I 93, Corporaziun da vaschins da Scuol). Gemäss Art. 15 PublG werden Erlasse des Bundes von besonderen Tragweite als Einzelausgaben in rätoromanischer Sprache veröffentlicht.

1436

Die Kantone haben ihre eigenen Amtssprachen. Für den Verkehr der Bürger mit kantonalen Behörden sind diese *kantonalen Amtssprachen* massgebend (Art. 70 Abs. 2 BV).

1437

Vgl. für den Zusammenhang mit der Sprachenfreiheit N. 511 ff. und 516 ff.

2. Kapitel: Bundesversammlung

Allgemeine Literatur

AUBERT JEAN-FRANÇOIS, Die Schweizerische Bundesversammlung von 1848 bis 1998, Basel/Frankfurt a.M. 1998; KOMPETENZVERTEILUNG ZWISCHEN BUNDESVERSAMMLUNG UND BUNDESRAT, Bericht der von den Staatspolitischen Kommissionen der eidgenössischen Räte eingesetzten Expertenkommission vom 15. November 1995, BBl 1996 II 428 ff.; DAS PARLAMENT – «OBERSTE GEWALT DES BUNDES»?, Festschrift der Bundesversammlung zur 700-Jahr-Feier der Eidgenossenschaft, hrsg. von den Parlamentsdiensten, Bern/Stuttgart 1991; RIKLIN ALOIS, Das Schweizerische Parlament im internationalen Vergleich, Bern 1978; SCHMID GERHARD, Politische Parteien, Verfassung und Gesetz, Basel/Frankfurt a.M. 1981; VON WYSS MORITZ, Die Bundesversammlung als oberste Gewalt des Bundes, in: Thomas Gächter/Martin Bertschi (Hrsg.), Neue Akzente in der «nachgeführten» Bundesverfassung, Zürich 2000, S. 251 ff.; «ZUKUNFT DES PARLAMENTS», Schlussbericht der Studienkommission der eidgenössischen Räte vom 29. Juni 1978, BBl 1978 II 996 ff.; ZIMMERLI ULRICH, Bundesversammlung, in: Verfassungsrecht der Schweiz, § 66.

§ 48 Zweikammersystem

Literatur

JAAG TOBIAS, Die zweite Kammer im Bundesstaat, Funktion und Stellung des schweizerischen Ständerates, des deutschen Bundesrates und des amerikanischen Senats, Diss. Zürich 1976; MARTI URS, Zwei Kammern – ein Parlament: Ursprung und Funktion des schweizerischen Zweikammersystems, Frauenfeld 1990.

> Rechtliche Grundlagen

- Art. 148 Abs. 2, 156 und 157 BV (Art. 71 ff. aBV, insbesondere Art. 71, Art. 89 Abs. 1, Art. 92 aBV)
- Bundesgesetz über die Bundesversammlung (Parlamentsgesetz [ParlG]) vom 13. Dezember 2002 (SR 171.10)

I. Herkommen und Funktion des Zweikammersystems

Das Zweikammersystem hat seine *Wurzeln im englischen Staatsrecht des 14. Jahrhunderts*. Von England aus breitete es sich über die ganze Welt aus. Die Schweiz kannte bereits im Einheitsstaat der Helvetik zwei gesetzgebende Räte. In seiner heutigen Form übernahm sie das Zweikammersystem bei der Gründung des Bundesstaates 1848 nach dem *Vorbild der USA*. 1438

Das Zweikammersystem kann verschiedene Funktionen haben. Im Vordergrund steht die *bundesstaatliche Funktion*. Wie in den USA, in der Bundesrepublik Deutschland und in Österreich ermöglicht es auch in der Schweiz, dass im Parlament die eine Kammer – der Nationalrat – die Gesamtbevölkerung des Bundesstaates repräsentiert, die andere Kammer – der Ständerat – hingegen die Gliedstaaten, die Kantone. Diese Beteiligung der Kantone an der Willensbildung des Bundes ist ein wesentliches Element des schweizerischen Bundesstaates. 1439

Eine ursprünglich nicht beabsichtigte Funktion des Zweikammersystems liegt in der *Verbesserung der parlamentarischen Beratung*. Die Beratung in zwei verschieden zusammengesetzten Kammern und die Notwendigkeit, eine gemeinsame Lösung zu finden, führen oft zu einer gründlicheren Behandlung der Parlamentsgeschäfte und zu einer umsichtigeren Berücksichtigung der verschiedenen Gesichtspunkte. Übereilte Beschlüsse werden eher vermieden. Dies gilt auch für die Schweiz, wo der Ständerat oft als «chambre de réflexion» bezeichnet wird; er hat verschiedentlich zur Verbesserung der Beschlüsse der Bundesversammlung beigetragen. 1440

Dem Zweikammersystem kann auch die *Funktion der Gewaltenteilung innerhalb der Legislative* zukommen; es soll dadurch die Vorrangstellung der «Volkskammer» gedämpft werden, wie dies z.B. in der französischen Verfassung von 1958 der Fall ist (Hemmung der Assemblée Nationale durch den Senat). Im Gegensatz dazu bezeichnet die schweizerische Verfassung in Art. 148 Abs. 1 BV das Parlament als oberste Gewalt des Bundes und betont damit dessen überragende Stellung. 1441

II. Elemente des Zweikammersystems in der Schweiz

1442 Das Zweikammersystem ist je nach der Funktion, der es dient, und nach der politischen Tradition in den verschiedenen Ländern sehr unterschiedlich ausgestaltet.

1. Unterschiedliche Zusammensetzung der beiden Kammern

1443 Das Nebeneinander von zwei Kammern ist nur sinnvoll, wenn diese eine verschiedene Struktur und Zusammensetzung haben. Die Zusammensetzung von National- und Ständerat regelt das Bundesrecht. Für das *Wahlrecht* bestehen dagegen *unterschiedliche Rechtsgrundlagen:* Während das Bundesrecht die Nationalratswahlen ordnet, erfolgen die Wahlen in den Ständerat nach kantonalem Recht.

1444 Dazu kommt eine *unterschiedliche Repräsentationsbasis:* Die Nationalräte vertreten die Gesamtbevölkerung der Schweiz (Art. 149 Abs. 1 und 4 BV); die Ständeräte repräsentieren die Kantone (Art. 150 Abs. 1 BV). Der Nationalrat verwirklicht also das *demokratische Prinzip,* das eine Verteilung der Sitze nach Bevölkerungszahl fordert, während beim Ständerat das *föderalistische Prinzip* zu einer gleichmässigen Verteilung der Sitze auf alle Kantone führt.

1445 Dass alle Kantone ohne Rücksicht auf ihre Bevölkerungszahl in gleicher Weise im Ständerat vertreten sind, hat *Kritik am Zweikammersystem* laut werden lassen. Der heutigen Regelung wird vorgeworfen, sie sei undemokratisch und die Zusammensetzung des Ständerates weiche oft krass von der parteipolitischen Zusammensetzung des Schweizervolkes ab, da den konservativen Kräften aus den kleinen Kantonen ein viel zu starkes Gewicht zukomme. Diese Kritik übersieht aber, dass der Ständerat gerade eben das demokratische Prinzip, das die Zusammensetzung des Nationalrates bestimmt, durch das föderalistische Prinzip ergänzen und nicht etwa einfach wiederholen will. Das bundesstaatliche Prinzip würde es allerdings nicht grundsätzlich ausschliessen, dass bei der Zusammensetzung des Ständerates in beschränktem Rahmen auf die Bevölkerungszahl der Kantone Rücksicht genommen wird, ähnlich wie dies für die Länderkammer in der Bundesrepublik Deutschland angeordnet ist (Art. 51 Abs. 2 GG).

2. Gleichberechtigung der beiden Kammern

1446 Das Zweikammersystem ist nur dort voll verwirklicht, wo die beiden Kammern einander gleichgestellt sind. In der Schweiz sind National- und Ständerat in jeder Beziehung gleichberechtigt (Art. 148 Abs. 2 BV).

a) Gleiche Sachkompetenzen von Nationalrat und Ständerat

Die Kompetenzen der Bundesversammlung werden in Art. 163 ff. BV aufgeführt. Sämtliche Sachkompetenzen kommen beiden Räten zu. Allerdings bestimmt das Parlamentsgesetz, dass jeder Rat sein eigenes Reglement erlässt (Art. 36 ParlG).   1447

Das ist in der *Bundesrepublik Deutschland,* in Österreich und in den USA anders. Der deutsche Bundesrat, die Länderkammer, ist beim Erlass von Bundesgesetzen nicht gleichberechtigt, weil nur bestimmte Gesetze seiner Zustimmung bedürfen (vgl. als Beispiel Art. 105 Abs. 3 GG). Er hat anderseits Kompetenzen, die dem Bundestag nicht zustehen. So kann die Bundesregierung bei der Ausführung von Bundesgesetzen durch die Länder allgemeine Verwaltungsvorschriften nur mit Zustimmung des Bundesrates erlassen (Art. 84 Abs. 2 GG) und dieser kann bei gewissen Entscheidungen der Bundesregierung mitwirken (vgl. z.B. Art. 37 GG).   1448

In den *Vereinigten Staaten von Amerika* ist der Senat eine vollberechtigte Kammer in der Gesetzgebung; es steht ihm darüber hinaus aber auch ein Mitspracherecht beim Abschluss von Staatsverträgen und bei der Ernennung der obersten Beamten und Richter zu (Art. II, section 2, clause 2 der Verfassung der USA); beim Impeachment-Verfahren tritt der Senat als Richter, das Repräsentantenhaus als Ankläger auf (Art. I, section 2, clause 5 und section 3, clause 6).   1449

b) Gleichstellung im Geschäftsgang der Bundesversammlung

National- und Ständerat sind in dem von der Bundesversammlung zu befolgenden Verfahren gleichberechtigt. Ein Viertel der Mitglieder jedes Rates kann die Einberufung der Räte zu einer ausserordentlichen Session verlangen (Art. 151 Abs. 2 BV). Ferner haben beide Räte das gleiche Antragsrecht (Art. 160 Abs. 1 BV) und können in gleicher Weise Stellung nehmen zu Anträgen des Bundesrates, zu Standesinitiativen und zu Volksinitiativen. Keiner der beiden Räte hat bei der Geschäftsbehandlung Anspruch auf Priorität. Über die Zuweisung eines Geschäfts an einen Rat zur Erstbehandlung entscheiden die Ratspräsidenten; ist eine Einigung nicht möglich, so entscheidet das Los (Art. 84 Abs. 2 ParlG).   1450

c) Erfordernis der Zustimmung beider Kammern für Beschlüsse

Ein Parlamentsbeschluss kommt nur bei Zustimmung beider Räte zustande (Art. 156 Abs. 2 BV, Art. 83 Abs. 1 ParlG). Wenn unterschiedliche Beschlüsse gefasst werden, wird das Differenzbereinigungsverfahren (Art. 89 ff. ParlG; vgl. N. 1604) eingeleitet. Führt auch dieses zu keiner Einigung, kommt ein Entscheid nicht zustande.   1451

Im Gegensatz dazu ist die Länderkammer in der *Bundesrepublik Deutschland* und in *Österreich* in der Beschlussfassung nicht gleichberechtigt mit der ersten Kammer: Bei vielen Gesetzen hat die Länderkammer – der deutsche bzw. der österreichische Bundesrat – nur die Möglichkeit einer Einsprache, die durch einen nochmaligen Beschluss der ersten Kammer – des Bundestages in Deutschland bzw. des   1452

Nationalrates in Österreich – überwunden werden kann (vgl. Art. 77 GG für die Bundesrepublik Deutschland und Art. 42 des Bundes-Verfassungsgesetzes Österreichs).

3. Getrennte Beratung in beiden Kammern

1453 Gemäss Art. 156 Abs. 1 BV verhandeln die beiden Räte in getrennten Beratungen. Dies ist eine Voraussetzung des Zweikammersystems. Abgesehen von gewissen Sonderregelungen stellt jeder Rat seine eigenen Kommissionen auf (vgl. N. 1570 ff.).

1454 Eine Ausnahme vom Grundsatz der getrennten Beratung besteht bei jenen Geschäften, für welche die Bundesverfassung vorsieht, dass beide Räte sich zu einer gemeinsamen Verhandlung zusammenschliessen (Art. 157 BV). In diesen Fällen finden in der *Vereinigten Bundesversammlung* unter der Leitung des Präsidenten des Nationalrates gemeinsame Beratung und Beschlussfassung statt (vgl. N. 1506 ff.).

§ 49 Nationalrat

> Literatur

GARONNE PIERRE, L'élection populaire en Suisse: étude des systèmes électoraux et de leur mise en œuvre sur le plan fédéral et dans les cantons, Diss. Genève 1990; GRUNER ERICH, Die Wahlen in den schweizerischen Nationalrat, 1848–1919, 4 Bde., Bern 1978; HOMBERGER HANS-ULRICH, Art. 91 BV: «Die Mitglieder beider Räte stimmen ohne Instruktionen», Eine rechtsdogmatische und rechtspolitische Untersuchung, Diss. Zürich 1973; POLEDNA TOMAS, Wahlrecht im Bund, in: Verfassungsrecht der Schweiz, § 22; SCHMID BENNO, Die Listenverbindung im schweizerischen Proportionalwahlrecht, Diss. Zürich 1961; SCHMID GERHARD, Das freie Mandat der Mitglieder der Bundesversammlung – Überlegungen zu Art. 91 BV, ZSR NF 93/I (1974) 471 ff.

> Rechtliche Grundlagen

– Art. 136, 143–145, 149 und 152 BV (Art. 72–79 aBV)
– Bundesgesetz über die politischen Rechte (BPR) vom 17. Dezember 1976 (SR 161.1), Art. 16 ff.
– Verordnung über die politischen Rechte vom 24. Mai 1978 (SR 161.11), Art. 7 ff.
– Verordnung über die Sitzverteilung bei der Gesamterneuerung des Nationalrates vom 3. Juli 2002 (SR 161.12)
– Geschäftsreglement des Nationalrates (GRN) vom 3. Oktober 2003 (SR 171.13)

> Materialien

– Botschaft des Bundesrates über eine Teiländerung der Bundesgesetzgebung über die politischen Rechte vom 1. September 1993, BBl 1993 III 445 ff.

I. Zusammensetzung des Nationalrates

1. Nationalrat als Volksvertretung

Im Zweikammersystem stellt der Nationalrat die eigentliche Volksvertretung dar. Seine Mitglieder repräsentieren im Gegensatz zum Ständerat nicht einzelne Landesteile oder Bevölkerungsgruppen, sondern die *Gesamtbevölkerung der Schweiz*.

1455

2. Feste Zahl von 200 Sitzen (Art. 149 Abs. 1 BV)

1456 Die Bundesverfassung von 1874 bestimmte wie ihre Vorgängerin von 1848, dass auf 20 000 Einwohner ein Mitglied des Nationalrates zu wählen sei. Diese *Verteilungszahl* wurde 1931 auf 22 000 und 1950 auf 24 000 Einwohner erhöht. Da das schnelle Anwachsen der Bevölkerung zu einer stetigen Vergrösserung der Sitzzahl führte oder aber regelmässig Anpassungen der Verfassungsbestimmung über die Verteilungszahl notwendig machte, wurde 1962 Art. 72 aBV neu formuliert und eine *feste Zahl* von 200 Sitzen eingeführt. So ist dies nun auch in Art. 149 Abs. 1 BV geregelt.

3. Verteilung der Sitze auf die Kantone (Art. 149 Abs. 4 BV; Art. 16 f. BPR)

1457 Gemäss 149 Abs. 4 BV werden die 200 Sitze nach der Bevölkerungszahl auf die Kantone verteilt. Es wird also auf die *Wohnbevölkerung* abgestellt; die Ausländer werden mitgezählt. Die Verfassung schreibt sodann vor, dass jeder Kanton Anspruch auf mindestens einen Sitz hat.

Für die Ermittlung der Wohnbevölkerung ist das Ergebnis der letzten Volkszählung des Bundes massgeblich; die Verteilung der Sitze auf die Kantone und Halbkantone regelt der Bundesrat nach jeder Volkszählung in einer Verordnung. Gemäss der heute geltenden Verordnung vom 3. Juli 2002 (SR 161.12) verfügen sechs Kantone über nur je einen Nationalratssitz, nämlich Uri, Obwalden, Nidwalden, Glarus, Appenzell Ausserrhoden und Appenzell Innerrhoden. Die meisten Sitze entfallen auf die Kantone Zürich (34), Bern (26) und Waadt (18).

II. Wahlberechtigung (Art. 136 BV)

Vgl. N. 1364 ff.

III. Wählbarkeit (Art. 143 i.V.m. Art. 136 Abs. 1 BV)

1458 Die Wählbarkeit als Nationalrat setzt das Schweizer Bürgerrecht und das zurückgelegte 18. Altersjahr voraus (Art. 136 Abs. 1 BV). Ausgeschlossen ist, wer wegen Geisteskrankheit oder Geistesschwäche entmündigt (Art. 136 Abs. 1 BV) oder wer vom Richter nach Art. 51 StGB für amtsunfähig erklärt worden ist.

Gemäss Praxis und Lehre sind *nicht erforderlich* der *Wohnsitz in der Schweiz* und die Eintragung im Stimmregister. Auslandschweizer sind also in den Nationalrat auch dann wählbar, wenn sie nicht im Stimmregister einer schweizerischen Gemeinde eingetragen sind. Im Gegensatz zur Bundesverfassung von 1848 wird nicht mehr verlangt, dass neu Eingebürgerte das Schweizer Bürgerrecht während einer bestimmten Zahl von Jahren besitzen. Da die Regelung von Art. 143 i.V.m. Art. 136 Abs. 1 BV abschliessend ist, darf der Gesetzgeber keine zusätzlichen Wählbarkeitsvoraussetzungen aufstellen. So bedürfte beispielsweise die Einführung einer oberen Altersgrenze oder einer Amtszeitbeschränkung einer Verfassungsänderung.

1459

IV. Unvereinbarkeit

1. Unterschied zur fehlenden Wählbarkeit

Vom Fehlen der Wählbarkeit ist die Unvereinbarkeit zu unterscheiden. Wenn die Wählbarkeit nicht gegeben ist, kommt keine gültige Wahl zustande. Im Fall der Unvereinbarkeit ist die Wahl zwar gültig, aber der Gewählte kann sein Mandat nur ausüben, wenn er den Unvereinbarkeitsgrund beseitigt (Art. 18 BPR).

1460

2. Unvereinbarkeit mit anderen Bundesämtern

Aus dem Zweikammersystem und dem Grundsatz der personellen Gewaltenteilung ergibt sich eine Reihe von Unvereinbarkeitsgründen. Gemäss Art. 144 Abs. 1 BV dürfen die Mitglieder des Nationalrates weder dem Ständerat noch dem Bundesrat angehören und auch nicht Richter am Bundesgericht sein. Weitere Unvereinbarkeiten sind auf Gesetzesstufe festzulegen. Vgl. N. 1414.

1461

> Die früher bestehende Unvereinbarkeit von geistlichem Amt und
> Nationalratsmandat (Art. 75 aBV) wurde in der neuen Bundesverfassung beseitigt.

3. Bedeutung der Unvereinbarkeitsbestimmungen des kantonalen Rechts

Die Kantone sehen in ihrer Verfassung und Gesetzgebung verschiedentlich vor, dass das Nationalratsmandat mit bestimmten kantonalen Ämtern nicht vereinbar ist. Art. 63 Abs. 3 der Zürcher Kantonsverfassung vom 27. Februar 2005 (SR 131.211) verbietet, dass mehr als zwei Mitglieder des Regierungsrates den eidgenössischen Räten angehören. Und § 88 Abs. 2 der Aargauer Kantonsverfassung vom 25. Juni 1980 (SR 131.227) gestattet sogar nur einem Regierungsmitglied die Zugehörigkeit zur Bundesversammlung. Derartige Vorschriften zeitigen nur auf kantonaler Ebene

1462

Rechtswirkungen. Sie können den Gewählten nur zur Niederlegung des kantonalen Amtes, nicht aber des Nationalratsmandats zwingen; die Unvereinbarkeitsgründe für den Nationalratssitz sind im Bundesrecht abschliessend geregelt.

V. Wahlverfahren

1. Direkte Wahl (Art. 149 Abs. 2 BV)

1463 Die Bundesverfassung schreibt vor, dass das Volk die Mitglieder des Nationalrates in direkter Wahl bestimmt und nicht etwa nur Wahlmänner wählt.

2. Verhältniswahlverfahren (Art. 149 Abs. 2 BV)

1464 Für die Regelung der Wahl der Mitglieder eines Parlaments bieten sich *verschiedene Wahlsysteme* an. Im Vordergrund stehen Majorz und Proporz. Beim *Majorz- oder Mehrheitswahlsystem* geben die Wähler ihre Stimme für einen bestimmten Kandidaten ab; gewählt sind die Kandidaten, die – in einem der verschiedenen Einerwahlkreise oder im Einheitswahlkreis – die höchste Stimmenzahl erreicht (relatives Mehr) oder mehr als die Hälfte der abgegebenen Stimmen auf sich vereinigt haben (absolutes Mehr), wobei im letzteren Fall ein zweiter Wahlgang mit relativem Mehr notwendig ist, wenn das absolute Mehr nicht erreicht worden ist. So gilt für die Wahl der Abgeordneten des britischen Unterhauses ein reines Mehrheitswahlsystem mit Einerwahlkreisen, wobei das relative Mehr genügt; wer in einem Wahlkreis am meisten Stimmen erhält, ist gewählt («first-pass-the post»). In Frankreich dagegen, wo die Wahl der Mitglieder der Nationalversammlung ebenfalls nach Majorzsystem in Einerwahlkreisen stattfindet, muss sich ein Kandidat einem zweiten Wahlgang unterziehen, falls er im ersten Wahlgang das absolute Mehr verfehlt.

1465 Beim *Proporz- oder Verhältniswahlsystem* werden die Sitze des Parlaments auf die verschiedenen Parteien im Verhältnis der Stimmen verteilt, welche für die Parteien oder ihre Kandidaten abgegeben worden sind. Der Wähler gibt seine Stimme der Liste einer Partei, auf der die Namen mehrerer Kandidaten stehen. So wird der österreichische Nationalrat nach dem System der Verhältniswahl gewählt. Bei der Wahl des deutschen Bundestages gilt ein Proporzsystem, das mit Elementen des Majorz verbunden ist.

1466 Die *Bundesverfassung von 1874* hatte ursprünglich offen gelassen, ob für die Nationalratswahlen das Majorz- oder das Proporzverfahren zum Zug kommen sollte. Vor 1919 ordnete die Bundesgesetzgebung das Majorzsystem an, wobei im ersten Wahlgang als gewählt galt, wer in seinem Wahlkreis die absolute Mehrheit erreichte; in einem allfälligen zweiten Wahlgang entschied das relative Mehr.

Nach gescheiterten Versuchen in den Jahren 1900 und 1910 brachte die *Verfassungsrevision von 1918* eine Änderung: In der Volksabstimmung vom 13. Oktober 1918 wurde entgegen der Stellungnahme von Bundesrat und Bundesversammlung mit grossem Volks- und Ständemehr eine Volksinitiative gutgeheissen, die durch eine Revision von Art. 73 aBV (= Art. 149 Abs. 2 BV) das Proporzverfahren – das zuvor in vielen Kantonen verwirklicht worden war – im Bund einführte.

Das Verhältniswahlverfahren ermöglicht es, dass die Verteilung der Nationalratssitze besser dem effektiven Stärkeverhältnis der Parteien entspricht, was der Opposition und den kleinen Parteien zugute kommt.

3. **Wahlkreise** (Art. 149 Abs. 3 BV)

Da die Bundesverfassung *jeden Kanton* zu einem Wahlkreis macht, zerfällt die Schweiz in 26 Wahlkreise. Dadurch wird der Proporzgedanke in kleineren Kantonen verfälscht. Nur in den sieben Kantonen mit neun und mehr Sitzen reichen 10% der Stimmen für ein Mandat, in den übrigen Kantonen bleiben diese Stimmen unberücksichtigt. Zu Recht spricht POLEDNA deshalb davon, dass der Nationalrat faktisch in einem *Mischwahlsystem* gewählt werde (POLEDNA, Wahlrecht im Bund, § 22 Rz. 6). In der Schweiz besteht also *kein bundesweiter Proporz,* wie er in der Bundesrepublik Deutschland Geltung hat (§§ 6 f. des Bundeswahlgesetzes).   1467

4. **Wahlvorschläge** (Art. 21–33 BPR)

Das kantonale Recht legt fest, bei welcher Behörde die *Wahlvorschläge* einzureichen sind; ferner bestimmt es – im Rahmen von Art. 21 BPR – den Wahlanmeldeschluss. Ein Wahlvorschlag darf höchstens so viele Kandidaten aufführen, als im Wahlkreis Nationalräte zu wählen sind (Art. 22 Abs. 1 BPR). Jeder Wahlvorschlag muss von Stimmberechtigten des betroffenen Wahlkreises unterzeichnet sein. Die verlangte Unterschriftenzahl (hundert bis vierhundert) hängt von der Anzahl Nationalratssitzen des betreffenden Kantons ab (Art. 24 BPR).   1468

Die *Nichtzulassung von mehrfach Vorgeschlagenen* (Art. 27 BPR) bedeutet, dass der gleiche Kandidat nicht zugleich in mehreren Wahlvorschlägen eines Wahlkreises oder in mehreren Wahlkreisen auftreten darf. Diese Einschränkung gilt seit 1939 und ist auf einen Vorfall aus dem Jahr 1935 zurückzuführen: Bei jenen Nationalratswahlen liess sich Gottlieb Duttweiler gleichzeitig in den Kantonen Zürich, Bern und St. Gallen portieren und wurde in allen drei Kantonen gewählt. Die Bundeskanzlei darf nur einen Wahlvorschlag gelten lassen: jenen, der zuerst bei ihr eintrifft, wobei das Los entscheidet, wenn mehrere Wahlvorschläge gleichzeitig eintreffen (Art. 8d Abs. 2 der Verordnung über die politischen Rechte).   1469

1470 Die Stimmberechtigten des Wahlkreises können die Wahlvorschläge und die Namen der Unterzeichner einsehen (Art. 26 BPR). Die Kantonsregierung sorgt bei Mängeln der Wahlvorschläge für deren *Bereinigung* und ordnet die *Veröffentlichung der Listen* im kantonalen Amtsblatt an (Art. 29 f., 32 BPR).

1471 *Listenverbindungen* sind zugelassen (Art. 31, 42 BPR): Die zwei oder mehreren Listen, die miteinander verbunden sind, werden bei der Verteilung der Mandate zunächst wie eine einzige Liste behandelt. Dies verbessert für kleinere Parteien die Aussicht, überhaupt einen Sitz zu erhalten.

1472 Zulässig ist, dass eine Partei in einem Kanton gleichzeitig verschiedene *regionale Listen* einreicht. Grössere Parteien versprechen sich davon einen Stimmenzuwachs, da sie auf diese Weise mehr Kandidaten vorschlagen können und gestützt auf die Verbindung der regionalen Listen nicht den Nachteil der Stimmenzersplitterung befürchten müssen. Vgl. Art. 37 Abs. 2 BPR.

1473 Bei der Listenwahl ergibt sich eine *starke Stellung der politischen Parteien*. Diese entscheiden über die Aufnahme der Kandidaten und über ihre Reihenfolge auf der Liste. Die politischen Parteien werden ihrer grossen politischen Bedeutung entsprechend ausdrücklich in der Verfassung erwähnt (Art. 137, 147 BV).

5. Wahlakt (Art. 34–38 BPR)

1474 Die Nationalratswahlen folgen dem *System der Listenwahl:* Der Wähler kann so vielen Kandidaten seine Stimme geben, als in seinem Wahlkreis Sitze zu vergeben sind; er kann aber nur für solche Kandidaten stimmen, deren Name auf einer der Listen seines Wahlkreises steht (Art. 37 Abs. 3 BPR).

1475 Es werden nur *amtliche Stimmzettel* zugelassen; Wahlzettel, die nicht amtlich sind, sind ungültig (Art. 38 Abs. 1 lit. b BPR).

1476 Das System der Listenwahl bedeutet nun aber nicht, dass der Wähler die von ihm gewählte Liste unverändert einlegen muss. Der Wähler kann panaschieren und kumulieren. *Panaschieren* bedeutet, dass der Wähler auf einem vorgedruckten Wahlzettel Namen streichen und statt dessen Namen aus anderen Listen seines Wahlkreises eintragen kann (Art. 35 Abs. 2 BPR). Von *Kumulieren* spricht man, wenn der Name einer Kandidatin oder eines Kandidaten auf dem Wahlzettel zweimal aufgeführt wird (Art. 35 Abs. 3 BPR). Dem Wähler steht auch ein amtlicher *Wahlzettel ohne Vordruck* zur Verfügung, auf den er die Namen von Kandidaten aus allen Listen seines Wahlkreises nach freier Wahl setzen kann (Art. 35 Abs. 1 BPR). Entsprechend ihrer individualistischen Grundhaltung machen Schweizerinnen und Schweizer umfangreichen Gebrauch von der Möglichkeit der Abänderung der Wahlzettel.

1477 Wenn der Wähler den Wahlzettel abändert oder den Wahlzettel ohne Vordruck ausfüllt, müssen alle *Eintragungen handschriftlich* sein, sonst ist der Wahlzettel ungültig (Art. 38 Abs. 1 lit. c BPR).

6. Ermittlung der Ergebnisse

a) Ermittlung der Partei- oder Listenstimmen

Für die Feststellung der Stimmen, die einer Liste gutgeschrieben werden, gilt das *System der Einzelstimmenkonkurrenz:* Eine Partei oder Liste erhält so viele Stimmen, als Kandidaten von ihr Stimmen erhalten haben; gezählt wird auch die Stimme, die ein Kandidat durch Panaschieren auf einer «fremden» Liste erhält. Leere Linien auf einer Liste werden als Zusatzstimmen für diejenige Liste dazugezählt, deren Bezeichnung am Kopf des Wahlzettels angegeben ist (Art. 37 Abs. 1 BPR). Die Nationalratswahlen folgen also nicht dem System der Listenstimmenkonkurrenz, bei dem die Partei alle Stimmen erhält, wenn der Wähler ihre Liste einlegt.

1478

b) Verteilung der Mandate auf die Parteien oder Listen (Art. 40–42 BPR)

Aus dem Prinzip des Proporzes ergibt sich der Grundsatz, dass jede Partei Anspruch auf so viele der im betreffenden Wahlkreis zu verteilenden Mandate hat, als dem Verhältnis ihrer Parteistimmenzahl zur Gesamtzahl der gültigen Stimmen entspricht. Art. 40 f. BPR bestimmen das mathematische Verfahren, das für die Verteilung der Sitze auf die verschiedenen Parteien zu befolgen ist (sog. Methode Hagenbach-Bischoff). Vgl. als Beispiel die Verteilung der Sitze bei den Nationalratswahlen vom 19. Oktober 2003 im Bericht des Bundesrates an den Nationalrat über die Nationalratswahlen für die 47. Legislaturperiode vom 5. November 2003, BBl 2003, 7429 ff.

1479

Da in der Schweiz nicht das parlamentarische Regierungssystem herrscht, bei dem die Regierung auf eine solide Mehrheit im Parlament angewiesen ist, trifft die Regelung der Nationalratswahlen keine Vorkehrungen, um Splitterparteien zu vermeiden. Eine Sperrklausel, wie sie z.B. die Bundesrepublik Deutschland kennt – Parteien, die weniger als 5% der Parteistimmen im ganzen Wahlgebiet erhalten oder nicht in mindestens drei Wahlkreisen einen Sitz errungen haben, sind im Bundestag nicht vertreten (§ 6 Abs. 6 des Bundeswahlgesetzes) –, ist dem Bund fremd. Vgl. aber N. 1467.

1480

c) Ermittlung der Gewählten und der Ersatzleute (Art. 43 BPR)

Um die Gewählten und ihre Ersatzleute zu bestimmen, müssen die Kandidatenstimmen ermittelt werden. Auf jeder Liste sind – im Rahmen der von der Liste erzielten Mandate – die Kandidaten gewählt, die am meisten Stimmen erhalten haben. Die nicht gewählten Kandidaten sind Ersatzleute in der Reihenfolge der erzielten Stimmenzahl.

1481

7. Nachrücken (Art. 55 BPR)

1482 Wenn ein Mitglied des Nationalrates vor Ablauf der Amtszeit infolge Todes oder vorzeitigen Rücktritts ausscheidet, erklärt die zuständige Kantonsregierung den ersten Ersatzmann von der gleichen Liste als gewählt.

8. Ergänzungswahl (Art. 56 BPR)

1483 Eine Ergänzungswahl findet nur in den sehr seltenen Fällen statt, da ein Sitz nicht durch Nachrücken besetzt werden kann. Das Verfahren wird durch Art. 56 BPR geregelt.

9. Stille Wahl (Art. 45 BPR)

1484 Wenn in einem Wahlkreis die verschiedenen Listen zusammen nicht mehr Kandidaten aufstellen, als Sitze zu vergeben sind, so erklärt die Kantonsregierung alle Kandidaten als gewählt. Auch bei einer Ergänzungswahl kann es zu einer stillen Wahl kommen.

10. Wahl in Kantonen mit nur einem Mandat (Art. 47–51 BPR)

1485 Gegenwärtig wird in sechs Kantonen nur je ein Mitglied in den Nationalrat gewählt (vgl. N. 1457). Hier kann das Proporzverfahren nicht zum Zug kommen; es gilt das System der *Mehrheitswahl,* wobei das *relative Mehr* entscheidet: Gewählt ist, wer am meisten Stimmen erhält. Das kantonale Recht kann eine stille Wahl vorsehen, wenn nur eine Kandidatur gültig angemeldet wird (Art. 47 BPR). Scheidet in einem solchen Kanton der im Amt stehende Nationalrat vorzeitig aus, so gilt das Verfahren von Art. 47 ff. BPR auch für die Ersatzwahl (Art. 51 BPR).

VI. Amtsdauer und Legislaturperiode
(Art. 145 und 149 Abs. 2 Satz 2 BV)

1486 Die Mitglieder des Nationalrates werden auf eine *Amtsdauer von vier Jahren* gewählt. Es gilt das *System der festen Legislaturperiode.* Auf den Zeitpunkt des Ablaufs der Legislaturperiode erfolgt jeweils eine *Gesamterneuerung* des Nationalrates.

1487 Nur für einen Fall kennt die Bundesverfassung eine Ausnahme von der festen Legislaturperiode. Wenn die Frage, ob eine Totalrevision der Bundesverfassung an die Hand zu nehmen sei oder nicht, vom Volk in einer Abstimmung bejaht wird, findet eine *ausserordentliche Gesamterneuerung* statt – National- und Ständerat sind neu zu wählen (Art. 193 Abs. 3 BV; vgl. N. 1774).

Abgesehen von dieser Sonderregelung besteht *keine Möglichkeit der Auflösung des Nationalrates*. Dieser kann weder durch die Exekutive aufgelöst werden – wie das in der Bundesrepublik Deutschland, in Österreich, Grossbritannien, Frankreich und Italien möglich ist –, noch kann er sich selbst auflösen. 1488

VII. Konstituierung des Nationalrates und Bestellung des Ratsbüros

Bevor der Nationalrat seine Tätigkeit aufnehmen kann, hat er sich zu konstituieren. Dazu beschliesst der Rat über die Gültigkeit der Wahl der einzelnen Mitglieder. Nach der *Konstituierung des Nationalrates* hat jedes Mitglied den Eid oder das Gelübde abzulegen (Art. 3 ParlG). Die Konstituierung wird durch Art. 1–5 des Geschäftsreglements des Nationalrates (GRN) geregelt. 1489

Für die Führung der Verhandlungen und gewisse administrative Aufgaben wählt der Nationalrat ein *Ratsbüro*. Vgl. zur Zusammensetzung und zu den Aufgaben des Büros N. 1567 ff. 1490

§ 50 Ständerat

Literatur

HEGER MATTHIAS, Deutscher Bundesrat und Schweizer Ständerat: Gedanken zu ihrer Entstehung, ihrem aktuellen Erscheinungsbild und ihrer Rechtfertigung, Berlin 1990; HOMBERGER HANS-ULRICH, Art. 91 BV: «Die Mitglieder beider Räte stimmen ohne Instruktionen», Eine rechtsdogmatische und rechtspolitische Untersuchung, Diss. Zürich 1973; JAAG TOBIAS, Die zweite Kammer im Bundesstaat, Funktion und Stellung des schweizerischen Ständerates, des deutschen Bundesrates und des amerikanischen Senats, Diss. Zürich 1976; VON WYSS MORITZ, Die Namensabstimmung im Ständerat, in: Nachdenken über den demokratischen Staat und seine Geschichte, Beiträge für Alfred Kölz (hrsg. von Isabelle Häner), Zürich 2003, S. 23 ff.

Rechtliche Grundlagen

– Art. 144 Abs. 1, 150 und 152 BV (Art. 80–83 aBV)
– Geschäftsreglement des Ständerates (GRS) vom 20 Juni 2003 (SR 171.14)
– Bundesgesetz über Bezüge und Infrastruktur der Mitglieder der eidgenössischen Räte und über die Beiträge an die Fraktionen (Parlamentsressourcengesetz [PRG]) vom 18. März 1988 (SR 171.21)
– kantonales Recht

I. Ständerat als «Repräsentation» der Kantone

1491 Der Ständerat ist das föderalistische Element im schweizerischen Zweikammersystem. Durch ihn sind die Kantone an der Willensbildung des Bundes beteiligt. Der Ständerat stellt in dieser Hinsicht einen *wesentlichen Bestandteil des bundesstaatlichen Systems* der Schweiz dar (vgl. N. 934 ff.).

1492 Der Ständerat ist dabei *keine Vertretung der Kantone im juristischen Sinn.* Das Instruktionsverbot von Art. 161 Abs. 1 BV gilt auch für die Ständeräte. Sie sind wie die Mitglieder des Nationalrates selbstverantwortliche Parlamentarier des Bundes und den kantonalen Behörden nicht verpflichtet. Man kann höchstens von einer *politischen Repräsentation der Kantone* sprechen. Dies vor allem im Hinblick darauf, dass alle Kantone gleich viele Mitglieder in den Ständerat entsenden und dass die Regelung der Ständeratswahlen Sache der Kantone ist (Art. 150 Abs. 3 BV). Im Übrigen werden im Ständerat «vor allem auch Anliegen der verschiedenen *Regionen,* unterschiedlicher (Sprach-)*Minderheiten,* der Berggebiete und in jüngster Zeit vermehrt auch der Grossagglomerationen geltend gemacht» (RHINOW, Rz. 2094). Die Ratskultur wird stärker durch Konzilianz und kollegiale Homogenität als durch parteipolitische Auseinandersetzungen, wie sie im Nationalrat üblich sind, geprägt. Die Entschädigung der Ständeräte erfolgt durch den Bund (Art. 1 Abs. 2 PRG).

Anders ist die Rechtsstellung der Mitglieder der *Länderkammer in der Bundesrepublik Deutschland:* Der deutsche Bundesrat setzt sich aus Mitgliedern der Länderregierungen zusammen (Art. 51 GG). Sie sind – zwar wird dies vom Bonner Grundgesetz nicht ausdrücklich festgelegt, ergibt sich aber durch Auslegung – weisungsgebundene Vertreter der Länder. 1493

II. Zusammensetzung des Ständerates (Art. 150 Abs. 1 und 2 BV)

Seit der durch die Gründung des Kantons Jura bedingten Verfassungsrevision von 1978 besteht der Ständerat aus 46 Mitgliedern. Es gilt der – allerdings für die Kantone mit halber Standesstimme modifizierte – *Grundsatz der Gleichheit der Kantone:* Die Kantone Obwalden und Nidwalden, Basel-Stadt und Basel-Landschaft sowie Appenzell Ausserrhoden und Appenzell Innerrhoden entsenden je eine Abgeordnete oder einen Abgeordneten; die übrigen Kantone wählen je zwei Abgeordnete. In Bezug auf die relativ bevölkerungsreichen Kantone Basel-Stadt und Basel-Landschaft ist früher wiederholt die Frage der Verbesserung ihrer Rechtsstellung diskutiert worden (vgl. N. 969). 1494

III. Wahl der Ständeräte

Die Wahl der Ständeräte wird *von den Kantonen geregelt* (Art. 150 Abs. 3 BV). 1495
Das kantonale Recht entscheidet über das *Wahlverfahren*. Während früher in verschiedenen Kantonen die Ständeräte durch das kantonale Parlament gewählt wurden, besteht heute in allen Kantonen Volkswahl. Als letzter hat sie der Kanton Bern 1977 eingeführt. In fast allen Kantonen werden die Ständeräte nach dem Majorzverfahren gewählt, wobei verschiedentlich das absolute Mehr und ein zweiter Wahlgang vorgesehen sind. Im Kanton Jura gilt das Proporzverfahren (Art. 74 Abs. 5 der Verfassung des Kantons Jura von 1977 [SR 131.235]).

Auch die *Wählbarkeit* und die *Wahlberechtigung* werden vom kantonalen Recht bestimmt. Die Kantone können z.B. das aktive und passive Wahlrecht anders als das für die Nationalratswahlen massgebende Bundesgesetz über die politischen Rechte ordnen und auch Ausländern zuerkennen. Allerdings dürfen sie keine verfassungswidrigen Bestimmungen aufstellen. Insbesondere die Rechtsgleichheit (Art. 8 Abs. 1 BV), das Diskriminierungsverbot (Art. 8 Abs. 2 BV) und die allgemeine Garantie der politischen Rechte (Art. 34 Abs. 1 BV) müssen beachtet werden. Eine 1496

Altersgrenze, wie sie Art. 78 Abs. 4 der Verfassung des Kantons Glarus (SR 131.217) vorsieht, ist verfassungsrechtlich problematisch. Frei entscheiden die Kantone jedoch über eine Amtszeitbeschränkung. Seit dem Entscheid des Bundesgerichts vom November 1990 betreffend das Frauenstimmrecht im Kanton Appenzell Innerrhoden stehen das aktive und passive Wahlrecht von Bundesrechts wegen Frauen und Männern gleichermassen zu; Art. 39 Abs. 1 BV beinhaltet keinen echten Vorbehalt gegenüber Art. 8 Abs. 3 BV (BGE 116 Ia 359, 371 ff., Rohner; vgl. N. 118).

1497 Im Fall von Anfechtungen liegt der *Entscheid über die Gültigkeit der Wahl der Ständeräte* gemäss kantonalem Recht bei kantonalen Instanzen. Zudem ist eine Stimmrechtsbeschwerde an das Bundesgericht (Art. 85 lit. a OG) möglich, da eine kantonale Wahl vorliegt (vgl. N. 1979 ff.).

1498 Trotz der Regelung des Wahlrechts durch die Kantone ist der Ständerat ein Organ des Bundes, eine *Bundesbehörde*.

IV. Unvereinbarkeit

1. Bundesrechtliche Unvereinbarkeit mit anderen Bundesämtern

1499 Für die Mitglieder des Ständerates gilt die Unvereinbarkeitsbestimmung von Art. 144 Abs. 1 BV wie für die Mitglieder des Nationalrates (vgl. N. 1413).

2. Unvereinbarkeit gemäss kantonalem Recht

1500 Das kantonale Recht kann weitere Unvereinbarkeitsgründe vorsehen. Es kann z.B. bestimmen, dass das Ständeratsmandat mit bestimmten kantonalen Ämtern unvereinbar ist. Da die Ständeratswahlen kantonale Wahlen sind, haben die bundesrechtlichen Vorschriften über die Unvereinbarkeit keinen abschliessenden Charakter. So darf ein Kanton bestimmen, dass Bundesbeamte keinen Sitz im Ständerat einnehmen können. Der als Ständerat Gewählte muss sich entscheiden, ob er das mit dem Ständeratssitz unvereinbare Amt behalten oder das Ständeratsmandat annehmen will.

V. Amtsdauer

1501 Auch die Amtsdauer der Ständeräte wird vom *kantonalen Recht* bestimmt. In den meisten Kantonen werden die Ständeräte gleichzeitig mit den Nationalräten gewählt, und die Amtsdauer ist die gleiche. Dies wird z.B. auch von Art. 41 Abs. 1 der Zürcher Verfassung (SR 131.211) so bestimmt.

Da die Kantone unterschiedliche Amtsperioden vorsehen können, gibt es *keine* 1502
Gesamterneuerung des Ständerates. Eine Ausnahme dazu stellt die ausserordentliche
Gesamterneuerung der Bundesversammlung bei einer Totalrevision der Bundesverfassung gemäss Art. 193 Abs. 3 BV dar (vgl. N. 1774).

VI. Bestellung des Ratsbüros

Der Eintritt der Gewählten in den Ständerat und die Bestellung des Ratsbüros werden von Art. 1–6 des Geschäftsreglements des Ständerates (GRS) normiert. Im Gegensatz zum Nationalrat findet für den Ständerat *keine Konstituierung* im eigentlichen Sinne statt. Der Ständerat nimmt nur Kenntnis von den Mitteilungen der Kantone betreffend die Wahlen in den Ständerat (Art. 1 GRS); er hat keine Kompetenz zur Überprüfung der Gültigkeit der Ständeratswahlen. 1503

Zu Beginn jeder Wintersession wählt der Ständerat sein *Büro* (Art. 152 BV und Art. 3 ff. GRS). 1504

§ 51 Vereinigte Bundesversammlung

> Rechtliche Grundlagen

- Art. 157 und 159 Abs. 2 BV (Art. 92 aBV)
- Bundesgesetz über die Bundesversammlung (Parlamentsgesetz [ParlG]) vom 13. Dezember 2002 (SR 171.10)

1505 Gemäss Art. 157 BV ist, als Ausnahme vom Grundsatz der getrennten Beratung der beiden Kammern, für bestimmte Geschäfte die Vereinigte Bundesversammlung zuständig.

I. Organisation und Verfahren

1506 Die Mitglieder von National- und Ständerat treten zu *einem Verhandlungsgremium* zusammen. Die gemeinsame Verhandlung findet im Nationalratssaal unter dem Vorsitz des Nationalratspräsidenten bzw. bei dessen Verhinderung unter demjenigen des Ständeratspräsidenten statt (Art. 157 Abs. 1 BV, Art. 39 Abs. 2 ParlG).

1507 Bei Abstimmungen entscheidet die Mehrheit der Stimmenden (Art. 159 Abs. 2 BV). Der Nationalrat hat deshalb wegen der grösseren Zahl seiner Mitglieder ein Übergewicht.

II. Kompetenzen der Vereinigten Bundesversammlung

1508 Art. 157 Abs. 1 BV hält die Kompetenzen der Vereinigten Bundesversammlung abschliessend fest.

1509 Er weist ihr drei Geschäfte zu, die für eine getrennte Verhandlung nicht geeignet sind: Wahlen, Zuständigkeitskonflikte und Begnadigungen. Gemäss Art. 157 Abs. 2 BV versammelt sich die Vereinigte Bundesversammlung ausserdem «bei besonderen Anlässen und zur Entgegennahme von Erklärungen des Bundesrates».

1. Wahlen (Art. 157 Abs. 1 lit. a BV)

Die Vereinigte Bundesversammlung wählt die Mitglieder des Bundesrates, die Bundeskanzlerin oder den Bundeskanzler, die Richterinnen und Richter des Bundesgerichtes und den General (Art. 168 Abs. 1 BV). Das Gesetz kann die Bundesversammlung ermächtigen, weitere Wahlen vorzunehmen oder zu bestätigen (Art. 168 Abs. 2 BV); zuständig ist dann ebenfalls die Vereinigte Bundesversammlung.

1510

2. Zuständigkeitskonflikte zwischen Bundesbehörden (Art. 157 Abs. 1 lit. b BV)

Im Vordergrund stehen hier *Streitigkeiten zwischen dem Bundesrat und dem Bundesgericht.* Da aber der Meinungsaustausch zwischen dem Bundesgericht und anderen Bundesbehörden gemäss Art. 96 Abs. 2 OG sehr effizient ist, kommt die Vereinigte Bundesversammlung kaum zum Zug.

1511

3. Begnadigungen (Art. 157 Abs. 1 lit. c BV)

Die Begnadigung bedeutet den gänzlichen oder teilweisen Verzicht auf eine gegenüber einem Einzelnen ausgesprochene Strafe. Demgegenüber ist die Amnestie (auch «Massenbegnadigung» genannt) eine der Rechtsetzung vergleichbare generelle Regelung und stellt einen politischen Akt im Staatsinteresse dar. Die Amnestie fällt nicht in die Kompetenz der Vereinigten Bundesversammlung; über sie entscheiden National- und Ständerat in getrennten Sitzungen.

1512

Das Begnadigungsrecht der Vereinigten Bundesversammlung erstreckt sich nur auf *Strafen, die in Anwendung von Bundesrecht durch Bundesbehörden,* also insbesondere durch die Strafkammer des Bundesstrafgerichts und durch Verwaltungsbehörden des Bundes, ausgefällt wurden (vgl. Art. 394 lit. a StGB). Bei Urteilen in Anwendung des Militärstrafgesetzes wird das Recht der Begnadigung von der Bundesversammlung nur ausgeübt, wenn das Bundesgericht geurteilt hat; in Bezug auf Urteile eines Militärgerichts ist der Bundesrat oder – im Kriegsfall – der General zuständige Begnadigungsinstanz (Art. 232b des Militärstrafgesetzes vom 13. Juni 1927 [SR 321.0]). Der Bundesversammlung steht das Begnadigungsrecht also nur in seltenen Fällen zu. Bei den meisten Strafurteilen liegt ein Urteil eines kantonalen Gerichts vor. Nach Art. 394 lit. b StGB sind in diesen Fällen die kantonalen Behörden für die Begnadigung zuständig.

1513

§ 52 Kompetenzen der Bundesversammlung

Literatur

EHRENZELLER BERNHARD, Legislative Gewalt und Aussenpolitik: Eine rechtsvergleichende Studie zu den parlamentarischen Entscheidungskompetenzen des deutschen Bundestages, des amerikanischen Kongresses und der schweizerischen Bundesversammlung im auswärtigen Bereich, Basel/Frankfurt a.M. 1993; EICHENBERGER KURT, Die Problematik der parlamentarischen Kontrolle im Verwaltungsstaat, SJZ 61 (1965) 269 ff., 285 ff.; EPINEY ASTRID, Beziehungen zum Ausland, in: Verfassungsrecht der Schweiz, § 55; FRENKEL MAX, Institutionen der Verwaltungskontrolle, Diss. Zürich 1969; GUT-WINTERBERGER URSULA, Der Anteil von Bundesversammlung, Bundesrat und Bundesverwaltung am Rechtsetzungsverfahren, Diss. Zürich 1986; HEUSLER BERNHARD, Oberaufsicht und Kontrolle im schweizerischen Verfassungsstaat, Diss. Basel 1993; JEGHER ANNINA, Bundesversammlung und Gesetzgebung: Der Einfluss von institutionellen, politischen und inhaltlichen Faktoren auf die Gesetzgebungstätigkeit der Eidgenössischen Räte, Diss. Bern 1999; MASTRONARDI PHILIPPE, Kriterien der demokratischen Verwaltungskontrolle – Analyse und Konzept der parlamentarischen Oberaufsicht im Bund, Basel/Frankfurt a.M. 1991; MOSER WERNER, Die parlamentarische Kontrolle über Verwaltung und Justiz, Diss. Zürich 1969; MÜLLER GEORG, Probleme der Abgrenzung der parlamentarischen Oberaufsicht im Bund, ZSR NF 111/I (1992) 389 ff.; MÜLLER GEORG, Elemente einer Rechtssetzungslehre, Zürich 1999; SEILER HANSJÖRG, Praktische Fragen der parlamentarischen Oberaufsicht über die Justiz, ZBl 101 (2000) 281 ff.; ZIMMERMANN PETER, Rechte und Staatsschutz im Verfahren parlamentarischer Untersuchungskommissionen des Bundes, Diss. Basel 1992.

Rechtliche Grundlagen

– Art. 163–173 BV (Art. 71, 84 und 85 aBV)
– Bundesgesetz über die Bundesversammlung (Parlamentsgesetz [ParlG]) vom 13. Dezember 2002 (SR 171.10)
– Bundesgesetz über das Verwaltungsverfahren (VwVG) vom 20. Dezember 1968 (SR 172.021)
– Bundesgesetz über den eidgenössischen Finanzhaushalt (Finanzhaushaltsgesetz [FHG]) vom 6. Oktober 1989 (SR 611.0); Totalrevision beantragt (vgl. Botschaft des Bundesrates vom 24. November 2004 in BBl 2005, 5 ff.)
– Bundesgesetz über die Eidgenössische Finanzkontrolle (Finanzkontrollgesetz [FKG]) vom 28. Juni 1967 (SR 614.0)

I. Allgemeine Stellung der Bundesversammlung

1515 Die Bundesversammlung hat *sehr umfangreiche Kompetenzen*. Dies erklärt sich dadurch, dass der Verfassungsgeber das demokratische Element als eines der grundlegenden Prinzipien betonen wollte; als vom Volk gewählte Vertretung hat die Bundesversammlung verglichen mit anderen Bundesbehörden die breiteste demokratische Basis.

Gemäss Art. 148 Abs. 1 BV übt die Bundesversammlung, unter Vorbehalt der Rechte von Volk und Ständen, die oberste Gewalt im Bund aus. Art. 173 Abs. 2 BV erklärt die Bundesversammlung als zuständig zur Behandlung von «Geschäften, die in die Zuständigkeit des Bundes fallen und keiner anderen Bundesbehörde zugewiesen sind». Aus diesen Bestimmungen darf indes *keine generelle «Vermutung»* zu Gunsten der Zuständigkeit der Bundesversammlung abgeleitet werden. Wo Zweifel bestehen, ist die zuständige Bundesbehörde durch Auslegung zu ermitteln, wobei der Grundsatz der Gewaltenteilung als Interpretationshilfe dient. Allerdings ist dabei zu beachten, dass die Bundesverfassung nicht von einer strikten Gewaltentrennung, sondern von einem «Modell der geteilten, aber kooperierenden Gewalten» ausgeht (RHINOW, Rz. 2054). 1516

Die Zuständigkeiten der Bundesversammlung sind in Art. 163–173 BV, systematisch gegliedert, aufgelistet.

Durch Bundesgesetz können der Bundesversammlung weitere Aufgaben und Befugnisse zugewiesen werden (Art. 173 Abs. 3 BV). In Frage kommen dabei auch nicht rechtsetzende Kompetenzen, die «eine eminente politische Dimension aufweisen oder sonstwie von grosser Tragweite sind»; dabei ist jedoch der grundsätzlich gewaltenteiligen Grundordnung der Bundesverfassung Rechnung zu tragen (BBl 1997 II 402). Beispiel: Nach Art. 8 Abs. 2 des Bundesbeschlusses zum Atomgesetz vom 6. Oktober 1978 (SR 732.01) unterliegen Entscheide des Bundesrates über Rahmenbewilligungen für den Bau von Atomanlagen der Genehmigung durch die Bundesversammlung. 1517

II. Rechtsetzungskompetenzen

Die Bundesversammlung ist – in Verbindung mit dem durch das Referendum beteiligten Volk – das Legislativorgan des Bundes. Die Rechtsetzung, d.h. der Erlass von generell-abstrakten Normen, ist die Stammfunktion der Bundesversammlung. 1518

1. Verfassungsgebung (Art. 192 BV)

Die Vorbereitung der Revision der Bundesverfassung ist – ob Teil- oder Totalrevision – eine wesentliche Aufgabe der Bundesversammlung. Sie hat bei jeder Revision ein Mitspracherecht. Zum Verfahren der Verfassungsrevision vgl. N. 1769 ff. und 1779 ff. 1519

2. Einfache Gesetzgebung (Art. 163 ff. BV)

1520 Die Bundesversammlung ist zur Gesetzgebung in allen Bereichen befugt, in denen der Bund zuständig ist (vgl. N. 1113 ff.). Zum Gesetzgebungsverfahren vgl. N. 1805 ff.

Ein erheblicher Teil der bundesrätlichen Vorlagen wird durch die Bundesversammlung verändert, wobei die Umgestaltungen meistens im Stadium der Vorberatungen der parlamentarischen Kommissionen erfolgen (vgl. GEORG MÜLLER, Elemente einer Rechtssetzungslehre, N. 192).

III. Aussenpolitische Kompetenzen

1. Beteiligung an der Gestaltung der Aussenpolitik (Art. 166 Abs. 1 BV)

1521 Die Aussenpolitik fällt in den Kompetenzbereich von Bundesrat und Bundesversammlung. An Stelle einer starren Kompetenzaufteilung steht die Verpflichtung zur Koordination und Kooperation. Wichtige aussenpolitische Entscheidungen sind von Regierung und Parlament gemeinsam zu erarbeiten und zu verantworten.

Die zunehmende Verlagerung zukunftsweisender Entscheide von der Innenpolitik auf die Aussenpolitik hatte zur Folge, dass die Stellung des Parlaments in auswärtigen Angelegenheiten verstärkt wurde. Nach Art. 166 Abs. 1 BV beteiligt sich die Bundesversammlung an der Gestaltung der Aussenpolitik und beaufsichtigt die Pflege der Beziehungen zum Ausland. Zudem verfolgt sie die internationale Entwicklung und wirkt bei der Willensbildung über wichtige aussenpolitische Grundsatzfragen und Entscheide der Aussenpolitik mit (Art. 24 Abs. 1 ParlG). Eine zentrale Rolle nehmen dabei die aussenpolitischen Kommissionen der beiden Räte wahr. Sie werden durch den Bundesrat informiert und bei wesentlichen Fragen konsultiert (vgl. Art. 152 ParlG), wobei dem Bundesrat bereits in Art. 184 Abs. 1 BV die Verpflichtung auferlegt wird, bei der Besorgung der auswärtigen Angelegenheiten die Mitwirkungsrechte der Bundesversammlung zu wahren. Allerdings scheint das Parlament oft eine Mitverantwortung zu scheuen, was sich z.B. im Herbst 2000 bei der Behandlung der EU-Initiative zeigte.

2. Genehmigung von Staatsverträgen (Art. 166 Abs. 2 BV)

1522 Gemäss Art. 166 Abs. 2 BV fällt die Genehmigung von völkerrechtlichen Verträgen in die Kompetenz der Bundesversammlung. Die Bundesversammlung kann einen Vertrag nur als Ganzes genehmigen oder ablehnen. Allenfalls kann sie den Bundesrat verpflichten, einen Vorbehalt anzubringen, soweit der fragliche Vertrag dies zulässt. Wird der Vertrag genehmigt, kann er vom Bundesrat ratifiziert werden.

Nicht alle völkerrechtlichen Verträge unterstehen der Genehmigungspflicht. Vgl. im Einzelnen N. 1901.

3. Wahrung der äusseren Sicherheit (Art. 173 Abs. 1 lit. a und d BV)

Gemäss Art. 173 Abs. 1 lit. a BV ist die Bundesversammlung befugt, im Bereich der äusseren Sicherheit, der Unabhängigkeit und der Neutralität der Schweiz Massnahmen zu treffen. Diese Kompetenz konkurriert mit derjenigen des Bundesrates (vgl. Art. 185 Abs. 1 BV). Der Bundesrat kann nur entsprechende Massnahmen treffen, wenn die Bundesversammlung nicht handelt. Im Fall von dringlichen Massnahmen kommt dem Bundesrat aber faktisch eine grössere Bedeutung zu. 1523

Die Anordnung des Aktivdienstes und das Aufbieten von Truppen fällt grundsätzlich in den Aufgabenbereich des Parlaments (Art. 173 Abs. 1 lit. d BV). Zur Kompetenz des Bundesrates in diesem Bereich vgl. Art. 185 Abs. 4 BV und N. 1662 f. 1524

IV. Regierungs- und Verwaltungskompetenzen

Die *Verwaltungstätigkeit* umfasst den Vollzug der Gesetzgebung. Demgegenüber sind unter *Regierungstätigkeit* die für das staatliche Leben grundlegenden Entscheidungen zu verstehen, die weder Rechtsetzung noch reine Rechtsanwendung sind, wie z.B. Wahlen und finanzpolitische Entscheidungen (vgl. zur Staatsleitung als besondere «Regierungsfunktion» HALLER/KÖLZ, Allgemeines Staatsrecht, S. 188). Die Regierungsakte gehen zum Teil unmerklich über in den Bereich der Rechtsanwendungsakte, also in den Bereich der Verwaltung. Regierungs- und Verwaltungskompetenzen lassen sich nicht klar trennen. 1525

In der Schweiz ist neben dem Bundesrat auch die Bundesversammlung an der Regierungs- und Verwaltungstätigkeit beteiligt.

1. Finanzkompetenzen (Art. 167 BV)

Im Bund steht die *Finanzgewalt* der Bundesversammlung zu, d.h., sie hat die obersten Entscheide im Bereich des Finanzhaushaltes zu fällen. Diese Tätigkeit ist weitgehend Regierungsfunktion. Die massgebliche Regelung findet sich im Bundesgesetz über den eidgenössischen Finanzhaushalt (Finanzhaushaltsgesetz [FHG]) vom 6. Oktober 1989 (SR 611.0). Die Festlegung der Steuern gehört ebenfalls zur Finanzgewalt; sie erfolgt aber in der Form der Gesetzgebung, an der durch das Referendum das Volk beteiligt ist, und ist hier – als Rechtsetzungskompetenz – nicht näher zu behandeln. 1526

a) Voranschlag (Art. 167 BV; Art. 13 ff. FHG)

1527 Unter dem *Voranschlag* oder *Budget* ist die für das kommende Jahr gemachte Zusammenstellung der erwarteten Einnahmen und der beabsichtigten Ausgaben zu verstehen. Die Bundesversammlung beschliesst den Voranschlag auf Grund eines bundesrätlichen Entwurfs in der Form des einfachen Bundesbeschlusses (Art. 14 Abs. 1 FHG; Art. 25 Abs. 2 ParlG). Bezüglich der Zusammenstellung der Einnahmen hat der Voranschlag keine rechtliche Bedeutung, denn die Erhebung von Steuern beruht auf Verfassung und Gesetz. Die Zusammenstellung der Ausgaben hat insoweit rechtliche Bedeutung, als mit der Aufnahme einer bestimmten Ausgabe in den Voranschlag ein *Zahlungskredit* bewilligt wird, der den Bundesrat ermächtigt, die vorgesehene Ausgabe zu tätigen (Art. 15 Abs. 1 FHG). Zahlungskredite für voraussehbare Ausgaben, denen bei Aufstellung des Voranschlags die Rechtsgrundlage noch fehlt, bleiben bis zum Inkrafttreten einer solchen gesperrt (Art. 16 Abs. 2 FHG).

1528 Mit Annahme der sogenannten «Schuldenbremse», einer Revision von Art. 126 BV, trugen Volk und Stände am 2. Dezember 2001 dem Umstand des stetig wachsenden Bundesdefizits Rechnung. Nach Art. 126 Abs. 2 BV hat sich der Höchstbetrag der im Voranschlag zu bewilligenden Gesamtausgaben unter Berücksichtigung der Wirtschaftslage nach den geschätzten Einnahmen zu richten, mit anderen Worten soll nicht mehr ausgegeben werden als vermutlich eingenommen wird. Dieser Höchstbetrag kann nach Art. 126 Abs. 3 BV bei ausserordentlichem Zahlungsbedarf durch das Parlament erhöht werden, allerdings bedarf ein solcher Beschluss der Zustimmung der Mehrheit der Mitglieder beider Räte (Art. 159 Abs. 3 lit. c BV).

1529 Der Voranschlag untersteht nicht dem Referendum. Hingegen ist es möglich, gestützt auf eine spezialgesetzliche Grundlage für Einzelakte von grosser finanzieller Tragweite die Form des (referendumspflichtigen) Bundesbeschlusses vorzusehen. Vgl. N. 1838 ff.

b) Besondere Ausgabenbeschlüsse

1530 Neben dem Beschluss über den Voranschlag gibt es noch drei weitere Arten von Finanzbeschlüssen: den selbständigen Ausgabenbeschluss, den Nachtragskredit und den Verpflichtungskredit.

aa) Selbständige Ausgabenbeschlüsse

1531 Der selbständige Ausgabenbeschluss – der im Finanzhaushaltsgesetz nicht besonders erwähnt wird – ist für bedeutendere Ausgaben vorgesehen, die in den Beratungen zu Diskussionen Anlass geben könnten. Indem diese Ausgaben aus dem Voranschlag herausgenommen und einem selbständigen Beschluss unterworfen werden, wird verhindert, dass der Voranschlag an einem einzigen, umstrittenen Posten scheitert. Als Beispiele sind zu nennen: Kredite für grössere Liegenschaftskäufe, Bauten von Botschaften im Ausland, militärische Bauten, Beschaffung von Kriegsmaterial und Entwicklungszusammenarbeit.

bb) Nachtragskredite (Art. 17 f. FHG)

Wenn eine Ausgabe notwendig wird, für die im Voranschlag kein oder kein ausreichender Zahlungskredit bewilligt ist, muss ein Nachtragskredit erteilt werden. Dazu unterbreitet der Bundesrat der Bundesversammlung periodisch Nachtragskreditbegehren. Bei zeitlicher Dringlichkeit kann der Bundesrat die Ausgabe beschliessen, bevor die Bundesversammlung über den Nachtragskredit entschieden hat. Nach Möglichkeit hat er vorgängig die Zustimmung der Finanzdelegation der eidgenössischen Räte einzuholen (vgl. N. 1573). Die Bundesversammlung genehmigt dringliche Nachtragskredite zusammen mit den periodischen Nachtragskreditbegehren.

1532

cc) Verpflichtungskredite (Art. 25 ff. FHG)

Sollen zur Ausführung eines bestimmten Vorhabens über das laufende Voranschlagsjahr hinaus wirkende finanzielle Verpflichtungen eingegangen werden, hat der Bundesrat einen Verpflichtungskredit einzuholen. Durch den von der Bundesversammlung beschlossenen Verpflichtungskredit wird der Bundesrat ermächtigt, bis zum festgesetzten Höchstbetrag für das betreffende Vorhaben finanzielle Verpflichtungen einzugehen. Zu Auszahlungen ist er aber erst berechtigt, wenn zusätzlich im Voranschlag des betreffenden Jahres ein Zahlungskredit beschlossen worden ist. Reicht der bewilligte Verpflichtungskredit nicht aus, hat der Bundesrat um einen *Zusatzkredit* nachzusuchen.

1533

dd) Zahlungsrahmen (Art. 32 FHG)

Mit dem Instrument des Zahlungsrahmens kann die Bundesversammlung für mehrere Jahre einen Höchstbetrag der Zahlungskredite für bestimmte Aufgaben festsetzen. Der Beschluss über solche mehrjährige Kredite, der sich auf eine entsprechende gesetzliche Grundlage abstützen muss, beinhaltet keine Ausgabenbewilligung; die erforderlichen Zahlungskredite sind weiterhin mit dem Voranschlag zu genehmigen. Der Zahlungsrahmen ermöglicht eine mehrjährige Ausgabenplanung und bewirkt durch die festgelegte Kreditobergrenze eine Selbstbindung des Parlaments.

1534

c) Abnahme der Staatsrechnung (Art. 167 BV; Art. 4 ff. FHG)

Unter der *Staatsrechnung* versteht man die – vom Bundesrat (vgl. Art. 183 Abs. 1 BV) vorgelegte – detaillierte Zusammenstellung der Einnahmen und Ausgaben im vergangenen Jahr. Sie ist die Kontrolle darüber, ob das Budget eingehalten worden ist. Die Abnahme der Staatsrechnung durch die Bundesversammlung ist gleichbedeutend mit der Decharge-Erteilung an den Bundesrat; er wird damit von seiner Verantwortlichkeit für die in der Staatsrechnung offengelegten Vorgänge entbunden.

1535

1536 Die Behandlung der Staatsrechnung in der Bundesversammlung wird durch die *Finanzkommissionen* der beiden Räte vorbereitet. Die laufende, nähere Prüfung und Überwachung obliegt der *Finanzdelegation;* diese besteht aus je drei Mitgliedern der Finanzkommissionen von National- und Ständerat (Art. 51 Abs. 1 ParlG; vgl. N. 1573). Sie ist zur Überwachung des gesamten Finanzhaushaltes des Bundes verpflichtet (Art. 51 Abs. 2 ParlG) und arbeitet dabei zusammen mit der *Eidgenössischen Finanzkontrolle,* die administrativ dem Eidgenössischen Finanzdepartement zugeordnet ist, im Übrigen aber als oberstes Fachorgan der Finanzaufsicht sowohl der Bundesversammlung als auch dem Bundesrat dient und im Rahmen der gesetzlichen Vorschriften selbständig und unabhängig ist (vgl. Art. 1 des Bundesgesetzes über die Eidgenössische Finanzkontrolle vom 28. Juni 1967 [SR 614.0]).

2. Wahl der anderen Bundesorgane (Art. 168 BV)

1537 Die Vereinigte Bundesversammlung (vgl. N. 1510) wählt die Mitglieder des Bundesrates und des Bundesgerichts, die Bundeskanzlerin oder den Bundeskanzler, den General und weitere durch die Gesetzgebung bezeichnete Bundesorgane.

3. Oberaufsicht (Art. 169 BV)

1538 Die Bundesversammlung übt die Oberaufsicht aus über den Bundesrat und die Bundesverwaltung, die eigenössischen Gerichte und die anderen Träger von Aufgaben des Bundes. Die Aufsicht des Parlaments gegenüber den anderen Bundesorganen ergibt sich aus der Überordnung der Volksvertretung; sie stellt ein wichtiges Element der Gewaltenhemmung dar. Die Aufsicht geht aber nie so weit, dass die Bundesversammlung berechtigt wäre, anstelle des Bundesrates einen Verwaltungsakt zu erlassen. Die Bundesversammlung ist *nicht* befugt, kraft ihrer Aufsichtskompetenz Einzelakte des Bundesrates aufzuheben oder *bindende Weisungen für die Rechtsanwendung* zu geben (vgl. Art. 26 Abs. 4 ParlG). Diese Regelung wird in unserer Demokratie oft übersehen, ist aber für eine klare Trennung der Verantwortlichkeit wichtig. Vgl. auch VPB 52 (1988) Nr. 53.

a) *Prüfung der Geschäftsberichte*

1539 Die Geschäftsprüfungskommissionen von National- und Ständerat bereiten die Behandlung der jährlichen Geschäftsberichte des Bundesrates, der Betriebe und Anstalten des Bundes und der eidgenössischen Gerichte vor. Die Genehmigung der Geschäftsberichte durch die Bundesversammlung erfolgt mittels einfachem Bundesbeschluss (Art. 145 Abs. 2 ParlG) und bedeutet die Entlastung des kontrollierten Bundesorgans.

b) Parlamentarische Vorstösse

Interpellationen, Anfragen, Motionen und Postulate zwingen den Bundesrat zu Auskünften und Berichten oder zur Ausarbeitung von Gesetzesentwürfen (vgl. N. 1589 ff.).

1540

c) Parlamentarische Untersuchungskommission (Art. 163 ff. ParlG)

Die Parlamentarische Untersuchungskommission ist eine gemeinsame Kommission beider Räte und wird durch die Bundesversammlung nach Anhörung des Bundesrates mittels einfachem Bundesbeschluss eingesetzt, um «Vorkommnisse von grosser Tragweite» abzuklären (Art. 163 ParlG). Sie hat weitreichende Kontrollrechte, ist aber in ihrer Untersuchung auf die Abklärung einer bestimmten Sachfrage beschränkt.

1541

Bis zum Inkrafttreten des neuen Parlamentsgesetzes setzte jeder Rat jeweils eine eigene Untersuchungskommission ein. Die beiden Kommissionen konnten sich jedoch für die Ermittlungen und für eine gemeinsame Berichterstattung zusammenschliessen, was regelmässig auch gemacht wurde.

Im Verlauf der letzten Jahrzehnte gelangte das Instrument der parlamentarischen Untersuchungskommission in vier Fällen zur Anwendung:

– 1964 hatten Kommissionen von National- und Ständerat das fragwürdige Vorgehen bei der Beschaffung von Mirage-Kampfflugzeugen zu untersuchen («Mirage-Affäre»). Ihr Bericht vom 1. September 1964 (BBl 1964 II 273 ff.) vermittelte wesentliche Anstösse zur Verbesserung der parlamentarischen Kontrolle.

– Im Zusammenhang mit den Ereignissen um den vorzeitigen Rücktritt von Bundesrätin Elisabeth Kopp wurden von beiden Räten Kommissionen («PUK EJPD») eingesetzt, um die Amtsführung des Eidgenössischen Justiz- und Polizeidepartementes, insbesondere der Bundesanwaltschaft, sowie das Vorgehen bei der Bekämpfung der Geldwäscherei und des internationalen Drogenhandels zu untersuchen. Gestützt auf den Untersuchungsbericht vom 22. November 1989 (BBl 1990 I 637 ff.), der enthüllte, dass von der Bundespolizei und von kantonalen Polizeibehörden seit vielen Jahren unter dem Stichwort «Staatssicherheit» umfangreiche Personaldossiers über zahlreiche schweizerische Staatsangehörige und Ausländer erstellt worden waren («Fichen-Affäre»), kam es einerseits zu einer Entflechtung der Aufgabenbereiche von Bundesanwaltschaft und Bundespolizei (Staatsschutz), anderseits wurde der Datenschutz im Bereich der Staatsschutztätigkeit verbessert. Aus einer später im Auftrag des Bundesrates durchgeführten Untersuchung resultierte eine umfangreiche Analyse des Staatsschutzes in der Zeit von 1935 bis 1990 aus historischer, politologischer und juristischer Sicht: vgl. GEORG KREIS (Hrsg.), Staatsschutz in der Schweiz, Bern/Stuttgart/Wien 1993.

– 1990 überprüften Kommissionen («PUK EMD») die Tätigkeit des militärischen Nachrichtendienstes, die Führung von Personendateien im Eidgenössischen Militärdepartement und das Vorhandensein geheimer Widerstandsorganisationen und ausserordentlicher Nachrichtendienste. Als Folge des Berichts vom 17. November 1990 (BBl 1990 III 1293 ff.) wurden zum einen der militärische Nachrichtendienst und das Instrument der persönlichen Sicherheitsüberprüfung gesetzlich verankert; zum anderen wurden die geheime Widerstandsorganisation P-26 und der ausserordentliche Nachrichtendienst P-27 mangels rechtlicher Grundlagen aufgelöst.

– Schliesslich wurden parlamentarische Untersuchungskommissionen eingesetzt, um Organisations- und Führungsprobleme bei der Pensionskasse des Bundes und der Amtsführung des Eidgenössischen Finanzdepartementes abzuklären. Ihr Bericht vom 7. Oktober 1996 (BBl 1996 V 153 ff.) zeigte neben einem Versagen des zuständigen Departementsvorstehers die dem schweizerischen Regierungssystem immanente Schwierigkeit auf, eine wirksame Kontrolle einzelner Departementsvorsteher durch das Bundesratskollegium sicherzustellen.

d) *Genehmigung von Verordnungen des Bundesrates*

1542 Wenn in einem Bundesgesetz die Rechtsetzungskompetenz an den Bundesrat delegiert wird, kann ein Genehmigungsvorbehalt angebracht werden. Anders als in vielen Kantonen sind im Bund solche Vorbehalte selten (Beispiele bei GEORG MÜLLER, Elemente einer Rechtssetzungslehre, Anm. 399 auf S. 122 f.). Nur wenn ein Genehmigungsvorbehalt besteht, hat die Bundesversammlung das Recht, das Inkrafttreten einer Verordnung des Bundesrates zu verhindern. Allein gestützt auf die parlamentarische Aufsicht kann die Bundesversammlung eine Verordnung des Bundesrates nicht aufheben.

e) *Legislaturplanung* (Art. 146 f. ParlG)

1543 Nach Beginn jeder Legislaturperiode unterbreitet der Bundesrat der Bundesversammlung einen Bericht über die Legislaturplanung, welcher aus den Richtlinien der Regierungspolitik und dem Legislaturfinanzplan besteht. Die Richtlinien geben Auskunft über die Ziele des Bundesrates in der neuen Legislaturperiode und nennen die jeweiligen prioritären Massnahmen. Das Parlament beschliesst über die Legislaturplanung in Form des einfachen Bundesbeschlusses. Gestützt auf das neue Parlamentsgesetz hatte das Parlament im Juni 2004 erstmals Gelegenheit, seine eigenen Vorstellungen in die Legislaturplanung einfliessen zu lassen, wovon es mit viel Zeitaufwand und wenig Wirkung Gebrauch machte.

f) *Vorstösse zur Einführung eines Eidgenössischen Ombudsmannes*

1544 Als Ergänzung und Verstärkung der parlamentarischen Kontrolle der Verwaltung könnte eine von der Bundesversammlung gewählte Ombudsstelle wirken, die auf Ersuchen von Bürgern und Amtsstellen oder aus eigener Initiative eine Aufsicht über die wichtigsten Zweige der Bundesverwaltung ausüben könnte und für Empfehlungen und Kritik, nicht aber für Entscheidungen und Weisungen zuständig wäre. Den Vorstössen auf Einführung dieser in einzelnen Kantonen und in den Städten Zürich, Bern und Winterthur bewährten Institution auf Bundesebene ist bisher der Erfolg – wohl als Folge einer gewissen Empfindlichkeit des Parlaments – versagt geblieben.

g) Oberaufsicht über die Justiz im Besonderen

Die parlamentarische Kontrolle erfasst auch die eidgenössischen Gerichte (Art. 169 Abs. 1 BV). Allerdings gebietet der Grundsatz der Unabhängigkeit der Justiz (in Art. 191c BV in der Fassung vom 12. März 2000 [noch nicht in Kraft, vgl. N. 72] als Verfassungsgrundsatz ausdrücklich verankert), dass die parlamentarische Oberaufsicht gegenüber Gerichtsorganen mit besonderer Zurückhaltung ausgeübt wird. Insbesondere ist es dem Parlament nach Art. 26 Abs. 4 ParlG verwehrt, sich in die Beurteilung hängiger Prozesse einzumischen, den Gerichten Weisungen zu erteilen oder gar Urteile zu korrigieren (abgesehen vom Fall der Begnadigung, Art. 173 Abs. 1 BV). Anderseits darf das Parlament auf dem Weg der Gesetzgebung die zukünftige Rechtsentwicklung und damit auch die Rechtsprechung beeinflussen. Dies setzt voraus, dass die Bundesversammlung sich im Rahmen der parlamentarischen Aufsicht die notwendigen Informationen über die bestehende Praxis beschaffen sowie «die politische Bedeutung gerichtlicher Urteile würdigen und einen allenfalls sich daraus ergebenden politischen Handlungsbedarf diskutieren» kann (HANS-JÖRG SEILER, Praktische Fragen der parlamentarischen Oberaufsicht über die Justiz, S. 291). Ferner ist es Aufgabe des Parlaments, die allgemeine Geschäftsführung des Bundesgerichts (z.B. die Frage der Behandlungsdauer der Verfahren) zu kontrollieren.

1545

4. Wirksamkeitsprüfung (Art. 170 BV; Art. 27 ParlG))

Die Wirksamkeitsprüfung ist eine neue Aufgabe der Bundesversammlung, welche über die Kompetenz zur Oberaufsicht hinausgeht. Die Bundesversammlung ist – neben dem Bundesrat – dafür verantwortlich, dass Gesetze und andere Massnahmen des Bundes auf ihre Wirksamkeit überprüft werden (vgl. zur Evaluation der Wirkung staatlichen Handelns GEORG MÜLLER, Elemente einer Rechtssetzungslehre, Zürich 1999, N. 129 ff.).

1546

5. Genehmigungskompetenzen gegenüber den Kantonen
(Art. 172 Abs. 2 und 3 BV)

1547 Die wichtigste Genehmigungskompetenz der Bundesversammlung gegenüber den Kantonen ist die Gewährleistung der Kantonsverfassungen (Art. 172 Abs. 2 BV; vgl. N. 1021 ff.).

1548 Weiter genehmigt die Bundesversammlung die Verträge der Kantone unter sich und mit dem Ausland, wenn der Bundesrat oder ein Kanton Einsprache erhoben hat (Art. 172 Abs. 3 BV; vgl. N. 1134 und 1297).

6. Weitere Aufgaben und Befugnisse (Art. 173 BV)

a) *Massnahmen zur Wahrung der inneren Sicherheit*
(Art. 173 Abs. 1 lit. b und c BV)

1549 Die Bundesversammlung ist, neben dem Bundesrat (Art. 185 BV), für die Wahrung der inneren Sicherheit zuständig (Art. 173 Abs. 1 lit. b BV). Liegen ausserordentliche Umstände vor, kann das Parlament selbständig Verordnungen erlassen (vgl. N. 1881 ff.) und individuell-konkrete Anordnungen treffen (Art. 173 Abs. 1 lit. c BV).
Vgl. zur Bundesintervention N. 1041. Vgl. zur Wahrung der äusseren Sicherheit N. 1523 f.

b) *Durchsetzung des Bundesrechts* (Art. 173 Abs. 1 lit. e BV)

1550 Gemäss Art. 186 Abs. 4 BV ist neben der Bundesversammlung auch der Bundesrat für die Einhaltung der Bundesrechts zuständig. In der Praxis verbleibt dem Parlament «lediglich die militärische Exekution» (vgl. BBl 1997 II S. 400). Vgl. zur Bundesexekution N. 1226 ff.

c) *Entscheid über die Gültigkeit von Volksinitiativen*
(Art. 173 Abs. 1 lit. f BV)

1551 Wenn strittig ist, ob eine Volksinitiative die Voraussetzung von Art. 139 Abs. 3 BV erfüllt, so hat die Bundesversammlung darüber zu entscheiden (Art. 173 Abs. 1 lit. f BV, Art. 75 Abs. 1 BPR, Art. 98 ParlG). Weichen die Beschlüsse der beiden Räte über die Gültigkeit einer Volksinitiative voneinander ab, kommt es nicht zum üblichen Differenzbereinigungsverfahren. Nach Art. 98 Abs. 2 ParlG ist die Initiative bei Uneinigkeit der beiden Räte gültig, sofern der Rat, der die Gültigkeit bejaht hat, an seinem Beschluss festhält (vgl. auch Art. 156 Abs. 3 lit. a BV).

d) Mitwirkung bei der Planung der Staatstätigkeit
(Art. 173 Abs. 1 lit. g BV; Art. 28 ParlG)

Die Verfassung überträgt der Bundesversammlung die Aufgabe, «bei den wichtigen Planungen der Staatstätigkeit mitzuwirken». Art. 28 ParlG setzt die Formen der Mitwirkung des Parlamentes fest. Wie bisher berät das Parlament Planungsberichte des Bundesrates und nimmt diese zur Kenntnis; es kann dem Bundesrat Aufträge erteilen, eine Planung vorzunehmen oder die Schwerpunkte einer Planung zu ändern. Neu ist jedoch, dass das Parlament Grundsatz- und Planungsbeschlüsse fassen kann. Diese stellen Vorentscheidungen des Parlaments dar, die den Bundesrat verpflichten, bei der Ausarbeitung von Planungen und Vorlagen bestimmte Weisungen zu beachten. Sie werden in der Form des einfachen Bundesbeschlusses, bei grosser Tragweite in der Form des Bundesbeschlusses, erlassen.

1552

e) Einzelakte (Art. 173 Abs. 1 lit. h und Abs. 3 BV)

Einzelne Bundesgesetze sehen vor, dass die Bundesversammlung über einen Einzelakt entscheidet. Meistens handelt es sich um *Verwaltungsakte von grosser politischer Bedeutung*. Die Zuweisung solcher Kompetenzen folgt aber nicht einem einheitlichen Grundgedanken, sondern wurde jeweils bei der Regelung einzelner Verwaltungsbereiche beschlossen.

1553

Die wichtigsten Beispiele betreffen die Übertragung des Enteignungsrechts an Private (Art. 3 Abs. 2 des Bundesgesetzes über die Enteignung vom 20. Juni 1930 [SR 711]) und die Genehmigung der vom Bundesrat erteilten Rahmenbewilligungen für Atomanlagen (Art. 8 Abs. 2 des Bundesbeschlusses zum Atomgesetz vom 6. Oktober 1978 [SR 732.01]).

f) Begnadigungen und Amnestie (Art. 173 Abs. 1 lit. k BV)

Die Bundesversammlung entscheidet über den generellen Straferlass durch Amnestie und über den individuellen Gnadenakt durch Begnadigung. Für Begnadigungen ist die Vereinigte Bundesversammlung zuständig (vgl. N. 1513).

1554

V. Rechtsprechungskompetenzen

Die Bundesversammlung hatte früher – ähnlich wie die kantonalen Parlamente – beachtliche Rechtsprechungskompetenzen. Das hing mit dem demokratischen Gedanken zusammen: Die obersten Entscheide sollten durch die Volksvertretung gefällt werden. Ein Parlament ist jedoch *nicht das geeignete Gremium,* um Rechtsprechungsfunktionen wahrzunehmen. So wurden auch die entsprechenden Kompetenzen der Bundesversammlung immer mehr abgebaut und erfassen heute lediglich noch Einzelpunkte.

1555

1556 Seit dem Inkrafttreten der neuen Bundesverfassung ist auch die Kompetenz der Bundesversammlung zur Entscheidung der verfassungsrechtlichen Streitigkeiten (sog. «Administrativstreitigkeiten») dahingefallen, welche die Bundesverfassung von 1874 als Relikte einer veralteten Entwicklung (z.B. betr. kantonales Schulwesen oder Begräbnisplätze) der Volksvertretung zugewiesen hatte.

1. Zuständigkeitskonflikte (Art. 173 Abs. 1 lit. i BV)

1557 Die Vereinigte Bundesversammlung entscheidet über Zuständigkeitskonflikte zwischen den obersten Bundesbehörden und weist die strittige Kompetenz einer Bundesbehörde zu (Art. 173 Abs. 1 lit. i BV). Dieses Verfahren kommt auch zum Zug, wenn die Bundesversammlung selbst Konfliktpartei ist. Gerechtfertigt wird dies durch ihre Stellung als oberste Instanz des Bundes, welche als «Volksvertretung» die grösste demokratische Legitimation vorzuweisen hat.

2. Ermächtigung zur Strafverfolgung von Mitgliedern der Bundesversammlung

1558 Gemäss Art. 17 ParlG fasst die Bundesversammlung solche Beschlüsse in getrennten Sitzungen. Diese sind zur Rechtsprechung zu zählen. Vgl. zur Rechtsstellung der Mitglieder der Bundesversammlung N. 1607 ff.

§ 53 Geschäftsverkehr der Bundesversammlung

> Literatur

KIENER REGINA, Die Informationsrechte der parlamentarischen Kommissionen, Diss. Bern 1994; LAMPRECHT ANDRAE, Die parlamentarische Initiative im Bund, Diss. Basel 1989; SÄGESSER THOMAS, Parlamentarische Informations- und Konsultationsrechte, AJP 2002, 382 ff.; VON WYSS MORITZ, Maximen und Prinzipien des parlamentarischen Verfahrens, Diss. Zürich 2001; WAGNER PATRIK, Die Motion nach eidgenössischem Parlamentsrecht, Diss. St. Gallen 1990.

> Rechtliche Grundlagen

- Bundesgesetz über die Bundesversammlung (Parlamentsgesetz [ParlG]) vom 13. Dezember 2002 (SR 171.10)
- Verordnung der Bundesversammlung zum Parlamentsgesetz und über die Parlamentsverwaltung (Parlamentsverwaltungsverordnung [ParlVV]) vom 3. Oktober 2003 (SR 171.115)
- Geschäftsreglement des Nationalrates (GRN) vom 3. Oktober 2003 (SR 171.13)
- Geschäftsreglement des Ständerates (GRS) vom 20. Juni 2003 (SR 171.14)

> Materialien

- Parlamentarische Initiative Parlamentsgesetz, Bericht der Staatspolitischen Kommission des Nationalrates vom 1. März 2001, BBl 2001, 3467 ff.
- Parlamentarische Initiative Verordnung der Bundesversammlung zum Parlamentsgesetz und über die Parlamentsverwaltung, Bericht des Büros des Ständerates vom 16. Mai 2003, BBl 2003, 5051 ff.

I. Sitzungen von National- und Ständerat

1. Gleichzeitige Tagung, getrennte Beratung und Beschlussfassung

Mit Ausnahme der Geschäfte der Vereinigten Bundesversammlung (vgl. N. 1508 ff.) beraten und beschliessen die beiden Räte als Folge des Zweikammersystems (vgl. N. 1438 ff.) immer getrennt (Art. 156 BV). So hat jeder Rat in der Regel seine eigenen Kommissionen (vgl. aber N. 1573), welche grundsätzlich auch getrennt tagen, aber gemeinsame Sitzungen durchführen können (Art. 49 Abs. 2 ParlG). Die

1559

Tagungen der beiden Räte finden jedoch – wie das in Art. 151 Abs. 1 BV vorausgesetzt wird – immer gleichzeitig, d.h. in den gleichen Wochen, statt.

2. Sessionen

a) Ordentliche Sessionen

1560 Die Bundesversammlung ist kein permanentes Organ. Die Räte versammeln sich regelmässig zu Sessionen (Art. 151 Abs. 1 BV; Art. 2 Abs. 1 ParlG).

1561 Nicht mehr gesetzlich vorgeschrieben ist die feste Anzahl von jährlich vier ordentlichen Sessionen der Bundesversammlung. Neu wird in Art. 2 Abs. 1 ParlG nur noch festgelegt, dass National- und Ständerat sich *regelmässig* zu ordentlichen Sessionen versammeln.

1562 Die Räte bestimmen die *genaue Dauer der Sessionen.* Sie können, wenn die Behandlung der zahlreichen Geschäfte es erfordert, weitere Sessionen (sog. «Sondersessionen») beschliessen (Art. 2 Abs. 2 ParlG); dies geschah z.B. zur Vorbereitung der Beratungen zur neuen Bundesverfassung in einer Sondersession vom 19.–21. Januar 1998 (Amtl. Bull. NR 1998, S. 1 ff.; Amtl. Bull. SR 1998 S. 1 ff.).

b) Ausserordentliche Sessionen

1563 Ausserordentliche Sessionen finden statt, wenn es der Bundesrat oder ein Viertel der Mitglieder eines Rates verlangen (Art. 151 Abs. 2 BV; Art. 2 Abs. 3 ParlG).

3. Öffentlichkeit

1564 Die Verhandlungen der beiden Räte sind in der Regel öffentlich, wobei das Gesetz Ausnahmen vorsehen kann (Art. 158 BV). Gemäss Art. 4 ParlG können zum Schutz wichtiger Sicherheitsinteressen des Landes oder aus Gründen des Persönlichkeitsschutzes ein Sechstel der Mitglieder eines Rates oder der Vereinigten Bundesversammlung, die Mehrheit einer Kommission oder der Bundesrat eine geheime Beratung verlangen.

Dem Publikum stehen in beiden Ratssälen Tribünen zur Verfügung. Bei Störung des Ratsbetriebs können die Besucher von der Tribüne verwiesen werden (Art. 62 Abs. 3 GRN; Art. 48 Abs. 3 GRS). Das Parlament hat die SRG mit der audiovisuellen Aufzeichnung der Ratsdebatten betraut (vgl. Art. 12 i.V.M. Art. 19 ParlVV). Werden die Verhandlungen der Räte direkt im Fernsehen gesendet, sind die Ratsmitglieder darüber zu informieren (Art. 15 ParlVV). Die Verhandlungen werden daneben auch im Internet (www.parlament.ch) übertragen.

4. Anwesenheitsquorum

Art. 159 Abs. 1 BV setzt für die gültige Verhandlung die Anwesenheit der absoluten Mehrheit der Mitglieder des betreffenden Rates voraus. Die Praxis weicht von dieser Bestimmung ab, indem sie nur für die Beschlussfassung die Anwesenheit der absoluten Mehrheit verlangt, obwohl eine solche Auslegung vor Art. 159 Abs. 1 BV (= Art. 87 aBV) nicht standhält (vgl. VPB 53 [1989] Nr. 1).

1565

II. Organe von National- und Ständerat

1. Vorsitz (Art. 152 BV; Art. 34 ParlG; Art. 6 ff. GRN; Art. 3 ff. GRS)

National- und Ständerat wählen *für ein Jahr* je eine Präsidentin oder einen Präsidenten und zwei Vizepräsidenten. Die unmittelbare Wiederwahl als Präsident oder Vizepräsident ist ausgeschlossen. Zulässig – und in der Praxis üblich – ist aber, den ersten Vizepräsidenten im folgenden Jahr zum Präsidenten zu wählen.

1566

Zu den *Aufgaben des Präsidenten* gehören:

- Leitung der Verhandlungen des Rates;
- Festlegung der Tagesordnung des Rates im Rahmen der Sessionsplanung des Büros;
- Vorsitz im Büro;
- Wahrung der Sitzungsdisziplin (vgl. N. 1611);
- Vertretung des Rates gegen aussen;
- Erledigung der Geschäfte zwischen den Sessionen;
- Vorsitz in der Vereinigten Bundesversammlung (Nationalratspräsident, bei dessen Verhinderung Ständeratspräsident, Art. 39 Abs. 3 ParlG).

Die *Vizepräsidenten* übernehmen die Aufgaben des Präsidenten, wenn dieser verhindert ist oder sich an der Beratung beteiligen will.

2. Büro, Koordinationskonferenz und Verwaltungsdelegation
(Art. 35, Art. 37 f. ParlG; Art. 8 f. GRN; Art. 5 f. GRS)

Das Büro des Nationalrates besteht aus dem Präsidenten, den Vizepräsidenten, den auf vier Jahre gewählten Stimmenzählern und den Fraktionspräsidenten. Dem Büro des Ständerates gehören neben dem Präsidenten und den Vizepräsidenten ein Stimmenzähler und ein Ersatzstimmenzähler an, ferner je ein Mitglied aus denjeni-

1567

1568 Das Büro des Nationalrates und das Büro des Ständerates bilden die Koordinationskonferenz, welche die *Sessionsplanung der beiden Räte aufeinander abstimmt* (Art. 37 ParlG).

1569 Dem Büro obliegt die *Leitung der Kammer.* Dazu gehören insbesondere die Festlegung des Sessionsprogramms und die Ermittlung der Abstimmungs- und Wahlergebnisse. Zudem wählt das jeweilige Büro die Mitglieder der Kommissionen sowie deren Präsidien (Art. 43 Abs. 1 ParlG). Zur Kompetenz des Büros, disziplinarische Massnahmen gegen ein Ratsmitglied auszusprechen vgl. N. 1432.

1569a Die Verwaltungsdelegation besteht aus je drei von der Koordinationskonferenz gewählten Mitgliedern der Büros beider Räte (Art. 38 Abs. 1 ParlG). Ihr obliegt die *oberste Leitung der Parlamentsverwaltung* (Art. 38, Art. 65 Abs. 1 ParlG).

3. Parlamentarische Kommissionen (Art. 153 BV; Art. 40, 42 ff. und 150 ff. ParlG; Art. 10 ff. GRN; Art. 7 ff. GRS)

1570 Jeder Rat setzt aus dem Kreis seiner Mitglieder Kommissionen ein (Art. 153 Abs. 1 BV). Deren Aufgabe ist es, die einzelnen Ratsgeschäfte vorzuberaten, dem Rat Bericht zu erstatten und einen Antrag zu stellen; die Kommissionen können auch zu Gegenständen ihres Aufgabenkreises parlamentarische Initiativen und Vorstösse einreichen. Neben der Vorbereitung der Rechtsetzung unterstützen sie das Parlament z.B. bei seiner Kontrolltätigkeit oder bei der Wahrnehmung aussenpolitischer Kompetenzen.

1571 Zur Bewältigung dauernder, wichtiger Aufgaben haben beide Kammern *ständige Kommissionen,* die in den Geschäftsreglementen aufgezählt werden (Art. 10 GRN; Art. 7 GRS). Einige Kommissionen werden zudem im Parlamentsgesetz besonders erwähnt, so z.B. die Finanzkommissionen (Art. 50 f. ParlG), die Geschäftsprüfungskommissionen (Art. 52 f. ParlG) oder die Aussenpolitische Kommissionen (Art. 152 ParlG).

1572 Die Räte können in Ausnahmefällen *Spezialkommissionen* bilden, so insbesondere zur Vorberatung von Gesetzesvorlagen, die nicht in den Sachbereich einer ständigen Kommission fallen (Art. 42 Abs. 2 ParlG). Einen Sonderfall stellen die *parlamentarischen Untersuchungskommissionen* dar, welche die Räte im Rahmen der Aufsicht über die Verwaltung beim Vorliegen von Vorkommnissen von grosser Tragweite einsetzen können (Art. 163 ff. ParlG; vgl. N. 1541).

1573 Grundsätzlich stellt jeder Rat seine eigenen Kommissionen auf. Daneben gibt es aber auch mit der Kommission für Begnadigungen und Zuständigkeitskonflikte (Art. 40 ParlG) und der Gerichtskommission (Art. 40a ParlG) Kommissionen der Vereinigten Bundesversammlung. Zudem kann ein Gesetz gemeinsame Kommissionen der beiden Räte vorsehen (Art. 153 Abs. 2 BV), wie beispielsweise die

Redaktionskommission (Art. 56 ff. ParlG) oder die Parlamentarischen Untersuchungskommissionen (Art. 163 ff. ParlG). Einen besonderen Fall stellt die *Finanzdelegation* dar, die aus je drei Mitgliedern der Finanzkommissionen der beiden Räte besteht und der wichtige Kompetenzen zugewiesen sind (Art. 51 ParlG). Für die regelmässige Überprüfung der Tätigkeiten im Bereich des Staatsschutzes und der Nachrichtendienste wurde Ende 1991 – als Folge von Vorschlägen parlamentarischer Untersuchungskommissionen (vgl. N. 1541) – eine *ständige Geschäftsprüfungsdelegation* eingeführt, die sich aus je drei Mitgliedern der Geschäftsprüfungskommissionen der beiden Räte zusammensetzt (Art. 53 ParlG).

Gemäss Art. 153 Abs. 3 BV können sogar Entscheidungsbefugnisse an die Kommissionen übertragen werden. Dies ist jedoch nur zulässig, sofern es sich um einzelne Befugnisse handelt, die nicht rechtsetzender Natur sind, und eine ausreichende gesetzliche Grundlage vorhanden ist (vgl. Art. 44 Abs. 1 lit. b ParlG). Die Kommissionen üben einen *grossen Einfluss auf die Entscheide des Plenums* aus, denn meistens sind nur in den Kommissionen eine intensive Diskussion und das Finden eines tragfähigen Kompromisses möglich. Das Ratsplenum eignet sich dafür wegen seiner Grösse oft weniger. Um eine effiziente Kommissionsarbeit zu garantieren, verfügen Kommissionen über umfangreiche Informationsrechte (Art. 153 Abs. 4 BV; Art. 150 ff. ParlG). Diese umfassen «Auskunftsrechte, Einsichtsrechte und Untersuchungsbefugnisse». Die Kommissionen haben Anspruch auf alle Informationen, die sie zur Erfüllung ihrer Aufgabe benötigen. Sie können Mitglieder des Bundesrates zur Anhörung einladen, vom Bundesrat ergänzende Berichte oder sonstige Unterlagen anfordern und mit dessen Einverständnis Personen im Dienste des Bundes befragen (Art. 150 Abs. 1 ParlG). Einzig Informationen, die der unmittelbaren Entscheidfindung des Bundesratskollegiums dienen oder im Interesse des Staatsschutzes oder der Nachrichtendienste geheim zu halten sind, dürfen den Kommissionen vorenthalten werden (Art. 150 Abs. 2 ParlG). Schliesslich können die zuständigen Kommissionen vom Bundesrat auch verlangen, dass ihnen Entwürfe von wichtigen Verordnungen des Bundesrates zur Konsultation unterbreitet werden (Art. 151 ParlG). Für die Aussenpolitischen Kommissionen, die Aufsichtskommissionen, d.h. die Geschäftsprüfungs- und die Finanzkommissionen, sowie die Parlamentarischen Untersuchungskommissionen gelten besondere Verfahrensvorschriften (Art. 152, 153 ff., 165 ff. ParlG). 1574

Die Aufsichtskommissionen haben das Recht, von Personen und Amtsstellen ausserhalb der Bundesverwaltung (insbesondere Privaten und kantonalen Amtsstellen), unter Vorbehalt des Zeugnisverweigerungsrechts, schriftlich oder mündlich Auskünfte einzuholen und die Herausgabe von Akten zu verlangen (153 Art. 2 ParlG). Die Delegationen der Aufsichtskommissionen haben *Zugang zu allen Informationen,* da ihnen gemäss Art. 169 Abs. 2 BV keine Geheimhaltungspflichten entgegengehalten werden können (vgl. Art. 154 ParlG). 1575

Die parlamentarischen Kommissionen dürfen nicht verwechselt werden mit den *Expertenkommissionen,* die der Bundesrat aus Parlamentariern und Nichtpar- 1576 lamentariern für die Ausarbeitung eines Vorentwurfes für ein Gesetz bildet. Sie sind auch zu unterscheiden von den ebenfalls vom Bundesrat eingesetzten zahlreichen *Fachkommissionen,* die ständigen Charakter haben und vor allem den Bundesrat in einem bestimmten Sachbereich beraten; ein Beispiel dafür ist die beratende Kommission für Flüchtlingsfragen (Art. 114 des Asylgesetzes vom 26. Juni 1998 [SR 142.31]).

4. Fraktionen (Art. 154 BV; Art. 61 f. ParlG)

1577 Gemäss Art. 154 BV können die Mitglieder der Bundesversammlung Fraktionen bilden. Zur Bildung einer Fraktion müssen sich mindestens fünf Parlamentarier zusammenschliessen (Art. 61 Abs. 3 ParlG). Häufig gehören die Mitglieder einer Fraktion derselben Partei an. Es ist jedoch durchaus üblich, dass die Angehörigen mehrerer, insbesondere kleinerer Parteien zusammen eine Fraktion bilden.

1578 Die Fraktionen sind Organe der Bundesversammlung. Ihre Aufgabe besteht vor allem in der Vorbereitung der Sitzungen. Zudem ist die Wahl in eine Kommission meistens von der Zugehörigkeit zu einer Fraktion abhängig. Durch die ausdrückliche Erwähnung der Fraktionen in der neuen Bundesverfassung wird indirekt die Bedeutung der Parteien unterstrichen.

1579 Die Fraktionen sind bei der Bestellung des Büros und der Kommissionen zu berücksichtigen (Art. 43 Abs. 3 ParlG; Art. 8 Abs. 3, Art. 15 Abs. 1 lit. a GRN). Sie erhalten *Bundesbeiträge* zur Deckung der Kosten ihrer Sekretariate (Art. 12 des Bundesgesetzes über Bezüge und Infrastruktur der Mitglieder der eidgenössischen Räte und über die Beiträge an die Fraktionen [Parlamentsressourcengesetz, PRG] vom 18. März 1988 [SR 171.21]).

5. Parlamentsdienste (Art. 155 BV; Art. 64 ff. ParlG)

1580 Der Bundesversammlung, ihren Organen und den einzelnen Ratsmitgliedern stehen die Parlamentsdienste zur Verfügung, die gemäss der neuen Bundesverfassung aus der – dem Bundesrat zugeordneten – Bundeskanzlei herausgelöst und der Bundesversammlung unterstellt worden sind. Sie stehen unter der Leitung der *Generalsekretärin der Bundesversammlung* (Art. 65 Abs. 2 ParlG). Die von der Koordinationskonferenz (vgl. N. 1568) aus ihrer Mitte gewählte *Verwaltungsdelegation* besorgt die Aufsicht über die Geschäftsführung und das Finanzgebaren der Parlamentsdienste; ihr obliegt die oberste Leitung der Verwaltungsangelegenheiten der Bundesversammlung (Art. 38, Art. 65 Abs. 1 ParlG; Art. 20 ParlVV).

1581 Die Organisation der Parlamentsdienste sowie deren Verhältnis zur Bundesverwaltung hat die Bundesversammlung gestützt auf Art. 70 Abs. 1 ParlG in der Verordnung der Bundesversammlung zum Parlamentsgesetz und über die Parlamentsverwaltung (Parlamentsverwaltungsverordnung [ParlVV]) vom 3. Oktober 2003 (SR 171.115) geregelt.

Die Parlamentsdienste erfüllen insbesondere folgende Aufgaben (Art. 64 Abs. 2 ParlG): 1582
- Sie planen und organisieren die Sessionen und Kommissionssitzungen.
- Sie erledigen Sekretariatsgeschäfte und erstellen Berichte, Protokolle und Unterlagen für die Räte und ihre Kommissionen.
- Sie beschaffen und archivieren Dokumente für die Räte, Kommissionen, Fraktionen und einzelne Ratsmitglieder.
- Sie beraten die Ratsmitglieder, insbesondere die Rats- und Kommissionspräsidenten über Fach- und Verfahrensfragen.
- Sie informieren die Öffentlichkeit über die Bundesversammlung und ihre Tätigkeiten.
- Sie unterstützen die Bundesversammlung bei der Pflege ihrer internationalen Beziehungen.

Soweit dies für den Parlamentsbetrieb erforderlich ist, können die Parlamentsdienste im Auftrag der Bundesversammlung und ihrer Organe auch Dienststellen der Bundesverwaltung beiziehen (Art. 155 Satz 2 BV; Art. 68 ParlG). Das ist dann wichtig, wenn besonderes Fachwissen gefragt ist, über das nur einzelne Dienststellen verfügen.

III. Abstimmungen

1. **Erforderliches Mehr** (Art. 159 Abs. 2 und 3 BV)

Grundsätzlich ist in beiden Räten und in der Vereinigten Bundesversammlung das   1583
absolute Mehr der *Stimmenden* massgebend (Art. 159 Abs. 2 BV). Ausnahmen bilden die Dringlicherklärung von Bundesgesetzen (Art. 159 Abs. 3 lit. a BV), gewisse Finanzbeschlüsse (Art. 159 Abs. 3 lit. b BV) sowie die Erhöhung des im Rahmen der «Schuldenbremse» eingeführten Höchstbetrages der im Voranschlag zu bewilligenden Gesamtausgaben (Art. 159 Abs. 3 lit. c BV; vgl. N. 1528). Für diese ist die Zustimmung der Mehrheit aller *Mitglieder* in jedem der beiden Räten notwendig (Art. 159 Abs. 3 BV). Der Präsident nimmt an Abstimmungen nicht teil, hat aber bei Stimmengleichheit den Stichentscheid. Es besteht kein Stimmzwang (Art. 56 Abs. 2 GRN; Art. 43 Abs. 1 GRS).

2. Form der Abstimmung

1584 Im Nationalrat erfolgt die Stimmabgabe in der Regel mit dem elektronischen Abstimmungssystem (Art. 56 Abs. 1 GRN), wobei das Stimmverhalten der Ratsmitglieder während der Abstimmung und das Resultat auf Anzeigetafeln dargestellt werden. Bei geheimer Beratung (im Sinne von Art. 4 Abs. 2 ParlG) erfolgt die Stimmabgabe durch Aufstehen oder, falls es von wenigstens 30 Ratsmitgliedern schriftlich verlangt wird, unter Namensaufruf (Art. 58, Art. 60 GRN). Im Ständerat erfolgen die Abstimmungen durch Handaufheben oder Namensaufruf (Art. 44 ff. GRS).

3. Arten der Abstimmung

1585 Bei der Beratung und Verabschiedung von rechtsetzenden Erlassen kommt es zu folgenden Abstimmungen:

– Abstimmung über das *Eintreten* (Art. 74 Abs. 1 ParlG);

– Abstimmung über *jeden einzelnen Artikel* oder *Abschnitt;* liegt ein Abänderungsantrag vor, wird dieser dem Entwurf gegenübergestellt (vgl. Art. 78 Abs. 2 ParlG); bei mehreren Abänderungsanträgen erfolgt eine Eventualabstimmung (vgl. Art. 79 ParlG);

– *Gesamtabstimmung* über die ganze Vorlage am Ende der Beratung in jedem Rat (Art. 74 Abs. 4 ParlG);

– *Schlussabstimmung* in jedem Rat nach Bereinigung der Differenzen zwischen den Räten (vgl. N. 1604 f.) und der Redaktion des Textes (Art. 81 ParlG); sie hat in erster Linie formelle Bedeutung.

1586 Bei dringlichen Bundesgesetzen wird über die *Dringlichkeitsklausel* nach erfolgter Differenzbereinigung separat abgestimmt (Art. 77 ParlG; vgl. N. 1830). In beiden Räten wird zudem über unbestrittene Vorlagen nicht abgestimmt (Art. 78 Abs. 4 ParlG).

IV. Wahlen (Art. 130 ff. ParlG)

1587 Wahlorgan ist grundsätzlich die *Vereinigte Bundesversammlung* (vgl. N. 1510). Einzelne Wahlen werden jedoch von den *beiden Kammern getrennt* vorgenommen. Zu diesen zählt die Wahl des Präsidenten und Vizepräsidenten. Die Mitglieder der Kommissionen werden durch das jeweilige Büro gewählt (vgl. N. 1569).

Die Wahlen erfolgen in beiden Räten und in der Vereinigten Bundesversammlung schriftlich und geheim (Art. 130 ParlG). Der Präsident wählt wie jedes andere Ratsmitglied. Entscheidend ist das absolute Mehr, wobei leere und ungültige Wahlzettel nicht berücksichtigt werden. Bei Stimmengleichheit findet eine Stichwahl statt; wenn auch diese unentschieden ausgeht, zieht der Präsident das Los. Für einzelne Wahlen, so für die Wahl der Stimmenzähler, gelten Sondervorschriften. 1588

V. Einbringen von Verhandlungsgegenständen

1. Handlungsinstrumente der Parlamentarier

a) Motion und Postulat
(120 ff. ParlG; Art. 25 ff. GRN; Art. 21 ff. GRS)

Die *Motion* beauftragt den Bundesrat verbindlich, einen Gesetzes- oder Beschlussesentwurf vorzulegen oder eine Massnahme zu treffen. Die Erstattung eines blossen Berichtes genügt nicht. Eine Motion zu einem Sachgebiet, das in den Zuständigkeitsbereich des Bundesrates fällt, stellt mit dem neuen Parlamentsgesetz nun einen verbindlichen Auftrag dar. Der Bundesrat kann entweder die verlangte Massnahme selber treffen oder den Entwurf eines Erlasses vorlegen, mit dem die Motion umgesetzt werden kann, z.B. eine Änderung der Zuständigkeitsordnung in dem Sinne, dass das Parlament neu für die betreffende Frage zuständig wird (Art. 120 Abs. 2 ParlG). 1589

Das *Postulat* beauftragt den Bundesrat zu prüfen, ob ein Gesetzes- oder Beschlussesentwurf vorzulegen oder eine Massnahme zu treffen ist, und darüber einen Bericht vorzulegen. 1590

Der Anstoss zu einer Motion oder einem Postulat erfolgt durch das Einreichen eines schriftlichen Motions- oder Postulatsvorschlages durch einen einzelnen Parlamentarier; Mitunterzeichner können sich anschliessen. 1591

Findet ein *Postulatsvorschlag* die Zustimmung des Rates, in dem er eingereicht wurde, wird das Postulat dem Bundesrat überwiesen.

Findet ein *Motionsvorschlag* die Zustimmung des Rates, in dem er eingereicht wurde (Erheblicherklärung der Motion), geht die Motion an die andere Kammer. Erst wenn auch diese zugestimmt hat, wird die Motion für den Bundesrat verbindlich.

b) *Interpellation und Anfrage*
(Art. 125 ParlG; Art. 25 ff. GRN; Art. 21 ff. GRS)

1592 Interpellationen und Anfragen, die von einem Ratsmitglied – eventuell unterstützt durch Mitunterzeichner – schriftlich eingereicht werden, dienen dazu, vom Bundesrat Auskunft über Angelegenheiten des Bundes zu verlangen.

1593 *Interpellationen* werden vom Bundesrat in der Regel mündlich im Rat beantwortet, wobei anschliessend eine Diskussion stattfinden kann.

1594 *Anfragen* werden dagegen vom Bundesrat schriftlich beantwortet, ohne dass darüber im Rat diskutiert wird.

1595 Interpellationen und Anfragen können von der Kammer, in der sie eingereicht wurden, als *dringlich erklärt* werden. Interpellationen werden in diesem Fall – wenn möglich – noch in der Session behandelt, in der sie eingereicht wurden. Dringliche Anfragen sind innert drei Wochen zu beantworten (Art. 30 GRN; Art. 26 GRS).

1596 Zweimal pro Session findet ausserdem im Nationalrat eine *Fragestunde* statt, während welcher der Vertreter des Bundesrates die zuvor von Parlamentariern schriftlich gestellten Fragen kurz beantwortet (Art. 31 GRN).

c) *Parlamentarische Initiative* (Art. 160 Abs. 1 BV; Art. 107 ff. ParlG)

1597 Im normalen Gesetzgebungsverfahren kommt dem Bundesrat und den ihm unterstehenden Verwaltungsstellen bei der Ausarbeitung der Gesetzes- und Beschlussesvorlagen eine sehr grosse Bedeutung zu. Das Verfahren der parlamentarischen Initiative gibt der Bundesversammlung die Möglichkeit, diesen nicht immer erwünschten Einfluss der Exekutive einzuschränken. Der Bundesrat hat aber ein Recht zur Stellungnahme.

1598 Jedem Ratsmitglied, jeder Fraktion und jeder parlamentarischen Kommission steht das Recht zu, einen ausgearbeiteten Entwurf zu einem Erlass der Bundesversammlung oder Grundzüge eines solchen Erlasses vorzuschlagen. Daneben kann in einer Kommission der Antrag gestellt werden, dass diese eine parlamentarische Initiative ausarbeiten soll.

d) *Empfehlung*

1599 Die Empfehlung, welche nur der Ständerat kannte, hatte das Ziel, den Bundesrat zu einer Massnahme anzuregen, die in seinen ausschliesslichen Zuständigkeitsbereich oder in den an ihn delegierten Rechtsetzungsbereich fiel. Weil die Motion neu auch in diesen Bereichen für den Bundesrat verbindlich ist (vgl. N. 1589), ist das Instrument der Empfehlung obsolet geworden.

e) *Aufträge an den Bundesrat* (Art. 171 BV)

1600 Der Auftrag ist als Oberbegriff für die Handlungsinstrumente der Parlamentarier zu verstehen. Mit Satz 2 von Art. 171 BV wurde die verfassungsrechtliche Grundlage für Vorstösse geschaffen, die in den Zuständigkeitsbereich des Bundesrates einwirken (vgl. N. 1589).

2. Einbringen von Verhandlungsgegenständen von Instanzen ausserhalb der Bundesversammlung

Verhandlungsgegenstände können – ausser von der Bundesversammlung – vom Volk, von den Kantonen und dem Bundesrat eingebracht werden. Das *Volk* kann mit der Volksinitiative auf Verfassungsrevision (Art. 138 und 139 BV) und mit der Petition (Art. 33 BV) den Geschäftsgang der Bundesversammlung mitbeeinflussen. Den *Kantonen* steht zu diesem Zweck die Standesinitiative (Art. 160 Abs. 1 BV) zur Verfügung. Der *Bundesrat* übt den weitaus stärksten Einfluss auf die Verhandlungen der Bundesversammlung aus, und zwar einerseits durch sein Initiativrecht (Art. 181 BV), anderseits durch das Abgeben von Erklärungen in den beiden Räten (Art. 157 Abs. 2 BV; Art. 33 GRN; Art. 28 GRS). 1601

VI. Zusammenwirken der beiden Kammern

1. Beschluss der Bundesversammlung

Sofern nicht die Vereinigte Bundesversammlung ein Geschäft behandelt, kommt ein Beschluss der Bundesversammlung nur zustande, wenn *Nationalrat und Ständerat* in getrennter Abstimmung einen *übereinstimmenden Beschluss* fassen (Art. 156 Abs. 2 BV). Um zu einer Übereinstimmung zu gelangen, schreibt das Parlamentsgesetz einerseits vor, dass jeder Rat die von ihm gefassten Beschlüsse dem anderen Rat mitteilt (Art. 86 Abs. 1 ParlG). Anderseits stellt es für den Fall von abweichenden Beschlüssen ein Differenzbereinigungsverfahren auf (Art. 89 ff. ParlG). 1602

Über die *Priorität,* d.h. über die Frage, welche Kammer ein Geschäft als erste behandelt, entscheiden die Ratspräsidenten (vgl. N. 1450). 1603

2. Differenzbereinigungsverfahren (Art. 89 ff. ParlG)

Bestehen zwischen den Beschlüssen der beiden Räte Differenzen, geht das Geschäft zur Bereinigung dieser Differenzen an die erste Kammer zurück. Die Debatte ist von diesem Zeitpunkt an auf die Bereinigung der noch bestehenden Differenzen beschränkt. Die Kommissionen der beiden Räte können im Sinn einer effizienteren Verständigung auch gemeinsame Sitzungen durchführen, wobei aber die Kommissionen getrennt entscheiden. Wird nach sechs Beratungen, d.h. drei Beratungen in 1604 jedem Rat, noch keine gemeinsame Lösung gefunden, so wird eine *Einigungskonferenz* einberufen, die aus je dreizehn Mitgliedern beider Räte zusammengesetzt ist. Die Einigungskonferenz hat einen Vermittlungsvorschlag zu erarbeiten. Gelingt ihr das nicht, hat sie Antrag auf Abschreibung des Geschäfts zu stellen. Wird der Vermittlungsvorschlag nicht in beiden Räten nach einmaliger Beratung unverändert angenommen, ist die Vorlage abgelehnt.

3. Vorgehen ohne Differenzbereinigungsverfahren (auch «ausserordentliches Differenzbereinigungsverfahren» genannt)
(Art. 95 ParlG)

1605 Wenn zwischen den Beschlüssen beider Räte Differenzen bestehen und von der Sache her keine Einigung im Sinne eines Kompromisses möglich ist, kommt das Differenzbereinigungsverfahren nicht zum Zug. Dies ist insbesondere der Fall, wenn die abweichenden Beschlüsse der beiden Räte sich beziehen auf:

– die Eintretensfrage (Eintreten/Nichteintreten);
– die Gesamtabstimmung (Annahme/Verwerfung);
– Staatsverträge (Genehmigung/Ablehnung);
– die Gewährleistung einer Kantonsverfassung (Gewährleistung/Nichtgewährleistung);
– die Stellungnahme zu einer Volksinitiative in der Form der allgemeinen Anregung (Annahme/Ablehnung);
– die Dringlichkeitserklärung (Annahme/Verwerfung);
– parlamentarische Initiativen und Standesinitiativen (Folge geben/Ablehnung);
– Verordnungen des Bundesrates mit Genehmigungsvorbehalt (Genehmigung/Nichtgenehmigung);
– die Immunität (Aufhebung/Nichtaufhebung) oder
– Beratungsgegenstände, die zur Abschreibung beantragt sind (Aufrechterhaltung/Abschreibung).

Bestätigt in diesen Fällen der ablehnende Rat nach einer zweiten Beratung seinen negativen Entscheid, obwohl der andere Rat in der Zwischenzeit die Annahme beschlossen hat, so ist das Geschäft endgültig abgelehnt.

1606 In entsprechendem Sinne lautet die Regelung bei der Ungültigerklärung von Volksinitiativen: Bei abweichenden Beschlüssen über die Ungültigerklärung ist die Volksinitiative als gültig zu betrachten, wenn der Rat, der die Gültigkeit bejaht hat, seinen Beschluss bestätigt (Art. 98 Abs. 2 ParlG).

§ 54 Rechtliche Stellung der Mitglieder der Bundesversammlung

> Literatur

BAUR REGULA, Die parlamentarische Immunität in Bund und Kantonen der schweizerischen Eidgenossenschaft, Diss. Zürich 1963; GADIENT BRIGITTA M., Die parlamentarische Immunität im Bund, in: Das Parlament – ‹Oberste Gewalt des Bundes›?, FS der Bundesversammlung zur 700-Jahr-Feier der Eidgenossenschaft, Bern 1991, S. 281 ff.; HOMBERGER HANS-ULRICH, Art. 91 BV: «Die Mitglieder beider Räte stimmen ohne Instruktionen», Eine rechtsdogmatische und rechtspolitische Untersuchung, Diss. Zürich 1973; SCHMID GERHARD, Das freie Mandat der Mitglieder der Bundesversammlung, Überlegungen zu Art. 91 BV, ZSR NF 93/I (1974) 471 ff.; WALLIMANN-BORNATICO MARIANGELA, Die parlamentarische Immunität der Mitglieder des National- und Ständerates, ZBl 89 (1988) 351 ff.

> Rechtliche Grundlagen

– Art. 149 Abs. 1, 150 Abs. 1, 161 und 162 BV (Art. 79, 83, 91 aBV)
– Bundesgesetz über die Bundesversammlung (Parlamentsgesetz [ParlG]) vom 13. Dezember 2002 (SR 171.10)
– Bundesgesetz über Bezüge und Infrastruktur der Mitglieder der eidgenössischen Räte und über die Beiträge an die Fraktionen (Parlamentsressourcengesetz [PRG]) vom 18. März 1988 (SR 171.21)

I. Freies Mandat

Die Mitglieder von National- und Ständerat stimmen *ohne Weisungen* (Art. 161 Abs. 1 BV).

Die Bundesverfassung bezeichnet die Mitglieder des Nationalrates als «Abgeordnete des Volkes» (Art. 149 Abs. 1 BV) und diejenigen des Ständerates als «Abgeordnete der Kantone» (Art. 150 Abs. 1 BV). Dennoch liegt keine Vertretung im juristischen Sinne vor; Volk und Kantone sind lediglich Kreationsorgane. Die Parlamentarier sind juristisch einzig an Verfassung und Gesetz gebunden (Art. 3 Abs. 4 und 5 ParlG).

Allerdings bestehen häufig *faktische Bindungen* zwischen den Parlamentariern und den Parteien bzw. gewissen Interessenverbänden. Im Sinne der *Offenlegung der Interessenbindungen* muss daher jedes Ratsmitglied beim Eintritt in den Rat und jeweils auf Jahresbeginn das Büro über seine berufliche Tätigkeit, Verwaltungsratsmandate und Ähnliches informieren (Art. 161 Abs. 2 BV, Art. 11 ParlG).

1607

II. Finanzielle Ansprüche der Parlamentarier

1608 Das Parlamentsgesetz sieht ein *Entgelt für die Ratstätigkeit* vor (Art. 9 ParlG). Die Einzelheiten sind im Parlamentsressourcengesetz geregelt. Neben einem Jahreseinkommen für die Vorbereitung der Ratsarbeit, Taggeldern und den üblichen Spesenentschädigungen wird auch ein Beitrag für die Deckung der Personal- und Sachausgaben, die der Erfüllung des politischen Mandates dienen, ausgerichtet. Die finanzielle Entschädigung der Parlamentarier soll verhindern, dass deren starke zeitliche Inanspruchnahme faktisch einen Zensus für die Wählbarkeit zur Folge hat. Die Bundesversammlung kann heute denn auch als «Halbberufsparlament» bezeichnet werden (RHINOW, Rz. 2251). Erhöhungen der Beiträge an die Parlamentarier hatten es in der Vergangenheit jedoch immer schwer, wie zuletzt eine Volksabstimmung vom 27. September 1992 zeigte, in welcher die Anpassung der Entschädigung an die stark gestiegene Arbeitsbelastung ebenso verworfen wurde wie eine Vorlage, die den Mitgliedern der Bundesversammlung die Einstellung von persönlichen Mitarbeitern finanziell ermöglichen sollte.

III. Immunität für Parlamentsvoten («irresponsabilité absolue»)
(Art. 162 Abs. 1 BV)

1609 Der *Begriff der Immunität* wird in Lehre und Praxis uneinheitlich gebraucht. Zum Teil wird der Begriff in einem umfassenden Sinne für alle den Parlamentariern zustehenden Privilegien verwendet. Im Folgenden findet ein engerer Immunitätsbegriff – der dem von AUBERT (No. 1275) verwendeten Begriff «irresponsabilité absolue» entspricht – Verwendung.

1610 Die *parlamentarische Immunität* bedeutet, dass die Ratsmitglieder – wie auch die Mitglieder des Bundesrates – für die *in der Bundesversammlung und deren «Organen» abgegebenen Voten* nicht zur Rechenschaft gezogen werden können (vgl. Art. 16 i.V.m. Art. 31 ParlG). Eine strafrechtliche Verfolgung wegen solcher Voten ist unzulässig. Zudem werden die Mitglieder der Räte auch vor Schadenersatz- und Genugtuungsansprüchen geschützt. Die Haftung des Bundes für Schädigungen Dritter durch derartige Äusserungen wird aber damit nicht ausgeschlossen (vgl. TOBIAS JAAG, Staats- und Beamtenhaftung, in: Schweizerisches Bundesverwaltungsrecht, Basel/Frankfurt a.M. 1996, Rz. 76).

1611 Bei beleidigenden Äusserungen kann jedoch eine Disziplinarmassnahme ausgesprochen werden (vgl. N. 1432).

IV. Strafprozessuale Verfolgungsprivilegien

Hier geht es – im Gegensatz zum Ausschluss der strafrechtlichen Verfolgung bei Parlamentsvoten – um Privilegien, die den Ratsmitgliedern allgemein bei der Einleitung von Strafverfahren zustehen.

1612

1. Bei Delikten, die sich nicht auf die amtliche Stellung beziehen («inviolabilité»)

Während der Dauer der Session darf gegen ein Ratsmitglied ohne seine Zustimmung oder ohne Ermächtigung des Rates, dem der Betroffene angehört, kein Strafverfahren eingeleitet werden (Art. 20 Abs. 1 ParlG). Eine nachträgliche Zustimmung genügt bei einer vorsorglichen Verhaftung wegen Fluchtgefahr oder im Fall des Ergreifens auf frischer Tat (Art. 20 Abs. 2 ParlG).

1613

Ist bei Beginn der Session schon eine Strafuntersuchung im Gang, kann der Betroffene vom Rat, dem er angehört, einen Entscheid über die Fortsetzung des Verfahrens während der Session verlangen (Art. 20 Abs. 3 ParlG).

2. Bei Delikten, die sich auf die amtliche Stellung beziehen («irresponsabilité relative»)

Eine Strafverfolgung von Ratsmitgliedern, die sich auf die amtliche Tätigkeit oder Stellung bezieht, ist nur mit Ermächtigung der Bundesversammlung zulässig (Art. 17 Abs. 1 ParlG). Die Bundesversammlung legte den Begriff der amtlichen Tätigkeit bis anhin sehr weit aus, um den Mitgliedern der Bundesversammlung eine unabhängige politische Tätigkeit zu gewährleisten. Seit Inkrafttreten des revidierten Verantwortlichkeitsgesetzes (1959) lehnte die Bundesversammlung nur im Fall von Nationalrat Jean Ziegler 1991 die Anrufung der relativen Immunität ab. Der Zusammenhang zwischen seinen ehrverletzenden Buchäusserungen und seiner amtlichen Tätigkeit wurde als nicht genügend erachtet. Ob dieser Entscheid, bei dem die Bundesversammlung ohne grundsätzliche Auseinandersetzung von der bisherigen Praxis abwich, ein Einzelfall bleibt oder ob er eine neue Praxis einleitet, welche vermehrt auch den Schutz Dritter berücksichtigt, wird sich erst in Zukunft weisen.

1614

Eine solche Strafverfolgung kann sich zum Beispiel beziehen auf Amtsmissbrauch (Art. 312 StGB) oder Verletzung des Amtsgeheimnisses (Art. 320 StGB).

Die Ermächtigung bedarf der Zustimmung beider Räte, wobei die Priorität dem Rat zukommt, dem der Betroffene angehört (Art. 17 Abs. 2 ParlG). Die Zustimmung des Betroffenen ersetzt die parlamentarische Ermächtigung nicht (vgl. Art. 17 Abs. 1 ParlG am Ende). Der Straffall kann dem Bundesgericht zur Beurteilung überwiesen werden (Art. 14 Abs. 5 VG).

3. Zuständigkeit des Bundesgerichts bei Delikten gegen Ratsmitglieder

1615 Gewisse Verbrechen und Vergehen, welche an Ratsmitgliedern während der Dauer der Sessionen oder der Kommissionssitzungen verübt werden, unterstehen der Bundesgerichtsbarkeit (Art. 340 Abs. 1 StGB).

V. Wehrprivileg

1616 Während der Dauer der Sessionen und der Sitzungen der Kommissionen und Fraktionen der eidgenössischen Räte sind die Mitglieder der Bundesversammlung vom militärischen Ausbildungsdienst und vom Assistenzdienst befreit (Art. 17 des Bundesgesetzes über die Armee und die Militärverwaltung vom 3. Februar 1995 [SR 510.10]).

3. Kapitel: Bundesrat

§ 55 Stellung, Wahl und Organisation des Bundesrates

Literatur

ALTERMATT URS (Hrsg.), Die Schweizer Bundesräte: Ein biographisches Lexikon, 2. Aufl., Zürich 1992; BREITENSTEIN MARTIN, Reform der Kollegialregierung: Bundesrat und Staatssekretäre in einem zweistufigen Regierungsmodell, Diss. Basel 1993; BUSER WALTER, Der Bundesrat als oberste leitende Behörde der Eidgenossenschaft (Art. 95 BV), in: FS für Kurt Eichenberger zum 60. Geburtstag, Basel/Frankfurt a.M. 1982, S. 683 ff.; DE PRETTO RENATO, Bundesrat und Bundespräsident: Das kollegiale Regierungssystem schweizerischer Prägung, Diss. Basel 1988; EHRENZELLER BERNHARD, Kollegialität und politische Verantwortlichkeit im schweizerischen Konkordanzsystem, ZBl 100 (1999) 145 ff.; EICHENBERGER KURT, Die staatsleitenden Behörden des Bundes (Bundesversammlung und Bundesrat), ZSR NF 97/I (1978) 477 ff.; EICHENBERGER KURT, Von der Staatsleitung in der Referendumsdemokratie, in: FS für Kurt Furgler, Zürich 1984, S. 13 ff.; GERMANN RAIMUND E., Staatsreform: Der Übergang zur Konkurrenzdemokratie, Bern/Stuttgart/Wien 1994; GRISEL ETIENNE, La responsabilité patrimoniale des conseillers fédéraux, Revue de droit administratif et de droit fiscal 54 (1998) 113 ff.; MADER LUZIUS, Bundesrat und Bundesverwaltung, in: Verfassungsrecht der Schweiz, § 67; RHINOW RENÉ, Die Regierungsreform im Bund, in: FS für Jean-François Aubert, Basel/Frankfurt a.M. 1996, S. 87 ff.; SALADIN PETER, Probleme des Kollegialitätsprinzips, ZSR NF 104/I (1985) 271 ff.; UEBERWASSER HEINRICH, Das Kollegialprinzip: seine Grundsätze und Konkretisierungen im Bereiche von Regierung und Verwaltung – unter besonderer Berücksichtigung des schweizerischen Bundesrates, Diss. Basel 1989.

Rechtliche Grundlagen

– Art. 174–177 BV (Art. 95, 101, 103 und 104 aBV)
– Regierungs- und Verwaltungsorganisationsgesetz (RVOG) vom 21. März 1997 (SR 172.010)
– Regierungs- und Verwaltungsorganisationsverordnung (RVOV) vom 25. November 1998 (SR 172.010.1)
– Bundesgesetz über das Verwaltungsverfahren (VwVG) vom 20. Dezember 1968 (SR 172.021)
– Bundesgesetz über die Verantwortlichkeit des Bundes sowie seiner Behördemitglieder und Beamten (Verantwortlichkeitsgesetz [VG]) vom 14. März 1958 (SR 170.32)
– Bundesgesetz über die Bundesversammlung (Parlamentsgesetz [ParlG]) vom 13. Dezember 2002 (SR 171.10)

Materialien

- Botschaft des Bundesrates über die Reorganisation der Bundesverwaltung vom 12. Februar 1975, BBl 1975 I 1453 ff.
- Botschaft des Bundesrates zum Regierungs- und Verwaltungsorganisationsgesetz (RVOG) vom 20. Oktober 1993, BBl 1993 III 997 ff.
- Botschaft des Bundesrates betreffend ein neues Regierungs- und Verwaltungsorganisationsgesetz (RVOG) vom 16. Oktober 1996, BBl 1996 V 1 ff.
- Botschaft des Bundesrates über eine neue Bundesverfassung vom 20. November 1996, BBl 1997 I 402 ff.

I. Verfassungsrechtliche Stellung und Zusammensetzung des Bundesrates

1617   Der Bundesrat ist die *oberste leitende und vollziehende Behörde* des Bundes (Art. 174 BV; Art. 1 RVOG). Er besteht aus sieben Mitgliedern (Art. 175 Abs. 1 BV). Eine Änderung dieser Zahl wurde mehrmals erwogen, wobei meistens die Erhöhung der Zahl der Bundesräte von sieben auf neun zur Diskussion stand. Als Gründe für die Erhöhung wurden die Überlastung der Bundesräte und eine freiere Auswahl genannt. Zwei dahingehende Volksinitiativen wurden in den Jahren 1900 und 1942 von Volk und Ständen verworfen.

II. Wahl des Bundesrates

1. Wählbarkeit

1618   Zum Mitglied des Bundesrates sind alle Schweizerinnen und Schweizer wählbar, die als Mitglieder des Nationalrates gewählt werden können (Art. 175 Abs. 3 BV). Wählbarkeitsvoraussetzungen sind somit das Schweizer Bürgerrecht, die Zurücklegung des 18. Altersjahres und das Fehlen einer Entmündigung wegen Geisteskrankheit oder Geistesschwäche (Art. 143 i.V.m. Art. 136 Abs. 1 BV).

1619   Im Gegensatz zur Regelung der BV von 1874 ist es heute möglich, aus demselben Kanton mehr als einen Bundesrat zu wählen. Es ist indes darauf Rücksicht zu nehmen, dass die Landesgegenden und Sprachregionen angemessen vertreten sind (Art. 175 Abs. 4 BV). Vgl. N. 1624. Noch vor der Abstimmung über die Totalrevision der Bundesverfassung hatten Volk und Stände einer Abschaffung der «Kantonsklausel» zugestimmt. Der neue Text des Art. 175 BV wurde nachträglich in die nachgeführte BV integriert (BBl 1999, 8768).

2. Unvereinbarkeit

Zusätzlich zur Unvereinbarkeit mit dem Sitz im National- und Ständerat sowie im Bundesgericht gemäss Art. 144 BV (vgl. N. 1413) sind im Regierungs- und Verwaltungsorganisationsgesetz Fälle des Verwandtenausschlusses aufgeführt (Art. 61 RVOG). Die Mitglieder des Bundesrates unterliegen zudem einem allgemeinen Berufsverbot (Art. 144 Abs. 2 BV; Art. 60 RVOG).

1620

3. Wahlorgan

Die Mitglieder des Bundesrates werden von der *Vereinigten Bundesversammlung* gewählt (Art. 168 Abs. 1 i.V.m. Art. 157 Abs. 1 lit. a BV).

1621

Wiederholt ist die *Forderung der Volkswahl des Bundesrates* aufgestellt worden. Entsprechende Volksinitiativen wurden in den Jahren 1900 und 1942 von Volk und Ständen verworfen. Die Einführung der Volkswahl der Exekutive – die in den Kantonen eine Selbstverständlichkeit ist – würde das Verhältnis von Bundesversammlung und Bundesrat beeinflussen. Während heute der Bundesrat im Hinblick auf seine Wahl und die parlamentarische Aufsicht der Bundesversammlung untergeordnet ist, würde die Volkswahl dem Bundesrat die gleiche demokratische Legitimität verschaffen, wie sie die Bundesversammlung besitzt. Bundesrat und Bundesversammlung wären in dieser Hinsicht einander gleichgestellt, was im Vergleich zur heutigen Situation faktisch das Parlament noch mehr schwächen würde. Vgl. zur Problematik einer solchen Volkswahl ALFRED KÖLZ, Die Volkswahl des Bundesrates – ein Demokratiegewinn?, NZZ Nr. 84 vom 8./9. April 2000, S. 99.

1622

4. Wahlverfahren

Das Verfahren der Bundesratswahlen wird durch die Art. 130–134 ParlG geregelt. Die Stimmabgabe ist geheim (Art. 130 Abs. 1 ParlG). Die Sitze werden einzeln und nacheinander besetzt, und zwar zuerst die Sitze der wieder kandidierenden bisherigen Mitglieder, in der Reihenfolge ihres Amtsalters (Art. 132 Abs. 1 ParlG). Massgeblich für eine Wahl ist das absolute Mehr, wobei leere und ungültige Stimmzettel für die Berechnung des absoluten Mehrs nicht mitgezählt werden (Art. 130 Abs. 2 und 3 ParlG). In den ersten beiden Wahlgängen können alle wählbaren Personen gewählt werden; ab dem dritten Wahlgang sind keine weiteren Kandidaturen zulässig (Art. 132 Abs. 3 ParlG). Aus der Wahl scheiden ab dem zweiten Wahlgang alle Personen aus, die weniger als 10 Stimmen erhalten; ab dem dritten Wahlgang zudem, wer die geringste Stimmenzahl erreicht, es sei denn, mehr als eine Person vereinige diese Stimmenzahl auf sich (Art. 132 Abs. 4 ParlG).

1623

Der Ständerat lehnte im Oktober 1996 eine vom Nationalrat gutgeheissene Motion betreffend die gemeinsame Wahl aller wieder kandidierenden Mitglieder des

Bundesrates ab; auch bei den Beratungen zum Parlamentsgesetz war ein dahingehender Änderungsvorschlag chancenlos. Wieder kandidierende Bundesräte werden also wie bis anhin in separaten Wahlgängen gewählt.

5. Wahlpraxis

1624 Bei der Wahl der Mitglieder des Bundesrates wird auf die verschiedenen *Landesgegenden* und *Sprachregionen* Rücksicht genommen (Art. 175 Abs. 4 BV). Seit jeher stammt mindestens ein Mitglied aus der welschen Schweiz. Zürich war mit Ausnahme der Zeit zwischen 1989 und 1995 ständig im Bundesrat «vertreten», seit dem 10. Dezember 2003 stellt Zürich als erster Kanton zwei Bundesräte. Auch die Kantone Waadt und Bern hatten meistens einen «Vertreter» im Bundesrat. Im Jahr 1984 wurde die erste Frau in den Bundesrat gewählt.

1625 Seit 1959 sind die grossen politischen Parteien proportional im Bundesrat vertreten. Gemäss der «Zauberformel» entsandten die drei «grossen» Parteien (CVP, FDP, SP) je zwei und die SVP einen Vertreter in den Bundesrat. Nachdem die SVP 1999 erstmals mehr Sitze in der Bundesversammlung hatte als die CVP und 2003 gar die grösste Anzahl Sitze in der Bundesversammlung erreichen konnte, waren die Parteien im Bundesrat nicht mehr proportional vertreten. Um dies zu ändern, wurde am 10. Dezember 2003 auf Kosten der CVP, welche die wenigsten Mandate der vier im Bundesrat vertretenen Parteien erlangte, ein zusätzliches SVP-Mitglied in den Bundesrat gewählt und somit die bisherige «Zauberformel» gesprengt. Gleichzeitig wurde der Anteil der Frauen, die zwischen 1999 und 2003 mit zwei Bundesrätinnen in der Landesregierung mitgewirkt hatten, halbiert.

III. Amtsdauer

1626 Die Mitglieder des Bundesrates werden – wie die Nationalräte – auf eine *feste Amtsdauer von vier Jahren* gewählt (Art. 145 BV). Nach der Gesamterneuerung des Nationalrates im Oktober findet die Gesamterneuerung des Bundesrates jeweils im Dezember statt (Art. 175 Abs. 2 BV).

Der Gesamtbundesrat oder einzelne Mitglieder des Bundesrates können weder von der Bundesversammlung noch vom Volk abberufen werden. Das schweizerische System der festen Amtszeit der Regierung steht im Gegensatz zum parlamentarischen Regierungssystem, das z.B. in der Bundesrepublik Deutschland, in Österreich, Grossbritannien und Italien herrscht und bei dem die Regierung durch ein Misstrauensvotum des Parlamentes gestürzt werden kann.

1627 Eine *Ausnahme von der festen Amtszeit* von vier Jahren besteht nur, wenn wegen einer Totalrevision der Bundesverfassung Nationalrat und Ständerat neu zu wählen sind (Art. 193 Abs. 3 BV); eine Gesamterneuerung des Nationalrates hat nämlich eine Gesamterneuerung des Bundesrates zur Folge (Art. 175 Abs. 2 BV).

Wiederwahl ist zulässig; sie wurde bisher, von zwei Ausnahmen im 19. Jahrhundert abgesehen, stets vorgenommen, wenn sich ein Bundesrat zur Wiederwahl stellte. Am 10. Dezember 2003 wurde jedoch eine Vertreterin der CVP nicht wiedergewählt, um der SVP einen zweiten Sitz im Bundesrat zu ermöglichen (vgl. N. 1625).   1628

IV. Organisation des Bundesrates

1. Kollegial- und Departementalprinzip (Art. 177 BV)

Art. 177 BV statuiert «die zwei grundlegenden, miteinander verknüpften Organisationsprinzipien des schweizerischen Bundesrates, das Kollegial- und das Departementalprinzip» (RHINOW, Rz. 2309). Die schweizerische Demokratie lehnt eine monokratische Struktur der Regierung ab, wie sie z.B. das Präsidialsystem der USA und zum Teil auch das Kanzlersystem der Bundesrepublik Deutschland aufweisen. Im Bund und in den Kantonen ist die Regierung als Kollegium organisiert. Der Bundesrat ist ein Kollegium, das sich, wenn man von den besonderen Kompetenzen des Bundespräsidenten absieht, aus völlig gleichberechtigten Kollegiumsmitgliedern zusammensetzt.   1629

Das Kollegialsystem bedeutet, dass grundsätzlich Regierungsentscheide als *Beschlüsse des Kollegiums* ergehen (Art. 177 Abs. 1 BV; Art. 12 RVOG). Bei der Schaffung des Bundesstaates hatte die Bundesverfassung die Kollegialerledigung der Geschäfte als die allein zulässige Art der Geschäftsbehandlung vorgeschrieben. Die Departemente hatten nur Vorbereitungs-, Vollzugs- und Aufsichtsfunktionen.   1630

Mit dem Anwachsen der Geschäftslast wurde es unumgänglich, Verwaltungsgeschäfte den Departementen und Verwaltungsabteilungen zu übertragen. Deshalb hält Art. 177 Abs. 3 BV heute ausdrücklich fest, dass den Departementen und den ihnen unterstellten Verwaltungseinheiten Geschäfte – unter Sicherstellung des Rechtsschutzes – zur selbständigen Erledigung übertragen werden.   1631

Die *Umschreibung der Entscheidungsbefugnisse der Departemente und Ämter* erfolgt durch verschiedene Erlasse (vgl. N. 1694).   1632

Im Fall der Delegation von Entscheidungsbefugnissen an Departemente und andere Verwaltungseinheiten muss der *Rechtsschutz sichergestellt* sein (Art. 177 Abs. 3 Satz 2 BV). Von Bedeutung sind dabei vor allem zwei Rechtsmittel: 1633

– Verwaltungsgerichtsbeschwerde an das Bundesgericht, die kraft der durch Negativkatalog eingeschränkten Generalklausel zulässig ist (Art. 97 ff. OG; vgl. N. 1747);

- Verwaltungsbeschwerde an den Bundesrat, die nur gegeben ist, wenn die Verwaltungsgerichtsbeschwerde ans Bundesgericht nicht zugelassen ist (Art. 72 ff. VwVG; vgl. N. 1684).

2. Bundespräsident (Art. 176 BV)

a)   Wahl und Amtsdauer (Art. 176 Abs. 2 und 3 BV)

1634 Die Vereinigte Bundesversammlung wählt aus dem Kreis der Bundesräte die Bundespräsidentin bzw. den Bundespräsidenten und den Vizepräsidenten des Bundesrates für eine Amtsdauer von einem Jahr (Art. 176 Abs. 2 BV). Der abtretende Präsident ist für das nachfolgende Jahr weder als Präsident noch als Vizepräsident wählbar (Art. 176 Abs. 3 BV).

Gemäss einer alten Tradition werden Präsidium und Vizepräsidium der Reihe nach allen Mitgliedern des Bundesrates übertragen. Dabei wird herkömmlicherweise ein neues Bundesratsmitglied erst zum Vizepräsidenten und Präsidenten gewählt, nachdem es unter dem Präsidium aller amtsälteren Kollegen gewirkt hat. Der Vizepräsident wird regelmässig im nächsten Jahr zum Bundespräsidenten gewählt.

b)   Funktionen (Art. 176 Abs. 1 BV; Art. 25 ff. RVOG)

1635 Der Bundespräsident ist *nur formeller Vorsitzender des Bundesrates;* er wirkt als «primus inter pares». Er hat nicht die Stellung eines Regierungschefs oder eines Staatspräsidenten. Seine sehr beschränkten Kompetenzen bedeuten keine eigentliche Durchbrechung des Kollegialprinzips. Im Einzelnen gehören zu seinen *Funktionen:*

- Vorsitz im Bundesratskollegium und Vorbereitung der Verhandlungen des Bundesrates (176 Abs. 1 BV; Art. 25 RVOG);

- Repräsentation der Eidgenossenschaft im In- und Ausland (Art. 28 RVOG);

- Betreuung der Beziehungen des Bundes mit den Kantonen (Art. 29 RVOG);

- Erlass von Präsidialentscheiden, die in dringenden Fällen mit nachträglicher Genehmigung des Bundesratskollegiums oder bei untergeordneten Geschäften auf Grund einer Ermächtigung des Bundesratskollegiums (Art. 26 RVOG) ergehen.

3.   Departemente und ihre Zuteilung

1636 Soweit die Aufgaben der Bundesverwaltung nicht durch das Bundesratskollegium, den Bundespräsidenten und die Bundeskanzlei besorgt werden, werden sie auf die *sieben Departemente* verteilt, die eine Vielzahl von Ämtern in sich schliessen (Art. 177 Abs. 2 BV; Art. 35, 37, 43 RVOG; vgl. N. 1687 ff.).

Jedes Mitglied des Bundesrates leitet ein Departement und trägt dafür die politische Verantwortung (Art. 37 Abs. 1 RVOG). Das Bundesratskollegium entscheidet über die *Zuteilung der Departemente* an seine Mitglieder. Diese sind verpflichtet, das ihnen übertragene Departement zu übernehmen (Art. 35 Abs. 3 RVOG).

4. Bundeskanzlei und Bundeskanzler (Art. 179 BV)

Die Bundeskanzlei ist die allgemeine *Stabsstelle des Bundesrates.* Sie steht dem 1637
Bundesratskollegium und dem Bundespräsidenten zur Verfügung (Art. 32 RVOG).
Die Organisationsverordnung für die Bundeskanzlei vom 5. Mai 1999 (SR 172.210.
10) enthält die entsprechende Regelung.

Vorsteher der Bundeskanzlei ist die *Bundeskanzlerin* bzw. der *Bundeskanzler,* der 1638
von der Vereinigten Bundesversammlung auf eine Amtszeit von vier Jahren gewählt wird (Art. 145, 157 Abs. 1 lit a, 168 Abs. 1 und 179 BV). Er hat in Bezug auf
die Bundeskanzlei die gleiche Stellung wie der Vorsteher eines Departements (Art.
31 Abs. 1 RVOG). Die Bundeskanzlerin darf weder ein anderes Amt im Bund noch
in einem Kanton bekleiden noch einen anderen Beruf oder ein Gewerbe ausüben
(Art. 60 Abs. 1 RVOG). Weiter ist die Tätigkeit in Organisationen, welche einen
wirtschaftlichen Zweck verfolgen, eingeschränkt (vgl. Art. 60 Abs. 2 RVOG). Zudem besteht eine familiäre Unvereinbarkeit zwischen dem Amt der Bundeskanzlerin und dem eines Bundesrates (vgl. Art. 61 RVOG).

Als Stellvertreter des Bundeskanzlers amtieren *zwei Vizekanzler* (Art. 31 Abs. 2 1639
RVOG), die vom Bundesrat gewählt werden und – im Gegensatz zum Bundeskanzler – Bundesangestellte und nicht Magistratspersonen sind.

V. Verhandlungen des Bundesrates

Die *Einberufung einer Sitzung des Bundesrates* erfolgt im Auftrag des Bundesprä- 1640
sidenten durch den Bundeskanzler (Art. 16 Abs. 2 RVOG). Jedes Bundesratsmitglied
kann jederzeit die Einberufung einer Sitzung verlangen (Art. 16 Abs. 3 RVOG).

Den *Vorsitz* führt der Bundespräsident, bei seiner Verhinderung der Vizepräsi- 1641
dent (Art. 25 Abs. 1, Art. 27 Abs. 1 RVOG).

An den Sitzungen nehmen auch die *Bundeskanzlerin,* der beratende Stimme und 1642
ein Antragsrecht bei Geschäften der Bundeskanzlei zusteht, und die beiden Vizekanzler teil. Der Bundesrat kann zu seinen Verhandlungen Führungskräfte sowie inner- und ausserhalb der Bundesverwaltung stehende Sachkundige beiziehen (Art. 18
Abs. 4 RVOG).

Anders als im Fall der Bundesversammlung besteht für die Verhandlungen des 1643
Bundesrates *keine Öffentlichkeit* (Art. 21 RVOG).

1644 Um gültig verhandeln zu können, müssen mindestens vier Bundesräte anwesend sein (Art. 19 Abs. 1 RVOG). Für die *Beschlussfassung* ist die Mehrheit der Stimmen massgeblich; ein gültiger Beschluss muss mindestens drei Stimmen auf sich vereinigen. Bei Wahlen entscheidet die Mehrheit der Anwesenden. Der Vorsitzende nimmt an der Abstimmung teil; bei Stimmengleichheit zählt seine Stimme doppelt (ausgenommen bei Wahlen, Art. 19 Abs. 2 und 3 RVOG).

1645 In dringenden Fällen kann der Vorsitzende *ausserordentliche Verfahren* anordnen, für welche die Voraussetzungen der Verhandlungsfähigkeit und andere formelle Voraussetzungen nicht erfüllt sein müssen (Art. 16 Abs. 4 RVOG). Diese ausserordentlichen Verfahren, die z.B. auch das telefonische Konferenzgespräch einschliessen, sollen das Kollegialprinzip auch bei dringenden Fällen sicherstellen; sonst müsste z.B. die Delegation der Entscheide an den Bundespräsidenten verstärkt werden. Da die Gefahr von Missbräuchen beim ausserordentlichen Verfahren besonders gross ist, kann jedes Bundesratsmitglied jederzeit den Abbruch eines ausserordentlichen Verfahrens und die Einberufung einer ordentlichen Sitzung verlangen. Die in ausserordentlichen Verfahren gefassten Beschlüsse sind rechtlich den Beschlüssen des ordentlichen Verfahrens gleichgestellt.

1646 Zur Vorbereitung der Beratungen und Entscheidungen des Kollegiums kann der Bundesrat für bestimmte Geschäfte *Ausschüsse* aus seiner Mitte bestellen (Art. 23 RVOG).

VI. Rechtliche Stellung der Mitglieder des Bundesrates

1. Politisches und bürgerliches Domizil sowie Steuerdomizil

1647 Seit dem 1. Januar 1987 sind *Wohnsitz* und Steuerdomizil der Bundesräte nicht mehr besonders geregelt. Wie jeder Schweizer Bürger begründen sie ihren Wohnsitz an dem Ort, wo sie sich mit der Absicht dauernden Verbleibens aufhalten (Art. 23 Abs. 1 ZGB). Der Wohnsitz ist gleichzeitig *Steuerdomizil* und *politisches Domizil* (vgl. N. 884 und N. 1368). Den Mitgliedern des Bundesrates und dem Bundeskanzler ist der Wohnort freigestellt, doch müssen sie in kurzer Zeit den Amtssitz, also Bern, erreichen können (Art. 59 RVOG).

2. Immunität und Verantwortlichkeit

1648 Die Mitglieder des Bundesrates stehen im Genuss der gleichen *Immunität* wie die Mitglieder von National- und Ständerat (vgl. N. 1609 ff.). Für die in der Bundesversammlung oder ihren Kommissionen abgegebenen Voten können sie nicht zur Rechenschaft gezogen werden (Art. 2 Abs. 2 VG).

Bei der *strafrechtlichen Verantwortlichkeit* sind zwei Fälle zu unterscheiden. Für 1649
die Strafverfolgung von Delikten, die sich auf die amtliche Tätigkeit beziehen, bedarf es einer Ermächtigung der Bundesversammlung (Art. 14 VG). So wurde im März 1989 die Immunität einer Bundesrätin in Bezug auf den Verdacht der Verletzung des Amtsgeheimnisses und der Begünstigung durch die eidgenössischen Räte aufgehoben; in der Folge kam es zu einem Verfahren vor dem Bundesstrafgericht, das mit einem Freispruch endete (BGE 116 IV 56 ff.). Die strafrechtliche Verfolgung nichtamtlicher Delikte setzt die Zustimmung des betroffenen Bundesrates oder des Gesamtbundesrates voraus (Art. 61a RVOG).

Die Mitglieder des Bundesrates unterstehen wie die Bundesbeamten einer *vermögensrechtlichen Verantwortlichkeit*. Sie haften dem Bund für Schaden, den sie 1650 ihm zugefügt haben. Der Bund hat auf sie zudem ein Rückgriffsrecht, falls er für einen von ihnen einer Drittperson zugefügten Schaden Ersatz geleistet hat. In beiden Fällen besteht die Verantwortlichkeit der Bundesratsmitglieder nur bei Vorsatz oder bei grober Fahrlässigkeit (Art. 7 f. VG).

3. Besoldung

Die Besoldung der Bundesräte ist im Bundesgesetz über Besoldung und berufliche 1651
Vorsorge der Magistratspersonen vom 6. Oktober 1989 (SR 172.121) und in einer Parlamentsverordnung vom 6. Oktober 1989 (SR 172.121.1) geregelt.

VII. Regierungsreform

Das Regierungssystem der Schweiz besteht seit 1848 fast unverändert. Durch den 1652
Kompetenzzuwachs des Bundes, den Ausbau der Verwaltung und die Zunahme der internationalen Verflechtungen wuchs die Aufgabenlast des Bundesrates immens. Anpassungen des Regierungssystems scheinen unumgänglich zu sein. Im Oktober 1993 präsentierte der Bundesrat den Entwurf einer Regierungs- und Verwaltungsreform (vgl. dazu die Botschaft des Bundesrates in BBl 1993 III 997 ff.). Dieser wollte die Regierungsfunktion und das Bundesratskollegium hauptsächlich durch den Einsatz von Staatssekretären stärken, welche wichtige Führungs- und Verwaltungsfunktionen hätten wahrnehmen sollen. Die geplante Einführung der in der Schweiz weitgehend unbekannten Staatssekretären-Institution war politisch kontrovers und letztlich der Hauptgrund für das Scheitern der Vorlage in der Referendumsabstimmung vom 9. Juni 1996. In der Folge arbeitete der Bundesrat angesichts des ausgewiesenen Reformbedarfs eine neue Fassung der unbestrittenen Teile aus, die am 21. März 1997 zum Erlass des Regierungs- und Verwaltungsorganisationsgesetzes (RVOG) führte.

1653 Die Notwendigkeit *substanzieller Änderungen* bestand weiterhin. Eine eigentliche Staatsleitungsreform war bis anhin wegen des fehlenden politischen Konsenses schwer voranzutreiben. Zur Diskussion standen insbesondere zwei Reformmodelle. Der Bundesrat schlug ein «Zwei-Kreise-Modell» vor, wonach jedem Bundesratsmitglied ein delegierter Minister zuzuordnen wäre, der für bestimmte Aufgabenbereiche zuständig wäre (vgl. dazu die Botschaft des Bundesrates in BBl 2002, 2095 ff.). Der Ständerat lehnte ein solches System im Frühling 2003 deutlich ab. Er stellte sich hinter einen zweiten Reformvorschlag, der den Bundesrat auf neun Mitglieder erhöhen und die Stellung des Bundespräsidenten stärken wollte.

1654 Der Nationalrat vermochte sich indes für keine der beiden Reformmodelle zu begeistern und wies die Vorlage für eine Regierungsreform im Frühling 2004 an den Bundesrat zurück. Da mittlerweile auch der Bundesrat nicht mehr hinter der Regierungsreform steht, ist anzunehmen, dass diese nun für längere Zeit vom Tisch ist. Die Entlastung des Bundesrates wird wohl erst im Rahmen der vom Bundesrat in seine Legislaturplanung aufgenommenen Verwaltungsreform wieder zur Sprache kommen.

§ 56 Kompetenzen des Bundesrates

Literatur

GUT-WINTERBERGER URSULA, Der Anteil von Bundesversammlung, Bundesrat und Bundesverwaltung am Rechtsetzungsverfahren, Diss. Zürich 1986; KLÖTI ULRICH, Regierung, in: Handbuch der Schweizer Politik, 3. Aufl., Zürich 2002, S. 159 ff.; KOLLER HEINRICH, Regierung und Verwaltung, in: Verfassungsrecht der Schweiz, § 72; PFLEGHARD HEINZ, Regierung als Rechtsmittelinstanz, Diss. Zürich 1984; SCHMID PETER, Die Verwaltungsbeschwerde an den Bundesrat, Diss. Bern 1997.

Rechtliche Grundlagen

– Art. 174, 178 Abs. 1 und 180–187 BV (Art. 95 und 105 aBV)
– Regierungs- und Verwaltungsorganisationsgesetz (RVOG) vom 21. März 1997 (SR 172.010)
– Bundesgesetz über das Verwaltungsverfahren (VwVG) vom 20. Dezember 1968 (SR 172.021)

Materialien

– Botschaft zum Regierungs- und Verwaltungsorganisationsgesetz (RVOG) vom 20. Oktober 1993, BBl 1993 III 997 ff.
– Botschaft betreffend ein neues Regierungs- und Verwaltungsorganisationsgesetz (RVOG) vom 16. Oktober 1996, BBl 1996 V 1 ff.
– Botschaft des Bundesrates über die neue Bundesverfassung vom 20. November 1996, BBl 1997 I 410 ff.

I. Allgemeine Stellung des Bundesrates

Gemäss Art. 174 BV ist der Bundesrat die oberste leitende und vollziehende Behörde des Bundes. Der Bundesversammlung als Gesetzgebungsbehörde steht der Bundesrat als *Vollzugsorgan* gegenüber. Nach dem ursprünglichen Modell des Gesetzgebungsstaates sollte die Exekutive nur eine untergeordnete Stellung einnehmen, doch führte die Zunahme der Staatsaufgaben im modernen Staat zu einem *Anwachsen der Kompetenzen der Regierung* in zwei Richtungen: Zum einen nahm die eigentliche Regierungstätigkeit – z.B. in den Bereichen der Planung, Zielsetzung und Koordination der staatlichen Tätigkeit – stark zu. Wegen der besonderen Sachkenntnis der Verwaltungsbehörden und aus Gründen der Zeitnot ist das Milizparlament zum andern immer mehr darauf angewiesen, die Regierung mit der Vor-

1655

bereitung der Rechtsetzung zu betrauen. Dem Funktionswandel des Bundesrates trägt die neue Bundesverfassung dadurch Rechnung, dass die Regierungsfunktion in Art. 174 BV an erster Stelle, vor der Vollzugsfunktion, aufgeführt wird. Art. 95 aBV erwähnte noch die vollziehende Funktion vor der leitenden.

1656 Gemäss dem Gewaltentrennungsprinzip ist die *Regierungs- und Verwaltungstätigkeit Stammfunktion des Bundesrates*. Folglich stehen dem Bundesrat alle Regierungs- und Verwaltungskompetenzen zu, die nicht kraft besonderer Vorschrift der Bundesversammlung oder dem Bundesgericht zugewiesen sind.

Die Zuständigkeiten des Bundesrates werden in Art. 180–187 BV aufgeführt.

II. Regierungskompetenzen

1657 Die Regierungsfunktion wird in der neueren Lehre als planende, zukunftsgerichtete und gemeinwohlbezogene staatliche Oberleitung umschrieben, wobei es nicht leichtfällt, diese anhand des klassischen Gewaltenteilungsmodells einzuordnen (vgl. N. 1409). Gemäss Art. 180 Abs. 1 BV bestimmt der Bundesrat die Ziele und Mittel seiner Regierungspolitik und plant und koordiniert die staatlichen Tätigkeiten. Bei der Erfüllung seiner Aufgaben soll der Bundesrat auf die staatliche Einheit und den Zusammenhalt des Landes hinwirken sowie die föderalistische Vielfalt bewahren (Art. 6 Abs. 4 RVOG).

Der Regierungsfunktion kommt der *Vorrang* gegenüber den anderen Aufgaben des Bundesrates zu (Art. 6 Abs. 2 RVOG). Die Regierung ist also heute nicht mehr in erster Linie Vollzugsorgan.

1. Aussenpolitische Regierungskompetenzen

a) Beziehungen zum Ausland (Art. 184 BV)

1658 Gemäss Art. 184 Abs. 1 BV besorgt der Bundesrat die auswärtigen Angelegenheiten und vertritt die Schweiz nach aussen. In diesen Bereich fallen der diplomatische Verkehr, die Beteiligung an internationalen Organisationen und Konferenzen, die internationale Zusammenarbeit und die Anerkennung von Staaten. Allerdings muss der Bundesrat in der Aussenpolitik die Mitwirkungrechte der Bundesversammlung wahren (vgl. N. 1521), auch wenn er allein gegenüber anderen Staaten und internationalen Organisationen rechtsverbindliche Erklärungen abgibt (BBl 1997 I 416).

b) Staatsverträge (Art. 184 Abs. 2 BV)

1659 Der Bundesrat handelt die völkerrechtlichen Verträge aus. Er unterzeichnet die Verträge, unterbreitet sie der Bundesversammlung zur Genehmigung und ratifiziert sie

(Art. 184 Abs. 2 BV; BBl 1997 I 416). – Zur Genehmigung der Verträge mit dem Ausland durch die Bundesversammlung vgl. N. 1900 ff.

Gestützt auf Art. 184 Abs. 3 BV darf der Bundesrat sogar rechtsetzend tätig werden, wenn die aussenpolitische Lage dies erfordert (vgl. N. 1866). 1660

c) *Sorge für äussere Sicherheit, Unabhängigkeit und Neutralität*
(Art. 185 Abs. 1, 3 und 4 BV)

Der Bundesrat arbeitet in diesen Bereichen mit der Bundesversammlung zusammen (vgl. N. 1523). Er hat ein Polizeinotverordnungsrecht (185 Abs. 3 BV; vgl. N. 1867) und notfalls auch militärische Kompetenzen (Art. 185 Abs. 4 BV). 1661

2. Innenpolitische Regierungskompetenzen

a) *Sorge für die innere Sicherheit* (Art. 185 Abs. 2–4 BV)

Der Bundesrat trifft Massnahmen zur Wahrung der inneren Sicherheit, wobei ihm in dringenden Fällen gemäss Art. 185 Abs. 3 BV ein Polizeinotverordnungsrecht zusteht (vgl. N. 1862 ff.). Diese Bestimmung bildet jedoch keine Verfassungsgrundlage für eigentliches Notrecht. Sie beinhaltet keine verfassungsrechtliche Ermächtigung an den Bundesrat, im Notstand die Verfassung zu durchbrechen. Nach heutigem Verfassungsverständnis wird aber dem Bundesrat das Recht zuerkannt, in ausserordentlichen Notsituationen, welche die Grundlagen des Staates und seiner verfassungsrechtlichen Ordnung bedrohen, sich auf *echtes Notrecht* zu berufen, das ausserhalb des ordentlichen Verfassungsrechts steht und einer qualifizierten legitimierenden Begründung bedarf (BBl 1997 I 419). 1662

Der Bundesrat kann in dringenden Fällen Truppen aufbieten (Art. 185 Abs. 4 BV). 1663

b) *Leitung und Beaufsichtigung der Bundesverwaltung*
(Art. 178 Abs. 1, 187 Abs. 1 lit. a BV)

Gemäss Art. 178 Abs. 1 BV leitet der Bundesrat die Bundesverwaltung und sorgt für ihre zweckmässige Organisation. Zudem beaufsichtigt er die Bundesverwaltung und die anderen Träger von Aufgaben des Bundes (Art. 187 Abs. 1 lit. a BV). 1664

c) *Finanzpolitische Aufgaben und Bericht über die Geschäftsführung*
(Art. 183, 187 Abs. 1 lit. b BV)

Gemäss Art. 183 Abs. 1 BV erarbeitet der Bundesrat den Finanzplan, entwirft den Voranschlag und erstellt die Staatsrechnung. Er erstattet der Bundesversammlung regelmässig Bericht über seine Geschäftsführung sowie über den Zustand der Schweiz (Art. 187 Abs. 1 lit. b BV). Ohne diese Vorarbeiten des Bundesrates wäre 1665 die Bundesversammlung nicht in der Lage, ihre Finanzbeschlüsse zu fassen und die parlamentarische Kontrolle auszuüben.

d) *Wahlen* (Art. 187 Abs. 1 lit. c BV)

1666 Der Bundesrat nimmt Wahlen vor, die nicht einer anderen Behörde zustehen (Art. 187 Abs. 1 lit. c BV).

3. Öffentlichkeitsarbeit als Regierungsobliegenheit

1667 Die wachsende Zersplitterung der am politischen Willensbildungsprozess beteiligten politischen Kräfte sowie die wachsende Komplexität und Interdependenz der anstehenden gesamtgesellschaftlichen Probleme erfordern insbesondere in einer teilweise direktdemokratisch ausgestalteten Demokratie vermehrt eine aktive Öffentlichkeitsarbeit des Bundesrates, damit die Bürgerinnen und Bürger sich über die Abstimmungsthemen ein ausgewogenes Bild machen können (vgl. GEORG MÜLLER, Die Behörden im Abstimmungskampf: Vom Neutralitätsgebot zur Teilnahmepflicht, in: FS für Jean-François Aubert, Basel/Frankfurt a.M. 1996, S. 255 ff.). Die bisher nur im Regierungs- und Verwaltungsorganisationsgesetz enthaltene Verpflichtung des Bundesrates zur Information und Kommunikation ist neu auf Verfassungsstufe verankert (Art. 180 Abs. 2 BV). Im Vorfeld von Wahlen und Abstimmungen hat sich die Öffentlichkeitsarbeit des Bundes aber in jedem Fall an die sich aus der Wahl- und Abstimmungsfreiheit ergebenden Schranken zu halten (vgl. N. 1387 ff.).

III. Verwaltungskompetenzen

1. Vollzug des Bundesrechts (Art. 182 Abs. 2 BV)

1668 Der Bundesrat sorgt für den Vollzug der Gesetzgebung, der Beschlüsse der Bundesversammlung und der Urteile richterlicher Behörden des Bundes (Art. 182 Abs. 2 BV). Er leitet den Vollzug in allen Bereichen der Bundesverwaltung, namentlich auch im wichtigen Bereich der Finanzverwaltung (vgl. Art. 183 Abs. 2 BV) – einschliesslich Finanzkontrolle – und im Militärwesen. Ohne diese Leitung wäre der Bundesrat nicht in der Lage, gegenüber der Bundesversammlung die Verantwortung für den Vollzug zu tragen (zur parlamentarischen Kontrolle vgl. N. 1538 ff.).

1669 Der Bundesrat hat aber nur die *Leitung* der Bundesverwaltung zur Aufgabe (Art. 178 Abs. 1 BV). Dies entgegen der lange aufrechterhaltenen Fiktion, dass der Bundesrat den Vollzug selbst – mit teilweiser Delegation gewisser Vollzugsfunktionen – besorge.

Der Vollzug der Bundesgesetzgebung erfolgt einerseits durch die Verwaltungsbehörden des Bundes und ausgegliederte Verwaltungseinheiten (vgl. N. 1700 ff.), anderseits durch die damit betrauten Kantone (vgl. N. 1165 ff.). Wo es die besondere Art der öffentlichen Aufgabe rechtfertigt, werden heute in zunehmendem Mass auch private Organisationen mit dem Vollzug beauftragt. Soweit die Kantone Bundesrecht vollziehen, stehen sie unter der Aufsicht des Bundesrates (vgl. N. 1203 ff.). Dem Bundesrat steht in diesem Zusammenhang die Genehmigung kantonaler Erlasse zu, soweit sie vom Bundesrecht vorgesehen ist (Art. 186 Abs. 2 BV).   1670

Die *Rechtsform der Aktivitäten des Bundesrates* im Bereich des Vollzuges und der Vollzugsleitung ist unterschiedlich. Im Vordergrund stehen Vollzugsverordnungen und Verfügungen des Bundesrates.   1671

2. Aufsicht über die Kantone (Art. 182 Abs. 2, 186 BV)

Die Bundesaufsicht umfasst einerseits die Aufsicht im übertragenen Wirkungsbereich der Kantone, insbesondere beim Vollzug der Bundesgesetzgebung (vgl. N. 1204), anderseits die Aufsicht im autonomen Wirkungsbereich der Kantone.   1672

Die Bundesaufsicht gegenüber den Kantonen wird zur Hauptsache vom Bundesrat ausgeübt. Sie bezieht sich namentlich auf die Sorge für die Einhaltung der Kantonsverfassungen (Art. 186 Abs. 4 BV) und die Kontrolle der Gesetzgebungs- und Verwaltungstätigkeit der Kantone auf Beachtung des Bundesrechts (Art. 186 Abs. 4 BV). Der Bundesrat ist nicht mehr Genehmigungsinstanz für die Verträge der Kantone unter sich oder mit dem Ausland. Er nimmt lediglich davon Kenntnis und kann Einsprache bei der Bundesversammlung erheben (Art. 186 Abs. 3 BV). Er sorgt jedoch für die Einhaltung der Verträge (Art. 186 Abs. 4 BV). – Vgl. im Einzelnen N. 1134, 1297.   1673

IV. Rechtsetzungskompetenzen

Trotz des Gewaltentrennungsprinzips ist heute die Regierung ganz wesentlich an der Rechtsetzung beteiligt. Ein grosser Teil der Gesetzgebung wäre ohne Vor- und Mitarbeit der Exekutive gar nicht denkbar. In Art. 7 RVOG ist die Leitungsfunktion der Exekutive im Vorverfahren des Gesetzgebungsprozesses ausdrücklich verankert. Dabei bezieht sich die Beteiligung auf die Verfassungsgebung wie auch auf die einfache Gesetzgebung. Zudem erlässt der Bundesrat Verordnungen.   1674

1. Mitwirkung bei Verfassungsgebung und einfacher Gesetzgebung

a)   Ausarbeiten von Entwürfen (Art. 181 BV; Art. 7 RVOG)

1675   Das Initiativrecht des Bundesrates im Rechtsetzungsverfahren ist in Art. 181 BV verankert. Die vom Bundesrat erarbeiteten Entwürfe beziehen sich sowohl auf neue oder abgeänderte *Artikel der Bundesverfassung* wie auch auf *Bundesgesetze und Parlamentsverordnungen.*

1676   Der *Anstoss zur Ausarbeitung eines Entwurfes* kann auf eigene Initiative des Bundesrates zurückgehen oder einen parlamentarischen Vorstoss zum Ursprung haben, so insbesondere eine von der Bundesversammlung erheblich erklärte Motion, in der die Vorlage eines Gesetzesentwurfes verlangt wird. Der erste Fall ist eher selten; in der Regel geht der Anstoss vom Parlament aus, wobei meist mehrere Vorstösse einem Erlass zugrunde liegen.

b)   Leitung des Vorverfahrens der Gesetzgebung (Art. 7 RVOG)

1677   Der Bundesrat leitet das Vorverfahren der Gesetzgebung, dem eine grosse Bedeutung zukommt. Dieses umfasst insbesondere die Einsetzung von Expertenkommissionen und die Durchführung des Vernehmlassungsverfahrens bei Kantonen und Verbänden. Das Vorverfahren findet sowohl bei der Verfassungsgebung wie auch bei der einfachen Gesetzgebung statt. Vgl. auch die Verordnung über das Vernehmlassungsverfahren vom 17. Juni 1991 (SR 172.062) und N. 1812.

c)   Veröffentlichung und Inkraftsetzung der Rechtsetzungserlasse

1678   Die *Veröffentlichung der Rechtsetzungserlasse* des Bundes erfolgt gleichzeitig in den Amtssprachen Deutsch, Französisch und Italienisch (Art. 14 Abs. 1 des Publikationsgesetzes, SR 170.512).

1679   Rechtsetzungserlasse der Bundesversammlung sehen häufig vor, dass der Bundesrat den *Zeitpunkt des Inkrafttretens* festsetzt. Dies ist insbesondere dann von Bedeutung, wenn das Datum des Inkrafttretens nicht genau vorausbestimmt werden kann, da noch die Ausarbeitung und Inkraftsetzung der Vollziehungsverordnungen des Bundesrates abzuwarten sind. Der Bundesrat ist hier am besten in der Lage, zu entscheiden, wann die Voraussetzungen für das Inkrafttreten gegeben sind.

2. Verordnungsrecht des Bundesrates

1680   Der Bundesrat erlässt Rechtsnormen in der Form der Verordnung, soweit er durch Verfassung oder Gesetz dazu ermächtigt ist (Art. 182 Abs. 1 BV). Unter dem Gesichtspunkt der *Rechtsgrundlage* wird also zwischen selbständigen und unselbständigen Verordnungen des Bundesrates unterschieden. Vgl. dazu N. 1856.

a) Selbständige Verordnungen des Bundesrates (vgl. N. 1859 ff.)

Die selbständigen Verordnungen des Bundesrates finden ihre Rechtsgrundlage unmittelbar in der Bundesverfassung. 1681

Es sind folgende Arten von selbständigen Verordnungen zulässig:
- Vollziehungsverordnungen (Art. 182 Abs. 2 BV);
- Polizeinotverordnungen (Art. 185 Abs. 3 BV);
- Verordnungen zur Wahrung der äusseren Interessen der Schweiz (Art. 184 Abs. 3 BV);
- Verordnungen gemäss Spezialermächtigung durch die Bundesverfassung (vgl. N. 1868).

b) Unselbständige Verordnungen des Bundesrates (vgl. N. 1869 ff.)

Unselbständige Verordnungen des Bundesrates basieren auf einer Delegation von Rechtsetzungsbefugnissen an die Exekutive durch ein Bundesgesetz (Art. 164 Abs. 2 und 182 Abs. 1 BV). Der Bundesrat wird in einem sehr grossen Umfang zum Erlass derartiger Verordnungen ermächtigt. 1682

V. Rechtsprechungskompetenzen

Abweichend vom klassischen Gewaltenteilungsdogma hat der Bundesrat auch Rechtsprechungskompetenzen. Die frühere Kompetenz zur Entscheidung von «Administrativstreitigkeiten» ist freilich weggefallen (vgl. BBl 1999, 8680). So verbleibt dem Bundesrat nur noch der *Entscheid über Verwaltungsbeschwerden* (Art. 187 Abs. 1 lit. d BV). 1683

Streitigkeiten aus der Anwendung von Bundesverwaltungsrecht werden nach der Generalklausel von Art. 97 OG grundsätzlich vom Bundesgericht entschieden. Es bestehen jedoch zahlreiche Ausnahmen (Art. 99 ff. OG), in denen vorwiegend der Bundesrat zuständig ist. Die Regelung dieser Fälle findet sich in Art. 72 ff. VwVG. 1684

Die Verwaltungsbeschwerde an den Bundesrat gehört zur verwaltungsinternen Verwaltungsrechtspflege, bei der Verfügungen einer Verwaltungsbehörde vor der ihr hierarchisch übergeordneten Verwaltungsbehörde angefochten werden können. Sie entspricht dem Rekurs an den Regierungsrat in den Kantonen.

§ 57 Bundesverwaltung

Literatur

BOLZ URS, Public Private Partnership (PPP) in der Schweiz, ZBl 105 (2004) 561 ff.; BOLZ URS/ KLÖTI ULRICH, Parlamentarisches Steuern neu erfinden? NPM-Steuerung durch die Bundesversammlung im Rahmen des New Public Managements (NPM) – ein Diskussionsbeitrag, ZBl 97 (1996) 145 ff.; DELWING DIETER/WINDLIN HANS, «New Public Management»: Kritische Analyse aus staatsrechtlicher und staatspolitischer Sicht, ZBl 97 (1996) 183 ff.; EICHENBERGER KURT, Hochleistungsverwaltung des entfalteten Sozialstaates, in: FS für Ulrich Häfelin zum 65. Geburtstag, Zürich 1989, S. 443 ff.; EICHENBERGER KURT, Ohnmacht des Parlaments, Allmacht der Verwaltung?, in: Der Staat der Gegenwart, Ausgewählte Schriften von Kurt Eichenberger, Basel 1980, S. 485 ff.; GERMAN RAIMUND E., Der Staatsapparat und die Regierung, Bern 1998; JAAG TOBIAS (Hrsg.), Organisationsrecht, in: Schweizerisches Bundesverwaltungsrecht, Basel/Frankfurt a.M. 1996; MASTRONARDI PHILIPPE/SCHEDLER KUNO, New Public Management in Staat und Recht: ein Diskurs, Bern 1998; MÜLLER GEORG, Die Stabsstelle der Regierung als staatsrechtliches Problem, Diss. Basel 1970; SCHNUR AVIVA, Agieren oder Reagieren?: Aussenpolitische Entscheidungsprozesse in Bundesrat und Bundesverwaltung, Diss. Zürich 2000; UEBERSAX PETER, Privatisierung der Verwaltung, ZBl 102 (2001) 393 ff.; VOGEL STEFAN, Der Staat als Marktteilnehmer, Diss. Zürich 2000.

Rechtliche Grundlagen

– Art. 177 Abs. 3, 178, 187 Abs. 1 lit. a BV (Art. 102 Ziff. 12, 14, 15 und Art. 103 Abs. 2 aBV)
– Regierungs- und Verwaltungsorganisationsgesetz (RVOG) vom 21. März 1997 (SR 172.010)
– Regierungs- und Verwaltungsorganisationsverordnung (RVOV) vom 25. November 1998 (SR 172.010.1)
– Bundespersonalgesetz (BPG) vom 24. März 2000 (SR 172.220.1)
– Verordnung über ausserparlamentarische Kommissionen sowie Leitungsorgane und Vertretungen des Bundes (Kommissionenverordnung) vom 3. Juni 1996 (SR 172.31)

Materialien

– Botschaft des Bundesrates über die Reorganisation der Bundesverwaltung vom 12. Februar 1975, BBl 1975 I 1453 ff.
– Botschaft des Bundesrates zum Regierungs- und Verwaltungsorganisationsgesetz (RVOG) vom 20. Oktober 1993, BBl 1993 III 997 ff.
– Botschaft des Bundesrates betreffend ein neues Regierungs- und Verwaltungsorganisationsgesetz (RVOG) vom 16. Oktober 1996, BBl 1996 V 1 ff.

I. Träger der Verwaltungsaufgaben des Bundes

Der Vollzug des Bundesrechts ist auf Bund und Kantone verteilt (vgl. N. 1138 ff. und 1165 ff.). Soweit die Umsetzung nicht durch Verfassung oder Gesetzgebung den Kantonen zugewiesen ist, stehen dem Bund folgende Möglichkeiten zur Organisation des Gesetzesvollzugs offen:
- Vollzug durch den *Bundesrat* selbst;
- Vollzug durch die *Bundesverwaltung;*
- Vollzug durch *ausgegliederte Verwaltungseinheiten des Bundes;*
- Vollzug durch *gemischtwirtschaftliche und privatrechtliche Organisationen.*

Ungeachtet der Organisationsform liegt die Verantwortung für die richtige Ausführung der Vollzugsaufgaben des Bundes in jedem Fall beim Bundesrat (vgl. N. 1668).

1685

II. Bundesverwaltung

Die neue Bundesverfassung widmet der Bundesverwaltung einen eigenen Artikel (Art. 178 BV).

1686

1. Organisation

Die Bundesverwaltung, an deren Spitze der Gesamtbundesrat steht (Art. 178 Abs. 1 BV), ist aufgegliedert in die Bundeskanzlei und sieben Departemente (Art. 178 Abs. 2 und 179 BV; Art. 35 Abs. 1 und 2 RVOG). Sie weist eine streng *hierarchische Ordnung* auf, d.h., alle Verwaltungsstellen unterstehen der Befehlsgewalt der jeweils vorgesetzten Stelle, letztlich dem Bundesrat.

1687

Die *Bundeskanzlei* besorgt die Kanzleigeschäfte des Bundesrates und ist darüber hinaus *allgemeine Stabsstelle des Bundesrates* (Art. 179 BV; Art. 30 Abs. 1 RVOG; vgl. N. 1637 ff.).

1688

Die Obliegenheiten der Bundesverwaltung sind, soweit sie nicht vom Bundesrat als Kollegialbehörde oder von der Bundeskanzlei besorgt werden, auf die *Departemente* verteilt, an deren Spitze je ein Mitglied des Bundesrates steht (Art. 177 Abs. 2 und 3 BV; Art. 35 Abs. 1 und 2 RVOG).

1689

Die *Ämter* sind die tragenden Verwaltungseinheiten (Art. 43 Abs. 1 RVOG). Der Bundesrat verfügt bei der Schaffung der Ämter durch Verordnung und bei der Zuteilung der Geschäftsbereiche an die Departemente (Art. 43 Abs. 2 und 3 RVOG) über eine flexible und weitreichende Organisationskompetenz. Die Ämter sollen aber gemäss Art. 43 Abs. 2 RVOG einen möglichst zusammenhängenden Sach- und Aufgabenbereich aufweisen. Der Departementsvorsteher bestimmt die Organisa-

1690

tion der seinem Departement zugeteilten Ämter und fasst diese mit Zustimmung des Bundesrates zu *Gruppen* zusammen (Art. 43 Abs. 4 RVOG). Damit die Organisationskompetenz des Bundesrates durch Organisationsbestimmungen anderer Bundesgesetze nicht eingeschränkt wird und um eine möglichst einheitliche Regelung zu erreichen, ermächtig Art. 8 Abs. 1 RVOG den Bundesrat, von derartigen Organisationsbestimmungen abzuweichen, sofern die Bundesversammlung die Organisationskompetenz des Bundesrates im betreffenden Fall nicht ausdrücklich einschränkt.

1691   Jedes Departement verfügt neben seinen Ämtern über ein *Generalsekretariat,* das die Aufgaben einer allgemeinen Stabsstelle des Departementes erfüllt, d.h., den Departementsvorsteher in Planung, Organisation und Aufsicht unterstützt (Art. 41 Abs. 1, Art. 42 RVOG). Überdies können Bundesrat und Departemente weitere Stabs-, Planungs- und Koordinationsorgane einsetzen (Art. 55 RVOG). Zu ihnen ist auch die *Eidgenössische Finanzkontrolle* zu zählen, welche zuhanden von Bundesrat und Bundesversammlung die Finanzaufsicht im gesamten Bereich der Bundesverwaltung ausübt. In der Besorgung ihrer Aufgaben geniesst sie Unabhängigkeit, obwohl sie administrativ dem Finanzdepartement zugeordnet ist (vgl. Bundesgesetz über die Eidgenössische Finanzkontrolle vom 28. Juni 1967 [SR 614.0]).

1692   Diese Struktur wird ergänzt durch eine *Vielzahl von Kommissionen* auf verschiedener Stufe und mit verschiedenster Zusammensetzung (Art. 57 Abs. 2 RVOG; vgl. auch die Verordnung über ausserparlamentarische Kommissionen sowie Leitungsorgane und Vertretungen des Bundes vom 3. Juni 1996 [SR 172.31]). Die Kommissionen üben in erster Linie Beratungsfunktion aus, haben aber teilweise auch Entscheidungskompetenzen. Derartige vom Bundesrat, von den Departementen oder der Bundeskanzlei eingesetzte Gremien werden als *ausserparlamentarische Kommissionen* bezeichnet, um sie von den Kommissionen des Nationalrates und des Ständerates (vgl. N. 1570 ff.) zu unterscheiden.

2. Aufgaben und ihre Verteilung

1694   Angesichts ihres grossen Umfangs sind die Geschäfte der Bundesverwaltung heute zu einem grossen Teil den Departementen und ihren untergeordneten Amtsstellen zur selbständigen Erledigung übertragen. Die verfassungsrechtliche Grundlage dafür findet sich in Art. 177 Abs. 3 BV. Das Regierungs- und Verwaltungsorganisationsgesetz nimmt nun aber die *Zuweisung von Entscheidungsbefugnissen an die Departemente und die ihnen unterstellten Amtsstellen* nicht selbst vor, sondern delegiert in Art. 47 Abs. 2 diese Kompetenz an den Bundesrat, der davon in seinen Organisationsverordnungen Gebrauch gemacht hat.

1695   Da die selbständige Geschäftserledigung durch Departemente und untergeordnete Amtsstellen die Einheitlichkeit des Gesetzesvollzugs beeinträchtigen kann, sind gewisse Korrektive vorgesehen. Zum einen ergibt sich aus der hierarchischen Überordnung im Rahmen der gesetzlichen Regelung ein *umfassendes Weisungs- und*

Aufsichtsrecht des Bundesrates gegenüber der Bundesverwaltung (Art. 178 Abs. 1 und 187 Abs. 1 lit. a BV). Zum anderen steht dem betroffenen Bürger ein *Beschwerderecht* gegen Entscheide der Departemente und untergeordneter Amtsstellen zu (Art. 177 Abs. 3 und 187 Abs. 1 lit. d BV). Zu nennen sind hier vor allem die Verwaltungsgerichtsbeschwerde an das Bundesgericht (Art. 97 ff. OG) und die Verwaltungsbeschwerde an den Bundesrat (Art. 72 ff. VwVG).

Der Bundesrat hat im Herbst 2000 den Schlussbericht zur Regierungs- und Verwaltungsreform genehmigt, deren Ziel u.a. darin bestand, die Aufgaben homogener auf die Departemente zu verteilen und die Flexibilität der Verwaltung zu erhöhen. Ein wichtiges Postulat war die Schaffung rechtlicher Grundlagen für die Einführung von Elementen einer *wirkungsorientierten Verwaltungsführung («New Public Management»)*. Gemäss Art. 44 RVOG kann der Bundesrat bestimmten Gruppen oder Ämtern Leistungsaufträge erteilen und ihnen den dafür erforderlichen Grad an organisatorischer Eigenständigkeit gewähren. Art. 38a des Finanzhaushaltsgesetzes (FHG) vom 6. Oktober 1989 (SR 611.0) ermöglicht eine Finanzierung in Form von Globalbudgets. Diese neuen Verwaltungsinstrumente wurden ausdrücklich nicht flächendeckend eingeführt (vgl. BBl 1996 V 149). Vielmehr sollen anhand von Pilotprojekten erste Praxiserfahrungen gesammelt werden. Art. 65 RVOG verpflichtet den Bundesrat, das Parlament über die Ergebnisse zu unterrichten. 1696

Neben ihren *Vollzugsaufgaben* hat die Bundesverwaltung bedeutenden Anteil an den übrigen Aufgabenbereichen des Bundesrates. So fällt dem sachkompetenten Departement – allenfalls unter Mitwirkung weiterer betroffener Departemente (vgl. Art. 51 ff. RVOG) – die Aufgabe der *Vorbereitung der Geschäfte* des Bundesrates zu. Insbesondere bei der Vorbereitung der Verfassungs-, Gesetz- und Verordnungsgebung hat die Bundesverwaltung einen erheblichen Einfluss. In beschränktem Umfang sind Departemente und untergeordnete Amtsstellen auch befugt, Verordnungen zu erlassen (Art. 48 RVOG; vgl. auch N. 1875 f.). 1697

3. Bedeutung

Die Bedeutung der Bundesverwaltung ist heute in nahezu allen Bereichen der Staatstätigkeit ausserordentlich gross. Angesichts der Zunahme der Staatsaufgaben und der wachsenden Komplexität der zu regelnden Probleme sind Bundesrat und Bundesversammlung in immer grösserem Mass auf die Sachkunde der Bundesverwaltung angewiesen, die dank ihrer Grösse und ihrer weitgehenden Spezialisierung als einzige in der Lage ist, das nötige Wissen systematisch und kontinuierlich zu sammeln und zu verarbeiten. Daraus ergibt sich – insbesondere in der Gesetzgebung – eine gewisse *faktische Abhängigkeit von Bundesrat und Bundesversammlung gegenüber der Bundesverwaltung.* Die Bundesverwaltung wird so zu einem eigenständigen, verfassungsrechtlich nicht vorgesehenen Machtfaktor; aus politologischer Sicht wird in diesem Zusammenhang von der Verwaltung als «vierter Staatsgewalt» gesprochen. 1698

1699 Soll der Staat seine Aufgaben sachkundig und effizient erfüllen können, so kann und soll diese Entwicklung nicht rückgängig gemacht werden. Der Bund ist, auch als Gegengewicht zum Einfluss mächtiger privater Organisationen, auf eine sachkundige und bis zu einem gewissen Grad selbständige Verwaltung angewiesen. Um die Gefahr der Verwischung der verfassungsmässigen Kompetenz- und Verantwortlichkeitsordnung zu bannen, muss aber dem effizienten Einsatz und dem weiteren Ausbau der *Führungs- und Kontrollinstrumente des Bundesrates* – und in zweiter Linie der Kontrollinstrumente der Bundesversammlung – grosse Aufmerksamkeit geschenkt werden.

III. Übertragung von Verwaltungsaufgaben des Bundes auf andere Organisationen

1700 Gemäss Art. 178 Abs. 3 BV können Verwaltungsaufgaben auf *Organisationen des öffentlichen oder des privaten Rechts* übertragen werden, die ausserhalb der Bundesverwaltung stehen. Eine solche Delegation ist jedoch nur gestützt auf ein Bundesgesetz möglich. Die Verfassungskommissionen von National- und Ständerat drangen mit ihrem Vorschlag nicht durch, die Voraussetzungen derartiger Aufgabenübertragungen in genereller Weise durch ein Bundesgesetz zu regeln (vgl. Art. 166 Abs. 3 der Entwürfe der beiden Verfassungskommissionen). Dies hätte im Einzelfall den Verzicht auf eine formelle gesetzliche Grundlage ermöglicht. Das schweizerische Bundesverwaltungsrecht kennt eine Vielfalt von organisatorisch ausgegliederten Verwaltungseinheiten (Art. 8 Abs. 4 RVOG). Dazu gehören vor allem *die öffentlich-rechtlichen Anstalten des Bundes*. Diese sachlich und personell verselbständigten Verwaltungsträger besorgen einen bestimmten Kreis von Bundesaufgaben und geniessen dabei in gewissem Umfang Autonomie. Die so genannten selbständigen öffentlichen Anstalten – z.B. die Schweizerische Unfallversicherungsanstalt (SUVA), die Eidgenössische Alkoholverwaltung, die Eidgenössischen Technischen Hochschulen und das Schweizerische Institut für Rechtsvergleichung – haben eigene Rechtspersönlichkeit. Die SBB, früher eine unselbständige öffentlich-rechtliche Anstalt des Bundes, ist heute eine spezialgesetzliche Aktiengesellschaft (Art. 2 Abs. 2 SBB-Gesetz vom 20. März 1998 [SR 742.31]). In Frage kommt auch die Übertragung von Verwaltungsaufgaben an *öffentlich-rechtliche Körperschaften* oder an *öffentlich-rechtliche Stiftungen* des Bundes (Beispiel: Stiftung «Schweizerischer Nationalpark»).

1701 Organisation und Umfang der Autonomie der ausgegliederten Verwaltungseinheiten werden durch besondere Erlasse geregelt.

Ein hinreichender *Grund für die Ausgliederung* einer Verwaltungseinheit besteht dort, wo ein in sich geschlossener Aufgabenbereich mit einer gewissen Autonomie und einer gegenüber der Zentralverwaltung erhöhten Flexibilität betreut werden soll. Auch ermöglichen ausgegliederte Verwaltungseinheiten – besonders in der Form von öffentlich-rechtlichen Körperschaften – einen verstärkten Einbezug der interessierten privaten Kreise in die Erfüllung der Verwaltungsaufgaben.

Gewisse Aufgaben erfüllt der Bund mittels privatrechtlicher Organisationsformen. Er kann dies durch Schaffung einer *gemischtwirtschaftlichen Unternehmung* tun, bei der sich der Staat und Private – meistens in der Form einer Aktiengesellschaft oder Genossenschaft – zur Erfüllung einer öffentlichen Aufgabe zusammenschliessen. In Frage kommt auch die *Übertragung von Verwaltungsaufgaben an private Gesellschaften und Organisationen,* an denen der Bund weder als Mitglied noch kapitalmässig beteiligt ist. Als Beispiele kann der Zentralverband Schweizerischer Milchproduzenten angeführt werden. 1702

Vgl. zu den Erscheinungsformen der «parastaatlichen Verwaltung» und zur Kontrolle und Aufsicht des Bundesrates über solche Organisationen das Gutachten des Bundesamtes für Justiz vom 10. November 1989 in VPB 54 (1990) Nr. 36.

4. Kapitel: Bundesgericht

§ 58 Stellung und Organisation des Bundesgerichts

Literatur

AUER ANDREAS, Une procédure d'admission devant le juge constitutionnel fédéral?, SJZ 82 (1986) 105 ff.; BIRCHMEIER WILHELM, Handbuch des Bundesgesetzes über die Organisation der Bundesrechtspflege vom 16. Dezember 1943, Zürich 1950; BOSSHART WALTER, Die Wählbarkeit zum Richter im Bund und in den Kantonen, Diss. Zürich 1961; EICHENBERGER KURT, Die richterliche Unabhängigkeit als staatsrechtliches Problem, Bern 1960; KÄLIN WALTER, Justizreform, AJP 1995, 1004 ff.; KIENER REGULA, Richterliche Unabhängigkeit, Bern 2001; MATTER FELIX, Der Richter und seine Auswahl, Diss. Zürich 1978; POUDRET JEAN-FRANÇOIS/SANDOZ-MONOD SUZETTE, Commentaire de la loi fédérale d'organisation judiciaire, Bern 1990 ff. (bisher sind die Bände I, II und V mit Kommentar zu den Art. 1–82 und 136–171 OG erschienen); SCHIBLI PETER, Die Möglichkeit der Einführung einer Zulassungsbeschränkung am schweizerischen Bundesgericht nach dem Muster des amerikanischen Certiorari-Verfahrens, Diss. Bern 1984; SCHNEIDER EDUARD, 150 und 125 Jahre Bundesgericht: 1848–1998, 1875–2000, Bern 1998; SCHUBARTH MARTIN, Bundesgericht, in: Verfassungsrecht der Schweiz, § 68; SCHWEIZER RAINER J. (Hrsg.), Reform der Bundesgerichtsbarkeit, Zürich 1995; SEILER HANSJÖRG, Praktische Fragen der parlamentarischen Oberaufsicht über die Justiz, ZBl 101 (2000), 281 ff.; WILDHABER LUZIUS, Zur Verfassungsmässigkeit des Annahmeverfahrens vor Bundesgericht, SJZ 82 (1986) 273 ff.

Rechtliche Grundlagen

- Art. 143–145, 168, 188–191a BV (Art. 106–114bis aBV) – neu: Art. 188–191c BV in der Fassung vom 12. März 2000 (erst teilweise in Kraft, vgl. N. 72)
- Bundesgesetz über die Organisation der Bundesrechtspflege (OG) vom 16. Dezember 1943 (SR 173.110)
- Reglement für das Schweizerische Bundesgericht (R BGer) vom 14. Dezember 1978 (SR 173.111.1)
- Reglement für das Eidgenössische Versicherungsgericht vom 16. November 1999 (SR 173.111.2)

Materialien

- Botschaft des Bundesrates zum Entwurf eines neuen Bundesgesetzes über die Organisation der Bundesrechtspflege vom 9. Februar 1943, BBl 1943 I 97 ff.
- Botschaft des Bundesrates betreffend die Änderung des Bundesgesetzes über die Organisation der Bundesrechtspflege vom 29. März 1985, BBl 1985 II 737 ff.
- Botschaft des Bundesrates betreffend die Änderung des Bundesgesetzes über die Organisation der Bundesrechtspflege sowie die Änderung des Bundesbeschlusses über eine vorübergehende Erhöhung der Zahl der Ersatzrichter und der Urteilsredaktoren des Bundesgerichts vom 18. März 1991, BBl 1991 II 465 ff.
- Botschaft des Bundesrates über eine neue Bundesverfassung vom 20. November 1996, Reformbereich Justiz, BBl 1997 I 487 ff.
- Botschaft des Bundesrates zur Totalrevision der Bundesrechtspflege vom 28. Februar 2001, BBl 2001, 4202 ff.

I. Verfassungsrechtliche Stellung des Bundesgerichts

Mit der Bundesverfassung von 1874 wurde ein ständiges Bundesgericht mit Sitz in Lausanne eingerichtet. Das Bundesgericht ist die oberste rechtsprechende Behörde des Bundes (Art. 188 Abs. 1 BV). 1703

Das Bundesgericht ist mit *richterlicher Unabhängigkeit* ausgestattet. Obwohl dieser Grundsatz zur Verfassung im materiellen Sinn zu zählen ist und allgemein formuliert in die Bundesverfassung gehörte, war er bis anhin bloss auf Gesetzesstufe – in Art. 21 Abs. 3 OG – festgehalten. Er ergab sich aber auch aus dem der Bundesverfassung zugrunde liegenden Prinzip der Gewaltenteilung (vgl. N. 1410 ff.). Mit der Justizreform wurde dieser Mangel behoben: In Art. 191c BV in der Fassung vom 12. März 2000 (noch nicht in Kraft, vgl. N. 72) wird die richterliche Unabhängigkeit ausdrücklich statuiert. 1704

Die *organisatorische Gewaltenteilung* bedeutet zunächst, dass die Rechtsprechungsfunktionen dem Bundesgericht vorbehalten sind. Eine Einschränkung erleidet dieser Grundsatz insofern, als der Bundesrat bei der Erledigung von Verwaltungsbeschwerden (vgl. N. 1683 f.) und die Bundesversammlung bei Kompetenzkonflikten (vgl. N. 1557) rechtsprechend tätig sind. Sodann verlangt die organisatorische Gewaltenteilung, dass das Bundesgericht in seiner rechtsprechenden Tätigkeit frei von Einwirkungen seitens der Bundesversammlung und des Bundesrates ist. Gemäss Art. 188 Abs. 3 BV in der Fassung vom 12. März 2000 (noch nicht in Kraft) verwaltet sich das Bundesgericht selbst. Damit wird seine Unabhängigkeit gestärkt. Die parlamentarische Oberaufsicht (Art. 169 Abs. 1 BV) beschränkt sich weitgehend auf den äusseren Geschäftsgang (vgl. N. 1545). Das Bundesgericht ist in seiner rechtsprechenden Tätigkeit unabhängig und nur dem Gesetz unterworfen. Seine Entscheidungen können nur von ihm selbst nach Massgabe der gesetzlichen Bestimmungen aufgehoben oder abgeändert werden (Art. 21 Abs. 3 OG). Die *personelle* 1705

Gewaltenteilung, ohne welche die richterliche Unabhängigkeit unvollständig wäre, wird durch Art. 144 BV betr. Unvereinbarkeiten gewährleistet (vgl. N. 1413).

1706 Neben dem Bundesgericht gibt es noch *weitere gerichtliche Instanzen des Bundes.* Die Einführung des *Bundesstrafgerichts* und des *Bundesverwaltungsgerichts* soll zur Entlastung des Bundesgerichts beitragen. Das Bundesstrafgericht ist bereits in Betrieb. Es beschäftigt sich in erster Instanz mit denjenigen Strafsachen, die der Bundesgerichtsbarkeit unterliegen. Das Bundesverwaltungsgericht, welches unter anderem die zahlreichen, nur für bestimmte Sachbereiche zuständigen *eidgenössischen Rekurs- und Schiedskommissionen* ablösen soll, hat hingegen seinen Betrieb noch nicht aufgenommen (vgl. Botschaft des Bundesrates zum Aufbau des Bundesverwaltungsgerichts vom 25. August 2004, BBl 2004, 4787 ff.). Sowohl das Bundesstrafgericht als auch das Bundesverwaltungsgericht sind im Instanzenzug dem Bundesgericht untergeordnet. Im Bereiche der Militärstrafrechtspflege sind schliesslich die *eidgenössischen Militärgerichte* zu erwähnen (vgl. Militärstrafprozess [MStP] vom 23. März 1979 [SR 322.1]).

II. Wahl der Mitglieder des Bundesgerichts

1. Wählbarkeit

1707 In das Bundesgericht sind alle Stimmberechtigten wählbar (Art. 143 i.V.m. Art. 136 BV). Wohnsitz in der Schweiz zum Zeitpunkt der Wahl ist nicht erforderlich. Ebenso wird keine juristische Ausbildung verlangt. In der Praxis werden aber nur erfahrene Juristen aus Gerichten, Advokatur und Universitäten gewählt.

1708 Die Ordnungsvorschrift, dass die Bundesversammlung bei der Wahl der Richterinnen und Richter des Bundesgerichts auf eine Vertretung der Amtssprachen des Bundes Rücksicht zu nehmen hat, findet sich noch in Art. 188 Abs. 4 BV von 1999. Nach der Inkraftsetzung der die Justizreform betreffenden Verfassungsartikel wird diese Bestimmung leider nur noch auf Gesetzesebene zu finden sein (Art. 1 Abs. 2 OG).

2. Unvereinbarkeit

1709 Entsprechend dem Prinzip der personellen Gewaltenteilung dürfen die Mitglieder und die nebenamtlichen Richter des Bundesgerichts nicht der Bundesversammlung oder dem Bundesrat angehören (Art. 144 Abs. 1 BV; Art. 2 Abs. 2 OG). Die vollamtlich tätigen Bundesrichter dürfen kein anderes Amt des Bundes oder eines Kantons bekleiden und keine andere Erwerbstätigkeit ausüben (Art. 144 Abs. 2 BV; Art. 3 Abs. 1 OG). Unvereinbar mit dem Amt des Bundesrichters ist auch die Stellung als Direktor, als Geschäftsführer oder als Mitglied der Verwaltung, der Aufsichtsstelle oder der Kontrollstelle einer auf Erwerb gerichteten Vereinigung oder Anstalt (Art. 3 Abs. 2 OG). Zudem bestehen Unvereinbarkeitsgründe der Verwandtschaft (Art. 4 OG).

3. Wahlorgan

Die Mitglieder und die nebenamtlichen Richter des Bundesgerichts werden von der Vereinigten Bundesversammlung gewählt (Art. 168 Abs. 1 BV; Art. 1 Abs. 2 OG).

1710

4. Wahlpraxis

Die Wahlen ins schweizerische Bundesgericht sind, wie dies bei Wahlen in die obersten Gerichte anderer Länder auch der Fall ist, politisch gefärbt. Die Bundesversammlung respektierte bisher in der Regel freiwillig die Proporzansprüche der politischen Parteien.

1711

III. Amtsdauer

Die Mitglieder und die nebenamtlichen Richter des Bundesgerichts werden auf eine Amtsdauer von sechs Jahren gewählt (Art. 145 BV; Art. 5 Abs. 1 OG). Wiederwahl ist zulässig. Nach Ablauf der Amtsdauer erfolgt regelmässig die Wiederwahl, was der richterlichen Unabhängigkeit – die bei einer Wahl auf Lebenszeit am besten gewährleistet wäre – dient.

1712

Eine Altersgrenze ist nicht ausdrücklich vorgesehen. Die Bundesrichter treten jedoch grundsätzlich spätestens am Ende des Jahres, in dem sie das 67. Altersjahr vollenden, zurück.

IV. Organisation des Bundesgerichts

1. Anzahl der Mitglieder und nebenamtlichen Richter (Art. 1 Abs. 1 OG)

Das Organisationsgesetz sieht für das Bundesgericht einen Bestand von 30 vollamtlichen und 15 nebenamtlichen Richtern vor (Art. 1 Abs. 1 OG).

1713

Angesichts der grossen Geschäftslast wurde durch den Bundesbeschluss vom 23. März 1984 (SR 173.110.1) die Zahl der nebenamtlichen Richter vorübergehend auf

1714

30 erhöht. Dieser ursprünglich bis Ende 1988 befristete Beschluss ist bis zum Zeitpunkt des Inkrafttretens einer umfassenden Revision des Bundesrechtspflegegesetzes verlängert worden (AS 1992, 339).

2. Plenum des Gesamtgerichts (Art. 11 OG; Art. 19 R BGer)

1715 Das Gesamtgericht, das alle vollamtlichen Bundesrichter vereinigt, ist vor allem zur Besorgung folgender Geschäfte zuständig:
- Wahlen, z.B. der Gerichtsschreiber, Sekretäre und der persönlichen juristischen Mitarbeiter;
- andere Verwaltungsgeschäfte, z.B. Bestellung der Abteilungen und ihrer Vorsitzenden;
- Erlass von Verordnungen, Reglementen und an die kantonalen Behörden gerichteten Kreisschreiben;
- Beschluss über Vernehmlassungen zu Gesetzesentwürfen des Bundes;
- zum Teil auch Beschluss über Praxisänderungen, die mehrere Abteilungen betreffen (Art. 16 OG).

3. Präsidium (Art. 6 OG)

1716 Der Präsident und der Vizepräsident des Bundesgerichts werden von der Vereinigten Bundesversammlung aus dem Kreis der Bundesrichter auf eine Amtszeit von zwei Jahren gewählt (Art. 6 Abs. 1 OG).

Dem Bundesgerichtspräsidenten – bei seiner Verhinderung dem Vizepräsidenten – obliegen die allgemeine Geschäftsleitung und die Überwachung der Beamten und Angestellten des Bundesgerichts (Art. 6 Abs. 2 und 3 OG).

4. Abteilungen des Bundesgerichts (Art. 12, 13 OG; Art. 1 ff. R BGer)

1717 Die Erledigung der dem Bundesgericht zugewiesenen Rechtssachen erfolgt in den einzelnen, nach juristischen Fachbereichen aufgegliederten Abteilungen. Heute weist das Bundesgericht folgende Abteilungen auf (Art. 12 OG):
- zwei oder drei öffentlich-rechtliche Abteilungen;
- zwei Zivilabteilungen;
- Schuldbetreibungs- und Konkurskammer;
- Kassationshof in Strafsachen.

Die genaue Umschreibung der den Abteilungen zugewiesenen Geschäfte erfolgt im Reglement für das Bundesgericht (Art. 2–7 R BGer), das auch bestimmt, aus wievielen Mitgliedern die einzelnen Abteilungen bestehen (Art. 1 R BGer).

Die personelle Zusammensetzung der Abteilungen und die Präsidenten der Abteilungen werden vom Plenum für die Dauer von zwei Kalenderjahren bestimmt (Art. 12 Abs. 1, Art. 13 Abs. 1 OG).

5. Eidgenössisches Versicherungsgericht als Sozialversicherungsabteilung des Bundesgerichts (Art. 122 ff. OG)

Das Eidgenössische Versicherungsgericht gilt als organisatorisch verselbständigte Sozialversicherungsabteilung des Bundesgerichts. Es besteht aus je neun bis elf Mitgliedern und nebenamtlichen Richterinnen und Richtern und verfügt über einen eigenen Präsidenten und Vizepräsidenten, die alle von der Vereinigten Bundesversammlung gewählt werden. Der Sitz des Eidgenössischen Versicherungsgerichts ist Luzern.

1718

Die Botschaft zur Totalrevision der Bundesrechtspflege (vgl. N. 1732) sieht eine vollständige Integration des Eidgenössischen Versicherungsgerichts in das Bundesgericht vor.

V. Verhandlungen des Bundesgerichts

1. Beschlussfähigkeit (Art. 15 OG)

In der Regel haben bei Beratungen und Abstimmungen in den Abteilungen des Bundesgerichts je drei Richter mitzuwirken (Art. 15 Abs. 1 OG).

1719

Über Rechtsfragen von grundsätzlicher Bedeutung ist in Fünferbesetzung zu entscheiden (Art. 15 Abs. 2 OG). Ferner gilt eine Besonderheit für die öffentlich-rechtlichen Abteilungen: Sie entscheiden in einer Besetzung mit sieben Richtern über staatsrechtliche Beschwerden gegen referendumspflichtige kantonale Erlasse und gegen Entscheide über die Zulässigkeit einer Initiative oder das Erfordernis des Referendums auf kantonaler Ebene (Art. 15 Abs. 3 OG).

2. Abstimmungen (Art. 10 OG)

Das Plenum und die einzelnen Abteilungen treffen ihre Entscheidungen, Beschlussfassungen und Wahlen, wenn das Gesetz nichts anderes verfügt, mit der absoluten Mehrheit der Stimmen. Bei Stimmengleichheit gibt die Stimme des Präsidenten den Ausschlag; bei Wahlen entscheidet das Los.

1720

3. Öffentlichkeit (Art. 17 OG)

1721 Die Parteiverhandlungen, Beratungen und Abstimmungen in den Abteilungen sind öffentlich. Bei bestimmten Geschäften, wie z.B. in den strafrechtlichen Abteilungen, in Disziplinar- und Steuersachen, ist die Öffentlichkeit ganz oder teilweise ausgeschlossen.

4. Besondere Verfahren (Art. 36a f. OG)

1722 In der Praxis werden zahlreiche Urteile in einem *vereinfachten Verfahren* – ohne öffentliche Beratung – gefällt und zudem nur summarisch begründet. Dieses Verfahren kommt gemäss Art. 36a OG zur Anwendung, wenn ein Rechtsmittel oder eine Klage offensichtlich unzulässig ist und daher nicht darauf eingetreten werden kann, oder wenn offensichtlich ist, dass ein Rechtsmittel abgewiesen oder gutgeheissen werden muss.

1723 Ferner kann das Gericht im *Zirkulationsverfahren* entscheiden, wenn sich Einstimmigkeit ergibt und kein Richter mündliche Beratung verlangt (Art. 36b OG). Ein solches Vorgehen kommt auch für Fälle in Frage, für die eine Fünfer- oder Siebnerbesetzung vorgesehen ist (BGE 118 Ia 124, 125 f., Nationale Genossenschaft für die Lagerung radioaktiver Abfälle NAGRA).

Die Vereinfachungen des Verfahrens haben leider dazu beigetragen, dass Entscheidungen von grundlegender präjudizieller Bedeutung sehr häufig auf dem Zirkulationsweg getroffen werden und dass es viel schwieriger geworden ist, einen umfassenden Überblick über die Rechtsprechung des Bundesgerichts zu gewinnen.

5. Parteivertreter (Art. 29 OG)

1724 In Zivil- und Strafsachen können nur patentierte Anwälte und die Rechtslehrer an schweizerischen Hochschulen als Parteivertreter vor Bundesgericht auftreten. Dadurch wird der Grundsatz, dass jede handlungsfähige Partei ihre Sache vor dem Bundesgericht selbst führen kann, aber nicht eingeschränkt.

6. Prozesssprache und Sprache der Entscheidungen
   (Art. 37 Abs. 3 OG)

1725 Die Parteien und ihre Vertreter können sich im Verkehr mit dem Bundesgericht einer der Amtssprachen bedienen (vgl. zum Rätoromanischen als Prozesssprache N. 1436). Die Prozesssprache und die Sprache der Entscheidungen richten sich nach der Sprache des angefochtenen Entscheides; davon kann abgewichen werden, wenn die Sprache der Parteien eine andere Amtssprache als diejenige des angefochtenen Entscheides ist.

7. Kompetenzkonflikte mit dem Bundesrat (Art. 96 Abs. 2 und 3 OG)

Auf dem Gebiet des Staats- und Verwaltungsrechts können sich Zweifel ergeben, 1726
ob das Bundesgericht oder der Bundesrat zuständig ist. In diesem Fall soll ein Meinungsaustausch über die Kompetenzfrage stattfinden. Falls keine Lösung erzielt wird – was äusserst selten ist –, entscheidet die Vereinigte Bundesversammlung über den Kompetenzkonflikt (Art. 173 Abs. 1 lit. i BV; vgl. BGE 116 Ia 252, 254 f., Comune di Cadro). Nachdem die Staatsrechtspflege des Bundesrates dahingefallen ist, dürften solche Kompetenzkonflikte inskünftig selten sein.

VI. Rechtliche Stellung der Mitglieder des Bundesgerichts

Für die Mitglieder des Bundesgerichts gilt hinsichtlich des Wohnortes (Art. 19 Abs. 2 1727
OG) sowie der strafrechtlichen und vermögensrechtlichen Verantwortlichkeit die gleiche Regelung wie für die Mitglieder des Bundesrates (vgl. N. 1647 ff.). Auch die Bundesrichter unterstehen keiner disziplinarischen Verantwortlichkeit; eine solche kann weder aus dem parlamentarischen Oberaufsichtsrecht noch aus der Selbstverwaltungsbefugnis des Bundesgerichts abgeleitet werden (Gutachten des Bundesamtes für Justiz in VPB 68 [2003] Nr. 49 auf S. 600 ff.).

VII. Revision des Bundesgerichtsgesetzes

Seit Jahren ist das *Bundesgericht überlastet:* Die Zahl der anhängigen Verfahren 1728
übersteigt bei Weitem die Zahl der Erledigungen, die Prozessdauer nimmt zu, und die Urteile werden nicht immer mit der gebotenen Sorgfalt beraten und begründet. Dieser Zustand beeinträchtigt nicht nur den Rechtsschutz der Bürger, sondern auch die Aufgabe des Bundesgerichts in Lausanne und des Eidgenössischen Versicherungsgerichts in Luzern, für eine einheitliche Anwendung und Fortbildung des Bundesrechts zu sorgen. Bereits erfolgte und noch in Aussicht stehende Revisionen des Bundesgesetzes über die Organisation der Bundesrechtspflege befassen sich daher mit dem vordringlichen Anliegen einer *Entlastung des Bundesgerichts.*

Eine Teilrevision des Organisationsgesetzes wurde 1990 in einer Referen- 1729
dumsabstimmung abgelehnt, vor allem weil sie den Zugang zum Bundesgericht

durch ein besonderes Vorprüfungsverfahren und die Erhöhung der Streitwertgrenzen in empfindlicher Weise eingeschränkt hätte.

1730 Eine Neuauflage der verworfenen Teilrevision – aber ohne die umstrittenen, den Zugang zum Bundesgericht beschränkenden Massnahmen – wurde vom Parlament am 4. Oktober 1991 erlassen und etappenweise bis Anfang 1994 in Kraft gesetzt. Die wesentlichen Neuerungen betrafen den Ausbau der richterlichen Vorinstanzen des Bundesgerichts in der Verwaltungsrechtspflege auf der Stufe des Bundes und der Kantone (vgl. zum Letzteren Art. 98a OG), den weitgehenden Verzicht auf die verwaltungsrechtliche Klage (vgl. N. 1748), die Verallgemeinerung der Dreier- anstatt der Fünferbesetzung (vgl. N. 1719), die Erweiterung des vereinfachten Verfahrens (vgl. N. 1722) und des Zirkulationsverfahrens (vgl. N. 1723), die Ausdehnung des Erfordernisses der Erschöpfung des kantonalen Instanzenzuges bei der staatsrechtlichen Beschwerde (vgl. N. 1991) sowie die Ermächtigung an das Bundesgericht, eine dritte öffentlich-rechtliche Abteilung zu bilden (vgl. Art. 12 Abs. 1 lit. a OG). Gleichzeitig wurde die 1984 beschlossene vorübergehende Erhöhung der Anzahl nebenamtlicher Richter bis zum Zeitpunkt einer umfassenden Revision des Bundesrechtspflegegesetzes verlängert (vgl. N. 1714).

1731 Durch die Justizreform (vgl. N. 70 ff.) soll das Bundesgericht weiter entlastet werden. Mit der Schaffung des Bundesstrafgerichts und des Bundesverwaltungsgerichts, welches seinen Betrieb im Gegensatz zum Bundesstrafgericht noch nicht aufgenommen hat, werden die Vorinstanzen ausgebaut (vgl. N. 1706). Daneben soll die *Einheitsbeschwerde* eingeführt werden; anstelle der heute bestehenden Vielzahl von Rechtsmitteln an das Bundesgericht soll es nur noch je eine Beschwerde in jedem Rechtsbereich geben: eine Einheitsbeschwerde in Zivilsachen, eine in Strafsachen und eine in öffentlichrechtlichen Angelegenheiten. Damit würden gerade im Bereiche des öffentlichen Rechts schwierige Abgrenzungsfragen (wie diejenige zwischen Verwaltungsgerichtsbeschwerde und staatsrechtliche Beschwerde) entfallen. Ob überhaupt und allenfalls wann die Einheitsbeschwerde verwirklicht wird, ist jedoch ungewiss.

§ 59 Kompetenzen des Bundesgerichts

Literatur

GEISER THOMAS/MÜNCH PETER (Hrsg.), Prozessieren vor Bundesgericht, 2. Aufl., Basel/Frankfurt a.M. 1998; HUNDERT JAHRE BUNDESGERICHT 1875–1975, Die bundesgerichtlichen Rechtsmittelverfahren, ZSR NF 94/II (1975) 11 ff.; KÖLZ ALFRED/HÄNER ISABELLE, Verwaltungsverfahren und Verwaltungsrechtspflege des Bundes, 2. Aufl., Zürich 1998.
Vgl. auch die Literatur zu den §§ 64–66.

Rechtliche Grundlagen

- Art. 188–191 BV (Art. 106–114bis aBV) – neu: Art. 188–191c BV in der Fassung vom 12. März 2000 (noch nicht in Kraft, vgl. N. 74)
- Bundesgesetz über die Organisation der Bundesrechtspflege (OG) vom 16. Dezember 1943 (SR 173.110)
- Bundesgesetz über die Bundesstrafrechtspflege (BStP) vom 15. Juni 1934 (SR 312.0)
- Reglement für das Schweizerische Bundesgericht (R BGer) vom 14. Dezember 1978 (SR 173.111.1)

I. Rechtsprechungskompetenzen

Um einen Überblick zu ermöglichen, sind im Folgenden die verschiedenen Rechtsprechungskompetenzen des Bundesgerichts zusammengestellt, obwohl die Verfahren der Zivil- und Strafrechtspflege nicht zum Bundesstaatsrecht gehören. 1733

1. Zivilrechtspflege durch das Bundesgericht

Bis heute regelt der Bund das materielle Zivilrecht (Art. 122 Abs. 1 BV). Die Kantone sind für die Organisation der Gerichte, das gerichtliche Verfahren und die Rechtsprechung zuständig (Art. 122 Abs. 2 BV). Gemäss Art. 122 Abs. 1 BV in der Fassung vom 12. März 2000 (noch nicht in Kraft, vgl. N. 72) ist die Gesetzgebung auf dem Gebiet des *Zivilrechts und des Zivilprozessrechts* Sache des Bundes. Es handelt sich dabei um eine nachträglich derogierende Kompetenz. Die Kantone bleiben für die Organisation der Gerichte und die Rechtsprechung in Zivilsachen zuständig, soweit das Gesetz nichts anderes vorsieht (Art. 122 Abs. 2 BV vom 12. März 2000). 1734

Die Aufgabe des Bundesgerichts besteht in erster Linie darin, die einheitliche Anwendung des Bundeszivilrechts durchzusetzen. Hierzu dienen Berufung und Nich- 1735 tigkeitsbeschwerde, die sich gegen letztinstanzliche kantonale Entscheide richten (vgl. N. 1737 f.). Dazu kommen zivilrechtliche Streitigkeiten, bei denen das Bundesgericht als einzige Instanz auftritt (vgl. N. 1736).

a) *Das Bundesgericht als einzige Instanz* (Art. 41 OG)

1736 Das Bundesgericht beurteilt als einzige zivilrechtliche Instanz Streitigkeiten zwischen dem Bund und einem Kanton oder zwischen den Kantonen unter sich (Art. 41 OG, Art. 1 Abs. 1 des Bundesgesetzes über den Bundeszivilprozess vom 4. Dezember 1947 [SR 273], Art. 189 Abs. 2 BV in der [noch nicht in Kraft getretenen] Fassung vom 12. März 2000).

b) *Das Bundesgericht als Berufungsinstanz* (Art. 43 ff. OG)

1737 Gegen letztinstanzliche kantonale Entscheide in Zivilsachen kann Berufung an das Bundesgericht erfolgen (Art. 48 und 49 OG). Mit der Berufung kann nur eine Verletzung des Bundesrechts mit Einschluss von Staatsverträgen geltend gemacht werden. Unter gewissen Voraussetzungen kann auch eine Nichtanwendung oder eine unrichtige Auslegung von ausländischem Recht, dessen Anwendung das schweizerische internationale Privatrecht vorschreibt, gerügt werden (Art. 43a OG). Die Zulässigkeitsvoraussetzungen sind in Art. 44–46 OG aufgeführt. Wegen Verletzung verfassungsmässiger Rechte der Bürger bleibt die staatsrechtliche Beschwerde vorbehalten (Art. 43 OG).

c) *Das Bundesgericht als Beschwerdeinstanz* (Art. 68 ff. OG)

1738 Gegen letztinstanzliche kantonale Entscheide in Zivilsachen, die der Berufung nicht unterliegen, ist die Nichtigkeitsbeschwerde zulässig:
– wenn statt des massgebenden eidgenössischen Rechts kantonales oder ausländisches Recht angewendet worden ist (Art. 68 Abs. 1 lit. a und b OG);
– wenn Vorschriften des schweizerischen internationalen Privatrechts über das anwendbare ausländische Recht missachtet wurden (Art. 68 Abs. 1 lit. c und d OG);
– wegen Verletzung von Vorschriften des eidgenössischen Rechts mit Einschluss von Staatsverträgen des Bundes über die sachliche, örtliche oder internationale Zuständigkeit der Behörden (Art. 68 Abs. 1 lit. e OG).

2. Rechtspflege des Bundesgerichts in Schuldbetreibungs- und Konkurssachen (Art. 76 ff. OG)

Das Schuldbetreibungsverfahren und das Konkursrecht haben eine einheitliche Regelung durch das Bundesgesetz über Schuldbetreibung und Konkurs (SchKG) vom 11. April 1889 (SR 281.1) erfahren. Dessen Vollziehung obliegt den Kantonen.

1739

Die Entscheide der zuständigen kantonalen Behörden können wegen Rechtsverweigerung oder Verletzung von Bundesrecht an die Schuldbetreibungs- und Konkurskammer des Bundesgerichts weitergezogen werden (Art. 76 ff. OG; Art. 19 SchKG).

3. Strafrechtspflege durch das Bundesgericht

Wie im Zivilrecht regelt der Bund im Strafrecht das materielle Recht, neu auch das Strafprozessrecht (Art. 123 Abs. 1 BV). Auch hier handelt es sich um eine nachträglich derogierende Kompetenz. Den Kantonen verbleibt die Organisation der Gerichte und die Rechtsprechung in Strafsachen, sowie der Straf- und Massnahmenvollzug, soweit das Gesetz nichts anderes vorsieht (Art. 123 Abs. 2 BV).

1740

Das Bundesgericht ist für die Sicherstellung einer einheitlichen Anwendung des Bundesstrafrechts durch die Kantone besorgt (vgl. N. 1741) und hat daneben noch besondere Kompetenzen als einzige Instanz (vgl. N. 1742).

a) *Das Bundesgericht als Beschwerdeinstanz* (Art. 268 ff. des Bundesgesetzes über die Bundesstrafrechtspflege [BStP] vom 15. Juni 1934 [SR 312.0])

Mit der Nichtigkeitsbeschwerde können kantonale Entscheidungen angefochten werden, die in Anwendung des Bundesstrafrechts ergangen sind (Art. 247 ff., 268 BStP). Zuständig für die Beurteilung der Nichtigkeitsbeschwerde ist der Kassationshof des Bundesgerichts (Art. 268 BStP).

1741

Die Nichtigkeitsbeschwerde kann nur damit begründet werden, dass die angefochtene Entscheidung eidgenössisches Recht verletze. Vorbehalten bleibt die staatsrechtliche Beschwerde wegen Verletzung verfassungsmässiger Rechte (Art. 269 BStP).

b) *Bundesgerichtsbarkeit im Strafrecht*

Art. 340 f. StGB bezeichnet die Straffälle, die der Bundesgerichtsbarkeit unterstellt sind. Es geht dabei vor allem um Delikte, welche die Beziehungen zum Ausland oder die innere Sicherheit betreffen oder die unmittelbar gegen den Bund und seine Behörden gerichtet sind. Bisher hat das Bundesgericht diese Fälle als einzige Instanz beurteilt. Diese Aufgabe nimmt nun in erster Instanz das Bundesstrafgericht wahr (Art. 26 SGG), dessen Urteile an das Bundesgericht weitergezogen werden können. Damit wird das Bundesgericht von zeitraubenden Sachverhaltsermittlungen entlastet und zugleich der Rechtsschutz für die Angeschuldigten verbessert.

1742

4. Staatsrechtspflege durch das Bundesgericht

1743 Für die Beurteilung von staatsrechtlichen Streitigkeiten sind in erster Linie die öffentlich-rechtlichen Abteilungen nach Massgabe von Art. 2 und 3 R BGer zuständig. Daneben beurteilen die beiden Zivilabteilungen und der Kassationshof in Strafsachen staatsrechtliche Beschwerden, die mit ihrem Fachgebiet zusammenhängen (Art. 4 Ziff. 2, Art. 5 Ziff. 2 und Art. 7 Ziff. 2 R BGer).

a) Staatsrechtliche Klage (Art. 189 Abs. 1 lit. d BV; Art. 83 OG)

1744 Die staatsrechtliche Klage an das Bundesgericht dient der Erledigung staatsrechtlicher Streitigkeiten, die sich aus dem Verhältnis zwischen dem Bund und einem oder mehreren Kantonen oder zwischen den Kantonen unter sich ergeben, sowie der Erledigung dreier besonders erwähnter Fälle öffentlich-rechtlicher Streitigkeiten zwischen Behörden verschiedener Kantone. In allen Fällen der staatsrechtlichen Klage geht es um «zwischenstaatliche» – und nicht um innerkantonale – Probleme.
Für Einzelheiten betreffend die staatsrechtliche Klage vgl. N. 2045 ff.

b) Staatsrechtliche Beschwerde (Art. 189 Art. 1 lit. a–c BV; Art. 84 ff. OG)

1745 Gegen kantonale Erlasse oder Verfügungen kann beim Bundesgericht staatsrechtliche Beschwerde geführt werden. Mit ihr kann die Verletzung verfassungsmässiger Rechte, einschliesslich politischer Rechte, die Verletzung von Konkordaten, Staatsverträgen und bundesrechtlichen Zuständigkeitsvorschriften geltend gemacht werden (Art. 84 Abs. 1, Art. 85 OG). Sie dient dem Schutz der Rechte und Freiheiten des Einzelnen, aber auch dem Schutz der Gemeindeautonomie.
Für Einzelheiten betreffend die staatsrechtliche Beschwerde vgl. N. 1934 ff.

5. Verwaltungsrechtspflege durch das Bundesgericht

1746 Die Verwaltungsrechtspflege des Bundesgerichts wird hauptsächlich durch die öffentlich-rechtlichen Abteilungen ausgeübt (Art. 2 und 3 R BGer). Gewisse Streitigkeiten fallen in den Aufgabenbereich der beiden zivilrechtlichen Abteilungen und des Kassationshofes in Strafsachen (Art. 4 Ziff. 4, Art. 5 Ziff. 4 und Art. 7 Ziff. 3 R BGer).

a) Das Bundesgericht als Beschwerdeinstanz (Art. 97 ff. OG)

1747 Gemäss Art. 97 Abs. 1 OG beurteilt das Bundesgericht letztinstanzlich *Verwaltungsgerichtsbeschwerden* gegen Verfügungen im Sinne von Art. 5 VwVG. Anfechtbar sind damit nur Rechtsanwendungsakte, die sich auf öffentliches Recht des Bundes stützen, nicht aber Anwendungsakte, die sich auf kantonales Verwaltungsrecht stützen.

Die Generalklausel von Art. 97 OG, d.h. die allgemeine Sachzuständigkeit des Bundesgerichts in Bundesverwaltungssachen, wird durch eine Reihe von Ausnahmen, die sich in den drei Negativlisten der Art. 99–101 OG finden, eingeschränkt.

Mit der Verwaltungsgerichtsbeschwerde können Verletzung von Bundesrecht und unrichtige oder unvollständige Feststellung des rechtserheblichen Sachverhalts sowie in ganz vereinzelten Fällen auch Unangemessenheit gerügt werden (Art. 104 OG).

b)   Das Bundesgericht als einzige Instanz (Art. 116 ff. OG)

Das Bundesgericht beurteilt als einzige Instanz *verwaltungsrechtliche Klagen* aus dem Verwaltungsrecht des Bundes über die in Art. 116 OG erschöpfend aufgezählten Gegenstände. Durch die 1991 erfolgte Revision des Bundesgesetzes über die Organisation der Bundesrechtspflege (vgl. N. 1730) wurde weitgehend auf die verwaltungsrechtliche Klage verzichtet; an deren Stelle treten Verfügungen der zuständigen Verwaltungsbehörden, die der Verwaltungsgerichtsbeschwerde an das Bundesgericht unterliegen. Die verwaltungsrechtliche Klage wurde beschränkt auf Streitigkeiten aus Bundesverwaltungsrecht zwischen Bund und Kantonen oder zwischen Kantonen sowie auf Schadenersatzansprüche gegen den Bund, sofern sie sich aus der Amtstätigkeit von Parlamentariern und Magistratspersonen ergeben. Anwendungsfall: BGE 121 II 138 ff., Klage der Schweizerischen Unfallversicherungsanstalt (SUVA) gegen den Kanton Basel-Stadt. 1748

6. Sozialversicherungsrechtspflege durch das Eidgenössische Versicherungsgericht (Art. 122 ff. OG)

Die Bundesverfassung sagt nichts über das Eidgenössische Versicherungsgericht aus. Gemäss Art. 122 OG gilt das Eidgenössische Versicherungsgericht als organisatorisch selbständige Sozialversicherungsabteilung des Bundesgerichts. Die Hauptaufgabe des Eidgenössischen Versicherungsgericht besteht darin, die einheitliche Anwendung der Bundesgesetzgebung über die Sozialversicherung – AHV, Invalidenversicherung, soziale Kranken- und Unfallversicherung, Erwerbsersatzordnung für Wehrpflichtige, Arbeitslosenversicherung und Militärversicherung – sicherzustellen. Auch Streitigkeiten aus dem Gebiet der beruflichen Vorsorge werden letztinstanzlich durch das Eidgenössische Versicherungsgericht beurteilt. 1749

a)   Das Versicherungsgericht als Beschwerdeinstanz (Art. 128 f. OG)

Das Eidgenössische Versicherungsgericht beurteilt letztinstanzlich *Verwaltungsgerichtsbeschwerden* gegen Verfügungen – insbesondere kantonale Verfügungen und Beschwerdeentscheide –, die sich auf Sozialversicherungsrecht des Bundes stützen (Art. 128 OG). Ausnahmen von dieser Generalklausel finden sich in Art. 129 OG. 1750

b) Das Versicherungsgericht als einzige Instanz (Art. 130 f. OG)

1751 Das Eidgenössische Versicherungsgericht beurteilt als einzige Instanz *verwaltungsrechtliche Klagen* im Sinne von Art. 116 OG auf dem Gebiet der Sozialversicherung (Art. 130 OG).

II. Rechtsetzungskompetenzen

1752 In beschränktem Umfang ist das Bundesgericht für den Erlass von Verordnungen zuständig. Solche Rechtsetzungskompetenzen bestehen einerseits bezüglich der Regelung von Organisation und Verfahren des Bundesgerichts, wie sie das Bundesgericht z.B. im Reglement für das Bundesgericht vom 14. Dezember 1978 (SR 173.111.1) vorgenommen hat. Anderseits wird dem Bundesgericht durch Bundesgesetze in verschiedenen Sachbereichen – so auf dem Gebiet des SchKG und des Expropriationsrechts – ein Verordnungsrecht eingeräumt.

Zu den Verordnungen des Bundesgerichts vgl. N. 1884.

III. Verwaltungskompetenzen

1753 Um seine justizmässige Unabhängigkeit sicherzustellen, besitzt das Bundesgericht Verwaltungskompetenzen im Bereich der eigenen Justizverwaltung. Dazu gehören insbesondere Wahl und Dienstaufsicht betreffend Gerichtsschreiber, Sekretäre und anderes Personal sowie die Organisation des Gerichtsbetriebes und der Bibliothek. Mit der Justizreform wurde die Selbstverwaltungskompetenz des Bundesgerichts auf Verfassungsstufe verankert. Auch aus der Oberaufsicht, die dem Bundesgericht im Gebiet des Schuldbetreibungs- und Konkursrechts zusteht (Art. 15 SchKG), ergeben sich Verwaltungskompetenzen, z.B. die Kompetenz zu Beanstandungen oder zum Einholen von Auskünften gegenüber den kantonalen Aufsichtsbehörden.

6. Teil: Rechtsetzung und Staatsverträge

> Allgemeine Literatur

BAUMANN MAX, Gesetzessprachen – Sprachen der Rechtssetzung, Zürich 2002; BORER THOMAS G., Das Legalitätsprinzip und die auswärtigen Angelegenheiten, Diss. Basel 1986; COTTIER THOMAS, Die Verfassung und das Erfordernis der gesetzlichen Grundlage, Diss. Bern, 2. Aufl. Zürich 1992; EICHENBERGER KURT/BUSER WALTER/MÉTRAUX ALEXANDRE/TRAPPE PAUL (Hrsg.), Grundfragen der Rechtssetzung, Basel 1978; GRISEL ETIENNE, Initiative et référendum populaires, 3. Aufl., Bern 2004; GUT-WINTERBERGER URSULA, Der Anteil von Bundesversammlung, Bundesrat und Bundesverwaltung am Rechtssetzungsverfahren, Diss. Zürich 1986; HOTZ REINHOLD, Methodische Rechtssetzung – eine Aufgabe der Verwaltung, Zürich 1983; JAAG TOBIAS, Die Abgrenzung zwischen Rechtssatz und Einzelakt, Zürich 1985; LINDER WOLF, Überrollt uns eine Gesetzesflut? Eine empirische Untersuchung über die quantitative Entwicklung des schweizerischen Rechts, ZBl 86 (1985) 417 ff.; MÜLLER GEORG, Elemente einer Rechtssetzungslehre, Zürich 1999; MÜLLER GEORG, Inhalt und Formen der Rechtssetzung als Problem der demokratischen Kompetenzordnung, Basel/Stuttgart 1979; RHINOW RENÉ A., Rechtsetzung und Methodik, Basel/Stuttgart 1979; RICHLI PAUL, Interdisziplinäre Daumenregeln für eine faire Rechtsetzung, Basel/Genf/München 2000; SALADIN PETER, Die Kunst der Verfassungserneuerung, Schriften zur Verfassungsreform 1968–1996, Basel 1998.

Vgl. auch Literaturhinweise zu § 45 (Politische Rechte).

§ 60 Verfassungsgebung

> Literatur

ALBRECHT CHRISTOPH, Gegenvorschläge zu Volksinitiativen, St. Gallen 2003; AUBERT JEAN-FRANÇOIS, La révision totale des constitutions, in: L'Esprit des institutions, l'équilibre des pouvoirs, FS für Pierre Pactet, Paris 2003, S. 456 ff.; BELLANGER FRANÇOIS, Révision totale et partielle de la Constitution fédérale, in: Verfassungsrecht der Schweiz, § 79; BELLANGER FRANÇOIS, Droit de nécessité et état d'exception, in: Verfassungsrecht der Schweiz, § 80; GRISEL ETIENNE, L'initiative populaire «contre la vie chère et l'inflation» et le principe de l'unité de la matière en droit fédéral, in: FS für Hans Huber, Bern 1981, S. 171 ff.; GRISEL ETIENNE, La forme des initiatives populaires – Le principe de l'unité de rang et de forme, in: FS für Jean-François Aubert, Basel/Frankfurt a.M. 1996, S. 213 ff.; HAAB CHRISTOPH, Die Ermittlung des wahren Volkswillens im Bundesstaat, Diss. Zürich 1984; HÄFELIN ULRICH, Verfassungsgebung, ZSR NF 93/II (1974) 75 ff.; HANGARTNER YVO, Verfassungstheorie, Verfassungsrechtsetzung und Verfassungsrechtsfindung, in: Beiträge zur Methode des Rechts, St. Galler Festgabe zum Schweizerischen Juristentag 1981, Bern/Stuttgart 1981, S. 153 ff.; HURST ROBERT, Der Grundsatz der Einheit der Materie, Diss. Zürich 2002; KÄGI WERNER, Rechtsfragen der Volksinitiative auf Teilrevision, ZSR NF 75/II (1956) 739a ff.; KÄLIN WALTER, Internationale Menschenrechtsgarantien als Schranke der Revision von Bundesverfassungsrecht, AJP 1993, 243 ff.; KAYSER MARTIN, Grundrechte als Schranke der schweizerischen Verfassungsgebung, Diss. Zürich 2001; KÖLZ ALFRED, Die Zulässigkeit von Sperrfristen für kantonale Volksinitiativen, Ein Beitrag zur Auslegung von Art. 51 BV, ZBl 102 (2001) 169 ff.; KÖLZ ALFRED, «So wie die Initiative lautet»: Welches ist das massgebende Verfassungsrecht, das durch eine Volksinitiative geändert werden soll?, ZBl 98 (1997) 241 ff.; LEUENBERGER CHRISTOPH, Die Abstimmungsmodalitäten bei der Totalrevision der Bundesverfassung, Bern 1978; LOMBARDI ALDO/WERTENSCHLAG RUDOLF, Formen der Volksinitiative im Bund: heute und morgen, Basel/Frankfurt a.M. 1990; MÜLLER JÖRG PAUL, Materiale Schranken der Verfassungsrevision, in: Völkerrecht im Dienste des Menschen, FS für Hans Haug, Bern/Stuttgart 1986, S. 195 ff.; NEF HANS, Materielle Schranken der Verfassungsrevision, ZSR NF 61/I (1942) 108 ff.; REPOSA ANTONIO, La revisione della costituzione federale Svizzera, Turin 2000; RICHLI PAUL, Wie weiter mit der Einheit der Materie? – 10 Thesen im Nachgang zur Ungültigerklärung der Halbierungsinitiative, in: FS für Jean-François Aubert, Basel/Frankfurt a.M. 1996, S. 267 ff.; SCHINDLER DIETRICH, Rechtsgutachten über die Volksinitiative «40 Waffenplätze sind genug – Umweltschutz auch beim Militär», ZBl 93 (1992) 388 ff.; SIGG OSWALD, Die eidgenössischen Volksinitiativen 1892–1939, Diss. Bern 1978; TSCHANNEN PIERRE, Die Formen der Volksinitiative und die Einheit der Form, ZBl 103 (2002) 2 ff.; WILDHABER LUZIUS, Neues zur Gültigkeit von Initiativen, in: FS für Jean-FrançoisAubert, Basel/Frankfurt a.M. 1996, S. 293 ff.

Rechtliche Grundlagen

– Art. 138, 139, 139a•, 139b Abs. 1•, 139b Abs. 2 und 3, 140 Abs. 1 lit. a, 140 Abs. 2 lit. a und c, 140 Abs. 2 lit. a^{bis}•, 140 Abs. 2 lit. b•, 142, 156 Abs. 3 lit. a, 156 Abs. 3 lit. b und c•, 160 Abs. 1, 189 Abs. 1bis•, 192–195 BV (Art. 118–123 aBV)
– Bundesgesetz über die politischen Rechte (BPR) vom 17. Dezember 1976 (SR 161.1), Art. 10–15, 58, 68–75
– Bundesgesetz über die Bundesversammlung (Parlamentsgesetz [ParlG]) vom 13. Dezember 2002 (SR 171.10), Art. 6, 22, 45, 62, 96–117.

Die noch nicht in Kraft getretenen Bestimmungen sind mit • gekennzeichnet.

Materialien

– Botschaft des Bundesrates über eine neue Bundesverfassung vom 20. November 1996, BBl 1997 I 430 ff.
– Bericht der Staatspolitischen Kommission des Ständerates zur Parlamentarischen Initiative über die Beseitigung von Mängeln der Volksrechte vom 2. April 2001, BBl 2001, 4803 ff.
– Stellungnahme des Bundesrates zur Parlamentarischen Initiative über die Beseitigung der Mängel der Volksrechte vom 15. Juni, BBl 2001, 6080 ff.

I. Abänderbarkeit der Bundesverfassung und ihre Grenzen

1. Jederzeitige Abänderbarkeit

1754 Die Bundesverfassung kann, unter Einhaltung der in der Bundesverfassung enthaltenen Revisionsvorschriften, *jederzeit* ganz oder teilweise revidiert werden (Art. 192 Abs. 1 BV).

2. Voraussetzungen und Schranken der Verfassungsrevision

a) Durch die Verfassung festgelegte Voraussetzungen

Bei Verfassungsänderungen müssen die *Revisionsvorschriften* (vgl. N. 1769 ff. und 1779 ff.) eingehalten werden. Total- sowie Teilrevisionen haben die Schranken des zwingenden Völkerrechts (vgl. N. 1756) zu beachten. Im Zusammenhang mit Teilrevisionen spielen zudem die *Einheit der Form* und vor allem die *Einheit der Materie* (N. 1785, 1787) eine wichtige Rolle. Dem Verfassungstext lassen sich keine weiteren Voraussetzungen oder Schranken der Verfassungsänderung entnehmen. Diesbezüglich unterscheidet sich das schweizerische Verfassungsrecht z.B. vom deutschen, das in Art. 79 Abs. 3 des Grundgesetzes dem Verfassungsgeber materielle Schranken setzt.

1755

A

b) Bindung an zwingende Bestimmungen des Völkerrechts

Die Bundesverfassung nennt mit den zwingenden Bestimmungen des Völkerrechts eine Schranke der Verfassungsrevision, die gemäss Art. 139 Abs. 2, Art. 139a Abs. 2•, Art. 193 Abs. 4 und Art. 194 Abs. 2 BV sowohl für Teil- als auch für Totalrevisionen Geltung beansprucht. Der mit der Verfassungsrevision von 1999 auf Verfassungsstufe verankerte Grundsatz entsprach der bisherigen Praxis der Bundesbehörden. Als zwingendes Völkerrecht (sog. ius cogens) gelten völkerrechtliche Regeln, die wegen ihrer Bedeutung für die internationale Rechtsordnung unbedingte Geltung beanspruchen; dazu gehören z.B. die Grundzüge des humanitären Völkerrechts, die notstandsfesten Garantien der EMRK (vgl. Art. 15 Ziff. 2 EMRK) und die Verbote der Folter, des Genozids, der Sklaverei und der Abschiebung von Asylsuchenden in einen Staat, in dem ihnen Verfolgung aus Gründen der Rasse, Religion, Nationalität, Zugehörigkeit zu einer bestimmten sozialen Gruppe oder wegen politischen Anschauungen droht. Dieses Non-Refoulement-Gebot beruht nicht auf Staatsvertragsrecht, sondern stellt völkerrechtliches Gewohnheitsrecht mit zwingendem Charakter dar, dem sich ein Rechtsstaat nicht durch Berufung auf entgegenstehendes Verfassungsrecht entziehen darf.

1756

> Ein Beispiel für eine gegen zwingendes Völkerrecht verstossende Initiative war die 1992 zustande gekommene Volksinitiative, die vorgab, sich für eine vernünftige Asylpolitik einzusetzen. Sie sah u.a. vor, dass illegal eingereiste Asylbewerber umgehend und ohne Beschwerdemöglichkeit aus der Schweiz weggewiesen würden. Obwohl die Verfassung damals das zwingende Völkerrecht noch nicht ausdrücklich als Schranke anführte, erklärte die Bundesversammlung zu Recht diese Initiative als unzulässig (BBl 1996 I 1355; vgl. auch BBl 1994 III 1495 ff. und 1997 I 433 f. und 446).

Es stellt sich die Frage, ob die Bundesverfassung mit der Verweisung auf zwingendes Völkerrecht nur die bereits von der Völkerrechtsgemeinschaft unzweifelhaft als ius cogens anerkannten Normen meint oder ob die zwingenden Bestimmungen einen autonomen, d.h. «schweizerisch geprägten Rechtsbegriff» darstellen, der durch die Rechtsanwendungsbehörden zu konkretisieren sein wird (GIOVANNI BIAGGINI, Das Verhältnis der Schweiz zur internationalen Gemeinschaft, AJP 6/1999, S. 728); BIAGGINI spricht sich zu Recht für die zweite, völkerrechtsfreundlichere Variante aus.

1757   Dagegen sind Initiativen, die gegen kündbares Völkerrecht verstossen, dem Volk zur Abstimmung vorzulegen; wird eine solche Initiative angenommen, so ist dies als Auftrag an den Bundesrat zu werten, die Schweiz durch Kündigung aus der völkerrechtlichen Verpflichtung zu befreien. Nicht geklärt ist die Frage, wie Initiativen zu behandeln sind, die unkündbare, aber nicht dem völkerrechtlichen «ius cogens» zuzurechnende Verpflichtungen verletzen. LUZIUS WILDHABER (Neues zur Gültigkeit von Initiativen, S. 299) plädiert dafür, auch (rechtlich oder faktisch) unkündbare Verträge von erheblicher Tragweite als materielle Schranken der Verfassungsrevision anzusehen.

c)   *Faktische Durchführbarkeit*

1758   Als ungeschriebene Schranke der Verfassung gilt, dass eine faktisch undurchführbare Vorlage nicht zur Abstimmung gebracht werden sollte, sofern die Unmöglichkeit des Inhalts offensichtlich ist.

> Wegen faktischer Undurchführbarkeit wurde die Ende 1954 zustande gekommene «Chevallier-Initiative» ungültig erklärt. Sie verlangte u.a. eine Reduktion der Militärausgaben in der Grössenordnung von 50% bereits für 1955, spätestens aber für 1956. Es war unmöglich, die Initiative in einem Zeitpunkt zur Volksabstimmung zu bringen, in welchem im Fall eines positiven Ausgangs das Budget 1956 noch hätte beeinflusst werden können (vgl. den Bericht des Bundesrates, BBl 1955 II 325 ff.).

Praktische Schwierigkeiten bei der Verwirklichung des Anliegens einer Initiative genügen indes nicht, um sie wegen Undurchführbarkeit als ungültig zu erklären (Botschaft des Bundesrates über die Volksinitiative «Gleiche Rechte für Mann und Frau», BBl 1980 I 74).

d)   *Weitere Schranken?*

1760   Teilweise werden *Fundamentalnormen der Verfassung* (vor allem Grundrechte, Föderalismus, Demokratie und Rechtsstaat) als in ihrem Kernbereich für den Verfassungsgeber verbindlich angesehen. Bei der Charakterisierung der schweizerischen Verfassungsordnung wurde bereits gezeigt, dass in der Lehre keine Einigkeit darüber besteht, ob es solche «materiellen Schranken» gebe (vgl. N. 28).

1761   Bisher hat die Bundesversammlung nie angenommen, dass nur *generell-abstrakte Normen* mit *verfassungswesentlichem Inhalt* Gegenstand einer Verfassungsvorlage bilden dürften, wie dies vereinzelt in der Lehre gefordert wird (z.B. von ETIENNE GRISEL, La forme des initiatives populaires, S. 213 ff.). Gerade weil auf Bundesebene weder eine Gesetzesinitiative noch ein Finanzreferendum besteht, hat sich die

Praxis bei der Zulassung von Initiativen, die konkrete Projekte betreffen, als äusserst grosszügig erwiesen.

Ob eine Volksinitiative auf Teilrevision der Bundesverfassung *Bestimmungen mit rückwirkender Kraft* enthalten dürfe, wurde z.B. im Zusammenhang mit der «Waffenplatzinitiative» und mit der «F/A-18-Initiative» über die Anschaffung von Militärflugzeugen diskutiert.

1762

> Im Auftrag des Eidgenössischen Militärdepartements bzw. der Sicherheitspolitischen Kommission des Ständerates wurde die Initiative «40 Waffenplätze sind genug – Umweltschutz auch beim Militär» von Dietrich Schindler, Kurt Eichenberger und Alfred Kölz unter den Gesichtspunkten der Wahrung der Einheit der Materie sowie der Zulässigkeit der Rückwirkung begutachtet (auszugsweise Veröffentlichung der Gutachten in ZBl 93 [1992] 388 ff.). Die Experten kamen zum Schluss, dass die Initiative nicht wegen der in einer Übergangsbestimmung vorgesehenen Rückwirkung (Wiederherstellung des früheren Zustandes in Bezug auf den im Ausbau begriffenen Waffenplatz im Gebiet Neuchlen-Anschwilen) ungültig zu erklären sei. Hierfür fehle eine Rechtsgrundlage; zudem könne man das im Verwaltungs- und im Strafrecht zum Schutz qualifizierter individueller Rechte entwickelte grundsätzliche Rückwirkungsverbot nicht oder nur sehr bedingt auf verfassungsrechtliche Rückwirkungsklauseln übertragen (vgl. Schindler, S. 402 f.; Eichenberger, S. 410 ff.; Kölz, S. 422 ff.).

Ein Verbot rückwirkender Volksinitiativen müsste als Schranke der Verfassungsrevision in der Verfassung selber vorgesehen sein.

II. Unterscheidung von Total- und Teilrevision

System der Bundesverfassung

- Art. 138, 140 Abs. 1 lit. a, 140 Abs. 2 lit. a und c, 156 Abs. 3 lit. a, 156 Abs. 3 lit. c•, 193: Totalrevision
- Art. 139, 139a•, 139b Abs. 1•, 139b Abs. 2 und 3, 140 Abs. 2 lit. b•, 156 Abs. 3 lit. a, 156 Abs. 3 lit. b•, 189 Abs. 1bis•, 194: Teilrevision
- Art. 140 Abs. 1 lit. a, 142, 192, 195: Gemeinsame Bestimmungen

1. Formelle Unterscheidung

Formelle Totalrevision: Es werden sämtliche Artikel der alten Verfassung durch eine neue Verfassung ersetzt, wobei unwesentlich ist, ob die neuen Artikel inhaltlich zum Teil mit den alten identisch sind. Die alte Verfassungsurkunde wird durch eine neue ersetzt. Die Revisionen von 1874 und 1999 waren formelle Totalrevisionen.

1763

1764 *Formelle Teilrevision:* Es werden ein einzelner oder mehrere zusammenhängende Artikel erlassen, geändert oder aufgehoben, wobei die neu erlassenen oder geänderten Artikel in die bestehende Verfassung integriert werden.

2. Materielle Unterscheidung

1765 *Materielle Totalrevision:* Ein Grundprinzip oder mehrere Grundprinzipien der Bundesverfassung werden geändert.

> «D'après ce second critère, qui n'exclut pas le premier (d.h. das formelle Kriterium), mais vient s'y ajouter, serait aussi une révision totale celle qui modifie profondément l'une ou l'autre des institutions fondamentales de notre régime, lors même qu'en la forme elle ne porterait que sur un ou quelques articles déterminés.» (AUBERT, N° 354)

1766 *Materielle Teilrevision:* Es werden Einzelheiten geändert, jedoch unter Beibehaltung der grundsätzlichen Entscheidungen der Verfassung. Die überwiegende Zahl der Teilrevisionen, welche bis heute durchgeführt wurden, gehört in diese Gruppe.

3. Für die Bundesverfassung massgebendes Kriterium

1767 Die Frage ist von einiger praktischer Bedeutung, da für die Totalrevision ein im Vergleich zur Teilrevision erschwertes Verfahren vorgesehen ist. Für die Zuordnung zur einen oder anderen Revisionsform legt die Bundesverfassung keine ausdrückliche Kriterien fest.

Das Verfahren der Totalrevision kommt in allen Fällen der formellen Totalrevision zur Anwendung. Umstritten ist, ob es auch Platz greife, wenn *nur* eine materielle Totalrevision erfolgen soll. Das Beispiel der neuen Wirtschaftsartikel, die 1947 auf dem Weg der Teilrevision eingeführt wurden, zeigt, dass sehr stark auf das formelle Kriterium abgestellt wird. Eine Volksinitiative, welche die Abschaffung der Armee bezweckte und die im November 1989 von Volk und Ständen verworfen wurde, behandelten Bundesrat und Bundesversammlung richtigerweise als Teilrevision (vgl. dazu BBl 1988 II 971). Es bleibt immerhin offen, ob eine grundlegendere Änderung im Verfahren der Totalrevision beschlossen werden müsste.

RHINOW (Rz. 413 ff.) weist darauf hin, dass Lehre und Praxis auf das Kriterium der *Einheit der Materie* (Art. 194 Abs. 2 BV) abstellen. Demgemäss sei das Verfahren der Totalrevision zu wählen, wenn eine Verfassungsänderung die Grenzen einer bestimmten Materie übersteige oder übersteigen soll. Aus demokratischen Erwägungen könne dafür plädiert werden, dass der Grundsatz der Einheit der Materie verlange, dass über «Einheitliches» auch für sich allein entschieden werde, sofern es sich um wichtige, umstrittene politische Fragen handle. TSCHANNEN (§ 44 Rz. 5) hält die Figur der «materiellen Totalrevision» für problematisch, da sie leicht als

Mittel missbraucht werden könne, formulierte Volksinitiativen radikalen Inhalts auf bequeme Weise für ungültig zu erklären.

Im Rahmen der Totalrevision der Bundesverfassung von 1999 wurden neben der Vorlage einer nachgeführten Verfassung zwei Reformpakete ausgearbeitet, die umfassende Neuerungen einzelner Sachbereiche (Volksrechte, Justiz) vorsahen. Der Bundesrat erachtete bei den Reformvorschlägen zu den Volksrechten und der Justiz den Grundsatz der Einheit als gesprengt und behandelte sie als Totalrevisionen (BBl 1997 I 98 ff.). In der Lehre wird diese Sicht von RHINOW (Rz. 424) geteilt. Bei diesen *Bereichsreformen* handle es sich um eingegrenzte, die klassisch verstandene Einheit der Materie aber klar übersteigende Reformbereiche. Auf Kritik stiess das Vorgehen des Bundesrates bei TSCHANNEN (§ 44 Rz. 7 f.). Er argumentiert u.a., unseres Erachtens zu Recht, dass die einzelnen Bestimmungen der jeweiligen Bereichsreformen untereinander konzeptionell verbunden seien, wodurch der stimmrechtliche Grundsatz der Einheit der Materie gewahrt bleibe. Der Bundesrat habe denn auch die Staatsleitungsreform ganz selbstverständlich als Teilrevision betrachtet.

1768

III. Totalrevision der Bundesverfassung

Die Bundesverfassung erklärt in Art. 192 Abs. 2, dass eine Revision «auf dem Weg der Gesetzgebung» zu erfolgen habe. Das bedeutet, dass, abgesehen von den besonderen Vorschriften, welche Verfassung und Gesetz für die Verfassungsrevision vorsehen, die für die Bundesgesetzgebung massgeblichen Bestimmungen – vor allem der Bundesverfassung und des Parlamentsgesetzes – gelten. Von der Einsetzung eines besonderen Verfassungsrates – wie ihn verschiedene Kantone für die Totalrevision ihrer Verfassung vorschreiben – wird also abgesehen.

1769

1. Initiativberechtigte

a) *Bundesbehörden* (Art. 193 Abs. 1, 160 Abs. 1, 181 BV)

Der *Anstoss* kann von einem Ratsmitglied, einer Fraktion, einer parlamentarischen Kommission (Art. 160 Abs. 1 BV, Art. 6 Abs. 1, 45 Abs. 1 lit. a, 62 Abs. 2 ParlG) ausgehen. Die Initiative für eine Totalrevision kann auch von nur einem der beiden Räte ausgehen (Art. 193 Abs. 1 BV). Eine Initiative der Bundesversammlung kommt jedoch nur zustande, wenn beide Räte entsprechende gleichlautende Beschlüsse fassen. Dies geschah am 3. Juni 1987, als die eidgenössischen Räte den Bundesrat mit einfachem Bundesbeschluss beauftragten, den Entwurf einer neuen Bundesverfassung vorzulegen (BBl 1987 II 963). Umgekehrt kann auch der Bundesrat die Initiative ergreifen und der Bundesversammlung Entwürfe vorlegen (Art. 181 BV).

1770

b)   Kanton (Art. 160 Abs. 1 BV)

1771   Die Kantone können der Bundesversammlung Initiativen unterbreiten (Art. 160 Abs. 1 BV).

c)   Volk (Art. 193 Abs. 1, 138 BV)

1772   100 000 Stimmberechtigte können die Initiative für eine Totalrevision ergreifen. Die dazu notwendigen Unterschriften müssen innerhalb von 18 Monaten gesammelt werden.

Die Initiative hat die Form der *allgemeinen Anregung;* ein formulierter Entwurf ist nur für die Teilrevision vorgesehen.

Seit 1874 ist erst einmal eine Initiative auf Totalrevision zustande gekommen, nämlich die sog. «Frontisten-Initiative» von 1934; das Volk sprach sich dann aber in der Vorabstimmung gegen die Einleitung einer Totalrevision aus.

Formelle Vorschriften über die Volksinitiative enthalten Art. 68 ff. des Bundesgesetzes über die politischen Rechte (BPR) und Art. 97 ff. des Parlamentsgesetzes. Vgl. auch N. 1781 ff.

2.   Vorabstimmung (Art. 138 Abs. 2, 140 Abs. 2 lit. a und c, 193 Abs. 2 BV)

1773   Wenn die Initiative von nur einer Abteilung der Bundesversammlung oder vom Volk ausgeht, muss eine Vorabstimmung über die Frage, ob eine Totalrevision stattfinden soll, durchgeführt werden (obligatorisches Referendum). Dies gilt selbst für den Fall, dass die Bundesversammlung einer Volksinitiative zustimmt (vgl. Art. 96 ParlG).

Für das Ergebnis dieser Abstimmung ist *nur das Volksmehr* massgebend (vgl. Art. 142 Abs. 1).

3.   Auflösung und Neuwahl der Bundesversammlung (Art. 193 Abs. 3 BV)

1774   Spricht sich das Volk in der Vorabstimmung zu Gunsten einer Totalrevision aus, so wird die Bundesversammlung aufgelöst und eine neue gewählt. Damit soll dem Volk Gelegenheit gegeben werden, ein reformfreundliches Parlament zu wählen.

Daraus ergibt sich eine gewisse Annäherung an die Institution des Verfassungsrates, mit dem Unterschied, dass das neugewählte Parlament neben der Ausarbeitung der neuen Verfassung auch alle übrigen parlamentarischen Aufgaben zu erfüllen hat.

Die Neuwahl der Bundesversammlung hat zur Folge, dass auch der Bundesrat neu gewählt werden muss (Art. 175 Abs. 2 BV).

4. Ausarbeitung des Verfassungsentwurfs durch die Bundesversammlung

Die Ausarbeitung des Verfassungsentwurfs erfolgt im gleichen Verfahren wie die Ausarbeitung von Gesetzen (Art. 192 Abs. 2 BV; vgl. N. 1812 ff.). Man muss sich fragen, wie das bereits stark überlastete Parlament diese grosse zusätzliche Aufgabe bewältigen kann – eine Frage, die sich bei der Totalrevision von 1999, die als blosse «Nachführung» deklariert war, weniger stellte. 1775

Im Falle eines Scheiterns des Entwurfes bereits bei der Schlussabstimmung in den Räten oder in der Volksabstimmung ist das Parlament nicht verpflichtet, einen zweiten Anlauf zu nehmen. 156 Abs. 3 lit. c• BV will dieser unbefriedigenden Situation – schliesslich hat das Volk dem Grundsatz der Totalrevision zugestimmt – Rechnung tragen. Auf Gesetzesebene soll ein Verfahren vorgesehen werden, mit dem solche Nullentscheide vermieden werden können.

5. Obligatorisches Volks- und Ständereferendum
   (Art. 140 Abs. 1 lit. a, 142, 195 BV)

Der von der Bundesversammlung verabschiedete Entwurf muss Volk und Ständen zur Abstimmung vorgelegt werden. 1776

Zur Annahme braucht es die Mehrheit der Stimmenden und der Stände. Das Ergebnis der Volksabstimmung im Kanton gilt als dessen Standesstimme (Art. 142 Abs. 3 BV). Dabei haben die in Art. 142 Abs. 4 BV angeführten sechs Kantone nur eine halbe Standesstimme.

Grundsätzlich treten Teil- und Totalrevisionen gemäss Art. 195 BV mit der Annahme durch Volk und Stände in Kraft. Bei der Totalrevision von 1999 hat sich die Bundesversammlung die Inkraftsetzung allerdings vorbehalten (BBl 1999, 213), so dass die revidierte BV nicht mit der Annahme durch Volk und Stände am 18. April 1999, sondern erst auf den 1. Januar 2000 in Kraft getreten ist. Dasselbe gilt für die am 12. März 2000 angenommene kleine Justizreform (BBl 1999, 8633), deren Inkraftsetzung voraussichtlich sogar noch mehr Zeit beanspruchen wird (vgl. N. 72). 1777

6. Schema zur Totalrevision

1778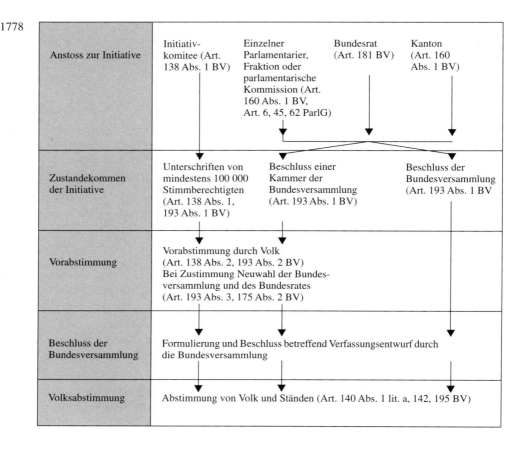

IV. Teilrevision der Bundesverfassung

1. Initiativberechtigte

1779 Initiativberechtigt sind die *Bundesversammlung* (auf Anregung eines einzelnen Parlamentariers, einer Fraktion oder einer parlamentarischen Kommission, des Bundesrates oder eines Kantons, Art. 194 Abs. 1, 160 Abs. 1, 181, 139 Abs. 1 BV). Im Gegensatz zur Totalrevision kann die Initiative nicht von einer Kammer der Bundesversammlung ohne Zustimmung der anderen ausgehen.

Initiativberechtigt ist zudem das *Volk.* Gemäss Art. 139 Abs. 1 BV können 100 000 Stimmberechtigte mittels eines *ausgearbeiteten Entwurfs* die Teilrevision der Bundesverfassung verlangen. Der Revisionsprozess kann zudem durch die *allgemeinen Volksinitiative* ausgelöst werden (139a• BV). 100 000 Stimmberechtigte können in der Form der *allgemeinen Anregung* die Annahme, Änderung oder Aufhebung von *Verfassungs- oder Gesetzesbestimmungen* verlangen. Darüber, ob das Begehren auf Verfassungs- oder Gesetzesstufe umgesetzt wird, entscheidet aber die Bundesversammlung. In diesem Paragraphen wird auf die *allgemeine Volksinitiative* nur insoweit Bezug genommen, als sich die Bundesversammlung für die Umsetzung der Initiative auf Verfassungsebene entschieden hat.

2. Formulierte Volksinitiative auf Teilrevision und allgemeine Volksinitiative

a) *Inhalt*

Beide Initiativformen können den Erlass, die Änderung oder die Aufhebung eines einzelnen oder mehrerer sachlich zusammenhängender Artikel zum Gegenstand haben.

1780

b) *Verfahrensvorschriften* (Art. 68 ff. BPR)

Die Unterschriftenliste muss gewisse Minimalangaben enthalten wie Kanton und politische Gemeinde, in denen die Unterzeichner stimmberechtigt sind, Titel und Wortlaut der Initiative und eine Rückzugsklausel. Die *Bundeskanzlei* nimmt vor Beginn der Unterschriftensammlung *eine Vorprüfung der Liste* vor; bei Vorliegen der in Art. 69 Abs. 2 BPR umschriebenen Voraussetzungen (z.B. irreführender Titel) hat sie den Text zu ändern.

1781

> So änderte die Bundeskanzlei den Titel «Das freie Wort» einer Initiative aus dem Jahr 1997 der Arbeitsgruppe «Junge Panther Schweiz JPS», ab und ersetzte ihn durch den Titel «Eidgenössische Volksinitiative betreffend ‹Das freie Wort› unter gleichzeitiger Abschaffung des Verbots der Rassendiskriminierung» (ZBl 100 [1999] 527 f.).

Die Initiative wird hernach *im Bundesblatt publiziert. Spätestens 18 Monate nach dieser Publikation müssen die Unterschriftenlisten bei der Bundeskanzlei eingereicht werden.* Diese stellt fest, ob die Initiative zustande gekommen ist, d.h., ob sie mindestens 100 000 gültige Unterschriften aufweist.

1782

Verfügungen der Bundeskanzlei über das Zustandekommen der Initiative sowie über die formelle Gültigkeit der Unterschriftenliste und den Titel einer Initiative können mit *Verwaltungsgerichtsbeschwerde* beim Bundesgericht angefochten werden (Art. 80 BPR).

1783

c) Rückzug der Initiative (Art. 73 BPR)

1784 Die Initiative kann vom Initiativkomitee zurückgezogen werden. Aktuell wird diese Möglichkeit vor allem dann, wenn die Bundesversammlung einen Gegenentwurf beschliesst. Eine Initiative in Form der allgemeinen Anregung kann nicht mehr zurückgezogen werden, nachdem ihr die Bundesversammlung zugestimmt hat.

Die Unterschriftenlisten müssen eine vorbehaltlose Rückzugsklausel enthalten (Art. 68 lit. c BPR).

d) Form der Initiative

1785 Für die Volksinitiative auf Teilrevision der Bundesverfassung wird ausschliesslich die Form des ausgearbeiteten Entwurfs vorgesehen (Art. 139 Abs. 1 BV). Die allgemeine Volksinitiative ist in der Form der allgemeinen Anregung einzureichen (Art. 139a Abs. 1• BV). Nachdem die Bundesversammlung über die Rechtssetzungsstufe entschieden hat, legt sie den definitiven Wortlaut der Vorlage fest. Die Initiativbegehren müssen sich an die vorgesehenen Formen halten (Einheit der Form).

e) Prinzip der Einheit der Materie (vgl. N. 1388 f.)

aa) Rechtliche Grundlagen

1787 Das Prinzip der Einheit der Materie ist in den Art. 139 Abs. 2, 139a Abs. 2• und 194 Abs. 2 BV verankert. Dieser Grundsatz wird auf Gesetzesstufe, in Art. 75 Abs. 2 BPR, konkretisiert:

> «Die Einheit der Materie ist gewahrt, wenn zwischen den einzelnen Teilen einer Initiative ein sachlicher Zusammenhang besteht.»

1788 Das Gesetz verlangt also als Kriterium einen *sachlichen Zusammenhang.*

Werden in einer Volksinitiative auf Teilrevision mehrere verschiedene Materien zur Revision oder zur Aufnahme in die Verfassung vorgeschlagen, muss jede derselben Gegenstand eines besonderen Initiativbegehrens bilden.

bb) Zweck

1789 Die Stimmbürgerinnen und Stimmbürger sollen bei der Unterzeichnung einer Verfassungsinitiative wie auch bei der Abstimmung über eine Verfassungsvorlage ihren wirklichen Willen zum Ausdruck bringen können. Werden verschiedene unzusammenhängende Postulate in einer Vorlage vereinigt und können die Stimmberechtigten nur zum Ganzen ja oder nein sagen, so wird ihr wirklicher Wille unter Umständen verfälscht.

Bei der Beurteilung der Zulässigkeit von Initiativen ist auf diesen Zweck des Prinzips der Einheit der Materie abzustellen, also darauf, ob der *Anspruch der Bürger auf unverfälschte Willenskundgabe* verletzt ist.

Dagegen erweist sich die Formel «in dubio pro populo», wonach im Zweifel für die Gültigkeit der Initiative zu entscheiden sei, als untaugliche Auslegungshilfe. Die Initianten sind nicht das Volk, und dieses hat einen Anspruch darauf, dass ihm nur Initiativen vorgelegt werden, die ihm eine Kundgabe seines wirklichen Willens erlauben.

cc) Praxis

Die Praxis der Bundesversammlung war – wie diejenige des Bundesgerichts zu kantonalen und kommunalen Vorlagen (vgl. N. 1388 f.) – während längerer Zeit ausserordentlich large. So wurden beispielsweise Initiativen (aus den Jahren 1899 und 1939) als zulässig erachtet, die gleichzeitig die Volkswahl des Bundesrates und die Erhöhung der Anzahl Bundesräte vorsahen. DIETRICH SCHINDLER hat in seinem Rechtsgutachten über die «Waffenplatzinitiative» die Praxis der Bundesversammlung und des Bundesgerichts in Fallgruppen systematisiert und dabei festgestellt, dass in der Praxis nicht einfach auf die objektive Möglichkeit getrennter Abstimmungen abgestellt wird, sondern auf den inhaltlichen Zusammenhang verschiedener Forderungen; betreffen diese eine einheitliche Thematik oder verschiedene Aspekte desselben Problems, so sei der Grundsatz der Einheit der Materie nicht verletzt (ZBl 93 [1992] 397 f. und 401 f.; vgl. allerdings die Kritik dieser largen Praxis bei KURT EICHENBERGER [zit. N. 1762], S. 405 ff.). 1790

> Im Rahmen der früheren Praxis stellte es eine grosse Ausnahme dar, als im Jahr 1977 eine Initiative wegen Verletzung der Einheit der Materie ungültig erklärt wurde, nämlich diejenige der Partei der Arbeit «gegen Teuerung und Inflation», welche in einer einzigen Vorlage verschiedenste Anliegen auf Gebieten wie Wirtschafts-, Konjunktur- und Sozialpolitik, Umweltschutz, Landwirtschaft und Steuerrecht mit einer Garantie der Sicherheit des Arbeitsplatzes und einem Recht auf Wohnung verknüpfen wollte (vgl. die Botschaft zu dieser Initiative in BBl 1977 II 501 ff.).
>
> 1995 verschärfte die Bundesversammlung ihre Praxis zum Grundsatz der Einheit der Materie, als sie entgegen dem bundesrätlichen Antrag die Volksinitiative «Für weniger Militärausgaben und mehr Friedenspolitik» (sog. «Kosten-Halbierungs-Initiative») als ungültig erklärte (BBl 1995 III 570 f.). Diese Initiative hatte eine schrittweise Reduktion der Militärausgaben auf die Hälfte und die Verwendung der eingesparten Beträge für die internationale Friedenssicherung und zusätzliche soziale Sicherheit im Inland verlangt. In Frage gestellt wurde vor allem der sachliche Zusammenhang zwischen der Kürzung der Militärausgaben und den sozialpolitischen Anliegen. Dem kann entgegengehalten werden, dass eine umfassend verstandene Sicherheitspolitik legitimerweise die soziale Sicherung einbeziehen darf.

dd) Geltung auch für Verfassungsvorlagen der Bundesversammlung

Gemäss Art. 194 Abs. 2 BV gilt das Erfordernis der Einheit der Materie sowohl für Volksinitiativen als auch für Behördenvorlagen. Es besteht kein Grund, bei Volksinitiativen einen strengeren Massstab anzulegen; vgl. N. 1389. 1791

ee) Ungültigerklärung

1792 Volksinitiativen, welche zwingende Bestimmungen des Völkerrechts verletzen, die Einheit der Form nicht wahren oder gegen das Gebot der Einheit der Materie verstossen (Art. 139 Abs. 2, 139a Abs. 2•, 194 Abs. 3 BV, Art. 98 ParlG, Art. 75 Abs. 1 BPR) kann die Bundesversammlung teilweise oder ganz für ungültig erklären. Im Unterschied zum Verfassungsrecht des Kantons Genf ist in der Bundesverfassung keine Rechtsgrundlage für die Aufteilung einer Initiative geschaffen worden (dazu BGE 123 I 63, 74 ff. E. 6, Charles Beer). Da nicht feststeht, ob die Einzelteile die notwendige Unterschriftenzahl erreicht hätten, darf die Bundesversammlung ein Begehren nicht trennen.

1793 Die Möglichkeit der *Teilungültigkeit* soll gemäss dem Berichterstatter der Verfassungskommission des Nationalrates zurückhaltend genutzt werden. Es kann nämlich fraglich sein, ob die Stimmberechtigten die Initiative auch ohne den für ungültig erklärten Teil unterzeichnet hätten (vgl. Amtl. Bull. NR 1998 [Separatdruck], S. 51). Eine Teilungültigkeit setzt deshalb voraus, dass es sich beim ungültigen Teil um einen untergeordneten Punkt handelt. Andernfalls ist die ganze Initiative für ungültig zu erklären (vgl. Amtl. Bull. SR 1998 [Separatdruck], S. 120). Diese Kriterien entsprechen der bundesgerichtlichen Rechtsprechung zu kantonalen Volksinitiativen (BGE 105 Ia 365 E.3). Mit der Befugnis der Teilungültigerklärung hat die Bundesversammlung in sehr eingeschränkter Form die Möglichkeit, den Initiativtext zu ändern. Ein entsprechender Entscheid der Bundesversammlung kann gerichtlich allerdings nicht angefochten werden.

ff) Kontrolle durch das Bundesgericht?

1794 Über die Rechtsfrage, ob eine Volksinitiative zulässig sei, entscheidet die Bundesversammlung endgültig. Bei der allgemeinen Volksinitiative wird immerhin inskünftig die Möglichkeit bestehen, wegen ungetreuer Umsetzung der Initiative Beschwerde beim Bundesgericht zu erheben (Art. 189 Abs. 1bis• BV).

3. Vorabstimmung bei der allgemeinen Volksinitiative
(Art. 139a Abs. 5• BV)

1795 Falls die Bundesversammlung mit der allgemeinen Anregung nicht einverstanden ist und auch keinen Gegenentwurf ausarbeiten will, muss eine Vorabstimmung darüber durchgeführt werden, ob die Bundesversammlung dennoch eine Vorlage ausarbeiten müsse.

Wie bei der Vorabstimmung zur Totalrevision ist nur das Volksmehr massgebend (Art. 140 Abs. 2 lit. b• BV).

4. Ausarbeitung eines Entwurfs durch die Bundesversammlung
(Art. 139a Abs. 5• BV)

Bei einem positiven Volksentscheid in der Vorabstimmung oder wenn die Bundesversammlung mit der Initiative einverstanden ist, arbeitet sie einen entsprechenden Entwurf aus.

1796

5. Ausarbeitung eines Gegenentwurfs durch die Bundesversammlung
(Art. 139 Abs. 3, 139a Abs. 4• BV)

Eine formulierten Volksinitiative darf von der Bundesversammlung nicht abgeändert werden. So wie die Initiative lautet, muss sie Volk und Ständen zur Abstimmung unterbreitet werden. Die Bundesversammlung darf aber eine Abstimmungsempfehlung abgeben und der Initiative einen Gegenentwurf gegenüberstellen (Art. 139 Abs. 3 BV, Art. 101 Abs. 1 ParlG).

1797

Auch bei der allgemeinen Volksinitiative in der Form der allgemeinen Anregung hat das Parlament die Möglichkeit, einen Gegenentwurf auszuarbeiten. Diesfalls erstellt die Bundesversammlung einen Entwurf im Sinne der Initiative und einen Gegenentwurf (Art. 139a Abs. 4• BV). Dabei entfällt die Vorabstimmung über den Grundsatz der Revision.

6. Obligatorisches Volks- und Ständereferendum
(Art. 140 Abs. 1 lit. a, 142 Abs. 2–4, 195 BV)

Auch Teilrevisionen der Bundesverfassung müssen in einer letzten Phase von einer Mehrheit der Stimmenden und der Stände angenommen werden (Art. 195 BV; zum Inkrafttreten vgl. N. 1777). Bisher ist es nur achtmal vorgekommen, dass eine von der Mehrheit der Stimmenden angenommene Verfassungsvorlage am Ständemehr scheiterte, wobei sich solche Fälle in letzter Zeit eher gehäuft haben. Im Ergebnis hat das Ständemehr dabei vor allem die ländlich-konservativen Kantone der Inner- und Ostschweiz bevorzugt – auf Kosten bevölkerungsreicher Kantone mit grösseren städtischen Agglomerationen wie Bern, Genf, Waadt und Zürich. Eine Reform des Ständemehrs dürfte aber gerade wegen des für Verfassungsrevisionen erforderlichen doppelten Mehrs (Volks- und Ständemehr) nur schwer zu bewerkstelligen sein.

1798

7. Verfahren bei der Abstimmung über Initiative und Gegenvorschlag
(Art. 139b Abs. 1•, 139b Abs. 2 und 3 BV)

Beschliesst die Bundesversammlung einen Gegenentwurf, so wird gleichzeitig über Initiative und Gegenvorschlag abgestimmt.

1799

Die *Zulässigkeit des doppelten Ja* wird auf Verfassungsstufe als Grundsatz verankert. Die technischen Detailbestimmungen finden sich in Art. 76 BPR. Den Stimmberechtigten werden auf dem gleichen Stimmzettel drei Fragen vorgelegt: erstens, ob sie das Volksbegehren dem geltenden Recht vorziehen, und zweitens, ob sie den Gegenentwurf dem geltenden Recht vorziehen, wobei es zulässig ist, *beide Fragen mit Ja zu beantworten.* Mit einer dritten Frage, der so genannten *Stichfrage,* wird ermittelt, welchen der beiden Texte die Stimmberechtigten vorziehen. Die Stichfrage wird nur für den Fall gestellt, dass Volk und Stände beide Vorlagen dem geltenden Recht vorziehen. Bevorzugt in diesem Fall die Mehrheit von Volk und Ständen die gleiche Vorlage, so tritt diese in Kraft; stimmen dagegen Volks- und Ständemehr nicht überein, sieht Art. 139b Abs. 3 BV vor, dass diejenige Vorlage in Kraft tritt, bei welcher der prozentuale Anteil der Volks- sowie Standesstimmen in der Stichfrage die grössere Summe ergeben. Dieses Verfahren mag zwar auf den ersten Blick etwas kompliziert erscheinen, doch gewährleistet es, dass alle Stimmbürgerinnen und Stimmbürger ihren Willen auf dem Stimmzettel klar und unverfälscht ausdrücken können.

8. Schema zur Teilrevision

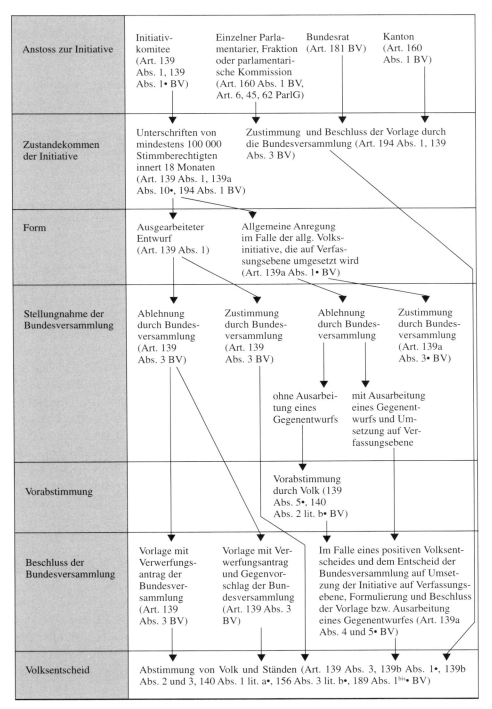

V. Notstandsrecht

1801 Im Zusammenhang mit der Verfassungsgebung steht die Frage des Notstandsrechts: Kann in gewissen ausserordentlichen Situationen die verfassungsmässige Ordnung vorübergehend materiell geändert oder durchbrochen werden, ohne dass das Verfahren der Verfassungsrevision beachtet wird?

Die Verfassung ist im Wesentlichen eine Friedensordnung. Sie dient der Besorgung der öffentlichen Aufgaben und dem politischen Prozess, die zwar stets mit gewissen Spannungen verbunden sind, aber die staatliche Grundordnung nicht in Frage stellen. Dementsprechend finden sich in der Bundesverfassung nur wenige Normen über Notsituationen. Zu nennen sind die Bundesexekution (Art. 173 Abs. 1 lit. e BV), die Bundesintervention (Art. 52 Abs. 2 BV) und die Kompetenzen von Bundesversammlung und Bundesrat zur Aufrechterhaltung der äusseren und inneren Sicherheit (Art. 173 Abs. 1 lit. a und b, Art. 185 BV), ferner die verfassungsändernden dringlichen Bundesgesetze (Art. 165 Abs. 3 BV). Alle diese Instrumente stellen *konstitutionelles Notstandsrecht* dar.

Die genannten Massnahmen taugen aber nicht für einen ausserordentlichen Notstand, wie er vor allem im Fall von Kriegen oder Katastrophen vorliegt. Im Gegensatz zu den Verfassungen der Bundesrepublik Deutschland und Frankreichs enthält die schweizerische Bundesverfassung keine umfassende Notstandsregelung. Sie sagt nicht, was geschehen soll, wenn keine Volksabstimmungen mehr durchgeführt werden können oder die Bundesversammlung am Zusammentreten verhindert ist.

1802 Die Frage, ob für derartige Notsituationen ein *extrakonstitutionelles Notstandsrecht* anzuerkennen sei, wird zum Teil kontrovers beantwortet. Die *Praxis* hat die Frage bejaht, so insbesondere in der Zeit der beiden Weltkriege. In den Jahren 1914 und 1939 hat die Bundesversammlung durch die sog. «Vollmachtenbeschlüsse» – die nicht dem Referendum unterstanden und gemäss den Kategorien der Bundesverfassung überhaupt nicht zu qualifizieren sind – den Bundesrat mit unbeschränkten Vollmachten ausgestattet, die Einschränkungen der verfassungsmässigen Ordnung erlaubten (vgl. N. 1879). Der Bundesrat hat verschiedentlich die These vertreten, das Notstandsrecht sei in der Schweiz als ungeschriebenes Verfassungsrecht des Bundes anerkannt (so z.B. im Bericht über das Volksbegehren für die Erweiterung der Verfassungsgerichtsbarkeit vom 17. September 1937, BBl 1937 III 20).

1803 In der *Lehre* hatte vor allem ZACCARIA GIACOMETTI (Das Vollmachtenregime der Eidgenossenschaft, Zürich 1945) eine entschieden ablehnende Meinung vertreten. Heute wird aber das extrakonstitutionelle Notstandsrecht von der Lehre mehrheitlich anerkannt. Vereinzelt wird sogar von Gewohnheitsrecht gesprochen. Seine Begründung findet das extrakonstitutionelle Notstandsrecht im Staatsnotstand: Wenn der Bestand des freiheitlichen Staates, die Unabhängigkeit des Landes oder das Überleben der Bevölkerung in Frage gestellt sind, müssen Einschränkungen der Verfassungsordnung als legitime Massnahmen hingenommen werden. In einem derartigen Notstand sind Bundesversammlung und Bundesrat aufgerufen, die zur Abwehr erforderlichen Anordnungen zu treffen, auch wenn diese die demokratischen Rechte, die Freiheitsrechte oder die föderalistische Kompetenzordnung verletzen. Bei Verhinderung des Parlaments muss dem Bundesrat ein umfassendes Notverordnungsrecht zuerkannt werden.

§ 61 Bundesgesetze und Bundesbeschlüsse

> Literatur

AUBERT JEAN-FRANÇOIS, Le référendum populaire, ZSR NF 91/I (1972) 481 ff.; AUER ANDREAS/DELLEY JEAN-DANIEL, Le référendum facultatif – La théorie à l'épreuve de la réalité, ZSR NF 98/I (1979) 113 ff.; BEUSCH MICHAEL, Der Gesetzesbegriff der neuen Bundesverfassung (Art. 164), in: Thomas Gächter/Martin Bertschi (Hrsg.), Neue Akzente in der «nachgeführten» Bundesverfassung, S. 227 ff.; BUSER WALTER, Das Vorverfahren der Gesetzgebung, ZBl 85 (1984) 145 ff.; EICHENBERGER KURT, Gesetzgebung im Rechtsstaat, Veröffentlichungen der Vereinigung der Deutschen Staatsrechtslehrer 40 (1980) 7 ff.; FEUZ ROLAND, Materielle Gesetzesbegriffe, Diss. Bern 2002; FEUZ ROLAND, Materielle Gesetzesbegriffe, recht 2002 17 ff.; GÄCHTER THOMAS, Demokratie und Dringlichkeit, in: Isabel Häner (Hrsg.), Nachdenken über den demokratischen Staat und seine Geschichte, Beiträge für Alfred Kölz, Zürich 2003, S. 75 ff.; HERTACH RUDOLF, Das Legalitätsprinzip in der Leistungsverwaltung, Diss. Zürich 1984; HUBER HANS, Das Gesetzesreferendum, in: Hans Huber, Rechtstheorie, Verfassungsrecht, Völkerrecht, Bern 1971, S. 541 ff.; KLEY ANDREAS/FELLER RETO, Die Erlassformen der Bundesversammlung im Lichte des neuen Parlamentsgesetzes, ZBl 105 (2004) 229 ff.; KÖLZ ALFRED/POLEDNA TOMAS, Die «Einheitsinitiative» – Ei des Kolumbus oder Trojanisches Pferd, ZSR NF 107/I (1988) 1 ff.; KOPP HANS W., Inhalt und Form der Gesetze, 2 Bde., Diss. Zürich 1958; MORAND CHARLES ALBERT (Hrsg.), La légalité – un principe à géométrie variable, Basel/Frankfurt a.M. 1992; MÜLLER GEORG, Rechtssetzung und Staatsverträge, in: Verfassungsrecht der Schweiz, § 70; MÜLLER GEORG, Formen der Rechtssetzung, in: Ulrich Zimmerli (Hrsg.), Die neue Bundesverfassung, S. 249 ff.; MÜLLER GEORG, Legalitätsprinzip und kantonale Verfassungsautonomie, in: FS für Dietrich Schindler zum 65. Geburtstag, Basel/Frankfurt a.M. 1989, S. 747 ff.; MÜLLER JÖRG PAUL, Gebrauch und Missbrauch des Dringlichkeitsrechts nach Art. 89bis BV, Bern 1977; NEIDHART LEONHARD, Plebiszit und pluralitäre Demokratie – Eine Analyse der Funktion des schweizerischen Gesetzesreferendums, Bern 1970; SÄGESSER THOMAS, Neuordnung der Erlassformen der Bundesversammlung, AJP 6/1998, 677 ff.

Vgl. auch Literaturhinweise zu § 45 (Politische Rechte).

> Rechtliche Grundlage

– Art. 139a•, 140 Abs. 2 lit. a^{bis}•, 140 Abs. 1 lit. c, 141 Abs. 1 lit. a, b und c, 163–165 BV (Art. 89 Abs. 1 und 2, 89bis aBV)
– Bundesgesetz über die politischen Rechte (BPR) vom 17. Dezember 1976 (SR 161.1)
– Bundesgesetz über die Bundesversammlung (Parlamentsgesetz [ParlG]) vom 13. Dezember 2002 (SR 171.10)
– Regierungs- und Verwaltungsorganisationsgesetz (RVOG) vom 21. März 1997 (SR 172.010)
– Bundesgesetz über die Sammlungen des Bundesrechts und das Bundesblatt (Publikationsgesetz [PublG]) vom 18. Juni 2004 (SR 170.512)
– Verordnung der Bundesversammlung zum Parlamentsgesetz und über die Parlamentsverwaltung (Parlamentsverwaltungsverordnung [ParlVV]) vom 3. Oktober 2003 (SR 171.115)
– Verordnung über die Sammlungen des Bundesrechts und das Bundesblatt (Publikationsverordnung [PublV]) vom 17. November 2004 (SR 170.512.1)
– Verordnung über das Vernehmlassungsverfahren vom 17. Juni 1991 (SR 172.062) [in Revision]

Die noch nicht in Kraft getretenen Bestimmungen sind mit • gekennzeichnet.

Materialien

- Bericht der Staatspolitischen Kommission des Nationalrates zur parlamentarischen Initiative Parlamentsgesetz vom 1. März 2001, BBl 2001, 3467 ff.;
- Stellungnahme des Bundesrates zum Bericht der Staatspolitischen Kommission des Nationalrates zur parlamentarischen Initiative Parlamentsgesetz vom 22. August 2001, BBl 2001, 5428 ff.;
- Botschaft des Bundesrates zum Bundesgesetz über das Vernehmlassungsverfahren (Vernehmlassungsgesetz, [VlG]) vom 21. Januar 2004, BBl 2004, 533 ff.;
- Botschaft des Bundesrates zum Bundesgesetz über die Sammlungen des Bundesrechts und das Bundesblatt (Publikationsgesetz, [PublG]) vom 22. Oktober 2003, BBl 2003, 7711 ff.

I. Verfahren der Gesetzgebung

1. Gegenstand

Gegenstand der Gesetzgebung des Bundes sind generell-abstrakte Normen über Sachgebiete, die gemäss der Kompetenzverteilung der Bundesverfassung in die Zuständigkeit des Bundes fallen. 1805

2. Initiative (Art. 160 Abs. 1, 181 BV; Art. 6, 45, 62 ParlG)

Gegenstand des Initiativrechts bilden der Erlass, die Änderung oder die Aufhebung von Rechtsnormen der Gesetzesstufe. 1806

Initiativberechtigt sind: 1807

- jedes Ratsmitglied;
- jede Fraktion;
- parlamentarische Kommissionen;
- der Bundesrat;
- jeder Kanton (Standesinitiative).

Vgl. auch N. 1598 und 1601.

Im Unterschied zum Initiativrecht (Art. 160 Abs. 1 und 181 BV), welches das Einbringen von neuen Verhandlungsgegenständen bezweckt, bezieht sich das *Antragsrecht* der Ratsmitglieder und des Bundesrates gemäss Art. 160 Abs. 2 BV und Art. 6 Abs. 2 ParlG lediglich auf Interventionen in *bereits hängige Geschäfte.* 1808

Eine besondere Verankerung findet die *Mitwirkung der Kantone* an der Willensbildung des Bundes, insbesondere an der Rechtsetzung, in Art. 45 BV. 1809

1810 *Fehlen des Gesetzesinitiativrechts des Volkes:* Nicht berechtigt zur Einreichung einer Gesetzesinitiative ist das Volk. Aus diesem Grund wurde bislang von der Verfassungsinitiative ein exzessiver Gebrauch gemacht.

> Wiederholt wurde die Einführung der Gesetzesinitiative erwogen. 1961 sprachen sich Volk und Stände – mit Nein-Mehrheiten in sämtlichen Kantonen – dagegen aus. 1987 wurden parlamentarische Einzelinitiativen, welche die Einführung der Gesetzesinitiative auf Bundesebene zum Gegenstand hatten, vom Nationalrat verworfen. Gegner der Gesetzesinitiative machten vor allem geltend, dass Initiativkomitees mit der Formulierung von Gesetzesinitiativen überfordert wären und dass die Neuerung das Parlament beeinträchtigen könnte (Umgehung bei der inhaltlichen Gestaltung der Gesetzgebung).

1811 Mit der noch nicht in Kraft gesetzten allgemeinen Volksinitiative (Art. 138a• BV) wird solchen Bedenken Rechnung zu tragen versucht. Mit diesem Volksrecht kann die Annahme, Änderung oder Aufhebung von Verfassungs- oder Gesetzesbestimmungen verlangt werden. Bei der Umsetzung der Initiative bestimmt jedoch das Parlament, auf welcher Rechtssetzungsstufe (Verfassung oder Gesetz) das Volksbegehren zu verwirklichen ist.

3. Ausarbeitung eines Gesetzesentwurfs

a) Mitwirkung des Bundesrates bei der Gesetzgebung (Art. 7 RVOG)

1812 An der Gestaltung der Gesetze hat die Exekutive massgeblichen Anteil (*Vorverfahren* der Gesetzgebung). Die Ausarbeitung der meisten Gesetzesentwürfe erfolgt entweder durch Fachbeamte oder – bei wichtigeren Vorlagen – durch *Expertenkommissionen,* die im Allgemeinen vom zuständigen Departementschef eingesetzt werden. Zu den Entwürfen wird eine *Vernehmlassung* durchgeführt (Art. 147 BV). Die Informations- und Anhörungsrechte der Kantone werden zudem in Art. 45 Abs. 2 BV erwähnt. Die Modalitäten des Vernehmlassungsverfahrens sind in der Verordnung über das Vernehmlassungsverfahren geregelt. Es geht dabei um grundlegende Bestimmungen über das Verfahren der Bundesbehörden, die zwingend auf Gesetzesstufe zu regeln sind (Art. 164 Abs. 1 lit. g BV). Die geltende Verordnung über das Vernehmlassungsverfahren befindet sich deshalb in Revision und soll durch ein Bundesgesetz abgelöst werden. Eine wichtige politische Funktion der Expertenkommissionen und der Vernehmlassungsverfahren besteht darin, einen möglichst «referendumssicheren» Kompromiss auszuhandeln. In den letzten Jahren ist dies allerdings wiederholt misslungen (Beispiele: erste Fassungen des RVOG und des Arbeitsgesetzes sowie im Jahr 1999 die Verwerfung der Änderung des Bundesgesetzes über die Invalidenversicherung und des Bundesgesetzes über die Mutterschaftsversicherung).

Das Vorverfahren wird abgeschlossen durch die *Botschaft* und den Antrag des Bundesrates an die Bundesversammlung (Art. 141 ParlG), die im Bundesblatt publiziert werden (Art. 13 Abs. 1 lit. a PublG).

b) Ausarbeitung durch Kommissionen des Parlaments

Die vom Bundesrat unterbreiteten Gesetzesvorlagen werden durch parlamentarische Kommissionen des Nationalrats und des Ständerats (vgl. N. 1570 ff.) vorberaten (Art. 44 Abs. 1 ParlG). Bei parlamentarischen Initiativen erfolgt sogar die eigentliche Ausarbeitung des Gesetzesentwurfs durch eine parlamentarische Kommission (Art. 107–114 ParlG).

1813

Die Kommissionstätigkeit wird durch Bericht und Antrag an die Bundesversammlung abgeschlossen.

4. Beratung und Verabschiedung in beiden Räten (Art. 71 ff. ParlG)

Vgl. N. 1602 ff.

5. Fakultatives Referendum (Art. 141 BV; Art. 59 ff. BPR)

Das fakultative Referendum ist möglich gegen Bundesgesetze und verfassungskonforme dringliche Bundesgesetze, deren Geltungsdauer ein Jahr übersteigt, sowie gegen Bundesbeschlüsse, soweit Verfassung oder Gesetz dies besonders vorsehen (Art. 141 Abs. 1 lit. a–c BV). Kein Referendum besteht gegen einfache Bundesbeschlüsse (vgl. Art. 163 Abs. 2 BV) und Parlamentsverordnungen (vgl. N. 1834 f.). Das Referendum kann von 50 000 Stimmberechtigten oder von acht Kantonen verlangt werden. Das in Art. 67–67b BPR geregelte Kantonsreferendum ist bisher erst einmal zu Stande gekommen (vgl. N. 956a).

1814

Die Frist für die Sammlung der Unterschriften einschliesslich der Ausstellung der Stimmrechtsbescheinigungen dauert 100 Tage von der amtlichen Veröffentlichung der Vorlage im Bundesblatt an.

Paul Klee, «Die Zwitschermaschine»

Aquarell und Ölfarbenzeichnung, 1922, französisches Ingres, 40,5 x 30 cm, Sammlung des Museum of Modern Art, New York

© 1984, Copyright by COSMOPRESS, Genf

6. Veröffentlichung in der amtlichen Gesetzessammlung
(Art. 2–10 PublG)

Die in Kraft tretenden Erlasse werden zuerst laufend (chronologisch) in der «*Amtlichen Sammlung des Bundesrechts» (AS)* publiziert, die wöchentlich erscheint. Die Publikation in der AS ist *Gültigkeitserfordernis* (Art. 8 PublG). | 1815

Einige Monate später werden diese Erlasse, systematisch geordnet, in der *«Systematischen Sammlung des Bundesrechts» (SR)* veröffentlicht.

Die Veröffentlichungen erfolgen in den *drei Amtssprachen,* die alle gleichwertig sind, was insbesondere für die Interpretation von Gesetzen wichtig ist (vgl. N. 95). | 1816

Rechtsdaten des Bundes, zu denen vor allem die Bundeserlasse gehören, werden nach Möglichkeit auch in elektronischer Form veröffentlicht. Die elektronische Fassung ist aber nur massgebend, wenn eine gesetzliche Bestimmung dies ausdrücklich vorsieht oder wenn die Rechtsdaten nur elektronisch veröffentlicht werden (Art. 1 der Verordnung über die elektronische Publikation von Rechtsdaten). Das Internet ermöglicht ein rasches Auffinden von Erlassen des Bundes (vgl. <www.admin.ch>). | 1817

7. Inkrafttreten

Das Datum des Inkrafttretens wird entweder von den Räten festgesetzt (Schlussbestimmung im Erlass) oder vom Bundesrat bestimmt. Als Regel gilt, dass ein Erlass nicht früher als fünf Tage nach der Publikation in der Gesetzessammlung in Kraft tritt (Art. 7 Abs. 1 PublG). | 1818

Zulässig ist eine etappenweise Inkraftsetzung eines Gesetzes (Beispiel: Strassenverkehrsgesetz).

II. Form der Beschlüsse der Bundesversammlung
(Art. 140 und 141, 163–165 BV)

Die Bundesverfassung bestimmt in Art. 140 und 141 sowie 163–165, welche Beschlüsse der Bundesversammlung in welche Erlassform zu kleiden sind und welche dem Referendum unterstehen. Weitere Bestimmungen zu den Erlassformen finden sich in Art. 22, 29, 77 ParlG. Es sind folgende Erlassformen der Bundesversammlung zu unterscheiden: | 1819

– *Bundesgesetze:* Sie enthalten rechtsetzende Bestimmungen und unterstehen dem Referendum. Dieses ist grundsätzlich fakultativ. Für dringliche Bundesgesetze gilt ein nachträgliches Referendum; falls sie keine Verfassungsgrundlage haben, ist das Referendum obligatorisch.

- *Bundesbeschlüsse:* Sie enthalten nicht rechtsetzende Bestimmungen:
  - *Einfache Bundesbeschlüsse* unterstehen nicht dem Referendum.
  - *Referendumspflichtige Bundesbeschlüsse:* Soweit die Bundesverfassung oder die Bundesgesetzgebung dies besonders vorsieht, unterstehen sie dem fakultativen (ausnahmsweise dem obligatorischen) Referendum.
- *Verordnungen der Bundesversammlung:* Sie enthalten rechtsetzende Bestimmungen, unterstehen aber nicht dem Referendum.

Das *Hauptkriterium* der Zuordnung zu einer Erlassform ist die *Referendumspflicht*. Des Weiteren ist entscheidend, ob ein Erlass *rechtsetzende Bestimmungen* enthält. Dass der Begriff des «Erlasses» in Art. 163 BV sehr weit verstanden wird – er umfasst auch einfache Bundesbeschlüsse – und keine präzisere Definition gewählt wurde, ist in der Lehre teilweise auf Kritik gestossen (vgl. GEORG MÜLLER, Formen der Rechtssetzung, S. 251 f.).

1820 *Überblick über die Formen der Beschlüsse der Bundesversammlung*

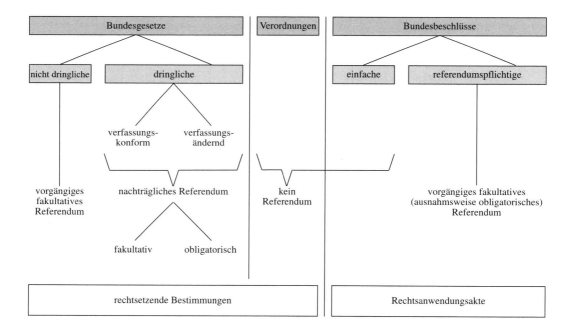

1. Bundesgesetz (Art. 163–165 BV, Art. 22 ParlG)

Art. 164 Abs. 1 BV setzt fest, dass alle *wichtigen Rechtssätze* in der Form des Bundesgesetzes zu erlassen sind, und macht durch eine beispielhafte Aufzählung ersichtlich, welche Materien wegen ihrer Bedeutung für die rechtsstaatliche Demokratie in den Grundzügen auf Gesetzesstufe zu regeln sind. Damit kennt die Bundesverfassung einen *materiellen Gesetzesvorbehalt*. Dieser Vorbehalt ist insofern «materiell», als er inhaltlich und substanziell bedeutsame Rechtsetzungsakte umfasst. Im Zusammenhang mit Art. 164 BV wird häufig der Terminus des «materiellen Gesetzesbegriffs» verwendet.

1821

> RHINOW (Rz. 2444) kritisiert, dass der «materielle Gesetzesbegriff» zu Verwechslungen mit dem – allerdings verfassungsrechtlich überholten – Begriff des «Gesetzes im materiellen Sinn» Anlass biete. Das Bundesgesetz werde nicht durch seinen Inhalt «definiert». Was Inhalt eines Gesetzes sein könne, sei weiterhin offen. Das Verfassungsrecht kenne keine «materiellen Gesetze» sondern nur Bundesgesetze. TSCHANNEN (§ 45 Rz. 8) schlägt vor, statt von «materiellen Gesetzen» von gesetzespflichtigen Inhalten zu sprechen.

Zu den «wichtigen rechtsetzenden Bestimmungen» im Sinne von Art. 164 Abs. 1 BV gehören insbesondere die *grundlegenden* Bestimmungen über die Ausübung der politischen Rechte, die Einschränkungen verfassungsmässiger Rechte, die Rechte und Pflichten von Personen (eine sehr weite und unbestimmte Formulierung!), den Kreis der Abgabepflichtigen sowie den Gegenstand und die Bemessung von Abgaben, die Aufgaben und Leistungen des Bundes, die Verpflichtungen der Kantone bei der Umsetzung und beim Vollzug des Bundesrechts sowie die Organisation und das Verfahren der Bundesbehörden. Die Aufzählung in Art. 164 Abs. 1 lit. a–g BV ist nicht abschliessend. Daneben können weitere Bereiche als wichtig bezeichnet werden.

1822

In der Lehre wird davon ausgegangen, dass die vom Verfassungsgeber in Art. 164 Abs. 1 BV verwendeten Ausdrücke «wichtige Bestimmungen» und «grundlegende Bestimmungen» als Synonyme zu verstehen sind (vgl. KLEY/FELLER, Die Erlassformen der Bundesversammlung, S. 235 f. mit weiteren Literaturhinweisen).

Durch die Umschreibung der Gesetzgebungsmaterien in Art. 164 Abs. 1 BV soll erreicht werden, dass alle Bestimmungen von grundlegender Bedeutung in einem dem *Referendum* unterstellten Erlass enthalten sind und so eine genügende direktdemokratische Legitimation erhalten. Daneben kommt dieser Bestimmung auch *rechtsstaatliche Bedeutung* zu, indem sie im Sinne der Gewaltenteilung für die grundlegenden Bestimmungen die Verankerung in einem Gesetz im formellen Sinn vorschreibt (vgl. BBl 1997 III 277).

1823

Nicht ausgeschlossen wird durch Art. 164 BV aber, dass Bundesgesetze auch *individuell-konkrete* Anordnungen enthalten können, da sich der Gesetzgeber im modernen Lenkungs-, Leistungs- und Gewährleistungsstaat nicht auf den Erlass generell-abstrakter Normen beschränken kann, wenn er alle Entscheidungen von

1824

grosser Tragweite selber treffen will und das Gesetz Instrument der Staatsführung bleiben soll (GEORG MÜLLER, Formen der Rechtssetzung, S. 256).

1825 Daneben kann das Parlament auch *Regelungen von untergeordneter Bedeutung* in die Form des Gesetzes kleiden, was vor allem aus politischen Gründen gemacht wird. Die Staatspolitischen Kommissionen der eidgenössischen Räte betonten, dass das Parlament mit der neuen Umschreibung der Gesetzgebungsmaterien in Art. 164 BV nicht verpflichtet werde, weniger wichtige Rechtsnormen dem Bundesrat zur Regelung zu überlassen (BBl 1997 III 278).

1826 Die Form des Bundesgesetzes ist sowohl für *befristete* als auch *unbefristete* Erlasse vorgesehen, zudem auch bei Dringlichkeit (Art. 165 BV).

1827 *Verfahren:* Es sind gleichlautende Beschlüsse beider Räte erforderlich, und es steht das fakultative Referendum zur Verfügung (Art. 141 Abs. 1 lit. a BV). Wird das Referendum ergriffen, muss eine Volksabstimmung durchgeführt werden, bei welcher gemäss Art. 142 Abs. 1 BV das Volksmehr (Mehr der Stimmenden, ohne Ständemehr) massgebend ist. Das Gesetz wird erst nach unbenütztem Ablauf der Referendumsfrist in Kraft gesetzt.

2. Dringliches Bundesgesetz (Art. 165, 140 Abs. 1 lit. c, 141 Abs. 1 lit. b BV)

1828 Beim dringlichen Bundesgesetz handelt es sich um ein Gesetz, das sofort und nicht erst nach Ablauf der Referendumsfrist in Kraft gesetzt wird. Damit soll verhindert werden, dass der vom Parlament verfolgte Zweck durch längere Verzögerung des Inkrafttretens vereitelt wird.

1829 Voraussetzung für den Erlass eines dringlichen Bundesgesetzes ist sowohl eine *zeitliche* wie auch eine *sachliche* Dringlichkeit. D.h., ein Erlass muss sofort Wirkung entfalten können und zugleich ein wichtiges Anliegen zum Gegenstand haben. Das Vorliegen beider Erfordernisse ist jeweils genau zu prüfen. Das dringliche Bundesgesetz ist stets zu befristen. Das Referendum kommt erst nachträglich zum Zug. Dringliche Bundesgesetze, die in der Abstimmung nicht angenommen werden, dürfen nicht erneuert werden (Art. 165 Abs. 4 BV).

1830 Über die Dringlichkeit wird gesondert beraten (Art. 77 ParlG), wobei für die Dringlicherklärung die Zustimmung der Mehrheit der Mitglieder jedes Rates erforderlich ist.

1831 Ein dringliches Bundesgesetz kann *verfassungskonformer* oder *verfassungsändernder* Natur sein (Art. 165 Abs. 2 und 3 BV).

a) *Dringliches Bundesgesetz mit Verfassungsgrundlage* (Art. 165 Abs. 1 und 2 BV)

1832 Für die dringlichen Bundesgesetze, die über eine verfassungsmässige Grundlage verfügen, ist ein *nachträgliches fakultatives Referendum* vorgesehen (Art. 141 Abs. 1 lit. b BV). Wird das Referendum nicht ergriffen, bleibt das Bundesgesetz weiterhin in Kraft. Wird hingegen das Referendum ergriffen, so tritt das Gesetz ein Jahr nach seiner Annahme ausser Kraft, wenn es nicht vorher vom Volk angenommen worden ist. Es ist zulässig, solche Gesetze höchstens für die Dauer eines Jahres ohne Zustimmung des Volkes zu erlassen.

Die Systematische Sammlung des Bundesrechts enthält unter Ziff. 105 eine regelmässig nachgeführte Liste der in Kraft stehenden dringlichen Bundesgesetze.

Beispiele: Art. 42 Abs. 2 des Bundesgesetzes über die medizinisch unterstützte Fortpflanzung vom 18. Dezember 1998 (SR 814.90), vgl. AS 2003 3681, gültig bis 31. Dezember 2008. Der Artikel regelt die Aufbewahrungsfrist von überzähligen Embryonen aus der Zeit vor Inkrafttreten dieses Gesetzes. Art. 15a des Bundesgesetzes über Bezüge und Infrastruktur der Mitglieder der eidgenössischen Räte und über die Beiträge an die Fraktionen vom 18. März 1988 (SR 171.21), vgl. AS 2003 5007, gültig bis 31. Dezember 2007. Dieser Artikel reduziert aus Spargründen das Jahreseinkommen der Ratsmitglieder für die Vorbereitung der Ratsarbeit.

b) *Dringliches Bundesgesetz ohne Verfassungsgrundlage* (Art. 165 Abs. 1 und 3 BV)

Bei den dringlichen Bundesgesetzen, die sich nicht auf eine Verfassungsgrundlage stützen können, muss innert Jahresfrist ein *obligatorisches nachträgliches Referendum* durchgeführt werden (Art. 140 Abs. 1 lit. c BV). Falls der Beschluss kein *Volks- und Ständemehr* auf sich zu vereinigen vermag, tritt er nach Ablauf eines Jahres ausser Kraft und darf nicht erneuert werden.

1833

Dazu die folgenden Beispiele zu der entsprechenden Erlassform des alten Rechts, dem verfassungsändernden dringlichen *Bundesbeschluss* (die Beispiele stammen aus der Zeit vor der Neufassung des Konjunkturartikels 31^{quinquies} aBV):

– Bundesbeschluss über Massnahmen zur Stabilisierung des Baumarktes vom 25. Juni 1971 (AS 1971, 961);
– Bundesbeschluss betreffend Überwachung der Preise, Löhne und Gewinne vom 20. Dezember 1972 (AS 1972, 3059);
– Bundesbeschluss über Massnahmen auf dem Gebiete des Kreditwesens vom 20. Dezember 1972 (AS 1972, 3068);
– Bundesbeschluss über die Preisüberwachung vom 19. Dezember 1975 (AS 1975, 2552).

3. **Verordnung** (Art. 163 Abs. 1 BV, Art. 22 Abs. 2 ParlG)

Die Verordnungen der Bundesversammlung enthalten rechtsetzende Normen, die gestützt auf eine besondere Ermächtigung durch die Bundesverfassung oder ein Bundesgesetz unter Ausschluss des Referendums beschlossen werden. Solche Erlasse, die meistens auf einer Delegation von Rechtssetzungsbefugnissen vom Gesetzgeber (d.h. von Parlament *und* Volk) an das Parlament allein beruhen, bezeichnet man als *Parlamentsverordnungen* (vgl. auch N. 1881 ff.). Verordnungen der

1834

Bundesversammlung werden vor allem zur Regelung ihrer eigenen Organisation und des Verfahrens (Parlamentsverwaltungsverordnung und Geschäftsreglemente der beiden Räte) erlassen. Sie kommen auch zum Zug, wenn das Parlament Regelungen eher technischer Natur selber vornehmen will, anstatt sie dem Bundesrat zu überlassen. Schliesslich eignen sich Parlamentsverordnungen, wenn ausserordentliche Umstände den Erlass von Rechtsnormen durch das Parlament erfordern (vgl. Art. 173 Abs. 1 lit. c BV).

1835 *Verfahren:* Es werden gleichlautende Beschlüsse beider Räte verlangt. Ein Referendum ist nicht möglich.

4. Bundesbeschluss (Art. 163 Abs. 2 BV, Art. 29 ParlG)

a) Einfacher Bundesbeschluss

1836 Diese Form ist für Beschlüsse der Bundesversammlung vorgesehen, für die keine andere Form vorgeschrieben ist. Es handelt sich um Einzelakte nicht rechtsetzender Natur (Verfügungen und Rechtsprechungsakte des Parlaments), die nicht dem Referendum unterstehen (Art. 29 Abs. 1 ParlG). Dabei kann man selbständige und unselbständige einfache Bundesbeschlüsse unterscheiden, je nachdem, ob sie von der Bundesverfassung oder von einer Ermächtigung durch den Bundesgesetzgeber vorgesehen sind.

> Beispiele für *selbständige* einfache Bundesbeschlüsse: Gewährleistung der Kantonsverfassungen (Art. 51 Abs. 2 i.V.m. Art. 172 Abs. 2 BV), Entscheide über die Gültigkeit zustande gekommener Volksinitiativen (Art. 139 Abs. 2 und Art. 173 Abs. 1 lit. f BV, Art. 98 Abs. 1 ParlG), Genehmigung von nicht dem Referendum unterstehenden Staatsverträgen (Art. 166 Abs. 2 BV), Entscheid über Dringlicherklärung von Bundesgesetzen (Art. 165 Abs. 1 BV, Art. 77 ParlG), Entscheid über Zuständigkeitskonflikte zwischen den Bundesbehörden (Art. 173 Abs. 1 lit. i BV). Auf *unselbständige* einfache Bundesbeschlüsse verweist Art. 173 Abs. 1 lit. h BV. Es handelt sich dabei um Akte von grosser politischer, faktischer oder finanzieller Bedeutung. Wegen der gesetzesähnlichen Wirkung solcher Vorhaben sind diese im quasi-legislativen Verfahren vom Parlament zu beschliessen (KLEY/FELLER, Die Erlassformen der Bundesversammlung, S. 239). *Beispiele:* Die Festlegung der allgemeinen Linienführung und der Art der zu errichtenden Nationalstrassen (Art. 11 Abs. 1 des Bundesgesetzes über die Nationalstrassen vom 8. März 1960 [SR 725.11]); Übertragung des Enteignungsrechts an Dritte für Werke im Interesse der Eidgenossenschaft (Art. 3 Abs. 2 lit. a des Bundesgesetzes über die Enteignung vom 20. Juni 1930 [SR 711]).

1837 *Verfahren:* Entweder gleichlautende Beschlüsse beider Räte oder Beschluss der Vereinigten Bundesversammlung; kein Referendum.

b) Referendumspflichtiger Bundesbeschluss

Mit der neuen Bundesverfassung wurde in Art. 163 Abs. 2 der referendumspflichtige Bundesbeschluss geschaffen. Er ist vorgesehen für Beschlüsse, die nicht rechtsetzender Natur sind und die kraft besonderer Bestimmung durch Gesetz oder Verfassung dem Referendum unterstehen. Es können demzufolge auch hier – je nach der Grundlage in der Bundesverfassung oder in einer Ermächtigung durch ein Bundesgesetz – *selbständige* und *unselbständige* referendumspflichtige Bundesbeschlüsse unterschieden werden.

1838

> Beispiele für *selbständige* referendumspflichtige Bundesbeschlüsse sind die Genehmigung von Gebietsveränderungen zwischen Kantonen (Art. 53 Abs. 3 BV). Ebenfalls in die Form des Bundesbeschlusses gekleidet werden die Änderungen der Bundesverfassung (Art. 140 Abs. 1 lit. a BV) und die Durchführung von Grundsatzabstimmungen über die Frage der Totalrevision der Bundesverfassung (Art. 140 Abs. 2 lit. c BV), ferner die Genehmigung von Staatsverträgen, die dem obligatorischen bzw. fakultativen Referendum unterstehen (Art. 140 Abs. 1 lit. b, Art. 141 Abs. 1 lit. d BV).

Der *unselbständige* referendumspflichtige Bundesbeschluss kann auf Grund einer spezialgesetzlichen Grundlage oder für einen wichtigen politischen Entscheid, für den es eine besondere demokratische Abstützung benötigt (Einzelaktreferendum), eingeführt werden.

1839

> Beispiele: Gemäss Art. 28 Abs. 3 ParlG kann für Grundsatz- und Planungsbeschlüsse von grosser Tragweite die Form des Bundesbeschlusses gewählt werden. Die Bundesversammlung hat die Möglichkeit, diesen dem fakultativen Referendum zu unterstellen. Art. 48 Abs. 4 des Kernenergiegesetzes vom 21. März 2003 [noch nicht in Kraft] unterstellt den Beschluss der Bundesversammlung über die Genehmigung einer Rahmenbewilligung für eine Kernanlage dem fakultativen Referendum.

Art. 29 Abs. 2 ParlG unterstellt Einzelakte, für welche sich die notwendige gesetzliche Grundlage weder in der Bundesverfassung noch in einem Bundesgesetz findet, dem Referendum. «Mit dieser Bestimmung werden so genannte Einzelfall-Gesetze aufgefangen. Solche Gesetze drängen sich dort auf, wo ein Einzelakt erlassen wird, der nach dem Legalitätsprinzip eigentlich auf einer gesetzlichen Grundlage beruhen müsste, für den man aber keine generell-abstrakte (und damit für weitere Fälle anwendbare) Regelung schaffen will» (LUZIAN ODERMATT, Erlassformen der Bundesversammlung für Rechtsetzungs- und Einzelakte, LeGes 2003/2, S. 109 f.). Diese missverständlich formulierte Norm gibt der Bundesversammlung aber nicht die Befugnis, Beschlüsse zu fassen, die gegen die Verfassung verstossen (vgl. dazu GEORG MÜLLER, Der verfassungswidrige Bundesbeschluss – Nachlese zum Parlamentsgesetz, LeGes 2004/2, S. 159 ff.; vgl. ferner Gutachten des Bundesamtes für Justiz in VPB 68 (2003) Nr. 49 auf S. 626 [Unzulässigkeit der Amtsenthebung eines Bundesrichters durch «Einzelfall-Bundesbeschluss»]).

1839a

1840 *Verfahren:* Es sind gleichlautende Beschlüsse beider Räte erforderlich, und es steht das fakultative (ausnahmsweise das obligaorische) Referendum zur Verfügung (Art. 141 Abs. 1 lit. c BV).

III. Form der Beschlüsse der Bundesversammlung gemäss der Bundesverfassung von 1874
(Art. 89 und 89bis aBV; aArt. 4–8 GVG)

1841 Da noch für längere Zeit viele Bundeserlasse in Kraft sein werden, die nach den Erlassformen gemäss der früheren Verfassung ergangen waren, soll im Folgenden die vor 2000 geltende Regelung dargestellt werden.

Die Bundesverfassung bestimmte zwar in Art. 89 Abs. 2 aBV, dass Bundesgesetze und allgemeinverbindliche Bundesbeschlüsse dem fakultativen Referendum unterstanden, liess aber offen, welche Beschlüsse der Bundesversammlung in eine dieser Formen zu kleiden waren. Die Abgrenzung der Erlassformen erfolgte erst auf Gesetzesstufe, durch das Geschäftsverkehrsgesetz (GVG), das somit über den Anwendungsbereich des fakultativen Referendums bestimmte. Das Hauptkriterium des (durch das Parlamentsgesetz aufgehobenen) Geschäftsverkehrsgesetzes für die Unterstellung unter das Referendum war das Vorliegen von «Rechtsetzung». Nach aArt. 5 Abs. 2 GVG galten als rechtsetzend:

> «alle generellen und abstrakten Normen, welche natürlichen oder juristischen Personen Pflichten auferlegen oder Rechte einräumen oder die Organisation, die Zuständigkeit oder die Aufgaben der Behörden oder das Verfahren regeln».

1842 *Überblick über die Formen der Beschlüsse der Bundesversammlung gemäss der Bundesverfassung von 1874*

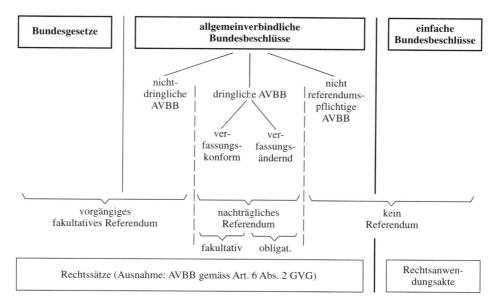

1. Bundesgesetz (aArt. 5 GVG)

Das Bundesgesetz war vorgesehen für unbefristete Erlasse, die rechtsetzende Normen enthielten. 1843
Die Anwendung der Legaldefinition der Rechtsetzung in aArt. 5 Abs. 2 GVG war in den meisten
Fällen problemlos (ZGB, OR, SchKG, StGB sind eindeutig Rechtssetzungserlasse); in Grenzbereichen bestanden aber Unsicherheiten (z.B. Festlegung des Nationalstrassennetzes).

2. Nichtdringlicher allgemeinverbindlicher Bundesbeschluss (aArt. 6 GVG)

Diese Erlassform war hauptsächlich vorgesehen für befristete Erlasse, die rechtsetzende Normen 1844
enthielten (Beispiel: Bundesbeschluss zum Atomgesetz vom 6. Oktober 1978, SR 173.01 [galt bis
Ende 2000]). Da Bundesgesetze nach Art. 163 BV nun ohne weiteres befristet werden können,
erübrigte sich diese Erlassform.

Ausnahmsweise wurden auch Akte nicht rechtsetzender Natur in die Form des allgemeinverbindlichen Bundesbeschlusses gekleidet, nämlich wenn sie kraft einer Verfassungs- oder Gesetzesbestimmung dem Referendum unterstanden (aArt. 6 Abs. 2 GVG).

Vereinzelt wurden *Verwaltungsakte von grosser Tragweite* in einen allgemeinverbindlichen
Bundesbeschluss gekleidet und damit dem fakultativen Referendum unterstellt (Beispiel:
Bundesbeschluss betreffend das Konzept BAHN 2000 vom 19. Dezember 1986, SR 742.100). Für
solche Erlasse ist heute die Form des Bundesbeschlusses nach Art. 163 Abs. 2 BV vorgesehen.

3. Nicht referendumspflichtiger allgemeinverbindlicher Bundesbeschluss (aArt. 7 GVG)

Erlasse, die rechtsetzende Normen enthielten und gestützt auf eine besondere Ermächtigung durch 1845
die Bundesverfassung, ein Bundesgesetz oder einen allgemeinverbindlichen Bundesbeschluss unter Ausschluss des Referendums beschlossen wurden, waren immer – also auch wenn sie unbefristet waren – in die Form des allgemeinverbindlichen Bundesbeschlusses zu kleiden.

Die in aArt. 7 GVG geregelte Erlassform, die damals schon als *Parlamentsverordnung* bezeichnet wurde, entspricht der neu auf Verfassungsstufe geregelten Verordnung der Bundesversammlung (Art. 163 Abs. 1 BV).

Das *Verfahren* entsprach der heute für die Parlamentsverordnung geltenden Regelung.

4. Dringlicher Bundesbeschluss (Art. 89bis aBV)

Der dringliche Bundesbeschluss war eine Unterart des allgemeinverbindlichen Bundesbeschlusses. 1846
Er war für dringende Fälle befristeter Rechtsetzung vorgesehen.

Es wurde zwischen dem verfassungskonformen und dem verfassungsändernden dringlichen
Bundesbeschluss *(neu: dringliches Bundesgesetz mit Verfassungsgrundlage bzw. dringliches Bundesgesetz ohne Verfassungsgrundlage)* unterschieden.

Die Voraussetzungen für den Erlass eines dringlichen Bundesbeschlusses entsprachen den heute für den Erlass eines dringlichen Bundesgesetzes geltenden. Dasselbe gilt für die Ausgestaltung des Referendums.

5. Einfacher Bundesbeschluss (aArt. 8 GVG)

1847 Der einfache Bundesbeschluss hatte unter der Bundesverfassung von 1874 dieselbe Funktion wie unter der neuen.

IV. Fazit

1848 Wie sich aus der vorstehenden Gegenüberstellung (Abschnitte II und III) ergibt, zeichnet sich das System der Erlassformen der neuen Bundesverfassung durch eine wesentliche Vereinfachung und grössere Transparenz aus. Zudem trägt es viel besser als das bisherige Recht dem Anliegen Rechnung, sowohl inhaltlich grundlegende Rechtsnormen als auch Einzelakte der Bundesversammlung von grosser politischer Tragweite durch Unterstellung unter das fakultative Referendum demokratisch stärker zu legitimieren. Die weit über die vom Bundesrat vorgeschlagene blosse «Nachführung» hinausgehenden Reformen beruhen im Wesentlichen auf den Anträgen der Verfassungskommissionen und der Staatspolitischen Kommissionen der Räte, die sich dabei auf die Vorschläge einer Expertenkommission unter der Leitung von GEORG MÜLLER stützen konnten.

§ 62 Erlass von Verordnungen

> Literatur

BIAGGINI GIOVANNI, Die vollzugslenkende Verwaltungsverordnung: Rechtsnorm oder Faktum?, ZBl 98 (1997) 1 ff.; BRUNNER URSULA, Rechtsetzung durch Private, Diss. Zürich 1982; BUTTLIGER MARCEL, Die Verordnungstätigkeit der Regierung – insbesondere deren Kontrolle durch das Parlament mittels Verordnungsvorbehalt, Diss. Zürich 1993; EICHENBERGER KURT, Vom staatsrechtlichen Permanenzproblem der Regierungsverordnung in der Schweiz, in: FS zum 70. Geburtstag von Hans Nef, Zürich 1981, S. 27 ff.; FLEINER THOMAS, Die Delegation als Problem des Verfassungs- und Verwaltungsrechts, Freiburg 1972; GIACOMETTI ZACCARIA, Das selbständige Rechtsverordnungsrecht des Bundesrates, SJZ 31 (1934/35) 257 ff.; GIACOMETTI ZACCARIA, Zur Frage der Verfassungsmässigkeit eines selbständigen Polizeiverordnungsrechts des Bundesrates, SJZ 31 (1934/35) 369 ff.; JAGMETTI RICCARDO L., Vollziehungsverordnungen und gesetzvertretende Verordnungen, Diss. Zürich 1956; MANFRINI PIERRE-LOUIS, Nature et effets juridiques des ordonnances administratives, Diss. Genève 1978; MARTI ARNOLD, Aufgabenteilung zwischen Staat und Privaten auf dem Gebiet der Rechtsetzung – Ende des staatlichen Rechtsetzungsmonopols?, AJP 10/2002, S. 1154 ff.; MARTI ARNOLD, Selbstregulierung anstelle staatlicher Gesetzgebung?, ZBl 101 (2000) 561 ff.; MÜLLER GEORG, Die Parlamentsverordnung, in: FS zum 70. Geburtstag von Hans Nef, Zürich 1981, S. 231 ff.; SCHINDLER DIETRICH (sen.), Die selbständige Polizeiverordnung nach schweizerischem Staatsrecht, SJZ 31 (1934/35) 305 ff.

> Rechtliche Grundlagen

– Art. 163 Abs. 1, 182 Abs. 1, 184 Abs. 3, 185 Abs. 3, 196 Ziff. 9 Abs. 1 und Ziff. 14 Abs. 1 BV (Art. 36^{sexies} Abs. 2, 41 Abs. 3, 102 Ziff. 5, 8, 9 und 10 aBV)
– Bundesgesetz über die Bundesversammlung (Parlamentsgesetz [ParlG]) vom 13. Dezember 2002 (SR 171.10)
– Bundesgesetz über die Sammlungen des Bundesrechts und das Bundesblatt (Publikationsgesetz [PublG]) vom 18. Juni 2004 (SR 170.512)
– Verordnung der Bundesversammlung zum Parlamentsgesetz und über die Parlamentsverwaltung (Parlamentsverwaltungsverordnung [ParlVV]) vom 3. Oktober 2003 (SR 171.115)
– Verordnung über die Sammlungen des Bundesrechts und das Bundesblatt (Publikationsverordnung [PublV]) vom 17. November 2004 (SR 170.512.1)

I. Begriff, Elemente und Arten von Verordnungen

1. Begriff

Unter «Verordnung» versteht man den Erlass von generell-abstrakten Rechtsnormen in einer anderen Form als derjenigen der Verfassung oder des Gesetzes. 1849

2. Elemente

a) Erlass von generell-abstrakten Rechtsnormen

1850 Gleich wie (in der Regel) das Gesetz hat die Verordnung *generell-abstrakte Normen* zum Inhalt und nicht eine individuell-konkrete Anordnung, wie sie bei einer Verfügung (Verwaltungsakt) vorliegt. Verordnungen erfüllen – sofern sie den Vorschriften über die Gesetzesdelegation entsprechen (vgl. N. 1872 ff.) oder auf einer Ermächtigung der Verfassung beruhen – die Voraussetzung der gesetzlichen Grundlage für leichtere Grundrechtsbeschränkungen (vgl. N. 310 f.).

b) Andere Erlassform als bei Verfassung und Gesetz

1851 Entscheidend ist eine gegenüber Verfassungsgebung und Gesetz *vereinfachte Erlassform;* es fehlt insbesondere die Unterstellung unter das Referendum. Dies ermöglicht eine raschere Abänderbarkeit und Anpassung an veränderte Umstände. Im Stufenbau der Rechtsordnung stellen die Verordnungen im Vergleich zu Verfassung und Gesetz Rechtsnormen einer niedrigeren Stufe dar.

c) Erlassende Behörde

1852 Für den Begriff der Verordnung ist die erlassende Behörde nicht von Bedeutung. Verordnungen können vom *Parlament* sowie von Behörden der *Exekutive* oder der *Justiz* erlassen werden.

3. Terminologie

1853 In der schweizerischen Rechtspraxis werden die Verordnungen sehr unterschiedlich benannt. Sie werden als «Verordnung», «Reglement», «Ordnung» und zum Teil auch als «Verfügung» (so früher die Verordnungen von Departementen und Ämtern des Bundes) bezeichnet.

> Manchmal, so auch in den Darstellungen des Verwaltungsrechts, werden Verordnungen als «Gesetze im materiellen Sinn» bezeichnet. Im Rahmen des heutigen Bundesverfassungsrechts ist dieser Begriff, der auch irreführend sein kann, entbehrlich (vgl. N. 309).

4. Arten von Verordnungen

a) Rechtsverordnungen und Verwaltungsverordnungen

1854 Diese Unterscheidung erfolgt vor allem unter dem Gesichtspunkt der Adressaten:

- *Rechtsverordnungen* enthalten – wie die Gesetze – Rechtsnormen, welche Rechte und Pflichten der Bürger begründen oder Organisation und Verfahren von Behörden regeln.

- *Verwaltungsverordnungen* sind generelle Dienstanweisungen, die eine übergeordnete Behörde mit bindender Wirkung für die ihr unterstellten Behörden erlässt. Sie tragen unterschiedliche Namen (z.B. Direktiven, Weisungen, Dienstreglemente, Kreisschreiben, Wegweisungen, Merkblätter, Leitbilder). Neben *Verwaltungsverordnungen*, die eher *organisatorischer* Natur sind und die den Verwaltungsvollzug sowie die Verwaltungsorganisation regeln, dienen die *verhaltenslenkenden Verwaltungsverordnungen* einer einheitlichen und rechtsgleichen Rechtsanwendung, der Auslegung oder der Handhabung des Ermessens (vgl. BGE 128 I 167, 171). Als verwaltungsinterne Weisungen schaffen sie grundsätzlich nicht Rechte und Pflichten der Bürger. Die Bundesverfassung erwähnt die Verwaltungsverordnung als Erlassform nicht, auch wird keine Zuständigkeit zu deren Erlass begründet.

  Ausnahmsweise haben Verwaltungsverordnungen Aussenwirkungen, nämlich dann, wenn sie indirekt die Rechtsstellung der Bürger genauer umschreiben und den Bürger in seinen Interessen faktisch gleich stark treffen wie Rechtsverordnungen. In einem solchen Fall kann der Bürger die Verwaltungsverordnungen unter Umständen wie einen Rechtssatz mit staatsrechtlicher Beschwerde anfechten, sofern gestützt auf die Verwaltungsverordnung keine Verfügung bzw. Anordnung getroffen wurde, deren Anfechtung möglich und dem Betroffenen zumutbar ist (BGE 98 Ia 508, 510 f., Gross; BGE 105 Ia 349, 351 ff., Stauffacher; 128 I 167, 172). Vgl. N. 1946 f.

Nur die Rechtsverordnungen – nicht aber die Verwaltungsverordnungen – enthalten nach traditioneller Auffassung Rechtssätze (differenzierter GIOVANNI BIAGGINI in ZBl 98 [1997] 17 ff.). Dementsprechend müssen die Rechtsverordnungen des Bundes in der amtlichen Gesetzessammlung (AS) veröffentlicht werden, damit sie in Rechtskraft erwachsen können; Verwaltungsverordnungen werden dagegen nicht in die Gesetzessammlung aufgenommen. Denn Art. 2 PublG ordnet generell nur die Publikation von rechtsetzenden Erlassen an.

1855

b) *Selbständige und unselbständige Verordnungen*

Die Unterscheidung zwischen selbständigen und unselbständigen Verordnungen erfolgt unter dem Gesichtspunkt der Rechtsgrundlage:

1856

- Von einer *selbständigen Verordnung* spricht man, wenn die verordnende Behörde direkt durch die Verfassung zu deren Erlass ermächtigt ist.

- Bei der *unselbständigen Verordnung* stützt sich die verordnende Behörde auf eine Ermächtigung durch einen nicht der Verfassungsstufe angehörenden Erlass, insbesondere durch ein Gesetz. In diesem Fall liegt eine Delegation von Rechtsetzungsbefugnissen, meistens eine Delegation seitens des Gesetzgebers, vor.

c) *Vollziehungsverordnungen und gesetzesvertretende Verordnungen*

1857 Diese Unterscheidung erfolgt im Hinblick auf das inhaltliche Verhältnis, in dem die Verordnungsregelung zum zugehörigen Gesetz und dessen Vollzug steht:

- *Vollziehungsverordnungen* sind Verordnungen, welche die Regelung des Gesetzes durch Detailvorschriften näher ausführen, um damit die Vollziehung des Gesetzes zu ermöglichen. Sie beruhen auf der allgemeinen, von der Verfassung eingeräumten Vollzugskompetenz.
- *Gesetzesvertretende Verordnungen* enthalten hingegen Regelungen, die ebenso gut im Gesetz selbst enthalten sein könnten und nicht erst zum Zweck des Gesetzesvollzugs aufgestellt werden müssen. Sie beruhen auf einer Ermächtigung durch das Gesetz *(Gesetzesdelegation),* das in bestimmten Belangen von einer vollständigen materiellen Regelung absieht.

Vollziehungsverordnungen und gesetzesvertretende Verordnungen lassen sich nicht absolut voneinander trennen; die beiden Arten gehen zum Teil ineinander über.

II. Verordnungen des Bundesrates und anderer Exekutivbehörden

1858 Am häufigsten werden im Bund und in den Kantonen die Verordnungen von Exekutivorganen erlassen. Als erlassende Behörden kommen im Bund in Frage:

- *Bundesrat* (Beispiel: Verordnung zum Universitätsförderungsgesetz vom 13. März 2000 [SR 414.201]);
- *Departement* (Beispiele: Verordnung über die zulässigen önologischen Verfahren und Behandlungen vom 27. März 2002 [SR 817.022.361], erlassen vom Eidgenössischen Departement des Innern; Schlachtgewichtsverordnung vom 3. März 1995 [SR 817.190.4], erlassen vom Eidgenössischen Volkswirtschaftsdepartement);
- *Bundesamt* (Beispiel: Verordnung über vorübergehende Massnahmen an der Grenze zur Bekämpfung der klassischen Geflügelpest vom 16. Februar 2004 [SR 916.443.40], erlassen vom Bundesamt für Veterinärwesen).

Die grösste materielle und zahlenmässige Bedeutung kommt den Verordnungen des Bundesrates zu.

1. Selbständige Verordnungen des Bundesrates

a) Vollziehungsverordnungen (Art. 182 Abs. 2 BV)

Art. 182 Abs. 2 BV beauftragt den Bundesrat mit dem Vollzug der Gesetzgebung, der Beschlüsse der Bundesversammlung und der Urteile der richterlichen Behörden des Bundes. Die erforderlichen rechtsetzenden Bestimmungen erlässt der Bundesrat in der Form von Verordnungen (Art. 182 Abs. 1 BV). Diese letztere Bestimmung umfasst sowohl Vollziehungsverordnungen als auch gesetzesvertretende Verordnungen. Da im Gegensatz dazu Art. 164 Abs. 2 BV nur die gesetzesvertretenden Verordnungen des Bundesrates betrifft, ist es sinnvoll, die Unterscheidung der beiden Arten von Verordnungen beizubehalten. Der Bundesgesetzgeber muss im Einzelfall entscheiden, ob eine Ermächtigung gegenüber dem Bundesrat gemäss Art. 164 Abs. 2 BV notwendig ist oder ob der Bundesrat direkt gestützt auf die verfassungsrechtliche Vollziehungskompetenz selbständig eine Vollziehungsverordnung erlassen kann. Die vom Bundesrat erlassenen Vollziehungsverordnungen sind zahlreich. 1859

Beim Erlass solcher Vollziehungsverordnungen sind dem Bundesrat *enge Grenzen* gesetzt, deren Überschreitung eine Verletzung des Gewaltenteilungsprinzips und des Gesetzmässigkeitsprinzips bedeuten würde: 1860

– Vollziehungsverordnungen können sich nur auf eine Materie beziehen, die Gegenstand des zu vollziehenden Gesetzes bildet.

– Sie dürfen dieses – und natürlich auch andere Gesetze – weder aufheben noch abändern.

– Sie müssen der Zielsetzung dieses Gesetzes folgen und dürfen dabei lediglich die Regelung, die in grundsätzlicher Weise bereits im Gesetz Gestalt angenommen hat, aus- und weiterführen, also ergänzen und spezifizieren.

– Durch eine Vollziehungsverordnung dürfen dem Bürger grundsätzlich keine neuen Pflichten auferlegt werden, selbst wenn diese durch den Gesetzeszweck gedeckt wären, es sei denn, der Vollziehungsverordnungsgeber müsste eine Gesetzeslücke ausfüllen (vgl. zu den Gesetzeslücken N. 139 ff.).

Die den Vollziehungsverordnungen gesetzten Grenzen zeigten sich deutlich, als der Bundesrat in Art. 3a seiner Verordnung über die Strassenverkehrsregeln (VRV = OCR) vom 13. November 1962 (SR 741.11) eine Pflicht der Fahrzeugführer und der auf den Vordersitzen mitfahrenden Personen zum Tragen von Sicherheitsgurten einführte und sich dabei auf Art. 106 Abs. 1 des Bundesgesetzes über den Strassenverkehr (SVG = LCR) vom 19. Dezember 1958 (SR 741.01) stützte, der den Bundesrat zum Erlass von Vollzugsbestimmungen ermächtigt. Das Bundesgericht erklärte in BGE 103 IV 192, 195, Favre (vgl. N. 2070), dies überschreite den Rahmen einer Vollziehungsverordnung und sei für das Obligatorium der Sicherheitsgurten – 1861 das heute gestützt auf den revidierten Art. 57 Abs. 5 lit. a SVG gilt – keine genügende Rechtsgrundlage:

> «Il saute aux yeux que l'art. 106 al. 1 LCR, qui autorise le Conseil fédéral à arrêter les prescriptions nécessaires à l'application de la loi, ne constitue pas une base légale suffisante à l'obligation contenue à l'art. 3a OCR. L'art. 106 al. 1 LCR ne donne en effet au Conseil fédéral que le pouvoir d'édicter des ordonnances d'exécution [Vollziehungsverordnungen]; or l'obligation de porter la ceinture de sécurité n'est pas une disposition de ce genre; il s'agit d'une règle primaire, et l'ordonnance qui l'édicte est une ordonnance dite de substitution [gesetzesvertretende Verordnung]. Une telle ordonnance doit dès lors, on l'a vu, se fonder sur une délégation spéciale du législateur, à savoir sur une autre disposition de la loi que celle qui ne confère que le pouvoir d'édicter de simple dispositions d'exécution. Il faut donc une délégation portant sur une matière déterminée.»

TSCHANNEN (§ 46 Rz. 13) zählt die Vollziehungsordnungen nicht zu den selbständigen Verordnungen. Die in Art. 182 Abs. 2 BV verankerte Kompetenz des Bundesrates zum Erlass von Vollziehungsverordnungen bedeute nicht, dass diese unmittelbar gestützt auf die Verfassung ergehen würden. Ihre Grundlage fänden sie allein im Gesetz, das sie näher ausführten.

b) Polizeinotverordnungen (Art. 185 Abs. 3 BV)

1862 Gemäss Art. 185 Abs. 1 und 2 BV wacht der Bundesrat über die äussere Sicherheit, Unabhängigkeit und Neutralität der Schweiz und sorgt für die innere Sicherheit, Ruhe und Ordnung. Der Bundesrat kann gestützt auf diesen Artikel Verordnungen und Verfügungen erlassen, um eingetretenen oder unmittelbar drohenden schweren Störungen der öffentlichen Ordnung oder der inneren oder äusseren Sicherheit zu begegnen. Solche Verordnungen sind zu befristen (Art. 185 Abs. 3 BV).

> Unter der Bundesverfassung von 1874 war die Kompetenz des Bundesrates, in solchen Fällen Verordnungen zu erlassen, nicht ausdrücklich statuiert. In Lehre und Rechtsprechung war deshalb lange strittig, ob der damalige Art. 102 Ziff. 9 und 10 aBV dem Bundesrat nur das Recht zugestand, Verfügungen, d.h. konkrete Rechtsanwendungsakte, zu erlassen, oder ob sie auch eine selbständige Verordnungskompetenz, insbesondere in Notsituationen, enthielt. Gegen ein solches Polizeinotverordnungsrecht und insbesondere gegen ein allgemeines Polizeiverordnungsrecht des Bundesrates wurde ins Feld geführt, dass nach dem Gewaltentrennungsgrundsatz und im Hinblick auf die Kompetenz der Bundesversammlung, Massregeln für die äussere und innere Sicherheit zu treffen (Art. 85 Ziff. 6 und 7 aBV), auch in diesem Bereich nur die Bundesversammlung für den Erlass generell-abstrakter Normen zuständig sei und der Bundesrat daher nur im Einzelfall für Sicherheit, Ruhe und Ordnung zu sorgen habe. In Lehre und Praxis wurde ein *Polizeinotverordnungsrecht des Bundesrates* gestützt auf Art. 102 Ziff. 9 und 10 aBV allgemein *anerkannt,* da kaum zu begründen wäre, weshalb dem Bundesrat in Fällen, in denen eine Vielzahl polizeilicher Eingriffe zur Beherr-

schung einer Notsituation erforderlich ist, nur eine Polizeinotverfügungskompetenz zugestanden und ihm die Befugnis abgesprochen werden sollte, eine die Rechtsgleichheit und Rechtssicherheit verbürgende generell-abstrakte Ordnung zu treffen (IMBODEN/RHINOW, S. 60).

Wie bisher kann der Bundesrat auch gemäss der neuen Bundesverfassung Polizeinotverordnungen nur unter folgenden Voraussetzungen erlassen: 1863

– Die öffentliche Ordnung muss in bedeutendem Mass gestört oder direkt und unmittelbar durch eine ernsthafte Gefahr bedroht sein.

– Es muss ein Zustand zeitlicher Dringlichkeit vorliegen, der den Erlass entsprechender Vorschriften im ordentlichen Gesetzgebungsverfahren ausschliesst.

– Die getroffenen Massnahmen müssen durch überwiegende öffentliche Interessen gerechtfertigt und verhältnismässig sein.

Der Bundesrat hat also *keine allgemeine Polizeiverordnungskompetenz,* sondern *nur* die Kompetenz zum Erlass von *Polizeinotverordnungen.* Vgl. die entsprechende bundesgerichtliche Praxis zur Polizeinotverordnungskompetenz der kantonalen Regierungen: BGE 100 Ia 144, 146, Eredi Centonze e Molteni.

> In BGE 122 IV 258, 262 führte das Bundesgericht bei der Beurteilung der Verfassungsmässigkeit der in N. 1867 erwähnten, heute nicht mehr geltenden Verordnung über den Erwerb und das Tragen von Schusswaffen durch jugoslawische Staatsangehörige aus, dass die in der Verordnung enthaltenen Regelungen «notwendig, zeitlich dringlich, durch überwiegende öffentliche Interessen gerechtfertigt und verhältnismässig» sein müssten. Sie dürften nicht im Widerspruch zu Erlassen der Bundesversammlung stehen, müssten die Grundsätze der Rechtsgleichheit und von Treu und Glauben respektieren sowie grundsätzlich zeitlich befristet sein; bei Andauern der regelungsbedürftigen Situation sei eine ausreichende Grundlage in einem formellen Gesetz zu schaffen. In Anwendung dieser Grundsätze erachtete das Gericht im Hinblick auf die kriegerischen Konflikte in weiten Teilen des ehemaligen Jugoslawien ein Verbot der Veräusserung und Überlassung von Schusswaffen an jugoslawische Staatsangehörige als zulässig; dagegen sei nicht ersichtlich, weshalb es notwendig, zeitlich dringlich und durch überwiegende öffentliche Interessen gerechtfertigt sein sollte, wegen der Konflikte in Ex-Jugoslawien oder aus anderen Gründen die Veräusserung von Schusswaffen an sämtliche Ausländer ohne Niederlassungsbewilligung auf dem Weg einer verfassungsunmittelbaren Polizeiverordnung zu beschränken.

1864

Die *bundesrätliche Praxis* hat sich – insbesondere in der Vergangenheit – nicht immer an diese Schranken gehalten und unter Berufung auf die Kompetenz des Bundesrates, über die äussere und innere Sicherheit zu wachen (Art. 102 Ziff. 8, 9 und 10 aBV), auch in weiteren Fällen eine selbständige Verordnungskompetenz in Anspruch genommen. 1865

> Das krasseste Beispiel für diese Praxis war der erst im Jahr 1998 aufgehobene Bundesratsbeschluss betreffend politische Reden von Ausländern vom 24. Februar 1948: Danach bestand für politische

Reden von Ausländern, die keine Niederlassungsbewilligung besassen, eine Bewilligungspflicht. Die Bedeutung der Einschränkung der Freiheitsrechte und der lange Zeitraum, der seit dem Erlass die Überführung in ein Gesetz ohne weiteres erlaubt hätte, liessen in diesem Fall den Missbrauch der Verordnungskompetenz besonders deutlich hervortreten.

c) *Verordnungen zur Wahrung der äusseren Interessen der Schweiz* (Art. 184 Abs. 3, 185 Abs. 3 BV)

1866   Die Besorgung auswärtiger Angelegenheiten wird durch Art. 184 BV in weit gehendem Ausmass dem Bundesrat übertragen. Gemäss Art. 184 Abs. 3 BV hat der Bundesrat die Kompetenz zum Erlass von befristeten Verordnungen zur Wahrung der äusseren Interessen des Landes. Mit der Aufnahme von Art. 184 Abs. 3 BV wurde auf Verfassungsebene verankert, was bereits herrschender Lehre und Praxis entsprach. Der Bundesrat kann vor allem dann gestützt auf Art. 184 Abs. 3 BV Verordnungen erlassen, wenn die aussenpolitische Situation ein rasches Handeln durch Erlass von Normen gebietet. Beispiel: Verordnung über Massnahmen gegenüber der Bundesrepublik Jugoslawien vom 23. Juni 1999 (SR 946.207).

1867   Wenn gleichzeitig mit den aussenpolitischen auch polizeiliche oder sicherheitspolitische Ziele verfolgt werden, sind zusätzlich die für den Erlass von Polizeinotverordnungen massgebenden Gesichtspunkte zu berücksichtigen (vgl. N. 1863 ff.).

Die bis zum 31. Dezember 2005 verlängerte Verordnung über das Verbot der Gruppierung «Al-Qaïda» und verwandter Organisationen vom 7. November 2001 (SR 122) erfüllt diese strengen Voraussetzungen nicht. Mangels vorliegender unmittelbar drohenden schweren Störung der öffentlichen Ordnung – der Bundesrat begründete den Erlass der Verordnung ausschliesslich präventiv – ist diese bundesverfassungswidrig (vgl. dazu GIOVANNI BIAGGINI, Die «Al-Qaïda» Verordnung, in: ius.full 1/2002, S. 22 ff.). Hingegen waren diese Anforderungen bei der heute nicht mehr geltenden Verordnung über den Erwerb und das Tragen von Schusswaffen durch jugoslawische Staatsangehörige vom 18. Dezember 1991 erfüllt, mit der u.a. politisch oder ethnisch motivierte gewalttätige Auseinandersetzungen zwischen Staatsangehörigen des ehemaligen Jugoslawien in der Schweiz verhindert werden sollten. Zwar stützte sich der Bundesrat im Ingress nur auf Art. 102 Ziff. 8 aBV, doch beurteilte das Bundesgericht die Verfassungsmässigkeit unter Berücksichtigung der Art. 102 Ziff. 9 und 10 aBV (BGE 123 IV 29, 34 ff.; BGE 122 IV 258, 261 ff.).

d) *Weitere Verordnungskompetenzen kraft Bundesverfassung*

1868   In einzelnen Sachgebieten wird der Bundesrat durch die Bundesverfassung ausdrücklich zum Erlass von Verordnungen ermächtigt. Dies gilt für den alpenquerenden Transitverkehr (Art. 84 Abs. 2 BV) und den Bundesfeiertag (Art. 196 Ziff. 9 Abs. 1 ÜbBest. BV).

2. Unselbständige Verordnungen des Bundesrates

a) Allgemeines

Unselbständig sind Verordnungen, zu deren Erlass der Bundesrat durch ein Bundesgesetz ermächtigt worden ist. Es liegt eine *Gesetzesdelegation* – d.h. eine Delegation von Rechtsetzungsbefugnissen – von der *Legislative an die Exekutive* vor (vgl. Schema in N. 1157).   1869

Durch die in sehr vielen Bundesgesetzen enthaltenen Delegationen ist der Bundesrat in einem *sehr umfangreichen Bereich* zum Erlass von unselbständigen Verordnungen zuständig. Dabei reicht die Rechtsetzungskompetenz, die der Bundesrat durch eine Gesetzesdelegation erhält, viel weiter als die Kompetenz zum Erlass von Vollziehungsverordnungen, die dem Bundesrat von Verfassungs wegen – also ohne Ermächtigung seitens des Gesetzgebers – zusteht, aber auf den Erlass von blossen Vollzugsbestimmungen beschränkt ist.

b) Voraussetzungen der Zulässigkeit der Gesetzesdelegation

Gemäss Art. 164 Abs. 2 BV können Rechtsetzungsbefugnisse durch Bundesgesetz übertragen werden, soweit dies nicht durch die Verfassung ausgeschlossen wird. Zwischen Abs. 1, der die Form des Bundesgesetzes für alle wichtigen Bestimmungen vorbehält, und Abs. 2, der eine Delegation dieser Rechtsetzungsbefugnisse vorsieht, besteht allerdings ein Spannungsverhältnis. Nicht ganz klar ist, ob eine Gesetzesdelegation bezüglich «wichtiger» oder «grundlegender» Bestimmungen im Sinne von Art. 164 Abs. 1 BV möglich ist oder ob die in Abs. 1 dem Gesetzgeber vorbehaltenen Bereiche überhaupt nicht delegierbar sind (vgl. Georg Müller, Formen der Rechtsetzung, S. 265). Nach Auffassung Rhinows (Rz. 2492) trifft Letzteres zu. Das Parlamentsgesetz verdeutlicht, dass alle wichtigen rechtsetzenden Bestimmungen in der Form eines Bundesgesetzes zu erlassen sind (Art. 22 Abs. 1 ParlG).   1870

Der Begriff der Gesetzesdelegation wird von einem Teil der Lehre als irreführend bezeichnet. Die Kompetenz zum Erlass von Verordnungen ergebe sich grundsätzlich unmittelbar aus der schon von der Verfassung vorgenommenen Verteilung der Rechtsetzungskompetenzen und werde nicht erst durch eine «Delegation» des Gesetzgebers begründet. Mit der Rechtsfigur der «Gesetzesdelegation» übertrage der Gesetzgeber nicht eine ihm zustehende Kompetenz auf ein anderes Organ, sondern dadurch werde lediglich die Verfassung präzisiert und konkretisiert (vgl. Georg Müller, Elemente einer Rechtssetzungslehre, S. 118 ff.).   1871

Die Delegation von Rechtsetzungsbefugnissen vom Gesetzgeber an den Bundesrat war in der Bundesverfassung von 1874 nicht vorgesehen. Ihre Zulässigkeit war früher in der Lehre im Hinblick auf die Einschränkungen des Gewaltenteilungsprinzips und der politischen Rechte der Bürger zum Teil abgelehnt worden, so vor allem von Giacometti (Fleiner/Giacometti, S. 800 ff.). Herrschende Lehre und   1872

Rechtsprechung betrachten aber seit längerer Zeit die in der Praxis seit jeher übliche Gesetzesdelegation als zulässig. Das Bundesgericht hat in seiner umfangreichen Rechtsprechung zur Gesetzesdelegation im kantonalen Bereich ausgeführt, ob und wieweit der kantonale Gesetzgeber seine Zuständigkeit zur Rechtsetzung an ein anderes Organ delegieren dürfe, sei vorab eine Frage des kantonalen Verfassungsrechts, welches hierzu aber häufig keine ausdrückliche Regelung enthalte. Bundesrechtlich sei die Delegation von Rechtsetzungskompetenzen vom kantonalen Gesetzgeber an eine Verwaltungsbehörde unter folgenden Voraussetzungen zulässig (statt vieler: BGE 118 Ia 245, 247 f.; 128 I 113, 120 ff.):

– Die Gesetzesdelegation darf nicht durch kantonales Recht ausgeschlossen sein.

– Die Übertragung der Rechtsetzungsbefugnis muss in einem formellen Gesetz (des Kantons oder des Bundes) vorgesehen sein. Auch ein allein vom Kantonsparlament beschlossenes Gesetz kann dabei die Funktion des formellen Gesetzes erfüllen, wenn das kantonale Verfassungsrecht dies so vorsieht (BGE 126 I 182 und 184 f.). Auf Bundesebene ist ein Bundesgesetz notwendig. (Unter der Bundesverfassung von 1874 konnte die Delegation auch in einem allgemeinverbindlichen Bundesbeschluss vorgesehen werden.)

– Die Delegation muss sich auf ein bestimmtes, genau umschriebenes Sachgebiet beschränken.

– Die Grundzüge der Regelung müssen, soweit diese die Rechtsstellung des Einzelnen schwerwiegend berührt, im delegierenden Gesetz selbst enthalten sein.

1873 Bei dieser letzten Voraussetzung stellt sich die Frage, in welchem Ausmass die Grundzüge der Regelung bereits im Gesetz festgelegt sein müssen. Genügt eine allgemein gehaltene Umschreibung, oder ist zu verlangen, dass alle wichtigen Punkte der Regelung schon im Gesetz klar erkennbar sind? Die Frage kann nicht generell beantwortet werden. Je nach Bedeutung und Natur der Materie sind die Anforderungen an die Bestimmtheit der Delegationsnorm unterschiedlich:

– Im *Abgaberecht* muss gemäss Art. 127 Abs. 1 BV – mit dem die bundesgerichtliche Praxis zum Abgaberecht übernommen wurde – das Gesetz selbst in den Grundzügen den Kreis der Abgabepflichtigen, den Gegenstand der Abgabe und die Bemessungsgrundlage festlegen (BGE 120 Ia 1, 3 ff. betr. Kollegiengeldpauschale an der Universität Zürich; vgl. auch N. 871 ff.).

– Die *Einschränkung von Grundrechten* bedarf einer gesetzlichen Grundlage. Schwerwiegende Einschränkungen müssen im Gesetz selbst vorgesehen sein (Art. 36 Abs. 1 BV). Mit dieser Bestimmung wurde ungeschriebenes Verfassungsrecht nachgeführt. Die Umschreibung der Rechtsstellung von Personen, die in einem *Sonderstatusverhältnis* zum Staat stehen, durfte früher weitgehend der Verordnungsstufe überlassen werden; die heutige Praxis ist strenger (vgl. N. 330).

– Im *Bereich der Leistungsverwaltung,* d.h. da, wo der Staat dem Bürger gewisse Leistungen zukommen lässt, gilt nach der Praxis des Bundesgerichts, dass die Grundzüge der Regelung in einem formellen Gesetz verankert sein sollten; dem Verordnungsgeber kommt aber für die konkrete Ausgestaltung ein grosser Entscheidungsspielraum zu (vgl. zu den Anforderungen im Einzelnen die Erwägungen des Bundesgerichts in ZBl 91 [1990] 32).

Diese Delegationsgrundsätze beanspruchen auch auf Bundesebene Geltung. Überschreitet der Bundesrat die in der Delegationsnorm umschriebenen Schranken seiner Rechtsetzungsbefugnis, so kann die Verordnung im Rahmen des akzessorischen Prüfungsrechts (vgl. N. 2096 ff.) auf ihre Verfassungsmässigkeit hin überprüft werden (vgl. z.B. den in N. 1861 erwähnten bundesgerichtlichen Entscheid betreffend das Sicherheitsgurten-Obligatorium, das ursprünglich nur auf Verordnungsebene vorgesehen war). 1874

c) *Subdelegation von Rechtsetzungsbefugnissen*

Eine Subdelegation liegt vor, wenn eine dem Bundesrat delegierte Rechtsetzungsbefugnis von diesem an ein Departement oder eine dem Departement untergeordnete Amtsstelle weiterdelegiert wird. Eine Subdelegation ist eine Änderung der sich aus Verfassung und Gesetz ergebenden Zuständigkeitsordnung durch die Exekutive. 1875

Im Bund ist die Subdelegation gesetzlich geregelt. Das Regierungs- und Verwaltungsorganisationsgesetz (RVOG) vom 21. März 1997 (SR 172.010) bestimmt in Art. 48, dass der Bundesrat die Zuständigkeit zum Erlass von Rechtssätzen – unter Berücksichtigung ihrer Tragweite – auf die Departemente übertragen darf. Eine Übertragung der Rechtsetzung auf Gruppen und Ämter ist nur zulässig, wenn ein Bundesgesetz dazu ermächtigt. 1876

Wieweit eine Subdelegation auf kantonaler Ebene zulässig ist, hängt in erster Linie vom kantonalen Staatsrecht ab. Allerdings muss die Subdelegationsklausel den allgemeinen bundesgerichtlichen Anforderungen an die Gesetzesdelegation genügen (BGE 118 Ia 245, 249 f., unter Hinweis auf BLAISE KNAPP). 1877

d) *Genehmigungsbedürftige Verordnungen*

Der Bundesgesetzgeber kann bei der Delegation einer Rechtsetzungsbefugnis vorsehen, dass die auf dieser Delegation beruhenden bundesrätlichen Verordnungen der Bundesversammlung zur Genehmigung unterbreitet werden müssen. Die Genehmigung erfolgt durch einen einfachen Bundesbeschluss. Trotz der Genehmigung durch die Bundesversammlung bleibt die Verordnung ein Rechtsetzungsakt des Bundesrates. 1878

Derartige Verordnungen, deren Verfassungsmässigkeit von der Lehre zum Teil in Frage gestellt wird, sind im Bund selten.

e) Verordnungen gestützt auf die sogenannten «Vollmachtenbeschlüsse»

1879   Zu Beginn beider Weltkriege wurden dem Bundesrat in den Vollmachtenbeschlüssen der Bundesversammlung vom 3. August 1914 (AS 30, 347 f.) und vom 30. August 1939 (AS 55 II 769 f.) umfassende Rechtsetzungskompetenzen delegiert. Diese Gesetzesdelegationen hatten keine Stütze in der Bundesverfassung; sie gehören in den Bereich des extrakonstitutionellen Notstandsrechts (vgl. N. 1801 ff.).

f) Allgemeinverbindlicherklärung von Gesamtarbeitsverträgen

1880   Der Bund hat die Kompetenz zur Allgemeinverbindlicherklärung von *Gesamtarbeitsverträgen* (Art. 110 Abs. 1 lit. d BV) und von *Rahmenmietverträgen* (Art.109 Abs. 2 BV). Art. 7 des Bundesgesetzes über die Allgemeinverbindlicherklärung von Gesamtarbeitsverträgen vom 28. September 1956 (SR 221.215.311) weist diese Befugnis dem Bundesrat zu, wenn sie sich auf mehrere Kantone bezieht.

Es ist schwierig, die Allgemeinverbindlicherklärung von Verträgen juristisch zu qualifizieren. Erklärt der Bundesrat einen Gesamtarbeitsvertrag für allgemeinverbindlich, so wird dieser zur verbindlichen Norm. Für diejenigen Arbeitnehmer und -geber der betreffenden Branche, die nicht Mitglieder der vertragsschliessenden Verbände sind, hat die Allgemeinverbindlicherklärung ähnliche Wirkung wie ein Rechtsetzungsakt des Bundesrates. Anders als beim Erlass einer Verordnung hat der Bundesrat aber keinen Einfluss auf den Inhalt des Gesamtarbeitsvertrages. Deshalb kann die Allgemeinverbindlicherklärung nicht als Rechtsetzungsakt des Bundesrates qualifiziert werden. Die Frage ihrer Rechtsnatur ist noch nicht geklärt.

III. Verordnungen der Bundesversammlung

1881   Die Verordnungen der Bundesversammlung (vgl. auch N. 1834) – auch *Parlamentsverordnungen* genannt – haben ihre verfassungsrechtliche Grundlage in Art. 163 Abs. 1 BV (vgl. auch Art. 22 Abs. 2 ParlG).

Die Bundesversammlung kann nur in wenigen Fällen *selbständige* Verordnungen erlassen. Eine entsprechende Ermächtigung findet sich z.B. in den Art. 82 Abs. 3 (Ausnahmen von der Gebührenfreiheit betr. öffentliche Strassen) und Art. 173 Abs. 1 lit. c BV (dringliche Massnahmen zur Wahrnehmung der äusseren und inneren Sicherheit). Die Verordnungen der Bundesversammlung sind daher meistens *unselbständige Verordnungen;* sie beruhen auf einer Delegation der Legislative (Bundesversammlung und Volk) an die Bundesversammlung als Teilorgan der Legislative.

1882   Das *Verfahren* beim Erlass solcher Verordnungen der Bundesversammlung entspricht mit Ausnahme des Referendums dem Verfahren beim Erlass eines (nicht dringlichen) Bundesgesetzes. Die Verordnungen müssen in beiden Kammern in übereinstimmender Weise beschlossen werden.

Beispiel: Art. 28 des Bundesgesetzes über den Wald (Waldgesetz) vom 4. Oktober 1991 (SR 921.0) sieht vor, dass die Bundesversammlung bei Waldkatastrophen mit *allgemeinverbindlichem, nicht referendumspflichtigem Bundesbeschluss* Massnahmen ergreifen kann, die insbesondere der Erhaltung der Wald- und Holzwirtschaft dienen. Heute haben derartige Massnahmen in der Form der *Parlamentsverordnung* zu erfolgen.

Besondere Fälle stellen das Geschäftsreglement des Nationalrates (GRN) vom 3. Oktober 2003 (SR 171.13) und das Geschäftsreglement des Ständerates (SRN) vom 20. Juni 2003 (SR 171.14) dar. Sie wurden gestützt auf Art. 36 ParlG vom betroffenen Rat erlassen. 1883

IV. Verordnungen des Bundesgerichts

Das Bundesgericht verfügt in verschiedenen, sachlich sehr beschränkten Bereichen über eine unselbständige Verordnungskompetenz. 1884

Einerseits überträgt das Bundesgesetz über die Organisation der Bundesrechtspflege vom 16. Dezember 1943 (SR 173.110) in Art. 8, 14 und 160 dem Bundesgericht ein Verordnungsrecht, um verschiedene Fragen der internen Organisation und des Verfahrens im Einzelnen zu regeln. Gestützt darauf wurden z.B. das Reglement für das Schweizerische Bundesgericht vom 14. Dezember 1978 (SR 173.111.1) und der Tarif über die Entschädigungen an die Gegenpartei für das Verfahren vor dem Bundesgericht vom 9. November 1978 (SR 173.119.1) erlassen.

Anderseits wurde das Bundesgericht durch Bundesgesetze ermächtigt, Verordnungen für einen Sachbereich zu erlassen, der nicht direkt im Zusammenhang mit seinen Rechtsprechungskompetenzen, aber dem Justizverfahren nahe steht. Gestützt auf Art. 15 Abs. 2 SchKG hat das Bundesgericht eine Reihe von Verordnungen zum SchKG aufgestellt (vgl. z.B. SR 281.32, 281.33, 281.41, 281.42, 281.51, 281.52). Auf Grund von Art. 63 des Bundesgesetzes über die Enteignung vom 20. Juni 1930 (SR 711) hat das Bundesgericht die Verordnung für die eidgenössischen Schätzungskommissionen vom 24. April 1972 (SR 711.1) erlassen.

V. Schema zu den Verordnungsarten

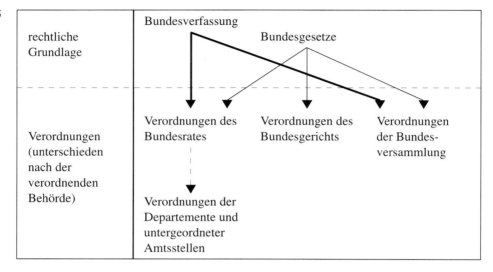

1885

→ Ermächtigung zu selbständigen Verordnungen
→ Ermächtigung zu unselbständigen Verordnungen
- - -▶ Subdelegation der Verwaltungskompetenz

VI. Rechtsetzung durch Private?

1886 In verschiedenen Bereichen des Bundesrechts werden auch Privaten rechtsetzungsähnliche Befugnisse zugestanden.

Mittels *Verweisung* auf private Normen in der staatlichen Gesetzgebung wird privaten Organisationen eine mehr oder weniger direkte Normsetzungsbefugnis übertragen. Es handelt sich dabei vorwiegend um *Bereiche mit ausgeprägt technischem Charakter,* deren Regelung einer stetigen Anpassung an die technische und wissenschaftliche Entwicklung bedürfen, sowie um Regelungen aus dem *Bereich des Wirtschaftsverwaltungsrechts,* bei denen eine laufende Anpassung an die Marktsituation gewährleistet werden soll. So verweist Art. 5 der Verordnung über elektrische Niederspannungsinstallationen vom 6. September 1989 (SR 734.27) bezüglich der Ausführung elektrischer Installationen nach «anerkannten Regeln der Technik» u.a. auf die technischen Normen des Schweizerischen Elektrotechnischen Vereins.

1887 Bereits erwähnt wurde der Fall, dass durch die *Allgemeinverbindlicherklärung von Gesamtarbeits- und Rahmenmietverträgen* deren Bestimmungen auch für Personen, die nicht Mitglieder der beteiligten Verbände sind, verbindliche Wirkung erhalten (vgl. N 1880).

1888 In einigen Fällen wird privaten *Berufs- und Branchenorganisationen* staatliche Verordnungskompetenz delegiert. Beispiel: Art. 51 Abs. 2 des Berufsbildungsgesetzes vom 19. April 1978 (BBG, SR 412.10) bestimmt, dass Berufsverbände, die vom Bund anerkannte Berufsprüfungen und höhere Fachprüfungen veranstalten wollen, ein *Prüfungsreglement* aufzustellen haben; dieses bedarf der Genehmigung des Departementes.

1889 Eine weitere Form, Privaten rechtsetzungsähnliche Befugnisse zu übertragen, ist die so genannte *staatlich gesteuerte Selbstregulierung* (vgl. dazu ARNOLD MARTI, Selbstregulierung anstelle staatlicher Gesetzgebung?, S. 568). Dabei setzt der Staat die *Rahmenbedingungen* bezüglich Verhaltens- oder Produkteanforderungen fest (Rahmengesetz), während die Umsetzung und Konkretisierung dieser Anforderungen den Privaten – vor allem Wirtschaftsverbänden, Fachvereinigungen und ähnlichen Organisationen – überlassen wird. Die durch die Privaten getroffenen Selbstregulierungsmassnahmen sind privatrechtlicher und nicht etwa öffentlich-rechtlicher Natur.

Beispiele: Gemäss Art. 41a Abs. 2 und 3 des Umweltschutzgesetzes vom 7. Oktober 1983 (USG, SR 814.01) fördern Bund und Kantone Branchenvereinbarungen betreffend die Umsetzung des USG durch die Vorgabe mengenmässiger Ziele und entsprechender Fristen und prüfen vor Erlass von Ausführungsvorschriften freiwillige Massnahmen der Wirtschaft, welche soweit möglich und notwendig in das Ausführungsrecht übernommen werden sollen. Laut Art. 3 ff. des Bundesgesetzes über den Börsen- und Effektenhandel vom 24. März 1995 (BEHG, SR 954.1) ist die ausreichende Selbstregulierung Voraussetzung für die Erteilung einer Betriebsbewilligung.

1890 Mit der Frage der *Zulässigkeit der Übertragung von Rechtsetzungsbefugnissen auf Private* befasst sich die Bundesverfassung nicht ausdrücklich, was unbefriedigend ist. Art. 164 Abs. 2 BV sieht lediglich vor, dass Rechtsetzungsbefugnisse durch Bundesgesetz übertragen werden können, soweit dies nicht durch die Bundesverfassung ausgeschlossen ist; wer als Adressat derartiger Delegationen in Frage kommt, sagt die Verfassung nicht. Da die Delegation von Rechtsetzungsbefugnissen an nichtstaatliche, in der Verfassung nicht verankerte Organisationen einen erheblichen Eingriff in die von der Verfassung vorgesehene Kompetenzordnung im Bereich der Rechtsetzung darstellt, muss verlangt werden, dass sich die Übertragung auf eine *Grundlage in einem Erlass der Gesetzesstufe* stützen kann und sich auf Fragen untergeordneter, vor allem technischer Natur beschränkt. Zudem erscheint es als angezeigt, allgemeinverbindliche Vorschriften Privater generell einer staatlichen Genehmigung zu unterstellen. Vgl. zur ganzen Problematik VPB 44 (1980) Nr. 28, S. 118 ff.

1891 Unproblematisch ist es dagegen, wenn Normen privater Organisationen, z.B. des Schweizerischen Ingenieur- und Architekten-Vereins (SIA-Normen), in privatrechtlichen Verträgen als massgeblich erklärt werden; sie gelten dann kraft vertraglicher Vereinbarung und nicht auf Grund einer staatlichen Anordnung.

§ 63 Staatsverträge

Literatur

COTTIER THOMAS/ACHERMANN ALBERTO/WÜGER DANIEL/ZELLWEGER VALENTIN, Der Staatsvertrag im schweizerischen Verfassungsrecht, Bern 2001; EPINEY ASTRID, Das Primat des Völkerrechts als Bestandteil des Rechtsstaatsprinzips, ZBl 95 (1994) 537 ff.; GRISEL ANDRÉ, A propos de la hiérarchie des normes juridiques, ZBl 88 (1987) 377 ff.; GRISEL ETIENNE, Das Verhältnis zwischen direkter Demokratie und völkerrechtlichen Verträgen, ZBl 96 (1995) 437 ff.; HANGARTNER YVO, Das Verhältnis von Völkerrecht und Landesrecht, Ausgeordnung eines Kernproblems von Verfassungspraxis und Verfassungsreform, SJZ 94 (1998) 201 ff.; JACOT-GUILLARMOD OLIVIER, Fondements juridiques internationaux de la primauté du droit international dans l'ordre juridique suisse, ZBJV 120 (1984) 227 ff.; JACOT-GUILLARMOD OLIVIER, La primauté du droit international face à quelques principes directeurs de l'Etat fédéral suisse, ZSR NF 104/I (1985) 383 ff.; KÄLIN WALTER, Der Geltungsgrund des Grundsatzes «Völkerrecht bricht Landesrecht», in: Die schweizerische Rechtsordnung in ihren internationalen Bezügen, Festgabe zum Schweizerischen Juristentag 1988, S. 45 ff.; KELLER HELEN, Rezeption des Völkerrechts: eine rechtsvergleichende Studie zur Praxis des U.S. Supreme Court, des Gerichtshofes der Europäischen Gemeinschaften und des Schweizerischen Bundesgerichts in ausgewählten Bereichen, Berlin etc. 2003; MÜLLER GEORG, Rechtssetzung und Staatsverträge, in: Verfassungsrecht der Schweiz, § 70; MÜLLER JÖRG PAUL/WILDHABER LUZIUS, Praxis des Völkerrechts, 3. Aufl., Bern 2000; SÄGESSER THOMAS, Die vorläufige Anwendung völkerrechtlicher Verträge durch den Schweizerischen Bundesrat, recht 2003, S. 85 ff.; SCHINDLER DIETRICH, Die Schweiz und das Völkerrecht, in: Neues Handbuch der schweizerischen Aussenpolitik, Bern/Stuttgart/Wien 1992, S. 99 ff.; SCHINDLER DIETRICH, Der Vorrang des Völkerrechts und des Europarechts vor dem nationalen Recht als Problem der demokratischen Legitimation des Rechts, in: FS für Anton Heini, Zürich 1995, S. 321 ff.; SEILER HANSJÖRG, Noch einmal: Staatsvertrag und Bundesgesetz, ZBl 96 (1995) 451 ff.; THÜRER DANIEL, Verfassungsrecht und Völkerrecht, in: Verfassungsrecht der Schweiz, § 11; VILLIGER MARK E., Die Unterstellung eines Staatsvertrages unter das Referendum, in: FS für Dietrich Schindler zum 65. Geburtstag, Basel/Frankfurt a.M. 1989, S. 799 ff.; VILLIGER MARK E., Die Europäische Menschenrechtskonvention und die schweizerische Rechtsordnung, EuGRZ 1991, S. 81 ff.; WILDHABER LUZIUS, Treaty-Making Power and Constitution, Basel/Stuttgart 1971; WILDHABER LUZIUS, Aussenpolitische Kompetenzordnung im schweizerischen Bundesstaat, in: Neues Handbuch der schweizerischen Aussenpolitik, Bern/Stuttgart/Wien 1992, S. 121 ff.

Rechtliche Grundlagen

- Art. 54–56, 140 Abs. 1 lit. b, 141 Abs. 1 lit. d, 184 Abs. 1 und 2, 191 BV (Art. 8, 9, 10, 89 Abs. 3–5, 102 Ziff. 8, 113 Abs. 3 aBV)
- Bundesgesetz über die Bundesversammlung (Parlamentsgesetz [ParlG]) vom 18. Dezember 2002 (SR 171.10)

> Materialien

- Botschaft des Bundesrates über die Neuordnung des Staatsvertragsreferendums vom 23. Oktober 1974, BBl 1974 II 1133 ff.
- Botschaft des Bundesrates über eine neue Bundesverfassung vom 20. November 1996, BBl 1997 I 229 ff., 416 ff., 470 ff.
- Bericht der Staatspolitischen Kommission des Ständerates zur parlamentarischen Initiative Beseitigung von Mängeln der Volksrechte vom 2. April 2001, BBl 2001, 4803 ff.
- Stellungnahme des Bundesrates zum Bericht der Staatspolitischen Kommission des Ständerates zur parlamentarischen Initiative Beseitigung von Mängeln der Volksrechte vom 15. Juni 2001, BBl 2001, 6080 ff.

I. Begriff und Arten des Staatsvertrages

1. Begriff des Staatsvertrages

Der Staatsvertrag ist eine internationale, dem Völkerrecht unterstehende Vereinbarung zwischen zwei oder mehreren Staaten, die durch übereinstimmende Willenserklärung zustande kommt und zwischen den betreffenden Staaten Rechte und Pflichten begründet. 1892

Der Ausdruck Staatsvertrag, der in der schweizerischen Literatur überwiegend verwendet wird, stammt aus einer Zeit, in der nur Staaten als Völkerrechtssubjekte galten (DIETRICH SCHINDLER in Kommentar BV, Art. 8 Rz. 4). Zutreffender ist der Terminus «völkerrechtlicher Vertrag», der z.B. in Art. 166 BV (Sachtitel und Abs. 2) vorkommt.

2. Arten von Staatsverträgen

a) Rechtsgeschäftliche und rechtsetzende Staatsverträge

Diese Unterscheidung stellt auf den Inhalt des Staatsvertrages ab. *Rechtsgeschäftliche Staatsverträge* regeln zwischen den beteiligten Staaten ein konkretes Rechtsverhältnis und begründen die dazugehörenden Rechte und Pflichten zwischen den Staaten, ohne direkt die Staatsbürger zu betreffen. Beispiel: Abkommen mit Italien betreffend eine Grenzbereinigung im Val di Lei (vgl. N. 996). *Rechtsetzende Staatsverträge* setzen generell-abstrakte Normen, die das Verhalten der Bürger regeln. 1893

b) Unmittelbar und nicht unmittelbar anwendbare Staatsverträge

Bei den rechtsetzenden Staatsverträgen lassen sich je nach der unmittelbaren Anwendbarkeit zwei Formen unterscheiden. *Unmittelbar anwendbare Staatsverträge* («self-executing treaties») enthalten Rechtssätze, die hinreichend bestimmt und klar 1894 sind, um als Grundlage eines Rechtsanwendungsaktes zu dienen (BGE 118 Ia 112, 117). So stellen z.B. die von der EMRK garantierten Grundrechte unmittelbar anwendbares Staatsvertragsrecht dar. *Nicht unmittelbar anwendbare Staatsverträge* («non-self-executing treaties») setzen nicht direkt anwendbare Normen, sondern enthalten lediglich die Verpflichtung für den innerstaatlichen Gesetzgeber, landesrechtliche Vorschriften gemäss den im Staatsvertrag enthaltenen Grundsätzen zu erlassen. Beispiel: Europäische Sozialcharta (von der Schweiz noch nicht ratifiziert). Es ist möglich, dass ein Staatsvertrag nebeneinander unmittelbar anwendbare und nicht unmittelbar anwendbare Rechtsnormen enthält. Die diesbezügliche Qualifizierung einer Staatsvertragsbestimmung ergibt sich oft erst durch Auslegung.

c) Bilaterale und multilaterale Staatsverträge

1895 Im Hinblick auf die Zahl der Vertragspartner werden zwei Arten unterschieden: *Bilaterale* oder *zweiseitige Staatsverträge* weisen zwei Staaten, *multilaterale* oder *mehrseitige Staatsverträge* (auch Kollektivverträge genannt) drei oder mehr Staaten als Vertragspartner auf.

II. Zuständigkeit des Bundes zum Abschluss von Staatsverträgen

1896 Gemäss Art. 54 BV besitzt der Bund eine umfassende Staatsvertragskompetenz, die auch die innerstaatlich in den Kompetenzbereich der Kantone fallenden Materien umfasst (vgl. auch N. 1123 f.). Den Kantonen steht allerdings ein Mitspracherecht an aussenpolitischen Entscheiden zu, sofern ihr Zuständigkeitsbereich oder ihre wesentlichen Interessen davon betroffen sind (Art. 55 BV).

III. Verfahren beim Abschluss von Staatsverträgen

1897 Als Vereinbarung zwischen Staaten untersteht der Staatsvertrag in erster Linie dem *Völkerrecht.* Dieses kann aber nur bestimmen, in welcher Weise ein Staatsvertrag für den Staat als Völkerrechtssubjekt gegenüber anderen Staaten verbindlich wird.
1898 Hingegen regelt das *innerstaatliche Recht,* wie der staatliche Wille, der anderen Staaten gegenüber als Vertragswille geäussert wird, zu bilden ist und in welcher Form die Normen des Staatsvertrages innerstaatliche Geltung haben.

1. Verhandlung und materieller Abschluss durch den Bundesrat

Gemäss Art. 184 Abs. 1 und 2 BV ist die Vertretung im völkerrechtlichen Verkehr Sache des Bundesrates, wobei er die Mitwirkungsrechte der Bundesversammlung zu wahren hat (Art. 184 Abs. 1 und 166 Abs. 1 BV). Der Bundesrat leitet die Vertragsverhandlungen ein, ernennt und instruiert die schweizerische Delegation und erteilt die Vollmacht an die Delegationsmitglieder zur Unterzeichnung des ausgehandelten Vertragstextes. Die Unterzeichnung erfolgt allerdings unter Vorbehalt der Genehmigung durch die Bundesversammlung und der nachfolgenden Ratifikation.

1899

2. Genehmigung durch die Bundesversammlung

a) Grundsatz der Genehmigungspflicht

Völkerrechtliche Verträge sind von der Bundesversammlung zu genehmigen (Art. 166 Abs. 2 und 184 Abs. 2 Satz 2 BV, Art. 24 Abs. 2 und 3 ParlG).

1900

b) Ausnahmen von der Genehmigungspflicht

Die Bundesverfassung kennt keine verfassungsunmittelbare selbständige Kompetenz des Bundesrates zum Abschluss von Staatsverträgen. Gemäss Art. 166 Abs. 2 BV sowie Art. 24 Abs. 2 ParlG besteht eine Ausnahme von der Genehmigungspflicht nur auf Grund von Gesetz oder völkerrechtlichem Vertrag. Art. 7a Abs. 2 lit. a–d RVOG regelt die Voraussetzungen für eine selbständige Vertragsabschlusskompetenz des Bundesrates. Demnach kann der Bundesrat in folgenden Fällen selbständig Staatsverträge abschliessen:

1901

– bei *Verträgen, die der Schweiz keine neuen Pflichten auferlegen* oder *keinen Verzicht auf bestehende Rechte beinhalten;*
– bei *Vollziehungsabkommen,* d.h. Verträgen, die nur den Vollzug eines bereits früher abgeschlossenen Staatsvertrages regeln, wobei diese Vollziehungsabkommen sich strikte an den grundlegenden Vertrag zu halten haben und keine neuen Verpflichtungen begründen dürfen*;*
– bei Verträgen über *Gegenstände, zu deren innerstaatlicher Regelung allein der Bundesrat kompetent* ist, d.h., bei denen der Bundesrat über eine selbständige oder unselbständige Verordnungskompetenz (vgl. N. 1859 ff.) verfügt;
– bei so genannten *«Bagatellverträgen»*: Ein solcher Vertrag «regelt administrativ-technische Angelegenheiten von beschränkter Tragweite, richtet sich in erster Linie an Behörden, erfordert keine Gesetzesänderungen, greift nicht in Interessen von Individuen ein und verursacht keine bedeutenden finanziellen Aufwendungen». Darüber hinaus sollte er kurzfristig kündbar sein. Der Begriff wird in der Praxis eng ausgelegt. Eine bindende Zusage gegenüber einem ausländischen Staat, jährlich rund 100 Stagiaires aufzunehmen, kann nicht als «Ba-

gatelle» qualifiziert werden (vgl. VPB 57 [1993] Nr. 54, S. 455 ff.). Die parlamentarische Mitwirkung ist bei Bagatellverträgen – wie bei provisorischen und dringlichen Verträgen – auf eine Nachkontrolle beschränkt. Missbilligt die Bundesversammlung einen solchen Vertrag, so ist der Bundesrat gehalten, den in eigener Verantwortung geschlossenen Vertrag auf den nächsten zulässigen Termin zu kündigen.

c) *Bedeutung der Genehmigung durch die Bundesversammlung*

1902 Die Bundesversammlung kann keine Abänderungsvorschläge vorbringen, sondern nur den betreffenden Staatsvertrag gutheissen oder verwerfen. Die Genehmigung durch die Bundesversammlung ist bei genehmigungsbedürftigen Staatsverträgen notwendige *Voraussetzung der Ratifikation* (vgl. N. 1912). Sie ist aber für den Bundesrat *kein bindender Auftrag,* sondern eine blosse Ermächtigung zur Ratifikation. Es steht dem Bundesrat nach wie vor frei, den Vertrag nicht zu ratifizieren.

d) *Form des Genehmigungsbeschlusses*

1903 Die Bundesversammlung entscheidet über die Genehmigung von Staatsverträgen durch *einfachen Bundesbeschluss* (vgl. N. 1836), im Fall von referendumspflichtigen Staatsverträgen durch *referendumspflichtigen Bundesbeschluss* (vgl. N. 1838).

3. Staatsvertragsreferendum

1904 Die Bundesverfassung von 1874 kannte das Staatsvertragsreferendum noch nicht. Dieses wurde als fakultatives Referendum 1921 im Zusammenhang mit den Auseinandersetzungen über den Gotthardvertrag von 1909 auf Grund einer Volksinitiative eingeführt. Die damalige Regelung, die ausschliesslich darauf abstellte, ob ein Staatsvertrag für eine Dauer von mehr als 15 Jahren abgeschlossen wurde, vermochte nicht zu befriedigen. Sie wurde 1977 durch eine neue Ordnung (Art. 89 Abs. 3–5 aBV) ersetzt, die auch der Bundesverfassung von 1999 zugrundeliegt.

Immer häufiger werden politisch wichtige Entscheidungen im Zusammenwirken mit ausländischen Staaten getroffen. Bis 1960 wurden im Durchschnitt jährlich 6,6 multi- und bilaterale Abkommen abgeschlossen; heute liegt die entsprechende Durchschnittszahl bei 100. Unter Hinweis auf die zunehmende Internationalisierung des Rechts wurde der Ausbau des Staatsvertragsreferendums postuliert. Mit der Abstimmung vom 9. Februar 2003 ist dies geschehen. Mit diesem neuen Volksrecht kann nicht nur gegen Staatsverträge, die eine multilaterale Rechtsvereinheitlichung herbeiführen (vgl. Art. 141 Abs. 1 lit. d Ziff. 3 aBV), vorgegangen werden, sondern gegen alle Abkommen, die wichtige rechtsetzende Bestimmungen enthalten oder deren Umsetzung den Erlass von Bundesgesetzen erfordert. Vgl. zur Auslegung der neuen Bestimmung das Gutachten des Bundesamtes für Justiz in VPB 68 (2004) Nr. 83 auf S. 1086 ff.

a) Fakultatives Staatsvertragsreferendum
(Art. 141 Abs. 1 lit. d Ziff. 1–3 BV)

50 000 Stimmberechtigte oder acht Kantone können innerhalb von 100 Tagen seit der amtlichen Veröffentlichung das Referendum verlangen für Staatsverträge, die unbefristet und unkündbar sind, den Beitritt zu einer internationalen Organisation vorsehen (zum Begriff «internationale Organisation» vgl. VPB 42 [1978] Nr. 38, S. 185 ff.), wichtige rechtsetzende Bestimmungen enthalten oder deren Umsetzung den Erlass von Bundesgesetzen erfordert. 1905

b) Obligatorisches Staatsvertragsreferendum (Art. 140 Abs. 1 lit. b BV)

Während beim fakultativen Staatsvertragsreferendum das Volksmehr entscheidet, stellt das obligatorische Staatsvertragsreferendum auf die *Mehrheit von Volk und Ständen* ab. 1907

Dem obligatorischen Staatsvertragsreferendum untersteht gemäss Art. 140 Abs. 1 lit. b BV der Beitritt der Schweiz zu «Organisationen für kollektive Sicherheit» oder zu «supranationalen Gemeinschaften».

«*Organisationen für kollektive Sicherheit*» haben zum Ziel, einem friedensbrechenden oder friedensbedrohenden Angreiferstaat entgegenzutreten oder organisierten Widerstand zu leisten. Zu diesen Organisationen ist beispielsweise die UNO zu zählen, der die Schweiz 2002 beigetreten ist (BBl 2002 3690 f.), nachdem noch 1986 ein Beitritt mit deutlicher Mehrheit abgelehnt worden war (vgl. BBl 1986 II 97 f.). 1908

Die «*supranationalen Gemeinschaften*» weisen folgende Merkmale auf: 1909

– Ihre Organe sind von den Mitgliedstaaten unabhängig.
– Ihre Entscheide beruhen auf Mehrheitsbeschlüssen und nicht auf dem Einstimmigkeitsprinzip; sie treten direkt in Kraft und sind auch für Einzelpersonen unmittelbar verbindlich.
– Ihr Wirkungsbereich ist umfassend.

Als einzige Beispiele supranationaler Gemeinschaften sind die Europäischen Gemeinschaften (Europäische Gemeinschaft und Europäische Atomgemeinschaft) zu nennen.

Das in der Abstimmung vom 6. Dezember 1992 verworfene EWR-Abkommen enthielt zwar gewisse supranationale Elemente, sah jedoch keine supranationale Gemeinschaft im Sinne von Art. 140 Abs. 1 lit. b BV vor. Der Bundesbeschluss über den Europäischen Wirtschaftsraum vom 9. Oktober 1992 wurde – wie 1972 das Freihandelsabkommen zwischen der Schweiz und der EWG – wegen seiner überragenden politischen und wirtschaftlichen Bedeutung wie eine Verfassungsänderung behandelt und dem obligatorischen Referendum mit Volks- und Ständemehr unterstellt (vgl. die Begründung in BBl 1992 IV 538 ff.). 1910

4. Ratifikation

1912 Die Ratifikation – die von dem innerstaatlichen Akt der parlamentarischen Genehmigung streng zu unterscheiden ist – stellt einen *völkerrechtlichen Akt* dar, durch den ein Staat in verbindlicher Weise erklärt, durch einen Staatsvertrag gebunden zu sein.

Die Ratifikation geschieht in der Praxis zumeist durch den *Austausch der Ratifikationsurkunden*. Diese enthalten die Erklärung, dass der Staatsvertragswille innerstaatlich gültig gebildet worden ist und dass daher die Unterzeichnung nunmehr als rechtsverbindlich betrachtet werden darf. Erst mit der Ratifikation wird der Staatsvertrag völkerrechtlich verbindlich.

Zuständig für die Ratifikation ist der *Bundesrat* (Art. 184 Abs. 2 BV).

5. Innerstaatliche Geltung und Publikation in der Gesetzessammlung

1913 Das Völkerrecht überlässt es den einzelnen Staaten, wie sie völkerrechtliche Verträge innerstaatlich durchführen. Verschiedene Staaten (vor allem England und die skandinavischen Staaten) gehen davon aus, dass völkerrechtliche Normen durch staatliche Gesetzesakte umgeformt («transformiert») werden müssen, um innerstaatliche Geltung zu erlangen. (Freilich beansprucht das supranationale Gemeinschaftsrecht der EU auch in diesen Staaten unmittelbare Geltung.) Diesem «dualistischen» Modell steht das «monistische» gegenüber, zu dem sich die Schweiz bekennt: Danach sind Völkerrecht und Landesrecht Teile eines einheitlichen Regelungssystems. Daher bedürfen in der Schweiz die Staatsverträge keiner Transformation ins innerstaatliche Recht. Mit der völkerrechtlichen Verbindlichkeit erlangen sie *automatisch* auch *landesrechtliche Gültigkeit* (BGE 105 II 49, 57 f., Bosshard Partners Intertrading AG).

1914 Für Staatsverträge, die dem Referendum unterstehen oder rechtsetzender Natur sind, sowie für weitere Staatsverträge von besonderer Bedeutung ist die *Publikation in der Amtlichen Sammlung des Bundesrechts* vorgeschrieben (Art. 3 PublG).

1915 Erst mit der Publikation in der Gesetzessammlung erlangen die Staatsverträge *Verbindlichkeit für den Bürger* (Art. 8 PublG). Privatpersonen werden aber nur dann durch einen Staatsvertrag direkt verpflichtet oder berechtigt, wenn dieser unmittelbar anwendbare Normen enthält (vgl. zur Unterscheidung zwischen unmittelbar und nicht unmittelbar anwendbaren Staatsverträgen N. 1894). Normen, die nicht «self-executing» sind, bedürfen einer innerstaatlichen Durchführung, die nach den auch sonst für die Gesetzgebung üblichen Verfahren und Grundsätzen zu erfolgen hat; das hat zur Folge, «dass für wichtige Materien eine formelle gesetzliche Grundlage erforderlich ist und der Staatsvertrag diese nicht ersetzen kann» (Bundesamt für Justiz in VPB 59 [1995] Nr. 24, S. 213 ff.).

Schema zum Verfahren beim Abschluss von Staatsverträgen

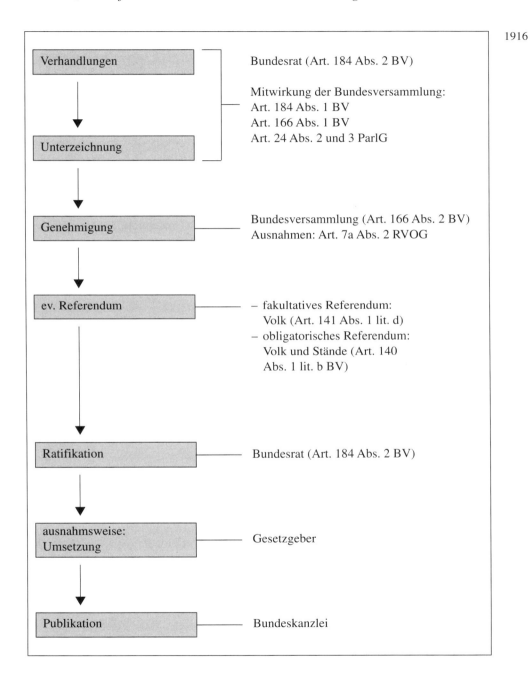

IV. Verhältnis zwischen Staatsvertrag und innerstaatlichem Recht

1917 Staatsverträge binden die Vertragsparteien und sind von ihnen nach Treu und Glauben zu erfüllen; eine Vertragspartei kann sich grundsätzlich (ausser bei offenkundiger Verletzung der innerstaatlichen Zuständigkeitsordnung) nicht auf ihr Recht berufen, um die Nichterfüllung eines Staatsvertrages zu rechtfertigen (so ausdrücklich Art. 26, 27 und 46 des Wiener Übereinkommens über das Recht der Verträge vom 23. Mai 1969, in Kraft getreten für die Schweiz am 6. Juni 1990, SR 0.111). Allerdings überlässt das Völkerrecht den einzelnen Staaten, wie sie diese Pflichten *innerstaatlich* zur Geltung bringen. Insbesondere entscheidet das Landesrecht «über den Rang völkerrechtlicher Regelungen in der innerstaatlichen Normenhierarchie» (DANIEL THÜRER in Kommentar aBV, Bundesverfassung und Völkerrecht, Rz. 13). Das Völkerrecht kennt keine Regel «Völkerrecht bricht Landesrecht» (DIETRICH SCHINDLER, Der Vorrang des Völkerrechts, S. 323). Die Entscheidung für ein monistisches Modell (vgl. N. 1913) hat – was häufig übersehen wird – nicht automatisch zur Folge, dass Völkerrecht auch innerstaatlich den Vorrang vor Landesrecht beanspruchen kann, wie das Beispiel der USA (monistisches System mit Vorrang der Verfassung vor dem Völkerrecht) zeigt.

Die Frage, welchen Rang Staatsverträge im schweizerischen Verfassungsrecht in der Normenhierarchie einnehmen, ist in Lehre und Praxis kontrovers (vgl. dazu die grundlegenden Ausführungen in der gemeinsamen Stellungnahme des Bundesamtes für Justiz und der Direktion für Völkerrecht vom 26. April 1989 in VPB 53 [1989] Nr. 54, S. 393 ff.). Weit gehende Einigkeit besteht allerdings darüber, dass Staatsverträge *mindestens auf der Stufe der Bundesgesetze* stehen, jedenfalls soweit es sich nicht um blosse Vollziehungsabkommen handelt.

1918 Gemäss Art. 191 BV (= Art. 190 BV in der Fassung vom 12. März 2000 [noch nicht in Kraft; vgl. N. 72]) ist für das Bundesgericht und die anderen rechtsanwendenden Behörden *das Völkergewohnheitsrecht und die von der Schweiz ratifizierten Staatsverträge verbindlich;* nach früherem Recht (Art. 113 Abs. 3 aBV) galt dies nur für die von der Bundesversammlung genehmigten Staatsverträge. Daraus kann aber keine Aussage zur Rangordnung der Verfassung beziehungsweise der Bundesgesetze und dem internationalen Recht abgeleitet werden.

1919 Der in Art. 5 Abs. 4 BV verankerte Verfassungsgrundsatz, der Bund und Kantone verpflichtet, das Völkerrecht zu beachten, stellt keine eigentliche Kollisionsregel für Konflikte zwischen Völkerrecht und Landesrecht dar (vgl. auch N. 204).

1920 Der Vorrang des EWR-Rechts vor dem Landesrecht aller Stufen wäre eine wichtige Grundbedingung für die Verwirklichung der Ziele des EWR-Abkommens gewesen (vgl. BBl 1992 IV 87 ff. sowie N. 196). Bei der Beratung des EWR-Vertrages in den eidgenössischen Räten wurde darüber debattiert, ob das Prinzip des Vorrangs des Völkerrechts allgemein oder wenigstens der Vorrang des EWR-Rechts gegenüber dem Landesrecht in den Übergangsbestimmungen der Bundesverfassung ausdrücklich zu verankern sei; doch verzichtete man schliesslich auf eine solche Klausel.

1. Staatsvertrag und Bundesverfassung

Die Frage, ob das Völkerrecht der Bundesverfassung vorgehe, wurde bisher in der schweizerischen Praxis wenig thematisiert. In der Lehre ist zu Recht darauf hingewiesen worden, dass die Frage einer differenzierten Beantwortung bedürfe, weil *auch das Völkerrecht eine hierarchisch gestufte Ordnung* darstellt (vgl. hierzu vor allem DANIEL THÜRER in Kommentar aBV, Bundesverfassung und Völkerrecht, Rz. 16 ff.; kritisch DIETRICH SCHINDLER, Der Vorrang des Völkerrechts, S. 332 f.).

1921

Die *Normen des zwingenden Völkerrechts gehen der Verfassung vor* und bilden auch eine Schranke der Verfassungsrevision (Art. 193 Abs. 4, 194 Abs. 2 BV; vgl. N. 1756). Im Übrigen bedarf die Frage, ob im Konfliktfall Völker- oder Verfassungsrecht vorgehe, einer subtilen Abwägung im Einzelfall. Grundrechte der Bundesverfassung stehen u.E. in der Normenhierarchie auf einer höheren Stufe als Verwaltungsabkommen mit dem Ausland; doch kommt dieser Feststellung wenig praktische Bedeutung zu, da von der Schweiz ratifizierte Konventionen diese Grundrechte in sehr weit gehendem Ausmass auch völkerrechtlich absichern.

1922

Bundesrat und Bundesversammlung haben bei Abschluss und Genehmigung von Staatsverträgen grundsätzlich die Normen der Bundesverfassung zu beachten.

1923

2. Staatsvertrag und Bundesgesetz

Was gilt, wenn die Bestimmungen eines Staatsvertrages und die Vorschriften eines Bundesgesetzes voneinander abweichen?

1924

Unbestritten ist, dass in solchen Fällen der spätere Staatsvertrag dem zeitlich früheren Bundesrecht vorgeht.

Die Beurteilung des Falles, in dem ein Staatsvertrag älter ist als das ihm widersprechende Gesetzesrecht des Bundes, hat in der bundesgerichtlichen Rechtsprechung Wandlungen durchgemacht. In seiner früheren Praxis (BGE 59 II 331, 337 f., Steenworden) gab das Bundesgericht dem jüngeren internen Recht den Vorzug. Seit dem Entscheid BGE 94 I 669, 678, Frigerio, versuchte das Bundesgericht, das Problem auf dem Weg der völkerrechtskonformen Auslegung des Landesrechts zu lösen. Es ging davon aus, dass der Bundesgesetzgeber gültig abgeschlossene Staatsverträge gelten lassen wolle, ausser er setze bewusst völkerrechtswidriges Landesrecht. Im Konfliktfall müsse das innerstaatliche Recht daher völkerrechtskonform ausgelegt werden, d.h. so, dass ein Widerspruch zum Völkerrecht gar nicht erst entsteht. Im berühmten, von der Lehre stark kritisierten Schubert-Entscheid (BGE 99 Ib 39, 43 ff.) anerkannte das Bundesgericht ausdrücklich die Möglichkeit des Bundesgesetzgebers, bewusst von einem Staatsvertrag abzuweichen; eine solche Abweichung könne zwar die völkerrechtlichen Rechte und Pflichten eines Staates nicht ändern, sei aber im innerstaatlichen Bereich massgebend und für das Bundesgericht verbindlich (Bestätigung in BGE 112 II 1, 13 E. 8, Wohnbau AG Giswil).

1925

1926 In seiner neueren Praxis anerkennt das Bundesgericht generell den Vorrang des Staatsvertragsrechts gegenüber Bundesgesetzen, auch wenn das Gesetzesrecht jünger ist (vgl. BGE 122 II 485, 486 f.; BGE 122 II 234, 239, Schweizerischer Bund für Naturschutz; BGE 119 V 171, 176 ff.). Klar für den Vorrang des Staatsvertrages gegenüber dem Bundesgesetz hat sich das Bundesgericht im Entscheid BGE 125 II 417 ff. (Propagandamaterial PKK) ausgesprochen. Es trat auf die Verwaltungsgerichtsbeschwerde gegen einen Entscheid des Bundesrates ein, obwohl das Bundesrechtspflegegesetz nach Art. 98 lit. a und 100 Abs. 1 lit. a einen entsprechenden Beschwerdeweg ausschliesst. Gemäss bundesgerichtlicher Rechtsprechung verstösst diese gesetzliche Regelung gegen Art. 6 Ziff. 1 EMRK, der den Beschwerdeführern im konkreten Fall einen Anspruch auf gerichtliche Beurteilung gab. Nachdem Art. 98 lit. a OG auf Grund der abschliessenden Aufzählung der anfechtbaren Entscheide des Bundesrates keiner völkerrechtskonformen Auslegung zugänglich ist, entschied das Bundesgericht gestützt auf Art. 26 des Wiener Übereinkommens über das Recht der Verträge vom 23. Mai 1969 (SR 0.111), dass die Schweiz nicht unter Berufung auf ihr innerstaatliches Recht die Nichterfüllung eines Vertrages rechtfertigen könne. Es liess allerdings offen, ob in Fällen, in denen die völkerrechtliche Norm nicht dem Schutz der Menschenrechte dient, der Konflikt anders zu entscheiden sei. Damit steht die herrschende Lehre im Einklang. Da Staatsverträge ebenso massgebend sind wie Bundesgesetze, kann der Richter im Fall des Konfliktes zwischen einem Bundesgesetz und einem Staatsvertrag Letzterem zum Durchbruch verhelfen. Dies erlaubt dem Bundesgericht, auch Bundesgesetze auf ihre Übereinstimmung mit der EMRK zu überprüfen und im konkreten Anwendungsfall die betreffende Gesetzesbestimmung nicht anzuwenden, wenn sie sich als konventionswidrig erweist (BGE 117 Ib 367, 369 ff., Eidg. Steuerverwaltung). Vgl. auch BGE 128 III 113, 116.

1926a Unklar ist allerdings nach wie vor, ob durch diese neuere Rechtsprechung die im Schubert-Entscheid (vgl. N. 1925) begründete Praxis aufgegeben worden sei. Testfall wäre «ein klarer Widerspruch zwischen einer neuen bundesgesetzlichen Regelung und einer weder ausdrücklich noch stillschweigend vorbehaltenen älteren völkerrechtlichen, nicht dem ius cogens zuzurechnenden Norm» (YVO HANGARTNER in St. Galler BV-Kommentar, Art. 191 Rz. 25).

3. Staatsvertrag und übrige Bundeserlasse

1927 Den Bundesbeschlüssen und den Verordnungen des Bundes geht der – höherstufige – Staatsvertrag vor.

4. Staatsvertrag und kantonales Recht

1928 Die vom Bund abgeschlossenen Staatsverträge sind Bundesrecht und haben als solches Vorrang gegenüber dem kantonalen Recht aller Stufen (vgl. N. 1173 ff.).

7. Teil: Staatsrechtspflege

Allgemeine Literatur

AUBERT JEAN-FRANÇOIS, Le contrôle judiciaire de la constitutionnalité des lois fédérales, in: Verfassungsgerichtsbarkeit, Schriftenreihe Schweizerischer Anwaltsverband Bd. 3, Zürich 1988; AUER ANDREAS, Grundlagen und aktuelle Probleme der schweizerischen Verfassungsgerichtsbarkeit, Jahrbuch des Öffentlichen Rechts der Gegenwart NF 40 (1991/92) 111 ff.; AUER ANDREAS, La juridiction constitutionnelle en Suisse, Bâle/Francfort-sur-le-Main 1983; AUER ANDREAS, Die schweizerische Verfassungsgerichtsbarkeit, Basel/Frankfurt a.M. 1984; GEISER THOMAS/MÜNCH PETER (Hrsg.), Prozessieren vor Bundesgericht, 2. Aufl., Basel/Frankfurt a.M. 1998; HALLER WALTER, Ausbau der schweizerischen Verfassungsgerichtsbarkeit, in: Rainer J. Schweizer (Hrsg.), Reform der Bundesgerichtsbarkeit, Zürich 1995, S. 177 ff.; HALLER WALTER, Das schweizerische Bundesgericht als Verfassungsgericht, in: Christian Starck/Albrecht Weber (Hrsg.), Verfassungsgerichtsbarkeit in Westeuropa, Baden-Baden 1986, Teilbd. I: Berichte, S. 179 ff. (2. Aufl. erscheint voraussichtlich 2005); HALLER WALTER, Die Verfassungsgerichtsbarkeit im Gefüge der Staatsfunktionen, Die öffentliche Verwaltung 33 (1980) 465 ff.; HALLER WALTER, Ausbau der Verfassungsgerichtsbarkeit?, ZSR NF 97/I (1978) 501 ff.; HANGARTNER YVO, Ausbau der Verfassungsgerichtsbarkeit, AJP 1995, 1013 ff.; IMBODEN MAX, Verfassungsgerichtsbarkeit in der Schweiz, in: Max Imboden, Staat und Recht, Ausgewählte Schriften und Vorträge, Basel/Stuttgart 1971, S. 257 ff.; KÄLIN WALTER, Verfassungsgerichtsbarkeit, in: Verfassungsrecht der Schweiz, § 74; KLEY-STRULLER ANDREAS, Der richterliche Rechtsschutz gegen die öffentliche Verwaltung, Zürich 1995; KOLLER ARNOLD, Ausbau der Verfassungsgerichtsbarkeit auf Bundesebene, in: Justizreform, Internationales Symposium vom 13. Juni 1998 am Bundesgericht, Lausane 1998, S. 225 ff.; KOTTUSCH PETER, Zum Verhältnis von Verfassungs- und Verwaltungsgerichtsbarkeit, Diss. Zürich 1973; MALINVERNI GIORGIO, L'article 113 al. 3 de la Constitution fédérale et le contrôle de la conformité des lois fédérales à la Convention européenne des droits de l'homme, in: Aktuelle Probleme des Staats- und Verwaltungsrechts, FS für Otto K. Kaufmann, Bern/Stuttgart 1989, S. 381 ff.; MÜLLER JÖRG PAUL, Die Verfassungsgerichtsbarkeit im Gefüge der Staatsfunktionen, VVDStRL 39 (1981) 53 ff.; NEF HANS, Sinn und Schutz verfassungsmässiger Gesetzgebung und rechtmässiger Verwaltung im Bunde, ZSR NF 69 (1950) 133a ff.; OETER STEFAN, Die Beschränkung der Normenkontrolle in der schweizerischen Verfassungsgerichtsbarkeit, Zeitschrift für ausländisches öffentliches Recht und Völkerrecht 50 (1990) 545 ff.; RHINOW RENÉ/KOLLER HEINRICH/KISS CHRISTINA, Öffentliches Prozessrecht und Justizverfassungsrecht des Bundes, Basel/Frankfurt a.M. 1996; ROUSSY JEAN, Le contrôle judiciaire de la constitutionnalité des lois fédérales aux Etats-Unis et en Suisse, Etude de droit américain, questions de droit suisse, Diss. Lausanne 1969; SCHIBLI PETER, Die Möglichkeit der Einführung einer Zulassungsbeschränkung am schweizerischen Bundesgericht nach dem Muster des amerikanischen Certiorari-Verfahrens, Diss. Bern 1984; ZIEGLER PHILIPP, Von der Rechtsmittelvielfalt zur Einheitsbeschwerde, Diss. Basel 2003; ZIMMERLI ULRICH, Verfassungsgerichtsbarkeit, ZSR NF 121/I (2002) 445 ff.; ZIMMERLI ULRICH/KÄLIN WALTER/KIENER REGINA, Grundlagen des öffentlichen Verfahrensrechts, Bern 1997.

§ 64 Staatsrechtliche Beschwerde an das Bundesgericht

> Literatur

AUER ANDREAS, L'effet des décisions d'inconstitutionnalité du Tribunal fédéral, AJP 1992, 559 ff.; AUER ANDREAS, Les caprices de la nature cassatoire du recours de droit public – Réflexions sur l'arrêt Hegetschweiler, in: FS für Ulrich Häfelin zum 65. Geburtstag, Zürich 1989, S. 33 ff.; AUER ANDREAS, Politische Rechte und Gewaltentrennung, Kritische Anmerkungen zu einer Praxisänderung, ZBl 82 (1981) 346 ff.; AUER ANDREAS, Une procédure d'admission devant le juge constitutionnel fédéral?, SJZ 82 (1986) 105 ff.; BIRCHMEIER WILHELM, Handbuch des Bundesgesetzes über die Organisation der Bundesrechtspflege vom 16. Dezember 1943, Zürich 1950, S. 305 ff.; CAMPRUBI MADELEINE, Kassation und positive Anordnungen bei der staatsrechtlichen Beschwerde, Diss. Zürich 1999; DILL MARKUS, Die staatsrechtliche Beschwerde wegen Verletzung der Gemeindeautonomie, Diss. Bern 1996; FORSTER MARC, Woran staatsrechtliche Beschwerden scheitern: Zur Eintretenspraxis des Bundesgerichts, SJZ 89 (1993) 77 ff.; GADOLA ATTILIO, Die unverzichtbaren und unverjährbaren Grundrechte als verfahrensrechtliches Scheinproblem – Rückbesinnung auf die Dogmatik der Nichtigkeitsgründe, recht 13 (1995) 34 ff.; GERBER PHILIPPE, La nature cassatoire du recours de droit public, Basel/Frankfurt a.M. 1997; GIACOMETTI ZACCARIA, Die Verfassungsgerichtsbarkeit des Schweizerischen Bundesgerichtes (Die staatsrechtliche Beschwerde), Zürich 1933; GYGI FRITZ, Zur bundesgerichtlichen Kognition im staatsrechtlichen Beschwerdeverfahren wegen Verletzung verfassungsmässiger Rechte, ZBl 86 (1985) 97 ff.; HAEFLIGER ARTHUR, Die Rechtsfolgen der Gutheissung einer staatsrechtlichen Beschwerde, in: Aktuelle Probleme des Staats- und Verwaltungsrechts, FS für Otto K. Kaufmann, Bern/Stuttgart 1989, S. 357 ff.; HILLER CHRISTOPH, Die Stimmrechtsbeschwerde, Diss. Zürich 1990; HIRSCHI FRIEDRICH, Das Anfechtungsobjekt der staatsrechtlichen Beschwerde, Diss. Zürich 1971; JAAG TOBIAS, Die Anfechtbarkeit von Richtplänen mit staatsrechtlicher Beschwerde, SJZ 78 (1982) 261 ff.; KÄLIN WALTER, Das Verfahren der staatsrechtlichen Beschwerde, 2. Aufl., Bern 1994; KÄLIN WALTER, Verfassungsgerichtsbarkeit in der Demokratie, Funktionen der staatsrechtlichen Beschwerde, Bern 1987; KARLEN PETER, Verwaltungsgerichtsbeschwerde gegen Raumpläne, recht 15 (1997) 125 ff.; KAUFMANN OTTO K., Die beiden Brillen des Bundesgerichts, in: Beiträge zur Methode des Rechts, St. Galler Festgabe zum Schweizerischen Juristentag 1981, Bern/Stuttgart 1981, S. 165 ff.; KNAPP BLAISE, Le recours de droit public, ZSR NF 94/II (1975) 207 ff.; KÖLZ ALFRED, Die Legitimation zur staatsrechtlichen Beschwerde und das subjektive öffentliche Recht, in: Mélanges André Grisel, Neuchâtel 1983, S. 739 ff.; KOLLER THOMAS, Die Ausschöpfung des Instanzenzuges bei staatsrechtlichen Beschwerden wegen Verletzung von Art. 4 BV, recht 3 (1985) 99 ff.; LEUENBERGER CHRISTOPH, Die unverzichtbaren und unverjährbaren Grundrechte in der Rechtsprechung des Schweizerischen Bundesgerichtes, Diss. Bern 1976; LEUTHOLD MATTHIAS, Die Prüfungsdichte des Bundesgerichts im Verfahren der staatsrechtlichen Beschwerde wegen Verletzung verfassungsmässiger Rechte, Diss. Bern 1992; MALINVERNI GIORGIO, Remarques sur la qualité pour recourir dans le recours de droit public pour violation de concordats, SJZ 74 (1978) 233 ff.; MARTI HANS, Die staatsrechtliche Beschwerde, 4. Aufl., Basel/Stuttgart 1979; MATTER HANS PETER, Die Legitimation der Gemeinde zur staatsrechtlichen Beschwerde, Diss. Bern 1965; MÖHR HANS, Die Kognition des Bundesgerichts bei der Überprüfung der Anwendung des kantonalen Gesetzesrechts im Rahmen der staatsrechtlichen Beschwerde wegen Verletzung verfassungsmässiger Freiheitsrechte, insbesondere der Handels- und Gewerbefreiheit und der persönlichen Freiheit, Diss. St. Gallen 1984; ROHNER CHRISTOPH, Über die Kognition des Bundesgerichtes bei der staatsrechtlichen Beschwerde wegen Verletzung verfassungsmässiger Rechte, Diss. Bern 1982; SAMELI KATHARINA, Der Rechtsschutz auf dem Gebiet der politischen Rechte, Rivista di diritto amministrativo e tributario ticinese 1994 II, 255 ff.; SPÜHLER KARL, Die Praxis der staatsrechtlichen Beschwerde, Bern 1994; STREHLE BARBARA, Rechtswirkungen verfassungsgerichtlicher Normenkontrollentscheidungen, Diss. Zürich 1980; VETSCH URS, Die staatsrechtliche Beschwerde wegen Verletzung von Konkordaten, Diss.

Bern 1970; VETTERLI ROLAND, Kantonale Erlasse als Anfechtungsobjekte der staatsrechtlichen Beschwerde, Diss. St. Gallen 1989; WEBER-DÜRLER BEATRICE, Grenzen des Rechtsschutzes bei der Gleichberechtigung, in: Die Gleichstellung von Frau und Mann als rechtspolitischer Auftrag, in: FS für Margrith Bigler-Eggenberger, Basel/Frankfurt a.M. 1993, S. 337 ff.

Rechtliche Grundlagen

- Art. 189 Abs. 1 lit. a–c BV (Art. 113 Abs. 1 Ziff. 3 aBV)
- Art. 189 Abs. 1 BV in der Fassung vom 12. März 2000 (noch nicht in Kraft, vgl. N. 72)
- Bundesgesetz über die Organisation der Bundesrechtspflege (OG) vom 16. Dezember 1943 (SR 173.110), vor allem Art. 84 ff. OG
- Reglement für das Schweizerische Bundesgericht (R BGer) vom 14. Dezember 1978 (SR 173.111.1)

I. Allgemeines

Es ist ein zentrales Anliegen des Rechtsstaates, die Bindung der staatlichen Organe an das ihnen übergeordnete Recht zu gewährleisten. Von besonderer Bedeutung ist dabei die Sicherung der Respektierung der Verfassung. Die modernen Verfassungsstaaten haben mit der *Verfassungsgerichtsbarkeit* ein spezielles Instrument geschaffen, dessen Aufgabe darin besteht, die Einhaltung der Verfassung zu überwachen. So verfügen beispielsweise die Bundesrepublik Deutschland und Österreich über Verfassungsgerichte, die in umfassender Weise staatliche Erlasse und Einzelakte auf ihre Verfassungsmässigkeit hin überprüfen können. 1929

Die Schweiz kennt kein aus der allgemeinen Gerichtsorganisation herausgehobenes Verfassungsgericht, jedoch übt das *Bundesgericht* – neben seinen Aufgaben in anderen Rechtsgebieten (vgl. N. 1733 ff.) – in gewissem Umfang auch Verfassungsgerichtsbarkeit oder Staatsrechtspflege aus. Wichtigstes Rechtsmittel in diesem Bereich ist die *staatsrechtliche Beschwerde*. Sie erlaubt es dem Einzelnen, bei Verletzung bestimmter Rechte – vor allem verfassungsmässiger Rechte – an das Bundesgericht zu gelangen. Die staatsrechtliche Beschwerde ermöglicht aber nicht eine lückenlose Überprüfung aller staatlichen Akte auf ihre Verfassungsmässigkeit hin; vielmehr bestehen in verschiedener Hinsicht Einschränkungen (vgl. N. 1934 ff.). Trotz dieser Unvollkommenheit im System der Verfassungsgerichtsbarkeit stellt die langjährige Praxis des Bundesgerichts zur staatsrechtlichen Beschwerde eine grosse Leistung dar, die Wesentliches zum Schutz und zur Weiterentwicklung der verfassungsmässigen Rechte der Bürgerinnen und Bürger beigetragen hat. Die Bedeutung der staatsrechtlichen Beschwerde zeigt sich auch in ihrem zahlenmässigen Umfang; so waren unter den 4 597 Fällen, die das Bundesgericht in Lausanne 2003 erledigte, 1 991 staatsrechtliche Beschwerden. 1930

1931 Der grösste Teil der staatsrechtlichen Beschwerden wird von den beiden öffentlich-rechtlichen Abteilungen des Bundesgerichts behandelt; daneben erledigen aber auch die beiden zivilrechtlichen Abteilungen (756 Fälle im Jahr 2003) und der Kassationshof in Strafsachen (158 Fälle) staatsrechtliche Beschwerden, die mit ihren Fachgebieten in Zusammenhang stehen (vgl. N. 1743). Die starke Zunahme der staatsrechtlichen Beschwerden ist ein Hauptgrund für die Überlastung, unter der das Bundesgericht seit Jahren leidet und die durch die Revision des Bundesgerichtsgesetzes überwunden werden soll. Vgl. N. 1728 ff.

1932 Zur Staatsrechtspflege gehört auch, wenn das Bundesgericht im Rahmen von staatsrechtlichen Klageverfahren über *staatsrechtliche Streitigkeiten zwischen Bund und Kantonen oder zwischen Kantonen* entscheidet (vgl. § 65).

1933 Art. 189 Abs. 2 BV, der die Entscheidung verfassungsrechtlicher Streitigkeiten durch andere Bundesbehörden vorbehält, ist gegenstandslos geworden. Durch das Bundesgesetz über prozessuale Anpassungen an die neue Bundesverfassung vom 8. Oktober 1999 (AS 2000, 416) ist die *Staatsrechtspflege des Bundesrates und der Bundesversammlung* (sog. «Administrativstreitigkeiten»), die vor allem in Verfassungsstreitigkeiten betr. das Schulwesen und das Recht auf schickliche Beerdigung noch eine gewisse Rolle gespielt hatte, *dahingefallen* und durch die Möglichkeit der staatsrechtlichen Beschwerde an das Bundesgericht abgelöst worden. In der bereinigten Fassung des Art. 189 BV vom 12. März 2000 (noch nicht in Kraft, vgl. N. 72) findet sich der Vorbehalt von Abs. 2 nicht mehr.

1933a Die im Entwurf des Bundesrates zur Totalrevision der Bundesrechtspflege vorgesehene Integration der staatsrechtlichen Beschwerde in das System der *Einheitsbeschwerde* (vgl. N. 1731) würde gegenüber der heutigen Rechtslage zu *empfindlichen Rechtsschutzdefiziten* führen, u.a. weil die Verletzung verfassungsmässiger Rechte durch kantonale Akte nicht mehr in allen Fällen beim Bundesgericht gerügt werden könnte (vgl. dazu BBl 2001, 4230). Der Entwurf ist daher auf Kritik gestossen, der das Parlament wenigstens teilweise Rechnung zu tragen scheint. Wie der Rechtsschutz des Individuums in Verfassungsfragen – ca. ab dem Jahr 2007 – ausgestaltet sein wird, ist zur Zeit der Drucklegung dieses Buches ungewiss.

II. Die Voraussetzungen der staatsrechtlichen Beschwerde im Überblick

1934 Mit der staatsrechtlichen Beschwerde können nicht beliebige Rechtsverletzungen gerügt werden. Vielmehr muss in jedem Einzelfall geprüft werden, ob die Voraussetzungen gegeben sind, welche das Bundesgesetz über die Organisation der Bundesrechtspflege (OG) vom 16. Dezember 1943 (SR 173.110) für die Zulassung einer staatsrechtlichen Beschwerde umschreibt. Es ist dabei zu prüfen:

- ob der staatliche Akt, durch den das geschützte Recht verletzt wird, überhaupt Gegenstand einer staatsrechtlichen Beschwerde sein kann (Frage nach dem *Anfechtungsobjekt);*
- ob die Verletzung eines Rechts geltend gemacht wird, das in den Schutzbereich der staatsrechtlichen Beschwerde fällt (Frage nach dem *Beschwerdegrund);*
- ob keine anderen Rechtsmittel des Bundes der staatsrechtlichen Beschwerde im konkreten Fall vorgehen und ob der kantonale Instanzenzug erschöpft ist (Frage der *«Subsidiarität»);*
- ob der Beschwerdeführer befugt ist, im konkreten Fall mit seinem Anliegen an das Bundesgericht zu gelangen (Frage nach *Parteifähigkeit, Prozessfähigkeit* und *Beschwerdelegitimation);*
- ob die Vorschriften über die *Beschwerdefrist* sowie *Form und Inhalt der Beschwerdeschrift* beachtet worden sind.

Nur wenn Anfechtungsobjekt und Beschwerdegrund gegeben sind, kein anderes Rechtsmittel vorgeht, der Beschwerdeführer partei- und prozessfähig sowie zur Beschwerde legitimiert ist und Frist und Form eingehalten werden, ist eine staatsrechtliche Beschwerde zulässig.

III. Die einzelnen Voraussetzungen der staatsrechtlichen Beschwerde

1. Anfechtungsobjekt

Nicht immer wenn ein verfassungsmässiges Recht verletzt wird, kann der Bürger den betreffenden staatlichen Akt mit staatsrechtlicher Beschwerde anfechten. Diese kann sich nur gegen bestimmte staatliche Akte wenden.

1935

a)   Beschränkung auf kantonale Hoheitsakte

Nach Art. 84 Abs. 1 OG sind nur *kantonale Erlasse und Verfügungen* Anfechtungsobjekt der staatsrechtlichen Beschwerde. Diese Einschränkung ergibt sich nicht aus der Bundesverfassung. Die staatsrechtliche Beschwerde war jedoch von Anfang an als Kontrollinstrument gegenüber den Kantonen konzipiert, denn im 19. Jahrhundert bestand – infolge der damals noch wenig zahlreichen Kompetenzen des Bundes – ein Rechtsschutzbedürfnis fast ausschliesslich gegenüber den Kantonen.

1936

Verfassungsverletzungen durch *Akte des Bundes* sind mit anderen Rechtsmitteln zu rügen. Solche Akte können *in keinem Fall Beschwerdeobjekt* einer staatsrechtlichen Beschwerde sein. Dies gilt nicht nur für die in Art. 191 BV (= Art. 190 BV in

1937

der Fassung vom 12. März 2000 [noch nicht in Kraft, vgl. N. 72]) als massgebend erklärten Erlasse (d.h. Bundesgesetze sowie auch Völkerrecht), sondern auch für Verordnungen der Bundesversammlung sowie Verordnungen und Verfügungen von Bundesrat und Bundesverwaltung. Verfügungen von Bundesstellen können aber grundsätzlich beim Bundesgericht mit Verwaltungsgerichtsbeschwerde angefochten werden (vgl. N. 1747).

1938 Die konsequente Beschränkung des Anfechtungsobjekts der staatsrechtlichen Beschwerde auf kantonale Akte schliesst indes nicht aus, dass anlässlich der Überprüfung eines kantonalen Aktes unter Umständen auch die Rechtmässigkeit gewisser Erlasse des Bundes akzessorisch, d.h. vorfrageweise, überprüft wird (vgl. dazu N. 2070 ff.). Anfechtungsobjekt und akzessorische Überprüfung sind streng auseinanderzuhalten.

1939 Als Anfechtungsobjekt der staatsrechtlichen Beschwerde gemäss Art. 84 Abs. 1 OG sind *Akte von interkantonalen Organen* den kantonalen Akten gleichgestellt (vgl. zur Überprüfbarkeit von Verträgen zwischen Kantonen BGE 122 I 85, 86 E. 3).

1940 Die staatsrechtliche Beschwerde schützt nur gegen Akte der Kantone, soweit diese kraft *hoheitlicher Gewalt* tätig werden. Privatrechtliche Akte von kantonalen und kommunalen Organen scheiden damit aus dem Anwendungsbereich der staatsrechtlichen Beschwerde aus.

b) *Kantonale Erlasse*

aa) *Allgemeines*

1941 Erlasse im Sinne von Art. 84 Abs. 1 OG sind *Rechtsetzungserlasse,* d.h. «Anordnungen genereller und abstrakter Natur, die für eine unbestimmte Vielheit von Menschen gelten und eine unbestimmte Vielheit von Tatbeständen regeln» (BGE 113 Ia 437, 439 E. 1). Gemeint sind damit vor allem *kantonale Gesetze* und *Verordnungen.* Auch *Rechtsetzungserlasse der Gemeinden* gehören zu den kantonalen Erlassen im Sinne von Art. 84 Abs. 1 OG.

1942 Wenn das Bundesgericht einen Rechtsetzungsakt als solchen in seiner generellen Geltung überprüft, ohne dass ein Anwendungsakt abgewartet wird, so spricht man von *abstrakter Normenkontrolle* (Beispiel: BGE 123 I 112, 116 f. E. 2, Himmelberger).

Wird ein Erlass revidiert, können unter Umständen auch Bestimmungen angefochten werden, die unverändert übernommen wurden, ja allenfalls vom Bundesgericht bereits auf ihre Verfassungsmässigkeit hin überprüft worden sind:

«Dem Bundesgericht können bei der Revision eines Erlasses Normen, die ohne Änderung aus der bisherigen Regelung übernommen wurden, zur verfassungsrechtlichen Prüfung unterbreitet werden, sofern ihnen im Rahmen des geänderten Gesetzes eine gegenüber ihrem ursprünglichen Gehalt veränderte Bedeutung zukommt, bzw. sie durch die Gesetzesrevision in einem neuen Licht erscheinen und dem Beschwerdeführer dadurch Nachteile entstehen... Dies gilt auch für Bestimmungen des früheren Erlasses, die sich nicht im

Änderungstext finden, jedoch fortbestehen und als Folge der Änderung eine abweichende Bedeutung erhalten. Es ist eine Frage der Gesetzestechnik, ob bei einer Revision der ganze Erlass in seiner neuen Formulierung beschlossen wird oder ob lediglich einzelne Artikel oder Absätze ausgewechselt werden. Für die Zulässigkeit der staatsrechtlichen Beschwerde kann es hierauf nicht ankommen. Normen gewinnen ihre Bedeutung aus dem Zusammenhang; ihr Rechtssinn kann sich mit diesem ändern. Hat die Teilrevision eines Erlasses zur Folge, dass Bestimmungen, die in ihrem Wortlaut gleich bleiben, einen anderen Rechtssinn erhalten, sind auch sie anfechtbar.» (BGE 122 I 222, 224 f. E. 1b/aa, Adir Cumali)

bb) *Kantonale Verfassungsnormen*

Zu den kantonalen Erlassen gehören auch die Kantonsverfassungen. Da aber die Bundesversammlung für deren Gewährleistung zuständig ist (Art. 172 Abs. 2 BV), lehnt es das Bundesgericht ab, dass Änderungen von Kantonsverfassungen mit staatsrechtlicher Beschwerde im abstrakten Normenkontrollverfahren angefochten werden können. Dagegen kann nach neuerer Praxis in konkreten Anwendungsfällen mit staatsrechtlicher Beschwerde gerügt werden, dass eine Bestimmung der Kantonsverfassung gegen Bundesrecht oder völkerrechtliche Grundrechtsgarantien verstosse, jedoch nur sofern das übergeordnete Recht im Zeitpunkt der Gewährleistung durch die Bundesversammlung noch nicht in Kraft getreten oder noch nicht als ungeschriebenes Recht anerkannt war und deshalb bei der vorgängigen Überprüfung nicht berücksichtigt werden konnte (vgl. dazu im Einzelnen N. 1029 ff., ferner BGE 121 I 138, 146 E. 5c/aa, Willi Rohner).

1943

cc) *Genehmigungsbedürftige kantonale Erlasse*

Art. 84 Abs. 1 OG schliesst kantonale Gesetze und Verordnungen, für welche eine Genehmigung des Bundes erforderlich ist (vgl. Art. 61b RVOG), von der Anfechtung durch die staatsrechtliche Beschwerde nicht aus. Wird die *Genehmigung* durch den Bundesrat *verweigert,* so käme eine Überprüfung durch das Bundesgericht allerdings einer Nachprüfung des bundesrätlichen Entscheides gleich und ist darum unzulässig (BGE 114 II 40, 43 E. 3). Die *erteilte Genehmigung* schliesst aber eine nochmalige Überprüfung des Erlasses nicht aus, da die Prüfung durch den Bundesrat oder durch das zuständige Departement nur den Charakter einer provisorischen Rechtskontrolle hat. Die Genehmigungspflicht ist «nur ein aufsichtsrechtliches Mittel, um die Bundesrechtsmässigkeit bestimmter kantonaler Erlasse leichter und wirksamer kontrollieren zu können; sie hat nicht den Zweck, die Anfechtungsmöglichkeiten des Bürgers einzuschränken.» (BGE 103 Ia 130, 133, Invertax, bestätigt in BGE 121 I 187, 190 E. 2, Stefan Wehrle)

1944

dd) Verwaltungsverordnungen

1945 Grundsätzlich sind Verwaltungsverordnungen, d.h. generelle Dienstanweisungen, die sich an die der erlassenden Behörde untergeordneten Amtsstellen richten, nicht mit staatsrechtlicher Beschwerde anfechtbar:

> «Nicht als verbindliche Rechtssätze (Erlasse) gelten die sog. Verwaltungsverordnungen (Direktiven, Weisungen, Dienstanweisungen, Dienstreglemente, allgemeine Dienstbefehle, Rundschreiben, Kreisschreiben, Zirkulare, Wegleitungen, Anleitungen, Instruktionen, Richtlinien, Merkblätter oder Leitbilder). Solche Verwaltungsverordnungen sind allgemeine Dienstanweisungen generell-abstrakter Natur… Sie verpflichten den Bürger nicht zu einem bestimmten Tun, Dulden oder Unterlassen, sondern enthalten bloss Regeln für das verwaltungsinterne Verhalten der Beamten. Sie dienen der Schaffung einer einheitlichen Verwaltungspraxis und sollen den Beamten die Rechtsanwendung erleichtern. Da sie nicht vom verfassungsmässigen Gesetzgeber stammen, sondern von einer Verwaltungsbehörde, können sie keine von der gesetzlichen Ordnung abweichenden Bestimmungen vorsehen (BGE 120 Ia 343 E. 2a S. 345, mit Hinweisen). Sie stellen Meinungsäusserungen über die Auslegung der anwendbaren gesetzlichen Bestimmungen dar, welche die vorgesetzte Behörde oder die Aufsichtsbehörde im Interesse der gleichmässigen Gesetzesanwendung abgibt.» (BGE 121 II 473, 478 E. 2b)

1946 Verwaltungsverordnungen sind mit staatsrechtlicher Beschwerde ausnahmsweise anfechtbar, wenn gestützt auf sie keine Verfügungen ergehen, deren Anfechtung möglich ist und den Betroffenen zugemutet werden kann. Zudem muss die Verwaltungsverordnung indirekt geschützte Rechte des Bürgers berühren und damit Aussenwirkungen entfalten (BGE 122 I 44, 45 E. 2a, Rudolf Kreis).

1947 Ob Aussenwirkungen bestehen, misst das Bundesgericht an Art. 88 OG. Es bejaht dies, wenn der Beschwerdeführer durch die angefochtene Verwaltungsverordnung in rechtlich geschützten eigenen Interessen mindestens virtuell betroffen ist (vgl. N. 2008 ff. und 2012 ff.). In dem in N. 1946 zitierten Fall konnte der Beschwerdeführer keinen gesetzlichen Anspruch auf Aufenthaltsbewilligungen für ausländische Tänzerinnen aufzeigen. Die zuständigen Behörden erteilen solche Bewilligungen nach freiem Ermessen. Ein entsprechender Anspruch kann auch nicht aus der Wirtschaftsfreiheit abgeleitet werden, da sich diese nicht auf den Einsatz von Arbeitskräften bezieht, die auf dem Arbeitsmarkt noch nicht zugelassen sind (BGE 122 I 44, 45 ff., Rudolf Kreis). Weiteres illustratives Beispiel: BGE 120 Ia 321 ff. betreffend Merkblätter über «ökologisches Bauen».

c) Kantonale Verfügungen und Entscheide

aa) Allgemeines

1948 Neben den kantonalen Erlassen bezeichnet Art. 84 Abs. 1 OG kantonale «Verfügungen (Entscheide)» als Anfechtungsobjekte der staatsrechtlichen Beschwerde. Damit sind alle Arten von Rechtsanwendungsakten der kantonalen Behörden gemeint.

Im Gegensatz zum generell-abstrakten Charakter der Rechtsetzungserlasse handelt es sich hier um *individuell-konkrete Akte*. Im Vordergrund stehen *Verfügungen* – das sind individuelle, an den Einzelnen gerichtete Hoheitsakte, durch welche eine konkrete verwaltungsrechtliche Rechtsbeziehung rechtsgestaltend oder feststellend in verbindlicher Weise geregelt wird (vgl. BGE 121 I 173, 174 f. E. 2, Walter Stürm) – oder *Rechtsmittelentscheide* – z.B. Rekursentscheide – *von kantonalen Verwaltungsbehörden* und *Urteile von kantonalen Gerichten.* Neuerdings wird auch die Vergabe eines öffentlichen Auftrags durch das Gemeinwesen als mit staatsrechtlicher Beschwerde anfechtbare Verfügung qualifiziert (BGE 125 II 86, 95 f. E. 4, betr. Vergabe eines öffentlichen Auftrags durch die Gemeinde La Chaux-de-Fonds). Individuell-konkrete Rechtsanwendungsakte einer Landsgemeinde oder eines kantonalen Parlaments fallen ebenfalls unter Art. 84 Abs. 1 OG. Unerheblich ist dabei, ob die kantonale Behörde eidgenössisches oder kantonales Recht anwendet, denn sie wird auch als Ausführungsorgan des Bundes nicht zu einer Bundesbehörde. Allerdings ist in Fällen, in denen kantonale Instanzen gestützt auf Bundesverwaltungsrecht Verfügungen erlassen, meistens nicht die staatsrechtliche Beschwerde, sondern die Verwaltungsgerichtsbeschwerde an das Bundesgericht zulässig (vgl. N. 1987).

Bei der Anfechtung eines individuell-konkreten Aktes kann gleichzeitig auch geltend gemacht werden, der generell-abstrakte Erlass, auf den sich der angefochtene Anwendungsakt stützt, sei verfassungswidrig (Beispiel: BGE 121 I 102, 104 E. 4). Das Bundesgericht überprüft dann zuerst vorfrageweise die Verfassungsmässigkeit der zugrunde liegenden Normen und versagt ihnen im Fall der Verfassungswidrigkeit die Anwendung, es sei denn, der Erlass – z.B. ein Bundesgesetz – werde vom Anwendungsgebot des Art. 191 BV (= Art. 190 BV in der Fassung vom 12. März 2000 [noch nicht in Kraft, vgl. N. 72]) erfasst (vgl. N. 2086 ff.). Man spricht hier – im Gegensatz zur abstrakten Normenkontrolle (vgl. N. 1942) – von *akzessorischem Prüfungsrecht* oder von *konkreter Normenkontrolle* (vgl. N. 2072). 1949

Das *Verweigern oder Verzögern einer Verfügung* wird einer Verfügung gleichgestellt, wenn der Bürger einen Anspruch auf Tätigwerden der Behörde hat. Vgl. zum Anspruch auf Beurteilung innert angemessener Frist Art. 29 Abs. 1 BV und N. 832. 1950

bb) Vollzugs- und Bestätigungsakte

Grundsätzlich sind Akte, die frühere Entscheide bloss vollziehen oder bestätigen, nicht anfechtbar. Ein Entscheid, der auf einem rechtskräftigen früheren Entscheid beruht und diesen lediglich vollstreckt (z.B. die konkrete Anordnung eines Hausabbruchs entsprechend einer rechtmässig ergangenen Abbruchverfügung der Baubehörden), kann also nicht mit der Begründung angefochten werden, der frühere (materielle) Entscheid sei verfassungswidrig. Eine solche Rüge ist im Regelfall verspätet (BGE 118 Ia 209, 212 E. 2b und c, 216 E. 3). 1951

Von dieser Regel besteht eine wichtige Ausnahme: Die Verfassungswidrigkeit von *Entscheiden, die unter besonders schwerwiegender Verletzung von Grundrechten zustande gekommen sind,* kann auch noch im Vollzugsstadium geltend gemacht 1952 werden, d.h. mit einer staatsrechtlichen Beschwerde, die sich gegen einen Vollzugs- oder Vollstreckungsakt oder die Verweigerung einer Wiedererwägung richtet.

Dieses Ergebnis versuchte das Bundesgericht mit der Theorie von *unverjährbaren und unverzichtbaren Grundrechten* zu erreichen, was in verschiedener Hinsicht nicht befriedigte. Problematisch war der abschliessend umschriebene Katalog der Grundrechte, die das Gericht als unverjährbar und unverzichtbar anerkannte; er umfasste die persönliche Freiheit, die Niederlassungsfreiheit, die Glaubens- und Gewissensfreiheit, die Ehefreiheit sowie das Verbot des Schuldverhafts (Art. 59 Abs. 3 aBV) und der körperlichen Strafen (BGE 118 Ia 282, 293 E. 6b). Problematisch war zudem, dass nach dieser Theorie konsequenterweise alle noch so leichten Verletzungen eines derart privilegierten Rechts jederzeit geltend gemacht werden konnten.

1953 Den Einwänden der Lehre Rechnung tragend, geht das Bundesgericht heute zu Recht nicht mehr von einer im Sinne eines Numerus clausus abschliessend vorbestimmten Anzahl unverjährbarer Grundrechte aus. Vor allem erstreckt sich die verfahrensrechtliche Privilegierung nicht auf alle Anwendungsbereiche dieser Grundrechte: Nur *besonders schwerwiegende Grundrechtsverletzungen* können noch im Vollzugsstadium geltend gemacht werden. Das Bundesgericht verlangt,

> «dass das angerufene Grundrecht in einem Schutzbereich angesprochen ist, der derart fundamentale Aspekte der Persönlichkeit oder der Menschenwürde betrifft, dass ein Eingriff schon an sich als besonders schwerwiegend erscheint. Dies trifft zum Beispiel nicht zu, wenn ein strafrechtlich angeordneter Freiheitsentzug in Frage steht, wohl aber, wenn ein strafrechtlich angeordnete Körperstrafe oder wenn ein Schuldverhaft verfügt worden sein sollte.» (BGE 118 Ia 209, 214 E. 2c; vgl. auch BGE 118 Ia 282, 293 f. E. 6b und c sowie das Urteil des Bundesgerichts vom 26.6.1998 in ZBl 101 [2000] 30 ff.)

1954 Obwohl das Bundesgericht die alte Terminologie zum Teil weiter verwendet, kommt es mit seiner neuen Praxis der Lehre entgegen, welche die Figur der unverjährbaren und unverzichtbaren Rechte aufgeben will zu Gunsten der *Theorie von der Nichtigkeit staatlicher Akte, die ein Grundrecht besonders schwerwiegend* oder – wie auch gesagt wird – in seinem Kerngehalt (vgl. N. 324 ff.) verletzen. Vgl. ATTILIO GADOLA, Die unverzichtbaren und unverjährbaren Grundrechte als verfahrensrechtliches Scheinproblem, S. 34 ff.; WALTER KÄLIN, Das Verfahren der staatsrechtlichen Beschwerde, S. 81 ff.; CHRISTOPH LEUENBERGER, Die unverzichtbaren und unverjährbaren Grundrechte in der Rechtsprechung des schweizerischen Bundesgerichts.

cc) Vor- und Zwischenentscheide

1955 Art. 87 OG regelt die Anfechtbarkeit von selbständig eröffneten Vor- und Zwischenentscheiden: Betreffen solche Entscheide die Zuständigkeit oder ein Ausstandsbegehren, so können sie im Anschluss an die Eröffnung mit staatsrechtlicher Beschwerde angefochten werden; eine spätere Beschwerde wird ausgeschlossen. Gegen andere selbständig eröffnete Vor- und Zwischenentscheide ist die staatsrechtliche Beschwerde nur zulässig, wenn sie einen nicht wiedergutzumachenden Nachteil bewirken können, d.h. einen Nachteil, der auch durch einen für den Betroffenen günstigen Entscheid nicht mehr behoben werden könnte; hier kann aber mit der Anfechtung auch bis zum Endentscheid zugewartet werden.

Wird die unentgeltliche Rechtspflege und Verbeiständung verweigert, so droht dem Betroffenen in der Regel ein nicht wiedergutzumachender Nachteil (BGE 126 I 207, 210 E. 2a).

dd) Schiedsgerichtsurteile

Innerstaatliche Schiedsgerichtsurteile sind nach ständiger Rechtsprechung des Bundesgerichts keine «kantonalen Entscheide» im Sinne von Art. 84 Abs. 1 OG und können darum nicht mit staatsrechtlicher Beschwerde angefochten werden. Das Bundesgericht hat seine Meinung auch angesichts der Kritik der Lehre nicht geändert (vgl. BGE 103 Ia 356, 357 f., Franz Haniel AG; BGE 108 II 405, 406). 1956

Demgegenüber können *Entscheide der internationalen Schiedsgerichtsbarkeit* beim Bundesgericht mit staatsrechtlicher Beschwerde angefochten werden: Vgl. Art. 191 des Bundesgesetzes über das Internationale Privatrecht (IPRG) vom 18. Dezember 1987 (SR 291) und Art. 85 lit. c OG sowie BGE 121 I 81, 83 E. 1b. 1957

d) Kantonale und kommunale Wahlen und Abstimmungen

Mit der Stimmrechtsbeschwerde sind Verletzungen der politischen Rechte im Zusammenhang mit kantonalen – eingeschlossen kommunalen – Wahlen und Abstimmungen anfechtbar (Art. 85 lit. a OG; vgl. auch N. 1979 ff.). Da die staatsrechtliche Beschwerde nicht für die Anfechtung von Akten des Bundes zur Verfügung steht, ist eine *Stimmrechtsbeschwerde gegen eidgenössische Wahlen und Abstimmungen ausgeschlossen.* (Art. 189 Abs. 1 lit. f BV in der Fassung vom 12. März 2000 [noch nicht in Kraft, vgl. N. 72] sieht allerdings eine Ausdehnung der Stimmrechtsbeschwerde auf eidgenössische Wahlen und Abstimmungen vor.) 1958

Wahlen, die von einer Behörde vorgenommen werden, sind nicht anfechtbar. Vielmehr setzt die Stimmrechtsbeschwerde voraus, dass das Wahlrecht durch eine *Volkswahl* hätte ausgeübt werden können (Urteil des BGer vom 14. Februar 1990, ZBl 92 [1991] 261). 1959

Jede Verletzung von Verfahrensvorschriften kann mit der Stimmrechtsbeschwerde gerügt werden. 1960

e) Raumpläne

aa) Zonen- oder Nutzungspläne

Zonen- oder Nutzungspläne, wie sie von den kantonalen Planungs- und Baugesetzen sowie von Art. 14 ff. des Bundesgesetzes über die Raumplanung (RPG) vom 22. Juni 1979 (SR 700) vorgesehen werden, sind Pläne, welche die örtliche Geltung von Normen über die Nutzung des Bodens festlegen und dabei die Rechte und Pflichten der Grundeigentümer umschreiben. 1961

1962   Zonenpläne stellen gleichsam eine Zwischenstufe zwischen Erlassen und Verfügungen dar. Sie können ebenfalls – nach Durchlaufen des kantonalen Instanzenzuges – mit staatsrechtlicher Beschwerde angefochten werden. Indes stellt sich die Frage, ob sie auch akzessorisch überprüfbar seien, z.B. wenn ein Privater im Rahmen eines Baubewilligungsverfahrens vorfrageweise rügt, der massgebende Nutzungsplan, auf den sich die Bewilligungsverweigerung stützt, sei rechtswidrig. Das Bundesgericht geht im Regelfall davon aus, dass die Rechtmässigkeit eines Zonenplans nur direkt im Anschluss an den Erlass bestritten werden könne, und stellt damit – was sehr problematisch ist – den Entscheid über die Verweigerung einer Baubewilligung einem Vollzugsakt (vgl. N. 1951) gleich (BGE 106 Ia 383, 387 f., Gemeinde Zuoz).

1963   Art. 34 RPG modifiziert die allgemeine Rechtsmittelordnung dahin gehend, dass er die Verwaltungsgerichtsbeschwerde auf zwei Fälle (Entschädigungen als Folge von Eigentumsbeschränkungen sowie Ausnahmebewilligungen für Bauten und Anlagen ausserhalb der Bauzonen) beschränkt, während alle anderen Anordnungen letzter kantonaler Instanzen, also auch solche betreffend die Festsetzung von Nutzungsplänen, nur mit staatsrechtlicher Beschwerde angefochten werden können. Indes hat die neuere Rechtsprechung des Bundesgerichts zu einer eigentlichen Umgestaltung der gesetzlichen Rechtsmittelordnung geführt, indem das Gericht anstelle der in Art. 34 Abs. 3 RPG vorgesehenen staatsrechtlichen Beschwerde in immer grösserem Umfang die Verwaltungsgerichtsbeschwerde zulässt. Vgl. zu dieser Entwicklung PETER KARLEN, Verwaltungsgerichtsbeschwerde gegen Raumpläne.

bb) Richtpläne

1964   Von den Nutzungsplänen zu unterscheiden sind die *Richtpläne* (vgl. dazu Art. 6 ff. RPG). Sie enthalten die Richtlinien, auf denen die raumplanerische Regelung aufbaut. Sie stellen lediglich behördeninterne Planungsinstrumente dar, ohne sich direkt auf die Rechtsstellung der Grundeigentümer auszuwirken. Deshalb können sie vom Bürger nicht mit staatsrechtlicher Beschwerde angefochten werden (BGE 107 Ia 77, 80 ff., Bereuter; BGE 107 Ia 93, 94 f., Keller). Hingegen sind sie für die Behörden verbindlich (Art. 9 Abs. 1 RPG).

Daher können Gemeinden die vom Kanton festgesetzten Richtpläne wegen Verletzung der Gemeindeautonomie (vgl. N. 2025) mit staatsrechtlicher Beschwerde direkt anfechten (BGE 111 Ia 129, 131, Politische Gemeinde Wiesendangen).

2. Beschwerdegrund

1965   Nicht jede Rechtsverletzung kann Anlass für eine staatsrechtliche Beschwerde sein. Diese schützt gemäss Art. 84 und 85 OG nur gewisse Normen, insbesondere bestimmte Verfassungsnormen. Lediglich die Verletzung dieser Normen kann Beschwerdegrund sein.

a) Verletzung verfassungsmässiger Rechte des Bürgers
(Art. 189 Abs. 1 lit. a BV, Art. 84 Abs. 1 lit. a OG)

Wichtigster Anwendungsfall für die staatsrechtliche Beschwerde ist die Verletzung verfassungsmässiger Rechte des Bürgers. Bundesverfassung und Organisationsgesetz verwenden den Begriff «*verfassungsmässige Rechte*», sagen aber nicht, was darunter im Einzelnen zu verstehen ist. Nach der Rechtsprechung des Bundesgerichts sind verfassungsmässige Rechte *Verfassungsnormen, welche dem Bürger einen individuellen Rechtsanspruch vermitteln.* Sie dienen nicht nur dem öffentlichen Wohl, sondern auch dem Schutz der Individuen. Das Bundesgericht entscheidet, welche Verfassungsnormen als individualrechtliche Ansprüche aufzufassen sind. Es hat den Kreis sehr weit gezogen, um dem Bürger einen möglichst grossen Schutz zu gewähren.

1966

Nicht nur die verfassungsmässigen Rechte der *Bundesverfassung,* sondern auch die in den *kantonalen Verfassungen* verankerten Rechte des Bürgers sind geschützt, soweit ihnen der Charakter von individualrechtlichen Garantien zum Schutz des Bürgers zukommt (BGE 123 I 25, 27 E. 1). Kantonale Grundrechte spielen wegen des weiten Schutzbereichs der Grundrechte der Bundesverfassung und der gerichtlich durchsetzbaren völkerrechtlichen Grundrechtsgarantien (EMRK, UNO-Pakt II) keine grosse Rolle. Die politischen Rechte des kantonalen Rechts hingegen sind heute noch sehr wichtig.

1967

Auch *ungeschriebene verfassungsmässige Rechte* des Bundes (vgl. N. 226) fallen in den Schutzbereich der staatsrechtlichen Beschwerde.

1968

Die Rechte der *Europäischen Menschenrechtskonvention* (EMRK) werden vom Bundesgericht wegen ihrer engen inhaltlichen Beziehung zu den verfassungsmässigen Rechten in verfahrensmässiger Hinsicht genau gleich wie Grundrechte der Bundesverfassung behandelt (BGE 101 Ia 67, 69 ff., Diskont- und Handelsbank AG). Diese verfahrensmässige Gleichbehandlung diente vor der 1992 erfolgten OG-Revision vor allem dem Zweck, dass auch für die Geltendmachung einer Verletzung der EMRK die für Beschwerden wegen Verletzung verfassungsmässiger Rechte – anders als für Staatsvertragsbeschwerden – vorgeschriebene Erschöpfung des kantonalen Instanzenzuges gelten sollte. Seit 1992 hat die Vorschrift der Erschöpfung des kantonalen Instanzenzuges für alle Arten von staatsrechtlichen Beschwerden Geltung. Vgl. N. 1991 f.

1969

Zu den verfassungsmässigen Rechten gehören vor allem:

1970

– *Grundrechte* der Bundesverfassung und allenfalls von Kantonsverfassungen;
– *objektive Verfassungsnormen rechtsstaatlicher und föderalistischer Natur, die als Individualrechte verstanden werden,* wie z.B. der Grundsatz der Gewaltenteilung (vgl. N. 1410 ff.), die derogatorische Kraft des Bundesrechts (Art. 49 Abs. 1 BV) und das Verbot der interkantonalen Doppelbesteuerung (Art. 127 Abs. 3 BV).

b) *Verletzung der Gemeindeautonomie und anderer Garantien der Kantone zu Gunsten von öffentlich-rechtlichen Körperschaften*

1971 In einer sehr weit zurückreichenden Praxis hat das Bundesgericht auch die Garantie der Gemeindeautonomie (vgl. N. 975 ff.) zu den verfassungsmässigen Rechten gezählt, obwohl sie nicht den Bürgern, sondern der Gemeinde zusteht.

In Art. 189 Abs. 1 lit. b BV (bzw. Art. 189 Abs. 1 lit. e BV in der Fassung vom 12. März 2000 [noch nicht in Kraft, vgl. N. 72]) werden nun «Beschwerden wegen Verletzung der Gemeindeautonomie und anderer Garantien der Kantone zu Gunsten öffentlich-rechtlicher Körperschaften» ausdrücklich als Beschwerdegrund genannt.

1972 Die Bedeutung der Gemeindeautonomie und ihre prozeduralen Besonderheiten rechtfertigen es, in der neuen Bundesverfassung die Autonomiebeschwerde als besonderen Beschwerdegrund anzuführen. Der Verfassungstext erfasst dabei – ebenfalls in Anlehnung an die bisherige Praxis – einerseits neben der Autonomie auch «andere Garantien», anderseits erstreckt er sich auf andere öffentlich-rechtliche Körperschaften, wobei immer *Garantien des kantonalen Rechts* in Frage stehen. Als «andere Garantie» fällt namentlich die Bestandesgarantie in Betracht (BGE 120 Ia 97 E. 1a). Als beschwerdeberechtigte öffentlich-rechtliche Körperschaften kommen neben den Gemeinden vor allem öffentlich-rechtlich organisierte Religionsgemeinschaften in Frage (Beispiel: BGE 108 Ia 85 E. 1b). Notwendig ist dabei, dass das kantonale Recht der betreffenden Körperschaft ein mit der Gemeindeautonomie vergleichbares Selbstbestimmungsrecht einräumt (Verneinung dieser Anforderung in BGE 113 Ia 235 f. E. 2b).

1973 Sodann kann eine Gemeinde im Rahmen einer Autonomiebeschwerde auch eine Verletzung anderer ihr zustehender verfassungsmässiger Rechte (z.B. der Verfahrensgarantien nach Art. 29 ff. BV), rügen, soweit deren Verletzung mit dem streitigen Eingriff in die Autonomie in engem Zusammenhang steht (ZBl 98 [1997] 261 E. 1d; BGE 116 Ia 252, 255 f. E. 3b, Comune di Cadro).

1974 Die Autonomiebeschwerde ist zulässig, soweit die Gemeinde in ihrer Eigenschaft als Trägerin hoheitlicher Gewalt berührt ist (ZBl 98 [1997] 261 E. 1d). Abgesehen von der Autonomiebeschwerde sind Gemeinden und andere öffentlich-rechtliche Körperschaften zur staatsrechtlichen Beschwerde befugt, wenn sie nicht hoheitlich handeln, sondern sich *auf dem Boden des Privatrechts* bewegen oder sonstwie als dem Bürger gleichgeordnete Rechtssubjekte auftreten und durch den angefochtenen Akt wie eine Privatperson betroffen werden (vgl. ZBl 98 [1997] 416 E. 1e mit weiteren Hinweisen, ferner N. 2025).

c) *Verletzung von Verträgen der Kantone*
(Art. 189 Abs. 1 lit. c BV; Art. 84 Abs. 1 lit. b OG)

1975 Ein Bürger kann staatsrechtliche Beschwerde führen wegen Verletzung einer interkantonalen Vereinbarung, soweit sie ihm unmittelbar Rechte oder Pflichten einräumt – also «self-executing» ist – und er in seinen persönlichen, rechtlich geschützten Interessen verletzt wird (BGE 115 Ia 212, 215 E. 2a).

d) *Verletzung von Staatsverträgen* (Art. 189 Abs. 1 lit. c BV;
Art. 84 Abs. 1 lit. c OG)

Mit der staatsrechtlichen Beschwerde kann der Einzelne auch die Verletzung eines Staatsvertrages oder anderer Normen des Völkerrechts geltend machen. Wie bei der Beschwerde wegen Verletzung von Verträgen der Kantone ist Voraussetzung für die Zulässigkeit der Staatsvertragsbeschwerde, dass die als verletzt behaupteten vertraglichen Bestimmungen unmittelbar Rechte oder Pflichten der Privaten begründen. Dabei ist nur bei der Verletzung von öffentlich-rechtlichen Bestimmungen eines Staatsvertrages die staatsrechtliche Beschwerde gegeben, z.B. bei einer Verletzung von steuerrechtlichen Bestimmungen. Unzulässig ist die Staatsvertragsbeschwerde, wenn die behauptete Rechtsverletzung mit Berufung im Sinne der Art. 43 ff. OG geltend gemacht werden kann (BGE 117 Ia 81, Actimon SA).

1976

Häufig wird mit den staatsrechtlichen Beschwerde eine Verletzung der *Europäischen Menschenrechtskonvention* (SR 0.101) geltend gemacht, meistens in Verbindung mit der Rüge, es seien auch verfassungsmässige Rechte verletzt. Auch die beiden UNO-Pakte (vgl. N. 243 ff.) werden vermehrt angerufen. Dabei geht es nach Auffassung des Bundesgerichts aber um die Geltendmachung verfassungsmässiger Rechte (vgl. N. 1969 sowie BGE 128 III 244) und nicht um Staatsvertragsbeschwerden.

Gemäss Art. 189 Abs. 1 lit. b BV in der Fassung vom 12. März 2000 (noch nicht in Kraft, vgl. N. 72) beurteilt das Bundesgericht «Streitigkeiten wegen Verletzung von Völkerrecht». *Rechtsquellen des Völkerrechts* sind nicht nur die vom Bund und von den Kantonen mit dem Ausland abgeschlossenen Staatsverträge, sondern auch das Völkergewohnheitsrecht, ergänzt durch die von den Kulturvölkern anerkannten allgemeinen Rechtsgrundsätze; der Judikatur und den Lehrmeinungen anerkannter Vertreter des Völkerrechts kommt bei der Feststellung, was als Völkerrecht zu gelten hat, eine wichtige Hilfsfunktion zu (vgl. Art. 38 des Statuts des Internationalen Gerichtshofes vom 26. Juni 1945, SR 0.193.501).

1977

e) *Verletzung von bundesrechtlichen Zuständigkeitsvorschriften*
(Art. 84 Abs. 1 lit. d OG)

Die Verletzung von bundesrechtlichen Vorschriften über die Abgrenzung der sachlichen oder örtlichen Zuständigkeit verschiedener Gerichte oder Verwaltungsbehörden kann Anlass zu einer staatsrechtlichen Beschwerde sein. Es kann sich dabei sowohl um Zuständigkeitskonflikte innerhalb der Gerichtsbarkeit oder der Verwaltung wie auch um Zuständigkeitskonflikte zwischen Gerichten und Verwaltungsbehörden handeln (BGE 80 I 249, 251 E. 2, Société immobilière du domaine de Mimorey). Die praktische Bedeutung dieses Beschwerdegrundes ist gering – wegen der absoluten Subsidiarität der staatsrechtlichen Beschwerde (vgl. N. 1987) gelangen diese Rechtsverletzungen in der Mehrzahl der Fälle mit den zivil-, verwaltungs- und strafrechtlichen Rechtsmitteln an das Bundesgericht.

1978

f) Verletzung des Stimmrechts (Art. 85 lit. a OG)

1979 Die *Stimmrechtsbeschwerde* ist eine in Art. 85 lit. a OG besonders vorgesehene Art der staatsrechtlichen Beschwerde. Schutzobjekte sind die von der Bundesverfassung und den Kantonsverfassungen vorgesehenen politischen Rechte bei kantonalen und kommunalen Wahlen und Abstimmungen (ferner Wahlen und Abstimmungen in anderen öffentlich-rechtlichen Körperschaften wie Kirchgemeinden, BGE 120 Ia 194, 196 E. 1a). Mit der Stimmrechtsbeschwerde kann die *Verletzung aller politischen Rechte,* die dem Bürger vom kantonalen oder kommunalen Recht eingeräumt werden, geltend gemacht werden, so insbesondere alle Beeinträchtigungen des aktiven und passiven Wahlrechts, des Stimmrechts, des Referendums- und des Initiativrechts. Verletzungen politischer Rechte können durch Rechtssätze (vgl. BGE 123 I 152 betr. Ungültigerklärung der Solothurner Volksinitiative «Für eine gleichberechtigte Vertretung der Frauen und Männer in den kantonalen Behörden – Initiative 2001») sowie durch Rechtsanwendungsakte (vgl. BGE 123 I 78, Werner Scherrer, betr. Unterstellung eines Kreditbeschlusses unter das Finanzreferendum) erfolgen. Eine zentrale Bedeutung kommt dem *Anspruch auf unverfälschte Willenskundgabe der Stimmberechtigten* (= «Wahl- und Abstimmungsfreiheit»; vgl. Art. 34 Abs. 2 BV) zu, der insbesondere auch gegen alle Arten von Verfahrensfehlern schützt (vgl. N. 1387 ff.).

1980 In BGE 123 I 97, Eduard Joos, kam das Bundesgericht zum Schluss, dass mit Stimmrechtsbeschwerde eine Gesetzesnorm anfechtbar sei, wonach im Dienst des Kantons stehende Mitglieder des Kantonsparlaments bei Abstimmungen über personalrechtliche Erlasse und Beschlüsse in den Ausstand treten mussten. Das Gericht bewertete eine solche generelle Ausstandspflicht einer bestimmten Personenkategorie als Beeinträchtigung des Wahlrechts. (Dagegen ist es zulässig, eine Unvereinbarkeit von kantonalem Parlamentsmandat und kantonaler Beamtung zu statuieren.)

1981 Mit der Stimmrechtsbeschwerde kann nicht nur die Verletzung der in der Bundesverfassung und in den kantonalen Verfassungen verbürgten politischen Rechte gerügt werden; *auch die Verletzung von Vorschriften auf Gesetzes- und Verordnungsstufe,* die das in Frage stehende politische Recht nach Umfang und Inhalt näher regeln, kann Grund für eine Stimmrechtsbeschwerde sein.

Zum «Beurteilungsmassstab» führte das Bundesgericht in BGE 123 I 175, 180 f., Bäumle, aus:

> «Das Bundesgericht beurteilt nach Art. 85 lit. a OG Beschwerden betreffend die politische Stimmberechtigung sowie kantonale Wahlen und Abstimmungen aufgrund sämtlicher einschlägiger Bestimmungen des kantonalen Verfassungsrechts und des Bundes. Vorbehältlich der ungeschriebenen Bundesverfassungsgarantie [heute Art. 34 Abs. 2 BV] auf zuverlässige und unverfälschte Äusserung des freien Willens der Stimmbürger (BGE 121 I 138 E. 3b S. 145, mit Hinweisen) ergeben sich Inhalt und Umfang der politischen Rechte grundsätzlich aus dem kantonalen Verfassungsrecht (vgl. ANDREAS AUER, La juridiction constitutionnelle en Suisse, Basel 1983, Rz. 426; GEROLD STEINMANN, Interventionen des Gemeinwe-

sens im Wahl- und Abstimmungskampf, AJP 1996 S. 256). Da dies oftmals lückenhaft ist und insbesondere Verfahrensfragen nicht regelt (vgl. ZBl 92/1991 S. 167 E. 3c), überprüft das Bundesgericht im Rahmen der Stimmrechtsbeschwerde auch jene kantonalen (und kommunalen) Normen frei, welche den Inhalt des Stimm- und Wahlrechts normieren oder mit diesem in engem Zusammenhang stehen. Es sind dies all jene Vorschriften, die das verfassungsrechtlich garantierte Stimmrecht konkretisieren. Sie betreffen etwa die Gültigkeitsvorschriften über die erforderliche Zahl von Initiativunterschriften oder kantonale Sperrfristen. Auch die Frage, was überhaupt Gegenstand von Initiativbegehren sein kann, gehört zu diesen Vorschriften; das Bundesgericht prüft daher etwa frei, ob Verwaltungsinitiativen überhaupt zulässig sind (vgl. BGE 119 Ia 154 E. 3 S. 157; 111 Ia 115 E. 4a S. 120; 108 Ia 38 E. 3 S. 39; ZBl 90/1989 S. 494 E. 4a und 4b). Ebenfalls der freien Überprüfung unterliegt die Frage, ob ein Initiativbegehren die bestehende Kompetenzordnung wahrt und insofern rechtmässig ist (ZBl 87/1986 S. 180, 85/1984 S. 552).»

Stets ist die *Stimmrechtsbeschwerde auf kantonale und kommunale Wahlen und Abstimmungen beschränkt.* Für eidgenössische Wahlen und Abstimmungen ist sie nicht zulässig. Die Stimmrechtsbeschwerde an das Bundesgericht ist streng zu unterscheiden von der Stimmrechtsbeschwerde an eine Kantonsregierung, die von Art. 77 Abs. 1 lit. a des Bundesgesetzes über die politischen Rechte (BPR) vom 17. Dezember 1976 (SR 161.1) eingeräumt wird und eidgenössische Wahlen und Abstimmungen betrifft. Eine Ausdehnung der Stimmrechtsbeschwerde an das Bundesgericht auf eidgenössische Wahlen und Abstimmungen ist im Rahmen der Justizreform vorgesehen (vgl. N. 1958).

Obwohl sie zahlenmässig nicht allzu stark ins Gewicht fällt – im Jahr 2003 wurden vom Bundesgericht nur 22 Stimmrechtsbeschwerden behandelt –, hat die Stimmrechtsbeschwerde eine beträchtliche *politische Bedeutung*. Neben Fragen betreffend die richtige Durchführung von Wahlen und Abstimmungen haben insbesondere Probleme aus dem Bereich des Initiativrechts – z.B. die Frage nach der Ungültigerklärung von Volksinitiativen oder der Anordnung einer Volksabstimmung über eine verfassungswidrige Initiative – und des Finanzreferendums zu wichtigen Entscheiden des Bundesgerichts geführt (vgl. N. 1386 ff.). Auf diese Weise schützt die Stimmrechtsbeschwerde nicht nur die individuellen politischen Rechte des einzelnen Bürgers, sondern auch das *richtige Funktionieren des demokratischen Entscheidungsprozesses.*

Zu Schwierigkeiten führt die *Abgrenzung der Stimmrechtsbeschwerde* (Art. 85 lit. a OG) *von der Beschwerde wegen Verletzung des Grundsatzes der Gewaltentrennung* (als verfassungsmässiges Recht im Sinne von Art. 84 Abs. 1 lit. a OG). Die bundesgerichtliche Rechtsprechung hierzu ist nicht einheitlich.

In seiner älteren Praxis vertrat das Gericht die Auffassung, mit der Stimmrechtsbeschwerde könne auch geltend gemacht werden, ein Hoheitsakt der Exekutive (Verordnung oder Verfügung) stehe mit dem Gesetz in Widerspruch und verletze daher die politischen Rechte der Bürger im Bereich der Rechtsetzung (fakultatives oder obligatorisches Referendum), denn das Mitwirkungsrecht der Stimmbürger bei der Gesetzgebung sei beeinträchtigt, wenn die Exekutive Vorschriften erlasse, die in Form eines Gesetzes hätten ergehen müssen. So führte das Bundesgericht in BGE 89 I 253, 261 f., Allgöwer, zutreffend aus:

> «Es ist kein sachlicher Grund ersichtlich, dem Stimmberechtigten die Legitimation abzusprechen, wenn anstelle der gesetzgebenden Behörde, die zuständig gewesen und deren Beschluss dem Referendum unterstanden wäre, eine unzuständige Behörde handelt, deren Beschluss als solcher dem Referendum nicht untersteht. Es macht für den Stimmberechtigten keinen Unterschied, ob sein Recht auf Mitwirkung bei der staatlichen Willensbildung dadurch verletzt wird, dass die gesetzgebende Behörde selber einen von ihr gefassten Beschluss in Verletzung der KV dem obligatorischen oder fakultativen Referendum entzieht, oder ob der Regierungsrat dieses Ergebnis dadurch herbeiführt, dass er die dem Referendum unterstehende Beschlussfassung durch die gesetzgebende Behörde verhindert, indem er den nach der verfassungsmässigen Kompetenzordnung der gesetzgebenden Behörde zustehenden Beschluss in eigener Zuständigkeit fasst.»

1985 Seit 1978 geht das Bundesgericht indes von einem restriktiveren Verständnis der Stimmrechtsbeschwerde aus. Im BGE 105 Ia 349, 361, Stauffacher, hat es zu den unterschiedlichen Funktionen von Stimmrechtsbeschwerde und staatsrechtlicher Beschwerde wegen Verletzung der Gewaltenteilung Folgendes festgehalten:

> «Die Stimmrechtsbeschwerde ist ein Rechtsbehelf, mit dem vorab durchgesetzt werden kann, dass ein Erlass oder Verwaltungsakt, der formell dem fakultativen oder obligatorischen Referendum unterliegt, diesem Mitwirkungsrecht des Volkes auch wirklich unterstellt wird. Mit der Stimmrechtsbeschwerde kann ferner durchgesetzt werden, dass die Abstimmung korrekt durchgeführt wird und dass die Behörde deren Ergebnis richtig ermittelt. Die gleiche Bedeutung hat die Stimmrechtsbeschwerde hinsichtlich der Anordnung und Durchführung von Wahlen und hinsichtlich der Ausübung des Initiativrechts. Sie ist aber nicht zur Anfechtung von Erlassen oder Einzelakten der Exekutive bestimmt, die nach der verfassungsrechtlichen Ordnung zum vornehrein nicht der Volksabstimmung unterliegen können und auch nicht die konkrete Durchführung einer Abstimmung oder Wahl betreffen. Enthält eine Verordnung oder ein Einzelakt der Verwaltung Vorschriften, die richtigerweise Gegenstand eines dem Referendum unterliegenden Gesetzes sein müssten, so ist nicht die Stimmrechtsbeschwerde, sondern gestützt auf Art. 84 Abs. 1 lit. a OG die staatsrechtliche Beschwerde wegen Verletzung der Gewaltentrennung zu ergreifen. Ziel der Beschwerde ist in diesem Falle nämlich nicht, eine Abstimmung herbeizuführen; die Beschwerde ist vielmehr auf die Aufhebung des fraglichen Hoheitsaktes gerichtet.»

Vgl. zur Kritik der neueren bundesgerichtlichen Praxis ANDREAS AUER, Politische Rechte und Gewaltentrennung, S. 346 ff.; CHRISTOPH HILLER, Die Stimmrechtsbeschwerde, S. 157 ff.; KATHARINA SAMELI, Der Rechtsschutz auf dem Gebiet der politischen Rechte, S. 270 ff.

1986 Die Abgrenzung ist deshalb von praktischer Bedeutung, weil die Stimmrechtsbeschwerde von jedem stimmberechtigten Einwohner des betreffenden Gemeinwesens erhoben werden kann, die staatsrechtliche Beschwerde wegen Verletzung des Gewaltenteilungsprinzips hingegen nur von Personen, die durch den beanstandeten Hoheitsakt in ihrer persönlichen Rechtsstellung betroffen sind (vgl. N. 2008 ff. und 2020; vgl. auch BGE 123 I 41, 46 E. 6a, Baltensperger).

3. Subsidiarität

a) Absolute Subsidiarität gegenüber anderen bundesrechtlichen Rechtsmitteln (Art. 84 Abs. 2 OG)

Die staatsrechtliche Beschwerde ist nur möglich, falls *keine anderen bundesrechtlichen Rechtsmittel gegeben* sind. Wenn ein anderes Rechtsmittel an das Bundesgericht – z.B. die Verwaltungsgerichtsbeschwerde nach Art. 97 ff. OG, die zivilrechtliche Berufung (Art. 43 ff. OG), die Nichtigkeitsbeschwerde an den Kassationshof (Art. 268 ff. BStP) – oder eine Beschwerde an den Bundesrat gemäss Art. 72 ff. VwVG zulässig ist, kann die staatsrechtliche Beschwerde nicht ergriffen werden. Von besonderer Bedeutung ist das Erfordernis der absoluten Subsidiarität im Verhältnis der staatsrechtlichen Beschwerde zur *Verwaltungsgerichtsbeschwerde an das Bundesgericht:* Mit dieser kann nämlich auch eine Verletzung von Bundesverfassungsrecht gerügt werden. Die Verwaltungsgerichtsbeschwerde ist das Rechtsmittel gegen Verfügungen, die sich auf Bundesverwaltungsrecht stützen (Art. 97 und 128 OG i.V.m. Art. 5 VwVG), von einer Vorinstanz im Sinne von Art. 98 OG ausgehen und nicht in einem der Ausnahmekataloge (Art. 99–101 und 129 OG) angeführt sind (vgl. auch N. 1747). Mit Verwaltungsgerichtsbeschwerde können sämtliche Bundesrechtsverletzungen geltend gemacht werden (Art. 104 lit. a OG). Beruft sich ein Beschwerdeführer auf verfassungsmässige Rechte, so übernimmt die Verwaltungsgerichtsbeschwerde die Funktion der staatsrechtlichen Beschwerde (vgl. zur Abgrenzung BGE 128 II 259, 262 f. E. 1.2). Dagegen kann eine Verletzung verfassungsmässiger Rechte nicht mit zivilrechtlicher Berufung oder mit Nichtigkeitsbeschwerde in Bundesstrafsachen gerügt werden; das Gesetz behält hier die staatsrechtliche Beschwerde vor (Art. 43 Abs. 1 Satz 2 OG und Art. 269 Abs. 2 des Bundesgesetzes über die Bundesstrafrechtspflege [BStP] vom 14. Juni 1934, SR 312.0).

1987

Zu differenzieren ist beim Anspruch auf gleichen Lohn für Mann und Frau für gleichwertige Arbeit (Art. 8 Abs. 3 BV), da er einen doppelten Charakter hat: Zunächst ist er ein Grundrecht, dann aber auch – wegen seiner direkten Drittwirkung (vgl. N. 793) – zwingende Regel des Zivilrechts. Daher ist für Lohnstreitigkeiten zwischen Arbeitnehmerin und Arbeitgeber der Weg der zivilrechtlichen Berufung einzuschlagen, wenn der Streitwert Fr. 8 000.– übersteigt (vgl. Art. 46 OG); andernfalls ist die staatsrechtliche Beschwerde möglich (BGE 113 Ia 107, 111 E. 1a und b).

1988

1989 Die neue Formulierung von Art. 189 Abs. 1 lit. a BV in der Fassung vom 12. März 2000 (noch nicht in Kraft, vgl. N. 72), wonach das Bundesgericht Streitigkeiten wegen Verletzung von «Bundesrecht» beurteilt (wobei die verfassungsmässigen Rechte des Bundes nicht mehr besonders erwähnt werden), schliesst Beschwerden wegen Verletzung verfassungsmässiger Rechte des Bundes ein und soll zugleich den Weg für die Einführung einer *Einheitsbeschwerde* ebnen. Allerdings ist der Text so redigiert, dass diese umstrittene Änderung des Rechtsmittelsystems nicht zwingend geboten ist und die bisherige Ordnung beibehalten werden kann (BBl 1997 I 528). Der Gesetzgeber wird sich bei der an sich wünschenswerten Vereinfachung der Rechtsmittel gut überlegen müssen, ob nicht wenigstens die staatsrechtliche Beschwerde wegen ihrer besonderen Funktion zur Durchsetzung der Grundrechte als eigenständiges Rechtsmittel beizubehalten sei.

1990 Der Grundsatz der absoluten Subsidiarität gilt nach Auffassung des Bundesgerichts nicht für die Stimmrechtsbeschwerde gemäss Art. 85 lit. a OG (BGE 109 Ia 41, 43, Einwohnergemeinde Grenchen); deren Zulässigkeit ist ohne Rücksicht auf die Frage der Zulässigkeit anderer Rechtsmittel des Bundes zu prüfen. Diese in der Literatur teilweise umstrittene Auffassung entspricht Wortlaut und Systematik der Art. 84 und 85 OG sowie den Materialien (vgl. Christoph Hiller, Die Stimmrechtsbeschwerde, S. 219 f.).

b) Erschöpfung des kantonalen Instanzenzuges («relative Subsidiarität»)
(Art. 86 OG)

1991 Bevor die staatsrechtliche Beschwerde an das Bundesgericht ergriffen werden kann, muss *der kantonale Instanzenzug ausgeschöpft* werden. Die staatsrechtliche Beschwerde ist nur gegen «letztinstanzliche kantonale Entscheide» möglich (Art. 86 Abs. 1 OG). Ein Entscheid ist letztinstanzlich, wenn zur Geltendmachung der mit der staatsrechtlichen Beschwerde erhobenen Rüge kein kantonales Rechtsmittel mehr zur Verfügung steht (BGE 123 II 56, 61 f. E. 4b). Anders als vor der Revision von 1992 gilt heute das Erfordernis der Ausschöpfung des kantonalen Instanzenzuges für *alle Arten von staatsrechtlichen Beschwerden,* auch für Beschwerden wegen Verletzung von Verträgen der Kantone und für Staatsvertragsbeschwerden sowie für Stimmrechtsbeschwerden (vgl. zum Letzteren BGE 118 Ia 415, 418 f. E. 3). Es liegt daher näher, anstelle des gebräuchlichen Terminus «relative Subsidiarität» von der «Erschöpfung des kantonalen Instanzenzuges» zu sprechen, was auch dem Randtitel zu Art. 86 OG entspricht.

Eine Ausnahme sieht das Gesetz nur für Beschwerden auf dem Gebiet der interkantonalen Doppelbesteuerung (Art. 127 Abs. 3 BV) und des Arrestes auf Vermögen ausländischer Staaten vor: Hier muss der kantonale Instanzenzug nicht ausgeschöpft werden (Art. 86 Abs. 2 OG; vor der 1992 in Kraft getretenen OG-Revision war dieser Ausnahmekatalog viel umfangreicher).

1992 Die bundesgerichtliche Praxis lässt weitere Ausnahmen zu: Vom Erfordernis der Erschöpfung des kantonalen Instanzenzuges kann abgewichen werden, wenn ernsthafte Zweifel über die Zulässigkeit eines kantonalen Rechtsmittels bestehen (BGE 120 Ia 194, 198 E. 1d), ferner wenn das Durchlaufen der kantonalen Instanzen eine leere, zwecklose Formalität darstellen würde, z.B., weil die untere Instanz nach Weisungen der Rechtsmittelinstanz entschieden hat (BGE 106 Ia 229, 236, Papierwerke Waldhof-Aschaffenburg AG).

4. Persönliche Voraussetzungen beim Beschwerdeführer

Es geht hier um die Frage, ob der Beschwerdeführer die persönlichen Voraussetzungen erfüllt, die ihn dazu berechtigen, in einem konkreten Fall mit staatsrechtlicher Beschwerde an das Bundesgericht zu gelangen. Erforderlich sind *Parteifähigkeit, Prozessfähigkeit* sowie *Beschwerdelegitimation.*

In der *Terminologie* des Bundesgerichts und eines Teils der Lehre werden diese drei Begriffe oft nicht klar auseinandergehalten und pauschal unter der Bezeichnung «Legitimation» abgehandelt.

a) Parteifähigkeit

aa) Begriff und Grundsatz

Die Parteifähigkeit ist die prozessuale Rechtsfähigkeit. Sie ist die verfahrensrechtliche Parallele zur Rechtsfähigkeit. In unserem Zusammenhang bedeutet sie die *Fähigkeit, im Verfahren der staatsrechtlichen Beschwerde als Partei aufzutreten.* Die Parteifähigkeit ist eine abstrakte Grösse. Nicht abzuklären ist in diesem Zusammenhang, ob der Beschwerdeführer Träger des von ihm angerufenen verfassungsmässigen Rechts ist; dies spielt erst bei der Frage, ob der Beschwerdeführer zur Einreichung einer staatsrechtlichen Beschwerde im konkreten Fall legitimiert ist (vgl. N. 2003 ff.), eine Rolle (vgl. WALTER KÄLIN, Das Verfahren der staatsrechtlichen Beschwerde, S. 223 f.; RHINOW/KOLLER/KISS, Öffentliches Prozessrecht und Justizverfassungsrecht des Bundes, Rz. 1771).

Die Parteifähigkeit für die staatsrechtliche Beschwerde stellt grundsätzlich auf die Rechtsfähigkeit des Zivilrechts ab. *Parteifähig im Verfahren der staatsrechtlichen Beschwerde ist, wer rechtsfähig ist.*

bb) Natürliche Personen

Parteifähig sind *alle natürlichen Personen:* Personen mit Wohnsitz in der Schweiz und im Ausland, Mündige wie Unmündige oder Entmündigte (unabhängig von ihrer Handlungs- und Urteilsfähigkeit). Die Parteifähigkeit der natürlichen Personen wirft in der Praxis zur staatsrechtlichen Beschwerde kaum je Fragen auf.

cc) Juristische Personen des Privatrechts

Im Verfahren der staatsrechtlichen Beschwerde richtet sich die Parteifähigkeit von Personenverbindungen nicht streng nach der Rechtsfähigkeit des Zivilrechts. Etwas unklar spricht Art. 88 OG davon, dass die staatsrechtliche Beschwerde «Korporationen» offenstehe. Gemäss Praxis sind *alle juristischen Personen des Privatrechts* parteifähig, also Vereine, Stiftungen, Genossenschaften, Aktiengesellschaften usw. Überdies wird die Parteifähigkeit im Verfahren der staatsrechtlichen Beschwerde auch *verschiedenen privatrechtlichen Personenverbindungen ohne eigene Rechtspersönlichkeit* zuerkannt, wie der Kollektiv- und Kommanditgesellschaft, der Stockwerkeigentümergemeinschaft, der Konkursmasse und – in Ausnahmefällen – der Erbengemeinschaft. Nicht parteifähig ist die einfache Gesellschaft.

dd) Juristische Personen des öffentlichen Rechts

1998 Auch juristische Personen des öffentlichen Rechts, wie Gemeinden und andere öffentlich-rechtliche Körperschaften, sind parteifähig. Sie können ohne weiteres als Parteien im Rahmen eines staatsrechtlichen Beschwerdeverfahrens auftreten. Eine andere Frage ist, ob eine juristische Person Trägerin eines verfassungsmässigen Rechts sein kann; nur in den Fällen, in welchen eine juristische Person Trägerin eines verfassungsmässigen Rechts ist, ist sie zur Beschwerde legitimiert (vgl. N. 2005).

b) Prozessfähigkeit

1999 Die Prozessfähigkeit ist die prozessuale Handlungsfähigkeit. Sie ist die verfahrensrechtliche Parallele zur Handlungsfähigkeit des materiellen Rechts. Sie bedeutet die *Fähigkeit, eine staatsrechtliche Beschwerde selbst einzureichen und den Prozess selbst zu führen oder durch einen gewählten Vertreter führen zu lassen.*

2000 Prozessfähig ist, wer *urteilsfähig und mündig* ist (im Sinne der «Grundrechtsmündigkeit», vgl. N. 293). Die Mündigkeit ist spätestens mit dem vollendeten 18. Altersjahr gegeben. In manchen Fällen tritt die Grundrechtsmündigkeit jedoch früher ein. So ergibt sich aus Art. 303 Abs. 2 ZGB, dass die Grundrechtsmündigkeit für die Glaubens- und Gewissensfreiheit mit dem vollendeten 16. Altersjahr beginnt. Die für Stimmrechtsbeschwerden massgebende *politische Mündigkeit* hängt vom Stimmrechtsalter ab, das in den meisten Kantonen auf 18 Jahre festgesetzt ist.

2001 *Urteilsfähige Unmündige oder Entmündigte* können jene Rechte selbständig geltend machen, die ihnen um ihrer Persönlichkeit willen zustehen, wie z.B. die persönliche Freiheit oder die in der Wirtschaftsfreiheit enthaltene Berufswahlfreiheit (vgl. N. 642). So ist ein zwölfjähriges Mädchen zum Schutz seiner persönlichen Freiheit legitimiert, sich selbständig oder durch einen Vertreter seiner Wahl mit staatsrechtlicher Beschwerde gegen das Besuchsrecht seines Vaters zu wehren (BGE 120 Ia 369, 371 f. E. 1a). Im Hinblick auf Art. 11 Abs. 2 BV ist die Prozessfähigkeit urteilsfähiger, aber noch nicht zivilrechtlich mündiger Personen grundsätzlich zu bejahen (vgl. N. 293). Dagegen dürfen Urteilsunfähige nicht selbständig prozessieren, sondern bedürfen der Zustimmung des Inhabers der elterlichen Gewalt (BGE 103 Ia 369, 373, Wäffler) oder müssen von Eltern oder Vormund vertreten werden.

Bei den *juristischen Personen* liegt die Prozessführung bei jenem Organ, das die 2002
betreffende juristische Person nach Aussen vertritt.

c) *Beschwerdelegitimation* (Art. 88 OG)

aa) Grundsatz

Die Beschwerdelegitimation bedeutet die *Befugnis, in einem bestimmten Rechts-* 2003
streit eine staatsrechtliche Beschwerde einreichen zu können.
Gemäss Art. 88 OG – der in seinem Wortlaut nicht ganz klar ist – gilt der Grundsatz, dass zur staatsrechtlichen Beschwerde legitimiert ist, wer geltend machen kann, er habe durch einen Rechtsetzungserlass oder einen konkreten Rechtsanwendungsakt eine ihn persönlich treffende Rechtsverletzung erlitten, und ein aktuelles Interesse an deren Beseitigung besitzt.

bb) Trägerschaft des angerufenen verfassungsmässigen Rechts

Die Legitimation zur staatsrechtlichen Beschwerde steht nur einem Beschwerde- 2004
führer zu, der geltend macht, in seiner Rechtsstellung verletzt zu sein. *Zur staatsrechtlichen Beschwerde ist nur der Beschwerdeführer legitimiert, der Träger des von ihm angerufenen verfassungsmässigen Rechts ist.* Der *Ausländer* ist nicht zur Stimmrechtsbeschwerde legitimiert, es sei denn, das kantonale Recht gewähre ihm – wie in einigen Kantonen (vgl. N. 1380b) – politische Rechte; er kann auch die Niederlassungsfreiheit nicht anrufen. Vor allem bei den *juristischen Personen* ist abzuklären, ob sie sich auf das geltend gemachte verfassungsmässige Recht berufen können. So werden sie wohl von der Wirtschaftsfreiheit und vom Grundsatz der Rechtsgleichheit geschützt, nicht aber von der Garantie der persönlichen Freiheit und vom Diskriminierungsverbot des Art. 37 Abs. 2 BV.

Juristische Personen des öffentlichen Rechts können nur ausnahmsweise Träge- 2005
rinnen verfassungsmässiger Rechte sein, denn diese bezwecken primär, den Privaten vor staatlichen Übergriffen zu schützen. Allerdings ist die Legitimation dort allgemein zu bejahen, wo sich juristische Personen des öffentlichen Rechts «auf dem Boden des Privatrechtes bewegen oder sonstwie (z.B. als Steuerpflichtige) als dem Bürger gleichgeordnete Rechtssubjekte auftreten und durch den angefochtenen staatlichen Akt wie eine Privatperson betroffen werden» (BGE 103 Ia 58, 59 f., Kantonale Pensionskasse Luzern).

Öffentlich-rechtliche Religionsgemeinschaften, wie z.B. Kirchgemeinden, kön- 2006
nen mit staatsrechtlicher Beschwerde die Verletzung der Glaubens- und Gewissensfreiheit rügen (vgl. N. 434).

Die *Gemeinden* können bei Verletzung der ihnen vom kantonalen Recht verliehe- 2007
nen Autonomie (vgl. N. 975 ff.) mit staatsrechtlicher Beschwerde an das Bundesgericht gelangen. Die Autonomiebeschwerde steht nach bundesgerichtlicher Praxis auch *anderen öffentlich-rechtlichen Körperschaften* zu, soweit sie hoheitlich auf-

treten und vom kantonalen Recht mit Autonomie ausgestattet sind (BGE 109 Ia 173, 175, Schwellenbezirk der Einwohnergemeinde Beatenberg). Vgl. N. 2025.

cc) Persönliches Betroffensein

2008 Die staatsrechtliche Beschwerde ist keine Popularbeschwerde. Sie kann nicht von jedermann, sondern nur vom *Betroffenen* geltend gemacht werden.

Da die staatsrechtliche Beschwerde dem Schutz der individuellen Rechtsstellung gegen staatliche Eingriffe dient, muss der *Bürger in seiner privaten Rechtssphäre, nicht in seiner öffentlich-rechtlichen Stellung betroffen sein.* Deshalb erklärte das Bundesgericht, ein Richter könne den Entscheid, mit dem ein wegen Befangenheit eingereichtes Ablehnungsbegehren gutgeheissen wurde, nicht mit staatsrechtlicher Beschwerde anfechten (BGE 107 Ia 266, 267 f., Herzog).

2009 Erfolgte die *Rechtsverletzung durch einen konkreten Rechtsanwendungsakt*, so gilt als Betroffener der Adressat einer Verfügung – z.B. der Verweigerung der Baubewilligung durch die Baubehörden – oder eines Gerichtsentscheides – z.B. eines Gerichtsurteils, bei dessen Verfahren der Anspruch auf rechtliches Gehör verletzt wurde. Grundsätzlich ist *nur der Betroffene* zur staatsrechtlichen Beschwerde legitimiert. Vgl. zur Legitimation Dritter N. 2018 f.

2010 Macht der Beschwerdeführer eine *drohende Rechtsverletzung durch einen Rechtssetzungsakt* geltend, so genügt ein *virtuelles Betroffensein:* Legitimiert sind alle jene Personen, auf welche die als verfassungswidrig erachtete Vorschrift künftig einmal angewendet werden könnte (BGE 102 Ia 201, 205, Minelli). So kann z.B. eine Gefängnisverordnung auch von Personen angefochten werden, die nicht in ein Strafverfahren verwickelt sind (BGE 99 Ia 262, 265, Minelli). In der Regel wird aber vorausgesetzt, dass der Beschwerdeführer im betreffenden Kanton wohnt und damit dessen Territorialhoheit untersteht. Die Praxis lässt allerdings gewisse Erweiterungen zu. Vgl. auch BGE 109 Ia 33, 35 f., Wirteverband des Kantons Bern.

2011 Für die *Stimmrechtsbeschwerde* gilt eine besondere Regelung. Vgl. N. 2020 f.

dd) Verletzung von rechtlich geschützten Interessen

2012 Art. 88 OG verlangt, dass der Beschwerdeführer eine «Rechtsverletzung» geltend macht. Bloss tatsächliche Nachteile genügen nicht; legitimiert ist nur, wer sich auf eigene rechtliche Interessen beruft. Diese können entweder durch kantonales oder eidgenössisches Gesetzesrecht oder aber unmittelbar durch ein angerufenes spezielles Grundrecht geschützt sein, sofern sie auf dem Gebiet liegen, welches die betreffende Grundrechtsbestimmung beschlägt. Auch die Legitimation zur Anfechtung von rechtsetzenden Erlassen setzt einen Eingriff in rechtlich geschützte Interessen voraus. Zwar genügt hier eine virtuelle Betroffenheit, doch muss es immer um einen drohenden Eingriff in rechtlich geschützte Interessen gehen (BGE 122 I 44, 45 f. E. 2b, Rudolf Kreis).

2013 Wird die *Verletzung eines verfassungsmässigen Rechts* gerügt, so genügt es grundsätzlich, dass die behauptete Verfassungsverletzung im Schutzbereich des angerufenen Grundrechts liegt. Allerdings hat das Bundesgericht dort, wo eine *willkürliche Rechtsanwendung* geltend gemacht wurde, die Legitimation stark eingeengt. Es ist nämlich in seiner bisherigen Praxis davon ausgegangen, dass ein mit staatsrechtlicher Beschwerde durchsetzbarer Anspruch auf willkürfreies Handeln der Behörden sich nicht direkt aus der Verfassung ableiten lasse. Vielmehr müsse sich das rechtlich geschützte Interesse aus einer anderen Norm des materiellen Rechts oder des Verfahrensrechts ergeben. So trat das Bundesgericht im BGE 107 Ia 182, 183 f., Fiklocki, nicht auf die Beschwerde eines Mittelschullehrers ein, der geltend gemacht hatte, vom Regierungsrat zu Unrecht nicht wiedergewählt worden zu sein. Das Bundesgericht stellte fest, dass ein rechtlich geschütztes Interesse fehle, da weder ein Anspruch auf Wiederwahl noch ein Anspruch auf ein bestimmtes Wiederwahlverfahren gegeben seien. Es führte unter anderem aus:

> «Gemäss Art. 88 OG kommt das Recht zur Beschwerdeführung Bürgern und Korporationen bezüglich solcher Rechtsverletzungen zu, die sie durch allgemein verbindliche oder sie persönlich treffende Erlasse oder Verfügungen erlitten haben. Im Gegensatz zur Regelung der Legitimationsvoraussetzungen im verwaltungsgerichtlichen Beschwerdeverfahren (Art. 103 OG) steht dem Einzelnen die staatsrechtliche Beschwerde lediglich zur Geltendmachung seiner *rechtlich* geschützten Interessen zu. Zur Verfolgung bloss tatsächlicher Interessen wie auch zur Wahrung allgemeiner öffentlicher Interessen ist die staatsrechtliche Beschwerde nicht gegeben (BGE 105 Ia 272/3 mit Hinweisen).
> ...
> Gewährt das kantonale Recht dem Beamten keinen Anspruch auf Wiederwahl, ist die Wahlbehörde grundsätzlich frei, das Dienstverhältnis nach Ablauf der Amtsdauer zu erneuern. Verzichtet sie auf die Fortführung des Dienstverhältnisses, greift diese Massnahme nicht in die rechtlich geschützten Interessen des Beamten im Sinne von Art. 88 OG ein. Daran ändert nichts, dass die zuständige Behörde an das allgemeine Willkürverbot, das für die gesamte staatliche Verwaltungstätigkeit gilt, gebunden ist. Die Legitimation zur Willkürbeschwerde besteht erst dann, wenn die Rechtsstellung des Beamten durch die Nichtwiederwahl betroffen wird. Aus Art. 4 [a]BV folgt kein selbständiger Anspruch auf willkürfreies staatliches Handeln. Der Beamte ist somit zur Führung der staatsrechtlichen Beschwerde wegen Willkür befugt, wenn das massgebende kantonale Recht ihm einen Anspruch auf Wiederwahl gewährt (BGE 105 Ia 275).» Vgl. auch BGE 110 Ia 72, 75 ff., Berger.

In BGE 121 I 267 bestätigte das Bundesgericht einmal mehr seine restriktive Praxis und entschied, dass sich auch aus Art. 11 Abs. 1 der neuen Berner Kantonsverfassung, wonach jede Person ein Recht auf Schutz vor staatlicher Willkür hat, für sich allein kein rechtlich geschütztes Interesse im Sinne von Art. 88 OG und damit auch kein weiter gehender Schutz als aus Art. 4 aBV ergebe. Die Regelung des Bundesgesetzgebers dürfe nicht durch kantonales Recht unterlaufen werden (BGE 121 I 270 E. 3c).

Diese restriktive, von einer fast einhelligen Lehre kritisierte Praxis des Bundesgerichts wollte das Parlament im Rahmen der Verfassungsrevision korrigieren, indem es dem Einzelnen in Art. 9 BV einen selbständigen und klaren grundrechtli-

2014

2015

chen Anspruch auf willkürfreies Handeln staatlicher Organe einräumte. Leider hat das Bundesgericht aber trotz dieser klaren neuen verfassungsrechtlichen Ausgangslage mit einer dürftigen Begründung an seiner bisherigen Rechtsprechung festgehalten (vgl. N. 816).

2015a   In seiner jüngsten Rechtsprechung unterstellt das Bundesgericht auch die Rüge der rechtsungleichen Behandlung denselben Einschränkungen wie die Rüge der Willkür. Für die Legitimation erforderlich ist, dass Vorschriften rechtsungleich angewendet werden, die einen Anspruch des Betroffenen begründen oder zumindest auch seinem Schutz dienen (Zusammenfassung und fundierte Kritik dieser Rechtsprechung bei BEATRICE WEBER-DÜRLER, Zum Anspruch auf Gleichbehandlung in der Rechtsanwendung, ZBl 105 [2004] 32 ff.).

ee)   Aktuelles Rechtsschutzinteresse

2016   Stets ist für die Legitimation zur Anfechtung von Verfügungen und Entscheiden auch ein aktuelles praktisches Interesse des Beschwerdeführers an der Feststellung der Verfassungswidrigkeit des angefochtenen Hoheitsaktes vorausgesetzt. Ein solches Interesse wird bejaht, wenn der erlittene Nachteil im Zeitpunkt der bundesgerichtlichen Beurteilung noch besteht und durch eine Gutheissung der Beschwerde beseitigt würde (BGE 116 Ia 359, 363 E. 2a, Theresa Rohner).

2017   Ausnahmsweise kann auf das Erfordernis des aktuellen Interesses verzichtet werden, wenn «sich die aufgeworfene Frage jederzeit unter gleichen oder ähnlichen Umständen wieder stellen könnte, an ihrer Beantwortung wegen ihrer grundsätzlichen Bedeutung ein hinreichendes öffentliches Interesse besteht und eine rechtzeitige verfassungsgerichtliche Überprüfung im Einzelfall kaum je möglich wäre» (BGE 121 I 279, 282 E. 1, Circus Gasser Olympia AG). So kann das Verbot einer Demonstration überprüft werden, auch wenn der für die Demonstration vorgesehene Zeitpunkt inzwischen schon verstrichen ist (BGE 100 Ia 392, 394 f. E. 1b, Komitee für Indochina). Der Entscheid des Bundesgerichts kann hier zwar an einem unzulässigen Verbot nichts mehr ändern, aber immerhin Richtlinien für das künftige Verhalten der Behörden vermitteln.

ff)   Legitimation von Dritten

2018   Bei *konkreten Rechtsanwendungsakten* kann ausnahmsweise nicht nur der Adressat einer Verfügung oder eines Gerichtsentscheides (vgl. N. 2008 ff.), sondern auch ein Dritter Beschwerde führen, wenn er sich in seinen Rechten verletzt fühlt. Als wichtigstes Beispiel ist hier der Fall zu erwähnen, in dem ein Grundeigentümer eine Baubewilligung erhält und der Nachbar geltend macht, er erleide durch die Erteilung der Baubewilligung eine Rechtsverletzung. Dieser Nachbar ist dann in rechtlich geschützten Interessen verletzt, wenn die als verletzt gerügten Bauvorschriften «ausser den Interessen der Allgemeinheit auch oder in erster Linie dem Schutz der Nachbarn dienen». Zusätzlich muss der Nachbar dartun, dass er sich im Schutzbereich dieser Vorschriften befindet und durch die behaupteten widerrechtlichen Auswirkungen der Baute betroffen wird (BGE 118 Ia 112, 116 E. 2a).

Im Fall von *Rechtsetzungsakten* stellt sich die Frage, ob ein Bürger gemäss Art. 88 OG legitimiert ist, mit der staatsrechtlichen Beschwerde einen Erlass anzufechten, durch den angeblich Dritte rechtswidrig begünstigt werden. In BGE 124 I 145, 149 E. 1c, Niklaus Scherr, musste das Bundesgericht die Frage beantworten, ob ein im Kanton Zürich steuerpflichtiger Mieter die Festsetzung des Eigenmietwerts, durch die allein Grundeigentümer unmittelbar betroffen werden, anfechten dürfe. Das Gericht bejahte die Legitimation mit folgender Begründung: 2019

> «Der Beschwerdeführer ... beruft sich auf seine Eigenschaft als im Kanton Zürich wohnhafter und dort steuerpflichtiger Mieter. Als solcher ist er durch die beanstandete Bestimmung über die Festsetzung des Eigenmietwertes, die sich allein auf die Steuerpflicht der Eigentümer selbstbewohnter Liegenschaften bezieht, an sich nicht direkt betroffen. Nach der Rechtsprechung des Bundesgerichts steht jedoch die Legitimation zur Anfechtung eines Erlasses wegen rechtsungleicher Begünstigung Dritter auch Bürgern zu, welche nicht Adressaten der beanstandeten Bestimmungen sind, sofern sie sich in einer vergleichbaren Lage befinden und der Dritten gewährte Vorteil sich für sie als Nachteil auswirkt, das heisst sofern zwischen der beanstandeten Drittprivilegierung und ihrer eigenen Situation ein relevanter Zusammenhang besteht (sogenannte AVLOCA-Praxis, BGE 109 Ia 252 E. 4 ...). Nach diesen Grundsätzen sind Mieter legitimiert, Bestimmungen über die Festsetzung des Eigenmietwertes oder des Vermögenssteuerwerts, welche die Hauseigentümer steuerlich begünstigen können, mittels staatsrechtlicher Beschwerde anzufechten.»

d) Besondere Regelungen der Legitimation

aa) Legitimation bei der Stimmrechtsbeschwerde

Die Legitimation zur Stimmrechtsbeschwerde richtet sich nach Art. 85 lit. a OG (vgl. BGE 128 I 190, 192 ff. E. 1, Michel Rossetti). Anders als bei der Verfassungsbeschwerde gemäss Art. 84 Abs. 1 lit. a OG muss der Beschwerdeführer nicht persönlich von der Rechtsverletzung betroffen sein. Legitimiert ist vielmehr *jeder stimmberechtigte Einwohner,* der an der angefochtenen kantonalen oder kommunalen Wahl oder Abstimmung teilnehmen kann. Ist die Stimmberechtigung selber streitig, so genügt für die Legitimation, dass der Beschwerdeführer Adressat des Hoheitsaktes ist, in welchem ihm die kantonale Behörde das Stimm- oder Wahlrecht abspricht (BGE 114 Ia 263, 264 f. E. 1, Appenzeller Bürgerinnen). Im Streit, bei welchem das Bundesgericht entschied, dass den Frauen im Kanton Appenzell Innerrhoden gestützt auf Art. 4 Abs. 2 [a]BV (= Art. 8 Abs. 3 BV) auch in kantonalen Angelegenheiten die politische Gleichberechtigung zustehe, hatten sich sowohl Frauen als auch im Kanton stimmberechtigte Männer beschwert. Das Bundesgericht trat auf die Beschwerde der Männer ebenfalls ein, weil diese «mit dem politischen Stimm- und Wahlrecht nicht nur ein Individualrecht, sondern gleichzeitig eine Organkompetenz 2020 und damit öffentliche Funktionen ausüben» würden. Die Stimmberechtigten hätten einen Anspruch darauf, dass das verfassungsmässige Organ «Volk», d.h. die Aktivbürgerschaft, richtig zusammengesetzt sei (BGE 116 Ia 359, 365, Rohner).

2021 In BGE 119 Ia 167 dehnte das Bundesgericht die Legitimation zur Stimmrechtsbeschwerde auf passiv Wahlberechtigte aus. Seither ist auch eine Person, die im betreffenden Gemeinwesen nicht stimm- und wahlberechtigt ist, aber dort in ein Amt gewählt werden kann und sich als Kandidat an einer Volkswahl beteiligt, zur Stimmrechtsbeschwerde legitimiert.

Zur Erhebung der Stimmrechtsbeschwerde durch politische Parteien vgl. N. 2024.

bb) Legitimation von Vereinigungen, insbesondere von Verbänden und politischen Parteien

2022 Für Vereinigungen, insbesondere für Berufsverbände, Vereine und politische Parteien, hat die Rechtsprechung des Bundesgerichts besondere Grundsätze über die Legitimation entwickelt. Das Bundesgericht bejaht bei Vereinigungen, wie z.B. bei einem Anwaltsverband, unter bestimmten Voraussetzungen die Legitimation, wenn sie *in eigenem Namen, jedoch zur Wahrung von Interessen ihrer Mitglieder* Beschwerde führen. Dies ist eine Ausnahme vom Grundsatz, dass eine juristische Person nur eine staatsrechtliche Beschwerde ergreifen kann, soweit sie selbst Trägerin eines verfassungsmässigen Rechts ist und dieses Recht durch den angefochtenen Hoheitsakt verletzt worden ist.

2023 Damit Vereinigungen zu Beschwerden legitimiert sind, die der Wahrung der Interessen ihrer Mitglieder dienen, müssen jedoch *kumulativ folgende Voraussetzungen* erfüllt sein (BGE 123 I 221, 224 f., Demokratische JuristInnen der Schweiz):

– Die Vereinigung muss selber partei- und prozessfähig sein.

– Sie muss statutarisch zur Wahrung der betroffenen Interessen ihrer Mitglieder berufen sein.

– Eine Mehrzahl oder zumindest eine grosse Zahl der Mitglieder muss persönlich oder virtuell in rechtlich geschützten, aktuellen Interessen betroffen sein, d.h., so betroffen sein, dass die einzelnen betroffenen Mitglieder selbst zur Beschwerdeführung legitimiert wären.

2024 Besonderheiten gelten bei der *staatsrechtlichen Beschwerde wegen Verletzung des politischen Stimmrechts*. Zur Erhebung der Stimmrechtsbeschwerde gemäss Art. 85 lit. a OG (vgl. N. 1958 ff., 1979 ff. und 2021 f.) sind grundsätzlich *politische Parteien,* die im Gebiet des betreffenden Gemeinwesens tätig sind, sowie sonstige politische Vereinigungen, namentlich ad hoc gebildete, aber mit juristischer Persönlichkeit ausgestattete Initiativ- und Abstimmungskomitees, legitimiert (BGE 115 Ia 148, 153, Comité d'initiative «Soins à domicile»). Hingegen betrachtet das Bundesgericht Verbände, die andere Zielsetzungen und eine andere Mitgliederstruktur aufweisen als politische Parteien, sowie Gruppierungen, deren Mitglieder nicht ausschliesslich stimmberechtigte Bürger des betreffenden Gemeinwesens sind – so z.B.

Heimatschutzvereine, Jagdvereinigungen –, nicht als eigentliche politische Vereinigungen und spricht ihnen demzufolge die Legitimation zur Stimmrechtsbeschwerde ab (vgl. BGE 111 Ia 115, 116 f., Verein Basler Heimatschutz; Kritik bei CHRISTOPH HILLER, Die Stimmrechtsbeschwerde, S. 298).

Von den genannten Fällen ist streng zu trennen die staatsrechtliche Beschwerde, die eine politische Partei wegen Verletzung ihr zustehender verfassungsmässiger Rechte wie z.B. der Rechtsgleichheit (Art. 8 BV) oder der Vereinigungsfreiheit (Art. 23 BV) erhebt; in solchen Fällen ist für die Legitimation Art. 88 OG massgeblich (BGE 108 Ia 281, 283 f., Affolter et Rohrbach).

cc) *Legitimation der Gemeinden und anderer öffentlich-rechtlicher Körperschaften bei Verletzung ihrer Autonomie*

Die Gemeinden können, soweit sie hoheitlich auftreten und ihnen das kantonale Recht Autonomie gewährt, deren Verletzung durch kantonale Akte mit staatsrechtlicher Beschwerde rügen. Dieses Recht steht auch anderen öffentlich-rechtlichen Körperschaften zu, die mit Autonomie ausgestattet sind (vgl. N. 2007). Für solche Autonomiebeschwerden kommt die Regelung der Legitimation durch Art. 88 OG nicht zum Zug. Es genügt, dass die Gemeinden eine Verletzung ihrer Autonomie geltend machen; weitere Legitimationsvoraussetzungen sind nicht nachzuweisen. Art. 88 OG ist allerdings anwendbar, wenn die Gemeinden sich auf dem Boden des Privatrechts bewegen, z.B. bei Eingriffen in ihr Finanzvermögen (vgl. Urteil des BGer vom 22. Januar 1996 in ZBl 98 [1997] 416).

2025

Die Autonomiebeschwerde kann nur von der Gemeinde selbst erhoben werden. Ein *Privater* kann hingegen nicht selbständig die Verletzung der Gemeindeautonomie rügen. Er kann lediglich im Rahmen einer staatsrechtlichen Beschwerde, die er wegen Verletzung seiner verfassungsmässigen Rechte führt, vorfrageweise geltend machen, der angefochtene Akt verstosse gegen die Gemeindeautonomie (BGE 119 Ia 214, 218 E. 2c, Politische Gemeinde Küsnacht). Dieses Recht des Privaten entfällt, wenn die Gemeinde selbst ausdrücklich oder stillschweigend auf die Geltendmachung der Autonomierüge verzichtet hat (BGE 107 Ia 96, Scherrer).

dd) *Legitimation gestützt auf Art. 8 Abs. 1 lit. c Opferhilfegesetz*

Art. 8 Abs. 1 lit. c des Opferhilfegesetzes vom 4. Oktober 1991 (OHG, SR 312.5) ist lex specialis zu Art. 88 OG und gibt einem Opfer im Sinne von Art. 2 Abs. 1 OHG eine erweiterte Legitimation zur staatsrechtlichen Beschwerde gegen kantonale Beschlüsse betreffend Einstellung von Strafverfahren. Das Interesse des Opfers an der Untersuchung der betreffenden Straftat wird vom Opferhilfegesetz rechtlich geschützt und kann deshalb die Legitimation im Sinne von Art. 88 OG zur staatsrechtlichen Beschwerde begründen (BGE 120 Ia 101, 104 f. E. 2a; BGE 120 Ia 157).

2026

5. Form und Inhalt der Beschwerdeschrift

2027 Die staatsrechtliche Beschwerde ist *schriftlich* beim Bundesgericht einzureichen und mit der Unterschrift des Beschwerdeführers zu versehen (Art. 89 Abs. 1 und Art. 30 Abs. 1 OG).

Die Beschwerdeschrift muss den angefochtenen Erlass oder Entscheid bezeichnen und ein *Rechtsbegehren,* d.h. einen Antrag des Beschwerdeführers, enthalten. Schliesslich ist die Beschwerde mit einer *Begründung* zu versehen, d.h., es müssen die wesentlichen Tatsachen aufgeführt werden, und es ist darzutun, welche verfassungsmässigen Rechte verletzt sind (Art. 90 Abs. 1 OG). Vgl. BGE 107 Ia 186, Gebr. Prina AG.

6. Beschwerdefrist (Art. 89 Abs. 1 OG)

2028 Die Beschwerdefrist beträgt 30 Tage. Als vom Gesetz bestimmte Frist kann sie nicht erstreckt werden (Art. 33 Abs. 1 OG). Die Beschwerdefrist beginnt mit dem Tag der nach kantonalem Recht massgebenden Eröffnung oder Mitteilung des Erlasses oder der Verfügung zu laufen. Vgl. zur Berechnung der Frist Art. 32 OG.

2029 Richtet sich eine *Stimmrechtsbeschwerde* gegen Handlungen, die der Vorbereitung von Wahlen oder Abstimmungen dienen (z.B. Beschlüsse über die Durchführung einer Abstimmung, über die Ungültigkeit einer Volksinitiative oder über die Formulierung der Abstimmungsfrage, amtliche Erläuterungen zu Volksabstimmungen), so ist sie grundsätzlich im Anschluss an deren Anordnung innert 30 Tagen zu erheben. Nur wenn diese Frist nach dem Abstimmungstermin abläuft oder wenn spezielle Gründe sofortiges Handeln als unzumutbar erscheinen lassen, kann eine Vorbereitungshandlung mit einer gegen die Abstimmung als solche gerichteten Beschwerde angefochten werden (BGE 110 Ia 176, 178, Peter Herzog).

Zum Sonderfall der sog. *unverjährbaren und unverzichtbaren Verfassungsrechte* vgl. N. 1952 ff.

2030 Wird eine Beschwerde rechtzeitig bei einer unzuständigen Bundesbehörde, z.B. beim Bundesrat, eingereicht, so gilt die Beschwerdefrist als eingehalten und die unzuständige Instanz hat die Beschwerde von Amtes wegen der zuständigen Behörde zu übergeben (Art. 96 Abs. 1 OG).

IV. Verfahren

1. Allgemeines

Das Verfahren ist in den Art. 91 ff. OG geregelt. Es ist in verschiedene Abschnitte gegliedert. 2031

2. Beschränkung auf die vom Beschwerdeführer geltend gemachten Anträge und Beschwerdegründe

Gestützt auf Art. 90 Abs. 1 OG überprüft das Bundesgericht den angefochtenen kantonalen Akt nur in dem Ausmass, als *Anträge des Beschwerdeführers* vorliegen. Werden von einer staatsrechtlichen Beschwerde nur einzelne Bestimmungen eines kantonalen Gesetzes angefochten, kann das Bundesgericht nicht andere Bestimmungen dieses Gesetzes auch noch überprüfen. 2032

Das Bundesgericht ist überdies an die *Beschwerdegründe, die der Beschwerdeführer geltend macht,* gebunden. Das Bundesgericht prüft nur rechtsgenügend erhobene Rügen. Wird z.B. eine kantonale Verordnung wegen Verletzung des Stimmrechts angefochten, hat das Bundesgericht nicht eine allfällige Verletzung der persönlichen Freiheit abzuklären. Das *Rügeprinzip* gilt gemäss neuerer Bundesgerichtspraxis auch in Bezug auf den Grundsatz der derogatorischen Kraft des Bundesrechts, der von den übrigen Rechtsanwendungsbehörden von Amtes wegen anzuwenden ist (vgl. N. 1195). 2033

Welche strengen Anforderungen das Bundesgericht an die *Substanziierungspflicht* stellt, ergibt sich aus einem Urteil von 1984:

> «Nach Art. 90 Abs. 1 lit. b OG muss die Eingabe die wesentlichen Tatsachen und eine kurz gefasste Darlegung darüber enthalten, ‹welche verfassungsmässigen Rechte bzw. welche Rechtssätze *und inwiefern* sie durch den angefochtenen Erlass oder Entscheid verletzt worden sind›. Im staatsrechtlichen Beschwerdeverfahren prüft das Bundesgericht nur klar und detailliert erhobene und, soweit möglich, belegte Rügen. Der Beschwerdeführer hat zu erklären, welches geschriebene oder ungeschriebene verfassungsmässige Individualrecht seiner Ansicht nach verletzt worden sein soll. Wirft der Beschwerdeführer der kantonalen Behörde z.B. vor, sie habe mit der vorgenommenen Anwendung des kantonalen Rechts Art. 4 [a]BV [= Art. 8 und 9 BV] verletzt, so genügt es noch nicht, wenn er einfach behauptet, der angefochtene Entscheid sei willkürlich; bei der Rechtsanwendungsrüge hat der Beschwerdeführer vielmehr die Rechtsnorm, die qualifiziert unrichtig angewandt bzw. nicht angewandt worden sein soll, zu bezeichnen und anhand der angefochtenen Subsumtion im einzelnen zu zeigen, *inwiefern* der Entscheid offensichtlich unhaltbar ist, mit der tatsächlichen Situation in klarem und offensichtlichem Widerspruch steht, eine Norm oder einen unumstrittenen Rechtsgrundsatz *krass* verletzt oder in stossender

> Weise dem Gerechtigkeitsgedanken zuwiderläuft (BGE 107 Ia 114 mit zahlreichen Hinweisen). Der Grundsatz der richterlichen Rechtsanwendung (iura novit curia) findet somit im Bereiche der Verfassungsbeschwerde keine Anwendung: Der Richter beschränkt sich ausschliesslich auf die Prüfung der rechtsgenügend vorgebrachten Rügen.» (BGE 110 Ia 1, 3 f.)

Zu Recht kritisiert WALTER KÄLIN (Das Verfahren der staatsrechtlichen Beschwerde, S. 390) diese strenge Praxis, die wohl auch mit der Überlastung des Bundesgerichts zusammenhängt:

> «Zumindest in jenen Fällen, in welchen ein Verstoss gegen die Verfassung oder Konkordate und Staatsverträge bzw. gegen das Stimmrecht offensichtlich ist, müsste m.E. das Bundesgericht von Amtes wegen eingreifen, wenn der – allenfalls rechtsunkundige und durch keinen Rechtsanwalt vertretene – Beschwerdeführer es unterlassen hat, eine entsprechende Rüge zu erheben.»

3. Frage des Novenrechts

2034 In engem Zusammenhang mit dem Erfordernis der Erschöpfung des kantonalen Instanzenzugs (vgl. N. 1991 f.) steht die Frage des Novenrechts. Noven sind neue Vorbringen tatsächlicher oder rechtlicher Art (Behauptungen, Bestreitungen, Einreden und Beweise), die im vorangehenden kantonalen Verfahren nicht vorgebracht worden sind. Sie sind grundsätzlich in einer staatsrechtlichen Beschwerde nicht zulässig, da das Erfordernis der Ausschöpfung des kantonalen Instanzenzuges nicht nur hinsichtlich der Beschwerde als ganzer, sondern auch hinsichtlich der einzelnen Vorbringen gilt.

2035 Dieser Grundsatz kennt aber verschiedene gewichtige Ausnahmen: So werden neue tatsächliche oder rechtliche Vorbringen in jenen Fällen zugelassen, in denen die Ausschöpfung des kantonalen Instanzenzuges nicht vorgeschrieben ist (vgl. N. 1991 f. sowie BGE 109 Ia 312, 314, Basler-Lebensversicherungs-Gesellschaft). Desgleichen lässt das Bundesgericht – ausser bei Beschwerden wegen Willkür (Art. 9 BV) – Noven zu, wenn die letzte kantonale Instanz das Recht von Amtes wegen anzuwenden hatte und mit freier Kognition (vgl. N. 2037) entscheiden konnte (vgl. BGE 93 I 17, 22, Storck; BGE 100 Ia 263, 270, Bürgin; BGE 107 Ia 265, 266 Marty). Vgl. zum Novenrecht KARL SPÜHLER, Die Praxis der staatsrechtlichen Beschwerde, N. 106 ff.

4. Kognition des Bundesgerichts

2036 Mit dem Begriff «Kognition» werden *Umfang und Intensität der Überprüfung einer Beschwerde* durch das Bundesgericht bezeichnet.

2037 Das Bundesgericht überprüft nicht alle Beschwerden in gleichem Mass: Je nach Fallgruppe unterscheidet es zwischen freier Kognition und beschränkter Kognition (auch «Willkürprüfung» genannt). Bei der *freien Kognition* prüft das Bundesgericht unter freier Würdigung aller Beweismittel, was bewiesen ist und was nicht bewiesen ist. Es untersucht, ob die Vorinstanz die Rechtssätze richtig ausgelegt und angewendet hat. Allerdings steht es ihm nicht zu, das Ermessen der kantonalen Behörden zu korrigieren, es sei denn, das Ermessen sei willkürlich oder in einer gegen das Gebot der Rechtsgleichheit oder das Prinzip von Treu und Glauben verstossenden Weise gehandhabt worden. Die *Willkürkognition* ist hingegen eine beschränkte Überprüfung und ermöglicht nur, qualifizierte Unrichtigkeit zu beanstanden: Zur Aufhebung eines Entscheides genügt es in diesem Fall nicht, dass er nur unrichtig ist, sondern er muss darüber hinaus schlechthin unhaltbar sein (BGE 122 I 61, 66 f. E. 3a); dies ist z.B. der Fall, wenn Widersprüche in einem Hoheitsakt vorkommen oder keine sachlichen Gründe für eine Unterscheidung vorhanden sind.

Die *Praxis des Bundesgerichts zur Frage der Kognition* ist sehr komplex und zum Teil nicht klar durchschaubar. Bei der Wahl zwischen freier und beschränkter Prüfung stellt das Bundesgericht auf verschiedene Kriterien ab, so insbesondere darauf, ob Verfassungsrecht oder Gesetzesrecht zur Anwendung gelangt, auf die Bedeutung des verletzten Rechtsgutes, auf die Schwere des Eingriffs, auf die Prozessökonomie und auf die Rücksicht gegenüber den Kantonen. Aus der Praxis, die hier nicht dargestellt werden soll, seien zwei Grundsätze herausgehoben: 2038

- Die Auslegung und die Anwendung der Bestimmungen der *Bundesverfassung* (mit Vorbehalten hinsichtlich Art. 8 Abs. 1 BV) und derjenigen *kantonalen Verfassungsbestimmungen, die dem Bürger ein verfassungsmässiges Recht einräumen,* prüft das Bundesgericht frei. Dasselbe gilt für die Anwendung von Grundrechten der EMRK und des UNO-Paktes II.

- Die Auslegung und die Anwendung von *Gesetzesbestimmungen,* soweit sie nicht das Stimmrecht betreffen, prüft das Bundesgericht in der Regel (ausser bei schweren Grundrechtseingriffen) nur unter dem beschränkten Gesichtswinkel der Willkür.

Ob also ein Grundrechtseingriff auf einer genügenden gesetzlichen Grundlage beruhe, prüft das Bundesgericht nur auf Willkür, wenn der Eingriff nicht schwer wiegt; dagegen prüft es frei, ob die behauptete Verletzung in den Schutzbereich des angerufenen Grundrechts fällt, auf überwiegenden öffentlichen Interessen beruht und die Verhältnismässigkeit wahrt (vgl. BGE 119 Ia 178, 183 E. 4a). 2039

Vgl. die Darstellung bei WALTER KÄLIN, Das Verfahren der staatsrechtlichen Beschwerde, S. 157 ff., insbesondere die Kognitionsregeln im Überblick auf S. 164 f.

5. Abschluss des Verfahrens

Das Verfahren vor Bundesgericht kann in verschiedener Form abgeschlossen werden: 2040

- durch *Abschreibungsbeschluss,* wenn die staatsrechtliche Beschwerde zurückgezogen wird oder gegenstandslos geworden ist;
- durch *Nichteintretensbeschluss,* wenn die formellen Voraussetzungen für die materielle Behandlung, wie z.B. die Legitimation, nicht gegeben sind, d.h., die staatsrechtliche Beschwerde nicht zulässig ist;
- durch *Abweisung der Beschwerde,* wenn die Beschwerde zwar zulässig, aber materiell nicht begründet ist;
- durch *Gutheissung der Beschwerde,* wenn die Beschwerde zulässig und materiell begründet ist.

V. Rechtswirkungen des Entscheides

2041   Heisst das Bundesgericht eine staatsrechtliche Beschwerde gut, so hebt es den angefochtenen Hoheitsakt – eine kantonale Gesetzesbestimmung, eine kantonale Verfügung oder ein kantonales Gerichtsurteil – auf. Es gibt Fälle, in denen wegen des Vorliegens besonderer Gründe eine kantonale Gesetzesbestimmung trotz Verfassungswidrigkeit nicht aufgehoben wird. Dies ordnete z.B. das Bundesgericht in einem Entscheid über die Zürcher Regelung der Ehegattenbesteuerung an, weil sich die Rechtsgleichheit weder durch ein Aufheben des geltenden Rechts noch durch die Anordnung der Individualbesteuerung der Ehepartner, sondern nur durch eine positive Gesetzesänderung erreichen lasse (BGE 110 Ia 7, 26 f., Hegetschweiler). Vgl. auch N. 2077 sowie BEATRICE WEBER-DÜRLER, Grenzen des Rechtsschutzes bei der Gleichberechtigung, S. 340 ff.

2042   Grundsätzlich kommt dem Entscheid des Bundesgerichts *nur kassatorische Wirkung* zu, d.h., das Bundesgericht kann nicht anstelle des aufgehobenen Hoheitsaktes eine positive Anordnung treffen.

2043   Dieser Grundsatz kennt aber *Ausnahmen.* Wenn sich der beanstandete verfassungswidrige Zustand nicht anders rasch und wirksam beheben lässt, kann das Bundesgericht verbindliche positive Feststellungen erlassen oder der kompetenten Behörde eine verbindliche Weisung erteilen. In solchen Fällen hat der Entscheid *reformatorische Wirkung.* Vgl. das Urteil des Bundesgerichts vom 11. Februar 1993 in ZBl 94 (1993) 378 E. 1 und 2.

> Im Fall BGE 98 Ia 35, 38, Meyer, hatte der Beschwerdeführer geltend gemacht, dass ihm eine Baubewilligung zu Unrecht verweigert worden war. Das Bundesgericht erklärte dazu:
>
> «Der Beschwerdeführer beantragt neben der Aufhebung des angefochtenen Entscheids des Verwaltungsgerichts, es seien die kantonalen Behörden anzuweisen, die von ihm am 7. Mai 1968 nachgesuchte Baubewilligung zu erteilen. Dieses Begehren ist zulässig. Staatsrechtliche Beschwerden ... haben zwar in der Regel rein kas-

satorische Funktion. Eine Ausnahme gilt jedoch für Beschwerden, die sich gegen die Verweigerung einer Polizeierlaubnis richten, in dem Sinne, dass das Bundesgericht die kantonale Behörde anweisen kann, eine zu Unrecht verweigerte Polizeierlaubnis zu erteilen (BGE 95 I 208 E. 1 und 343 E. 5 je mit Verweisungen auf frühere Urteile).»

In BGE 104 Ia 79, 87 hatte das Bundesgericht über die Zulässigkeit und den Zeitpunkt eines Kirchenaustritts zu befinden. In seinem Urteil erklärte es:

«Im vorliegenden Fall erscheint es angesichts der besonderen prozessualen Situation ... als gerechtfertigt, vom Grundsatz der kassatorischen Natur der staatsrechtlichen Beschwerde eine Ausnahme zu machen und im Dispositiv des bundesgerichtlichen Urteils festzustellen, dass der Kirchenaustritt der Beschwerdeführerin auf den 31. Dezember 1974 wirksam geworden ist; nur eine solche positive Feststellung vermag hier den beanstandeten verfassungswidrigen Zustand wirksam und innert nützlicher Frist zu beheben (vgl. BGE 100 Ia 395 E. 1 d; 97 I 226 E. 1 b, 841 E. 1).»

In anderen Fällen wies das Bundesgericht die kantonale Behörde an, den Beschwerdeführer unverzüglich aus der als verfassungswidrig qualifizierten Untersuchungshaft zu entlassen (Beispiel: BGE 116 Ia 143, 148 E. 5c).

Eine Besonderheit besteht im Zusammenhang mit der *Stimmrechtsbeschwerde*. Das politische Stimmrecht vermittelt den Stimmberechtigten einen Anspruch darauf, dass kein Abstimmungsergebnis anerkannt wird, das nicht den freien Willen der Stimmbürger zuverlässig und unverfälscht zum Ausdruck bringt (vgl. N. 1387 ff.). Erscheint die Möglichkeit, dass eine Abstimmung oder Wahl ohne den – festgestellten – Mangel anders ausgefallen wäre, nach den gesamten Umständen aber als derart gering, dass sie nicht ernsthaft in Betracht zu ziehen ist, so kann von der Aufhebung des Urnenganges abgesehen werden. Rechtfertigt sich eine solche Beurteilung jedoch nicht, so betrachtet das Bundesgericht den Mangel als erheblich und hebt die Abstimmung oder Wahl auf. Vgl. N. 1400 sowie BGE 119 Ia 271, 280 ff. E. 7.

2044

§ 65 Staatsrechtliche Klage

> Literatur

BIRCHMEIER WILHELM, Handbuch des Bundesgesetzes über die Organisation der Bundesrechtspflege vom 16. Dezember 1943, Zürich 1950, S. 283 ff.; GUT MARGRIT, Staatsrechtliche Streitigkeiten zwischen den Kantonen und ihre Beilegung, Diss. Zürich 1942; RÖTLISBERGER KARL, Die Anwendung völkerrechtlicher Normen durch das Bundesgericht bei der Entscheidung staatsrechtlicher Streitigkeiten zwischen den Kantonen, Diss. Basel 1949 (Maschinenschrift).

> Rechtliche Grundlagen

- Art. 189 Abs. 1 lit. d BV (Art. 113 Abs. 1 Ziff. 1 und 2 aBV)
- Art. 189 Abs. 2 BV in der Fassung vom 12. März 2000 (noch nicht in Kraft, vgl. N. 72)
- Art. 83 OG

I. Allgemeines

2045 Neben der Beurteilung von staatsrechtlichen Beschwerden (Art. 84 ff. OG) übt das Bundesgericht Staatsrechtspflege aus, wenn es über *staatsrechtliche Streitigkeiten* entscheidet, die mit dem *Rechtsmittel der staatsrechtlichen Klage* bei ihm anhängig gemacht werden (Art. 83 OG). Dabei spielt dieses Rechtsmittel in der Praxis eine viel geringere Rolle als die staatsrechtliche Beschwerde.

2046 Art. 83 OG unterscheidet folgende *Fälle von staatsrechtlichen Klagen:*

- Kompetenzkonflikte zwischen dem Bund und einem oder mehreren Kantonen (lit. a);
- staatsrechtliche Streitigkeiten zwischen den Kantonen (lit. b);
- Bürgerrechtsstreitigkeiten zwischen Gemeinden verschiedener Kantone (lit. c);
- Streitigkeiten zwischen den Behörden verschiedener Kantone über die Anwendung des Bundesgesetzes betreffend die zivilrechtlichen Verhältnisse der Niedergelassenen und Aufenthalter vom 25. Juni 1891 (lit. d), das in der Zwischenzeit durch das Bundesgesetz über das Internationale Privatrecht (IPRG) vom 18. Dezember 1987 (SR 291) ersetzt wurde;
- Streitigkeiten zwischen den Vormundschaftsbehörden verschiedener Kantone (lit. e).

In allen diesen Fällen weisen die staatsrechtlichen Klagen gewisse Eigenschaften 2047
auf, die sie von der staatsrechtlichen Beschwerde unterscheiden. Das *Bundesgericht* ist hier *als erste Instanz* tätig, nicht als Beschwerdeinstanz; darauf weist auch
die Bezeichnung des Rechtsmittels als Klage hin. Im Gegensatz zur staatsrechtlichen Beschwerde dient die staatsrechtliche Klage nicht dem Schutz von Individualrechten und Interessen des Einzelnen, sondern dem Schutz von Regelungen, die im
öffentlichen Interesse aufgestellt worden sind, insbesondere der Abgrenzung von
behördlichen Zuständigkeiten. Dementsprechend treten als *Parteien nur Gemeinwesen – der Bund, die Kantone und die Gemeinden – und ihre Behörden* auf. Dabei
beziehen sich alle staatsrechtlichen Klagen auf sog. *«zwischenstaatliche» Streitigkeiten,* nicht auf Streitigkeiten, die innerhalb des Bundes oder innerhalb eines Kantons zwischen den Behörden bestehen.

Das Organisationsgesetz enthält keine Ausführungen über das zu befolgende *Verfahren.* Es kommt deshalb die Regelung über das Verfahren bei der staatsrechtlichen Beschwerde (insbesondere Art. 91 ff. OG) zur Anwendung. Im Unterschied 2048
zur staatsrechtlichen Beschwerde besteht bei der staatsrechtlichen Klage *keine Bindung an Fristen:* Die Klagen können jederzeit eingelegt werden.

Im Folgenden sollen die zwei wichtigsten Fälle der staatsrechtlichen Klage dargestellt werden.

II. Kompetenzkonflikte zwischen Bund und Kantonen

Gemäss Art. 189 Abs. 1 lit. d BV können sich staatsrechtliche Klageverfahren zwischen Bund und Kantonen nicht nur auf Kompetenzkonflikte, sondern auch auf 2049
andere öffentlich-rechtliche Streitigkeiten beziehen (vgl. VPB 64 [2000] Nr. 24, S.
336). Art. 83 lit. a OG erfasst jedoch nur «Kompetenzkonflikte zwischen Bundesbehörden einerseits und kantonalen Behörden anderseits». Im Folgenden werden
nur die aus verfassungsrechtlicher Sicht besonders bedeutsamen Kompetenzkonflikte zwischen Bund und Kantonen behandelt.

1. Begriff

Kompetenzstreitigkeiten zwischen Bund und Kantonen sind Streitigkeiten darüber, 2050
ob ein Gegenstand in den Kompetenzbereich des Bundes oder in den Kompetenzbereich der Kantone gehört. Die staatsrechtliche Klage, mit der solche Kompetenzkonflikte vor das Bundesgericht gebracht werden können, stellt das verfahrensrechtliche Instrument zum *Schutz der föderalistischen Kompetenzordnung* dar.

2051   Im Gegensatz zu den föderalistischen Kompetenzkonflikten werden die Kompetenzstreitigkeiten zwischen den obersten Bundesbehörden nicht vom Bundesgericht, sondern von der Bundesversammlung entschieden (Art. 173 Abs. 1 lit. i BV).

2. Arten von Kompetenzkonflikten

Die Kompetenzstreitigkeiten zwischen Bund und Kantonen, über welche das Bundesgericht zu urteilen hat, können unterschiedliche Gestalt aufweisen.

a)   Kompetenzkonflikte in der Rechtsetzung und in der Rechtsanwendung

2052   Ein Kompetenzkonflikt betrifft die *Rechtsetzung,* wenn der Bund und ein oder mehrere Kantone dieselbe Rechtsetzungskompetenz beanspruchen. Beispiel: BGE 125 II 152, Kanton St. Gallen (Erlass einer eidgenössischen Geldspielautomatenverordnung greift nicht in die kantonale Zuständigkeit ein).

2053   Bei einem Kompetenzkonflikt in der *Rechtsanwendung* beanspruchen der Bund und ein oder mehrere Kantone auf Grund des Bundesrechts die gleiche Rechtsprechungs- oder Verwaltungskompetenz, oder sie werfen einander vor, aus dem Bundesrecht eine derartige Kompetenz zu beanspruchen, die ihnen gar nicht zusteht. Beispiele: BGE 81 I 35, Canton de Genève (Abgrenzung der vom Eidgenössischen Luftamt zu genehmigenden Flugplatzgebühren von Gebühren, die der Kanton Genf als Flugplatzhalter für die Abgabe von Flugtreibstoff und für das Wägen der Luftfrachtsendungen erhebt); BGE 103 Ia 329, Conseil d'Etat du canton de Genève (Abgrenzung der Bewilligung der zuständigen Bundesbehörde betreffend den Standort eines Atomkraftwerkes von der kantonalen Regelung über die Zoneneinteilung und dem kantonalen Entscheid über die Benützung öffentlicher Gewässer für Kühlzwecke).

b)   Positive und negative Kompetenzkonflikte

2054   Beim *positiven Zuständigkeitskonflikt* wird eine bestimmte Kompetenz gleichzeitig vom Bund und von einem oder mehreren Kantonen beansprucht. Beispiele: BGE 117 Ia 202, Schweizerische Eidgenossenschaft (Kompetenzkonflikt zwischen dem Bund und dem Kanton Basel-Landschaft über die Behandlung von Staatsschutzakten des Bundes; vgl. zu dieser Frage auch BGE 117 Ia 221 betreffend eine staatsrechtliche Klage des Kantons Genf); BGE 130 I 156, Kanton Genf. Ein *negativer Zuständigkeitskonflikt* liegt vor, wenn eine bestimmte Kompetenz gleichzeitig vom Bund und von einem oder mehreren Kantonen abgelehnt wird. Beispiel: BGE 106 Ia 38, Regierungsrat des Kantons St. Gallen (Kompetenz auf dem Gebiet der Lebensmittelpolizei). In diesen Fällen steht die richtige Ausübung der Kompetenz nicht zur Diskussion, sondern ausschliesslich die Frage, wem die formelle Kompetenz zusteht.

c)   Kompetenzkonflikte über ergangene und in Vorbereitung stehende Akte

Voraussetzung der staatsrechtlichen Klage ist, dass ein *aktueller Kompetenzkonflikt* vorliegt. Die Praxis lässt die Klage aber nicht nur im Fall zu, dass ein umstrittener Rechtssetzungs- oder Rechtsanwendungsakt bereits ergangen ist. Die Klage kann sich auch dagegen richten, dass ein Verfahren zum Erlass eines Rechtssetzungs- oder Rechtsanwendungsaktes eingeleitet worden ist (BGE 103 Ia 329, 333, Conseil d'Etat du canton de Genève).   2055

3.   Einschränkung des Klagegegenstandes durch Art. 191 BV

Die *staatsrechtliche Klage des Bundes* kann sich gegen alle Rechtssetzungs-, Gerichts- und Verwaltungsakte der Kantone richten.   2056

Hingegen wird der Gegenstand der *staatsrechtlichen Klage der Kantone* durch das Anwendungsgebot von Art. 191 BV (= Art. 190 BV in der Fassung vom 12. März 2000 [noch nicht in Kraft, vgl. N. 72]) eingeschränkt: Die Kantone können mit ihrer Klage Bundesgesetze und vom Bund abgeschlossene Staatsverträge nicht anfechten, auch wenn diese kompetenzwidrig sind. Anfechtbar sind lediglich Bundesbeschlüsse, Verordnungen der Bundesversammlung, des Bundesrates und anderer Exekutivbehörden des Bundes sowie alle Gerichts- und Verwaltungsakte des Bundes.   2057

Die Kompetenzgerichtsbarkeit gibt also Bund und Kantonen nicht gleiche Verteidigungsmöglichkeiten für ihre Kompetenzen; sie schützt die Kompetenzordnung der Bundesverfassung nur unvollständig. Leider scheiterte ein im Verfassungsentwurf 1996 des Bundesrates enthaltener Vorschlag, wonach das Bundesgericht wenigstens im Zusammenhang mit einem Anwendungsakt hätte prüfen dürfen, ob ein Bundesgesetz die verfassungsmässig gewährleisteten Zuständigkeiten der Kantone verletze (BBl 1997 I 641 [Art. 178 Abs. 2 VE 1996]), an der Opposition im Parlament.   2058

4.   Parteien, Subsidiarität und Verfahren

a)   Parteien

Als *Parteien* können nur der Bund und die Kantone, nicht aber Private auftreten.   2059

Die Einreichung der Klage erfolgt jeweils durch die obersten Exekutivorgane von Bund und Kantonen, also durch den Bundesrat oder eine Kantonsregierung, oder durch die Behörden, welche die streitige Zuständigkeit für sich in Anspruch nehmen.

b) Subsidiarität

2060 Die staatsrechtliche Klage ist nur zulässig, wenn kein anderes Rechtsmittel, mit dem die Kompetenzüberschreitung gerügt werden kann, zur Verfügung steht.

c) Fristen

2061 Die Kompetenzkonfliktsklage ist an keine Frist gebunden. Das öffentliche Interesse an der Einhaltung der Kompetenzordnung steht der Befristung des Rechtsmittels entgegen.

d) Verfahren

2062 Für das Verfahren sind sinngemäss die Vorschriften über die staatsrechtliche Beschwerde heranzuziehen.

e) Prüfungsbefugnis und Urteil

2063 Das Bundesgericht verfügt über eine *umfassende, freie Prüfungsbefugnis* in tatsächlicher und rechtlicher Hinsicht. Zumeist stellt es lediglich fest, wem eine Kompetenz zustehe; es erlässt dann ein Feststellungsurteil. Es kann aber bei Gutheissung der Klage alles anordnen, was zur Wiederherstellung des rechtmässigen Zustands notwendig ist, z.B. auch den angefochtenen Rechtsetzungs- oder Rechtsanwendungsakt aufheben. Das *Urteil* kann also *feststellender oder kassatorischer Natur* sein oder auch *Anordnungen* enthalten.

III. Staatsrechtliche Streitigkeiten zwischen Kantonen
(Art. 83 lit. b OG)

1. Der Begriff der staatsrechtlichen Streitigkeiten

2064 Die staatsrechtlichen Streitigkeiten, die sich zwischen Kantonen ergeben können, sind von den zivilrechtlichen Streitigkeiten zwischen Kantonen zu unterscheiden, die gemäss Art. 41 lit. a OG vom Bundesgericht im Rahmen der Zivilrechtspflege beurteilt werden.

2065 Mit den staatsrechtlichen Streitigkeiten zwischen Kantonen im Sinne von Art. 83 lit. b OG sind *alle Arten von öffentlich-rechtlichen Streitigkeiten* gemeint. Auch verwaltungsrechtliche Streitigkeiten gehören dazu. Als Beispiele sind zu nennen:
– Grenzstreitigkeiten (Beispiel: BGE 120 Ib 512, Kanton Wallis, betreffend Verlauf der Kantonsgrenzen zwischen Wallis und Bern im Bereich der Plaine Morte);

- Streitigkeiten über die interkantonale Rechtshilfe (Beispiel: BGE 85 I 103, Kanton Zürich);
- Streitigkeiten aus interkantonalen Verträgen;
- Streitigkeiten über die Abgrenzung der Steuerhoheit.

Im Juni 1992 hiess das Bundesgericht eine staatsrechtliche Klage des Kantons Bern gegen den Kanton Jura gut, weil dieser mit der Zulassung der Volksinitiative «Unir», welche die Vereinigung der beim Kanton Bern verbliebenen jurassischen Amtsbezirke mit dem Kanton Jura zum Ziele hatte, und der Ausarbeitung einer entsprechenden Gesetzesvorlage gegen die Pflicht zur Bundestreue und gegen die Gebietsgarantie verstossen habe (BGE 118 Ia 195, Canton de Berne).

2. Anwendbares Recht

Für die Beurteilung von staatsrechtlichen Streitigkeiten zwischen Kantonen stellt das Bundesgericht auf folgende Rechtsnormen ab: 2066

- auf bundesrechtliche Vorschriften über die Beziehungen zwischen den Kantonen, wie z.B. Art. 37 Abs. 2, 44, 48 Abs. 3, 122 Abs. 3 BV;
- auf Bestimmungen der interkantonalen Verträge;
- subsidiär auf die bundesmässig modifizierten Normen des Völkerrechts (BGE 106 Ib 154, 159 f., Kanton Wallis: Streit zwischen den Kantonen Wallis und Tessin über den Verlauf der Kantonsgrenze auf dem Nufenenpass).

3. Parteien und Verfahren

Bei staatsrechtlichen Streitigkeiten können ausschliesslich die *Kantone als Parteien* auftreten. Sie werden durch die Kantonsregierungen vertreten. Bei Streitigkeiten zwischen Gemeinden aus verschiedenen Kantonen übt die kantonale Regierung ebenfalls die Vertretung aus (vgl. BGE 109 Ib 76, 80, Vormundschaftsbehörde Uzwil). Bei Streitigkeiten aus interkantonalen Verträgen können nur die dem betreffenden Vertrag zugehörigen Kantone Parteien sein. 2067

In BGE 117 Ia 233, 244 ff. E. 4, Canton du Jura, verneinte das Bundesgericht die Legitimation des Kantons Jura zur Rüge von Abstimmungsfehlern bei der Durchführung der Jura-Plebiszite, da der Kanton selbst nicht stimmberechtigt sei, im Zeitpunkt der umstrittenen Volksabstimmungen (die zur Bildung des Kantons Jura führten) noch keine Rechtspersönlichkeit besessen habe und sich nicht auf eine spezielle Norm berufen könne, die zu seinen Gunsten erlassen worden wäre. 2068

Für das *Verfahren,* das auch hier mit einer staatsrechtlichen Klage eingeleitet wird, gelten die gleichen Grundsätze wie für die Kompetenzkonflikte zwischen Bund und Kantonen (vgl. N. 2062). 2069

§ 66 Akzessorisches Prüfungsrecht

> Literatur

BRUNNER HANS, Die Überprüfung der Rechtsverordnungen des Bundes auf ihre Verfassungs- und Gesetzmässigkeit, Diss. Bern 1953; GRISEL ANDRÉ, A propos de la hiérarchie des normes juridiques, ZBl 88 (1987) 377 ff.; NEF HANS, Das akzessorische Prüfungsrecht, in: Mélanges Marcel Bridel, Lausanne 1968, S. 295 ff.; SALADIN PETER, Die Befugnis der Verwaltungsbehörden zur akzessorischen Überprüfung von Verordnungen, ZBl 67 (1966) 193 ff.; SCHIESSER FRIDOLIN, Die akzessorische Prüfung – Ein Beitrag zur Lehre vom akzessorischen Prüfungsrecht unter besonderer Berücksichtigung der bundesgerichtlichen Rechtsprechung, Diss. Zürich 1984; ZIMMERMANN ROBERT, Le contrôle préjudiciel en droit fédéral et dans les cantons suisses, Diss. Genève 1987.

I. Begriff und Allgemeines

1. Begriff und Rechtsnatur des akzessorischen Prüfungsrechts

2070   Das akzessorische Prüfungsrecht bedeutet das Recht von Gerichten und Verwaltungsbehörden, die von ihnen anzuwendenden generellen Rechtssätze im Zusammenhang mit einem konkreten Rechtsanwendungsakt *vorfrageweise* auf ihre Rechtmässigkeit, einschliesslich Verfassungsmässigkeit, hin zu überprüfen und im Fall der Rechtswidrigkeit nicht anzuwenden.

Ein anschauliches *Beispiel* findet sich in BGE 103 IV 192, Favre (vgl. N. 1861):

> Ein Automobilist wurde gebüsst, weil er der Pflicht, Sicherheitsgurten zu tragen, nicht nachgekommen war. Diese Pflicht war durch Art. 3a Abs. 1 der bundesrätlichen Verordnung über die Strassenverkehrsregeln (VRV) vom 13. November 1962 (SR 741.11) aufgestellt worden. Mit Nichtigkeitsbeschwerde an den Kassationshof des Bundesgerichts in Strafsachen focht der Automobilist die Busse an mit der Begründung, die betreffende Bestimmung der bundesrätlichen Verordnung sei rechtswidrig. Gestützt auf das akzessorische Prüfungsrecht erklärte das Bundesgericht Art. 3a Abs. 1 der Verordnung für rechtswidrig: Der Bundesrat war aufgrund des Strassenverkehrsgesetzes nicht zum Erlass von Ausführungsbestimmungen ermächtigt; er hätte in seiner Verordnung eine Gurtentragpflicht nur begründen können, wenn er sich auf eine spezielle Delegationsnorm hätte stützen können; eine solche Ermächtigung fehlte im Strassenverkehrsgesetz. Mangels rechtlicher Grundlage hob das Bundesgericht die Busse auf.

2070a   Wenn mit einer staatsrechtlichen Beschwerde gegen einen Einzelakt die Verfassungswidrigkeit der zur Anwendung gelangten Norm gerügt wird, prüft das Bundesgericht deren Verfassungsmässigkeit «nicht auf alle möglichen Konstellationen hin, sondern nur unter dem Gesichtswinkel des konkreten Falles, und wenn sich die Rüge als begründet erweist, hebt es nicht die beanstandete Norm als solche, sondern lediglich den gestützt auf sie ergangenen Anwendungsakt auf» (BGE 128 I 102, 105 f. E. 3, Maria Halbeisen).

Wenn Gerichte oder Verwaltungsbehörden einen generellen Rechtssatz eines Gesetzes oder einer Verordnung auf einen konkreten Tatbestand anwenden, haben sie nicht nur zu untersuchen, wie die Rechtsnorm im konkreten Fall richtig anzuwenden ist, sondern sie können – soweit ein akzessorisches Prüfungsrecht besteht – auch prüfen, ob der anzuwendende Rechtssatz seinerseits rechtmässig, d.h. verfassungs- und gesetzmässig, ist. Die Überprüfung der Rechtmässigkeit des anzuwendenden Rechtssatzes ist allerdings nicht die Hauptfrage des betreffenden Rechtsanwendungsverfahrens, sondern nur eine *Vorfrage,* die sich im Zusammenhang mit der Beurteilung der Rechtmässigkeit eines konkreten Rechtsanwendungsaktes stellt. Als *akzessorisch* bezeichnet man das Prüfungsrecht, weil es ein accessorium eines auf einen Rechtsanwendungsakt ausgerichteten Verfahrens ist. 2071

Das akzessorische Prüfungsrecht wird auch *konkrete Normenkontrolle* genannt, da die Normenkontrolle anlässlich der Überprüfung eines konkreten Rechtsanwendungsaktes ausgelöst wird. Verschiedentlich wird auch von «inzidenter Normenkontrolle» gesprochen. Den Gegensatz bildet die abstrakte Normenkontrolle (vgl. N. 1942); diese ist ein Verfahren, bei dem eine Rechtsnorm in ihrer abstrakten Geltung, d.h. ohne Rücksicht auf einen konkreten Rechtsanwendungsakt, überprüft wird; die Frage der Rechtmässigkeit einer Rechtsnorm bildet in diesem Verfahren die Hauptfrage. Ein Verfahren der abstrakten Normenkontrolle liegt z.B. vor, wenn ein kantonales Gesetz mit staatsrechtlicher Beschwerde vor Bundesgericht angefochten wird. 2072

2. Rechtsgrundlage des akzessorischen Prüfungsrechts

Das akzessorische Prüfungsrecht ist weder in der Bundesverfassung noch in einem Bundesgesetz ausdrücklich vorgesehen. Es wird von Lehre und Praxis mit der Begründung anerkannt, dass Normen, die zu einer übergeordneten Norm in Widerspruch stehen, keine Geltung beanspruchen können und nicht anzuwenden sind. Aus dem *Stufenbau der Rechtsordnung* ergibt sich, dass im Falle eines Widerspruchs zwischen zwei auf einen konkreten Sachverhalt anwendbaren Normen die übergeordnete Bestimmung («lex superior») vorgeht, d.h., die Verfassung geht dem Gesetz vor, die Verordnung muss dem Gesetz weichen, gegen Bundesrecht verstossendes kantonales Recht darf nicht angewendet werden. Diese Überlegung lag schon der Begründung von Chief Justice JOHN MARSHALL im berühmten Entscheid des amerikanischen Supreme Court im Fall Marbury v. Madison, 5 U.S. (1 Cranch) 137 (1803), zu Grunde, mit dem die Überprüfung der Unionsgesetze durch den Supreme Court eingeleitet wurde. 2073

3. Verfahrensmässige Auslösung der akzessorischen Überprüfung

2074 Da die akzessorische Überprüfung eine Folge des Vorranges der übergeordneten Rechtsnormen ist, kann sie in einem Verfahren in zwei Formen ausgelöst werden: Einerseits kann die Normenkontrolle auf *Begehren einer Partei* erfolgen, die an einem Rechtsanwendungsverfahren beteiligt ist. Andererseits haben Gerichte und Verwaltungsbehörden sie *von Amtes wegen* auszuüben, wenn sich Zweifel an der Rechtmässigkeit einer anzuwendenden Norm erheben. Im Verfahren der staatsrechtlichen Beschwerde, in dem grundsätzlich das Rügeprinzip gilt (vgl. N. 2033), überprüft das Bundesgericht die Verfassungsmässigkeit der angewendeten Norm aber nicht von Amtes wegen, sondern nur auf eine entsprechende Rüge des Beschwerdeführers hin.

4. Zur akzessorischen Überprüfung befugte Behörden

2075 Abgesehen von gewissen Ausnahmen – die im Folgenden noch zu untersuchen sind – können die Gerichts- und Verwaltungsbehörden in jedem Rechtsanwendungsverfahren das akzessorische Prüfungsrecht ausüben. Dieses steht also einer *grossen Zahl von Gerichts- und Verwaltungsbehörden verschiedener Stufe* zu (vgl. zur akzessorischen Prüfung durch Verwaltungsbehörden vorn N. 1197). Die Schweiz hat – ähnlich wie die USA – eine andere Lösung gewählt als die Bundesrepublik Deutschland und Österreich. In diesen Ländern ist die – abstrakte und konkrete – Normenkontrolle ein Monopol des Verfassungsgerichts. Ergeben sich in einem Rechtsanwendungsverfahren Zweifel an der Rechtmässigkeit einer anzuwendenden Rechtsnorm, so ist das Verfahren auszusetzen und der Entscheid des Verfassungsgerichts einzuholen (sog. «konzentriertes System», während in der Schweiz und in den USA das «diffuse System» gilt; vgl. zu dieser Unterscheidung HALLER/KÖLZ, Allgemeines Staatsrecht, S. 287 f.).

5. Rechtswirkung eines negativen Prüfungsergebnisses

2076 Das akzessorische Prüfungsrecht führt (im «diffusen System») nicht zur formellen Aufhebung von Rechtsnormen. Es gibt den Gerichten und Verwaltungsbehörden lediglich die Befugnis, den betreffenden Rechtssatz als rechtswidrig zu erklären und ihm in dem zu beurteilenden Fall die Anwendung zu versagen. Bei kantonalen Rechtssätzen, die gegen Bundesrecht verstossen, geht man allerdings davon aus, dass sie von Anfang an nichtig sind (vgl. N. 1191 ff.). Die Norm wird also durch ein negatives Prüfungsergebnis nicht aufgehoben, doch kann ihre Rechtswidrigkeit in jedem weiteren Anwendungsfall geltend gemacht werden. Vor allem der negative Entscheid des Bundesgerichts oder anderer oberster Rechtsmittelinstanzen wirkt faktisch wie eine Ungültigerklärung.

Der Grundsatz, dass als verfassungswidrig erkanntes Recht im Einzelfall nicht 2077
angewendet werden darf, kann beim Vorliegen besonderer Gründe eine Ausnahme
erfahren, vor allem dann, wenn durch Nichtanwendung der verfassungswidrigen
Rechtsnorm ein erhebliches Regelungsdefizit entstünde und wenn es mehrere politische Optionen gibt, um die Verfassungswidrigkeit zu beseitigen. Beispiel: In BGE
117 V 318, Staatliche Pensionskasse Solothurn, kam das Eidgenössische Versicherungsgericht zum Schluss, dass das im kantonalen Recht festgesetzte unterschiedliche Pensionierungsalter für weibliches und männliches Staatspersonal zwar Art. 4
Abs. 2 aBV (= Art. 8 Abs. 3 BV) verletze, die Behebung des verfassungswidrigen
Zustandes auf dem Weg der konkreten Normenkontrolle jedoch nicht zulässig sei,
weil eine Vielzahl von geschlechtsneutralen Regelungsmöglichkeiten bestünden,
jede Neuregelung eine eigentliche Umgestaltung der Finanzierungsgrundlagen und
-modalitäten der Vorsorgeeinrichtung erzwingen würde und es eine erstrangig politische Frage sei, welche Lösung man treffen wolle. Unter diesen Umständen fehlten
die sachlichen Voraussetzungen für ein Eingreifen des Richters in den Zuständigkeitsbereich des Gesetzgebers. Eine solche richterliche Zurückhaltung ist indes nur
in absoluten Ausnahmefällen verantwortbar. Auch dort, wo Art. 8 BV (Rechtsgleichheit) Prüfungsmassstab ist, kann der Verfassung meistens «durch einen mutigen
richterlichen Entscheid» Nachachtung verschafft werden, nämlich indem der Richter im Sinne einer «Angleichung nach oben» die Beschwerdeführerin oder den Beschwerdeführer von der rechtswidrig auferlegten Last befreit, bzw. ihnen den angestrebten Vorteil einräumt (so BEATRICE WEBER-DÜRLER, Grenzen des Rechtsschutzes
bei der Gleichberechtigung, in: Die Gleichstellung von Frau und Mann als rechtspolitischer Auftrag, Festschrift für Margrith Bigler-Eggenberger, Basel/Frankfurt
a.M. 1993, S. 352). Vgl. auch N. 2041.

Die formelle Aufhebung der für rechtswidrig erklärten Rechtsnorm ist jedoch 2078
ausschliesslich Sache der zuständigen Rechtsetzungsorgane.

6. Akzessorisches Prüfungsrecht und staatsrechtliche Beschwerde

Das akzessorische Prüfungsrecht ist *nicht* ein besonderes *Rechtsmittelverfahren,* 2079
wie dies die staatsrechtliche Beschwerde ans Bundesgericht darstellt. Das akzessorische Prüfungsrecht vermittelt für sich allein keine Möglichkeit, ein Rechtsschutzverfahren in Gang zu bringen, sondern bedeutet nur, dass in einem *bereits anhängigen Rechtsanwendungsverfahren* die Vorfrage der Rechtmässigkeit der anzuwendenden Rechtsnormen überprüft werden kann.

Es kann grundsätzlich *in jedem Rechtsanwendungsverfahren* zum Zuge kommen,
so gleicherweise in einem Zivil- oder Strafprozess, in einem verwaltungsgerichtlichen
Verfahren, in einem Verfahren vor Verwaltungsbehörden, die als erste oder als
Rechtsmittelinstanz tätig sind, oder aber bei einer staatsrechtlichen Beschwerde,
mit der ein Rechtsanwendungsakt angefochten wird.

II. Prüfungsrecht gegenüber Normen des kantonalen Rechts

2080 Im Rahmen der akzessorischen Normenkontrolle sind kantonale und kommunale Rechtssätze sowohl auf ihre Übereinstimmung mit höherrangigem kantonalem Recht als auch auf ihre Übereinstimmung mit Bundesrecht zu prüfen.

1. Prüfung der Übereinstimmung mit kantonalem Recht, insbesondere mit der kantonalen Verfassung

2081 Die *Zulässigkeit* der akzessorischen Prüfung dieser Übereinstimmung durch kantonale Gerichte *bestimmt sich nach kantonalem Recht.*

a) Überprüfung von kantonalen Gesetzen

aa) Prüfung durch Gerichte

2082 Früher erachtete man aus demokratischen Gründen Gerichte nicht für befugt, kantonale Gesetze auf ihre Übereinstimmung mit der kantonalen Verfassung hin zu überprüfen. In einer solchen Kontrolle erblickte man einen Widerspruch zur Überordnung der Volksvertretung und des mit dem Referendum an der Gesetzgebung beteiligten Volkes. Erst später wurde – vor allem aus rechtsstaatlichen Gründen – diese Überprüfung als zulässig erachtet. So erklärte das Verwaltungsgericht des Kantons Zürich, dass es auf alle Fälle insoweit zur Überprüfung von kantonalen Gesetzen auf ihre Übereinstimmung mit der Kantonsverfassung zuständig sei, als eine Verletzung kantonaler verfassungsmässiger Rechte, z.B. der Gewaltentrennung, in Frage stehe; denn dem kantonalen Gericht könne nicht zugemutet werden, verfassungswidrige Entscheide zu fällen, die vor dem Bundesgericht angefochten werden können (ZBl 66 [1965] 335 f.). Einige Kantonsverfassungen weisen die *kantonalen Gerichte* ausdrücklich an, Erlassen die Anwendung zu versagen, die Bundesrecht oder kantonalem Verfassungs- oder Gesetzesrecht widersprechen (z.B. § 95 Abs. 2 KV Aargau, Art. 66 Abs. 2 KV Nidwalden, Art. 88 Abs. 3 KV Solothurn).

bb) Prüfung durch Verwaltungsbehörden

2083 Die Praxis spricht zum überwiegenden Teil dem Regierungsrat und andern Verwaltungsbehörden das Recht ab, Gesetze auf ihre Übereinstimmung mit der Kantonsverfassung hin zu überprüfen (BGE 92 I 480, 481 f., Ackermann).

b) Überprüfung von kantonalen Verordnungen

2084 Gemäss herrschender Auffassung sind Verordnungsbestimmungen, die dem Gesetz oder unmittelbar der Kantonsverfassung widersprechen, weder von Gerichten noch von Verwaltungsbehörden anzuwenden (Entscheid des Zürcher Verwaltungsgerichts in ZBl 65 [1964] 232 f.). Allerdings darf eine Verwaltungsbehörde eine Verordnung der vorgesetzten Behörde nicht überprüfen, da diese gegenüber der untergeordneten Behörde ein Weisungsrecht hat; eine Ausnahme besteht lediglich im Falle offensichtlicher Rechtswidrigkeit (vgl. auch N. 1197). § 90 Abs. 4 der Aargauer Kantonsverfassung hält den *Regierungsrat* an, «Erlassen die Anwendung zu versagen, die Bundesrecht oder kantonalem Verfassungs- oder Gesetzesrecht widersprechen». Daraus wird abgeleitet, dass untergeordnete Verwaltungsstellen kein entsprechendes akzessorisches Prüfungsrecht haben und im Zweifelsfall die Frage dem Regierungsrat vorlegen müssen (KURT EICHENBERGER, Verfassung des Kantons Aargau, Aarau/Frankfurt a.M./Salzburg 1986, § 90 N. 22 f.).

2. Prüfung der Übereinstimmung mit dem Bundesrecht

Der Vorrang des Bundesrechts (Art. 49 Abs. 1 BV) bewirkt, dass kantonale Rechtsnormen, die dem Bundesrecht widersprechen, ungültig sind (vgl. N. 1191 ff.). Grundsätzlich sind alle Gerichte und Verwaltungsbehörden des Bundes und der Kantone berechtigt und verpflichtet, kantonale Rechtsnormen – gemeint sind vor allem *kantonale Gesetze und Verordnungen sowie kommunales Recht* – auf ihre Übereinstimmung mit dem Bundesrecht zu überprüfen (BGE 92 I 480, 482, Ackermann; BGE 108 Ia 41, 46, Rivara; vgl. im Einzelnen N. 1195 ff.). Diese Überprüfung ist nicht nur auf Parteibegehren hin, sondern von Amtes wegen vorzunehmen (BGE 82 I 217, 219, Gailloud). Bei der staatsrechtlichen Beschwerde lehnt es das Bundesgericht in seiner neueren Praxis aber ab, die derogatorische Kraft des Bundesrechts von Amtes wegen zu überprüfen, weil es sich streng auf die Rügen des Beschwerdeführers beschränkt (vgl. N. 2033). Eine Einschränkung der Überprüfungsbefugnis ist bei den unteren Verwaltungsbehörden zu machen; diese sollen, abgesehen vom Falle offensichtlicher Rechtswidrigkeit, nicht Erlasse einer ihnen übergeordneten Stelle überprüfen können (vgl. N. 2084).

2085

Gemäss der Rechtsprechung des Bundesgerichts können die Normen der *Kantonsverfassungen* nur dann auf ihre Übereinstimmung mit dem Bundesrecht hin überprüft werden, wenn das übergeordnete Bundesrecht erst nach deren Gewährleistung durch die Bundesversammlung in Kraft getreten ist (vgl. N. 1029 ff.).

III. Prüfungsrecht gegenüber Normen des Bundesrechts

1. Einschränkung des Prüfungsrechts durch Art. 191 BV

2086 Die Bundesverfassung gebietet in Art. 191 (= Art. 190 in der Fassung vom 12. März 2000 [noch nicht in Kraft, vgl. N. 72]) dem Bundesgericht und den anderen rechtsanwendenden Behörden, Bundesgesetze und Völkerrecht unabhängig von einer allfälligen Verfassungswidrigkeit anzuwenden.

2087 Der Grund für die *Bindung der Gerichte an Bundesgesetze* besteht in einer sehr starken *Gewichtung des demokratischen Prinzips* durch den schweizerischen Verfassungsgeber: Es wird in der Schweiz von vielen als stossend empfunden, wenn ein Gericht die von der Volksvertretung beschlossenen und dem fakultativen Referendum unterstellten Erlasse unangewendet lassen kann. Der vom Bundesrat im Rahmen der Justizreform unterbreitete Vorschlag, die akzessorische Prüfung von Bundesgesetzen in der Form einer beim Bundesgericht konzentrierten konkreten Normenkontrolle zu ermöglichen, scheiterte am Widerstand des Nationalrats (vgl. BBl 1997 I 641 [Art. 178]; Amtl. Bull. NR 1998 [Separatdruck], S. 396 sowie vorn N. 71).

2088 Die *Bindung der Gerichte an Völkerrecht,* selbst wenn dieses der Verfassung widerspricht, stellt ebenfalls eine schweizerische Besonderheit dar. In den USA und in den meisten westeuropäischen Ländern mit ausgebauter Verfassungsgerichtsbarkeit ist eine verfassungsgerichtliche Kontrolle völkerrechtlicher Verträge möglich, auch wenn sie zurückhaltend ausgeübt wird (dagegen wird in den Mitgliedstaaten der Europäischen Union in aller Regel eine Bindung der nationalen Gerichte an verfassungswidriges Gemeinschaftsrecht angenommen).

2089 Art. 113 Abs. 3 aBV, der dem Art. 191 BV weitgehend entspricht, wurde früher als absolutes Überprüfungsverbot aufgefasst. Ein Teil der neueren Lehre erblickte darin aber zu Recht nur ein *Anwendungsgebot* (vgl. die Belege bei Walter Haller in Kommentar aBV, Art. 113, Rz. 205 f.). Bei dieser Auffassung ist es dem Bundesgericht nicht verwehrt, im Rahmen der Urteilsbegründung Kritik an den von ihm anzuwendenden gesetzlichen Regelungen zu üben; das Bundesgericht hat dies auch in einzelnen Entscheiden getan (vgl. BGE 105 Ib 165, 168 f.; BGE 103 Ia 53, 55). Unter Umständen kann solche Kritik die Bundesversammlung zu einer Gesetzesrevision veranlassen (vgl. das Beispiel bei Walter Haller, Rz. 206).

2090 Dass Art. 191 BV die Gerichte selbst an verfassungswidrige Bundesgesetze bindet, ist als eine bedeutende *Einschränkung des Rechtsstaatsprinzips* zu qualifizieren, das den Vorrang der Verfassung vor allen Staatsakten, also auch vor der Gesetzgebung, fordert. Auch wenn die praktischen Auswirkungen dieser Beschränkung nicht überschätzt werden dürfen, ist es zu bedauern, dass der Primat der Verfassung gegenüber dem Gesetzgeber nicht sichergestellt ist.

Da Völkerrecht gemäss Art. 191 BV ebenso massgebend ist wie Bundesgesetze, darf der Richter im Konfliktsfall einem Bundesgesetz wegen Verstosses gegen Völkerrecht die Anwendung versagen, was das Bundesgericht in seiner neuesten Praxis auch tut (vgl. N. 1926). 2091

Ausnahmsweise kann sich aus Art. 191 BV eine Bindung der Gerichte an kantonales Recht ergeben, nämlich wenn dieses in einem engen Konnex mit einer bundesgesetzlichen, für die Gerichte verbindlichen Regelung steht (vgl. BGE 126 I 1, 5, wo ein solcher zwingender Zusammenhang aber verneint wurde). 2092

2. Überprüfbare Normen des Bundesrechts

Die in Art. 191 BV nicht genannten Bundeserlasse dürfen vom Bundesgericht überprüft werden. Gemäss Lehre und Praxis steht dieses Prüfungsrecht allen Gerichten und Verwaltungsbehörden des Bundes und der Kantone zu. Eine Ausnahme besteht insofern, als Verwaltungsbehörden des Bundes – ausser bei offensichtlicher Rechtswidrigkeit – kein Prüfungsrecht gegenüber Verordnungen der vorgesetzten Behörde besitzen, da sie dieser hierarchisch unterstellt sind (BGE 100 Ib 13, 17, Ligue marxiste révolutionnaire; VPB 41 [1977] Nr. 97, S. 49). 2093

Im Folgenden werden die Erlasse des Bundes, die der akzessorischen Überprüfung unterstehen, aufgeführt und im Falle der Verordnungen wird das Ausmass des Prüfungsrechts untersucht.

a) Bundesbeschlüsse

Bundesbeschlüsse werden vom Anwendungsgebot von Art. 191 BV nicht erfasst. Da aber die Form des Bundesbeschlusses für Akte nicht rechtsetzender Natur vorgesehen ist (vgl. N. 1819), ist kaum vorstellbar, wie hier ein akzessorisches Prüfungsrecht zum Zug kommen könnte. 2094

b) Verordnungen der Bundesversammlung

Parlamentsverordnungen im Sinne von Art. 163 Abs. 1 BV, d.h. von der Bundesversammlung allein erlassene, nicht dem Referendum unterstehende rechtsetzende Bestimmungen (vgl. N. 1834), werden vom Anwendungsgebot des Art. 191 BV nicht erfasst. Das Bundesgericht und andere rechtsprechende Instanzen dürfen daher Bestimmungen einer Parlamentsverordnung im Einzelfall die Anwendung versagen, wenn sie gegen übergeordnetes Recht verstossen. Soweit allerdings der Inhalt einer Verordnung der Bundesversammlung durch ein Bundesgesetz gedeckt ist, hat das Bundesgericht dem Willen des Gesetzgebers Rechnung zu tragen (vgl. zur analogen Situation bei der Überprüfung unselbständiger Verordnungen des Bundesrates N. 2099). 2095

c) *Verordnungen des Bundesrates und der Bundesverwaltung*

aa) *Allgemeines*

2096 Verordnungen der Exekutive des Bundes können grundsätzlich daraufhin überprüft werden, ob sie gesetz- und verfassungsmässig sind. Das gilt auch für den Fall, dass die bundesrätliche Verordnung durch die Bundesversammlung genehmigt worden ist (BGE 104 Ib 412, 421 ff., Coop Schweiz).

2097 Die Kontrolle der bundesrätlichen Verordnungen durch das Bundesgericht besteht nur in der Form des akzessorischen Prüfungsrechts. Weder mit staatsrechtlicher Beschwerde gemäss Art. 84 ff. OG noch mit Verwaltungsgerichtsbeschwerde gemäss Art. 97 ff. OG kann eine Verordnung des Bundesrates oder einer anderen Bundesbehörde direkt und selbständig vor dem Bundesgericht angefochten werden. Einzig mit der staatsrechtlichen Klage eines Kantons gestützt auf Art. 83 lit. a OG kann direkt eine bundesrätliche Verordnung angefochten werden. Es gilt also, den *Unterschied zwischen den Anfechtungsobjekten einer staatsrechtlichen Beschwerde oder einer Verwaltungsgerichtsbeschwerde und dem Gegenstand einer vorfrageweisen Überprüfung* im Auge zu behalten.

Das Prüfungsrecht reicht nun aber nicht bei allen Arten von bundesrätlichen Verordnungen gleich weit. Soweit der Inhalt einer Verordnung durch ein Bundesgesetz gedeckt ist, gilt das Massgeblichkeitsgebot des Art. 191 BV.

bb) *Selbständige Verordnungen des Bundesrates*

2098 Verordnungen, die auf einer Ermächtigung der Verfassung beruhen (vgl. N. 1859 ff.), können unbeschränkt auf ihre Übereinstimmung mit der Bundesverfassung und den Bundesgesetzen hin überprüft werden (BGE 123 IV 29, 33). Allerdings darf das Bundesgericht dabei den politischen Entscheidungsspielraum, der dem Bundesrat im Rahmen der ihm vom Verfassungsgeber eingeräumten Kompetenz zugestanden wurde, «nicht durch eigene Ordnungsvorstellungen schmälern» (BGE 125 II 326, 331; vgl. auch BGE 128 II 222, 225, Bundesamt für Raumentwicklung). Für *Vollziehungsverordnungen* ist das Prüfungsrecht zusätzlich eingeschränkt: Soweit sie in ihren Bestimmungen die Regelung des Gesetzes übernehmen und konkretisieren, müssen sie angewendet werden, weil eine Nichtanwendung indirekt gegen das Anwendungsgebot von Art. 191 BV verstossen würde.

cc) *Unselbständige Verordnungen des Bundesrates*

2099 Verordnungen, zu deren Erlass der Bundesrat durch eine Delegationsnorm in einem Bundesgesetz ermächtigt worden ist (vgl. N. 1869 ff.), unterstehen in beschränktem Ausmass dem Anwendungsgebot. Hier ist abzuklären, ob sich der Bundesrat an die Grenzen der ihm im Gesetz eingeräumten Befugnisse gehalten hat. Soweit das Gesetz den Bundesrat nicht ermächtigt, von der Verfassung abzuweichen, befindet das Gericht auch über die Verfassungsmässigkeit der selbständigen Verordnung. Räumt jedoch das Gesetz dem Bundesrat einen weiten Ermessensspielraum für die Regelung auf Verordnungsstufe ein, so ist dieser für das Gericht verbindlich. Es darf in diesem Fall «nicht sein eigenes Ermessen an die Stelle jenes des Bundesrates setzen, sondern kann lediglich prüfen, ob die Verordnung den Rahmen der dem Bundesrat delegierten Kompetenzen offensichtlich sprenge oder sich aus anderen Gründen als gesetz- oder verfassungswidrig erweise» (BGE 126 II 522, 574, betreffend akzessorische Überprüfung der Belastungsgrenzwerte für den Lärm der Landesflughäfen; vgl. auch BGE 129 II 249, 263). Allerdings muss dort, wo nach Art. 6 Ziff. 1 EMRK Anspruch auf ein gerichtliches Verfahren besteht, eine wirksame gerichtliche Kontrolle bundesrätlicher Festlegungen erf gen können (BGE 127 II 184, 190 ff. E. 5, betreffend Moorlandschafts-Verordnung).

Sachregister

Die Zahlen verweisen auf die Randnummern. Aus mehreren Wörtern zusammengesetzte Begriffe sind grundsätzlich unter dem massgebenden Substantiv eingeordnet (z.B. Freiheit, persönliche); ist ein Stichwort untergliedert, werden bei den Unterstrichworten die Adjektive vorangestellt.

A

Abberufungsrecht 1385
Abkommen, bilaterale, mit den EG 7, 197, 197a, 737
Abstimmungen
   vgl. Wahlen und Abstimmungen, eidgenössische/kantonale
Abstimmungserläuterungen 1389a, 1390
Administrativstreitigkeiten 1556, 1683, 1933
Aktivbürger
   vgl. Rechte, politische
Alte Eidgenossenschaft 33, 34
Amnestie 1512, 1554
Ämter
   vgl. Bundesverwaltung
Amtsdauer
– Amtszeitbeschränkung 1459, 1496
– der Bundesrichter 1712
– des Bundesrates 1626–1628
– des Nationalrates 1486–1488
– des Ständerates 1501, 1502
Amtssprachen 1435–1437
– als Schranke der Sprachenfreiheit 512, 518
– Bund 1435, 1436
– Kantone 1437
– und Auslegung 95, 96
– Veröffentlichung von Bundeserlassen 1435, 1436, 1678, 1817
– vor Bundesgericht 1435, 1436, 1708, 1725
Anfrage 1540, 1592, 1594, 1595
Anspruch auf unverfälschte Willenskundgabe
   vgl. Wahl- und Abstimmungsfreiheit
Anstalten, öffentlich-rechtliche 1700

Anwaltsberuf, Zugang zum 655, 736, 737, 760
Anwendungsgebot von Art. 191 BV 25, 161, 172, 179, 273, 1028, 1180–1182, 1320, 1410, 1418, 1918, 1926, 2057, 2058, 2086–2092, 2097–2099
Armee
– Einsatz 1041, 1044, 1241, 1524, 1663
– Militärdienstpflicht 206, 373, 442, 779, 1310, 1311, 1616
– Militärgerichtsbarkeit 1513, 1706
– Ordensverbot 1434
– Ordnungsdienst 1048
– Verfügung über 1041, 1048, 1240
– Wehrprivileg 1616
Aufhebung von Volksabstimmungen und Wahlen 1400, 2044
Aufsicht
– der Bundesversammlung über Bundesrat und Bundesverwaltung 1417, 1538–1544
– der Bundesversammlung über das Bundesgericht 1418, 1538, 1539, 1545, 1705, 1727
– des Bundes über die Kantone 1127, 1146, 1203–1225, 1672, 1673
– des Bundesgerichts im Schuldbetreibungs- und Konkursrecht 1753
– des Bundesrates über die Bundesverwaltung 1664, 1695
Aufträge an den Bundesrat 1600
Ausgabenbeschlüsse 1386, 1530–1534
Ausgliederung von Verwaltungsträgern 1670, 1685, 1700–1702
Ausländer
– als Grundrechtsträger 298–300, 483, 540, 556, 590–593, 612, 654, 655, 748, 902, 914, 923, 1311, 2004

- politische Betätigung 300, 483
- politische Rechte 1311, 1380b, 1496
- Rechtsstellung 382, 395, 397, 524, 585, 590–593, 757, 1311

Auslandschweizer
- Bürgerrecht 1338, 1341, 1347, 1348
- politische Rechte 1312, 1369, 1373, 1377, 1459

Auslegung des öffentlichen Rechts 75–167
- Auslegungsmethoden 90–126
- Begriff und Funktion 76–89
- der bundesstaatlichen Kompetenzordnung 145, 1059, 1064–1077
- der Bundesverfassung 77–79, 127–129, 144–146, 1064–1066, 1075, 1083, 1516
- geltungszeitliche Auslegung 114–119, 134
- grammatikalische Auslegung 80, 91–96, 124, 1064
- historische Auslegung 101–113, 134, 1065
    - objektiv-historische 110–113
    - subjektiv-historische 102–109
- Konkretisierung 86, 129, 222
- Lückenfüllung 14, 137–147, 997, 1057
- Materialien 103–107
- Methodenpluralismus 127–136
- Rücksicht auf Auslegungsergebnis 89, 135, 136
- systematische Auslegung 97–100, 129, 148, 1071–1074
- teleologische Auslegung 120–126, 138, 1066, 1075
- verfassungskonforme Auslegung 84, 98, 148–161, 270
- völkerrechtskonforme Auslegung des Landesrechts 98, 162–167, 1925
- zeitgemässe Auslegung 114–119, 134

Auslieferung und Ausschaffung, Schutz vor 585, 586, 588–593, 1309

Ausnahmegerichte, Verbot 850

Aussenpolitik 203, 204, 1120–1137, 1658–1661, 1866
- Beteiligung der Bundesversammlung 1411, 1521–1524, 1658
- Mitwirkung der Kantone 199, 957, 961, 1120, 1121, 1124, 1128, 1129, 1896

vgl. auch Staatsverträge der Kantone/des Bundes
- und Wirtschaftsfreiheit 662, 689
- Ziele 189, 204

Aussperrung 568

Auswanderungsfreiheit 575, 578

Ausweisung, Schutz vor 585–587, 1309

Autonomie der Gemeinden
vgl. Gemeindeautonomie

Autonomie der Kantone 942, 944–948, 1207

Autonomiebeschwerde
vgl. Beschwerde, staatsrechtliche, Autonomiebeschwerde

B

Begnadigung 1512, 1513, 1554

Begräbnis, schickliches, Anspruch auf 222, 425–429

Behinderte, Rechte 739, 774, 776, 795, 796

Berichterstattung der Kantone an den Bund 1213

Berufswahlfreiheit 629, 642, 2001

Berufung, zivilrechtliche 1737, 1976

Beschwerde, staatsrechtliche 1743, 1745, 1929–2044
- Anfechtungsobjekt 1362, 1854, 1935–1964, 2097
    - genehmigungsbedürftige Erlasse 1944
    - interkantonale Akte 1304, 1305, 1939
    - Kantonsverfassungen 1028, 1943
    - Raumpläne 1961–1964
    - Schiedsgerichtsurteile 1956, 1957
    - Verfügungen 1948–1950
    - Verwaltungsverordnungen 1945–1947
    - Vollzugs- und Bestätigungsakte 1951–1954
    - Vor- und Zwischenentscheide 1955
    - Wahlen und Abstimmungen 1958–1960
- Anwendungsgebot von Art. 191 BV vgl. dort

- Autonomiebeschwerde 978, 979, 1964, 1971–1974, 2007, 2025
- Bedeutung 1930
- Beschwerdefrist 2028–2030
- Beschwerdegrund 1201, 1335, 1362, 1965–1986
- Form und Inhalt der Beschwerdeschrift 2027
- Gewaltenteilungsbeschwerde 1984, 1985
- Kognition 601, 762–764, 1981, 2036–2039
- «Konkordatsbeschwerde» 1302, 1303, 1975
- Legitimation 1947, 2003–2026
  - aktuelles Rechtsschutzinteresse 2016, 2017
  - gemäss Opferhilfegesetz 2026
  - im Allgemeinen 2003–2017
  - persönliches Betroffensein 2008–2010
  - Rechtsverletzung 2012–2015a
  - Trägerschaft des angerufenen Rechts 2004–2007
  - von Dritten 2018, 2019
  - von Gemeinden 2025
  - von öffentlich-rechtlichen Religionsgemeinschaften 2006
  - von politischen Parteien 2024
  - von Vereinigungen 2022–2024
- Novenrecht 2034, 2035
- persönliche Voraussetzungen beim Beschwerdeführer 1993–2026
  - Beschwerdelegitimation 1947, 2003–2026
  - Parteifähigkeit 1994–1998
  - Prozessfähigkeit 1999–2002
- Rechtswirkung des Entscheides 1400, 2041–2044
- Rügeprinzip 1196, 2033, 2074, 2085
- Staatsvertragsbeschwerde 1976, 1977
- Stimmrechtsbeschwerde 70, 1008, 1022, 1381, 1497, 1958–1960, 1979–1986, 1990, 2020, 2021, 2024, 2029, 2044
- Subsidiarität
  - absolute 1978, 1987–1990
  - relative 1991, 1992

- Substanziierungspflicht 2033
- Überweisungspflicht 2030
- und derogatorische Kraft des Bundesrechts 1196, 1201, 2085
- Urteil 2040
- Verbandsbeschwerde 558, 785, 2022–2024
- Verfahren 2031–2040
- Verfassungsbeschwerde 1966–1970
- virtuelle Betroffenheit 2010
- Voraussetzungen im Überblick 1934
- Willkürbeschwerde 2013–2015
- Zuständigkeitsbeschwerde 1978

Bestandesgarantie
vgl. Eigentumsgarantie, Schutzobjekt
- zu Gunsten der Kantone 981–988

Besteuerung, Grundsätze der 870–885
vgl. auch Steuern
- Allgemeinheit und Gleichheit der Besteuerung 783, 874–877
- Doppelbesteuerungsverbot 870, 878–884
- Geltungsbereich 870, 874
- Legalitätsprinzip 871–873, 1873
- Leistungsfähigkeitsprinzip 875–877
- Träger 885

Bewegungsfreiheit 346, 352–354

Bilaterale
vgl. Abkommen, bilaterale, mit den EG

Bildung, Anspruch auf 368, 928, 929

Binnenmarktgesetz 622, 633, 729, 731–735

Brief-, Post- und Fernmeldegeheimnis 150, 380, 384–386

Budget 1527, 1665

Bund 930–940
vgl. auch Bundeskompetenzen; Bundesstaat, föderalistisches Prinzip
- bundesstaatlicher Charakter 934–940
- Staatscharakter 930–933

Bundesamt
vgl. Bundesverwaltung, Ämter

Bundesassisen 1046, 1047

Bundesaufsicht über die Kantone
vgl. Aufsicht, des Bundes über die Kantone

Bundesbeamte
- Amtsgeheimnis 1574

- und Grundrechte 301, 328–333, 502, 564, 581
- Unvereinbarkeitsbestimmungen 1414
- Verantwortlichkeit 1429–1432
- Wahl 1639, 1666

Bundesbehörden 1424–1437
vgl. auch Bundesgericht; Bundesrat; Bundesversammlung
- Begriff 1424
- Ordensverbot 1434
- Sitz 1425–1428
- Verantwortlichkeit 1429–1433

Bundesbeschluss 1819, 1820, 1836–1840, 2094
- allgemeinverbindlicher (nach aBV) 10, 1844, 1845
- dringlicher (nach aBV) 5, 616, 1846
- einfacher 1023, 1527, 1539, 1543, 1552, 1819, 1836, 1837, 1847, 1903
- referendumspflichtiger 10, 956, 982, 993, 1529, 1819, 1838–1840, 1903

Bundesexekution 1037, 1039, 1226–1241, 1550, 1801

Bundesgericht 1703–1753
- Abteilungen 1717, 1718, 1931
- Amtsdauer der Bundesrichter 1712
- Anwendungsgebot von Art. 191 BV
  vgl. dort
- Beschlussfassung 1719, 1720
- Eidgenössisches Versicherungsgericht 1428, 1718, 1749–1751
- Einheitsbeschwerde 1731, 1933a, 1989
- Justizreform
  vgl. dort
- Justizverwaltung 1753
- Kassationshof 1717, 1741
- Kognition
  vgl. dort
- Kompetenzkonflikte mit dem Bundesrat 1726
- Mitglieder, rechtliche Stellung 1727
- Mitgliederzahl 1713, 1714
- Öffentlichkeit der Verhandlungen 1721
- Organisation 1713–1718, 1931
- Parteivertreter 1724
- Plenum des Gesamtgerichts 1715
- Präsidium 1716
- Prozesssprache 1436, 1725
- Rechtsetzungskompetenzen 1423, 1715, 1752, 1884
- Rechtsprechungskompetenzen, Übersicht 1733–1751
- Revision des Bundesgerichtsgesetzes 1728–1731
- richterliche Unabhängigkeit 1545, 1704, 1705
- Schuldbetreibungs- und Konkursrecht
  - Aufsicht 1210, 1753
  - Rechtsetzung 1752, 1884
  - Rechtspflege (Beschwerde) 1739
- Sitz 1428, 1703
- Sozialversicherungsrechtspflege 1749–1751
- Staatsrechtspflege 1743–1745, 1794
  - staatsrechtliche Beschwerde
    vgl. Beschwerde, staatsrechtliche
  - staatsrechtliche Klage
    vgl. Klage, staatsrechtliche
- Stammfunktion 1703, 1705
- Strafrechtspflege 1740–1742
- und Amtssprachen 1435, 1436, 1708, 1725
- Unvereinbarkeit 1413, 1705, 1709
- vereinfachtes Verfahren 1722
- Verhandlungen 1719–1726
- Verordnungen 1752, 1884
- Verwaltungskompetenzen 1423, 1753
- Verwaltungsrechtspflege 1746–1748
  - Verwaltungsgerichtsbeschwerde
    vgl. dort
  - verwaltungsrechtliche Klage 1748
- Wählbarkeit 1374, 1707
- Wahl der Bundesrichter 1510, 1710, 1711
- Wahlen durch das Bundesgericht 1715, 1720, 1753
- Wiederwahl 1712
- Zirkulationsverfahren 1723
- Zivilrechtspflege 1734–1738
  - Berufung 1737
  - Bundesgericht als einzige Instanz 1736
  - Nichtigkeitsbeschwerde 1738
- Zugangsbeschränkungen 70, 71, 1729

Bundesgesetze 9, 10, 956, 1819, 1821–1833, 1843

- dringliche 1583, 1586, 1819, 1828–1833
  - verfassungsändernde 5, 16, 30, 952, 1801, 1833
  - verfassungskonforme 956, 1814, 1832
- Inhalt 1821–1826
- Verhältnis zum Völkerrecht 1917, 1924–1926a
  vgl. auch Anwendungsgebot von Art. 191 BV; Gesetzgebung, einfache, im Bund

Bundesintervention 1034–1048, 1549, 1801

Bundeskanzlei 1427, 1637–1639, 1687, 1688, 1781, 1783

Bundeskanzlerin 1510, 1638, 1639, 1642

Bundeskompetenzen
vgl. auch Bundesgericht; Bundesrat; Bundesversammlung; Delegation von Bundeskompetenzen an die Kantone; Kompetenzverteilung zwischen Bund und Kantonen; Staatsverträge der Kantone/des Bundes
- ausdrückliche Bundeskompetenzen 1067
- ausschliessliche Bundeskompetenzen 1097–1099, 1154, 1170
- Aussenpolitik 992, 995, 996, 1120–1127, 1896
- konkurrierende Bundeskompetenzen 1095
- Kriterien der Zuweisung der Bundeskompetenzen 1078–1082, 1102–1104
- Rechtsetzungskompetenzen 1082–1090, 1113–1119
  - Förderungskompetenzen 1090
  - fragmentarische 1086
  - Grundsatzgebungskompetenzen 1087–1089, 1154
  - umfassende 716, 1084, 1085, 1098, 1123, 1132, 1189
- Rechtsprechungskompetenzen 1082, 1148, 1149
- stillschweigende Bundeskompetenzen 1067
- Verhältnis zu den kantonalen Kompetenzen 1091–1101

- nachträglich derogatorische Kraft 667, 1092–1096, 1132
- parallele Kompetenzen 1100, 1101, 1131
- ursprünglich derogatorische Kraft 1097–1099, 1154
- Vollzugskompetenzen 1082, 1102–1104, 1138–1143, 1147

Bundespräsident 1634, 1635, 1641

Bundesrat 1617–1684
- Amtsdauer 1626–1628
- Aufsicht über die Bundesverwaltung 1664, 1695
- Aufsicht über die Kantone 1209, 1672, 1673
- Ausschüsse 1646
- Aussenpolitik 1658–1661
  - Abschluss von Staatsverträgen 1659, 1899, 1901
  - äussere Sicherheit und Neutralität 1523, 1661
- Beschlussfassung 1644
- Besoldung 1651
- Bundesexekution 1229
- Bundesintervention 1041
- Bundespräsident 1634, 1635, 1641
- Departementalsystem 1631–1633
- Departemente
  vgl. Departemente des Bundes
- finanzpolitische Aufgaben 1665
- Genehmigung von kantonalen Erlassen 1209, 1670
- Gesamterneuerung 1626
- innere Sicherheit 1048, 1662
- Kollegialsystem 1629, 1630
- Kompetenzkonflikte mit dem Bundesgericht 1726
- Leitung der Bundesverwaltung 1664, 1669
- Mitglieder, rechtliche Stellung
  - Besoldung 1651
  - Domizil 1647
  - Immunität 1648
  - Verantwortlichkeit 1650
  - Verfolgungsprivilegien 1649
  - Wohnsitz 1647
- Mitwirkung bei Verfassungs- und Gesetzgebung 1675–1679

- Notrechtskompetenzen 1801–1803
- Öffentlichkeitsarbeit 1667
- Organisation 1629–1639
- Präsidialverfügungen 1635
- Rechtsetzungskompetenzen 1422, 1660–1662, 1674–1682, 1858–1879
- Rechtsprechungskompetenzen 1422, 1633, 1684
- Regierungskompetenzen 1409, 1655–1667
- Regierungsreform 199, 1652–1654
- Sitz 1427
- Stammfunktion 1656
- Unvereinbarkeit 1620
- verfassungsrechtliche Stellung 1617
- Verhandlungen 1640–1646
- Verwaltungskompetenzen 1043, 1412, 1668–1673
- Volkswahl? 1622
- Wahl 1510, 1618–1625
- Wählbarkeit 1374, 1618, 1619
- Wiederwahl 1628
- Zauberformel 1625
- Zusammensetzung 1617, 1653

Bundesrecht, derogatorische Kraft 24, 25, 1092–1099, 1171–1202, 1928
vgl. auch Prüfungsrecht, akzessorisches
- als verfassungsmässiges Recht des Bürgers 1176, 1970
- Arten von Kollisionen 1172, 1178–1190a
- Grundsatz 1173, 1174
- Prüfung von Amtes wegen 1195–1198
- Rechtsfolge der Bundesrechtswidrigkeit 1191–1194
- Rechtsgrundlage 1175
- Rechtsmittel 1199–1201
- Rechtsschutz 1195–1202
- Rügeprinzip bei der staatsrechtlichen Beschwerde 1196, 2033, 2085
- und akzessorisches Prüfungsrecht 1195–1197, 2085
- und EG-Recht 1177
- und Gewährleistung von Kantonsverfassungen 1011–1014, 1024–1027

Bundesstaat, föderalistisches Prinzip
vgl. auch Ständerat; Zweikammersystem

- Abgrenzung zum Staatenbund 939, 940
- als Grundwert der Bundesverfassung 168, 180–184
- Begriff 934–938
- Bundestreue
vgl. dort
- Geschichte 50–52
- Gleichstellung der Kantone 38, 931, 963–973
- Homogenität der Verfassungsstruktur 1010
- kooperativer Föderalismus
vgl. Kooperation zwischen Bund und Kantonen und zwischen Kantonen
- Mitwirkung der Kantone im Bund
vgl. Kantone, Mitwirkung an der Willensbildung des Bundes
- und Bestandesgarantie 984
- und derogatorische Kraft des Bundesrechts 24, 25, 1092–1099, 1171–1202

Bundesstaatsrecht, schweizerisches
- Auslegung 75–167
- Begriff 1–3
- Geschichte 33–74
- Rechtsquellen 4–14

Bundesstrafgericht 70, 1428, 1706, 1731, 1742

Bundestreue 1105–1112, 1279–1281, 2065

Bundesverfassung
vgl. auch Verfassung; Verfassungsgebung im Bund/in den Kantonen
- als Grundlage von Grundrechten 221–225
- als Kodifikation 29, 30
- Auslegung 77–79, 127–129, 144–146, 1064–1066, 1075, 1083
- Bundesverfassung von 1848 48–52, 939
- Bundesverfassung von 1874 53–57
- Geschichte 33–74a
- Gliederung 32
- Nachführung 23, 65, 68, 78, 104, 225
- Notstandsrecht 13, 146, 1662, 1801–1803
- Präambel 186, 189, 204, 1076
- Revision
vgl. unter Verfassungsgebung im Bund

- tragende Grundwerte 27, 28, 168–191, 199, 1760
- Übergangsbestimmungen 1073
- Unableitbarkeit 933, 939
- und Völkerrecht 1921–1923
- ungeschriebenes Verfassungsrecht vgl. dort
- Verfassungsentwürfe vgl. dort
- Vorrang 24–26

Bundesversammlung 1438–1616
 vgl. auch Bundesbehörden; Nationalrat; Ständerat; Vereinigte Bundesversammlung; Zweikammersystem
- Abstimmungsverfahren 1583–1586
- Amnestie 1512, 1554
- Anfrage 1540, 1592, 1594, 1595
- Anwesenheitsquorum 1565
- Auflösung 1487, 1488, 1502, 1774
- Aufsicht über Bundesrat, Bundesverwaltung und eidgenössische Gerichte 1417, 1418, 1538–1545
- Aussenpolitik 1411, 1421, 1521–1524
- Begnadigung 1512, 1513, 1554
- Beschlussfassung 1451, 1559, 1565, 1602–1606, 1830
- Beschlussformen 1819–1848
- Bundesexekution 1229, 1550
- Bundesintervention 1041
- Differenzbereinigung 1451, 1604–1606
- Einberufung 1041, 1450
- einfache Gesetzgebung 1520, 1805–1818
- Einigungskonferenz 1604
- Empfehlung 1599
- Finanzkompetenzen 1526–1536
- Fragestunde 1596
- Fraktionen 1577–1579
- Genehmigung von
  - Gebietsveränderungen 982, 993
  - Geschäftsbericht des Bundesrates 1539
  - Kantonsverfassungen (Gewährleistung) 1021–1023, 1028, 1210, 1217, 1547
  - Staatsverträgen 1134, 1210, 1217, 1522, 1548, 1900–1903
- Verordnungen des Bundesrates 1542, 1878
- Gleichberechtigung von National- und Ständerat 1446–1452
- innere Sicherheit 1048, 1549
- Interpellation 1540, 1592, 1593, 1595
- Kantonsverfassungen, Gewährleistung 1021, 1547
- Kommissionen 1521, 1559, 1569–1576, 1587, 1813
- Kompetenzen im Allgemeinen 1515–1517
- Koordinationskonferenz 1568, 1580
- Legislaturplanung 1543
- Mitglieder, rechtliche Stellung
  - finanzielle Ansprüche 1608
  - freies Mandat 1492, 1607
  - Immunität 1429, 1431, 1609–1611
  - Verantwortlichkeit 1429–1433
  - Verfolgungsprivilegien 1431, 1558, 1612–1615
  - Wehrprivileg 1616
- Mitwirkung bei der Planung 1409, 1411, 1543, 1552
- Motion 1540, 1589, 1591, 1599
- Notrechtskompetenzen 1801–1803
- Öffentlichkeit der Verhandlungen 1564
- parlamentarische Initiative 1570, 1597, 1598, 1813
- parlamentarische Untersuchungskommissionen 1541, 1572, 1574
- Parlamentsdienste 1411, 1580–1582
- Parlamentsreform 66, 74
- Parlamentsverordnungen vgl. Verordnung, der Bundesversammlung
- Postulat 1540, 1590, 1591
- Rechtsetzungskompetenzen 1412, 1518–1520, 1881–1883
- Rechtsprechungskompetenzen 1421, 1511, 1551, 1555–1558, 1794, 2051
- Regierungs- und Verwaltungskompetenzen 1421, 1525–1554
- Session 1560–1563
- Sitz 1426
- Unvereinbarkeit 1413, 1414
- Verfassungsgebung vgl. Verfassungsgebung im Bund

- Wählbarkeit
  vgl. Nationalrat; Ständerat
- Wahlen durch die Vereinigte Bundesversammlung 1510, 1537, 1587, 1588
- Wirksamkeitsprüfung 1411, 1546

Bundesvertrag von 1815 42, 45, 46, 49, 1251

Bundesverwaltung 1685–1702
  vgl. auch Bundeskanzlei; Departemente
- Ämter 1690, 1694
- Ausgliederung von Verwaltungsträgern 1670, 1685, 1700–1702
- Beaufsichtigung 1664
- Bedeutung 1698, 1699
- Departemente 1636, 1687, 1689–1697
- Eidgenössische Finanzkontrolle 1536, 1691
- gemischtwirtschaftliche und privatrechtliche Organisationen als Verwaltungsträger 1702
- Generalsekretariate 1691
- Gliederung 1631, 1687–1693
- Gruppen 1690
- New Public Management 1696
- öffentlich-rechtliche Anstalten des Bundes 1700
- öffentlich-rechtliche Körperschaften des Bundes 1700, 1701
- öffentlich-rechtliche Stiftungen 1700
- Stabsstellen 1688, 1691
- Verordnungen der Bundesverwaltung 1697, 1858
- Vorbereitung der Geschäfte des Bundesrates 1697

Bundesverwaltungsgericht 70, 1428, 1706, 1731

Bundeszivilrecht und kantonales öffentliches Recht 1188–1190

Bürgerrecht, Schweizer 1306–1362
- Abstammung, Bedeutung für das Bürgerrecht 1318, 1324
- Adoption, Bedeutung für das Bürgerrecht 1318, 1325, 1349, 1350
- Ehrenbürgerrecht 1328
- Einbürgerung 1326–1346
  - Begriff 1326
  - erleichterte Einbürgerung 951, 1315, 1337–1339, 1344–1346
  - Integration als Voraussetzung 1322, 1332, 1334, 1339
  - ordentliche Einbürgerung 1327–1336, 1344–1346
  - Unzulässigkeit von Urnenabstimmungen 838, 1335, 1336
  - Wiedereinbürgerung 1340–1346
  - Widerruf 1346
- einheitliches Bürgerrecht für die Familie 1319, 1320
- Einheit von Schweizer-, Kantons- und Gemeindebürgerrecht 1308
- Entlassung aus dem Bürgerrecht 1352–1355
- Entzug des Bürgerrechts 1356
- Erwerb
  - durch Einbürgerung 1326–1346
  - von Gesetzes wegen 1318, 1324, 1325
- Gemeindebürgerrecht 801, 802, 1312, 1316, 1334–1336
- Gleichbehandlung der Geschlechter 1307, 1314, 1319, 1320
- Gleichstellung von kantonsfremden Schweizer Bürgern und Kantonsbürgern 797–803
- Inhalt 586–589a, 1309, 1310, 1312, 1365
- Kantonsbürgerrecht 801, 802, 1312, 1316, 1334
- Kompetenzen des Bundes 1089, 1313–1317
- Rechtsnatur 1306, 1307
- Rechtsschutz 1335, 1357–1362
- Staatenlosigkeit, Vermeidung 1317, 1321, 1347
- tragende Prinzipien 1318–1320
- Verlust
  - durch behördlichen Beschluss 1352–1356
  - von Gesetzes wegen 1347–1351
- Wohnsitz, Bedeutung für das Bürgerrecht 1330, 1334, 1338

Büro
- des Nationalrates 1490, 1567–1569a
- des Ständerates 1504, 1567–1569a

D

Datenschutz 380, 387–390, 1332, 1335, 1541
Delegation von Bundeskompetenzen an die Kantone 1150–1170
- Gesetzesdelegation 1155–1164, 1255
- Rechtsprechungsdelegation 1169, 1170
- und Aufsicht 1204
- Verwaltungsdelegation 1165–1168, 1256
- Zulässigkeit 1151–1154

Delegation von Gesetzgebungskompetenzen
vgl. Gesetzesdelegation

Delegation von Kompetenzen an interkantonale Organe 1293, 1294

Delegation von Kompetenzen an Private 276, 277, 1888–1890

Demokratie
- Anforderungen an Kantonsverfassungen 1015–1019
- demokratisches Prinzip 168, 175–179, 1416, 1444, 2087
- direkte Demokratie 56, 176–178
vgl. auch Initiative; Referendum
- rechtsstaatliche Demokratie 21, 50
- repräsentative Demokratie 176, 1016
- und Grundrechte 248, 447, 448, 532
- und Rechtsgleichheit 746

Demonstrationen auf öffentlichem Grund 311, 461, 468–472, 490, 493–496, 507, 533, 534, 537, 1186

Departementalsystem, im Bundesrat 1631–1633

Departemente des Bundes
- Entscheidungsbefugnisse 1209, 1631
- Generalsekretariate 1691
- Gliederung 1636, 1687, 1689–1697
- Verordnungen der Departemente 1858, 1876

Differenzbereinigungsverfahren 1451, 1604–1606

Direktorenkonferenzen, interkantonale 1247, 1263

Diskriminierungsverbot 222, 243, 338, 739, 757, 774–776a, 1311, 1335, 1362

Doppelbesteuerungsverbot, interkantonales
- als verfassungsmässiges Recht 878, 1970
- Begriff 879
- bundesstaatliche Funktion 878
- Geltungsbereich 880–882
- Kollisionsregeln 883, 884
- Rechtsgrundlagen 878
- Träger 885

Dringlicherklärung von Bundesgesetzen
vgl. Bundesgesetze, dringliche

Drittwirkung
vgl. Grundrechte, Drittwirkung

E

EFTA
vgl. Freihandelsassoziation, Europäische

EG
vgl. Gemeinschaften, Europäische

Ehefreiheit 391–402
- bei Gefangenen 399–402
- Ehehindernisse 396–398
- Einschränkungen 396–402
- liberale Motivierung 247
- Schutzobjekt 391–395
- Träger 294

Eigentumsgarantie 594–613
- als Gesetzgebungsauftrag 265
- Bedeutung für Demokratie 248
- Bedeutung für wirtschaftlichen Wettbewerb 250, 631
- Einschränkungen 317, 596, 601–605
- Enteignung
  - entschädigungslose öffentlich-rechtliche Eigentumsbeschränkung 606, 611
  - formelle 606–608
  - materielle 606, 609, 610
- kein Anspruch auf Leistungen des Staates 259
- Schutzobjekt
  - Bestandesgarantie 599–605
  - geschützte Rechte 597, 598
  - Institutsgarantie 594–596

– Wertgarantie 606–611
– Rechtsgrundlage 229
– Träger 294, 612, 613
– Verhältnis zu andern Grundrechten 603, 604, 631, 653

Einbürgerung
vgl. Bürgerrecht, Schweizer

Einheit der Form 1786

Einheit der Materie 1388, 1389, 1767, 1768, 1787–1793

Einheitsbeschwerde 1731, 1933a, 1989

Einheitsstaat 35, 36

Einigungskonferenz 1604
vgl. auch Differenzbereinigungsverfahren

Einzelfallgesetz 1839a

Einzelstimmenkonkurrenz, System der 1478

Empfehlung 1599

EMRK
vgl. Menschenrechtskonvention, Europäische

Enteignung
vgl. Eigentumsgarantie, Enteignung

Erlassformen der Bundesversammlung
vgl. Bundesversammlung, Beschlussformen

Ersatzvornahme gegenüber Kantonen 1162, 1233–1238

EU
vgl. Union, Europäische

Europarat 193

EWR
vgl. Wirtschaftsraum, Europäischer

Existenzsicherung, Recht auf
vgl. Notlagen, Recht auf Hilfe

Expertenkommissionen 1576, 1677, 1812

Expropriation
vgl. Eigentumsgarantie, Enteignung

F

Fähigkeitsausweis 679–681, 724, 727–735

Familienleben, Recht auf 382, 393

Fernsehen
vgl. Meinungs-, Informations- und Medienfreiheit

Finanzausgleich 74a, 970–973, 1257, 1277a

Finanzbeschlüsse 1526–1536, 1665

Finanzdelegation 1536, 1573, 1575

Finanzkommissionen 1536

Finanzkontrolle, Eidgenössische 1536, 1691

Finanzreferendum 1384, 1386, 1389

Flüchtlinge 590, 591
vgl. auch Non-Refoulement-Gebot

Föderalismus
vgl. Bundesstaat, föderalistisches Prinzip

Föderalismusreform 66, 74a, 945, 948, 970–973, 1051, 1102, 1146a, 1257, 1273, 1277a, 1277b, 1295

Folterverbot 243, 244, 326, 339, 346, 592, 593, 1756

Formalismus, Verbot des überspitzten 833, 834

Forschungsfreiheit
vgl. Wissenschaftsfreiheit

Fortpflanzung, künstliche 366, 366a, 529, 529a

Fragestunde 1596

Fraktionen 1577–1579

Frauenstimmrecht 82, 84, 112, 118, 784, 1031, 1365, 1496, 2024

Freihandelsabkommen 195, 1910

Freihandelsassoziation, Europäische 195

Freiheit, persönliche 336–379
– als Gesetzgebungsauftrag 265
– Anspruch auf staatliche Leistungen? 367, 368, 537, 538, 648
– Bedeutung für Demokratie 248
– Einschränkungen 317, 323, 370–379
– Kerngehalt 324, 378, 379
– liberale Motivierung 247
– Rechtsgrundlagen 229, 336–342
– Schutzobjekt 343–368
  – Bewegungsfreiheit 346, 352–354
  – körperliche Integrität 346–351
  – Persönlichkeitsschutz 364–366a, 369a
  – psychische Integrität 355–360

– Recht auf Leben 339, 340, 343–345, 379
– Träger 294, 369, 369a
– und Sonderstatusverhältnis 330, 371
vgl. auch Haftvollzug
Freiheitsentzug, Schutz bei 317, 352, 372, 858–863
Freiheitsrechte
vgl. auch Grundrechte
– als Abwehrrechte 210, 257–260
– Begriff 209–211
– Einschränkungen 211, 302–335, 869, 904
vgl. auch Grundlage, gesetzliche; Interesse, öffentliches; Kerngehalt von Freiheitsrechten; Verhältnismässigkeit
– Funktionen 210, 211, 247–252, 257–271
– konstitutiv-institutionelles Verständnis 261–271
– und Rechtsgleichheit 744, 745
Freizügigkeit der Berufstätigen 724–737
Freizügigkeitsabkommen 197, 197a, 382, 583, 633, 737, 1311

G

Garantien, rechtsstaatliche
vgl. Treu und Glauben; Verfahrensgarantien; Willkürverbot
Gastgewerbe 661
GATT 200
Gebietsgarantie und Gebietsveränderungen 981, 982, 989–1008, 1012, 1838, 2065
Gegenvorschlag 1797, 1799
Gehör, rechtliches 835–839, 861, 1335
Gemeindeartikel 937, 974
Gemeindeautonomie 183, 974–979, 1964, 1971–1974, 2007, 2025
Gemeindebürgerrecht 801, 802, 1312, 1316, 1334–1336
Gemeingebrauch, gesteigerter 471, 495, 496, 541, 563, 648, 699
Gemeinschaften, Europäische 197, 737, 1177, 1909

Gemeinschaften, supranationale 1907, 1909
Genehmigung kantonaler Erlasse 1216–1222
– Gesetze und Verordnungen, 1209, 1217
– interkantonale Verträge 1217
– Staatsverträge 1134, 1210, 1217
– Verfassungen
vgl. Kantonsverfassungen, Gewährleistung durch den Bund
Genehmigung von Staatsverträgen des Bundes 1522, 1836, 1838, 1900–1903
General 1510, 1513
Generalklausel, polizeiliche 312, 546
Generalsekretärin der Bundesversammlung 1580
Gericht, Anforderungen an 850–854, 891
Gerichtshof für Menschenrechte, Europäischer 193, 237–240
Gerichtskommission 1573
Gerichtsstandsgarantie 855
Gesamtarbeitsverträge, Allgemeinverbindlicherklärung 1880, 1887
Geschäftsbericht des Bundesrates 1539, 1665
Geschäftsprüfungsdelegation 1573–1575
Geschäftsprüfungskommissionen 1539, 1575
Gesetzesdelegation 1856, 1857, 1869–1877
– an das Parlament 1157, 1834, 1881
– an die Kantone 1155–1164
– an Exekutive und Justiz 311, 871, 1157, 1869–1879
– an Private 1888–1890
– Arten 1159–1164
– Subdelegation 1875–1877
– und akzessorisches Prüfungsrecht 2099
– Zulässigkeit 1870–1874
Gesetzesinflation Bild S. 534
Gesetzesinitiative 59, 60, 178, 1384, 1597, 1598, 1601, 1806–1811
Gesetzeslücke
vgl. Lückenfüllung
Gesetzesreferendum
vgl. unter Referendum

Gesetzesüberprüfungsverbot
vgl. Anwendungsgebot von Art. 191 BV
Gesetzgebung, einfache, im Bund 16, 1113, 1520, 1805–1818
– Beteiligung der Kantone 953, 954, 1601, 1809, 1812
– Beteiligung des Bundesrates 1422, 1601, 1674–1677, 1812
– Einfluss der Bundesverwaltung 1697, 1698
– Form der Erlasse 1819–1848
– Gegenstand 1805
– Initiativberechtigung 1806–1811
– Inkrafttreten 1679, 1818
– Publikation 1678, 1815–1817
– Referendum 56, 956, 1814
– Verfahren in der Bundesversammlung 1583–1586, 1589, 1597, 1598, 1807, 1812, 1827
– Vernehmlassungsverfahren 899, 961, 1677, 1812
– Vorverfahren 1674, 1677, 1812
Gesetzmässigkeitsprinzip
vgl. Legalitätsprinzip
Gesundheit, öffentliche 315, 351, 372, 438, 659, 675
Gewährleistung der Kantonsverfassungen
vgl. Kantonsverfassungen, Gewährleistung
Gewaltenteilung 1157, 1405–1423, 1823
vgl. auch Unabhängigkeit, richterliche
– als Element des Rechtsstaates 171, 172
– als Teil der Verfassung im materiellen Sinn 21, 1015
– als ungeschriebene Verfassungsnorm 1410, 1412
– als verfassungsmässiges Recht des Bürgers 1970
– im Bund
  – Gewaltenhemmung 1408, 1416–1419, 1538
  – innerhalb der Legislative 1441
  – organisatorische Gewaltenteilung 1406, 1412, 1420, 1705
  – personelle Gewaltenteilung 1407, 1410, 1413–1415, 1461, 1705, 1709
  vgl. auch Unvereinbarkeit

– und Auslegung 109, 111, 117, 157, 158, 1412, 1516
Gewaltenteilungsbeschwerde 1984–1986
Gewohnheitsrecht 12, 13, 147, 671, 1061, 1803
Glaubens- und Gewissensfreiheit 403–445
– Bedeutung 403, 404
– Einschränkungen 435–442
– Geschichte 50, 53, 54, 56, 403, 404
– Kirchenaustritt 414
– konfessionelle Ausnahmeartikel 404
– konfessionelle Neutralität an öffentlichen Schulen 416, 423, 424
– Kultusfreiheit 404, 409, 412, 438, 439
– Kultussteuern 417–422
– liberale Motivierung 247
– Mündigkeit 293, 432, 2000
– Schutzobjekt 405–430
– Sicherung des Religionsfriedens 404, 445
– Träger 295, 297, 431–434, 2006
– Verhältnis Kirche und Staat 407, 412, 443–446
– Verhältnis zu andern Grundrechten 406, 408, 506, 550
Gleichbehandlung der Gewerbegenossen
vgl. Wirtschaftsfreiheit, Gleichbehandlung der direkten Konkurrenten
Gleichheit der Kantone 38, 931, 963–973
Gleichstellungsgesetz 785
Gleichstellung von kantonsfremden Schweizer Bürgern und Kantonsbürgern 299, 740, 797–803
Grenzbereinigung 981, 994–996
Grenzstreitigkeiten 2065, 2066
Grund, öffentlicher
vgl. Demonstrationen auf öffentlichem Grund; Gemeingebrauch, gesteigerter
Grundlage, gesetzliche
vgl. auch Legalitätsprinzip
– im Abgaberecht 871–873, 1873
– im Allgemeinen 307–312, 370, 371, 565, 601, 669–671, 1873
– in der Leistungsverwaltung 1873
– und gesteigerter Gemeingebrauch 495, 541

- und Kompetenzdelegation an Private 276
- und Sonderstatusverhältnis 330, 371, 1873

Grundpflichten 206

Grundrechte 205–929

vgl. auch die einzelnen Grundrechte
- Adressat 205, 265, 272–288
- als Element des Rechtsstaates 173, 246
- als fundamentale Ordnungsprinzipien 261–271, 283
- als Gesetzgebungsaufträge 217, 265, 268, 785–791
- als unmittelbar anwendbares Recht 165, 217
- als verfassungsmässige Individualrechte vgl. Rechte, verfassungsmässige
- Arten 209–216
- Bedeutung der UNO-Menschenrechtspakte 243–245
- Begriff 205, 208, 223
- Berücksichtigung bei der Gesetzesauslegung 153, 165, 268, 270, 275, 282, 286, 652
- Drittwirkung 265, 271, 278–288, 554, 571, 572, 778
  - direkte 281, 288, 793, 1990
  - indirekte 268, 269, 282, 288, 652
- Einschränkungen
  vgl. Freiheitsrechte, Einschränkungen
- Funktionen 246–271
- Grundrechtskatalog 174, 204, 221–225
- Grundrechtskollision: Herstellung «praktischer Konkordanz» 319, 377, 471, 689, 789
- Grundrechtskonkurrenz 304, 318, 507, 603, 604, 631, 653
- Grundrechtsmündigkeit 293, 432, 2000, 2001
- Grundrechtsverzicht 334, 335
- ideelle 250, 251
- Inhalt 205
- kantonale 205, 215, 227, 231–234, 336, 383, 470, 893, 1184, 1967, 2014
- programmatische Schicht 217, 268
- Rechtsgrundlagen 205, 221–245
- Schutzpflichten 265, 266, 269
- soziale Grundrechte 186, 213–216, 255, 303, 907–929
- Träger 205, 289–301, 2004–2006
  - Ausländer 298–300, 483, 540, 556, 612, 654, 655, 748, 803, 902, 914, 923, 1311, 2004
  - juristische Personen 77, 294–297, 369, 433, 434, 481, 515, 539, 557, 583, 613, 656, 748, 810, 885, 903, 914, 2004, 2005–2007
  - Minderjährige 291, 482, 583, 901
  - natürliche Personen 290–293
  - Ungeborene 292
  - Verstorbene 369a
- und Bundesstaat 249
- und Demokratie 248, 252
- und EMRK 204, 235–242
- und Rechtsstaat 173, 246
- und Sonderstatusverhältnis 301, 328–333, 501–504, 564, 581, 905
- und Sozialstaat 185, 186, 255
- ungeschriebene 23, 226–230, 469, 508, 914, 1968
- unverjährbare und unverzichtbare 335, 1952–1954
- Verhältnis zum Naturrecht 207, 208
- wirtschaftliche 250, 251

Grundrechtsverständnis 256–271

Grundsatzgesetzgebungskompetenzen 1087–1089, 1154

Grundschulunterricht
- Anspruch auf unentgeltlichen Grundschulunterricht 214, 255, 303, 920–929
- konfessionelle Neutralität 416, 423, 424
- Obligatorium 206, 373, 442

Grundwerte
vgl. Bundesstaat, föderalistisches Prinzip; Bundesverfassung, tragende Grundwerte; Demokratie; Rechtsstaatsprinzip; Sozialstaat

Gruppen 1690

H

Haftvollzug 329, 330, 332, 341, 361–363, 367, 371, 375, 379, 384, 399–402, 439, 504, 862, 863, 905

Halbkanton
vgl. Kanton, mit halber Standesstimme
Handels- und Gewerbefreiheit
vgl. Wirtschaftsfreiheit
Handlungsinstrumente, parlamentarische 1589–1600
Heimatschein 579, 1372
Helvetische Republik 35–38, 1438
Hierarchie der Rechtssätze
vgl. Bundesrecht, derogatorische Kraft; Bundesverfassung, Vorrang; Völkerrecht, Verhältnis zum Landesrecht
Hilfeleistungspflichten, gegenseitige, der Kantone 1252, 1253
Horizontalwirkung
vgl. Grundrechte, Drittwirkung; Rechtsgleichheit, Gleichstellung der Geschlechter

I

Immunität 1429, 1431, 1609–1611, 1648
Informationsfreiheit
vgl. Meinungs-, Informations- und Medienfreiheit
Initiative
- allgemeine Volksinitiative 73, 1383, 1779–1790, 1794–1796, 1811
- des Bundesrates 1601
- «doppeltes Ja» 1799
- Gesetzesinitiative 59, 60, 178, 1384, 1597, 1598, 1601, 1806–1811
- parlamentarische Initiative 1570, 1597, 1598, 1813
- Rückzug 1784
- Standesinitiative 953, 954, 1601, 1771
- Ungültigerklärung 1198, 1401, 1551, 1606, 1756, 1792, 1793, 1836
- Verfassungsinitiative 1383, 1601, 1770–1772, 1779–1794
  - allgemeine Anregung 1772, 1779, 1785, 1795
  - ausgearbeiteter Entwurf 1779, 1785, 1797
  - Gegenvorschlag 1797, 1799
  - Rückzug 1784

- Volksinitiative auf Verfassungsrevision 1772, 1779–1790
- Volksinitiative in den Kantonen 1198
Inkrafttreten von Bundesrecht 1679, 1777, 1818, 1828
Inspektion als Mittel der Bundesaufsicht 1214, 1215
Institutsgarantie
vgl. Eigentumsgarantie, Schutzobjekt
Instruktionsverbot für Parlamentarier 1492, 1607
Integration, Europäische 192–199, 203
vgl. auch Gemeinschaften, Europäische; Menschenrechtskonvention, Europäische; Union, Europäische; Wirtschaftsraum, Europäischer
Integrität
- körperliche 346–351
- psychische 355–360
Interesse, öffentliches
- im Allgemeinen 313–319, 484–490, 496, 542, 581, 602–604, 687–689
- polizeiliches 312, 315, 372, 436–438, 562, 672–686, 721, 724, 725, 1187
- und Sonderstatusverhältnis 331
Interpellation 1540, 1592, 1593, 1595
Intervention, Eidgenössische
vgl. Bundesintervention
Irreführung der Stimmberechtigten, Verbot 1390–1392
ius cogens
vgl. Völkerrecht, zwingendes
ius sanguinis 1318
ius soli 1318

J

Ja, doppeltes 1799
Jesuitenverbot 404
Jura
- Entstehung des Kantons 997–1007
- Kantonswechsel von Vellerat 982
- Wiedervereinigungsartikel 991, 1006, 1012, 1022, 2065
Justiz, Unabhängigkeit
vgl. Unabhängigkeit, richterliche

Justizreform 65, 70–72, 828, 845, 1381, 1704, 1706, 1731, 1734, 1768, 1777, 1931, 1933a, 1958, 1982, 1989, 2087

K

Kantone
  vgl. auch Kantonsverfassungen
– Änderungen im Bestand 985–988
– Aufsicht des Bundes über die Kantone 1127, 1146, 1203–1225, 1672, 1673
– Autonomie 942, 944–948, 1009, 1207
– Bestandesgarantie 981–988
– Bundestreue
  vgl. dort
– Finanzausgleich 970–973
– Gebietsgarantie und Gebietsveränderungen 981, 982, 989–1008, 1012
– Genehmigung kantonaler Erlasse durch den Bund
  vgl. Genehmigung kantonaler Erlasse; Kantonsverfassungen, Gewährleistung durch den Bund
– Gesetzgebung 947
– Gleichstellung 38, 931, 963–973, 1494
– Hilfeleistungspflichten 1252, 1253
– Kompetenzen
  vgl. Kompetenzen der Kantone
– Konferenz der Kantonsregierungen 1248
– mit halber Standesstimme 950, 958, 963, 966–969, 987, 1494, 1776
– Mitwirkung an der Willensbildung des Bundes
  vgl. Kompetenzen der Kantone
– Rechtshilfe 1253, 2065
– Rechtsstellung 941–973
– Staatsqualität? 941–944
  vgl. auch Souveränität, fehlende Souveränität der Kantone
– Streitigkeiten zwischen Kantonen 2064–2069
– Verfassungsautonomie 946, 1009
– Vollzug (Umsetzung) von Bundesrecht
  vgl. Kompetenzen der Kantone

Kantonsbürgerrecht 801, 802, 1312, 1316, 1334, 1335
Kantonsreferendum 956a, 1814
Kantonsverfassungen
– Ableitbarkeit von der Bundesverfassung 933, 944
– als Rechtsgrundlage von verfassungsmässigen Rechten 205, 227, 231–234, 383, 470, 615, 893, 1184
– Anforderungen des Bundesrechts an Kantonsverfassungen 1009–1019
– Gewährleistung durch den Bund 1009–1033, 1210, 1217, 1547, 1836
– Revision 1015–1020
– Sorge des Bundes um Einhaltung 1034
– Überprüfung durch das Bundesgericht 1028–1033, 1943, 2085
Karenzfrist 802, 1378
Karlsruher Abkommen 1266
Kartellrecht 285, 646, 710, 1143
Kassationshof des Bundesgerichts 1717, 1741
Kerngehalt von Freiheitsrechten, absoluter Schutz 306, 324–326, 378, 379, 492, 700, 1954
Kinder und Jugendliche, Rechte 243, 245, 291, 293, 366a, 910, 1326, 1354, 1355, 2001
Kirchen
  vgl. Glaubens- und Gewissensfreiheit, Verhältnis Kirche und Staat
Klage, staatsrechtliche 1202, 1225, 1301, 1744, 1932, 2045–2069, 2097
Klage, verwaltungsrechtliche 1748
Klosterartikel 404
Koalitionsfreiheit 566–572
– Drittwirkung 286, 288, 571, 572
– Schutzobjekt 566, 567
– Streik und Aussperrung 568–570, 909
Kognition des Bundesgerichts 601, 762–764, 1981, 2036–2039, 2063
Kollegialsystem, im Bundesrat 1629, 1630
Kollision von Bundesrecht und kantonalem Recht
  vgl. Bundesrecht, derogatorische Kraft

Kollision von internem Recht und Völkerrecht
vgl. Völkerrecht, Verhältnis zum Landrecht
Kommissär, Eidgenössischer 1042–1044
Kommissionen
- ausserparlamentarische 1692
- Expertenkommissionen 1576, 1677, 1812
- Informationsrechte 1574, 1575
- parlamentarische 1521, 1559, 1569–1576, 1587, 1813
- parlamentarische Untersuchungskommission 1541, 1572, 1574

Kompetenzdelegation
vgl. Delegation von Bundeskompetenzen an die Kantone; Gesetzesdelegation

Kompetenzen der Bundesbehörden
vgl. Bundesgericht; Bundesrat; Bundesversammlung

Kompetenzen der Kantone
vgl. auch Bundeskompetenzen; Kompetenzverteilung zwischen Bund und Kantonen
- Delegation von Bundeskompetenzen an die Kantone 1150–1170, 1255, 1256
- im Bereich der politischen Rechte 1367, 1375–1380b
- Kompetenzübertragung an den Bund 1061, 1062, 1151
- Mitwirkung an der Aussenpolitik 199, 957, 961, 1120, 1121, 1124, 1128, 1129
- Mitwirkung an der Willensbildung des Bundes 938, 949–962, 1809
  - bei der Bundesgesetzgebung 956, 956a, 961
  - bei der Verfassungsrevision 181, 950–952
  - beim Abschluss von Staatsverträgen 955, 957, 1121
- parallele Kompetenzen 1100, 1101
- Staatsverträge der Kantone
  vgl. dort
- Umsetzung (Vollzug) von Bundesrecht 945, 962, 1082, 1139, 1140, 1256
  - kraft Bundesgesetz 1082, 1104, 1141, 1143, 1166
  - kraft Bundesverfassung 1082, 1102, 1103, 1142, 1144–1146, 1165

Kompetenzen des Bundes
vgl. Bundeskompetenzen; Kompetenzverteilung zwischen Bund und Kantonen

Kompetenzkompetenz 933

Kompetenzkonflikte
- zwischen Bund und Kantonen 2049–2063
- zwischen Bundesbehörden 1511, 1557, 1726, 2051

Kompetenzkumulation 1096

Kompetenzverteilung zwischen Bund und Kantonen 60, 938, 1049–1104
vgl. auch Auslegung des öffentlichen Rechts, der bundesstaatlichen Kompetenzordnung; Bundeskompetenzen; Kompetenzen der Kantone
- Begründung von neuen Bundeskompetenzen 1054, 1056, 1060–1063, 1277
- Bundestreue
  vgl. dort
- Bundesverfassung als Grundlage 1049–1051, 1056, 1060, 1068–1070, 1175
- Ermittlung der Bundeskompetenzen, Methode 145, 1059, 1064–1077, 1118
- Grundsatz der Kompetenzausscheidung 1049–1063
- im Bürgerrecht 1313–1317
- im Wirtschaftsrecht 617, 661, 667, 701
- Lückenlosigkeit 1057–1059
- parallele Kompetenzen 1100, 1101
- Subsidiaritätsprinzip
  vgl. dort
- Umschreibung der Bundeskompetenzen 1078–1082
- Verbundsaufgaben 1146a, 1256, 1257

Kompetenzverteilung zwischen Bundesbehörden 1516
vgl. auch Bundesgericht; Bundesrat; Bundesversammlung; Gewaltentrennung

Konferenz der Kantonsregierungen 1248

Konkordate
vgl. Verträge zwischen Kantonen

Konstituierung
- Nationalrat 1489, 1490
- Ständerat 1503, 1504

Konsumfreiheit 638

Kooperation zwischen Bund und Kantonen und zwischen Kantonen 182, 1242–1266
vgl. auch Bundestreue
- Bedeutung für den Bundesstaat 1243, 1244, 1264, 1265
- Begriff des kooperativen Föderalismus 1242, 1245, 1254
- grenzüberschreitende Zusammenarbeit 1137, 1266
- Hilfeleistungspflichten 1252, 1253
- Verbot der Selbsthilfe 1107, 1251
- Verbundsaufgaben 1146a, 1256, 1257
- Zusammenarbeit der Kantone untereinander 1245–1253
  vgl. auch Verträge zwischen Kantonen
- Zusammenarbeit zwischen Bund und Kantonen 1254–1263, 1277–1277b

Koordinationskonferenz 1450, 1568, 1580, 1603

Körperschaften, öffentlich-rechtliche 1700, 1701

Kraft, derogatorische
vgl. Bundesrecht, derogatorische Kraft; Bundesverfassung, Vorrang

Kreisschreiben 1212

KSZE 194

Kulturförderung 951, 1061

Kulturkampf 53, 54

Kultusfreiheit 404, 409, 412, 438, 439

Kultussteuern 417–422

Kumulieren bei Nationalratswahlen 1476

Kunstfreiheit 76, 454, 459, 525–527, 530, 531

L

Landessprachen 511, 516, 1435, 1436, 1624

Landsgemeinde 1014, 1032, 1385, 1398, 1399

Laufental, Kantonszugehörigkeit 982, 1005, 1008

Leben, Recht auf 339, 340, 343–345, 379
vgl. auch Todesstrafe, Verbot

Legalitätsprinzip 140, 171, 770, 771, 871–873, 1860, 1873, 1890
vgl. auch Grundlage, gesetzliche

Legislaturperiode 1486–1488

Legislaturplanung 1543

Lehrfreiheit, wissenschaftliche
vgl. Wissenschaftsfreiheit

Listen für die Nationalratswahlen 1468–1482, 1484
- Einzelstimmenkonkurrenz, System der 1478
- Listenverbindung 1471, 1472
- Listenwahl, System der 1474

Lückenfüllung 14, 137–147, 997, 1057

Lugano-Übereinkommen 855, 1132

M

Majorzverfahren
vgl. Mehrheitswahlverfahren

Mandat, freies 1492, 1607

Massnahmen, grundsatzwidrige
vgl. unter Wirtschaftsfreiheit, Einschränkungen

Materialien, Bedeutung für die Auslegung 103–107

Mediation 39–41

Medien
vgl. Meinungs-, Informations- und Medienfreiheit

Mehrheitswahlverfahren
- Begriff 1464
- Nationalrat 1485
- Ständerat 1495

Meinungs-, Informations- und Medienfreiheit 447–507
- als Gesetzgebungsauftrag 265, 268
- Anspruch auf behördliche Information? 260, 453, 465–467
- Anspruch auf (weitere) staatliche Leistungen? 461, 471, 496
- Bedeutung 447, 448

- demokratische Funktion 248, 252, 447
- Drittwirkung 278, 279, 284, 286
- Einschränkungen 317, 332, 471, 484–504
- Kerngehalt 492
- Presseförderung 265, 1070
- Rechtsgrundlagen 229, 449-453
- Redaktionsgeheimnis 451, 480
- Schutzobjekt 454–480
  - Demonstrationen
    vgl. Demonstrationen auf öffentlichem Grund
  - Filmfreiheit 459
  - im Allgemeinen 454–462
  - Informationsfreiheit 463–467, 529
  - Pressefreiheit 452, 473, 474, 486
  - Radio- und Fernsehfreiheit 475–479
- Träger 300, 481–483
- und Beeinflussung der Willensbildung der Stimmbürger 1390–1396
- und Sonderstatusverhältnis 501–504
- Verbot präventiver Massnahmen 491–494
- Verhältnis zu anderen Grundrechten 406, 408, 455, 505–507, 530, 555, 897
- Vermummungsverbot 490
- Vertrieb von Drucksachen auf öffentlichem Grund 493, 497–500
- Zensurverbot 491, 492

Menschenrechte 207
vgl. auch Grundrechte; Menschenrechtskonvention, Europäische; Rechtsgleichheit; UNO-Menschenrechtspakte

Menschenrechtskonvention, Europäische
- als Rechtsgrundlage von Grundrechten 6, 205, 235–242, 339, 340, 353, 380, 391, 398–400, 439, 455, 505, 526, 541, 567, 593, 742, 824, 828, 829, 848, 851, 1030, 1756
- als unmittelbar anwendbares Recht 123, 165, 193, 235, 236, 1894
  vgl. auch Auslegung des öffentlichen Rechts, völkerrechtskonforme Auslegung des Landesrechts
- Anspruch auf gerichtliches Verfahren 853, 854

- Rechtsschutzverfahren 237–240
- verfahrensrechtliche Behandlung 236–240, 1969, 1976
- Verhältnis zur Bundesgesetzgebung 1926
- Verhältnis zur Bundesverfassung 225, 241, 242, 829, 857
- Zusatzprotokolle 235a, 237, 340, 868, 868a

Menschenwürde 174, 222, 253, 255, 325, 338, 352, 375, 425, 776, 918
Methodenpluralismus in der Auslegung 127–136
Militär
vgl. Armee
Militärdienstpflicht 206, 373, 442, 779, 1310, 1311, 1616
Militärgerichtsbarkeit 1513, 1706
Miranda Warning 861
Monopole
vgl. Wirtschaftsfreiheit, Monopole
Monopolkonzession 712
Motion 1540, 1589, 1591, 1599
Mündigkeit
- bei Erwerb und Verlust des Bürgerrechts 1326, 1352, 1354, 1355
- Grundrechtsmündigkeit 293, 432, 2000, 2001
- in religiösen Belangen 293, 432
- politische 1366, 1375
- und staatsrechtliche Beschwerde
  vgl. Beschwerde, staatsrechtliche, persönliche Voraussetzungen beim Beschwerdeführer
- zivilrechtliche 293

N

Nachführung
vgl. Bundesverfassung, Nachführung
Nachhaltigkeit, Grundsatz der 189–191
Nachtragskredit 1532
Nationalrat 1455–1490
vgl. auch Bundesbehörden; Bundesversammlung; Zweikammersystem
- Amtsdauer 1486–1488
- Auflösung 1487, 1488

- Büro 1490, 1567–1569a
- direkte Wahl 1463
- Entgelt für Ratstätigkeit 1608
- Ergänzungswahl 1483, 1484
- Ersatzleute 1481, 1482
- Kommissionen 1570–1576
- Konstituierung 1489, 1490
- Legislaturperiode 1486–1488
- Listen 1468–1482, 1484
- Listenverbindung 1471, 1472
- Mehrheitswahl 1485
- Mitglieder, rechtliche Stellung
  vgl. Bundesversammlung, Mitglieder
- Nachrücken 1482
- Präsident 1566
- Sitzverteilung 1457
- stille Wahl 1484, 1485
- Unvereinbarkeit 1460–1462
- Verhältniswahl 1464–1484
- Wahl 1458–1485
  - Wählbarkeit 1374, 1458, 1459
  - Wahlberechtigung 1364
  - Wahlkreise 1467
  - Wahlprüfung 1489
  - Wahlverfahren 1463–1485
  - Wahlvorschläge 1468–1473
- Zusammensetzung 1455–1457

ne bis in idem 829, 868a
Neutralität 43, 202, 1523, 1661
New Public Management 1696
Nichtigkeitsbeschwerde
- Strafrecht 1741
- Zivilrecht 1738

Nichtrückschiebung
  vgl. Non-Refoulement-Gebot
Niederlassungsfreiheit 573–584, 1309
- Auswanderungsfreiheit 575, 578
- bundesstaatliche Funktion 249
- Einschränkungen 580–582
- Geschichte 573, 574
- Rechtsgrundlage 574
- Residenzpflicht 581, 582
- Schutzobjekt 575–579
- Träger 299, 583
- und Sonderstatusverhältnis 329, 581

Non-Refoulement-Gebot 166, 326, 590–593, 1756

Normenkollision
  vgl. Bundesrecht, derogatorische Kraft, Arten von Kollisionen
Normenkontrolle
  vgl. auch Beschwerde, staatsrechtliche; Klage, staatsrechtliche; Prüfungsrecht, akzessorisches
- abstrakte 149, 159, 160, 1028, 1942–1944, 2072
- inzidente 2072
- konkrete 71, 160, 1029–1033, 1943, 1949, 2072

Notlagen, Recht auf Hilfe 214, 229, 338, 914–919a
Notstandsrecht 13, 146, 616, 1662, 1801–1803, 1833

O

Oberaufsicht
  vgl. Aufsicht
Öffentlichkeit der Verhandlungen
- Bundesgericht 1721
- Bundesrat 1643
- Bundesversammlung 1564
- Gerichtsverhandlungen 123, 856, 857, 1030

Öffentlichkeitsprinzip 453, 467
Ombudsmann 894, 1544
Ordensverbot 1434
Ordnung, verfassungsmässige
  vgl. Bundesintervention; Notstandsrecht
Ordnungsdienst der Armee 1048
Organe, interkantonale 1293–1295
Organfunktion der Stimmbürger 1382, 2020
Organisationen für kollektive Sicherheit 1907, 1908
Organisationen, gemischtwirtschaftliche 1685, 1702
Organisationen, privatrechtliche 276, 277, 1685, 1702
  vgl. auch Privatisierung von Staatsaufgaben
Organtransplantation 365, 377
OSZE 194

P

Panaschieren, bei Nationalratswahlen 1476, 1478
Parlament
vgl. Bundesversammlung
Parlamentarier
vgl. Bundesversammlung; Nationalrat; Ständerat
Parlamentsdienste 1411, 1580–1582
Parlamentsreform 66, 74
Parlamentsverordnung
vgl. Verordnung, der Bundesversammlung
Parteien, politische
- als Träger von Grundrechten 481, 539, 548
- Bedeutung für das Verhältniswahlverfahren 1473
- Beschränkung der Wahlkampfkosten 1404
- Legitimation bei der staatsrechtlichen Beschwerde 2022–2024
- Parteienverbot 561
- Rechtsgrundlage 1473
- Schutz durch Vereinigungsfreiheit 548
- staatliche Unterstützung 1402, 1403, 1579
- und Fraktionen 1577
- und freies Mandat 1607
- und Wahl der Bundesräte 1625
- und Wahl der Bundesrichter 1711

Parteifähigkeit 1994–1998
Partialrevision
vgl. Verfassungsgebung im Bund, Teilrevision
Persönlichkeitsschutz 364–366a, 369a, 490, 1307
Petitionsrecht 886–906
- Adressat 892
- Begriff 886–888
- Einschränkungen 904–906
- Gegenstand 889–891, 1601
- Pflichten des Adressaten 886, 887, 892–896
- Rechtsnatur 897–899
- Träger 900–903
- und Sonderstatusverhältnis 905, 906

Planung der Staatstätigkeit 1409, 1411, 1552
Polizeierlaubnis 686
Polizeimonopol 719–721
Polizeinotverordnung 1661, 1662, 1862–1865, 1867
vgl. auch Verordnung
Postulat 1540, 1590, 1591
Präambel 186, 189, 204, 1076
Präsident
vgl. Bundesgericht; Bundespräsident; Nationalrat; Ständerat; Vereinigte Bundesversammlung
Praxisänderungen, Zulässigkeit 768, 769
Preferred position 251
Preisregulierungen 666, 685
Presseförderung 265, 1070
Pressefreiheit
vgl. unter Meinungs-, Informations- und Medienfreiheit
Primarschulunterricht
vgl. Grundschulunterricht
Privatisierung von Staatsaufgaben 276, 277, 718, 1670, 1702, 1886–1891
Privatsphäre, Schutz der 364, 380–390
- Rechtsgrundlagen 380
- Schutzobjekt 381–390, 395
  - Achtung des Privat- und Familienlebens 381, 382, 393
  - Brief-, Post- und Fernmeldegeheimnis 150, 380, 384–386
  - Datenschutz
    vgl. dort
  - Unverletzlichkeit der Wohnung 383

Propaganda, behördliche 1008, 1393–1396
Proporz
vgl. Verhältniswahlverfahren
Prozessfähigkeit 1999–2002
Prüfungsrecht, akzessorisches 156, 160, 2058, 2070–2099
- Anwendungsgebot von Art. 191 BV
  vgl. dort
- Auslösung 2074
- Begriff 1938, 1949, 2070–2072, 2097
- diffuses System 2075, 2076
- kompetente Behörde 1195–1198, 2075, 2093

- konzentriertes System 2075, 2087
- Prüfung von Bundesrecht 1419, 1861, 1874, 2086–2099
- Prüfung von kantonalen Rechtsätzen 1222, 2080–2085
- Prüfung von kantonalen Verfassungsnormen 1029–1033, 1943
- Prüfung von Zonenplänen 1962
- Rechtsgrundlage 2073
- und derogatorische Kraft des Bundesrechts 1195–1198
- Verhältnis zu Rechtsmittelverfahren 2079
- Wirkung der Entscheidung 2076–2078

Publikation
- der Gewährleistung von Kantonsverfassungen 1021
- des Bundesrechts 1435, 1436, 1678, 1815–1817, 1855
- von Staatsverträgen 1914, 1915

Q

Quotenregelungen
vgl. Rechte, politische, Quotenregelungen; Rechtsgleichheit, Gleichstellung der Geschlechter

R

Radio und Fernsehen
vgl. Meinungs-, Informations- und Medienfreiheit

Rahmengesetzgebungskompetenzen
vgl. Grundsatzgesetzgebungskompetenz

Rahmenmietverträge, Allgemeinverbindlicherklärung 1880, 1887

Rassendiskriminierung, Verbot 243, 435

Ratifikation 1659, 1902, 1912

Raumplanung
- als öffentliches Interesse 316, 602, 689
- Grundsatzgesetzgebungskompetenz des Bundes 1089, 1172
- Richtpläne 1964
- Zonenpläne 1961–1963

Rechte, politische 752, 1309, 1363–1404
vgl. auch Demokratie, demokratisches Prinzip; Initiative; Referendum; Wahlen und Abstimmungen, eidgenössische/kantonale; Wahlrecht
- Altersschranken 776a, 1459, 1496
- Anspruch auf unverfälschte Willenskundgabe 790, 791, 1008, 1014, 1022, 1387–1404, 1979
- auf kantonaler und kommunaler Ebene 1311, 1375–1380b, 1384–1386, 1496
- Ausländer 1311, 1380b
- Auslandschweizer 1312, 1369, 1373, 1377, 1459
- Begriff 178, 205, 1363
- Frauenstimmrecht
vgl. dort
- Information der Stimmberechtigten 1389a–1396
- Karenzfrist 802, 1378
- Quotenregelungen 788, 790–792, 1379, 1380
- Rechtsnatur 223, 1381, 1382
- Stimmrechtsbeschwerde
vgl. dort
- Stimmzwang 1382
- Träger 1311, 1364–1374
- Voraussetzungen des Stimmrechts 1364–1380b

Rechte, unverjährbare und unverzichtbare 335, 1952–1954

Rechte, verfassungsmässige 219, 220, 873, 878, 1176, 1304, 1305, 1966–1974, 1987
vgl. auch Grundrechte; Rechtsgleichheit

Rechtsetzung 1113, 1819, 1821–1823, 1825, 1834, 1841, 1849
vgl. auch Bundeskompetenzen; Gesetzgebung, einfache, im Bund/in den Kantonen; Staatsverträge der Kantone/des Bundes; Verfassungsgebung; Verordnung

Rechtsgleichheit 738–803
- Abgrenzung zum Willkürverbot 762, 814
- Adressat 747, 750, 765, 779, 780, 785, 793
- als Gesetzgebungsauftrag 749, 785–789

- Bedeutung für die Rechtsanwendung 765–773
- Bedeutung für die Rechtsetzung 750–764
- Behinderte, Rechte 739, 774, 776, 795, 796
- Diskriminierungsverbot 222, 243, 338, 739, 743, 757, 774–776a, 1335
- gerichtliche Durchsetzung 2015a
- Gleichstellung der Geschlechter 84, 118, 683, 740, 760, 761, 777–794
  - absolute rechtliche Gleichheit 752, 779–782
  - Drittwirkung 288, 778, 786, 793
  - Frauenstimmrecht vgl. dort
  - Gesetzgebungsauftrag (Egalisierungsgebot) 775, 785–789
  - gleicher Lohn 288, 793, 794, 1988
  - im Bürgerrecht 1307, 1314, 1319, 1320
  - im Wirtschaftsleben 683, 760
  - Quotenregelungen 788, 790–792, 1380
- Gleichstellung von kantonsfremden Schweizer Bürgern und Kantonsbürgern 740, 797–803
- Inhalt 212, 747, 749
  - Anspruch auf rechtsgleiche Rechtsanwendung 765–773
  - Bedeutung im Steuerrecht 874–877
  - Entschädigungsanspruch 609
  - Gerechtigkeitsgebot 749
  - Gleichbehandlungsgebot 712, 749, 751–767, 770–773, 800
- kein Anspruch auf Gleichbehandlung im Unrecht 770–773
- Kognition des Bundesgerichts 762–764
- Rechtsgrundlage 738–743
- Träger 294, 748, 803
- und Naturrecht 744
- Verhältnis zur Freiheit 253, 744, 745
- Verhältnis zur Gleichbehandlung der direkten Konkurrenten 693

Rechtshilfe, interkantonale 1253, 2065
Rechtshilfe, internationale 589
Rechtspflege
vgl. Bundesgericht; Staatsrechtspflege

Rechtspflege, unentgeltliche 186, 840–844, 909, 1955
Rechtsquellen des Bundesstaatsrechts 4–14
Rechtsstaatsprinzip
- als Grundwert der Bundesverfassung 17, 20, 21, 168, 170–174
- und akzessorische Prüfung 179, 2090

Rechtsverordnung 1854, 1855
Rechtsverweigerung, Rechtsverzögerung
vgl. Verfahrensgarantien, Verbot der formellen Rechtsverweigerung
Rechtsweggarantie 70, 72, 828, 845–847
Redaktionsgeheimnis 451, 480
Referendum
- Finanzreferendum 1384, 1386, 1389
- Gesetzes- und Beschlussesreferendum 56, 956, 956a, 1383, 1814, 1819, 1823, 1827, 1832, 1833
- konstruktives 1385
- Staatsvertragsreferendum 73, 196, 955, 957, 1383, 1904–1911
- Verfassungsreferendum 950–952, 988, 1015, 1383, 1776, 1777, 1798, 1799

Reform der Volksrechte 65, 73, 1768, 1811
Regalrechte, kantonale 661, 695, 719–723, 1055
Regeneration 45–47, 1018
Regierungsfunktion 1525, 1655–1667
Regierungsreform 66, 74, 199, 1652–1654, 1696
Regierungssystem, parlamentarisches 1480, 1626
Regionen 1137, 1266, 1273
Religionsfreiheit
vgl. Glaubens- und Gewissensfreiheit
Residenzpflicht 581, 582
Restauration 42–44
Richtlinien der Regierungspolitik 1543
Rügeprinzip 1196, 2033, 2074, 2085
Ruhe und Ordnung, öffentliche 315, 496, 673

S

Schächtverbot 440, 441
Schrankendivergenz 318
Schriftenempfangsschein 579
Schuldbetreibungs- und Konkursrecht
- Aufsicht 1210, 1753
- Rechtsetzung 1752, 1884
- Rechtshilfe 1253
- Rechtspflege 1739

Schuldenbremse 1528, 1583
Schuldverhaft 222, 342, 1952, 1953
Schulwesen
- Grundschulunterricht
  vgl. dort
- Hochschulen 651, 929, 1101, 1292
- und Sprachenfreiheit 521
- Unterrichtsfreiheit 227, 232, 528

Schutz, diplomatischer im Ausland 1309
Schweigen, qualifiziertes 143, 509
Schweizer Bürgerrecht
  vgl. Bürgerrecht, Schweizer
Selbstbestimmung, informationelle 370, 381, 388–390
Selbsthilfeverbot für die Kantone 1107, 1251
Session 1560–1563
Sezessionsverbot 985
Sicherheit
- äussere 1523, 1524, 1661, 1801, 1862
- innere 1549, 1662, 1801, 1862
  vgl. auch Bundesintervention; Notstandsrecht; Polizeinotverordnung
- öffentliche 315, 372, 674
- soziale
  vgl. Sozialstaat

Sittlichkeit, öffentliche 315, 676
Sonderbund 47, 48, 404
Sondernutzung 649
Sondersession 1562
Sonderstatusverhältnis 301, 328–333, 367, 371, 501–504, 564, 581, 905, 906, 1873
Souveränität
- des Bundes 930, 933
- des Volkes 38, 45, 175
- fehlende Souveränität der Kantone 933, 941–944

Sozialstaat
- soziale Grundrechte 186, 213–216, 255, 303, 907–929
- sozialstaatliches Element in der Bundesverfassung 185, 186
- Sozialziele 59, 186, 204, 215, 759, 911–913, 1076a

Sozialversicherung
- Bundeskompetenz 57, 186, 626
- Rechtspflege 1749–1751

Sperrklausel 1380a, 1403, 1467, 1480
Spezialgerichte 850
Sprachenfreiheit 508–524
- Amtssprachen
  vgl. dort
- Einschränkungen 516–524
- Landessprachen
  vgl. dort
- Rechtsgrundlagen 229, 508–513
- Schutzobjekt 514
- Territorialitätsprinzip 510, 516, 517, 519–523, 689
- Träger 515
- Verhältnis zur Wirtschaftsfreiheit 515

Staatenbund 33, 39, 49, 939, 940
Staatsbegriff 930–933
- Definition 930
- Staatsgebiet des Bundes 932
- Staatsgewalt des Bundes 933
- Staatsvolk des Bundes 931

Staatsfunktionen
  vgl. auch Bundesgericht; Bundesrat; Bundesversammlung; Gewaltenteilung; Rechtsetzung; Stammfunktionen
- klassische Dreiteilung 1405, 1420
- Kompetenzzuweisung an den Bund nach Staatsfunktion 1082

Staatsorgane 52, 950, 1410–1415
  vgl. auch Bundesbehörden; Bundesgericht; Bundesrat; Bundesversammlung; Volk

Staatsrechnung 1535, 1536, 1665
Staatsrechtspflege 1743–1745, 1929–2099
Staatsschutz 1101, 1541
Staatssekretäre 1652
Staatsverträge der Kantone 1130–1137, 1275

- Bedeutung 1135–1137
- Genehmigung durch die Bundesversammlung 1134, 1210, 1217, 1548
- Kompetenz der Kantone 1130–1133
- Verfahren beim Abschluss 1134

Staatsverträge des Bundes 1892–1928
- Abschluss 1122, 1659, 1897–1912
- Anwendungsgebot von Art. 191 BV vgl. dort
- Bagatellverträge 1901
- Begriff 1122, 1892
- Genehmigung durch die Bundesversammlung 1522, 1836, 1838, 1900–1903
- innerstaatliche Geltung 1913, 1915
- Kompetenzen des Bundes 1123–1125, 1896
- Mitspracherecht der Kantone 1121, 1124, 1128, 1129
- Publikation 1914, 1915
- Ratifikation 1659, 1902, 1912
- rechtsetzende Staatsverträge 1893
  - nicht unmittelbar anwendbare 245, 1894, 1915
  - unmittelbar anwendbare 235, 245, 1894, 1915
- rechtsgeschäftliche Staatsverträge 1893
- Rechtsschutz 1976, 1977
- selbständige Vertragsabschlusskompetenz des Bundesrates 1901
- Verhältnis zum Landesrecht 1917–1928
- Vollzug 1125–1127

Staatsvertragsbeschwerde 1976, 1977

Staatsvertragsreferendum 73, 196, 955, 957, 1904–1911

Staatsvolk
- der Kantone 944
- des Bundes 930, 931

Staatszielbestimmungen
vgl. Zweckartikel

Staatszugehörigkeit
vgl. Bürgerrecht, Schweizer

Stammfunktionen der einzelnen Bundesbehörden 1412
- Bundesgericht 1703
- Bundesrat 1656
- Bundesversammlung 1518

Ständemehr 938, 950–952, 963, 967, 1776, 1798, 1799, 1907

Ständerat 1491–1504
vgl. auch Bundesbehörden; Bundesversammlung; Zweikammersystem
- als «Repräsentation» der Kantone 958, 959, 967, 1444, 1491, 1492
- Amtsdauer 1501, 1502
- Auflösung 1502
- Büro 1504, 1567–1569a
- Entgelt für Ratstätigkeit 1492, 1608
- Kommissionen 1570–1576
- Konstituierung 1503, 1504
- Präsident 1566
- Unvereinbarkeit 1413, 1414, 1499, 1500
- Wahl 958, 959, 1443, 1495–1498
- Wählbarkeit 1496
- Wahlberechtigung 1496
- Zusammensetzung 958, 959, 967, 1494

Standesinitiative 953, 954, 1601, 1771

Sterbehilfe 343, 345

Steuern
vgl. auch Besteuerung, Grundsätze der; Doppelbesteuerungsverbot, interkantonales
- Abgrenzung der Steuerhoheit der Kantone 878, 883, 884, 2065
- Bedeutung des Wohnsitzes 884
- Bundessteuern 1086, 1101
- Kultussteuern 417–422
- Steuerregister, Einsichtnahme 464
- und Eigentumsgarantie 595, 596
- und Rechtsgleichheit 751, 783, 875

Stichfrage 1799

Stiftungen, öffentlich-rechtliche 1700

Stimmabgabe
- briefliche 1369, 1373, 1397
- elektronische 1369a
- geheime 1397, 1398

Stimmrecht
vgl. Rechte, politische

Stimmrechtsbeschwerde an die Kantonsregierung 1982

Stimmrechtsbeschwerde an das Bundesgericht 70, 1008, 1022, 1381, 1386, 1400, 1497, 1958–1960, 1979–1986,

1990, 2020, 2021, 2024, 2029, 2044
vgl. auch Beschwerde, staatsrechtliche
Stimmregister 1372, 1373
Stimmzwang 1382
Störerprinzip 545, 546
Strafrecht
- Bundeskompetenz 1082, 1093, 1186, 1740
- Rechtspflege durch das Bundesgericht 1615, 1740–1742
- Verfolgungsprivilegien 1431, 1558, 1612–1615, 1649

Streikrecht 568–570, 909
Subdelegation 1875–1877
Subsidiarität
vgl. unter Beschwerde, staatsrechtliche
Subsidiaritätsprinzip 664, 917, 1040, 1051, 1119
Subventionen 1239, 1257, 1258

T

Tagsatzung 34, 41, 46–49
Telefonüberwachung
vgl. Brief-, Post- und Fernmeldegeheimnis
Territorialitätsprinzip
vgl. Sprachenfreiheit, Territorialitätsprinzip
Todesstrafe, Verbot 56, 235a, 326, 340, 343
Totalrevision
- der Bundesverfassung
vgl. unter Verfassungsgebung im Bund
- der Kantonsverfassungen
vgl. unter Verfassungsgebung in den Kantonen

Treuepflicht des Beamten 502, 564
Treu und Glauben 818–826
- als allgemeines Rechtsprinzip 820, 821, 1100
- als verfassungsmässiges Recht 254, 712, 739, 821, 822
- Begriff 818
- Geltungsbereich 819
- im Geschäftsverkehr 315, 677
- pacta sunt servanda 1917

- Rechtsgrundlagen 820–822
- Verbot des Rechtsmissbrauchs 824, 825
- Verbot widersprüchlichen Verhaltens 826
- Vertrauensschutz 768, 823
vgl. auch Bundestreue

U

Überprüfungsverbot
vgl. Anwendungsgebot von Art. 191 BV
Umsetzung von Bundesrecht
vgl. Kompetenzen der Kantone, Umsetzung von Bundesrecht; Vollzugsföderalismus
Umweltschutz 61, 189, 190, 316, 602, 659, 689, 694, 721, 1055, 1081, 1085, 1093, 1145, 1256, 1889
Unabhängigkeit, richterliche 70, 503, 850, 851, 891, 1206, 1224, 1545, 1704, 1705
Union, Europäische 8, 197–199, 624, 737, 1177, 1311, 1521
UNO-Beitritt 202, 955, 1908
UNO-Menschenrechtspakte 6, 204, 243–245, 339, 342, 391, 567, 570, 593, 742, 743, 828, 829, 848, 853, 868, 868a, 919, 929, 1976
Unschuldsvermutung 865
Unternehmen, gemischtwirtschaftliche 1395, 1702
Unterrichtsfreiheit 227, 232, 528
Unterstützung, wohnörtliche 573, 574, 584
Untersuchungsgefangener
vgl. Haftvollzug
Untersuchungskommission, parlamentarische 1541, 1572, 1574
Unvereinbarkeit
vgl. auch Gewaltenteilung, im Bund, personelle Gewaltenteilung
- Bundesrat 1620
- im Bund, Übersicht 1413–1415
- Nationalrat 1460–1462
- Ständerat 1499, 1500

- Unterschied zur fehlenden Wählbarkeit 1460
Unversehrtheit, körperliche und geistige
vgl. Integrität

V

Vellerat 982
Verantwortlichkeit von Bundesbehördenmitgliedern 1429–1433, 1558, 1611–1615, 1650, 1727
Verbandsbeschwerde 558, 785, 2022–2024
vgl. auch Beschwerde, staatsrechtliche
Verbundsaufgaben 1146a, 1256, 1257
Vereinbarungen, interkantonale
vgl. Verträge zwischen Kantonen
Vereinigte Bundesversammlung 1454, 1505–1513
vgl. auch Bundesversammlung
- Kommissionen 1573
- Kompetenzen 1508–1513, 1537, 1554, 1557, 1587, 1588, 1621, 1634, 1710, 1726
- Organisation 1506, 1507
- Vorsitz 1453, 1506, 1566
Vereinigungsfreiheit 547–565
- Adressat 554
- demokratische Funktion 248, 447
- Drittwirkung 554
- Einschränkungen 317, 559–565
- Koalitionsfreiheit
  vgl. dort
- öffentlich-rechtliche Zwangsverbände 565
- rechtswidrige und staatsgefährliche Vereine 559–561
- Schutzobjekt 547–555
- Träger 296, 300, 556–558
- und Sonderstatusverhältnis 564
- Verbot präventiver Massnahmen 562
- Verhältnis zu anderen Grundrechten 535, 549, 550, 555
Verfahrensgarantien 827–869
- Adressaten 830
- Funktionen 254, 827, 835, 840
- für Fremdsprachige 524, 867

- Garantien im Gerichtsverfahren 848–857
- Geltungsbereich 830, 837, 849
- ne bis in idem 829, 868a
- rechtliches Gehör 835–839, 861, 1335
- Rechtsgrundlagen 212, 739, 828, 829, 848, 864
- Rechtsmittelgarantie 868
- Rechtsweggarantie 70, 72, 828, 845–847
- Schutz bei Freiheitsentzug 352, 372, 858–863
- unentgeltliche Rechtspflege 840–844, 909, 1955
- Unschuldsvermutung 865
- Verbot der formellen Rechtsverweigerung 831–834
- Verteidigungsrechte im Strafverfahren 866, 867
- Waffengleichheitsgebot 143, 829, 867
Verfahren, vereinfachtes, vor Bundesgericht 1722
Verfassung
vgl. auch Auslegung des öffentlichen Rechts, der Bundesverfassung; Bundesverfassung; Kantonsverfassungen; Verfassungsgebung im Bund/in den Kantonen
- Funktionen 21
- im formellen Sinn 15, 16, 22, 23
- im materiellen Sinn 17–23
- Vorrang der Bundesverfassung 24, 25, 148
Verfassungsautonomie der Kantone 946, 1009
Verfassungsbeschwerde
vgl. Beschwerde, staatsrechtliche
Verfassungsentwürfe
- Entwurf 1872 53
- Entwurf 1977 19, 58–60, 1494
- Entwurf 1995 64, 1400
- Entwurf 1996 19, 65
- Kölz/Müller 61
- Modellstudie EJPD 62
Verfassungsgebung im Bund 16, 24, 31, 49, 950–953, 1519, 1754–1800
- Beteiligung der Kantone 938, 950–953
- Schranken 27, 28, 204, 1755–1762

- Teilrevision 57, 1388, 1779–1800
- Totalrevision 53–56, 58–74a, 1487, 1502, 1627, 1769–1778
- Unterscheidung Totalrevision/Teilrevision 1763–1768

Verfassungsgebung in den Kantonen 1015–1020
  vgl. auch Kantonsverfassungen

Verfassungsgerichtsbarkeit 71, 171, 172, 275, 1416, 1929, 1930, 2058, 2087, 2088
  vgl. auch Beschwerde, staatsrechtliche; Klage, staatsrechtliche; Prüfungsrecht, akzessorisches

Verfassungsinitiative 1383, 1601, 1770–1772, 1779–1794

Verfassungsrat 1769, 1774

Verfassungsrecht, ungeschriebenes 14, 68, 226–230, 1032, 1068, 1387, 1410, 1412, 1802, 1968

Verfassungsreferendum 950–952, 988, 1015, 1383, 1776, 1777, 1798, 1799

Verfassungsreform im Baukastensystem 64–66, 70–74a

Verfassungsrevision
  vgl. Kantonsverfassungen; Verfassungsgebung im Bund/in den Kantonen

Verfassungsverständnis 18–21

Verfassungsvorbehalt 662, 716, 1144–1146

Verfolgungsprivilegien
  vgl. Strafrecht

Verhältnis von Bundeszivilrecht und kantonalem öffentlichem Recht 1188–1190

Verhältnismässigkeitsprinzip 320–323, 332, 374–377, 490, 543, 545, 581, 605, 690, 691, 721, 789, 791, 1042, 1232

Verhältniswahlverfahren
- Begriff 1464, 1465
- Einführung 1466
- Erfolgswertgleichheit 1380a
- Nationalrat 1464–1484
- Ständerat 1495

Vermummungsverbot 490, 1186

Vernehmlassungsverfahren 899, 961, 1677, 1812

vgl. auch Gesetzgebung, einfache, im Bund

Veröffentlichung
  vgl. Publikation

Verordnung 11, 1849–1891
- als Grundlage von Freiheitsbeschränkungen 310, 311, 1850, 1873
- Arten, Übersicht 1854–1857, 1885
- auf Vollmachtenbeschlüsse gestützte Verordnungen 1879
- Begriff 1849–1853
- der Bundesversammlung 10, 1549, 1581, 1819, 1834, 1835, 1881–1883, 2095
- der Bundesverwaltung 1697, 1858, 1876, 2096, 2097
- der Departemente des Bundes 1858, 1876
- des Bundesgerichts 1752, 1884
- des Bundesrates 11, 1542, 1680–1682, 1858–1879, 2096–2099
- Genehmigungspflicht 1878
- Gesetzesdelegation 1856, 1857, 1869–1877
- gesetzesvertretende Verordnung 1857
- Parlamentsverordnung
  vgl. Verordnung, der Bundesversammlung
- Polizeinotverordnung 1661, 1662, 1862–1865, 1867
- Rechtsetzung durch Private 1886–1891
- Rechtsverordnung 1854, 1855
- selbständige Verordnung 1681, 1856, 1859–1868, 1881, 2098
- Subdelegation 1875–1877
- und akzessorisches Prüfungsrecht 2095–2099
- unselbständige Verordnung 1682, 1856, 1869–1877, 1881, 2095, 2099
- Verwaltungsverordnung 1212, 1854, 1855, 1945–1947
- Vollziehungsverordnung 1167, 1294, 1857, 1859–1861, 2098
- zur Wahrung der äusseren Interessen der Schweiz 1866, 1867

Verpflichtungskredit 1533

Versammlungsfreiheit 532–546
- Anspruch auf staatliche Leistungen? 537, 538
- demokratische Funktion 248, 532
- Demonstrationen auf öffentlichem Grund
  vgl. dort
- Einschränkungen 471, 541–546
- präventive Massnahmen 544, 546
- Rechtsgrundlage 229
- Schutzobjekt 469, 532–538
- Störerprinzip 545, 546
- Träger 300, 539, 540
- Verhältnis zu anderen Grundrechten 507, 535, 555
- Versammlungsverbot 312, 543, 546

Versicherungsgericht, Eidgenössisches 1428, 1718, 1749–1751

Verträge zwischen Bund und Kantonen 1259, 1277

Verträge zwischen Kantonen 1246, 1267–1305
- Allgemeinverbindlicherklärung 1277a, 1277b
- Arten 1282–1288
- Begriff und Bedeutung 1267–1269, 1289, 1292
- Beitrittsverfahren 1296
- Beteiligung des Bundes 1259, 1273, 1276, 1277
- Beteiligungspflicht 1277a, 1277b
- Genehmigung 1210, 1217, 1297, 1548
- Grenzbereinigungen 981, 994
- Hilfeleistungspflichten aus Verträgen 1252, 1253
- Kündigung 1300
- Meldepflicht 1297
- Rechtsgrundlage 1273
- Rechtsnatur 1270–1272
- Rechtsschutz 1301–1305, 1939, 1975
- Streitigkeiten aus Verträgen 2065–2069
- Vertragspartner 1274–1277b
- Zulässigkeitsvoraussetzungen 1278–1281

Vertrag, politischer 1279

Vertragsfreiheit 630, 645, 700

Vertrauensprinzip 768, 823
vgl. auch Bundestreue; Treu und Glauben

Verwaltungsaufsicht
vgl. Aufsicht, des Bundes über die Kantone

Verwaltungsbeschwerde an den Bundesrat 1361, 1422, 1633, 1683, 1684, 1695

Verwaltungsdelegation 1569a, 1580

Verwaltungseinheiten, ausgegliederte 1670, 1685, 1700–1702

Verwaltungsgerichtsbarkeit 171, 1419, 1695, 1706, 1731
vgl. auch Klage, verwaltungsrechtliche; Verwaltungsgerichtsbeschwerde

Verwaltungsgerichtsbeschwerde 1206, 1360, 1381, 1633, 1695, 1747, 1750, 1783, 1937, 1963, 1987, 2097

Verwaltungsreferendum
vgl. Bundesbeschluss, referendumspflichtiger

Verwaltungsverordnung 1212, 1854, 1855, 1945–1947

Vizekanzler 1639, 1642

Volk
vgl. auch Rechte, politische
- als Staatsorgan 52, 950, 1382
- Staatsvolk 930, 931, 944

Völkerrecht 6–8, 162, 339–342, 590, 593, 1897, 1913, 1917, 2066, 2088, 2091
- Rechtsquellen 1977
- Verhältnis zum Landesrecht 26, 162–167, 204, 241, 1756, 1757, 1917–1928, 2091
- zwingendes Völkerrecht 28, 204, 590, 1756, 1922
vgl. auch Auslegung des öffentlichen Rechts, völkerrechtskonforme; Staatsverträge der Kantone/des Bundes; UNO-Menschenrechtspakte

Volksinitiative
vgl. Initiative, allgemeine Volksinitiative

Volksrechte
vgl. Demokratie, direkte; Reform der Volksrechte

Volkssouveränität 38, 45, 175, 1363

Vollmachtenbeschlüsse 616, 1802, 1803, 1879
Vollziehungsverordnung 1167, 1294, 1857, 1859–1861, 2098
Vollzug des Bundesrechts
– im Allgemeinen 1082, 1102–1104, 1125–1127, 1138–1147, 1168–1170, 1685
– Umsetzung durch die Kantone 945, 962, 1102–1104, 1125–1127, 1139, 1140, 1143–1145, 1165–1168, 1256
Vollzug von kantonalem Recht durch den Bund 1147
Vollzugsföderalismus 945, 962, 1139, 1140
Vorabstimmung 1773, 1795
Voranschlag
vgl. Budget
Vorrang des Bundesrechts
vgl. Bundesrecht, derogatorische Kraft
Vorstösse, parlamentarische 1540, 1589–1600
Vorverfahren der Gesetzgebung 1674, 1677, 1812

W

Waffengleichheitsgebot 143, 829, 867
Wahl- und Abstimmungsfreiheit 790, 791, 1008, 1014, 1022, 1387–1404, 1667, 1789, 1979
Wahlen und Abstimmungen, eidgenössische 1364–1374, 1383
vgl. auch Bundesgericht; Bundesrat; Bundesversammlung; Initiative; Nationalrat; Rechte, politische; Referendum; Stimmrechtsbeschwerde an das Bundesgericht; Verfassungsgebung im Bund; Wahlrecht
Wahlen und Abstimmungen, kantonale 784, 802, 1311, 1375–1380b, 1384–1386, 1495, 1496, 1958, 1959
vgl. auch Initiative; Rechte, politische; Referendum; Ständerat; Stimmrechtsbeschwerde an das Bundesgericht; Verfassungsgebung in den Kantonen; Wahlrecht

Wahlkreise 1380a, 1467
Wahlrecht
vgl. auch Nationalrat; Ständerat; Wahlen und Abstimmungen, eidgenössische/kantonale
– aktives 1383
– passives 1374, 1383
Währungsfonds, Internationaler 201
Wehrpflicht
vgl. Militärdienstpflicht
Wehrprivileg 1616
Weltbank 201
Welthandelsorganisation (WTO) 200, 1276
Wertgarantie
vgl. Eigentumsgarantie, Schutzobjekt
Wesensgehalt
vgl. Kerngehalt von Freiheitsrechten, absoluter Schutz
Wettbewerb, unlauterer 485, 677
Wiedervereinigungsartikel der jurassischen Verfassung 991, 1006, 1012, 1022
Willenskundgabe, unverfälschte
vgl. Wahl- und Abstimmungsfreiheit
Willkürverbot 804–817
– Adressaten 811–813
– als verfassungsmässiges Recht 806, 815, 1362
– Begriff 805
– Funktion 254, 804, 806, 807, 813
– Geltungsbereich 712, 808, 1335
– gerichtliche Durchsetzung 815–817, 1362, 2013–2015
– Rechtsgrundlage 739, 809
– Träger 810
– Verhältnis zu anderen Grundrechten 762, 807, 811, 814
– «Willkürkognition» 2037
Wirksamkeitskontrolle 1411, 1546
Wirtschaftsförderung 701–704
Wirtschaftsfreiheit 614–737
– Anspruch auf staatliche Leistungen? 260, 648–651
– auf öffentlichem Grund 648, 649
– Bedeutung für Demokratie 248
– Begriff 628, 629
– bundesstaatliche Funktion 249, 622

- Drittwirkung 285, 652
- Einschränkungen
  - gesetzliche Grundlage 669–671
  - grundsatzkonforme Massnahmen 657, 667–700, 702
  - grundsatzwidrige Massnahmen 317, 657, 658, 661–666, 715
  - polizeiliche Massnahmen 657, 659, 672–686, 721, 724, 725, 1187
  - weitere grundsatzkonforme Massnahmen 687–689
  - Verhältnismässigkeit 690, 691
- Fähigkeitsausweis 679–681, 724, 727–735
- Förderungsmassnahmen 701–704
- Gastgewerbe 661
- Geschichte 614–618
- Gleichbehandlung der direkten Konkurrenten («Gewerbegenossen») 660, 692–699
- Grundsatz der Wirtschaftsfreiheit 621, 623, 657–660
- institutionelle Funktion 621, 623, 627
- Kartellrecht 285, 646, 710, 1143
- Kerngehalt 700
- Kompetenzverteilung zwischen Bund und Kantonen im Wirtschaftsrecht 617, 661, 667, 701, 1099
- Monopole
  - Begriff 709
  - faktische 714
  - der Kantone (Regalrechte) 661, 695, 719–723, 1055
  - des Bundes 716–718
  - Monopolkonzession 712
  - Polizeimonopol 719–721
  - private 710
  - rechtliche 713, 715
  - staatliche 711
- Preisregulierungen 666, 685
- Prüfungsschema 705
- Rechtsgrundlagen 619–621, 627
- Schutzobjekt 250, 279, 628–653
  - Berufswahlfreiheit 629, 642, 2001
  - freie Konkurrenz im Wirtschaftsleben 629
  - kein Anspruch auf Anstellung im öffentlichen Dienst 641
  - nicht Konsumfreiheit 638
  - nicht Zugang zu Ausbildungseinrichtungen 642, 651
  - privatwirtschaftliche Erwerbstätigkeit 632–649
  - Vertragsfreiheit 630, 645, 700
- Träger 294, 299, 632, 633, 639, 654–656
- und Wirtschaftsverfassung 624–627
- Verhältnis zu anderen Grundrechten 455, 474, 505, 515, 549, 603, 604, 630, 631, 653, 693

Wirtschaftsraum, Europäischer 64, 196, 1131, 1910, 1920
Wirtschaftsverfassung 624–627
Wissenschaftsfreiheit 525–529a
Wohnsitz
- als Anknüpfungspunkt für Ungleichbehandlung 800
- Bedeutung im Bürgerrecht 1330, 1334, 1338
- Bedeutung im Steuerrecht 884
- Garantie des Wohnsitzrichters 855
- politischer 1364, 1368–1371, 1373, 1377
- Residenzpflicht 581, 582
- wohnörtliche Unterstützung 573, 574, 584

Wohnung, Unverletzlichkeit der 383
WTO 200

Z

Zahlungskredit 1527
Zahlungsrahmen 1534
Zauberformel 1625
Zensurverbot 491, 492
Zielnormen
vgl. Zweckartikel
Zirkulationsverfahren 1723
Zivilrecht
- Bundeskompetenz 1082, 1179, 1313, 1316, 1734
- Rechtspflege durch das Bundesgericht 1734–1738
- und kantonales öffentliches Recht 1188–1190

Zusammenarbeit im Bundesstaat
 vgl. Kooperation zwischen Bund und Kantonen und zwischen Kantonen
Zwangsmassnahmen gegenüber Kantonen 1042–1047, 1226–1241
Zwangsverbände, öffentlich-rechtliche 565
Zweckartikel 186, 188, 189, 204, 1076
 vgl. auch Sozialstaat, Sozialziele
Zweikammersystem 181, 1438–1454
– Funktionen 1439–1442
– Geschichte 50, 1438
– getrennte Beratung 1453, 1505, 1559
– Gleichberechtigung von National- und Ständerat 1446–1452
– Zusammensetzung, unterschiedliche 1443–1445
– Zusammenwirken der beiden Kammern 1602–1606
Zwischenentscheide 1955

9783725549078